Egon Schneider
Die Klage im Zivilprozess

Die Klage im Zivilprozess

mit Klageerwiderung und Replik

von

Dr. Egon Schneider
Richter am OLG a.D., Rechtsanwalt,
Much

3. Auflage

2007

Verlag
Dr. Otto Schmidt
Köln

*Bibliografische Information
der Deutschen Nationalbibliothek*

Die Deutsche Nationalbibliothek verzeichnet diese
Publikation in der Deutschen Nationalbibliografie;
detaillierte bibliografische Daten sind im Internet
über http://dnb.d-nb.de abrufbar.

Verlag Dr. Otto Schmidt KG
Gustav-Heinemann-Ufer 58, 50968 Köln
Tel. 02 21/9 37 38-01, Fax 02 21/9 37 38-943
info@otto-schmidt.de
www.otto-schmidt.de

ISBN 978-3-504-47079-1

©2007 by Verlag Dr. Otto Schmidt KG, Köln

Das Werk einschließlich aller seiner Teile ist
urheberrechtlich geschützt. Jede Verwertung, die nicht
ausdrücklich vom Urheberrechtsgesetz zugelassen ist,
bedarf der vorherigen Zustimmung des Verlages. Das
gilt insbesondere für Vervielfältigungen, Bearbeitungen,
Übersetzungen, Mikroverfilmungen und die Einspeicherung und Verarbeitung in elektronischen Systemen.

Das verwendete Papier ist aus chlorfrei gebleichten
Rohstoffen hergestellt, holz- und säurefrei, alterungsbeständig und umweltfreundlich.

Einbandgestaltung: Jan P. Lichtenford, Mettmann
Gesamtherstellung: Bercker, Kevelaer
Printed in Germany

Für Doris, Annegret und Ekko

Vorwort

Die meisten Rechtsanwälte sind forensisch tätig. Ihre Aufgabe ist es, materielles Recht zu verwirklichen, indem sie für ihren Mandanten ein günstiges Gerichtsurteil – einen Vollstreckungstitel – erstreiten. Materielles Recht ist aber statisch. Es wird durch eine logische Operation gefunden: Anspruchsgrundlage – Subsumtion – Beweis. Diesen Denkweg kann kein Anwalt verändern. Er kann nur den Sachverhalt aus der Sicht seiner Partei schildern und versuchen, ihn zu beweisen. Ab dann regiert die Subsumtionslogik. Entweder ist das Begehren seines Mandanten schlüssig oder nicht, bewiesen oder nicht.

Nur das Prozessrecht ermöglicht es dem Anwalt, mit Anträgen und anderen Prozesshandlungen gestaltend auf das Verfahren einzuwirken. Dazu muss er aber die Prozessordnung beherrschen. Das wiederum erfordert ein gerütteltes Maß an positivem Wissen, verbunden mit jahrelanger Erfahrung. Das gilt für Anwälte und Richter gleichermaßen. Diesen kommt dabei aber zugute, dass sie die Prozessordnung Tag für Tag bis in die Verästelungen hinein anzuwenden haben, weil sie den Verfahrensablauf steuern müssen. Jedoch können Anwälte gegensteuern. Die Zivilprozessordnung bietet ihnen ebenso wie andere Verfahrengesetze zahlreiche Möglichkeiten, den Verfahrensgang zu beeinflussen. Sie können sich beispielsweise das ihnen zusagende Gericht auswählen, da ein Kläger unter mehreren Gerichtsständen die Wahl hat (§ 35 ZPO). Von ihnen hängt die Wahl der Klageform ab, etwa die Entscheidung für den Urkundenprozess (§ 592 ZPO). Sie bestimmen mit ihren Prozesshandlungen, wie der Richter vorzugehen hat, etwa ob er ein Versäumnisurteil (§§ 330, 331 ZPO) oder ein Anerkenntnisurteil (§ 307 ZPO) zu erlassen hat oder ob er noch über eine Widerklage (§ 33 ZPO) oder eine Zwischenfeststellungsklage (§ 256 Abs. 2 ZPO) entscheiden muss. So ließen sich noch zahlreiche andere verfahrensrechtliche Gestaltungsmöglichkeiten anführen.

Um diese Prozesschancen nutzen zu können, sollten sich die Anwälte im Prozessrecht so sicher bewegen wie die Richter – besser: noch beschlagener sein als diese. Nur dann sind sie in der Lage, auf eine fehlerhafte richterliche Prozessführung berichtigend und vor allem unverzüglich zu reagieren. Der Prozess selbst ist eben ein „Kampf um's Recht", wie der Titel des berühmten Iheringschen Vortrages aus dem Jahr 1872 lautete. Ausgetragen wird er mit den Waffen des Verfahrensrechts. Tatsächlich spielt sich der Kampf um's Recht aber auch zwischen Anwälten und Gerichten ab. Diese tendieren dazu, die Prozessordnung so anzuwenden, dass ihnen tunlichst Arbeit erspart und der Rechtsstreit zum Beispiel möglichst schnell durch einen Vergleich oder jedenfalls ohne Beweisaufnahme beendet wird. Bei dem Bemühen darum erliegen sie immer und immer wieder der Versuchung, Verfahrensrechte einseitig oder fehlerhaft anzuwenden, um „kurzen Prozess" zu machen. Dabei kommt es zu mannigfachen Verstößen, etwa durch Unterlassen der Hinweispflicht nach § 139 ZPO, durch unrichtige, manchmal sogar bewusst unrichtige Auslegung prozessualer Vorschriften, Nichtberücksichtigung höchstrichterlicher oder gar verfassungsrechtlicher Leitentscheidungen, Übergehen von Beweisanträgen und so fort. Derartigen Prozessrisiken kann der Anwalt nur entgegenwirken, indem er sich vorausschauend darauf einstellt oder nachträglich rechtzeitig darauf reagiert. Dazu aber muss er die Gefahrenquellen kennen.

Ungeachtet dieser Einsicht sind vor allem junge Juristen mit dem Verfahrensrecht nicht genügend vertraut, obwohl es die Grundlage anwaltlicher Tätigkeit ist. Schon mit soliden Kenntnissen des *allgemeinen* Zivilprozessrechts hapert es, erst recht mit Spezialthemen, ohne deren Beherrschung die Prozessführung sich dem Zufallsprinzip nähert. Deshalb behandele ich auch und gerade solche Gebiete ausführlich, die von jungen Anwälten erfahrungsgemäß nicht gründlich beherrscht werden, beispielsweise

– das **Streitwertrecht**: davon kann die Zuständigkeit und die Höhe der Vergütung abhängen,

– das **Präklusionsrecht**: davon kann der Prozessausgang abhängen,

– der **Klageantrag**: von ihm kann die Zulässigkeit und ebenso die Begründetheit abhängen,

– die **Streitverkündung**: deren Versäumung kann zum Regress führen.

Vor allem die **Klagebegründung** ist das Markenzeichen des qualifizierten Anwalts. Auch für das Verfahren vorgreifliche Themen sind zu berücksichtigen, etwa der **Kontakt mit dem Mandanten** oder das risikoreiche und fehlerträchtige **Beweisrecht**. Textbegleitend finden sich zahlreiche Hilfen: Schriftsatzmuster, Tipps, Strategieanweisungen und Warnungen vor Fehlerquellen.

Den Vorschlägen von Lesern, aber auch Rezensenten folgend habe ich das Werk jetzt um zwei neue Kapitel erweitert, nämlich

– die **Klageerwiderung** des Beklagten und

– die **Replik** des Klägers.

Wir sind in den letzten Jahren von zahlreichen Gesetzesänderungen überrollt worden, deren Praxistauglichkeit mit Recht durchgehend bezweifelt wird. Das gilt nicht zuletzt für die ZPO 2002. Hinzugekommen sind mehrere sogenannte „Justizmodernisierungsgesetze" (in Wahrheit nur „Reparaturgesetze") sowie die völlige Neufassung des Gerichtskostengesetzes und das Rechtsanwaltsvergütungsgesetz, das die BRAGO ersetzt. Eine Folge dieser Überflutung ist, dass noch für geraume Zeit altes Schrifttum neben neuester Literatur berücksichtigt werden muss. Beispielsweise hat sich im Streitwertrecht durch das neue Gerichtskostengesetz inhaltlich nichts Wesentliches geändert, wohl aber die Paragraphenzählung. Noch Jahrzehnte werden wegen der Inhaltsgleichheit die alte Rechtsprechung und das alte Schrifttum für das Streitwertrecht maßgebend bleiben. Ähnlich verhält es sich etwa mit dem Recht der Verjährung und des Verzugs, dem neuen RVG oder mit den Grundlagen des Verfahrensrechts. Daher sind im materiellen Recht und im Zivilprozessrecht noch über geraume Zeit hin ältere Werke, vor allem die Großkommentare, neben aktuellen Neubearbeitungen zu berücksichtigen. Um dem Leser das ständige Nachschlagen in einem Literaturverzeichnis zu ersparen („Um welche Auflage handelt es sich?"), habe ich das Schrifttum immer mit vollem Titel, Auflage und Jahreszahl angeführt. Der Leser weiß daher stets, ob sich ein immer noch aussagekräftiger Beleg auf altes oder neues Recht bezieht. Eines gesonderten Literaturverzeichnisses bedurfte es daher nicht. Die Neuauflage hat gezeigt, dass die Angabe der vollständigen Bibliographie sachdienlich ist. Denn wieder haben sich die Auflagen fast aller einschlägigen Kommentare geändert.

Nachweisstand ist Juni 2007.

Für Anregungen aus der Leserschaft sind der Verlag und ich jederzeit dankbar. Zu Ihrer Erleichterung sind am Buchende Rückantwortkarten eingebunden.

Much, im Juni 2007   Egon Schneider

Inhaltsübersicht

	Seite
Vorwort	VII
Inhaltsverzeichnis	XV
Abkürzungsverzeichnis	XLI

	Rn.	Seite
Einleitung	1	1

Erstes Kapitel: Vorprozessualer Bereich

	Rn.	Seite
§ 1 Anwalt und Mandant	12	4
§ 2 Anwalt und Dritte	93	21
§ 3 Wahl der Parteien	196	51
§ 4 Zuständigkeit	280	69

Zweites Kapitel: Zivilprozessuales Streitwertrecht

	Rn.	Seite
§ 5 Grundlagen	398	103
§ 6 Methodik der Wertermittlung	477	116
§ 7 Wertansätze	539	128
§ 8 Wertfestsetzung durch das Gericht	732	164
§ 9 Streitwertbeschwerde	765	169
§ 10 Änderung der Wertfestsetzung	813	179

Drittes Kapitel: Überlegungen zum richtigen Vorgehen

	Rn.	Seite
§ 11 Wahl des Verfahrens	827	182
§ 12 Wahl der Verfahrenseinleitung	884	193
§ 13 Streitverkündung und Streithilfe	1008	219

Viertes Kapitel: Prozessuale Grundsatzfragen

	Rn.	Seite
§ 14 Streitgegenstand	1073	235
§ 15 Rechtsschutzbedürfnis	1145	248

Inhaltsübersicht

Fünftes Kapitel: Präklusionsrecht

	Rn.	Seite
§ 16 Rechtsanwendungsgrundsätze	1212	260
§ 17 Die Verzögerung	1229	263
§ 18 Besondere Verfahrenslagen	1240	266
§ 19 Wirksame Fristsetzung	1273	272
§ 20 Verletzung der Mitwirkungspflicht des Gerichts	1288	275
§ 21 Früher erster Termin; Durchlauftermin	1308	279
§ 22 Darlegungslast, Glaubhaftmachung, Verschulden	1313	281
§ 23 Zeugenbenennung	1338	285
§ 24 Erwiderung des Gegners; Schriftsatznachlass	1356	289
§ 25 Reaktion auf Gegenansprüche und Einreden	1366	291
§ 26 Einspruch gegen ein Versäumnisurteil	1375	293
§ 27 Mahnverfahren; Urkundenprozess	1386	296
§ 28 Allgemeines Fristenrecht	1393	297

Sechstes Kapitel: Vorbereitende Schriftsätze

§ 29 Formfragen	1401	300
§ 30 Sprache	1414	303
§ 31 Belege und Zitate in Schriftsätzen	1448	310
§ 32 Bezugnahmen	1461	313
§ 33 Unterschrift	1480	318

Siebtes Kapitel: Die Abfassung der Klageschrift

§ 34 Die Parteibezeichnung	1499	321
§ 35 Die Fassung des Klageantrags	1624	345
§ 36 Bedingte und alternative Anträge	1663	354
§ 37 Mehrheit von Sachverhalten	1678	356
§ 38 Teilklagen	1699	361
§ 39 Teilzahlungen	1729	366
§ 40 Leistung und Gegenleistung	1743	369
§ 41 Unerlaubte Handlung	1774	375
§ 42 Nebenanträge	1791	379
§ 43 Kostenantrag; Sicherheitsleistung; frühes Versäumnisurteil	1881	399
§ 44 Der Sachverhalt	1897	402
§ 45 Die Substantiierung	1918	407

	Rn.	Seite
§ 46 Anhang: Auslegungen von Willenserklärungen und Verträgen	1953	413

Achtes Kapitel: Problemfelder der Klagebegründung

	Rn.	Seite
§ 47 Die Behauptungslast	1997	423
§ 48 Das Umfangsproblem	2011	425
§ 49 Konkludentes Vorbringen	2031	429
§ 50 Ungünstiges eigenes Vorbringen	2041	431
§ 51 Behauptungslast bei Feststellungsklagen	2057	434
§ 52 Sondernormen zur Behauptungslast	2087	440
§ 53 Insbesondere gesetzliche Vermutungen	2095	441
§ 54 Rechtsbegriffe und Rechtsausführungen	2109	444
§ 55 Normative Tatbestandmerkmale	2153	452
§ 56 Behauptungslast und Erfahrungssätze	2180	459

Neuntes Kapitel: Die einzelnen Beweismittel

	Rn.	Seite
§ 57 Augenschein	2200	464
§ 58 Zeuge	2204	465
§ 59 Sachverständiger	2243	472
§ 60 Urkunde	2254	474
§ 61 Parteivernehmung	2258	475

Zehntes Kapitel: Die Beweisführung

	Rn.	Seite
§ 62 Beweisen	2268	477
§ 63 Beweisarten	2287	480
§ 64 Beweislast und Beweisbeschluss	2304	484
§ 65 Beweislast und Beweiswürdigung	2315	486
§ 66 Beweisfragen beim Anwaltsvertrag	2319	487

Elftes Kapitel: Klageerwiderung

	Rn.	Seite
§ 67 Die Bedeutung der Klageerwiderung	2336	491
§ 68 Vorprüfung der Erfolgsaussicht des Beklagten	2340	491
§ 69 Unterwerfen?	2380	498
§ 70 Verteidigen	2401	502

Zwölftes Kapitel: Replik des Klägers

	Rn.	Seite
§ 71 Auseinandersetzung mit der Klageerwiderung	2436	507
§ 72 Drohendes Unterliegen	2441	507
Sachregister		517

Inhaltsverzeichnis

	Seite
Vorwort	VII
Inhaltsübersicht	XI
Abkürzungsverzeichnis	XLI

	Rn.	Seite
Einleitung	1	1

Erstes Kapitel: Vorprozessualer Bereich

§ 1 Anwalt und Mandant

	Rn.	Seite
I. Mandatsvertrag	12	4
II. Aufklärungspflichten	28	7
1. Beratung des Mandanten	28	7
2. Kostenbelehrung	43	10
3. Hilfsbedürftiger Mandant	54	11
4. Mitarbeit des Mandanten	65	13
III. Vergütung	66	13
1. Vorschussanforderung	66	13
2. Honorarvereinbarung	69	14
IV. Haftung des Anwalts	70	15
1. Erwartete Rechtskenntnisse	70	15
2. Haftungsvorsorge	72	16
V. Mandatsbeendigung	79	18
1. Sonderkündigung	79	18
2. Mandatsniederlegung in einem selbständigen Beweisverfahren	84	19
3. Kündigungsschreiben	91	20

§ 2 Anwalt und Dritte

	Rn.	Seite
I. Anschreiben und Legitimation	93	21
1. Persönliches Anschreiben	93	21
2. Mehrere Personen	95	23
3. Vollmachtnachweis	99	23
4. Telefax-Vollmacht	113	25
II. Insbesondere die Mahnung	114	26
1. Formulierung der Mahnung	114	26
2. Formulierungsvorschläge	126	28

	Rn.	Seite
III. Korrespondenz mit dem Versicherer	127	29
1. Außergerichtlicher Deckungsschutz	138	31
2. Deckungsschutz für eine Klage	138	31
3. Erweiterung des Deckungsschutzes	138	31
4. Deckungsschutz für die Rechtsverteidigung	138	32
5. Anspruchsschreiben des Geschädigten	138	32
IV. Zugang von Schriftstücken	139	33
1. Kein Anscheinsbeweis	139	33
2. Zugangsnachweis	145	34
3. Handelsrechtliche Besonderheiten	150	36
V. Akteneinsicht	152	36
1. Aktenüberlassung	153	37
2. Freiwillige Gerichtsbarkeit	157	37
3. Strafakten	161	40
VI. Auskünfte	165	41
1. Auskunft Justizverwaltung – Urteilstext	167	41
2. Auskunft Einwohnermeldeamt	169	42
3. Auskunft Gewerbeamt	170	43
4. Auskunft Postfiliale	171	43
5. Auskunft vom Vermieter	172	43
6. Auskunft beim Straßenverkehrsamt	173	46
7. Zentralruf der Autoversicherer	176	47
8. Grundbucheinsicht	177	47
9. Auskunft aus dem Handelsregister	189	49
10. Identitätsangaben	195	50

§ 3 Wahl der Parteien

	Rn.	Seite
I. Wer ist beteiligt?	196	51
II. Wer soll klagen?	204	52
1. Aktivlegitimation (Sachbefugnis) und Prozessführungsbefugnis	204	52
2. Prozessführungsbefugnis	205	53
3. Prozessstandschaft	213	54
III. Streitgenossen	224	56
IV. Anwaltssozietät	231	58
V. Gesamtgläubiger	233	58
VI. Mitgläubiger	236	59
VII. Abtretung	240	59
1. Beweisvorteile	240	59
2. Tatsächliche Zweifel	251	62
3. Abtretungshindernisse	253	62

	Rn.	Seite
VIII. Wer soll verklagt werden?	260	64
1. Zweifel hinsichtlich der Passivlegitimation	261	64
2. Beweisrechtliche Überlegungen	266	65
3. Vollstreckungsrechtliche Überlegungen	271	66
4. Berücksichtigung des Kostenrisikos	274	67
IX. Berichtigung der Parteibezeichnung	278	68

§ 4 Zuständigkeit

	Rn.	Seite
I. Rechtsweg	280	69
1. Kompetenzstreit	281	69
2. Rechtswegbestimmung	284	69
3. Rechtsmittel	287	70
4. Bindungswirkung	291	70
5. Insbesondere: Ordentliches Gericht und Arbeitsgericht	300	71
II. Bedeutung der Gerichtsstandswahl	303	72
1. Objektive Klagenhäufung	307	73
2. Subjektive Klagenhäufung	308	73
3. Insbesondere: Streitgenossen	312	74
4. Taktische Überlegungen	315	75
5. Vereinbarter Gerichtsstand	328	78
6. Einzelrichterzuständigkeit	331	78
7. Rügelose Einlassung	339	79
III. Welches Gericht ist örtlich zuständig?	343	80
1. Wichtige ausschließliche Gerichtsstände	344	80
2. Wichtige nicht ausschließliche Gerichtsstände	350	82
IV. Welches Gericht ist sachlich zuständig?	361	85
1. Streitwert-Zuständigkeit	362	85
2. Streitgegenstand	365	85
V. Welches Gericht ist funktionell zuständig?	371	86
1. Gerichtsinterne Bedeutung	371	86
2. Kammer für Handelssachen	373	87
a) Erster Rechtszug	374	87
b) Berufungsinstanz	381	88
VI. Zuständigkeitsspaltung	384	89
1. Zuständigkeit nur für eine von mehreren Anspruchsgrundlagen	385	89
2. Zuständigkeit für mehrere Personen	387	90
VII. Gerichtsstands-Schlüssel	394	92

Zweites Kapitel: Zivilprozessuales Streitwertrecht

	Rn.	Seite
Vorbemerkung	396	102

§ 5 Grundlagen

	Rn.	Seite
I. Begriffe	402	103
1. Leistungen und Bewertungsgegenstand	402	103
2. Höhe der Leistungen	408	104
II. Zuständigkeitswert, Gebührenstreitwert, Beschwer	419	105
1. Begriffe	419	105
2. Bindungswirkung	424	106
3. Förmliche Festsetzung	427	106
4. Rechtsfolgen	429	107
5. Bindungsgrenzen	434	107
6. Beschwerdeausschluss	435	108
III. Eigenständige Gebührenstreitwerte	438	108
1. Miet- und Pachtsachen	439	108
a) Eingangswert	441	109
b) Berufungssumme	443	109
2. Unterhaltssachen; Renten	445	110
3. Klage und Widerklage	447	110
4. Stufenklage	451	111
IV. Zeitpunkt der Wertberechnung	453	111
1. Wertänderungen	453	111
2. Antragsänderungen	455	112
a) Amtsgerichtliches Verfahren	456	112
b) Landgerichtliches Verfahren	461	113
c) Verweisung	465	113
V. Rechtsanwendungsprobleme	468	114
1. Berufungsinstanz	468	114
2. Prozessverbindung und Trennung	469	114
3. Anerkenntnis	472	115
4. Erledigung der Hauptsache	475	115

§ 6 Methodik der Wertermittlung

	Rn.	Seite
I. Vorgehen anhand der Bewertungsvorschriften	477	116
1. Vorgeschriebene Wertangaben	477	116
2. Gesetzessystematik	479	116
II. Prüfungs-Schema	484	117
1. Vermögensrechtlich oder nichtvermögensrechtlich?	485	117
2. Es ist etwas anderes bestimmt	492	118
a) GKG-Vorschriften	494	119
b) RVG-Vorschriften	497	120
c) Sonstige Gesetze	498	120

	Rn.	Seite
3. Es ist nichts anderes bestimmt	499	120
4. Außerhalb eines gerichtlichen Verfahrens	505	121
5. Verweisung auf die KostO	508	121
6. Billiges Ermessen	509	122
III. Bemessungsgrundsätze	511	123
1. Nichtvermögensrechtliche Angelegenheiten	511	123
2. Insbesondere Vermögen und Einkommen	514	123
3. Vermögensrechtliche Streitigkeiten	520	125
IV. Bewertungsermessen	529	126
1. Regel und Ausnahme	529	126
2. Ermessenspflicht	530	126
a) Fehlende Schätzungsanhalte	531	126
b) Sondervorschriften	532	127
c) Geringerbewertung	533	127
d) Änderungspflicht	534	127

§ 7 Wertansätze

	Rn.	Seite
I. Bewertungsgegenstand	539	128
1. Klageantrag	539	128
2. Rechtliche Beurteilung	544	130
3. Anspruchsgrundlagen	546	130
4. Einwendungen; Gegenleistung	547	130
5. Feststellung; unbezifferte Leistung	548	131
II. Voller Wert	550	131
1. Auslegungszweifel bei § 6 ZPO	551	131
2. Überhöhte Bewertungen	553	131
3. Nichtiger Vertrag	556	132
4. Fiktive Befriedigung	557	132
5. Vollstreckungsabwehr	559	133
6. Teilforderung	560	133
7. Freistellung	562	133
8. Ungerechtfertigte Bereicherung	564	134
9. Selbständiges Beweisverfahren	565	134
10. Erledigung der Hauptsache	572	136
III. Bruchteilswerte	576	136
1. Feststellungsklage	577	137
2. Auskunftsklage; Rechnungslegung	582	138
a) Auskunftsansprüche	583	138
b) Rechnungslegung	587	139
c) Vorsicht bei Berufung!	588	139
3. Erbstreitigkeiten	590	140
4. Nebenintervention	592	140
5. Einstweilige Verfügung	594	141

	Rn.	Seite
6. Einstweilige Einstellung	599	142
7. Fälligkeit	601	142
IV. Anspruchsmehrheiten	603	142
1. Mehrheit von Anspruchsgrundlagen	606	143
2. Mehrheit prozessualer Ansprüche (Anträge)	608	143
a) Rechtliche Identität	612	143
b) Wirtschaftliche Identität	618	144
3. Bewertungsfehler	623	145
4. Klagenhäufung	624	145
a) Objektive Klagenhäufung	624	145
b) Subjektive Klagenhäufung	625	146
c) Eventuelle Klagenhäufung	626	146
5. Klage und Widerklage	629	147
6. Wahlschuld und Ersetzungsbefugnis	633	148
7. Aufrechnung	643	149
V. Zinsen	648	149
1. Nebenforderung	648	149
2. Novation	652	150
3. Selbständiger Zinsanspruch	653	150
4. Hinterlegungszinsen	656	151
5. Mehrwertsteuer	657	151
6. Mietkautionszinsen	659	151
VI. Teilzahlungen	661	151
1. Fehlerhafte Praxis	662	152
2. Berechnungsbeispiel	667	153
a) Fehlerhafte Berechnung	668	153
b) Fehlerfreie Berechnung	673	153
3. Sonstige Fälle	681	154
a) Anfangswert	681	154
b) Zuständigkeit	682	155
c) Zwangsvollstreckung	683	155
d) Anwaltliche Kontrolle	684	155
VII. Prozessvergleich; Einigungsvertrag	685	155
1. Die neue Rechtslage	685	155
2. Die Streitwertbemessung	695	157
3. Kapitalabfindung	705	159
4. Einbeziehung weiterer Ansprüche	709	159
a) Einbeziehung anderweit rechtshängiger oder streitiger Ansprüche	710	159
b) Wertloser Gegenanspruch	712	160
c) Unstreitige einbezogene Ansprüche	713	160
5. Begründung neuer Rechtsverhältnisse	719	161
6. Hilfswiderklage und Hilfsantrag	724	162

	Rn.	Seite
7. Hauptprozess und Eilverfahren	727	162
8. Fortsetzungsverfahren bei Vergleichsnichtigkeit	729	163

§ 8 Wertfestsetzung durch das Gericht

	Rn.	Seite
I. Wertangabe	732	164
1. Berichtigungsanträge	732	164
2. Risiken	733	164
II. Festsetzungsantrag	736	165
III. Festsetzung des Streitwerts	739	165
1. Vorläufige Wertfestsetzung	739	165
2. Endgültige Wertfestsetzung	741	166
a) Festsetzungszuständigkeit	741	166
b) Streitgegenstandsänderungen	747	166
3. Begründungszwang	748	167
4. Reflexwirkung der Streitwertfestsetzung	751	167
a) Bindung an den Wertansatz	751	167
b) Nur innerinstanzliche Bindung	754	168
c) Streitgegenstandsänderung	758	168
d) Form der Festsetzung	759	168
e) Verweisungsbeschlüsse	762	169

§ 9 Streitwertbeschwerde

	Rn.	Seite
I. Zulässigkeit der Beschwerde	765	169
1. Beschwerdefähige Entscheidung	768	170
a) Festsetzung für die Zuständigkeit	769	170
b) Vorläufige Streitwertfestsetzung	771	171
c) Endgültige Streitwertfestsetzung	774	171
2. Beschwer der Partei	776	172
a) Beschwer und Wert des Beschwerdegegenstandes	776	172
b) Verfahrensrechtliche Folgerungen daraus	779	172
3. Rechtsschutzbedürfnis	784	173
a) Beschwerdeführer	787	174
b) Erhöhungsinteresse der Partei?	789	174
4. Beschwerdesumme	793	175
a) Berechnung der Beschwerdesumme	796	175
b) Teilweise Abhilfe	798	176
c) Nachträgliche Beschwer	800	176
5. Beschwerdefrist	802	177
6. Zulassungsbeschwerde	805	177
II. Beschwerdeverzicht	809	178

	Rn.	Seite
§ 10 Änderung der Wertfestsetzung		
I. Änderungsbefugnis	813	179
1. Pflichtgemäßes Ermessen	813	179
2. Rechtsmittelinstanz	815	179
II. Änderungsfrist	817	179
III. Gegenvorstellung	818	180
1. Kontrollpflicht des Anwalts	818	180
2. Verfristung der Gegenvorstellung	821	180

Drittes Kapitel: Überlegungen zum richtigen Vorgehen

	Rn.	Seite
§ 11 Wahl des Verfahrens	827	182
I. Selbständiges Beweisverfahren	830	182
II. Mahnverfahren	832	183
1. Hemmung der Verjährung	833	183
2. Bezeichnung des Anspruchs	835	183
a) Individualisierung und Substantiierung	835	183
b) Anlagen zum Mahnbescheid	841	185
c) Mahnbescheid oder Klage?	843	185
III. Prozesskostenhilfe	849	187
1. Klärung der Hilfsbedürftigkeit	850	187
a) Anlass zur Belehrung	853	187
b) Umfang der Beratungspflicht	858	188
c) Vertretung im Bewilligungsverfahren	863	189
2. Weiteres Vorgehen bei Hilfsbedürftigkeit	866	189
a) Zwei mögliche Wege	866	189
b) Sicherster Weg	873	191
IV. Bagatellverfahren (§ 495a ZPO)	876	191
1. Missbrauchsgefahr	876	191
a) Freistellung von Verfahrensgrundsätzen	876	191
b) Geringe Abwehrmöglichkeiten	878	192
2. Schutzmaßnahmen des Anwalts	879	192
a) Antrag auf mündliche Verhandlung	879	192
b) Überschreiten der Wertgrenze	881	193
§ 12 Wahl der Verfahrenseinleitung		
I. Wahl der Klageform	884	193
II. Teilklage	887	194
1. Offene Teilklage	888	195
2. Verdeckte Teilklage	890	195

	Rn.	Seite
III. Klagenhäufung	895	196
1. Objektive und subjektive Klagenhäufung	895	196
a) Prozesstaktische Überlegungen	897	196
b) Rechtsschutzinteresse	900	197
c) Arglisteinrede	901	197
2. Klagenhäufung und mehrfache Begründung	903	198
a) Mehrere prozessuale Ansprüche	903	198
b) Mehrere Anspruchsgrundlagen	904	198
c) Mehrere Sachverhalte	905	198
3. Auswirkungen	906	199
a) Eventualverhältnisse	906	199
b) Zuständigkeitsprüfung	908	199
IV. Hilfsanträge	911	200
1. Echte Hilfsanträge	911	200
2. Rechtshängigkeit und Verjährung	916	200
3. Bindung des Gerichts	921	201
4. Unechte Hilfsanträge	923	201
5. Teilklage mit Hilfsanträgen	925	202
a) Mehrere prozessuale Ansprüche	925	202
b) Mehrere Rechnungsposten	930	203
6. Formulierungsvorschläge für Anträge	932	204
V. Insbesondere Streitgenossen	934	205
1. Einfache Streitgenossenschaft	934	205
2. Notwendige Streitgenossenschaft	938	206
3. Einzelne Sachverhalte	949	207
a) Hauptschuldner und Bürge	950	207
b) Gesellschaft und Gesellschafter	955	208
c) Miteigentümer	957	209
4. Tod eines Streitgenossen	961	210
a) Notwendige Streitgenossenschaft	961	210
b) Einfache Streitgenossenschaft	962	210
VI. Vorabklärung des Grundes (Grundurteil)	972	212
1. Vorüberlegungen	973	212
2. Einzelheiten	975	213
a) Grund und Höhe	975	213
b) Erfolgsprognose	978	213
c) Mitverschulden	980	213
d) Anspruchsmehrheit	981	214
e) Mehrheit von Schadenspositionen	983	214
f) Fehlerhafter Vorgriff	985	214
g) Übereinstimmende Anregungen	987	215
VII. Zustellungsprobleme	988	215
1. Genaue Angabe	988	215

Inhaltsverzeichnis

	Rn.	Seite
2. Öffentliche Zustellung	996	217
3. Zustellung an einen Anwalt	1001	218
4. Zustellungskosten	1005	219

§ 13 Streitverkündung und Streithilfe

	Rn.	Seite
I. Bedeutung der Streitverkündung	1008	219
1. Beratungspflicht des Anwalts	1012	220
2. Rechtsschutzversicherung	1015	220
II. Soll überhaupt der Streit verkündet werden?	1017	221
1. Streitverkündung gegenüber einem Anwalt	1019	221
2. Interessenkonflikte	1020	221
3. Sachdienlichkeitserwägungen	1025	223
4. Streitverkündung nach Urteilserlass	1026	223
5. Beitrittsfreiheit	1028	223
6. Verkündungsfreiheit	1031	224
7. Kostenrisiko des Streitverkündeten	1034	224
8. Stellung des Streitverkünders	1036	225
III. Die Form der Streitverkündung	1037	225
1. Schriftsatzzwang	1037	225
2. Muster eines Streitverkündungs-Schriftsatzes	1038	226
IV. Beitritt des Streitverkündeten	1040	227
1. Form des Beitritts	1040	227
2. Beitritt ohne Streitverkündung	1043	227
3. Zeitpunkt des Beitritts	1046	228
4. Umfang des Beitritts	1047	228
a) Stellung richtiger Anträge	1047	228
b) Kostenerstattung	1050	229
5. Muster eines Beitritts-Schriftsatzes	1052	230
6. Muster eines Ergänzungsantrags	1052	230
V. Informationszwang und Zustellung	1053	231
VI. Befugnisse des Streithelfers	1055	231
1. Stellung im Prozess	1055	231
2. Spätere Rechtsstellung des Streithelfers	1060	232

Viertes Kapitel: Prozessuale Grundsatzfragen

§ 14 Streitgegenstand

	Rn.	Seite
§ 14 Streitgegenstand	1073	235
I. Objektive Klagenhäufung	1079	236
1. Prozessuale Betrachtungsweise	1081	236
2. Antrag plus Sachverhalt	1083	236

	Rn.	Seite
II. Eventuelle Klagenhäufung	1085	237
1. Mehrere Anspruchsgrundlagen	1086	237
2. Mehrere materiell-rechtliche Ansprüche	1090	238
3. Scheinbarer Hilfsantrag	1092	238
4. Bedingungsverhältnisse	1095	239
III. Rechtshängigkeit	1102	240
IV. Rechtskraft	1112	242
1. Vergessene Anspruchsgrundlage	1112	242
2. Neuer Sachverhalt	1115	242
V. Rechtskraft und Zinsanspruch	1117	243
VI. Ausschaltung materiell-rechtlicher Anspruchsgrundlagen	1125	244
VII. Gleichwertiges Parteivorbringen	1132	246
VIII. Ausblick	1142	247

§ 15 Rechtsschutzbedürfnis

	Rn.	Seite
I. Grundsatz	1145	248
1. Feststellungsklage	1146	248
2. Leistungsklage	1153	249
II. Beispiele für bestehendes Rechtsschutzbedürfnis	1156	249
III. Beispiele für fehlendes Rechtsschutzbedürfnis	1162	250
1. Äußerungsfreiheit	1162	250
2. Nutzloser prozessualer Aufwand	1163	251
3. Wegfall des Interesses	1168	251
4. Lehre	1170	252
IV. Titelstreitigkeiten	1171	252
V. Mietrechtliche Räumungsklagen	1175	252
VI. Dingliche Rechte	1181	253
VII. Unterhalt	1184	254
VIII. Kostenerstattungsansprüche	1187	254
1. Begriffe	1187	254
2. Geltendmachung	1190	255
IX. Verfahrensfragen	1194	256
1. Zuständigkeitsprüfung	1194	256
2. Unbegründetheit vor Zulässigkeit	1195	256
3. Nachträgliche Veränderung der Rechtslage	1197	256
X. Vorgehen im Rechtsstreit	1201	257

Fünftes Kapitel: Präklusionsrecht

§ 16 Rechtsanwendungsgrundsätze

	Rn.	Seite
I. Zweckverfehlung	1212	260
II. Zurückweisungsarten	1216	261
III. Wertung	1222	262
IV. Analogieverbot	1225	262

§ 17 Die Verzögerung

I. Unterschiedliche Verzögerungsbegriffe	1229	263
II. Teilurteil	1236	265
III. Grundurteil	1239	265

§ 18 Besondere Verfahrenslagen

I. Klageänderung, Klageerweiterung, Klagerücknahme	1240	266
1. Sachanträge	1240	266
2. Klageänderung	1243	266
3. Klageerweiterung	1245	266
4. Klagerücknahme	1247	267
II. Widerklage	1250	267
1. Keine Zurückweisung	1250	267
2. Widerklage als Verspätungsabwehr	1253	268
3. Berufungsverfahren	1257	268
III. Stufenklage	1258	268
IV. Aufrechnung	1259	269
1. Die Aufrechnungserklärung	1259	269
2. Hinterlegungsstreit	1263	269
3. Neuheit der Aufrechnung	1264	270
a) Nachgelassener Schriftsatz	1265	270
b) Unerhebliche Aufrechnung	1266	270
4. Insbesondere: Unsubstantiierte Aufrechnung	1267	270
a) Substantiierung und Individualisierung	1267	270
b) Unbestimmtheit der Forderung	1270	271
5. Aufgegebene Aufrechnung	1271	271

§ 19 Wirksame Fristsetzung

I. Formstrenge	1273	272
II. Anwaltliche Kontrolle	1280	273
III. Fristbemessung	1281	273
IV. OLG Hamm NJW-RR 2003, 1651	1285	274

	Rn.	Seite
§ 20 Verletzung der Mitwirkungspflicht des Gerichts	1288	275
I. Faires Verfahren	1289	275
II. Willkürverbot	1296	277
III. Fehlverhalten des Gerichts	1300	278
IV. Übersteigerte Anforderungen an die Parteien	1304	278
V. Beweislast	1305	279
VI. Zugelassenes Vorbringen	1306	279
VII. Anwaltliche Vorsorge	1307	279
§ 21 Früher erster Termin; Durchlauftermin	1308	279
§ 22 Darlegungslast, Glaubhaftmachung, Verschulden	1313	281
I. Grundsätzliche Regelung	1314	281
1. § 296 Abs. 1 ZPO	1315	281
2. § 296 Abs. 2 ZPO	1317	281
3. Anforderungen an das Gericht	1320	282
II. Verschulden und Glaubhaftmachung	1321	282
III. Begründungszwang	1326	283
IV. Vorgreifliche Berücksichtigung der höheren Instanz	1329	284
1. Zweitinstanzliche Entschuldigung	1329	284
2. Zurückgehaltenes Vorbringen	1335	285
§ 23 Zeugenbenennung		
I. Ladungspflicht	1339	286
II. Keine Ladungspflicht	1343	286
III. Ausbleiben des Zeugen	1349	287
IV. Parteivernehmung	1353	288
§ 24 Erwiderung des Gegners; Schriftsatznachlass		
I. Unerheblichkeit des Vorbringens	1356	289
II. Erheblichkeit des Vorbringens	1357	289
1. Einlassung des Gegners	1357	289
2. Zweitinstanzliche Fehlerkorrektur?	1359	289
3. Neuer Termin	1363	290
4. Verweigerte Gegenäußerung	1364	291

	Rn.	Seite
§ 25 Reaktion auf Gegenansprüche und Einreden		
I. Taktische Reaktion auf Gegenansprüche	1366	291
II. Die Verjährungseinrede	1370	292
§ 26 Einspruch gegen ein Versäumnisurteil		
I. Flucht in die Säumnis	1375	293
II. Antragsfalle	1378	293
III. Keine Notfrist	1380	294
IV. Der Zeitgewinn	1381	294
V. Das Risiko	1383	295
§ 27 Mahnverfahren; Urkundenprozess		
I. Mahnverfahren	1386	296
II. Urkundenprozess	1390	296
§ 28 Allgemeines Fristenrecht		
I. Unterschiedliche Fristarten	1393	297
II. Formale Fristsetzungen	1397	297
III. Richterliche Wiedervorlagefrist	1400	298

Sechstes Kapitel: Vorbereitende Schriftsätze

	Rn.	Seite
§ 29 Formfragen		
I. Schriftsatzarten	1401	300
1. Bestimmende Schriftsätze	1401	300
2. Vorbereitende Schriftsätze	1402	300
3. Nachgereichte Schriftsätze	1404	300
a) Verwertungsgebot	1404	300
b) Doppelter Schriftsatznachlass	1409	301
c) Fristüberschreitung	1411	302
d) Rechtliches Gehör	1412	302
§ 30 Sprache		
I. Gutes Deutsch	1414	303
1. Erste Regel: Konkrete Wortwahl	1416	303
2. Zweite Regel: Sinngebende Wörter hervorheben	1418	304
3. Dritte Regel: Kurze Hauptsätze, wenig Nebensätze	1424	305
4. Vierte Regel: Papierdeutsch durch Verben ersetzen	1427	305

	Rn.	Seite
II. Angemessene Ausdrucksweise	1431	306
III. Schlechtes Deutsch als Gerichtssprache?	1446	309

§ 31 Belege und Zitate in Schriftsätzen

	Rn.	Seite
I. Beleg und Zitat	1448	310
II. Belege im Schriftsatz	1450	311

§ 32 Bezugnahmen

	Rn.	Seite
	1461	313
I. Bezugnahme und Beweisantrag	1463	314
II. Bezugnahme in zweiter Instanz	1468	315
III. Blattsammlungen	1470	315
IV. Geschlossene Urkundensammlungen	1471	316
V. Ungünstiger Urkundeninhalt	1474	316
VI. Vorlage von Urkunden	1475	317

§ 33 Unterschrift

	Rn.	Seite
I. Vergessene Unterschrift	1480	318
II. Mindestanforderungen an die Unterschrift	1487	319
III. Geringer Vertrauensschutz	1491	319
IV. Telefax-Unterschrift	1494	320

Siebtes Kapitel: Die Abfassung der Klageschrift

§ 34 Die Parteibezeichnung

	Rn.	Seite
I. Parteiangaben	1499	321
1. Parteibegriff	1502	321
2. Anwaltliche Vertretung	1507	322
II. Identitätsangaben	1515	324
1. Mindestangaben	1515	324
2. Ungenaue Bezeichnung	1519	324
3. Vertreterangabe	1523	325
4. Mahnverfahren	1525	325
III. Wohnort	1526	326
1. Zustellung demnächst	1526	326
2. Unbekannte Anschrift	1529	326
3. Nachweis der Erbenstellung	1531	327
4. Unbekannte Erben	1536	328

	Rn.	Seite
5. Postanschrift	1537	329
6. Berufungsschrift	1538	329
IV. Streitgenossen	1539	329
V. Anschriftenänderung	1543	330
VI. Klage gegen Unbekannt	1546	332
1. Identifizierung durch Auslegung	1547	332
2. Hausbesetzer und Betrüger	1548	332
3. Räumungsansprüche	1550	333
VII. Einzelheiten	1556	334
1. Einzelkaufmann	1556	334
a) Der handelsrechtliche Name	1556	334
b) Inhaberwechsel	1559	335
2. Gesellschaft bürgerlichen Rechts	1561	335
a) Die Außengesellschaft	1561	335
b) Die Innengesellschaft	1566	336
c) Warnung	1576	338
3. Partnerschaftsgesellschaft	1577	338
4. Miterben	1578	338
5. Mieter	1585	339
6. Wohnungseigentümer	1589	340
a) Parteifähigkeit	1589	340
b) Sammelbezeichnung der Gemeinschaft	1590	340
7. Handelsfirmen – Juristische Personen	1594	341
a) Firmenrecht	1596	341
b) Insbesondere die GmbH	1600	342
c) OHG und KG	1606	343
d) Stille Gesellschaft, Genossenschaft und Verein	1607	343
8. Fiskus	1612	343
VIII. Berichtigung des Rubrums	1615	344
IX. Nicht existierende Partei	1617	344

§ 35 Die Fassung des Klageantrags

	Rn.	Seite
I. Die gedankliche Vorarbeit	1624	345
1. Richterliche Kontrolle	1628	346
2. Auslegung	1629	346
3. Kostenantrag	1634	347
II. Die Bestimmtheit des Antrags	1635	347
1. Grundsatz	1635	347
2. Gesamtschuldner	1641	348
3. Herausgabe	1644	349
4. Auskunft	1647	350
5. Mängelbeseitigung	1649	350

	Rn.	Seite

6. Beseitigung von Beeinträchtigungen 1652 351
   a) Probleme der Antragsfassung 1652 351
   b) Zulässige bestimmte Antragsfassung 1657 352
   c) Sicherster Weg 1659 353
7. Abgabe einer Willenserklärung 1660 353

§ 36 Bedingte und alternative Anträge

I. Unzulässige Bedingungen 1663 354
II. Zulässige Bedingungen 1665 354
III. Alternative Anträge 1675 356

§ 37 Mehrheit von Sachverhalten

I. Doppelte Verbürgung 1678 356
II. Mehrere Sachverhalte – nur eine Leistung 1685 357
III. Mehrere Sachverhalte – mehrere Leistungen 1686 358
IV. Mehrere fristlose Kündigungen 1692 359

§ 38 Teilklagen

I. Fallgestaltungen 1699 361
II. Bindung des Gerichts 1704 362
III. Forderungsabtretung 1709 363
IV. Rechtskraft 1711 363
   1. Rechtskraft 1713 364
   2. Verjährung 1714 364
V. Prozesstaktik 1717 364

§ 39 Teilzahlungen

I. Fehlerhafte Berechnung 1729 366
II. Anrechnung nach § 367 BGB 1731 367
III. Richtige Antragsfassung 1734 368
IV. Ergänzende Regeln 1741 369

§ 40 Leistung und Gegenleistung

I. Die Verzugsvoraussetzungen 1743 369
   1. Grundsatz 1743 369
   2. Ausnahmen 1746 370
   3. Antragsfassung 1751 371

	Rn.	Seite
II. Fehlender Zug-um-Zug-Antrag	1756	371
III. Der Annahmeverzug	1759	372
1. Verzugseintritt	1759	372
2. Verzugsnachweis im Urteil	1763	372
3. Beweislast	1765	373
IV. Nachweisformen für den Annahmeverzug	1768	373
V. Gütliche Einigung	1773	375

§ 41 Unerlaubte Handlung

	Rn.	Seite
I. Die Vollstreckungsproblematik	1774	375
II. Prüfung der Anspruchsqualifizierung im Vollstreckungsverfahren	1779	376
1. Keine Titelergänzung	1779	376
2. Auslegung des Titels	1780	376
3. Vollstreckungsbescheid	1782	377
III. Feststellungsklage	1783	377
IV. Strategieanweisung	1790	378

§ 42 Nebenanträge

	Rn.	Seite
§ 42 Nebenanträge	1791	379
I. Zinsen	1792	379
1. Notwendigkeit der Begründung	1792	379
2. Akzessorietät	1794	379
3. Verjährung	1796	380
4. Abtretbarkeit	1806	381
5. Tilgungsrangfolge	1807	381
6. Zinsfuß	1808	381
II. Die Anspruchsgrundlagen	1817	383
1. Vertragliche Zinsverpflichtung	1818	383
2. Gesetzliche Zinsverpflichtung	1821	384
III. Insbesondere Prozesszinsen nach § 291 BGB	1822	386
1. Vertraglicher Verzinsungsausschluss?	1822	386
2. Zinsen und Mehrwertsteuer	1826	387
IV. Verzugszinsen	1830	388
1. Die gesetzliche Regelung	1830	388
2. Fälligkeitszinsen	1833	388
3. Brief-Mahnung	1836	389
4. Beweislast	1838	389
5. Einzelheiten	1839	389
6. Höhere Zinsen	1842	390
7. Verzugsbeginn	1844	390

	Rn.	Seite
V. Verzinsung der Ersatzsumme bei unerlaubter Handlung	1849	391
VI. Bankzinsen	1860	393
1. Voraussetzungen	1860	393
2. Beweisführung	1862	394
3. Beschaffung der Bankbescheinigung	1866	394
VII. Anlageverluste	1867	395
VIII. Haftungsfragen	1869	396
1. Haftung der Bank	1869	396
2. Haftung des Anwalts	1870	396
3. Möglichkeiten der Schadensbegrenzung	1878	398

§ 43 Kostenantrag; Sicherheitsleistung; frühes Versäumnisurteil

	Rn.	Seite
I. Kostenantrag	1881	399
II. Sicherheitsleistung	1887	400
1. Kein Antragszwang	1887	400
2. Teilsicherheitsleistung	1889	400
3. Art der Sicherheitsleistung	1892	401
III. Versäumnisurteil ohne mündliche Verhandlung	1895	401

§ 44 Der Sachverhalt

	Rn.	Seite
I. Die Aufgabe	1897	402
II. Die Darstellungsschwierigkeiten	1902	402
III. Zeitlicher Ablauf	1907	403
1. Ein Verkehrsunfall	1910	404
2. Entlastungs- und Verteidigungsumstände	1911	404
3. Gewährleistung	1913	405
4. Zeittafel	1916	405

§ 45 Die Substantiierung

	Rn.	Seite
I. Zur Terminologie	1918	407
1. Die Begriffe	1918	407
a) Behauptungslast und Beweislast	1918	407
b) Übersteigerte Anforderungen	1925	408
c) Tipps	1927	408
II. Die Subsumtion	1930	409
1. Modus Barbara	1941	410
2. Der „Justizsyllogismus"	1946	411
3. Einzelbegriffsubsumtion	1948	412

	Rn.	Seite

§ 46 Anhang: Auslegungen von Willenserklärungen und Verträgen

	Rn.	Seite
I. Allgemeine Grundsätze	1953	413
1. Parteiwille	1954	414
2. Auslegungsvorschriften	1957	414
3. Auslegung	1963	415
4. Auslegungshilfen	1967	416
II. Die Auslegungsregeln	1970	417
1. Eindeutigkeitsgrundsatz	1970	417
2. Andeutungsgrundsatz	1974	418
3. Vertrauensschutz	1978	418
a) Treu und Glauben	1978	418
b) Erkannter Irrtum	1981	419
c) Urkundenbeweisregel	1982	419
4. Verkehrsbedürfnis	1983	419
5. Schutz des Schwächeren	1986	420
6. Erhaltungsinteresse	1988	420
7. Auslegungsziel	1993	421

Achtes Kapitel: Problemfelder der Klagebegründung

§ 47 Die Behauptungslast

	Rn.	Seite
I. Beschränkung auf die Anspruchsvoraussetzungen	1997	423
II. Mehrere Anspruchsnormen	2000	423
III. Freie Schadensschätzung	2002	424
IV. Die Behauptungslast	2003	424
1. Das Prinzip der Behauptungslast	2003	424
2. Der Geltungsbereich des Prinzips	2006	424
3. Amtsermittlung	2010	425

§ 48 Das Umfangsproblem

	Rn.	Seite
I. Das rechte Maß	2011	425
II. Das Klarheitsgebot	2020	426
III. Das Präklusionsrisiko	2023	427
1. Überraschungsurteile	2024	427
2. Abwehrmaßnahmen	2025	428

§ 49 Konkludentes Vorbringen ... 2031 429

	Rn.	Seite
I. Offenkundige Tatsachen	2032	429
II. Beweisergebnis	2035	430

	Rn.	Seite
§ 50 Ungünstiges eigenes Vorbringen		
I. Überflüssige Ausführungen	2041	431
II. Prozessuale Einreden	2043	431
III. Zurückbehaltungsrecht	2044	431
IV. Verjährung	2049	432
V. Zusammenfassung	2053	433
VI. Gleichwertiges Parteivorbringen	2054	433
§ 51 Behauptungslast bei Feststellungsklagen	2057	434
I. Die Zulässigkeitsvoraussetzungen	2058	434
II. Die materiell-rechtlichen Voraussetzungen	2060	435
1. Die positive Feststellungsklage	2061	435
2. Die negative Feststellungsklage	2063	435
III. Worauf zu achten ist	2073	437
IV. Negative Feststellungsklage als anwaltliche Strategie	2080	438
V. Zwischenfeststellungsklage	2082	439
§ 52 Sondernormen zur Behauptungslast		
I. Nochmals: Behauptungslast und Beweislast	2087	440
II. Lehren	2093	441
§ 53 Insbesondere gesetzliche Vermutungen		
I. Die Struktur der Vermutungen	2095	441
II. Die Vermutungsfolge: Tatsache oder Recht	2097	441
1. Vermutung von Tatsachen	2099	442
2. Vermutung subjektiver Rechte	2100	442
III. Ergebnisse	2104	443
IV. Weitere gesetzliche Vermutungen	2107	443
§ 54 Rechtsbegriffe und Rechtsausführungen		
I. Rechtsbegriffe	2109	444
1. Erklärungslast	2111	444
2. Zweifel am Begriffsinhalt	2118	445
3. Erkennbarer Rechtsirrtum	2124	446
4. Schwierige Rechtsbegriffe	2128	447
5. Lehre	2133	448
II. Rechtsausführungen	2135	448
1. Grundsätzliches zu Rechtsausführungen	2135	448

	Rn.	Seite
2. Rechtsausführungen als Tatsachen	2144	450
3. Auswertung von Urkunden	2149	451

§ 55 Normative Tatbestandmerkmale

	Rn.	Seite
I. Die Problematik	2153	452
1. Legaldefinitionen	2153	452
2. Wertungen	2156	453
II. Die Bewertungskriterien	2161	454
III. Belege statt Behauptungen	2165	455
IV. Die Berücksichtigung des Ergebnisses einer Beweisaufnahme	2168	456
V. Ausforschungsbeweis	2174	457

§ 56 Behauptungslast und Erfahrungssätze

	Rn.	Seite
	2180	459
I. Darlegungszwang	2181	459
II. Darlegungserweiterung	2182	459
III. Kausalität	2188	461
IV. Kausalität plus Verschulden	2191	461
V. Lehre	2195	462

Neuntes Kapitel: Die einzelnen Beweismittel

	Rn.	Seite
Vorbemerkung	2196	463
I. Optische Hilfen	2197	463
II. Antragskonkretisierung	2198	463
III. Überflüssige Anträge	2199	464

§ 57 Augenschein

	Rn.	Seite
	2200	464

§ 58 Zeuge

	Rn.	Seite
I. Der Beweisantritt	2204	465
II. Fristsetzung nach § 356 ZPO	2213	466
III. Beweisantrag „Zeugnis N.N."	2214	466
IV. Leerformeln	2216	467
V. Sicherster Weg	2218	467
VI. Präsente Zeugen	2219	468
1. Verspätungsrecht	2219	468
2. Entschädigung	2223	468

	Rn.	Seite
VII. Ausforschung durch Vernehmung	2225	468
VIII. Verschwiegenheitspflicht; Aussageverweigerung	2228	469
IX. Auslagenvorschuss	2239	471

§ 59 Sachverständiger

	Rn.	Seite
I. Rechtsgrundsätze	2243	472
II. Anhörung	2248	472
III. Gesetzesänderung	2250	473

§ 60 Urkunde

	Rn.	Seite
I. Beweisantritt	2254	474
II. Beigezogene Akten	2257	474

§ 61 Parteivernehmung

	Rn.	Seite
I. Subsidiarität	2258	475
II. Waffengleichheit	2261	475

Zehntes Kapitel: Die Beweisführung

§ 62 Beweisen

	Rn.	Seite
I. Grundlagen	2268	477
II. Die Bedeutung der Beweislast	2277	478
1. Wegweiser-Funktion	2277	478
2. Behaupten und Beweisen	2281	479
a) Zuwenig-Behauptung	2282	479
b) Zuviel-Behauptung	2283	479
c) Ungenauigkeiten	2284	479
d) Beweislast und Hinweispflicht	2286	480

§ 63 Beweisarten

	Rn.	Seite
§ 63 Beweisarten	2287	480
I. Hauptbeweis	2288	480
II. Gegenbeweis	2291	481
III. Beweis des Gegenteils	2292	481
IV. Beweislastumkehr	2294	482
V. Gesetzesänderung	2302	483

	Rn.	Seite
§ 64 Beweislast und Beweisbeschluss		
I. Klageleugnen	2304	484
II. Unterschiedliche Verfahrenslagen	2305	484
1. Fehlende Schlüssigkeit	2305	484
2. Fehlender Beweisantrag	2308	484
III. Fehlerhaftes Beweisthema	2313	485
§ 65 Beweislast und Beweiswürdigung	2315	486
§ 66 Beweisfragen beim Anwaltsvertrag		
I. Das Mandat	2319	487
II. Pflichtwidrigkeit und Verschulden	2325	488
1. Beweislastverteilung	2325	488
2. Mangelhafte Beratung	2327	488
3. Prozessvergleich	2328	488
4. Mitverschulden	2331	489
5. Negativbeweis	2332	489
III. Der Schaden	2334	489

Elftes Kapitel: Klageerwiderung

	Rn.	Seite
§ 67 Die Bedeutung der Klageerwiderung	2336	491
§ 68 Vorprüfung der Erfolgsaussicht des Beklagten		
I. Schlüssigkeitsprüfung der Klage	2340	491
II. Zuständigkeit	2344	492
III. Verjährung	2348	493
IV. Beweislage	2349	493
1. Beweisregeln	2350	494
2. Verwertungsverbote	2353	494
3. Anscheinsbeweis	2354	494
4. Urkundenbeweis	2357	495
5. Sachverständiger	2361	495
6. Waffengleichheit	2369	496
V. Geständnis	2370	497

	Rn.	Seite
§ 69 Unterwerfen?		
I. Vergleich	2381	498
II. Anerkennen	2395	501
III. Erfüllen	2398	501
IV. Versäumnisurteil	2399	501
§ 70 Verteidigen		
I. Eigene Darstellung	2402	502
II. Bestreiten	2406	503
1. Die streitigen Tatsachen	2406	503
2. Die Formen des Bestreitens	2412	503
a) Einfaches Bestreiten	2413	504
b) Bestreiten mit Nichtwissen	2416	504
c) Qualifiziertes Bestreiten	2418	504
d) Substantiierungshilfe	2424	505
III. Verteidigungsmaßnahmen	2428	506

Zwölftes Kapitel: Replik des Klägers

	Rn.	Seite
§ 71 Auseinandersetzung mit der Klageerwiderung		
I. Die grundsätzlichen Überlegungen	2436	507
II. Klageänderung, Klageerweiterung	2440	507
§ 72 Drohendes Unterliegen		
I. Klagerücknahme	2442	508
1. Alte und neue Rechtslage	2442	508
2. Erfolgsprüfung des Klägers	2449	509
a) Aussichtslose Klage	2452	509
b) Wegfall des Rechtsschutzbedürfnisses	2453	510
aa) Erfüllung vor Klageeinreichung	2454	510
bb) Erfüllung nach Klageeinreichung	2456	510
3. Feststellungsklage wegen der Kosten	2461	511
II. Erledigung der Hauptsache	2468	512
1. Die Erledigung	2471	512
2. Der Zeitpunkt der Erledigung	2472	512
a) Erledigung vor Einreichung der Klage	2474	513
b) Erledigung nach Einreichung der Klage, aber vor Zustellung	2477	513
c) Erledigung nach Zustellung der Klage	2478	513

	Rn.	Seite
3. Die Erledigungserklärungen	2483	514
a) Erklärung des Klägers	2484	514
b) Erklärung des Beklagten	2487	514
4. Teilweise Erledigung	2491	515
III. Zusammenfassende Verfahrenshinweise	2497	516
Sachregister		517

Abkürzungsverzeichnis

a.a.O.	am angegebenen Ort
AG	Amtsgericht
AGS	Zeitschrift für das gesamte Gebührenrecht und Anwaltsmanagement (Jahrgang, Seite)
AK	Alternativkommentar (zur ZPO)
AktG	Aktiengesetz
AK-ZPO	Alternativkommentar zur ZPO
Anm.	Anmerkung
AnwBl.	Anwaltsblatt (Jahrgang, Seite)
AnwKommRVG	Anwaltskommentar RVG
ARB	Allgemeine Bedingungen für die Rechtsschutzversicherung
ArbGG	Arbeitsgerichtsgesetz
Art.	Artikel
Aufl.	Auflage
BauR	Baurecht
BayObLGZ	Entscheidungen des BayObLG in Zivilsachen (Jahrgang, Seite)
BB	Betriebs-Berater (Jahrgang, Seite)
BerufsO	Anwaltliche Berufsordnung
Beschl.	Beschluss
BFH	Bundesfinanzhof
BGB	Bürgerliches Gesetzbuch
BGH	Bundesgerichtshof
BGHReport	Schnelldienst zur Zivilrechtsprechung des Bundesgerichtshofs (Jahrgang, Seite)
BGHSt	Entscheidungen des Bundesgerichtshofs in Strafsachen (Band, Seite)
BGHZ	Entscheidungen des Bundesgerichtshofs in Zivilsachen (Band, Seite)
BNotO	Bundesnotarordnung
BRAGO	Bundesgebührenordnung für Rechtsanwälte
BRAO	Bundesrechtsanwaltsordnung
BSG	Bundessozialgericht
BVerfG	Bundesverfassungsgericht
BVerfGE	Entscheidungen des Bundesverfassungsgerichts (Band, Seite)
BVerfGG	Gesetz über das Bundesverfassungsgericht
BVerfGK	Kammerentscheidungen des Bundesverfassungsgerichts (Band, Nr.)

Abkürzungsverzeichnis

CR	Computer und Recht (Jahrgang, Seite)
DAV	Deutscher Anwaltverein
DGVZ	Deutsche Gerichtsvollzieher-Zeitung (Jahrgang, Seite)
DRiZ	Deutsche Richterzeitung (Jahrgang, Seite)
DStR	Deutsches Steuerrecht (Jahrgang, Seite)
DWW	Deutsche Wohnungswirtschaft (Jahrgang, Seite)
Einl.	Einleitung
EzA	Entscheidungssammlung zum Arbeitsrecht
f.	folgende
FamRZ	Zeitschrift für das gesamte Familienrecht (Jahrgang, Seite)
ff.	fort folgende
FGG	Gesetz über die Angelegenheiten der freiwilligen Gerichtsbarkeit
Fn.	Fußnote
GBO	Grundbuchordnung
GBVfg	Grundbuchverfügung
GewO	Gewerbeordnung
GG	Grundgesetz
GKG	Gerichtskostengesetz
GmbHR	GmbH-Rundschau (Jahrgang, Seite)
GVG	Gerichtsverfassungsgesetz
HGB	Handelsgesetzbuch
HRegVfg	Handelsregisterverfügung
HRR	Höchstrichterliche Rechtsprechung (Jahrgang, Nr.)
JurBüro	Juristisches Büro (Jahrgang, Seite)
Justiz	Die Justiz (Jahrgang, Seite)
JW	Juristische Wochenschrift (Jahrgang, Seite)
JZ	Juristenzeitung (Jahrgang, Seite)
Kap.	Kapitel
KG	Kammergericht
KostO	Kostenordnung
LAG	Landesarbeitsgericht
LG	Landgericht
LM	Nachschlagewerk des Bundesgerichtshofs, herausgegeben von Lindenmaier, Möhring u.a.

MDR	Monatsschrift für Deutsches Recht (Jahrgang, Seite)
MünchKommBGB	Münchener Kommentar zum BGB
MünchKommZPO	Münchener Kommentar zur ZPO
NJW	Neue Juristische Wochenschrift (Jahrgang, Seite)
NJW-RR	NJW-Rechtsprechungs-Report Zivilrecht (Jahrgang, Seite)
NZM	Neue Zeitschrift für Miet- und Wohnungsrecht (Jahrgang, Seite)
OLG	Oberlandesgericht
OLGR/OLGReport	OLG-Report – in Verbindung mit dem Namen des OLG (Jahrgang, Seite)
OLG Rechtsprechung	Rechtsprechung der OLG und LG zum Zivilrecht (Jahrgang, Seite)
OLGZ	Entscheidungen der OLG in Zivilsachen einschließlich der freiwilligen Gerichtsbarkeit (Band, Seite)
PatG	Patentgesetz
ProzRB	Der Prozess-Rechts-Berater (Jahrgang, Seite)
RG	Reichsgericht
RGZ	Amtliche Sammlung der Entscheidungen des RG in Zivilsachen (Band, Seite)
RPfleger	Der Deutsche Rechtspfleger (Jahrgang, Seite)
RPflG	Rechtspflegergesetz
RRa	Reise-Recht aktuell (Jahrgang, Seite)
RVG	Rechtsanwaltsvergütungsgesetz
RVGB	Der RVG-Berater (Jahrgang, Seite)
RVGreport	Anwaltsgebühren · Streitwert · Gerichtskosten · Erstattung · Rechtsschutz (Jahrgang, Seite)
st. Rspr.	ständige Rechtsprechung
StGB	Strafgesetzbuch
StVG	Straßenverkehrsgesetz
StVZO	Straßenverkehrs-Zulassungsordnung
UWG	Gesetz gegen den unlauteren Wettbewerb
VersR	Versicherungsrecht (Jahrgang, Seite)
VIZ	Zeitschrift für Vermögens- und Investitionsrecht (Jahrgang, Seite)
VVG	Versicherungsvertragsgesetz
Warneyer	BGH Warneyer, Rechtsprechung des Bundesgerichtshofes in Zivilsachen (Jahr, Nr.)

Abkürzungsverzeichnis

WEG	Wohnungseigentumsgesetz
WPM	Wertpapier-Mitteilungen (Jahrgang, Seite)
WRP	Wettbewerb in Recht und Praxis (Jahrgang, Seite)
WuM	Wohnungswirtschaft und Mietrecht (Jahrgang, Seite)
ZAP	Zeitschrift für die Anwaltspraxis (Fach, Seite)
ZEV	Zeitschrift für Erbrecht und Vermögensnachfolge (Jahrgang, Seite)
zfs	Zeitschrift für Schadensrecht (Jahrgang, Seite)
ZIP	Zeitschrift für Wirtschaftsrecht und Insolvenzpraxis (Jahrgang, Seite)
ZMR	Zeitschrift für Miet- und Raumrecht (Jahrgang, Seite)
ZPO	Zivilprozessordnung
ZVG	Gesetz über die Zwangsversteigerung und Zwangsverwaltung
ZZP	Zeitschrift für Zivilprozess (Jahrgang, Seite)

Einleitung

Jede Partei und natürlich ebenso ihr Anwalt möchte vor Gericht siegen. Nun gewinnt durchaus nicht immer derjenige, der „von Rechts wegen" gewinnen müsste, weil er das bessere materielle Recht auf seiner Seite hat. Mancher **scheitert aus verfahrensrechtlichen Gründen**: falsch gefasste Klageanträge, verspätetes Vorbringen, verkannte Beweislast, unzureichende Beweisanträge, mangelhafte Berufungsbegründung usw. Das nimmt nicht wunder, denn das Zivilprozessrecht ist schwierig geworden. Es steckt voller Tücken, Gefahrenquellen und Fallen. Der Zivilprozess ist zu einer **formalisierten Fehde** geworden, deren Regeln viele Anwälte nicht genügend beherrschen. Da gibt es zahlreiche „Probleme", die dem Ablauf der **Fehde im archaischen Recht** nicht nachstehen. Man denke etwa an die feinen Differenzierungen dazu, was eine „Unterschrift" von einer „Paraphe" unterscheidet, oder wann eine Entscheidung „nicht mit Gründen versehen ist" (§ 547 Nr. 6 ZPO) oder wann die Bezugnahme auf ein Schriftstück als Sachvortrag beachtlich ist oder was einem Gericht zumutbar ist, um einer wegen verspäteten Vorbringens drohenden Verzögerung entgegenzuwirken usw. 1

Die Entwicklung des Prozessrechts geht einher mit einem immer differenzierter werdenden Formalismus. Jede Abweichung von den in der Zivilprozessordnung festgelegten Formen kann zum Prozessverlust führen – und für den Anwalt sogar mit einem Regress enden. Der amerikanische Anwalt *William Seagle* hat nicht ohne Grund geschrieben, wer zu seinem Recht kommen wolle, müsse gewöhnlich dem Verfahren mehr Aufmerksamkeit widmen als dem materiellen Recht (Weltgeschichte des Rechts, 1951, S. 129). 2

Bei allem wirkt sich aus, dass viele Anwälte im Prozessrecht nicht sicher genug sind. Um bis ins Detail damit vertraut zu werden, muss man eigentlich lange Zeit Zivilrichter sein. Allerdings soll nicht verschwiegen werden, dass auch viele Zivilrichter nur ungenügende Kenntnisse des Prozessrechts haben; und so läuft in manchem Rechtsstreit manches schief. Der Anwalt ist nicht immer in der Lage, auf schwierige oder plötzlich auftretende verfahrensrechtliche Situationen sofort oder angemessen zu reagieren. 3

Nimmt man hinzu, dass er auch ständig damit rechnen muss, wegen unterlassener Hinweise (§ 139 ZPO) „überfahren" zu werden, dann ist seine Lage oft nicht beneidenswert. Zu spät, nämlich erst im Urteil, wird ihm beispielsweise gesagt, das Klage- oder Verteidigungsbringen sei „nicht hinreichend substantiiert" oder verspätet oder seine Beweisantritte seien nicht konkretisiert genug gewesen und dergleichen. Dann zeigt sich die **Bedeutung des Prozessrechts** als Anleitung, **materielles Recht durchzusetzen**. Strategien und Handlungsanweisungen werden folglich im Prozessrecht entwickelt, nicht im materiellen Recht. Sogar schon bei der Vertragsgestaltung ist Prozessrecht zu beachten und der Mandantenschutz im Hinblick auf mögliche spätere gerichtliche Auseinandersetzungen zu berücksichtigen. 4

Einleitung

5 Obwohl das Prozessrecht so wichtig ist, wird seine Praxisrelevanz im juristischen Studium vernachlässigt, mitursächlich bedingt dadurch, dass unsere akademischen Prozessualisten selbst keine praktische Erfahrung haben. Hinzu kommt das leidige und wirklichkeitsfremde **akademische Trennungsdenken**. Materielles Recht und Prozessrecht werden isoliert gelehrt, so als habe das eine mit dem anderen nichts zu schaffen. Dabei sind beide Gebiete untrennbar miteinander verwoben, wenn es zum Streit kommt. So erklärt es sich, dass ein cand. iur. das erste Staatsexamen mit Erfolg ablegt und doch nicht in der Lage ist, mit einem noch so einfachen Zivilprozess zu Rande zu kommen. Die Referendarausbildung bringt in dieser Hinsicht auch nicht genügend, wobei leider nicht zu übersehen ist, dass manchen ausbildenden Richtern das zivilprozessuale Rüstzeug fehlt, um junge Juristen gründlich in diese Materie einzuführen.

6 Der junge Anwalt bewegt sich daher auf schwankendem Rechtsboden, wenn er beginnt, forensisch tätig zu werden. Wenn er es überhaupt schafft, braucht er Jahre, um sich im Zivilprozessrecht einigermaßen sicher zu fühlen. Manchen gelingt es nie; ihnen unterlaufen noch als „alte Hasen" grobe und gröbste Fehler. Denen lässt sich auch nicht durch die Floskel begegnen, „bestritten wird alles, was nicht ausdrücklich zugestanden worden ist" – ein prozessuales Gefasel, das jeder Richter als verfahrensrechtlich unbeachtlich überliest.

7 Leider kann der Anwalt nicht damit rechnen, dass ein Gericht ihm Hilfestellung gibt. Es ist nämlich hinlänglich bekannt, dass in den Prozessordnungen ebenso wie in der Gerichtspraxis ständig mit **zweierlei Maß** gemessen wird. Den Parteien – also wegen § 85 Abs. 2 ZPO und der Anwaltshaftung im Ergebnis ihren Prozessbevollmächtigten – werden Pflichten auferlegt, an die äußerst harte Sanktionen geknüpft sind, häufig in der Form kurzer Fristen für Prozesshandlungen, z.B. Fristen für die Befangenheitsablehnung (§§ 43, 406 Abs. 2 ZPO), Präklusion wegen verspäteten, nicht fristgerecht eingereichten Vorbringens (§§ 296, 530, 531 ZPO) oder Rechtsmittelfristen (§§ 517, 520 Abs. 2 ZPO, 569 Abs. 1, 571 Abs. 3 ZPO). Den Gerichten werden zwar korrespondierende Pflichten auferlegt, beispielsweise Beschleunigungsgebote (§§ 118, 216 Abs. 2, 272 Abs. 3 ZPO), Mitwirkungs- und Förderungspflichten nach den §§ 139, 273 ZPO, befristete Erledigungspflichten (§§ 315 Abs. 2, 572 Abs. 1 S. 1 ZPO) usw. Diese Pflichten sind aber im Gegensatz zu den Fristen für die Parteien nicht sanktioniert. Soweit in wenigen Vorschriften Sanktionen vorgesehen sind, beispielsweise in § 42 ZPO und in § 21 GKG, werden sie so einschränkend ausgelegt, dass sie in der Praxis weitgehend leer laufen.

8 Die **Ergebnisse** sind oft **bestürzend**. Zeugen, die einen Termin versäumen, können bestraft werden (§ 380 ZPO), desgleichen Parteien, die einer Aufforderung zum Erscheinen nicht folgen (§ 141 Abs. 3 S. 1 ZPO). Außerdem kann gegen diese ein ohne Sicherheitsleistung vollstreckbares Versäumnisurteil ergehen (§§ 330, 331, 708 Nr. 2 ZPO). Richter hingegen können mit jeder beliebigen Verspätung den Termin beginnen (zum Schadensersatz für Wartezeiten im Termin vgl. *Schneider* ZAP F. 13, S. 277 f.). Parteien, Anwälte und Zeugen haben dann einfach zu warten (kritisch dazu aber *Schneider* MDR 1998,

1205; zustimmend MünchKommZPO/*Damrau*, 2. Aufl., 2000, § 380 Rn. 2). Parteien werden mit Vorbringen ausgeschlossen, wenn sie Sachvortrag oder Beweiserbieten zu spät in den Prozess einführen (§§ 296, 530, 531 ZPO). Richter hingegen dürfen nach Belieben zu spät kommen, wegen mangelnder Vorbereitung der Sitzung einen Termin auf den anderen stapeln, überflüssige Beweisaufnahmen beschließen – und so fort. Das alles ist zivilprozessuale Realität. Versagung des rechtlichen Gehörs und Überraschungsurteile kommen Tag für Tag vor. Daneben gibt es noch zahlreiche andere Fallstricke, in denen sich Parteien und Anwälte verfangen können.

Diese Darstellung soll dazu beitragen, durch „prozessuale Aufklärung" und Schilderung von Strategien und Gegenstrategien die Chance zu erhöhen, die Sache des Mandanten vor Gericht zum Erfolg zu führen. Dabei wird kein „Bilderbuch-Prozessrecht" ausgebreitet, sondern die Darstellung wird sich auf Hinweise zu **sachgerechtem Vorgehen** im Zivilprozess konzentrieren sowie **Gefahrenstellen** und **vorbeugende Gegenmaßnahmen** aufzeigen. Sie bezweckt die Risikovermeidung und die Vermittlung spezieller Kenntnisse, um zu verhindern, dass die Rechtsverwirklichung an prozessualen Stolpersteinen scheitert. Um dieses Ziel zu erreichen, werden auch Formulierungsvorschläge und Schriftsatzmuster in den Text eingebaut. 9

Damit kein Missverständnis über das Ziel aufkommt: Es geht nicht um lückenloses zivilprozessuales Wissen. Darüber verfügt niemand. Erreicht werden soll, dass sich ein Anwalt in jeder Verfahrenslage alsbald bewusst wird, wenn er etwas nicht weiß. Anders ausgedrückt: Er muss sofort erkennen können, wo und wann ein für seinen Fall erhebliches Problem auftaucht. Dann kann er es an Hand der Kommentare und der dort nachgewiesenen Rechtsprechung lösen. **Problembewusstsein** ist also notwendig, und das setzt solide Grundkenntnisse voraus. 10

Bei der Themenauswahl bin ich rein pragmatisch vorgegangen. Im Laufe jahrzehntelanger Tätigkeit als Zivilrichter, Anwalt und als Autor zahlreicher prozessrechtlicher Bücher und Abhandlungen bin ich auf viele Wissenslücken und Fehlerquellen gestoßen. Diese in systematischem Zusammenhang zu behandeln, ist mein Anliegen. Das zugrunde liegende **Leitmotiv** lässt sich daher wiedergeben als: **Fehlerquellen erkennen, Fehler vermeiden oder beheben und so den haftungsrechtlich „sichersten Weg" finden.** Neben dem Aufzeigen von Gefahrenquellen wird das taktisch richtige Vorgehen beschrieben und die strategisch richtige Verfahrensplanung entworfen. Darlegungs- und Beweislastfragen sind einzubeziehen. Um dieses und mehr zu erreichen, ist von einzelnen **Prozesslagen** auszugehen. Deren Grundzüge müssen erst einmal erfasst sein. Darauf aufbauend ist ins strategische und taktische Detail zu gehen. Fragen des Streitwerts und der Gebühren sind mitzubehandeln. Da ein Zivilprozess schon im vorgerichtlichen Stadium auf das falsche Gleis gebracht werden kann, sind auch Ausführungen dazu unerlässlich. 11

Erstes Kapitel: Vorprozessualer Bereich

§ 1 Anwalt und Mandant

I. Mandatsvertrag

12 Der Mandatsvertrag ist ein Geschäftsbesorgungsvertrag (§ 675 BGB). Nur ausnahmsweise ist er ein Werkvertrag (§ 631 BGB), wenn nämlich ein ganz bestimmter Erfolg geschuldet wird, etwa die Erstattung eines Gutachtens oder die isolierte Rechtsauskunft über eine bestimmte Einzelfrage (ausführlich dazu MünchKommBGB/*Heermann*, 4. Aufl., 2005, § 675 Rn. 26 ff.).

13 Das Zustandekommen des Anwaltsvertrages richtet sich nach den §§ 145 ff. BGB. Schriftlichkeit ist nicht vorgeschrieben. In der überwiegenden Zahl der Fälle kommt der Mandatsvertrag sogar nur durch schlüssiges Verhalten zustande, indem ein Mandant in der Kanzlei erscheint und sein Anliegen vorträgt. Gerade deshalb sollte der Anwalt bemüht sein, klare Rechtsverhältnisse zu schaffen. Sonst kann es ihm geschehen, dass später, wenn er die Kostenrechnung erteilt, der **Inhalt** des Auftrages oder sogar der **Abschluss** bestritten wird. Ihm obliegt dann die Beweislast für beides (*Baumgärtel*, Handbuch der Beweislast im Privatrecht, 1. Band, 2. Aufl., 1991, § 675 Rn. 4 ff.). Auch im Mandatsverhältnis gilt, dass jede Partei diejenigen Tatsachen darzulegen und zu beweisen hat, aus denen sie günstige Rechtsfolgen für sich herleitet.

Stehen sich beweisrechtlich nur Mandant und Anwalt gegenüber, dann kann es für diesen insbesondere sehr schwierig werden, den **Inhalt** des Auftrages nachzuweisen, von dem der einschlägige Gebührentatbestand abhängt: nur Erteilung eines Rates oder Erstattung eines Gutachtens oder Erhebung einer Klage und so fort.

Den damit verbundenen rechtlichen und tatsächlichen Schwierigkeiten sollte der Anwalt von vornherein vorbeugen. Dazu gehört, dass er den Mandanten darüber **ausfragt,** was er eigentlich erreichen will. Nicht immer ist dieser sich darüber im Klaren oder in der Lage, es verständlich auszudrücken. Kommt es zu einem ungewollten Dissens zwischen dem, was der Mandant beabsichtigt, und dem, wovon der Anwalt ausgeht, dann sind spätere Differenzen geradezu vorprogrammiert. Das kann zu einem Rechtsstreit über die Anwaltsgebühren führen, aber auch zu einem Anwaltsregress mit dem Vorwurf der Mandatsverletzung durch unterlassene Aufklärung.

14 Zu achten ist auch darauf, dass das Mandat **vom Auftraggeber selbst** erteilt wird. Geschieht das beispielsweise durch dessen Ehefrau, dann kann es später zum Streit darüber kommen, ob sie vertretungsberechtigt gewesen ist. Solchen Risiken ist aber leicht auszuweichen.

15 Beim **schriftlich** erteilten Auftrag sollte der Anwalt die Übernahme des Mandats und den Inhalt des Auftrages bestätigen, auch wenn ihm der Auftrag von einem Verkehrsanwalt erteilt worden ist.

I. Mandatsvertrag

Hier ist eine Zwischenbemerkung zur begrifflichen Abgrenzung des Anwalts nach seinen Tätigkeiten und seiner Haftung angebracht. **Verkehrsanwalt** (Korrespondenzanwalt) ist ein Rechtsanwalt, der den Verkehr der Partei mit dem Prozessbevollmächtigten (Hauptbevollmächtigten) führt. In aller Regel beruht das darauf, dass die Kanzlei des Prozessbevollmächtigten vom Wohnsitz des Mandanten weit entfernt ist.   16

Daneben gibt es den **Unterbevollmächtigten**. Das ist jeder Anwalt, dem vom Hauptbevollmächtigten ein Auftrag erteilt wird. Er kann mit unterschiedlichsten anwaltlichen Tätigkeiten beauftragt werden, beispielsweise mit der Wahrnehmung eines Termins oder einer Beweisaufnahme.   17

In allen diesen Fällen ist zu beachten, dass auch der „Einzelanwalt" die vertraglichen Sorgfalts- und Beratungspflichten zu beachten hat, die aus seiner Tätigkeit folgen. Verstöße dagegen können ihn unmittelbar gegenüber dem Mandanten haftbar machen (vgl. *Vollkommer/Heinemann*, Anwaltshaftungsrecht, 2. Aufl., 2003, Rn. 441 ff.).   18

Ist unklar, welchen Inhalt der Auftrag hat, den der Verkehrsanwalt dem Prozessanwalt erteilt hat, dann muss dieser sich an den Verkehrsanwalt wenden, damit die Unklarheit behoben wird (BGH AnwBl. 2006, 668).   19

Diese Aufklärungsobliegenheit des Prozessanwalts erstreckt sich auch auf die vom Verkehrsanwalt entworfenen Schriftsätze, die er dem Prozessanwalt zur Unterschrift und Weiterleitung übermittelt. Der Prozessanwalt ist für deren Inhalt verantwortlich, obwohl er sie nicht verfasst hat. Er muss sie prüfen, wie wenn es seine eigenen Schriftsätze wären (BGH NJW 1988, 1079; NJW-RR 1990, 1241).   20

Bei einem **mündlich** erteilten **Auftrag** sollte der Anwalt sich als Erstes ein **Vollmachtsformular** unterschreiben lassen, in dem auch der Gegenstand des Auftrages anzugeben ist. Das dient der Sicherheit und ist eine Haftungsvorsorge. Es gibt auch Mandanten, die nach Unterliegen in einem Verfahren ihre daraus folgende Kostenbelastung unredlich abzuwenden suchen. Sie behaupten dann wahrheitswidrig, den Anwalt nicht bevollmächtigt zu haben, damit dieser als vollmachtloser Vertreter in Anspruch genommen werde. Nach *Hansens* (RVGreport 2007, 14 ff.) häufen sich diese Fälle in letzter Zeit sogar. Wird es zur Erledigung des Auftrages voraussichtlich notwendig sein, eine Korrespondenz zu führen, dann ist zu empfehlen, sich von vornherein **mehrere** Vollmachtsurkunden unterschreiben zu lassen, die den Korrespondenzgegnern vorgelegt werden können und die Zurückweisung nach § 174 BGB verhindern (siehe unten Rn. 99 ff.). Erklärt man dem Mandanten diese Rechtslage, bekommt man die voraussichtlich benötigte Zahl der Vollmachten ohne weiteres.   21

Hinweis: Eine Vollmacht sollte stets zu den Handakten genommen werden. Es kommt vor, dass ein trickreicher Gegner im Termin die Bevollmächtigung bestreitet, beispielsweise in Verfügungsverfahren. Wer dann seine Vollmacht vorlegen kann, erspart sich das umständliche Verfahren der einstweiligen Zulassung als vollmachtloser Vertreter (siehe dazu *Stein/Jonas/Bork*, 22. Aufl., 2004, § 89 Rn. 4 ff.).   22

23 Bei **mehreren Auftraggebern** ist darauf zu achten, dass die Vollmacht **von allen** unterschrieben wird. Anderenfalls kann es später zu Differenzen darüber kommen, wer von ihnen den Auftrag erteilt hat und dadurch Gebührenschuldner geworden ist und ob die Vergütung nach Nr. 1008 des Vergütungsverzeichnisses erhöht ist. Wird das versäumt und unterschreibt nur einer der Erschienenen, dann bleibt der Anwalt später vielleicht auf seinem Gebührenanspruch sitzen. Es kann sich nämlich herausstellen, dass derjenige, der unterschrieben hat, vermögenslos ist, der vermögende andere Erschienene aber leugnet, einen eigenen Auftrag erteilt zu haben. Das Fehlen seiner Unterschrift unter der Vollmacht spricht dann beweisrechtlich für ihn.

24 Ungeachtet der Zuerkennung der Rechtsfähigkeit einer BGB-Außengesellschaft (BGHZ 146, 341) ist die Parteifähigkeit einer Wohnungseigentümergemeinschaft überwiegend verneint worden. Auf Grund einer Divergenzvorlage durch das BayObLG ist der BGH mit dieser Rechtsfrage befasst worden. Er hat sie gegen die bis dahin herrschende Meinung beantwortet (NJW 2005, 2061 = MDR 2005, 1156):

> „Die Gemeinschaft der Wohnungseigentümer ist rechtsfähig, soweit sie bei der Verwaltung des gemeinschaftlichen Eigentums am Rechtsverkehr teilnimmt. Neben der Haftung der teilrechtsfähigen Wohnungseigentümergemeinschaft kommt eine akzessorische gesamtschuldnerische Haftung der Wohnungseigentümer nur dann in Betracht, wenn diese sich neben dem Verband klar und eindeutig persönlich verpflichtet haben."

Diese Rechtsauffassung ist durch § 10 Abs. 6 WEG n.F. bestätigt worden (zum neuen WEG-Recht siehe ausführlich *Köhler*, Das neue WEG. Beratung, Verwaltung, Prozess, 2007).

25 Tritt der Wohnungseigentumsverwalter für einzelne Wohnungseigentümer ohne deren Ermächtigung auf, obwohl die Voraussetzungen des § 27 Abs. 2 Nr. 4 WEG – Eilmaßnahmen – nicht gegeben sind, dann sind diese Wohnungseigentümer nach überwiegender, aber sehr umstrittener Auffassung (ausführlich dazu *Staudinger/Bub*, BGB, 13. Bearbeitung, 2005, WEG § 27 Rn. 51 ff.) nicht gesetzlich vertreten. Daran ändert sich auch dann nichts, wenn der Verwalter seinerseits einen Rechtsanwalt als Verfahrensbevollmächtigten dieser Wohnungseigentümer mandatiert (BayObLG NJW-RR 1997, 396). Der daraufhin tätig werdende Anwalt sollte von der Rechtsauffassung ausgehen, dass keine gesetzliche Vertretung besteht. Anderenfalls muss er mit einem Regress wegen unnütz angefallener Gerichtskosten und dem Verlust seiner Anwaltsgebühren rechnen. Er hätte wissen müssen, dass der Verwalter nach überwiegender Ansicht nicht voll vertretungsberechtigt war und daher insoweit auch keinen Anwalt zu Lasten aller Wohnungseigentümer beauftragen konnte. Der in einer WEG-Sache tätige Anwalt sollte deshalb stets die Vorlage der **Vollmacht** des Verwalters entsprechend der Zahl der zu **vertretenden einzelnen Wohnungseigentümer** verlangen. Der Verwalter kann seinerseits von den Wohnungseigentümern die Ausstellung einer Vollmachts- und Ermächtigungsurkunde verlangen, die den Umfang seiner Vertretungsmacht festschreibt (§ 27 Abs. 6 WEG).

Sind die Wohnungseigentümer Parteien eines Rechtsstreits, so muss der sie 26
vertretende Anwalt immer damit rechnen, dass der Gegenanwalt sich mit der
trickreichen, wenn vielleicht auch unkollegialen **Rüge** des **Fehlens der
Vollmacht** verteidigt (§ 88 Abs. 1 ZPO; unten Rn. 107 f.). Kann sie nicht
vorgelegt werden, dann kommt zwar eine einstweilige Zulassung als vollmachtloser Vertreter in Betracht (§ 89 ZPO), die aber beispielsweise im
Verfahren auf Erlass einer einstweiligen Verfügung nicht hilft, weil dort sofort
entschieden wird. Kommt es wegen des Mangels der Vollmacht zur Abweisung
als unzulässig, dann ist diese Entscheidung endgültig. Der Mangel kann in der
Rechtsmittelinstanz nicht mehr durch Nachreichen der Vollmacht geheilt
werden. Abzustellen ist nämlich auf den Zeitpunkt der **Einlegung** des Rechtsmittels. Bei fehlender Vollmacht ist es unzulässig. Es kann nicht dadurch
rückwirkend zulässig werden, dass die Vollmacht nach Ablauf der Einlegungs-
und Begründungsfrist eingereicht wird (BGH LM § 80 ZPO Nr. 3 = MDR 1971,
483).

Noch kritischer wird es, wenn das Gericht auf Antrag des Gegners im 27
Wohnungseigentumsverfahren nach § 13 S. 3 FGG die Vorlage einer **öffentlich
beglaubigten Vollmacht** verlangt. Gegenüber einem Anwalt ist das äußerst
ungewöhnlich (OLG Frankfurt OLGZ 1994, 438), aber immerhin möglich. Ein
Anwalt, dem schon die einfache schriftliche Vollmacht fehlt, wird dann in
Bedrängnis geraten. In einem vom OLG Düsseldorf entschiedenen Fall (WuM
1996, 664) sind deshalb die Verfahrenskosten dem Anwalt persönlich auferlegt
worden.

II. Aufklärungspflichten

1. Beratung des Mandanten

Der Anwalt wird durch den Mandatsvertrag verpflichtet, den Mandanten zu 28
beraten und zu belehren sowie den Sachverhalt sorgfältig aufzuklären. Was ihm
dabei nach dem **Prinzip des sichersten Weges** (siehe dazu *Vollkommer/Heine-
mann*, Anwaltshaftungsrecht, 2. Aufl., 2003, Rn. 285 ff.) haftungsrechtlich
angesonnen wird, ist manchmal unerfüllbar.

Der Anwalt soll darauf achten, dass das Gericht fehlerfrei arbeitet und sogar die 29
möglich Änderung einer Rechtsprechung einkalkulieren (*Vollkommer/Heine-
mann*, Anwaltshaftungsrecht, 2. Aufl., 2003, Rn. 215 ff.). Der Anwalt muss die
Interessen seines Auftraggebers nach jeder Richtung umfassend wahrnehmen
und hat Schädigungen tunlichst zu vermeiden (BGH NJW 1993, 3323, 3324 =
VersR 1994, 99, 100). Ist die Rechtsverteidigung mit einem erheblichen
Prozessrisiko verbunden und eine Klärung des Streits durch eine gerichtliche
Entscheidung nicht zu erwarten, dann muss er entsprechend belehren, damit der
Mandant eine ihm drohende Klage schon vorprozessual abwenden kann (OLG
Oldenburg VersR 2004, 1004; OLG Koblenz NJW-RR 2006, 1358 u. 3150; unten
Rn. 24 ff.).

30 Unter der Geltung des § 51b BRAO hatte die Rechtsprechung den Anwalt auch verpflichtet, seinen Auftraggeber zur Wahrung der Verjährungsfrist auf mögliche Regressansprüche gegen sich selbst hinzuweisen (sog. **Primäranspruch**). Unterließ er diese Belehrung, dann setzte er eine zweite Verjährungsfrist in Gang (sog. **Sekundäranspruch**; ausführlich dazu *Borgmann/Haug*, Anwaltshaftung, 3. Aufl., 1995, § 49; *Vollkommer/Heinemann*, Anwaltshaftungsrecht, 2. Aufl., 2003, Rn. 617 ff.).

31 Die Vorschrift des § 51b BRAO ist ab 15.12.2004 durch das Gesetz zur Anpassung von Verjährungsvorschriften an das Gesetz zur Modernisierung des Schuldrechts aufgehoben worden. Nunmehr gilt nur noch das neue Verjährungsrecht. Damit ist auch die zu § 51b BRAO ergangene Rechtsprechung überholt. Die Hinweispflicht des Anwalts auf eigenes Verschulden ist entfallen und damit auch der Sekundäranspruch (*Reinelt*, ZAP-Kolumne Heft 5/2005; zweifelnd *Rinsche/Fahrendorf/Terbille*, Die Haftung des Rechtsanwalts, 7. Aufl., 2005, Rn. 1063; dagegen *Zugehör*, Handbuch der Anwaltshaftung, 2. Aufl., 2006, Rn. 1382, 1445). Neue Rechtsprechung dazu liegt noch nicht vor.

32 Der Anwalt hat also allen Anlass, von vornherein für Nachweise zu sorgen, dass er sich pflichtgemäß verhalten hat. Der für ihn „sicherste Weg" ist es, jedenfalls in schwierigen oder kritischen Fällen die mündliche Beratung schriftlich zu bestätigen. Das verhindert spätere Auseinandersetzungen darüber, ob das Unterliegen des Mandanten auf mangelhafte Beratung zurückzuführen ist.

33 Angesichts der ungezählten juristischen Kontroversen und der häufig unsicheren Beweislage ist es kaum noch möglich, eine sichere Prognose für den Prozessausgang zu stellen. Zu einer solchen Erklärung oder gar Zusicherung ist der Anwalt daher auch nicht verpflichtet. Wohl wird von ihm verlangt, dass er den Mandanten über **Zweifel** hinsichtlich der **Erfolgsaussichten** der beabsichtigten Rechtsverfolgung oder Rechtsverteidigung **unterrichtet** (OLG Koblenz NJW-RR 2006, 1358). Dazu genügen nicht lediglich ausweichende oder unbestimmte Hinweise wie

„Man kann nie wissen..." oder „Ganz ausschließen lässt sich ein Risiko nie" oder „Die Erfolgsaussichten sind gering" oder „Ich setze die Gewinn-Chance mit 50% an" und dergleichen.

34 Damit kann der Mandant nichts anfangen. Das reicht ihm nicht, um einen sachbezogenen Entschluss zu fassen. Der Anwalt muss ihm deshalb in derartigen Fällen schon auseinandersetzen, aus welchen **Gründen** die Prozessaussichten gemindert seien, z.B. wegen zweifelhafter Rechtslage, unsicherer Beweislage, zahlreicher Gegenzeugen oder eines vermutlich insolventen Gegners. Besteht der Mandant dann gleichwohl darauf, dass der Rechtsstreit geführt wird, so ist es keine Pflichtverletzung des Anwalts, wenn er diese Weisung befolgt (*Vollkommer/Heinemann*, Anwaltshaftungsrecht, 2. Aufl., 2003, Rn. 257).

35 Er sollte sich allerdings auch Gedanken darüber machen, ob es nicht sinnvoller ist, den Auftrag abzulehnen oder das Mandat niederzulegen. Die Weisung zur

Erhebung einer **aussichtslosen Klage** berechtigt den Anwalt zur Kündigung des Mandatsvertrages aus wichtigem Grund (§ 626 BGB), ohne dass er seinen Anspruch auf die bereits verdiente Vergütung verliert (§ 628 Abs. 1 S. 2 BGB). Ebenso verhält es sich bei der Weisung des Mandanten, ein aussichtsloses Rechtsmittel einzulegen (OLG Karlsruhe MDR 1994, 510; BGH BRAK-Mitt. 2007, 60 [Steuerberater]; *Zugehör*, Handbuch der Anwaltshaftung, 2. Aufl., 2006, Rn. 894).

Wird der Anwalt ungeachtet seiner rechtlichen oder tatsächlichen Bedenken entsprechend der Weisung des Mandanten tätig, dann trägt dieser allein das Risiko des Prozessverlustes (BGHZ 97, 376 = NJW 1986, 2043). Der vorsichtige Anwalt wird aber seine Belehrung hinsichtlich der voraussichtlichen **Erfolglosigkeit** der Rechtsverfolgung dem Mandanten tunlichst **schriftlich** mitteilen, um von vornherein eine klare Beweislage zu schaffen. 36

Solche Fälle dürften allerdings recht selten vorkommen. Ich erinnere mich an ein Gespräch, das ich vor vielen Jahren mit einem sehr tüchtigen und renommierten Anwalt geführt habe, der am Oberlandesgericht zugelassen war. Er erzählte mir folgende Geschichte: 37

„Zu mir kam einmal ein Mandant, der in erster Instanz mit seiner Klage über eine Million Schadensersatz abgewiesen worden war. Ich sollte für ihn die Berufung führen. Nachdem ich mir das Urteil und die Unterlagen des Mandanten angesehen hatte, habe ich ihm davon abgeraten, Berufung einzulegen, und es abgelehnt, dieses Mandat zu übernehmen. Dieser Kläger hat dann einen anderen Anwalt beauftragt, der die Berufung durchgeführt und obsiegt hat. Seitdem habe ich kein solches Mandat mehr abgelehnt."

Grundsätzlich sollte der Anwalt keine Mandate übernehmen, bei denen er von vornherein auf der Verliererseite steht, weil die Ansprüche des Auftraggebers überzogen und nicht durchsetzbar sind. Verlorene Prozesse sind für den Anwalt **Negativwerbung**. Ehrliche Beratung, erfolgreiche Vertretung und zufriedene Mandanten ziehen andere Auftraggeber über die Mundpropaganda nach. Wer sich zum ersten Mal im Leben genötigt sieht, die Hilfe eines Anwalts in Anspruch zu nehmen, der pflegt seine Freunde und Bekannten zu fragen, wer da in Betracht komme, wer „der Beste sei". Ebenso verhält sich jemand, der schon allgemeine Prozesserfahrungen hinter sich gebracht hat, nunmehr aber wegen einer Spezialmaterie fachlichen Rat braucht. Im Zweifel wird kein Befragter ihm einen Anwalt empfehlen, der ihn einmal erfolglos vertreten hat. Der Grund für den Misserfolg spielt dabei keine Rolle; der wird ohnehin dem Anwalt angelastet. 38

Ein witziger Ausspruch besagt: „Vor Gericht und auf hoher See ist man in Gottes Hand." Da ist etwas daran! Es besagt aber auch, dass es eben nur wenig völlig aussichtslose Prozesse gibt. Um sie zu führen, suchen die wenigsten Parteien einen Anwalt auf. 39

Ungeachtet des Gebotes, den Mandanten über die voraussichtlichen Erfolgsaussichten zutreffend zu unterrichten, sollte man ihm nicht den Mut nehmen. Jeder erfahrene Anwalt hat schon erlebt, dass völlig aussichtslos erscheinende Prozesse gewonnen und „todsichere" verloren worden sind. Dieses Risiko beiläufig zu erwähnen, ist daher angebracht. Das kann beispielsweise im 40

Zusammenhang mit der rechtlichen Schwierigkeit geschehen, eine schwache erstinstanzliche Beweiserhebung und Beweiswürdigung im Berufungsverfahren überprüfen zu lassen (§ 529 Abs. 1 ZPO). Viele Beklagte scheuen sich auch nicht, wahrheitsmäßig zu bestreiten, um den Kläger in Beweisschwierigkeiten zu bringen. Hängt die Erfolgsaussicht eines Rechtsstreits vom Zeugenbeweis ab, dann besteht die Gefahr „geschönter" oder gar falscher Aussagen. Die Kölner mit ihrer Liebe zu schonungslosen Übertreibungen haben ihr Oberlandesgericht den „Meineidstempel" getauft!

41 Überlegen Sie sich und besprechen Sie es gegebenenfalls mit dem Mandanten, ob Aussicht besteht, eine erfolgreiche Klage später auch zu **vollstrecken**. Vielleicht ist der Gegner „notorisch gesetzlich eingerichtet", also auf Dauer vollstreckungsrechtlich insolvent. Vielleicht steht auch an, dass er sich ins Ausland verdrückt.

42 Manchmal stellen sich im Lauf des Rechtsstreits Umstände heraus, die Anlass geben, eine ursprüngliche **Prognose** zu **korrigieren**. Dann sollte der Mandant alsbald darüber unterrichtet und zugleich befragt werden, ob das Verfahren weisungsgemäß fortzusetzen sei. Solche Hinweise und Anfragen sind dem Mandanten aus Beweisgründen tunlichst schriftlich mitzuteilen oder mündliche Informationen schriftlich zu bestätigen.

2. Kostenbelehrung

43 Über das **Kostenrisiko** braucht grundsätzlich nicht aufgeklärt zu werden, insbesondere nicht über die Selbstverständlichkeit, dass die unterliegende Partei die Kosten des Rechtsstreits tragen muss (*Vollkommer/Heinemann*, Anwaltshaftungsrecht, 2. Aufl., 2003, Rn. 271).

44 Anders entscheidet die Rechtsprechung jedoch bei einem besonders hohen Kostenrisiko und leitet dann eine Aufklärungspflicht aus Treu und Glauben ab (z.B. OLG München NJW-RR 1991, 1460).

45 Ebenso verhält es sich, wenn eine **gesetzliche Pflicht** zur Kostenbelehrung besteht, wie in § 12a Abs. 1 S. 2 ArbGG, wonach auf den Kostenerstattungsausschluss hinzuweisen ist, oder wenn der Mandant nach der Höhe der voraussichtlich entstehenden Kosten fragt.

46 Strengere Anforderungen werden gestellt, wenn die **Erfolgsaussichten** des Rechtsstreits für den Mandanten **gering** oder gar recht unwahrscheinlich sind. Dann muss der Anwalt nicht nur darauf hinweisen, sondern dem Mandanten auch klarmachen, welches kostenmäßige Unterliegensrisiko er eingehen wird (*Vollkommer/Heinemann*, Anwaltshaftungsrecht, 2. Aufl., 2003, Rn. 261).

47 Für die Mandanten ist es meist überraschend, dass sie mit Klageeinreichung bereits drei **Gerichtsgebühren** nach dem vollen Streitwert vorschießen müssen (GKG-Kostenverzeichnis Nr. 1210). Damit rechnet kaum einer. Deshalb wird es häufig aus vertraglicher Fürsorge angebracht sein, darauf hinzuweisen. Das dient dem vertrauensvollen Kontakt zum Mandanten.

Bittet der Mandant den Anwalt um Auskunft über die Höhe der Kosten, die mit 48
Erhebung der Klage anfallen, dann muss der Anwalt ihn darüber genau aufklären
(BGHZ 77, 27; *Vollkommer/Heinemann*, Anwaltshaftungsrecht, 2. Aufl., 2003,
Rn. 262). Es geht dabei um folgende Posten:

Gerichtskosten. Mit Einreichung der Klage fällt eine Gerichtsgebühr in Höhe 49
von 0,3 an (GKG-Kostenverzeichnis Nr. 1210). Diese Gebühr wird sofort fällig
(§ 12 Abs. 1 GKG). Berechnet wird sie nach der Höhe des Streitwertes (§ 3 Abs. 1
GKG). Der jeweilige Betrag ergibt sich aus dem GKG-Kostenverzeichnis (§ 3
Abs. 2 GKG).

Anwaltsvergütung. Der Anwalt erhält für die Einreichung der Klageschrift nach 50
Nr. 3100 RVG-Vergütungsverzeichnis eine 1,3-Verfahrensgebühr, die sich ebenfalls nach der Höhe des Streitwertes berechnet. Hinzu kommen nach Nr. 7000–
7008 RVG-Vergütungsverzeichnis noch Auslagen und Umsatzsteuer.

Eine zusätzliche Belehrung ist durch die Neufassung des § 59b BRAO 51
vorgeschrieben worden. Dessen hinzugekommener Absatz 5 lautet:
> Richten sich die zu erhebenden Gebühren nach dem Gegenstandswert, hat der Anwalt vor
> Übernahme des Auftrags hierauf hinzuweisen.

Da sich die Vergütung in den meisten Angelegenheiten nach dem Gegenstandswert richtet, ist diese Hinweispflicht fast zum Grundsatz geworden. Sie bezieht 52
sich aber nur auf den **Abrechnungsmodus**: Gegenstandswert als Berechnungsmaßstab. Der Anwalt ist nicht verpflichtet, zusätzlich auch die voraussichtliche
Höhe der anfallenden Gebühren zu berechnen und dem Auftraggeber mitzuteilen.

Um späteren Vorhaltungen oder gar der Geltendmachung von Schadensersatz- 53
ansprüchen vorzubeugen („Bei diesem Streitwert hätte ich nicht geklagt, sondern
nachgegeben oder mich verglichen"), sollte der Hinweis schriftlich und damit
beweiskräftig erteilt werden (ausführlich dazu *Hansens* ZAP Fach 24, 885 ff.).

3. Hilfsbedürftiger Mandant

Nach § 49a BRAO ist der Anwalt verpflichtet, die im Beratungshilfegesetz 54
vorgesehene **Beratungshilfe** zu übernehmen. Es besteht **Kontrahierungszwang,**
dem sich der Anwalt nur aus wichtigem Grund entziehen kann.

Bei der **Prozesskostenhilfe** verhält es sich anders. Kontrahierungszwang besteht 55
dort nur, wenn der Anwalt einer Partei durch Gerichtsbeschluss **beigeordnet**
wird (§ 48 BRAO). Auch dann darf er aber die Aufhebung der Beiordnung
beantragen, wenn dafür wichtige Gründe vorliegen, beispielsweise Interessenkollision, Krankheit des Anwalts, Störung des Vertrauensverhältnisses und
dergleichen (siehe *Feuerich/Weyland*, BRAO, 6. Aufl., 2003, § 48 Rn. 19, 20).

Ohne gerichtliche Beiordnung steht es dem Anwalt frei, ein Prozesskostenhilfe- 56
Mandat anzunehmen oder abzulehnen. In keinem Fall darf er den Hilfsbedürftigen beeinflussen, von der gesetzlichen Regelung abzuweichen und etwa
einen Mandatsvertrag zu den gesetzlichen Gebühren abzuschließen.

§ 1 Anwalt und Mandant

57 Durch die Beiordnung von Amts wegen (§ 48 BRAO) oder auf Antrag (§ 117 ZPO) wird der Anwalt noch nicht Prozessbevollmächtigter. Dazu ist notwendig, dass der Hilfsbedürftige ihn **bevollmächtigt**. Ein Gerichtsbeschluss ersetzt die Vollmacht nicht (BGHZ 30, 228 f.; 60, 258). Doch schon vor der Vollmachterteilung treffen den Anwalt ab der Beiordnung **Fürsorge-, Belehrungs- und Betreuungspflichten**, deren Nichterfüllung ihn schadensersatzpflichtig machen kann (BGH a.a.O.).

58 Die dem Anwalt obliegende Belehrungs- und Beratungspflicht setzt ein, wenn für ihn erkennbar wird, dass der Rechtsuchende **möglicherweise** hilfsbedürftig ist und er die Voraussetzungen für die Inanspruchnahme von Beratungs- oder Prozesskostenhilfe erfüllt.

In der Regel wird ihn der Rechtsuchende darüber informieren. Unerlässlich ist das nicht. Schon **hinreichende Anhaltspunkte** für die Vermögenslosigkeit begründen die Belehrungs- und Beratungspflicht. Es reicht beispielsweise aus, dass ein Verwandter des Rechtsuchenden den Anwalt darüber unterrichtet. Andere in Betracht kommende Umstände sind schriftliche Unterlagen, die der Hilfsbedürftige mitbringt (LG Hannover AnwBl. 1981, 508), Zahlungsschwierigkeiten oder etwa die Frage nach der Möglichkeit, Gerichtskosten in Raten zu zahlen (OLG Düsseldorf AnwBl. 1984, 444, 445).

59 Zwar hat auch der Mandant den Anwalt von sich aus darauf hinzuweisen, dass er hilfsbedürftig ist. Im Streitfall muss aber immer damit gerechnet werden, dass dem Anwalt eine pflichtwidrig unterlassene Beratung vorgeworfen wird. Deshalb empfiehlt es sich in zweifelhaften Fällen, die **Belehrung** schriftlich zu **bestätigen**. Denn immer wieder kommt es vor, dass eine Partei im Nachhinein eine unterlassene oder ungenügende Beratung über Prozesskostenhilfe oder Beratungshilfe behauptet, um nicht bezahlen zu müssen, beispielsweise weil sich die zerstrittenen Eheleute wieder versöhnt haben (so im Fall des LG Itzehoe AnwBl. 1992, 550). Dann wird gemeinsam überlegt, wie man den Anwalt um sein Honorar prellen könnte.

60 Die Belehrungspflicht des Anwalts geht nicht so weit, dass er den Mandanten auch von der **Antragstellung** entlasten müsste. Hat er ihn auf die Möglichkeit der Gewährung von Prozesskostenhilfe hingewiesen, dann ist es dessen Aufgabe, sich die notwendigen Formulare zu beschaffen, sie auszufüllen und den Antrag einzureichen. Der Anwalt ist nicht einmal verpflichtet zu überwachen, ob der Mandant die Möglichkeiten der Kostenentlastung durch die öffentliche Hand wahrnimmt.

61 Das alles gilt auch für die **Beratungshilfe**. Allein der Mandant entscheidet, ob er staatliche Hilfe in Anspruch nehmen oder mit dem Anwalt einen Mandatsvertrag zu den gesetzlichen Gebühren des RVG abschließen will, etwa weil er sich die erforderlichen Mittel von Verwandten beschafft.

62 Auch hier ist dem Anwalt aber anzuraten, die **Belehrungen** über die Inanspruchnahme von Beratungshilfe oder Prozesskostenhilfe **schriftlich** zu erteilen und bei mündlicher Information schriftlich zu bestätigen. Nicht selten kommt es

nämlich leider vor, dass Mandanten eine solche Belehrung im Nachhinein leugnen, wenn sie den Prozess verloren haben, und dann versuchen, die finanziellen Folgen auf den Anwalt abzuwälzen. Zwar trifft die Darlegungs- und Beweislast dafür, dass der Anwalt seine Beratungspflicht nicht gehörig erfüllt habe, den Mandanten, weil er daraus Ansprüche herleiten will (*Vollkommer/Heinemann*, Anwaltshaftungsrecht, 2. Aufl., 2003, Rn. 651). Beweisrechtliche Vorsicht ist aber allemal besser, getreu dem Erfahrungssatz „Man weiß ja nie, wie die Gerichte entscheiden!".

Vertritt der Anwalt den Mandanten in Antragsverfahren wegen Prozesskostenhilfe, dann handelt es sich um eine **selbständige Angelegenheit**, für die **besondere Gebühren** anfallen (RVG-Vergütungsverzeichnis Nr. 3335, 3336). Der Anwalt muss diese Hilfestellung also nicht umsonst leisten. In der Praxis werden diese gesonderten Gebühren allerdings nicht oder äußerst selten vom Mandanten verlangt. Es kann aber angebracht sein, ihn auf diese Kulanz hinzuweisen. 63

Beantragt ein nicht beim Prozessgericht zugelassener Anwalt Prozesskostenhilfe unter seiner Beiordnung, dann ist dem Antrag nur mit der Einschränkung stattzugeben, dass dadurch keine weiteren Kosten – Reisekosten! – anfallen (§ 121 Abs. 3 ZPO). Der Beiordnungsantrag wird so ausgelegt, dass der Anwalt konkludent sein Einverständnis erklärt, keine Mehrkostenerstattung zu verlangen (BGH NJW 2006, 3783). 64
Siehe zu diesen Fragen auch unten Rn. 849 ff.

4. Mitarbeit des Mandanten

Der Aufklärungspflicht des Rechtsanwalts entspricht die **Informationspflicht** des Mandanten. Nun lehrt die Erfahrung leider, dass Mandanten in eigenen Angelegenheiten oft sehr nachlässig sind. Anscheinend meinen sie, sobald sie einen Anwalt mit der Klärung ihrer Angelegenheit beauftragt hätten, brauchten sie sich um nichts mehr zu kümmern. Die Folge ist, dass Briefe nicht beantwortet, wichtige Unterlagen nicht eingereicht, Zeugenanschriften nicht vervollständigt werden usw. Mit diesen Nachlässigkeiten fertig zu werden, gehört ebenfalls zu den Aufklärungspflichten des Rechtsanwalts. Er sollte dann aber nicht durch eine Angestellte beim Mandanten anrufen lassen, sondern fehlende Informationen **schriftlich anfordern**, notfalls auch mit dem Zusatz, dass er bei weiterer Untätigkeit des Mandanten das Mandat niederlegen werde. 65

III. Vergütung

1. Vorschussanforderung

Durch den Anwaltsvertrag wird der Mandant verpflichtet, die nach dem RVG anfallenden Gebühren zu zahlen. Die Bereitschaft dazu ist allerdings erfahrungsgemäß gering. Der junge Anwalt merkt das oft zu spät, nämlich erst, wenn er auf 66

§ 1 Anwalt und Mandant

Honoraransprüchen sitzen geblieben ist. Es muss aber nicht sein, dass dieses „Lehrgeld" gezahlt wird. Um dem vorzubeugen, räumt nämlich § 9 RVG dem Anwalt einen Anspruch auf einen angemessenen Vorschuss für die entstandenen und die voraussichtlich entstehenden Gebühren einschließlich der Auslagen ein. Die „voraussichtlich entstehenden Gebühren" sind im Rechtsstreit immer die Termins- und die Verfahrensgebühr (RVG-Vergütungsverzeichnis Nr. 3100, 3104).

67 Ob ein Vorschuss verlangt wird, hängt auch vom Mandanten ab. Bei solventen Mandanten, die sich bereits als zahlungswillig erwiesen haben, wird der Anwalt vielfach keinen Vorschuss verlangen. In anderen Fällen begnügt er sich damit, um die Begleichung der bereits angefallenen Gebühren zu bitten. Im ersten Besprechungstermin wird davon nicht selten abgesehen, um bei dem Mandanten nicht den falschen Eindruck eines „Raffke" zu erwecken. Dieser Einwand ist zwar sachlich nicht gerechtfertigt, muss aber vielfach **psychologisch** bedacht werden.

Der **günstigste Zeitpunkt** für eine Vorschussanforderung ist der erste vom Anwalt verfasste Schriftsatz, dessen Durchschrift dem Mandanten übersandt wird. Diesem Schriftsatz, vor allem der Klage oder der Klageerwiderung, eine Vorschuss-Kostenberechnung beizufügen, kann beim Mandanten keinen falschen Eindruck erwecken, weil die Existenz des Schriftsatzes ihm zeigt, dass der Anwalt für ihn bereits tätig geworden ist.

68 Ist die **Anforderung** eines Vorschusses **versäumt** worden oder stehen später fällig gewordene Honoraransprüche an, deren Realisierung zweifelhaft sind, dann hat der Anwalt die Möglichkeit, sich etwaige Kostenerstattungsansprüche des Mandanten abtreten zu lassen (siehe § 43 RVG). Deswegen später zu vollstrecken, ist allerdings oft schwierig, weil der Kostenfestsetzungstitel umgeschrieben werden muss (vgl. *Schneider* JurBüro 1966, 353 ff.). Da aber in den üblichen Vollmachtsvordrucken auch die Geldempfangsvollmacht enthalten ist, kann der Anwalt sich aus eingehenden Geldern durch Aufrechnung befriedigen.

2. Honorarvereinbarung

69 Höhere Gebühren als diejenigen, die im RVG vorgesehen sind, darf der Anwalt nur verlangen, wenn dies in der Form des § 4 RVG vereinbart worden ist. Dabei ist darauf zu achten, dass der Mandatsgegenstand in der Honorarvereinbarung präzise beschrieben und weiter genau festgelegt wird, wonach sich die Erhöhung richtet, etwa Pauschalvergütung, Zusatzhonorar zum gesetzlichen Honorar oder Erhöhung des Gegenstandswertes. Über Einzelheiten informieren die RVG-Kommentare (sehr ausführlich mit Mustern *N. Schneider*, Die Vergütungsvereinbarung, 2006). Für den jungen Anwalt hat die Honorarvereinbarung kaum Bedeutung. Er wird froh sein, wenn ihn genügend Mandanten nach der gesetzlichen Vergütung beauftragen.

IV. Haftung des Anwalts

1. Erwartete Rechtskenntnisse

Vom Rechtsanwalt wird haftungsrechtlich verlangt, dass er alle deutschen Gesetze und die gesamte höchstrichterliche Rechtsprechung nach dem jüngsten Stand kennt, desgleichen die wichtigste Instanzrechtsprechung zu speziellen Gebieten, etwa dem Mietrecht. Alle Rechtsprobleme müssen ihm geläufig sein oder er muss sich darüber in den einschlägigen Werken unterrichten. Führt man sich vor Augen, dass allein das Recht des BGB im *„Staudinger"* mittlerweile schon in mehr als neunzig Bänden erläutert wird und die sonstigen Großkommentare zum BGB und zur ZPO auf bis zu elf Bände angewachsen sind, ferner dass schon ein NJW-Fundheft jährlich rund 10 000 Veröffentlichungen allein für das Zivilrecht nachweist, dann liegt es auf der Hand, dass die **Rechtsprechung** vom Anwalt **Unmögliches verlangt** (*Slobodenjuk* NJW 2006, 113, 116 f.). Haftungsrechtlich müsste er „ein juristischer Supermann sein, der über ein computerhaftes Gedächtnis, ein hervorragendes Judiz sowie über höchste Intelligenz und Energie verfügt" (so die Formulierung *Rinsches*, Die Haftung des Rechtsanwalts und des Notars, 6. Aufl., 1998, Rn. I 72, und in *Rinsche/Fahrendorf/Terbille*, Die Haftung des Rechtsanwalts, 7. Aufl., 2005). Für Richter gilt das leider nicht. Die sind wegen ihrer Rechtsunkenntnis schon durch Art. 34 GG, § 839 Abs. 2 S. 1 BGB geschützt. Wofür der Anwalt nach der Judikatur haftungsrechtlich alles einzustehen hat, ist in umfangreichen Werken dargestellt (*Rinsche* a.a.O.; *Borgmann/Jungk/Grams*, Anwaltshaftung, 4. Aufl., 2005; *Zugehör*, Handbuch der Anwaltshaftung, 2. Aufl., 2006; *Vollkommer/Heinemann*, Anwaltshaftungsrecht, 2. Aufl., 2003; eine vorzügliche kurze Darstellung findet sich bei *Rinsche*, Grundsätze der Anwaltshaftung, ZAP F. 23, S. 249). Auf einen Satz reduziert, geht der Inhalt dieser Arbeiten dahin, dass der Anwalt grundsätzlich für jeden Rechtsirrtum einzustehen hat, selbst wenn er von einem Gericht auf die falsche Fährte geführt worden ist. So hat es sich beispielsweise unlängst wieder in einem vom OLG Hamm (NJW-RR 2003, 1232) entschiedenen Fall verhalten. Die Partei war vom Richter **zweimal falsch belehrt** worden. Im Vertrauen auf dessen Integrität hatte sie seine verfahrensrechtlich fehlerhaften Anregungen befolgt. Das war ihr zum Verhängnis geworden. Das Verhalten des Gerichts wäre materiell-rechtlich als Rechtsmissbrauch in der Form des venire contra factum proprium zu bewerten gewesen. Gleichwohl wurde die Partei damit abgespeist, sie selbst sei schuld daran, dass sie den fehlerhaften Hinweisen und Anregungen des Richters vertraut habe. Dergleichen kommt leider immer wieder vor. Vergleichbar hat das OLG Karlsruhe (MDR 2007, 294) entschieden. Der Vorsitzende hatte den Prozessbevollmächtigten in einer Verfügung darauf hingewiesen, dass ein Fax-Schriftsatz unvollständig und nicht unterschrieben war, und ihm eine Frist zur Stellungnahme gesetzt. Darauf vertrauend hatte der Anwalt fristgerecht Stellung genommen. Zwischenzeitlich war aber die Wiedereinsetzungsfrist abgelaufen, weil die Frist zur Stellungnahme an deren Lauf nichts ändern konnte. Dies nicht erkannt zu haben, sei Anwaltsverschulden. Der Anwalt habe an Hand des Gesetzes prüfen müssen, welche Bedeutung die Verfügung hatte. Dann hätte er

§ 1 Anwalt und Mandant

deren Bedeutungslosigkeit für die Fristberechnung erkannt. Dieses Verschulden stehe einer Wiedereinsetzung in den vorigen Stand entgegen.

71 Der Bundesgerichtshof hat diese Freistellung der Gerichte durch einseitige Schuldzuweisung an die Prozessbevollmächtigten immer bestätigt (Nachweise bei *Borgmann/Jungk/Grams*, Anwaltshaftung, 4. Aufl., 2005, § 21 Rn. 141; *Rinsche/Fahrendorf/Terbille*, Die Haftung des Rechtsanwalts, 7. Aufl., 2005, Rn. 414 ff., 680 ff.). Das Richterprivileg ist damit zum Anwaltssündenfall stilisiert worden, wie *Borgmann/Jungk/Grams*, a.a.O. S. 166 es ausgedrückt haben. So hat der Bundesgerichtshof noch in einem in NJW 2002, 1048 abgedruckten Urteil entschieden. Doch dann hat das Bundesverfassungsgericht dieser „Rechtsprechung nach zweierlei Maß" ein Ende bereitet (NJW 2002, 2937 = MDR 2002, 1339). Es hat ein für allemal klargestellt, dass die **Anwaltshaftung kein Auffangtatbestand** ist. Rechtsanwälte haften nicht ersatzweise für Fehler der Rechtsprechung, nur weil sie haftpflichtversichert sind. Die Gerichte sind nicht legitimiert, den Rechtsanwälten auf dem Umweg über den Haftungsprozess die Verantwortung für die richtige Rechtsanwendung zu überbürden.

2. Haftungsvorsorge

72 Angesichts seiner schier unbegrenzten Haftung muss der Anwalt von vornherein bemüht sein, Haftungsrisiken auszuschalten. Dazu gehört zunächst einmal, dass er schon bei Mandatserteilung nachweisbar klarstellt, welcher Auftrag ihm erteilt wird (siehe oben Rn. 11 ff.), und dass er seinen Aufklärungs- und Hinweispflichten gegenüber dem Mandanten nachgekommen ist (siehe oben Rn. 28 ff.). Darüber hinaus kann er sich nur noch durch eine **Haftungsbeschränkung** schützen.

73 Er hat die Möglichkeit, durch Vereinbarung mit dem Mandanten einen **Haftungsrahmen** nach oben festzulegen, etwa wenn es um ganz erhebliche Streitwerte geht (Einzelheiten in den Kommentaren zu § 51a BRAO).

74 Hängt die rechtliche Beurteilung von der Anwendung **ausländischen Rechts** ab, kann er verlangen, dass auf Kosten des Mandanten ein Gutachten darüber eingeholt wird, anderenfalls er das Mandat nicht übernehme. Das ist vielfach schon wegen der Haftung des Anwalts geboten. Übernimmt er das Mandat einschränkungslos, dann muss er sich die Kenntnis des ausländischen Rechts im Eigenstudium verschaffen (*Rinsche/Fahrendorf/Terbille*, Die Haftung des Rechtsanwalts, 7. Aufl., 2005, Rn. 476 ff.). Das ist eine äußerst zeitraubende Tätigkeit, die nur in einer Bibliothek zu bewältigen ist. Dabei reicht es nicht aus, die einschlägigen Vorschriften fremden Rechts zu ermitteln. Zu berücksichtigen ist auch die dazu veröffentlichte ausländische Rechtsprechung (BGHReport 2003, 1164) – ein risikoreiches bis hoffnungsloses Unterfangen!

75 Durchgehend sollte die Vorsichtsmaßnahme beachtet werden, jeden **wichtigen Schriftsatz**, insbesondere aber die Klageschrift oder die Klageerwiderungsschrift, der **Partei vorab** im **Entwurf** zu schicken, damit diese den Inhalt genehmige. Das

bewahrt vor dem Vorwurf, der Anwalt habe die Informationen der Partei nicht beachtet oder falsch wiedergegeben. In OLG Köln (VersR 1995, 1098) hatte ein Mandant sogar Schadensersatzansprüche mit der Behauptung eingeklagt, er sei wegen des stilistisch überzogenen Textes der Schriftsätze seines Anwalts unterlegen! Die Klage ist abgewiesen worden, weil der Kläger die verbalen schriftsätzlichen Exzesse gekannt hatte, ohne sie zu beanstanden.

Muster einer Haftungsbeschränkungsvereinbarung

Haftungsbeschränkungsvereinbarung

in der Rechtsstreitigkeit Faber ./. Sander

Herr Franz Faber, 00000 X-Stadt

und

Herr Rechtsanwalt Förster

sind sich einig, dass die Haftung des Anwalts für Fehler bei der Bearbeitung des Mandats auf den Gesamtbetrag von höchstens 250 000 Euro beschränkt wird.

Rechtsanwalt   Mandant/in

Da die Berufshaftpflichtversicherung des Anwalts mindestens 250 000 Euro für jeden Versicherungsfall beträgt (§ 51 Abs. 4 S. 1 BRAO), haftet der Anwalt dann nur auf den Betrag seiner versicherungsrechtlichen Selbstbeteiligung. 76

Solche Haftungsbeschränkungen sind individuell zu treffen. Anderenfalls unterliegen sie der für **vorformulierte Vertragsbedingungen** maßgebenden **Inhaltskontrolle** (§§ 305 ff. BGB). Vieles ist dabei umstritten. Wer als Anwalt erstmals eine Haftungsbeschränkung vereinbaren will, sollte sich deshalb vorab kundig machen. Sehr ausführlich informieren darüber *Rinsche/Fahrendorf/Terbille*, Die Haftung des Rechtsanwalts, 7. Aufl., 2005, Rn. 1836 ff. 77

Für den ersten „Ernstfall" können die nachstehenden **Literaturangaben** zu den wichtigsten Problemfeldern weiterhelfen. Ratsam ist es zudem, sich vorbeugend ein wenig in der nachstehend angeführten Literatur umzusehen. Verwiesen wird auf 78

Vollkommer/Heinemann, Anwaltshaftungsrecht, 2. Aufl., 2003.
Rinsche/Fahrendorf/Terbille, Haftung des Rechtsanwalts, 7. Aufl., 2005.
Borgmann/Jungk/Grams, Anwaltshaftung, 4. Aufl., 2005.

Auflärung
Vollkommer/Heinemann S. 85 ff.; *Borgmann/Jungk/Grams* S. 103 ff.; *Rinsche/Fahrendorf/Terbille* S. 110 ff.

Beweis
Vollkommer/Heinemann S. 345 ff.; *Borgmann/Jungk/Grams* S. 322 ff.

Kündigung
Vollkommer/Heinemann S. 72 ff.; *Borgmann/Jungk/Grams* S. 90 ff.; *Rinsche/Fahrendorf/Terbille* S. 212 ff.

§ 1 Anwalt und Mandant

Rechtskenntnisse
Vollkommer/Heinemann S. 183 ff.; *Borgmann/Jungk/Grams* S. 112 ff.; *Rinsche/Fahrendorf/Terbille* S. 65 ff.

Schaden
Vollkommer/Heinemann S. 285 ff.; *Borgmann/Jungk/Grams* S. 224 ff.; *Rinsche/Fahrendorf/Terbille* S. 300 ff.

Vergleich
Vollkommer/Heinemann S. 819 ff.; *Borgmann/Jungk/Grams* S. 150 ff.; *Rinsche/Fahrendorf/Terbille* S. 625 ff.

Verjährung
Borgmann/Jungk/Grams S. 139 ff., 342 ff.; *Rinsche/Fahrendorf/Terbille* S. 353 ff.

Verschulden
Vollkommer/Heinemann S. 207 ff.; *Borgmann/Jungk/Grams* S. 33 ff., 114 ff., 329 ff.

Verursachung
Vollkommer/Heinemann S. 251 ff.; *Borgmann/Jungk/Grams* S. 342 ff.; *Rinsche/Fahrendorf/Terbille* S. 248 ff., 269 ff.

V. Mandatsbeendigung

1. Sonderkündigung

79 Im Regelfall endet das Mandat dadurch, dass der Anwalt seine Tätigkeit abgeschlossen hat und dem Mandanten die (Schluss-)Berechnung seiner Vergütung übermittelt (§ 10 RVG).

80 Eine **vorzeitige Erledigung** des Auftrages kann sich aus prozessualen Gründen ergeben, beispielsweise durch Klagerücknahme oder Erledigung der Hauptsache. Daneben kommt die materiell-rechtliche Erledigung durch **Kündigung** in Betracht.

81 Da der Rechtsanwalt bei seiner entgeltlichen Geschäftsbesorgung (§ 675 BGB) Dienste höherer Art leistet, hat er ebenso wie der Mandant das **Sonderkündigungsrecht** des § 627 BGB. Ob ihm dann derjenige Teil der **Vergütung** zusteht, der seinen bisherigen Leistungen entspricht, richtet sich nach § 628 BGB. Es kommt danach darauf an, wer aus welchem Grund gekündigt hat.

82 Setzt der Mandant einen zureichenden Grund für eine **Kündigung des Anwalts**, etwa weil er angemahnte fällige Honorare nicht überweist oder dem Anwalt zu Unrecht strafbares Verhalten vorwirft (so in OLG Düsseldorf VersR 1991, 1381), dann behält der Anwalt seinen Vergütungsanspruch. Im Einzelfall können sich **Beweislastkontroversen** ergeben (*Baumgärtel*, Handbuch der Beweislast im Privatrecht, 1. Band, 2. Aufl., 1991, zu §§ 626, 628 BGB).

83 **Kündigt der Mandant** und will ihn der Anwalt in Annahmeverzug versetzen, dann ist umstritten, ob dazu sein Widerspruch gegen die Kündigung genügt oder ob er auch seine Dienste weiterhin anzubieten hat (OLG München NJW-RR 1994, 507). Selbst wenn ihm das als überflüssig erscheint, sollte er deshalb vorsorglich den Satz hinzufügen: „Ich bin weiterhin bereit, den Anwaltsvertrag zu erfüllen."

2. Mandatsniederlegung in einem selbständigen Beweisverfahren

Welche Schwierigkeiten auch sonst bei der Niederlegung des Mandats auftreten können, sei an einem **Fall aus der Praxis** aufgezeigt. 84

Der Rechtsanwalt beantragt für seinen Mandanten die Durchführung eines selbständigen Beweisverfahrens. Das Landgericht gibt dem Antrag statt und erlässt einen entsprechenden Beweisbeschluss. Zu dessen Durchführung kommt es jedoch nicht mehr, weil der Anwalt das **Mandat niederlegt** und dies dem **Gericht** schriftlich **mitteilt**. Zwischenzeitlich hatte der Antragsgegner beantragt, dem Antragsteller (Mandant) gem. § 494a ZPO eine Frist zur Klageerhebung zu setzen. Diesen Antrag stellt das Landgericht dem Rechtsanwalt zu. Der lehnt es ab, die Zustellung entgegenzunehmen, und schickt die Sendung an das Landgericht zurück.

Hat die **Frist** zur **Erhebung** der **Klage** zu laufen begonnen?

Der Anwalt ist nach §§ 675, 671, 627 BGB jederzeit berechtigt, den Mandatsvertrag zu kündigen. Ist das geschehen und teilt der Mandant oder der Anwalt dies dem Gericht mit, dann fragt sich, wem fortan zuzustellen ist. 85

Nach **§ 172 Abs. 1 S. 1 ZPO** muss in einem **anhängigen** Rechtsstreit dem Prozessbevollmächtigten zugestellt werden. Dabei macht es keinen Unterschied, ob es sich um einen Anwaltsprozess oder um einen Parteiprozess handelt und ob der Anwalt bei dem angerufenen Gericht postulationsfähig ist (*Stein/Jonas/Roth*, ZPO, 22. Aufl., 2005, § 172 Rn. 7). Eine Zustellung an die Partei persönlich ist unwirksam (*Thomas/Putzo*, ZPO, 27. Aufl., 2005, § 172 Rn. 13). 86

Wem zuzustellen ist, wenn der Anwalt das **Mandat niedergelegt** hat, regelt § 172 ZPO nicht. Das ergibt sich aus **§ 87 ZPO**. Danach ist zu unterscheiden zwischen dem Parteiprozess und dem Anwaltsprozess. 87

Die Kündigung des Mandatsvertrages führt nach § 168 S. 1 BGB auch zum Erlöschen der Vollmacht (*Staudinger/Schilken*, BGB, 2004, § 168 Rn. 3). Im **Parteiprozess** wird die Anzeige des Erlöschens gegenüber dem Gegner und dem Gericht (*Stein/Jonas/Bork*, ZPO, 22. Aufl., 2004, § 87 Rn. 13) mit ihrer Anzeige wirksam. Im **Anwaltsprozess** muss zur rechtlichen Wirksamkeit der Anzeige die Bestellung eines neuen Anwalts hinzukommen (§ 87 Abs. 1 ZPO). 88

Das **selbständige Beweisverfahren** ist ein **Parteiprozess**, weil der Einleitungsantrag zu Protokoll der Geschäftsstelle erklärt werden kann (§§ 486 Abs. 4, 78 Abs. 5 ZPO). Ob für den Antrag nach § 494a ZPO Anwaltszwang besteht (str., siehe *Zimmermann*, ZPO, 7. Aufl., 2006, § 494a Rn. 2), interessiert in diesem Zusammenhang nicht. 89

Im Parteiprozess ermächtigt § 87 Abs. 2 ZPO den Anwalt, für den Vollmachtgeber so lange zu handeln, bis dieser in anderer Weise für die Wahrnehmung seiner Rechte gesorgt hat. Für den Anwalt, der das Mandat niedergelegt hat, besteht jedoch **keine Handlungspflicht** (*Wieczorek/Schütze/Steiner*, ZPO, 3. Aufl., 1994, § 87 Rn. 6). Er ist daher berechtigt, die Zustellung zurückzuweisen (OLG Schleswig JurBüro 1987, 1547; *Stein/Jonas/Bork*, a.a.O., § 87 Rn. 19). So hat sich der Anwalt im Ausgangsfall verhalten. Die Zustellung an ihn ist deshalb wegen Verstoßes gegen §§ 172, 87 ZPO unwirksam gewesen. Die Frist zur Erhebung der Klage hat nicht zu laufen begonnen. 90

3. Kündigungsschreiben

91 Wichtig ist, dass der Anwalt, wenn er kündigt, dem Mandanten ein **klares Kündigungsschreiben** unter Angabe eindeutiger Kündigungsgründe zugehen lässt, tunlichst nach vorheriger schriftlicher **Abmahnung**.

Hier einige **Formulierungsvorschläge**:

> Sehr geehrter Herr Faber,
>
> mit Schreiben vom … hatte ich Sie in der Rechtsstreitigkeit Faber ./. Sander um **Kostenvorschuss** gebeten. Bis heute ist bei mir keine Zahlung eingegangen. Ich fordere Sie deshalb auf, bis zum … den Kostenvorschuss in Höhe von … zu zahlen. Sollte diese Frist fruchtlos verstreichen, werde ich den Mandatsvertrag kündigen.
>
> Mit freundlichen Grüßen
>
> Rechtsanwalt

> Sehr geehrter Herr Faber,
>
> mit Schreiben vom … habe ich Sie darauf hingewiesen, dass ich in Ihrer Sache gegen Herrn Sander bei Nichtzahlung des erbetenen Kostenvorschusses die Vertretung niederlegen müsste. Da **keine Zahlung** bei mir eingegangen ist, **kündige** ich den Anwaltsvertrag und **lege** das **Mandat nieder**. Ich weise Sie darauf hin, dass ich von nun an nicht mehr für Sie tätig werde, und habe dies mit gleicher Post dem Gericht und der Gegenpartei angezeigt. Es steht Ihnen frei, einen anderen Rechtsanwalt mit der Wahrung Ihrer Interessen zu beauftragen, damit Ihnen durch diese Mandatskündigung keine Nachteile erwachsen. Meine Handakten stehen Ihnen nach Begleichung meiner Gebühren und Auslagen gemäß anliegender Kostenrechnung im Gesamtbetrag von … zur Verfügung.
>
> Mit freundlichen Grüßen
>
> Rechtsanwalt

> Sehr geehrter Herr Faber,
>
> mit Schreiben vom … hatte ich Sie gebeten, zu der **Frage Stellung** zu **nehmen**, ob Sie die Anschrift der beiden Unfallzeugen ermittelt haben. Ohne diese Informationen bin ich nicht in der Lage, Ihre Angelegenheit sachgerecht zu vertreten.
>
> Ich fordere Sie deshalb auf, sich bis zum … zu äußern. Sollte diese Frist fruchtlos verstreichen, werde ich den Mandatsvertrag kündigen.
>
> Mit freundlichen Grüßen
>
> Rechtsanwalt

I. Anschreiben und Legitimation

Sehr geehrter Herr Faber,

mit Schreiben vom ... hatte ich Sie gebeten, zu der Frage Stellung zu nehmen, ob Sie die Anschrift der beiden Unfallzeugen ermittelt haben. Sie haben darauf bis heute nicht geantwortet. Ohne die erforderlichen Informationen bin ich nicht in der Lage, Ihre Angelegenheit sachgerecht zu vertreten. Ich **kündige** deshalb den Mandatsvertrag. Eine Kostenabrechnung wird Ihnen in den nächsten Tagen zugehen.

Mit freundlichen Grüßen

Rechtsanwalt

Schreiben an das Gericht:

In dem Rechtsstreit

Faber ./. Sander

– 1 C 120/06 –

zeige ich an, dass ich mit Schreiben vom ... an den Kläger dessen Vertretung niedergelegt habe.

Rechtsanwalt

Im **Parteiprozess**, vor allem also beim Amtsgericht, genügt ein solches Schreiben, um zu erreichen, dass zukünftige Zustellungen unmittelbar an den Mandanten gerichtet werden. Im **Anwaltsprozess** wird der Anwalt trotz der dem Gericht mitgeteilten Kündigung weiterhin so lange als Zustellungsadressat behandelt, bis sich für den Mandanten ein neuer Anwalt bestellt hat (§ 87 Abs. 1 ZPO). Bis dahin hat der Anwalt auch trotz der Beendigung des Mandatsverhältnisses die noch bei ihm eingehenden Schriftsätze an den früheren Mandanten oder dessen neuen Prozessbevollmächtigten weiterzuleiten *(Zöller/Stöber,* ZPO, 26. Aufl., 2007, § 172 Rn. 11; siehe auch den Fall vorstehend Rn. 84 ff.). 92

§ 2 Anwalt und Dritte

I. Anschreiben und Legitimation

1. Persönliches Anschreiben

Bei dem Schriftverkehr des Anwalts nach Mandatsannahme wird es sich zumeist erst einmal um Korrespondenz mit dem Gegner handeln. Ist dieser bereits **anwaltlich vertreten**, dann darf der Anwalt nur unmittelbare Verbindung mit seinem Kollegen aufnehmen (§ 12 Abs. 1 BORA). Davon darf er nur absehen, wenn der Gegenanwalt mit einer unmittelbaren Verbindung zum Gegner einverstanden ist oder wenn Gefahr im Verzug ist. In diesem Fall ist der 93

§ 2 Anwalt und Dritte

Gegenanwalt unverzüglich zu unterrichten und sind ihm alsbald Abschriften von schriftlichen Mitteilungen zu übersenden (§ 12 Abs. 2 BORA). Ist der Gegner **nicht anwaltlich vertreten**, dann ist er persönlich anzuschreiben. **Beispiel:**

> Herrn
>
> Franz Sander
>
> Waldweg 50
>
> 00000 X-Stadt
>
> Betr.: Ihre Forderung aus dem Verkauf von Viehfutter
>
> Sehr geehrter Herr Sander,
>
> mein Mandant ist zur Zahlung des rückständigen Kaufpreises bereit. Angesichts seiner derzeit schlechten finanziellen Situation ist es ihm nicht möglich, sofort den gesamten Betrag zu leisten. Er ist aber zur Zahlung von monatlichen Raten in Höhe von 200 Euro in der Lage und auch bereit.
>
> Ich schlage Ihnen vor, auf dieses Angebot einzugehen. Zwangsvollstreckungsmaßnahmen gegen Herrn Faber würden nicht zu einer alsbaldigen vollständigen Tilgung Ihrer Forderung führen, sondern nur die Kostenbelastung erhöhen. Mit pünktlichen Zahlungen aufgrund einer gütlichen Regelung dürfte Ihren Interessen am ehesten gedient sein.
>
> Mit freundlichen Grüßen
>
> Rechtsanwalt

94 Von vornherein sollte darauf geachtet werden, dass der anwaltlich nicht vertretene Gegner sich nicht **mit dem Mandanten selbst** in Verbindung setzt. Das kommt nicht selten vor, um eine **gütliche Einigung** ohne Mitwirkung des Anwalts zu erreichen, damit dessen **Vergleichsgebühr** – jetzt **Einigungsgebühr** (RVG-Kostenverzeichnis Nr. 1000) – gespart wird. Besteht der Verdacht, dass die Parteien unter Ausschluss des Anwalts verhandeln, dann sollte dieser seiner Umgehung vorbeugen. **Beispiel:**

> Sehr geehrter Herr Sander,
>
> wie Sie bereits wissen, vertrete ich Herrn Faber. Bei anwaltlich vertretenen Parteien ist es üblich, nur mit dem bevollmächtigten Rechtsanwalt zu verhandeln, nicht mit der Partei selbst.
>
> Ich bitte daher, Vorschläge und Stellungnahmen unmittelbar an mich zu richten und den Schriftverkehr nur mit mir zu führen.
>
> Mit freundlichen Grüßen
>
> Rechtsanwalt

2. Mehrere Personen

Bei Mehrheit von Schuldnern oder Gläubigern heißt es aufpassen! Das gilt vornehmlich für rechtsgestaltende Willenserklärungen. Beispielsweise passieren immer wieder folgenschwere Pannen im Mietrecht, weil im Anschreiben die Schuldnermehrheit nicht berücksichtigt wird. So muss bei Personenmehrheit auf der **Mieterseite** eine Kündigung gegenüber allen Mietern erklärt werden. 95

Bei **Vermietermehrheit** müssen alle Vermieter die Erklärung abgeben, auch wenn sie sich durch einen Mitvermieter vertreten lassen. Wird das nicht beachtet, dann kann die Wahrung mietrechtlicher Fristen verfehlt werden mit der Folge, dass Mieterhöhungsverlangen oder Kündigungen jedenfalls nicht zum vorgesehenen und möglichen Zeitpunkt wirksam werden. Der Anwalt, dem dieser Fehler unterläuft, hat für den Verlust des Mandanten aufzukommen. 96

Nachdem die **Gesellschaft bürgerlichen Rechts mit Außenwirkung** (Außengesellschaft) durch BGHZ 146, 341 als rechtsfähig anerkannt worden ist, kann die Kündigung von oder gegenüber einem vertretungsberechtigten Gesellschafter erklärt werden. Die Außen-GbR ist auch Klägerin oder Beklagte im Zivilprozess (MünchKommBGB/*Ulmer*, 4. Aufl., 2004, § 705 Rn. 321). 97

Zu – umstrittenen – Einzelheiten der Kündigung im Mietrecht, insbesondere auch zur Stellvertretung bei Abgabe oder Empfang einer Kündigung, ist auf die Kommentare zu § 542 BGB zu verweisen (z.B. *Staudinger/Rolfs*, 2003, Rn. 32 ff.; *Bamberger/Roth/Ehlert*, 2003, Rn. 20 ff.; *Erman/Jendrek*, 11. Aufl., 2004, Rn. 6 ff.). 98

3. Vollmachtnachweis

Ferner muss stets die Vorschrift des **§ 174 BGB** berücksichtigt werden. Ein **einseitiges Rechtsgeschäft**, das ein Bevollmächtigter einem anderen gegenüber vornimmt, ist danach unwirksam, wenn der Bevollmächtigte keine Vollmachtsurkunde vorlegt und der andere die rechtsgeschäftliche Erklärung aus diesem Grund **unverzüglich zurückweist**. 99

Einseitige Rechtsgeschäfte bilden den Gegensatz zu den Verträgen, also den zweiseitigen Rechtsgeschäften. Zu den einseitigen Rechtsgeschäften zählen etwa Kündigung, Aufrechnung, Rücktritt, Anfechtung, Ausübung eines Widerrufsrechts oder des Wahlrechts. 100

Die Zurückweisung nach § 174 BGB ist selbst ein einseitiges Rechtsgeschäft, weil sie eine Rechtsfolge auslösen soll, nämlich die Nichtberücksichtigung der zurückgewiesenen Erklärung. Eine vollmachtlose Zurückweisung kann daher ihrerseits nach § 174 BGB zurückgewiesen werden (unten Rn. 104). 101

Vielfach wird die Vorschrift des § 174 BGB auch auf **einseitige geschäftsähnliche Handlungen** wie die Mahnung, Abmahnung, Fristsetzung, Annahme eines Vertragsangebotes und dergleichen entsprechend angewandt (*Staudinger/Schilken*, BGB, 2004, § 174 Rn. 2). Der Anwalt wählt den „sichersten" Weg, wenn er sich auf diese Kontroverse gar nicht erst einlässt und nicht auf die analoge 102

Anwendung vertraut. Das Risiko einer später vom Gericht als unwirksam angesehenen Zurückweisung einer Erklärung muss immer einkalkuliert werden.

103 Die früher im **Reiserecht** umstrittene Frage, ob § 174 BGB auch für die Anmeldung des Reisenden gegenüber dem Reiseveranstalter gelte, ist durch eine Gesetzesänderung geklärt worden: § 174 BGB ist nicht anzuwenden (§ 651g Abs. 1 S. 2 BGB).

104 Es kommt auch vor, dass der Empfänger eine vollmachtlose rechtsgeschäftliche Erklärung unverzüglich zurückweist, dabei aber selbst versäumt, seine Vollmacht vorzulegen. Das geschieht insbesondere leicht, wenn per Telefax zurückgewiesen wird (siehe nachstehend Rn. 113). Das kann zur **Talion im Zivilrecht** führen! Der Ersterklärende darf nämlich seinerseits die Zurückweisung seiner Erklärung mangels Vollmacht des Gegners zurückweisen. Dann ist die Rüge der fehlenden Vollmacht durch den Erstempfänger unwirksam. Das wiederum hat zur Folge, dass die rechtsgeschäftliche Erklärung doch wirksam ist.

105 Auf diese Weise wird der „Schwarze Peter" dem anderen zugeschoben. Dieser hat zwar noch die Möglichkeit, die Originalvollmacht nachzureichen. Das hilft ihm aber nichts, weil die Rechtsfolge der Unwirksamkeit der zurückgewiesenen Erklärung nach § 174 S. 1 BGB nur eintritt, wenn die **Zurückweisung „unverzüglich"** erklärt wird. Unverzüglich bedeutet nach § 121 Abs. 1 S. 1 BGB „ohne schuldhaftes Zögern". Angesichts des Gesetzeszwecks des § 174 BGB, dem Erklärenden **alsbald** Gewissheit darüber zu verschaffen, ob sein einseitiges Rechtsgeschäft wirksam ist (MünchKommBGB/*Schramm*, 5. Aufl., 2006, § 174 Rn. 1), wird keine Überlegungsfrist zugebilligt (MünchKommBGB/*Schramm* a.a.O. Rn. 6).

106 Ein **Rechtsanwalt** ist im Rahmen seiner **Prozessvollmacht** nach § 81 ZPO kraft Gesetzes ermächtigt, materiell-rechtliche Willenserklärungen abzugeben, die sich auf den Gegenstand des Rechtsstreits beziehen. Insoweit ist § 174 BGB unanwendbar (BGH NJW 2003, 963).

107 Die Prozessvollmacht muss der Anwalt aber auf Verlangen nachweisen können. Hat er versäumt, sich diese ausstellen zu lassen, oder kann er sie nicht vorlegen, weil sie sich nicht in seinen Handakten befindet, dann sieht es anders aus. Der Gegner kann nämlich nach § 88 ZPO in jeder Lage des Rechtsstreits einen **Mangel der Vollmacht rügen**, also deren Fehlen einfach behaupten.

108 Vertrauen Sie nicht darauf, dass der Gegenanwalt Sie aus Kollegialität nicht in diese **Haftungsfalle** tappen lässt. In den **Standesregeln** der Rechtsanwälte der Europäischen Gemeinschaft (CCBE) heißt es zwar in Ziffer 5.1.1., Kollegialität setze ein Vertrauensverhältnis und die Bereitschaft zur Zusammenarbeit zwischen Rechtsanwälten voraus; und nach Ziffer 5.1.2. hat sich jeder Rechtsanwalt gegenüber einem anderen Anwalt fair zu verhalten. Ob aber diese Richtlinien eingehalten werden, lässt sich nicht vorhersagen; die forensische Praxis rechtfertigt gewisse Zweifel. Davon abgesehen, lässt sich durchaus auch

die Auffassung vertreten, dass die Ausübung legitimer Rechte im Interesse des Mandanten Vorrang vor der Kollegialität hat. Und die Zurückweisung vollmachtloser Erklärungen ist nun einmal ein „legitimer Trick", Fristversäumungen zugunsten des eigenen Mandanten auszunutzen. Auch CCBE 5.1.1, Satz 2, räumt das ein: „Kollegialität darf unter keinen Umständen dazu führen, die Interessen der Anwälte denen des Mandanten entgegenzustellen."

Der **sicherste Weg** ist es immer, eine Vollmacht in die Handakten zu nehmen. Dann besteht kein Risiko, später im **Rechtsstreit** auf die überraschende **Rüge fehlender Vollmacht** als vollmachtloser Vertreter in die Kosten verurteilt zu werden, wie es in der Praxis immer wieder einmal vorkommt. So hat der Bundesgerichtshof sogar einmal eine Beschwerde wegen greifbarer Gesetzwidrigkeit zugelassen, weil ein Oberlandesgericht die Prozesskosten zu Unrecht dem Prozessbevollmächtigten wegen fehlender Vollmacht auferlegt hatte (BGHZ 121, 397 = VersR 1993, 1377 = NJW 1993, 1865). 109

Auf **gesetzliche Vertreter** ist § 174 BGB unanwendbar (*Staudinger/Schilken*, BGB, 2004, § 174 Rn. 6). Bestallungsurkunden beispielsweise für Vormünder, Betreuer oder Pfleger haben nicht die Funktion einer Vollmachtsurkunde (RGZ 74, 265). 110

Besonders risikobehaftet ist die Erklärung eines einseitigen Rechtsgeschäfts, wenn es dabei um eine **organschaftliche Vertretung** geht. Auch bei ihr besteht kein Recht zur Zurückweisung einseitig vorgenommener Rechtsgeschäfte nach § 174 BGB (*Staudinger/Schilken*, BGB, 2004, § 174 Rn. 6). Wiederum beruht die Vertretung nicht auf einer vorzeigbaren oder übermittelbaren Vollmacht. Die Bestellung des Vertreters zum Organ einer juristischen Person lässt sich aber durch Einsicht in die Eintragung in einem öffentlichen Register klären. 111

Bei der **Gesellschaft bürgerlichen Rechts** ist das jedoch nicht der Fall. Die Zuerkennung einer Teil-Rechtsfähigkeit für eine Außen-GbR (BGHZ 146, 431) hat daran nichts geändert. Die Vertretungsverhältnisse innerhalb einer solchen Gesellschaft können keinem öffentlichen Register entnommen werden. Deshalb ist § 174 BGB anwendbar. Der Geschäftsführer der Gesellschaft muss eine Vollmacht der übrigen Gesellschafter vorlegen oder seine Vertretungsmacht durch den Gesellschaftsvertrag oder eine gemeinsame Erklärung aller übrigen Gesellschafter nachweisen. Anderenfalls kann seine Erklärung nach § 174 BGB zurückgewiesen werden (BGH NJW 2002, 1194 = ZIP 2002, 175). 112

4. Telefax-Vollmacht

Dokumentiert der Anwalt seine Bevollmächtigung, dann hat er eine **Originalvollmacht** vorzulegen. Weder reicht eine beglaubigte Abschrift aus noch eine Ablichtung oder eine Telefaxkopie (*Staudinger/Schilken*, § 174 Rn. 3; *Bamberger/Roth/Habermeier*, BGB, 2003, § 174 Rn. 6). Auch wenn vereinzelt eine großzügigere Auffassung vertreten wird, ist es für den Anwalt immer der „sicherste Weg", alle Erklärungen, die der gesetzlichen Schriftform unterliegen, im Original zu übermitteln. 113

II. Insbesondere die Mahnung

1. Formulierung der Mahnung

114 Zunächst sollte der Anwalt klären, ob der Mandant seinen Schuldner bereits gemahnt hat.

115 Ist das nur **mündlich** geschehen, sollte der Anwalt vorsorglich selbst noch ein Mahnschreiben an den Schuldner absenden. Das ist schon deshalb nötig, weil immer damit gerechnet werden muss, dass die mündliche Mahnung später bestritten wird. Auch lässt sich im Nachhinein fast nie der Wortlaut einer mündlichen Mahnung klären und damit auch nicht, ob diese Erklärung inhaltlich den Anforderungen an eine Mahnung entsprochen hat (unten Rn. 102). Möglicherweise wird der Schuldner beides bestreiten.

116 Hat der Mandant seinen Gegner schon **schriftlich** gemahnt, sollte der Anwalt sich das Mahnschreiben unbedingt vorlegen lassen und inhaltlich überprüfen, gegebenenfalls noch selbst ein Mahnschreiben abfassen und dem Schuldner schicken. Bei Geldforderungen ist darauf zu achten, dass der genaue Betrag angegeben wird. Zuvielforderungen können die Mahnung unwirksam machen, so dass sie keinen Verzug begründet (siehe BGH MDR 2007, 200).

117 Wegen der den Mandanten treffenden Beweislast muss der Anwalt um eine **klare und eindeutige** schriftliche **Formulierung** bemüht sein. Wenn es um einen Rücktritt wegen Verzugs geht (§ 323 BGB), sollte das Mahnschreiben auch eine **Ablehnungsandrohung** enthalten (BGH WuM 2006, 2055). Damit beugt er späteren Einwendungen des Gerichts oder des Gegners vor, etwa dem Hinweis, die Mahnung sei zu unbestimmt gewesen oder nur bedingt ausgesprochen worden, oder ihr Text sei zu unverbindlich gewesen (siehe Rn. 102). Für einen Schuldner, der es darauf anlegt, ist es einfach, in den BGB-Kommentaren „rechtliche Schwierigkeiten" zu entdecken (siehe etwa MünchKommBGB/*Erft*, 4. Aufl., 2003, § 286 Rn. 46 ff.).

118 **Höfliche Redensarten** können zum Fallstrick werden, wie folgender Fall aus der Praxis deutlich macht.

119 Der Anwalt hatte einen Mandanten über Jahre hin beraten und ihn auch in Rechtsstreitigkeiten vertreten. Nachdem die Honorarzahlungen des Mandanten immer schleppender eingingen und zuletzt ganz ausblieben, erstellte der Anwalt eine Kostennote mit folgendem Begleitschreiben:

„Meine Tätigkeit in dieser Sache ist abgeschlossen. Ich bitte um Ausgleichung der beiliegenden Kostenrechnung. Den Eingang Ihrer Zahlung erwarte ich bis zum . . ."

120 Natürlich hätte der Anwalt auch schreiben können: „Ich fordere Sie auf, bis zum . . . zu zahlen." Er hat seine Zahlungsaufforderung einfach höflicher formuliert. Da der Mandant nicht zahlte, musste der Anwalt das Gericht anrufen. Dieses billigte ihm keine Verzugszinsen zu, weil der Beklagte nicht gemahnt worden sei. Die höfliche Anfrage des Anwalts reiche dazu nicht aus.

121 Das ist zwar falsch und widerspricht auch der Rechtsprechung, wie das OLG Hamburg (MDR 1978, 577) klargestellt hat:

„Konziliante Formulierungen sind durchaus die Regel. Aus der höflichen Form einer Zahlungsaufforderung darf der Schuldner keineswegs darauf schließen, der Gläubiger wolle nur eine rechtlich unerhebliche und daher im Grunde überflüssige Äußerung abgeben."

Gerät der Anwalt jedoch – wie im Ausgangsfall – an einen Richter, der das anders sieht, dann hilft ihm das nicht, da die Verzugszinsen selten die Berufungssumme erreichen werden. Deshalb sollte eine Mahnung stets so formuliert werden, dass die **Nachdrücklichkeit** des **Zahlungsverlangens eindeutig** ist. Fragen Sie also nie an, wann mit dem Eingang der Zahlung zu rechnen sei. Das ist keine Mahnung. Auch die Übersendung einer Rechnung unter gleichzeitiger Einräumung eines Zahlungsziels reicht im Zweifel nicht aus. Denn immer wieder wird die Auffassung vertreten, der Adressat müsse der Mahnung eindeutig den Willen des Gläubigers entnehmen können, dass das Ausbleiben der Leistung **die Verzugsfolgen auslöse**. Auch das ist zwar nicht richtig, weil der Gläubiger den Schuldner weder auf bestimmte Rechtsfolgen der Mahnung hinweisen noch zum Ausdruck bringen muss, dass das Ausbleiben der Leistung Folgen haben werde (OLG Hamburg MDR 1978, 577; OLG Hamm NJW-RR 1992, 667, 668). Doch das hilft dem Unterlegenen nichts.

122

Missverständlich ist auch eine Entscheidung des BGH (MDR 1952, 155), in deren Leitsatz es heißt, die Leistungsaufforderung müsse erkennbar machen, dass das Ausbleiben der Leistung Folgen haben werde. So steht es auch in den Urteilsgründen unter Berufung auf RGZ 93, 300. Im nächsten Satz der Entscheidungsgründe heißt es dann aber: „Bei einer Mahnung braucht auf ihre Folgen nicht hingewiesen zu werden." Wer ein Präjudiz sucht, kann sich daher auswählen, welchem Satz des BGH er sich anschließen will.

123

Der Anwalt sollte sich nicht auf solche riskanten Interpretationen einlassen. Für ihn ist es stets der „sicherste Weg", **eindeutige Erklärungen mit Folgenhinweis** abzugeben, auch wenn dadurch der Eindruck der Verbindlichkeit etwas leidet.

124

Eine vergleichbare Rechtslage besteht im **Reisevertragsrecht** hinsichtlich der genauen Mängelbezeichnung. Auch dort können zusätzliche Höflichkeitsformeln zum Fallstrick werden. So ist etwa eine Mängelbeschreibung mit einer „Bitte um Stellungnahme" als nicht ausreichende Anmeldung angesehen worden (z.B. LG Hannover MDR 1987, 671, AG Düsseldorf MDR 1986, 317). Diese engherzige Auffassung wird zwar im Schrifttum teilweise als verfehlt angesehen (MünchKommBGB/*Tonner*, 4. Aufl., 2005, § 651g Rn. 27; *Bamberger/Roth/Habermeier*, BGB, 2003, § 651g Rn. 9; a.A. *Staudinger/Eckert*, BGB, 2003, § 651g Rn. 18). Der Anwalt darf jedoch nicht das Risiko eingehen, auf ein Gericht zu stoßen, das eine ihm ungünstige Auffassung vertritt. Er setzt sich sonst dem Vorwurf einer Mandatsverletzung aus, weil er nicht den für den Mandanten sichersten Weg eingehalten habe.

125

Misslingt der Nachweis einer form- und fristgerechten Mahnung, dann verliert der Gläubiger natürlich nicht sein Recht. Er geht aber ein **Kostenrisiko** ein. Erkennt der Beklagte den Anspruch nach Klageerhebung an und erfüllt er die Forderung, so wird er alsbald auch die Klage anerkennen. Dann trägt der Kläger

126

§ 2 Anwalt und Dritte

nach § 93 ZPO die Gerichtskosten, seine eigenen Anwaltskosten und diejenigen des Gegenanwalts, weil nur ein ordnungsgemäß abgemahnter Beklagter Veranlassung zur Klage gibt. Der Rechtsstreit kommt den Kläger – oder seinen Anwalt! – dann teuer zu stehen.

2. Formulierungsvorschläge

Herrn

Siegfried Sander

Wiesenpfad 60

00000 X-Stadt

Betrifft: Kaufvertrag über den Pkw VW Golf, Fahrgestell-Nr. . . . .

Sehr geehrter Herr Sander,

ich vertrete Herrn Franz Faber, Waldweg 50, 00000 X-Stadt. Eine auf mich lautende Vollmacht liegt bei.

Sie schulden meinem Mandanten 15 000 Euro als Kaufpreis für das oben genannte Fahrzeug. Ich fordere Sie auf, bis zum . . . an Herrn Faber 15 000 Euro zu zahlen. Für den Fall, dass Sie nicht fristgerecht leisten sollten, bin ich beauftragt, Klage gegen Sie einzureichen.

Mit freundlichen Grüßen

Rechtsanwalt

Herrn

Siegfried Sander

Wiesenpfad 60

00000 X-Stadt

Betrifft: Kaufvertrag über den Pkw VW Golf, Fahrgestell-Nr. . . . .

Sehr geehrter Herr Sander,

ich vertrete Herrn Franz Faber, Waldweg 50, 00000 X-Stadt. Eine auf mich lautende Vollmacht liegt bei.

Sie schulden meinem Mandanten die Herausgabe des oben genannten Fahrzeugs. Ich fordere Sie auf, bis zum . . . den VW Golf Herrn Faber nach dessen Wohnung Waldweg 50, 00000 X-Stadt, zu überbringen. Für den Fall, dass Sie nicht fristgerecht leisten sollten, bin ich beauftragt, Klage gegen Sie einzureichen.

Mit freundlichen Grüßen

Rechtsanwalt

III. Korrespondenz mit dem Versicherer

Die Rechtsschutzversicherer verlangen vom Anwalt **keine Vollmacht**, wenn dieser um Deckungsschutz für seinen Mandanten nachsucht. Das ist deshalb nicht erforderlich, weil bei Erstanfragen der Versicherungsnehmer und die Nummer des Rechtsschutzversicherungsvertrages anzugeben sind, damit der Vorgang beim Rechtsschutzversicherer zugeordnet werden kann. Diese Angaben kann der Anwalt aber nur von seinem Mandanten erfahren haben. Bei allen weiteren Schreiben ist dann die vom Rechtsschutzversicherer angelegte **Schadennummer** anzugeben. 127

Dem Gesuch um **Deckungsschutz** sollten die wichtigsten Schriftstücke in Ablichtung beigelegt werden. Dies erleichtert die Bearbeitung des Schadenfalles durch den Rechtsschutzversicherer und erspart unnötige und zeitraubende Rückfragen. 128

Manchmal bittet der Sachbearbeiter des Rechtsschutzversicherers vor der Entscheidung über das Deckungsschutzgesuch um Vorlage eines **schriftlichen Anspruchsschreibens** an den Gegner des Versicherten. Ein solches Schreiben gibt es jedoch dann nicht, wenn der Mandant die Beauftragung des Anwalts von der Erteilung des Deckungsschutzes abhängig gemacht hat und der Anwalt in der Sache selbst noch nicht tätig geworden ist. In diesen Fällen sollte der Anwalt den Versicherer darauf hinweisen, dass schon die Fertigung eines Anspruchsschreibens zu der Tätigkeit gehört, für die der Mandant Deckungsschutz nachsucht. Der Rechtsschutzversicherer wird dann kein Anspruchsschreiben mehr fordern. 129

Hat die Gegenseite die geltend gemachten Ansprüche bereits mündlich abgelehnt, dann sollte dies erwähnt werden, weil es eine Rückfrage des Rechtsschutzversicherers erspart. 130

Deckungsschutz wird in aller Regel **stufenweise** erteilt, beispielsweise zunächst für die außergerichtliche Rechtsverfolgung zivilrechtlicher Ansprüche, sodann für das Verfahren erster Instanz und später für die Rechtsmittelinstanz. Die Deckungszusagen sind deshalb entsprechend dem Verlauf des Verfahrens einzuholen. 131

Der Umfang der **Informationspflicht** gegenüber dem Rechtsschutzversicherer ist wesentlich geringer als gegenüber dem Mandanten. Der Rechtsschutzversicherer ist zwar daran interessiert, dass das Kostenrisiko gering gehalten wird. Er ist deshalb über alle kostenerhöhenden Maßnahmen wie Klageerweiterung, Widerklage usw. zu unterrichten. Jedoch wäre es verfehlt, ihm ständig Ablichtungen der Korrespondenz oder eingehender Schriftsätze zuzusenden. Das interessiert ihn nicht. Oft bittet er sogar darum, davon abzusehen (um seine Akten übersichtlich zu halten). 132

Der **Vorschussanspruch** nach § 9 RVG besteht nur gegenüber dem Mandanten. Dieser hat jedoch nach § 2 Abs. 1a der Allgemeinen Bedingungen für die Rechtsschutzversicherung (ARB) gegen den Versicherer einen Freistellungs- 133 anspruch. Der Versicherer hat deshalb auch den Vorschussanspruch des Mandanten zu erfüllen, wenn der Rechtsanwalt diesen gegenüber dem Versicherer geltend macht *(Harbauer,* Rechtsschutzversicherung, 7. Aufl., 2004, § 2 ARB 75 Rn. 38). Rechtlich läuft das dann über § 267 Abs. 1 S. 1 BGB ab. Der Versicherer erfüllt als Dritter gegenüber dem Rechtsanwalt die diesem vom Mandanten geschuldete Leistung. Von dem Vorschussrecht sollte der Anwalt grundsätzlich Gebrauch machen. Rechtsstreitigkeiten können sich sehr lange hinziehen. Es besteht kein Anlass dafür, dass sie vom Rechtsanwalt vorfinanziert werden.

134 Die **Anfrage** beim Rechtsschutzversicherer für den Mandanten ist gebührenrechtlich eine selbständige Angelegenheit, die nach Nr. 2400 des RVG-Vergütungsverzeichnisses abzurechnen und nicht erstattungsfähig ist. Darauf sollte der Mandant hingewiesen werden, da dem Laien diese Rechtslage unbekannt ist. Er geht vielmehr davon aus, dass die Deckungsschutzanfrage des Anwalts von dessen Auftragsgebühren erfasst werde. Der Mandant hat bei entsprechendem Hinweis die Möglichkeit, selbst (kostenfrei) beim Versicherer Deckungsschutz anzufordern.

135 In der anwaltlichen Praxis werden die Gebühren für die Deckungsschutzanfrage vielfach nicht berechnet. Berufsrechtlich ist das bedenklich. Es ist widersprüchlich, über nicht angepasste Gebühren zu klagen, zugleich aber gesetzlich vorgesehene Gebühren zu verschenken.

136 Nach § 1 Abs. 1 S. 1 ARB 75 übernimmt der Versicherer nur den Deckungsschutz, soweit dieser **notwendig** ist. Notwendig wiederum ist er, wenn die Wahrnehmung rechtlicher Interessen „hinreichende Aussicht auf Erfolg bietet und nicht mutwillig erscheint" (§ 1 Abs. 1 S. 2 ARB 75). Diese Formulierung ist dem § 114 ZPO für die Bewilligung von Prozesskostenhilfe entnommen. Die dazu ergangene Rechtsprechung, die in den ZPO-Kommentaren nachgewiesen wird, ist auch für die Bewilligung von Deckungsschutz maßgebend *(Harbauer/Bauer,* Rechtsschutzversicherung, 7. Aufl., 2004, § 1 ARB 75 Rn. 13 ff.). Um die Erfolgsaussicht zu beurteilen, darf der Versicherer auch Sachverständigengutachten aus anderen Verfahren berücksichtigen (OLG Karlsruhe VersR 2006, 969).

137 Lehnt der Rechtsschutzversicherer den Deckungsschutz zu Unrecht ab, dann kann das eine **positive Vertragsverletzung** sein, so dass dem Versicherten deswegen Schadensersatzansprüche zustehen (BGHReport 2006, 895). Der Versicherte ist grundsätzlich nicht gehalten, den drohenden Schaden mit eigenen Mitteln abzuwenden und dazu etwa Kredit aufzunehmen. Das wird von ihm nur verlangt, wenn er über ausreichende eigene Mittel verfügt oder einen Kredit ohne Schwierigkeiten erlangen kann (BGHReport 2006, 896). Die Beweislast für diese Ausnahme hat der Versicherer. Bei vertragswidriger Verweigerung des Deckungsschutzes muss der Anwalt seinen Auftraggeber auf mögliche Schadensersatzansprüche hinweisen.

III. Korrespondenz mit dem Versicherer

Hier nun noch einige **Schriftsatzmuster zur Korrespondenz** mit dem Versicherer: 138

1. Außergerichtlicher Deckungsschutz

Betr.: Versicherungsnehmer Franz Faber

Versicherungs-Schein-Nr.: . . .

Sehr geehrte Damen und Herren,

ich vertrete Herrn Franz Faber, Waldweg 50, 00000 X-Stadt. Mein Mandant hat bei Ihnen die oben angegebene Rechtsschutzversicherung abgeschlossen. Ich bitte um Deckungsschutzzusage zunächst für die Kosten des außergerichtlichen Verfahrens hinsichtlich folgenden Sachverhalts:

. . . (folgt Sachverhaltsschilderung).

Zu Ihrer weiteren Information füge ich Ablichtungen des bisherigen Schriftverkehrs bei.

Mit freundlichen Grüßen

Rechtsanwalt

2. Deckungsschutz für eine Klage

Sehr geehrte Damen und Herren,

ich vertrete Herrn Franz Faber, Waldweg 50, 00000 X-Stadt. Mein Mandant hat bei Ihnen die oben genannte Rechtsschutzversicherung abgeschlossen. Ich bin beauftragt, entsprechend der beiliegenden Klageschrift eine Räumungsklage zu erheben, und bitte um Zusage des Deckungsschutzes für die Kosten des Rechtsstreits.

Mit freundlichen Grüßen

Rechtsanwalt

3. Erweiterung des Deckungsschutzes

Betr.: Versicherungsnehmer Franz Faber

Schaden-Nr.: . . .

Sehr geehrte Damen und Herren,

meine außergerichtlichen Bemühungen, den Schädiger Herrn Siegfried Sander zur Leistung von Schadensersatz zu veranlassen, sind erfolglos geblieben. Daher ist die Klage geboten. Mein Mandant bittet um Erweiterung der Deckungsschutzzusage für eine Zahlungsklage vor dem Landgericht X-Stadt.

Mit freundlichen Grüßen

Rechtsanwalt

§ 2 Anwalt und Dritte

4. Deckungsschutz für die Rechtsverteidigung

Sehr geehrte Damen und Herren,

ich vertrete Herrn Franz Faber, Waldweg 50, 00000 X-Stadt. Mein Mandant hat bei Ihnen die oben genannte Rechtsschutzversicherung abgeschlossen. Herr Siegfried Sander, Wiesenpfad 60, 00000 X-Stadt, hat gegen meinen Mandanten Klage erhoben (beiliegende Klageschrift). Ich bin von Ihrem Versicherungsnehmer mit der Rechtsverteidigung beauftragt worden. Den Entwurf der Klageerwiderung füge ich in Ablichtung bei. Ich bitte um Zusage des Deckungsschutzes für die Kosten des Rechtsstreits.

Mit freundlichen Grüßen

Rechtsanwalt

5. Anspruchsschreiben des Geschädigten

An die

XY-Versicherungs-AG

Betr.: Ihr Versicherungsnehmer Siegfried Sander

Versicherungs-Schein-Nr.: . . .

(oder Schaden-Nr.: . . .)

Sehr geehrte Damen und Herren,

ich vertrete Herrn Franz Faber, Waldweg 50, 00000 X-Stadt. Ihr Versicherter hat am . . . mit seinem Personenkraftwagen VW Golf (amtliches Kennzeichen . . .) die Vorfahrt meines Mandanten verletzt. Dessen Fahrzeug Opel Vectra (amtliches Kennzeichen . . .) ist dabei erheblich beschädigt worden. Der Hergang des Unfalles war folgender . . .

Meinem Mandanten ist folgender Schaden entstanden:

Reparaturkosten . . .

Wertminderung . . .

Abschleppkosten . . .

Nutzungsausfall . . .

Unkostenpauschale . . .

Rechtsanwaltskosten . . .

Belege für die einzelnen Schadenspositionen liegen bei.

Ich bitte, den Gesamtbetrag von . . . Euro auf mein im Briefkopf angegebenes Konto zu überweisen. Meine Berechtigung zum Geldempfang ergibt sich aus der beiliegenden Vollmacht.

Zur Begleichung der Ansprüche meines Mandanten setze ich Ihnen eine Frist bis zum ...

Mit freundlichen Grüßen

Rechtsanwalt

IV. Zugang von Schriftstücken

1. Kein Anscheinsbeweis

In zahlreichen Streitigkeiten hängt die rechtliche Beurteilung und die Entscheidung davon ab, ob ein Schreiben, das Rechtsfolgen auslöst, dem Gegner zugegangen ist. Man denke etwa an eine Mahnung, Kündigung, Mängelrüge, Anfechtung usw. Behauptet die eine Partei den Zugang und legt sie einen Durchschlag des Schreibens vor, dann lässt sich ihr Gegner mit erstaunlicher Häufigkeit dahin ein, ausgerechnet dieses Schreiben, oft nur eines aus einer umfangreichen Korrespondenz, sei ihm nicht zugegangen. 139

Die Häufigkeit, mit der der **Zugang** ausgerechnet rechtserheblicher Sendungen **bestritten** wird, lässt nicht selten den Verdacht aufkommen, dass es sich um eine wahrheitswidrige Schutzbehauptung handelt. Vor Jahren habe ich einmal als Richter in einem einschlägigen Rechtsstreit eine amtliche Auskunft eingeholt zur Beantwortung der Frage, mit welcher prozentualen **Verlustquote** bei **gewöhnlichen Briefen** gerechnet werden müsse. Die Auskunft lautete damals, dass bei rund 7 Milliarden beförderter gewöhnlicher Briefe eine Verlustquote von 0,000633 % errechnet worden ist. Von 100 Millionen Briefen wurden also 63 300 als verloren reklamiert. Auch unter Berücksichtigung, dass zu diesen Sendungen Postkarten, Drucksachen, Briefdrucksachen, Massendrucksachen, Büchersendungen, Blindensendungen, Warensendungen, Wurfsendungen und Päckchen zählen, tendiert die **Verlustquote für Briefe, die rechtserhebliche Erklärungen enthalten, gegen Null**. 140

An diesen Zahlen hat sich nichts geändert. Auf eine weitere Anfrage hat mir die Deutsche Post für das Jahr 1999 mitgeteilt, dass die Verlustquote bei Briefen (nur bei diesen, also ohne die sonstigen Sendungen!) 0,0008 % beträgt. Statistisch gesehen geht daher von 125 000 Briefsendungen nur eine Sendung verloren, von einer Million Sendungen kommen nur 8 nicht an. Die im Rechtsstreit immer wieder vorgebrachte Behauptung, ein Brief mit rechtsgestaltendem oder sonst besonders wichtigem Inhalt sei nicht angekommen, ist daher nach der Lebenserfahrung fast immer unglaubwürdig. 141

Diese minimale Verlustquote belegt, dass in Deutschland Briefe mit höchster Wahrscheinlichkeit ankommen. Es handelt sich dabei um einen ganz starken, durch korrekte Feststellungen abgesicherten, innerhalb Deutschlands geltenden **Erfahrungssatz** und damit um einen typischen Geschehensablauf. Nach der Rechtsprechung des **BGH** reicht das jedoch **nicht** zu einem **Anscheinsbeweis** aus. Er meint, nach den Erfahrungen des täglichen Lebens komme es auch unter 142

§ 2 Anwalt und Dritte

normalen Postverhältnissen immer wieder vor, dass abgeschickte Briefe, ja sogar Einschreibesendungen den Empfänger nicht erreichen (BGHZ 24, 312; LM § 130 BGB Nr. 7 = MDR 1964, 395; st. Rspr., siehe *Staudinger/Singer/Benedict*, BGB, 2004, § 130 Rn. 106; für das Handelsrecht vertritt der BGH die gegenteilige Auffassung, unten Rn. 150). Der **BFH** (DStR 1974, 182) **bejaht** hingegen einen **Anscheinsbeweis**. Ebenso entscheiden die ordentlichen Gerichte in wettbewerbsrechtlichen Streitigkeiten, wenn – was nicht selten vorkommt – der Zugang eines Abmahnschreibens bestritten wird. So heißt es beispielsweise in OLG Stuttgart (WRP 1983, 644; ebenso OLG Köln WRP 1984, 40 und OLG Karlsruhe WRP 1997, 477):

> „Die Klägerin hatte durch Vorlage einer eidesstattlichen Versicherung glaubhaft gemacht, dass sie das Abmahnschreiben zur Post gegeben habe. Mehr brauchte sie nicht glaubhaft zu machen. Es wäre Sache des Beklagten gewesen, seinerseits glaubhaft zu machen, dass ihm das abgesandte Abmahnschreiben nicht zugegangen sei."

143 Die **Bejahung** des **Anscheinsbeweises** in **Wettbewerbssachen** und vergleichbaren Angelegenheiten erklärt sich möglicherweise dadurch, dass das Bestreiten des Zugangs fast die Regel ist, wenn der Abmahnende seine Anwaltskosten einfordert. Umgekehrt dürfte die Ablehnung des Anscheinsbeweises durch den Bundesgerichtshof auf das Bestreben zurückgehen, möglichen Manipulationen vorzubeugen. Es soll – beispielsweise – verhindert werden, dass ein Erklärender die Durchschrift eines in Wahrheit nicht abgesandten Briefes vorlegt und damit prima facie diesen Zugang „beweist".

144 Indessen verhindert die Verneinung des prima-facie-Beweises selbstverständlich nicht die **strengbeweisliche Prüfung** des Zugangs nach § 286 Abs. 1 ZPO. Wird das beachtet, dann erledigt sich die Beweisfrage häufig. So waren beispielsweise dem Beklagten in einem vom OLG Naumburg entschiedenen Fall sechs richtig adressierte und frankierte Schreiben zugeschickt worden. Zwei davon waren zuzustellen; die waren auch gekommen. Die vier anderen formlosen Sendungen – Mahnungen – hatte der Beklagte angeblich nicht erhalten. Das OLG Naumburg glaubte ihm nicht, weil er keine einleuchtende Erklärung für diese ungewöhnliche Häufung der Verluste ausgerechnet bei nicht zuzustellenden Mahnungen vorbringen konnte (JurBüro 1999, 597).

2. Zugangsnachweis

145 Da der Erklärende für den Zugang seiner Erklärung die Beweislast trägt, geht der Anwalt ein Haftungsrisiko ein, wenn er nicht für einen nachweisbaren Zugang der Erklärung sorgt. Dazu genügt nicht der Nachweis der Aufgabe eines ordnungsgemäß adressierten und frankierten Briefes zur Post. Der „sicherste Weg" ist die **Zustellung von Anwalt zu Anwalt** (§ 195 ZPO) oder durch einen **Gerichtsvollzieher** (§ 192 ZPO). Meist reicht allerdings schon die Übersendung durch Einschreiben mit Rückschein (BGHZ 24, 313; ausführlich *Erman/Palm*, BGB, 11. Aufl., 2004, § 130 Rn. 8).

146 Auch die Übermittlung durch **Telefax** ist nicht unbedingt sicher. Selbst wenn das Sendeprotokoll des Absenders den Sendevorgang dokumentiert, kann der

Empfänger den Zugang der Sendung bestreiten. Das Sendeprotokoll allein stützt keinen Anscheinsbeweis (OLG München NJW 1993, 2447; *Schneider* MDR 1999, 197; aber str.), sondern hat nur Indizwert für den Zugang. Es beweist nur das Zustandekommen der Verbindung zwischen zwei Geräten, nicht auch die ordnungsgemäße Übertragung (*Bamberger/Roth/Wendtland*, BGB, 2003, § 130 Rn. 35). Der „sicherste Weg" ist es daher, sich den Empfang des Telefax bestätigen zu lassen oder das Schriftstück zu einige Stunden auseinander liegenden Zeiten zweimal per Telefax zu übermitteln, um dadurch beweisrechtlich die Wahrscheinlichkeit des Empfangs und damit die Überzeugungskraft des Indizienbeweises zu erhöhen.

Völlig sicher sind eigentlich nur die Zustellungen nach § 195 ZPO von Anwalt zu Anwalt oder durch den Gerichtsvollzieher (§ 192 ZPO). Schon beim **Einschreibebrief** (oben Rn. 145) kann es kritisch werden. Er ist zwar auch dann zugegangen, wenn der Empfänger die Sendung nicht abholt oder nicht dafür Sorge trägt, dass schriftliche Erklärungen ihn erreichen können (OLG Köln CR 1992, 334). Es gibt aber auch ganz gerissene Schuldner, die dann etwa behaupten, in dem Briefumschlag habe sich nichts oder nur ein Prospekt befunden oder in dem zugegangenen Brief habe eine Seite gefehlt – dann natürlich die maßgebende. 147

Wir hatten in unserer Praxis einmal einen Fall, in dem mit solchen Einwendungen gerechnet werden musste. Es ging dabei um eine sehr wichtige fristwahrende Erklärung, die sofort abgesandt werden musste. Wir haben sie per Einschreiben mit Rückschein versandt, darüber aber für unsere **Handakten** folgendes **Protokoll** erstellt: 148

Um später beweisen zu können, welchen Inhalt das per Einschreiben/Rückschein abgesandte Schreiben vom . . . hat, zieht sein Verfasser, Rechtsanwalt N.N., **bei Absendung** des Briefes einen **Zeugen** hinzu. Dieser Zeuge unterschreibt dieses Protokoll und eine Abschrift des zuzusendenden Schriftstückes, das mit dem Protokoll verbunden wird.

(Name und Anschrift des Zeugen)

Der Zeuge bescheinigt: Ich habe das oben genannte, von Herrn Rechtsanwalt N.N. unterzeichnete Schriftstück gelesen und in einen Briefumschlag gesteckt. Dann habe ich die mir vorgelegte Abschrift durchgelesen und festgestellt, dass diese mit dem Schriftstück im Briefumschlag identisch ist. Anschließend habe ich dieses Protokoll und die Abschrift unterschrieben und beide Schriftstücke zusammengeheftet. Den im Umschlag verschlossenen Brief habe ich per Einschreiben/Rückschein auf der Post aufgegeben. Der Brief ist nicht mehr geöffnet worden, seit ich ihn verschlossen habe. Ich habe ihn bis zur Aushändigung an den Schalterbeamten nicht aus der Hand gegeben.

(Datum, Unterschrift des Zeugen)

§ 2 Anwalt und Dritte

149 Das mag sehr aufwendig erscheinen. Es hat aber im Ausgangsfall geholfen. Der Gegner, der bereits den Zugang von zwei Schreiben bestritten hatte, war nun „festgenagelt".

3. Handelsrechtliche Besonderheiten

150 Für handelsrechtliche **Mängelrügen** gilt nach § 377 Abs. 4 HGB eine Sonderregelung: Zur Erhaltung der Rechte des Käufers genügt die rechtzeitige Absendung der Mängelanzeige. Besondere gebührenerhöhende postalische Maßnahmen sind nicht erforderlich. Es genügt die Aufgabe eines einfachen Briefes, wenn er nur richtig adressiert und frankiert ist. In Widerspruch zu seiner sonstigen Rechtsprechung steht dabei die Begründung des BGH (LM § 377 HGB Nr. 8):

„Denn bei der Zuverlässigkeit der Einrichtungen staatlicher Postanstalten kann mit an Sicherheit grenzender Wahrscheinlichkeit damit gerechnet werden, dass ein auf diese Weise abgesandter Brief den Verkäufer so rechtzeitig erreicht, dass dieser die im Handelsverkehr erforderlichen und für ihn wesentlichen Anordnungen treffen kann."

151 Die **Beweislast** ist im Anwendungsbereich des § 377 Abs. 4 HGB so verteilt, dass der Käufer zunächst nur darlegen und beweisen muss, er habe eine inhaltlich hinreichend bestimmte schriftliche Mängelanzeige rechtzeitig abgesandt (BGH LM § 377 HGB Nr. 1). Gelingt dieser Beweis, behauptet der Verkäufer aber, der Brief sei ihm überhaupt nicht oder mit ganz erheblicher Verspätung zugegangen, dann wird es kontrovers. Es kommt nämlich dann darauf an, ob § 377 Abs. 4 HGB so zu verstehen ist, dass die Mängelanzeige nicht empfangsbedürftig ist, oder ob die Anzeige zugehen muss, wenn auch verspätet (vgl. *Düringer/Hachenburg/Hoeniger*, HGB, 3. Aufl., 1932, § 377 Rn. 69, 70; *Staub/Brüggemann*, HGB, 4. Aufl., 1983, § 377 Rn. 142, 206, 207; *Schneider* MDR 1977, 538). Solchen Streitfragen mit ungewissem Ausgang sollte der Anwalt tunlichst aus dem Wege gehen und auch Mängelanzeigen nach § 377 Abs. 4 HGB in einer Weise übermitteln, die den Zugangsbeweis sichern.

V. Akteneinsicht

152 Im Zivilprozess (§ 299 ZPO) und ebenso in anderen gerichtlichen Verfahren (z.B. § 34 FGG) dürfen die Parteien und Beteiligten die Akten einsehen. Dritten Personen kann die Akteneinsicht bei Glaubhaftmachung eines rechtlichen Interesses gestattet werden. Zu den Personen, die Akteneinsicht haben, gehört auch der Streithelfer (§ 66 ZPO), nicht jedoch der Streitverkündete (§ 72 ZPO), solange er nicht beigetreten ist (§ 74 ZPO). Verweigert die Geschäftsstelle die Akteneinsicht, dann gibt es dagegen die befristete Erinnerung nach § 573 ZPO, die bei Ablehnung beschwerdefähig ist.

1. Aktenüberlassung

Derartige Fälle werden in aller Regel nur streitig, wenn es um Anträge von Prozessbevollmächtigten geht, ihnen die Akten **zur Einsicht** auf ihr **Büro** zu überlassen. Solche Anträge legt die Geschäftsstelle dem Vorsitzenden oder dem Berichterstatter vor. Meist geben diese dem Antrag statt. Immer wieder kommt es aber auch vor, dass der Antrag abgelehnt wird. Dann kann das Verfahren kompliziert werden.

153

Fraglich ist zunächst, ob der Vorsitzende oder der Berichterstatter für die Entscheidung auf Aushändigung der Akten außerhalb der Geschäftsstelle zuständig ist oder ob das nicht eine **prozessleitende Maßnahme** ist, deren Entscheidung dem **Kollegium** obliegt. Wird Letzteres bejaht (BGH MDR 1973, 580; *Schneider* MDR 1984, 108), dann kann analog § 140 ZPO die Entscheidung des Kollegiums beantragt werden. Eine Beschwerde dagegen ist nicht vorgesehen (§ 567 Abs. 1 ZPO). Nach anderer Ansicht kann der Beschluss zusammen mit dem Endurteil angefochten werden (MünchKommZPO/*Peters*, 2. Aufl., 2000, § 140 Rn. 7 f.).

154

Gegenstand der Akteneinsicht sind nur die **Prozessakten**. Das sind die für das laufende Verfahren angelegten Gerichtsakten neben sämtlichen dazu eingereichten Unterlagen und allen beigezogenen Akten desselben Gerichts (nicht nur desselben Kollegiums!).

155

Das Einsichtsrecht besteht nur bei **Prozessbezogenheit**. Diese endet mit Eintritt der Rechtskraft des laufenden Verfahrens. Ab dann gibt es keine Einsicht mehr nach § 299 Abs. 1 ZPO, möglicherweise jedoch nach § 299 Abs. 2 ZPO im Hinblick auf anderweit anhängige Prozesse. Prozessbezogenheit besteht jedoch, wenn das alte Verfahren fortgesetzt werden soll, etwa nach Anfechtung eines Prozessvergleichs.

156

2. Freiwillige Gerichtsbarkeit

Probleme mit der Überlassung der Akten auf das Büro des Anwalts ergeben sich im Zivilprozess erfahrungsgemäß kaum. Anders ist es, wenn es um **Grundakten, Registerakten** (zum Handelsregister siehe unten Rn. 171) und **Nachlassakten** geht. In ihnen werden die Originalurkunden Aktenbestandteil (siehe etwa § 2259 Abs. 1 BGB, § 83 Abs. 1 FGG [für Testamente]). Wegen der in solchen Fällen folgenschweren Verlustgefahr wird die Akteneinsicht vielfach nur innerhalb des Gerichtsgebäudes gestattet. Rechtspfleger und Richter tendieren manchmal dahin, daraus einen „ehernen Grundsatz" zu machen und die Aktenüberlassung außerhalb der Gerichtsstelle schlechthin zu verneinen. Dagegen gibt es die Erinnerung oder die sofortige Beschwerde (siehe *Baumbach/Hartmann*, ZPO, 65. Aufl., 2007, § 299 Rn. 18).

157

Der nachfolgende **Erinnerungsschriftsatz**, der einen einschlägigen Fall betraf, kann als Vorlage dienen, da Rechtsprechung und Schrifttum darin weitgehend ausgewertet sind.

158

§ 2 Anwalt und Dritte

159 Der Rechtspfleger wollte in diesem Fall nicht abhelfen „wegen der mit einer Übersendung generell verbundenen Verlustgefahr". Von einer Begründung hatte er abgesehen, „weil er nicht mit einem Rechtsmittel gerechnet habe." Die zuständige Abteilungsrichterin hat ihn sofort angewiesen, dem Antrag auf Akteneinsicht durch Überlassung in die Kanzleiräume stattzugeben.

In der Betreuungssache

Franz Sander

– Aktenzeichen –

lege ich im Auftrag meines Mandanten Herrn Faber gegen die Verfügung des Rechtspflegers vom . . .

Erinnerung

ein und wiederhole den Antrag auf Akteneinsicht durch Überlassung der Gerichtsakten auf mein Büro durch Übersendung oder Aushändigung über das Anwaltsfach.

Begründung

1. Über den Antrag eines beim Gericht zugelassenen Verfahrensbevollmächtigten auf Überlassung der Gerichtsakten zur Einsichtnahme in seinem Büro ist vom Rechtspfleger aufgrund einer **Ermessensentscheidung** zu befinden.

Im Ausgangsfall hat der Rechtspfleger kein Ermessen ausgeübt, sondern sich in reichlich unhöflicher Diktion auf einen nicht existierenden Grundsatz berufen: „Eine Übersendung oder Mitnahme der Akte kommt nicht in Betracht." Die Entscheidung ist daher schon wegen unterbliebener Ermessensausübung rechtswidrig.

2. Da die **Ablehnung** des **Antrages** erinnerungsfähig ist, muss sie **begründet** werden. Nur dann ist der Antragsteller in der Lage zu prüfen, ob Ermessen überhaupt und zutreffend ausgeübt worden ist. Auch insoweit ist die Entscheidung des Rechtspflegers fehlerhaft. Es ist nicht ersichtlich, warum die Übersendung oder Mitnahme der Akte nicht in Betracht kommen kann. Das Gegenteil ist offensichtlich richtig. Denn ständig werden Akten dem Anwalt zur Einsichtnahme in seinem Büro überlassen.

3. Die Ablehnung der Aktenüberlassung ist auch **sachlich falsch**. Es gelten insoweit die von der Rechtsprechung zu den §§ 299 ZPO und 34 FGG entwickelten Grundsätze für die Ausübung des Ermessens. Danach ist Folgendes rechtens:

Zu berücksichtigen ist die **Gefahr** des **Verlustes** unersetzlicher Urkunden (Testament, Schriftverträge u. dgl.), weshalb in der Regel Nachlass-, Handelsregister- und Grundakten nicht versandt werden (OLG Köln Rpfleger 1983, 325). Mit zu berücksichtigen ist ferner, ob die Akten ständig zur **Bearbeitung** benötigt werden, wobei dieser Umstand aber nicht vorrangig vor dem Interesse des Anwalts berücksichtigt werden darf, die Akten in seiner Kanzlei einzusehen (LAG Hamm NJW 1974, 1920). Bei der Entscheidung über den Antrag ist eine großzügige Ermessensausübung geboten (OLG Hamm ZIP 1990, 1369). Es muss „ein annehmbarer Grund für die Verweigerung der Übermittlung der Akten" gegeben sein (OLG Hamm a.a.O.). Mit anderen Worten: Dem **Antrag** einer Partei auf Überlassung der Akten auf das Büro ihres Verfahrensbevollmächtigten ist **grundsätzlich stattzugeben**, sofern nicht ausnahmsweise zwingende Gründe entgegenstehen (vgl. etwa OLG Düsseldorf MDR 1987, 769; OLG Frankfurt MDR 1989, 465; LAG Hamm MDR 1974, 874; LG Hanau AnwBl. 1984, 503; LG Hagen Rpfleger 1987, 427; LG Köln Rpfleger 1989, 334; LG Baden-Baden JurBüro 1990, 1348; LG Krefeld JurBüro 1990, 1374; LG Osnabrück JurBüro 1991, 267). Ein Hinweis auf eine „anderweitige übliche Praxis" oder auf die Zulassung „nur in besonderen Ausnahmefällen" und dergleichen rechtfertigt nicht die Ablehnung des Antrags (MünchKommZPO/*Prütting*, 2. Aufl., 2000, § 299 Rn. 10).

Im Ausgangsfall ist kein einziger Grund ersichtlich, der einer Überlassung der Akten auf das Büro der Verfahrensbevollmächtigten entgegenstehen könnte. Die Gerichtsakten enthalten keine unersetzlichen Urkunden – ganz abgesehen davon, dass diese vorher entnommen werden könnten. Eine Versendungsgefahr besteht nicht, da die Akten dem Unterzeichner über das Anwaltsfach beim Gericht zugeleitet werden können. Eine dahingehende Besorgnis ließe sich auf jeden Fall dadurch ausschließen, dass der Anwalt die Akten selbst auf der Geschäftsstelle abholt und kurzfristig zurückbringt (OLG Frankfurt NJW 1992, 846). Die Akten werden auch nicht zur dringenden Bearbeitung benötigt, da sich das Betreuungsverfahren durch den Tod des Betreuten erledigt hat.

Die **Verweigerung** der **Akteneinsicht** in der beantragten Form ist hiernach geradezu **willkürlich.** Der Unterzeichner müsste mit der Geschäftsstelle einen Termin zur Einsicht vereinbaren, um sicherzugehen, dass die Akten zur Verfügung stünden. Sodann müsste er hin und zurück eine Strecke von etwa 40 km mit dem Auto zurücklegen, eine Parkmöglichkeit suchen und Parkgebühren zahlen, nur um zur Geschäftsstelle zu gelangen. Die Geschäftsstellenbeamtin müsste ggf. mit den Akten zur Kanzlei gehen, um dort die eine oder andere Ablichtung erstellen zu lassen. Das würde dann wieder zu einer Kostenberechnung führen. Zeitlich wäre der Unterzeichner für mehrere Stunden gebunden. Das alles ist so überflüssig wie ein Kropf. Wenn dem Unterzeichner die Akten auf sein Büro ausgehändigt werden, hat er sie in höchstens einer halben Stunde durchgesehen, kann ggf. die eine oder andere Aktenseite kopieren und die Akten sofort zurückleiten. Warum das grundsätzlich „nicht in Betracht kommt", wird der Rechtspfleger nicht begründen können.

Rechtsanwalt

Im **Insolvenzverfahren** gelten nach § 4 InsO die Vorschriften der Zivilprozessordnung entsprechend, also auch § 299 ZPO. Dazu hat das OLG Celle (NJW 2004, 863) entschieden: 160

„Im Falle der Akteneinsicht nach § 299 Abs. 2 ZPO kommt nicht nur die Gewährung von Einsicht auf der Geschäftsstelle des Insolvenzgerichts in Betracht, sondern auch die Übersendung von Abschriften, Fotokopien usw. oder die Übersendung der Akten. Der Antragsteller hat einen Anspruch auf ermessensfehlerfreie Entscheidung über seinen Antrag auf Akteneinsicht. Die Auffassung, es komme ausschließlich die Gewährung von Akteneinsicht auf der Geschäftsstelle des Insolvenzgerichts in Betracht, ist ermessensfehlerhaft."

3. Strafakten

161 In Rechtsstreitigkeiten, die von einem strafrechtlichen Ermittlungsverfahren begleitet werden, ist die Akteneinsicht durch den Geschädigten oder den Haftpflichtversicherer des Schädigers die Regel und unerlässlich. Soweit der Anwalt für eine Versicherungsgesellschaft **Einsicht in Unfallstrafakten** nimmt oder einen Aktenauszug erstellt, erhält er nach der Vereinbarung zwischen dem DAV und dem HUK-Verband ein Pauschalhonorar und die Schreibgebühren der Nr. 7000 des RVG-Vergütungsverzeichnisses (ausführlich dazu AnwKomm-RVG/*N. Schneider*, 3. Aufl., 2006, Anhang V, S. 2209 ff.; zur derzeitigen Rechtslage siehe auch *Goebel*, Anm. in BGHReport 2006, 759).

Rechnet der Anwalt gegenüber dem gegnerischen Haftpflichtversicherer unter Bezugnahme auf das DAV-Abkommen ab, dann verzichtet er dadurch nicht auf die Geltendmachung weitergehender Ansprüche seines Mandanten (BGHReport 2006, 758). Das entsprechende Anschreiben kann etwa lauten:

An die

Staatsanwaltschaft in . . .

Ermittlungsverfahren gegen Siegfried Sander

– Aktenzeichen –

Die X-Versicherungs AG hat mich beauftragt, einen Auszug aus der oben genannten Akte zum Zweck der Schadensregulierung anzufertigen. Ich bitte daher, mir die Akte zur Einsichtnahme in meiner Kanzlei zu überlassen oder mich zu benachrichtigen, wann die Akte für mich verfügbar ist.

Rechtsanwalt

---

162 Fordert der Anwalt die Akten an, weil er sie selbst **für** seinen **Mandanten** benötigt, dann fällt das Anschreiben etwas ausführlicher aus, etwa so:

An die

Staatsanwaltschaft in . . .

Verkehrsunfallsache gegen Siegfried Sander

– Aktenzeichen –

wir vertreten wegen eines Verkehrsunfalls, der sich am . . . in . . . ereignet hat, den Geschädigten Franz Faber. Eine auf uns ausgestellte Vollmacht liegt bei. Zur Durchsetzung zivilrechtlicher Ansprüche gegen den Schädiger und dessen Haftpflichtversicherer bitten wir um Übersendung der oben genannten Ermittlungsakten zur Einsichtnahme auf unser Büro.

Rechtsanwalt

Hat der Anwalt ein **Gerichtsfach** und kommt wegen der örtlichen Zuständigkeiten auch eine Überlassung zum Gerichtsfach in Betracht, dann sollte nur das beantragt werden, weil dann keine Versendungskosten anfallen. 163

Wird die Sache noch vom **Polizeiverkehrsdienst** bearbeitet, dann ist das Akteneinsichtsersuchen an diesen zu richten, tunlichst mit dem Zusatz: 164

> Falls sich die Akten nicht mehr bei Ihnen befinden, bitte ich um Weiterleitung dieses Akteneinsichtsgesuchs und um Abgabenachricht an mich.

VI. Auskünfte

Vielfach benötigt der Anwalt Auskünfte über zustellungsfähige Anschriften und den Inhalt von Registern. Soweit solche Auskünfte keine Darlegung und Glaubhaftmachung eines besonderen Interesses erfordern, braucht der auskunftersuchende Anwalt **keine Vollmacht** beizulegen. 165

Teilweise sind solche Auskünfte gebührenpflichtig. Sofern **Gebühren** anfallen, können sie auf verschiedene Weise erhoben werden: per Gebührenbescheid (Rechnung), per Nachnahme, per Überweisung oder durch Beifügen eines Verrechnungsschecks. Welche Zahlungsweise vorzuziehen ist, lässt sich nicht generell beantworten. Verrechnungsschecks werden oft nicht akzeptiert; insoweit ist eine vorherige Anfrage sinnvoll. 166

Bei **Anfragen an Behörden** wird die Höhe der Gebühren oftmals nicht bekannt sein, so dass schon deshalb eine Vorauszahlung ausscheidet, es sei denn, dass die Gebühren vorher erfragt werden.

Einzelheiten zu den häufigsten Auskunftsersuchen lassen sich am besten durch **Formulierungsvorschläge** aufzeigen. 167

1. Auskunft Justizverwaltung – Urteilstext

> An den Präsidenten des Oberlandesgerichts . . .
>
> Betr.: Übersendung eines Urteilstextes gemäß § 299 Abs. 2 ZPO
>
> In der Fachzeitschrift „Versicherungsrecht" (folgt Jahrgang und Seite) ist der Leitsatz eines Urteils des Oberlandesgerichts . . . vom . . . (Aktenzeichen . . .) abgedruckt, der sich mit der Problematik sittenwidriger Ratenkreditverträge befasst. Ich bitte um Übersendung des vollständigen Urteilstextes.
>
> Mein rechtliches Interesse ergibt sich daraus, dass ich in einem gleich gelagerten Fall einen Mandanten vertrete. Dies versichere ich anwaltlich.
>
> **Oder:** In der XY-Zeitung, Ausgabe vom . . ., ist ein Bericht über ein Urteil des Oberlandesgerichts Köln vom . . . (Aktenzeichen . . . oder: Aktenzeichen nicht

angegeben) veröffentlicht worden, das sich mit der Problematik von Wildschäden befasst. Ich bitte um Übersendung des vollständigen Urteilstextes. Mein rechtliches Interesse ergibt sich daraus, dass ich in einem gleich gelagerten Fall einen Mandanten vertrete. Dies versichere ich anwaltlich.

(Bei Fehlen des Aktenzeichens: Falls wegen des fehlenden Aktenzeichens ungewiss ist, welcher Senat das Urteil erlassen hat, bitte ich, dieses Schreiben in Umlauf zu geben.)

168 Soweit Urteile oder Beschlüsse in Fachzeitschriften bearbeitet und dann durchweg in gekürzter Fassung veröffentlicht werden, können sie heute in aller Regel bei der Redaktion gegen eine Gebühr im Volltext angefordert werden. Das ist der schnellste Weg, an benötigte Texte heranzukommen.

2. Auskunft Einwohnermeldeamt

169 Ziel dieser Anfrage ist es, den Wohnort einer Person zu ermitteln. Rechtsgrundlage für die Auskunft ist das Meldegesetz des jeweiligen Landes. Der Auskunftsuchende muss ein **berechtigtes Interesse** glaubhaft machen. Die Höhe der Gebühren für die Auskunft ist je nach Bundesland unterschiedlich geregelt und ergibt sich aus der Gebührenordnung des jeweiligen Landes. Bei Anfragen in anderen Bundesländern empfiehlt es sich daher, die Gebühren per Nachnahme anfordern zu lassen. In eiligen Fällen kann natürlich die Gebührenhöhe erfragt und – falls akzeptiert – ein Verrechnungsscheck in deren Höhe beigelegt werden. Zweckmäßig ist es, eine **voradressierte** und **frankierte Postkarte** mit der Anschrift des Anwalts oder einen entsprechenden Briefumschlag beizufügen, da dies erfahrungsgemäß die Erteilung der Auskunft beschleunigt.

Stadtverwaltung

– Einwohnermeldeamt –

in . . .

Auskunft aus dem Einwohnermeldeverzeichnis

Sehr geehrte Damen und Herren,

ich vertrete Herrn Franz Faber, Waldweg 50, 00000 X-Stadt, in einer Rechtsstreitigkeit gegen Herrn Siegfried Sander. Als letzte Anschrift des Herrn Sander ist mir bekannt:

Wiesenpfad 60, 00000 X-Stadt

Bitte, teilen Sie mir mit, ob diese Anschrift noch zutrifft. Sollte das nicht der Fall sein, so bitte ich um Mitteilung der neuen Anschrift oder des derzeitigen Aufenthaltsortes. Sofern eine gesetzliche Vertretung besteht, bitte ich auch um die private Anschrift des gesetzlichen Vertreters.

Die Auskunftsgebühr bitte ich per Nachnahme zu erheben.

Mit freundlichen Grüßen

Rechtsanwalt

3. Auskunft Gewerbeamt

Diese Auskunft dient dazu, den **Inhaber** eines bestimmten **Betriebes** mit vollständigem Namen und seiner Privatanschrift herauszufinden.

170

Stadtverwaltung

– Gewerbeamt –

in . . .

Betr.: Auskunftsersuchen

Sehr geehrte Damen und Herren,

ich vertrete Herrn Franz Faber, Waldweg 50, 00000 X-Stadt, in einer Rechtsstreitigkeit gegen die Firma Sunshine Video Club. Zur weiteren Rechtsverfolgung benötige ich genaue Angaben zu dieser Firma, und zwar,

– ob der Firmenname vollständig ist,

– über die Rechtsform dieses Unternehmens,

– über die letzte Anschrift (auch Privatanschrift) des Geschäftsinhabers bzw. des Geschäftsführers oder gesetzlichen Vertreters,

– über den Geschäftssitz.

Die Auskunftsgebühr bitte ich bei mir anzufordern.

Mit freundlichen Grüßen

Rechtsanwalt

---

4. Auskunft Postfiliale

Wenig bekannt ist, dass zu den Dienstleistungen der Deutschen Post AG auch die **Anschriftenprüfung** gehört. So kann die richtige Schreibweise eines Namens geklärt oder ein unbekannter Vorname erfahren werden. Für die Anfragen gibt es am Postschalter erhältliche Karten. Diese enthalten genaue Angaben über Form und Inhalt des Antrages. Der Einfachheit halber sind auf den folgenden Seiten 44 und 45 Vorder- und Rückseite dieser Karten abgedruckt.

171

5. Auskunft vom Vermieter

Oftmals hilft auch eine Nachfrage in der früheren Nachbarschaft einer Person weiter, um deren **neuen Aufenthaltsort** festzustellen. In erster Linie wird darüber der Vermieter informiert sein.

172

§ 2 Anwalt und Dritte

```
                                            ┌              ┐
                                              Entgelt für
                                              Karte und
                                              Anschriften-
                                              prüfung
                                            └              ┘


                                     **Anschriftenprüfung**

                                     Deutsche Post AG
                                     Postfach 99 90 03
                                     69999 Mannheim
```

Anschriftenprüfung

Mit dieser Karte können Sie eine Anschriftenprüfung in Auftrag geben.

Die auf der Rückseite angegebene Anschrift wird geprüft, ggf. wird die Anschrift korrigiert. Eventuell eingetragene Titel werden aus datenschutzrechtlichen Gründen jedoch nicht geprüft.

Es können keine Anschriften von Personen innerhalb von Firmen oder Institutionen (Arbeitsplatzanschriften) bzw. in Gemeinschaftsunterkünften geprüft werden.

Es gelten die Allgemeinen Geschäftsbedingungen der Deutsche Post AG für den Briefdienst Inland.

Bitte vergessen Sie nicht, die Karte mit dem Entgelt für den Versand (derzeit 0,45 EUR) und die Prüfung (derzeit 0,82 EUR) freizumachen! Bei nicht ausreichend freigemachten Karten wird ein erhöhtes Bearbeitungsentgelt berechnet!

Nähere Informationen zum Produkt sowie weitere Anschriftenprüfkarten erhalten Sie unter dieser Service-Hotline.

Vielen Dank für Ihren Auftrag.

Service-Hotline

0 18 02/33 33

(6 ct je Anruf im Festnetz)
Wir helfen Ihnen gerne weiter.

Deutsche Post

BRIEF KOMMUNIKATION

VI. Auskünfte

So helfen Sie uns, Ihren Auftrag schnell und zuverlässig auszuführen:
- Schreiben Sie in **Großbuchstaben**.
- Verwenden Sie ggf. **Ä, Ö, Ü und ß**.
- Schreiben Sie mit einem **schwarzen Kugelschreiber**.
- Geben Sie bei der Absenderangabe, falls vorhanden, **die Postfachanschrift mit zugehöriger Postleitzahl** oder Ihre Hausanschrift an.

Absenderangaben

Nachname der Firma

Vorname oder Fortsetzung der Firma

ggf. Titel (z. B. Prof., Dr., Dipl.-Ing.)

Straße, Hausnummer oder – falls vorhanden – Postfachnummer

PLZ   Ort

Das Ergebnis der Prüfung soll mitgeteilt werden

☐ per eMail* an folgende Adresse   ☐ per Karte an Absender

zu prüfende Anschrift

Nachname oder Firma

Vorname oder Fortsetzung der Firma

ggf. Titel (z. B. Prof., Dr., Dipl.-Ing.)

Straße, Hausnummer (Zustellanschrift)

ggf. Postfachnummer (Postfachanschrift)

PLZ   Ort

☐ Ich bitte ggf. zusätzlich um Mitteilung der Postfachanschrift (bei Zustellanschrift), sofern Einwilligung in die Anschriftenweitergabe vorliegt.

Mat.-Nr. 911-049-000

*Die Übermittlung des Prüferergebnisses per eMail setzt eine ausreichende Freimachung der Anschriftenprüfung voraus. Ansonsten erfolgt die Information über das Prüfergebnis per Karte, mit der auch das erhöhte Bearbeitungsentgelt erhoben wird.

postinterne Vermerke

Herrn

Hans Hammer

in . . .

Sehr geehrter Herr Hammer,

in einer Rechtsstreitigkeit versuche ich, die Anschrift des Herrn Siegfried Sander festzustellen. Von Herrn Franz Faber, Waldweg 50, 00000 X-Stadt, habe ich erfahren, dass Herr Sander bei Ihnen gewohnt hat und möglicherweise noch dort wohnt. Bitte, teilen Sie mir doch mit, ob das zutrifft.

Sollte Herr Sander nicht bei Ihnen wohnen, wäre ich Ihnen für die Angabe der neuen Anschrift dankbar oder für Hinweise auf den derzeitigen Aufenthalts- oder Beschäftigungsort.

Alle Angaben werde ich vertraulich behandeln. Sie dienen lediglich dazu, die postalische Anschrift zu ermitteln.

Ein adressierter Freiumschlag liegt bei.

Für Ihre Mühe danke ich Ihnen.

Mit freundlichen Grüßen

Rechtsanwalt

6. Auskunft beim Straßenverkehrsamt

173 Solche Anfragen werden heute regelmäßig per EDV bearbeitet, so dass es kaum Zweck hat, vorbereitete Formularschreiben zu benutzen, damit die Behörde die entsprechenden Angaben einsetzen kann.

174 Ein **berechtigtes Interesse** an der Auskunftserteilung muss aus Gründen des Datenschutzes dargelegt werden. Die Auskunft ist **gebührenpflichtig** und berechnet sich nach der Gebührenordnung für Maßnahmen im Straßenverkehr. Sie kann durch einen der Anfrage beigelegten Verrechnungsscheck beglichen werden. Anderenfalls wird die Gebühr entweder per Nachnahme erhoben oder es wird um Überweisung gebeten. Bei Ablehnung des Gesuchs wegen Fehlens eines berechtigten Interesses wird keine Gebühr erhoben.

Straßenverkehrsamt

– Kfz.-Zulassungsstelle –

in . . .

Betr.: Auskunft über Fahrzeughalter und Haftpflichtversicherer

Sehr geehrte Damen und Herren,

ich vertrete Herrn Franz Faber, Waldweg 50, 00000 X-Stadt. Am . . . hat sich in . . . ein Verkehrsunfall ereignet, an dem das Kraftfahrzeug mit dem amtlichen Kennzeichen . . . beteiligt gewesen ist. Mein Mandant beabsichtigt, deswegen Schadensersatzansprüche geltend zu machen.

Ich bitte, mir folgende Auskünfte zu erteilen:

Wer war am . . . Halter des Fahrzeugs mit dem amtlichen Kennzeichen . . .?

Wer war am Unfalltag Haftpflicht-Vesicherer für dieses Fahrzeug?

Wie lautet die Nummer des Versicherungsscheins?

Für die Auskunftsgebühr, die bei mir anzufordern ist, sage ich mich stark.

Mit freundlichen Grüßen

Rechtsanwalt

Wird die beantragte Auskunft nicht erteilt, weil kein berechtigtes Interesse dargelegt worden sei, dann kann der Antrag aufgrund ergänzender Angaben oder Unterlagen **erneut gestellt** werden, beispielsweise weil zwischenzeitlich eine Strafanzeige erstattet worden ist. 175

7. Zentralruf der Autoversicherer

Der einfachste und schnellste Weg, in Verkehrsunfallsachen Auskünfte zu bekommen, besteht in einem Anruf bei dem Zentralruf der Autoversicherer. Unter der Telefon-Nr. 01 80/2 50 26 wird der direkte Kontakt zur Versicherung des Unfallgegners hergestellt. Kosten entstehen dabei nicht. 176

8. Grundbucheinsicht

Das Recht auf Grundbucheinsicht und auf Erteilung von Auskünften ist in **§ 12 GBO** sowie in **§ 45 GBVfg** (Grundbuchverfügung) geregelt. Manche Grundbuchämter sind erfahrungsgemäß bemüht, ihnen lästige Antragsteller – beispielsweise Makler – mit rechtlich nicht stichhaltigen Gründen „abzuwimmeln". Dann muss der Antragsteller, um sich wehren zu können, mit den Grundzügen des **Einsichtsrechts** vertraut sein. 177

Die Einsicht in das Grundbuch ist jedem gestattet, der ein **berechtigtes Interesse** darlegt (§ 12 Abs. 1 S. 1 GBO). Anders als das „rechtliche" Interesse setzt das „berechtigte" Interesse keine Beziehung zu einem bereits bestehenden Rechtsverhältnis mit rechtlichen Bindungen voraus, sondern erfasst auch erst einzu- 178 gehende Rechtsbeziehungen (*Melchers* Rpfleger 1993, 310). So hat etwa ein Geschädigter ein berechtigtes Interesse an der Einsicht in die Grundbuchakten des Schädigers, um sich über Zugriffsmöglichkeiten zu informieren (OLG Zweibrücken NJW 1989, 531). Ein solcher Fall kann beispielsweise dadurch eintreten, dass der Auftraggeber eines Maklers die von diesem empfangenen Informationen an einen Dritten weitergibt, mit dem es zum Abschluss kommt. Der Auftraggeber haftet dann auf Ersatz der entgangenen Provision (OLG Hamburg MDR 1997, 544).

179 Die einschlägige Rechtsprechung lässt nicht immer eine einheitliche Linie erkennen. Ausschlaggebend ist oft, dass das Einsichtsersuchen hinreichend **geschickt formuliert** wird. Der Anwalt sollte sich deshalb in nicht eindeutigen Fällen von der veröffentlichten Judikatur inspirieren lassen (Einzelheiten bei *Bauer/v. Oefele*, Grundbuchordnung, 1999, § 12 Rn. 26 ff.)

180 Das Einsichtsrecht kann durch einen **Bevollmächtigten** ausgeübt werden.

181 Verweigert werden darf die Einsicht nur, wenn nicht auszuschließen ist, dass sie zu missbräuchlichen Zwecken beantragt wird (BayObLG Rpfleger 1983, 272). Es genügt daher, dass der Antragsteller ein verständiges, durch die Sachlage gerechtfertigtes Interesse verfolgt. Ein wirtschaftliches Interesse genügt.

182 Gefordert wird ein **schlüssiger Sachvortrag**, der keinen Grund zu dem Verdacht gibt, die Angaben entsprächen nicht der Wahrheit. In der Rechtsprechung hat sich als gängige Formel herausgebildet,

zur Bejahung eines berechtigten Interesses genüge es, dass der Antragsteller ein verständiges, durch die Sachlage gerechtfertigtes Interesse verfolge, wobei auch bloße tatsächliche, insbesondere wirtschaftliche Interessen ausreichen.

183 Jeder **Antrag** auf Grundbucheinsicht muss **beschieden** werden, wobei die Darlegung eines berechtigten Interesses in jedem Einzelfall genau nachzuprüfen ist (BayObLG MDR 1991, 1172; *Melchers* Rpfleger 1993, 314 zu III).

184 Darüber, ob die tatsächlichen Angaben des Antragstellers geeignet sind, sein Gesuch zu rechtfertigen, ist nach **Ermessen** zu entscheiden (*Böhringer* Rpfleger 1987, 186, 187). Dieses Ermessen muss selbstverständlich ausgeübt werden. Soweit Bedenken zurückbleiben, ist der Antragsteller darauf hinzuweisen und ihm Gelegenheit zu geben, seine Darlegungen zu erweitern, **Unterlagen nachzureichen** oder Angaben glaubhaft zu machen (BayObLG MDR 1991, 1172).

185 **Gegenstand** der Einsicht sind das **Grundbuch**, die darin in Bezug genommenen **Urkunden** und unerledigte **Eintragungsanträge** sowie der sonstige **Grundakteninhalt** (§ 46 BGVfg). Das Einsichtsrecht geht (nur) so weit, wie das berechtigte Interesse reicht. Wird Einsicht durch einen **Bevollmächtigten** beantragt, dann ist auf das berechtigte Interesse des von ihm Vertretenen abzustellen. Die Vorlage einer Vollmacht ist entbehrlich. Sie kann jedoch verlangt werden, wenn begründete Zweifel an dem Vertretungsrecht bestehen.

186 Soweit das Einsichtsrecht reicht, besteht auch ein Anspruch auf Erteilung einfacher oder beglaubigter **Abschriften**. Zuständig für die Bescheidung von

Anträgen auf Einsicht oder Abschriften ist der Urkundsbeamte der Geschäftsstelle (§ 4 der VO zur Ausführung der GBO).

Bei Erteilung unrichtiger Auskünfte kommen Schadensersatzansprüche aus Amtshaftung in Betracht (§ 839 BGB; Art. 34 GG). Grundbucheinsicht und Grundakteneinsicht sind gebührenfrei (§ 74 KostO). Für einfache Abschriften werden Schreibauslagen nach § 136 KostO erhoben; beglaubigte Abschriften werden nach § 55 KostO abgerechnet. 187

Über die **Versagung** der Einsicht oder der Erteilung einer Abschrift entscheidet zunächst der Grundbuchrichter. Hilft er nicht ab, gibt es das Rechtsmittel der Beschwerde (§ 71 GBO). 188

Antragsmuster

Amtsgericht

– Grundbuchamt –

in . . .

Sehr geehrte Damen und Herren,
ich vertrete Herrn Franz Faber, Waldweg 50, 00000 X-Stadt.
Bitte übersenden Sie mir eine unbeglaubigte Abschrift aus dem Grundbuch X-Stadt, Band . . . sowie von unerledigten Eintragungsanträgen.
Das berechtigte Interesse meines Mandanten ergibt sich aus folgenden Umständen:
. . .
Mit freundlichen Grüßen

Rechtsanwalt

---

9. Auskunft aus dem Handelsregister

Das Handelsregister besteht aus einem Hauptband und einem Sonderband. Im **Sonderband** werden diejenigen Schriftstücke verwahrt, in die nach § 9 Abs. 1 HGB jedermann auch ohne Nachweis oder Glaubhaftmachung eines Interesses die Einsicht zu gestatten ist und von denen er nach § 9 Abs. 2 S. 1 HGB Abschriften verlangen kann. Das gilt auch für die sog. Negativatteste nach § 9 Abs. 4 HGB, in denen bescheinigt wird, dass eine bestimmte Eintragung nicht vorgenommen worden ist. Diese Aktenführung ist in § 8 Abs. 2 HRegVfg (Handelsregisterverfügung) geregelt. 189

Im **Hauptband** werden alle Schriftstücke verwahrt, die einer beschränkten Einsicht unterliegen, etwa Verfügungen des Gerichts, Entscheidungen, Erinnerungen, Kostenrechnungen, IHK-Gutachten usw. 190

Soweit Einsicht in den Hauptband verlangt wird, ist die Einsicht nur nach Maßgabe des § 34 Abs. 1 FGG zu gestatten. Der Antragsteller muss ein berechtigtes Interesse glaubhaft machen. 191

192 Zur Information reicht meist eine unbeglaubigte **Abschrift**. Soll ein Beweis geführt werden, dann ist eine beglaubigte Abschrift anzufordern. Sie hat den Beweiswert einer **öffentlichen Urkunde** (§ 418 Abs. 1 ZPO), allerdings nur bezogen auf den Zeitpunkt der Eintragung. Jedoch ist vom Fortbestehen der Eintragung auszugehen, solange dagegen keine Bedenken vorgebracht werden.

193 Die **Gebühren** für Handelsregisterauskünfte werden nach §§ 89, 136 KostO berechnet. Die bloße Einsicht in das Handelsregister ist gebührenfrei (§ 90 KostO). Sie ist grundsätzlich nur in der Geschäftsstelle des Amtsgerichts zu gewähren. **Registerakten** werden dem Antragsteller **nicht zugeschickt** und dem Anwalt auch nicht zur Einsicht in seinen Kanzleiräumen überlassen (allgemein zur Akteneinsicht in der Kanzlei oben Rn. 152 ff.). Wohl kommt die Versendung der Registerakten zur Einsichtnahme auf der Geschäftsstelle eines anderen Amtsgerichts in Betracht (OLG Dresden Rpfleger 1997, 27).

194 Für die Erteilung von Abschriften, Auskünften und für die Beglaubigung ist der **Urkundsbeamte** der Geschäftsstelle **zuständig** (§ 29 Abs. 1 HRegVfg). Gibt er einem Antrag nicht in der gewünschten Form statt, dann ist der Richter anzurufen, gegen dessen Entscheidung ggf. die **Beschwerde** zulässig ist (§ 29 Abs. 2 HRegVfg).

Antragsmuster

Amtsgericht

– Handelsregister –

in . . .

Betr.: Auskunft aus dem Handelsregister

Sehr geehrte Damen und Herren,

bitte, übersenden Sie mir eine unbeglaubigte Abschrift des Handelsregisterauszuges für die Firma:

Sunshine Videothek, Ladenstraße 90, 00000 X-Stadt

Rechtsanwalt

---

10. Identitätsangaben

195 Ist die in Anspruch zu nehmende Person oder Personenmehrheit ermittelt worden, dann muss sie auch genau bezeichnet werden. Die notwendigen Identitätsangaben werden unten (Rn. 1515 ff.) näher behandelt.

§ 3 Wahl der Parteien

I. Wer ist beteiligt?

Schon im vorprozessualen Stadium sind **Strategieüberlegungen** anzustellen, die für den Ausgang des Rechtsstreits entscheidend sein können. So kann etwa die Wahl des Klägers von vornherein die mögliche Rechtsverteidigung des Gegners steuern, beispielsweise indem ein Gesamtgläubiger seinen Anspruch an den anderen abtritt und dieser allein klagt, so dass der andere als Zeuge zur Verfügung steht. **Von Fall zu Fall ist daher vorausschauend zu erwägen, welche Konstellationen sich bei welchen Voraussetzungen für Kläger und Beklagten ergeben können.** Insoweit ähnelt der Zivilprozess ein wenig dem Schachspiel. 196

Verlassen Sie sich übrigens nicht ohne weiteres auf die **Angaben Ihres Mandanten** zur eigenen Bezeichnung und derjenigen des Gegners. Nicht selten werden dabei Informationen erteilt, die nur wiedergeben, wie der Mandant oder der Gegner „draußen" genannt wird. Aus Wilhelm Meister wird dann Willi Meister oder gar Uli Meister. Die „Firma Horst Stein" kann sich später als eine GmbH oder eine KG entpuppen. Sobald es um ein gesellschaftsrechtliches Gebilde geht, sollte der Anwalt deshalb auf genaue Auskünfte drängen und einen **Handelsregisterauszug** anfordern. 197

Die Angaben des Mandanten sind auch zur **Anspruchsberechtigung** zu kontrollieren. Kaufen beispielsweise Eheleute ein, dann weiß oft keiner von ihnen, wer eigentlich rechtlich der Käufer gewesen ist und wer bezahlt hat: der Mann, die Frau, beide? Diese Ungewissheit setzt sich nicht selten in der Rechnung fort, etwa mit der Käuferangabe „Eheleute Schmitz, Köln" oder nur „Schmitz, Köln". 198

In BGH NJW-RR 2005, 1585 hatte A von G den Auftrag für eine „Management-Analyse" erhalten. G war Mitarbeiter der damaligen Treuhandanstalt, unterhielt in den Kanzleiräumen des Rechtsanwalts S ein Büro und gehörte auch noch einer „Steuerungsgruppe" der Treuhandanstalt an. Alle in Betracht kommenden Auftraggeber lehnten die Zahlung ab. A beauftragte Rechtsanwalt R mit der Durchsetzung seines Honoraranspruchs. Der klagte gegen Rechtsanwalt S. Die Klage wurde abgewiesen. Daraufhin verklagte er G, ebenfalls erfolglos, weil jedenfalls Verjährung eingetreten war. Nunmehr verklagte A den R auf Schadensersatz wegen Schlechterfüllung des Anwaltsvertrages. Die Sache ging bis zum Bundesgerichtshof. Der entschied: 199

> „Wird ein Rechtsanwalt beauftragt, den Anspruch eines Mandanten durchzusetzen, der nicht sicher ist, wer von mehreren in Betracht kommenden Personen sein Vertragspartner ist, dann hat der Anwalt das zu klären und mit dem Mandanten zu erörtern, wie angesichts dieser Ungewissheit vorzugehen ist. R hätte G als Auftraggeber verklagen und den beiden anderen in Betracht kommenden Auftraggebern den Streit verkünden können. Dann hätte A seinen Honoraranspruch nicht verloren. Entweder wäre der wirkliche Auftraggeber bindend ermittelt worden (§§ 74, 68 ZPO) oder G wäre zur Erfüllung oder zum Schadensersatz verurteilt worden (§ 179 BGB). Dieses Versäumnis begründet die Anwaltshaftung des R."

200 Das gilt allerdings auch umgekehrt. Ergibt sich aus einem notariellen Grundstücks-Kaufvertrag eindeutig, dass nur der Ehemann Verkäufer ist, nicht die Ehefrau, dann darf der Anwalt diese nicht mitverklagen, um sie als Zeugin auszuschalten. Schon das den Mandanten angesichts der hohen Streitwerte in Grundstücksangelegenheiten treffende hohe Kostenrisiko der Klageabweisung gegen die Ehefrau steht dem entgegen (BGH MDR 2005, 168).

201 Bestehen bei Beteiligung von Eheleuten oder mehreren anderen Personen rechtliche oder tatsächliche Zweifel, dann sollte die vorsorgliche **Abtretung** der Forderung an einen von ihnen besprochen werden, damit dieser sie einklage. Versäumnisse in dieser Hinsicht können den Anwalt wegen falscher Prozesstaktik haftbar machen (BGH NJW-RR 2003, 1212; unten Rn. 240 ff., 244).

202 Die Abtretung kann auch noch im laufenden Rechtsstreit vereinbart werden. Das ist aber tunlichst zu vermeiden, weil es zur **Umformulierung des Klageantrages** zwingt (fortan: Zahlung an den Zessionar, Herausgabe an den Käufer und dergleichen). Auch nötigt dieses Vorgehen zu mancherlei rechtlichen Überlegungen, die in den Kommentaren zu § 265 Abs. 2 ZPO nachzulesen sind, und über die man sich vor der Abtretung vorsichtshalber informieren sollte.

203 Vorsicht ist auch geboten, wenn es in **Grundbuchsachen** um die **Eigentumsverhältnisse** geht. Mir ist einmal Folgendes passiert: Ich hatte einen Mandanten in einer Auseinandersetzung wegen eines Wegerechts zu vertreten. Er erklärte, dass er und seine Frau hälftige Miteigentümer seien, und legte mir auf meine Bitte einen entsprechenden älteren Grundbuchauszug vor. Nach Klageerhebung stellte sich dann heraus, dass er Alleineigentümer und seine Frau daher nicht klageberechtigt war. Die beiden waren zwar ursprünglich Miteigentümer gewesen, hatten dann aber verkauft und übereignet. Der Käufer konnte nicht zahlen. Das Grundstück wurde versteigert und dann vom Ehemann allein ersteigert. Der Mandant hatte das „ganz vergessen". Hätte ich einen Grundbuchauszug nach dem letzten Stand verlangt, dann wäre es nicht zu diesem Fehler gekommen.

II. Wer soll klagen?

1. Aktivlegitimation (Sachbefugnis) und Prozessführungsbefugnis

204 „Dem Kläger fehlt die Aktivlegitimation!" Oder: „Der Kläger ist nicht prozessführungsbefugt!" – Solche Einwendungen des Beklagten kommen immer wieder vor; mit ihnen muss deshalb gerechnet werden. Der Anwalt, der die Klage vorbereitet, muss mit diesen Begriffen vertraut sein. Nur dann kann er mögliche Einwendungen des Beklagten vorhersehen und ihnen zuvorkommen. **Ohne solide Grundlagenkenntnisse ist erfolgreiche Prozessführung und Prozesstaktik nicht möglich.** Dazu gehört der Themenbereich „Prozessführungsbefugnis und Sachlegitimation", auf den hier deshalb etwas näher einzugehen ist.

2. Prozessführungsbefugnis

Derjenige, dem ein materielles Recht zusteht, der also Träger des streitigen Rechtsverhältnisses ist, dem steht grundsätzlich auch die Prozessführungsbefugnis zu. Aktivlegitimation und Prozessführungsbefugnis decken sich dann. In solchen Fällen wird allenfalls über die Aktivlegitimation (Sachlegitimation, Sachbefugnis) gestritten, also darüber, ob das behauptete Recht dem Kläger auch wirklich zusteht. 205

Die Prozessführungsbefugnis wird daher nur zweifelhaft, wenn das **materielle Recht einem anderen** zusteht: Jemand tritt als Kläger auf und sagt: „Das mit der Klage Begehrte steht zwar nicht mir zu, sondern einem Dritten. Ich darf es aber im eigenen Namen fordern." In einem solchen Fall prüft das Gericht vorab, ob der Kläger wirklich so vorgehen darf, prozessual gesprochen: ob diese Klage vom Gesetz zugelassen ist. Es geht dabei um eine Zulässigkeitsvoraussetzung und damit um eine **Prozessvoraussetzung** (BGHZ 31, 280 f. = NJW 1960, 523). 206
Im Folgenden verwende ich den Begriff der Prozessführungsbefugnis nur für die Fälle, in denen rechtsfremde Personen klagen (siehe die Übersicht bei *Rosenberg/Schwab/Gottwald*, Zivilprozessrecht, 16. Aufl., 2004, § 46 Rn. 6 ff.).

Die Prozessführungsbefugnis ist nichts anderes als die prozessuale Berechtigung, über das Bestehen oder Nichtbestehen eines behaupteten subjektiven (materiellen) Rechts eine gerichtliche Sachentscheidung herbeizuführen. Sie hat ihre Grundlage in dem Interesse der Partei an der Prozessführung und an der Verfügungsbefugnis über das behauptete Recht. Meist wird die Prozessführungsbefugnis vom **materiellen Recht bestimmt** (z.B. in § 1282 Abs. 1 S. 1 BGB: Einziehungsrecht des Pfandgläubigers), seltener vom Prozessrecht (z.B. in § 265 ZPO: Veräußerung oder Abtretung während der Rechtshängigkeit). 207

Weil die Prozessführungsbefugnis bedeutet, dass ein Dritter (Rechtsfremder) einen Prozess über ein fremdes Recht im eigenen Namen führen darf, spricht man auch von der **Prozessstandschaft** des Dritten. Sie kann von vornherein fehlen, wenn sie dem Rechtsfremden nicht wirksam eingeräumt worden ist. Sie kann auch verloren gehen, etwa weil eine Nachlassverwaltung aufgehoben wird (§§ 1984 Abs. 1 S. 1, 1988 Abs. 2 BGB). 208

Im Zivilprozess ist prozessführungsbefugt, wer ein behauptetes Recht **als eigenes** in Anspruch nimmt oder wem kraft Gesetzes, kraft Hoheitsaktes oder kraft besonderen Verwaltungs- oder Verfügungsrechts **die Befugnis** zur Verfolgung fremder Rechte zusteht. Ein Mangel der Prozessführungsbefugten ist **von Amts wegen**, also ohne Rüge des Beklagten und daher auch bei dessen Ausbleiben im Termin zu **beachten**. Bietet der Sachverhalt, der dem Gericht vom Kläger vorgetragen wird, Anhalt für Zweifel, dann ist diesen nachzugehen (§ 139 ZPO). 209

Die **Beweislastverteilung** ist auf das materielle Recht bezogen. Grundsätzlich ist der Rechtsinhaber prozessführungsbefugt, beispielsweise ist der Käufer legitimiert, den Kaufpreis einzuklagen. Will der Gegner das nicht gelten lassen, trägt er also etwa vor, der andere habe seinen Anspruch abgetreten und damit die 210

Prozessführungsbefugnis verloren, dann beruft er sich auf eine Ausnahme, die er zu beweisen hat. Wird hingegen von einem Rechtsfremden ein Recht als fremdes in Prozessstandschaft geltend gemacht, so trifft die Ausnahmesituation auf ihn zu; er hat dementsprechend die Beweislast.

211 Wird der **Mangel** der Prozessführungsbefugnis **übersehen** und eine Sachentscheidung getroffen, dann ist diese Entscheidung nach den allgemeinen Grundsätzen über die **Rechtskraft** wirksam. Jedoch wirkt das Urteil nur zwischen den Parteien dieses Prozesses, also nicht für und gegen den wirklich zur Prozessführung Befugten, insbesondere nicht gegen den Träger des Rechtsverhältnisses, der nicht Partei war. Klagt A gegen B auf Zahlung des Kaufpreises für einen Pkw Ford Mondeo, Fahrgestell-Nr. . . ., obwohl er gar nicht der Verkäufer ist, und wird diese Klage abgewiesen, dann mindert das nicht die Rechte des wirklichen Verkäufers C. Dieser ist nicht gehindert, nunmehr den B auf Zahlung des Kaufpreises zu verklagen. Und wird B auf die Klage des A hin zu Unrecht rechtskräftig verurteilt, dann muss er auf eine neue Klage des C hin noch einmal zur Zahlung verurteilt werden. Die Rechtskraft wirkt eben nur *inter partes*, wie der lateinische Fachausdruck lautet, nur „zwischen den Parteien". Wie die Doppelzahlung zwischen B und A ausgeglichen werden kann, ist eine Frage des materiellen Rechts (unerlaubte Handlung? Bereicherung?).

212 Da in der schlechthin überwiegenden Mehrzahl der Fälle der Sachlegitimierte zugleich der Prozessführungsbefugte ist, kommt der Unterscheidung verhältnismäßig selten praktische Bedeutung zu. Und es ist auch nicht zu verkennen, dass ihr eine gewisse konstruktive Künstlichkeit anhaftet. Um die Unterscheidung durchhalten zu können, muss beispielsweise die Prozessführungsbefugnis auf das (bloß) **behauptete** Recht bezogen werden. Anderenfalls müsste jede in behaupteter Prozessstandschaft geführte unbegründete Klage als unzulässig abgewiesen werden. Wer nämlich keinen materiell-rechtlichen Anspruch hat, hat auch keine Prozessführungsbefugnis für die Geltendmachung dieses Anspruches. Das Ausweichen auf die bloße Behauptung des materiellen Rechts ist daher letztlich nur ein theoretischer Trick, um die Unterscheidung begründen zu können.

3. Prozessstandschaft

213 Die **Zulässigkeit** der Drittprozessführung kann sich ergeben aus dem Gesetz (gesetzliche Prozessstandschaft) und aus dem Parteiwillen (gewillkürte Prozessstandschaft).

214 Hauptanwendungsfälle der **gesetzlichen Prozessstandschaft** sind die Verwaltungen fremden Vermögens durch Parteien kraft Amtes. Beispielsweise kann ein der Verwaltung des Testamentsvollstreckers unterliegendes Recht nach § 2212 BGB nur vom Testamentsvollstrecker gerichtlich geltend gemacht werden, nicht vom Erben. Ermächtigt dieser jedoch den Erben zur Prozessführung, dann darf dieser klagen, und zwar nunmehr in gewillkürter Prozessstandschaft (*Staudinger/Reimann*, BGB, 2003, § 2212 Rn. 8).

Über eine **gewillkürte Prozessstandschaft** kann daher eine Prozessführungsbefugnis mit dem Ziel geschaffen werden, dass der eigentliche Rechtsinhaber als Zeuge zur Verfügung steht (unten Rn. 218). Die Rechtsprechung lässt das zu, jedoch nur mit der wesentlichen Einschränkung, dass der Ermächtigte ein **eigenes Interesse** an der Prozessführung hat (BGHZ 30, 162 = NJW 1959, 1725; BGHZ 96, 151 = NJW 1984, 2164). Daran fehlt es beispielsweise, wenn über eine gewillkürte Prozessstandschaft ein Abtretungsverbot umgangen würde (BGHZ 4, 164 = NJW 1952, 337; BGHZ 78, 4 = NJW 1980, 2461). 215

Zu bejahen ist das schutzwürdige Interesse des Prozessstandschafters hingegen, wenn er Sicherungseigentümer ist oder ihm eine Forderung sicherungshalber abgetreten worden ist. 216

Zu verneinen ist es wiederum, wenn über die gewillkürte Prozessstandschaft eine vermögenslose Partei vorgeschoben wird, um das Kostenrisiko bei Klageabweisung auf den Beklagten zu verlagern (BGHZ 96, 151 = NJW 1984, 2164). Dann ist die Klage mangels Vorliegens der Voraussetzungen einer gewillkürten Prozessführungsbefugnis als unzulässig abzuweisen. Allerdings kann der wirkliche Rechtsinhaber erneut klagen. Vorher stünde seiner eigenen Klage die Einrede der Rechtshängigkeit entgegen. 217

Der Ermächtigende kann im Falle der gewillkürten Prozessstandschaft **Zeuge** sein. Diese Rechtsfolge macht die Ermächtigung nicht unzulässig (BGH NJW 1988, 1585, 1587 = ZIP 1988, 571). Jedoch ist das schutzwürdige Interesse an einer gewillkürten Prozessstandschaft dann zu verneinen, wenn es dem Ermächtigenden **ausschließlich** darum geht, die Zeugenrolle einnehmen zu können. Allerdings wird wohl kein Ermächtigender als Grund für die Rechtsübertragung sein Interesse anführen, er wolle nicht als Partei auftreten, damit er als Zeuge benannt werden könne. Wird das schutzwürdige Interesse bejaht und der Ermächtigende als Zeuge vernommen, dann wird dessen Eigeninteresse bei der Beweiswürdigung am Verfahrensausgang berücksichtigt werden (BGH a.a.O.). 218

Das Rechtsinstitut der gewillkürten Prozessstandschaft ist nur bei **übertragbaren Rechten** einschlägig. Ansprüche, die wegen ihrer **Höchstpersönlichkeit** nicht übertragbar sind, können auch nicht von einem Dritten ausgeübt werden. Es ist beispielsweise nicht möglich, einen anderen mit der eigenen Ehescheidung zu beauftragen oder mit der Durchsetzung des Widerrufs einer Beleidigung. 219

Bestehen rechtliche oder tatsächliche Zweifel hinsichtlich der Wirksamkeit einer Ermächtigung zur Prozessstandschaft, dann sollte mit dem Mandanten die **Abtretung der Forderung** an einen Dritten besprochen werden, damit dieser sie einklage. Das kann auch noch im laufenden Rechtsstreit geschehen. Es ist sogar möglich, dass der Forderungsinhaber seinen Anspruch an einen anderen abtritt und dieser, der Zessionar, sodann den Zedenten zur Geltendmachung des Anspruchs ermächtigt (*Stein/Jonas/Bork*, ZPO, 22. Aufl., 2004, Rn. 58 vor § 50). 220

So kann auch bei **drohender Beweisnot** vorgegangen werden. Eine Forderung kann beispielsweise an den Ehegatten oder an einen Verwandten abgetreten 221 werden, damit dieser klagt. Der ursprüngliche Gläubiger erlangt dadurch die Zeugeneigenschaft. Siehe dazu unten Rn. 240 ff.

222 Die Schwierigkeiten, die das Verhältnis von Prozessführungsbefugnis und Sachlegitimation aufwirft, lassen sich nur verstehen, wenn man sich vor Augen hält, dass die Sachlegitimation früher gleichbedeutend mit der Prozessführungsbefugnis war. Es gab keine Fälle der Prozessführung über fremde Rechte im eigenen Namen. Die Frage, wer hinsichtlich eines streitigen Rechts der richtige Kläger sei, wäre auch heute noch bedeutungslos, wenn der Rechtsstreit in jedem Fall zwischen den Subjekten des streitigen Rechtsverhältnisses ausgetragen werden müsste, weil dann Prozessführungsrecht und materielle Befugnis notwendig zusammenfallen würden.

Die Probleme sind erst dadurch entstanden, dass nach heutiger Prozessrechtstheorie die Träger des Rechts und die Träger des Prozesses nicht mehr identisch sein müssen, etwa bei den Parteien kraft Amtes. Das hat es notwendig gemacht, einen **formellen Parteibegriff** zu entwickeln, der bei der Bestimmung der Partei von der Sachlegitimation absieht (siehe *Rosenberg/Schwab/Gottwald*, Zivilprozessrecht, 16. Aufl., 2004, § 40 Rn. 1 ff.).

223 **Damit hat aber zugleich der Begriff der Sachlegitimation seine prozessuale Bedeutung verloren.** Besser ist es, ihn gar nicht mehr zu verwenden, sondern nur noch mit dem Gegensatz der (materiell-rechtlichen) Schlüssigkeit und der (prozessualen) Zulässigkeit zu arbeiten. Dann bereitet auch die Vorschrift des **§ 265 ZPO** keine Schwierigkeiten mehr. Der ursprüngliche Kläger bleibt Kläger. Die Schlüssigkeitsprüfung ergibt jedoch, dass die Leistungen ihm materiell-rechtlich wegen der Veräußerung oder Abtretung nicht mehr zustehen. Er darf zwar weiter klagen, muss aber den Antrag entsprechend der materiellen Rechtslage auf **Leistung an den Dritten** umstellen. Anderenfalls riskiert er die Klageabweisung als unbegründet (BGH ZIP 1986, 583).

III. Streitgenossen

224 Nach **§ 59 ZPO** können mehrere Personen gemeinschaftlich als Streitgenossen klagen oder verklagt werden, wenn sie hinsichtlich des Streitgegenstandes in Rechtsgemeinschaft stehen oder aus demselben tatsächlichen und rechtlichen Grunde berechtigt oder verpflichtet sind. Nach **§ 60 ZPO** genügt es auch, wenn gleichartige und auf einem im Wesentlichen gleichartigen tatsächlichen oder rechtlichen Grund beruhende Ansprüche oder Verpflichtungen den Gegenstand des Rechtsstreits bilden.

225 Die Rechtsprechung hat diese Voraussetzungen in dem **Grundsatz** verdichtet, dass die Streitgenossenschaft (subjektive Klagenhäufung) **zulässig ist, wenn eine gemeinsame Verhandlung und Entscheidung zweckmäßig erscheint.** In BGHZ 8, 78 (NJW 1953, 420) ist daher die Rede von einer „nur äußerlichen Verbindung mehrerer Prozesse".

III. Streitgenossen

Die Streitgenossenschaft, also eine **subjektive Klagenhäufung**, ist sinnvoll, weil sie prozessökonomisch ist. Dadurch werden zwar selbständige Prozessverhältnisse begründet. Die Zusammenfassung des Prozessstoffs und insbesondere die einheitliche Beweiserhebung sparen jedoch Zeit und Kosten und vermeiden die Gefahr divergierender Entscheidungen. 226

Nicht selten wird allerdings verkannt, dass die Zulässigkeit der Streitgenossenschaft **nichts** mit der **Zulässigkeit** der **Klage** zu tun hat. Deren Zulässigkeitsvoraussetzungen sind selbständig zu prüfen. Ist nur die Streitgenossenschaft unzulässig, weil die §§ 59, 60 ZPO nicht einschlägig sind, dann begründet das nicht die Unzulässigkeit der einzelnen Klagen, sondern ermöglicht lediglich eine **Trennung** der Prozesse nach § 145 ZPO, die allerdings auch bei zulässiger Streitgenossenschaft möglich ist. Die Entscheidung liegt im Ermessen des Gerichts (*Stein/Jonas/Bork*, ZPO, 22. Aufl., 2004, Rn. 9 vor § 59). 227

Die Selbständigkeit der Streitgenossen-Verfahren wirkt sich auch in anderer Hinsicht aus. Wird beispielsweise das Verfahren eines Streitgenossen, sei er Kläger oder Beklagter, wegen Eröffnung des Insolvenzverfahrens unterbrochen, dann hat das keinen Einfluss auf den Prozess gegen den anderen Streitgenossen (BGH ZIP 2003, 594). Darüber darf durch Teilurteil entschieden werden. Der Grundsatz, dass ein Teilurteil unzulässig ist, wenn die Gefahr widerstreitender Entscheidungen besteht (BGHZ 107, 236; 120, 380), gilt dann nicht. 228

Kommt es zu einer **Prozesstrennung**, dann ist hinsichtlich der Zulässigkeit der einzelnen Klagen eine neue Prüfung erforderlich. Das kann beispielsweise dazu führen, dass nunmehr die Wertaddition nach § 5 ZPO ausscheidet und damit die Zuständigkeit des Landgerichts entfällt. Das wiederum kann einen Verweisungsantrag des Klägers nach § 281 ZPO notwendig machen, um der Abweisung der Einzelklage als unzulässig zu entgehen. 229

Ob ein Kläger Streitgenossen **gemeinsam** oder **getrennt verklagt**, steht ihm frei. Ein prozessualer Zwang zum einen oder anderen Vorgehen besteht nicht. Getrennte Klagen können beispielsweise vorzuziehen sein, wenn dadurch die Zeugeneigenschaft eines anderen Anspruchsberechtigten erhalten bleibt oder ein isolierter Prozess voraussichtlich schneller zu einem vollstreckungsfähigen Urteil führen wird und sich der Kläger nicht von dem Ermessen des Gerichts abhängig machen muss, ein Teilurteil nach § 301 ZPO zu erlassen. In einem solchen Fall kann es allenfalls später Schwierigkeiten bei der Kostenerstattung geben, wenn der Beklagte einwendet, der Kläger habe gegen das Gebot Kosten sparender Prozessführung verstoßen, so dass seine Rechtsverfolgung weder zweckentsprechend noch notwendig gewesen sei (siehe dazu *Schneider*, MDR 1965, 215; MDR 1974, 887). Deshalb muss der Anwalt dem Mandanten das Kostenrisiko erläutern und darf nicht von sich aus unter Übergehung der Partei Einzelklagen erheben (BGH AnwBl. 2004, 251). 230

IV. Anwaltssozietät

231 Ursprünglich hatte der BGH die Auffassung vertreten, **Honorarforderungen** aus einem Vertrag mit einer Anwaltssozietät stünden den Sozietätsanwälten als Gesamtgläubigern zu, so dass der einzelne Anwalt auf Zahlung an sich klagen dürfe (zuletzt NJW 1980, 2407). Diese Auffassung hat er aufgegeben. Nach seiner neuen Rechtsprechung (ZIP 1996, 1615) stehen Honorarforderungen aus einem Mandatsvertrag mit einer Anwaltssozietät den Sozietätsanwälten **zur gesamten Hand** zu (siehe *Bamberger/Roth/Schöne*, BGB, 2003, § 705 Rn. 171). Die Geltendmachung der Forderung durch ein Sozietätsmitglied im eigenen Namen und auf eigene Rechnung ist danach nicht möglich, weil es an der Einzelgeschäftsführungsbefugnis und der Einzelvertretungsbefugnis fehlt. Die Geltendmachung eines Anspruchs der Sozietät im eigenen Namen und auf eigene Rechnung kommt nur über **gewillkürte Prozessstandschaft** in Betracht (siehe vorstehend Rn. 215) und setzt die Zustimmung aller anderen Sozietätsmitglieder voraus.

232 Möglich ist daneben, dass ein Sozietätsmitglied die Gesellschaft allein vertreten darf mit dem Antrag auf Zahlung des Honorars an die in der Sozietät verbundenen Anwälte. Das setzt aber eine entsprechende Regelung im Gesellschaftsvertrag voraus (BGH NJW 1996, 2859 = MDR 1996, 1070).

V. Gesamtgläubiger

233 Die Gesamtgläubigerschaft ist in **§ 428 BGB** geregelt. Sie besteht, wenn mehrere Personen einen Anspruch auf eine (einzige) Leistung haben und jeder Berechtigte die ganze Leistung an sich verlangen darf. Es handelt sich dabei um das **Gegenstück zur Gesamtschuld**, bei der mehrere Schuldner eine einzige Leistung einem einzigen Gläubiger schulden (§ 421 BGB), und um den **Gegensatz** zu der nicht allgemein, sondern nur bei Einzelhandelsgesellschaften geregelten Gläubigerschaft **zur gesamten Hand** (z.B. §§ 718, 719, 2032 BGB). Bei diesen ist ein Sondervermögen den Gläubigern in der Weise rechtlich zugeordnet, dass der einzelne Gesamthänder darüber weder im Ganzen noch in Teilen verfügen und der Schuldner mit befreiender Wirkung nur an die Gemeinschaft insgesamt leisten kann.

234 Bei der Gesamtgläubigerschaft kann daher jeder Gläubiger auf **Leistung an sich** klagen. **Prozesstaktisch** hat das den Vorteil, dass die nicht klagenden Gesamtgläubiger im Rechtsstreit als Zeugen vernommen werden können.

235 Die Selbständigkeit der Gesamtgläubiger geht so weit, dass die Klage eines Gesamtgläubigers prozessual nicht einmal die weitere Klage eines anderen Gesamtgläubigers ausschließt. Das **Risiko** der **Einzelklage** liegt allerdings darin, dass der Schuldner auch noch nach Eintritt der Rechtshängigkeit die Leistung jederzeit nach seinem Belieben an irgendeinen der Gläubiger erbringen und damit auch den klagenden Gläubiger klaglos stellen kann. Das schützt ihn auch

vor doppelter Inanspruchnahme (*Staudinger/Noack*, BGB, 13. Bearbeitung, 1999, § 428 Rn. 11). Dem kann durch eine **Vereinbarung** zwischen Gesamtgläubigern und Schuldnern vorgebeugt werden, in der sich der Schuldner verpflichtet, nur an einen bestimmten Gläubiger zu leisten, da Abreden zur Stärkung der Gläubigerstellung zulässig sind (BGH NJW 1979, 2038; KG NJW 1976, 807).

VI. Mitgläubiger

Die Mitgläubigerschaft ist in **§ 432 BGB** geregelt. Es handelt sich dabei um den Anspruch mehrerer Gläubiger auf eine **unteilbare** Leistung, so dass der Schuldner **nur an alle Gläubiger gemeinschaftlich leisten** und jeder Gläubiger die Leistung nur an alle fordern kann. Die Leistung an einen der Gläubiger wirkt nicht schuldbefreiend, es sei denn, dass der Empfänger von den übrigen Mitgläubigern zum Empfang der Leistung ermächtigt worden ist. 236

Jeder Gläubiger kann auf Verurteilung des Schuldners zur **Leistung an alle** klagen, und zwar ohne Rücksicht darauf, ob die übrigen Gläubiger sich damit einverstanden erklärt haben (*Staudinger/Noack*, BGB, 2005, § 432 Rn. 55). Der Kläger handelt dann in Prozessstandschaft mit eigener Befugnis zur Prozessführung (*Staudinger/Noack*, Rn. 62). 237

Da auf Leistung an alle Mitgläubiger geklagt werden muss, sind diese mit Namen und Anschrift anzugeben (*Wieser*, Prozessrechts-Kommentar zum BGB, 2. Aufl., 2002, § 432 Rn. 4). Die Klage eines Mitgläubigers auf Leistung nur an sich müsste mangels Prozessführungsbefugnis als unzulässig abgewiesen werden (*Wieser*, Rn. 7). 238

Einschlägige Fälle der Mitgläubigerschaft betreffen beispielsweise Schadensersatzansprüche mehrerer wegen eines gemeinschaftlichen Gegenstandes (BGH NJW 1984, 795) oder den Anspruch auf Errichtung eines Bauwerks (BGH NJW 1985, 1826) oder Herausgabeansprüche einer Miteigentümergemeinschaft (§ 1011 BGB mit Verweis auf § 432 BGB). 239

VII. Abtretung

1. Beweisvorteile

Ein Kläger kann sich durch Abtretung Beweisvorteile verschaffen. Die Beweislast zu haben, ist bekanntlich der halbe Prozessverlust. Und der Kläger hat nun einmal die Beweislast für die tatsächlichen Voraussetzungen des von ihm gegen den Beklagten geltend gemachten Anspruchs. Nicht selten verhält es sich aber so, dass nur der Anspruchsberechtigte und sein Schuldner eigenes Wissen über den rechtsbegründenden Sachverhalt haben. Tritt dann der Kläger seinen Anspruch an einen Dritten ab, der die Forderung einklagt, so ist der **Kläger** prozessual Unbeteiligter und kann **als Zeuge** vernommen werden. Die 240

§ 3 Wahl der Parteien

Verteidigungsposition des Beklagten verschlechtert sich damit deutlich (kritisch deshalb zur „prozesstaktischen Zession" *Buß* JZ 1997, 694; *Kluth/Böckmann* MDR 2002, 616). Das ändert aber weder etwas an der materiellen Wirksamkeit der Abtretung noch an ihrer prozessualen Zulässigkeit.

241 Vereinzelt wird die Auffassung vertreten, die Abtretung mit dem Zweck der Zeugenbenennung sei „meist untauglich", womit wohl gesagt werden soll, damit sei beweisrechtlich nichts zu erreichen. Das widerspricht jedoch jeglicher forensischen Erfahrung (*Prechtel*, Erfolgreiche Taktik im Zivilprozess, 3. Aufl., 2006, S. 55).

242 Es gibt keine Vorschrift im BGB oder der ZPO, die eine solche Abtretung verbietet. Untauglich im Sinne von unzulässig ist die Aussage des Zeugen nie. Untauglich im Sinne von nicht überzeugungsbildend ist sie auch nicht. Dem als Zeuge benannten Zedenten darf nicht von vornherein die Glaubwürdigkeit abgesprochen oder nur eine verminderte zuerkannt werden. Das liefe auf eine **im Gesetz nicht vorgesehene Beweisregel** hinaus (§ 286 Abs. 2 ZPO; siehe auch vorstehend Rn. 221). Der BGH hat zur sog. Insassen-, Beifahrer- oder Verwandtenrechtsprechung (siehe dazu *Stein/Jonas/Leipold*, ZPO, 21. Aufl., 1997, § 286 Rn. 1; Nachw. bei *Schneider*, Beweis und Beweiswürdigung, 5. Aufl., 1994, Rn. 1054–1061) wiederholt so entschieden:

> „Es verstößt gegen § 286 ZPO, den Aussagen von Insassen unfallbeteiligter Kraftfahrzeuge oder von Verwandten und Freunden der Unfallbeteiligten von vornherein nur für den Fall Beweiswert zuzuerkennen, dass sonstige objektive Gesichtspunkte für die Richtigkeit der Aussagen sprechen" (BGH NJW 1988, 566).

243 Natürlich muss bei der Beweiswürdigung die Abtretung und die Nähe zum Kläger berücksichtigt werden. Das ändert aber nichts daran, dass die Aussage eines solchen Zeugen als glaubhaft bewertet werden kann. Dass jemand infolge einer Abtretung Zeuge geworden ist, stempelt ihn keinesfalls als unglaubwürdig ab, bevor er überhaupt vernommen worden ist. Das wäre eine **unerlaubte Beweisantizipation**. Schließlich kann und soll in solchen Fällen auch die Gegenpartei als Partei angehört oder vernommen werden, um **Waffengleichheit** zu schaffen (BGH MDR 2004, 533; weitere Nachweise bei *Schneider*, Praxis der neuen ZPO, 2. Aufl., 2003, Rn. 892, 1372, 1512; siehe auch unten Rn. 2261 ff.).

244 In aller Regel bringt die Abtretung dem Beweisführer schon deshalb verfahrensrechtliche Vorteile, weil sehr viele Richter die von *Reinecke* (MDR 1986, 630) apostrophierte **„geheime Beweisregel"** befolgen, wonach einem Zeugen grundsätzlich zu glauben ist, solange nicht wichtige Anhaltspunkte dagegen sprechen. Ein Anwalt, der das nicht beachtet, kann sich sogar einen Regress einhandeln, wenn er seinen Mandanten über die Schaffung einer Beweismöglichkeit durch Abtretung oder Auswechseln des GmbH-Geschäftsführers nicht oder nur unzulänglich belehrt (so im Fall BGH NJW-RR 2003, 1212; DB 2003, 2596 = MDR 2003, 928 = WPM 2003, 1628; siehe auch BGH MDR 2003, 928; s. auch MDR 2004, 227)!

Praxistipp: Im Hinblick auf diese Rechtsprechung des BGH wird sich in vielen Fällen die Abtretung anbieten. Dem Gericht kann das mit folgendem Hinweis erläutert werden: 245

> Mit Rücksicht auf die Entscheidungen des BGH in NJW-RR 2003, 1212 = MDR 2003, 928, und MDR 2004, 227 = BGHReport 2003, 1433 habe ich aus haftungsrechtlichen Gründen den Geschädigten (oder sonstwie Berechtigten) zur Schaffung der beweisrechtlichen Waffengleichheit auf die Möglichkeit der Abtretung hingewiesen. Daraufhin hat er seinen Anspruch an den Kläger abgetreten und steht als Zeuge zur Verfügung.

Da der Gegner die Abtretung vielleicht bestreiten wird, ist die schriftliche Abtretungsurkunde schon der Klageschrift beizufügen: 246

> **Abtretungsvertrag**
>
> Herr/Frau (Anspruchsberechtigter) . . . tritt seine/ihre Schadensersatzansprüche gegen Herrn/Frau (Beklagte/r) aus dem Verkehrsunfall vom . . . an den/die diese Abtretung annehmenden Herrn/Frau . . . ab.
>
> Datum
>
> Unterschrift   Unterschrift

Eine solche Abtretung zur Beschaffung eines Zeugen kommt auch in Betracht, wenn ein **Dritter** über den klagebegründenden Sachverhalt informiert ist, aber wahrscheinlich **zugunsten** des **Beklagten aussagen** wird. Dann dient die Abtretung ebenfalls der Herstellung der Waffengleichheit, weil sie es dem Kläger ermöglicht, als Zeuge auszusagen. 247

Dieser Gesichtspunkt veranlasst übrigens manche Gerichte, in solchen „Abtretungsfällen" kurzerhand den Beklagten **als Partei zu vernehmen**. Es ist eine weitgehend akademische Frage, ob diese Parteivernehmung zur Durchsetzung des Grundsatzes der Waffengleichheit erlaubt ist, was heute wohl durchgehend bejaht wird (siehe z.B. *Baumbach/Hartmann*, ZPO, 65. Aufl., 2007, § 448 Rn. 7; *Thomas/Putzo/Reichold*, ZPO, 27. Aufl., 2005, § 448 Rn. 4; *Zimmermann*, ZPO, 7. Aufl., 2006, § 448 Rn. 3). Die abweichende Auffassung des OLG München (NJW-RR 1996, 958) dürfte überholt sein. 248

Immerhin folgt der Grundsatz der Waffengleichheit aus dem verfassungsrechtlichen Gebot, ein **faires Verfahren** zu gewähren. Ganz abgesehen davon muss eine einmal durchgeführte **Parteivernehmung** in der Instanz und sogar im Berufungsverfahren **berücksichtigt** werden, weil sie zum gesamten Inhalt der Verhandlungen gehört (§ 286 Abs. 1 S. 1 ZPO). Im Grunde handelt es sich nur um ein Scheinproblem, da dem Gericht immer statt der Parteivernehmung nach § 448 ZPO die **Anhörung** der Partei nach **§ 141 ZPO** freisteht und auch deren 249

§ 3 Wahl der Parteien

Ergebnis bei der Beweiswürdigung zu berücksichtigen ist (BGH MDR 2004, 533). In einem anderen Urteil (BGHReport 2003, 1433 = MDR 2004, 227) heißt es dazu:

> Dass den Beklagten anders als der Klägerin kein Zeuge zur Verfügung steht, „stellt in einem späteren Gerichtsverfahren eine Benachteiligung dar, die im Rahmen der Ermessensentscheidung nach § 448 ZPO berücksichtigt werden kann. Dabei kann offen bleiben, ob es geboten ist, in einem solchen Fall einer Anregung zur Parteivernehmung nachzukommen. Denn dem Grundsatz der Waffengleichheit kann auch dadurch genügt werden, dass die durch ihre prozessuale Stellung bei der Aufklärung des Vier-Augen-Gesprächs benachteiligte Partei nach § 141 ZPO persönlich angehört wird. **Das Gericht ist nicht gehindert, einer solchen Parteierklärung den Vorzug vor den Bekundungen eines Zeugen zu geben** (BGH MDR 1999, 699 = NJW 1999, 363)."

250 Ein anderes Problem bei der Zeugenbeschaffung durch Abtretung liegt darin, dass der Beklagte die Möglichkeit bekommt, im Rechtsstreit **Widerklage** gegen den **Zedenten** zu erheben und diesen dadurch als Zeugen „abzuschießen" (siehe *Schneider* MDR 1998, 21, 24).

2. Tatsächliche Zweifel

251 Es gibt auch Fälle, in denen die Abtretung eines einzuklagenden Anspruchs an einen Dritten nicht nur auf prozesstaktischen Erwägungen beruht, sondern auf wirklichen **Unklarheiten**. Es mag sich beispielsweise so verhalten, dass sich die **Eheleute** Müller gemeinsam in ein Haushaltswarengeschäft begeben, weil sie eine neue Waschmaschine benötigen. Der Verkäufer zeigt ihnen die in Betracht kommenden Geräte. Es wird auch eine Waschmaschine im Wert von vielleicht 500 Euro gekauft. Die Rechnung wird ausgestellt auf „Müller". Nachdem die Waschmaschine geliefert worden ist, stellen sich so erhebliche Mängel heraus, dass die Eheleute Müller vom Vertrag zurücktreten wollen. Wer aber war in diesem Fall eigentlich Käufer? Der Ehemann als „Haushaltsvorstand"? Oder die Ehefrau kraft Schlüsselgewalt (§ 1357 BGB), die damit auch den Ehemann berechtigt hätte? Oder haben beide den Kaufvertrag abgeschlossen?

252 In einem solchen Fall, der von vornherein mit Auslegungszweifeln belastet ist, sollte nur einer der Eheleute als Kläger auftreten und der andere ihm „vorsorglich" eventuelle eigene Ansprüche abtreten. Damit wird dem Beklagten die Möglichkeit abgeschnitten, den späteren Rechtsstreit durch Bestreiten der Anspruchsberechtigung auf ein Abstellgleis zu dirigieren.

3. Abtretungshindernisse

253 Voraussetzung für eine Klage des Zessionars ist immer, dass die Abtretung **zulässig** ist. Sie kann kraft Gesetzes wegen **Inhaltsänderung** ausgeschlossen sein (§ 399 BGB). So verhält es sich beispielsweise bei Ansprüchen auf eine Dienstleistung (§ 613 S. 2 BGB) oder auf Ausführung eines Auftrags (§ 664 Abs. 2 BGB) oder auf Überlassung einer Wohnung auf Grund eines Mietvertrages (§ 535 S. 1 BGB).

Vielfach findet sich auch in **vorformulierten Verträgen** ein **Abtretungsverbot** (§ 399 BGB), das erfahrungsgemäß leicht übersehen wird. Es ist grundsätzlich AGB-fest (BGHZ 77, 274; 108, 55).

254

Bevor der Anwalt daher einer Partei zur Klageerhebung nach vorheriger Abtretung rät, hat er die Abtretbarkeit des geltend zu machenden Anspruchs zu prüfen. Versäumt er das, dann haftet er seinem Mandanten für die Kosten des Rechtsstreits, wenn die Klage wegen unwirksamer Abtretung abgewiesen wird. Und ist zwischenzeitlich Verjährung oder Insolvenz des Schuldners eingetreten, dann haftet er unter Umständen auch noch anstelle des Schuldners für den Hauptanspruch.

255

Ein anderes **Abtretungshindernis** kann die **Verschwiegenheitspflicht** sein. Das gilt insbesondere für die in § 203 StGB genannten Personen. Dazu hatte es in Rechtsprechung und Schrifttum kontroverse Ansichten gegeben (siehe *Schneider* MDR 1992, 640; zahlreiche Nachweise bei *Feuerich/Weyland*, BRAO, 6. Aufl., 2003, § 49b Rn. 46 ff.). Das hat zur gesetzlichen Regelung in § 49b Abs. 4 S. 2 BRAO geführt:

256

„Die Abtretung von Gebührenforderungen oder die Übertragung ihrer Einziehung an einen nicht als Rechtsanwalt zugelassenen Dritten ist unzulässig, es sei denn, die Forderung ist rechtskräftig festgestellt, ein erster Vollstreckungsversuch fruchtlos ausgefallen und der Rechtsanwalt hat die ausdrückliche, schriftliche Einwilligung des Mandanten eingeholt."

Der Rechtsanwalt, der auf diesem Weg eine Gebührenforderung erwirbt, ist dann ebenso wie der zedierende Rechtsanwalt zur Verschwiegenheit verpflichtet (§ 49b Abs. 4 S. 1 BRAO).

257

Es kommt auch vor, dass eine vermögende Partei das Prozesskostenrisiko scheut und deshalb ihren Anspruch **an eine mittellose Person abtritt**, die ihn einklagen soll, womöglich noch auf Grund der Bewilligung von Prozesskostenhilfe. Darauf sollte sich ein Anwalt nicht einlassen. Es widerspricht der im Rechtsleben herausgehobenen Stellung eines Rechtsanwalts, derartige dubiose Manipulationen mit seiner beruflichen Sachkunde zu unterstützen.

258

Davon abgesehen, ist die Beteiligung an einem solchen Vorgehen auch riskant. Formal müsste die vorgeschobene **mittellose Partei Auftraggeber** des Anwalts und damit sein Kostenschuldner sein. Ihm gegenüber ist aber eine Honorarforderung nicht realisierbar. Also müsste intern der Zedent den Auftrag erteilen und die Haftung für die entstehenden Anwaltskosten übernehmen. Die Erfahrung zeigt jedoch, dass jemand, der seinen Gegner „über den Tisch ziehen" will, diese Grundeinstellung gegenüber seinem Anwalt nicht aufgibt. Mit anderen Worten, er wird bemüht sein, ihn später um sein Honorar zu prellen oder gezahlte Vorschüsse unter irgendwelchen Vorwänden – fehlender Auftrag, Schlechterfüllung – zurückzufordern. Dafür steht ihm dann vielleicht noch der mittellose Zessionar als (falscher) Zeuge zur Verfügung!

259

VIII. Wer soll verklagt werden?

260 Hier ist vorab auf die Ausführungen zur Wahl des Klägers (Rn. 204 ff.) zu verweisen, die weitgehend auch für die Beantwortung der Frage gelten, wer als Beklagter in Anspruch genommen werden soll. Der Aktivlegitimation des Klägers entspricht die **Passivlegitimation** des Beklagten, der auch passiv prozessführungsbefugt sein kann. **Streitgenossenschaft** tritt auf der Beklagtenseite ebenso wie auf der Klägerseite auf. Der Personenmehrheit auf der Aktivseite (Gesamtgläubiger, Mitgläubiger) entspricht die Personenmehrheit auf der Beklagtenseite, so dass es prozesstaktisch um die gleichen Überlegungen geht.

1. Zweifel hinsichtlich der Passivlegitimation

261 Wer **materiell-rechtlich** der richtige Anspruchsgegner ist, kann oft aus tatsächlichen Gründen zweifelhaft sein. Haben beispielsweise beide Ehegatten den Kaufvertrag abgeschlossen, aus dem der Kläger vorgehen will? Was verbirgt sich hinter der Bezeichnung „Boutique Lena" oder „Tierhaus Müller"? Handelt es sich um den Namen eines Kaufmanns (§ 17 HGB) oder nur um eine Fantasiebezeichnung? Welche natürliche Person steht dahinter? Wie lautet der entgegen § 18 Abs. 1 HGB oder § 15a Abs. 1 GewO verschwiegene Vorname? Dergleichen Fragen sind vorweg zu beantworten. Allerdings sollte der Anwalt diese Klärung grundsätzlich dem **Mandanten** überlassen, der am besten wissen muss oder ermitteln kann, mit wem er kontaktiert hat (oben Rn. 65).

262 **Eilt es** mit der Einreichung der Klage, dann kann es angebracht sein, die Klageschrift mit der ungenauen Parteibezeichnung einzureichen. Eine ungenaue oder unrichtige Parteibezeichnung kann **berichtigt** werden, wenn die Identität der Partei erhalten bleibt (*Wieczorek/Schütze/Hausmann*, ZPO, 3. Aufl., 1994, Rn. 19 vor § 50). Auch lässt sich Zeit für die Klärung der Zweifel gewinnen, wenn erst einmal die Anforderung des **Gerichtskostenvorschusses** abgewartet oder der geforderte Vorschuss zunächst **nicht eingezahlt** wird. Dadurch kann die Zustellung der Klage blockiert werden.

263 **Mängel** der **Klageschrift** können später auch noch durch Rügeverzicht (§ 295 ZPO) **geheilt** werden. Eine rückwirkende Heilung durch Berichtigung oder Rügeverzicht kommt dabei allerdings nur für die Soll-Voraussetzungen des § 253 Abs. 3–5 ZPO in Betracht. Die Heilung wesentlicher Mängel, also der in § 253 Abs. 2 ZPO aufgeführten, wirkt nur für die Zukunft (BGHZ 22, 254, 257 = NJW 1957, 263).

264 Für die besonders wichtige **Verjährungsfrist** kommt es darauf allerdings nicht an, weil auch die Zustellung einer unzulässigen Klage nach § 204 Abs. 1 Nr. 1 BGB den Verjährungsablauf hemmt und die spätere Heilung im Ergebnis zurückwirkt (BGHZ 78, 5 = NJW 1980, 2461; *Bamberger/Roth/Henrich*, BGB, 2003, § 204 Rn. 13).

265 Richtet sich die Klage jedoch im Zeitpunkt der Zustellung gegen eine **nicht** oder **nicht mehr existierende Partei**, dann hilft das dem Kläger nicht weiter. Eine solche Klage ist als unzulässig abzuweisen (siehe unten Rn. 1617). Auch eine Zustel-

lungsrückwirkung nach § 270 Abs. 3 ZPO a.F. = § 167 ZPO n.F. scheidet aus (BGH NJW 2002, 3111). Zu helfen ist dem Kläger in einem solchen Fall nur ausnahmsweise, wenn die Berufung auf die Einrede der Verjährung rechtsmissbräuchlich ist, weil er von der Erhebung der Klage gegen die wirkliche Partei abgehalten worden ist (BGH a.a.O.; siehe dazu *Weimann/Terheggen* NJW 2003, 1298).

2. Beweisrechtliche Überlegungen

Mit der richtigen Wahl der Parteien kann ein Rechtsstreit schon im Ansatz beweisrechtlich gesteuert werden. Bei der **Auswahl** des **Klägers** geht es dabei unter anderem darum, dem originär Anspruchsberechtigten durch Abtretung der Klageforderung an einen Dritten die prozessuale Stellung eines Zeugen zu **verschaffen** (siehe oben Rn. 240 ff.). 266

Auf der **Passivseite** ist es ein prozesstaktisches Ziel, Zeugen möglichst **auszuschalten**. Das ist dann nicht durch Abtretung möglich, sondern nur dadurch, dass mehrere Personen als Streitgenossen verklagt werden, etwa der Fahrzeughalter und der Fahrzeugführer (§§ 7, 18 StVG) oder der Vertragsschuldner und sein Erfüllungsgehilfe (§ 278 BGB) oder bei mehreren Tätern einer unerlaubten Handlung alle Haftenden (§§ 830 ff. BGB). So vorzugehen, ist auch dadurch möglich, dass die Klage im laufenden Rechtsstreit auf einen Dritten ausgedehnt wird (sog. **Parteierweiterung**; *Thomas/Putzo*, ZPO, 27. Aufl., 2005, Rn. 25, 26 vor § 50). 267

Verfahrensrechtlich ist darauf zu achten, ob für die als Zeugen auszuschaltenden Beklagten **dasselbe Gericht** zuständig ist. Die Beklagten müssen also einen gemeinsamen Gerichtsstand haben. Fehlt es daran, kann dieser nur über eine gerichtliche Zuständigkeitsbestimmung nach § 36 Abs. 1 Nr. 3 ZPO geschaffen werden. Es ist kaum anzunehmen, dass der weitere Beklagte sich durch rügelose Verhandlung nach § 39 ZPO die Zeugeneigenschaft nehmen lässt. 268

Kommen **mehrere Personen** als Beklagte in Betracht, die über den streitigen Vorgang unterrichtet sind und deshalb auch als Zeuge auftreten könnten, dann wird der Anwalt seiner Partei im Zweifel dazu raten, sie alle als **Streitgenossen** zu verklagen. Zuvor muss er aber sorgfältig prüfen, ob jeder **materiell-rechtlich** wirklich **Schuldner** ist und dies auch **bewiesen** werden kann. Anderenfalls muss die Klage später insoweit abgewiesen werden. Wegen der dann nach § 92 ZPO notwendigen Kostenquotierung läuft das auf eine erhebliche finanzielle Einbuße des Mandanten hinaus. Überdies könnte dadurch das strategische Konzept vereitelt werden, weil der ausgeschiedene beklagte Streitgenosse nach seinem Ausscheiden als Zeuge vernommen werden dürfte (*Musielak/Weth*, ZPO, 5. Aufl., 2007, § 61 Rn. 5; *Schneider* MDR 1982, 372). 269

Dieses Vorgehen führt manchmal zu einem **prozesstaktischen Wettkampf** (siehe dazu *Schneider* MDR 1998, 21). Paradebeispiel dafür ist der Unfallprozess. Wird neben dem Halter auch der Fahrer mitverklagt, dann kontert der beklagte Halter vielleicht mit einer Drittwiderklage gegen den Fahrer des Klägers. So wird dann beweisrechtlich die „Waffengleichheit" hergestellt. 270

§ 3 Wahl der Parteien

3. Vollstreckungsrechtliche Überlegungen

271 Stets ist bei der Wahl des oder der Beklagten zu berücksichtigen, wie die Vollstreckung eines obsiegenden Urteils ablaufen würde. Nehmen wir an, es gehe um Ansprüche gegen eine **offene Handelsgesellschaft** (OHG). Sie ist rechtlich selbständig und kann vor Gericht verklagt werden (§ 124 HGB). Daneben haften aber auch die Gesellschafter persönlich für die Schulden der offenen Handelsgesellschaft (§ 128 HGB). Wird nun lediglich die Gesellschaft verklagt und erweist diese sich später in der Zwangsvollstreckung als vermögenslos, dann kommt der Gläubiger vollstreckungsrechtlich nicht an den oder die Gesellschafter heran. Er muss neu klagen. Aber bei einer maroden OHG haben vielleicht andere Gläubiger den oder die Gesellschafter schon ausgepfändet. Für den Schaden, der dem Kläger durch die doppelte Prozessführung oder gar durch den Ausfall mit seiner Forderung entsteht, wird der Anwalt möglicherweise haftbar zu machen sein. Er hätte das Vollstreckungsrisiko vermeiden können, indem er von vornherein **Gesellschaft** und **Gesellschafter gemeinsam verklagt** hätte. Gleiche Probleme bestehen heute bei der Außen-GbR, nachdem deren Rechtsfähigkeit durch BGHZ 146, 341 anerkannt worden ist (siehe dazu unten Rn. 256).

272 Von erheblicher Bedeutung ist die Vollstreckbarkeit von Titeln im **Mietprozess**. Es besteht ein nicht endender Streit darüber, ob aus einem gegen den Mieter erwirkten **Räumungstitel** auch gegen **mitwohnende Dritte** vollstreckt werden kann, etwa gegen die Ehefrau, die minderjährigen Kinder, den nichtehelichen Lebensgefährten usw. (siehe dazu *Wieczorek/Schütze/Storz*, ZPO, 3. Aufl., 1999, § 885 Rn. 18 ff.; *Stein/Jonas/Brehm*, ZPO, 22. Aufl., 2004, § 885 Rn. 7 ff.). Die Aussicht, dass diese Kontroverse beigelegt wird und die Vollstreckungsmöglichkeiten berechenbar werden, ist gering. Das hängt unter anderem damit zusammen, dass es dazu kaum obergerichtliche oder höchstrichterliche Rechtsprechung gibt. Die Entscheidungskompetenz liegt fast ausschließlich bei den Amts- und Landgerichten. Deren Vielzahl ist ursächlich für die Vielzahl der unterschiedlichen Ansichten.

273 Der Anwalt wird daher gut daran tun, den auf Räumung klagenden **Vermieter** über dieses vollstreckungsrechtliche Wirrwarr zu **informieren** und ihm anzuraten, **möglichst alle** in der Wohnung befindlichen Personen auf Räumung zu verklagen.

Auch das ist allerdings mit einem **Risiko** verbunden. Gerät der Anwalt nämlich an ein Gericht, das die Zwangsvollstreckung aus dem Räumungstitel gegen den Mieter auch gegen mitwohnende Dritte zulässt, dann wird vielleicht von diesem Gericht das Rechtsschutzbedürfnis für die Klage gegen den Dritten verneint, weil gegen ihn auch ohne Titel vollstreckt werden könne (siehe *Stein/Jonas/Brehm*, ZPO, 22. Aufl., 2004, § 885 Rn. 15). Gerade deshalb sollte dem klagenden Vermieter die Rechtsprechung zur Räumungsvollstreckung gegen Mitbewohner genau erklärt werden, um späteren Vorwürfen gegen den Anwalt vorzubeugen.

4. Berücksichtigung des Kostenrisikos

Aufgabe des Rechtsanwalts ist es auch, seinen Mandanten vor vermeidbaren Kostenbelastungen zu bewahren. In vielen Fällen ist dieses Risiko nur die Kehrseite des Vorteils, der beweisrechtlich mit **subjektiver Klagenhäufung** auf der **Passivseite** verbunden ist, um mögliche Zeugen des Gegners auszuschalten (oben Rn. 250). Wird die Klage abgewiesen, dann erhöht das den prozessualen Kostenerstattungsanspruch des Gegners, und zwar immer hinsichtlich der Erhöhung des § 7 RVG; Vergütungsverzeichnis Nr. 1008, manchmal auch durch Verdoppelung der zu erstattenden Kosten, wenn die verklagten Gegner sich durch eigene Anwälte haben vertreten lassen. Auf dieses Kostenrisiko muss der Anwalt seinen **Mandanten hinweisen** (BGH MDR 2005, 168), vor allem wenn die Zahl der Beklagten überdurchschnittlich groß ist. Der sicherste Weg, späteren Vorwürfen des Mandanten vorzubeugen, sind Hinweise auf das gesteigerte Kostenrisiko, sobald drei oder mehr Beklagte als Streitgenossen in Anspruch genommen werden sollen.

274

Einschlägige Fälle kommen vor allem im Gesellschaftsrecht vor. Man denke nur daran, dass gegen eine mitgliederstarke **Gesellschaft bürgerlichen Rechts** (§§ 705 ff. BGB) mit der Gesamtschuldklage vorgegangen werden soll (BGHZ 146, 350, 357). Mandatieren einige oder gar alle Gesellschafter jeweils eigene Anwälte, dann kommen auf der Passivseite leicht Kostenbeträge zusammen, die den Wert des Klageanspruchs um ein Vielfaches übersteigen. In derartigen Fällen muss der Anwalt dem Mandanten anraten, nur die Gesellschaft oder neben der (rechtsfähigen) GbR nur „handverlesene" Gesellschafter zu verklagen, in erster Linie also solche, die aus beweisrechtlichen Gründen als Zeugen ausgeschaltet werden sollen.

275

Daneben kommen Prozesslagen in Betracht, in denen das Gebot des „sichersten Weges" die gleichzeitige **Inanspruchnahme mehrerer Beklagten** fordert. Schulbeispiel dafür ist das **Bürgschaftsrecht**. Ob es „notwendig und zweckmäßig" ist (§ 91 Abs. 1 ZPO), Hauptschuldner und Bürgen gemeinsam zu verklagen, kann schon zweifelhaft sein (noch bejahend OLG Koblenz VersR 1992, 339). Getrennte Klagen gegen zwei Bürgen sind jedenfalls nicht mehr notwendig und zweckmäßig; die dadurch entstandenen Mehrkosten sind nicht erstattungsfähig (OLG Koblenz a.a.O.).

276

Der fürsorgliche Anwalt vermeidet es von vornherein, solche Erstattungskontroversen überhaupt aufkommen zu lassen. Er wird in beiden Fällen Hauptschuldner und Bürgen gemeinsam verklagen. Das hat zudem beweisrechtliche Vorteile, weil damit Hauptschuldner und Bürgen nicht wechselseitig als Zeugen auftreten können. Die Erhebung von Einzelklagen erweckt auch leicht den Verdacht, dass dabei die Gebühreninteressen des Anwalts im Vordergrund gestanden haben (zu weiteren einschlägigen Fällen siehe *Zöller/Herget*, ZPO, 26. Aufl., 2007, § 91 Rn. 13 unter „Mehrheit von Prozessen").

277

IX. Berichtigung der Parteibezeichnung

278 Stellt sich nach Einreichung oder Zustellung der Klage heraus, dass die Namens- oder Adressenangabe des oder der Beklagten unvollständig oder fehlerhaft ist, dann lässt sich das jederzeit berichtigen (Rn. 262). Vorausgesetzt ist nur, dass die Identität des Beklagten unverändert bleibt. Anderenfalls handelt es sich um eine Parteiänderung (*Stein/Jonas/Schumann*, ZPO, 21. Aufl., 1997, § 264 Rn. 61).

279 Für **Anträge** auf Berichtigung der Parteibezeichnung gelten keine Fristen oder Förmlichkeiten.

Antragsmuster:

An das Amtsgericht

in . . .

In dem Rechtsstreit

Sander ./. Faber

– Aktenzeichen –

ist der Beklagte im Passivrubrum der Klage bezeichnet als „Firma Getränke Faber". Wir beantragen, diese Parteibezeichnung zu berichtigen in

Getränkehandel Faber, Inhaber Franz Faber.

Rechtsanwalt

An das Landgericht

in . . .

In dem Rechtsstreit

Sander ./. Holzhandlung Müller GmbH

– Aktenzeichen –

beantragen wir, die Angabe des Geschäftsführers der Beklagten dahin zu berichtigen, dass nicht der in der Klageschrift genannte Herr Peter Müller der Geschäftsführer der Holzhandlung Müller GmbH ist, sondern

Herr Willi Merten.

Ausweislich des beiliegenden Handelsregisterauszuges hat ein Geschäftsführerwechsel stattgefunden. Die Beklagte wird seit dem . . . nur noch von Herrn Willi Merten gesetzlich vertreten.

Rechtsanwalt

§ 4 Zuständigkeit

I. Rechtsweg

Rechtswegzweifel kommen in der Alltagspraxis nicht häufig vor. Meist handelt es sich dann um die Frage, ob das Zivilgericht, das Arbeitsgericht oder das Verwaltungsgericht anzurufen ist. Auszuschließen sind solche Zweifel jedoch nie. Deshalb muss man die Grundzüge der Regelungen der §§ 17, 17a GVG kennen, zumindest Gelegenheit haben, sich darüber schnell zu informieren. Beidem dient der nachfolgende Überblick. 280

1. Kompetenzstreit

Früher gab es immer wieder Ärger mit den Kompetenzkonflikten. Es kam vor, dass sich zwei Gerichte verschiedener Gerichtsbarkeiten für zuständig (**positiver Kompetenzkonflikt**) oder – häufiger – für unzuständig erklärten (**negativer Kompetenzkonflikt**). Den ordentlichen Gerichten war dabei die sog. **Kompetenz-Kompetenz** verliehen worden, also die Gerichtsgewalt auch über die Frage der Zulässigkeit des Rechtsweges. Hinsichtlich der anderen Gerichtsbarkeiten waren die Bindungswirkungen unterschiedlich geregelt. Für die betroffenen Parteien und Anwälte ergaben sich daraus mancherlei Schwierigkeiten. 281

Dem hat der Gesetzgeber 1991 durch die Neufassung der **§§ 17, 17a GVG** ein Ende bereitet. **Bejaht ein Gericht rechtskräftig den Rechtsweg für sich, dann sind andere Gerichte daran gebunden. Verneint** es ihn, dann muss es ihn von Amts wegen in den zuständigen Rechtsweg verweisen, der seiner Auffassung nach gegeben ist. Die Verweisung ist bindend. 282

Mit „Rechtsweg" ist dabei die **Abgrenzung** der Zuständigkeit der einzelnen **Gerichtsbarkeiten** gemeint. Auch bei einer Verweisung an die Arbeitsgerichte handelt es sich um eine Verweisung in einen anderen Rechtsweg gemäß § 17a Abs. 2 (OLG Köln NJW-RR 1993, 639; OLG Frankfurt NJW-RR 1995, 319). Alles läuft „von Amts wegen" ab. Parteivereinbarungen können daran nichts ändern, und auch nicht „Um-Etikettierungen" der Anspruchsvoraussetzungen, etwa um öffentlich-rechtliche Sachverhalte als bürgerlich-rechtliche Schadensersatz- oder Bereicherungsansprüche vor die ordentlichen Gerichte zu bringen (*Kissel/Mayer*, GVG, 4. Aufl., 2005, § 17 Rn. 4). 283

2. Rechtswegbestimmung

Ermittelt wird der Rechtsweg durch eine **Schlüssigkeitsprüfung**, deren Grundlage nur das **Vorbringen** des **Klägers** ist. Das Bestreiten des Beklagten bleibt unberücksichtigt (OLG Köln VersR 1996, 1564). Das kann dazu verführen, irgendwelche Anspruchsgrundlagen „zu erfinden". Dem beugt die Rechtsprechung dadurch vor, dass offensichtlich nicht gegebene Anspruchsgrundlagen bei der Beurteilung der Rechtswegzuständigkeit außer Betracht bleiben (BGHZ 128, 204 = NJW 1995, 964; BVerwG MDR 1993, 800). 284

285 Das Gericht des zulässigen Rechtsweges entscheidet den Rechtsstreit unter **allen** in Betracht kommenden **rechtlichen Gesichtspunkten** (§ 17 Abs. 2 GVG). Diese umfassende Entscheidungskompetenz bezieht sich aber nur auf den einzelnen Klageanspruch. Bei der **objektiven Klagenhäufung** (§ 260 ZPO) wird die Zulässigkeit des Rechtsweges für jeden Anspruch gesondert geprüft und beschieden (BGHZ 114, 1 = NJW 1991, 1686; BGH VersR 1998, 782). Ebenso verhält es sich bei der **subjektiven Klagenhäufung** im Streitgenossenprozess. Auch bei **Hauptantrag und Hilfsantrag** sowie bei der **Widerklage** ist die Zulässigkeit des Rechtsweges selbständig und getrennt zu prüfen (*Kissel/Mayer*, GVG, 4. Aufl., 2005, § 17 Rn. 49 ff.)

286 Zweifelhaft ist, wie zu verfahren ist, wenn der Beklagte sich mit **Aufrechnung** verteidigt. Nach heute wohl überwiegender Auffassung hat dann das zur Hauptsache zuständige Gericht auch über die Aufrechnungsforderung mit zu entscheiden, selbst wenn diese bei selbständiger Rechtsverfolgung in einen anderen Rechtsweg gehören würde (*Kissel/Mayer*, § 17 Rn. 52; VGH Kassel MDR 1995, 203).

3. Rechtsmittel

287 Die Rechtsmittelfähigkeit von Rechtswegentscheidungen ist etwas kompliziert, wie der folgende Überblick zeigt.

288 **Bejaht** das Gericht seine Zuständigkeit im **Urteil**, dann ist das endgültig (§ 17a Abs. 5 GVG).

289 Bejaht es seine Entscheidung vorab durch **Beschluss** (§ 17a Abs. 3 GVG), dann gibt es dagegen die sofortige Beschwerde (§ 17a Abs. 4 S. 3 GVG).

290 **Verneint** es seine Zuständigkeit, dann muss es durch **Beschluss** verweisen (§ 17a Abs. 2 GVG), der mit der sofortigen Beschwerde angefochten werden kann (§ 17a Abs. 4 S. 3 GVG).

4. Bindungswirkung

291 Die positive Rechtswegentscheidung bindet alle anderen Gerichte (§ 17a Abs. 1 GVG). **Innerhalb** des **Instanzenzuges** ist auch das Rechtsmittelgericht gebunden (§ 17a Abs. 5 GVG).

292 Insoweit gilt jedoch eine Ausnahme. Wenn eine Partei die **Zulässigkeit** des **Rechtsweges rügt**, muss das Gericht darüber vorab durch Beschluss entscheiden (§ 17a Abs. 3 S. 2 GVG). Dieser Beschluss ist mit der sofortigen Beschwerde anfechtbar (§ 17a Abs. 4 S. 3 GVG).

293 Verhindert das erstinstanzliche Gericht diese Beschwerdemöglichkeit, indem es verfahrenswidrig keine Vorab-Entscheidung nach § 17a Abs. 3 S. 2 GVG trifft, dann entfällt die in § 17a Abs. 5 GVG vorgesehene Bindung des Rechtsmittelgerichts. Dieses darf den Rechtsweg verneinen und verweisen (BGHZ 114, 1 = NJW 1991, 1686; BGH NJW 1993, 470 = MDR 1993, 802; NJW 1993, 1799 = VersR 1993, 1127; OLG Oldenburg NJW-RR 1993, 255).

Verweisungsbeschlüsse bei Verneinung des Rechtswegs sind für das angewiesene Gericht **bindend** (§ 17a Abs. 2 S. 3 GVG). Es darf also weder zurückverweisen noch in einen anderen Rechtsweg weiterverweisen. Das gilt aber nur hinsichtlich des Rechtsweges, nicht hinsichtlich der örtlichen, sachlichen oder funktionellen Zuständigkeit innerhalb des durch Verweisung begründeten Rechtswegs (*Kissel/Mayer*, § 17 Rn. 38). 294

Bei einem **Verstoß gegen das Willkürverbot** bindet ein Verweisungsbeschluss nicht. So verhält es sich, wenn der Beschluss schon vor Zustellung der Klage und damit vor Rechtshängigkeit ergeht (BAG EzA § 36 Nr. 3). 295

Kostenmäßig bilden bei Verweisung beide Rechtswege eine Einheit, wobei jedoch – ebenso wie nach § 281 Abs. 3 S. 2 ZPO – angefallene Mehrkosten dem in der Hauptsache obsiegenden Kläger auferlegt werden müssen (§ 17b Abs. 2 S. 2 GVG). 296

Es lässt sich kaum sagen, dass die Regelung in §§ 17, 17a GVG die Rechtslage vereinfacht habe. Dagegen spricht die Fülle von Zweifelsfragen, mit denen sich die Gerichte ausweislich zahlreicher Veröffentlichungen unentwegt zu befassen haben. 297

Es ist nicht einmal sicher, dass dieses Verweisungsrecht einen Rechtsstreit vor den wirklich zuständigen Richter bringt. Das angewiesene Gericht darf zwar nicht an das abgebende Gericht zurückverweisen (sog. **aufdrängende Verweisung**) oder in einen anderen Rechtsweg verweisen (sog. **abdrängende Verweisung**), nicht einmal bei offensichtlicher Unrichtigkeit oder erheblichen Verfahrensfehlern (*Kissel/Mayer*, § 17 Rn. 37). Verfährt es aber doch so und wird die gesetzwidrige Rück- oder Weiterverweisung rechtskräftig, weil sie nicht mit der sofortigen Beschwerde angegriffen wird (§ 17a Abs. 4 S. 3 GVG), dann bleibt es dabei (BGH MDR 2000, 598; FamRZ 2004, 434). Das gilt sogar dann, wenn ein Gericht zunächst den Rechtsweg für sich bejaht, später aber anderen Sinnes wird und in einen anderen Rechtsweg verweist (BGH MDR 2002, 531). 298

Der „Kampf um den Rechtsweg" kann in solchen Fällen zum juristischen Spießrutenlaufen werden! In der Anmerkung zu BGH MDR 2000, 598 habe ich aufgezeigt, wie über einen Zeitraum von nahezu drei Jahren **siebenundzwanzig Richter** sich erstmals oder erneut in **sieben Beschlüssen** nur mit der Frage befasst haben, wer zuständig sei. Und das Ergebnis war, dass wegen eingetretener Rechtskraft ein **unzuständiges** Gericht für zuständig erklärt werden musste! 299

5. Insbesondere: Ordentliches Gericht und Arbeitsgericht

Rechtswegprobleme stellen sich in der Praxis meist, wenn es um die Abgrenzung zwischen ordentlicher Gerichtsbarkeit und Arbeitsgerichtsbarkeit geht. Nehmen wir an, ein „**Beratervertrag**" werde von der zu beratenden Partei **fristlos gekündigt**, etwa wegen schlechter Leistungen des Beraters oder angeblicher Verfehlungen. Das Beraterhonorar wird nicht mehr gezahlt. Der Berater will klagen. Für echte Beraterhonorare sind die ordentlichen Gerichte 300 zuständig. Wie aber, wenn sich das angerufene ordentliche Gericht auf den Standpunkt stellt, der Berater sei tatsächlich ein Arbeitnehmer (§ 2 Nr. 3b ArbGG)? Dann müsste die Wirksamkeit der fristlosen Kündigung bejaht werden, wenn die Einhaltung der Dreiwochenfrist des § 4 S. 1 KSchG für die Erhebung der Kündigungsschutzklage vom Berater versäumt worden ist (§ 7 KSchG). Da ein Anwalt nach herrschender Rechtsprechung alles wissen muss, würde ihm der Regress drohen.

301 In derartigen Fällen ist es der „**sicherste Weg**", einfach fristgerecht **Kündigungsschutzklage** beim Arbeitsgericht einzureichen, selbst wenn Anwalt und Mandant überzeugt sind, dass der Berater kein Arbeitnehmer ist. Wer kann heute schon vorhersagen, wie ein Gericht darüber entscheiden werde? Verfährt der Anwalt so, dann kann nichts geschehen. Ist das angerufene Arbeitsgericht der Auffassung, es sei zuständig, dann wird es zur Sache entscheiden. Hält es sich für unzuständig, dann kommt es zur Verweisung in den ordentlichen Rechtsweg (§ 48 ArbGG), und die Sache ist auf das prozessual richtige Gleis gebracht.

302 **Kostenmäßig** ergibt sich kein ins Gewicht fallendes Risiko. Vor dem Arbeitsgericht gibt es keine Kostenerstattung (§ 12a Abs. 1 S. 1 ArbGG), so dass eine Mehrkosten-Erstattung ausscheidet. Die vor dem Arbeitsgericht anfallenden Gerichtskosten (§ 12 ArbGG) sind gering und können vernachlässigt werden. Zu einem Anwaltswechsel kommt es nicht, so dass die Anwaltsgebühren nur einmal entstehen (§ 20 RVG).

II. Bedeutung der Gerichtsstandswahl

303 Nach § 35 ZPO darf der Kläger unter mehreren zuständigen Gerichten wählen, bei welchem Gericht er die Klage einreichen will. Seien Sie nicht voreilig bei der Wahl unter mehreren zuständigen Gerichten! **Das Wahlrecht besteht nur einmal.** Es erlischt durch Ausübung, also durch Klageerhebung (§ 253 Abs. 2), Angabe im Mahnantrag (§ 690 Abs. 1 Nr. 5 ZPO; LG Hagen JurBüro 2002, 655) oder durch Verweisung (§ 281 Abs. 1 S. 1 ZPO). Dieser zwingenden Rechtsfolge kann der Kläger nur ausweichen durch Klagerücknahme oder Abweisung der Klage als unzulässig und erneute Klageerhebung vor einem anderen Gericht.

304 **Beachte:** Das Wahlrecht nach § 35 ZPO kann auch durch einen Antrag auf Verweisung an ein anderes Gericht ausgeübt werden. Dann ist die Bestimmung eines gemeinsamen Gerichtsstandes für eine Klage gegen Streitgenossen nicht mehr möglich. So lag es im Fall des OLG Düsseldorf (MDR 2002, 1209). Die Klägerin hatte zwei Beklagte als Gesamtschuldner vor dem Landgericht Kleve verklagt. Einer der Beklagten rügte seine Unzuständigkeit. Daraufhin beantragte die Klägerin insoweit die Verweisung an das Landgericht Münster. Anschließend beantragte sie die Bestimmung eines gemeinsamen Gerichtsstandes. Doch dafür war es jedoch zu spät! Das hätte vor Klageerhebung geschehen müssen (OLG Koblenz MDR 1998, 1305; BayObLG MDR 1999, 115). Eine Gerichtsstands-

bestimmung nach § 36 Abs. 1 Nr. 3 ZPO kommt nicht mehr in Betracht, wenn ein bindender Verweisungsbeschluss nach § 281 ZPO ergangen ist.

Auch wenn man das Erlöschen des Wahlrechts verneint (so *Stein/Jonas/ Schumann*, ZPO, 21. Aufl., 1993, § 35 Rn. 5; anders *Roth* in der 22. Aufl., 2003, § 35 Rn. 6), ändert sich am Ergebnis nichts. Die Rechtshängigkeit verhindert nämlich das anderweitige Anhängigmachen der Streitsache (§ 261 Abs. 3 Nr. 1 ZPO). 305

Insbesondere bei der Einleitung von **Mahnverfahren** wird das nicht immer bedacht. Es ist zwar bequem, kurzerhand entsprechend der ladungsfähigen Anschrift des Schuldners den Gerichtsstand des Wohnsitzes anzugeben (§ 13 ZPO). Damit hat man sich aber die Chance genommen, den nachfolgenden Rechtsstreit in einem günstigeren Gerichtsstand zu führen, etwa dem Ort der unerlaubten Handlung (§ 32 ZPO). 306

Daneben sind noch einige Beschränkungen zu beachten.

1. Objektive Klagenhäufung

Bei objektiver Klagenhäufung (§ 260 ZPO; unten Rn. 895 ff.) kann die **örtliche** oder die **sachliche Zuständigkeit** für die einzelnen gebündelten Ansprüche **unterschiedlich** sein. Ein Vermieter etwa, der Mietrückstände einklagen will und zugleich die Rückzahlung eines dem Mieter gewährten Darlehens zum Ankauf eines Motorrads, kann nicht beide Ansprüche vor das Mietgericht bringen (§ 29a ZPO). Private Darlehen betreffen kein Mietverhältnis. 307

2. Subjektive Klagenhäufung

Noch häufiger treten solche Divergenzen bei der subjektiven Klagenhäufung auf (§§ 59, 60 ZPO; unten Rn. 896). Angenommen, jemand habe ein **Reitpferd an drei Personen verkauft**, die sich die Haltung des Pferdes teilen wollen, und keiner bezahlt. Haben diese drei Käufer ihren Wohnsitz in **verschiedenen Gerichtsbezirken**, dann fehlt ein gemeinsamer **örtlicher** Gerichtsstand (§ 13 ZPO). Der Gerichtsstand des Erfüllungsortes (§ 29 ZPO), also der für die Zahlung des Kaufpreises, ist der Wohnsitz des **jeweiligen** Käufers (BGHZ 120, 347 = NJW 1993, 1076). In solchen Fällen ist daher ein einheitlicher Gerichtsstand nur über **§ 36 Abs. 1 Nr. 3 ZPO** zu begründen. Das im Rechtszug zunächst höhere Gericht entscheidet darüber auf Antrag. Anwaltszwang besteht nicht. 308

Ist ein gemeinschaftlicher Gerichtsstand für die Beklagten gegeben, dann scheidet die Bestimmung eines abweichenden weiteren Gerichtsstandes aus. Dabei bleibt es auch, wenn der Beklagte Widerklage gegen den Kläger und einen am Verfahren nicht beteiligten weiteren Widerbeklagten erheben will, für den das vom Kläger angerufene Gericht nicht zuständig ist (BGH NJW 2000, 1871 = MDR 2000, 899). 309

Die dem Wortlaut nach nur für die örtliche Zuständigkeit geltende Vorschrift des § 36 Abs. 1 Nr. 3 ZPO wird auf unterschiedliche **sachliche Zuständigkeiten** 310

§ 4 Zuständigkeit

entsprechend angewandt (BGHZ 90, 155), beispielsweise wenn ein Grundstückskäufer den Verkäufer und den Notar (wegen unzureichender Beratung) auf Schadensersatz in Höhe von 5000 Euro in Anspruch nehmen will. Dann ist hinsichtlich des Verkäufers das Amtsgericht zuständig (§ 23 Nr. 1 ZPO), für den Notar das Landgericht (§ 19 Abs. 3 BNotO). Das zuständige Gericht kann in diesem Fall nach § 36 Abs. 1 Nr. 3 ZPO bestimmt werden, selbst wenn ein Gericht sachlich ausschließlich zuständig ist (*Stein/Jonas/Roth*, ZPO, 22. Aufl., 2003, § 36 Rn. 22 u. 30).

311 Der Grundgedanke des § 36 ZPO ist es, tunlichst zu verhindern, dass selbständige Klagen bei verschiedenen Gerichten erhoben werden müssen, die sich gemeinsam bei einem Gericht erledigen lassen. Ein anschauliches Beispiel dafür ist ein Beschluss des BayObLG in MDR 2005, 589. In einem Kaufvertrag waren zwei Grundstücke verkauft worden, die im LG-Bezirk München und im LG-Bezirk Nürnberg belegen waren. Wegen der Darlehensfinanzierung waren zwei vollstreckbare Urkunden erstellt worden, deren Vollstreckung der Schuldner gerichtlich verhindern wollte. Nach dem Wortlaut des § 36 Abs. 1 Nr. 4 ZPO hätte er deshalb wegen des einen Grundstücks in München, wegen des anderen in Nürnberg auf Unzulässigkeit der Zwangsvollstreckung klagen müssen. In sinngemäßer Anwendung des § 36 Abs. 1 Nr. 4 ZPO erklärte das BayObLG das LG Nürnberg für zuständig, weil das den beiderseitigen berechtigten Interessen der Parteien entsprach, so dass die Bestimmung eines gemeinsamen Gerichts aus prozessökonomischen Gründen zweckmäßig war.

3. Insbesondere: Streitgenossen

312 Eine **Einschränkung** macht der BGH allerdings (BGHZ 90, 155 = NJW 1984, 1624). Es muss sich um einen **Streitgenossen**prozess handeln, also um die Verfolgung von Ansprüchen, die auf einem im Wesentlichen gleichartigen tatsächlichen und rechtlichen Grund beruhen (**§ 60 ZPO**). Sie müssen in einem **inneren Zusammenhang** stehen. Eine bloße Ähnlichkeit des Geschehensablaufs und des wirtschaftlichen Hintergrundes reicht nicht aus (KG MDR 2000, 1394 – es ging um urheberrechtliche Verwertungsrechte). Ebenso OLG Celle OLG-Report 2005, 663: Kommt es nach einem Verkehrsunfall mit HWS-Schleudertrauma später zu einem anderen Verkehrsunfall, der sich möglicherweise auf die Gesundheitsfolgen des ersten Unfalls nachteilig ausgewirkt hat, dann begründet das keine Streitgenossenschaft. Auch eine Zuständigkeitsbestimmung beispielsweise für eine Klage gegen die Mieter A wegen Mietrückständen und den Beklagten B wegen 15000 Euro Schadensersatz nach einem Verkehrsunfall scheidet daher aus.

313 Die Streitgenossenschaft ist allerdings auch das einzige Hindernis, das sich aus BGHZ 90, 155 ergibt.

Beispiel:
M wohnt in einem Mehrfamilienhaus. Die Kaminanlage muss saniert werden. Dabei wird versehentlich der Kaminanschluss der Wohnung des M verschlossen, so dass sich in der

Wohnung ständig Gase ansammeln. M macht dafür den Vermieter und den Kaminbauer verantwortlich. Er verlangt für sich und seine Ehefrau Schmerzensgeld in Höhe von insgesamt 6000 Euro. Soweit er den Vermieter in Anspruch nehmen will, greift die ausschließliche Zuständigkeit des Amtsgerichts (§ 29a ZPO). Hinsichtlich des Kaminbauers kann sich die **örtliche** Zuständigkeit aus dem Wohn- oder Firmensitz ergeben (§§ 13, 17 ZPO), vielleicht auch aus § 32 ZPO wegen unerlaubter Handlung. **Sachlich** zuständig ist auf jeden Fall das **Landgericht**. Es treffen also die ausschließliche örtliche und sachliche Zuständigkeit des Amtsgerichts und die sachliche Zuständigkeit des Landgerichts zusammen. Die tatsächlichen und rechtlichen Voraussetzungen einer Streitgenossenschaft nach § 60 ZPO sind für Vermieter und Kaminbauer gegeben. Über § 36 Abs. 1 Nr. 3 ZPO könnte daher die Zuständigkeit des **Amtsgerichts** auch für die Klage gegen den Kaminbauer begründet werden, theoretisch auch die Zuständigkeit des Landgerichts für den Mietprozess des M gegen seinen Vermieter.

Der Bundesgerichtshof bejaht das: „Nach § 36 Nr. 3 ZPO kann das zuständige Gericht auch dann bestimmt werden, wenn für die zu verklagenden Streitgenossen verschiedene sachliche Zuständigkeiten begründet sind. Eine – örtlich oder sachlich – ausschließliche Zuständigkeit hindert die Bestimmung nicht" (Leitsatz BGHZ 90, 155). Es ist jedoch nicht zu verkennen, dass die Konsequenzen dieser Rechtsansicht etwas **eigenartig** sind. Die ältere Rechtsprechung hatte deshalb die vom BGH bejahte analoge Anwendung des § 36 Abs. 1 Nr. 3 ZPO auf die sachliche Zuständigkeit abgelehnt (Nachweise in BGHZ 90, 156). Durch die Bestimmung eines gemeinschaftlichen Gerichtsstandes für einfache Streitgenossen kann es dazu kommen, dass weitere Personen Kenntnis von den Vermögensverhältnissen eines Streitgenossen erlangen. Das Antragsrecht nach § 36 Abs. 1 Nr. 3 ZPO wird dadurch nicht eingeschränkt (BGH MDR 2007, 45 – betreffend das Bankgeheimnis). 314

4. Taktische Überlegungen

Neben diesen rechtlichen Überlegungen zur Gerichtsstandswahl sind unter Umständen auch **prozesstaktische Erwägungen** anzustellen. So kommt eine **Teilklage** in Betracht, um die sachliche Zuständigkeit des Amtsgerichts zu erreichen. Dazu besteht möglicherweise Anlass, wenn es um einen hohen Streitwert geht und das Kostenrisiko vermindert werden soll. 315

Allerdings hat der Beklagte dann die Möglichkeit, durch **negative Feststellungswiderklage** den Rechtsstreit doch noch an das Landgericht zu bringen (§ 506 ZPO). Immerhin bietet dieses Vorgehen die Möglichkeit, bei geringem Verfahrensstreitwert mit Hilfe des Gerichts eine gütliche Einigung herbeizuführen. 316

Zunehmend wichtiger wird mittlerweile eine andere Überlegung. Es gibt „anwaltsbekannte" **erstinstanzliche Kammern** und **Einzelrichter** an den Landgerichten, die besonders **langsam** oder besonders **schlecht** oder sogar **langsam und schlecht** arbeiten. Auch deren Zuständigkeit lässt sich durch eine Teilklage beim Amtsgericht umgehen. Nur sollte in diesem Fall anhand des amtsgerichtlichen Geschäftsverteilungsplanes vorab geprüft werden, welcher Richter zuständig wird. Sonst kann es geschehen, dass der Anwalt vom landgerichtlichen Regen in die amtsgerichtliche Traufe gerät. 317

§ 4 Zuständigkeit

318 Natürlich kann ebenso der umgekehrte Fall eintreten. Die Abteilung des eigentlich zuständigen Amtsgerichts ist so bedenklich besetzt, dass die Sachbearbeitung durch das Landgericht vorzuziehen ist. Dann stellt sich die Frage, wie dessen Zuständigkeit erreicht werden kann.

319 Was in dieser Hinsicht alles möglich ist und wie man auch eine **landgerichtliche Zuständigkeit „legal erschleichen"** kann, das mag der nachstehende **Fall** zeigen:

320 A hat einen Anspruch auf Zahlung von **5 000 Euro** gegen B und C als **Gesamtschuldner**. Beide befinden sich bereits im Verzug. A beauftragt deshalb den Rechtsanwalt R, die Forderung einzuklagen. Da Zinsen als Nebenforderungen den Streitwert nicht erhöhen (§ 4 Abs. 1 ZPO), wäre für den Rechtsstreit das Amtsgericht zuständig (§ 23 Nr. 1 GVG). Der nach dem Geschäftsverteilungsplan des Amtsgerichts zuständige Richter ist nun dem R wegen unzulänglicher Verfahrensleitung in schlechter Erinnerung, so dass R ihn im Interesse seines Mandanten ausschalten möchte. Um die Sache an das Landgericht bringen zu können, muss er die **Streitwertgrenze** von 5 000 Euro überschreiten.

321 a) Verschiedentlich ist versucht worden, dadurch eine Streitwerterhöhung zu erreichen, dass die bis zur Einreichung der Klage (§ 4 Abs. 1 ZPO) aufgelaufenen **Zinsen** ausgerechnet und zusammen mit der Hauptforderung in einem Betrag geltend gemacht werden. Dieses Vorgehen ist jedoch aussichtslos, da auch ausgerechnete Zinsbeträge den durch die Hauptforderung begrenzten **Streitwert nicht erhöhen** (BGH LM § 4 ZPO Nr. 5).

322 b) R könnte auch noch einen Euro **Mahnkosten** als Verzugsschaden oder eine ähnliche Position erfinden und käme dann auf einen für die Zuständigkeit des Landgerichts ausreichenden Streitwert von 5 001 Euro. Das Kostenrisiko von 0,01 % (= 1/5 000) könnte vernachlässigt werden. Dieses Vorgehen hätte nur einen Haken: Es wäre illegal, weil gegen die **Wahrheitspflicht** (§ 138 Abs. 1 ZPO) verstoßend, und scheidet deshalb aus. Auch wäre die Sache riskant. Der Gegner könnte erkennen, was bezweckt wäre, und die Unzuständigkeit des Landgerichts rügen. Dann müsste damit gerechnet werden, dass das Gericht dem folgen und die Klage wegen Erschleichens des Gerichtsstandes als unzulässig abweisen würde (vgl. *Baumbach/Hartmann*, ZPO, 65. Aufl., 2007, § 2 Rn. 7).

323 c) Die Zuständigkeit des Amtsgerichts kann aber auch auf **legale Weise umgangen** werden. Der Zinsanspruch erhöht den Streitwert nur dann nicht, wenn und soweit er als **Nebenforderung** zur Hauptsache geltend gemacht wird. Werden Zinsansprüche selbständig, also ohne Bezug zu einer miteingeklagten Hauptforderung geltend gemacht, dann müssen sie selbständig bewertet werden. Treffen sie mit einem **fremden** Hauptanspruch zusammen, dann schreibt **§ 5 ZPO** die Wertaddition vor. So hat auch der **BGH** in einem unveröffentlichten Beschluss entschieden (Beschl. v. 14. 5. 1992 – II ZR 275/91 – KostRsp. ZPO § 4 Nr. 72). In den Gründen heißt es:

> „Die beiden Kläger haben im Wege einer subjekten Klagehäufung als Streitgenossen eine gemeinschaftliche Klage erhoben, in welcher der eine lediglich einen Zinsanspruch geltend gemacht hat. Nach § 61 ZPO stehen Streitgenossen, soweit sich nicht aus den Vorschriften des BGB oder der ZPO ausnahmsweise etwas anderes ergibt, dem Gegner dergestalt als Einzelne gegenüber, dass die Handlungen des einen Streitgenossen dem anderen weder zum Vorteil noch zum Nachteil gereichen. Daraus ergibt sich, dass die

Klagen völlig selbständig bleiben, dass jeder Streitgenosse nur seinen eigenen Prozess führt und dass der Prozess jedes Streitgenossen einen anderen Verlauf nehmen kann als der des anderen. Bleibt in diesem Sinne die Klage des Streitgenossen, der lediglich Zinsen begehrt, unabhängig von der Klage des anderen Streitgenossen, der die Hauptforderung geltend macht, so kann man nicht davon ausgehen, dass die Zinsen in einem solchen Falle im Sinne des § 4 Abs. 1 ZPO als unselbständige Nebenforderungen geltend gemacht werden."

Diese Rechtslage kann sich Rechtsanwalt R zunutze machen, indem er **beantragt**, den B zur Zahlung von 5 000 Euro **ohne Zinsen** und den C zur Zahlung der Zinsen aus 5 000 Euro **ohne den Hauptanspruch** zu verurteilen. Dann berechnet sich der Streitwert nach der Summe von 5 000 Euro Hauptforderung gegen B **plus** den bei Klageeinreichung gegenüber C aufgelaufenen Zinsen. Im Streitgenossenprozess werden nämlich selbständige Forderungen gegen die Streitgenossen zusammengerechnet (BGHZ 23, 239 = NJW 1957, 628). Der Streitwert überschreitet damit die amtsgerichtliche Zuständigkeitsgrenze; das Landgericht ist zuständig. Ist der Prozess erst einmal beim Landgericht anhängig, dann kann R sogar unter dem Schutz des § 261 Abs. 3 Nr. 2 ZPO die **Klage erweitern** (gegen B und C als Gesamtschuldner nebst Zinsen). Damit würde sich der Streitwert (durch Klage**erweiterung**!) auf 5 000 Euro **verringern**, weil jetzt das Additionsverbot des § 4 ZPO anzuwenden wäre.

324

N. Schneider (RVG – Probleme und Chancen, Festschrift für Madert, 2006, S. 211 ff.) hat sich ausführlich mit dieser Fallgestaltung befasst. Er lehnt die Auffassung des Bundesgerichtshofes ab und geht von einem Additionsverbot aus.

325

d) Wieder anders verhält es sich, wenn A vor dem **Amtsgericht** gegen B und C als Gesamtschuldner auf Zahlung von 5 000 Euro nebst Zinsen klagt und erst **nach Rechtshängigkeit** auf den Gedanken kommt, den Streitwert durch **teilweise Klagerücknahme** zu erhöhen. Er könnte dann die Klage gegen B wegen der Zinsen, gegen C wegen der Hauptforderung zurücknehmen. Doch das hülfe ihm nichts mehr. Die einmal begründete Zuständigkeit des Amtsgerichts bleibt nach § 261 Abs. 3 Nr. 2 ZPO erhalten. Die Vorschrift des **§ 506 ZPO** ist **unanwendbar**, weil sie eine Verweisungsbefugnis des Amtsgerichts nur bei einer **Erweiterung** des Klageantrags vorsieht, **nicht bei** einer **Rücknahme**. Eine analoge Anwendung dürfte ebenfalls ausscheiden, da die teilweise Klagerücknahme gerade das Gegenteil einer Erweiterung des Klageanspruchs ist. So ergibt sich das einigermaßen verblüffende Ergebnis, dass die Erhöhung des Streitwertes durch teilweise Klagerücknahme entgegen der Tendenz des § 506 ZPO für die Zuständigkeit unbeachtlich ist.

326

Anders ließe sich dieser Fall nur beurteilen, wenn die teilweise Klagerücknahme als Änderung des Streit**gegenstandes** behandelt würde. Sie würde nicht von § 261 Abs. 3 Nr. 2 ZPO erfasst (*Stein/Jonas/Schumann*, ZPO, 22. Aufl., 2003, § 261 Rn. 83 u. *Stein/Jonas/Roth*, 22. Aufl., 2003, § 4 Rn. 7). Doch das sind schon wieder neue knifflige prozessuale Fragen, zu denen man in allen Kommentaren – nichts findet.

327

5. Vereinbarter Gerichtsstand

328 Die vorstehenden Überlegungen gelten nicht, wenn die Parteien eine Gerichtsstandsvereinbarung getroffen haben (**§§ 38–40 ZPO**). Ob das der Fall ist, muss sich aus den vom Mandanten vorgelegten Unterlagen ergeben, da dafür **Schriftform** vorgesehen ist (§ 38 Abs. 2 S. 2 ZPO). Ist das so, dann ist noch zu prüfen, ob die Gerichtsstandsvereinbarung wirksam ist. Das kann insbesondere zweifelhaft sein, wenn sich die Prorogation aus **Allgemeinen Geschäftsbedingungen** ergeben soll (ausführlich dazu MünchKommZPO/*Basedow*, Bd. 2a, 4. Aufl., 2003, § 310 Rn. 70 ff.).

329 Diese Prüfung ist auch im Versäumnisverfahren geboten, weil die Geständnisfiktion des § 331 Abs. 1 S. 1 ZPO nicht für das Vorbringen zur Zuständigkeit des Gerichts gilt. Bei Zweifeln kann der Anwalt versuchen, sich mit der Gegenpartei auf einen bestimmten Gerichtsstand zu einigen, um so das mit einer Klageabweisung oder einer Verweisung verbundene Kostenrisiko auszuschalten.

330 Ausgangspunkt der vorstehenden Überlegungen, wie vom Amtsgericht an das Landgericht zu gelangen ist (Rn. 315 ff.), waren negative Erlebnisse eines Anwalts mit einem bestimmten Richter am Amtsgericht. Die ZPO 2002 hat uns nun ein weiteres Problem beschert: die fast grenzenlose **Zuständigkeit des Einzelrichters** einer Zivilkammer.

6. Einzelrichterzuständigkeit

331 Beim Landgericht ist der sog. **originäre Einzelrichter** eingeführt worden, der an Stelle der Zivilkammer entscheidet (§ 348 Abs. 1 S. 2 Nr. 1 ZPO). Das kann auch ein **Richter auf Probe** sein, der nach dem Geschäftsverteilungsplan ein Jahr lang Rechtsprechungsaufgaben in bürgerlichen Rechtsstreitigkeiten wahrzunehmen hatte, selbst wenn er sie während dieser Zeit tatsächlich gar nicht wahrgenommen hat (*Schneider*, Praxis der neuen ZPO, 2. Aufl., 2003, Rn. 434 ff.). In Beschwerdeverfahren ist der Proberichter nach § 568 S. 1 ZPO sogar ohne diese Einschränkung zuständig (BGH NJW 2003, 1875 = MDR 2003, 645).

332 Nach § 348a Abs. 1 ZPO kann die Zivilkammer einen Prozess einem Einzelrichter übertragen, der nach § 348 Abs. 1 S. 1 ZPO wegen mangelnder Erfahrung in bürgerlichen Rechtsstreitigkeiten unzuständig ist. Einen solchen Fall habe ich in der ZAP-Kolumne (Heft 8/2005) geschildert, in dem einer jungen Richterin schon eine Woche nach Dienstantritt Einzelrichtersitzungen übertragen worden sind.

333 Stets kann der Einzelrichter zwar seine Sache auf die Kammer übertragen, wenn sie „besondere Schwierigkeiten tatsächlicher oder rechtlicher Art aufweist" (§§ 348 Abs. 3 S. 1 Nr. 1, 568 S. 2 Nr. 1 ZPO). Doch die Bereitschaft dazu wird im Zweifel gering sein. Welcher junge Richter, dessen Beurteilung noch aussteht, wird wohl eine Sache der Kammer mit der Begründung vorlegen, sie sei für ihn zu schwierig?

Bezeichnend ist ein in NJW-RR 2003, 570 veröffentliches Urteil des Bundesgerichtshofs als Dienstgericht des Bundes. Eine Proberichterin war als nicht geeignet bewertet und ihre Übernahme als Planrichterin abgelehnt worden. In der Beurteilung hieß es unter anderem, 334

ihr fehle weitgehend die Fähigkeit, planvoll und ökonomisch zu arbeiten. Eine Verfahrensförderung werde in zu vielen Fällen vermisst. Die Richterin sei weitgehend nicht in der Lage, ihre Akten mit sich aneinanderreihenden sinnvollen Ermittlungsschritten parallel zu bearbeiten. Es fehle an einer planvollen Aktenbearbeitung. Der Fortgang des Verfahrens werde teilweise gar nicht gefördert. In zu vielen Fällen würden über Monate hinweg nur Schiebeverfügungen erlassen. Bereits vom Vorgänger begonnene Sachaufklärungen würden nicht oder nur unzureichend weitergeführt. Auf Vorlage der Akten durch die Geschäftsstelle habe die Richterin oft monatelang nicht reagiert.

Die Revision dieser Richterin wegen der Entlassung aus dem Rechtsverhältnis auf Probe blieb erfolglos. 335

Derart unqualifizierte Proberichterinnen und Proberichter dürfen nach der gesetzlichen Zuständigkeitsregelung jahrelang als Einzelrichter eingesetzt werden! Was sie dabei anrichten, kann man sich ausmalen. Forensisch tätige Anwälte sind damit aus leidvoller Erfahrung vertraut. 336

Solche Einzelrichter verkennen manchmal auch ihre Befugnisse und lassen beispielsweise eine Berufung oder eine Rechtsbeschwerde wegen grundsätzlicher Bedeutung der Sache zu, anstatt die Sache pflichtgemäß der Kammer vorzulegen (§§ 348 Abs. 3 S. 1 Nr. 2, 568 S. 2 Nr. 2 ZPO). Das verstößt gegen das Gebot des gesetzlichen Richters (Art. 101 Abs. 1 S. 2 GG; siehe BGH MDR 2003, 588 = Rpfleger 2003, 384; NJW-RR 2003, 936).

Im forensischen Alltag muss der Anwalt oft auch noch die Erfahrung machen, dass unqualifizierte Einzelrichter ihre Schwächen **überkompensieren**, indem sie ihr mangelndes Wissen und Können mit anmaßender Überheblichkeit überspielen. 337

Kurzum: Ein Anwalt sollte nach Möglichkeit darauf achten, ob der zuständig werdende Einzelrichter fachlich geeignet ist, allein mit dem Fall fertig zu werden. Vielfach ist das so, aber leider nicht immer. Deshalb sollte er zurückhaltend damit sein, sich gemäß § 253 Abs. 3 ZPO mit einer Entscheidung durch den Einzelrichter einverstanden zu erklären. Gerät er an einen unfähigen Einzelrichter, dann sollte er anregen, die Sache wegen ihrer Schwierigkeiten oder wegen grundsätzlicher Bedeutung der Kammer vorzulegen. Möglich ist auch, sich mit dem Gegenanwalt zu verständigen und übereinstimmend die Abgabe zu beantragen (§ 348 Abs. 3 S. 1 Nr. 3 ZPO). 338

7. Rügelose Einlassung

Zweifel über die Zuständigkeit des Gerichts können durch rügelose Verhandlung des Beklagten zur Hauptsache ausgeräumt werden (**§ 39 ZPO**). Vor dem Amtsgericht scheidet diese Heilungsmöglichkeit jedoch aus, solange der Richter den Beklagten nicht auf die Unzuständigkeit und auf die Folgen einer rügelosen Einlassung zur Hauptsache hingewiesen hat (§ 504 ZPO). 339

340 Wird das übersehen, dann hat der Beklagte immer noch die Möglichkeit, bis zur Verkündung des Urteils die Wiedereröffnung der mündlichen Verhandlung nach § 156 ZPO zu beantragen, damit der Mangel behoben werden kann (Münch-KommZPO/*Deubner*, 2. Aufl., 2000, § 504 Rn. 8).

341 Die **Belehrungspflicht** besteht auch, wenn der Beklagte **anwaltlich** vertreten ist (*Zöller/Vollkommer*, ZPO, 26. Aufl., 2007, § 39 Rn. 10). Belehrt der Amtsrichter den Beklagten erst nach Beginn der mündlichen Verhandlung, dann wird das Amtsgericht erst zuständig, wenn der Beklagte weiterverhandelt (*Wieczorek/Schütze/Hausmann*, ZPO, 3. Aufl., 1994, § 39 Rn. 14).

342 Nicht ausdrücklich geregelt ist der Fall, dass das Amtsgericht erst **nachträglich sachlich unzuständig** wird (§ 506 ZPO). Überwiegend wird angenommen, dass § 504 ZPO auch dann anzuwenden ist (*Wieczorek/Schütze/Hausmann*, ZPO, § 39 Rn. 15; *Zöller/Herget*, ZPO, 26. Aufl., 2007, § 504 Rn. 2 u. § 506 Rn. 3). Die einmal vom LG Hamburg (MDR 1978, 940) vertretene Gegenmeinung ist vereinzelt geblieben.

III. Welches Gericht ist örtlich zuständig?

343 Diese Frage beantwortet sich nach den örtlichen Anknüpfungspunkten des Falles. Sedes materiae sind die **§§ 12–37 ZPO**. Vorab ist **zu prüfen**, ob für die Führung des Rechtsstreits ein **ausschließlicher Gerichtsstand** gegeben ist. Insoweit besteht kein Wahlrecht nach § 35 ZPO, es sei denn, dass mehrere ausschließliche Gerichtsstände gegeben sind. Deshalb muss vor der Festlegung auf einen Wahlgerichtsstand wegen örtlicher Zuständigkeit die sachliche Zuständigkeit mit berücksichtigt werden.

1. Wichtige ausschließliche Gerichtsstände

Folgende ausschließlichen Gerichtsstände sollte man sich merken:

- **§ 24 ZPO**

344 Dinglicher Gerichtsstand für Klagen, mit denen das **Eigentum** und **Rechte an unbeweglichen Sachen** geltend gemacht werden. Zuständig ist das Gericht, in dessen Bezirk das Grundstück liegt. Es kommt nicht darauf an, wer klagt. Werden zugrunde liegende persönliche Rechte mitverfolgt, dann können sie im Gerichtsstand der belegenen Sache mit eingeklagt werden.

§ 24 ZPO wird ergänzt durch den dinglichen Gerichtsstand des **Sachzusammenhangs (§ 25 ZPO)**. Insoweit besteht jedoch keine ausschließliche Zuständigkeit. Das gilt auch für persönliche Klagen gegen den Eigentümer oder Besitzer eines Grundstücks, der im dinglichen Gerichtsstand des § 24 ZPO verklagt werden kann, aber nicht muss.

III. Welches Gericht ist örtlich zuständig?

- **§ 29a ZPO**

Gerichtsstand in **Miet-** oder **Pachtsachen**. Er gilt für alle Streitigkeiten aus Miet- oder Pachtverhältnissen, beispielsweise auch, wenn Vermieter oder Mieter auf Schadensersatz wegen positiver Vertragsverletzung oder unerlaubter Handlung oder wegen der Verletzung von Verkehrssicherungspflichten (OLG Düsseldorf MDR 2006, 327) klagen. Nur muss es sich um ein Miet- oder Pachtverhältnis handeln, wobei sich diese Qualifizierung auch aus dem Verteidigungsvorbringen des Beklagten ergeben kann. Geht es bei einer Herausgabeklage nur um die Anspruchsgrundlage des § 985 BGB, werden also keine miet- oder pachtvertraglichen Beziehungen zwischen den Parteien behauptet, dann ist § 29a ZPO unanwendbar (*Schneider* MDR 1992, 433; *Zöller/Vollkommer*, ZPO, 26. Aufl., 2007, § 29a Rn. 13). Das wird häufig übersehen und in den ZPO-Kommentaren teilweise falsch dargestellt. Ein Anwalt, der das nicht beachtet und eine nur auf § 985 BGB gestützte Herausgabeklage im Gerichtsstand für Miet- oder Pachtsachen einreicht, setzt sich der Unzuständigkeitseinrede des Beklagten aus mit der Folge, dass er möglicherweise wegen schuldhafter Mandatsverletzung für Verweisungs-Mehrkosten haftet. 344a

Anwendbar ist § 29a ZPO auch für Ansprüche aus einem **Mietvorvertrag** (AG Berlin-Schöneberg ZMR 2000, 31), nicht hingegen für Ansprüche aus einer **Mietzinsbürgschaft** oder einer **Mietzinsgarantie** (BayOLG WuM 2000, 137; NZM 2000, 794; WuM 2002, 86). 345

Die ausschließliche Zuständigkeit bleibt erhalten, wenn einem Gläubiger eine Mietzinsforderung zur Einziehung überwiesen wird und dieser sie mit der Drittschuldnerklage gegen den Mieter verfolgt (OLG Karlsruhe NZM 2003, 576). Wird umgekehrt aus einem Titel über Wohnraummiete die Unterlassung der Zwangsvollstreckung gefordert, dann ist ebenfalls das örtliche Mietgericht zuständig (LG Hamburg WuM 2003, 38). 346

Das Amtsgericht ist auch ausschließlich zuständig für **Mischmietverträge**, wobei es nicht darauf ankommt, ob der Wohnraumanteil oder der Gewerberaumanteil überwiegt (LG Darmstadt DWW 1993, 20). – Zu **wohnsitzlosen Personen** (§ 16 ZPO) siehe unten Rn. 394 unter „Aufenthaltsort". 347

In Wohnraumsachen ist sachlich immer das Amtsgericht zuständig (§ 23 Nr. 2a GVG).

- **§ 29c ZPO**

Für Klagen aus **Haustürgeschäften** (§ 321 BGB) **gegen den Verbraucher** ist ausschließlich zuständig das Gericht, in dessen Bezirk der Verbraucher bei Klageerhebung wohnt oder seinen gewöhnlichen Aufenthaltsort hat. 348

- **§ 767, 771, 802 ZPO**

Vollstreckungsabwehrklagen und **Drittwiderspruchsklagen**, übrigens auch die Klage auf vorzugsweise Befriedigung (**§ 805 ZPO**), müssen bei einem bestimmten Gericht erhoben werden: Prozessgericht des ersten Rechtszuges (§ 706 ZPO), Gericht des Bezirks der Zwangsvollstreckung (§ 771 ZPO) oder Sitz des Vollstre- 349 ckungsgerichts (§ 805 ZPO). Dass es sich um ausschließliche Gerichtsstände handelt, ergibt sich aus § 802 ZPO.

2. Wichtige nicht ausschließliche Gerichtsstände

Folgende allgemeine, also nicht ausschließliche Gerichtsstände kommen häufiger vor, sodass man sie sich ebenfalls merken sollte*:

- **§ 13 ZPO – Wohnsitz**

350 Gerichtsstand des **Wohnsitzes** des **Beklagten**. Maßgebend ist, wo der Beklagte bei Zustellung wohnt. Ein späterer Wohnsitzwechsel ist für die einmal begründete Zuständigkeit unbeachtlich (§ 261 Abs. 3 Nr. 2 ZPO). Im Zweifel deckt sich der Wohnsitz mit dem Ort, an dem der Beklagte gemeldet ist. Das lässt sich durch eine Auskunft beim Einwohnermeldeamt ermitteln (siehe oben Rn. 151).

- **§ 21 ZPO – Niederlassung**

351 Bei Geschäftsabschluss mit einem gewerblichen Betrieb können Klagen mit Bezug auf den Geschäftsbetrieb einer Niederlassung bei dem dafür örtlich zuständigen Gericht erhoben werden.

- **§ 23 ZPO – Vermögen**

352 Für Zahlungs- und Herausgabeklagen besteht der besondere Gerichtsstand des **Vermögens-** oder des **belegenen Gegenstandes**.

Umstritten ist, ob § 23 ZPO auch bei verhältnismäßig geringfügigem Vermögen anwendbar ist. Die h.M. bejaht das grundsätzlich, korrigiert diese Wertung aber im Einzelfall als rechtsmissbräuchliche Zuständigkeitserschleichung, wenn der Wert des Vermögensgegenstandes im Verhältnis zum Anspruch des Klägers völlig geringfügig ist (*Wieczorek/Schütze/Hausmann*, ZPO, 3. Aufl., 1994, § 23 Rn. 18, 22).

353 Die Gegenmeinung (z.B. OLG Celle NJW 1999, 3722 mit Nachw.) lehnt die Begründung eines besonderen Gerichtsstandes schon im Ansatz ab, wenn das **Zugriffsobjekt gegenüber** dem **Anspruch unverhältnismäßig geringfügig** ist. Dann soll es sich nicht mehr um Vermögen im Sinne des § 23 ZPO handeln. Motiviert wird diese Einschränkung dadurch, dass es als nicht mehr gerechtfertigt angesehen wird, wenn beispielsweise wegen eines Bankguthabens des Schuldners von 100 Euro in Deutschland vor einem deutschen Gericht gegen den im Ausland wohnenden Schuldner ein dort vollstreckbarer Titel über vielleicht 100 000 Euro erwirkt wird. Die Versuchung, so vorzugehen, besteht. Es hat schon Gläubiger gegeben, die irgendwelche Vermögensgegenstände des Schuldners nach Deutschland geschafft haben, um hier klagen zu können (*Wieczorek/Schütze/Hausmann*, a.a.O., Rn. 36).

Die unterschiedlichen Ansichten dürften nicht weit auseinander liegen, da auch die h. M. die Anwendbarkeit des § 23 ZPO über die Arglistrede einschränkt.

---

* Siehe auch den Gerichtsstands-Schlüssel unten Rn. 394.

Rechtsmethodisch ist ihr zuzustimmen, da sie nicht, wie die Gegenmeinung, gezwungen ist, einen rein prozessualen Vermögensbegriff zu bilden, den es nicht gibt (*Stein/Jonas/Roth*, ZPO, 22. Aufl., 2003, § 23 Rn. 34).

- **§§ 27, 28 ZPO – Erbschaft**

Besonderer und erweiterter Gerichtsstand in Erbschaftssachen. Unabhängig von den Parteirollen und dem allgemeinen Gerichtsstand der Parteien kann – wahlweise – dort geklagt werden, wo der Erblasser seinen letzten allgemeinen Gerichtsstand hatte. Dieser besondere Gerichtsstand macht es möglich, alle Rechtsstreitigkeiten nach einem Erbfall bei einem einzigen Gericht anhängig zu machen, das im Zweifel auch das sachnächste ist. 354

- **§ 29 ZPO – Erfüllungsort**

Der Gerichtsstand des Erfüllungsortes ist eine der wichtigsten Zuständigkeitsregelungen. Wo ein Vertrag zu erfüllen ist, bestimmt sich nach bürgerlichem Recht. Der Erfüllungsort einzelner Vertragsverhältnisse ist sehr unterschiedlich, teilweise überhaupt nicht geregelt. Das hat zu zahlreichen Kontroversen geführt (Einzelheiten unten Rn. 394 unter „Erfüllungsort"). 354a

- **§ 32 ZPO – Unerlaubte Handlung**

Auch der Wahlgerichtsstand der unerlaubten Handlung ist von großer Bedeutung, weil er im weitesten Sinne verstanden wird und beispielsweise auch Ansprüche aus Amtshaftung, Gefährdungshaftung, unberechtigter Zwangsvollstreckung und dergleichen erfasst. Die haftungsbegründende Handlung findet oft an Orten statt, die nach den sonstigen Vorschriften keinen besonderen Gerichtsstand begründen würden. Man denke etwa an Pkw-Unfälle, die sich überall ereignen können, und daher oft an einem Ort, der zur Klageerhebung für den Kläger günstiger ist als der Wohnort des Beklagten (§ 13 ZPO). 355

Anknüpfungspunkt ist der Ort des Schadenseintritts (LG Hamburg RRa 1998, 238; LG Mainz NJW-RR 2000, 588). Das ist bei beleidigenden Briefen der Empfangsort (AG Limburg NJW-RR 2002, 751).

Zu beachten ist, dass die Zuständigkeit nach § 32 ZPO allein durch die **schlüssige Behauptung** begründet wird, an einem bestimmten Ort habe der Beklagte oder hätten die Beklagten eine unerlaubte Handlung begangen (BGHZ 124, 241 = NJW 1994, 1413; MDR 2002, 713 = LM § 32 ZPO Nr. 17 mit Anm. *Becker-Eberhard*). Ob sich diese Behauptungen nachher beweisen lassen, ist für die einmal begründete Zuständigkeit unbeachtlich (§ 261 Abs. 3 Nr. 2 ZPO). Bei Beweisfälligkeit des Klägers wird die Klage deshalb auch nicht als unzulässig, sondern als unbegründet abgewiesen. 356

Nach heute überwiegender Auffassung gilt für § 32 ZPO entsprechend § 17 Abs. 2 S. 1 GVG auch der Grundsatz des **Sachzusammenhangs**: Das für deliktische Ansprüche zuständige Gericht hat über konkurrierende vertragliche Ansprüche, die sich aus demselben Sachverhalt ergeben, mitzuentscheiden (BGH NJW 2003, 828 = MDR 2003, 345 = JZ 2003, 687 mit Anm. *Mankowski* = VersR 2003, 663 mit Anm. *Spickhoff*); siehe auch unten Rn. 384 f. 357

§ 4 Zuständigkeit

- **§ 33 ZPO – Widerklage**

358 Eine Widerklage kann in einem dafür an sich nicht gegebenen Gerichtsstand erhoben werden, wenn der Gegenanspruch mit dem Klagebegehren im Zusammenhang steht. Das gilt jedoch nur für die **örtliche Zuständigkeit**, nicht für die sachliche. Für eine Widerklage vor dem Amtsgericht, die vom Streitwert her vor das Landgericht gehört, kann die Zuständigkeit nur durch rügelose Einlassung des Klägers begründet werden; anderenfalls ist der Widerklage-Rechtsstreit auf Antrag des Klägers an das Landgericht zu verweisen. Das Klageverfahren bleibt dann beim Amtsgericht anhängig (MünchKommZPO/*Deubner*, 2. Aufl., 2000, § 506 Rn. 12).

Zu beachten ist, dass **§ 506 ZPO** nur für das erstinstanzliche Verfahren **vor dem Amtsgericht** gilt. Darauf ist deshalb hinzuweisen, weil hin und wieder eine Berufungskammer versucht, eine bei ihr anhängige Sache über eine analoge Anwendung des § 506 ZPO durch Verweisung an eine erstinstanzliche Zivilkammer oder an das Oberlandesgericht „loszuwerden". Das ist unzulässig (BGH MDR 1996, 1179 = NJW-RR 1996, 975; *Schneider* MDR 1997, 221). Nimmt deshalb das angewiesene Gericht die Verweisung nicht an, dann kommt es zum negativen Kompetenzkonflikt (§ 36 Abs. 1 Nr. 6 ZPO).

359 Darüber, dass § 33 ZPO keinen ausschließlichen Gerichtsstand der Widerklage schafft, ist man sich einig. Eine aber auch heute noch nicht ganz beigelegte Streitfrage geht dahin, ob § 33 ZPO über die Regelung der örtlichen Zuständigkeit hinaus eine **allgemeine Zulässigkeitsvoraussetzung** für die Erhebung einer Widerklage enthält. Der § 33 Abs. 1 ZPO wird dann entgegen seinem Wortlaut so gelesen: „Bei dem Gericht der Klage kann eine Widerklage **nur dann** erhoben werden, wenn der Gegenanspruch mit dem in der Klage geltend gemachten Anspruch oder mit den gegen ihn vorgebrachten Verteidigungsmitteln in Zusammenhang steht." Was das bedeutet, mag an einem **Beispiel** aufgezeigt werden:

Faber wohnt in Frankfurt und verklagt den in Düsseldorf wohnenden Sander vor dem Landgericht Düsseldorf auf Zahlung von 20 000 Euro. Sander wiederum berühmt sich einer Gegenforderung, die mit dem Zahlungsanspruch in Zusammenhang steht (konnex ist). Dann kann er Widerklage in Düsseldorf erheben, obwohl der allgemeine Gerichtsstand des Faber Frankfurt ist.

Und nun wollen wir annehmen, dass Faber und Sander beide in Frankfurt leben, die Gegenforderung des Sander aber mangels Zusammenhanges mit dem Klageanspruch nicht konnex ist. Dann muss Faber den Sander in Frankfurt verklagen (§§ 13, 29 ZPO). Sander aber könnte nach älterer Auffassung keine Widerklage erheben, sondern müsste den Faber in Frankfurt **isoliert verklagen**, weil die Konnexität nach § 33 ZPO Prozessvoraussetzung einer jeden Widerklage wäre.

360 Heute ist diese Auffassung im Schrifttum überholt. Der Anwalt, der einen einschlägigen Fall zu bearbeiten hat, sollte daher vorsorglich darauf hinweisen, dass **§ 33 ZPO** nach heute ganz überwiegender Ansicht **nicht** die **Zulässigkeit** von **Widerklagen regelt** (Nachweise bei *Wieczorek/Schütze/Hausmann*, ZPO, 3. Aufl., 1994, § 33 Rn. 5–7; *Stein/Jonas/Roth*, ZPO, 22. Aufl., 2003, § 33 Rn. 3–5). Der Anwendungsbereich des § 33 ZPO ist auf den Sachverhalt zu beschränken, dass

für die Widerklage nicht schon ohnehin die örtliche Zuständigkeit des Gerichts der Klage gegeben ist.

IV. Welches Gericht ist sachlich zuständig?

Zur Beantwortung dieser Frage muss **unterschieden** werden zwischen der **von der Höhe des Streitwertes unabhängigen** Zuständigkeit und der vom Streitwert **abhängigen**. Bei der **streitwertunabhängigen** sachlichen Zuständigkeit handelt es sich vielfach zugleich um eine ausschließliche. Sie begrenzt die bei der örtlichen Zuständigkeit gegebenen Wahlmöglichkeiten (§ 35 ZPO). Die wichtigsten einschlägigen Vorschriften sind deshalb schon vorstehend erwähnt worden (oben Rn. 344), beispielsweise die in §§ 29a ZPO, 23 Nr. 2a GVG über den ausschließlichen Gerichtsstand in Mietstreitigkeiten oder die ausschließliche Zuständigkeit des Landgerichts in Amtshaftungssachen (§ 71 Abs. 2 Nr. 2 GVG). 361

1. Streitwert-Zuständigkeit

Soweit die sachliche Zuständigkeit von der Höhe des Streitwertes abhängt, geht es in erster Linie um die **Abgrenzung** der **amtsgerichtlichen** von der **landgerichtlichen Zuständigkeit**. Sie ist in den **§§ 23 und 71 GVG** geregelt. Für alle Rechsstreitigkeiten bis zu 5 000 Euro ist das Amtsgericht zuständig, für höhere Streitwerte das Landgericht. Das gilt auch für nichtvermögensrechtliche Rechtsstreitigkeiten. Beträgt der Streitwert genau 5 000 Euro, dann ist noch das Amtsgericht zuständig. 362

Wie der hiernach für die sachliche Zuständigkeit maßgebende **Wert** des Streitgegenstandes zu bemessen ist, richtet sich nach den **§§ 3–9 ZPO**, die jedoch eine recht lückenhafte Regelung enthalten. Daher werden vielfach Grundgedanken der §§ 39–65 GKG zur Lückenausfüllung herangezogen, beispielsweise § 45 GKG für den Fall der Hilfsaufrechnung. 363

Das Streitwertrecht insgesamt ist so unsystematisch und kasuistisch geregelt, dass es zu den umstrittensten Rechtsgebieten gehört. Es wird deshalb in dem folgenden Kapitel 2 in sich geschlossen behandelt werden. 364

2. Streitgegenstand

Die Bewertung des „Streitgegenstandes" (**§ 2 ZPO**) richtet sich nach dem das **Begehren** des Antragstellers formulierenden **Antrag**, bezogen auf den Zeitpunkt der Klageeinreichung (§ 2 ZPO; ebenso § 40 GKG für den Gebührenstreitwert). 365

Für die **höhere Instanz** kann sich der Streitwert vermindern, beispielsweise wenn der Klage in erster Instanz nur teilweise stattgegeben worden ist. Für beide Parteien bemisst sich dann der Rechtsmittelstreitwert nur nach der durch den Betrag der Klageabweisung oder der Verurteilung gesetzten **Beschwer**. 366

367 Eine solche Spaltung kann auch schon erstinstanzlich im Verfahren auf **Bewilligung** von **Prozesskostenhilfe** auftreten.

Beispiel:

Faber will den Sander auf Zahlung von **8 000 Euro** Schadensersatz verklagen und beantragt, ihm für die beabsichtigte Rechtsverfolgung Prozesskostenhilfe zu bewilligen. Die Schlüssigkeitsprüfung des Gerichts ergibt, dass dem Faber **höchstens** ein Anspruch in Höhe von **4 500 Euro** zustehen kann. Muss das Landgericht dann teilweise Prozesskostenhilfe bewilligen?

368 Das nimmt in der Tat das OLG Dresden an (MDR 1995, 202). Das widerspricht jedoch der ganz überwiegenden Auffassung (vgl. *Wieczorek/Schütze/Steiner*, ZPO, 3. Aufl., 1994, § 114 Rn. 14; MünchKommZPO/*Wax*, 2. Aufl., 2000, § 114 Rn. 107). Auch die Judikatur entscheidet gegen das OLG Dresden (z.B. OLG Frankfurt NJW-RR 1995, 899; OLG Hamm VersR 1995, 774). Der gedankliche Fehler des OLG Dresden liegt in der Verkennung, dass ein Rechtsschutzbegehren nur dann Aussicht auf Erfolg hat, wenn das **angerufene Gericht** zuständig ist (OLG Saarbrücken NJW-RR 1990, 575). Eine Klage mit einem Streitwert bis **5000 Euro** gehört aber vor das **Amtsgericht** und nicht vor das Landgericht. Dieses muss deshalb den Antrag auf Bewilligung von Prozesskostenhilfe insgesamt abweisen. Dem kann der Antragsteller dadurch entgehen, dass er **Verweisung im Prozesskostenhilfeverfahren** an das zuständige Amtsgericht beantragt. Das angewiesene Gericht hat dann über den ihm durch Verweisung angefallenen PKH-Antrag zu entscheiden, allerdings auch nur darüber. Es ist nicht gehindert, bei dieser Entscheidung seine Zuständigkeit zu verneinen. Ein Kompetenzkonflikt kann dann nur über § 36 Abs. 1 Nr. 6 ZPO gelöst werden (BGH NJW-RR 1994, 706).

369 Würde man der Auffassung des OLG Dresden folgen, dann hätte der Hilfsbedürftige es in der Hand, sich die **Zuständigkeit** des **Landgerichts** zu **erschleichen**. Er brauchte nur einen übersetzten Klageantrag zu stellen. Das Landgericht bliebe auch bei Teilbewilligung zuständig. Der Gegner könnte allerdings immer noch die sachliche Unzuständigkeit rügen, was dann wieder zur Verweisung nach § 281 ZPO führen würde. Die herrschende Meinung vermeidet solche Komplikationen.

370 Wenn der Hilfsbedürftige trotz teilweise fehlender Erfolgsaussicht übersetzte Ansprüche vor dem Landgericht verfolgen will, dann kann er dieses Ziel nur erreichen, indem er insoweit eine **unbedingte Klage** beim **Landgericht** erhebt. Abgesehen davon, dass dies wohl Zweifel an seiner Hilfsbedürftigkeit auslösen würde, müsste er auf jeden Fall für das höhere Kostenrisiko selbst einstehen.

V. Welches Gericht ist funktionell zuständig?

1. Gerichtsinterne Bedeutung

371 Bei der funktionellen Zuständigkeit handelt es sich um **Verteilung** unterschiedlicher **Funktionen** der Rechtspflege auf die einzelnen **Rechtspflegeorgane**.

So ist zwischen den Aufgaben des Vorsitzenden, des Einzelrichters und des Kollegiums zu unterscheiden. Das Prozessgericht hat andere Aufgaben als das Vollstreckungsgericht, die erste Instanz ist funktionell nicht zuständig für Berufungen usw.

Für den Anwalt sind diese Unterscheidungen weniger bedeutsam. Entweder sind sie von vornherein offensichtlich, wie insbesondere der Rechtsmittelzug, oder das Verfahren läuft auch ohne sein Zutun funktionell richtig ab, etwa wenn er „beim Amtsgericht" oder „beim Landgericht" Kostenfestsetzung beantragt (§ 103 Abs. 2 S. 1 ZPO) oder beim „Gericht des ersten Rechtszuges" einen Antrag auf Festsetzung seiner Vergütung nach § 11 RVG stellt. Der Anwalt muss nur darauf achten, dass das Gericht nicht gegen eine einmal begründete Zuständigkeit verstößt, etwa durch eine **willkürliche Verweisung** (BGH NJW 1996, 3013; *Fischer* MDR 2002, 1401) oder durch Übertragung von der Kammer an den **Einzelrichter**, obwohl bereits vor dem Kollegium mündlich verhandelt worden ist (§ 348a Abs. 1 Nr. 3 ZPO; OLG Köln FamRZ 1995, 943; OLG Jena MDR 1999, 501; *Gottwald* FamRZ 1995, 943) oder durch Zulassung der Rechtsbeschwerde wegen grundsätzlicher Bedeutung (§ 574 Abs. 2 Nr. 1 ZPO), anstatt die Sache dem Kollegium zu übertragen (§ 568 S. 2 Nr. 1 ZPO). 372

2. Kammer für Handelssachen

Anders verhält es sich, wenn eine Zuständigkeitswahl zwischen allgemeiner Zivilkammer und Kammer für Handelssachen besteht. Dann richtet sich die funktionelle Zuständigkeit im Einzelfall nach den Parteianträgen. 373

a) Erster Rechtszug

Wünscht der Kläger, dass eine Handelssache (**§ 95 GVG**) vor der Kammer für Handelssachen verhandelt wird, dann muss er dies schon **in der Klageschrift** beantragen (§ 96 Abs. 1 GVG). Eine spätere Antragstellung ist unbeachtlich. Ausreichend ist aber die Stellung des Antrages in einem gleichzeitig mit der Klageschrift eingereichten Schriftsatz (*Kissel/Mayer*, GVG, 4. Aufl., 2005, § 96 Rn. 2). Das gilt auch für den Widerkläger (OLG Karlsruhe MDR 1998, 558). 374

Stellt sich heraus, dass die Kammer für Handelssachen doch nicht zuständig ist, weil es sich nicht um eine Handelssache handelt, dann kann der Beklagte die **Verweisung an** die **Zivilkammer** beantragen (§ 97 Abs. 1 GVG). 375

Von Amts wegen darf die Kammer für Handelssachen verweisen, solange nicht zur Hauptsache verhandelt worden ist (§ 97 Abs. 2 GVG). 376

Gegen den Willen des Klägers, der die allgemeine Zivilkammer angerufen hat, kann der Beklagte einen Rechtsstreit **vor** die **Kammer für Handelssachen bringen**, indem er dies bei der Zivilkammer beantragt (§ 98 Abs. 1 GVG). Eine amtswegige Verweisung durch das Landgericht ist bei diesem Sachverhalt jedoch nicht vorgesehen (§ 98 Abs. 3 GVG). 377

§ 4 Zuständigkeit

378 **Erweitert** der Kläger vor der Kammer für Handelssachen seinen Klageantrag oder erhebt der Beklagte **Feststellungswiderklage** (§ 256 Abs. 2 ZPO) oder eine **Widerklage** nach § 33 ZPO, dann ist der Rechtsstreit auf Antrag des jeweiligen Gegners insgesamt an die Zivilkammer zu verweisen, wenn es sich insoweit nicht um eine Handelssache handelt (§ 99 Abs. 1 GVG). Gleiches gilt für die in § 99 Abs. 1 GVG nicht erwähnte Klageänderung durch den Kläger, § 263 ZPO (*Kissel/Mayer*, GVG, § 99 Rn. 4).

379 Alle Verweisungsanträge sind nach § 101 Abs. 1 S. 1 GVG **vor der Verhandlung zur Sache** zu stellen. Dann muss darüber durch Beschluss vorab entschieden werden (§ 101 Abs. 2 GVG).

380 Umstritten ist, ob ein Verweisungsbeschluss das angewiesene Gericht bindet, wenn der Verweisungsantrag erst **nach der Verhandlung zur Sache** gestellt worden ist. Überwiegend wird angenommen, dass das nur dann nicht der Fall ist, wenn der Verweisungsbeschluss entgegen § 102 S. 1 GVG anfechtbar ist. „Es liegt also Kongruenz zwischen der Unanfechtbarkeit für die Parteien und Bindungswirkung für das Gericht vor, an das verwiesen wurde" *Kissel/Mayer*, GVG, § 102 Rn. 9). Meist handelt es sich dabei um Fälle, in denen gegen das verfassungsrechtliche Willkürverbot (Art. 3 GG) oder den gesetzlichen Richter (Art. 101 Abs. 1 S. 2 GG) oder den Anspruch auf Gewährung rechtlichen Gehörs (Art. 103 Abs. 1 GG) verstoßen wird (*Kissel/Mayer*, GVG, § 102 Rn. 5).

b) Berufungsinstanz

381 Die vorstehend skizzierten Regelungen gelten nach § 100 GVG auch für das Verfahren im zweiten Rechtszug vor den Kammern für Handelssachen. Das kann dann praktisch werden, wenn beim Amtsgericht eine Handelssache anhängig gemacht wird. Da es dort keine Sonderzuständigkeit für Handelssachen gibt, kommt eine Zuständigkeit der Kammer für Handelssachen erst in zweiter Instanz in Betracht.

382 Dann gilt jedoch wieder der Grundsatz des § 96 GVG, wonach der Antrag „in der Klageschrift" gestellt werden muss. Dem entspricht zweitinstanzlich der **Schriftsatz**, mit dem die **Berufung eingelegt** wird. Das LG Köln (MDR 1996, 743) hat die Auffassung vertreten, der Antrag könne auch noch in der Begründungsschrift gestellt werden. Diese Auffassung widerspricht einhelliger Ansicht (vgl. *Kissel/Mayer*, GVG, § 100 Rn. 4). Die abweichende fehlerhafte Auffassung des LG Köln beruht auf der irrigen Gleichsetzung der Klageschrift mit der Berufungsbegründungsschrift (siehe *Schneider* NJW 1997, 992).

Die für die Zuständigkeit erforderlichen **Anträge** sind möglichst früh zu stellen: 383

Antragsmuster

An das Landgericht
Kammer für Handelssachen
00000 X-Stadt

Klage

des Kaufmanns Franz Faber . . ., Kläger,

gegen

den Autohändler Siegfried Sander . . ., Beklagter.

Der Kläger erhebt Klage mit dem Antrag,
1. den Rechtsstreit vor der Kammer für Handelssachen zu verhandeln,
2. den Beklagten zu verurteilen.

An das Landgericht
Kammer für Handelssachen
00000 X-Stadt

In dem Rechtsstreit
Faber ./. Sander
vertrete ich den Beklagten. Dieser beantragt vorab,
1. den Rechtsstreit von der Zivilkammer an die Kammer für Handelssachen zu verweisen.

VI. Zuständigkeitsspaltung

Von einer Zuständigkeitsspaltung spricht man in **zwei Fällen**. Einmal kann es so 384
liegen, dass ein **einheitlicher** materieller Anspruch aus **mehreren Anspruchsgrundlagen** hergeleitet werden kann, aber nur für eine dieser Anspruchsgrundlagen ein besonderer Gerichtsstand vorgesehen ist. Der zweite Fall ist der, dass **mehrere Personen** in Anspruch genommen werden sollen, die **unterschiedliche Wohnsitze** und keinen gemeinsamen Gerichtsstand haben.

1. Zuständigkeit nur für eine von mehreren Anspruchsgrundlagen

In der Praxis geht es dabei meist um den Gerichtsstand der unerlaubten 385
Handlung (**§ 32 ZPO**). Nehmen wir an, der Halter und Eigentümer eines

Personenkraftwagens stellt auf der Rückreise nach seinem Wohnort **Hamburg** fest, dass seine Bremsen nicht mehr ordnungsgemäß arbeiten. In **Hannover** sucht er eine Kfz-Werkstatt auf, die ihm neue Bremsklötze einsetzt. Er setzt seine Rückreise fort. Im Stadtbereich Hamburg muss er plötzlich hart abbremsen, weil ihm jemand die Vorfahrt nimmt. In diesem Moment versagen die Bremsen. Es kommt zu einem Zusammenstoß, bei dem sein Wagen schwer beschädigt wird und er erhebliche Verletzungen erleidet. Die Kfz-Werkstatt in Hannover hatte die Bremsklötze nicht ordnungsgemäß eingesetzt, so dass sie bei dem plötzlichen harten Abbremsen versagten. Der Verletzte will den Inhaber der Kfz-Werkstatt wegen **positiver Vertragsverletzung** – Schlechterfüllung – und auch aus **unerlaubter Handlung** – Körperverletzung – in Anspruch nehmen. Für eine Klage aus unerlaubter Handlung ist der Gerichtsstand Hamburg nach § 32 ZPO gegeben, weil sich dort der Unfall ereignet hat. Für den Anspruch aus positiver Vertragsverletzung besteht nur der Gerichtsstand des Erfüllungsortes (§ 29 ZPO). Das ist der Sitz der Kfz-Werkstatt, in der die Reparatur vorgenommen worden ist (OLG Düsseldorf MDR 1976, 496; OLG Frankfurt DB 1978, 2217), also Hannover. Der Geschädigte möchte verständlicherweise umfassend in Hamburg klagen.

386 Nach früher herrschender Meinung konnte er dort nur den deliktischen Anspruch geltend machen. Das Hamburger Gericht durfte nicht über den Anspruch aus positiver Vertragsverletzung entscheiden. Insoweit kam nur eine Verweisung an ein Gericht in Hannover oder die teilweise Abweisung der Klage in Betracht (siehe etwa BGH NJW 1971, 564; 1974, 410). Das Schrifttum ist dem gegenüber immer wieder für einen **Gerichtsstand** des **Sachzusammenhangs** eingetreten. Diese Auffassung hat sich unter Berufung auf die Neufassung des § 17 GVG mittlerweile durchgesetzt. Eine im Gerichtsstand der unerlaubten Handlung erhobene Klage oder die Verweisung an dieses Gericht im Mahnverfahren begründet auch dessen Zuständigkeit für die Prüfung vertraglicher Ansprüche, wenn ein einheitlicher Lebenssachverhalt Klagegrund ist. (BGH VersR 2003, 663 mit Anm. *Spickhoff* = JZ 2003, 687 mit Anm. *Mankowski*; *Kiethe* NJW 2003, 1294; *Stein/Jonas/Roth*, ZPO, 22. Aufl., 2003, § 1 Rn. 6 ff.; § 32 Rn. 16).

2. Zuständigkeit für mehrere Personen

387 Faber hat dem Sander und dem Donner ein gemeinsames Darlehen in Höhe von 25 000 Euro gewährt. Als der vereinbarte Zeitpunkt der Rückerstattung kommt, zahlen beide nicht. Sander wohnt in **Frankfurt**, Donner in **Bonn**. Erfüllungsort für die Rückzahlung des Darlehens ist der Schuldnerwohnsitz (§§ 269 Abs. 1, 270 Abs. 1 BGB), so dass nach § 29 ZPO **verschiedene Gerichtsstände** des **Erfüllungsorts** gegeben sind: Frankfurt und Bonn. In diesem Fall gibt es keinen gemeinsamen Gerichtsstand und keinen Gerichtsstand des Zusammenhangs. Um beide Darlehensnehmer bei einem Gericht verklagen zu können, muss Faber die **Zuständigkeitsbestimmung** nach **§ 36 Abs. 1 Nr. 3 ZPO** beantragen.

VI. Zuständigkeitsspaltung

Eine solche Situation kann auch auftreten, wenn ein Mandant den Verkehrsanwalt und den Prozessbevollmächtigten wegen Mandatsverletzung in Anspruch nehmen will. Beide Anwälte haben dann unterschiedliche Gerichtsstände des Erfüllungsorts (§ 29 ZPO), so dass § 36 Abs. 1 Nr. 3 ZPO einschlägig ist (BayObLG MDR 1995, 1261). Siehe dazu auch unten Rn. 394 unter „Rechtsanwalt". 388

In solchen Fällen wird sich der **Anspruchsberechtigte überlegen**, wo der Prozess aus seiner Sicht am günstigsten zu führen ist, beispielsweise weil er an einem Gerichtsort einen ihm besonders zuverlässig erscheinenden Anwalt kennt oder weil er in Erfahrung bringt, dass die in Bonn (oder Frankfurt) zuständige Kammer einen „schlechten Ruf" hat. In dem Antrag auf Bestimmung des zuständigen Gerichts wird er deshalb anregen, das ihm genehme Gericht auszuwählen und nur die dafür sprechenden Gründe vorbringen. 389

Hier noch ein **Muster** für einen solchen **Antrag**, der vom Sachverhalt her tunlichst kurz zu fassen ist: 390

An das

Oberlandesgericht

Bonn (oder Frankfurt)

Antrag auf Bestimmung des zuständigen Gerichts

des Herrn Franz Faber ..., Antragsteller

– Prozessbevollmächtigter: Rechtsanwalt Förster in X-Stadt –

gegen

1. Herrn Siegfried Sander, ...

2. Herrn Dieter Donner, ..., Antragsgegner.

Ich beabsichtige, für meinen Mandanten gegen die Herren Sander und Donner als Streitgenossen auf Rückzahlung eines Darlehens von 25 000 Euro nebst Zinsen zu klagen. Herr Sander wohnt in Frankfurt, Herr Donner in Bonn, so dass kein gemeinsamer Gerichtsstand besteht.

Ich beantrage,

ein Gericht zu bestimmen, vor dem beide Streitgenossen zusammen verklagt werden können,

und rege an, das Landgericht Frankfurt zu bestimmen. Für dieses sprechen mehrere Gründe ...

Rechtsanwalt

Die Entscheidung des im Rechtszug zunächst höheren Gerichts fällt in aller Regel sehr kurz aus. Oft beschränkt sie sich auf den **Beschlusstenor**: Als zuständiges Gericht wird das Landgericht (oder Amtsgericht) in ... bestimmt. 391

392 Hat der Kläger einen Beklagten an dessen Wohnsitz auf Schadensersatz verklagt, dann ist diese Gerichtsstandswahl nach § 35 ZPO endgültig. Wie aber, wenn sich nach Rechtshängigkeit herausstellt, dass eine **unerlaubte Handlung** vorliegt, an der neben dem Beklagten eine weitere Person beteiligt gewesen ist, die in einer anderen Stadt wohnt?

393 Dem Kläger liegt in einem solchen Fall daran, die Klage auf den Dritten auszudehnen und beide Täter **mit einer Klage vor demselben Gericht** in Anspruch zu nehmen. Das KG (MDR 2000, 413) ermöglicht ihm das. Danach ist auf Antrag des Klägers die Klage vom Wohnsitzgericht des Beklagten an das Gericht des Ortes der gemeinsam begangenen unerlaubten Handlung zu verweisen. Dort kann der Kläger die Klage gegen den Dritten erweitern. Er wird dann verfahrensrechtlich nicht schlechter gestellt, weil er bei Klageerhebung nicht gewusst hat, dass es einen weiteren Schuldner gibt und für beide Personen der gemeinsame Gerichtsstand der unerlaubten Handlung besteht.

VII. Gerichtsstands-Schlüssel

394 Nachstehend noch eine Zusammenstellung häufiger vorkommender Zuständigkeiten in Stichworten. Diese Übersicht soll zugleich deutlich machen, welche differenzierten Überlegungen oft erforderlich sind, um den richtigen Gerichtsstand zu ermitteln. Jeder Fehler, der dabei begangen wird, kann zu einer **Verweisung** führen, für die der Anwalt unter Umständen **haftungsrechtlich** einzustehen hat.

395 Zu den **ausschließlichen Gerichtsständen** siehe oben Rn. 344.

- **Amtspflichtverletzung**

nach § 839 BGB, Art. 34 GG: Gerichtsstand der unerlaubten Handlung, § 32 ZPO, und § 18 ZPO. Maßgebend ist nicht der Begehungsort, sondern der Ort, an dem der Vermögensschaden eingetreten ist oder der Geschädigte seinen allgemeinen Gerichtsstand hat (LG Mainz NJW-RR 2000, 588).

- **Anfechtung**

wegen Irrtums nach §§ 119, 123 BGB: Für das Rückabwicklungsverhältnis aus ungerechtfertigter Bereicherung nach § 812 BGB oder das Herausgabeverlangen nach § 985 BGB ist das Gericht zuständig, in dessen Bezirk sich die Sache befindet (RGZ 96, 345, 347). Für unbewegliche Sachen gilt ausschließlich § 24 ZPO, für Forderungen der Schuldnerwohnsitz, § 13 ZPO.

- **Architektenvertrag**

Das für den Ort des Bauwerks zuständige Gericht, wenn dem Architekten alle Architektenleistungen übertragen worden sind (OLG Frankfurt MDR 1993, 684). Sein Honorar muss der Architekt aber am Schuldnerwohnsitz einklagen (OLG Oldenburg NJW-RR 1999, 865; LG Mainz NJW-RR 1999, 670; LG Ulm BauR 2001, 441).

● **Arrest**
Zuständig ist das Gericht der Hauptsache (§ 937 ZPO).

● **Arzt**
Für die Honorarklage eines Arztes ist der Wohnsitz des Patienten bestimmend, nicht der Ort der Arztpraxis (LG Mainz MDR 2003, 772; AG Frankfurt NJW 2000, 1802).

● **Aufenthaltsort**
Er fällt in der Regel mit dem Wohnsitz (§ 13 ZPO) zusammen, deckt sich aber nicht damit, wie sich aus §§ 16, 20 ZPO ergibt. Maßgebend ist der **Mittelpunkt der Lebensverhältnisse**, also der Ort, an dem sich jemand ständig niedergelassen hat. Das kann bei länger andauernder Haft auch die Vollzugsanstalt sein (§ 20 ZPO; BGH VersR 1997, 900; BayVGH DAVorm 2000, 417).
Bei **Wohnsitzaufgabe** und vergeblicher Nachforschung besteht der Gerichtsstand des letzten Wohnsitzes solange fort, bis klargestellt ist, dass kein neuer Wohnsitz begründet worden ist (OLG Zweibrücken NJW-RR 2000, 929 = Rpfleger 1999, 499).

● **Auflassung**
Dinglicher Gerichtsstand der §§ 26, 24 ZPO, bei Wohnungseigentum § 29b ZPO (*Stein/Jonas/Roth*, ZPO, 22. Aufl., 2003, § 29b Rn. 14).

● **Aufrechnung**
Kein besonderer Gerichtsstand; sie kann als Primär- oder Eventualaufrechnung im laufenden Rechtsstreit geltend gemacht werden.

● **Auskunft**
Maßgebend ist der Wohnsitz des in Anspruch genommenen Auskunftspflichtigen. In Erbschaftssachen kommt daneben der besondere Gerichtsstand der Erbschaft in Betracht (§ 27 ZPO).

● **Bauhandwerkersicherungshypothek**
Wahlgerichtsstand des § 26 ZPO neben dem allgemeinen Gerichtsstand des § 13 ZPO (OLG Braunschweig OLGZ 1974, 210).

● **Befreiung von einer Verbindlichkeit**
Da es keinen einheitlichen Erfüllungsort für die wechselseitigen Verbindlichkeiten aus einem gegenseitigen Vertrag gibt, kommt es darauf an, wo die jeweilige Hauptleistung zu erbringen wäre, von der Freistellung begehrt wird. Dieser Ort ist dann für den Gerichtsstand maßgebend (§ 29 ZPO).

● **BGB-Gesellschafter**
Der Erfüllungsort für Gesellschaftsschulden ist auch derjenige für eine Schuld des haftenden Gesellschafters (BayObLG ZIP 2002, 1338).

§ 4 Zuständigkeit

- **Bürgschaft**

Mangels ausdrücklicher abweichender Vereinbarung ist der Wohnort des Bürgen maßgebend (BGH NJW 1995, 1546, 1547).

- **Darlehen**

Für die Rückzahlungsklage kommt es auf den Wohnsitz des Darlehensnehmers an (§ 29 ZPO). Nach herrschender Auffassung gilt das auch für Bankdarlehen (*Wieczorek/Schütze/Hausmann*, ZPO, 3. Aufl., 1992, § 29 Rn. 57).

- **Direktanspruch**

gegen Versicherer: Neben dem allgemeinen Gerichtsstand des § 17 ZPO ist auch derjenige der Niederlassung – Generalagentur, Filialdirektion – gegeben, § 21 ZPO. In **Haftpflichtsachen** kommt darüber hinaus der Gerichtsstand der unerlaubten Handlung in Betracht (§ 32 ZPO), so dass Schädiger und Haftpflichtversicherer (§ 3 Nr. 1 PflVG) gleichzeitig bei demselben Gericht in Anspruch genommen werden können.

- **Duldung**

Es kommt nicht darauf an, ob die geschuldete Verpflichtung in einem Tun, Dulden oder Unterlassen besteht, so dass immer der Gerichtsstand des Erfüllungsortes gegeben ist (§ 29 ZPO). Besteht daneben noch ein weiterer Gerichtsstand, etwa der allgemeine des § 13 ZPO, dann kann gewählt werden (§ 35 ZPO). Besteht jedoch daneben ein ausschließlicher Gerichtsstand, etwa für Mietsachen (§ 29a ZPO), dann ist dieser maßgebend.

- **Ehesachen**

Ausschließliche Zuständigkeit des gemeinsamen gewöhnlichen Aufenthaltsorts der Eheleute (§ 606 ZPO).

- **Ehrverletzung**

Gerichtsstand der unerlaubten Handlung (§ 32 ZPO; siehe oben Rn. 355). Bei Verbreitung von Druckschriften alle Orte, an denen die Druckschrift Dritten bestimmungsgemäß zur Kenntnis gebracht wird; darüber hinaus der Gerichtsstand des Wohnsitzes. Zu Ehr- und Persönlichkeitsverletzungen durch Presse, Rundfunk oder Fernsehen siehe *Wieczorek/Schütze/Hausmann*, ZPO, 3. Aufl., 1994, § 32 Rn. 40–42.

- **Eigentum**

Es kommt darauf an, welche Ansprüche aus dem Eigentum abgeleitet werden. Herausgabe eines Grundstücks (§ 24 ZPO), bei Herausgabe einer beweglichen Sache der allgemeine Gerichtsstand (§ 13 ZPO) oder der Gerichtsstand des Erfüllungsortes (§ 29 ZPO). Geht es um die **Verschaffung** des Eigentums oder die **Abwehr von Störungen**, dann bestimmt sich der Gerichtsstand nach dem konkreten Anspruch, so dass beispielsweise bei einem vertraglichen Anspruch der Erfüllungsgerichtsstand maßgebend ist (§ 29 ZPO), bei einem eine Störung abwehrenden Anspruch zusätzlich der Gerichtsstand der unerlaubten Handlung (§ 32 ZPO).

- **Einstweilige Verfügung**

Gericht der Hauptsache (§ 937 ZPO), in dringenden Fällen auch das Amtsgericht der belegenen Sache (§ 942 ZPO).

- **Erfüllungsort (§ 29 ZPO)**

Betrifft Streitigkeiten aus einem **Vertragsverhältnis** oder über das Bestehen eines Vertragsverhältnisses. Zuständig ist das Gericht des Ortes, an dem die streitige Verpflichtung zu erfüllen ist. Zunächst sind hier alle nichtvertraglichen Streitigkeiten auszuschließen, etwa aus Bereicherung oder Geschäftsführung ohne Auftrag. Zu den auf eine Verpflichtung gerichteten Vertragsverhältnissen zählen in erster Linie schuldrechtliche Verträge einschließlich positiver Vertragsverletzung, Schadensersatz, Gewährleistung; ferner vertragsähnliche Sonderbeziehungen wie Ansprüche aus Vertretung ohne Vertretungsmacht (§ 179 Abs. 1 BGB).

Umstritten ist, ob § 29 ZPO auch auf Ansprüche aus **culpa in contrahendo** (§ 311 BGB n.F.) anzuwenden ist. Im Schrifttum wird es bejaht, von der Rechtsprechung verneint (Nachweise bei *Wieczorek/Schütze/Hausmann*, ZPO, 3. Aufl., 1994, § 29; *Stein/Jonas/Roth*, ZPO, 22. Aufl., 2003, § 29 Rn. 5, 18).

Der Erfüllungsort wird in erster Linie durch **Parteivereinbarung**, sonst durch die Vorschriften des BGB bestimmt. Im Zweifel ist es der Schuldnerwohnsitz (§ 269 BGB). Es gibt aber zahlreiche **Ausnahmen**, etwa § 261 BGB für die Abgabe der materiell-rechtlichen eidesstattlichen Versicherung, § 374 BGB für die Hinterlegung oder § 697 für die Rückgabe der verwahrten Sache. Die Wahl des richtigen Erfüllungsortes kann daher eine schwierige bürgerlich-rechtliche Vorprüfung notwendig machen.

- **Feststellung**

Betrifft sie das Eigentum an unbeweglichen Sachen, gilt der ausschließliche Gerichtsstand des § 24 ZPO. Sonst gilt der Gerichtsstand des Erfüllungsortes (§ 29 ZPO), und zwar unabhängig davon, ob positive oder negative Feststellung beantragt wird (*Wieczorek/Schütze/Hausmann*, ZPO, 3. Aufl., 1994, § 29 Rn. 18). Zur Anwendbarkeit des § 23 ZPO siehe *Stein/Jonas/Roth*, ZPO, 22. Aufl., 2003, § 23 Rn. 20, 39.

- **Fiskalprozesse**

§ 18 ZPO. Beachte: Für die Anfechtung von **Justizverwaltungsakten** betreffend die Rechtmäßigkeit von Anordnungen, Verfügungen oder sonstigen Maßnahmen gilt die Sonderregelung der §§ 23–30 EGGVG. Zu den einschlägigen Fällen siehe *Kissel/Mayer*, GVG, 4. Aufl., 2005, EGGVG § 23 Rn. 101 ff.

- **Gefährdungshaftung**

Neben einem einschlägigen anderen Gerichtsstand besteht auch der des § 32 ZPO für unerlaubte Handlungen.

§ 4 Zuständigkeit

- **Gegendarstellung**

Zuständigkeit des Gerichts, bei dem der Abdruckverpflichtete seinen allgemeinen Gerichtsstand hat; teilweise wird auch § 32 ZPO angewandt (*Wieczorek/Schütze/Hausmann*, ZPO, 3. Aufl., 1994, § 32 Rn. 18).

- **Geschäftsführung ohne Auftrag**

Da kein Vertragsverhältnis zugrunde liegt, ist § 29 ZPO unanwendbar; maßgebend ist der allgemeine Gerichtsstand des Wohnsitzes (§ 13 ZPO). Unter Umständen auch § 31 ZPO, wenn es um die Rechnungslegung geht.

- **Grundbuchberichtigung**

Ausschließlicher dinglicher Gerichtsstand, § 24 ZPO (siehe oben Rn. 344).

- **Grundschuld**

Ausschließlicher dinglicher Gerichtsstand (§ 24 ZPO; siehe oben Rn. 344), der auch bei Anspruchshäufung mit der Schuldklage maßgebend ist (§ 25 ZPO). Für die reine Schuldklage gilt § 29 ZPO.

- **Haustürwiderrufsrecht**

Ausschließlicher Gerichtsstand für Haustürgeschäfte (§ 312 BGB) ist der Wohnsitz des Kunden (§ 29c ZPO). Das gilt auch für Schadensersatzansprüche des Verbrauchers wegen Verletzung vertraglicher Pflichten aus einem Haustürgeschäft, wegen Verschuldens bei Vertragsschluss oder wegen unerlaubter Handlung gegenüber dem Vertragspartner oder dessen Vertreter (BGH JZ 2003, 1120 mit Anm. *Mankowski*).

- **Herausgabe**

Es kommt auf den Anspruchsgrund an. Eigentum an unbeweglichen Sachen (§ 24 ZPO). Für Herausgabeansprüche betreffend bewegliche Sachen gelten die allgemeinen Gerichtsstände, etwa der Erfüllungsort (§ 29 ZPO) bei vertraglichen Ansprüchen, der deliktische Gerichtsstand des § 32 ZPO bei Ansprüchen aus unerlaubter Handlung, ergänzend der allgemeine Gerichtsstand des § 13 ZPO.

Für die Klage auf Herausgabe eines **Leasinggegenstandes** ist das Wohnsitzgericht des Leasingnehmers im Zeitpunkt des Vertragsabschlusses maßgebend (LG Lüneburg NJW-RR 2002, 1584).

- **Juristische Person**

§ 17 ZPO. Dieser Gerichtsstand gilt auch für die Außengesellschaft bürgerlichen Rechts (LG Bonn NJW-RR 2002, 1399).

- **Kaufvertrag**

Der Erfüllungsort für die jeweilige Leistung – Lieferung der Ware oder Kaufpreiszahlung (§ 29 ZPO).

- **Leihe**

Erfüllungsort der Bringschuld des § 604 BGB (§ 29 ZPO).

● **Maklerlohn**

Gerichtsstand des Erfüllungsortes (§ 29 ZPO), also der Wohnsitz des Schuldners im Zeitpunkt des Abschlusses des Maklervertrages (OLG Stuttgart NJW-RR 1987, 1076).

● **Mietrechtliche Streitigkeiten**

Ausschließlicher Gerichtsstand des § 29a ZPO (siehe oben Rn. 344a).

● **Minderung**

Der Streit darüber kann im Gerichtsstand des Erfüllungsortes ausgetragen werden (§ 29 ZPO; *Wieczorek/Schütze/Hausmann*, ZPO, 3. Aufl., 1994, § 29 Rn. 74).

● **Notweg**

Ausschließlicher Gerichtsstand des § 24 ZPO (*Stein/Jonas/Roth*, ZPO, 22. Aufl., 2003, § 24 Rn. 15; siehe oben Rn. 344).

● **Positive Forderungsverletzung**

Maßgebend ist der Erfüllungsort der Hauptverpflichtung (*Zöller/Vollkommer*, ZPO, 26. Aufl., 2007, § 29 Rn. 26 unter „Nebenpflicht").

● **Produkthaftung**

Da es sich dabei um eine der Gefährdungshaftung angeglichene Haftung handelt, ist § 32 ZPO – Gerichtsstand der unerlaubten Handlung – anwendbar (*Stein/Jonas/Roth*, ZPO, 22. Aufl., 2003, § 32 Rn. 8).

● **Räumungsklage**

Ausschließlicher Gerichtsstand des § 29a ZPO, sofern nicht **lediglich** aus § 985 BGB geklagt wird; dann bei Grundstücken § 24 ZPO, sonst der Gerichtsstand des Wohnsitzes (§ 13 ZPO).

● **Rechnungslegung**

Erfüllungsort der Hauptverpflichtung (LG Offenburg ZIP 1988, 1562, 1563). Geht es um eine Vermögensverwaltung, dann begründet § 31 ZPO einen besonderen Gerichtsstand, wobei es auf den Rechtsgrund der Verwaltung nicht ankommt, so dass sogar Geschäftsführung ohne Auftrag ausreicht (*Wieczorek/Schütze/Hausmann*, ZPO, 3. Aufl., 1994, § 31 Rn. 4).

● **Rechtsanwalt**

Bislang galt: Für Ansprüche des Anwalts auf Zahlung des Honorars oder des Mandanten auf Schadensersatz wegen Schlechterfüllung ist nach § 29 ZPO der Kanzleiort als Erfüllungsort maßgebend (BGHZ 97, 82 = NJW 1991, 3096). Der Kanzleiort ist für den Gerichtsstand auch dann maßgebend, wenn der Mandant gegen den Anwalt Schadensersatzansprüche wegen Schlechterfüllung des Mandatsvertrages geltend macht (BayObLG MDR 1993, 179). Richtet sich die Regressklage des Mandanten gegen den Verkehrsanwalt und den Prozessbevollmächtigten, dann sind die jeweiligen Kanzleisitze maßgebend und damit die

Voraussetzungen einer Zuständigkeitsbestimmung nach § 36 Abs. 1 Nr. 3 ZPO gegeben (BayObLG MDR 1995, 1261). Kommt es nach einem Rechtsstreit zur Gebührenklage, dann ist das Gericht des Hauptprozesses sachlich zuständig (§ 34 ZPO).

Diese Gerichtsstandsbestimmung galt seit rund einhundert Jahren und war damit zu Gewohnheitsrecht geworden. In den letzten Jahren hatten sich vor allem Amtsgerichte zunehmend dagegen gewandt, aber auch Autoren (siehe die Nachweise bei *Prechtel* in MDR 2003, 667, und *Braun* im Kölner KammerForum 2003, 241). Der BGH hat sich in einem Beschluss zur Bestimmung der Zuständigkeit den kritischen Stimmen angeschlossen und entschieden: Gebührenforderungen von Rechtsanwälten können in der Regel **nicht** gemäß § 29 ZPO am Gericht des Kanzleisitzes geltend gemacht werden (NJW 2004, 54 = AnwBl. 2004, 119 mit Anm. *N. Schneider*).

Es lohnt sich für den Anwalt nicht, darüber nachzudenken, ob die Begründung dafür überzeugt oder nicht. Roma locuta, causa finita – „die Sache ist gelaufen". Darüber, wie dieser Gerichtsstandsänderung ausgewichen werden kann, siehe die Beiträge von *E. Schneider* (ZAP-Kolume Heft 4/2004), *N. Schneider* (AnwBl. 2004, 119) und *Schütt* (AnwBl. 2004, 177).

Klagen **Mitglieder einer Anwaltssozietät** gegeneinander, dann ist nach §§ 17, 22 ZPO der Kanzleiort Gerichtsstand (OLG Köln MDR 2003, 1374). Das folgt daraus, dass eine Anwaltssozietät eine Außengesellschaft bürgerlichen Rechts ist und diese heute als rechtsfähig anerkannt wird.

- **Rechtsschutzversicherung**

In § 13 der Allgemeinen Bedingungen für die Rechtsschutzversicherung (ARB 75) findet sich dazu folgende Sonderregelung:

Für Klagen, die aus dem Versicherungsverhältnis gegen den Versicherer erhoben werden, bestimmt sich die gerichtliche Zuständigkeit nach dem Sitz des Versicherers oder seiner für das jeweilige Versicherungsverhältnis zuständigen Niederlassung. Hat ein Versicherungsagent den Vertrag vermittelt oder abgeschlossen, ist auch das Gericht des Ortes zuständig, an dem der Agent zur Zeit der Vermittlung oder des Abschlusses seine gewerbliche Niederlassung oder bei Fehlen einer gewerblichen Niederlassung seinen Wohnsitz hatte.

Ist der Versicherungsvertrag durch ein Haustürgeschäft (§ 312 BGB) zustande gekommen, dann ist zugunsten eines Versicherungsnehmers, wenn dieser Verbraucher im Sinne des § 13 BGB ist, auch dessen Wohnsitzgericht zuständig (§ 29c Abs. 1 S. 1 ZPO). Will der Versicherer in einem solchen Fall den Versicherten verklagen, kann er dies nur vor dessen Wohnsitzgericht als ausschließlichem Gerichtsstand (§ 29c Abs. 1 S. 2 ZPO).

Zu Einzelheiten siehe *Harbauer*, Rechtsschutzversicherung, 7. Aufl., 2004, zu § 13 ARB 75.

- **Reisevertrag**

Für Klagen des Reisenden gegen den Reiseveranstalter ist dessen Verwaltungssitz maßgebend (§ 17 ZPO). Daneben kann der Gerichtsstand der Niederlassung

(§ 21 Abs. 1 ZPO) gegeben sein. Zur Zulässigkeit von **Gerichtsstandsvereinbarungen** im Reiserecht durch allgemeine Geschäftsbedingungen des Reiseveranstalters siehe *Staudinger/Eckert*, BGB, 2003, § 651g Rn. 48, 49 u. § 651m Rn. 12).

- **Restitutionsklage**

Ausschließliche Zuständigkeit des erstinstanzlichen Gerichts (§ 584 ZPO).

- **Rücktrittsrecht**

Maßgebend ist der Erfüllungsort (§ 29 ZPO). Das ist bei vertraglichem Rücktrittsrecht der ursprüngliche Leistungsort (OLG Hamm MDR 1982, 141). Bei gesetzlichem Rücktrittsrecht ist es der Wohnsitz des Rücktrittsberechtigten (*Wieczorek/Schütze/Hausmann*, ZPO, 3. Aufl., 1994, § 29 Rn. 73; *Zöller/Vollkommer*, ZPO, 26. Aufl., 2007, § 29 Rn. 23 f.).

- **Schadensersatz wegen Nichterfüllung**

Da mit diesem Anspruch nur das Surrogat für die ursprüngliche Verpflichtung gefordert wird, ist darauf abzustellen, wo die verletzte Vertragspflicht zu erfüllen gewesen wäre (*Wieczorek/Schütze/Hausmann*, ZPO, 3. Aufl., 1994, § 29 Rn. 70).

- **Scheckklage**

Gericht des Zahlungsortes oder allgemeiner Gerichtsstand des Beklagten (§§ 603, 605a ZPO). Zu Gerichtsstandsvereinbarungen vgl. *Bülow*, Wechselgesetz, Scheckgesetz, 4. Aufl., 2004, WG Art. 17 Rn. 124.

- **Sicherheitsleistung**

Eine Nebenverpflichtung, für die der Erfüllungsort der Hauptverpflichtung maßgebend ist (§ 29 ZPO).

- **Steuerberater**

Für alle Ansprüche war bisher dessen Kanzleisitz Erfüllungsort (§ 29 ZPO; BayObLG ZIP 1992, 1652, 1653; NJW 2003, 1196; LG Darmstadt AnwBl. 1984, 503).

Ebenso wie beim Kanzleisitz des Rechtsanwalts als Gerichtsstand (siehe vorstehend unter „Rechtsanwalt") wird mittlerweile die Auffassung vertreten, der Wohnsitz des Mandanten des Steuerberaters sei maßgebend (*Zöller/Vollkommer*, ZPO, 26. Aufl., 2007, § 29 Rn. 25: Steuerberater).

- **Überbau**

Dinglicher Gerichtsstand des § 24 ZPO, in dem auch der Anspruch auf Überbaurente (§ 912 Abs. 2 BGB) geltend gemacht werden kann. Auf die Überbaurente ist auch § 26 ZPO anwendbar. Da § 24 ZPO jedoch einen ausschließlichen Gerichtsstand begründet, hat diese Vorschrift Vorrang (*Stein/Jonas/Roth*, ZPO, 22. Aufl., 2003, § 26 Rn. 2).

- **Umweltschäden**

Ausschließlicher Gerichtsstand des Bezirks der Umwelteinwirkung (§ 32a ZPO).

- **Unerlaubte Handlung**

Wahlgerichtsstand des Gerichts, in dem die unerlaubte Handlung begangen worden ist (§ 32 ZPO). Ergeben sich aus dem Sachverhalt der unerlaubten Handlung zugleich vertragliche Ansprüche, sind diese wegen Sachzusammenhangs mit zu prüfen (oben Rn. 355).

- **Ungerechtfertigte Bereicherung**

Da es nicht um einen vertraglichen Erfüllungsanspruch geht, ist § 29 ZPO unanwendbar. Maßgebend ist der Wohnsitz-Gerichtsstand des Schuldners (§ 13 ZPO).

- **Unterhalt**

Schuldnerwohnsitz (§ 13 ZPO) mit besonderem Gerichtsstand des Klägers, wenn der Beklagte keinen Gerichtsstand im Inland hat (§ 23a ZPO). § 29 ZPO – Gerichtsstand des Erfüllungsortes – gilt nicht für familienrechtliche Verträge und damit auch nicht für Unterhaltsverträge (OLG Dresden FamRZ 2000, 543 = MDR 2000, 1325; aber str., a.A. AG Siegburg FamRZ 1998, 375 u. *Wieczorek/ Schütze/Hausmann*, ZPO, 3. Aufl., 1994, § 29 Rn. 10). Ausführlich dazu *Stein/ Jonas/Roth*, ZPO, 22. Aufl., 2003, § 23a Rn. 1 ff.; § 35a Rn. 1 ff.

- **Unterlassung**

Bei vertraglichen Ansprüchen der Gerichtsstand der Erfüllung (§ 29 ZPO), auch soweit es sich bei der Unterlassungspflicht um eine Nebenpflicht handelt, im Übrigen der Wohnsitz des Schuldners (§ 13 ZPO).

- **Veräußerungsverbot**

Soweit es um die dingliche Sicherung eines Anspruchs geht (§ 888 Abs. 2 ZPO), gilt der ausschließliche Gerichtsstand des § 24 ZPO (*Stein/Jonas/Roth*, ZPO, 22. Aufl., 2003, § 14 Rn. 19).

- **Verbotene Eigenmacht**

Neben § 13 ZPO zusätzlicher Gerichtsstand der unerlaubten Handlung (§ 32 ZPO).

- **Vergleich**

Der Erfüllungsort ist maßgebend (§ 29 ZPO). Das kann auch der Erfüllungsort der ursprünglichen Hauptverpflichtung sein (Auslegungsfrage).

- **Vertrag zugunsten Dritter**

Erfüllungsort (§ 29 ZPO).

- **Vertragsaufhebung**

Erfüllungsort des Klägers (§ 29 ZPO; *Stein/Jonas/Roth*, ZPO, 22. Aufl., 2003, § 29 Rn. 21).

- **Vertragsstrafe**

Für die Zahlungsklage ist der Erfüllungsort der Hauptpflicht maßgebend (§ 29 ZPO; *Zöller/Vollkommer*, ZPO, 26. Aufl., 2007, § 29 Rn. 26 unter „Vertragsstrafe").

- **Vorkaufsrecht, dingliches**

§ 24 Abs. 2 ZPO.

- **Vormerkung**

Wird mit der Klage die Geltendmachung der dinglichen Wirkung einer eingetragenen Vormerkung gegenüber Dritten geltend gemacht (§ 883 Abs. 2, 3 BGB), z.B. der Löschungsanspruch, dann greift der ausschließliche dingliche Gerichtsstand des § 24 ZPO. Sonstige Ansprüche aus der Vormerkung fallen jedenfalls unter § 26 ZPO und begründen daher ebenfalls den dinglichen Gerichtsstand (*Stein/Jonas/Roth*, ZPO, 22. Aufl., 2003, § 24 Rn. 19; § 26 Rn. 4).

- **Wandelung**

Das Wandelungsrecht des § 463 BGB a.F. ist seit der Neuregelung des Kaufrechts entfallen (§ 437 BGB). Es geht um das **Rücktrittsrecht**, auf das § 29 ZPO anzuwenden ist (siehe dort).

- **Wechsel**

Gerichtsstand wie bei der „Scheckklage".

- **Werkvertrag**

Erfüllungsort ist für den Unternehmer dessen allgemeiner Gerichtsstand (§ 13 ZPO). Hat er seine Werkleistung jedoch an einem anderen Ort zu erbringen, ist dies der Erfüllungsort (§ 29 ZPO). Für die **Zahlungsklage** ist der Schuldnerwohnsitz maßgebend. Bei **Bauverträgen** wird jedoch weithin ein gemeinsamer Erfüllungsort für die wechselseitigen Vertragspflichten am Ort des Grundstücks angenommen (*Wieczorek/Schütze/Hausmann*, ZPO, 3. Aufl., 1994, § 29 Rn. 45).

- **Widerklage**

Besonderer Gerichtsstand nach § 33 ZPO, soweit sie mit dem Klageanspruch in Zusammenhang steht (oben Rn. 358 zu § 33 ZPO). Anderenfalls gelten die allgemeinen Vorschriften.

- **Wiederaufnahmeklage**

Ausschließlicher Gerichtsstand des erstinstanzlichen Gerichts (§ 584 ZPO).

- **Zug-um-Zug-Leistung**

Der Austauschort ist nicht gemeinsamer Erfüllungsort (*Zöller/Vollkommer*, ZPO, 26. Aufl., 2007, § 29 Rn. 26 unter „Zug-um-Zug-Leistung"; aber umstritten, vgl. *Zöller/Vollkommer*, ZPO, § 29 Rn. 25 a.E.). Anders beim Rücktrittsrecht (siehe dort).

Zweites Kapitel: Zivilprozessuales Streitwertrecht

Vorbemerkung

396 Der Gebühren-Streitwert, von dem die Höhe der Vergütung des Rechtsanwalts abhängt, ist ganz überwiegend im Gerichtskostengesetz geregelt, das völlig neu gefasst worden ist. Die Streitwertvorschriften des alten Gerichtskostengesetzes sind zwar **inhaltlich fast unverändert** übernommen worden, doch die **Paragraphen-Nummern** haben sich alle **geändert**. Wegen der Inhaltsgleichheit werden die alte Rechtsprechung und das Schrifttum noch über Jahrzehnte hin richtungweisend bleiben. Die Nachweise in GKG- und Streitwert-Kommentaren und die Streitwert-Schlüssel in den ZPO-Kommentaren zu § 3 ZPO sind daher nach wie vor aktuelle Informationsquellen.

397 In der folgenden Darstellung wird das Streitwertrecht nach der Nummernfolge des **neuen** Gerichtskostengesetzes behandelt. Wer zusätzliche Belege sucht, findet Informationen in den vor 2004 erschienenen Erläuterungsbüchern nur nach der Nummernfolge des **alten** Gerichtskostengesetzes. Die nachstehende **Synopse** der alten und der neuen Streitwertvorschriften soll dem Leser den Zugriff auf die ältere Literatur erleichtern.

neues GKG §§	altes GKG §§	altes GKG §§	neues GKG §§
39	5 ZPO	5 ZPO	39
40	15	12	48
41	16	12a	50
42	17	12b	51
43	22	13	52
44	18	14	47
45	19	15	40
46	19a	16	41
47	14	17	42
48	12	17a	49
49	17a	18	44
50	12a	19	45
51	12b	19a	46
52	13	20	53
53	20	21	–
54	29	22	43
55	30	23	61
56	31	24 mit 12 Abs. 7 S. 3 ArbGG	62
57	32		
58	37, 38		
59	39	25	63
60	48a	26	64

neues GKG §§	altes GKG §§	altes GKG §§	neues GKG §§
61	23	27, 28	–
62	24	29	54
	12 Abs. 7	30	55
	S. 3 ArbGG	31	56
63	25	32	57
64	26	37, 38	58
65	48a S. 2	39	59
		48a	60, 65

§ 5 Grundlagen

Eine Vorbemerkung: Nachfolgend wird das Streitwertrecht sehr ausführlich dargestellt. Das hat drei Gründe: 398

1. Ein Anwalt muss das Streitwertrecht beherrschen. Es geht dabei um seine **Vergütung** und damit um seine wirtschaftliche Existenz. 399

2. Zum anderen richtet sich die **Zuständigkeit der Gerichte** danach, so dass ein Fehler zur Anwaltshaftung führen kann. Ungeachtet dessen fehlt im Schrifttum eine systematische Einführung in die Grundlagen des Streitwertrechts. Deshalb ist sie in dieses Buch aufgenommen worden und zwangsläufig entsprechend umfangreich ausgefallen. 400

3. Es geht auch um ein pädagogisches Anliegen. Über die eingehende Darstellung des Streitwertrechts lassen sich grundlegende Einsichten in den Zivilprozess vermitteln, die sich auf anderem Weg kaum darstellen lassen. Ein Leser, der die folgenden Ausführungen genau verfolgt, wird das bald erkennen. 401

I. Begriffe

1. Leistungen und Bewertungsgegenstand

Diejenigen geldwerten Leistungen, die von den Parteien zur Finanzierung des Rechtsstreits an die Staatskasse zu erbringen sind, heißen „**Kosten**". Unter diesen Oberbegriff fallen die Gebühren und die Auslagen (§ 1 Abs. 1 GKG; § 1 KostO). Diese Auslagen sind im Kostenverzeichnis zum GKG zusammengestellt. Alle anderen Leistungen als die Auslagen sind „**Gebühren**", deren Anfall und Höhe im GKG und in der KostO geregelt sind. 402

Leistungen, die die Staatskasse an Zeugen und Sachverständige zu erbringen hat, heißen „**Entschädigung**". Sie waren früher im Gesetz über die Entschädigung 403

§ 5 Grundlagen

von Zeugen und Sachverständigen (ZSEG) geregelt. Es ist ersetzt worden durch das Justizvergütungs- und -entschädigungsgesetz – JVEG v. 5. 5. 2004.

404 Leistungen, die der Mandant an den Rechtsanwalt zu erbringen hat, heißen **„Vergütung"**. Darunter fallen wieder Gebühren und Auslagen (§ 1 Abs. 1 RVG).

405 In der Praxis werden die Begriffe häufig ungenau benutzt, so wenn von den „Kosten" des Anwalts die Rede ist. Genau genommen muss deshalb auch die anwaltliche „Kostenrechnung" als „Vergütungsrechnung" bezeichnet werden.

406 Geht es um die Ermittlung der Gerichtskosten, dann heißt der maßgebende Ausgangswert **„Wert** des **Streitgegenstandes"** (§ 48 Abs. 1 S. 1 GKG) oder kürzer **„Streitwert"** (so in §§ 47, 52 GKG). In der KostO heißt dieser Wert **„Geschäftswert"** (§ 18 KostO). Bei der Anwaltsvergütung wiederum heißt er **„Gegenstandswert"** (RVG, Abschnitt 4).

407 Bei richtiger Benutzung dieser Termini weiß der Kenner gleich, um welche Gebühren es sich handelt. Auf die Berechnung selbst wirkt sich die unterschiedliche Terminologie nicht aus. Deshalb werden diese Begriffe in der Praxis häufig auch synonym verwendet, genauer: sie werden **verwechselt**, weil die Unterscheidungen nicht geläufig sind. Mangels eines sachlichen Unterschiedes ist das unschädlich und wird deshalb auch nicht wichtig genommen.

2. Höhe der Leistungen

408 Bei den Gebühren, die dem Anwalt zustehen, handelt es sich fast ausnahmslos um Pauschalgebühren, also solche, die die konkrete Leistung des Anwalts vom Auftrag bis zur Erledigung der Angelegenheit abgelten (§ 15 Abs. 1 RVG). Bei geringeren Streitwerten und festen Gebührensätzen kann dies dazu führen, dass die Vergütung nicht einmal mehr kostendeckend ist. Das soll nach der Vorstellung des Gesetzgebers durch die höheren Gebühren in streitwertmäßig größeren Angelegenheiten ausgeglichen werden (sog. Mischkalkulation).

409 Das RVG geht grundsätzlich von **Wertgebühren** aus (§ 2 Abs. 1 RVG). Das bedeutet, dass sich die Höhe der Gebühren nach dem Gegenstandswert richtet. Ausgehend von dem Gegenstandswert ergibt sich nach der Tabelle zu § 13 Abs. 1 S. 1 und S. 2 RVG (bei PKH § 49 RVG) ein Gebührenbetrag, der zu Grunde gelegt wird. Hiervon wird dann der sich aus dem jeweiligen Gebührentatbestand ergebende Gebührensatz abgelesen. Bei den Wertgebühren ist zu unterscheiden zwischen festen Werten (etwa einer 1,3-Verfahrensgebühr [Nr. 3100 RVG-Vergütungsverzeichnis], einer 0,5-Beschwerdegebühr [Nr. 3500 RVG-Vergütungsverzeichnis]). Hier ist die Höhe völlig unabhängig vom tatsächlichen Aufwand, von der Bedeutung und vom Umfang der Angelegenheit.

410 Daneben gibt es auch **Satzrahmengebühren**. Auch diese Gebühren richten sich nach dem Wert; dem Anwalt steht jedoch ein Gebührensatzrahmen zu, den er unter Berücksichtigung aller Umstände des Einzelfalls (§ 14 Abs. 1 RVG) ausschöpfen kann. So ist z.B. für die Beratung ein Gebührenrahmen von 0,1 bis 1,0 vorgesehen und für die Geschäftstätigkeit von 0,5 bis 1,0. Hier kann über

die Höhe des abzurechnenden Gebührensatzes der Bedeutung der Angelegenheit, dem Umfang der Tätigkeit, dem Haftungsrisiko des Anwalts sowie den Einkommens- und Vermögensverhältnissen des Auftraggebers Rechnung getragen werden (§ 14 Abs. 1 RVG).

Im Normalfall ist von der sog. **Mittelgebühr** auszugehen, die sich nach der Formel berechnet: 411

Mindestsatz + Höchstsatz : 2 = Mittelgebühr.

Bei außergerichtlicher Tätigkeit (Nr. 2400 RVG-Vergütungsverzeichnis) ergibt sich also bei einem Gebührenrahmen von 0,5 bis 2,5 eine Mittelgebühr von 1,5. 412

Von dem Grundsatz, dass nach Wertgebühren abzurechnen ist, kennt die RVG jedoch auch **Ausnahmen**. 413

So gibt es z.B. **Festgebühren**, vor allem im Bereich der Beratungshilfe (Nr. 2600 RVG-Vergütungsverzeichnis). Hier entsteht eine betragsmäßig festgeschriebene Gebühr, die unabhängig ist vom Gegenstandswert, vom Aufwand und Umfang der anwaltlichen Tätigkeit etc. 414

Daneben kennt das RVG auch noch **Betragsrahmengebühren**. Diese kommen vor allem in Strafsachen vor und auch in Sozialgerichtsverfahren. Hier ist jeweils ein Mindest- und ein Höchstbetrag vorgesehen. Aus diesem Rahmen bestimmt dann der Anwalt wiederum unter Berücksichtigung der Kriterien des § 14 Abs. 1 RVG die im Einzelfall angemessene Gebühr. 415

Auch hier ist im Normalfall von der sog. Mittelgebühr auszugehen, die sich nach der Formel berechnet: 416

Mindestbetrag + Höchstbetrag : 2 = Mittelgebühr.

Daneben kennt das RVG noch die **angemessene Gebühr** (Nr. 2103 RVG-Vergütungsverzeichnis). Diese Gebühr ist ebenfalls streitwertunabhängig. Ein Rahmen ist dem Anwalt nicht vorgegeben. Er kann hier die Gebühr nach freiem Ermessen selbst bestimmen. 417

In Strafsachen gibt es noch die **Pauschgebühr** (§§ 42, 51 RVG). In bestimmten Fällen kann das OLG oder auch der BGH einem Verteidiger über die gesetzliche Vergütung hinaus einen zusätzlichen Pauschbetrag bewilligen, wenn die gesetzlichen Gebühren nicht ausreichend sind, um die Tätigkeit des Anwalts angemessen zu vergüten. 418

II. Zuständigkeitswert, Gebührenstreitwert, Beschwer

1. Begriffe

Der **Zuständigkeitswert** (§ 2 ZPO) bestimmt, welches Gericht in vermögensrechtlichen Angelegenheiten erstinstanzlich zuständig ist: bis 5000 Euro das Amtsgericht (§ 23 Nr. 1 GVG), darüber hinaus das Landgericht (§ 71 GVG). 419

§ 5 Grundlagen

420 Vom **Gebührenstreitwert** hängt die Höhe der Gerichtskosten und der Anwaltsvergütung ab.

421 Die **Beschwer** (sog. Erwachsenheitssumme) wird anhand des anzufechtenden Urteils ermittelt. Davon hängt es ab, ob die Berufung zulässig oder zuzulassen ist (§ 511 Abs. 2 ZPO). Auch die Zulässigkeit der Gehörsrüge richtet sich danach (§ 321a Abs. 1 Nr. 1 ZPO).

422 Daneben gibt es noch den **Wert des Beschwerdegegenstandes**. Dabei handelt es sich um den in der letzten mündlichen Berufungsverhandlung gestellten Rechtsmittelantrag (siehe dazu *Schneider*, Praxis der neuen ZPO, 2. Aufl., 2003, Rn. 584 ff.; ZAP Fach 13 S. 1185). Er muss sich nicht mit der Beschwer decken, da der Berufungskläger seinen Berufungsantrag ermäßigen oder erweitern darf (§§ 264 Nr. 2, 525 ZPO).

423 Zuständigkeitswert, Beschwerdewert und Gebührenstreitwert sind **selbständig zu ermitteln**.

2. Bindungswirkung

424 Ist der Streitwert für die Entscheidung über die Zuständigkeit des Prozessgerichts oder über die Zulässigkeit des Rechtsmittels festgesetzt worden, dann ist er nach **§ 62 GKG** für die Berechnung der Gebühren maßgebend, sofern nicht in den **§§ 39 ff. GKG Sonderregelungen** enthalten sind (siehe dazu unten Rn. 492 ff.).

425 Von diesen Ausnahmen abgesehen, bleibt für eine Gebührenwertfestsetzung nur Raum, soweit keine Entscheidung nach § 62 GKG ergangen ist. Sinn dieser Regelung ist es, einander widersprechende Gerichtsentscheidungen zu vermeiden. Es soll nicht vorkommen, dass beispielsweise in demselben Verfahren die erstinstanzliche Zuständigkeit des Landgerichts oder die Berufungsbeschwer verneint wird, später aber die Gebühren nach einem Streitwert abgerechnet werden, bei dem die erstinstanzliche Zuständigkeit oder die Rechtsmittelfähigkeit gegeben wäre.

426 Die **Anwälte sind immer** an die Streitwertfestsetzung durch das Gericht **gebunden**, also auch dann, wenn die **Voraussetzungen** des § 62 GKG **nicht gegeben** sind (§ 32 Abs. 1 RVG; ausführlich zur Bindungswirkung unten Rn. 505 ff.).

3. Förmliche Festsetzung

427 Nach § 62 GKG ist der Zuständigkeitswert im Verhältnis zum Gebührenwert nur vorrangig, wenn er für die Zuständigkeit oder die Zulässigkeit eines Rechtsmittels **festgesetzt** worden ist. Erforderlich ist also eine gewollte gerichtliche Entscheidung darüber. Es genügt nicht, dass einfach zur Sache verhandelt wird. Stillschweigen ist keine Festsetzung. Anwendbar ist § 62 GKG also nur, wenn eine **in Worte gefasste** Entscheidung vorliegt. Entschieden werden muss im **Urteil** oder in einem **Verweisungsbeschluss** nach § 281 ZPO.

In der Praxis ergeht stattdessen nicht selten ein **schriftlicher Streitwertbeschluss**, um auf diesem einfachen Weg die Zuständigkeitsfrage zu klären. Das ist aber keine Entscheidung nach § 62 GKG, sondern nur eine vorläufige Kundgabe der Rechtsauffassung des Gerichts zur Zuständigkeit, die in einem von der ZPO dafür nicht vorgesehenen Verfahren verlautbart wird. **Anfechtbar** ist ein solcher Beschluss nur, wenn ihm kein auf die Zuständigkeit folgendes Urteil und kein Verweisungsbeschluss nachfolgt. Dann kann er als anfechtbare Gebührenfestsetzung gedeutet werden (Einzelheiten sind streitig; siehe unten Rn. 768 ff.). 428

4. Rechtsfolgen

Soweit der Zuständigkeitswert durch formgerechte Entscheidung nach § 62 GKG festgesetzt worden ist, darf **keine ihr widersprechende Gebührenwertfestsetzung** mehr vorgenommen werden. 429

Lediglich dann ist noch Raum für eine Gebührenwertfestsetzung, wenn für die Kostenberechnung andere Vorschriften als für die Berechnung des Zuständigkeits- oder Zulässigkeitswertes maßgebend sind (**§§ 39 ff. GKG**). 430

Ferner entfällt eine Bindung im Sinne des § 62 GKG, wenn das Gebührenrecht für die Streitwertfestsetzung von einem **anderen Zeitpunkt** ausgeht als demjenigen, der für die Zuständigkeit oder die Zulässigkeit des Rechtsmittels bestimmend ist. So ist für die Klageerhebung und für die Rechtsmitteleinlegung der Zeitpunkt des **Eingangs** des Schriftsatzes ohne Rücksicht auf eine spätere Veränderung des Streitwerts maßgebend (§ 4 Abs. 1 ZPO), während für die Gebührenberechnung eine Werterhöhung des Streitgegenstandes berücksichtigt werden muss (§ 47 Abs. 2 S. 2 GKG). 431

Da der Gebührenwert grundsätzlich vom Zuständigkeitswert abhängt, ist es ausgeschlossen, die Frage der Zuständigkeit des Gerichts oder der Zulässigkeit des Rechtsmittels in einem Beschwerdeverfahren betreffend den Gebührenstreitwert zu klären. Eine **Abänderung** des **Zuständigkeitswertes** nach § 63 Abs. 3 GKG ist daher auch dann ausgeschlossen, wenn der Zuständigkeitswert offensichtlich falsch festgesetzt worden war. 432

Umgekehrt verhält es sich anders: Ist der Gebührenwert bereits festgesetzt, so hindert das nicht, für die Entscheidung der Zuständigkeit oder der Zulässigkeit des Rechtsmittels einen anderen Wert anzunehmen. Der **Gebührenstreitwert bindet nicht**. Vielmehr wird durch eine spätere Entscheidung zur Zuständigkeit ein früher ergangener Gebührenwertbeschluss überholt und, soweit zu ihm ein Widerspruch besteht, unbeachtlich. 433

5. Bindungsgrenzen

Eine Wertfestsetzung nach § 62 GKG bindet jedoch nur, soweit es um die Erreichung der **Zuständigkeits-** oder **Zulässigkeitsgrenze** geht. Darüber hinaus ist eine Wertabweichung statthaft. Eine ziffernmäßige Bindung tritt nicht einmal dann ein, wenn das Gericht einen ziffernmäßig bestimmten Betrag 434 festgesetzt hat. Hat etwa das Amtsgericht in einem Verweisungsbeschluss den Streitwert auf 7000 Euro festgesetzt, dann ist das Landgericht zwar gehindert, den Streitwert auf 5000 Euro oder weniger festzusetzen. Es darf jedoch den Wertansatz abweichend vom Amtsgericht mit 5500 Euro oder auch mit 7500 Euro beziffern.

6. Beschwerdeausschluss

435 Ist eine Entscheidung nach § 62 GKG ergangen, dann kann diese Feststellung der Zuständigkeit des Prozessgerichts oder der Zulässigkeit des Rechtsmittels nur auf Grund eines **Rechtsmittels** gegen die **Sachentscheidung** abgeändert werden.

436 Bei Verweisungsbeschlüssen nach § 281 ZPO verhält es sich anders, da sie unanfechtbar sind, so dass auch eine in ihnen enthaltene Wertfestsetzung nicht angreifbar ist.

437 Im Ergebnis wären daher Entscheidungen nach § 62 GKG hinsichtlich der Zuständigkeits- oder Zulässigkeitsgrenze (siehe vorstehend Rn. 434) nur als Urteile korrigierbar. Das wiederum ist **nach neuem Recht** nicht möglich, weil eine Berufung nicht darauf gestützt werden kann, das Gericht des ersten Rechtszuges habe seine Zuständigkeit zu Unrecht bejaht (§ 513 Abs. 2 ZPO; siehe OLG Karlsruhe MDR 2003, 1071 = FamRZ 2003, 1848). Im Ergebnis ist diese Rechtslage sehr unbefriedigend, da sie zum Bestandsschutz fehlerhafter Zuständigkeitsbeschlüsse führt. Eine höchstrichterliche Überprüfung dieses Problems ist möglich, wenn das Oberlandesgericht die Berufung durch Beschluss verwirft, weil dann immer die Rechtsbeschwerde gegeben ist (§ 522 Abs. 1 S. 4 ZPO). Siehe dazu auch unten Rn. 769 f.

III. Eigenständige Gebührenstreitwerte

438 In einigen Rechtsbereichen ist die **Bindung** des Gebührenstreitwertes an den **Zuständigkeitsstreitwert** aus sozialen Gründen **aufgehoben** worden. In Rechtsstreitigkeiten, die für die Parteien von existenzieller Bedeutung sind, soll die Rechtsverfolgung nicht durch zu hohe Gerichtskosten und Anwaltsvergütungen erschwert oder gar unmöglich gemacht werden.

1. Miet- und Pachtsachen

439 Bei Miet- und Pachtverhältnissen ist für die Bestimmung der **Eingangszuständigkeit** des Gerichts der Betrag des auf die gesamte streitige Zeit entfallenden Miet- oder Pachtzinses maßgebend, höchstens jedoch der 25-jährige Betrag (**§ 8 ZPO**).

440 Würde diese Regelung auf den Gebührenstreitwert übertragen, dann könnten die Kosten eines Rechtsstreits im Kündigungsprozess wegen Wohnraums für die Parteien den finanziellen Ruin bedeuten. Bei einer Wohnungsmiete von

monatlich 600 Euro beliefe sich der Höchststreitwert nach § 8 ZPO auf 600 x 12 x 2,5 = 180 000 Euro. Bei Durchführung des Rechtsstreites betrüge schon die nach diesem Streitwert berechnete Vergütung eines einzigen Prozessbevollmächtigten 5000 Euro oder mehr. Deshalb hat der Gesetzgeber in **§ 41 GKG** den Streitwert für die Gebührenberechnung herabgesetzt auf höchstens den einjährigen Zins.

a) Eingangswert

Für die Eingangszuständigkeit bei Mietstreitigkeiten über Wohnraum kommt es wegen § 23 Nr. 2a GVG nicht auf die Berechnung nach § 41 GKG an, weil dafür das Amtsgericht unabhängig von der Höhe des Streitwertes sachlich zuständig ist. 441

Für Mietverhältnisse, die **keinen Wohnraum** betreffen, greift die Unterscheidung jedoch. Wird beispielsweise ein für drei Jahre abgeschlossener gewerblicher Mietvertrag bei einer Monatsmiete von 1000 Euro und einer Restmietzeit von zwei Jahren fristlos gekündigt und auf Räumung geklagt, dann beträgt der Zuständigkeitsstreitwert (1000 x 12 x 2 =) 24 000 Euro (§ 8 ZPO). Das Landgericht ist sachlich zuständig. Der Gebührenstreitwert, nach dem sich die Anwaltsvergütung richtet, beträgt jedoch nur (1000 x 12 =) 12 000 Euro (§ 41 GKG). 442

b) Berufungssumme

Besonders wichtig wird diese korrekte Unterscheidung, wenn es um die Berechnung der Berufungssumme geht. Sie darf nicht nach § 41 GKG berechnet werden, weil insoweit **nur** die **§§ 2-9 ZPO** anwendbar sind. Dagegen verstoßen Berufungs-Mietkammern immer wieder bei **Mieterhöhungsklagen**. Bei ihnen berechnet sich der Gebührenstreitwert nach dem jährlichen Erhöhungsbetrag, der die Berufungssumme von 600 Euro (§ 511 Abs. 2 Nr. 1 ZPO) nach § 9 S. 1 ZPO erst überschreitet, wenn eine monatliche Erhöhung von mehr als 14,29 Euro gefordert wird. Berechnung: (600 : 3,5 Jahre) : 12 Monate = 14,29. Unter Berufung auf den nur für den Gebührenstreitwert maßgebenden **§ 41 Abs. 5 GKG** (Jahresbetrag) werden dann Berufungen wegen vermeintlich nicht hinreichender Beschwer als unzulässig verworfen, obwohl die Zulässigkeit bei richtiger Berechnung nach **§ 9 S. 1 ZPO** bejaht werden müsste. 443

Es gibt sogar Berufungskammern, die um ihrer Entlastung willen vorsätzlich gegen das Gesetz verstoßen. So hat sich das LG Darmstadt (NJW-RR 1997, 757) kurzerhand über die eindeutige Rechtsprechung des **Bundesverfassungsgerichts** hinweggesetzt. In dessen in NJW 1996, 1531 veröffentlichtem Beschluss ist ausgeführt, dass sich die Berufungsbeschwer in Mieterhöhungssachen nach § 9 ZPO richtet und diese Vorschrift ihrem Inhalt nach eindeutig und keiner abweichenden Auslegung zugänglich ist. Gleichwohl hat das LG Darmstadt den § 41 Abs. 5 GKG angewandt und den Streitwert bewusst falsch so niedrig angesetzt, dass die Berufungsbeschwer nicht erreicht worden ist. Dabei hat es nicht einmal die Bindungswirkung des § 31 BVerfGG beachtet. 444

2. Unterhaltssachen; Renten

445 **a)** Vergleichbare Probleme ergeben sich in Unterhaltssachen. Sie sind für Zuständigkeit und Beschwer in § 9 ZPO als „wiederkehrende Leistungen" geregelt und werden nach dem dreieinhalbfachen Wert des einjährigen Bezuges berechnet. Gebührenrechtlich hingegen ist nur der Jahresbetrag maßgebend (**§ 42 Abs. 1 S. 1 GKG**). Wird beispielsweise erhöhter Unterhalt von monatlich 50 Euro eingeklagt, dann beträgt der Gebührenstreitwert 600 Euro, der Beschwerdewert bei voller Verurteilung oder voller Klageabweisung jedoch (3,5 x 50 x 12 =) 2100 Euro, so dass die Berufung zulässig ist (§ 511 Abs. 2 Nr. 1 ZPO).

446 **b)** Bei einer **Schadensersatz-** oder **Schmerzensgeldrente** nach einem Verkehrsunfall beläuft sich der Gebührenstreitwert auf den fünffachen Jahresbetrag (**§ 42 Abs. 2 S. 1 GKG**). Das war ursprünglich ebenfalls als soziale Vergünstigung gedacht, da der Zulässigkeits- und Beschwerdewert nach § 9 ZPO a.F. mit dem zwölfeinhalbfachen oder gar fünfundzwanzigfachen Jahresbetrag zu berechnen war. Nach der seit 1993 geltenden Neufassung des § 9 ZPO ist nur noch der dreieinhalbfache Jahresbetrag maßgebend. Das hat zu der kuriosen Rechtslage geführt, dass der aus sozialen Gründen gering gehaltene Gebührenstreitwert des § 42 Abs. 2 GKG nunmehr wesentlich höher sein kann als der Zuständigkeitswert (*Lappe* NJW 1994, 1189; *Wieczorek/Schütze/Gamp*, ZPO, 3. Aufl., 1994, § 9 Rn. 28 ff.; siehe auch unten Rn. 492).

3. Klage und Widerklage

447 Auf rein prozessualen Erwägungen beruht das Auseinanderfallen von Zuständigkeits- und Gebührenstreitwert bei Klage und Widerklage (ausführlich *Schneider/Herget*, Streitwert-Kommentar, 12. Aufl., 2007, Rn. 3083 ff.). Von dem Grundsatz der Wertaddition für selbständige Ansprüche (§ 39 Abs. 1 GKG) macht **§ 5 ZPO** eine Ausnahme. Das **Additionsverbot** für Klage und Widerklage soll verhindern, dass vom Amtsgericht an das Landgericht verwiesen wird, obwohl keiner der Ansprüche für sich allein die landgerichtliche Zuständigkeit begründen würde. Für den **Gebührenstreitwert** gilt diese Einschränkung nicht. Die mit Klage und Widerklage geltend gemachten Ansprüche werden zusammengerechnet (**§ 45 Abs. 1 S. 1 GKG**).

448 Die Regelung des § 5 Abs. 2 Halbs. 2 ZPO gilt jedoch nur für die **sachliche** Zuständigkeit des Amtsgerichts. Sie ist **nicht** maßgebend für die Berechnung der **Berufungsbeschwer**. Wer mit Klage und Widerklage unterliegt, ist **doppelt beschwert**, so dass sich für ihn die Berufungssumme nach der doppelten Beschwer berechnet (**Grundsatz der materiellen Beschwer**).

449 So verhält es sich auch, wenn der Beklagte sich mit Hilfsaufrechnung verteidigt und insgesamt unterliegt, also auf die Klage hin unter gleichzeitiger Verneinung des Aufrechnungsanspruches verurteilt wird (§§ 322 Abs. 2 ZPO, 45 Abs. 1 S. 2 GKG).

450 Um sich der Sachprüfung entziehen und Berufungen verwerfen zu können, wollen einige Landgerichte das Additionsverbot des § 5 Abs. 2 Halbs. 2 ZPO für

Klage und Widerklage **auch** auf die Berechnung der **Berufungsbeschwer** anwenden. Das ist **unzulässig** und widerspricht ganz herrschender Ansicht (*Stein/Jonas/Roth*, ZPO, 22. Aufl., 2003, § 5 Rn. 36; *Musielak/Heinrich*, ZPO, 5. Aufl., 2007, § 5 Rn. 14; *Schneider* NJW 1992, 2680). Die gegenteilige Auffassung würde zu dem wirtschaftlich absurden Ergebnis führen, dass ein Beklagter, der zur Klage in Höhe von 600 Euro und zur Widerklage in Höhe von 550 Euro verurteilt worden ist, keine Berufung einlegen könnte, obwohl das Urteil ihn in Höhe von 1150 Euro beschwert.

4. Stufenklage

Bei der Stufenklage (§ 254 ZPO) verhält es sich genau umgekehrt (ausführlich *Schneider/Herget*, Streitwert-Kommentar, 12. Aufl., 2007, Rn. 5099 ff.). Für die Ermittlung der **Eingangszuständigkeit** sind nach § 5 ZPO die **Streitwerte** der Ansprüche auf Auskunft (Rechnungslegung, Vorlage eines Vermögensverzeichnisses) und auf Herausgabe der letztlich geschuldeten Leistung **zusammenzurechnen**, wobei vereinzelt auch ein Additionsverbot wegen wirtschaftlicher Identität angenommen wird (vgl. *Zöller/Herget*, ZPO, 26. Aufl., 2007, § 3 Rn. 16 unter „Stufenklage"). 451

Davon abweichend ist für den **Gebührenstreitwert** nur der höhere Wert der verbundenen Ansprüche maßgebend. Es findet also keine Wertaddition statt (**§ 44 GKG**). Höherwertig ist dabei immer der Leistungsanspruch, weil der Auskunftsanspruch nur dessen Vorbereitung dient. 452

IV. Zeitpunkt der Wertberechnung

1. Wertänderungen

Für die Berechnung des **Zuständigkeitswertes** oder des Rechtsmittelwertes ist der Zeitpunkt der Einreichung der Klage oder der Einlegung des Rechtsmittels maßgebend (**§ 4 Abs. 1 ZPO**) (ausführlich *Schneider/Herget*, Streitwert-Kommentar, 12. Aufl., 2007, Rn. 160 ff.). 453

Die entsprechende Regelung für das **Gebührenrecht** findet sich in § 40 GKG: Für die Wertberechnung ist der Zeitpunkt der **die Instanz einleitenden Antragstellung** entscheidend. Danach bleibt es unberücksichtigt, wenn sich der Substanzwert des Streitgegenstandes (nicht bloß dessen Wertschätzung!) nachträglich verändert. Große Bedeutung hat das nicht. Einschlägige Fälle kommen kaum vor, etwa wenn sich bei der Klage auf Herausgabe von Aktien deren Kurswert verändert oder der Goldwert bei einer Klage auf Herausgabe von Goldbarren oder wenn sich der Verkehrswert eines Wohnhauses durch Brandschaden oder Verfall der Immobilienpreise verändert. Der Streitwert für Zuständigkeit und Gebührenberechnung bleibt davon unberührt. Das gilt aber nicht, wenn der Antragsteller den Streitgegenstand ändert (§ 47 Abs. 2 S. 2 GKG; nachstehend Rn. 455 ff.). 454

2. Antragsänderungen

455 Zu Änderungen eines schon gestellten Antrags kommt es in der Praxis ständig, etwa weil eine Schadensersatzklage wegen zwischenzeitlich festgestellter weiterer Schäden erhöht wird oder weil neben dem Sachschaden im Verlaufe des Rechtsstreits auch Ersatz für Heilungskosten verlangt wird. Solche Änderungen sind streitwertmäßig beachtlich.

a) Amtsgerichtliches Verfahren

456 Hinsichtlich des **Zuständigkeitswertes** im amtsgerichtlichen Verfahren gibt es dazu die Sonderregelung des **§ 506 ZPO**. Wird vor dem Amtsgericht die Klage über den Eingangsstreitwert „bis 5000 Euro" hinaus erweitert oder eine Widerklage mit einem 5000 Euro übersteigenden Streitwert eingelegt, dann ist der Rechtsstreit auf Antrag an das Landgericht zu verweisen. Ob in diesem Fall eine Hinweispflicht des Gerichts nach § 504 ZPO besteht, ist streitig (siehe *Musielak/Wittschier*, ZPO, 5. Aufl., 2007, § 504 Rn. 2), wird aber überwiegend bejaht.

457 **Landgerichtliche Berufungskammern** haben diese Möglichkeit jedoch nicht. Es ist unzulässig, im landgerichtlichen Berufungsverfahren analog § 506 ZPO den Rechtsstreit auf Antrag an die erstinstanzliche Zivilkammer oder gar an das Oberlandesgericht zu verweisen (*Schneider* MDR 1997, 221; BGH NJW 1996, 891).

458 Für **Änderungen** des **Streitgegenstandes** ist auch im amtsgerichtlichen Verfahren die Vorschrift des **§ 261 Abs. 3 Nr. 2 ZPO** zu berücksichtigen. Danach wird die Zuständigkeit des Prozessgerichts durch eine Veränderung der sie begründenden Umstände nicht berührt. Solche Umstände sind beispielsweise Wohnortwechsel des Beklagten oder Zuständigkeitsänderungen auf Grund Gesetzes oder eines Wechsels der höchstrichterlichen Rechtsprechung. Abgesehen von diesen klaren Fällen ist das Verhältnis der §§ 4, 261 Abs. 3 Nr. 2, 264 Nr. 2 und 506 ZPO reichlich kompliziert und nur schwer verständlich.

459 Die **§§ 4 ZPO** und **47 GKG** meinen nur die Bewertung des in seiner **Identität unveränderten Streitgegenstandes**. Beispielsweise bleibt ein nachträglicher wertmindernder Defekt an dem mit der Klage herausverlangten Motorrad ohne Einfluss auf Zuständigkeit und Gebühren. Das entspricht der Regelung in § 261 Abs. 3 Nr. 2 ZPO. Danach wird die Zuständigkeit des Prozessgerichts durch eine Veränderung der sie begründenden Umstände nicht berührt. Gemeint sind auch damit nur solche „Umstände", die den Streitgegenstand nicht verändern. Wenn der Beklagte während des Rechtsstreits umzieht, kann er nicht erwarten, dass der Prozess an seinem neuen Wohnort fortgeführt wird. Die Erhaltung der einmal begründeten **Zuständigkeit** des Gerichts trotz Veränderung der Umstände nennt man **perpetuatio fori**.

460 Ändert sich hingegen der **Streitgegenstand** selbst, etwa durch **Klageerweiterung, Klageänderung** oder **Widerklage**, dann ist § 261 Abs. 3 Nr. 2 ZPO unanwendbar. Die zunächst begründete Zuständigkeit kann entfallen, und das kann eine erneute Prüfung notwendig machen (*Stein/Jonas/Schumann*, ZPO, 21. Aufl.,

1997, § 261 Rn. 83; MünchKommZPO/*Schwertfeger*, 2. Aufl., 2000, § 4 Rn. 7). Die Vorschrift des § 261 Abs. 3 Nr. 2 ZPO ordnet eben nicht das Fortbestehen der Zulässigkeit einer Klage im Ganzen an. Es gibt keinen Grundsatz, wonach eine zulässige Klage auch zulässig bleibt (MünchKommZPO/*Lüke*, § 261 Rn. 83). Klageänderung, Antragserweiterung, Widerklage oder **Zwischenfeststellungsklage** nach § 256 Abs. 2 ZPO begründen eine neue Rechtshängigkeit und machen deshalb eine neue Zuständigkeitsprüfung nötig (*Butzer* NJW 1993, 2649). Auswirkungen hat das für die Zuständigkeit des Amtsgerichts wegen des dadurch begründeten Rechts **jeder** Partei, die Verweisung an das zuständige Landgericht zu beantragen (§ 506 Abs. 1 ZPO).

b) Landgerichtliches Verfahren

Beim Landgericht ist eine den Streitgegenstand verändernde **Erhöhung** der Klage belanglos. Dadurch wird das Landgericht nur „noch zuständiger". 461

Auch eine **Ermäßigung** der Klage beeinflusst nicht die einmal gegebene Zuständigkeit des Landgerichts. Eine spätere Verminderung des Streitwertes unter gleichzeitiger Änderung des Streitgegenstands wird als ein „Umstand" im Sinne des § 261 Abs. 3 Nr. 2 ZPO angesehen, der an der Zuständigkeit nichts ändert und keine Verweisung vom Landgericht an das Amtsgericht ermöglicht. 462

Ermäßigt der **Berufungskläger** allerdings seinen Berufungsantrag so sehr, dass der Wert des Beschwerdegegenstandes (oben Rn. 422) nicht mehr die Erwachsenheitssumme des § 511 Abs. 2 Nr. 1 ZPO erreicht, dann wird die Berufung unzulässig (MünchKommZPO/*Rimmelspacher*, Aktualisierungsband 2002, § 511 Rn. 52; *Thomas/Putzo*, ZPO, 27. Aufl., 2005, § 4 Rn. 5). 463

Beim **Amtsgericht** verhält es sich entsprechend. Dort ist die Verminderung des Streitwertes durch Antragsermäßigung unbeachtlich, weil sie an seiner Zuständigkeit nichts ändern kann. Nur der Gebührenstreitwert sinkt ab. 464

c) Verweisung

Bei der Erhöhung des Streitwertes unter gleichzeitiger Streitgegenstandsänderung kommt zunächst eine Verweisung nach **§ 281 ZPO** in Betracht (*Stein/Jonas/Leipold*, ZPO, 21. Aufl., 1997, § 281 Rn. 34). Diese Vorschrift behandelt die anfänglich **örtliche oder sachliche** Zuständigkeit und gestattet die Verweisung nur auf Antrag des Klägers. 465

Eine wesentlich weitergehende Verweisungsmöglichkeit, die aber auf das amtsgerichtliche Verfahren beschränkt ist, enthält die Vorschrift des **§ 506 ZPO** (oben Rn. 456 ff.). Sie regelt nur die nachträglich eintretende **sachliche** Unzuständigkeit, auf die sich aber – anders als nach § 281 ZPO – jede Partei berufen kann; jede ist berechtigt, einen Verweisungsantrag zu stellen. Die Voraussetzungen für eine Verweisung nach § 281 ZPO und § 506 ZPO können beim Amtsgericht dann zusammentreffen, wenn es von vornherein unzuständig war (*Thomas/Putzo*, ZPO, 27. Aufl., 2005, § 506 Rn. 2). 466

§ 5 Grundlagen

467 Anwendbar ist § 506 ZPO bei Erhebung einer **Widerklage, Erweiterung** des **Klageantrages** und Erhebung einer **Zwischenfeststellungsklage** nach § 256 Abs. 2 ZPO (unten Rn. 2080). In diesen Fällen kann es zu einer Verweisung des Rechtsstreits im Ganzen kommen (MünchKommZPO/*Deubner*, 2. Aufl., 2000, § 506 Rn. 1). Insoweit handelt es sich tatsächlich um eine Ausnahme, aber nicht von § 261 Abs. 3 Nr. 2, wie immer wieder angenommen wird (*Zöller/Herget*, ZPO, 26. Aufl., 2007, § 506 Rn. 1; *Baumbach/Hartmann*, ZPO, 65. Aufl., 2007, § 506 Rn. 1), sondern um eine **Ausnahme von § 281 ZPO**. Wird beispielsweise eine Widerklage über 4000 Euro erhoben, ohne dass die besonderen Voraussetzungen des Gerichtsstandes des § 33 ZPO gegeben sind, und ist auch kein allgemeiner Gerichtsstand des Beklagten bei diesem Gericht begründet, dann darf der Wert der Widerklage für die Berechnung der Eingangszuständigkeit nicht mit dem Wert der Klage addiert werden (§ 5 ZPO). Da der Widerklageanspruch der Höhe nach nicht zur Zuständigkeit des Landgerichts gehört, ist auch § 506 ZPO unanwendbar. Jedoch greift § 281 ZPO ein. Der Kläger ist nach **§ 504 ZPO** als Widerbeklagter auf die wegen Fehlens eines (örtlichen) Gerichtsstandes bestehende Unzuständigkeit des Amtsgerichts hinzuweisen. Das hat zur Folge, dass der Kläger die Unzuständigkeit des Gerichts rügen kann. Dem Beklagten und Widerkläger bleibt dann nichts anderes übrig, als entweder die Verweisung an das für den Kläger zuständige Amtsgericht zu beantragen oder zu riskieren, dass seine Widerklage als unzulässig abgewiesen wird. Eine Verweisung des gesamten Rechtsstreits kommt nicht in Betracht.

V. Rechtsanwendungsprobleme

1. Berufungsinstanz

468 Landgerichtliche Berufungskammern versuchen immer wieder, durch **fehlerhafte Anwendung** des § 506 ZPO in der zweiten Instanz Rechtsstreitigkeiten abzustoßen. Wie schon oben erwähnt (Rn. 457), ist das unzulässig. Das gilt erst recht für eine Verweisung durch die Berufungskammer an das Oberlandesgericht als Berufungsgericht. Auch das ist schon versucht worden (BGH NJW-RR 1996, 891).

2. Prozessverbindung und Trennung

469 Die Vorschrift des § 506 ZPO ist nur anwendbar, wenn die Prozesslage **durch die Parteien** verändert worden ist. Verbindet das Amtsgericht zwei bei ihm anhängige Klagen (§ 147 ZPO), dann bleibt es für beide Klagen zuständig. Eine Wertaddition für die **Eingangszuständigkeit** unterbleibt (ebenso wie nach § 5 ZPO). Nur der **Gebührenstreitwert** erhöht sich durch Addition (§§ 39, 45 GKG). Das entspricht dem für das Gebührenrecht maßgebenden Grundsatz des § 40 GKG, wonach der Wert nach dem die Instanz einleitenden jeweiligen Antrag zu berechnen ist, auch im Rechtsmittelverfahren (§ 47 Abs. 2 S. 1 GKG). Jede Antragsänderung zieht eine neue Berechnung des Streitwertes nach sich (§ 47

Abs. 2 S. 2 GKG). Die Anwaltsgebühren werden nach dem neuen Streitwert berechnet. Erhöht er sich, dann fallen höhere Gebühren an. Ermäßigt er sich, dann fallen zwar niedrigere Gebühren an; der bereits nach einem höheren Streitwert erworbene Vergütungsanspruch bleibt aber erhalten.

Bei der **Prozessverbindung** wirkt sich das so aus, dass die Gebühren sich bis zur Verbindung nach getrennten Streitwerten berechnen, ab Verbindung nach dem neuen Gesamtstreitwert, der durch Addition der Einzelwerte der verbundenen Sachen ermittelt wird. 470

Bei der **Prozesstrennung** (§ 145 ZPO) verhält es sich umgekehrt. Bis zur Trennung ist von einem einheitlichen Streitwert auszugehen, danach sind die getrennten Verfahren selbständig zu bewerten. 471

3. Anerkenntnis

Fehlerhaft wird oft der maßgebende Zeitpunkt bei Abgabe eines Anerkenntnisses nach § 307 ZPO berechnet. **Vier Stadien** sind dabei zu unterscheiden: 472
– das schriftsätzliche Anerkenntnis
– seine Abgabe in der mündlichen Verhandlung
– der Antrag des Klägers auf Erlass eines Anerkenntnisurteils
– und dessen Verkündung.

Keiner dieser Vorgänge verändert den Streitwert. Der Grund dafür ist, dass der anerkennende Beklagte auch durch den Erlass eines Anerkenntnisurteils materiell in Höhe der Verurteilungssumme beschwert wird. Er könnte daher Berufung einlegen mit der Begründung, das Gericht sei zu Unrecht von einem Anerkenntnis ausgegangen (BGHZ 22, 46 = NJW 1957, 21). 473

Der Streitwert kann sich daher nur **nach Verkündung** des Anerkenntnisurteils verändern, etwa wenn es sich um ein Teilanerkenntnisurteil handelt und fortan nur noch über den streitig gebliebenen Restanspruch verhandelt wird. 474

4. Erledigung der Hauptsache

Etwas anders verhält es sich bei der Erledigung der Hauptsache (§ 91a ZPO). Die **übereinstimmenden** Erledigungserklärungen sind in der mündlichen Verhandlung abzugeben oder durch Einreichung entsprechender Schriftsätze. Das ist dann der maßgebende Zeitpunkt für die Wertänderung. 475

Wie es sich bei der **einseitigen** Erledigungserklärung verhält, ist äußerst umstritten. Im Wesentlichen stehen sich zwei Meinungen gegenüber: Die einseitige Erledigungserklärung ändere den Streitgegenstand nicht, so dass auch keine Wertänderung eintrete. Die andere Auffassung, vor allem vertreten vom Bundesgerichtshof, meint, ab einseitiger Erledigungserklärung „schrumpfe" der Streitwert auf den Kostenwert (siehe unten Rn. 572 ff.). 476

§ 6 Methodik der Wertermittlung

I. Vorgehen anhand der Bewertungsvorschriften

1. Vorgeschriebene Wertangaben

477 Es gibt zwei Bestimmungen, die dem Kläger eine Wertangabe vorschreiben:

- **§ 253 Abs. 3 ZPO**
Die **Klageschrift** soll die Angabe des Wertes des Streitgegenstandes enthalten, wenn hiervon die Zuständigkeit des Gerichts abhängt und der Streitgegenstand nicht in einer bestimmten Geldsumme besteht.

- **§ 61 GKG**
Bei jedem **Antrag** ist der Wert des (Gebühren-)Streitwerts anzugeben, sofern er nicht in einer bestimmten Geldsumme besteht oder sich aus früheren Anträgen ergibt. Auf Erfordern des Gerichts ist auch der Wert eines Teils des Streitgegenstandes anzugeben.

478 Entsprechend diesen Geboten in der ZPO und dem GKG gibt es auch verschiedene Vorschriften für die Ermittlung des Wertes des Streitgegenstandes. Die **§§ 3–9 ZPO** handeln von dem Streitwert, der für die **sachliche Zuständigkeit** oder für die **Beschwer** beim Einlegen eines Rechtsmittels maßgebend ist. Die **§§ 39 ff. GKG** stellen klar, nach welchem Streitwert die **Gerichtskosten** und die **Anwaltsgebühren** zu berechnen sind. Zuständigkeitsstreitwert und Gebührenstreitwert decken sich jedoch meist, da § 48 Abs. 1 S. 1 GKG auf die §§ 3–9 ZPO ergänzend Bezug nimmt. Diese Verweisung gilt indessen nur, soweit nicht Sonderregelungen des GKG oder anderer Gesetze eingreifen.

2. Gesetzessystematik

479 Die Systematik der Streitwertvorschriften beider Gesetze ist im Wesentlichen gleich. Sie enthalten einen Katalog typischer Streitigkeiten und geben jeweils an, welche Bewertungsmaßstäbe dafür gelten. Das hört sich ganz einfach an, ist im Grunde auch einfach. Allerdings gilt das nur für den, der die einschlägigen Vorschriften kennt und den Denkweg ihrer Anwendung beherrscht. Daran fehlt es oft.

480 Im Streitwertrecht wirkt es sich nicht selten aus, dass ein Anwalt nicht damit vertraut ist, wie die **Prüfung** bei der Suche der jeweils einschlägigen **Bewertungsvorschrift gedanklich** abläuft. Stellen wir als einfaches Beispiel einmal die Frage, wie Feststellungsklagen zu bewerten sind. Die Antwort wird lauten: „Nach § 3 ZPO." Dann kommt die Gegenfrage: „Wieso? Wo steht das?" Und die Antwort: „Das steht in den Kommentaren." Oder „So hat der BGH entschieden." Aber das ist keine Begründung. Und wer nur diese Antwort zu geben vermag, wird in schwierigen Bewertungsfällen hilflos in den Kommentaren blättern.

Geht es um **Zuständigkeit** und **Beschwer**, dann lassen sich die Antworten verhältnismäßig einfach anhand der §§ 3–9 ZPO finden. Geht es um das für den Anwalt weit wichtigere **Gebührenrecht**, dann wird es komplizierter. Der gedankliche Ablauf bei der Bewertung einer Feststellungsklage ist folgender:

Nach § 48 Abs. 1 S. 1 Halbs. 2 GKG sind zunächst einmal die Vorschriften des **Gerichtskostengesetzes** anzuwenden. Soweit diese keine Sonderregelung enthalten, sind die **§§ 3–9 ZPO** einschlägig (§ 48 Abs. 1 S. 1 Halbs. 1 GKG). Die Bewertung von Feststellungsklagen ist im Gerichtskostengesetz nicht geregelt, so dass auf die §§ 3–9 zurückzugreifen ist:

Die §§ 4–9 ZPO enthalten keine besondere Bewertungsregelung für Feststellungsklagen. Deshalb ist der Wert nach **§ 3 ZPO** zu schätzen. Um das herauszufinden, bedarf es daher keiner Kommentare und keiner höchstrichterlichen Rechtsprechung; die Antwort ergibt sich unmittelbar aus dem Gesetz.

II. Prüfungs-Schema

Dieser gedankliche Weg ist immer einzuhalten, wenn die Antwort auf eine Streitwertfrage gesucht wird. Dann ist entsprechend dem nachfolgenden Prüfungs-Schema vorzugehen.

1. Vermögensrechtlich oder nichtvermögensrechtlich?

Erster Schritt: Für vermögensrechtliche und nichtvermögensrechtliche Vorschriften gelten grundverschiedene Bewertungsregeln. Da die Klageanträge in nichtvermögensrechtlichen Streitigkeiten unbeziffert sind, scheidet die Anknüpfung an einen zahlenmäßigen Wert wie etwa bei Forderungen oder dem Verkehrswert einer Sache aus. Deshalb sieht **§ 48 Abs. 2 S. 1 GKG** vor, dass der Wert des Streitgegenstandes unter Berücksichtigung aller Umstände des Einzelfalles, insbesondere des Umfangs und der Bedeutung der Sache und der Vermögens- und Einkommensverhältnisse der Parteien nach Ermessen zu bestimmen ist. Lediglich in **Ehesachen** und in **Kindschaftssachen** sind in § 48 Abs. 3 GKG und für **besondere Familiensachen** in §§ 46, 49, 53 Abs. 2 GKG Eckwerte für die Berechnung festgeschrieben. Darüber hinaus gibt es aber zahlreiche nichtvermögensrechtliche Streitigkeiten und dementsprechend auch Einordnungszweifel.

Begrifflich werden unter **nichtvermögensrechtlichen Streitigkeiten** solche verstanden, die nicht auf Geld oder Geldeswert gerichtet sind und auch nicht aus vermögensrechtlichen Verhältnissen entspringen (RGZ 144, 159). Umgekehrt werden als **vermögensrechtlich** solche Ansprüche eingeordnet, mit denen Geld oder geldwerte Leistungen verlangt werden, mögen sie aus einem vermögensrechtlichen oder aus einem nichtvermögensrechtlichen Grundverhältnis entspringen.

Welche „**Rechtsnatur**" (BGH JZ 1982, 512) ein **Anspruch** hat, kann im Einzelfall zweifelhaft sein. Unterhaltspflichten folgen aus familienrechtlichen und damit nichtvermögensrechtlichen Beziehungen, werden aber, weil sie auf Geld ausgerichtet sind, den vermögenswerten Leistungen zugerechnet (BGH a.a.O.)

488 Als **nichtvermögensrechtlich** sind **beispielsweise** eingeordnet worden Ansprüche auf Herausgabe eines Tagebuches (KG JurBüro 1969, 1190) oder auf Einsicht in Personalakten (OLG Köln JurBüro 1980, 528).

489 Bei dem Anspruch auf Unterlassung kreditgefährdender Behauptungen wird die Einordnung schon zweifelhaft. Soweit dadurch die Abwehr drohender Vermögensschäden bezweckt wird, ist das Begehren des Klägers als vermögensrechtlich einzuordnen. Geht es um seine Berufsehre, dann überwiegt die nichtvermögensrechtliche „Rechtsnatur" (BGH NJW-RR 1990, 1276).

490 Dieses Beispiel zeigt auch, dass Ansprüche aus beiden Bereichen miteinander **verzahnt** sein können. Dem trägt **§ 48 Abs. 4 GKG** Rechnung: Ist mit einem nichtvermögensrechtlichen Anspruch ein aus ihm hergeleiteter vermögensrechtlicher Anspruch verbunden, so ist nur ein Anspruch, und zwar der höhere, maßgebend.

491 Voraussetzung dafür ist natürlich, dass **zwei selbständige Ansprüche** verfolgt werden. Es geht also nicht an, bei einer Bewertungskontroverse zu einem einzigen Antrag unter Berufung auf § 48 Abs. 3 GKG kurzerhand derjenigen Ansicht zu folgen, die zum höchsten Streitwert führt. Beispielsweise ist die Bewertung der Ablehnung eines Richters wegen Besorgnis der Befangenheit sehr umstritten. Vielfach wird der Wert der Hauptsache angenommen und damit konkludent eine vermögensrechtliche Angelegenheit bejaht. Andere wiederum setzen nur einen Bruchteil des Hauptsachewertes an. Die dritte Auffassung schließlich sieht darin eine nichtvermögensrechtliche Angelegenheit (siehe zum Streitstand OLG Frankfurt, AGS 2006, 299 mit Anm. *Schneider*). In solchen Fällen muss man sich für diejenige Auffassung entscheiden, die man selbst für richtig hält, und danach bewerten.

2. Es ist etwas anderes bestimmt

492 **Zweiter Schritt:** Für die Bewertung **vermögensrechtlicher Angelegenheiten** gibt es eine Reihe von Vorschriften, die jedoch sehr kasuistisch gefasst und außerdem noch in verschiedenen Gesetzen enthalten sind. Nach **§ 48 Abs. 1 S. 1 GKG** sollen in erster Linie die für die Zuständigkeit des Prozessgerichts oder die Zulässigkeit des Rechtsmittels maßgebenden Bestimmungen der **§§ 3–9 ZPO** gelten. Das wird jedoch eingeschränkt durch den Nebensatz „**soweit nichts anderes bestimmt ist**". Tatsächlich verhält es sich genau umgekehrt. Es ist so viel „anderes bestimmt", dass die § 3–9 ZPO nur ergänzend eingreifen.

493 Als nächstes muss man sich deshalb einen **Überblick** über die in Betracht kommenden Vorschriften verschaffen, die zur Übersicht nachstehend zusammengestellt werden:

a) GKG-Vorschriften

- **§ 41 GKG**

Miet-, **Pacht-** und ähnliche **Nutzungsverhältnisse**. Aus sozialen Gründen sind ihre Streitwerte für das Gebührenrecht im Verhältnis zu den Zuständigkeitswerten des § 8 ZPO wesentlich vermindert worden. Die Rechtsprechung hat sich mittlerweile zu einer Art „Bewertungs-Dschungel" entwickelt (vgl. *Zöller/ Herget*, ZPO, 26. Aufl., 2007, § 3 Rn. 16 unter „Mietstreitigkeiten").

494

- **§ 42 GKG**

Wiederkehrende Leistungen (ausführlich *Schneider/Herget*, Streitwert-Kommentar, 12. Aufl., 2007, Rn. 6270 ff.). Hierbei handelt es sich um Unterhaltsansprüche, Schadensersatzrenten und Ansprüche aus öffentlich-rechtlichen Dienstverhältnissen. Wiederum sind die Gebührenstreitwerte aus sozialen Gründen ermäßigt worden. Das gilt aber nur gegenüber § 9 ZPO a.F. Bei der Neufassung dieser Vorschrift hat der Gesetzgeber geschlafen. Er hat die ursprünglichen Werte der zwölfeinhalbfachen oder fünfundzwanzigfachen Jahresbeträge herabgesetzt auf den dreieinhalbfachen Wert des einjährigen Bezuges, dabei aber den Zusammenhang mit § 42 GKG übersehen. Das hat zu dem Kuriosum geführt, dass die auf sozialen Erwägungen beruhende Absenkung des Gebührenstreitwertes für Schadensersatzrenten im Verhältnis zu § 9 ZPO zu einer Mehrbelastung der Parteien führt. Schadensersatzrenten sind nämlich mit dem fünffachen Jahresbetrag zu bewerten (§ 42 Abs. 2 S. 1 GKG).

494a

- **§ 44 GKG**

Stufenklage (§ 254 ZPO). Von den hintereinander gestaffelten Klageanträgen auf Auskunft und Leistung ist nur der höhere Wert bestimmend. Das ist zwangsläufig immer der Leistungsanspruch. Für die Bestimmung der Zuständigkeit sind hingegen alle in der Stufenklage verbundenen Ansprüche zu addieren (§ 5 ZPO; siehe oben Rn. 451 ff.).

494b

- **§ 45 GKG**

Klage und **Widerklage**. Während nach § 5 ZPO für die Ermittlung der Zuständigkeit eine Wertaddition ausgeschlossen ist, sind nach § 45 Abs. 1 S. 1 GKG die beiden Streitwerte für die Ermittlung der Gebühren zusammenzurechnen (siehe oben Rn. 447 ff.).

494c

Hilfsansprüche und **Hilfsaufrechnung** (§ 45 Abs. 1 S. 2, Abs. 3 GKG) werden gebührenrechtlich nur dann mitgerechnet, wenn über sie rechtskräftig entschieden worden ist (§ 322 ZPO).

495

Die **Aufrechnung** bleibt für den **Zuständigkeitswert** ganz unberücksichtigt; bei Hauptantrag und Hilfsantrag wird für die Ermittlung der **Zuständigkeit** nur der höhere Anspruch bewertet (*Wieczorek/Schütze/Gamp*, ZPO, 3. Aufl., 1994, § 5 Rn. 22; *Stein/Jonas/Roth*, ZPO, 22. Aufl., 2003, § 5 Rn. 36 f.).

496

§ 6 Methodik der Wertermittlung

b) RVG-Vorschriften

497 Hier ist auf zwei Sonderregeln hinzuweisen. Für das Verfahren auf Bewilligung von **Prozesskostenhilfe** ist nach RVG-Vergütungsverzeichnis Nr. 3335 der Hauptsachewert maßgebend. Für die **Zwangsvollstreckung** bestimmt sich der Wert nach dem Betrag der zu vollstreckenden Geldforderung einschließlich der Zinsen oder nach dem Wert der herauszugebenden Sachen oder der zu erwirkenden Handlung, Duldung oder Unterlassung (§ 25 Abs. 1 Nr. 1–3 RVG). Für die Abnahme der eidesstattlichen Versicherung nach § 807 ZPO ist der Wert nach oben auf 1500 Euro begrenzt (§ 25 Abs. 1 Nr. 4 RVG).

c) Sonstige Gesetze

498 Hierbei handelt es sich um Vorschriften, die eine einseitige Herabsetzung des Streitwertes zugunsten einer Partei ermöglichen, weil anderenfalls deren wirtschaftliche Lage erheblich gefährdet würde (**§ 23b UWG; § 247 Abs. 2 AktG; § 144 PatG**). Hinzuweisen ist in diesem Zusammenhang auch auf die Regelung des § 12 Abs. 7 ArbGG, der wesentliche Streitwertvergünstigungen vor allem im Kündigungsschutzprozess bringt.

3. Es ist nichts anderes bestimmt

499 Das ist im Prüfungsablauf der **dritte Schritt.** Es geht dabei um den Verweis in § 48 Abs. 1 S. 1 GKG auf die Vorschriften der ZPO, zu denen im GKG keine Sondervorschriften enthalten sind. Das sind die §§ 6, 7 ZPO und die Generalklausel des § 3 ZPO.

500 **§ 6 ZPO** sieht vor, dass es auf den Wert einer Sache ankommt, wenn um deren Besitz gestritten wird, und um den Betrag einer Forderung, wenn es auf deren Sicherstellung oder ein Pfandrecht ankommt. Die etwas unglückliche Fassung des Gesetzes ist aber nicht auf Besitzstreitigkeiten oder auf die Sicherung von Forderungen beschränkt. Es handelt sich vielmehr um eine grundsätzliche Vorschrift für **alle Herausgabeklagen** und für **bezifferte Leistungsklagen**.

501 Bei Forderungen deckt sich der Streitwert mit dem verlangten Betrag **ausschließlich Zinsen** (§ 4 Abs. 1 ZPO, § 43 Abs. 1 GKG).

502 Bei Ansprüchen auf Eigentums- oder Besitzverschaffung ist der Wert der Sache gleich ihrem **Verkehrswert**, also gleich dem Betrag, der sich bei einer Veräußerung zurzeit der Klageerhebung voraussichtlich erzielen ließe. Er muss nach § 3 ZPO geschätzt werden, wobei die Wertangaben der Parteien der wichtigste Bemessungsumstand sind.

503 **§ 7 ZPO** enthält eine spezielle Vorschrift für die Bewertung von **Grunddienstbarkeiten**. Gemeint sind aber nur **dingliche** Rechte, nicht persönliche Dienstbarkeiten. Ihr Wert ist nach § 3 ZPO zu schätzen. Bei der Wertermittlung sind gegenüberzustellen der Wert, den die Grunddienstbarkeit für das herrschende Grundstück hat, und die Wertminderung des dienenden Grundstücks durch die

Dienstbarkeit. Der höhere Betrag ist maßgebend. Zuständigkeitsstreitwert und Gebührenstreitwert decken sich, soweit Zinsen und Kosten als Nebenforderungen geltend gemacht werden (§§ 4 ZPO, 43 Abs. 1 GKG).

Für viele Streitigkeiten findet sich weder im GKG noch in der ZPO eine passende Bewertungsvorschrift. Dann – erst – kommt § 3 ZPO zum Zuge. Das Gericht setzt den Streitwert nach freiem Ermessen fest (siehe dazu unten Rn. 529 ff.). 504

4. Außerhalb eines gerichtlichen Verfahrens

Wird der für die **Gerichtsgebühren** maßgebende Wert gerichtlich festgesetzt, dann ist diese Festsetzung auch für die Gebühren des Rechtsanwalts maßgebend (§ 32 Abs. 1 RVG). Aber auch ohne eine solche Festsetzung richtet sich der für die Höhe der Anwaltsvergütung maßgebende Wert im gerichtlichen Verfahren nach den für die Gerichtsgebühren geltenden Vorschriften (§ 23 Abs. 1 S. 1 RVG). 505

Wird der Anwalt **außerhalb** eines **gerichtlichen Verfahrens** tätig, dann sind die Wertvorschriften für die Gerichtsgebühren sinngemäß anzuwenden, wenn der Gegenstand der anwaltlichen Tätigkeit auch Gegenstand eines gerichtlichen Verfahrens sein könnte (**§ 23 Abs. 1 S. 3 RVG**). Es ist dann zu fragen, wie die außergerichtliche Rechtsverfolgung ablaufen würde, wenn sie in ein gerichtliches Verfahren übergeleitet würde. Korrespondiert der Anwalt etwa mit dem Gegner wegen der Herausgabe einer Drehbank, dann würde das bei gerichtlicher Geltendmachung zu einer Herausgabeklage führen, so dass § 6 ZPO anzuwenden ist. Verlangt der Anwalt Bezahlung einer Rechnung, dann wäre im gerichtlichen Verfahren der Rechnungsbetrag maßgebend, der einzuklagen wäre. So muss in jedem Fall die **außergerichtliche Tätigkeit gedanklich umgesetzt** werden **in ein gerichtliches Verfahren**, um den Geschäftswert zu ermitteln. 506

Es gibt jedoch auch Angelegenheiten, die sich dieser **gedanklichen Übertragung entziehen**, etwa die Hebegebühr nach Nr. 1009 RVG-Vergütungsverzeichnis oder das Verfahren auf Bewilligung von Prozesskostenhilfe (Nr. 3335 RVG-Vergütungsverzeichnis) oder die Zwangsversteigerung (§ 26 RVG). Dann sind diese Sondervorschriften anzuwenden (§ 23 Abs. 3 S. 1 RVG: „Soweit sich aus diesem Gesetz nichts anderes ergibt ..."). 507

5. Verweisung auf die KostO

Fehlen auch solche Vorschriften, dann verweist § 23 Abs. 3 S. 1 RVG auf die sinngemäße Anwendung bestimmter Vorschriften der KostO. Sie müssen dann „abgecheckt" werden: 508
- **§ 18 Abs. 2 KostO:** Wertbestimmend ist der **Hauptgegenstand** des Geschäfts. Früchte, Nutzungen, Zinsen, Vertragsstrafen und Kosten werden nur berücksichtigt, wenn sie Gegenstand eines besonderen Geschäfts sind. Das entspricht der Regelung in § 43 Abs. 3 GKG.

§ 6 Methodik der Wertermittlung

- **§ 19 KostO:** Hier geht es um die **Bewertung** von **Sachen**. Auszugehen ist, wie nach § 6 ZPO, vom Verkehrswert. Für Grundstücke gilt aber die Abweichung, dass auf den letzten Einheitswert abzustellen ist.
- **§ 20 KostO** handelt von **Verträgen** über den **Kauf** von **Sachen** sowie vom Vorkaufs- oder Wiederkaufsrecht.
- **§ 21 KostO** betrifft **Verträge** über **Erbbaurecht**, Wohnungseigentum und Wohnungserbbaurecht. Anders als beim prozessualen Streitwert werden Abzüge gemacht.
- **§ 22 KostO** behandelt **Verträge** über **Grunddienstbarkeiten**. Für Streitverfahren ist die entsprechende Regelung in § 7 ZPO enthalten.
- **§ 23 KostO** betrifft **Pfandrechte** und andere Sicherheiten sowie Rangänderungen im Grundbuch.
- **§ 24 Abs. 1, 2, 4–6 KostO** handelt von **wiederkehrenden Nutzungen** oder Leistungen. Die Vorschrift entspricht dem § 9 ZPO für das Streitverfahren, legt aber ganz andere Bewertungsmaßstäbe fest.
- **§ 25 KostO** betrifft **Miet-, Pacht- und Dienstverträge**. Die Vorschriften für das Streitverfahren finden sich in § 8 ZPO und in § 41 GKG.
- **§ 39 Abs. 2 KostO** handelt von **Austauschverträgen** und sieht vor, dass nur der Wert einer Leistung anzusetzen ist, und zwar der höhere.
- **§ 46 Abs. 4 KostO** betrifft die vollständige oder teilweise Verfügung über den Nachlass.

6. Billiges Ermessen

509 Damit ist aber immer noch nicht das Ende der „Streitwert-Fahnenstange" erreicht. Es ist nicht ausgeschlossen, dass auch das Abchecken der vorstehend aufgeführten Bewertungsregeln der KostO nicht weiterführt, weil sie nicht auf den konkreten Fall passen. Dann sieht **§ 23 Abs. 3 S. 2 RVG** vor, dass der Gegenstandswert nach billigem Ermessen zu bestimmen ist, was wiederum dem Auffangtatbestand des § 3 ZPO für Rechtsstreitigkeiten entspricht (ausführlich *Schneider/Herget*, Streitwert-Kommentar, 12. Aufl., 2007, Rn. 1894 ff.). § 23 Abs. 3 RVG greift jedoch den Regelungsgedanken des § 12 Abs. 2 GKG für nichtvermögensrechtliche Streitigkeiten auf und sieht einen **Streitwertrahmen** von 4 000 Euro bis höchstens 50 000 Euro vor, wenn nicht genügend tatsächliche Anhaltspunkte für eine Schätzung gegeben sind oder die Angelegenheit nichtvermögensrechtlicher Natur ist.

510 Es wird nicht häufig vorkommen, dass die gesamte Gedankenkette des § 23 RVG abgespult werden muss. Oft wird das schon durch **Honorarvereinbarungen** – Stundensatz, Pauschalgebühr – vermieden. Immerhin kann doch jeder Anwalt damit einmal befasst werden, insbesondere wenn er Vertragsverhandlungen oder Vertragsabschlüsse abrechnen muss (siehe AnwKommRVG/*Schneider*, 3. Aufl., 2006, § 23 Rn. 56). Und dann muss er die Paragraphenkette zur Hand haben, die deshalb vorstehend erläutert worden ist.

III. Bemessungsgrundsätze

1. Nichtvermögensrechtliche Angelegenheiten

Nach **§ 48 Abs. 2 GKG** ist der Wert nichtvermögensrechtlicher Streitigkeiten unter Berücksichtigung aller Umstände des Einzelfalles, insbesondere des Umfangs und der Bedeutung der Sache und der Vermögens- und Einkommensverhältnisse der Parteien (**beider** Parteien!) nach Ermessen zu bestimmen. Viel anfangen lässt sich damit nicht. 511

„Berücksichtigung aller **Umstände** des **Einzelfalles**" – dabei handelt es sich um eine Leerformel. Dass die Umstände des Einzelfalles zu berücksichtigen sind, ist wohl selbstverständlich, zumal sie zum gesamten Inhalt der Verhandlungen gehören (§ 286 Abs. 1 S. 1 ZPO). 512

Die „**Bedeutung** der **Sache**" ist eine wenig klare Umschreibung. Vielfach bleibt sie ganz unberücksichtigt; manchmal wird sie missverstanden. „Bedeutung" ist ein relativer Begriff. Es kommt darauf an, **für wen** die Sache bedeutsam ist: Für das Gericht wegen grundsätzlicher Bedeutung oder für die Allgemeinheit wegen der Breitenwirkung in der Öffentlichkeit oder – wie beim Musterprozess – für die Vorgreiflichkeit für andere Prozesse oder für die Parteien wegen persönlicher Betroffenheit oder wirtschaftlicher Auswirkungen? Da kein Kläger Anlass hat, sich für Grundsatzentscheidungen usw. zu engagieren, kommt nur die Bedeutung der Sache für die **Parteien** als Bewertungsumstand in Betracht. Das führt dann zu der weiteren Frage, was dabei im Einzelnen zu berücksichtigen ist. In Betracht kommen gesellschaftliche Stellung, Ansehen im Bekanntenkreis oder in der Öffentlichkeit, Auswirkungen auf wirtschaftliche Betätigung und dergleichen. 513

2. Insbesondere Vermögen und Einkommen

Die „**Vermögens- und Einkommensverhältnisse der Parteien**" wiederum sind Gesichtspunkte, die eigentlich im Streitwertrecht nichts zu suchen haben. Ist es wirklich vertretbar, die Streitwertbemessung in einem konkreten Verfahren davon abhängig zu machen, wie viel der Kläger monatlich oder jährlich verdient? Es ist schon ein Widerspruch in sich, nichtvermögensrechtliche Angelegenheiten in ihrer Bedeutung durch Geldsummen abzustufen und zu klassifizieren. Im materiellen Recht sind diese Schwierigkeiten bei der Schmerzensgeldbemessung bekannt, wo auch die ausführlichsten Tabellen das Dilemma der Umrechnung von Schmerz in „Bares" nicht aufheben können. 514

Es ist nicht daran vorbeizukommen, dass gegen die Tatbestandsfassung des § 48 Abs. 2 GKG zahlreiche Bedenken bestehen: mangelnde Bestimmtheit, unzulässige Bemessungsfaktoren, Ungleichheit, Unverhältnismäßigkeit und Eingriffe in von Rechts wegen geschützte Persönlichkeitsbereiche. Angenommen, A nenne den B „ein ausgemachtes Rindvieh", so dass B ob dieser Beleidigung einen nichtvermögensrechtlichen Streit vor dem Zivilgericht beginnt. Sollen dann A und B (nach dem Gesetzeswortlaut beide Parteien!) wirklich gezwungen werden, 515

§ 6 Methodik der Wertermittlung

über ihre Vermögensverhältnisse Auskunft zu geben? Das lehnen sie selbstverständlich ab mit dem ungewollten Ergebnis, dass kein gesetzmäßiger Gebührenstreitwert ermittelt werden kann.

516 Oder ein anderer Fall: A klagt auf Herausgabe seines Tagebuchs, das B ihm entwendet hat. Sein Herausgabeanspruch beruht auf der Verletzung seines Persönlichkeitsrechts und damit seiner Menschenwürde. Verstößt es dann aber nicht erst recht gegen sein Persönlichkeitsrecht, wenn der Verhandlungstermin mit der Frage beginnt, jede Partei möge erst einmal offen legen, was sie monatlich verdiene und welches Vermögen sie besitze? Verstößt es nicht sogar immer gegen das Persönlichkeitsrecht und auch gegen den Gleichheitsgrundsatz des Art. 3 Abs. 1 GG, einem Rechtsstreit eine gebührenrechtlich hervorgehobene Bedeutung zu geben, je nach dem, ob eine Partei arm oder reich ist? Folgt man dem Gesetzeswortlaut, dann müsste sich der Persönlichkeitswert eines jeden an der Höhe seines Kontostands ablesen lassen.

517 In der **Zivilrechtspraxis** kommt natürlich kein Richter auf den Gedanken, sich die „Vermögens- und Einkommensverhältnisse der Parteien" erläutern zu lassen, wie ihm dies **§ 48 Abs. 2 S. 1 GKG** vorschreibt. So nimmt es denn auch nicht wunder, dass nichtvermögensrechtliche Streitwertfestsetzungen fast nie begründet werden. Die Beträge werden „**nach dem Gefühl**" ausgeworfen. Weit gespannte Bewertungsdifferenzen sind daher nicht selten. So hat beispielsweise das OLG Köln einmal den erstinstanzlich mit 100 000 DM (= 50 000 Euro) angesetzten Streitwert auf 3 000 DM (= 1 500 Euro) herabgesetzt (*Schneider/Herget*, Streitwert-Kommentar für den Zivilprozess, 11. Aufl., 1996, Rn. 3420). Den Streit über die Wirksamkeit des Ausschlusses aus einem Verein hat das OLG Köln mit 1000 DM (= 500 Euro) bewertet (MDR 1984, 153), das OLG Koblenz mit 4 000 DM (= 2 000 Euro) (JurBüro 1990, 1043). Eine Klage wegen Anfechtung einer Delegiertenwahl ist vom Landgericht mit 20 000 DM (= 10 000 Euro), vom Beschwerdegericht mit 4 000 DM (= 2 000 Euro) bewertet worden (KG, Kostenrechtsprechung § 12 GKG Nr. 88).

518 Diese und viele andere Fälle zeigen, wie groß die **Rechtsunsicherheit** im Bereich der Streitwertbemessung in nichtvermögensrechtlichen Angelegenheiten ist.

519 Wie soll sich der **Anwalt** verhalten, der nach § 61 Abs. 1 GKG den Wert des Streitgegenstandes angeben muss? Ihm bleibt nichts anderes übrig, als nach einigen vielleicht auf seinen Fall passenden Präjudizien zu suchen und/oder dann den Betrag zu nennen, der ihm angemessen erscheint. **Der einzige Fehler, den er dabei begehen kann, ist der, dass er „zu bescheiden" ist.** Es besteht nämlich eine Tendenz bei den Gerichten, die Wertangaben des Klägers in nichtvermögensrechtlichen Streitigkeiten herabzusetzen. Das gilt vor allem in Schmerzensgeldprozessen. Deshalb ist es richtig, von vornherein im **oberen Bereich** zu **beziffern**. Herabgesetzt wird im Zweifel ohnehin.

3. Vermögensrechtliche Streitigkeiten

Ein wichtiges Indiz für die Streitwerthöhe in vermögensrechtlichen Angelegenheiten sind die **Wertangaben** der **Parteien**. Das gilt insbesondere, wenn Sachwerte geschätzt werden müssen, etwa der Wert eines bebauten Grundstückes. Ein Sachverständiger hat zwar im Zweifel bessere Erkenntnis als die Parteien. Doch die Einholung eines an sich zulässigen Schätzungsgutachtens nach § 64 GKG nur für die Ermittlung des Streitwertes kommt wegen des damit verbundenen Zeit- und Kostenaufwandes praktisch nicht vor. 520

Bemessungsargumente können sich auch aus der **Klagebegründung** ergeben, die bei Unklarheiten zur Auslegung heranzuziehen ist. Das kommt beispielsweise vor, wenn der Kläger einen bestimmten Geldbetrag einklagt und in den Gründen ausführt, ein Teil davon sei bereits gezahlt worden. Dann fordert er tatsächlich nur den Unterschiedsbetrag, der deshalb allein wertbestimmend ist. Auf die Stellung eines zutreffenden („sachdienlichen") Klageantrags hat das Gericht nach § 139 Abs. 1 S. 2 ZPO hinzuweisen. 521

Berücksichtigt werden dürfen jedoch nur Parteiangaben, die auch dem **Gegner zugänglich** sind. Ist etwa der Kläger nur bereit, dem Gericht Umsatzzahlen seines Geschäftsbetriebes offenzulegen, wenn diese Angaben vertraulich behandelt, also dem Gegner nicht bekanntgegeben werden, dann darf sich das Gericht darauf nicht einlassen. Selbst wenn diese vertraulichen Angaben zu den Akten gereicht werden, müssen sie bei der Streitwertberechnung unberücksichtigt bleiben. Das folgt aus dem verfassungsrechtlichen Gebot, rechtliches Gehör zu gewähren (Art. 103 Abs. 1 GG). 522

Das **Vorbringen** des **Beklagten** bleibt bei der Streitwertermittlung unberücksichtigt. Eine Ausnahme gilt nur, wenn erst das Vorbringen des Beklagten deutlich macht, was der Kläger erreichen will. Dann dient das Gegenvorbringen der Auslegung des Klagebegehrens. Im Mietprozess reicht dazu schon der Einwand des Beklagten aus, es handele sich um eine Mietsache, um § 41 GKG anwendbar zu machen. Dem kann der Kläger nicht dadurch ausweichen, dass er die Klage nur auf § 985 BGB stützt (*Meyer*, GKG, 8. Aufl., 2006, § 41 Rn. 5). 523

Von besonderer Bedeutung sind die **wirtschaftlichen Belange** der Parteien. Sie sind bei der Bemessung des Streitwertes so weit wie möglich zu berücksichtigen (sog. **Gebot** der **wirtschaftlichen Betrachtungsweise**; *Schneider* MDR 1970, 107). 524

Für **Gesetzesänderungen** mit Einfluss auf die Wertberechnung gilt das Rückwirkungsverbot. Sie sind nur beachtlich, soweit die Änderung vor Einreichung der Klage in Kraft getreten ist (BGH *Warneyer* 1977 Nr. 37). 525

Zweifelhaft ist, ob die **vorprozessual** aufgewandte **Arbeitszeit** bei Prozessbevollmächtigten bei der Streitwertbemessung berücksichtigt werden darf. Die Frage stellt sich insbesondere in Familiensachen, wird aber überwiegend verneint. 526

Da das Streitwertrecht wie jede einfachrechtliche Regelung unter dem Vorbehalt der Übereinstimmung mit den Grundrechten steht, ist eine **verfassungskonforme Auslegung** nicht ausgeschlossen. So hat das OLG Köln (ZIP 1981, 781) 527

§ 6 Methodik der Wertermittlung

entschieden, dass der Verfassungsgrundsatz der **Zumutbarkeit und Verhältnismäßigkeit** auch im Kostenrecht gilt. Das kann praktisch werden, wenn die Kostenbelastung für eine Partei so groß wird, dass sie dadurch entweder von der Rechtsverfolgung abgehalten und damit rechtlos gestellt wird oder das Risiko des finanziellen Ruins eingehen muss (siehe dazu *Fechner* JZ 1969, 349; KG MDR 1988, 56 = OLGZ 1987, 435; OLG München NJW 1967, 1666).

528 Im Wettbewerbsrecht und im Gesellschaftsrecht hat das zur Einführung einer Streitwertherabsetzung geführt, wenn der volle Streitwert die wirtschaftliche Lage einer Partei erheblich gefährden würde (siehe oben Rn. 498). Mit der Argumentation einer **existenzbedrohenden Streitwertbemessung** durchzukommen, ist jedoch wenig aussichtsreich.

IV. Bewertungsermessen

1. Regel und Ausnahme

529 Die Wertfestsetzung nach freiem Ermessen (**§ 3 ZPO**) ist, vom Aufbau der Streitwertvorschriften her gesehen, so eine Art letzte Instanz, **ultima ratio** für den Fall, dass keine Sondervorschriften anwendbar sind. Tatsächlich verhält es sich jedoch umgekehrt. **Die meisten Streitwertfestsetzungen beruhen auf der Anwendung des § 3 ZPO,** wie die gängigen Streitwertschlüssel in den ZPO-Kommentaren zu § 3 deutlich machen. Die Ausübung von Ermessen hat daher im Streitwertrecht eine hervorgehobene Bedeutung.

2. Ermessenspflicht

530 In § 3 ZPO ist zwar die Rede von „**freiem**" Ermessen. Das darf aber nicht darüber hinwegtäuschen, dass **jede** richterliche Ermessensausübung **pflichtgemäß** sein muss. Anderenfalls liefe die Ermessensausübung auf willkürliche Rechtsanwendung hinaus – was leider nicht selten der Fall ist. Das Gericht muss sich stets darum bemühen, den **wirklichen Wert** des Streitgegenstandes zu erkennen, wobei die wirtschaftlichen Belange der Parteien immer zu berücksichtigen und oft ausschlaggebend sind (vgl. *Schneider* MDR 1970, 107). Es gilt der Grundsatz der **Streitwertwahrheit**.

a) Fehlende Schätzungsanhalte

531 Leider sind für die freie Ermessensausübung manchmal so **wenig Schätzungsgrundlagen** vorhanden, dass die Freiheit in Willkür umzuschlagen droht. Im Beweisrecht gibt es eine ähnliche Situation bei der freien Schätzung nach § 287 ZPO. Fehlen dort jegliche Schätzungsunterlagen, dann muss von einer Schadensfeststellung abgesehen werden (OLG Köln VersR 1978, 345; 1991, 1000). Der Richter kann sich im Erkenntnisverfahren auf ein **non liquet** zurückziehen. Im Streitwertrecht geht das nicht. Irgendein Streitwert muss her. Deshalb ist es erlaubt, sich in solchen Ausnahmefällen an naheliegenden Vorschriften zu

orientieren, etwa an § 9 ZPO, und notfalls von den Bewertungsmaßstäben für **nichtvermögensrechtliche Streitigkeiten** (§ 48 Abs. 2 GKG) auszugehen (OLG Köln JurBüro 1971, 719; OLG Braunschweig JurBüro 1977, 403).

b) Sondervorschriften

Auch wenn Sondervorschriften eine bestimmte Bewertung vorgeben, greift Schätzungsermessen ein. Geht es beispielsweise um die Herausgabe einer Sache, so ist deren Verkehrswert maßgebend. Der Verkehrswert selbst ist aber zunächst eine unbekannte Größe und kann nur über eine Schätzung nach § 3 ZPO beziffert werden. 532

c) Geringerbewertung

Auf der anderen Seite ist nicht zu verkennen, dass in die Ausübung freien Ermessens oft auch eine Portion gesunden Menschenverstandes einfließt. Bei **Gesamtvergleichen** etwa kommt es nicht selten vor, dass zur Klarstellung Forderungen einbezogen werden, deren Realisierung völlig aussichtslos erscheint. Deshalb macht die Rechtsprechung in solchen Fällen von dem Grundsatz der vollen Bewertung nach dem Nennbetrag der Forderung eine Ausnahme und setzt den Streitwert wesentlich geringer an (siehe dazu *Schneider* NJW 1990, 682). Ähnlich verfährt sie beispielsweise im Unterhaltsrecht, wenn der volle **Unterhaltsbetrag** eingeklagt wird, um darüber einen Titel zu erhalten, der Schuldner aber unstreitig einen Teil des Unterhalts freiwillig zahlt und darüber auch kein Streit besteht. Diese freiwilligen unstreitigen Leistungen werden dann nicht voll bewertet, sondern nur mit einem sog. **Titulierungsinteresse** (OLG Frankfurt DAVorm 1984, 489; OLG Braunschweig OLG-Report 1995, 236). 533

d) Änderungspflicht

Als Konsequenz der pflichtgemäßen Ausübung des Ermessens kann auch die **Abänderungsbefugnis** des **Gerichts** angesehen werden, die in § 25 Abs. 2 S. 2 GKG geregelt ist (unten § 10 Rn. 813 ff.). Damit korrespondiert das Recht der **Parteien**, eine Streitwertangabe **jederzeit berichtigen zu dürfen** (§ 61 S. 2 GKG). In § 63 Abs. 3 S. 1 GKG heißt es zwar, dass das Gericht einen von ihm festgesetzten Streitwert ändern „kann". Dadurch wird jedoch **kein Ermessensspielraum** eingeräumt, sondern nur die Zuständigkeit desjenigen Gerichts bestimmt, das abändern darf **und muss**. 534

Verstöße gegen die richtige Wertfestsetzung infolge Verletzung der Pflicht zur Korrektur des Wertansatzes können Schadensersatzansprüche aus **Amtshaftung** begründen (BGHZ 36, 144 = NJW 1962, 583; OLG Köln JurBüro 1971, 1060; OVG Münster NJW 1975, 1183). 535

Allerdings haben der BGH (MDR 1989, 899 = Rpfleger 1989, 385) und das BVerwG (Rpfleger 1989, 171; JurBüro 1991, 1245) für die Revisionsinstanz die 536

Auffassung vertreten, das „kann" in § 63 Abs. 3 S. 1 GKG gestatte (nur) ihnen, nach ihrem Ermessen darüber zu entscheiden, ob ein falscher Streitwert abzuändern sei oder nicht. Das ist nichts anderes als durch Bequemlichkeit motivierte Willkür (*Schneider* MDR 1989, 781). Mit Recht hat *Lappe* (MDR 1987, 1868) dem entgegengehalten:

> „Das ist nicht akzeptabel. Das gesetzliche ‚kann' begründet lediglich die Abänderbarkeit und die Zuständigkeit des Rechtsmittelgerichts dafür, erlaubt aber nicht, ‚ein bisschen falsche' Streitwerte unangetastet zu lassen und nur ‚völlig falsche' zu ändern."

537 Auch das **Beschwerdegericht** hat hinsichtlich der Ermessensausübung keine Sonderstellung. Nach § 571 Abs. 2 S. 1 ZPO ist es Tatsacheninstanz und hat deshalb anstelle des Erstgerichts eigenes Ermessen auszuüben, nicht etwa nur zu überprüfen, ob der Vorinstanz ein Ermessensfehler unterlaufen ist (ausführlich dazu mit Nachweisen *Wenzel* in GKG-ArbGG, § 12 Rn. 204).

538 Werden die Kosten im Urteil zwischen den Parteien verhältnismäßig verteilt (§ 92 ZPO), dann hängt die Quotierung von der Höhe des Streitwertes ab.

Beispiel:
Geklagt wird auf Herausgabe zweier Personenkraftwagen, eines BMW und eines Ford. Deren Verkehrswerte werden entsprechend den Angaben des Klägers mit 12 000 Euro für den BMW und mit 8 000 Euro für den Ford festgesetzt. Der Gesamtstreitwert beträgt 12 000 + 8 000 = 20 000 Euro. Hinsichtlich des BMW wird der Klage stattgegeben, hinsichtlich des Ford wird sie abgewiesen. Die Kostenentscheidung wird dann lauten: $^8/_{20}$ ($^2/_5$) der Kläger, $^{12}/_{20}$ ($^3/_5$) der Beklagte. Nunmehr stellt sich heraus, dass die Streitwertfestsetzung falsch gewesen ist und berichtigt werden muss, weil der Ford schon im Zeitpunkt der Klageerhebung zu Schrott gefahren worden und nur noch 1 000 Euro wert war.

Damit erweist sich auch die Kostenquotierung als falsch. Die Kostenentscheidung ist aber nach § 99 Abs. 1 ZPO unanfechtbar. Vielfach wird deshalb in derartigen Fällen die Kostenentscheidung den wahren Streitwerten angepasst und die Quotierung entsprechend § 319 Abs. 1 ZPO berichtigt (siehe OLG Düsseldorf MDR 2001, 1074 mit Nachweisen). Der BGH (MDR 1977, 925 mit abl. Anm. *Schneider*) hält eine Berichtigung der Kostenentscheidung für unzulässig. Manche Gerichte folgen ihm. Verkannt wird dabei der logische Vorrang der Wertfestsetzung vor einer wertabhängigen Kostengrundentscheidung. Aus scheinbar zwingenden formalen Gründen wird offensichtliches Unrecht hingenommen, für das ein fehlerhaft arbeitendes Gericht verantwortlich, aber wegen des Richterprivilegs des § 839 Abs. 2 S. 1 BGB nicht haftbar ist.

§ 7 Wertansätze

I. Bewertungsgegenstand

1. Klageantrag

539 Anknüpfungspunkt für die Bewertung ist immer nur der Klageantrag; er bestimmt den Streitwert. Unklare Anträge sind auszulegen. Dazu ist auch die Klagebegründung heranzuziehen. Verbleibende Zweifel sind mit Hilfe des § 139 Abs. 1 S. 2 ZPO zu klären.

I. Bewertungsgegenstand

Der Klageantrag muss aber gestellt worden sein. Die bloße **Ankündigung** der Absicht, einen **Antrag** zu stellen, reicht nicht aus. Das wird manchmal übersehen, etwa beim Anerkenntnis (siehe oben Rn. 472 ff.). Die schriftsätzliche Ankündigung, der Beklagte erkenne den Klageanspruch an, ändert nichts an der Bewertung des Streitgegenstandes, weil es sich dabei nur um eine bloße Absichtserklärung handelt. Wirksam werden kann das **Anerkenntnis** erst durch Abgabe in der mündlichen Verhandlung (§ 307 Abs. 1 ZPO). Auf den Streitwert hat das erst **nach** Urteilsverkündung Einfluss. 540

Da die Gerichte der Streitwertfestsetzung nicht immer die gebührende Beachtung schenken, kommt es manchmal zu einer **fehlerhaften Gleichsetzung** von **Klageantrag** und **Wertangabe** der Partei. Ein **Beispiel** dazu: 541

Im **selbständigen Beweisverfahren** ist der Antrag bei demjenigen Gericht zu stellen, das nach dem Vortrag des Antragstellers zur Entscheidung in der Hauptsache berufen wäre (§ 486 Abs. 2 S. 1 ZPO). Das hängt von der voraussichtlichen Höhe des Anspruchs ab, den der Antragsteller verfolgt. Nur kann er dessen Höhe meist nicht genau angeben, beispielsweise nie, wenn es um behauptete **Baumängel** und die Kosten für deren Beseitigung geht. Eine genaue Bezifferung ergibt sich dann erst aus dem einzuholenden **Gutachten** eines Sachverständigen. Gleichwohl ist der Antragsteller gezwungen, einen Wert anzugeben, anhand dessen die Eingangszuständigkeit für das selbständige Beweisverfahren ermittelt werden kann. Er wird also aufgrund einer laienhaften Schätzung beziffern. Diese Wertangabe kann zwangsläufig nur vorläufig sein, selbst wenn dieser Vorbehalt nicht ausdrücklich erklärt wird. „Wahrer" Streitwert kann nur der vom Sachverständigen ermittelte Betrag sein (siehe OLG Köln NJW-RR 2000, 802, unten Rn. 565 ff.).

Gleichwohl gehen viele Gerichte davon aus, die Wertangabe des Antragstellers sei unabhängig davon verbindlich, ob sie vom Sachverständigen bestätigt werde (OLG Karlsruhe JurBüro 1997, 531; OLG Koblenz JurBüro 1993, 552; OLG Bamberg BauR 2000, 444). Diese Auffassung ist verfehlt (OLG Köln NJW-RR 1997, 1292; OLG Naumburg NJW-RR 2000, 286; OLG Düsseldorf BauR 2000, 443; *Weise*, Praxis des selbständigen Beweisverfahrens, 1994, Rn. 505) und ignoriert die Neufassung des **§ 63 Abs. 1 S. 1. GKG,** die dem Gericht nur eine **vorläufige Wertfestsetzung** erlaubt, was wiederum die Zulässigkeit einer vorläufigen Wertangabe der Partei indiziert. Es beruht auf einem Denkfehler, den **Antrag** auf Durchführung eines selbständigen Beweisverfahrens mit der **Angabe** des Streitwerts identisch zu setzen (logisch eine sog. *quaternio terminorum*). Der Streitwert wird dabei nicht nach dem „Streitgegenstand" bemessen, wie der § 2 ZPO vorschreibt, sondern nach der unverbindlichen Schätzung des Antragstellers, der sie, ebenso wie das Gericht, gebührenrechtlich jederzeit berichtigen darf (§§ 61 S. 2, 63 Abs. 3 S. 1 GKG; OLG Düsseldorf JurBüro 1997, 532). Dadurch kann der Antragsteller **kostenmäßig benachteiligt** werden, weil er bei niedrigerer Schätzung des Sachverständigen mit einer Kostenquote belastet werden könnte (OLG Celle Rpfleger 1997, 452). 542

Für den Anwalt ist mit der hier abgelehnten Rechtsprechung wieder ein **Regressrisiko** durch zu hohe Wertangabe geschaffen worden. Der **sicherste Weg** für ihn ist es, die vorläufige Wertangabe im selbständigen Beweisverfahren tunlichst **gering** zu **beziffern**: bis 5 000 Euro, wenn er beim Amtsgericht bleiben 543 will, oberhalb 5 000 Euro, wenn das Landgericht angerufen werden soll. Damit entgeht er der Gefahr, seine Partei einer Kostenquotierung wegen überhöhter Wertangabe auszusetzen. Er selbst geht kein Gebührenrisiko ein, weil ein vom Sachverständigen ermittelter höherer Wert jedenfalls gebührenrechtlich maßgebend ist und dessen Festsetzung erzwungen werden kann (§§ 61 S. 2, 63 Abs. 2, 3 GKG; 32 Abs. 2 RVG). Stets sollte der Anwalt in einschlägigen Fällen schriftsätzlich darauf hinweisen, dass er nur zu einer **vorläufigen** Wertersetzung in der Lage ist, also in der Regel dann, wenn es nicht um eine bestimmte Geldsumme geht. Und er sollte das Gericht in einschlägigen Fällen ausdrücklich auf die seit 1994 geltende Fassung des § 63 Abs. 3 S. 1 GKG aufmerksam machen.

2. Rechtliche Beurteilung

544 Unerheblich ist, ob die Klage **zulässig** ist und ob sich der Anwalt bei der Antragstellung an die Aufträge und Weisungen seines Mandanten gehalten hat. Auch eine Klage, die von einem nicht postulationsfähigen Rechtsanwalt unterschrieben worden ist, wird nur nach dem Klageantrag bewertet.

545 Erst recht kommt es nicht darauf an, ob eine Klage **schlüssig** begründet worden ist oder ob der Kläger im Falle des Obsiegens wegen schlechter Vermögenslage des Beklagten mit einer erfolgreichen Zwangsvollstreckung rechnen kann.

3. Anspruchsgrundlagen

546 Unterschiedliche Anspruchsnormen als **Hilfsbegründungen** führen nicht zur eventuellen Klagenhäufung (§ 260 ZPO), beeinflussen den Streitwert ebenfalls nicht. Verlangt der Kläger 15 000 Euro aus Kaufvertrag, hilfsweise aus unerlaubter Handlung und äußerst hilfsweise aus ungerechtfertigter Bereicherung, ohne dass sich diese Eventualbegründungen betragsmäßig im Klageantrag niederschlagen, dann bleiben sie bewertungsunerheblich. Das Gericht ist nicht einmal an die vom Kläger gewählte **Rangfolge** der **Anspruchsgrundlagen** gebunden (siehe unten Rn. 1125 ff.).

4. Einwendungen; Gegenleistung

547 Schließlich bleiben Einwendungen des Beklagten bei der Streitwertbemessung außer Betracht. Nicht einmal Leistungsangebote des Klägers dürfen berücksichtigt werden, etwa wenn er aus einem gegenseitigen Vertrag die ihm zustehende Leistung einklagt und dem Beklagten die Gegenleistung anbietet. Streitwertmäßig wird das erst bedeutsam, wenn er seinen **Antrag** entsprechend **verringert,** etwa indem er seine eigene Zahlungsschuld bei der Berechnung der Klageforderung absetzt und seinen Antrag beschränkt.

5. Feststellung; unbezifferte Leistung

Der Grundsatz, dass nur der Klageantrag den Streitwert bestimmt, gilt auch für Feststellungsklagen und für unbezifferte Anträge. Bei der **negativen** Feststellungsklage übernimmt der nicht bezifferte Antrag die in der Berühmung des Beklagten liegende Bezifferung. Die Rechtskraft des Urteils entspricht derjenigen eines abweisenden oder stattgebenden Leistungsurteils. Mit der negativen Feststellung wird der Anspruch des Beklagten endgültig verneint. Deshalb ist der Streitwert gleich der Höhe seiner bezifferten Berühmung. Bei der **positiven** Feststellungsklage ergibt sich der Streitwert aus dem Begehren, dessen Berechtigung der Kläger festgestellt haben will. Nur wird in diesem Fall ein **Abschlag** von meist 20 % gemacht, weil ein Feststellungsurteil nicht vollstreckbar ist. Zur Anwendbarkeit privilegierender Vorschriften bei Feststellungsklagen siehe unten Rn. 577 ff. 548

Beim **unbezifferten Leistungsantrag**, also vor allem beim Antrag auf Verurteilung zur Zahlung von **Schmerzensgeld**, wird die Bezifferung der Klagebegründung entnommen. Der Kläger kann beispielsweise einen Mindestbetrag verlangen. Auf jeden Fall muss er erklären, welcher Betrag ihm vorschwebt. Diese sog. **Angabe zur „Größenordnung"** ist nach § 253 Abs. 2 Nr. 2 ZPO Voraussetzung für die Zulässigkeit des Klageantrages (seit BGH VersR 1977, 816, st. Rspr.). 549

II. Voller Wert

Der Grundsatz „voller Wert" des Klageantrags hört sich einfach an, ist aber häufig gar nicht so einfach zu verwirklichen. 550

1. Auslegungszweifel bei § 6 ZPO

Schon bei der Anwendung der so einfach strukturierten Vorschrift des § 6 ZPO treten Zweifelsfragen auf. Dort ist vom **„Besitz"** die Rede und vom **Betrag einer Forderung,** „wenn es auf deren Sicherstellung oder ein Pfandrecht ankommt". Die Vorschrift wird aber auch auf Ansprüche aus dem **Eigentum** angewandt und erst recht, wenn die **Erfüllung** einer Forderung begehrt wird (oben Rn. 500 ff.). 551

Da aber in § 6 ZPO das Eigentum nicht genannt ist, wird verschiedentlich angenommen, Ansprüche aus dem Eigentum seien nur dann nach § 6 ZPO zu bewerten, wenn zugleich der Besitz herausverlangt werde. Die Bewertung von Ansprüchen aus dem Eigentum ohne Rücksicht auf die Besitzlage ist danach gemäß § 3 ZPO zu schätzen (OLG Köln ZIP 1981, 781; OLG Celle JurBüro 1983, 1391; OLG München JurBüro 1983, 1393). 552

2. Überhöhte Bewertungen

Die strikte Anwendung des § 6 ZPO kann zu oft untragbaren Ereignissen führen, wenn es wirtschaftlich nur um die **Erfüllungsverweigerung wegen** einer noch 553 offenen **Gegenleistung** geht. Dabei handelt es sich in erster Linie um Ansprüche auf **Auflassung** oder auf **Herausgabe** eines **Grundstücks**, denen der Beklagte lediglich ein geringwertiges Zurückbehaltungsrecht entgegensetzt. In einem vom OLG Frankfurt entschiedenen Fall (Rpfleger 1970, 357) belief sich der Verkehrswert des Grundstückes, das herausverlangt wurde, auf **184 000 DM**. Die allein streitige Gegenforderung, deretwegen der Beklagte ein Zurückbehaltungsrecht geltend machte, belief sich auf **84 DM**. Das OLG Frankfurt hat den Streitwert auf 184 000 DM festgesetzt!

554 Die wirtschaftliche Diskrepanz erhöht sich noch weiter, wenn das Grundstück belastet ist. **Hypotheken, Grundschulden, Nießbrauchsrechte** usw. bleiben nämlich bei der Ermittlung des Verkehrswertes unberücksichtigt.

555 Im Rechtsstreit wird der Anwalt daher überlegen müssen, ob es nicht im Interesse seines Mandanten liegt, selbst anzugreifen und einen **Klageantrag** zu formulieren, der auf das wirkliche **wirtschaftliche Interesse** ausgerichtet ist und den hohen Wertansatz vermeidet. Er könnte beispielsweise in einem Fall wie dem des OLG Frankfurt auf negative Feststellung klagen, dass dem Beklagten kein Gegenrecht zustehe.

3. Nichtiger Vertrag

556 Vergleichbare Probleme treten auf, wenn es um die Nichtigkeit eines Vertrages geht. Verlangt der Kläger unter Berufung darauf die Herausgabe einer übereigneten Sache oder die Freistellung vom Kaufpreis oder dessen Rückzahlung, dann sind die Anträge eindeutig und zwingen zur vollen Bewertung. Das **wirtschaftliche Interesse** des Klägers geht aber nur dahin, von seiner eigenen **Leistungspflicht freigestellt** zu werden oder eine bereits erbrachte **Leistung zurückzuerhalten**. Ist dieses Interesse geringer zu bewerten als der Verkehrswert der Sache, dann sollte der Antrag darauf beschränkt werden. Will etwa der Kläger nur die von ihm bereits gezahlten Beurkundungskosten und/oder die Grunderwerbsteuer ersetzt haben, weil er den zugrunde liegenden Kaufvertrag für nichtig hält, dann ist es **verfehlt**, deswegen auf **Vertragsnichtigkeit zu klagen** und damit den Streitwert nach oben zu treiben. Die Rechtsprechung sieht darin sogar eine Fehlbeurteilung des Anwalts, die diesen wegen mangelhafter Beratung des Mandanten haftbar machen kann (OLG Nürnberg MDR 1995, 1996).

4. Fiktive Befriedigung

557 Bei der bezifferten Leistungsklage ist der verlangte Geldbetrag maßgebend, übrigens auch dann, wenn das Gericht entgegen § 308 Abs. 1 ZPO versehentlich mehr zuspricht (*Schneider* MDR 1971, 437; BGH MDR 1974, 36).

558 Auch an diesem Dogma wird schon gerüttelt. So ist beispielsweise für die **Anwaltsvergütung** der **Gegenstandswert** der **Zwangsvollstreckung** gleich dem Betrag der zu vollstreckenden Geldforderung einschließlich der Nebenforderungen (§ 25 Abs. 1 Nr. 1 RVG, früher § 57 Abs. 2 Nr. 1 BRAGO). In einem vom

AG Freyung (MDR 1985, 858) entschiedenen Fall hätte es etwa **75 Jahre** gedauert, bis die Forderung durch die pfändbaren Teile des Arbeitseinkommens des Schuldners getilgt gewesen wäre – ganz abgesehen davon, dass der Schuldner sicherlich nicht weitere 75 Jahre berufstätig sein konnte. In derartigen Fällen wird deshalb angeregt, den Wert entsprechend den Umständen des Einzelfalles auf einen **realistischen Betrag herabzusetzen** (vgl. z.B. LG Hannover MDR 1995, 1075). Ähnlich wird verfahren, wenn in einen Gesamtvergleich eine nicht rechtshängige „faule" Forderung einbezogen wird (unten Rn. 675).

5. Vollstreckungsabwehr

Eine vergleichbare Situation kann sich bei der Vollstreckungsabwehrklage nach § 767 ZPO ergeben. Ihr Wert bemisst sich nach dem Umfang der erstrebten Ausschließung der Zwangsvollstreckung, bei der Abwehr eines Zahlungstitels also nach dem Betrag des titulierten Anspruchs. Soll das auch dann gelten, wenn eine vor der Löschung stehende **insolvente GmbH** Vollstreckungsabwehrklage gegen das Vorgehen aus einem Schuldanerkenntnis erhebt? Ein solches Schuldanerkenntnis ist wirtschaftlich nichts wert, weil der anerkannte Anspruch wegen der Insolvenz des Unternehmens nicht beitreibbar ist. Die Praxis hält jedoch an der starren Bewertung fest und bemisst voll nach der Höhe des titulierten Anspruchs (so z.B. BGH NJW-RR 1988, 444). 559

6. Teilforderung

Keine Abweichung vom Grundsatz der Vollbewertung liegt in der Bemessung von Teilforderungen. Maßgebend ist nur der **Forderungsteil**, der **eingeklagt** wird, weil eben nur auf den Antrag abzustellen ist. Dass sich aus der Klagebegründung ein wesentlich höherer Gesamtanspruch ergibt, bleibt unberücksichtigt. Das kann der Beklagte nur durch Erhebung einer negativen Feststellungswiderklage (§ 256 Abs. 2 ZPO) verhindern und ändern. 560

Wichtig für den Anwalt: Es gibt auch sog. „verdeckte Teilklagen", also Teilklagen, die nicht ausdrücklich als solche bezeichnet werden, oder unbeschränkte Klagen, die erst durch teilweise Klagerücknahme zur Teilklage werden. In derartigen Fällen hindert die Urteilsrechtskraft nach der neuen Rechtsprechung des BGH (ZIP 1997, 1803) nicht die spätere Geltendmachung des Restanspruchs (*Schneider* MDR 1998, 253; unten Rn. 890 ff.). Der vorsichtige Anwalt wird deshalb nicht in die Klagerücknahme einwilligen, sondern eine umfassende Verzichtserklärung verlangen (§ 306 ZPO) oder statt dessen negative Feststellungsklage erheben (§ 256 Abs. 1 ZPO). 561

7. Freistellung

Der Anspruch auf Befreiung von einer Verbindlichkeit ist mit dem vollen Betrag der Schuld anzusetzen (BGH WPM 1990, 659). Geht es gegen einen Dritten um die Freistellung von wiederkehrenden Leistungen, etwa um die Befreiung von 562 einer **gesetzlichen Unterhaltspflicht**, dann ist der Endbetrag oft ungewiss und nicht bezifferbar. In diesem Fall muss der Streitwert nach **§ 3 ZPO** geschätzt werden. Privilegierende Vorschriften für den Unterhaltspflichtigen (§ 42 Abs. 1 GKG) sind auf einen nicht unterhaltspflichtigen verklagten **Dritten** unanwendbar (BGH Rpfleger 1974, 482). Das gilt auch in den sonstigen Fällen des § 42 GKG. Die begünstigenden Tatbestandsvoraussetzungen müssen **bei dem Dritten selbst** vorliegen, damit auch er streitwertmäßig privilegiert werden kann. Bei ihm ist jedoch die Kappungsgrenze des § 9 ZPO entsprechend anzuwenden (§ 48 Abs. 1 S. 1 GKG).

563 **Hinweis:** Für Befreiungsansprüche wegen gesetzlichen Unterhalts sind folgende **Rechtsanwendungsgrundsätze** zu beachten:

a) Befreiungsansprüche wegen gesetzlichen Unterhalts sind analog § 42 Abs. 1 GKG zu bewerten, wenn der verklagte Befreiungsschuldner selbst zu den Unterhaltspflichtigen gehört und nur streitig ist, welcher Unterhaltspflichtige zu zahlen hat. Rückstände werden dem Streitwert hinzugerechnet (§ 42 Abs. 5 GKG).

b) Ist der Befreiungsschuldner kein kraft Gesetzes Unterhaltspflichtiger, dann ist der Streitwert nach § 9 ZPO zu schätzen. In diesem Fall ist innerhalb der Bewertungsspannen des § 42 Abs. 1 GKG und § 9 ZPO auf den Zeitraum abzustellen, in dem der Schuldner nach dem Klagevorbringen oder dem feststehenden Sachverhalt voraussichtlich für den Unterhalt aufzukommen hat. Ein Abschlag wie bei der Feststellungsklage ist nicht zu machen, da Befreiungsansprüche nach § 887 ZPO vollstreckt werden können (*Stein/Jonas/Münzberg*, ZPO, 22. Aufl., 2004, § 887 Rn. 17).

8. Ungerechtfertigte Bereicherung

564 Bei Bereicherungsansprüchen ist ebenfalls der verlangte Betrag wertbestimmend. Abweichend von § 4 Abs. 1 ZPO, § 43 Abs. 1 GKG werden miteingeklagte **Zinsen** und **Kosten** hinzugerechnet, da sie keine Nebenforderung, sondern nur Berechnungsfaktoren des einheitlichen Anspruchs sind (RG JW 1909, 691).

9. Selbständiges Beweisverfahren

565 Das selbständige Beweisverfahren (§§ 485 ff. ZPO) wird voll bewertet (Nachweise bei *Zöller/Herget*, ZPO, 26. Aufl., 2007, § 3 Rn. 16 „Selbständiges B."; ausführlich *Schneider/Herget*, Streitwert-Kommentar, 12. Aufl., 2007, Rn. 4861 ff.). Zu Fehlbewertungen wegen Verwechslung von Antrag und Wertangabe siehe oben Rn. 541 ff.).

566 Es kommt auch vor, dass sich Amtsrichter über die Wertangabe des Antragstellers hinwegsetzen und den Streitwert so hoch beziffern, dass die **amtsgerichtliche Zuständigkeitsgrenze** von 5 000 Euro **überschritten** wird. Das ist auch dann unzulässig, wenn der Antragsgegner die Streitwertangabe des Antragstellers nicht rügt. Geben beispielsweise die Parteien eines selbständigen

II. Voller Wert

Beweisverfahrens die für die Zuständigkeit des Gerichts maßgeblichen Kosten der Beseitigung von Baumängeln übereinstimmend mit höchstens 2 500 Euro an, dann ist es dem angerufenen Amtsgericht verwehrt, diese Kosten und den sich danach berechnenden Hauptsache-Streitwert (§ 486 Abs. 2 ZPO) mit 7 000 Euro zu beziffern, um seine sachliche Zuständigkeit verneinen zu können (LG Dresden BauR 1999, 1493).

Bei der korrekten Ermittlung des Streitwertes in selbständigen Beweisverfahren sind **drei Bewertungssachverhalte** zu unterscheiden: 567

Erstens: Der Sachverständige **bestätigt** die vom Antragsteller dargelegten **Mängel** und auch die **Höhe** der von diesem geschätzten **Beseitigungskosten**. Dann decken sich Wertangabe und sachverständige Feststellungen. Sie bestimmen den Streitwert. 568

Zweitens: Der Sachverständige bestätigt die in der Antragschrift behaupteten Mängel, **schätzt** jedoch die **Kosten** für deren Beseitigung **höher** oder **niedriger** als der Antragsteller. Dann entspricht der Streitwert der höheren oder niedrigeren Schätzung des Sachverständigen. Das folgt einmal aus § 63 Abs. 1 S. 1 GKG, wonach der Streitwert vom Gericht nur vorläufig festzusetzen ist, wenn keine bestimmte Geldsumme Gegenstand des Verfahrens ist. So verhält es sich im selbständigen Beweisverfahren. Der Antragsteller beantragt nicht die Verurteilung des Antragsgegners zur Zahlung bestimmter Kosten, sondern nur die Einholung eines Gutachtens, um den Betrag der Mängelbeseitigungskosten sachverständig ermitteln zu lassen, weil ihm dazu die eigene Sachkunde fehlt. Seine Streitwertangabe ist nur eine unverbindliche Schätzung, die er jederzeit berichtigen darf (§ 61 S. 2 GKG). Zu dieser Schätzung wird er durch § 486 Abs. 2 ZPO gezwungen, weil er die Voraussetzungen für die Zuständigkeit des Hauptsachegerichts darlegen muss. Das danach angerufene Gericht ist an diese Angabe für die Prüfung seiner Zuständigkeit grundsätzlich gebunden (LG Dresden BauR 1999, 1493), nicht aber hinsichtlich des Gebührenstreitwerts. Der ist erst bei Verfahrensende festzusetzen (§ 63 Abs. 2 S. 1 GKG), wobei es nunmehr wegen des **Grundsatzes der Streitwertwahrheit** (§§ 61 S. 2, 63 Abs. 3 S. 1 GKG) nur auf den Schätzwert des Sachverständigen ankommt. Denn nur dieser Betrag entspricht dem Beweisinteresse des Antragstellers. So wird auch verhindert, dass der Antragsteller bei Verfahrenseinleitung einen ganz geringen Streitwert angibt, dieser dann aber bei wesentlich höherer Schätzung der Mängelbeseitigungskosten durch den Sachverständigen verbindlich bleibt (siehe oben Rn. 566). Dadurch würde nicht zuletzt der Anwalt teilweise um seinen Gebührenanspruch gebracht (§ 32 Abs. 1 RVG). 569

Drittens: Der Sachverständige kommt zu dem Ergebnis, die vom Antragsteller behaupteten **Mängel** bestünden **nicht**. Dann ist der Streitwert selbstverständlich nicht gleich Null, sondern er bestimmt sich nach den Tatsachenbehauptungen des Antragstellers, an die das Gericht gebunden ist (BGH NJW 2000, 960). 570

Das gilt auch, soweit der Sachverständige die Mängel nur **teilweise verneint.** Dann setzt sich der Streitwert zusammen aus dem Betrag, der nach der Schätzung des Sachverständigen zur Beseitigung der festgestellten Mängel 571

§ 7 Wertansätze

aufzuwenden ist, und aus dem Betrag, von dem der Antragsteller hinsichtlich der vom Sachverständigen verneinten Mängel ausgegangen ist.

10. Erledigung der Hauptsache

572 Äußerst kontrovers ist die Streitwertberechnung nach Erledigung der Hauptsache. Bei übereinstimmenden Erledigungserklärungen geht es fortan nur noch um die Kosten; darüber besteht Einigkeit. Widerspricht der Beklagte der Erledigungserklärung des Klägers (sog. **einseitige Erledigungserklärung**), dann verändert sich der prozessuale Anspruch nicht; die Hauptsache bleibt weiterhin Streitgegenstand (BGH NJW 1972, 112; FamRZ 1990, 1225).

573 Gleichwohl und im Widerspruch dazu soll der Streitwert nach höchstrichterlicher Rechsprechung ab einseitiger Erledigungserklärung des Klägers auf den Kostenwert „schrumpfen" (BGH JurBüro 1961, 289; FamRZ 1990, 1225 und ständig). Viele Instanzgerichte halten dem mit Recht entgegen, wenn die Hauptsache unverändert den Streitgegenstand bestimme, dann müsse der Wert auch weiterhin nach der Hauptsache berechnet werden.

574 Eine dritte Auffassung will vermitteln und deutet die einseitige Erledigungserklärung um in eine Klageänderung auf Feststellung, die Hauptsache sei erledigt. Sodann wird der Schluss gezogen, der Streitwert dieser Feststellungsklage bemesse sich nach dem Wert der Kosten oder nach einem frei zu schätzenden Betrag, der unterhalb des Hauptsachewertes, aber oberhalb des Kostenwertes liege (zu dieser hoffnungslos verworrenen Kontroverse siehe die Nachweise bei *Schneider/Herget*, Streitwert-Kommentar, 12. Aufl., 2007, Rn. 1827 ff.; *Hartmann*, Kostengesetze, 36. Aufl., 2006, Anh. I § 48 GKG Rn. 45).

575 Von praktischer Bedeutung sind die unterschiedlichen Lösungen einmal für die Höhe der **Anwaltsgebühren** und weiter für die Ermittlung der **Rechtsmittelbeschwer** nach einseitiger Erledigungserklärung. Anders als der Hauptsachewert erreichte der Kostenwert nur selten die früher revisionsrechtlich nötige Beschwer des § 546 Abs. 1 S. 1 ZPO a.F. Das dürfte der unausgesprochene Grund für die in sich widersprüchliche Rechtsprechung des BGH gewesen sein. Er hat sich auf diese Weise vor Wertrevisionen geschützt. Und dabei ist es dann im neuen Recht der ZPO 2002 geblieben, das nur die Zulassungsrevision kennt (§ 543 ZPO).

III. Bruchteilswerte

576 In zahlreichen Fällen wird der Streitwert nur mit einem Bruchteil der Hauptsache festgesetzt. Das ist der schier unerschöpfliche Anwendungsbereich des **§ 3 ZPO**. Insoweit gibt es keine konkreten gesetzlichen Bewertungsanweisungen. Vorgreiflich ist nur die **Rechtsprechung** der Gerichte aller Instanzen; und die ist **uneinheitlich**, teilweise sogar verwirrend. Einige Beispiele sollen das verdeutlichen.

1. Feststellungsklage

Die positive Feststellungsklage (§ 256 Abs. 1 ZPO) bezweckt die richterliche Klärung eines Anspruchs, der noch nicht beziffert werden kann. Anders als bei der bezifferten Leistungsklage fehlt es daher an einem festen Betrag, zu dessen Zahlung der Beklagte verurteilt werden soll. Indessen steht hinter jedem Feststellungsbegehren eine konkrete **Erwartung** dessen, was der Gegner nach Auffassung des Klägers schuldet. Diese Erwartung lässt sich nach § 3 ZPO **schätzen**. Zu berücksichtigen ist jedoch, dass ein Feststellungsurteil **nicht vollstreckbar** ist. Die Feststellungsklage hemmt zwar die Verjährung (§ 204 Abs. 1 Nr. 1 BGB), enthebt aber den Kläger nicht des späteren Beweises zur Schadenshöhe. Dieses prozessuale Minus ist bei der Schätzung des § 3 ZPO zu berücksichtigen. Insoweit hat sich unter der Führung des BGH (VersR 1961, 1094; JurBüro 1975, 1598 u.ö.) eine fast einheitliche Praxis herausgebildet, die den positiven Feststellungsantrag um **20 % niedriger** bewertet als den voraussichtlichen Hauptanspruch. Frühere Entscheidungen mit geringeren oder größeren Abschlägen finden sich heute in der veröffentlichten Rechtsprechung nicht mehr.

577

Bei der **negativen Feststellungsklage** entfällt dieser Abzug. Bei ihr geht es darum, dass der Beklagte behauptet („sich berühmt"), der Kläger schulde ihm einen bestimmten Geldbetrag. Diese Bemühung will der Kläger mit der negativen Feststellungsklage abwehren. Dringt er damit durch, dann wirkt dies dahin Rechtskraft, dass die Forderung, deren sich der Beklagte berühmt hat, **in voller Höhe** verneint wird. Sie wird ihm also ebenso aberkannt, wie wenn er sie eingeklagt hätte und seine Klage abgewiesen worden wäre. Negative Feststellungsklage und positive Leistungsklage werden deshalb gleich bewertet.

578

Nun kommen sehr viele Fälle vor, in denen **Leistungsklagen streitwertmäßig privilegiert** sind. Hinzuweisen ist z.B. auf Mietstreitigkeiten (§ 41 GKG – § 8 ZPO), Unterhaltsprozesse oder Schadensersatzklagen nach einer Körperverletzung (§ 42 Abs. 1, 2 GKG – § 9 ZPO) oder arbeitsrechtliche Streitigkeiten (§ 12 Abs. 7 S. 2 ArbGG). Dann sind für die Leistungsklage gebührenrechtlich nur die gesetzlich „gekappten" Streitwerte maßgebend.

579

Daraus ergeben sich Folgerungen für die Bewertung der entsprechenden **positiven Feststellungsklagen**. Bei ihnen wäre es nämlich doppelt nachteilig, den üblichen Abschlag von 20 % zu machen. Er würde die wirtschaftlich regelwidrige Unterbewertung verstärken. Deshalb ist bei allen Feststellungsklagen von einer Streitwertkürzung abzusehen, wenn der Gebührenstreitwert der entsprechenden Leistungsklage niedrig gehalten wird (um abweichend von den §§ 3 ff. ZPO die Gerichts- und Anwaltskosten zu vermindern). Das ist für die wichtigsten einschlägigen **Sondervorschriften** entschieden worden, wie die nachstehenden Belege deutlich machen:

580

- **§ 41 GKG – Miete**
(BGH Rpfleger 1958, 215, 216; OLG Hamburg Rpfleger 1958, 36; KG Rpfleger 1962, 118; OLG Düsseldorf KostRspr. GKG § 16 Nr. 53 = JurBüro 1988, 227).

- **§ 41 GKG – Pacht**
  (KG Rpfleger 1962, 118; OLG Bamberg JurBüro 1985, 151).

- **§ 42 GKG – wiederkehrende Leistungen**
  (OLG Nürnberg JurBüro 1964, 517; OLG Bamberg Rechtspfleger 1983, 127; JurBüro 1989, 1605).

- **§ 8 ZPO – Miete und Pacht**
  (BGH Rpfleger 1958, 215, 216).

- **§ 12 Abs. 7 S. 2 ArbGG**
  (LAG Baden-Württemberg JurBüro 1991, 665).

581 Diese Rechtslage wird in der Praxis hin und wieder verkannt, weil das Problem nicht gesehen wird (so z.B. in OLG Bamberg JurBüro 1988, 228). Erkennbar ist dies daran, dass darauf in den Beschlussgründen überhaupt nicht eingegangen wird. Der Anwalt sollte deshalb vorsorglich auf diese Rechtslage hinweisen. Das erspart ihm möglicherweise eine Streitwertbeschwerde.

2. Auskunftsklage; Rechnungslegung

582 Noch weniger berechenbar als eine Feststellungsklage ist die Festsetzung des Streitwertes für Ansprüche auf Auskunftserteilung und Rechnungslegung.

a) Auskunftsansprüche

583 **Nichtvermögensrechtliche** Auskunftsansprüche fallen unter § 48 Abs. 2 S. 1 GKG mit den bereits oben (in Rn. 511 ff.) erläuterten Unwägbarkeiten (ausführlich *Schneider/Herget*, Streitwert-Kommentar, 12. Aufl., 2007, Rn. 647 ff.).

584 **Vermögensrechtliche** Auskunftsansprüche können, da sie nicht auf eine bezifferte Leistung gehen, nur anhand **der vom Kläger erwarteten Leistung** des Beklagten geschätzt werden. Mit dem Erfüllungsinteresse darf das Auskunftsinteresse nicht gleichgesetzt werden, da der Klageantrag das Leistungsbegehren **nur vorbereitet.** Die Auskunft soll dem Kläger erst einmal das nötige Wissen verschaffen, dessen er bedarf, um den Leistungsanspruch konkretisieren zu können. Dieser erwartete und erhoffte Leistungsanspruch ist Ausgangspunkt der Bewertung. Wegen des dahinter zurückbleibenden bloßen Auskunftsbegehrens kann sein Wert nur in einem **Bruchteil** des voraussichtlichen **Leistungsanspruchs** bestehen. Aber in welchem Bruchteil?

585 Die Rechtsprechung schwankt zwischen $^1/_{10}$ und $^1/_5$ (*Zöller/Herget*, ZPO, 26. Aufl., 2007, § 3 Rn. 16 zu „Auskunft"). Der Anwalt, der nach § 253 Abs. 3 ZPO, 61 GKG einen Wertvorschlag machen soll, wird mit dem Ansatz von $^1/_5$ des voraussichtlichen Leistungsanspruches so gut wie immer durchdringen. Da es jedoch auf den Einzelfall ankommt, kann die Schätzung auch höher ausfallen, muss aber unterhalb der Höhe des vom Kläger erhofften und erwarteten

Leistungsanspruches bleiben. Auszugehen ist dabei von dem Grundsatz, dass das **Auskunftsinteresse** des Klägers **umso höher** zu bewerten ist, **je mehr** er **auf** die **Auskunft angewiesen** ist. In Fällen, in denen er ohne die Auskunft des Beklagten seinen Anspruch überhaupt nicht konkretisieren kann, ist der höchste Bruchteilswert anzusetzen.

Für die Bewertung in einem konkreten Fall ist folgende **Orientierungshilfe** nützlich: 586

– **Ohne Auskunft** kann der Kläger den Zahlungsanspruch voraussichtlich nur unter **großen Schwierigkeiten** oder gar nicht durchsetzen. Dann ist eine hohe Bewertung angebracht, die bis zur Grenze des voraussichtlichen Zahlungsanspruchs reichen, ihn aber nicht erreichen kann.

– Mit Hilfe der Auskunft wird der Kläger den Zahlungsanspruch **leichter** und **substantiierter begründen** können. Das rechtfertigt einen mittleren Wertansatz von $1/5$, bezogen auf den Zahlungsanspruch.

– Die tatsächlichen Unklarheiten über die Bewertung des Zahlungsanspruches sind weitgehend beseitigt. Der Kläger will sich nur sein vorhandenes **Wissen bestätigen** lassen und etwaige **Wissenslücken erfahren**. In dieser Situation ist der Wertansatz recht gering, etwa $1/10$.

b) Rechnungslegung

Beim Anspruch auf Rechnungslegung sind die gleichen Überlegungen wie bei Auskunftsansprüchen (Rn. 585 f.) anzustellen. Auch die Rechnungslegung soll dem Kläger die Begründung des Leistungsanspruchs erleichtern und/oder ihm die Mühe und die Kosten der eigenen Aufklärung ersparen. Wiederum lässt sich der wirtschaftliche **Wert** des **Klägerinteresses abstufen:** 587

– Hängt die **Durchsetzbarkeit** des Zahlungsanspruchs wesentlich oder vollständig von der Rechnungslegung ab, dann ist eine sehr hohe Bewertung gerechtfertigt.

– Soll die Rechnungslegung nur die Durchsetzbarkeit des Zahlungsanspruchs **erleichtern,** dann ist ein mittlerer Wert von $1/5$ anzusetzen.

– Ist der Leistungsanspruch im Wesentlichen auch ohne Rechnungslegung durchzusetzen und geht es dem Kläger nur um eine **Kontrolle** und etwaige **Ergänzungen** seines Wissens, dann ist der Bruchteil gering anzusetzen, etwa mit $1/10$ des Zahlungsanspruchs.

c) Vorsicht bei Berufung!

Legt der zur Auskunft oder Rechnungslegung verurteilte **Beklagte Berufung** ein, dann ist seine **Beschwer unabhängig vom Streitwert der Klage** zu bemessen. Die Auskunftsbeschwer wird von der Rechtsprechung ganz gering bewertet, nämlich nur nach dem voraussichtlichen **Aufwand an Zeit und Kosten** des Beklagten für die Erteilung der Auskunft (BGH NJW 1995, 664 = LM ZPO § 3 Nr. 88 mit krit. Anm. *Schneider*). Der danach geschätzte Geldbetrag erreicht meist nicht die 588 nach § 511 Abs. 2 Nr. 1 ZPO erforderliche Berufungsbeschwer, so dass viele Berufungen gegen eine Verurteilung zur Auskunftserteilung als unzulässig verworfen werden. Der Anwalt sollte deshalb im Interesse seines Mandanten an der Rechtsmittelmöglichkeit und zugleich im eigenen Gebühreninteresse bemüht sein, die **Notwendigkeit** der Auskunft für die Bezifferung des Leistungsbegehrens von vornherein **ausführlich darzulegen**.

589 Bei der Ermittlung der **Beschwer** des **Klägers**, dessen Auskunftsklage abgewiesen worden ist, darf der Bruchteil nicht nach den Gebührenwertvorschriften des GKG berechnet werden, wenn die Zuständigkeitswerte nach **§§ 8, 9 ZPO** höher anzusetzen sind. Wird beispielsweise der Auskunftsanspruch eines Unterhaltsberechtigten abgewiesen, dann ist der Streitwert-Bruchteil seiner Beschwer nicht nach der privilegierenden Bestimmung des § 42 GKG zu berechnen, sondern gemäß § 9 ZPO nach dem dreieinhalbfachen Jahresbetrag (BGH NJW 1997, 1016).

3. Erbstreitigkeiten

590 Bei Klagen von **Miterben** ist danach zu unterscheiden, gegen wen sich der Anspruch richtet. Bei Klagen **eines Miterben gegen andere Miterben** wandte die ältere Rechtsprechung die Vorschrift des § 6 ZPO an und bestimmte den Streitwert nach dem vollen Nachlasswert. Später ist der BGH zur wirtschaftlichen Betrachtungsweise übergegangen und bewertet heute solche Streitigkeiten nach § 3 ZPO entsprechend dem Interesse des Miterben-Klägers, **dessen eigener Anteil nicht berücksichtigt wird** (BGH NJW 1975, 1415 = MDR 1975, 741). Dieser **Abzug** wird auch gemacht, wenn Herausgabeansprüche verfolgt werden, auf die § 6 ZPO anzuwenden ist.

591 Handelt es sich jedoch um Erbansprüche, die **gegen einen Dritten** verfolgt werden, dann entfällt ein Anteils-Abzug und es ist **voll** zu bewerten (*Zöller/Herget*, ZPO, 26. Aufl., 2007, § 3 Rn. 16 zu „Erbrechtliche Ansprüche").

4. Nebenintervention

592 Bei der Nebenintervention kommt es darauf an, welche Anträge **der Streithelfer** stellt. **Schließt** er sich den Anträgen der von ihm unterstützten Partei **an**, dann hat eine ältere Auffassung den Wert der Nebenintervention mit dem Wert der Hauptsache beziffert (BGHZ 31, 144 = NJW 1960, 42). Die neuere Auffassung der Instanzrechtsprechung wendet auch dann **§ 3 ZPO** an und stellt auf das Interesse des Streithelfers an der Streithilfe ab (z.B. OLG Düsseldorf NJW-RR 1997, 443; siehe auch unten Rn. 1047 f.). Das Interventionsinteresse muss geringer bewertet werden, weil die Interventionswirkung des § 68 ZPO keinen Vollstreckungstitel schafft. Es können daher die zu den Feststellungsklagen herausgearbeiteten Bemessungsgrundsätze übernommen werden, so dass in der Regel ein **Abschlag** von 20 % vorzunehmen ist (*Schneider* MDR 1982, 270; *Wenzel* in GKG-ArbGG, § 12 Rn. 168; noch geringer, aber zu gering hat OLG Köln MDR 1990, 251 = JurBüro 1990, 240, bewertet; siehe dazu *Schneider* MDR 1990, 251).

Der Prozessbevollmächtigte sollte diese Kontroverse zum Anlass nehmen, bei 593
jedem Beitritt eines von ihm vertretenen Streitverkündeten genau dessen
wirtschaftliches Interesse zu **erkunden** und danach den Antrag des Streithelfers
formulieren. Die gedankenlose Erklärung, sich den Anträgen der unterstützten
Partei anzuschließen, kann eine Verletzung des Mandatsvertrages darstellen,
beispielsweise wenn dem Streithelfer nur ein Regress droht, der hinter der
Klageforderung zurückbleibt. Er kann dann mit Kosten belastet werden, die
nicht seinem Haftungsrisiko entsprechen, weil sie auf einer zu hohen Streitwertfestsetzung beruhen, die sein Anwalt durch die Formulierung des Streit-
helfer-Antrages schuldhaft verursacht hat.

5. Einstweilige Verfügung

Für Anträge auf Erlass einer einstweiligen Verfügung oder eines Arrestes ist der 594
Gebührenstreitwert gemäß § 53 Abs. 1 GKG nach **§ 3 ZPO** zu bestimmen. Meist
wird dabei ein Drittel des Hauptsachewertes angenommen. In **Wettbewerbssachen** setzen jedoch manche Gerichte den Hauptsachewert an. In der Praxis ist
die Rechtsprechung der Oberlandesgerichte richtungweisend. Sie hat für
typische Wettbewerbsverstöße Standardwerte entwickelt (siehe *Zöller/Herget*,
ZPO, 26. Aufl., 2007, § 3 Rn. 16 zu „Gewerblicher Rechtsschutz").

Da der Arrest- oder Verfügungswert wegen der im Eilverfahren nur erreichbaren 595
Anspruchs**sicherung** lediglich einen **Bruchteil** des Hauptsachewertes ausmacht,
gilt er nicht für die **Zuständigkeit** des anzurufenden Gerichts. Sie ist in den
§§ 919, 937 ZPO geregelt.

Im Verfügungsverfahren ist nur das Gericht der Hauptsache zuständig. Das ist 596
das Gericht des ersten Rechtszuges, bei dem der materielle Verfügungsanspruch
nicht nur – wie im Eilverfahren – gesichert, sondern endgültig durchgesetzt
werden soll. Deshalb ist für die Bestimmung der **sachlichen Zuständigkeit** stets
vom **vollen Wert** des Anspruchs auszugehen.

Beispiel: Im Verfügungsverfahren soll ein Anspruch mit einem Wert von 15 000 597
Euro gesichert werden. Der Verfügungsstreitwert ist mit einem Drittel, also mit
5 000 Euro anzusetzen. Anzurufen ist aber nicht das Amtsgericht (§ 23 Nr. 1
GVG), sondern das Landgericht, weil dieses für den Hauptanspruch von 15 000
Euro sachlich zuständig wäre.

Ähnliche Überlegungen sind übrigens anzustellen, wenn ein **selbständiges** 598
Beweisverfahren (§§ 485 ff. ZPO) nur mit einem Bruchteil des Hauptsachewertes
beziffert wird. Welches Gericht für das selbständige Beweisverfahren als
„Prozessgericht" zuständig ist (§ 486 Abs. 2 S. 1 ZPO), richtet sich immer nach
dem vollen Wert des beweisrechtlich zu sichernden Anspruchs (siehe dazu oben
Rn. 565 ff.).

§ 7 Wertansätze

6. Einstweilige Einstellung

599 Dem Verfügungsverfahren vergleichbar, aber noch eindeutiger hinsichtlich des Gebotes der Bruchteilsbewertung verhält es sich bei **Beschwerden** in Verfahren auf einstweilige Einstellung der Zwangsvollstreckung (**§§ 707, 719, 769 ZPO**). Im Anschluss an das OLG Köln (Rpfleger 1976, 138 = VersR 1976, 975) wird der Beschwerdewert heute fast durchgehend mit einem **Fünftel** des **Hauptsachewertes** bemessen. Dem hat sich auch der BGH angeschlossen (WPM 1983, 968; MDR 1991, 1204 = NJW 1981, 2280).

600 Folgerichtig ist deshalb auch (entgegen BGHZ 10, 249 = NJW 1953, 1350) bei einer Beschwerde gegen die einstweilige Einstellung der Kostenvollstreckung aus einem **klageabweisenden Urteil** der Streitwert nicht auf den vollen Betrag der vom Kläger zu erstattenden Kosten zu beziffern, sondern nur nach einem Bruchteil dieses Betrages.

7. Fälligkeit

601 Wird ein Geldbetrag eingeklagt und verteidigt sich der Beklagte lediglich mit dem Einwand, die Forderung sei noch nicht fällig, dann ist gleichwohl der **volle Klagebetrag** anzusetzen, weil der Kläger darüber einen vollstreckbaren Titel erwirken will.

602 Daran, dass diese Bewertung den eigentlichen Streit der Parteien, ihr „wirtschaftliches Interesse", verfehlt, kann allerdings kein Zweifel bestehen. Der vollen Bewertung und damit der Vorschusspflicht für die Gerichtskosten nach diesem Wert kann der Kläger aber dadurch ausweichen, dass er auf **Feststellung** eines bestimmten **Fälligkeitszeitpunktes** klagt, wobei er sich vorsichtshalber vom Beklagten die Unstreitigkeit der Forderung „an sich" schriftlich bestätigen lassen sollte. Dann ist der Streitwert nur gemäß § 3 ZPO nach dem **drohenden Verzögerungsverlust** des Klägers zu schätzen, also nach der Zinseinbuße, die er erleidet, wenn der Beklagte den vom Kläger angenommenen Fälligkeitstermin zu Unrecht bestritten hat.

IV. Anspruchsmehrheiten

603 Mehrere materiell-rechtliche Ansprüche können zusammentreffen (ausführlich *Schneider/Herget*, Streitwert-Kommentar, 12. Aufl., 2007, Rn. 3410 ff.). Nach **§ 39 Abs. 1 GKG** werden ihre Streitwerte dann zusammengerechnet.

604 Soweit es um die **Zuständigkeit** bei Klage und Widerklage geht, scheidet eine Addition jedoch aus (**§ 5 ZPO**). Für den Gebührenstreitwert wird aber auch dann addiert (§ 45 GKG).

605 So einfach wie das klingt, ist es in Wirklichkeit nicht. Es müssen mehrere Prozesslagen unterschieden werden.

1. Mehrheit von Anspruchsgrundlagen

Stets muss darauf geachtet werden, ob es sich um ein **prozessuales** Problem handelt oder um ein **materiell-rechtliches**. Betreffen mehrere Ansprüche denselben Streitgegenstand, weil **dasselbe Begehren** durch **mehrere** materiell-rechtliche Ansprüche gestützt wird, dann findet keine Wertaddition statt. 606

Beispiel: Für eine Kaufpreisforderung kann sich der Kläger auf den Kaufvertrag berufen (§ 433 Abs. 2 BGB) und darüber hinaus auf ein Schuldanerkenntnis der Forderung durch den Käufer (§ 781 BGB).

Die verschiedenen materiell-rechtlichen Ansprüche betreffen prozessual **denselben Streitgegenstand**. Auch wenn der Kläger, wie im Beispielsfall, seinen Anspruch materiell-rechtlich **mehrfach begründen** kann, steht ihm die Leistung doch nur **einmal** zu. Und allein die von ihm begehrte einmalige Leistung bestimmt den Streitgegenstand. 607

2. Mehrheit prozessualer Ansprüche (Anträge)

Verfolgt der Kläger mit einer einzigen Klage mehrere prozessuale Ansprüche, dann muss er **mehrere Anträge** stellen. Um den (einheitlichen) Streitwert zu ermitteln, sind die Streitwerte dieser Anträge zusammenzurechnen. Das ist der Grundsatz (§ 39 Abs. 1 GKG). 608

Er wird von Ausnahmen durchbrochen, die das Problem der **Wertidentität** betreffen. 609

Das Identitätsproblem im Streitwertrecht geht auf die Rechtsprechung des Reichsgerichts zurück. So heißt es in **RGZ 145, 166:** 610

„Ein und derselbe Streitgegenstand liegt dann vor, wenn die beiderseitigen Ansprüche einander ausschließen, dergestalt, dass die Zuerkennung des einen Anspruchs notwendig die Aberkennung des anderen bedingt. Verschiedenheit der Streitgegenstände ist dagegen dann gegeben, wenn die mehreren Ansprüche nebeneinander bestehen können, so dass das Gericht unter Umständen beiden Ansprüchen stattgeben kann."

Diese Formel ist vom BGH übernommen worden (BGHZ 43, 33 = NJW 1965, 444). Von dieser Identitätsformel ausgehend, wird zwischen **rechtlicher** und **wirtschaftlicher** Identität unterschieden. 611

a) Rechtliche Identität

Sie betrifft Fälle der **objektiven Klagenhäufung** oder der **Klage und Widerklage** oder **wechselseitig eingelegter Rechtsmittel**, in denen es um denselben Streitgegenstand geht. 612

So verhält es sich etwa, wenn zwei Kläger als **Gesamtgläubiger** einen ihnen zustehenden Anspruch einklagen oder wenn ein Kläger zwei als **Gesamtschuldner** haftende Beklagte in Anspruch nimmt (siehe unten Rn. 949 ff.). Dann geht es immer um dieselbe Leistung, die nur einmal verlangt wird. Eine **Streitwertverdoppelung scheidet aus.** 613

§ 7 Wertansätze

614 Ebenso kann es sich bei **Klage und Widerklage** verhalten (Rn. 447 ff.), etwa wenn Kläger und Beklagter denselben Hinterlegungsbetrag für sich beantragen.

615 Oder wenn der Verpächter auf Räumung des Objekts, der Pächter mit der Widerklage auf Fortsetzung des Mietverhältnisses klagt. Der Streitwert ist dann gebührenrechtlich nach § 41 Abs. 2 GKG mit dem Jahresbetrag des Pachtzinses zu bewerten. Die Bejahung des Räumungsanspruches wäre sachlich gleichbedeutend mit der Verneinung des Verlangens auf Fortsetzung des Vertrages und umgekehrt. Für die **Zuständigkeit** ist jedoch § 8 ZPO maßgebend (siehe oben Rn. 439 f.).

616 **Ob rechtliche Identität** vorliegt, ist nicht immer einfach zu entscheiden. Klagt der Unterhaltsberechtigte beispielsweise nach § 323 ZPO auf Erhöhung des titulierten Unterhaltes und setzt der Beklagte dem eine Widerklage auf Herabsetzung des titulierten Betrages entgegen, dann muss addiert werden. Beide Klagen betreffen **verschiedene Teile** des materiell-rechtlichen Unterhaltsanspruchs.

617 Wie aber ist beispielsweise zu bewerten, wenn der Kläger auf Auflassung eines Grundstücks klagt und der Beklagte mit der Widerklage Zahlung des restlichen Kaufpreises verlangt? Das OLG Karlsruhe hat in diesem Fall die Streitwerte addiert (MDR 1988, 1067 = JurBüro 1988, 1551). Nach *Lappe* (Kostenrechtsprechung GKG § 19 Nr. 139) hätte nur einfach bewertet werden dürfen.

b) Wirtschaftliche Identität

618 Das gesetzlich nicht geregelte **Additionsverbot** wegen wirtschaftlicher Identität besagt: „Wo trotz prozessualer Anspruchsmehrheiten keine wirtschaftliche Werthäufung entsteht, darf nicht zusammengerechnet werden" (*Stein/Jonas/Roth*, ZPO, 22. Aufl., 2003, § 5 Rn. 1). Es darf also nie mehrfach bewertet werden, ohne dass auch eine materielle Häufung von Rechten gegeben ist.

619 Gehen wir von dem bereits erwähnten Fall aus, dass der Kläger im Streitgenossenprozess von **zwei beklagten Gesamtschuldnern einen** bezifferten **Geldbetrag** verlangt. Dann liegt rechtliche Identität vor; der Streitwert ist nur einfach zu berechnen.

620 Klagt der Kläger stattdessen gegen den einen Streitgenossen auf Erfüllung, gegen den anderen auf Feststellung der Schadensersatzpflicht in Höhe des geforderten Betrages, dann liegen **prozessual verschiedene** Streitgegenstände vor, während es **wirtschaftlich** um **dasselbe** Begehren geht: die einmalige Zahlung eines Geldbetrages. Das ist ein Fall wirtschaftlicher Identität, die ein Additionsverbot begründet.

621 Ebenso liegt es, wenn auf **Feststellung** eines **Rechtsverhältnisses** und gleichzeitig auf **teilweise Leistung** daraus geklagt wird. Der Streitwert des Feststellungsantrages schließt dann die verlangte Teilforderung ein. Die Werte beider Anträge sind zu vergleichen. Angenommen, die positive Feststellungsklage wird nach Abzug der üblichen 20 % mit 8 000 Euro bewertet und

gleichzeitig die Zahlung eines Teilbetrages von 6 000 Euro verlangt. Dann besteht in Höhe von 6 000 Euro wirtschaftliche Identität. Der Mehrbetrag von 2 000 Euro ist hinzuzurechnen oder – was auf dasselbe hinausläuft – nur der höherwertige Anspruch ist für die Streitwertbestimmung maßgebend.

So ist auch zu berechnen, wenn der Kläger auf **Rückerstattung** des **Kaufpreises** **Zug um Zug** gegen Rücknahme der gekauften Gegenstände klagt und er **zusätzlich** die **Feststellung** beantragt, dass der Beklagte sich mit der Rücknahme im **Annahmeverzug** befinde. Der Feststellungsantrag hat keine eigene wirtschaftliche Bedeutung. Wird der Klage stattgegeben, dann wird mit der Verurteilung Zug um Zug zugleich festgestellt, dass der Beklagte die Rücknahme der Sache verweigert hat. Darin liegt der Annahmeverzug (§§ 293 ff. BGB). Mit der Vorlage der Urteilsausfertigung lassen sich die Verzugsvoraussetzungen des § 756 ZPO nachweisen (BGH NJW-RR 1989, 826 = MDR 1989, 732). Wirtschaftlich und deshalb auch streitwertmäßig ist daher der Feststellungsantrag bedeutungslos, ebenso wie wenn auf Zahlung und gleichzeitig auf Sicherstellung des geforderten Betrages geklagt wird. Mehr als Zahlung kann der Kläger aus wirtschaftlicher Sicht nicht erreichen. 622

3. Bewertungsfehler

Immer wieder kommen Fälle vor, in denen zweifelhaft ist, ob wegen rechtlicher oder wirtschaftlicher Identität eine Wertaddition zu unterbleiben hat. Daneben gibt es aber auch Fehlentscheidungen, die nur auf **unklarer Gedankenführung** beruhen. 623

Beispiel:

Der Kläger hatte für 6 000 Euro eine Einbauküche in der Farbe zinngraumetallic gekauft. Der Verkäufer lieferte ihm die Küche in manhattangrau. Darüber kam es zum Prozess. Der Verkäufer klagte den Kaufpreis ein. Der Beklagte erhob Widerklage auf Lieferung einer Küche in der Farbe zinngraumetallic, Zug um Zug gegen Zahlung des vereinbarten Kaufpreises von 6 000 Euro. Das Landgericht setzte den Streitwert auf 12 000 Euro fest, weil die Küche in jeder Farbe geliefert werden könne. Dabei wurde verkannt, dass beide Parteien übereinstimmend nur von der Lieferung **einer einzigen** Küche ausgingen; lediglich deren Farbe war streitig. Die entscheidungserhebliche Frage lautete daher: Hatte der Käufer eine Küche manhattangrau **und** eine Küche zinngraumetallic bestellt oder hatte er **nur** *eine einzige* Küche bestellt, entweder manhattangrau oder zinngraumetallic? Bei dieser richtig gestellten Frage wäre die Antwort völlig eindeutig gewesen. Es ging nicht um zwei Küchen, sondern nur um die Farbe einer einzigen Küche. Kaufpreisklage und Lieferungs-Widerklage betrafen rechtlich und auch wirtschaftlich denselben Streitgegenstand.

4. Klagenhäufung

a) Objektive Klagenhäufung

Macht ein Kläger in einer Klage mehrere ihm zustehende materiell-rechtliche Ansprüche geltend, verlangt er etwa mit der Klage den Kaufpreis für die Lieferung einer Einbauküche **und zusätzlich** den Kaufpreis für eine Waschmaschine, dann handelt es sich um eine **objektive** Klagenhäufung (§ 260 ZPO). 624

§ 7 Wertansätze

Die Einzelstreitwerte werden addiert (§ 45 Abs. 1 S. 1 GKG; ausführlich *Schneider/Herget*, Streitwert-Kommentar, 12. Aufl., 2007, Rn. 3410 ff.).

b) Subjektive Klagenhäufung

625 Neben der objektiven gibt es die **subjektive Klagenhäufung**, nämlich die **Streitgenossenschaft**, die auf beiden Parteiseiten auftreten kann (**§ 59 ZPO**): Streitgenossenschaft auf der Aktiv- oder auf der Passivseite; mehrere Kläger – ein Beklagter; ein Kläger – mehrere Beklagte; mehrere Kläger – mehrere Beklagte. Der Klageantrag wird einfach bewertet, weil dem Kläger der geltend gemachte Anspruch nur einmal zusteht. Zu einer Wertaddition kommt es erst, wenn von oder gegen Streitgenossen (auch oder nur) selbständige Ansprüche verfolgt werden.

Beispiel:
A klagt gegen P und C als Gesamtschuldner auf Zahlung von 6 000 Euro, zusätzlich gegen B auf Zahlung (weiterer) 3 000 Euro. Der Streitwert beträgt 9 000 Euro.
Subjektive und objektive Klagenhäufung können auch **zusammentreffen**. Ein Vermieter verklagt beispielsweise in einem einzigen Rechtsstreit je zwei seiner Mieter, die je eigene Wohnungen gemietet haben, auf Zahlung rückständigen Mietzinses. Oder: Der Halter A und sein Fahrer B werden bei einem Verkehrsunfall verletzt, den der Fahrer C eines anderen Fahrzeugs verursacht hat. A und B klagen je eigene Schadensersatzansprüche gegen C oder auch gegen C und gegen D als den Halter des anderen Fahrzeugs ein. Dann ist wegen objektiver Klagenhäufung zu addieren (Rn. 624).

c) Eventuelle Klagenhäufung

626 Ein Kläger, der einen **Hauptanspruch und** einen **Hilfsanspruch** geltend macht, geht in eventueller Klagenhäufung vor. Im Gesetz ist diese Prozesslage nicht geregelt. Sie wird aber gewohnheitsrechtlich als zulässig angesehen. Bei ihr wird neben dem Hauptanspruch auch der Eventualanspruch **sofort rechtshängig**, jedoch **auflösend bedingt** durch die rechtskräftige positive Entscheidung über den Hauptanspruch. Das hat zur Regelung in § 45 Abs. 1 S. 2 GKG geführt: Die Hilfsklage führt nur dann zur **Wertaddition**, wenn wegen **Verneinung** des **Hauptantrages** auch über den Hilfsantrag **entschieden** wird.

627 Das gilt aber **nicht** für den **Zuständigkeitswert**. Da für diesen der Zeitpunkt der Einreichung der Klage maßgebend ist (§ 4 Abs. 1 ZPO), darf nicht auf die spätere Entwicklung des Rechtsstreits abgestellt werden. Weil aber der Hilfsantrag schon mit Klageeinreichung rechtshängig wird, wenn auch auflösend bedingt, muss er bei der Ermittlung der Eingangszuständigkeit berücksichtigt werden. Nur geschieht das nicht durch Addition, sondern dadurch, dass die Werte von Hauptanspruch und Hilfsanspruch miteinander verglichen werden und der **höhere Wert** maßgebend ist, der dann auch die Zuständigkeit des Eingangsgerichts bestimmt (MünchKommZPO/*Schwerdtfeger*, 2. Aufl., 2000, § 5 Rn. 13). Eine Addition ist ausgeschlossen, da § 5 ZPO unanwendbar ist. Das führt dazu, dass bei geringerwertigem Hauptantrag eine Klage wegen des höherwertigen Hilfsantrages beim Landgericht einzureichen ist (*Schwerdtfeger* a.a.O.; KG OLGZ 1979, 348).

Gebührenrechtlich wird bei Klageeinreichung nur auf den Hauptantrag abgestellt. Der Hilfsantrag wird erst berücksichtigt, wenn auch darüber entschieden wird. Das erst führt gebührenrechtlich zur Wertaddition (Rn. 626). 628

Das gilt aber nur für den Rechtsstreit selbst und die Kostenerstattung aus dem Urteil. Wenn über den Hilfsantrag nicht entschieden und dessen Streitwert deshalb nicht berücksichtigt wird, haftet der zum Hauptantrag unterlegene Beklagte nur nach dessen Wert. Eine ganz andere Frage ist, ob die Anwälte auch gegenüber ihren eigenen Mandanten so abrechnen müssen. Würde das bejaht, dann würde ihre unter Umständen sehr arbeitsaufwendige Tätigkeit zum Hilfsanspruch nicht vergütet. Das wäre ein schwerlich vertretbares Ergebnis. Vergleichbare Situationen ergeben sich in allen Fällen, in denen ein Hilfsangriff oder eine Hilfsverteidigung für den Gebührenstreitwert des Prozesses nach § 45 GKG unberücksichtigt bleibt (Hilfswiderklage, Hilfsaufrechnung) oder wenn ein vermögensrechtlicher Anspruch mit einem nichtvermögensrechtlichen Anspruch verbunden, aber nur einer der Ansprüche bewertet wird (§ 48 Abs. 4 GKG). Erstaunlicherweise werden diese für den **Vergütungsanspruch des Anwalts** so wichtigen Ausnahmen kaum erörtert. Zu lösen sind solche Fälle über § 33 Abs. 1 RVG. Die auftragsgemäß zu den Hilfsansprüchen geleistete Tätigkeit wird nicht durch die §§ 45, 48 GKG erfasst. Die Anwälte können deshalb die Vergütung für ihre im Urteil nicht berücksichtigte Mehrleistung gegenüber ihren Mandanten einfordern (a.A. OLG Hamm AGS 2007, 254 mit abl. Anm. *Schneider*). Ausführlich zu diesen Fragen siehe AnwKommRVG/*E. Schneider*, 3. Aufl., 2006, § 33 Rn. 5 ff. u. AGS 2004, 274; *Kroiß*, Handkommentar zum RVG, 2. Aufl., 2006, § 33 Rn. 6, und *Rohn*, ebenda, Anhang II Rn. 24).

5. Klage und Widerklage

Werden je selbständige Ansprüche wechselseitig vom Kläger und vom Beklagten in demselben Rechtsstreit verfolgt, dann handelt es sich um Klage und Widerklage (§ 33 ZPO). Beantragt der Beklagte in diesem Fall in erster Linie die Abweisung der Klage und führt er einen eigenen Anspruch gegen den Kläger nur für den Fall in den Rechtsstreit ein, dass der Klage stattgegeben werde, dann erhebt er eine **Hilfswiderklage**. 629

Klage und Widerklage sind für die **Zuständigkeit** jeweils gesondert zu bewerten, ohne dass eine Addition statthaft ist (§ 5 ZPO; oben Rn. 447 ff.). 630

Für den **Gebührenstreitwert** sieht § 45 Abs. 1 S. 1 GKG demgegenüber die Wertaddition vor. Das gilt bei einer lediglich **hilfsweise** erhobenen Widerklage jedoch nur, wenn darüber entschieden wird (§ 45 Abs. 1 S. 2 GKG). 631

Erhebt der Kläger eine sog. **Wider-Widerklage**, dann liegt auf seiner Seite eine objektive Klagenhäufung vor. Die Streitwerte des Klageantrags, des Widerklageantrags und des Wider-Widerklageantrags sind zu addieren, soweit diese Anträge verschiedene Streitgegenstände betreffen. Soweit sich ihre Streitgegenstände decken, ist nur einfach zu bewerten. 632

Zur Abrechnung zwischen Rechtsanwalt und Mandanten siehe Rn. 628.

6. Wahlschuld und Ersetzungsbefugnis

633 Angenommen, dem Kläger steht ein Anspruch auf Herausgabe eines Kühlschranks zu, den er beim Beklagten gekauft hat und der dort noch lagert, ausgezeichnet als vom Kläger erworben. Der Beklagte liefert nicht. Nun hat der Kläger auch Bedarf für eine neue Waschmaschine. Deshalb klagt er auf Lieferung des Kühlschranks, wahlweise einer wertentsprechenden Waschmaschine. Es handelt sich dann um eine **alternative Klagenhäufung** in der Form einer **unechten Wahlschuld**. Solche Klagen sind **unzulässig**, weil der alternative Klageantrag nicht im Sinne des § 253 Abs. 2 Nr. 2 ZPO bestimmt ist. Wie sollte daraus später vollstreckt werden? Welchen Gegenstand sollte der Gerichtsvollzieher dem Schuldner wegnehmen (§ 883 ZPO)?

634 Zulässig sind nur Klagen auf Erfüllung einer **echten Wahlschuld**, die dem Schuldner das Bestimmungsrecht darüber einräumt, mit der Lieferung welcher Sache er seine Schuld gegenüber dem Gläubiger erfüllen will:

§ 262 BGB: Werden mehrere Leistungen in der Weise geschuldet, dass nur die eine oder die andere zu bewirken ist, so steht das Wahlrecht im Zweifel dem Schuldner zu.

635 In solchen Fällen ist der Klageantrag alternativ („entweder – oder") zu formulieren. Der Beklagte wird **alternativ verurteilt**, solange er nicht sein Wahlrecht ausübt. Probleme der Zwangsvollstreckung treten nicht auf. Dafür sorgen die §§ 263, 264 Abs. 1 S. 1 BGB.

636 Der Streitwert solcher Klagen wird nach dem **höherwertigen Anspruch** bemessen, solange das Wahlrecht **nicht ausgeübt** worden ist. Jedoch ist das wirtschaftliche Interesse zu beachten, das zu einer anderen Bewertung führen kann.

637 Steht das Wahlrecht dem **Kläger** zu, dann ist der Anspruch seiner Wahl wertbestimmend.

638 Steht das Wahlrecht dem **Beklagten** zu, was im Zweifel der Fall ist (§ 262 BGB), dann ist davon auszugehen, dass dieser sein Wahlrecht in dem ihm günstigsten Sinne ausübt, sich also für die geringerwertige Leistung entscheidet. Diese bestimmt dann den Streitwert.

639 Ist **streitig, wer wahlberechtigt** ist, dann kommt es auf die Parteirolle an. Das wirtschaftliche Interesse dessen, der als Kläger das Wahlrecht für sich in Anspruch nimmt, ist maßgebend.

640 Neben der unechten und der echten Wahlschuld gibt es noch die **Ersetzungsbefugnis** (*facultas alternativa*). Der Schuldner schuldet nicht alternativ (entweder – oder), sondern nur **eine ganz bestimmte Leistung**. Er ist aber berechtigt, diese Schuld durch eine andere Leistung zu erfüllen. Beispielsweise muss er dem Kläger eine Waschmaschine liefern, darf sich aber von dieser Verpflichtung dadurch befreien, dass er einen Wäschetrockner liefert.

641 Die Ersetzungsbefugnis kann sich auch aus dem **Gesetz** ergeben. So darf beispielsweise der Ersatzpflichtige den Gläubiger in Geld entschädigen, wenn

die Wiederherstellung einer beschädigten Sache nur mit unverhältnismäßigen Aufwendungen möglich wäre (§ 251 Abs. 2 S. 1 BGB). Daneben kommen entsprechende **vertragliche** Regelungen in Betracht.

Der Klageantrag ist in solchen Fällen nur auf die primär geschuldete Leistung zu richten. Danach bestimmt sich auch der Streitwert. 642

7. Aufrechnung

Schließlich ist noch die Aufrechnung zu erwähnen, die wegen der Rechtskraftwirkung des § 322 Abs. 2 ZPO die kostenrechtlich gleichen Rechtsfolgen auslösen kann wie eine Klagenhäufung. Im Einzelnen ist dabei zu unterscheiden: 643

Für den **Zuständigkeitswert** bleibt die Aufrechnung als bloßes Verteidigungsmittel des Beklagten unberücksichtigt, und zwar unabhängig davon, ob darüber entschieden wird oder nicht. 644

Ebenso verhält es sich **gebührenrechtlich** bei der **Primäraufrechnung**. Bei ihr wehrt sich der Beklagte nicht gegen den Klageanspruch, den er nicht bestreitet. Gleichwohl beantragt er Klageabweisung wegen seiner Aufrechnung mit einer bestrittenen Gegenforderung. Nur der Streitwert der Klageforderung ist maßgebend. 645

Für die **Hilfsaufrechnung** – Verteidigung mit einer streitigen Gegenforderung gegen die streitige Klageforderung – enthält § 45 Abs. 3 GKG eine Sonderregelung. Wird über die Aufrechnungsforderung **nicht entschieden**, weil schon die Klage abgewiesen wird, dann entspricht der Gebührenwert dem Streitwert der Klage. 646

Wird jedoch der **Klageanspruch bejaht**, so dass – bejahend oder verneinend – über die Gegenforderung entschieden werden muss, dann wirkt das nach § 322 Abs. 2 ZPO Rechtskraft. Deshalb wird der Streitwert der Gegenforderung in diesem Fall mit dem Streitwert des Klageanspruchs zusammengerechnet, jedoch nur bis zur Höhe der Klageforderung, weil auch die Rechskraft nur so weit wirkt (BGHZ 36, 319 = NJW 1962, 907). 647

Zur Berechnung der Anwaltsvergütung in den Verfahrenslagen Rn. 646 und 647 siehe oben Rn. 628.

V. Zinsen

1. Nebenforderung

Soweit Zinsen als Nebenforderung geltend gemacht werden, bleiben sie beim Zuständigkeitsstreitwert und auch beim Gebührenstreitwert **außer Ansatz** (§§ 4 ZPO, 43 Abs. 1 GKG). Dabei kommt es nicht darauf an, aus welchem Rechtsgrund die Zinsen neben einer Hauptforderung verlangt werden (ausführlich *Schneider/Herget*, Streitwert-Kommentar, 12. Aufl., 2007, Rn. 6369 ff.). 648

649 Diese Rechtsfolge lässt sich auch nicht dadurch umgehen, dass die Zinsen dem Kapitalbetrag zugeschlagen werden und eine summenmäßig einheitliche Forderung geltend gemacht wird (BGH NJW-RR 1995, 706; *Schneider* MDR 1984, 265).

650 Auch **Kreditgebühren**, die für einen Teilzahlungskredit anfallen, sind Zinsen (OLG Düsseldorf MDR 1976, 663). In diesem Fall ist allerdings streitig, ob das auch gilt, wenn die Kreditgebühren mit dem Darlehensbetrag in einer einzigen Summe zusammengefasst werden (bejahend OLG Bamberg JurBüro 1976, 343; verneinend OLG München JurBüro 1976, 327).

651 Die **Klageform** ist für die Bewertung der Zinsen als Nebenforderung unerheblich. Sie bleiben deshalb auch bei der Drittwiderspruchsklage oder bei der Vollstreckungsgegenklage unberücksichtigt (BGH WPM 1983, 246; OLG Köln JurBüro 1992, 251).

2. Novation

652 Werden Hauptforderung und Zinsen durch ein abstraktes Schuldversprechen (**§ 780 BGB**) oder durch ein Schuldanerkenntnis (**§ 781 BGB**) „noviert", wird also aus beiden Ansprüchen **eine neue, selbständige und einheitliche Schuld** begründet, dann verlieren die Zinsen ihre Eigenschaft als Nebenforderung. Der **Gesamtbetrag** ist gleich dem Streitwert.

3. Selbständiger Zinsanspruch

653 Ebenso verhält es sich, wenn die Zinsen nicht auf den Hauptanspruch bezogen sind, wenn etwa eine Darlehensschuld von 5 000 Euro eingeklagt wird und zusätzlich eine Zinsschuld von 1 100 Euro aus einem anderen, nicht mit eingeklagten oder vielleicht schon getilgten Darlehen. Dann wird diese Zinsforderung nicht „als Nebenforderung" geltend gemacht (§ 4 Abs. 1 ZPO, § 43 Abs. 2 GKG).

654 Selbständig ist die Zinsforderung auch, wenn sie nur gegen einen Streitgenossen eingeklagt wird.

Beispiel:

A und B schulden dem C als Gesamtschuldner 5 000 Euro nebst 4 % Zinsen. Der Kläger berechnet die Zinsen bis zum Tag der Klageeinreichung mit 250 Euro und klagt: gegen den Streitgenossen A auf Zahlung von 5 000 Euro, gegen den Streitgenossen B auf Zahlung von 250 Euro.

655 Dann müssen die Einzelstreitwerte von 5 000 Euro und 250 Euro addiert werden, weil durch diese Art der Klagenhäufung das Abhängigkeitsverhältnis zwischen Hauptforderung und Zinsen aufgehoben wird. So kann man übrigens die Zuständigkeit des Amtsgericht umgehen und einen Rechtsstreit an das Landgericht bringen (siehe oben Rn. 323 ff.).

4. Hinterlegungszinsen

Bei dem Anspruch auf Auszahlung einer Hinterlegungssumme verhält es sich anders. Dort **erhöhen** die **Zinsen** den **Streitwert** (BGH MDR 1967, 280; OLG Köln JurBüro 1980, 281). Das beruht darauf, dass derjenige, von dem die Freigabe des Kontos verlangt wird, nicht zugleich Schuldner des Anspruchs auf die Hinterlegungszinsen ist. Schuldner ist insoweit nur die Staatskasse (Hinterlegungsstelle). Die Hinterlegungsmasse darf deshalb nicht in einen Hauptanspruch und in einen Nebenanspruch zerlegt werden. Der Streitwert richtet sich allein danach, was sich im Zeitpunkt der Schlussverhandlung insgesamt auf dem Hinterlegungskonto angesammelt hat. 656

5. Mehrwertsteuer

Die Mehrwertsteuer wird zwar nach der Hauptforderung berechnet, ist aber keine Nebenforderung im Sinne der § 4 ZPO, § 43 GKG. Sie **erhöht** deshalb den **Streitwert**, wobei es belanglos ist, ob ihr Betrag gesondert ausgewiesen wird oder nicht (OLG Köln JurBüro 1982, 1070). 657

Nur soweit die Mehrwertsteuer auf **Zinsen als Nebenforderung** entfällt, wird die Steuer ihrerseits wie eine nicht zu berücksichtigende Nebenforderung behandelt (BGH NJW 1977, 583; *Stein/Jonas/Roth*, ZPO, 22. Aufl., 2003, § 4 Rn. 19; anders bei Verzugszinsen KG OLGZ 1980, 244). 658

6. Mietkautionszinsen

Nach § 551 Abs. 3 BGB muss der Vermieter eine vom Mieter gestellte Barkaution als verzinsliche Spareinlage anlegen. Die Zinsen erhöhen dann die Sicherheit des Vermieters. Wie sich das zuständigkeitsbestimmend auf den Streitwert auswirkt, ist für die erste Instanz unerheblich, da das Mietgericht nach § 23 Nr. 2a GVG ohnehin sachlich zuständig ist. 659

Anders verhält es sich bei der Berechnung der **Berufungsbeschwer**. Das LG Köln (WuM 1995, 719) hat bei einer Klage auf Auszahlung der auf einem Sparbuch angelegten Mietkaution die Zinsen werterhöhend berücksichtigt. Das entspricht der Bewertung in Hinterlegungssachen (vorstehend Rn. 656) und wirkt sich **entsprechend** auf den **Gebührenstreitwert** in erster und zweiter Instanz aus. 660

VI. Teilzahlungen

In der Praxis kommt es ständig vor, dass der Schuldner nach Klageerhebung einen Teil der Klageforderung zahlt oder sogar mehrfach hintereinander Teilbeträge leistet. Das führt zur teilweisen Erledigung der Hauptsache und entsprechenden Erledigungserklärungen nach **§ 91a ZPO**, wobei die Erklärungen regelmäßig konkludent abgegeben werden und darin zu sehen sind, dass der ursprüngliche Klageantrag mit dem Zusatz gestellt wird „abzüglich am ... 661

gezahlter ... Euro". Materiell-rechtlich ist dann die Vorschrift des § 367 BGB anwendbar, wonach die Teilleistungen zunächst auf die Kosten, sodann auf die Zinsen und zuletzt auf die Hauptleistung anzurechnen sind. Wie wirkt sich das aber verfahrensrechtlich aus?

1. Fehlerhafte Praxis

662 Eine Anrechnung auf die Kosten kommt nur in Betracht, wenn ein **materiell-rechtlicher Kostenanspruch** als Nebenforderung mit eingeklagt worden ist. Der **prozessuale** Kostenerstattungsanspruch aus §§ 91 ff. ZPO kann durch Teilleistungen, die im Laufe des Verfahrens erbracht werden, nicht getilgt werden, da er noch gar nicht feststeht.

663 Auf den Zinsanspruch trifft diese Einschränkung nicht zu. Gleichwohl hat das AG Hagen (JurBüro 1992, 192) die auch sonst oft gedankenlos praktizierte Auffassung vertreten, die Verrechnungsvorschrift des **§ 367 Abs. 1 BGB** sei bei der Streitwertermittlung **nicht** zu berücksichtigen. Begründung:

„Sinn der Vorschriften des Kostenrechts ist es, auf möglichst einfache Weise den Streitwert und auch einen Teilstreitwert nach erfolgter Zahlung zu ermitteln. Dieses wäre nicht möglich, wenn bei jeder Teilzahlung das Gericht zunächst alle bis zur Zahlung angefallenen Nebenforderungen, darunter auch Zinsen, berechnen und dann gemäß § 367 BGB die Teilzahlung zunächst auf die Nebenforderungen anrechnen müsste. Daher bleiben bei mitgeteilten Zahlungen die Nebenforderungen unberücksichtigt, durch die mitgeteile Zahlung vermindert sich die Hauptforderung, dies führt zu einem geringeren Streitwert für das weitere Verfahren."

664 Die Auffassung des AG Hagen ist **falsch**. Der **Streitwert** bestimmt sich nach dem **prozessualen Anspruch**, der auf den **materiell-rechtlichen Zahlungsanspruch** bezogen ist. Die dazu erforderliche Schlüssigkeitsprüfung richtet sich allein nach materiellem Recht. Ergibt diese, dass dem Kläger wegen § 367 Abs. 1 BGB nach teilweisen Zahlungen nur noch ein verminderter Hauptanspruch verblieben ist, dann darf vom Gericht nicht aus Bequemlichkeit ein unrichtiger, weil mit der Bezifferung des materiellen Anspruchs nicht übereinstimmender Streitwert festgesetzt werden.

665 Die **Folgen** dieser fehlerhaften Berechnung schlagen sich zum einen im **Gebührenrecht** nieder, weil die Prozessbevollmächtigten durch eine zu niedrige Streitwertfestsetzung um einen Teil ihrer Gebühren gebracht werden können.

666 Darüber hinaus kann eine Partei benachteiligt werden, weil die fehlerhafte Berechnung dazu führen kann, dass der **Berufungsstreitwert** falsch berechnet und die hinreichende Beschwer des § 511 Abs. 2 Nr. 1 ZPO verneint wird. Die Erfahrung lehrt, dass die fehlerhafte Berechnung auch Anwälten aus Unachtsamkeit oder Rechtsunkenntnis unterläuft. Mangels entsprechender Kontrolle durch die Prozessbevollmächtigten neigen dann die Gerichte leicht dazu, sich durch fehlerhafte Streitwertbemessung die lästige Rechenarbeit zu ersparen.

VI. Teilzahlungen

2. Berechnungsbeispiel

Ein rechnerisch einfach gebildeter Fall mag das falsche und das richtige Vorgehen verdeutlichen. 667

a) Fehlerhafte Berechnung

Geklagt wird auf Zahlung von **2 500 Euro** nebst vereinbarten Zinsen (§ 288 Abs. 3 BGB) in Höhe von 10 % ab **1. 2. 2005**. Am **1. 2. 2006** zahlt der Beklagte **1 000 Euro** und am **1. 2. 2007** weitere **900 Euro**. 668

In der Schlussverhandlung verliest der Kläger den Antrag, den Beklagten zu verurteilen, an den Kläger 2 500 Euro nebst 10 % Zinsen ab dem 1. 2. 2005 zu zahlen, abzüglich am 1. 2. 2006 gezahlter 1 000 Euro und am 1. 2. 2007 gezahlter 900 Euro. 669

Am 1. 7. 2007 wird ein Urteil mit folgendem Tenor verkündet: 670

Der Beklagte wird verurteilt, an den Kläger 2 500 Euro zu zahlen abzüglich am 1. 2. 2006 gezahlter 1 000 Euro und am 1. 2. 2007 gezahlter 900 Euro.

Der Streitwert wird wie folgt festgesetzt: 671

Bis zum 1. 2. 2005 auf 2 500 Euro,

vom 1. 2. 2006 bis 31. 12. 2006 auf 1 500 Euro,

ab dem 1. 2. 2007 auf 600 Euro.

Nach dieser Streitwertfestsetzung ist die nicht zugelassene Berufung ausgeschlossen (§ 511 Abs. 2 Nr. 1 ZPO). 672

b) Fehlerfreie Berechnung

Die Zinsen aus 2 500 Euro belaufen sich bis 31. 1. 2006 auf 250 Euro. 673

Die am 1. 2. 2006 gezahlten 1 000 Euro sind zunächst auf die bis dahin aufgelaufenen Zinsen von 250 Euro anzurechnen, so dass eine Hauptschuld von 2 500 ./. 750 =) 1 750 Euro verbleibt. 674

Auf diese Hauptschuld entfallen für die Zeit vom 1. 2. 2006 bis 31. 1. 2007 Zinsen in Höhe von 175 Euro. Darauf sind die weiter gezahlten 900 Euro anzurechnen, so dass davon auf die Hauptschuld nur entfallen: (900 ./. 175 =) 725 Euro. Die Hauptschuld von noch 1 750 Euro ermäßigt sich daher auf (1 750 ./. 725 =) 1 025 Euro. 675

Der Beklagte kann somit Wertberufung nach § 511 Abs. 2 Nr. 1 ZPO einlegen, weil seine Beschwer mehr als 600 Euro beträgt. 676

Sicherlich wird die Berechnung umständlicher, wenn es – wie meist – um „krumme Zahlen" und weniger übersichtliche Zeiträume geht. Das gilt erst recht, wenn bei mehreren Forderungen – allein oder gar zusätzlich zu § 367 BGB – auch noch die Tilgungsfolge des § 366 BGB zu beachten ist. 677

Tilgungsfolge nach § 367 BGB:
- Vorrangige Tilgung der Kosten
- Vorrangige Tilgung der Zinsen
- Tilgung der Hauptforderung

Tilgungsfolge nach § 366 BGB:
- Vorrang der fälligen Schuld,
- sodann Vorrang der geringeren Sicherheit,
- sodann Vorrang der Lästigkeit,
- sodann Vorrang der älteren Schuld,
- verhältnismäßige Tilgung bei gleichen Voraussetzungen.

678 Diese lästigen Tilgungsrangfolgen ändern nichts daran, dass richtig gerechnet werden muss. Der Anwalt sollte sich nicht darauf verlassen, das Gericht werde die Teilzahlungen schon zutreffend auf Kosten, Zinsen und Hauptschuld verrechnen und die Tilgungsfolge genau beachten. Die Bereitschaft dazu darf nicht zu hoch eingeschätzt werden. Die Gerichte überlassen die Berechnung meist den Vollstreckungsorganen und sprechen dem Kläger die ursprüngliche Klageforderung nebst Zinsen abzüglich geleisteter Teilzahlungen zu (siehe LG Osnabrück MDR 2003, 953).

679 Der **sicherste Weg** für den Anwalt ist es daher, die Rechenarbeit selbst zu übernehmen und den Klageantrag entsprechend zu formulieren, jedenfalls wenn davon das Erreichen der Berufungssumme abhängen kann. Im Ausgangsbeispiel hätte der Antrag dann zu lauten,

den Beklagten zu verurteilen, an den Kläger 2 500 Euro zu zahlen nebst 10 % Zinsen vom 1. 2. 2005 bis 31. 1. 2006 und weiteren 10 % Zinsen aus 1 750 Euro vom 1. 2. 2006 bis 31. 1. 2007 sowie 10 % Zinsen aus 1 025 Euro ab 1. 2. 2007.

680 Dann wird das Gericht, wenn es der Klage stattgibt, diesen Antrag im Tenor übernehmen (siehe auch unten Rn. 1729 ff.).

3. Sonstige Fälle

a) Anfangswert

681 Eine korrekte Streitwertberechnung kann auch darüber entscheiden, wie hoch der **anfängliche Klagestreitwert** ist. Wird beispielsweise vom Schuldner **vorgerichtlich** ein Teilbetrag auf eine verzinsliche titulierte Forderung gezahlt, dann ist die Tilgung nach § 367 BGB zunächst auf die Kosten (§ 788 Abs. 1 ZPO) und dann auf die Zinsen anzurechnen. Der Streitwert einer nach Teilzahlung erhobenen **Zwangsvollstreckungsgegenklage (§ 767 ZPO)** bemisst sich daher nur nach dem Betrag, der auf Grund dieser Berechnung als titulierte Hauptforderung verbleibt.

b) Zuständigkeit

Das kann auch Auswirkungen auf die **sachliche Zuständigkeit** haben. Beispiel: **Mahnantrag** über 7 500 Euro + Zinsen. Daraufhin werden 2 500 Euro gezahlt. Zuständiges Streitgericht bleibt das Landgericht, weil der Streitwert wegen § 367 BGB weiterhin 5 000 Euro übersteigt. Bliebe die Vorwegtilgung der Zinsen unberücksichtigt, dann müsste die Sache auf Antrag des Gläubigers an das sachlich zuständige Amtsgericht abgegeben werden (*Zöller/Vollkommer*, ZPO, 26. Aufl., 2007, § 696 Rn. 3 a.E.).

682

c) Zwangsvollstreckung

Auch in der Zwangsvollstreckung wirkt sich die Anwendung des § 367 BGB aus. Verrechnet der Gläubiger Zahlungen des Schuldners auf **nicht titulierte Zinsen** und vollstreckt er sodann wegen der hiernach verbleibenden Hauptforderung, dann deckt der Schuldtitel diese Zwangsvollstreckung (LG Münster DGVZ 1994, 10; LG Kiel DGVZ 1994, 60).

683

d) Anwaltliche Kontrolle

Angesichts dieser Konsequenzen einer falschen Berechnung des Streitwerts ist es nicht angängig, die Forderung nach genauem Wertansatz mit der Sentenz *minima non curat praetor* abzuwehren („Das Gericht kümmert sich nicht um Kleinigkeiten"). Hier geht es nicht um *minima*, sondern um eine unrichtige Sachbehandlung (§ 21 GKG). Der Anwalt sollte deshalb von vornherein auf die richtige Behandlung der Zinsen durch das Gericht achten und diese anmahnen. Davon kann, wie schon erwähnt, nicht nur die Höhe seiner Vergütung abhängen, sondern auch das Recht des Mandanten auf Anrufung der höheren Instanz.

684

VII. Prozessvergleich; Einigungsvertrag

1. Die neue Rechtslage

In § 23 Abs. 1 S. 1 BRAGO war klargestellt, dass für das Anfallen einer **Vergleichsgebühr** die materiell-rechtlichen Voraussetzungen einer Einigung nach **§ 779 BGB** erfüllt sein mussten. Das in § 779 Abs. 1 BGB hervorgehobene Tatbestandsmerkmal des „gegenseitigen Nachgebens" wurde weit ausgelegt. Jedes Opfer, das eine Partei auf sich nahm, reichte aus, auch wenn es sich dabei nur um ein tatsächliches, nicht um ein rechtliches Nachgeben handelte. Es genügte, wenn die Zugeständnisse einer Partei nur die Fälligkeit, die Zinsen oder die Kosten betrafen. Folgerichtig wurde es auch als auszureichend angesehen, dass bloß **vermeintliche** Ansprüche verglichen wurden. Unerlässlich war nur irgendein Nachgeben, und es musste **gegenseitig** sein (ausführlich *Schneider/Herget*, Streitwert-Kommentar, 12. Aufl., 2007, Rn. 5662 ff.).

685

Die „Vergleichsgebühr" des § 23 BRAGO gibt es nicht mehr. Sie ist durch die **Einigungsgebühr** ersetzt worden (Nr. 1000 RVG-Vergütungsverzeichnis). Tat-

686

§ 7 Wertansätze

sächlich hat sich aber so gut wie nichts geändert. Die Gegenüberstellung des alten und des neuen Rechts zeigt das.

– **Vergleichsvertrag** nach § 779 BGB:

Ein Vertrag, durch den der Streit oder die Ungewissheit der Parteien über ein Rechtsverhältnis **im Wege gegenseitigen Nachgebens** beseitigt wird.

– **Einigungsvertrag** nach Nr. 1000 RVG-Vergütungsverzeichnis:

Ein Vertrag, durch den der Streit oder die Ungewissheit der Parteien über ein Rechtsverhältnis beseitigt wird, sofern dies nicht lediglich durch ein Anerkenntnis oder einen Verzicht geschieht.

Beide Parteien geben in beiden Fällen nach: der Kläger, weil er auf seinen Anspruch verzichtet; der Beklagte, weil er auf eine der Rechtskraft fähige Entscheidung verzichtet (*Staudinger/Marburger*, BGB, 2002, § 779 Rn. 27, 98).

Mit anderen Ansprüchen verhält es sich ebenso:

– Der Kläger verlangt die Herausgabe eines Rasenmähers, weil er ihm gehöre. Der Beklagte behauptet, er sei Eigentümer. Er einigt sich mit dem Kläger dahin, dass er den Rasenmäher in zwei Monaten herausgibt und ihn bis dahin noch nutzen darf. Beide Parteien geben nach: Vergleich und Einigung.

– Ebenso. Der Beklagte erklärt sich aber bereit, den Rasenmäher sofort herauszugeben. Einseitiges Nachgeben. Kein Vergleich, wohl eine Einigung, die aber nicht gebührenpflichtig ist, weil es sich um ein konkludentes Anerkenntnis handelt.

687 Die Beispiele zeigen: Abgesehen davon, dass die Einigungsgebühr auf 1,5 angehoben worden ist, hat sich außer einer Umbenennung der „Vergleichsgebühr" in „Einigungsgebühr" im Ergebnis nichts geändert.

688 Als **Faustregel** kann hiernach gelten: Jeder Vergleich ist auch eine gebührenrechtlich relevante Einigung. **Begründung: Entweder** geben beide Parteien teilweise nach; dann sind die Voraussetzungen des § 779 BGB erfüllt. **Oder** nur eine Partei gibt von sich aus, also **ohne entsprechende Vereinbarung,** ganz oder teilweise nach; dann fehlt es an dem in Nr. 1000 RVG-Vergütungsverzeichnis vorausgesetzten **Vertrag.**

689 In beiden Fällen muss **nachgegeben** werden. Der Unterschied zwischen beiden Vertragsformen besteht nur darin, dass für die Einigung **kein gegenseitiges** Nachgeben erforderlich ist. Das **einseitige** Nachgeben nur einer Partei reicht aus, sofern es sich dabei nicht um einen Verzicht (§ 306 ZPO) oder um ein Anerkenntnis (§ 307 ZPO) handelt. Ob eine dieser Ausnahmen vorliegt, richtet sich nicht nach der Wortwahl. Es kommt nicht darauf an, ob ausdrücklich auf die Klageforderung „verzichtet" oder diese „anerkannt" wird. Diese Erklärungen können auch **konkludent** abgegeben werden. Es muss nur der entsprechende Wille des Erklärenden erkennbar werden (MünchKommZPO/*Musielak*, 2. Aufl., 2000, § 307 Rn. 5; § 306 Rn. 1).

VII. Prozessvergleich; Einigungsvertrag

Hiervon ausgehend, dürften Einigungsverträge, die nicht auch die Voraussetzungen eines Vergleichsvertrages erfüllen, kaum vorkommen. Das sei an Hand eines abzuwandelnden Beispiels verdeutlicht: 690

- Der Kläger verlangt vom Beklagten die Zahlung von 2 000 Euro. Der Beklagte bestreitet, dem Kläger irgendeinen Geldbetrag zu schulden. Die Parteien einigen sich darauf, dass der Beklagte 1 955 Euro zahlt. Beide Parteien geben dann nach: Vergleich und Einigung.
- Derselbe Fall, aber der Beklagte erklärt sich einverstanden, die 2 000 Euro zu zahlen. Begründung: Ihm sei der Prozess zu lästig; er werde dadurch von seiner Arbeit abgehalten. Einseitiges Nachgeben. Kein Vergleich, aber auch keine Einigung. Der Beklagte erkennt konkludent an.
- Derselbe Fall, aber der Kläger lässt sich von der Erwiderung des Beklagten überzeugen und verzichtet auf die Rechtsverfolgung. Kein Vergleich und keine Einigung.
- Derselbe Fall, der Kläger nimmt die Klage nach mündlicher Verhandlung im Einverständnis mit dem Beklagten wegen erkannter Aussichtslosigkeit zurück. Vergleich und Einigung.

Oder eine Partei gibt **vereinbarungsgemäß** vollständig nach; dann handelt es sich um eine Einigung, die aber als (konkludente) Erklärung eines Verzichts oder eines Anerkenntnisses nicht vergütungsfähig ist. 691

Auch darin, wie der für die Höhe der Vergütung maßgebende Streitwert zu ermitteln ist, unterscheiden sich Vergleichsvertrag und Einigungsvertrag nicht. 692

Zu beachten ist jedoch: Soll die protokollierte Einigung die **Beurkundungsfunktion** nach § 127a BGB übernehmen oder aus ihm **vollstreckt** werden (§ 794 Nr. 1 ZPO), dann muss er die Voraussetzungen des § 779 BGB erfüllen und formgerecht protokolliert worden sein (§§ 160 Abs. 3 Nr. 1, 162 ZPO). 693

Ungeachtet der Umwandlung eines Vergleichs in eine Einigung werden Prozessbevollmächtigte eine Einigung ebenso wie Vergleiche nach §§ 160 Abs. 3 Nr. 1, 162 ZPO protokollieren lassen. Dies schon wegen der damit verbundenen Funktion des Protokolls als Urkundenbeweis für den Fall späterer Auseinandersetzungen. 694

2. Die Streitwertbemessung

Der **Streitwert** einer Einigung berechnet sich ebenso wie der für einen Prozessvergleich. 695

Der **Einigungsgegenstand** entspricht dem **Streitgegenstand**. Es kommt nur darauf an, welcher Streit oder welche Ungewissheit durch die Einigung beigelegt wird. 696

Merke: Einigungsgegenstand oder Vergleichsgegenstand ist nie die vereinbarte Leistung oder Gegenleistung! 697

§ 7 Wertansätze

Beispiel:
Vor Gericht wird über das Eigentum und die darauf gestützte Herausgabe eines Kraftfahrzeugs gestritten. Das Fahrzeug hat einen Verkehrswert von 20 000 Euro. Die Parteien legen diesen Streit durch eine Einigung bei. Deren Gegenstandswert beträgt auch dann 20 000 Euro, wenn die Ungewissheit über die Eigentumsverhältnisse dadurch beigelegt wird, dass der Beklagte die Herausgabe durch Zahlung von 15 000 Euro oder 25 000 Euro abwendet. Der Betrag, auf den sich die Parteien geeinigt oder verglichen haben, ist streitwertmäßig unbeachtlich.

698 Für den Streitwert der Einigung oder des Vergleichs gibt es **keine besondere Bewertungsvorschrift**. Geht es nicht um eine bezifferte Forderung, dann ist der Wert nach § 3 ZPO zu schätzen.

699 Auch bei Geldansprüchen müssen jedoch **Sondervorschriften** für den jeweiligen Einigungs- oder Vergleichsgegenstand berücksichtigt werden. Bei der **Unterhaltseinigung** (Unterhaltsvergleich) ist daher die Wertgrenze des § 42 Abs. 1 GKG zu berücksichtigen, soweit es um **gesetzliche** Unterhaltsansprüche geht. **Vertragliche** Unterhaltsansprüche, die nicht zugleich gesetzliche sind, werden nach § 9 ZPO bewertet. Regelt die Einigung/der Vergleich gesetzliche und auch noch darüber hinaus gehende vertragliche Unterhaltsansprüche, dann ist § 42 GKG für die gesetzlichen und § 9 ZPO für die überschießenden vertraglichen Ansprüche maßgebend. Beide Werte sind dann zu addieren (§ 39 GKG, § 5 ZPO).

700 **Zinsen**, die als Nebenforderungen verlangt werden, bleiben unberücksichtigt (§ 43 Abs. 1 GKG, § 4 Abs. 1 ZPO).

701 Einigen oder vergleichen sich die Parteien **nur** über die gerichtlichen und außergerichtlichen **Kosten**, dann ist die Summe der bis dahin entstandenen Kosten maßgebend (§ 43 Abs. 3 GKG). Auch hier bleibt unberücksichtigt, auf welche konkreten Beträge sich die Parteien einigen. Einigungs- oder Vergleichsgegenstand ist nur die Summe der gerichtlichen und außergerichtlichen Kosten.

702 Hinsichtlich der **Hilfsaufrechnung** wird ebenso wie im Rechtsstreit bewertet (oben Rn. 646 f.). Der Prozess**vergleich** steht einer der Rechtskraft fähigen Entscheidung gleich (§ 45 Abs. 4 GKG). Auf die (bloße) Einigung ist diese Regelung entsprechend anzuwenden.

703 Dem Zwang, den Gegenstandswert der Einigung oder des Vergleichs immer nach dem Streitgegenstand zu bewerten, nicht nach den vereinbarten Leistungen und Gegenleistungen, können die Parteien nur durch eine **Honorarvereinbarung** ausweichen (§ 4 RVG). Es steht ihnen frei, die Höhe des Gegenstandswertes für die Berechnung der **Anwaltskosten** abweichend vom wirklichen Streitwert zu beziffern.

704 Diese Vereinbarung betrifft aber nur das Verhältnis des Mandanten zu seinem eigenen Anwalt. Der Gegner ist hinsichtlich der vereinbarten Mehrvergütung nicht erstattungspflichtig, weil es sich dabei nicht um die „gesetzlichen Gebühren und Auslagen des Rechtsanwalts" (§ 91 Abs. 2 S. 1 ZPO) handelt. Soll die Erstattungspflicht des Gegners wegen der höheren Vergütung des Gegenanwalts begründet werden, dann muss auch das in den Einigungs- oder Vergleichstext hineingenommen werden:

„Der Beklagte verpflichtet sich, dem Kläger dessen Anwaltskosten nach einem Streitwert von x Euro zu erstatten."

3. Kapitalabfindung

Die Streitwerte von Ansprüchen auf wiederkehrende Leistungen (§§ 41, 42 GKG) sind im Gegensatz zum Zuständigkeitswert (§§ 8, 9 ZPO) **gebührenrechtlich privilegiert**. Infolgedessen kann es dazu kommen, dass bei Abgeltung solcher Ansprüche durch einen Kapitalbetrag die bezifferte einmalige Leistung höher ist als der Wert des privilegierten Klageverfahrens. Weil auch dann das Bewertungsobjekt – Ansprüche auf wiederkehrende Leistungen – Gegenstand der Einigung oder des Vergleichs bleibt, hat der übernommene **Kapitalbetrag streitwertmäßig keine Bedeutung**. 705

Praktisch wird das vor allem bei der gütlichen Regelung von **Unterhalts-** und **Rentenansprüchen**. Bei den Unterhaltsansprüchen ist der Jahresbetrag anzusetzen (§ 42 Abs. 1 GKG), also weniger als der Zuständigkeitswert des § 9 ZPO, während der Streitwert für Rentenansprüche nur noch scheinbar privilegiert ist. Insoweit ist nämlich nach § 42 Abs. 2 GKG der fünffache Jahresbetrag anzusetzen, während infolge der Änderung des § 9 ZPO für die Zuständigkeit nur noch der dreieinhalbfache Jahresbetrag maßgebend ist. 706

Bei **Miet-** und **Pachtverhältnissen** wiederum ist für die Gebühren der einjährige Bezug maßgebend (§ 41 GKG); für die Zuständigkeit kann sich der Streitwert bis zum fünfundzwanzigfachen Jahresbetrag erhöhen (§ 8 ZPO). 707

Diese Bewertungsunterschiede sind nicht recht einsichtig. In der Vergangenheit ist daher auch verschiedentlich versucht worden, den Gegenstand des Vergleichs, jetzt der Einigung, nach der (höheren) Kapitalabfindung zu bemessen (OLG Hamm VersR 1966, 475; OLG Schleswig SchlHA 1968, 145; OLG Frankfurt Rpfleger 1980, 239). Die **Vereinbarung** einer **Kapitalabfindung** kann aber den Streitgegenstand des Rechtsstreits nicht verändern; einen besonderen „Einigungs- oder Vergleichsgegenstand" kennt das Streitwertrecht nicht. 708

4. Einbeziehung weiterer Ansprüche

Geht eine Einigung oder ein Prozessvergleich über den gütlich zu regelnden Streitgegenstand hinaus, dann stellt sich die Frage, ob und unter welchen Voraussetzungen die einbezogenen weiteren Ansprüche den Gegenstandswert erhöhen. Mehrere Sachlagen sind dabei zu unterscheiden. 709

a) Einbeziehung anderweit rechtshängiger oder streitiger Ansprüche

Miterledigte anderweit rechtshängige Ansprüche sind zwangsläufig streitig, da sie anderenfalls nicht eingeklagt worden wären. Ihre gütliche Beilegung **erhöht** deshalb den Einigungs- oder Vergleichswert um den Wert der einbezogenen Ansprüche. 710

Beispiel:
Der Kläger klagt 25 000 Euro als Kaufpreis für einen von ihm an den Beklagten gelieferten Personenkraftwagen ein. Der Beklagte wiederum nimmt den Kläger vor dem Amtsgericht auf Rückzahlung eines Darlehens von 4 500 Euro in Anspruch. Ein vor dem Amtsgericht oder vor dem Landgericht abgeschlossener Prozessvergleich „zur Abgeltung aller gegenseitigen Ansprüche" hat dann einen Gegenstandswert von 29 500 Euro. Da der Vergleich zugleich eine Einigung ist, hat diese denselben Wert.

711 Ebenso ist zu beziffern, wenn der Beklagte die Darlehensforderung noch nicht eingeklagt hatte, sein Rückzahlungsanspruch zwischen den Parteien aber streitig ist. Auch dann wird dieser Streit durch den Vergleich im Wege gegenseitigen Nachgebens beseitigt (§ 779 BGB), womit auch die Einigungsvoraussetzungen der Nr. 1000 des RVG-Vergütungsverzeichnisses erfüllt sind.

b) Wertloser Gegenanspruch

712 Nicht selten verhält es sich so, dass die Verteidigungsposition des Beklagten schwach ist und er sich mit Gegenforderungen zur Wehr setzt, deren Realisierung mehr oder weniger aussichtslos ist. **Grundsätzlich** ist auch dann der **volle Wert** solcher in die Einigung oder den Vergleich einbezogenen Ansprüche anzusetzen. Ist allerdings erkennbar, dass es sich dabei um Forderungen handelt, die weitgehend nur im Kopf des Beklagten existieren, dann kann der Wert solcher „**faulen Forderungen**" unterhalb des Nennbetrages geschätzt werden (OLG Frankfurt MDR 1981, 57; OLG Bamberg JurBüro 1989, 201; LAG Hamm MDR 1980, 613; LAG Düsseldorf JurBüro 1988, 788).

c) Unstreitige einbezogene Ansprüche

713 Sind die in der Einigung oder im Prozessvergleich miterledigten Ansprüche zwischen den Parteien **unstreitig** und besteht über sie **keine Ungewissheit,** dann sind sie nicht Gegenstand der Einigung und **erhöhen nicht** den **Wert.** Einbezogene unstreitige Ansprüche dürfen gebührenrechtlich nicht wie streitige Ansprüche behandelt werden. Anderenfalls würden auch rechtskräftig beschiedene Ansprüche den Gegenstandswert erhöhen, nur weil sie im Einigungstext erwähnt werden.

714 Auch der **Beitritt** eines **Dritten** zur Einigung oder zum Vergleich ist bewertungsunerheblich, solange nicht Ansprüche dieses Dritten miterledigt werden. Dabei reicht jedoch nicht aus, dass der Dritte lediglich als Gesamtschuldner in Anspruch genommen wird, weil dann der Grundsatz der wirtschaftlichen Identität (oben Rn. 618 ff.) einer Wertaddition entgegensteht.

715 **Nur für den Prozessvergleich** gilt, dass sich diese Rechtslage dann ändert, wenn in den Vergleich unstreitige Ansprüche einbezogen werden, die bislang **nicht tituliert** sind, für die also erstmals durch den Prozessvergleich ein **Vollstreckungstitel geschaffen** werden soll (§ 794 Abs. 1 Nr. 1 ZPO).

716 Häufig dient die Hereinnnahme unstreitiger Ansprüche in den protokollierten Vergleich auch dem Zweck, ein gebührenpflichtiges **Beurkundungsgeschäft**

überflüssig zu machen. Das gilt insbesondere für grundbuchrechtliche Erklärungen, bei denen der Prozessvergleich die Form des § 29 GBO wahrt (§§ 127a, 925 Abs. 1 S. 3 BGB).

Auch in diesen Fällen gilt, dass die **Schaffung eines Vollstreckungstitels** oder eine **gebührenersparende Protokollierung** aus unstreitigen Rechtsverhältnissen keine streitigen machen kann. 717

Das Ergebnis – kein Vergleich und damit keine Einigungsgebühr – erscheint allerdings wenig befriedigend. Es ist kein zureichender Grund dafür ersichtlich, dass Gerichte und Anwälte durch ihre Tätigkeit den Parteien eine gebührenfreie Vergünstigung verschaffen. Diese Bedenken haben zu der weitgehend praktizierten Übung geführt, dafür wenigstens **ermäßigte Gebühren** zu verlangen. Um dies erreichen zu können, ist der Begriff des „**Titulierungsinteresses**" geschaffen worden. Begründet wird er damit, bei titelschaffenden Vergleichen über unstreitige Ansprüche fehle es zwar an der Ungewissheit über den Bestand oder den Inhalt des Rechtsverhältnisses. Der Wunsch nach Protokollierung zeige aber, dass Ungewissheit darüber bestehe, ob es bei der Einverständlichkeit bleibe oder ob nicht vielleicht der Gegner demnächst die Berechtigung der jetzt noch unstreitigen Ansprüche anzweifeln oder bestreiten werde. Mit der Protokollierung (Titulierung) werde der Möglichkeit begegnet, dass die leistungspflichtige Partei in der Zukunft die Forderung anzweifele. Dann könne ohne Zeitverlust vollstreckt werden, weil bereits ein Titel in Form des Prozessvergleichs vorliege. 718

Wertmäßig wird das Titulierungsinteresse mit einem nach § 3 ZPO frei zu schätzenden **Bruchteil** des **unstreitigen Anspruchs** beziffert (meist mit $1/10$, z.B. OLG Nürnberg AGS 1995, 2).

5. Begründung neuer Rechtsverhältnisse

Ein Makler klagt eine **streitige Provisionsforderung** von **6 000 Euro** ein. Er weiß, dass der Beklagte Eigentümer eines unbebauten Grundstücks ist, dessen Verkauf er erwägt. An diesem Geschäft ist der Makler interessiert. Die Prozessbevollmächtigten der Parteien bringen das Gespräch darauf mit dem Ergebnis, dass der Rechtsstreit verglichen wird: Der Beklagte zahlt nur die Hälfte der eingeklagten Provisionsforderung, erteilt dafür aber dem Kläger im Gegenzug den **Alleinauftrag** für den **Verkauf** des **Grundstücks**, der 140 000 Euro erbringen soll. Der Makler würde bei erfolgreicher Vermittlung eine Provision von 5 600 Euro verdienen. Beträgt nun der Gegenstandswert des Vergleichs und der darin eingeschlossenen Einigung nur 6 000 Euro, weil das der Streitgegenstand des Rechtsstreits ist, oder erhöht er sich um 5 600 Euro oder einen Bruchteil dieses Betrages? 719

Nach dem oben in Rn. 697 wiedergegebenen Grundsatz, dass der Gegenstandswert des Vergleichs sich immer nur nach dem verglichenen Anspruch, nicht nach der Gegenleistung richtet, müsste der Wert mit 6 000 Euro angesetzt werden. Dagegen spricht dem Grundgedanken nach die Rechtsprechung zum 720

§ 7 Wertansätze

„Titulierungsinteresse" bei titelschaffender Protokollierung für unstreitige Ansprüche (vorstehend Rn. 718).

721 In Rechtsprechung und Schrifttum werden Sachverhalte von der Struktur des Maklerfalles meist unterschiedslos zusammen mit denjenigen erörtert, in denen es um die Bewertung einbezogener unstreitiger Ansprüche oder um die Kapitalabfindung wiederkehrender Leistungen geht. Es handelt sich jedoch um ein eigenes Streitwertproblem und sogar um ein recht schwieriges. Die Besonderheit liegt darin, dass im Ausgangsfall nichts streitig war und der Kläger keinen Anspruch darauf hatte, das Grundstück des Beklagten vermakeln zu dürfen.

722 Vergleichbare Fälle kommen immer wieder vor. Beispielsweise nutzen die Parteien einen Rechtsstreit auf **Erbausgleich** dazu, vergleichsweise **Grundstücke zu tauschen**, auf deren Erwerb sie keinen Anspruch haben. Oder der Eigentümer eines Ölgemäldes, das er dem Beklagten geliehen hatte, verlangt Herausgabe. Der Beklagte, ein Kunstliebhaber, möchte es unbedingt behalten und überlässt dafür dem Kläger einen höherwertigen kostbaren antiken Intarsienschrank.

723 Die **Grundsätze** zum **Titulierungsinteresse** können hier jedoch **nicht** angewandt werden, weil es schon an einem unstreitigen Anspruch fehlt. Es ist daher wohl nicht darum herumzukommen, dass auch in diesem Fall die höherwertige Gegenleistung bei der Berechnung des Vergleichswerts unberücksichtigt bleibt.

6. Hilfswiderklage und Hilfsantrag

724 Die Wertberechnung bei Klage und Widerklage ist gebührenrechtlich in § 45 GKG geregelt. Danach sind die **Einzelwerte** verschiedener Streitgegenstände zu **addieren**. Das gilt auch bei Zusammentreffen von Klage und Hilfswiderklage, wenn der Prozessvergleich beide erledigt (§ 45 Abs. 4 GKG).

725 Auch der Wert eines neben dem Klageantrag hilfsweise gestellten Anspruchs wird mit dem Wert des Hauptanspruchs zusammengerechnet, wenn beide in den Prozessvergleich einbezogen werden.

726 Unklar ist, ob diese Regelung auf einen **bloßen Einigungsvertrag** entsprechend anzuwenden ist. Das wird zu bejahen sein, weil Vergleich und Einigung im Ergebnis beide zur gütlichen Beilegung des Rechtsstreits führen. Es ist kein zureichender Grund für eine unterschiedliche Streitwertberechnung erkennbar, je nachdem ob die Prozessbevollmächtigten dabei durch einen Vergleich oder eine Einigung mitgewirkt haben.

7. Hauptprozess und Eilverfahren

727 Wird im Hauptverfahren ein anhängiges Eilverfahren mitverglichen oder im Eilverfahren eine bereits anhängig gemachte Hauptsache, dann werden in beiden Fällen „anderweit rechtshängige streitige Ansprüche" einbezogen. Der Gegenstandswert des Vergleichs ist durch **Addition** der **Einzelwerte** zu ermitteln

(*Hillach/Rohs*, Handbuch des Streitwerts in Zivilsachen, 9. Aufl., 1995, S. 316 mit Nachweisen in Fn. 782).

Demgegenüber hat das OLG Frankfurt (JurBüro 1981, 918) einmal die Auffassung vertreten, der Vergleichwert sei nur um die Kosten des jeweiligen mitverglichenen Verfahrens zu erhöhen. Dabei hat der Senat jedoch verkannt, dass Eilverfahren und Hauptverfahren selbständige Streitgegenstände haben. Folgerichtig können auch in der Sache selbst unterschiedliche Entscheidungen ergehen. Es kommt durchaus vor, dass dieselbe Partei im Verfügungsverfahren obsiegt, dagegen im Hauptprozess unterliegt – oder umgekehrt. Das führt dann auch zu unterschiedlichen Kostenentscheidungen. Wenn aber selbständige, vor Gericht **unabhängig voneinander verfolgbare Rechtsschutzbegehren** beschieden werden, haben sie je eigene Streitwerte. Diese streitwertmäßige Verselbständigung setzt sich bei gütlicher Beilegung beider Verfahren durch einen Prozessvergleich fort. Das mitverglichene zusätzliche prozessuale Begehren muss deshalb voll bewertet werden. 728

8. Fortsetzungsverfahren bei Vergleichsnichtigkeit

Die Nichtigkeit eines Vergleichs, insbesondere wegen Anfechtung, führt dazu, dass der ursprüngliche Rechtsstreit auf Antrag einer Partei im alten Verfahren fortgesetzt wird (BGHZ 86, 186 = NJW 1983, 997). Der Streitwert des fortgesetzten Verfahrens richtet sich dann, wie auch sonst, nach den **Klageanträgen**. 729

Waren in den Prozessvergleich weitere – anderweit rechtshängige oder nicht rechtshängige Ansprüche – einbezogen worden und wird im Fortsetzungsverfahren auch darüber gestritten, dann entspricht der Streitwert dem höheren Vergleichswert, weil nun auch eine Entscheidung über diese anderen Ansprüche begehrt wird. 730

Ein protokollierter Einigungsvertrag nach Nr. 1000 RVG-Vergütungsverzeichnis erfüllt in aller Regel die Tatbestandsvoraussetzungen des § 779 BGB und ist dann auch ein Vergleich (oben Rn. 685 ff.). Das muss aber nicht so sein. Nicht geregelt ist dann, ob das alte Verfahren wie beim Prozessvergleich fortzusetzen ist, wenn sich herausstellt, dass ein solcher Einigungsvertrag nichtig ist. Im Gegensatz zum Prozessvergleich ist der nicht die Voraussetzungen des § 779 BGB erfüllende Einigungsvertrag kein Vollstreckungstitel und ersetzt auch nicht die notarielle Beurkundung (§ 127a BGB). Die Protokollierung reicht dazu nicht aus, weil § 794 Nr. 1 ZPO nur Einigungen erfasst, die materiell-rechtlich unter § 779 BGB fallen (*Musielak/Lackmann*, ZPO, 5. Aufl., 2007, § 794 Rn. 9, 18). Gleichwohl ist aus prozessökonomischen Gründen die Geltendmachung der Nichtigkeit durch Fortsetzung des alten Verfahrens zu bejahen, weil es der einzige Weg für die Parteien ist, diese Rechtsfolge ohne neuen Rechtsstreit klären zu lassen. 731

§ 8 Wertfestsetzung durch das Gericht

I. Wertangabe

1. Berichtigungsanträge

732 Für die sachliche Zuständigkeit (§ 253 Abs. 3 ZPO) und für die Gebühren (§ 61 GKG) soll der Antragsteller stets den Streitwert angeben, wenn er sich nicht schon aus der Bezifferung des Klageantrages ergibt. Eine frühe und sorgfältige Schätzungsprognose liegt im Interesse des Mandanten und des Anwalts. Immer wieder kommt es nämlich vor, dass nach Abschluss des Rechtsstreits trotz unveränderten Streitgegenstandes die **unterlegene Partei Herabsetzung** oder ihr **Gegner Erhöhung** des **Streitwertes** beantragt. Das Motiv ist dann in der Regel Kostenminimierung beim Unterlegenen und Gebührenerhöhung beim Prozessbevollmächtigten derjenigen Partei, die obsiegt hat. Verfahrensrechtlich sind solche Bestrebungen zulässig, weil im Streitwertrecht der Grundsatz der **Streitwertwahrheit** gilt. Das kommt zum Ausdruck in der Berichtigungsbefugnis des Klägers (§ 61 S. 2 GKG) und der Änderungsbefugnis und Änderungspflicht des Gerichts (§ 63 Abs. 3 GKG).

2. Risiken

733 Gleichwohl sind die **Gerichte** gegenüber solchen Ermäßigungs- oder Erhöhungsanträgen sehr **zurückhaltend**, weil dadurch der auf den Zeitpunkt der Verfahrenseinleitung (§ 4 Abs. 1 ZPO, § 40 GKG) abgestellten vorprozessualen Kostenkalkulation der Boden entzogen wird. In krassen Fällen kann das sogar für eine Partei den **finanziellen** Ruin bedeuten. Mir ist der Fall begegnet, dass die Wertangabe in der Klageschrift knapp über 10 000 DM (jetzt 5 000 Euro) lag und dagegen weder vom Gericht noch vom Gegner während des gesamten Verfahrens Bedenken erhoben worden waren. Nachdem der Kläger seinen Prozess gewonnen hatte, beantragte dessen Prozessbevollmächtigter, den Gebührenstreitwert auf 9 Mio. DM zu erhöhen. Die Gebührendifferenz lag bei einer halben Million. Dem Antrag wurde aus dem naheliegenden Grund nicht stattgegeben, weil diese Erhöhung für den Beklagten, der auf die Wertangabe des Klägers vertraut hatte, das finanzielle Aus bedeutet hätte. In den Beschlussgründen wurde dieses Motiv nicht als das tragende Argument herausgestellt.

734 In einem anderen, vom OLG Köln (VersR 1979, 945) entschiedenen Fall ist das Motiv verlautbart worden. Es ging dabei um eine Wertdifferenz von rund 170 000 DM (Antrag: 10 000 DM; Erhöhungsantrag: 183 000 DM). Das OLG Köln hat dazu im Leitsatz ausgeführt:

> „Beruhen die erst- und zweitinstanzlichen Streitwertfestsetzungen auf den unwidersprochen gebliebenen Wertangaben des Antragstellers oder Klägers, dann ist eine rückwirkende Streitwertänderung jedenfalls dann grundsätzlich unangebracht, wenn dadurch die kostentragende Partei im Nachhinein mit völlig unvorhersehbaren Erstattungsansprüchen und Eigenkosten belastet würde."

735 Die zu Beginn des Rechtsstreits bezifferten Vorstellungen des Klägers bleiben in solchen Ausnahmefällen wertbestimmend, zumal dann, wenn eine Änderung

der bis zum Schluss der mündlichen Verhandlung nicht beanstandeten Wertangabe auch noch der **Kostenquotierung** im Urteil die Berechnungsgrundlage entziehen würde (OLG Düsseldorf WRP 1984, 609). Das gilt ebenso, wenn auf dem Umweg über die Streiterhöhung eine anderenfalls nicht gegebene **Rechtsmittelbeschwer** geschaffen werden soll (BGH NJW-RR 1997, 884).

II. Festsetzungsantrag

Das Gericht setzt den Streitwert von Amts wegen fest, wenn er sich nicht schon aus der Bezifferung des Antrags ergibt (§ 63 Abs. 1 S. 1 GKG). Unterlässt es diese Festsetzung, dann können die Parteien sie beantragen. — 736

Da die Streitwertfestsetzung auch für die Gebühren des **Rechtsanwalts** maßgebend ist, steht diesem das **Antragsrecht** ebenfalls zu (§ 32 Abs. 2 S. 1 RVG). Im Interesse seines Mandanten und in seinem eigenen Interesse sollte der Anwalt so früh wie möglich, also schon **bei Einleitung des Verfahrens,** darauf hinwirken, dass das Gericht einen Wertfestsetzungsbeschluss erlässt. — 737

Jeder Anwalt sollte es sich zur „goldenen Regel" machen, zu jedem unbezifferten Klageantrag routinemäßig **im ersten Schriftsatz** die **Festsetzung** des Streitwerts zu beantragen. Ist eine Sache nicht „brandeilig", dann empfiehlt es sich sogar, bei zweifelhaftem Streitwert bei der Gerichtskasse keinen **Gebührenvorschuss** nach einer eigenen „vorläufigen Wertangabe" einzuzahlen, sondern sich vom Gericht den Vorschuss aufgeben zu lassen. Damit liegt eine **gerichtsseitige Bezifferung** vor, die der Anwalt überprüfen kann. So kommt er auch nicht in die manchmal missliche Lage, seiner Partei später erklären zu müssen, warum seine auf einer lediglich vorläufigen Wertschätzung beruhende Vorschussrechnung (§ 9 RVG) zu hoch oder zu niedrig ausgefallen sei. — 738

III. Festsetzung des Streitwerts

1. Vorläufige Wertfestsetzung

Die vorläufige Streitwertfestsetzung ist in § 63 Abs. 1 S. 1 GKG als Regel vorgesehen. Bezweckt wird damit, eine Berechnungsgrundlage für den **Gerichtskostenvorschuss** zu schaffen, der nach § 12 Abs. 1 S. 1 GKG Voraussetzung für die Zustellung der Klage und damit für den Eintritt der Rechtshängigkeit ist (§§ 253 Abs. 1, 261 Abs. 1 ZPO). Das ist immer geboten, wenn es in der Klage nicht um bezifferte Ansprüche geht, insbesondere also in nichtvermögensrechtlichen Streitigkeiten. — 739

Die vorläufige Wertfestsetzung hat zur Folge, dass die dem Kläger obliegende Vorauszahlung der Gerichtskosten nach dieser vorläufigen Wertfestsetzung berechnet wird. Der Anwalt muss seine **Vorschussrechnung** (§ 9 RVG) wegen der Bindungswirkung des § 32 Abs. 1 RVG ebenfalls nach diesem Wert berechnen. — 740

§ 8 Wertfestsetzung durch das Gericht

2. Endgültige Wertfestsetzung

a) Festsetzungszuständigkeit

741 Durch die abschließende Wertfestsetzung wird die vorläufige Festsetzung prozessual überholt mit der Folge, dass sie wirkungslos wird.

742 Zuständig für die Festsetzung ist immer nur das **Gericht erster Instanz**, und zwar zeitlich unbegrenzt. Auch die Änderungssperre nach § 63 Abs. 3 S. 2 GKG steht der Erstfestsetzung nicht entgegen (OLG Nürnberg JurBüro 1963, 43).

743 Das **Rechtsmittelgericht** darf nur **für sich** festsetzen oder seine eigene Wertfestsetzung ändern. Es ist nicht befugt, für die Vorinstanz die Erstfestsetzung zu beschließen (OLG Köln VersR 1973, 1032 = MDR 1973, 684). Das gilt auch für die Festsetzung des Gegenstandswerts für einen Vergleich (OLG Bamberg JurBüro 1984, 1398).

744 Für die Wertberechnung ist der Zeitpunkt des **Verfahrensbeginns** maßgebend (§ 4 Abs. 1 ZPO; § 40 GKG). Ein Zeitpunkt für die endgültige Wertfestsetzung ist im Gesetz nicht vorgesehen. Das ist auch der Grund, warum in der Praxis der alsbaldigen Festsetzung des Streitwertes viel zu wenig Beachtung geschenkt wird (oben Rn. 700 f.).

745 Entschieden wird im Beschlussverfahren ohne mündliche Verhandlung. Jedoch muss beiden Parteien **rechtliches Gehör** gewährt werden (Art. 103 Abs. 1 GG, unten Rn. 781 f.). Vor der endgültigen Wertfestsetzung muss ihnen also Gelegenheit gegeben werden, ihre Vorstellung zur Höhe des Streitwerts darzulegen, sofern dies nicht bereits geschehen ist. Lediglich der vorläufige Streitwert darf ohne vorherige Anhörung der Parteien festgesetzt werden (§ 63 Abs. 1 S. 1 GKG).

746 Oft setzen die Gerichte den Streitwert endgültig fest, obwohl die Parteien sich noch nicht dazu geäußert haben. Das ist in vielen Fällen auch nicht nötig, weil die Anwälte diese Wertfestsetzung in der Regel übernehmen. Sie und die Parteien haben aber immer die Möglichkeit, eine **Berichtigung des Wertansatzes** anzuregen oder **Gegenvorstellung** (§ 63 Abs. 3 S. 1 GKG) oder bei Erfolglosigkeit Beschwerde einzulegen (§ 68 GKG; unten Rn. 765 ff.).

b) Streitgegenstandsänderungen

747 Hat sich der Streitgegenstand im Laufe des Verfahrens geändert, etwa durch teilweise Klagerücknahme oder teilweise übereinstimmende Erledigungserklärungen zur Hauptsache, dann sind **unterschiedliche Streitwerte** für verschiedene **Zeitabschnitte** festzusetzen, weil sich das auf die Berechnung der Anwaltsgebühren auswirken kann. Kommt es beispielsweise nach teilweiser Klagerücknahme zu einem Prozessvergleich oder einer Einigung (Nr. 1000 RVG-Vergütungsverzeichnis) über den restlichen Anspruch, dann bestimmt sich der Gegenstandswert nur danach. Ohne eine zeitlich genau gestaffelte Streitwertfestsetzung kann der Kostenbeamte bei der Kostenfestsetzung nicht wissen, welche Gebührentatbestände welchem Streitwert zuzuordnen sind.

3. Begründungszwang

Wie jeder rechtsmittelfähige Beschluss muss auch die Streitwertfestsetzung begründet werden. Grundsätzlich hat das im **Festsetzungsbeschluss** zu geschehen. Die **Begründung** kann jedoch **nachgeholt** werden, wenn Streitwertbeschwerde eingelegt wird. Üblich ist es, eine unterlassene Begründung bei Nichtabhilfe der Beschwerde im **Vorlegungsbeschluss** nachzuholen (§ 572 Abs. 1 S. 1 ZPO). Das genügt (OLG Hamm Rpfleger 1989, 104). 748

Unterbleibt auch das, dann haftet dem Beschluss ein wesentlicher Verfahrensmangel an, der nach § 572 Abs. 3 ZPO die Aufhebung und Zurückverweisung rechtfertigen kann (OLG Koblenz JurBüro 1975, 937; KG NJW 1975, 743). Davon sehen die Beschwerdegerichte jedoch meist ab, wenn die Schriftsätze der Parteien oder ein bereits vorliegendes Urteil oder sonstige Aktenteile deutlich machen, auf welchen Erwägungen die nicht mit Gründen versehene Festsetzung beruht (OLG Bamberg JurBüro 1984, 1375). 749

Der Vereinfachung des Verfahrens dient es in solchen Fällen, wenn der Anwalt das Gericht **vor Einlegung** der **Streitwertbeschwerde** bittet, die fehlende **Begründung nachzuholen**. Kommt das Gericht dem nach – und das ist die Regel –, dann kann sich dadurch die Einlegung einer Beschwerde erübrigen, wenn die nachgeschobene Begründung überzeugend ist. Anderenfalls ist es für den Beschwerdeführer leichter, im Beschwerdeschriftsatz seine Argumente gegen die angegriffene Wertfestsetzung darzulegen. 750

4. Reflexwirkung der Streitwertfestsetzung

a) Bindung an den Wertansatz

Das **festsetzende Gericht** ist an seine Wertfestsetzung nicht gebunden, da es seinen Beschluss innerhalb der Frist des § 63 Abs. 3 S. 2 GKG jederzeit ändern darf (§ 63 Abs. 3 S. 1 GKG). Gebunden ist jedoch der **Urkundsbeamte** der Geschäftsstelle. 751

Bei **Zurückverweisung** nach § 572 Abs. 3 ZPO ist das festsetzende Gericht an die Rechtsauffassung des Beschwerdegerichts gebunden (OLG Hamm JurBüro 1979, 732).

Die **Anwälte** sind nach § 32 Abs. 1 RVG bei der Berechnung ihrer Gebühren an die gerichtliche Wertfestsetzung gebunden, haben aber zum Ausgleich dafür ein eigenes Beschwerderecht (§ 32 Abs. 2 RVG). 752

Gericht und Anwälte sind an die Wertfestsetzung gebunden, wenn sie die Zuständigkeit des Prozessgerichts oder die Zulässigkeit des Rechtsmittels betrifft (§ 62 S. 1 GKG). Bezweckt wird damit die Übereinstimmung von Verfahrensstreitwert, Zuständigkeitsstreitwert und Kostenstreitwert (BGHZ 59, 18 = NJW 1972, 1235). **Abweichungen** bestehen nach § 62 GKG, soweit die §§ 39 ff. GKG von den §§ 3–9 ZPO abweichende Sonderregelungen enthalten, die nur für die Gebührenberechnung gelten. Diese Vorschriften heben die Bindungswirkung auf. Ausführlich dazu oben Rn. 424 ff. 753

§ 8 Wertfestsetzung durch das Gericht

b) Nur innerinstanzliche Bindung

754 Wie es sich aus der Gegenüberstellung der „Zuständigkeit des Prozessgerichts" und der „Zulässigkeit des Rechtsmittels" in § 62 GKG ergibt, besteht die Bindung der gebührenrechtlichen Festsetzung an den Verfahrensstreitwert nur innerhalb derjenigen Instanz, in der die **festsetzende Entscheidung** getroffen worden ist.

755 Innerhalb dieser Instanz wird aber auch dann entschieden, wenn das Rechtsmittelgericht eine angefochtene vorinstanzliche Festsetzungsentscheidung abändert. Dann ist fortan nur die abgeänderte Festsetzung maßgebend.

756 Soweit jedoch das Rechtsmittelgericht den Verfahrensstreitwert lediglich für die eigene Instanz festsetzt, beschränkt sich auch die Bindung auf seine Instanz.

757 Zwischen **verschiedenen Verfahren** besteht **keine Bindung**. Das kann zu wenig sinnvollen Abweichungen führen. In einem vom LG Nürnberg-Fürth (AnwBl. 1986, 38) entschiedenen Fall hatte der Prozessbevollmächtigte gegen seinen Mandanten Gebührenklage erhoben. Da im abzurechnenden vorangegangenen Verfahren noch kein Streitwert festgesetzt worden war, musste das Gericht des Gebührenprozesses den Streitwert des anderen Verfahrens **vorgreiflich** als Entscheidungsvoraussetzung beziffern. Das auf dieser Grundlage ergangene Urteil über die eingeklagten Anwaltsgebühren wurde rechtskräftig. Im abzurechnenden vorangegangenen Verfahren wurde später auf Streitwertbeschwerde hin der Streitwert herabgesetzt. Hiervon ausgehend war die Gebührenberechnung im rechtskräftigen Urteil falsch. Das LG Nürnberg-Fürth hat dem Kostenschuldner **ungeachtet** der **Rechtskraft** des Gebührenurteils einen **Bereicherungsanspruch** gegen den Anwalt auf Rückzahlung der Differenzgebühren zugebilligt.

c) Streitgegenstandsänderung

758 Die **Bindungswirkung** des § 62 S. 1 GKG **entfällt**, wenn sich der Streitgegenstand durch Klageerweiterung, Klagerücknahme und dergleichen ändert. In derartigen Fällen liegt der Erstfestsetzung ein anderer Streitgegenstand zu Grunde. Dessen Bewertung gilt nur bis zur Änderung des Streitgegenstandes. Ab dann ist neu festzusetzen.

d) Form der Festsetzung

759 Voraussetzung für die Bindungswirkung ist, dass die Festsetzungsentscheidung in der dafür vorgeschriebenen **gesetzlichen Form** ergangen ist. Soweit es um die **sachliche Zuständigkeit** geht, muss darüber durch **Urteil** entschieden werden. Das Beschlussverfahren ist dafür nicht vorgesehen.

760 Aus prozessökonomischen Gründen wird jedoch vielfach die **Beschlussform** gewählt, um die Rechtslage möglichst frühzeitig klarzustellen. Solche Beschlüsse sind keine verbindlichen Festsetzungen i.S. des § 62 S. 1 GKG. Auch ein Wertansatz im Rahmen eines Beschlusses über die Bewilligung von

Prozesskostenhilfe wird von dieser Vorschrift nicht erfasst (OLG Köln JurBüro 1971, 86). Solche Entscheidungen können nicht die Zuständigkeit begründen und binden deshalb auch nicht (siehe oben Rn. 427 f.).

Immer wieder wird die Tatbestandsvoraussetzung **Festsetzung** in § 62 S. 1 GKG 761 übersehen oder missverstanden. Es genügt nicht, dass das Gericht zur Sache entscheidet und dabei stillschweigend – geprüft oder ungeprüft, irrig oder zutreffend – seine Zuständigkeit voraussetzt (KG Rpfleger 1980, 398; OLG Köln JurBüro 1975, 1354 – Berichtigung zu OLG Köln Rpfleger 1974, 22).

e) Verweisungsbeschlüsse

Anders verhält es sich bei Verweisungsbeschlüssen nach §§ 281, 506 ZPO (siehe 762 oben Rn. 465 ff.). Verweist das **Amtsgericht an** das **Landgericht**, weil dieses wertmäßig sachlich zuständig sei, dann darf das Landgericht keinen Streitwert mehr annehmen, der unterhalb seiner Zuständigkeitsgrenze liegt (KG MDR 1959, 136; OLG Frankfurt MDR 1964, 246).

Das gilt auch umgekehrt. Wenn das **Landgericht an** das **Amtsgericht** wegen 763 dessen sachlicher Zuständigkeit verweist, dann muss das Amtsgericht bei der Wertfestsetzung innerhalb der Wertgrenze für seine Zuständigkeit bleiben.

Die **Bindungswirkung** beschränkt sich aber auf die **Grenzwerte** für die Zustän- 764 digkeit. Eine Bezifferung des verweisenden Gerichts darüber hinaus oder unterhalb dieser Grenze ist nicht bindend, weil die Zuständigkeit davon nicht abhängt. Für sie ist allein maßgebend, ob die Wertgrenze zwischen Amtsgericht und Landgericht überschritten oder unterschritten wird (OLG München MDR 1988, 973).

§ 9 Streitwertbeschwerde

I. Zulässigkeit der Beschwerde

Die – einfache – Beschwerde ist sowohl für die Parteien (§ 68 Abs. 2 GKG) als 765 auch für deren Prozessbevollmächtigte (§ 32 Abs. 2 RVG) vorgesehen. Zulässigkeitsvoraussetzungen sind eine beschwerdefähige Entscheidung, also eine „**Beschwer an sich**" und das **Erreichen** der **Beschwerdesumme**. Diese richtet sich nach dem Beschwerde**antrag** („Wert des Beschwerdegegenstandes", § 68 Abs. 2 S. 1 GKG siehe unten Rn. 776 ff.). Fehlt es an einer dieser Voraussetzungen, dann ist die Streitwertbeschwerde als unzulässig zurückzuweisen. Wer zu entscheiden hat – Einzelrichter oder Kollegium? – ist umstritten (siehe etwa OLG Hamburg MDR 2003, 830).

Eine unzulässige Beschwerde schafft dann auch nicht die Voraussetzungen des 766 § 63 Abs. 3 S. 1 GKG für die **Abänderungsbefugnis** des **Rechtsmittelgerichts** (OLG Hamm Rpfleger 1973, 106; OLG München JurBüro 1983, 890). Das ist in

§ 9 Streitwertbeschwerde

der zivilprozessualen Rechtsprechung wohl einhellige Meinung. Einige Verwaltungsgerichte haben eine gegenteilige Auffassung vertreten (OVG Münster, VGH Bad.-Württ., OVG Saarland Kostenrechtsprechung § 25 GKG Nr. 17, 158, 179). Das ist falsch und verwischt die Zuständigkeitsabgrenzungen.

767 Auszugehen ist von dem allgemeinen Prozessrechtsgrundsatz, dass ein wegen fehlender Zulässigkeit verschlossener Rechtsweg **nicht** durch **prozessuale Umgehungsmaßnahmen** eines Beteiligten eröffnet werden kann. Deshalb ist es dem höheren Gericht verwehrt, den vorinstanzlichen Streitwert von Amts wegen abzuändern, wenn es lediglich auf Grund einer **unzulässigen Streitwertbeschwerde** mit der Sache befasst wird. Anderenfalls könnte der Beschwerdeführer stets eine Sachentscheidung herbeiführen, weil die Änderungsbefugnis nach § 63 Abs. 3 S. 1 GKG zugleich Änderungspflicht des Gerichts ist (oben Rn. 534 ff.). Das Ergebnis wäre, dass die Zulässigkeit von Streitwertbeschwerden stets offen bleiben könnte, eine Zulässigkeitsprüfung also nicht erforderlich wäre. Denn das Gericht müsste sich mit dem Beschwerdegegenstand von Amts wegen sachlich befassen, obwohl ihm gerade das mangels Vorliegens der allgemeinen Zulässigkeitsvoraussetzungen verboten wäre (Verstoß gegen den Satz vom Widerspruch).

1. Beschwerdefähige Entscheidung

768 Bei der anzufechtenden Entscheidung handelt es sich immer um einen **Beschluss.** Der kann auch in das **Urteil aufgenommen** werden. Das geschieht sogar fast durchgehend, wenn es sich um eine einfache Festsetzung handelt. Dann findet sich am Ende der Entscheidungsgründe nur der Zusatz: „Streitwert: … Euro." Die richterlichen Unterschriften decken diesen Beschluss. Die Streitwertbeschwerde richtet sich nur dagegen. Die Berufung gegen das Urteil schließt keine Beschwerde gegen die Wertfestsetzung ein.

a) Festsetzung für die Zuständigkeit

769 Anstatt korrekterweise über die Zulässigkeit der Klage **im Urteil** zu entscheiden, weichen die Gerichte häufig in die **Beschlussform** aus (siehe oben Rn. 428). Die Parteien können daraus ersehen, ob das angerufene Gericht seine Zuständigkeit oder die Zulässigkeit eines Rechtsmittels bejahen will oder nicht.

770 Diese in der ZPO nicht vorgesehene Übung führt zu Zweifeln hinsichtlich der Beschwerdemöglichkeit. Die Wahl der **falschen Entscheidungsform** wirft nämlich die Frage auf, ob es sich dabei um eine bindende Entscheidung nach § 62 GKG handelt (siehe dazu oben Rn. 424 ff.). Das ist jedoch nicht der Fall, weil nur ein Hinweis auf die Auffassung des Gerichts bezweckt ist. Es handelt sich lediglich um eine prozessleitende Maßnahme (OLG Frankfurt MDR 1992, 612 = WuM 1992, 39 mit Nachweisen). Die Rechtsprechung deutet deshalb solche Beschlüsse häufig in eine **Gebührenwertfestsetzung** um, die dann nach § 66 Abs. 2 GKG beschwerdefähig ist (z.B. OLG Bremen AnwBl. 1988, 71 = JurBüro 1988, 70). Eine einheitliche Praxis dazu hat sich aber bislang nicht herausgebildet.

b) Vorläufige Streitwertfestsetzung

Sinn und Zweck der in § 63 Abs. 1 S. 1 GKG vorgesehenen „vorläufigen" Streitwertfestsetzung (oben Rn. 739) ist es, eine **Berechnungsgrundlage** für die **Gerichtsgebühren** und die Anwaltskosten zu schaffen. Dazu besteht häufig in **nichtvermögensrechtlichen** Streitigkeiten Anlass, weil die dafür maßgeblichen Bemessungsfaktoren im Zeitpunkt der Klageerhebung nicht immer überschaubar sind. Denn zu berücksichtigen sind alle Umstände des Einzelfalles, insbesondere Umfang und Bedeutung der Sache (§ 48 Abs. 2 S. 1 GKG). Wenigstens der Umfang der Sache lässt sich zuverlässig oft erst in der Schlussverhandlung bestimmen.

771

Bis zur Neufassung des § 25 GKG a.F. = § 48 GKG n.F. wurde die auch damals schon ständig praktizierte „vorläufige Streitwertfestsetzung" als **beschwerdefähig** angesehen. Das soll sich nach OLG Köln (JurBüro 1996, 195) geändert haben. Gegen die vorläufige Wertfestsetzung soll es nur noch die Beschwerde des **§ 6 GKG** (jetzt § 66 GKG) gegen die Anordnung eines Vorschusses oder einer Vorauszahlung geben. Das betrifft unmittelbar nur die Gerichtskosten.

772

Ob sich diese Auffassung auch hinsichtlich der Anwaltsvergütung durchsetzen wird, bleibt abzuwarten. Die Bedenken dagegen liegen auf der Hand. Für die Anwälte tritt nämlich nach § 32 Abs. 1 RVG bei einer vorläufigen Festsetzung des Streitwertes auch eine vorläufige Reflexwirkung ein. Sie müssen folglich eine Vorschussanforderung (§ 9 RVG) nach dem vorläufigen Streitwert berechnen, selbst wenn sie ihn für falsch halten. Dagegen hilft auch keine Beschwerde nach § 66 GKG, weil der Anwalt sie nicht aus eigenem Recht einlegen kann. Der Beschwerdeausschluss gegen eine vorläufige Wertfestsetzung gilt nur gegenüber der Partei, die sich gegen die auf der vorläufigen Streitwertfestsetzung beruhende Anordnung der Vorauszahlung wehrt (*Schneider* MDR 2000, 381). Es geht aber nicht an, den Anwalt über eine vorläufige Wertfestsetzung zu zwingen, die ihm durch § 9 RVG rechtlich gewährte Möglichkeit abzuschneiden, sich durch Vorschussanforderungen für seinen vollen Vergütungsanspruch abzusichern. Auch gegen eine vorläufige Wertfestsetzung muss deshalb dem Anwalt ein eigenes Beschwerderecht nach § 32 Abs. 2 RVG zugestanden werden. Rechtsmethodisch folgt das daraus, dass § 32 Abs. 1 RVG gegenüber § 63 Abs. 1 S. 2 GKG lex specialis ist (*Schneider* MDR 2000, 380; AnwKommRVG, 3. Aufl., 2006, § 32 Rn. 75 ff.; OLG Köln AGS 2005, 80; a.A. OLG Hamm MDR 2005, 1309 mit weiteren Nachw.).

773

c) Endgültige Streitwertfestsetzung

Wird der Streitwert endgültig festgesetzt, dann erledigt sich eine vorläufige Wertfestsetzung durch prozessuale Überholung mit der Folge, dass der erste Festsetzungsbeschluss gegenstandslos wird und daher auch nicht mehr Gegenstand einer Beschwerde sein kann. **Beschwerdefähig** ist nur noch **die endgültige Wertfestsetzung**.

774

775 **Erklärungsempfänger** für die Beschwerde gegen die endgültige Streitwertfestsetzung ist das Erstgericht. Es muss Gelegenheit erhalten, der Beschwerde durch Abänderung der Wertfestsetzung abzuhelfen (§ 572 Abs. 1 S. 2 ZPO).

2. Beschwer der Partei

a) Beschwer und Wert des Beschwerdegegenstandes

776 Nach § 68 Abs. 2 S. 1 GKG findet die Beschwerde statt, wenn der **Wert des Beschwerdegegenstandes** 200 Euro übersteigt (siehe unten Rn. 793 ff.). Es ist also nicht von der **Beschwer** die Rede. Doch auch die muss gegeben sein.

777 Vorab ist eine begriffliche Klärung nötig: **Beschwer** ist für die **Partei** der Unterschied zwischen ihrer Kostenbelastung gegenüber Gericht und Anwalt nach dem festgesetzten und dem von ihr für richtig gehaltenen Streitwert. Für den nach § 32 Abs. 2 RVG aus eigenem Recht beschwerdebefugten **Prozessbevollmächtigten** geht es wegen seiner Bindung gemäß § 32 Abs. 1 RVG um die nach dem festgesetzten und nach dem erstrebten Streitwert zu berechnende **Gebühreneinbuße**.

778 Der **Wert des Beschwerdegegenstandes** hingegen bestimmt sich nur nach dem Beschwerde**antrag**. Fordern Partei oder Prozessbevollmächtigter eine Streitwertänderung, die im Ergebnis zu einer Neuberechnung bis zu 200 Euro führt, dann wird nicht einmal die notwendige Beschwer erreicht. Die Beschwerde ist unzulässig. Zur Zulässigkeit ist es also erforderlich, dass **erstens** eine Beschwer an sich gegeben ist und **zweitens** mit dem Beschwerdeantrag auch die Beschwerdesumme von 200 Euro überschritten wird. Daran fehlt es mangels Beschwer, wenn die **Partei** eine Streitwert**erhöhung** verfolgt oder der Prozessbevollmächtigte eine Streitwert**ermäßigung** (siehe unten Rn. 787 ff.).

b) Verfahrensrechtliche Folgerungen daraus

779 Unabhängig vom Wert des Beschwerdegegenstandes, also vom Beschwerdeantrag, wird somit einer Partei das Beschwerderecht immer nur zugestanden, wenn und soweit sie durch eine von ihr beanstandete Entscheidung **beschwert** wird. Diese muss einen irgendwie nachteiligen Inhalt für sie haben, also die von ihr beanspruchte Rechtsstellung **verschlechtern**.

780 Hinsichtlich des **Gebührenaufkommens** verhält es sich nun so, dass der Mandant und der ihn vertretende Rechtsanwalt **gegensätzliche Interessen** vertreten. Der **Mandant** ist daran interessiert, über einen niedrigen Streitwert mit möglichst geringen Gerichts- und Anwaltskosten belastet zu werden. Der **Anwalt** wiederum hat ein schutzwürdiges Interesse daran, seine Gebühren nach dem richtigen, wenn auch hohen Streitwert abzurechnen.

781 In einem korrekten Verfahren, das die Ansprüche sowohl der Partei als auch des Anwalts auf Gewährung **rechtlichen Gehörs** (Art. 103 Abs. 1 GG) berücksichtigt, müssen deshalb alle Verfügungen und alle Festsetzungsbeschlüsse **der**

Partei und dem Anwalt übermittelt werden (vgl. LG Gießen Rpfleger 1992, 501; zust. OLG Karlsruhe Kostenrechtsprechung § 25 GKG Nr. 31; OLG Bamberg JurBüro 1991, 1692; *Schneider* DRiZ 1978, 204). Das entspricht der ständigen Rechtsprechung des Bundesverfassungsgerichts, wonach im Beschwerdeverfahren jeder Beteiligte anzuhören ist, ehe eine ihm nachteilige Entscheidung ergeht, und sich das Gericht sogar davon überzeugen muss, dass dies geschehen sei (z.B. BVerfGE 36, 87, 88).

In der Praxis bleibt das jedoch leider sehr häufig unbeachtet. Das kann vor allem den Mandanten benachteiligen. Ich habe Fälle erlebt, in denen Parteien in ihrer persönlichen Stellungnahme nicht aktenkundige Angaben machten, die zu einer Herabsetzung des Wertansatzes führten. Und ich habe auch den Fall erlebt, dass eine Partei, der Gelegenheit gegeben worden war, zu einer Erhöhungsbeschwerde ihres Prozessbevollmächtigten Stellung zu nehmen, auf eine Gebührenvereinbarung hingewiesen hatte, die mit dem Erhöhungsantrag des Anwalts unvereinbar war. 782

Zumindest in zweifelhaften Fällen sollte der **Anwalt** deshalb Versäumnisse des Gerichts durch eigene **Information** seines **Mandanten** ausgleichen. Er schuldet diesem eine Abrechnung nach dem richtigen Streitwert und kann auf diese Weise vermeiden, dass später von ihm Schadensersatz verlangt wird, weil er ohne Wissen des Mandanten eine überhöhte Wertfestsetzung hingenommen habe. Das LG Nürnberg-Fürth (AnwBl. 1986, 38) hat in einem solchen Fall im Honorarprozess Bereicherungsansprüche des Mandanten bejaht. 783

3. Rechtsschutzbedürfnis

Die Rechtsprechung **verneint eine Beschwer** grundsätzlich, wenn eine **Partei Heraufsetzung** des Streitwertes oder ein **Anwalt** dessen **Herabsetzung** begehrt (Rn. 778). Der Grund dafür ist, dass keine Partei ein schutzwürdiges Interesse daran haben kann, Gebühren nach einem höheren Streitwert als dem festgesetzten zu bezahlen. Der Anwalt wiederum hat kein schutzwürdiges Interesse daran, seine Gebühren nach einem zu niedrigen Streitwert abzurechnen. 784

Für die Partei ist das offensichtlich, wenn sie im Rechtsstreit unterlegen ist, weil sie dann nicht nur die Gerichtskosten zu zahlen hat, sondern auch noch dem Gegner wegen dessen Kostenschuld gegenüber seinem Anwalt erstattungspflichtig ist. 785

Das schutzwürdige Interesse an einer Streitwert**erhöhung** fehlt der Partei aber auch, wenn sie im Rechtsstreit voll obsiegt hat. Dann braucht sie zwar dem Gegner keine Kosten zu erstatten, sondern ist nur dessen Gläubiger. Dem eigenen Anwalt gegenüber bleibt sie jedoch Kostenschuldner. Im Verhältnis zu ihm kann sie nur ein schutzwürdiges Interesse an einer Ermäßigung des Streitwertes haben (siehe dazu Rn. 778, 798 ff.). 786

a) Beschwerdeführer

787 Im Hinblick auf die Notwendigkeit einer Beschwer muss stets klargestellt werden, wer **für wen** die Streitwertbeschwerde einlegt. Häufig wird das in der Beschwerdeschrift nicht gesagt. Es legt dann der **Prozessbevollmächtigte ohne weitere Erläuterungen** „Streitwertbeschwerde" ein. Aus Gründen der Praktikabilität hat die Rechtsprechung für solche Fälle den Grundsatz herausgearbeitet, dass die von einem Anwalt eingelegte Streitwertbeschwerde als Parteibeschwerde zu behandeln ist, wenn sie wegen zu hoher Wertfestsetzung, und als Anwaltsbeschwerde, wenn sie wegen zu niedriger Wertfestsetzung eingelegt worden ist (BGH AGS 2003, 450).

788 Wird die Erhöhungsbeschwerde jedoch ausdrücklich „**namens und in Vollmacht des Antragstellers**" eingelegt, dann hilft diese „wohlwollende Auslegung" nicht weiter. In dieser Fassung ist die Beschwerde unzulässig. Das Gericht hat aber vor seiner Entscheidung den Anwalt darauf hinzuweisen, da es sich meist um ein Versehen oder manchmal auch um Unkenntnis handelt. In der Regel wird dann alsbald die „Klarstellung" kommen, es handele sich um eine Beschwerde des Anwalts. Bleibt der Hinweis unbeantwortet, dann allerdings muss die Beschwerde als Parteibeschwerde angesehen und wegen fehlender Beschwer als unzulässig verworfen werden.

b) Erhöhungsinteresse der Partei?

789 Zweifelhaft ist, ob besondere Umstände das Rechtsschutzinteresse einer Partei an einer Erhöhungsbeschwerde begründen können. Denkbar ist beispielsweise, dass eine Partei ihre Erhöhungsbeschwerde mit dem Hinweis rechtfertigt, sie sei für den Fall ihres Unterliegens daran interessiert, dass die **Rechtsmittelsumme überschritten** werde. Damit lässt sich aber die für die Streitwertbeschwerde notwendige Schlechterstellung nicht rechtfertigen. Denn der Wertansatz für die Gebührenberechnung präjudiziert den Rechtsmittelwert nicht.

790 Es kommt auch vor, dass die Partei ihre Erhöhungsbeschwerde damit begründet, sie habe mit ihrem Prozessbevollmächtigten eine **Gebührenvereinbarung** getroffen, wonach sie höhere als die gesetzlichen Gebühren zu zahlen habe. Dann ist sie in der Tat für den Fall, dass sie obsiegt und ihr ein Erstattungsanspruch gegen den Gegner erwächst, daran interessiert, nach einem möglichst hohen Wert zu liquidieren, damit sie nahe an die durch Honorarvereinbarung begründete Summe herankommt. In diesem Fall ist umstritten, ob eine Beschwer zu bejahen ist.

791 Nach meiner Meinung ist die **Beschwerde** auch dann **unzulässig**. Es handelt sich um einen Versuch, die für eine Streitwertbeschwerde unerlässliche Beschwer durch Darlegung **indirekter Nachteile** zu schaffen. Die Beschwer wird aber in gerichtlichen Verfahren nicht an mittelbaren Auswirkungen oder Nachwirkungen gemessen, sondern an dem Betroffensein durch die gerichtliche Entscheidung und den damit unmittelbar verbundenen Belastungen. Dem entspricht die Regelung in **§ 91 ZPO**, wonach nur die gesetzlichen Gebühren und Auslagen des

Anwalts erstattungsfähig sind, eine vereinbarte höhere Vergütung also unbeachtet bleiben muss. Das Kostenerstattungsverfahren und damit auch das ihm vorausgehende Verfahren auf Festsetzung des Streitwerts soll von vornherein nicht mit Fragen einer Gebührenvereinbarung belastet werden. Zahlt eine Partei ihrem Anwalt freiwillig mehr, als sie ihm nach dem Gesetz zahlen müsste, dann ist das ihre Sache. Ihre Sonderinteressen dürfen bei der Streitwertfestsetzung nicht berücksichtigt werden. Deren Nichtberücksichtigung kann daher auch keine Beschwer begründen.

Ohnehin wäre es gefährlich, ausgerechnet in diesem Fall eine Ausnahme zu machen. Sie ließe sich nämlich nur mit dem Grundsatz rechtfertigen, jede indirekte Benachteiligung begründe das Rechtsmittelinteresse (= Beschwer). Auf diesem Weg gäbe es dann kein Halten mehr. Die Beschwer einer Partei müsste beispielsweise auch dann bejaht werden, wenn sie ihrem Gegner über eine möglichst hohe Wertfestsetzung die **Rechtsverteidigung erschweren** oder wegen des Prozessrisikos gar unmöglich machen möchte. Solche Fälle kommen insbesondere in Wettbewerbssachen vor, wenn große Unternehmen kleine Wettbewerber „niedermachen" wollen (vgl. dazu grundsätzlich *Fechner* JZ 1969, 349). 792

4. Beschwerdesumme

Der Beschwerdewert (Wert des Beschwerdegegenstandes, § 68 Abs. 1 S. 1 GKG) muss 200 Euro übersteigen. 793

Damit nicht zu verwechseln ist der Wert des Beschwerdegegenstandes in **Kostensachen**, der in § 567 Abs. 2 geregelt ist. Bei Entscheidungen über die **Kostentragungspflicht** muss er 100 Euro, bei **anderen Entscheidungen** 50 Euro übersteigen. 794

Die Streitwertbeschwerde soll nur eine Vorfrage der Verpflichtung klären, die Prozesskosten zu tragen. Sie zählt deshalb sachlich zu den „anderen Entscheidungen", bei denen die Beschwerde zulässig ist, wenn der Wert des Beschwerdegegenstandes 50 Euro übersteigt und es dabei um die Verpflichtung geht, die Prozesskosten zu tragen. 795

a) Berechnung der Beschwerdesumme

Um die Erwachsenheitssumme berechnen zu können, muss der Beschwerdeführer in der Beschwerdeschrift angeben, welche höhere Wertfestsetzung er erstrebt. Denn die Beschwerdesumme richtet sich weder nach dem angefochtenen Wertansatz noch nach dem erstrebten Wertansatz noch nach der Differenz beider, sondern lediglich nach der **Differenz** der **Kostensummen**, die sich nach dem einen und dem anderen Wert ergeben (KG Rpfleger 1962, 121; LG Freiburg WuM 1991, 504). 796

Bei dieser Differenzberechnung sind alle Gebühren zu addieren, für die der Beschwerdeführer einzustehen hat. Das sind bei der unterlegenen Partei alle Gerichtskosten und die Kosten beider Anwälte, beim Gegner die Kosten des 797 eigenen Anwalts und mögliche Zweitschuldner-Gerichtskosten (§ 29 Nr. 1 GKG). Bei Kostenteilung (§ 92 Abs. 1 ZPO) kommt es auf den Betrag an, mit dem der Beschwerdeführer (höchstens) belastet werden kann. Die Umsatzsteuer ist in allen Fällen zu berücksichtigen (OLG Koblenz MDR 1992, 196).

b) Teilweise Abhilfe

798 Ist die Beschwerdesumme erreicht und hilft das Erstgericht der Beschwerde nur teilweise ab, dann ist für das weitere Verfahren lediglich die **verbleibende Beschwer** maßgebend (OLG Hamm JurBüro 1982, 582; OLG Koblenz JurBüro 1986, 893). Erreicht sie die Beschwerdesumme nicht, **dann wird die Beschwerde unzulässig** und muss verworfen werden, wenn der Beschwerdeführer sie nicht wegen der Restbeschwer zurücknimmt (OLG Nürnberg FamRZ 1988, 1079, 1080). Ist die Beschwerdesumme trotz Teilabhilfe noch erreicht, dann hat das Erstgericht gem. § 572 Abs. 1 S. 1 ZPO (nur) wegen der verbleibenden Beschwer vorzulegen.

799 Vereinzelt ist die Auffassung vertreten worden, auch bei Teilabhilfe bleibe die Erstbeschwer maßgebend (Nachweise bei MünchKommZPO/*Braun*, 2. Aufl., 2000, § 567 Rn. 20, Fn. 81). Richtig ist daran, dass die Rechtsmittelzulässigkeit sich nach der Eingangsbeschwerde misst. Richtig ist aber auch, dass durch eine im Gesetz vorgesehene Nachkontrolle das Berichtigungsbedürfnis des Beschwerdeführers vermindert werden kann und sich dadurch der Wert des Beschwerdegegenstandes (Beschwerdeantrag) verringert. Mit dem Abhilferecht des Erstgerichts wird bezweckt, wegen eines vom Erstgericht nachträglich erkannten Rechtsanwendungsfehlers nicht noch die höhere Instanz zu bemühen. Der **Fehler** soll **innerhalb der Instanz berichtigt** werden. Der Beschwerdeführer steht also nach einer Teilabhilfe so da, wie wenn von Anfang an die berichtigte Entscheidung erlassen worden wäre. Er ist nicht mehr in voller Höhe beschwert und ermäßigt folglich auch seinen Antrag.

c) Nachträgliche Beschwer

800 Eine ganz andere Frage ist, ob der Beschwerdeführer diese Beschwer nachträglich schaffen kann, indem er seine **Wertvorstellung erhöht**. Dafür spricht, dass die Wertangaben der Parteien für das Gericht nicht verbindlich sind und dementsprechend jede Partei ihre Angabe jederzeit berichtigen darf (§ 61 S. 1 GKG). Deshalb gilt auch im Streitwert-Beschwerderecht **kein Verschlechterungsverbot**. Folgerichtig muss es dem Beschwerdeführer **gestattet** werden, sein Wertverlangen zu erhöhen, um die Beschwerdesumme wieder zu erreichen. Ein falscher Streitwert darf nicht deshalb als endgültig behandelt werden, weil der Beschwerdeführer bei Einlegung der Beschwerde den Wert zu gering berechnet und deshalb falsch angegeben hat. Das entspricht dem Grundsatz, wonach die Änderung der Streitwertfestsetzung nicht deshalb unzulässig ist, weil sie einer rechtskräftigen quotierten Kostenentscheidung die Berechnungsgrundlage entziehen würde (OLG Köln FamRZ 1994, 56 = JurBüro 1993, 741).

Bei einer ausgeschlossenen Beschwerde ist immer noch die **Gegenvorstellung** in Betracht zu ziehen (siehe unten Rn. 818 ff.). 801

5. Beschwerdefrist

Die Beschwerde muss innerhalb von **sechs Monaten** eingelegt werden, nachdem die Entscheidung in der Hauptsache rechtskräftig geworden ist oder sich das Verfahren anderweit erledigt hat (§ 68 Abs. 1 S. 3 i.V.m. § 63 Abs. 3 S. 2 GKG). 802

Ist der Streitwert erst **nach Ablauf von fünf Monaten** ab Rechtskraft oder anderweitiger Erledigung festgesetzt worden, dann verlängert sich die Beschwerdefrist um einen Monat. Fristbeginn ist die Zustellung oder die formlose Mitteilung des Festsetzungsbeschlusses (§ 68 Abs. 1 S. 3, Halbs. 2 GKG). 803

Nicht geregelt ist der Fall, dass der **Streitwert** erst **nach Ablauf** der **Sechsmonatsfrist** des § 68 Abs. 1 S. 3 GKG festgesetzt wird. Dann billigt die Rechtsprechung den Beschwerdeberechtigten eine „angemessene" Frist zur Einlegung der Beschwerde zu. Der angemessene Zeitraum beträgt analog § 68 Abs. 1 S. 3, Halbs. 2 GKG ebenfalls **einen Monat** (BGH MDR 1979, 577; OLG Düsseldorf Rpfleger 1990, 272 = JurBüro 1990, 914). 804

6. Zulassungsbeschwerde

Ohne Rücksicht auf eine Beschwer ist die Streitwertbeschwerde nach § 68 Abs. 1 S. 2 GKG auch zulässig, wenn das Festsetzungsgericht sie wegen **grundsätzlicher Bedeutung** der Sache zugelassen hat. Der Begriff der „grundsätzlichen Bedeutung" ist durch die ZPO-Reform 2002 in mehreren Vorschriften der Zivilprozessordnung Tatbestandsmerkmal geworden. Darüber, was darunter zu verstehen ist, gibt es schon eine umfangreiche, aber auch kontroverse Rechtsprechung. 805

Die Zulassungsentscheidung muss „**in dem Beschluss**" enthalten sein. Eine Ergänzung entsprechend § 321 ZPO ist unbeachtlich (BGH-Report 2004, 477). Allenfalls kommt eine Berichtigung nach **§ 319 ZPO** wegen offenbarer Unrichtigkeit in Betracht. 806

Die Parteien und deren Prozessbevollmächtigte haben kein Antragsrecht auf Zulassung, können diese aber **anregen**. Einschlägige Fallgestaltungen werden im Streitwertrecht selten sein. Kommt es einmal dazu, dann sollte sich der Anwalt, der die Zulassung anregen will, anhand der ZPO-Kommentare über den jeweiligen Stand der Judikatur informieren, vor allem bei den Erläuterungen zu den §§ 543, 544, 577 ZPO. 807

Eine **weitere Beschwerde** ist nur nach § 66 Abs. 4 S. 1 GKG im **Kostenansatzverfahren** zulässig, wenn 808

– das Landgericht **als Beschwerdegericht** entschieden **und**
– die weitere Beschwerde wegen **grundsätzlicher Bedeutung** der zu entscheidenden Rechtsfrage zugelassen hat.

Es handelt sich dabei um eine **Rechtsbeschwerde**. Gerügt werden kann nur eine **Rechtsverletzung:** Übergehen oder fehlerhafte Anwendung einer Rechtsnorm (§ 546 ZPO).

II. Beschwerdeverzicht

809 Zweifelhaft ist die Rechtslage, wenn die Parteien und Anwälte – wie es in der Praxis häufig geschieht – auf **Vorschlag** des **Gerichts** übereinstimmend einen bestimmten **Wertansatz** nennen oder sich mit einem Vorschlag des Gerichts einverstanden erklären. Dann stellt sich die Frage, ob darin ein **Verzicht** auf die Einlegung der Streitwertbeschwerde zu sehen ist, ob also die fehlende Akzeptanz der Festsetzung oder eine spätere bessere Erkenntnis der Partei oder ihres Prozessbevollmächtigten unberücksichtigt bleiben muss. Das ist zu **verneinen**, weil es dem Grundsatz der Streitwertwahrheit widersprechen würde. Das festsetzende Gericht ist verpflichtet, eine von ihm erkannte falsche Wertannahme zu berichtigen (Rn. 534 ff., 813). So verhält es sich auch, wenn es den Fehler erst auf Grund des Hinweises einer Partei bemerkt. Dann aber fehlt es an einem zureichenden Grund für eine Bindung der Parteien an ihre Wertangabe, nur weil sie einem Wertvorschlag des Gerichts zugestimmt haben. Das ist kein Rechtsmittelverzicht.

810 Die Rechtsprechung ist überwiegend anderer Ansicht. Sie legt einen Streitwertvorschlag oder die Zustimmung zu einer vom Gericht angeregten Festsetzung als konkludenten Rechtsmittelverzicht aus. Desgleichen tendiert sie dazu, in einem Verzicht auf die Begründung einer Streitwertfestsetzung zugleich einen Verzicht auf die Beschwerde zu sehen (*Schneider* MDR 2000, 987).

811 Führt das dazu, dass ein zu hoch angesetzter Streitwert nicht berichtigt wird, dann kann das Verhalten des Anwalts dessen Schadensersatzpflicht gegenüber dem Mandaten begründen. Diese nachteiligen Erklärungen verletzen den Mandatsvertrag (*Vollkommer/Heinemann*, Anwaltshaftungsrecht, 2003, Rn. 309). Ein Anwalt, der sich ohne Rücksprache mit dem Mandanten so verhält, verfehlt den „sichersten Weg".

812 **Hinweis:** Jeder Anregung des Anwalts zu einer bestimmten Wertfestsetzung und jeder Zustimmung zu einer Anregung des Gerichts und jedem Verzicht auf eine Begründung der Festsetzung ist der Zusatz beizufügen: „**ohne Verzicht auf Rechtsmittel**".

§ 10 Änderung der Wertfestsetzung

I. Änderungsbefugnis

1. Pflichtgemäßes Ermessen

Ebenso, wie eine Partei ihre Wertangabe jederzeit berichtigen darf (§ 61 S. 2 GKG), ist auch das Gericht dazu befugt, und zwar in jeder Instanz. Dementsprechend heißt es in § 63 Abs. 3 S. 1 GKG: „Die Festsetzung kann von dem Gericht, das sie getroffen hat, und, wenn das Verfahren wegen der Hauptsache oder wegen der Entscheidung über den Streitwert, den Kostenansatz oder die Kostenfestsetzung in der Rechtsmittelinstanz schwebt, von dem Rechtsmittelgericht von Amts wegen geändert werden."   813

Das Wort „kann" in dieser Bestimmung regelt nur die **Zuständigkeit**, räumt also keine Ermessensfreiheit ein (oben Rn. 534 ff.). Wegen des Grundsatzes der **Streitwertwahrheit** ist jedes Gericht verpflichtet, einen unrichtig festgesetzten Streitwert **von Amts wegen** zu berichtigen.   814

2. Rechtsmittelinstanz

In der **höheren Instanz** ist das Änderungsrecht – und damit auch die Änderungspflicht – nach § 63 Abs. 3 S. 1 GKG nur bei bestimmten Prozesslagen vorgesehen, nämlich nur in folgenden Fällen: 815
- bei Streitwertbeschwerden,
- bei Rechtsmitteln zur Hauptsache,
- bei Beschwerden über den Kostenansatz (§ 19 GKG),
- bei Beschwerden gegen die Kostenfestsetzung (§ 104 ZPO).

Nur soweit eine dieser Voraussetzungen gegeben ist, darf höherinstanzlich abgeändert werden. Die **Änderungsbefugnis** besteht insbesondere nicht, wenn das höhere Gericht lediglich im Verfahren auf Bewilligung von Prozesskostenhilfe mit der Sache befasst wird, weil dieses Nebenverfahren nicht zur Befassung mit der Hauptsache führt und in § 63 Abs. 3 S. 1 GKG nicht genannt ist (*Schneider* MDR 1972, 99).   816

II. Änderungsfrist

Von der Höhe des Streitwertes hängt betragsmäßig die Kostenfestsetzung und die Höhe der Vergütung der Prozessbevollmächtigten ab. Um die Ansprüche der Staatskasse, der Parteien und der Anwälte nicht zu lange in der Schwebe zu halten, ist die Abänderungsbefugnis des Gerichts zeitlich begrenzt. Die Änderung ist nach § 63 Abs. 3 S. 2 GKG nur innerhalb einer Frist von **sechs Monaten** zulässig, die mit Eintritt der Rechtskraft oder der anderweitigen Erledigung des Verfahrens zu laufen beginnt. Diese Frist begrenzt auch das Beschwerderecht (siehe oben Rn. 802).   817

III. Gegenvorstellung

1. Kontrollpflicht des Anwalts

818   Obwohl die Änderungsbefugnis des Gerichts zugleich dessen Änderungspflicht begründet, wird davon wenig Gebrauch gemacht. Wenn das Gericht den Streitwert einmal festgesetzt hat, wird es nur selten im Nachhinein an seiner eigenen Bewertung zweifeln. Solche Zweifel kommen aber häufig nachträglich den Prozessbevollmächtigten, die den Wertansatz im Interesse ihrer Mandanten und auch im eigenen Interesse überprüfen müssen. Ergeben sich dabei **Bedenken** gegen den **Wertansatz** des Gerichts, dann ist die Gegenvorstellung das geeignete Mittel, das Gericht zu einer Überprüfung seines Festsetzungsbeschlusses zu veranlassen. Es handelt sich dabei um einen gesetzlich nicht geregelten **formlosen Rechtsbehelf**, mit dem Änderungsanregungen an das Gericht herangetragen werden können. Das Gericht muss die in der Gegenvorstellung vorgebrachten Bedenken gegen den Streitwertansatz berücksichtigen und seine Entscheidung **überprüfen**. Diese Möglichkeit besteht auch in der höheren Instanz, selbst wenn deren Entscheidung nicht mehr mit der Beschwerde angegriffen werden kann.

819   Leider kommt es immer wieder vor, dass eine Gegenvorstellung nur mit einer belanglosen Floskel abschlägig beschieden wird („... wird nicht abgeholfen"). Darin kann eine **Gehörsverletzung** liegen. Das **Bundesverfassungsgericht** hat in zahlreichen, nach § 31 Abs. 1 BVerfGG alle Gerichte bindenden Beschlüssen klargestellt, dass das Parteivorbringen vollständig zur Kenntnis genommen und alles Wesentliche in den Entscheidungsgründen verarbeitet werden muss (BVerfGE 47, 189 = NJW 1978, 989; 54, 46 = FamRZ 1980, 547; 79, 61 = NJW 1989, 519; *Sachs/Degenhart*, Grundgesetz, 3. Aufl., 2003, Art. 103 Rn. 8, 29, 31). In Verfolg dieser Rechtsprechung hat der **Bundesgerichtshof** neuerdings wiederholt entschieden, dass die Instanzgerichte bei Gehörsverletzungen verpflichtet sind, die eigene Entscheidung nochmals zu überprüfen (z.B. BGH FamRZ 1997, 1554 zu III; zuletzt **BGHZ 150, 133**). Im Einzelfall kann es daher angebracht sein, auf diese Rechtsprechung hinzuweisen und notfalls auch eine **zweite Gegenvorstellung** einzulegen.

820   Die in BGHZ 150, 133 vorgesehene entsprechende Anwendung der Einlegungsfrist des § 312a Abs. 2 S. 2 ZPO steht nicht entgegen. Einmal soll diese Analogie nur gelten, soweit es um Verstöße gegen Verfahrensgrundrechte geht. Zum anderen steht ihr die Sonderregelung der zeitlichen Änderungsbefugnis in § 63 Abs. 3 S. 2 und § 68 Abs. 1 S. 3 GKG entgegen.

2. Verfristung der Gegenvorstellung

821   Zu beachten ist jedoch, dass auch eine Gegenvorstellung das Änderungsverbot wegen Verfristung (§ 63 Abs. 3 S. 2 GKG) nicht beseitigen kann (ausführlich *Schneider/Herget*, Streitwert-Kommentar, 12. Aufl., 2007, Rn. 2245 ff.). Hat das erstinstanzliche oder das höhere Gericht die **Änderungsbefugnis** wegen Zeitablaufs **verloren**, dann ist die nicht angegriffene Wertfestsetzung endgültig. An dieser Rechtslage kann eine Gegenvorstellung nichts mehr ändern.

III. Gegenvorstellung

Hier droht dem Anwalt eine Falle! Es ist schon vorgekommen, dass er die Gegenvorstellung noch innerhalb der laufenden Beschwerdefrist eingelegt, das Gericht die Sache jedoch bis zum Ablauf der Frist verzögert und dann die Gegenvorstellung zurückgewiesen hat, weil seine Änderungsbefugnis erloschen sei. Auf diese Weise hat es sich eine vielleicht zeitaufwendige neue Befassung mit der Streitwertfestsetzung erspart. 822

Der Versuch, die Gegenvorstellung nachträglich in eine fristgerecht eingelegte Streitwertbeschwerde umzudeuten, hat dann keine Aussicht auf Erfolg. Wer eine Gegenvorstellung einlegt, drückt damit nicht konkludent den Willen aus, die Rechtsmittelinstanz mit der Sache zu befassen. 823

In Betracht kommt nur eine **erneute Gegenvorstellung** wegen Gehörsverletzung. Da es nicht auf den Zeitpunkt der Entscheidung ankommt, sondern auf den der **Einlegung** der Gegenvorstellung, muss das Vorbringen der Partei zur Kenntnis genommen und beschieden werden (Art. 103 Abs. 1 GG). 824

Für den Anwalt ist es der sicherste Weg, die **Gegenvorstellung** vorsorglich **mit** der Einlegung einer **Beschwerde** zu **verbinden** und zu schreiben: 825

Gegen die Streitwertfestsetzung im Beschluss vom . . . erhebe ich Gegenvorstellung. Falls das Gericht ihr nicht stattgibt, bitte ich, diese Eingabe als Streitwertbeschwerde zu behandeln.

Wenn das Gericht dann die Bescheidung der Gegenvorstellung bis zum Ablauf der Änderungsfrist von sechs Monaten hinauszögert, bleibt das Rechtsmittel erhalten. Die Beschwerde ist innerhalb der Frist eingelegt worden und muss deshalb noch nach Fristablauf beschieden werden. 826

Drittes Kapitel: Überlegungen zum richtigen Vorgehen

§ 11 Wahl des Verfahrens

827 Guter Anfang ist die halbe Arbeit, heißt es im Sprichwort, und ebenso richtig: Wie der Anfang, so das Ende. Diese Spruchweisheiten gelten auch für den Anwalt. Er geht ein erhebliches Risiko ein, wenn er nach Erhalt der Informationen durch seinen Mandanten kurzerhand Klage einreicht. Für den Kläger kann das kostenmäßig den Verlust des Prozesses bedeuten, wenn der Beklagte sofort anerkennt (§ 93 ZPO). Wer ohne Vorwarnung klagt, dem wird entgegengehalten, zu diesem überfallartigen Vorgehen habe kein Anlass bestanden.

828 Im Wettbewerbsrecht zwingt das zur Abmahnung, ohne die dem Verletzten bei sofortiger Anerkenntnis des Verletzers der Anspruch auf Kostenersatz versagt wird.

829 Im gewöhnlichen Zivilprozess ist es nicht anders. Der sorgfältig arbeitende Anwalt wird also den Gegner zunächst einmal zur Leistung auffordern, falls angezeigt unter Beachtung der Vorsichtsmaßnahmen, die notwendig sind, um den Zugang der Aufforderung beweisbar zu machen (siehe dazu oben Rn. 126, 139 ff.). Allein damit ist es aber nicht getan. Der Anwalt hat weitere Vorüberlegungen anzustellen. Darauf ist im Folgenden einzugehen.

I. Selbständiges Beweisverfahren

830 Geht es um **Schadensersatzansprüche** wegen **mangelhafter Leistung** des Schuldners – Bausachen, sonstige Werkleistungen –, dann ist zunächst zu überlegen, ob der Klage nicht ein selbständiges Beweisverfahren vorzuschalten ist. Dessen Vorteile liegen auf der Hand. Das selbständige Beweisverfahren hemmt die Verjährung (§ 204 Abs. 1 Nr. 7 BGB). Wird darin das Gutachten eines Sachverständigen eingeholt, dann bringt das vielfach schon endgültige Klärung. Der Kläger wird vielleicht seine übersetzten Ansprüche zurückschrauben; der Beklagte wird sich den Feststellungen und der Schadensberechnung des Sachverständigen beugen. Es kommt gar nicht erst zu einem Hauptprozess.

831 Selbst bei möglicher Schadenshaftung mehrerer Personen kann das selbständige Beweisverfahren weiterhelfen, weil es sich gegen mehrere Antragsgegner richten kann und sogar noch nach Einleitung des Verfahrens auf weitere Antragsgegner ausgedehnt werden darf (OLG Frankfurt BauR 1995, 275; OLG Düsseldorf NJW-RR 1995, 1216 = BauR 1995, 878). Außerdem ist im selbständigen Beweisverfahren die **Streitverkündung** zulässig (BGH NJW 1997, 347), so dass der verjährungshemmende Rückgriff auf einen Dritthaftenden abgesichert werden kann. Zu der für Zuständigkeit und Kosten so wichtigen richtigen **Wertangabe** bei Beginn des Verfahrens siehe oben Rn. 541 f.; *Schneider* MDR 1998, 255.

II. Mahnverfahren

Kann davon ausgegangen werden, dass der Schuldner sich bei Inanspruchnahme des Gerichts „strecken" werde, dann reicht es aus, statt der Erhebung einer Klage das kostengünstigere Mahnverfahren einzuleiten (§§ 688 ff. ZPO). Das Verfahren ist vereinfacht, da nur ein Formular auszufüllen ist (§ 692 ZPO). Der Lauf der Verjährungsfrist wird gehemmt (§ 204 Abs. 1 Nr. 3 BGB). Schneller als im Erkenntnisverfahren ist ein Vollstreckungstitel in der Form des Vollstreckungsbescheides zu erlangen (§ 699 ZPO).

832

1. Hemmung der Verjährung

Jedoch dürfen auch die **Risiken des Mahnverfahrens** nicht außer Acht gelassen werden. Da ist einmal das Zustellungsproblem zu nennen. Mit dem Antrag auf Erlass eines Mahnbescheides soll häufig der drohende Ablauf einer Verjährungsfrist gehemmt werden. Wird der Antrag vor Fristablauf eingereicht, dann wirkt die Zustellung nach Fristablauf noch hemmend, wenn die Zustellung „**demnächst**" erfolgt (§ 167 ZPO).

833

Um das Tatbestandsmerkmal „demnächst" rankt sich eine kontroverse und unübersichtliche Rechtsprechung. Auf eine Faustformel gebracht, lässt sich formulieren, dass **Zustellungsverzögerungen**, die der Gläubiger oder wegen § 85 Abs. 2 ZPO sein Anwalt zu verantworten hat, die „demnächst-Frist" verkürzen, während Fehler des Gerichts dem Gläubiger nicht zuzurechnen sind. Im Einzelnen fehlt der Rechtsprechung jedoch eine klare, berechenbare Linie. Vor allem werden dem Antragsteller und damit auch seinem Verfahrensbevollmächtigten **Kontroll-** und **Rückfragepflichten** auferlegt, mit deren Konfrontierung er später rechnen muss (siehe dazu *Wieczorek/Schütze/Olzen*, ZPO, 3. Aufl., 1998, § 693 Rn. 18 ff.; MünchKommZPO/*Holch*, 2. Aufl., 2000, § 693 Rn. 19 ff.). In BGH MDR 2007, 45, findet sich dazu folgender Grundsatz:

834

> „Ein Mahnbescheid wird nicht mehr ‚demnächst' zugestellt, wenn der Antragsteller es unterlassen hat, beim Mahngericht nach Ablauf einer je nach den Umständen des Einzelfalles zu bemessenden Frist nachzufragen, ob die Zustellung bereits veranlasst worden ist, und dieses Unterlassen nachweislich zu einer Verzögerung der Zustellung um mehr als einen Monat geführt hat."

2. Bezeichnung des Anspruchs

a) Individualisierung und Substantiierung

Das derzeit größte Risiko für das Mahnverfahren ergibt sich aus dem **Individualisierungszwang** des § 690 Abs. 1 Nr. 3 ZPO, der durch die Rechtsprechung des Bundesgerichtshofes zu einem abgeschwächten **Substantiierungszwang** geworden ist. Daraus ist mittlerweile eine **Haftungsfalle** geworden (*Schneider* ZAP F. 13, S. 391). Die Probleme sind dadurch entstanden, dass das frühere „Filterverfahren" einer summarischen Schlüssigkeitsprüfung des Mahn-

835

antrages entfallen ist. Jetzt haben wir es mit einem Zwitter zu tun. Das Verfahren kann mit einem rechtskräftigen Titel enden, obwohl **zu keiner Zeit eine Schlüssigkeitsprüfung** stattgefunden hat. Und die Anspruchsbezeichnung im Mahnantrag (§ 690 Abs. 1 Nr. 3 ZPO) kann später im Erkenntnisverfahren als unzureichend angesehen werden, so dass die verjährungshemmende Wirkung des Mahnverfahrens entfällt (ausführlich und kritisch dazu *Kathrin Maniak*, Die Verjährungsunterbrechung durch Zustellung eines Mahnbescheids im Mahnverfahren, 2000). Die Substantiierungsprobleme können sich bis in die Zwangsvollstreckung fortsetzen.

836 So hat das LG Traunstein (Rpfleger 2004, 366 mit Besprechung *Vollkommer*, S. 336) die Bezeichnung einer aus mehreren Einzelforderungen zusammengesetzten Teilforderung im Mahnbescheidsantrag mit „Forderung in Höhe von ... gemäß Schreiben vom ..." als nicht hinreichend bestimmt angesehen, weil das Schreiben dem Antrag nicht als Anlage beigefügt war und der Antragsgegner den Zugang bestritten hatte. Die fehlende Bestimmtheit des Vollstreckungsbescheides kann nach LG Traunstein mit der Vollstreckungserinnerung (§ 766 ZPO) geltend gemacht und die Zwangsvollstreckung aus dem Vollstreckungsbescheid für unzulässig erklärt werden (richtig: Titelklage analog § 767 Abs. 1 ZPO, *Vollkommer* a.a.O.).

837 Begnügt sich nämlich der Rechtspfleger mit den Angaben zur „Bezeichnung des Anspruchs" (§ 690 Abs. 1 Nr. 3 ZPO), dann geht das Mahnverfahren nach Widerspruch des Schuldners (§ 696 ZPO) in das Streitverfahren über (§ 697 ZPO). Hält später das Erkenntnisgericht die Individualisierungsangaben im Mahnbescheid für ungenügend, dann verneint es damit die Zulässigkeit des Mahnbescheides. Denn bei § 690 Abs. 1 Nr. 3 ZPO handelt es sich um eine unverzichtbare Zulässigkeitsvoraussetzung i.S. des § 295 Abs. 2 ZPO.

838 Dieser Mangel kann zwar noch durch weitergehende Substantiierung im nachfolgenden Streitverfahren behoben werden. Das wirkt sich aber **nur für die Zukunft** aus. Da der unzulässige Mahnantrag die Verjährung **nicht rückwirkend hemmt**, kann es dem Gläubiger jetzt passieren, dass seine Klage auf die Verjährungseinrede des Beklagten hin abgewiesen wird. Immer wieder kommt es dazu, dass eine vom Rechtspfleger akzeptierte Substantiierung des Mahnantrages später im Erkenntnisverfahren verworfen wird, weil die Bezeichnung des Anspruches ungenügend sei.

839 Hier einige **Beispiele**, in denen das geschehen ist, in denen also die Formulierungen im Mahnantrag nachträglich als **ungenügend** angesehen worden sind und dem Anwalt folglich der Regress ins Haus gestanden hat:
- Werkvertrag/Werklieferungsvertrag gemäß Rechnungen 85031-85466 vom 1. 2. 1985 bis 23. 1. 1986: 12 046,20 DM (BGH NJW 1993, 862).
- Schadensersatz wegen falscher Beratung und Vertretung in Steuersachen der Firmen X, Y, Z lt. Aufstellung vom soundsovielten, wenn diese Aufstellung dem Antrag auf Erlass des Mahnbescheides nicht beigefügt war (BGH NJW 1995, 2230).

– 22 % Vertreterprovision aus 26 236 DM, 14 % Mehrwertsteuer auf die Vertreterprovision, 13 % Gewinnentgang aus 26 236 DM (OLG Frankfurt 1991, 2091).
– Anspruch auf Schadensersatz, Beschädigung einer Mietwohnung (AG Wuppertal MDR 1990, 437).
– Schadensersatz aus beendetem Pachtverhältnis über die Gaststätte A. in B. (LG Gießen WuM 1995, 588).
– Mietnebenkosten – auch Renovierungskosten (LG Bielefeld WuM 1997, 112).
– Schadensersatz wegen nicht vertragsgemäßer Rückgabe der Wohnung in der X-Straße in W. (LG Wuppertal WuM 1997, 110).
– Mietnebenkosten – auch Renovierungskosten – für die Wohnung in ... gemäß Vertrag vom ... (LG Köln WuM 1997, 632; siehe dazu OLG Rechtsprechung 3/98, S. 4).

Zahlreiche weitere Entscheidungen dazu und umfassende Nachweise aus dem Schrifttum finden sich bei *Zöller/Vollkommer*, ZPO, 26. Aufl., 2007, § 690 Rn. 14-14b. 840

b) Anlagen zum Mahnbescheid

In der Regel lässt sich solchen Beanstandungen, die zur Abweisung der Klage als unzulässig führen können, dadurch vorbeugen, dass dem Mahnbescheid Verträge, Rechnungen, Forderungsaufstellungen und dergleichen als Anlage beigefügt werden. Aber auch das hat sich als nicht unbedingt zuverlässig erwiesen. In einem vom OLG Düsseldorf (VersR 1997, 721) entschiedenen Fall hatte der Gläubiger dem Mahnantrag die Anlagen beigefügt und darauf Bezug genommen. Später **bestritt** der Beklagte, dass ihm die Anlagen **zugestellt** worden seien. Da weder die Zustellungsurkunde noch der Akteninhalt gegenteilige Feststellungen ermöglichten, wurde die Klage auf die Verjährungseinrede des Beklagten hin abgewiesen. Die Beweislast für die Individualisierung durch Zustellung auch der Anlagen lag beim Kläger. 841

Wer als Anwalt jedes Risiko vermeiden will, muss sich deshalb nach Zustellung des Mahnbescheids **erkundigen**, ob sich aus der Zustellungsurkunde oder aus den Gerichtsakten auch die Zustellung der Anlagen nachweisen lässt. Anderenfalls ist für die erforderliche Bestimmtheit des Antrages nur die Angabe im Mahnbescheid maßgebend. 842

c) Mahnbescheid oder Klage?

Berücksichtigt werden muss leider auch, dass offenbar manche Gerichte die übersteigerten Substantiierungsanforderungen als willkommene Gelegenheit nehmen, kurzen Prozess zu machen. Zumindest einige der oben in Rn. 839 f. wiedergegebenen Formulierungen, die vom Rechtspfleger alle akzeptiert worden waren (!), zeigen, dass die Unterstellung kaum nachvollziehbar ist, der Schuldner könne nicht wissen, was gemeint sei. Der Anwalt sollte sich deshalb von 843

§ 11 Wahl des Verfahrens

vornherein darauf einstellen und so **vollständig „individualisieren"** (tatsächlich: **substantiieren**), dass spätere unangenehme Überraschungen im Erkenntnisverfahren ausgeschlossen werden.

844 *Vollkommer* ist dieser Entwertung des Mahnverfahrens durch die gesteigerten Substantiierungsanforderungen in der Rechtsprechung entgegengetreten (Festschrift für *Lüke*, 1997, S. 865, und in der Festschrift für *Egon Schneider*, 1997, S. 231). Nimmt man nun noch hinzu, dass das OLG Nürnberg (MDR 1997, 1068 = Rpfleger 1998, 9 = NJW 1998, 388) die anwaltliche Vertretung im Mahnverfahren generell von der Erstattungspflicht nach § 91 ZPO ausnehmen will (kritisch und ablehnend dazu *Schütt* MDR 1998, 127 und *Schneider* NJW 1998, 356), dann wird sich der Anwalt überlegen müssen, ob er seinem Mandanten nicht anrät, sogleich Klage zu erheben.

845 Es gibt aber auch einen weiteren Grund für die Einleitung eines Mahnverfahrens. Durch das Gesetz zur Förderung der außergerichtlichen Streitbeilegung vom 15. 12. 1999 ist das **Schlichtungsverfahren des § 15a EGZPO** eingeführt worden. Danach können Landesgesetze bestimmen, dass die Erhebung einer Klage erst zulässig ist, nachdem vor einer durch die Landesjustizverwaltung eingerichteten oder anerkannten Gütestelle versucht worden ist, Streitigkeiten **bis zu 750 Euro** einvernehmlich beizulegen (§ 15a Abs. 1 S. 1 Nr. 1 EGZPO). Davon haben die Länder Gebrauch gemacht. Bewährt hat sich diese Praxis nicht. Deshalb wird sie weitgehend abgelehnt und möglichst umgangen.

846 Dem Schlichtungszwang kann durch Einleitung eines Mahnverfahrens ausgewichen werden (§ 15a Abs. 2 S. 1 Nr. 5 EGZPO). Doch Vorsicht! Wird ein mangels vorangegangener Schlichtung unzulässiger Mahnbescheid antragsgemäß erlassen und die Rechtsverfolgung in das streitige Verfahren übergeleitet, dann ist auch die Klage wegen fehlender Schlichtung unzulässig. Nach Klageerhebung kann sie nicht nachgeholt werden, sondern die Klage ist als unzulässig abzuweisen (BGH NJW 2005, 437 = MDR 2005, 285; OLG Saarbrücken NJW 2007, 1292).

847 Möglich ist in dieser Verfahrenslage noch die Erhöhung des Streitwertes. Der § 15a Abs. 2 Nr. 5 EGZPO wird meist dahin ausgelegt, dass die Erweiterung der Klage auf mehr als 750 Euro ein Schlichtungsverfahren entbehrlich macht (siehe *Prechtel*, Erfolgreiche Taktik im Zivilprozess, 3. Aufl., 2006, S. 29 f.; *Friedrich* MDR 2003, 1313 beide mit Nachweisen). Das gilt jedenfalls dann, wenn Klage und Klageerweiterung zugleich zugestellt werden (LG Baden-Baden WuM 2001, 560; LG München MDR 2003, 1313).

848 Gegenteilige Entscheidungen der Amtsgerichte können jedoch nur dann mit der Berufung korrigiert werden, wenn die Beschwer 600 Euro übersteigt (§ 511 Abs. 2 Nr. 1 ZPO). Fehlt es an dieser Erwachsenheitssumme, dann besteht noch die Möglichkeit, den Anspruch vorsorglich im **Urkundenprozess** geltend zu machen und auf diese Weise das Schlichtungsverfahren zu umgehen (§ 15a Abs. 2 S. 1 Nr. 4 EGZPO).

III. Prozesskostenhilfe

Vorprozessual ist auch zu bedenken, ob zugunsten des Mandanten die Bewilligung von Prozesskostenhilfe in Betracht kommt (siehe dazu oben Rn. 41 ff.). Dahingehende Überlegungen sind dem Anwalt durch § 16 Abs. 1 der Berufsordnung (BerufsO) vorgeschrieben. 849

1. Klärung der Hilfsbedürftigkeit

Gibt der Mandant beim Informationsgespräch **zu erkennen**, dass er mittellos ist, oder bittet er den Anwalt sogar, für ihn einen Antrag auf Bewilligung von Prozesskostenhilfe zu stellen, dann ist die Sachlage eindeutig. Der Anwalt hat die erforderlichen Angaben zu § 115 ZPO zu erfragen und sich die Belege dazu aushändigen zu lassen. Liegen die Bewilligungsvoraussetzungen vor, hat er für den Mandanten auf dessen Wunsch (und dessen Kosten, oben Rn. 63) Prozesskostenhilfe zu beantragen, natürlich unter gleichzeitiger Beantragung seiner Beiordnung (§ 121 ZPO). 850

Nicht selten **fehlt** es aber an solchen **klarstellenden Äußerungen** des Mandanten. Der Rechtsuchende ist zudem in der Entscheidung frei, wie der Rechtsstreit demnächst finanziert wird. Wer als Hilfsbedürftiger anwaltliche Hilfe in Anspruch nimmt, für ein gerichtliches Verfahren aber keine Prozesskostenhilfe beantragen möchte, kann den Mandatsvertrag zu den gesetzlichen Gebühren des RVG abschließen. Vielleicht verspricht er sich davon eine bessere anwaltliche Betreuung und beschafft sich deshalb die erforderlichen Mittel von Verwandten oder Bekannten. In solchen Fällen sollte der Anwalt diesen **Ausnahmesachverhalt** aber **klarstellen** und sich schriftlich **bestätigen** lassen. 851

Wird ihm später vorgeworfen, er habe den Mandanten nicht über den kostengünstigeren Weg der Prozesskostenhilfe aufgeklärt, trägt er die Beweislast dafür, dass der Mandant den Mandatsvertrag auf jeden Fall zu den **gesetzlichen Gebühren** abgeschlossen hätte. Denn dem Anwalt obliegen bereits vorprozessual Fürsorge-, Belehrungs- und Betreuungspflichten, deren Nichterfüllung ihn schadensersatzpflichtig macht (BGHZ 30, 230 = NJW 1959, 1732; 60, 258 = NJW 1973, 757; *Feuerich/Weyland*, Bundesrechtsanwaltsordnung, 6. Aufl., 2003, § 48 Rn. 6). 852

a) Anlass zur Belehrung

Die dem Anwalt obliegende Belehrungs- und Beratungspflicht setzt ein, wenn für ihn **erkennbar** wird, dass der Rechtsuchende **möglicherweise hilfsbedürftig** ist und die Voraussetzungen für die Inanspruchnahme von Prozesskostenhilfe **möglicherweise** erfüllt. Dazu ist nicht erforderlich, dass der Rechtsuchende selbst ihn darüber informiert. Es müssen nur hinreichende Anhaltspunkte für den Anwalt erkennbar sein, gleichgültig auf welche **Quelle** sie zurückgehen (*Feuerich/Weyland*, BRAO, § 49a Rn. 15–17). Beispielsweise genügt es, dass ein Verwandter oder Bekannter des Rechtsuchenden den Anwalt darüber unterrichtet. 853

§ 11 Wahl des Verfahrens

854 Andere in Betracht kommende Umstände sind schriftliche Unterlagen, die der Hilfsbedürftige mitbringt (LG Hannover AnwBl. 1981, 508), schlechte wirtschaftliche Lage oder Zahlungsschwierigkeiten (AG Hildesheim AnwBl. 1982, 400), die Frage des Mandanten, ob Gerichtskosten auch in Raten gezahlt werden können (OLG Düsseldorf AnwBl. 1984, 444, 445), und dergleichen.

855 Sind solche Anhaltspunkte gegeben, muss der Anwalt nachfragen und **von sich aus** auf die Möglichkeit der Prozesskostenhilfe zu sprechen kommen (OLG Düsseldorf AnwBl. 1987, 147; *Greissinger* AnwBl. 1982, 289 u. NJW 1985, 1671, 1674). Dieses Tätigwerden aus eigenem Antrieb ist deshalb unerlässlich, weil nicht davon ausgegangen werden kann, dass der Rechtsuchende als Laie „die perfektionistische gesetzliche Regelung" kennt (OLG Düsseldorf AnwBl. 1984, 444, 445).

856 Angesichts der Tendenz der Rechtsprechung, die Haftung des Rechtsanwalts bis hin zu einer Gefährdungshaftung ausufern zu lassen, ist nachhaltig auch auf die **Grenzen** der **Belehrungspflicht** hinzuweisen. Von wesentlicher Bedeutung ist insoweit der Grundsatz, dass der Anwalt regelmäßig nicht gehalten ist, von sich aus einen Rechtsuchenden über das **Kostenrisiko** des beabsichtigten prozessualen Vorgehens zu belehren. Voraussetzung dafür ist vielmehr, dass die Partei sich danach erkundigt oder für den Anwalt erkennbar ist, der Rechtsuchende habe falsche Vorstellungen darüber und nutze vielleicht Möglichkeiten nicht, weil er darüber im Unklaren ist (BGH NJW 1980, 2128, 2130; OLG Düsseldorf AnwBl. 1987, 147, 148; *Borgmann/Haug*, Anwaltshaftung, 4. Aufl., 2005, § 20 Rn. 99 ff.).

857 Sind dem Anwalt weder bei der Erörterung des Prozessstoffs noch auf Grund von Mitteilungen des Mandanten oder aus vorgelegten Unterlagen Umstände bekannt geworden, die auf wirtschaftliche Bedürftigkeit hinweisen, hat im Gegenteil etwa der Mandant angeforderte Kostenvorschüsse ohne weiteres gezahlt, dann hat für den Anwalt kein Anlass zur Kostenberatung bestanden. Es ist nicht seine Aufgabe, ungefragt und ohne äußeren Anlass die Zahlungsfähigkeit seines Auftraggebers zu erörtern (OLG Köln OLGZ 1986, 213 = NJW 1986, 725).

b) Umfang der Beratungspflicht

858 Der Beratungspflicht wird genügt, wenn der Anwalt auf die **Notwendigkeit** der **Stellung** eines **Antrags** auf Bewilligung von Prozesskostenhilfe hinweist. Dem Mandanten die voraussichtliche Höhe der gesetzlichen Gebühren vorzurechnen, ist er nur gehalten, wenn er darum gebeten wird (BGH NJW 1980, 2128, 2130; OLG Düsseldorf AnwBl. 1987, 147, 148; siehe auch oben Rn. 39).

859 Ob die persönlichen und wirtschaftlichen Verhältnisse des Antragstellers für die Inanspruchnahme von Prozesskostenhilfe tatsächlich ausreichen, hat **das Gericht** zu prüfen (OLG Düsseldorf AnwBl. 1984, 444, 445 = MDR 1984, 937; AnwBl. 1987, 147).

860 Soweit der Mandant das Bewilligungsverfahren selbst führt, ist der Anwalt auch nicht verpflichtet, **Fristen** zu überwachen (BGH WPM 1987, 1399, 1400 [zu Ziff. II] = ZIP 1987, 1580, 1581 [zu Ziff. II]).

Eine andere Frage ist es, ob der Anwalt nicht aus eigenem Interesse, nämlich um 861
späteren Auseinandersetzungen vorzubeugen, von sich aus den Rechtsuchenden
weitergehend belehren, also mehr tun sollte, als er muss. Das ist grundsätzlich
zu empfehlen. Ein Unterlassen dieser **weitergehenden Belehrung** ist jedoch nicht
haftungsbegründend, weil sich eine so umfassende Belehrungspflicht nicht aus
dem Mandatsvertrag ableiten lässt. Es ist nicht Aufgabe des Anwalts, auch noch
zu überwachen, ob der Mandant die Gebote des eigenen Interesses pünktlich
erfüllt, etwa die Frist des § 118 Abs. 2 S. 4 ZPO einhält.

In der Regel wird der Anwalt den Hilfsbedürftigen auch hinsichtlich der 862
Bewilligung von Prozesskostenhilfe vertreten. Dann muss er selbstverständlich **alle Fristen beachten**. (Wegen der dabei anfallenden Gebühren siehe
N. *Schneider/Mock*, Das neue Gebührenrecht für Anwälte, 2004, § 16 Rn. 96 ff.).

c) Vertretung im Bewilligungsverfahren

Regressansprüche des Rechtsuchenden wegen unterbliebener, unvollständiger 863
oder fehlerhafter Belehrung setzen voraus, dass das Verhalten des Anwalts zu
einem Schaden geführt hat. Grundsätzlich besteht der **Schaden** darin, dass der
Rechtsuchende keine Prozesskostenhilfe in Anspruch genommen hat (*Greissinger* AnwBl. 1982, 290 [zu Ziff. III]).

Am Schaden fehlt es, wenn ein entsprechender Antrag des Rechtsuchenden 864
mangels Hilfsbedürftigkeit oder mangels hinreichender Erfolgsaussicht zurückgewiesen worden wäre (LG Hannover AnwBl. 1981, 508), oder wenn der
Mandant bei Inanspruchnahme von Prozesskostenhilfe die Anwalts- und
Gerichtskosten ohnehin durch Ratenzahlung hätte aufbringen müssen (OLG
Düsseldorf AnwBl. 1984, 444 = MDR 1984, 937).

Weitergehende Schadensersatzansprüche kommen in Betracht, wenn der Rechtsuchende wegen der dem Anwalt anzulastenden Nichtinanspruchnahme der 865
Prozesskostenhilfe die Führung eines aussichtsreichen Prozesses unterlassen hat
und deshalb mit seiner Forderung ausgefallen ist, etwa wegen zwischenzeitlich
eingetretener Verjährung oder Insolvenz des Gegners. Die **Darlegungs-** und
Beweislast obliegt dem Auftraggeber.

2. Weiteres Vorgehen bei Hilfsbedürftigkeit

a) Zwei mögliche Wege

Kommt der Anwalt zu dem Ergebnis, der Mandant sei hilfsbedürftig und die 866
beabsichtigte Rechtsverfolgung hinreichend Erfolg versprechend, kann er den
Antrag auf **Bewilligung** von Prozesskostenhilfe **mit** der Einreichung der **Klage
verbinden**. Zwei Verfahrensweisen sind möglich:
– Der Hilfsbedürftige **zahlt** den **Gerichtskostenvorschuss** ein. Dann wird die
  Klage zugestellt. Das Verfahren auf Bewilligung von Prozesskostenhilfe ist
  anhängig; die Klage ist rechtshängig geworden (§§ 253 Abs. 1, 261 Abs. 1 ZPO).

§ 11 Wahl des Verfahrens

– Stattdessen kann der Anwalt auch unter Hinweis auf § 14 Nr. 1 GKG bitten, die **Klage** erst **nach Bewilligung** der Prozesskostenhilfe **zuzustellen**.

867 **Der erste Weg** – Einzahlung des Gerichtskostenvorschusses – ist nur zu empfehlen, wenn die **Angelegenheit sehr eilig** ist und zeitlich gefördert werden soll. Es empfiehlt sich dann aber, im Bewilligungsverfahren mitzuteilen, wieso der Hilfsbedürftige in der Lage gewesen ist, eigene Mittel für den Rechtsstreit einzusetzen. Keinesfalls sollte der Anwalt sie vorstrecken!

868 **Der zweite Weg** wird häufig gewählt, weil er die **Arbeit** des Anwalts **vereinfacht**. Dieser verfasst eine formell ordnungsgemäße Klageschrift und nimmt im Bewilligungsverfahren hinsichtlich der Erfolgsaussicht darauf Bezug. Er erspart sich damit eine gesonderte Begründung des Antrags auf Bewilligung von Prozesskostenhilfe.

869 Der Nachteil ist, dass in solchen Fällen immer wieder Pannen passieren, dass nämlich die als **Entwurf** gedachte **Klageschrift** gemäß §§ 253 Abs. 1, 261 Abs. 1 ZPO **zugestellt** wird. In diesem Fall verneint die Rechtsprechung jedoch die Rechtshängigkeit im Erkenntnisverfahren (OLG Dresden NJW-RR 1997, 1424).

870 Wird dann demnächst der Antrag auf Bewilligung von Prozesskostenhilfe abgelehnt und nimmt der Kläger die Klage zurück, so ist § 269 Abs. 3 ZPO unanwendbar, weil diese Vorschrift die Rechtshängigkeit des Verfahrens voraussetzt. Gerichtskosten dürfen in derartigen Fällen nach **§ 21 GKG** nicht erhoben werden (OVG Hamburg Rpfleger 1980, 68).

871 Der Dumme bei dieser Geschichte ist der Beklagte. Er hat seinen Prozessbevollmächtigten, der auf die Wirksamkeit der Zustellung vertraut hat, mit der Verteidigung gegen eine vermeintlich zugestellte Klage beauftragt und muss ihn bezahlen. Auch insoweit bleibt es aber dabei, dass die Klageerwiderung mangels rechtshängig gewordener Klage tatsächlich nur eine Stellungnahme zum PKH-Bewilligungsverfahren darstellt. Deshalb hat der **Prozessbevollmächtigte** des **Beklagten** nicht die 1,3-Verfahrensgebühr nach RVG-Vergütungsverzeichnis Nr. 3100 verdient, sondern nur eine 1,0-Verfahrensgebühr nach Nr. 3335 RVG-Vergütungsverzeichnis. Die wiederum ist vom Gegner nicht zu erstatten (§ 118 Abs. 1 S. 4 ZPO).

872 Stellt sich sein Mandant allerdings auf den Standpunkt, wenn er gewusst hätte, dass er noch gar nicht verklagt worden wäre, hätte er keinen Anwalt mandatiert, weil der Antrag des Klägers auf Bewilligung von Prozesskostenhilfe von vornherein aussichtslos gewesen wäre, etwa weil er tatsächlich Vermögen habe, dann sieht es anders aus. War die fehlerhafte Zustellung von der **Geschäftsstelle** des Gerichts veranlasst worden, dann hat der Beklagte einen Erstattungsanspruch aus **Amtspflichtverletzung** nach § 839 Abs. 1 BGB, Art. 34 GG, geltend zu machen im Verfahren nach §§ 23 ff. EGGVG. Hat allerdings versehentlich der **Richter** die Zustellung veranlasst, bleibt der Mandant auf seinem Schaden sitzen, weil Richter von ihrer Haftung freigestellt sind (§ 839 Abs. 2 S. 1 BGB) – einer der seltsamen Auswüchse richterlicher Unabhängigkeit und fehlender Staatshaftung!

b) Sicherster Weg

Angesichts dieser möglichen Schwierigkeiten und Verwicklungen sollte der Anwalt grundsätzlich das Verfahren auf Bewilligung von Prozesskostenhilfe und die Erhebung der Klage **trennen**. Er sollte zunächst nur um Bewilligung von Prozesskostenhilfe für seinen Mandanten nachsuchen. Das hat mancherlei **Vorteile**. 873

Die Erfolgsaussicht der beabsichtigten Klage wird im Bewilligungsverfahren **vorgeprüft**. Bei schwierigen, bislang in der Rechtsprechung noch nicht geklärten Rechtsfragen muss Prozesskostenhilfe bewilligt werden (BGH ZIP 1997, 1757; BVerfGE 81, 347). Ist die vom Hilfsbedürftigen beabsichtigte Rechtsverfolgung nach der Rechtsprechung des Bundesgerichtshofes erfolgversprechend, dann darf die Bewilligung der Prozesskostenhilfe nicht mit der Begründung versagt werden, der zuständige Richter folge dieser Rechtsprechung nicht (OLG Köln MDR 2000, 601). 874

Auch eine **Prognose** der **Beweisaussichten** findet statt, weil im Bewilligungsverfahren das Verbot der Vorwegnahme der Beweiswürdigung gilt (BGH NJW 1988, 267; OLG Köln NJW-RR 1995, 1404; *Schneider* MDR 1987, 22), wenn auch nur abgeschwächt (BVerfG AGS 2004, 73).

Wird auf Grund dieser Vorprüfungen die hinreichende Erfolgsaussicht bejaht und Prozesskostenhilfe bewilligt, ist damit meist schon der Hauptprozess in den Grundzügen vorweg entschieden. Denn das Gericht wird im Erkenntnisverfahren kaum von seiner rechtlichen Beurteilung im PKH-Verfahren abweichen. 875

IV. Bagatellverfahren (§ 495a ZPO)

1. Missbrauchsgefahr

a) Freistellung von Verfahrensgrundsätzen

Durch das Rechtspflege-Vereinfachungsgesetz vom 17. 12. 1990 ist § 495a in die ZPO eingefügt worden. Seitdem gibt es wieder das sog. Bagatellverfahren. Bei **Streitwerten bis 600 Euro** ist das Gericht weitgehend von rechtsstaatlichen Verfahrensgrundsätzen freigestellt und darf nach freiem Ermessen prozedieren. Das wird nicht selten missbraucht, um rechtsstaatliche Garantien außer Kraft zu setzen. 876

Rottleuthner (Entlastung durch Formalisierung, 1997) hatte dazu im Auftrag der Bundesrechtsanwaltskammer **rechtstatsächliche Untersuchungen** durchgeführt. Seine Auswertung zahlreicher Gerichtsakten und Urteile in „Bagatellsachen" hat eine **Vielzahl von Missbräuchen** aufgedeckt. Gegen den verfassungsrechtlichen Anspruch auf Gewährung **rechtlichen Gehörs** (Art. 103 Abs. 1 GG) wird häufig verstoßen. Gesetzliche **Fristen** werden so abgekürzt, dass der Anwalt sie kaum einhalten kann. Das **Fragerecht der Parteien** in der Zeugenbeweisaufnahme (§ 397 ZPO) wird ausgeschaltet, indem der Zeugenbeweis durch Vorlage eidesstattlicher Versicherungen oder gar durch telefonische Anhörung von 877

Zeugen ersetzt wird. Beweisanträge auf Einholung notwendiger Sachverständigengutachten werden unter Hinweis auf die **eigene Sachkunde** des Gerichts zurückgewiesen. Auch sonst werden Beweisanträge übergangen oder ihr Ergebnis wird verfahrenswidrig antizipiert. Es kommt auch vor, dass ein Richter bei unstreitigem Sachverhalt **amtswegig Ermittlungen** anstellt, um zu einem ihm genehmen Ergebnis zu gelangen. Beigezogene Akten werden nicht ausgewertet. Schadenshöhen werden willkürlich geschätzt. Anträge auf Durchführung der **mündlichen Verhandlung** (§ 495a Abs. 1 S. 2 ZPO), denen zwingend stattgegeben werden muss, werden rechtswidrig übergangen. Urteile werden vor **Ablauf der Frist** verkündet, die einer Partei **zur Stellungnahme** gesetzt worden ist. Nach Belieben ergehen Versäumnisurteile oder Endurteile. Einige Richter sind sogar dazu übergegangen, sich **eigene Verfahrensordnungen** zu friemeln, in denen solche Maßnahmen als Grundregeln des Verfahrens nach § 495a ZPO festgeschrieben werden (siehe *Schneider*, Justizspiegel, 2. Aufl., 1999, S. 158 ff.). Das alles und anderes mehr kann bei *Rottleuthner* nachgelesen werden (zu den Gefahren, die den Parteien im Bagatellprozess nach § 495a ZPO drohen, siehe auch *Prechtel*, Erfolgreiche Taktik im Zivilprozess, 3. Aufl., 2006, S. 81 ff.).

b) Geringe Abwehrmöglichkeiten

878 Alle diese Rechtsbeeinträchtigungen können auch zusammentreffen. Angesichts dessen erscheint das Verdikt gerechtfertigt, dass das Bagatellverfahren mittlerweile jedenfalls teilweise zu einer erheblichen Unsicherheit und zu Fehlentscheidungen geführt hat. Verfahrensrechtliche Abwehr ist dem Anwalt kaum möglich, weil seine Beanstandungen oft einfach übergangen werden.

Berufung trotz fehlender Beschwer wegen erheblicher **Verfahrensverstöße**, vor allem wegen Verletzung des Rechts auf Gehör (Art. 103 Abs. 1 GG), ist vor Inkrafttreten der ZPO-Reform 2002 zugelassen worden (*Schneider*, Praxis der neuen ZPO, 2. Aufl., 2003, Rn. 417, 1409, 1411). Diese **Ausnahmeberufung** ist immer noch unverzichtbar, auch nach einer erfolglosen Gehörsrüge gemäß § 321a ZPO (*Schneider*, Praxis der neuen ZPO, 2. Aufl., 2002, Rn. 429 u. MDR 2004, 549; MDR 2006, 969). Das Bundespatentgericht hat einmal den Satz geprägt: „Die an sich wünschenswerte und gerade im Interesse der Verfahrensbeteiligten liegende Verfahrensbeschleunigung kann und darf nicht auf Kosten althergebrachter, tragender Grundsätze des Verfahrensrechts erzielt werden" (Beschl. v. 23. 1. 1980 – 28 W pat 201/76). Bei dem für das Bagatellverfahren geltenden (Un-)Recht ist davon nichts zu spüren.

2. Schutzmaßnahmen des Anwalts

a) Antrag auf mündliche Verhandlung

879 Der Anwalt, der die schutzwürdigen Interessen seines Auftraggebers wahrzunehmen hat, steht vor der Frage, wie er den Mandanten vor den Folgen einer teilweise rechtswidrigen Gerichtspraxis bewahren kann. Viel ist da nicht zu

machen. Immer und möglichst früh, notfalls wiederholt, sollte der Antrag auf mündliche Verhandlung gestellt werden (§ 495a Abs. 1 S. 2 ZPO).

Wird er gleichwohl – wie nicht selten – stillschweigend übergangen, sollte der Richter wegen Besorgnis der **Befangenheit** (§ 42 ZPO) abgelehnt werden, und zwar möglichst bald, nämlich ehe er ein Urteil verkünden kann. Die Ablehnung hindert ihn wegen § 47 ZPO daran, solange über seine Befangenheit noch nicht rechtskräftig entschieden worden ist (ausführlich *Schneider*, Befangenheitsablehnung des Richters im Zivilprozess, 2. Aufl., 2001, § 3 Rn. 145 ff.). Kommt es gleichwohl zum Urteil und hat das Ablehnungsgesuch später Erfolg, dann gibt es die Nichtigkeitsklage nach § 579 Abs. 1 Nr. 3 ZPO (MünchKommZPO/*Braun*, 2. Aufl., 2000, § 579 Rn. 8; *Zöller/Vollkommer*, ZPO, 26. Aufl., 2007, § 47 Rn. 6). 880

b) Überschreiten der Wertgrenze

Noch sicherer ist es, wenn eben möglich, die Wertgrenze des § 495a Abs. 1 S. 1 ZPO zu überschreiten. Im Grenzbereich lässt sich häufig noch irgendeine Schadensposition finden, die hinzugerechnet werden kann. Selbst wenn sie wenig aussichtsreich erscheint, ist das quotierte Kostenrisiko (§ 92 Abs. 1 S. 1 ZPO) so gering, dass es nicht ins Gewicht fällt. Eine minimale Kostenbelastung des Mandanten ist für diesen immer noch eher tragbar, als sich der Willkür des Bagatellverfahrens auszusetzen. 881

Allerdings muss erfahrungsgemäß auch hier mit einem **Rechtsmissbrauch des Gerichts** gerechnet werden. Wiederholt ist es vorgekommen, dass ein Gericht den Streitwert **willkürlich** herabgesetzt hat, um ins Bagatellverfahren zu kommen. 882

In diesem Fall richtet sich aber die Berufungsbeschwer des § 511 Abs. 2 Nr. 1 ZPO nach dem wahren Streitwert und nicht nach dem vom Amtsgericht fehlerhaft festgesetzten. Mit diesem rechtswidrigen Trick kann daher eine an sich zulässige Berufung nicht verhindert werden. 883

§ 12 Wahl der Verfahrenseinleitung

I. Wahl der Klageform

Hat sich der Anwalt nach Rücksprache mit dem Mandanten zur Klageerhebung entschlossen, dann stellt sich die Frage, mit welcher „**actio**" er angreifen soll. Die **Auswahl** ist **groß**, beispielsweise bezifferte Leistungsklage, positive oder negative Feststellungsklage, Teilklage, Klage auf künftige Leistung, auf wiederkehrende Leistungen oder wegen Besorgnis der Nichterfüllung (§§ 257–259 ZPO). 884

Die Wahl der Klageform wird durch die **Rechtsnatur** des geltend zu machenden **materiellen Anspruchs**, aber auch durch **prozesstaktische Erwägungen** be- 885 stimmt. Im Einzelnen ergeben sich dabei vielschichtige Probleme. Der Anwalt muss sich auch gut überlegen, ob es für seinen Mandanten nicht günstiger ist, **sich verklagen zu lassen**, anstatt selbst zu klagen. Dazu ist nicht unbedingt erforderlich, dass die Klage des Gegners abgewartet wird. Prozesstaktisch lässt sich die **Beklagtenrolle** auch durch Erhebung einer **negativen Feststellungsklage** erreichen. Denn dadurch wird der Gegner faktisch zum Angriff gezwungen, weil die negative Feststellungsklage die Behauptungs- und Beweislast nicht verändert; auf die Parteirolle kommt es nicht an. Der Kläger einer negativen Feststellungsklage muss lediglich vortragen, dass der Beklagte sich eines bestimmten Rechts berühme, obwohl es ihm nicht zustehe. Das reicht zur Schlüssigkeit aus (OLG Hamm FamRZ 1982, 702). Dann ist der Gegner gezwungen, alle Tatbestandsmerkmale der Anspruchsgrundlagen darzulegen und zu beweisen, die das Recht stützen sollen, dessen er sich berühmt (MünchKommZPO/*Lüke*, 2. Aufl., 2000, § 256 Rn. 68; ausführlich unten Rn. 2057 ff.).

886 Aber auch das bloße **Zuwarten**, bis der Gegner Klage einreicht, kann prozessual mit wesentlichen Vorteilen verbunden sein. Nicht nur, dass ein Beklagter keine Gerichtskosten vorzuschießen hat, sondern vor allem ist es stets einfacher, sich zu verteidigen, als anzugreifen. Der Beklagte kann in aller Ruhe abwarten, welche Behauptungen der Kläger vorbringen wird, welche Beweisanträge er stellen, welche Unterlagen er vorlegen wird. Das alles muss zunächst den Schlüssigkeitsfilter des Gerichts passieren. Der Beklagte hat Zeit, die ihm günstigste Verteidigungsstrategie zu entwickeln. Es ist eine Erfahrungstatsache, dass die Position des Beklagten im Prozess häufig günstiger ist als diejenige des Klägers.

II. Teilklage

887 Steht dem Gläubiger gegen seinen Schuldner ein betragsmäßig hoher Zahlungsanspruch zu, dann geht er als Kläger ein entsprechend hohes Kostenrisiko ein. Er muss die Gerichtskosten vorschießen und seinen eigenen Anwalt bezahlen. Gewinnt er den Prozess, bleibt er auf diesen Auslagen sitzen, wenn beim Beklagten nichts zu holen ist. Verliert er den Prozess, dann muss er sogar noch für die Kosten des Gegners aufkommen. Dringt er mit der Klage nur teilweise durch, dann führt das im Urteil zur Kostenteilung (§ 92 ZPO) mit der Folge, dass der Kläger mit einem Teil der Gerichtskosten, seinen eigenen Kosten und derjenigen des Gegners belastet wird. Es liegt nahe, dass ein Kläger angesichts dieser ungewissen Aussichten das Kostenrisiko verringern will. Das kann er durch Erhebung einer Teilklage. Er geht damit allerdings zwangsläufig andere Risiken ein.

II. Teilklage

1. Offene Teilklage

Berühmt sich der Kläger eines Anspruchs von 20 000 Euro, klagt er daraus aber nur einen Betrag von 10 000 Euro ein, dann wirkt ein Urteil auch nur hinsichtlich dieses Betrages Rechtskraft (§ 322 Abs. 1 ZPO). Der Kläger gewinnt dadurch zwar Klarheit über die Berechtigung seines **gesamten** Anspruchs. Er muss aber, wenn er mit seiner Klage durchdringt, vielleicht einen neuen Prozess wegen der restlichen 10 000 Euro führen. Und in dem könnte sogar eine ihm weniger günstige Entscheidung getroffen werden, da keine Bindung an das erste Urteil besteht. 888

Hinzu kommt, dass die Teilklage es dem Beklagten ermöglicht, nun seinerseits anzugreifen. Gegenüber einer Teilklage kann er eine **Zwischenfeststellungswiderklage** nach § 256 Abs. 2 ZPO erheben. Damit wird das Nichtbestehen der gesamten Forderung des Klägers geltend gemacht. Wird die Teilklage abgewiesen, dann erwirkt der Beklagte mit seiner Zwischenfeststellungswiderklage eine Entscheidung darüber, dass dem Kläger **überhaupt nichts** zusteht. Der Streitwert ist gleich der Gesamtforderung. Eine solche Feststellungswiderklage stört das Konzept des Klägers und erhöht sein Kostenrisiko, dem er entgehen wollte. Das muss der Anwalt vor Klageerhebung berücksichtigen. 889

2. Verdeckte Teilklage

Der Kläger kann versuchen, den Beklagten darüber im Unklaren zu lassen, dass nur eine Teilklage erhoben wird. Er berühmt sich einfach nur einer Forderung in Höhe des Klageantrages und schweigt dazu, ob ihm mehr zusteht. Das ist die so genannte verdeckte Teilklage, die beim Gegner den Eindruck erweckt, mit dem eingeklagten Betrag habe es sein Bewenden. 890

Entschließt sich der Kläger zu diesem Vorgehen, dann sollte er im vorangehenden Schriftwechsel keine Ausführungen bringen, die eine Berühmung enthalten oder als solche verstanden werden könnten. Er sollte nicht einmal erklären, er wolle noch prüfen, ob ihm höhere Ansprüche zustünden (BGH NJW 1992, 436). 891

Ein aufmerksamer Gegner wird den Kläger allerdings auffordern, sich genauer dahin zu erklären, dass er keine weiteren Ansprüche geltend mache. Verweigert der Kläger diese Erklärung, dann läuft das auf eine Berühmung hinaus, der mit einer Feststellungswiderklage begegnet werden kann (*Schneider* MDR 1998, 253, 254). Dem kann der Kläger nur entgehen, indem er nunmehr selbst aktiv wird und durch Klageerweiterung (§ 264 Nr. 2 ZPO) die Gesamtforderung geltend macht. 892

Rechtskraftprobleme drohen dem Kläger bei einer verdeckten Teilklage **nicht**. Nach der älteren Rechtsprechung (z.B. BGHZ 34, 337) war die Rechtskraftwirkung zwar umfassend und stand einer weiteren Klage aus demselben Anspruchsgrund entgegen, wenn der Kläger nicht klargestellt hatte und nicht erkennbar geworden war, dass er lediglich eine Teilklage erhebe. Diese Auffassung wird 893

§ 12 Wahl der Verfahrenseinleitung

heute aber nicht mehr vertreten (Einzelheiten bei *Zöller/Vollkommer*, ZPO, 26. Aufl., 2007, Rn. 48 ff. vor § 322). In BGH ZIP 1997, 1804 = MDR 1997, 966; ebenso BGH ZIP 1997, 1042 = MDR 1997, 778 heißt es dazu:

„Auch bei einer verdeckten Teilklage bleibt es bei dem Grundsatz, dass die Rechtskraft des Urteils nur den geltend gemachten Anspruch im beantragten Umfang ergreift und der Kläger nicht erklären muss, er behalte sich darüber hinausgehende Ansprüche vor. Da die materielle Rechtskraft eines Urteils gemäß § 322 Abs. 1 ZPO den durch die Klage erhobenen Anspruch betrifft, kann sie nicht über das prozessuale Begehren des Klägers hinausgehen, das den Streitgegenstand bestimmt. Ist ein bezifferter Klageantrag gestellt und über diesen entschieden worden, so erfasst die Rechtskraft den geltend gemachten Anspruch nur in dieser Höhe ... (und erstreckt sich) nicht auf den nicht eingeklagten Rest eines teilbaren Anspruchs oder auf andere Ansprüche aus dem gleichen Sachverhalt, selbst wenn sich das Urteil darüber auslässt. Des Vorbehalts eines weitergehenden, nicht zum Streitgegenstand gemachten Anspruchs bedarf es nicht, da dieser – schon im Hinblick auf § 308 Abs. 1 ZPO – nicht der Entscheidung des Gerichts unterliegt."

894 Praktische Bedeutung hat das vor allem für das **Zinsbegehren**. Beispiel: Der Kläger verlangt in der Klage einen geringen Zinsfuß, weil er derzeit die Nachweise für einen höheren Zinsverlust nicht präsent hat und keine Zeit verlieren will. Dann ist er nicht gehindert, in einem weiteren Rechtsstreit höhere Zinsen nachzufordern (ausführlich unten Rn. 1713, 1808 ff.).

III. Klagenhäufung

1. Objektive und subjektive Klagenhäufung

895 **Mehrere Ansprüche** gegen **einen** Beklagten können mit einer Klage verfolgt werden. Das ist die sog. **objektive** Klagenhäufung (§ 260 ZPO).

896 Möglich ist es auch, **einen Anspruch** oder mehrere Ansprüche gegen **mehrere** Beklagte geltend zu machen. Das ist die sog. **subjektive** Klagenhäufung oder Streitgenossenschaft (§§ 59, 60 ZPO). Werden mehrere selbständige Ansprüche gegen mehrere Beklagte geltend gemacht, dann handelt es sich um eine objektive **und** subjektive Klagenhäufung.

a) Prozesstaktische Überlegungen

897 Wie im Einzelfall vorzugehen ist, hängt weitgehend von prozesstaktischen Überlegungen ab. So kann mit objektiver Klagenhäufung eine „**Generalbereinigung**" erreicht werden. Mit der subjektiven Klagenhäufung kann ein möglicher **Zeuge** in die **Parteistellung** gezwungen und damit praktisch als Beweismittel ausgeschaltet werden.

898 Über eine objektive Klagenhäufung kann Einfluss auf die **Zuständigkeit** des Gerichts genommen werden, weil sie den Eingangsstreitwert erhöht (§ 5 ZPO). Berühmt sich ein Gläubiger beispielsweise eines Anspruches von 4 000 Euro aus Darlehen und eines weiteren Anspruches von 3 000 Euro aus einem Kaufvertrag gegen denselben Schuldner, dann hat der Gläubiger die Wahl, ob er beide

Ansprüche im Wege der objektiven Klagehäufung beim Landgericht anhängig macht (§§ 71 Abs. 1, 23 Nr. 1 GVG) oder isolierte Klagen beim Amtsgericht erhebt (§ 23 Nr. 1 GVG), weil er sich dort besser aufgehoben fühlt als bei dem Einzelrichter der Kammer (§ 348 Abs. 1 ZPO). Das Prozessrecht verbietet es ihm nicht, **Einzelklagen** zu erheben. Das erhöht allerdings die Prozesskosten. Die objektive Klagenhäufung ist kostenmäßig günstiger.

Durch getrennte Geltendmachung von Ansprüchen kann der Gegner auch „**auf Kosten getrieben**" und in finanzielle Bedrängnis gebracht werden. Das reicht aber nicht aus, um in der Erhebung von Einzelklagen eine unzulässige Rechtsausübung zu sehen, die den Gegner zur Erhebung der Arglisteinrede berechtigen könnte. Solche Fälle gibt es zwar, etwa wenn ein einheitlicher materieller Anspruch gleichzeitig oder nacheinander durch Teilklagen verfolgt wird (*Stein/Jonas/Roth*, ZPO, 22. Aufl., 2003, § 2 Rn. 37; AG Frankfurt NJW 2004, 1605). Sie sind aber selten. Unabhängig von den möglichen Fallgestaltungen und den damit verbundenen jeweiligen Risiken ist es für den Anwalt stets der sicherste Weg, das Vorgehen mit dem Mandanten abzusprechen. Hierzu hat der **Bundesgerichtshof** (AnwBl. 2004, 251) klare Richtlinien vorgegeben: 899

„Einem Anwalt ist es nicht erlaubt, einseitig und ohne hinreichenden Sachgrund anstehende Verfahren eines Auftraggebers zu vereinzeln, statt sie nach ihrer objektiven Zusammengehörigkeit als eine Angelegenheit zu behandeln, bei der die Gegenstandswerte zusammenzurechnen sind.

Ist sowohl eine getrennte als auch eine gehäufte Verfahrensführung ernsthaft in Betracht zu ziehen, dann muss der Anwalt das Für und Wider des Vorgehens unter Einbeziehung der Kostenfolgen dem Auftraggeber darlegen und dessen Entscheidung herbeiführen."

b) Rechtsschutzinteresse

Auch bei der Erhebung von Teilklagen muss manchmal wegen der damit verbundenen Kostenbelastung des unterliegenden Beklagten (Rn. 887) geprüft werden, ob der Kläger ein schutzwürdiges Interesse an diesem Vorgehen hat. Beispielsweise kann er Grund zu der Erwartung haben, die Erhebung einer Teilklage werde den Beklagten veranlassen, die gesamte Schuld zu begleichen, oder er kann nur hinsichtlich eines Teils des Anspruchs oder nur gegenüber einem von mehreren Schuldnern den Urkundenbeweis führen und damit eine alsbaldige Verurteilung erreichen (§§ 592 ff.) und das Urteil ohne Sicherheitsleistung vorläufig vollstrecken (§ 708 Nr. 4 ZPO). Zudem ist der Beklagte nicht schutzlos, weil er den gesamten Anspruch durch Erhebung einer negativen Feststellungswiderklage nach § 256 Abs. 2 ZPO zur Entscheidung stellen kann. 900

c) Arglisteinrede

Dem Vorwurf arglistiger Prozessführung ist ein Kläger nur in extremen Fällen ausgesetzt, beispielsweise bei der Erhebung von zwölf Klagen wegen Werklohns gegen einen einzigen Wohnungseigentümer (LG Berlin JurBüro 1988, 1694) oder der Geltendmachung nacheinander fällig werdender Ansprüche nicht durch Klageerweiterung, sondern durch getrennte Klagen (OLG Düsseldorf JurBüro 901

1982, 602) oder durch isolierte Klagen nach einem Verkehrsunfall wegen Sachschadens und Schmerzensgeldes (OLG Hamm JurBüro 1977, 552).

902 Vielfach werden die Konsequenzen aus einem solchen Vorgehen aber erst im **Kostenfestsetzungsverfahren** gezogen. Dem Kläger wird dort ein Verstoß gegen das Gebot der sparsamen Prozessführung angelastet, das aus den §§ 242, 254 BGB abgeleitet wird (LG Stuttgart Rpfleger 1988, 537; *Schneider* MDR 1965, 215; 1974, 887; *Zöller/Herget*, ZPO, 26. Aufl., 2007, § 91 Rn. 12 und Rn. 13 [unter „Mehrheit von Prozessen"]).

2. Klagenhäufung und mehrfache Begründung

a) Mehrere prozessuale Ansprüche

903 Die objektive Klagenhäufung kann auch **verdeckt** sein. Dazu kommt es häufig, wenn ein **einheitlicher Klageantrag** gestellt wird. Der Kläger klagt beispielsweise 12 000 Euro ein und führt in der Klagebegründung aus, er habe dem Beklagten für dessen Wohnhaus im Januar Fliesen im Wert von 8 000 Euro geliefert. Auf den Rechnungsbetrag habe der Beklagte lediglich 3 500 Euro gezahlt, so dass noch 4 500 Euro offenstünden. Im März habe er erneut Fliesen im Wert von 7 500 Euro geliefert. Auch diese Rechnung habe der Beklagte noch nicht bezahlt. Dann macht der Kläger zwei selbständige Ansprüche geltend. Wegen der Addition der Schuldbeträge kommt das im Klageantrag nicht zum Ausdruck.

b) Mehrere Anspruchsgrundlagen

904 Von dieser verdeckten Klagenhäufung ist die **bloße Häufung** der **Anspruchsgrundlagen** zu unterscheiden. Beispiel: Der Kläger ist bei einer Fahrt mit dem Taxi verletzt worden und klagt seinen Verdienstausfall ein. Er nimmt den Taxiunternehmer aus Beförderungsvertrag (§§ 631 ff. BGB) und aus unerlaubter Handlung (§§ 823 ff. BGB) in Anspruch. Dann macht er zwar mehrere materiellrechtliche Ansprüche geltend, jedoch nur einen prozessualen Anspruch. Die Vorschrift des § 260 ZPO bezieht sich aber nur auf mehrere prozessuale Ansprüche (Streitgegenstände), nicht auf Anspruchsgrundlagen.

c) Mehrere Sachverhalte

905 Vergleichbar liegt es, wenn der Kläger einen materiell-rechtlichen Anspruch auf verschiedene Sachverhalte stützt oder auf mehrere Darstellungsformen eines Sachverhalts. Er klagt beispielsweise 20 000 Euro ein mit der Begründung, die Forderung stehe ihm zu, weil der ursprüngliche Gläubiger sie dem Kläger **zweimal abgetreten** habe; oder der Beklagte habe sich für ein und dieselbe Schuld **zweimal verbürgt**, einmal mündlich als Vollkaufmann (§ 350 HGB) und später noch schriftlich (§ 766 BGB). Dann handelt es sich wiederum **nur** um eine **Mehrheit** von **Begründungen** für denselben prozessualen Anspruch, nicht um eine objektive Klagenhäufung. Ausführlich sind diese Sachverhalte unten in Rn. 1678 ff. behandelt.

3. Auswirkungen

a) Eventualverhältnisse

Die Rechtsfolgen sind einschneidend. **Mehrere prozessuale Ansprüche** darf der Kläger in einer Klage auch **hilfsweise** geltend machen (eventuelle Klagenhäufung = Hauptantrag und Hilfsantrag). Das hat zur Folge, dass das Gericht an die **Reihenfolge** der **Anträge gebunden** ist und über den Hilfsantrag erst entscheiden darf, nachdem der Hauptantrag ausgeurteilt worden ist (BGHZ 96, 188 = NJW 1986, 424; BGHZ 106, 219 = NJW 1989, 1486). Auch ein Grundurteil über den Hilfsantrag ist unzulässig, solange noch offen ist, ob die vorrangige Hauptforderung begründet ist (BGH BauR 1998, 332). 906

An **hilfsweise gestaffelte** bloße **Begründungen** oder **Anspruchsgrundlagen** ist das Gericht jedoch hinsichtlich der Rangfolge nicht gebunden, weil dabei keine prozessualen Ansprüche in ein Eventualverhältnis gebracht werden. Es darf und muss sich auf diejenige Sachverhaltsversion oder Anspruchsgrundlage beschränken, die am ehesten und vor allem ohne Beweisaufnahme zur Entscheidungsreife führt, wie dies § 300 Abs. 1 ZPO vorschreibt (vgl. *Stein/Jonas/Leipold*, ZPO, 22. Aufl., 2005, Rn. 273 vor § 128; *Zöller/Vollkommer*, ZPO, 26. Aufl., 2007, Einleitung Rn. 84; *Rosenberg/Schwab/Gottwald*, Zivilprozessrecht, 16. Aufl., 2004, § 65 Rn. 38; § 96 Rn. 42 ff.). 907

b) Zuständigkeitsprüfung

Die objektive und die subjektive Klagenhäufung sind prozessual selbständig zu beurteilen. Die Zuständigkeit des angerufenen Gerichts muss **für jeden** einzelnen **Klageanspruch** und für jeden **Streitgenossen** gegeben sein. Insoweit bestehen keine Unterschiede zur Einzelklage. 908

Auch besteht die Verbindungsmöglichkeit nach § 147 ZPO nur hinsichtlich mehrerer prozessualer Ansprüche, **nicht** hinsichtlich **unterschiedlicher Prozessarten**. Es ist daher beispielsweise nicht zulässig, das Arrestverfahren und das gewöhnliche Erkenntnisverfahren zugleich vor demselben Gericht anhängig zu machen oder eine Familiensache mit einer Nichtfamiliensache zu verbinden. Die **gleiche Prozessart** muss immer gegeben sein (MünchKommZPO/*Lüke*, 2. Aufl., 2000, § 260 Rn. 34, 35). 909

Uneingeschränkt gilt das jedoch nur, wenn die Klagenhäufung bereits **durch die Klageerhebung** entsteht. Wird erst im Verlauf des Rechtsstreits ein weiterer Anspruch geltend gemacht, der zur Klagenhäufung führt, dann wendet die Rechtsprechung darauf die Vorschriften der §§ 263 f. ZPO über die Klageänderung an (Nachweise bei MünchKommZPO/*Lüke*, § 263 Rn. 21). Die Unzulässigkeit des nachträglich eingeführten prozessualen Anspruchs steht aber meist der Bejahung der Sachdienlichkeit entgegen (*Stein/Jonas/Schumann*, ZPO, 21. Aufl., 1997, § 263 Rn. 12 [zu b]). 910

IV. Hilfsanträge

1. Echte Hilfsanträge

911 Ein Hilfsantrag wird für den Fall zur Entscheidung des Gerichts gestellt, dass der Kläger mit dem Hauptantrag nicht durchdringt, dieser Antrag also wegen Unzulässigkeit oder Unbegründetheit abgewiesen wird. Dann (erst) steht der Hilfsantrag zur Entscheidung. Zu den Bedingungsverhältnissen siehe unten Rn. 1095 ff.

912 Die Reihenfolge der Anträge bestimmt allein der Kläger. Er muss genau angeben, welcher Antrag zuerst zu bescheiden ist (**Primärantrag**) und welcher an nachrangiger Stelle (**Eventualantrag**).

913 Dem Kläger steht es auch frei, neben einem Hauptantrag **mehrere** Hilfsanträge zu stellen. Dann muss er wiederum die Reihenfolge festlegen, in der die Hilfsanträge zu bescheiden sind.

914 Manchmal wird verkannt, dass ein Kläger Hauptantrag und Hilfsantrag verfolgt, weil er nur einen einzigen bezifferten Antrag stellt. Das **Eventualverhältnis** kann sich aber auch aus der **Klagebegründung** ergeben.

Beispiel:

Der Kläger verklagt den Beklagten auf Zahlung von 15 000 Euro. Zur Begründung führt er aus, er habe dem Beklagten zwei Darlehen in dieser Höhe gewährt, die gekündigt, aber nicht zurückgezahlt worden seien. Das erste Darlehen datiere vom 5. 2. 2006, das zweite vom 3. 4. 2006.

915 Trägt der Kläger nicht mehr vor, dann ist die Klage unzulässig, weil er sich zweier Ansprüche berühmt, betragsmäßig aber nur einen Anspruch erfüllt haben will, ohne dem Gericht zu sagen, welcher das sei. Der Klage fehlt die zwingende Zulässigkeitsvoraussetzung des **§ 253 Abs. 2 Nr. 2 ZPO**. Das Gericht ist nämlich nicht befugt, von sich aus festzulegen, welcher der beiden Ansprüche dem „bestimmten Antrag" zuzurechnen sei. Selbstverständlich aber muss es den Kläger nach § 139 ZPO darauf hinweisen, der dann den **Mangel beheben** kann, indem er erklärt, in erster Linie begehre er die Verurteilung des Beklagten zur Rückzahlung des Februar-Darlehens, in zweiter Linie des April-Darlehens – oder umgekehrt.

2. Rechtshängigkeit und Verjährung

916 Hauptantrag und Hilfsantrag werden sogleich mit Klageerhebung anhängig und mit Zustellung rechtshängig (§§ 253 Abs. 1, 261 Abs. 1 ZPO). Wird dem **Hauptantrag stattgegeben**, so dass es nicht mehr zu einer Entscheidung über den Hilfsantrag kommt, dann entfällt dessen Rechtshängigkeit **rückwirkend**. Sie war nur auflösend bedingt.

917 Das hat Auswirkungen auf den Lauf der **Verjährungsfrist**. Die Hilfsklage hemmt die Verjährung (§ 204 Abs. 1 Nr. 1 BGB). Wird über den Hilfsantrag **nicht entschieden**, dann entfällt mit seiner Rechtshängigkeit rückwirkend die

Hemmung der Verjährung (§ 204 Abs. 2 S. 1 BGB). Jedoch kann der Hilfsanspruch noch innerhalb von sechs Monaten neu eingeklagt werden, weil ihm die Hemmungswirkung der ersten Klage zugute kommt (*Bamberger/Roth/ Henrich*, BGB, 2003, § 204 Rn. 49). Dasselbe Ergebnis wurde nach altem Recht durch analoge Anwendung des § 212 BGB a.F. erreicht.

Die Zulässigkeitsvoraussetzungen des **§ 260 ZPO** (örtliche Zuständigkeit; dieselbe Prozessart) müssen auch für den Hilfsantrag gegeben sein. Auf die Höhe des Streitwertes kommt es jedoch nicht an; insoweit ist der Streitwert des Hauptantrages maßgebend, wenn dieser zur Eingangszuständigkeit geführt hat (MünchKommZPO/*Schwerdtfeger*, 2. Aufl., 2002, § 5 Rn. 12, 13), da auf den werthöchsten prozessualen Anspruch abzustellen ist (*Stein/Jonas/Roth*, ZPO, 22. Aufl., 2003, § 5 Rn. 36). 918

Merke: Bei der Ermittlung des Streitwertes für die **Zuständigkeit** ist **§ 5 ZPO unanwendbar**. Bei Hauptantrag und Hilfsantrag ist nur der höhere Wert maßgebend, unter Umständen also auch der des Hilfsantrages (MünchKommZPO/*Schwerdtfeger*, 2. Aufl., 2000, § 5 Rn. 23). Das nötigt dann dazu, trotz geringerwertigen Hauptantrags eine Klage beim Landgericht einzureichen (KG OLGZ 1979, 348). 919

Gebührenrechtlich wird bei Klageeinreichung nur auf den Hauptantrag abgestellt. Der Hilfsantrag wird erst berücksichtigt, wenn auch darüber entschieden wird. Das führt gebührenrechtlich zur Wertaddition (§ 45 Abs. 1 S. 2 GKG). 920

3. Bindung des Gerichts

Das Gericht ist an die vom Kläger gewählte **Rangordnung** der Anträge gebunden. Über den Hilfsantrag darf es erst entscheiden, wenn es den Hauptantrag abgewiesen hat (BGH NJW-RR 1989, 650). Daran ändert sich auch dann nichts, wenn der Beklagte den Hilfsantrag anerkennt. Es darf kein Anerkenntnisurteil ergehen, solange nicht über den Hauptantrag entschieden worden ist (OLG Zweibrücken OLGZ 1987, 371). 921

Wohl darf das Gericht über Hauptantrag und Hilfsantrag **zugleich verhandeln**, weil beide Anträge rechtshängig geworden sind. Aus diesem Grund darf das Gericht auch über beide Anträge **zugleich Beweis** erheben. So wird es stets verfahren, wenn dieselben Beweismittel für Tatsachen benannt worden sind, die den Hauptantrag und den Hilfsantrag betreffen. Anderenfalls müssten sonst unter Umständen zwei Beweisaufnahmen durchgeführt und dieselben Zeugen erneut geladen und vernommen werden. 922

4. Unechte Hilfsanträge

Neben dem echten Hilfsantrag, der nur für den Fall der Abweisung des Hauptantrages gestellt wird, gibt es noch den unechten Hilfsantrag. Er wird für den Fall gestellt, dass der **Hauptantrag begründet** ist. Der Hilfsantrag wird also gewissermaßen auf den Hauptantrag „aufgepfropft". Er kommt insbesondere 923

§ 12 Wahl der Verfahrenseinleitung

im Kündigungsschutzprozess vor, wenn der Kläger hilfsweise auf Weiterbeschäftigung klagt, falls seinem Kündigungsschutzantrag stattgegeben werde (*Stein/Jonas/Schumann*, ZPO, 21. Aufl., 1997, § 260 Rn. 24). Das OLG Köln hat einmal (VersR 1995, 679) einen Hilfsantrag als zulässig bewertet, mit dem der Kläger den Beklagten in erster Linie verpflichten wollte, Verhandlungen über die Festsetzung einer Entschädigung zu führen und dann (hilfsweise), also wenn er dazu verurteilt werde, einen mindestens mit 75 000 Euro festzusetzenden Betrag an den Kläger zu zahlen.

924 Unechte Hilfsanträge sind sogar **im Gesetz** vorgesehen. Angenommen, jemand habe gegen einen anderen einen Anspruch auf Herausgabe eines VW Golf und möchte die Angelegenheit bis zu einem bestimmten Zeitpunkt erledigt wissen. Er klagt deshalb auf Herausgabe des VW Golf, **hilfsweise**, falls dies nicht bis zum 15. 4. 2007 geschehe, auf 10 000 Euro Schadensersatz. In diesem Fall verlangt der Kläger nicht entweder die eine oder die andere Verurteilung, sondern eine doppelte Verurteilung: Herausgabe oder stattdessen Schadensersatz bei Fristversäumung. Vor dem **Amtsgericht** gestattet ihm § 510b ZPO dieses Vorgehen ausdrücklich. Vor dem **Landgericht** ist dieser unechte Hilfsantrag zulässig, wenn die Voraussetzungen des § 259 ZPO gegeben sind, weil dann nach § 255 ZPO eine Fristbestimmung zur Leistung und zum Schadensersatz wegen Nichterfüllung bei nicht fristgerechter Leistung möglich ist (MünchKommZPO/ *Deubner*, 2. Aufl., 2000, § 5106 Rn. 1).

5. Teilklage mit Hilfsanträgen

a) Mehrere prozessuale Ansprüche

925 Schließlich ist noch auf die besondere Konstellation der Verbindung von Teilklagen mit Hilfsanträgen hinzuweisen. Angenommen, ein Geschädigter mache nach einem Verkehrsunfall folgende Ansprüche geltend:

– Heilungskosten 5 000 Euro

– Vermehrte Bedürfnisse 6 000 Euro

– Erwerbsausfall 8 000 Euro

– Sachschaden 2 000 Euro

– Schmerzensgeld 10 000 Euro.

926 Insgesamt verlangt er 31 000 Euro. Jede Position dieser Anspruchsgruppe betrifft einen **eigenen Streitgegenstand**. Um Kosten zu sparen, will der Kläger diese verschiedenen Ansprüche nur teilweise einklagen. Andererseits möchte er mit dem geringerwertigen Klageantrag auf jeden Fall durchdringen und eine möglichst umfassende rechtliche Beurteilung durch das Gericht erreichen. Also erhebt er Klage auf Zahlung von **1 000 Euro** Heilungskosten, hilfsweise 1 000 Euro wegen vermehrter Bedürfnisse, weiter hilfsweise 1 000 Euro wegen Erwerbsausfalls, weiter hilfsweise 1 000 Euro wegen Sachschadens und äußerst hilfsweise 1 000 Euro Schmerzensgeld. Das Gericht ist an diese Reihenfolge der Anträge gebunden. Verneint es beispielsweise den Anspruch auf Heilungs-

kosten, dann muss es den Anspruch auf vermehrte Bedürfnisse prüfen. Bejaht es diese nur in Höhe von 500 Euro, muss es wegen der restlichen 500 Euro den Erwerbsausfall prüfen usw.

Das **Bedingungsverhältnis** kann noch **weiter differenziert** werden, indem auch die gestaffelten Ansprüche nur teilweise in das Eventualverhältnis gebracht werden. Beispielsweise wird der Anspruch auf Heilungskosten hilfsweise gestützt auf (nur) 1 000 Euro aus vermehrten Bedürfnissen, weiter hilfsweise auf (nur) 1 000 Euro aus Erwerbsausfall, die primär verlangten 1 000 Euro wegen vermehrter Bedürfnisse werden ihrerseits wieder hilfsweise gestützt mit 1 000 Euro der Heilungskosten, 1 000 Euro des Erwerbsausfalls usw. 927

Praktikabel ist ein solches Rangverhältnis allenfalls, wenn es nur um zwei Ansprüche geht, etwa um 1 000 Euro Heilungskosten, hilfsweise 1 000 Euro wegen vermehrter Bedürfnisse. Praktische Bedeutung haben solche Verbindungen von Teilklage und Hilfsantrag jedoch nicht. *Lüke/Kerwer* (NJW 1996, 2121) meinen, hierbei handele es sich um ein in jüngster Zeit zu beobachtendes Vorgehen „pfiffiger" Anwälte. So verhält es sich jedoch nicht. Die Verbindung von Teilklage und Hilfsanträgen hat es schon immer gegeben. Der BGH hat einen solchen Fall schon 1953 entschieden (BGHZ 11, 192 = NJW 1954, 757). 928

Dass solche Antragskombinationen nur ganz selten vorkommen, hat einen anderen Grund. Diese Art des Prozessierens bringt nichts, weil sie den Kläger einer **negativen Feststellungswiderklage** des Gegners aussetzt (§ 256 Abs. 1 ZPO). Zudem lohnt sich der Begründungsaufwand für den Anwalt nicht, weil ihm die Staffelung der Hilfsanträge gebührenrechtlich nur dann und nur so weit zugute kommt, wie über die **Hilfsanträge** entschieden wird (§ 45 Abs. 1 S. 2 GKG; über das Verhältnis zum Mandanten siehe oben Rn. 628). 929

b) Mehrere Rechnungsposten

In dem vorstehenden Beispiel handelt es sich bei den fünf Schadensarten um selbständige **Streitgegenstände**. Soweit innerhalb eines **selbständigen Streitgegenstandes** nur **Rechnungspositionen** geltend gemacht werden, sind sie unselbständig und unverbindlich. Klagt beispielsweise ein Kläger **200 Euro Sachschaden** ein und begründet er diesen Anspruch damit, **Hose, Jacke, Mantel** und **Armbanduhr** im Wert von jeweils 100 Euro seien bei dem Unfall beschädigt und unbrauchbar geworden, dann darf das Gericht die verlangten 200 Euro nach seinem Ermessen aus diesen vier Positionen auffüllen. Es kann beispielsweise Hose, Jacke, Mantel und Uhr jeweils mit einem Zeitwert von 50 Euro bemessen. Es kann auch Hose und Jacke mit jeweils 100 Euro bemessen und die beiden anderen Positionen unberücksichtigt lassen. Die **Rechtskraft** des Urteils erstreckt sich dann nur auf die ausgeurteilten Positionen, die sich aus den Entscheidungsgründen ergeben. 930

Will der Kläger das Gericht zwingen, die einzelnen Ansprüche in bestimmter Reihenfolge zu prüfen, dann muss er die materiellen Ansprüche in prozessuale 931

§ 12 Wahl der Verfahrenseinleitung

Ansprüche verwandeln und dem Gericht ein verbindliches **Rangverhältnis** vorschreiben. Das kann er wieder nur durch **Hilfsanträge**. Den Klageantrag selbst braucht er nicht zu verändern. Er kann also Zahlung von 200 Euro verlangen und in der Klagebegründung ausführen, diese 200 Euro verlange er für die beschädigte Hose und die beschädigte Jacke, hilfsweise begehre er diesen Schadensersatz wegen Beschädigung des Mantels und äußerst hilfsweise wegen Beschädigung der Armbanduhr. Auch solche Anträge wird ein Anwalt normalerweise nicht stellen, sondern kurzerhand 400 oder 600 Euro einklagen.

Diese komplizierten Fälle habe ich hier nicht wegen ihrer praktischen Bedeutung gebracht, sondern um auf verdeckte Probleme aufmerksam zu machen, die sich ergeben können, wenn sich hinter einem scheinbar eindeutigen Zahlungsantrag tatsächlich Hilfsanträge verbergen. Lehrbücher und Kommentare gehen darauf nicht ein, jedenfalls nicht in verständlicher Darlegung. Früher wurden solche Prozesslagen in den Lehrbüchern der Relationstechnik behandelt (vgl. *Schneider*, Der Zivilrechtsfall in Prüfung und Praxis, 7. Aufl., 1988, §§ 44 ff.). Nachdem die Große Hausarbeit aus dem zweiten Staatsexamen verbannt worden ist, fehlen dem Referendar und damit natürlich auch später dem Anwalt diese Informationen. So kommt es dazu, dass gerade **verdeckte Hilfsanträge** in der Praxis häufig nicht erkannt und deshalb im Ergebnis Fehler gemacht werden.

6. Formulierungsvorschläge für Anträge

932 • Echter Hilfsantrag

> Der Beklagte wird verurteilt, den VW Polo, amtliches Kennzeichen . . ., Fahrgestell-Nr. . . . ., an den Kläger herauszugeben,
>
> hilfsweise, an den Kläger 15 000 Euro nebst Zinsen in Höhe von . . . ab Zustellung der Klage zu zahlen.

• Unechter Hilfsantrag

> Es wird festgestellt, dass das Arbeitsverhältnis der Parteien durch die ordentliche Kündigung der Beklagten vom . . . nicht aufgelöst worden ist, sondern über den Kündigungszeitpunkt hinaus fortbesteht.
>
> Hilfsweise (= nur für den Fall, dass dem ersten Antrag stattgegeben wird): Der Beklagte wird verurteilt, den Kläger zu den bisherigen Bedingungen des Arbeitsverhältnisses auf demselben Arbeitsplatz weiter zu beschäftigen.

- **Antrag nach § 510b ZPO**

> (1) Der Beklagte wird verurteilt, an den Kläger ein Bücherregal (. . . folgt genaue Beschreibung) herauszugeben.
>
> (2) Für den Fall, dass der Beklagte dieses Bücherregal nicht bis zum . . . herausgegeben hat, wird er zur Zahlung einer Entschädigung verurteilt, deren Höhe vom Gericht festzusetzen ist.

- **Antrag nach §§ 255, 259 ZPO**

> (1) Der Beklagte wird verurteilt, an den Kläger den VW Polo, amtliches Kennzeichen . . ., Fahrgestell-Nr. . . ., herauszugeben.
>
> (2) Falls der Beklagte das Fahrzeug nicht innerhalb einer vom Gericht festzusetzenden angemessenen Frist herausgibt, wird er verurteilt, an den Kläger 15 000 Euro zu zahlen.

In den Fällen Antrag nach § 510b ZPO und Antrag nach §§ 255, 259 ZPO kann der Kläger auch selbst eine bestimmte Frist nennen. Das Gericht ist jedoch nicht daran gebunden.

V. Insbesondere Streitgenossen

1. Einfache Streitgenossenschaft

Die Streitgenossenschaft oder Parteienhäufung ist in den §§ 59-63 ZPO geregelt. In der Praxis hat sie erhebliche Bedeutung. Unterschieden wird zwischen **einfacher** und **notwendiger** Streitgenossenschaft.

Die in der Praxis am häufigsten vorkommende **einfache** Streitgenossenschaft entsteht dadurch, dass mehrere Personen gemeinsam klagen oder gemeinsam verklagt werden. Das ist schon alles. In der rechtlichen Beurteilung ist das Gericht frei. Die **Beziehungen** zwischen einzelnen Streitgenossen auf der Kläger- und der Beklagtenseite sind je **selbständig** zu **prüfen**. Der eine Streitgenosse mag verurteilt werden, der andere nicht; die Klage des einen kann abgewiesen, die des anderen zugesprochen werden.

Verfahrensrechtlich ist zwischen der **Zulässigkeit der Streitgenossenschaft** und der **Zulässigkeit der einzelnen Klagen** zu unterscheiden. Will ein Gläubiger mehrere Schuldner in Anspruch nehmen, dann wird er sie bei demselben Gericht als Streitgenossen verklagen, wenn er **verhindern** will, dass **einer als Zeuge** für den anderen auftreten kann. Dadurch wird jedoch kein gemeinsamer Gerichtsstand geschaffen. Rügt einer der Beklagten die Unzuständigkeit der

§ 12 Wahl der Verfahrenseinleitung

gegen ihn gerichteten Klage, dann muss der Kläger entweder Verweisung (§ 281 ZPO) oder die Bestimmung eines gemeinsamen Gerichtsstandes (§ 36 Abs. 1 Nr. 3 ZPO) beantragen. Die Verweisung belastet ihn mit dem Kostenrisiko zweier Prozesse, das sich noch dadurch erhöht, dass jeweils ein Schuldner im Prozess des anderen als Zeuge aussagen darf. Beantragt der Kläger die Bestimmung eines gemeinschaftlichen Gerichtsstandes, dann vermeidet er beide Risiken. Dass sich dadurch die Rechtsstellung der Beklagten verschlechtert, weil keiner von ihnen als Zeuge aussagen kann, steht der Anwendung des § 36 Abs. 1 Nr. 3 ZPO nicht entgegen (BayObLG MDR 1998, 180).

937 Die Vorschriften der **§§ 59, 60 ZPO** zur einfachen Streitgenossenschaft werden in der Praxis weit ausgelegt. Streitgenossenschaft ist danach zulässig, wenn eine gemeinsame Verhandlung und Entscheidung **zweckmäßig** erscheint (*Rosenberg/Schwab/Gottwald*, Zivilprozessrecht, 16. Aufl., 2004, § 48 Rn. 8; *Thomas/Putzo*, ZPO, 27. Aufl., 2005, §§ 59, 60 Rn. 1). Es handelt sich eben um eine „nur äußerliche Verbindung mehrerer Prozesse" (BGHZ 7, 78). Diese Grundhaltung entspricht dem Bestreben, durch die Zusammenfassung des Prozessstoffs und eine einheitliche Beweiserhebung Zeit und Kosten zu sparen sowie divergierende Entscheidungen zu vermeiden (*Wieczorek/Schütze*, ZPO, 3. Aufl., 1994, § 59 Rn. 5).

2. Notwendige Streitgenossenschaft

938 Bei der notwendigen Streitgenossenschaft handelt es sich um ein rechtlich sehr kompliziertes Gebilde, das kaum durchschaubar ist. *Rosenberg/Schwab/Gottwald* (Zivilprozessrecht, 15. Aufl., 1993, § 49, S. 249) bezeichnen es als „eines der schwierigsten Gebiete des Zivilprozesses", bedingt durch eine unzureichende gesetzliche Regelung. Hier endet auch die Freiheit des Gerichts.

939 Gegenüber notwendigen Streitgenossen muss es **einheitlich entscheiden** (§ 62 ZPO). Deshalb ist es im Rechtsstreit wichtig zu wissen, ob es sich bei einer Personenmehrheit auf der Aktiv- oder Passivseite um einfache oder notwendige Streitgenossen handelt.

940 Das Gesetz geht in **§ 62 ZPO** von notwendiger Streitgenossenschaft aus, wenn das streitige Rechtsverhältnis allen Streitgenossen gegenüber nur einheitlich festgestellt werden kann oder „die Streitgenossenschaft aus einem sonstigen Grunde eine notwendige" ist. Mit der zweiten Voraussetzung lässt sich wenig anfangen; und darauf beruhen auch weitgehend die Abgrenzungsschwierigkeiten. Darum herumdrücken kann man sich aber im Prozess nicht, weil die notwendige Streitgenossenschaft ganz anderen Regeln als die einfache folgt.

941 Versäumt ein einfacher Streitgenosse einen Termin, dann kann gegen ihn auf Antrag ein **Versäumnisurteil** erlassen werden (§§ 330, 331 ZPO). Ist ein notwendiger Streitgenosse säumig, dann bleibt das folgenlos, weil das Gericht einheitlich entscheiden muss. Ein Versäumnisurteil ist unzulässig. Dazu kann es nur kommen, wenn sämtliche notwendigen Streitgenossen einen Termin versäumen.

Ist ein – notwendig einheitliches – Urteil verkündet worden und legt nur einer 942
der Streitgenossen Berufung ein, dann kann dieses Urteil nicht rechtskräftig
werden. Dass der andere Streitgenosse kein **Rechtsmittel** einlegen will oder die
Einlegungs- oder Begründungsfrist versäumt hat, spielt keine Rolle (BGHZ 92,
352/353 = NJW 1985, 385).

Auch wenn ein notwendiger Streitgenosse den gegen ihn geltend gemachten 943
Anspruch **anerkennt** (§ 307 ZPO) oder das Vorbringen des Gegners **zugesteht**
(§ 288 ZPO), schadet das dem anderen Streitgenossen nicht. Es darf kein Teil-
Anerkenntnisurteil erlassen werden und kein auf dem Geständnis beruhendes
Teilurteil.

Entsprechend muss auch der **Gegner** der notwendigen Streitgenossen immer 944
gegenüber allen handeln. Unterliegt er beispielsweise in erster Instanz, dann ist
seine **Berufung** nur zulässig, wenn sie sich **gegen alle** notwendigen Streitgenossen richtet. Die Berufung nur gegen einen von ihnen müsste zurückgewiesen
werden mit der Folge, dass das angefochtene Urteil rechtskräftig würde. Eine
Berufung gegen beide Streitgenossen wäre danach nicht mehr möglich. Es bliebe
endgültig beim erstinstanzlichen Urteil (BGHZ 23, 73).

Die Beantwortung der Frage, wann es sich im Einzelfall um eine notwendige 945
Streitgenossenschaft handelt, ist geradezu eine Wissenschaft für sich. Wegen der
begrifflich nicht fassbaren Regelung in § 62 ZPO haben sich Rechtsprechung und
Schrifttum gezwungen gesehen, **Fallgruppen** zu bilden.

Bei der notwendigen Streitgenossenschaft wegen zwangsläufig einheitlicher 946
Feststellung handelt es sich um Rechtskraftprobleme, um Streitwertidentitäten
und um die Unteilbarkeit des Streitgegenstandes.

Bei der Notwendigkeit „aus einem sonstigen Grunde" geht es um materiell- 947
rechtliche Verbindungsgründe, die bei allen Klagearten vorkommen können.

Einzelheiten zu bringen, lohnt hier nicht. Eine umfangreiche und übersichtliche 948
Zusammenstellung aller einschlägigen Fälle findet sich bei *Wieczorek/Schütze*
(ZPO, 3. Aufl., 1994, § 62 Rn. 8 ff.).

3. Einzelne Sachverhalte

Bei einigen Prozesslagen der **einfachen** Streitgenossenschaft werden in der Praxis 949
immer wieder Fehler begangen, vor allem in den folgenden:

a) Hauptschuldner und Bürge

Werden Hauptschuldner und Bürge gemeinsam verklagt, dann wird immer 950
wieder der Antrag gestellt, beide „**als Gesamtschuldner**" zu verurteilen.
Manchmal entspricht auch der Urteilstenor diesem Begehren. Richtig ist das
nicht.

Gesamtschuldnerschaft liegt nach § 421 BGB vor, wenn mehrere eine Leistung 951
in der Weise schulden, dass jeder die ganze Leistung zu bewirken verpflichtet,

§ 12 Wahl der Verfahrenseinleitung

der Gläubiger aber die Leistung nur einmal zu fordern berechtigt ist. Diese Legaldefinition ist eindeutig. Sie fordert inhaltliche Gleichartigkeit der geschuldeten Leistungen. Aus der Befugnis des Gläubigers, nach seinem Belieben von jedem der Schuldner die Leistung ganz oder teilweise zu fordern (§ 421 S. 1 BGB), ergibt sich, dass jeder Schuldner als selbständig Verpflichteter haftet.

952 Bei der **Bürgschaft** hingegen verhält es sich so, dass der Bürge zwar aufgrund einer eigenen Verbindlichkeit schuldet, diese sich aber nicht mit derjenigen des Hauptschuldners deckt. Der **Bürge** haftet **selbständig** für eine **fremde** Schuld. Diese Abhängigkeit der Bürgschaft vom Bestand der Hauptschuld (**Akzessorietät**) lässt den Sicherungszweck der Bürgschaft erkennen. Es handelt sich **nicht** um einen Fall der Gesamtschuld nach **§ 421 BGB.** Deshalb dürfen Hauptschuldner und Bürge nicht „als Gesamtschuldner" verurteilt werden. Die gesamtschuldnerische Kostenhaftung nach § 100 Abs. 4 S. 1 ZPO gilt für sie nicht. Folglich ist es auch falsch, mit der Klage ihre Verurteilung „als Gesamtschuldner" zu beantragen (BGH LM ZPO § 100 Nr. 2).

953 Aber wie soll der Klageantrag denn sonst gefasst werden? Auf keinen Fall geht es an, die Verurteilung des Hauptschuldners und des Bürgen zur Zahlung der Hauptschuld zu beantragen. Das liefe darauf hinaus, dass jeder der beiden den vollen Betrag zu zahlen hätte. Tatsächlich wird aber der Bürge mit der Zahlung durch den Hauptschuldner und dieser durch die Zahlung des Bürgen frei.

954 Um nicht auf doppelte Zahlung erkennen zu müssen oder auch nur den Anschein einer solchen Verurteilung zu erwecken, behelfen sich viele Gerichte damit, dass sie das fehlende Gesamtschuldverhältnis zwischen Hauptschuldner und Bürgen einfach ignorieren und beide „als Gesamtschuldner" verurteilen (z.B. OLG Celle JZ 1956, 490; so hatten LG und OLG auch in BGHZ 22, 240, 241 = NJW 1957, 218 tenoriert). Andere Gerichte verurteilen als „unechte Gesamtschuldner" (OLG Hamburg MDR 1967, 50) oder „als ob" sie Gesamtschuldner wären (LG Hamburg MDR 1967, 401). Wichtig ist dabei nur, dass im **Klageantrag** und im **Urteil** klar zum Ausdruck gebracht wird, dass **keine doppelte Leistung** beansprucht und keine doppelte Leistung zuerkannt wird. Der Anwalt kann daher jede der vorstehenden Formulierungen in seinen Klageantrag aufnehmen, um das Gericht auf diese besondere Verfahrenslage hinzuweisen. Er kann auch die Verurteilung „als Gesamtschuldner" beantragen, wenn er in der Klagebegründung klarstellt, dass er diese Formulierung nur wählt, um zu verdeutlichen, dass er keine doppelte Verurteilung erstrebt.

b) Gesellschaft und Gesellschafter

955 Die vorstehenden Ausführungen zu Hauptschuldner und Bürge gelten auch für Klagen gegen Gesellschaft und Gesellschafter, etwa gegen die OHG und ihren persönlich haftenden Gesellschafter. Beide sind keine Gesamtschuldner im Sinne des § 421 BGB (BGHZ 22, 246). Sie sind auch keine notwendigen Streitgenossen (BGH VersR 1985, 548). Die Haftung der Gesellschafter beruht nicht darauf, dass sie mit der Gesellschaft eine gemeinsame vertragliche

Verpflichtung eingegangen sind, also nicht auf eigenem Handeln der Gesellschafter, sondern auf einer gesetzlichen Einstandspflicht (*Staudinger/Noack*, BGB, 2005, § 427 Rn. 41).

Auch bei der **BGB-Außengesellschaft**, deren Rechtsfähigkeit heute anerkannt wird (BGHZ 146, 341), ist eine Gesamtschuldnerschaft zu verneinen. 956

c) Miteigentümer

Sind Miteigentümer **einfache oder notwendige** Streitgenossen? Eine recht schwierig zu beantwortende Frage! Gehen wir von einem in BGHZ 92, 351 = NJW 1985, 385 entschiedenen Fall aus: Sieben Miteigentümer eines Grundstücks klagten gegen zwei Nachbarn mit dem Antrag, diesen die Benutzung eines Wegerechts an ihrem Grundstück durch das Befahren mit Personenkraftwagen zu untersagen. Die Klage wurde aus materiell-rechtlichen Gründen abgewiesen. Nur einer der Kläger legte dagegen Berufung ein und obsiegte. In beiden Instanzen war die Frage der notwendigen Streitgenossenschaft nicht gestellt worden. Auf die Revision der Beklagten hin stellte der BGH das klageabweisende Urteil wieder her. Vorfrage war für ihn, ob die Miteigentümer in notwendiger Streitgenossenschaft standen. In diesem Fall hätte die Berufung nur des einen Klägers den Rechtsstreit hinsichtlich aller Kläger in die höhere Instanz gebracht. Die übrigen Kläger hätten folglich am Berufungsverfahren beteiligt werden müssen (§ 62 ZPO). Das war nicht geschehen, so dass das Berufungsurteil bei Bejahung einer notwendigen Streitgenossenschaft auf einer Gesetzesverletzung beruht hätte (§ 550 ZPO a.F.), die zur Aufhebung und Zurückverweisung hätte führen müssen (§ 564 ZPO a.F.). 957

Das Reichsgericht hatte angenommen, dass in diesem Fall das streitige Rechtsverhältnis allen Streitgenossen gegenüber nur **einheitlich** festgestellt werden könne (RGZ 60, 270; 119, 168). Der BGH hat anders entschieden: Es stehe im **Belieben** der **Miteigentümer**, gemeinsam oder in getrennten Prozessen vorzugehen. Mangels Rechtskrafterstreckung könnten in getrennten Verfahren auch **unterschiedliche** Entscheidungen ergehen. Aus prozessualen Gründen sei daher keine einheitliche Entscheidung geboten. Dass sie aus Gründen der Logik notwendig oder wünschenswert sei, reiche nicht aus, um eine notwendige Streitgenossenschaft zu begründen. *Waldner* (JZ 1985, 634) hat dieser Ansicht widersprochen und an der bis dahin herrschenden gegenteiligen Meinung festgehalten. 958

Auf das Für und Wider der Argumentation ist hier nicht einzugehen. Das Beispiel macht jedoch deutlich, wie schwierig die Abgrenzungsprobleme sein können. Von welch großer praktischer Bedeutung sie sind, zeigt sich vor allem im Mietrecht. **Miteigentümer** eines **Grundstücks** können **als Vermieter** die Nichtigkeit eines Mietvertrages nur gemeinsam geltend machen und sind im Rechtsstreit über das Bestehen des Vertrages notwendige Streitgenossen (OLG Celle ZMR 1994, 218 = DWW 1994, 118). Ebenso können sie nur gemeinsam kündigen. Auf **Mieterseite** verhält es sich ähnlich. Mehrere Mieter müssen 959

§ 12 Wahl der Verfahrenseinleitung

gemeinsam kündigen (*Staudinger/Rolfs*, BGB, 2003, § 542 Rn. 11). Die Streitfragen dazu sind zahlreich.

960 Der Anwalt sollte ihnen von vornherein aus dem Weg gehen, indem er grundsätzlich alle rechtsgestaltenden Willenserklärungen von allen Miteigentümern und gegenüber allen Miteigentümern abgeben lässt und auch alle aktiv oder passiv in den Rechtsstreit einbezieht. Das ist für ihn stets der **sicherste Weg**, haftungsrechtlich nicht über die weithin unberechenbare Judikatur zu Fall zu kommen.

4. Tod eines Streitgenossen

a) Notwendige Streitgenossenschaft

961 Stirbt ein notwendiger Streitgenosse im Verlaufe des Verfahrens, dann tritt die Unterbrechnungswirkung der §§ 239, 246 ZPO ein (*Stein/Jonas/Bork*, ZPO, 22. Aufl., 2004, § 62 Rn. 36). Der **Rechtsstreit** darf wegen des Gebots einheitlicher Entscheidung bei Unterbrechung oder Aussetzung **nicht fortgeführt** werden (*Stein/Jonas/Bork*, a.a.O.; *Wieczorek/Schütze*, ZPO, 3. Aufl., 1994, § 62 Rn. 80).

b) Einfache Streitgenossenschaft

962 Bei der einfachen Streitgenossenschaft gelten andere Regeln; und das kann zu Komplikationen führen. Ein **Fall aus der Praxis** mag das verdeutlichen:

Gold klagt 100 000 Euro ein gegen Adam, Bedam und Cedam, alle drei durch denselben Prozessbevollmächtigten vertreten. Im Mai wird ein Urteil verkündet, wonach die Beklagten unter Abweisung der Klage im Übrigen als Gesamtschuldner zur Zahlung von 40 000 Euro verurteilt werden. Am 15. Juni stirbt Adam. Am 30. Juni wird das Urteil dem Prozessbevollmächtigten der drei Beklagten zugestellt.

963 Wegen des Todes des Adam hat das Prozessgericht **auf Antrag** des Prozessbevollmächtigten die **Aussetzung** des Verfahrens anzuordnen (§§ 239, 246 Abs. 1 Halbs. 2 ZPO). Diese Aussetzung betrifft jedoch nur den Rechtsstreit des Klägers Gold gegen den beklagten Streitgenossen Adam. Gegenüber den Beklagten Bedam und Cedam wirkt sich die Unterbrechung nicht aus, da es sich nicht um einen Fall der notwendigen Streitgenossenschaft handelt (*Stein/Jonas/Bork*, ZPO, 22. Aufl., 2004, Rn. 10 vor § 59).

964 Infolge der Unterbrechungswirkung beginnt die **Rechtsmittelfrist** nicht zu laufen oder wird ihr Lauf unterbrochen (§ 249 ZPO). Die Unterbrechungswirkung tritt jedoch nach § 246 ZPO nicht automatisch ein, auch nicht schon mit der Stellung des Unterbrechungsantrags, sondern **erst mit** dem Erlass eines **Aussetzungsbeschlusses** (MünchKommZPO/*Feiber*, 2. Aufl., 2000, § 246 Rn. 20). Der erstinstanzliche Prozessbevollmächtigte muss das beachten, um kein Haftungsrisiko einzugehen. Er hat dafür zu sorgen, dass der Aussetzungsbeschluss noch vor Ablauf der Berufungsfrist (§ 517 ZPO) erlassen wird. Sonst droht der Eintritt der formellen Rechtskraft des gegen Adam ergangenen Urteils (BGH NJW 1987, 2379). Dann kann zwar noch die Wiedereinsetzung in den

vorigen Stand helfen (§ 233 ZPO). Der sorgfältige Anwalt wird es jedoch nicht darauf ankommen lassen. Muss trotz frühzeitig gestellten Aussetzungsantrags mit einer verspäteten Beschlussfassung gerechnet werden, dann ist es der **sicherste Weg**, für alle Beklagten Berufung einzulegen. Nur so kann der Anwalt verhindern, dass das gegen Adam ergangene Urteil zu Lasten von dessen Erben rechtskräftig wird (§ 325 ZPO).

Schwieriger wird es, wenn im Ausgangsfall der **Kläger** Gold wegen der ihn beschwerenden teilweisen Klageabweisung **Berufung** gegen alle drei Beklagte einlegt. Dann ändert sich die Rechtslage wesentlich. Mit der anwaltlichen Vertretung ist in § 246 Abs. 1 ZPO nur diejenige **in der Instanz** gemeint. Während der Anhängigkeit des Verfahrens **im höheren Rechtszug** wird eine Partei nicht schon durch das bloße Vorhandensein eines vorinstanzlichen Prozessbevollmächtigten geschützt (RGZ 71, 155 ff.). Im Sinne des § 246 Abs. 1 ZPO fehlt es daher bei einem durch die Berufung des Gold eingeleiteten zweitinstanzlichen Verfahren an der Vertretung des Adam durch einen Prozessbevollmächtigten. Folglich ist **§ 239 Abs. 1 ZPO** anzuwenden. Das Verfahren gegen Adam wird ohne Stellung eines Aussetzungsantrags kraft Gesetzes unterbrochen. Die Berufungsfrist läuft nicht; erst nach Aufnahme des Verfahrens beginnt sie zu laufen (RGZ 155, 224 ff.). Prozesshandlungen des Gold gegenüber dem verstorbenen Streitgenossen Adam sind wirkungslos (§ 249 Abs. 2 ZPO). Das gilt auch für die im Gesetz nicht erwähnten Prozesshandlungen des Gerichts (BGHZ 43, 135 = NJW 1965, 1019).

965

Bis hierin lässt sich die Entwicklung des Ausgangsfalles noch anhand des Gesetzes bewältigen. Wie aber, wenn weder Gold noch Adam **Berufung** einlegen, sondern nur die **Streitgenossen** Bedam und Cedam? Muss dann das **Berufungsgericht durchentscheiden**, selbst auf die Gefahr hin, dass nach Aufnahme des Verfahrens gegen Adam durch dessen Erben anders entschieden wird und später sich widersprechende Urteile verkündet werden?

966

So muss das Berufungsgericht in der Tat verfahren! Die Vorschriften über die Berufung sehen keine andere Lösung vor. In Betracht käme nur die Möglichkeit, sich über die Verweisungsvorschrift des § 525 ZPO mit **erstinstanzlichen Verfahrensgrundsätzen** zu behelfen.

967

In Betracht käme etwa das **Verbot** eines **Teilurteils** nach § 301 ZPO wegen der Gefahr einer Divergenz von Teilurteil und Schlussurteil (MünchKommZPO/ *Musielak*, 2. Aufl., 2000, § 301 Rn. 7). Doch wenn das Berufungsgericht über die Berufungen von Bedam und Cedam entscheidet, erlässt es kein Teilurteil, sondern erkennt umfassend über den gesamten ihm angefallenen Gegenstand des Berufungsverfahrens.

968

Auch **§ 148 ZPO** ist unanwendbar. Ausgesetzt werden darf nur wegen eines anderen anhängigen Rechtsstreits. Das ausgesetzte Verfahren gegen Adam betrifft aber keinen anderen, sondern **denselben** Rechtsstreit. In Betracht käme daher allenfalls eine analoge Anwendung des § 148 ZPO, die aber im Ausgangsfall nicht zugelassen wird (vgl. näher dazu *Stein/Jonas/Roth*, ZPO, 22. Aufl.,

969

§ 12 Wahl der Verfahrenseinleitung

2005, § 148 Rn. 14 ff.). Bejaht worden ist sie lediglich vereinzelt für Schadensersatzprozesse gegen den Kfz-Halter bis zur Entscheidung über die Direktklage gegen den Haftpflichtversicherer (aber auch das ist umstritten; vgl. *Zöller/ Greger*, 26. Aufl., 2007, § 148 Rn. 9).

970 Das Berufungsgericht darf daher bei einer nur von Bedam und Cedam eingelegten Berufung nicht aussetzen. Es darf auch trotz Einverständnisses oder gar Antrags einer Partei nicht zurückverweisen, da das erstinstanzliche Urteil nicht auf einem Verfahrensmangel beruht und kein sonstiger Zurückverweisungstatbestand nach § 538 ZPO gegeben ist.

971 Der Fall ist hier ausführlich erörtert worden, um deutlich zu machen, mit welchen Tücken des Streitgenossenrechts ein Anwalt unter Umständen rechnen muss.

VI. Vorabklärung des Grundes (Grundurteil)

972 Ein Grundurteil (§ 304 ZPO) kann eine Angelegenheit vereinfachen und die gütliche Einigung über die Höhe fördern. Der Anwalt kann daher Anlass haben, beim Gericht den Erlass eines Grundurteils anzuregen. Einiges gibt es dabei zu beachten.

1. Vorüberlegungen

973 Ein Zwischenurteil über den Grund eines Klagebegehrens ist zulässig, wenn Anspruchsgrund und Anspruchshöhe streitig und aufklärungsbedürftig sind, jedoch nur die Vorabentscheidung über den Grund für sich allein möglich ist (§ 304 Abs. 1 ZPO). In der Sache wird damit ein Feststellungsurteil erlassen. Statt des Tenors

> die Klage ist dem Grunde nach gerechtfertigt

könnte es – beispielsweise in einer Unfallsache – auch heißen:

> Es wird festgestellt, dass der Beklagte verpflichtet ist, dem Kläger allen Schaden aus dem Verkehrsunfall vom 4. Februar 2007 zu ersetzen.

974 Ein Unterschied zwischen diesen Tenorierungen besteht nur, wenn mit der Klage lediglich ein Teil des Schadens verlangt wird. Dann deckt das **Grundurteil nur** den **eingeklagten Teil**, wirkt also darüber hinaus keine Rechtskraft, während das **Feststellungsurteil insgesamt Rechtskraft** wirkt und entsprechend umfassend die Verjährungsfrist hemmt, also auch für solche Anspruchsteile, die in die Zukunft weisen und nicht beziffert sind. Das muss der Anwalt bedenken, der ein Grundurteil anstrebt.

2. Einzelheiten

a) Grund und Höhe

In § 304 Abs. 1 ZPO ist nur von Grund und „**Betrag**" die Rede. Bei wörtlicher Auslegung werden also nur Geldforderungen erfasst. Die Rechtsprechung erstreckt den Begriff „Betrag" jedoch auch auf die Lieferung vertretbarer Sachen (BGH LM § 304 ZPO Nr. 37). 975

Auch die Befreiung von einer Verbindlichkeit ist grundurteilsfähig, wenn der vom Freistellungsbegehren erfasste Anspruch seinerseits auf Zahlung einer Geldsumme oder Lieferung vertretbarer Sachen gerichtet ist (BGH LM § 304 ZPO Nr. 37, Bl. 485 Rückseite). 976

Es muss sich aber immer um eine **Gattungsschuld** handeln (§ 243 BGB). Ein Anspruch auf Bestellung eines Erbbaurechts (BGH MDR 1969, 995) oder auf Arbeitsleistung, Vornahme von Bauarbeiten, Reparaturarbeiten und dergleichen fällt nicht unter § 304 ZPO, weil es sich dabei um sog. **Speziesschulden** handelt. Das gilt selbst dann, wenn der Beklagte das Wahlrecht hat, anstelle der Beseitigung einen Geldbetrag aufzuwenden (*Wieczorek*, ZPO, 2. Aufl., 1976, § 304 A II b 2). 977

b) Erfolgsprognose

Ein Grundurteil zu erstreben, ist nur sinnvoll, wenn auch im **Höheverfahren** eine dem Kläger günstige Entscheidung zu erwarten ist. Dazu genügt schon die **Möglichkeit** eines künftigen Schadenseintritts (BGHZ 4, 135, 136 = NJW 1952, 539). Ist jedoch die Wahrscheinlichkeitsprognose ungünstig, dann macht ein Grundurteil keinen Sinn. Auf der Basis einer solchen Prognose lassen sich keine aussichtsreichen Vergleichsverhandlungen zur Höhe führen. 978

Davon abgesehen wird das Gericht in derartigen Fällen der Anregung, ein Grundurteil zu erlassen, ohnehin nicht entsprechen. Dazu wird es nur bereit sein, wenn „eine hohe Wahrscheinlichkeit dafür gegeben ist, dass der Klageanspruch in irgendeiner Höhe besteht" (BGHZ 53, 23 = NJW 1970, 194; BGH LM § 304 Nr. 16) und deshalb hinreichender Anlass für die Erwartung gegeben ist, dass das Höheverfahren gütlich beigelegt werde. In Fällen geringer Wahrscheinlichkeit eines Schadenseintritts ist deshalb eher ein Feststellungsantrag anzuraten. Auf eine **Faustformel** gebracht, lässt sich das so abgrenzen: 979

Die hohe Wahrscheinlichkeit eines begründeten Schadensersatzanspruches ist Voraussetzung für die Anregung auf Erlass eines Grundurteils; bei Zweifeln in dieser Hinsicht ist ein Feststellungsantrag zu stellen.

c) Mitverschulden

Ist im Rechtsstreit der Einwand des mitwirkenden Verschuldens oder – im Haftpflichtprozess – der mitwirkenden Verursachung zu erwarten, dann sollte die Anregung, ein Grundurteil zu erlassen, verbunden werden mit der Bitte, auch die **Haftungsquote** im Grundverfahren zu klären. Wird diese Frage in das 980

§ 12 Wahl der Verfahrenseinleitung

Höheverfahren verwiesen, dann kann das Grundurteil den Rechtsstreit nicht vereinfachen und beschleunigen. Denn dann wird der eigentliche Streit ins Höheverfahren verlagert, und es bestehen so gut wie keine Aussichten auf eine frühe vergleichsweise Einigung.

d) Anspruchsmehrheit

981 Werden mit der Klage mehrere **selbständige** Ansprüche geltend gemacht, beispielsweise Zahlung von Werklohn und Rückzahlung eines Darlehens, dann ist verfahrensrechtlich ein umfassendes Grundurteil zwar zulässig, wenn der Kaufpreisanspruch und auch der Darlehensanspruch dem Grunde nach entscheidungsreif (und der Höhe nach streitig) sind. Ist nur der Darlehensanspruch oder nur der Kaufpreisanspruch dem Grunde nach entscheidungsreif, dann darf ein **Teil-Grundurteil** ergehen.

982 In derartigen Prozesslagen, die nicht häufig vorkommen, wird der Anwalt aber tunlichst nicht auf ein Grundurteil hinwirken. Jede Komplizierung des Verfahrensablaufs bringt nämlich die Gefahr mit sich, dass sich die erstrebte Beschleunigung am Ende als erhebliche Verzögerung auswirkt und die erhoffte gütliche Einigung nach Vorabklärung des Grundes doch nicht zustande kommt.

e) Mehrheit von Schadenspositionen

983 Von der Klagenhäufung ist der Fall zu unterscheiden, dass sich ein einheitlicher Anspruch der Höhe nach aus einer Reihe **streitiger Positionen** zusammensetzt (siehe oben Rn. 930 ff.). Der Erlass eines Grundurteils hat dann nicht zur Voraussetzung, dass der Beklagte jede Position „dem Grunde nach" schuldet.

Beispiel:

Nach einem Verkehrsunfall verlangt der Geschädigte vom Schädiger Ersatz der Kosten für das Ausbeulen der Motorhaube, für einen neuen Vorderradreifen, die Erneuerung der hinteren Stoßstange, die Ganzlackierung des Unfallwagens und dergleichen.

984 Dann handelt es sich um den einheitlichen Streitgegenstand **„Reparaturkosten** aus einem **Verkehrsunfall"**. Ist davon auszugehen, dass der Beklagte für die Unfallfolgen einzustehen hat, dann reicht es für den Erlass eines Grundurteils aus, dass er **irgendeinen Geldbetrag** an den Kläger zu zahlen hat. Die Gesamthöhe des Schadensersatzes kann nur im Höheverfahren geklärt werden. Aber erfahrungsgemäß ist über solche Positionen leicht eine gütliche Einigung zu erreichen, insbesondere, wenn auf der Gegenseite ein Haftpflichtversicherer steht. Die Anregung auf Erlass eines Grundurteils bietet sich daher in derartigen Fällen an.

f) Fehlerhafter Vorgriff

985 Es kommt vor, dass im Grundurteil fehlerhaft auch eine Entscheidung getroffen wird, die ins Betragsverfahren gehört. Das ist **unzulässig** und unverbindlich:

„Enthält das Urteil über den Grund des Anspruchs unzulässigerweise eine solche Entscheidung, die dem Verfahren über die Höhe vorbehalten ist, so ist sie insoweit unverbindlich und kann auch nicht in Rechtskraft erwachsen" (BGHZ 10, 362 = NJW 1953, 1867).

Darauf wird sich der Anwalt jedoch nicht verlassen können, so dass in derartigen Fällen zu überlegen sein wird, ob **Berufung** einzulegen ist. 986

g) Übereinstimmende Anregungen

Der Anregung an das Gericht, zunächst dem Grunde nach zu entscheiden, wird am ehesten entsprochen, wenn **beide Parteien** dies wünschen. Der Kläger sollte deshalb das Einverständnis seines Gegners einholen. Insbesondere **Haftpflichtversicherer** werden dann vielfach zustimmen. In dem Schreiben an das Gericht sollten tunlichst auch die Gründe für diese Anregung kurz mitgeteilt werden, etwa: 987

> Der Kläger bittet, gemäß § 304 Abs. 1 ZPO über den Grund des Anspruchs vorab zu entscheiden. Der Beklagte ist mit diesem Vorgehen einverstanden. Es steht zu erwarten, dass die Parteien sich dann über die Höhe der Leistungen gütlich einigen und sich ein Betragsverfahren erübrigt.

VII. Zustellungsprobleme

1. Genaue Angaben

Auch die sorgfältigst vorbereitete Klageschrift geht ins Leere, wenn es mit der Zustellung nicht klappt. Erste Voraussetzung für das Gelingen ist die genaue **Bezeichnung** des **Beklagten** und eine **unverwechselbare postalische Anschrift**. Beides muss mit dem Mandanten sorgfältig abgeklärt werden. Wenn beispielsweise „Hans Loder" verklagt werden soll und er im selben Haus wie sein Vater wohnt, der mit Vornamen ebenfalls Hans heißt, dann wird es schon kritisch. 988

Ähnlich verhält es sich, wenn der Beklagte Berger mit Vornamen Theodor heißt, aber immer nur „Tim" genannt wird. Die Mandantenangabe „Tim Berger" kann dann dazu führen, dass die zuzustellende Sendung mit dem Vermerk „unbekannt" an das Gericht zurückgeht. 989

Notfalls muss der Anwalt von sich aus durch Einholung von Auskünften **Zweifel klären** (siehe dazu oben Rn. 169 ff.). Das gilt insbesondere, wenn es sich bei dem Beklagten um ein Unternehmen handelt, sei es eine Einzelhandelsfirma oder eine Gesellschaft. 990

Fehler, die der Mandant oder sein Prozessbevollmächtigter (§ 85 Abs. 2 ZPO) begeht, können zur Verzögerung führen und die Fristwahrung nach § 167 ZPO 991

§ 12 Wahl der Verfahrenseinleitung

verhindern, so dass beispielsweise die Verjährungsfrist abläuft, bevor die Klage gemäß § 204 Abs. 1 Nr. 1 BGB; §§ 253 Abs. 1, 261 ZPO erhoben worden ist (siehe BGH FamRZ 1995, 1484 mit Nachw.).

992 Allerdings gilt insoweit auch der **Vertrauensgrundsatz**. Wer **umzieht**, sich aber **nicht ummeldet**, kann die Wirksamkeit der Zustellung an die alte Anschrift nicht mit dem Hinweis auf seinen neuen Wohnsitz entkräften (LG Koblenz Rpfleger 1996, 165). Sich auf diese Entscheidung zu verlassen, ist aber nicht ganz risikolos. Grundsätzlich kommt es nämlich im Zustellungsrecht für den Begriff der Wohnung nur auf das **tatsächliche Wohnen** an. Dafür ist maßgebend, wo der Zustellungsempfänger vorwiegend lebt und schläft (BGH NJW-RR 1994, 564). Die polizeiliche Meldeanschrift ist nicht ausschlaggebend (BGH NJW-RR 1986, 1083). Allein darauf hat aber das LG Koblenz in Rpfleger 1996, 165 abgestellt. Nach überwiegender Rechtsprechung hätte es in seinem Fall der Feststellung zusätzlicher Umstände bedurft (vgl. OLG Karlsruhe NJW-RR 1992, 700), etwa auf das Belassen des Namensschildes an der Tür ohne Hinweis auf den Wohnungswechsel. Die fortschrittliche Entscheidung des LG Koblenz ist gleichwohl zu begrüßen. Verstöße gegen die Ummeldepflicht sind häufig zielgerichtet, um sich dem Zugriff des Gläubigers zu entziehen. Dessen Irreführung durch den Schuldner sollte verfahrensrechtlich nicht durch Zustellungsnachteile zu Lasten des Gläubigers honoriert werden.

993 **Welche Anlagen müssen eigentlich der Klageschrift beigefügt werden, damit sie zugestellt werden kann?** Diese Frage beschäftigt die Anwälte erst seit kurzem. Stets legten sie für den anwaltlich vertretenen Gegner alle Ablichtungen bei, die der Gegenanwalt zur Information seiner Partei(en) benötigte. So erleichterte man sich wechselseitig die Arbeit. Die Kopierkosten dafür wurden als erstattungsfähig angesehen. Seit einer Entscheidung des Bundesgerichtshofes vom 5. 12. 2002 (NJW 2003, 241 = AGS 2003, 152 mit abl. Anm. *N. Schneider*; ebenso BGH NJW 2003, 349) ist das anders. Die Kopierkosten werden nunmehr den allgemeinen Geschäftskosten des Anwalts zugerechnet, die nicht zu erstatten sind.

994 Da Anwälte keine Kopieranstalten betreiben, wehren sie sich dagegen. Viele reichen mit der Klage nur noch die zur Zustellung erforderlichen Ablichtungen ein (siehe *Schneider* ZAP Fach 24, S. 473, sowie die ZAP-Kolumnen Heft 5/2003 und Heft 8/2003). Den Gerichten erschwert das die Arbeit. Deshalb halten sie dagegen.

995 Das hat zu der Kontroverse geführt, welche Ablichtungen mit eingereicht werden **müssen**. An sich ist das eindeutig. Einzureichen sind nur die zur Zustellung **erforderlichen** Unterlagen: das **Original** für das Gericht und **eine** Ablichtung für **jeden** Gegner, bei anwaltlicher Vertretung nur einmal für den Anwalt. Das war in § 189 Abs. 1 ZPO a.F. festgeschrieben und ist in die ZPO 2002 übernommen worden. Die Neufassung des Zustellungsrechts hat daran nichts geändert. Einzelheiten erspare ich mir hier. Wer sich in einem einschlägigen Fall gegen verfahrenswidrige Maßnahmen des Gerichts wehren

will, mag meinen Beitrag in ZAP Fach 24, S. 765 einsehen, der auch über die möglichen Abwehrmaßnahmen informiert.

2. Öffentliche Zustellung

Schwierigkeiten ergeben sich häufig, wenn der **Aufenthalt** einer Partei **unbekannt** und öffentliche Zustellung notwendig ist (§§ 185 ff. ZPO). „Unbekannt" (§ 185 Nr. 1 ZPO) ist der Aufenthaltsort einer Partei, wenn er allgemein und nicht nur dem Antragsteller unbekannt ist (RGZ 59, 263; OLG Hamm OLGZ 1994, 451 = JurBüro 1994, 630). Das muss der Antragsteller darlegen und **beweisen**. Glaubhaftmachung genügt nicht! 996

In der Beweisführung ist der Antragsteller frei. Er kann beispielsweise aussagekräftige behördliche Bescheinigungen vorlegen oder Erklärungen unverdächtiger Privatpersonen, deren Unterschriften beglaubigt sind, oder nachweisen, dass der Beklagte vergeblich von der Polizei auf Grund eines Haftbefehls gesucht wird (OLG Hamm FamRZ 1998, 172; ausführlich *Fischer* ZZP Bd. 107, 1994, S. 163). Die Rechtsprechung begnügt sich aber oft schon damit, dass Nachforschungen beim Einwohnermeldeamt und beim Postamt ergebnislos gewesen und Zustellungen zurückgekommen sind, weil der Empfänger unbekannt sei (BGH VersR 1987, 986; ebenso LG Berlin NJW-RR 1991, 1152; enger aber OLG Zweibrücken FamRZ 1983, 630; OLG Stuttgart Justiz 1986, 486 u. FamRZ 1991, 342; OLG Frankfurt MDR 1999, 1402). Auf die Erfolgsaussichten der Klage kommt es natürlich für die Zustellungsbewilligung nicht an (OLG Hamburg DAVorm 1983, 308). 997

Bei der **Formulierung** des **Bewilligungsgesuchs** ist darauf zu achten, dass der Text den Anforderungen der Rechtsprechung genügt. In einem Formularbuch fand ich einmal folgendes Antragsmuster: „In Sachen . . . beantrage ich, die öffentliche Zustellung der anliegenden Klageschrift nebst Terminsbestimmung zu bewilligen. Der Aufenthalt des Beklagten ist unbekannt. Ich überreiche Auskünfte der Einwohnermeldeämter von A-Stadt und B-Stadt, wonach er sich am . . . von A-Stadt nach B-Stadt abgemeldet, aber in B-Stadt nicht angemeldet hat." 998

Dieser Formulierungsvorschlag taugt nichts. Ihm ist nur zu entnehmen, dass **der Antragsteller** nicht weiß, wo der Beklagte wohnt. Die Bewilligung der öffentlichen Zustellung setzt aber voraus, dass es **niemand** weiß. Um dem Gericht diese Überzeugung zu verschaffen, ist es erforderlich, wenigstens noch bei den nächsten Angehörigen oder dem früheren Vermieter nach der Anschrift zu fragen (oben Rn. 172). Auch kommen Auskünfte von Arbeitgebern, der Gemeindeverwaltung oder einer Polizeidienststelle in Betracht. Jedenfalls sollte dem Gesuch zu entnehmen sein, dass der Kläger sich nachhaltig um Aufklärung bemüht hat, der derzeitige Aufenthaltsort des Beklagten aber trotzdem **allgemein unbekannt** geblieben ist. 999

§ 12 Wahl der Verfahrenseinleitung

Ein dem entsprechender **Antrag** könnte lauten:

> An das
>
> ... gericht
>
> In dem Rechtsstreit
>
> Faber ./. Sander
>
> beantrage ich, die öffentliche Zustellung der Klage an den Beklagten zu bewilligen.
>
> Begründung
>
> Der Aufenthalt des Beklagten ist seit ... unbekannt. Die von mir angeschriebenen Verwandten und Bekannten des Beklagten haben entweder gar nicht geantwortet oder sie wissen nichts über den derzeitigen Aufenthaltsort. Erfolglos geblieben sind auch Anfragen beim früheren Arbeitgeber und beim früheren Vermieter. Ebenso ist eine Anfrage beim Einwohnermeldeamt ... erfolglos geblieben.
>
> Beweis: Anlagen 1–5 (Anschreiben und Bescheinigung des Einwohnermeldeamts).

1000 Der übliche **zusätzliche Antrag**, auch die öffentliche Zustellung der Terminsladung zu bewilligen, ist überflüssig. Terminsladungen werden nach § 214 ZPO von Amts wegen bestimmt. Die öffentliche Zustellung ändert daran nichts. Das Gericht hat vielmehr, wenn die öffentliche Zustellung der Klage bewilligt wird, von Amts wegen, also ohne Parteiantrag, zugleich die öffentliche Zustellung der Terminsladung und des Bewilligungsbeschlusses anzuordnen. Bei Zustellungen, die von Amts wegen vorzunehmen sind, ist überhaupt kein Parteiantrag erforderlich (BGH VersR 1987, 986; OLG Köln Rpfleger 1988, 502).

3. Zustellung an einen Anwalt

1001 Innerhalb des Verfahrens wird, wenn sich auf der Gegenseite ein Anwalt bestellt hat, nach **§ 174 ZPO** zugestellt. Das schriftliche Empfangsbekenntnis des Anwalts (abgekürzt: **EB**) bestätigt durch Datierung und Unterschrift den Zeitpunkt der Zustellung. Probleme können sich ergeben, wenn der **Gegenanwalt** das **Mandat niedergelegt** hat, deshalb die Zustellung nicht annimmt und das EB nicht unterschreibt. Dann fehlt es an dem unerlässlichen Annahmewillen mit der Folge, dass die Zustellung unwirksam ist (BGH MDR 1964, 832 = VersR 1964, 1079). Das Verhalten dieses Anwalts verstößt allerdings gegen § 14 der Berufsordnung. Danach darf ein Anwalt die Mitwirkung bei der Zustellung nur verweigern, wenn diese nicht ordnungsgemäß ist. Und auch dann muss er den Absender darüber unverzüglich informieren.

1002 Im **Innenverhältnis** zum Mandanten ist der Prozessbevollmächtigte, der das Mandat niedergelegt hat, zwar berechtigt (§ 87 Abs. 2 ZPO), aber nicht verpflichtet, weiterhin als Zustellungsempfänger nach § 172 ZPO tätig zu werden.

1003 Kraft Gesetzes hat er jedoch die Vertreterstellung im **Außenverhältnis** weiterhin (§§ 87 Abs. 1, 246 Abs. 1 ZPO). Für das Verfahren ist nur das Außenverhältnis maßgebend. Insoweit bleibt der alte Prozessbevollmächtigte bis zur Bestellung eines neuen Prozessbevollmächtigten Zustellungsbevollmächtigter der Instanz für den Gegner und für das Gericht. Lehnt er es ab, eine Sendung entgegenzunehmen und das EB zu unterzeichnen, dann muss er die Sendung zurückgehen lassen und das Gericht über seine Weigerung informieren (§ 14 S. 2 BerufsO). Standeswidrig ist es, die Sendung unerledigt liegen zu lassen.

Erklärt der Rechtsanwalt des Klägers, es könne an Rechtsanwalt N.N. zugestellt werden, der den Beklagten vertrete, dann reicht das nicht aus, weil darin keine „Bestellung" (§ 172 Abs. 1 S. 1 ZPO) liegt. Es ist an den Gegner selbst zuzustellen (OLG Düsseldorf OLG-Report 2004, 364). 1004

4. Zustellungskosten

Die Klage wird bei Gericht eingereicht, also mit der Post geschickt oder in den Nachtbriefkasten eingeworfen oder auf der zuständigen Geschäftsstelle abgegeben. Um die Rechtshängigkeit zu begründen, muss sie noch zugestellt werden (§§ 253 Abs. 1, 261 Abs. 1 ZPO). Das geschieht von Amts wegen (§ 271 Abs. 1 ZPO), aber nur nach Zahlung der Gerichtskosten (§ 13 Abs. 1 S. 1 GKG mit GKG-KostVerz. Nr. 1210). Diese richten sich nach dem Streitwert und betragen bei einem Wert von 10 000 Euro: 1005

3,0-Verfahrensgebühr, GKG-KostVerz. Nr. 1210   588,00 Euro

Ratsam ist es, zusammen mit einer Ablichtung der Klageschrift an den Mandanten nach § 9 RVG einen teilweisen oder vollen Kostenvorschuss für die angefallenen Gebühren anzufordern. Das kommt bei den Mandanten in der Regel an, weil diese sehen, dass der Anwalt für sie gearbeitet hat. 1006

Der volle Vorschuss beläuft sich bei einem Streitwert von 10 000 Euro auf: 1007

1. 1,3-Verfahrensgebühr, Nr. 3100 VV	631,80 Euro
2. 1,2-Termingebühr, Nr. 3104 VV	583,20 Euro
3. Auslagenpauschale, Nr. 7002 VV	20,00 Euro
Zwischensumme	1 235,00 Euro
4. 19 % Umsatzsteuer, Nr. 7008 VV	234,65 Euro
Insgesamt	1 469,65 Euro

§ 13 Streitverkündung und Streithilfe

I. Bedeutung der Streitverkündung

Die Streitverkündung (**§ 72 ZPO**) hat in zahlreichen Verfahrenslagen erhebliche prozesstaktische Bedeutung. Einmal hemmt sie ohne besondere Klageerhebung den Lauf der Verjährungsfrist (§ 204 Abs. 1 Nr. 6 BGB). 1008

Hier ist aber gleich ein **Warnhinweis** geboten: Die Streitverkündung hemmt die **Verjährung nur** wegen derjenigen **Ansprüche**, die sich aus der **Streitverkün-** 1009

§ 13 Streitverkündung und Streithilfe

dungsschrift ergeben. Sind das beispielsweise Ansprüche aus eigenem Recht, dann wird die Verjährung nicht gehemmt, wenn die Anspruchsberechtigung später auf Abtretung gestützt wird (OLG Düsseldorf BauR 1996, 860). Auch muss der Grund der Streitverkündung genannt werden, und zwar so eindeutig, dass der Streitverkündete sich darüber klar werden kann, welche Ansprüche auf ihn zukommen können (BGH MDR 2000, 1271; 2002, 879 = VersR 2002, 489; unten Rn. 1037).

1010 Die Wirksamkeit der Streitverkündung hängt nur davon ab, dass ein Rechtsstreit **anhängig** geworden ist; Rechtshängigkeit muss noch nicht gegeben sein (BGH MDR 1985, 222).

1011 Die Streitverkündung bezieht einen **Dritten** in den Rechtsstreit ein und setzt ihn ohne Klageerhebung wesentlichen prozessualen Nachteilen aus (**Interventionswirkung** der §§ 74, 68 ZPO). Es ist daher einigermaßen erstaunlich, dass von diesen prozessstrategisch so einschneidenden Regelungen nur verhältnismäßig selten Gebrauch gemacht wird. Das gilt auch für das selbständige Beweisverfahren, in dem die Streitverkündung ebenfalls zulässig ist (§ 204 Abs. 1 Nr. 7 BGB).

1. Beratungspflicht des Anwalts

1012 Die Streitverkündungsschrift wird dem Dritten selbst zugestellt, der in diesem Stadium des Verfahrens meist noch nicht anwaltlich vertreten ist. Wendet er sich an einen Rechtsanwalt, so hat dieser ihn umfassend zu beraten. Er muss ihn darüber informieren, dass die durch Beitritt begründete Nebenintervention (§ 70 ZPO) zur **Kostenbelastung** führt, wenn die unterstützte Hauptpartei unterliegt (§ 101 Abs. 1 ZPO).

1013 Er muss ihn aber auch und vor allem darüber unterrichten, dass er nur durch den Beitritt **verfahrensrechtlich** in den Stand gesetzt wird, sich am Hauptprozess zu beteiligen, dessen Ergebnis er später nicht mehr in Zweifel ziehen kann.

1014 Eine umfassende Beratungspflicht obliegt dem Anwalt darüber hinaus gegenüber dem Kläger oder dem Beklagten als seinem Mandanten, wenn sich dieser bei Unterliegen im Rechtsstreit bei einem Dritten schadlos halten könnte. Dann wird der Anwalt ihm sogar dazu raten müssen, dem Dritten den Streit zu verkünden, um sich die **Interventionswirkung** der **§§ 74, 68 ZPO** zu sichern.

2. Rechtsschutzversicherung

1015 Ist der Mandant rechtsschutzversichert, muss der Anwalt berücksichtigen, dass es sich um eine kostenauslösende Maßnahme handelt, weil sie über § 101 ZPO im Fall eines ungünstigen Urteils zu Kostenbelastungen führen kann. Es handelt sich deshalb um eine Obliegenheit nach § 15 Abs. 1d, cc ARB, so dass eine **vorherige Abstimmung** mit dem Rechtsschutzversicherer hinsichtlich der Erfolgsaussichten notwendig ist (§ 17 ARB). Schlichtes Übersehen dieser Rechtslage hat das OLG Nürnberg (NJW-RR 1993, 602) als grobe Fahrlässigkeit des Anwalts bewertet.

Ob Leistungsfreiheit eintritt, wenn der Versicherungsnehmer nachweisen kann, dass auch bei rechtzeitiger Information Deckungsschutz für die Streitverkündung hätte erteilt werden müssen, ist umstritten und wird wohl überwiegend verneint (*Harbauer*, Rechtsschutzversicherung, 7. Aufl., 2004, § 15 ARB 75 Rn. 29; OLG Nürnberg a.a.O.). Im Ergebnis kann das dazu führen, dass der Anwalt gegenüber seinem Mandanten wegen Verletzung des Mandatsvertrages den **Vergütungsanspruch** verliert. 1016

II. Soll überhaupt der Streit verkündet werden?

Um diese Frage beantworten zu können, ist vorab in tatsächlicher und in rechtlicher Hinsicht zu klären, ob ein Dritter in Anspruch genommen werden kann, wenn der Mandant als Kläger oder Beklagter den Prozess verlieren sollte. Solche Fälle kommen häufig im **Werkvertragsrecht** vor, etwa wenn der Bauherr seinen Bauunternehmer wegen Baumängeln in Anspruch nimmt, die Arbeiten aber von einem Subunternehmer ausgeführt worden sind, der dem Unternehmer für die Mängel haften würde. Dann wird der verklagte Bauunternehmer seinem Subunternehmer den Streit verkünden. 1017

Der gerichtliche Sachverständige ist kein „Dritter" im Sinne des § 72 Abs. 1 ZPO. Als Gehilfe des Gerichts steht er nicht außerhalb des Prozesses, so dass eine Streitverkündung an ihn unzulässig ist (BGHReport 2006, 1497; so jetzt § 72 Abs. 2 ZPO n.F.). 1018

1. Streitverkündung gegenüber einem Anwalt

Auch gegenüber einem Anwalt kommt die Streitverkündung in Betracht. Vielfach handelt es sich dann um verfahrensrechtliche Fehler oder Versäumnisse des Anwalts, die der später vom Auftraggeber mandatierte neue Anwalt erkennt und auf die er hinweisen muss (*Feuerich/Weyland*, BRAO, 6. Aufl., 2003, § 51b Rn. 33). 1019

Angenommen, ein Anwalt hat ohne Rücksprache mit dem Mandanten und ohne Widerrufsvorbehalt einen **Prozessvergleich** abgeschlossen, der den Mandanten vermeidbar benachteiligt. Der Mandant beauftragt einen anderen Anwalt damit, die Unwirksamkeit des Vergleichs wegen Formmangels oder materiell-rechtlich wegen Anfechtung oder fehlender Geschäftsgrundlage feststellen zu lassen. Das geschieht dann durch Fortsetzung des alten Rechtsstreits (BGHZ 142, 254). In diesem Rechtsstreit muss der neue Prozessbevollmächtigte dem alten Prozessbevollmächtigten den Streit verkünden, weil dieser bei ungünstigem Ausgang des Rechtsstreits für den Mandanten schadensersatzpflichtig ist.

2. Interessenkonflikte

Zu einem Interessengegensatz kann es kommen, wenn es um die Streitverkündung gegenüber einem Dritten geht und der **Prozessbevollmächtigte** des **Streitverkünders** auch diesen **Dritten vertreten** will. 1020

§ 13 Streitverkündung und Streithilfe

Beispiel:

Der **Bauunternehmer** B führt Kanalarbeiten aus. Er wird von A auf Schadensersatz verklagt mit der Behauptung, bei Kranarbeiten sei der Personenkraftwagen des A schwer beschädigt worden. B, der aus § 831 BGB für den Kranfahrer C als seinen **Verrichtungsgehilfen** haften könnte, bestreitet, dass das Fahrzeug des A bei Kranarbeiten beschädigt worden sei. Für den Fall seines Unterliegens will er sich bei C schadlos halten, weil dieser dann ihm gegenüber nach § 840 Abs. 2 BGB alleine hafte (von arbeitsrechtlichen Besonderheiten sei abgesehen). Sein Anwalt verkündet dem C deshalb den Streit. C will im Rechtsstreit auf Seiten des B beitreten und möchte sich ebenfalls durch dessen Prozessbevollmächtigten vertreten lassen.

1021 Soweit auch C die Schadensverursachung durch Kranarbeiten bestreiten will, vertritt er gleichgerichtete Interessen wie B. Für den Fall einer Verurteilung des B sieht es anders aus. Denn dann kommt ein Rückgriff des B gegen C nur in Betracht, wenn C schuldhaft gehandelt hat (§ 823 Abs. 1 BGB). An einer dahingehenden Feststellung kann aber nur B interessiert sein, nicht auch C, der bei fehlendem Verschuldensnachweis weder dem A noch dem B haftet. Die Rechtsverteidigung des C zum Verschulden kann sich zudem auf die Führung des dem B nach § 831 S. 2 BGB möglichen Entlastungsbeweises auswirken. Ein **Interessenkonflikt** muss deshalb im Ergebnis bejaht werden. Der Prozessbevollmächtigte des B darf den Streitverkündungsempfänger C nicht vertreten.

1022 Ein anderer **Fall**:

Ein **Minderjähriger** war von A auf Schadensersatz wegen Sachbeschädigung verklagt worden. Er beantragte Klageabweisung mit der Begründung, weder habe er die Tat begangen noch hafte er, weil er geistig gestört sei (§ 827 S. 1 BGB). Diese Einlassung nahm A zum Anlass, dem **Vater** des Beklagten den Streit zu verkünden: Wenn der Beklagte für die Tat nicht verantwortlich sei, dann hafte der Vater nach § 832 BGB wegen Verletzung seiner Aufsichtspflicht.

1023 Will der Vater dem beklagten Sohn als Streithelfer beitreten, dann muss er sich einen eigenen Anwalt nehmen. Der Prozessbevollmächtigte des beklagten Sohnes darf ihn wegen möglichen Interessengegensatzes nicht vertreten. Soweit es um den Haftungsausschluss nach § 827 S. 1 BGB geht, liegt es im Interesse des beklagten Sohnes, völlig haftungsfrei zu werden, während der Vater schon im Hinblick auf das Maß seiner Aufsichtspflicht objektiv daran interessiert sein muss, dass B mit diesem Einwand nicht durchdringt. Darauf aber kommt es an, weil der den Vater vertretende Anwalt diesen objektiv beraten und vertreten muss. Ob der Vater subjektiv daran interessiert ist, seinen Sohn wegen Vorliegens der Voraussetzungen des § 827 S. 1 BGB haftungsfrei zu sehen, ist für das Bestehen eines Interessenkonflikts unerheblich.

1024 Doch selbst wenn man entgegen der hier vertretenen Ansicht auf die **subjektive Interessenlage** und damit auf die entsprechenden Weisungen des Streitverkündeten abstellt, sollte ein Anwalt dessen Vertretung nicht übernehmen. Er könnte sich am Ende damit erheblichen Ärger einhandeln, beispielsweise weil seine zuständige Rechtsanwaltskammer oder gar die Strafverfolgungsbehörde (§ 356 StGB) das anders sieht.

3. Sachdienlichkeitserwägungen

Eine Streitverkündung kann unzweckmäßig sein, weil das mit ihr verbundene **Kostenrisiko** zu hoch ist. Angenommen, im Rechtsstreit Gold gegen Silber rechnet sich Gold im Falle seines Unterliegens Regressansprüche gegen Kupfer aus. Verkündet er ihm den Streit, tritt Kupfer dann aber auf Seiten des Silber bei, kann es für Gold teuer werden. Wird nämlich seine Klage abgewiesen, hat er nicht nur dem Silber dessen Anwaltskosten zu erstatten (§ 91 ZPO), sondern zusätzlich noch dem Kupfer dessen Streithilfekosten (§ 101 ZPO). Je zweifelhafter daher der vom Streitverkündenden erwogene Regressanspruch oder dessen spätere Durchsetzung ist, umso größer ist sein Kostenrisiko und umso mehr sind Bedenken gegen eine Streitverkündung angebracht.

1025

4. Streitverkündung nach Urteilserlass

Es kann auch der Fall eintreten, dass die Notwendigkeit einer Streitverkündung erst durch ein Urteil erkennbar wird. Nehmen wir an, der Bauherr A verklagt den Bauunternehmer B wegen mangelhafter Werkausführung. Das Gericht beschließt, das Gutachten eines Sachverständigen einzuholen. Dieser kommt zu dem Ergebnis, nicht der Bauunternehmer, sondern der Architekt sei verantwortlich. Das Gericht folgt diesen Ausführungen und weist die Klage ab. Der Kläger hat jetzt noch die Möglichkeit, **fristwahrend Berufung einzulegen** und zugleich dem Architekten den **Streit** zu **verkünden**. Dieser kann dann dem Kläger beitreten und zu seinem eigenen Schutz auf eigene Kosten das Berufungsverfahren betreiben (§ 67 ZPO; OLG Karlsruhe VersR 1998, 386). Unterlässt er das, dann treten die Interventionswirkungen des § 68 ZPO ein. Der Architekt kann sich später nicht darauf berufen, der Kläger habe den Rechtsstreit mangelhaft geführt und ihm, dem Architekten, sei es nicht möglich gewesen, Angriffs- oder Verteidigungsmittel geltend zu machen. Denn zu diesen rechnet auch das Berufungsverfahren (*Wieczorek/Schütze/Mansel*, ZPO, 3. Aufl., 1994, § 68 Rn. 146).

1026

Zweifelhaft ist allerdings, ob die Interventionswirkung zu Lasten des Architekten auch dann eintritt, wenn die **Berufung** wegen der durch §§ 513, 520, 529 ZPO gesetzten Hürden **unzulässig** ist. Das ist wohl zu verneinen, weil der Streitverkündete in diesem Fall im Berufungsverfahren gar nicht vortragen kann. Der Kläger hätte ihm schon erstinstanzlich spätestens sofort nach Kenntnis des Sachverständigengutachtens den Streit verkünden können und sollen. Sein Anwalt hätte ihn entsprechend beraten müssen. Der Architekt hätte dann beitreten und anlässlich der Verhandlung über die Beweisaufnahme (§ 285 ZPO) vortragen können.

1027

5. Beitrittsfreiheit

Der Streitverkündungsempfänger ist in seiner Entscheidung frei, welcher Partei er beitritt. Er ist also keineswegs darauf beschränkt, dem Streitverkünder beizutreten. Er kann auch dessen Prozessgegner beitreten (BGH VersR 1985, 80).

1028

§ 13 Streitverkündung und Streithilfe

Auch ist er berechtigt, nunmehr seinerseits einem Dritten den Streit zu verkünden (§ 72 Abs. 2 ZPO), und zwar auch dann, wenn er selbst im Rechtsstreit nicht beitritt (*Stein/Jonas/Bork*, ZPO, 22. Aufl., 2004, § 72 Rn. 16).

1029 Beitreten wird der Streitverkündete im Zweifel derjenigen Partei, die sich der Regressansprüche gegen ihn berühmt, falls sie unterliegt. Dieser Beitritt muss nicht endgültig sein. Seine **Zurücknahme** ist entsprechend § 269 Abs. 2 ZPO zulässig, löst dann allerdings auch die Kostenfolge des § 269 Abs. 3 ZPO aus (KG MDR 1959, 401), das heißt, der Streithelfer muss die ihm entstandenen Kosten selbst tragen.

1030 Der zurückgetretene Streithelfer ist sodann wieder in seiner Entschließung frei. Er kann nunmehr auch der anderen Partei beitreten, falls ihm dies zur Wahrung seiner Rechtsstellung angebracht erscheint (BGHZ 18, 110 = NJW 1955, 1316). Selbst der zuerst unterstützten Partei kann er erneut beitreten (BGH a.a.O.).

6. Verkündungsfreiheit

1031 Möglich ist auch eine **doppelte Streitverkündung**. Dazu kommt es, wenn sowohl der Kläger als auch der Beklagte einem Dritten den Streit verkünden. Dann heben sich die Wirkungen der Streitverkündung nicht etwa auf, sondern jede Streitverkündung führt zur Bindungswirkung zwischen den beiden Beteiligten.

1032 Im **Streitgenossenprozess** kann es sogar dazu kommen, dass die Streitgenossen sich **untereinander** den Streit verkünden, etwa bei Streitgenossenschaft auf der Klägerseite ein Kläger dem anderen (*Stein/Jonas/Bork*, ZPO, 22. Aufl., 2004, § 72 Rn. 3) oder bei Streitgenossenschaft auf der Beklagtenseite ein Beklagter dem anderen, etwa der Kfz-Haftpflichtversicherer seinem Versicherten (OLG Karlsruhe VersR 1998, 386).

1033 Dadurch wird auch im Innenverhältnis der Lauf der Verjährungsfrist gehemmt (§ 204 Abs. 1 Nr. 6 BGB). Diese Möglichkeiten der Streitverkündung und ihre Rechtsfolgen werden leicht übersehen. Das kann einen Prozessbevollmächtigten regresspflichtig machen.

7. Kostenrisiko des Streitverkündeten

1034 Das Kostenrisiko (§ 101 ZPO) ist das einzige prozessuale Risiko des Streitverkündeten. Ansonsten bringt ihm der **Beitritt** nur **Vorteile**, weil er in die Lage versetzt wird, zugunsten der von ihm unterstützten Partei alle möglichen Angriffs- und Verteidigungsmittel und sonstigen Prozesshandlungen wirksam vorzunehmen. Er darf sich nur nicht mit dem Vorgehen der unterstützten Partei in Widerspruch setzen (§ 67 ZPO). Doch dazu hat er ohnehin im eigenen Interesse keinen Anlass.

1035 Selbst das Kostenrisiko kann durch eine außergerichtliche **Vereinbarung ausgeschlossen** werden. Dazu muss sich der als Streitverkündungsempfänger in Betracht kommende Dritte verpflichten, die Wirkungen der Streitverkündung ohne Beitritt gegen sich gelten zu lassen, wenn der Streitverkündende unterliegt. Er muss also das demnächst ergehende Urteil ohne Streitverkündung und ohne Beitritt bedingungslos akzeptieren und verliert das Recht, die Verjährungseinrede zu erheben. Mit einer solchen Kosten sparenden Regelung werden am ehesten Haftpflichtversicherer einverstanden sein. Auch gegenüber Anwälten oder Notaren, denen für den Unterliegensfall der Regress angedroht worden ist, kommt der Vorschlag einer solchen außergerichtlichen Vereinbarung in Betracht.

8. Stellung des Streitverkünders

Dem Streitverkünder ist die Streitverkündung **ausschließlich günstig**. Die Interventionswirkung trifft nur den Streitverkündeten (BGHZ 100, 262 = NJW 1987, 1894; *Zöller/Vollkommer*, ZPO, 25. Aufl., 2005, § 68 Rn. 6; anders eine nur im Schrifttum vertretene Mindermeinung, z.B. *Stein/Jonas/Bork*, ZPO, 22. Aufl., 2004, § 68 Rn. 12; *Wieczorek/Schütze/Mansel*, ZPO, 3. Aufl., 1994, § 67 Rn. 141). Der Streitverkünder ist also im Folgeprozess nicht gebunden. Er kann auch darauf verzichten, dem Streithelfer die Interventionswirkung entgegenzuhalten, und gewinnt dadurch die Möglichkeit, neu und anders vorzutragen. Allerdings entfällt dann die Interventionswirkung insgesamt. Teilbar ist sie nicht, so dass der Streitverkünder sich nicht aus den tatsächlichen Feststellungen des Vorprozesses die ihm günstigen herauspicken kann (BGH NJW-RR 1989, 767 = MDR 1989, 539; OLG Köln OLGZ 1994, 575).

III. Die Form der Streitverkündung

1. Schriftsatzzwang

Wer einem Dritten den Streit verkünden will, muss dazu einen Schriftsatz einreichen, in dem der Grund der Streitverkündung und der Verfahrensstand des Rechtsstreits anzugeben ist. Dieser Schriftsatz wird dem Dritten zugestellt und dem Gegner abschriftlich bekannt gegeben. Mit der Zustellung wird die Streitverkündung wirksam (§ 73 ZPO).

Der Schriftsatz muss alle Angaben enthalten, die für die Entschließung des Dritten zum Beitritt wesentlich sind, und alle Formalien, die der Dritte im Beitritts-Schriftsatz zu beachten hat (vgl. dazu **§ 70 ZPO**). Dazu gehören:
- das volle Klagerubrum,
- die ladungsfähige Anschrift des Streitverkündeten,
- Ausführungen dazu, dass und warum der Streitverkündende sich eines möglichen Regressanspruches gegen den Dritten berühmt,
- Mitteilung über den derzeitigen Stand des Rechtsstreits, tunlichst unter Beifügung von Ablichtungen der Klageschrift und aller weiteren bereits gewechselten Schriftsätze.

§ 13 Streitverkündung und Streithilfe

2. Muster eines Streitverkündungs-Schriftsatzes

Streitverkündung

In dem Rechtsstreit
Franz Faber, Waldweg 50, X-Stadt

Kläger

– Prozessbevollmächtigter: Rechtsanwalt Tüchtig in X-Stadt –
gegen
Siegfried Sander, Wiesenpfad 60, X-Stadt,

Beklagten

– 1 C 120/06 AG X-Stadt –

verkünde ich Herrn Dieter Donner, Baumallee 70, X-Stadt, gem. §§ 72 ff. ZPO den Streit mit der Aufforderung, dem Rechtsstreit auf Seiten des Klägers beizutreten.

Begründung

Der Kläger macht gegen den Beklagten einen Kaufpreisanspruch geltend. Der Streitverkündete, ein Mitarbeiter des Beklagten, hatte in dessen Namen beim Kläger einen Computer nebst Drucker bestellt. Der Beklagte hat in seiner Klageerwiderung behauptet, der Streitverkündete habe diese Bestellung eigenmächtig und ohne Vollmacht aufgegeben; den Computer nebst Drucker besitze der Beklagte auch nicht. Falls diese Behauptungen zutreffen und der Kläger deshalb im Rechtsstreit unterliegen sollte, hat er gegen den Streitverkündeten als Vertreter ohne Vertretungsmacht Erfüllungs- oder Schadensersatzansprüche gem. § 179 BGB. Diese Ansprüche stehen in einem rechtlichen Alternativverhältnis zum vertraglichen Anspruch gegen den Beklagten, so dass die Streitverkündung zulässig ist.

Der Stand des Rechtsstreits ergibt sich aus den beiliegenden Unterlagen (Klageschrift, Klageerwiderung, Anordnung des schriftlichen Vorverfahrens). Ein Termin zur mündlichen Verhandlung ist noch nicht bestimmt worden.

Rechtsanwalt

1039 In dieses Schriftsatz-Muster ist das volle Rubrum aufgenommen worden. Wenn – wie im Schriftsatz-Muster – die **Klageschrift** in **Ablichtung beigefügt** wird, genügt auch die übliche Kurzbezeichnung („In dem Rechtsstreit Faber ./. Sander ..."), da sich die genauen Parteiangaben aus der abgelichteten Klageschrift ergeben.

IV. Beitritt des Streitverkündeten

1. Form des Beitritts

Beigetreten wird in erster Instanz durch Einreichung eines Schriftsatzes beim Prozessgericht. Tritt der Streitverkündete erst nach Urteilserlass bei, kann er dies auch mit der Einlegung einer eigenen Berufung verbinden (§ 70 Abs. 1 S. 1 ZPO; oben Rn. 1026). Er muss dann aber auch seinen Beitritt spätestens in der Berufungsschrift erklären, anderenfalls seine Berufung als unzulässig zu verwerfen ist. Der Beitritt muss jedoch nicht wörtlich und ausdrücklich erklärt werden, sondern er kann sich auch durch Auslegung ergeben, etwa bei einer Berufung „durch den Streitverkündeten" (BGH NJW 1994, 1537). Ein Anwalt sollte aber nicht auf eine derartige „wohlwollende Auslegung" vertrauen, sondern den Beitritt eindeutig erklären (so das OLG Hamm NJW-RR 1994, 1277). 1040

Während die Streitverkündung nicht dem Anwaltszwang unterliegt (BGHZ 92, 254 = NJW 1985, 328), ist der **Beitritt im Verfahren mit Anwaltszwang** nur zulässig durch Einreichung eines von einem postulationsfähigen Rechtsanwalt unterschriebenen Schriftsatzes (BGH a.a.O.; NJW 1991, 230). 1041

Die Rechtsprechung stellt nur geringe Anforderungen an den **Inhalt** des Beitritts-Schriftsatzes. So genügt für die Angabe des Interesses (§ 70 Abs. 1 S. 2 Nr. 2 ZPO) schon die Verweisung auf den Streitverkündungs-Schriftsatz (OLG Düsseldorf NJW 1997, 443). Erweitert der Kläger später die Klage und setzt sich der Streithelfer damit schriftsätzlich auseinander, kann darin eine konkludente Erweiterung des Beitritts gesehen werden (OLG Düsseldorf a.a.O.). 1042

2. Beitritt ohne Streitverkündung

Nach **§ 66 ZPO** ist der Beitritt zu einem zwischen anderen Personen anhängigen Rechtsstreit auch **ohne Streitverkündung** zulässig, wenn ein Dritter ein **rechtliches Interesse** daran hat, dass eine der Hauptparteien obsiege. Auch dann treten die Interventionswirkungen der §§ 68, 74 ZPO ein. 1043

Einen instruktiven Fall für das Interesse am Beitritt ohne Streitverkündung hat das OLG Frankfurt (VersR 1996, 212 m. Anm. *Draschka*) entschieden: Werden Versicherter und Haftpflichtversicherer gemeinsam verklagt und lässt der Versicherte **Versäumnisurteil** gegen sich ergehen, kann der Versicherer bei Verdacht eines **verabredeten Unfalls** dem Versicherten, also dem eigenen Streitgenossen, als Streithelfer beitreten, um durch Einlegung des **Einspruchs** den Eintritt der Rechtskraft des Versäumnisurteils zu verhindern. Problematisch in diesem Fall war allerdings, dass es sich offenbar um einen „getürkten Unfall" gehandelt hatte und der daran beteiligte Versicherte deshalb darauf bedacht war, dass gegen ihn Versäumnisurteil ergehe. Der Einspruch stand daher in Widerspruch zum prozessualen Verhalten des Versicherten, so dass seine Beachtlichkeit zweifelhaft war (§ 67 ZPO). 1044

Praktische Bedeutung hat § 66 ZPO im Übrigen nicht. Keine Partei wird so töricht sein, sich unaufgefordert in einen fremden Prozess einzumischen. Ein 1045 besonnener Dritter wartet ab, wie der fremde Rechtsstreit ausgeht, und setzt sich nicht freiwillig den Interventionswirkungen und dem Kostenrisiko eines Beitritts aus.

3. Zeitpunkt des Beitritts

1046 Zu welchem Zeitpunkt der Streitverkündete sich durch Beitrittserklärung am Rechtsstreit beteiligt, steht ihm frei. **Verzögert** er den Beitritt, schadet er sich selbst, weil die Interventionswirkungen, also die Ergebnisse des bisherigen Verfahrens, an den Zeitpunkt anknüpfen, zu dem der Beitritt **möglich** gewesen ist (**§ 74 Abs. 3 ZPO**). Wer seinen Beitritt verzögert, verpasst daher die Gelegenheit, frühzeitig auf den Gang des Verfahrens Einfluss zu nehmen, und kann dem Gegner später nicht mangelhafte Prozessführung vorwerfen (§ 68 ZPO). Auch muss er damit rechnen, dass gegenüber der Hauptpartei Präklusionsrecht angewandt wird und dies seine Rechtsstellung schwächt (BGH JZ 1989, 807, 808).

4. Umfang des Beitritts

a) Stellung richtiger Anträge

1047 Erfahrungsgemäß kommt es immer wieder vor, dass der Anwalt des Streitverkündeten mit der gedankenlosen Floskel beitritt, er schließe sich den Anträgen der von ihm unterstützten Partei an. Die Folge ist, dass sich der Streitwert der Nebenintervention nach dem **Wert der Hauptsache** richtet. Das kann zu kostenmäßig geradezu widersinnigen Ergebnissen führen. Angenommen, der Kläger klagt gegen den Beklagten auf Zahlung von 100 000 Euro. Der Streitverkündete tritt bei und schließt sich diesem Klageantrag an, obwohl ihm nur ein Regress in Höhe von vielleicht 20 000 Euro droht. Dann läuft es einer wirtschaftlichen Betrachtungsweise gänzlich zuwider, dass der Anwalt des Streithelfers gegenüber seinem Mandanten nach einem Streitwert von 100 000 Euro abrechnet und der unterliegende Beklagte nach diesem Streitwert die Kosten des Streithelfers zu erstatten hat (§ 101 ZPO). Zunehmend stellt die Rechtsprechung deshalb bei der **Bemessung** des **Streitwerts** für die durchgeführte Nebenintervention ungeachtet der Anträge des Streithelfers nur auf sein **Interesse** am **Beitritt** ab (oben Rn. 593 f.).

1048 Diese Auslegung setzt allerdings voraus, dass sie auch mit dem Sachvortrag des Streithelfers übereinstimmt. Dieser muss sich auf dasjenige Vorbringen beschränken, das seine Regressstellung betrifft. Setzt sich der Streithelfer auch mit Vorbringen des Streitverkünders und/oder dessen Gegner auseinander, das für den ihm möglicherweise später drohenden Rückgriff unerheblich ist, dann spricht das für einen umfassenden Beitritt (OLG Düsseldorf NJW 1997, 443).

1049 Angesichts einer beachtlichen **Gegenmeinung** – Wert der Hauptsache bei uneingeschränktem Beitritt –, die sich auf BGHZ 31, 144 (= NJW 1960, 42) stützt, muss ein Anwalt, der den „sichersten Weg" einhält, vorsorglich von der Festsetzung eines hohen Streitwerts der Hauptsache ausgehen. Es ist daher eine Verletzung der Pflicht aus dem Mandatsvertrag, wenn er sich den Anträgen der Hauptpartei anschließt, obwohl dem von ihm vertretenen Streithelfer nur ein wesentlich geringerer Regress droht. Das kann ihn schadensersatzpflichtig machen. Er darf dann im Innenverhältnis zum Mandanten nur nach dem Streitwert abrechnen, der dem Abwehrinteresse des Mandanten entspricht. Der sorgfältig arbeitende Anwalt wird daher vor dem Beitritt genau klären, in welcher Höhe der Streitverkündete einen Regressanspruch zu befürchten hat. Nur in Höhe dieses Betrages wird er sich dem Antrag derjenigen Partei anschließen, der er beitreten will. Die beste **Kontrollmaßnahme** ist es deshalb, in dem Beitritts-Schriftsatz einen **eigenen Antrag** des Streithelfers zu formulieren.

b) Kostenerstattung

Beschränkt der Anwalt den Beitritt seines Mandanten auf einen Teil des vom Kläger gegen den Beklagten geltend gemachten Anspruchs, dann erfallen seine Gebühren, wie bereits erwähnt, auch nur nach diesem Teil-Streitwert. **Unterliegt der Gegner** der vom Streithelfer unterstützten Partei **voll**, dann hat er dem Streithelfer dessen Kosten voll zu erstatten. 1050

Unterliegt der Gegner nur zu einem **Bruchteil**, der jedoch den **Antrag des Nebenintervenienten** abdeckt, dann ist der Umfang seiner Kostenerstattungspflicht streitig. Nach MünchKommZPO/*Belz* (2. Aufl., 2000, § 101 Rn. 13; ebenso *Zöller/Herget*, ZPO, 26. Aufl., 2007, § 101 Rn. 2 a.E.) ist der teilweise unterlegene und nur mit einem Bruchteil der Kosten belastete Gegner nur verpflichtet, die Interventionskosten entsprechend seiner Kostenquote zu erstatten. Nach OLG Saarbrücken (MDR 1996, 967; 2005, 778) hat er hingegen auch in diesem Fall die Interventionskosten voll zu erstatten. 1051

Obsiegt die vom Streithelfer unterstützte Partei, dann ist im Urteil auch über die Kosten der Nebenintervention zu entscheiden. Wird das vergessen, kann der Streithelfer noch nach Rechtskraft des Urteils dessen Ergänzung beantragen (§ 321 ZPO). Er muss dabei die Zweiwochenfrist des § 321 Abs. 2 ZPO wahren. Die beginnt jedoch erst mit **Zustellung** des Urteils **an ihn**, die regelmäßig unterbleibt, weil er nicht Partei ist (*Zimmermann*, ZPO, 7. Aufl., 2006, § 67 Rn. 8; siehe unten Rn. 1053). Dann ist er mangels Zustellung an keine Frist gebunden (BGH MDR 2005, 526). 1052

§ 13 Streitverkündung und Streithilfe

5. Muster eines Beitritts-Schriftsatzes

An das
Amtsgericht
X-Stadt

Streitverkündungs-Beitritt

In dem Rechtsstreit
Faber ./. Sander
– 1 C 120/06 –

bestelle ich mich für den Streitverkündeten Dieter Donner. Der Streitverkündete tritt dem Rechtsstreit auf Seiten des Klägers bei. In der mündlichen Verhandlung wird er beantragen,

den Beklagten zu verurteilen, an den Kläger 5 000 Euro zu zahlen.

Der Antrag des Streithelfers bleibt hinter dem Antrag des Klägers zurück, weil dem Streithelfer nur wegen eines Betrages von 5 000 Euro der Rückgriff des Klägers angedroht worden ist.

In der Sache schließt sich der Streithelfer den Ausführungen des Klägers an und ergänzt diese wie folgt: . . .

Rechtsanwalt

6. Muster eines Ergänzungsantrags

An das
Amtsgericht
X-Stadt
Betrifft:
Faber ./. Sander
– 1 C 120/06 –

Der Kläger hat mir mitgeteilt, dass in dieser Sache am ... ein der Klage stattgebendes Urteil verkündet worden ist. Versehentlich ist nicht über die Kosten der Nebenintervention entschieden worden. Ich beantrage daher gemäß § 321 ZPO,

das Urteil hinsichtlich der Kostenentscheidung zur Nebenintervention zu ergänzen.

Die Nichtwahrung der Zweiwochenfrist des § 321 ZPO ist unschädlich, da mir das Urteil nicht zugestellt worden ist (BGH MDR 2005, 526).

Rechtsanwalt

V. Informationszwang und Zustellung

Der Streitverkündungsempfänger ist ab seinem Beitritt am Hauptverfahren zu beteiligen (§ 71 Abs. 3 ZPO). Ihm sind **Ablichtungen** aller **Schriftsätze** und sonstiger **Verfahrensvorgänge** zuzusenden (MünchKommZPO/*Schilken*, 2. Aufl., 2000, § 71 Rn. 11). Eine **Zustellung** des demnächst ergehenden **Urteils unterbleibt** hingegen. Das erklärt sich daraus, dass der Streithelfer zwar eine eigene Berufung zugunsten der von ihm unterstützten Partei einlegen kann, sich die Berufungsfrist des § 517 ZPO aber nur nach der Zustellung an die Hauptpartei richtet (BGH MDR 1986, 36). In der Praxis unterbleibt deshalb häufig auch eine Übersendung des Urteils an den Streithelfer. Das ist verfahrenswidrig. Er muss über ein verkündetes **Urteil** durch **formlose Mitteilung** informiert werden (*Wieczorek/Schütze/Mansel*, ZPO, 3. Aufl., 1994, § 67 Rn. 57; *Zöller/Vollkommer*, ZPO, 26. Aufl., 2007, § 69 Rn. 5). Sonst läuft er Gefahr, dass er von der Verkündung des Urteils erst erfährt, wenn die durch Zustellung an die Hauptpartei in Lauf gesetzte Berufungsfrist bereits verstrichen ist. 1053

Der Anwalt des Streithelfers kann sich jedoch erfahrungsgemäß nicht darauf verlassen, dass ihm ein verkündetes Urteil formlos mitgeteilt wird. Er sollte sich deshalb mit der von ihm unterstützten Partei in Verbindung setzen und sich von ihr darüber informieren lassen, was im Verkündungstermin herausgekommen ist. Im Falle eines ungünstigen Urteils kann er sich nach dem **Beginn** der **Berufungsfrist erkundigen** und sich aufgrund des Urteilsinhaltes darüber schlüssig werden, ob er selbst Berufung einlegt, falls die von ihm unterstützte Partei davon absehen will. 1054

VI. Befugnisse des Streithelfers

1. Stellung im Prozess

Der Nebenintervenient wird **nicht Partei**. Seine Rechtsstellung ist deshalb beschränkt (§ 67 ZPO). Auf eine Kurzformel gebracht, lässt sich das so ausdrücken: Ihm ist alles **gestattet**, was der **Unterstützung seiner Hauptpartei** dient, und alles **untersagt**, was **deren Vorgehen** im Prozess **widerspricht**. 1055

Verwehrt sind dem Streithelfer daher vor allem **Prozesshandlungen** wie die Klagerücknahme, Klageeinschränkung und Klageerweiterung, die Erklärung der Hauptsache für erledigt, der einseitige Vergleichsabschluss mit dem Gegner der von ihm unterstützten Partei, die Abgabe eines Anerkenntnisses oder einer Verzichtserklärung. 1056

Materiell-rechtliche Willenserklärungen mit Wirkungen für die von ihm unterstützte Partei kann er überhaupt nicht verbindlich abgeben. Er kann also weder die Aufrechnung mit einer Forderung der Hauptpartei erklären (BGH NJW 1964, 302) – wohl mit einer eigenen Forderung! (BGH a.a.O.) – noch anfechten oder vom Vertrag zurücktreten. 1057

1058 Erklärungen hingegen, die nicht rechtsgestaltend wirken, also bloße **Einreden** und **Einwendungen**, darf er zugunsten der Hauptpartei geltend machen, etwa die Einrede der Verjährung (BGH VersR 1985, 80) oder die Gehörsrüge des § 321a ZPO mit der Begründung einlegen, ihm oder der Hauptpartei sei rechtliches Gehör versagt worden, oder sich mit einer Entscheidung im schriftlichen Verfahren einverstanden erklären (BayObLG NJW 1964, 302) oder sich auf ein Zurückbehaltungsrecht der Hauptpartei berufen (*Wieczorek/Schütze/Mansel*, ZPO, 3. Aufl., 1994, § 67 Rn. 28). **Widerspricht** die **Hauptpartei** allerdings diesen Erklärungen, dann sind sie unbeachtlich (*Wieczorek/Schütze/Mansel*, § 67 Rn. 15 ff.).

1059 Da der Streithelfer durch seinen Beitritt im Rechtsstreit **nicht Partei** wird, ist seine Parteivernehmung verfahrensrechtlich ausgeschlossen. Das hindert aber nicht, ihn als **Zeugen** zu vernehmen (MünchKommZPO/*Schilken*, 2. Aufl., 2000, § 67 Rn. 3; *Musielak/Weth*, ZPO, 5. Aufl., 2006, § 67 Rn. 2), und zwar über alle Tatsachen, die ausschließlich andere Streitgenossen betreffen (OLG Hamm VersR 1987, 351). Ist die Klage gegen einen von mehreren Beklagten unschlüssig, darf er als Streitgenosse über Tatsachen vernommen werden, die für die Entscheidung gegen andere Beklagte erheblich sind (OLG Hamm NJW-RR 1986, 391).

2. Spätere Rechtsstellung des Streithelfers

1060 Die Interventionswirkung, die nur zugunsten, nicht zu Ungunsten der streitverkündenden Partei eintritt (OLG Köln OLGZ 1994, 573), ist in **§ 68 ZPO** geregelt:

„Der Nebenintervenient wird im Verhältnis zu der Hauptpartei mit der Behauptung nicht gehört, dass der Rechtsstreit, wie er dem Richter vorgelegen habe, unrichtig entschieden sei; er wird mit der Behauptung, dass die Hauptpartei den Rechtsstreit mangelhaft geführt habe, nur insoweit gehört, als er durch die Lage des Rechtsstreits zur Zeit seines Beitritts oder durch Erklärungen und Handlungen der Hauptpartei verhindert worden ist, Angriffs- oder Verteidigungsmittel geltend zu machen, oder als Angriffs- oder Verteidigungsmittel, die ihm unbekannt waren, von der Hauptpartei absichtlich oder durch grobes Verschulden nicht geltend gemacht sind."

1061 Diese Rechtsfolge tritt nur ein, wenn ein der unterstützten Hauptpartei **ungünstiges rechtskräftiges Sachurteil** vorliegt, oder – was zulässig ist – wenn die Parteien das außergerichtlich durch einen Interventionsvertrag vereinbart haben (OLG Düsseldorf NJW-RR 1993, 1471; Nachweise aus dem Schrifttum bei *Stein/Jonas/Bork*, ZPO, 22. Aufl., 2004, § 68 Rn. 27 Fn. 81). Die Rechtsfolge bezieht sich nur auf Feststellungen, auf denen das Urteil beruht, nicht auf überschießende Feststellungen oder obiter dicta (BGH MDR 2004, 464).

1062 Welches die tragenden Feststellungen des Urteils sind, also seine Begründungselemente, beurteilt sich unabhängig von der Auffassung des Erstgerichts nach objektiv zutreffender rechtlicher Beurteilung (BGH MDR 2004, 464; OLG Hamm NJW-RR 1996, 1506).

VI. Befugnisse des Streithelfers

Die Interventionswirkung tritt auch ein, wenn beide Parteien Berufung einlegen, ihre Rechtsmittel aber vergleichsweise zurücknehmen und dadurch die Rechtskraft des Urteils herbeiführen (BGH MDR 1969, 753).

1063

Unterliegt die Hauptpartei, weil sie an ihrer Beweislast gescheitert ist, dann bedeutet das nicht, dass ihre Behauptungen widerlegt sind. Sie kann im Rechtsstreit gegenüber dem Streitverkündeten wiederum versuchen, den ihr obliegenden Beweis zu führen, kann allerdings auch wieder an ihrer Beweislast scheitern (BGH MDR 1983, 220).

1064

Schließen die Hauptparteien einen **Prozessvergleich**, dann muss der Streithelfer das vorangegangene Verfahren nicht gegen sich gelten lassen (*Wieczorek/ Schütze/Mansel*, 3. Aufl., 1994, § 68 Rn. 57).

1065

Allerdings ist es nicht ausgeschlossen, dass der Streitverkünder sich später im Regressprozess darauf beruft, ihm sei keine andere Wahl geblieben, als sich zu vergleichen (siehe dazu BGH NJW 1995, 2713, 2714 [zu 3b]). In diesem Fall hatte der Kläger in dem Vergleich auf weitergehende Ansprüche verzichtet. Im Folgeprozess warf ihm der Beklagte vor, er habe schuldhaft eine ihm zumutbare anderweite Deckung seines Schadens unterlassen. Davon kann aber beispielsweise dann keine Rede sein, wenn der Anspruchsverzicht einen insolventen Schuldner betrifft oder der Prozessvergleich für den finanziell bedrängten Kläger die einzige Möglichkeit war, sich unbedingt benötigte Mittel kurzfristig zu beschaffen. In derartigen Fällen ist es jedoch vom Kläger zu verlangen, dass er den Streitverkündeten vorab über die Motive des geplanten Vergleichsabschlusses unterrichtet.

1066

Bei korrektem Vorgehen ist in den Text des zwischen den Hauptparteien abgeschlossenen Prozessvergleichs eine den Streithelfer betreffende **Kostenregelung** aufzunehmen. Das wird häufig versäumt, oft in der Absicht, den Streithelfer um seinen Erstattungsanspruch zu bringen. Er muss sich damit jedoch nicht abfinden. Zwar erwirbt er keinen prozessualen Kostenerstattungsanspruch, kann aber einen materiell-rechtlichen Kostenerstattungsanspruch einklagen und gerichtlich titulieren lassen (BGHReport 2005, 1016). Die Kostenregelung folgt dann grundsätzlich der Kostenregelung im Vergleich (OLG Koblenz MDR 2004, 1446; ausführlich dazu *Schneider* MDR 1983, 802).

1067

Einzelheiten sind streitig (siehe dazu *Zöller/Herget*, ZPO, 26. Aufl., 2007, § 101 Rn. 7–12; *Thomas/Putzo*, ZPO, 27. Aufl., 2005, § 101 Rn. 4). So wird auch die Auffassung vertreten, der Streithelfer habe keinen Anspruch auf Erstattung seiner Anwaltskosten, wenn die Kosten des Rechtsstreits im Prozessvergleich gegeneinander aufgehoben worden seien (OLG Karlsruhe NJW-RR 1997, 1293; dagegen aber wieder OLG Dresden MDR 1997, 1161, das der wohl überwiegenden Meinung folgt).

1068

Auch der Streithelfer muss unter Umständen auf **Fristen** achten. Hat er sich am Rechtsstreit beteiligt und erlässt das Gericht nach übereinstimmenden Erledigungserklärungen der Hauptparteien einen Kostenbeschluss nach **§ 91a ZPO**, ohne über die Streithelferkosten zu befinden, dann kann dieser Beschluss

1069

nur ergänzt werden, wenn der Streithelfer dies innerhalb der Zweiwochenfrist des § 321 Abs. 2 ZPO beantragt (OLG Stuttgart MDR 1999, 116).

1070 Die Frist beginnt erst mit der **Zustellung** an ihn zu laufen (BGH NJW 1975, 218 = MDR 1975, 222; *Musielak/Wolst*, ZPO, 5. Aufl., 2006, § 101 Rn. 5 u. *Musielak*, ebenda, § 321 Rn. 9, 10). Wird die Zustellung versäumt, was bei Streithilfe nicht selten vorkommt, dann ist § 517 ZPO entsprechend anzuwenden.

1071 Es ist deshalb zu **unterscheiden** zwischen einem **Prozessvergleich** unter Übergehung der Kosten des Streithelfers und einer **gerichtlichen Kostenentscheidung**. Im ersten Fall kann der Streithelfer seine Rechte durch einen nicht fristgebundenen Ergänzungsantrag wahren. Im zweiten Fall muss er, weil bereits eine gerichtliche Entscheidung vorliegt, die Frist des § 321 Abs. 2 ZPO beachten.

1072 Bei Versäumung der Frist kann die beschwerte **Partei** wegen eines übergangenen **Sach**anspruchs noch eine neue selbständige Klage erheben, weil im Ablauf der Frist des § 321 Abs. 2 ZPO die Rechtshängigkeit des übergangenen Anspruchs endet (BGH LM ZPO § 322 Nr. 54; MünchKommZPO/*Musielak*, 2. Aufl., 2000, § 321 Rn. 10). Dem Streithelfer ist dieser Weg durch § 99 ZPO verschlossen, weil es für ihn nur um den Kostenpunkt geht.

Viertes Kapitel: Prozessuale Grundsatzfragen

§ 14 Streitgegenstand

Die Lehre vom Streitgegenstand ist die Grundlage des modernen Prozessrechts. 1073
Wer damit nicht vertraut ist, wird viele schwierige Prozesslagen nie richtig
verstehen und läuft stets Gefahr, Fehler zu begehen. Auf dieses Thema näher
einzugehen, besteht daher besonderer Anlass.

Leider ist die Lehre vom Streitgegenstand ihrerseits einer der größten Streit- 1074
gegenstände des Zivilprozessrechts. Kaum ein Zivilprozessrechtslehrer, der
etwas auf sich hält, hat dazu nicht irgendwann seine Meinung geäußert, die
vorhandenen Ansichten kritisiert und eine eigene Theorie entwickelt, mag sie
sich auch nur in Nuancen von anderen Ansichten unterscheiden. Das braucht
jedoch einen Anwalt nicht zu interessieren, weil sich auch in der Gerichtspraxis
niemand dafür interessiert. Die folgende Darstellung beschränkt sich deshalb
bewusst auf die **grundlegenden Strukturen**, die zum Verständnis unerlässlich
sind.

Die Klage enthält das Streitprogramm. Umrissen wird es durch den **Klageantrag**. 1075
Dieser ist für eine ordnungsmäßige Klageschrift unerlässlich (§ 253 Abs. 2 Nr. 2
ZPO: „einen bestimmten Antrag"). Der Klageantrag kann gerichtet sein auf
sofortige oder – ausnahmsweise – zukünftige Leistung (§§ 258, 259 ZPO), auf
Feststellung (§ 256 ZPO) oder auf Gestaltung (z.B. § 1564 BGB).

In jedem Zivilprozess wird **um oder über etwas** gestritten. Über dieses „etwas" 1076
soll das Gericht entscheiden. Das ist der in § 253 Abs. 2 Nr. 2 ZPO erwähnte
„**Gegenstand**" des erhobenen **Anspruchs**. Was aber ist das? Mit dieser Frage wird
der Streit über den Streitgegenstand eingeleitet. Übereinstimmung darüber ist
bis heute nicht erzielt worden. Der verlangte Geldbetrag oder der herausverlangte
VW-Polo können nicht damit gemeint sein. Sachen sind keine Ansprüche.
Auch der **materiell-rechtliche Anspruch** des § 194 Abs. 1 BGB – „Das Recht, von
einem anderen ein Tun oder Lassen zu verlangen" – kann nicht gemeint sein.
Sonst hätte bei klageabweisenden Urteilen der Prozess keinen Gegenstand
gehabt. Die Parteien hätten um nichts gestritten – eine abwegige Vorstellung.

Als Streitgegenstand oder prozessualer Anspruch, wie er auch genannt wird, 1077
kommt daher nur ein **prozessualer Begriff** in Betracht. Wenigstens darüber ist
man sich heute einig. Auf die Frage, was der prozessuale Anspruch „ist", gibt es
im Wesentlichen drei Antworten:
– das behauptete Recht,
– der Antrag nebst zugehörigem Sachverhalt,
– nur der Antrag.

Abstrakt über die eine oder andere Auffassung zu diskutieren, ist unfruchtbar. 1078
Was diese Ansichten leisten oder nicht leisten können, muss am praktischen

Fall getestet werden. Es ist daher zu prüfen, wie sich diese drei Meinungen bewähren, wenn sie auf konkrete Prozesslagen angewandt werden.

I. Objektive Klagenhäufung

1079 Sie liegt nach § 260 ZPO vor, wenn **mehrere prozessuale Ansprüche** des Klägers gegen denselben Beklagten in einer Klage verbunden werden. Wann aber liegen mehrere prozessuale Ansprüche vor?

1080 **Ein Fall:**
A hat dem B ein Motorrad für 5 000 Euro verkauft. Da B das Geld nicht sofort zahlen kann, hat er dem A ein formgerechtes abstraktes Schuldanerkenntnis über 5 000 Euro erteilt (§ 780 BGB). Irgendwann ist es soweit, dass A klagen muss. Er stützt seinen Zahlungsanspruch von 5 000 Euro auf zwei Anspruchsgrundlagen: Kauf (§ 433 Abs. 2 BGB) und Schuldversprechen (§ 780 BGB). Liegt dann eine Klagenhäufung nach § 260 ZPO vor?

1. Prozessuale Betrachtungsweise

1081 Der Kläger behauptet in diesem Fall, **zwei materiell-rechtliche Ansprüche** zu haben, die beide auf **denselben Leistungsgegenstand** gerichtet sind. Käme es auf das behauptete Recht an – materiell-rechtliche Betrachtungsweise –, dann müsste eine Klagenhäufung bejaht werden. Richtig wäre das nicht. Entscheidend ist vielmehr, dass der Kläger den Geldbetrag **nur einmal** begehrt. Nur einmal darf er ihm auch zugesprochen werden. Folglich macht er – prozessual gesehen – nicht mehrere Ansprüche geltend, sondern nur **einen**. Die richtige Lösung ergibt sich somit, wenn man die **rein prozessuale Betrachtungsweise** (Streitgegenstand = Klageantrag) anwendet.

1082 Auch der vom **Bundesgerichtshof** vertretene **zweigliedrige Streitgegenstandsbegriff** – Antrag und Sachverhalt (BGHZ 7, 271; 117, 1 = NJW 1992, 1172) – käme hier zu einem fehlerhaften Ergebnis. Denn der Kläger stützt in diesem Fall **einen** einzigen **Antrag** zur Begründung auf **zwei** verschiedene **Sachverhalte** (Kauf und Schuldversprechen). Ungeachtet der Doppelung der Sachverhalte darf der Kläger aber nicht zweifach verurteilt werden, da ihm nicht 10 000, sondern nur 5 000 Euro zustehen. Daher darf auch nicht über den Kaufvertrag Beweis erhoben werden, wenn aufgrund unstreitigen Schuldanerkenntnisses verurteilt werden kann und umgekehrt. Eine Klagenhäufung liegt nicht vor.

2. Antrag plus Sachverhalt

1083 **Verändern** wir den **Fall** nun dahin, dass der Kläger 5 000 Euro einklagt und dies damit begründet, er habe 5 000 Euro aus dem Verkauf des Motorrades zu bekommen und weitere, ein anderes Rechtsgeschäft betreffende 5 000 Euro, für das er sich auf ein Schuldversprechen beruft. Der Kläger macht dann geltend, der Beklagte schulde ihm **zweimal** 5 000 Euro, einmal aus einem Kaufvertrag, einmal aus einem davon unabhängigen Schuldanerkenntnis.

Hier wiederum versagt die **rein prozessuale** Betrachtungsweise, die den Streit- 1084
gegenstand ausschließlich nach dem Klageantrag bestimmt. Der Kläger stellt
nur einen einzigen Antrag auf Zahlung von 5 000 Euro. Folglich wäre auch nur
ein Anspruch im Streit. Aus der Begründung, also aus dem Sachverhalt, der nach
der rein prozessualen Betrachtungsweise für die Bestimmung des Streitgegenstandes belanglos sein soll, ergibt sich jedoch, dass dem Kläger nach seinem
Vorbringen **zwei Ansprüche** auf Zahlung von 5 000 Euro zustehen. Nur die
Lehre, die das **behauptete materielle Recht** als Streitgegenstand ansieht, und die
andere, die den prozessualen Anspruch durch **Antrag und Sachverhalt** bestimmt,
kommen zum richtigen Ergebnis. Beide Richtungen erkennen sofort, dass eine
objektive Klagenhäufung vorliegt. Sie sehen aber auch, dass der Kläger einen
unbestimmten Antrag gestellt hat. Denn er hat nicht gesagt, welche der 5 000
Euro, die ihm angeblich zweimal zustehen, er in diesem Prozess verlangt. Darauf
müsste er nach § 139 ZPO hingewiesen werden. Er müsste dann entweder die
beiden Ansprüche in ein Haupt- und Hilfsverhältnis bringen oder auf die
Verfolgung eines Anspruchs verzichten. Anderenfalls müsste die Klage wegen
fehlender Bestimmtheit des Antrages als unzulässig abgewiesen werden, denn
der Beibringungsgrundsatz verwehrt es dem Gericht, selbst zu bestimmen,
welchen von mehreren prozessualen Ansprüchen es dem Kläger zuerkennen
will. Dafür ist allein dieser zuständig (§ 253 Abs. 2 Nr. 2 ZPO).

II. Eventuelle Klagenhäufung

Oft ist nicht ohne weiteres ersichtlich, ob der Kläger einen Antrag oder mehrere 1085
Anträge gestellt hat. Wie das Beispiel „Kauf und Schuldversprechen" zeigt (oben
Rn. 1080), ist die **sprachliche Fassung** nicht immer entscheidend. Ein sprachlich
einheitlicher **Antrag** kann mehrere prozessuale Ansprüche erfassen. Umgekehrt
kann ein einziger Streitgegenstand vorliegen, obwohl sprachlich mehrere
Anträge gestellt sind. Das kann dann Zweifel hinsichtlich des Vorliegens einer
eventuellen Klagenhäufung auslösen.

1. Mehrere Anspruchsgrundlagen

Der Kläger verklagt den Beklagten auf Zahlung von 5 000 Euro. Er begehrt diese 1086
Summe aus vertraglicher Anspruchsgrundlage. **Hilfsweise** begründet er sein
Begehren mit § 826 BGB, weil der Beklagte ihn betrogen, also sittenwidrig
geschädigt habe.

Auszugehen ist davon, dass es sich um den nämlichen Betrag handelt, der dem 1087
Kläger nach seinem eigenen Vorbringen nur einmal zusteht. Sollte es sich dabei
um eine eventuelle Klagenhäufung handeln, dann würde dies zu einem
prozessualen Vorrang des Hauptantrages vor dem Hilfsantrag führen.

Angenommen nun, der Sachverhalt zu § 826 BGB sei unstreitig und insoweit sei 1088
die Klage schlüssig. Die Frage, ob auch ein Vertrag zustande gekommen sei,
könne nur nach vorheriger Beweisaufnahme geklärt werden. Bei einer echten

§ 14 Streitgegenstand

eventuellen Klagenhäufung müsste das Gericht dann zum Vertragssachverhalt Beweis erheben. Das kann nicht richtig sein. Ergäbe nämlich die Beweisaufnahme den anspruchsbegründenden Sachverhalt „Vertrag", so wäre der Klage stattzugeben. Ergäbe die Beweisaufnahme dies nicht, dann müsste der Klage ebenfalls stattgegeben werden, nunmehr aber ohne Beweisaufnahme aus § 826 BGB. Der Kläger bekäme also denselben Geldbetrag so oder so. Dann aber darf kein Beweis erhoben werden (§ 300 Abs. 1 ZPO).

1089 Das richtige Ergebnis lässt sich hier nur mit der streng **prozessualen Lehre** begründen. Der Kläger hat **einen Antrag** gestellt und ihn **zweifach begründet**. Maßgebend ist nur der **Antrag**. Wer dagegen das behauptete materielle Recht oder den Antrag plus Sachverhalt als Streitgegenstand ansieht, müsste folgerichtig eine Klagenhäufung annehmen, denn der Kläger hat sowohl mehrere materiell-rechtliche Ansprüche als auch mehrere Sachverhalte dargelegt.

2. Mehrere materiell-rechtliche Ansprüche

1090 Anders verhält es sich, wenn der Kläger Zahlung von 5 000 Euro beantragt und dies damit begründet, ihm stehe neben dem Kaufpreisanspruch noch ein weiterer, davon **unabhängiger** Anspruch aus unerlaubter Handlung zu. Das ist ein Fall der **verdeckten objektiven Klagenhäufung**. Der Kläger muss nach § 139 ZPO darauf hingewiesen werden, dass es an der Bestimmtheit des Klageantrages fehlt (§ 253 Abs. 2 Nr. 2 ZPO). Das Gericht ist nicht berechtigt, nach seinem Ermessen darüber zu befinden, über welchen Antrag es entscheiden will. Das muss der Kläger bestimmen. Erklärt er sich nicht dazu, dann ist seine Klage als unzulässig abzuweisen (oben Rn. 1083 f.).

1091 Um das zu verhindern, kann der Kläger auf den Hinweis des Gerichts die Reihenfolge bestimmen, in der über die beiden selbständigen materiell-rechtlichen Ansprüche entschieden werden soll. Dazu muss er aber **zwei Anträge** stellen und diese in ein **Bedingungsverhältnis** setzen. Das ist eine **eventuelle Klagenhäufung**. Die Anträge lauten dann beispielsweise, den Beklagten zu verurteilen, 5 000 Euro aus Kaufvertrag zu zahlen, **hilfsweise** 5 000 Euro aus unerlaubter Handlung. An diese Rangfolge ist das Gericht gebunden.

3. Scheinbarer Hilfsantrag

1092 Ein letzter **Fall** dazu: Der Kläger beantragt, ihm ein Schmerzensgeld von 1 000 Euro zuzuerkennen, hilfsweise 800 Euro.

1093 Hier kommt die rein prozessuale Lehre scheinbar zu der Lösung, dass es sich um zwei Streitgegenstände im Eventualverhältnis handele, weil zwei Anträge gestellt worden seien. In Wirklichkeit liegt es jedoch so, dass der Kläger nur **einen Antrag** auf Zahlung von 1 000 Euro gestellt hat. Der „Hilfsantrag" auf Zahlung von 800 Euro hat demgegenüber keine Bedeutung.

1094 Was der Kläger damit bezweckt, muss das Gericht aufklären (§ 139 ZPO). Ein Antrag im prozessualen Sinne ist jedenfalls nicht gewollt. Vermutlich will der

Kläger nur sagen, er stelle das Schmerzensgeld der Höhe nach in die Entscheidung des Gerichts. Als angemessen betrachte er eine Entschädigung von 1 000 Euro. Zuerkannt haben wolle er aber mindestens 800 Euro. Das könnte sich später auf die Berufungssumme auswirken. Würde die Klage abgewiesen, dann müsste die nach § 511 Abs. 2 Nr. 1 ZPO erforderliche Beschwer mindestens nach dem geringeren Betrag von 800 Euro berechnet werden.

4. Bedingungsverhältnisse

Die eventuelle Klagenhäufung ist ein Anwendungsfall des prozessualen Bedingungsrechts. Unterschieden wird zwischen **außerprozessualen** und **innerprozessualen** Bedingungen (*Rosenberg/Schwab/Gottwald*, Zivilprozessrecht, 16. Aufl., 2004, § 65 Rn. 24 ff.). 1095

Außerprozessuale Bedingungen sind unzulässig, etwa eine Klageerhebung für den Fall, dass ihr ein Dritter zustimmen werde. 1096

Innerprozessuale Bedingungen, die sich auf einen bestimmten Verfahrensablauf beziehen, sind hingegen zulässig, z.B. die Aufrechnungserklärung für den Fall, dass die Klage als begründet angesehen werde (Hilfsaufrechnung). 1097

Die möglichen beachtlichen Bedingungssituationen sind zahlreich. So hat das KG (NJW-RR 1998, 1074) eine **Erledigungserklärung** mit folgendem bedingenden Zusatz als wirksam angesehen: 1098

> „Sollte die Klage bei Eingang der Zahlungen der Beklagten am ... noch nicht zugestellt worden sein, werde ich beantragen festzustellen, dass die Beklagte die durch Einreichung und Zustellung der Klage entstandenen Kosten sowie die weiteren Prozesskosten zu tragen hat."

Sind die Zahlungen vor Klagezustellung eingegangen, dann fehlt es an einer Erledigungserklärung. Das Gericht muss über den nunmehr beantragten materiellen Kostenerstattungsanspruch im Urteilverfahren erkennen. 1099

Unzulässig wiederum ist ein **Klägerwechsel** unter der Bedingung, dass das Gericht die Zulässigkeit der Klage des ursprünglichen Klägers als Prozessstandschafter verneine (BGH WuM 2004, 158): 1100

Auch eine Parteiänderung, die zu einer subjektiven Klagenhäufung führt (Kläger A, hilfsweise Kläger B), ist nicht bedingt möglich, weder unter der Bedingung, dass der Anspruch der in erster Linie angeführten Partei für **unbegründet** befunden wird (BGH MDR 1973, 742; OLG Hamm MDR 2005, 533), noch unter der Bedingung, dass das Gericht die **Zulässigkeit** der Klage des ursprünglichen Klägers als Prozessstandschafter verneint. In diesen Fällen handelt es sich nicht darum, ob **demselben** Kläger der eine oder der andere Anspruch zugebilligt wird, sondern um die Begründung eines (neuen) Prozessrechtsverhältnisses mit einer **anderen** Partei. Ob ein solches Prozessrechtsverhältnis besteht, darf um der Rechtsklarheit willen nicht bis zum Ende des Rechtsstreits in der Schwebe bleiben. 1101

§ 14 Streitgegenstand

III. Rechtshängigkeit

1102 Ein **Fall:** A klagt gegen B 3 000 Euro ein und begründet sein Begehren damit, B schulde ihm diesen Betrag als **Kaufpreis** für die Lieferung eines Rasenmähers. B bestreitet in der mündlichen Verhandlung, von A einen Rasenmäher gekauft zu haben. Daraufhin erhebt A eine zweite Klage, wiederum gerichtet auf Zahlung von 3 000 Euro, nunmehr jedoch damit begründet, B schulde diesen Betrag aus **ungerechtfertigter Bereicherung** (§§ 812 Abs. 1, 818 Abs. 2 BGB). B habe von A einen Rasenmäher geliefert bekommen, den er nicht mehr an diesen herausgeben könne. Von einem Kaufvertrag sagt er nichts. Es soll sich aber um denselben Rasenmäher handeln. Steht dann dem zweiten Verfahren die Rechtshängigkeit des ersten entgegen, so dass die zweite Klage nach § 261 Abs. 3 Nr. 1 ZPO unzulässig ist?

1103 Wer das **behauptete materielle** Recht mit dem Streitgegenstand gleichsetzt, der muss das verneinen. Denn der behauptete materiell-rechtliche Anspruch aus Kauf ist nicht mit dem aus Bereicherung identisch. Wer den **Anspruch und** den **Sachverhalt** als Wesensmerkmale des prozessualen Anspruchs ansieht, der müsste folgerichtig ebenfalls das Verfahrenshindernis der Rechtshängigkeit verneinen. Die Anträge – Zahlung von 3 000 Euro – decken sich zwar in beiden Prozessen. Deren Sachverhalte unterscheiden sich jedoch. Es ist nicht dasselbe, ob man Geld aus Kauf oder aus ungerechtfertigter Bereicherung verlangt, jedenfalls dann nicht, wenn nicht beide Male ein Vertragsabschluss vorgetragen wird.

1104 Lediglich die **rein prozessuale Betrachtungsweise**, die den Streitgegenstand mit dem Klageantrag identifiziert, wird den Einwand der Rechtshängigkeit bejahen. Nur diese Betrachtungsweise kommt hier zum richtigen Ergebnis. Denn dem A dürfen die 3 000 Euro nicht erst aberkannt und später zuerkannt werden, weil ihm das Geld offensichtlich nur einmal zustehen kann. Hier aber wird auch der „Pferdefuß" der rein prozessualen Betrachtungsweise erkennbar. Auch sie kann nämlich letztlich nur anhand der Klagebegründungen, also der Sachverhalte, klären, ob es sich bei den in beiden Prozessen jeweils verlangten 3 000 Euro um denselben Streitgegenstand handelt.

1105 Zur Vertiefung noch ein recht komplizierter **Fall**:

A verkauft dem B einen Lastkraftwagen. Über einen Teilbetrag des Kaufpreises in Höhe von 40 000 Euro stellt B einen Wechsel aus, der mangels Zahlung protestiert wird. Daraufhin erhebt A Klage im **Wechselprozess**. Zuständig wird ein „anwaltsbekannter" unfähiger Richter, der die Sachen ad Calendras Graecas zu verschleppen pflegt. Der Prozessbevollmächtigte erhebt deshalb nach Rücksprache mit A auch Klage aus dem **Grundgeschäft** „Kauf", für die geschäftsplanmäßig eine andere Kammer zuständig ist. Diese meint nun, die Klage sei unzulässig; ihr stehe der Einwand der Rechtshängigkeit entgegen. Sie beruft sich dafür auf *Rosenberg/Schwab/Gottwald* (Zivilprozessrecht, 16. Aufl., 2004, § 97 Rn. 27).

240

III. Rechtshängigkeit

Die Belegstelle als solche stimmt. Es heißt dort: 1106

„Der Urkundenprozess ist ausgeschlossen, wenn zuvor eine Leistungsklage im ordentlichen Prozess erhoben worden ist (RGZ 160, 345), und das ordentliche Verfahren ist ausgeschlossen, wenn der Urkundenprozess zuerst anhängig geworden ist, weil er im Nachverfahren in den ordentlichen Prozess übergeht (anders RG a.a.O.)."

Wie die Bezugnahme auf RGZ 160, 345 zeigt, meinen *Rosenberg/Schwab/Gottwald* jedoch einen anderen Fall. Dort hatte der Kläger (nur) den **Wechselanspruch** sowohl im Wechselprozess als auch im ordentlichen Verfahren eingeklagt, also zweimal **denselben** Anspruch geltend gemacht. Den Anspruch aus dem Grundgeschäft hat er nicht verfolgt. Das geht in der Tat nicht, weil dann beide Klagen denselben Streitgegenstand betreffen, so dass § 261 Abs. 3 Nr. 1 ZPO eingreift: „während der Dauer der Rechtshängigkeit kann die Streitsache von keiner Partei anderweitig anhängig gemacht werden". 1107

Im Ausgangsfall (Rn. 1105) hat der Kläger den Wechselanspruch im **Wechselprozess** und den Anspruch aus dem Grundgeschäft im **ordentlichen Verfahren** geltend gemacht. Ob § 261 Abs. 3 Nr. 1 ZPO auch dann anwendbar ist, hängt davon ab, ob es sich um dieselbe „Streitsache" handelt. Gemeint ist damit in heutiger Terminologie der Streitgegenstand. 1108

Ungeachtet aller Zweifelsfragen im Einzelnen (oben Rn. 1075 ff.) besagt die heute überwiegende Ansicht, dass der **prozessuale Anspruch** das im Klageantrag und der Klagebegründung zum Ausdruck gekommene Begehren des Klägers ist. Die Entscheidung des Ausgangsfalles hängt somit davon ab, ob die gerichtliche Geltendmachung des materiell-rechtlichen Wechselanspruchs einen anderen Streitgegenstand begründet als die Klage wegen des materiellen Anspruchs aus dem Grundgeschäft. Dabei hat unberücksichtigt zu bleiben, dass der Höhe nach jeweils derselbe Geldbetrag verlangt wird. Das ist lediglich eine materielle Rechtsfolge von Anspruchsnormen, keine prozessuale Rechtsfolge. 1109

Das Reichsgericht (RGZ 160, 345) hat, ohne auf die Streitgegenstandslehre einzugehen, die Zulässigkeit der zweiten Klage bejaht: 1110

„Der Einrede der Rechtshängigkeit würde nicht entgegenstehen, dass der Kläger den Wechselanspruch vor dem Landgericht in St. im ordentlichen Verfahren geltend gemacht hat, während er hier im Wechselverfahren vorgeht."

Dem ist das OLG Karlsruhe gefolgt (NJW 1960, 1955). Die Bedenken, dass der Schuldner doppelt in Anspruch genommen und doppelt verurteilt werden könne, hat der Senat nicht geteilt. Dem hat er entgegengehalten, der Gläubiger könne die Leistung aus dem Grundgeschäft nur gegen Rückgabe des Wechsels fordern und der Schuldner insoweit ein Zurückbehaltungsrecht ausüben. Das entspricht der heute herrschenden Auffassung (siehe zu dieser Kontroverse *Zöller/Vollkommer*, ZPO, 26. Aufl., 2007, Einl. Rn. 75; *Musielak*, ZPO, 5. Aufl., 2007, Einl. Rn. 75, 76; *Saenger*, ZPO, 2006, Einführung Rn. 99). 1111

IV. Rechtskraft

1. Vergessene Anspruchsgrundlage

1112 Der in Rn. 1102 erörterte Fall „Kauf-Bereicherung" mag sich etwas anders abgespielt haben. A erhebt zunächst nur die Kaufklage. Sie wird abgewiesen. Das Urteil erwächst in Rechtskraft. Daraufhin erhebt er eine neue Klage, nunmehr gestützt auf § 812 BGB. Er trägt den nämlichen Sachverhalt wie im Erstprozess vor, ohne Zusätze oder Abstriche. Nunmehr stellt sich heraus, dass im ersten Verfahren versehentlich die Vorschrift des § 812 BGB nicht zugunsten des Klägers angewandt worden ist, obwohl dies hätte geschehen müssen.

1113 Das **Ergebnis** ist klar. Die Rechtskraft des ersten Urteils hindert den Kläger daran, sein Begehren erneut zu stellen; sie hindert jede abweichende rechtliche Beurteilung desselben Sachverhalts in einem späteren Prozess. Zwar ist die Entscheidung über die Kaufklage möglicherweise wegen unvollständiger rechtlicher Beurteilung falsch. Aber darüber soll eben nach rechtskräftig entschiedener Sache nicht mehr gestritten werden dürfen.

1114 Wer den Streitgegenstand mit dem **behaupteten materiellen Recht** gleichsetzt, muss auch hier anders und damit falsch entscheiden. Wer **Antrag und Sachverhalt** gleichsetzt, kommt zum richtigen Ergebnis. Erst recht gilt dies aber für diejenige Auffassung, für die der **prozessuale Anspruch** nichts anderes ist als der Antrag.

2. Neuer Sachverhalt

1115 **Verändern** wir den **Fall** ein wenig. Wiederum mag im Ausgangsfall die Kaufklage rechtskräftig abgewiesen worden sein. Nunmehr erhebt der Kläger eine neue Klage auf denselben Betrag, stützt sie aber damit, dass er einen neuen Sachverhalt vorträgt, der die Voraussetzungen eines Schuldversprechens erfüllt (§ 780 BGB).

1116 Daraus, dass dem Kläger ein Kaufpreisanspruch versagt wird, lässt sich nicht herleiten, jeder anders begründete Anspruch auf diesen Betrag sei ihm damit abgeschnitten. Es liegt auch keine unvollständige rechtliche Bewertung im Erstprozess vor. Dort konnte das Gericht sich nicht mit § 780 BGB befassen, weil kein entsprechender Sachverhalt vorgetragen worden war. Zu diesem Ergebnis gelangt sowohl die Ansicht, nach der das **behauptete materielle Recht** Streitgegenstand ist, als auch diejenige, die auf **Antrag und Sachverhalt** abstellt. Denn sowohl der materiell-rechtliche Anspruch ändert sich (§ 433 BGB – § 780 BGB) als auch der das Begehren stützende Sachverhalt. Lediglich die Meinung, die den Streitgegenstand mit dem **Antrag** gleichsetzt, müsste konsequenterweise zu der Lösung kommen, dass die Rechtskraft der Erhebung der neuen Klage entgegen stehe. Diese Lösung ist aber falsch. Das wissen auch die Vertreter der rein prozessualen Theorie. Sie greifen deshalb auch in diesem Fall wieder auf den Sachverhalt zurück, um die Verschiedenheit der Streitgegenstände begründen zu können.

V. Rechtskraft und Zinsanspruch

Im Fall Kaufpreis/Bereicherung (oben Rn. 1102) mag es sich so verhalten, dass A den Kaufpreis von 3 000 Euro eingeklagt hat. Zinsen hat er nicht beantragt. A obsiegt. Jetzt fällt ihm ein, dass er vergessen hat, den Zinsanspruch mit einzuklagen. Deshalb erhebt er eine neue Klage auf Zahlung rückständiger Zinsen. 1117

Dem steht die Rechtskraft des Urteils zum Kaufpreis nicht entgegen. Der Zinsanspruch folgt zwar aus dem Hauptanspruch, ist diesem gegenüber aber **prozessual selbständig** und begründet damit einen eigenen Streitgegenstand. In der Berufungsbegründung muss er deshalb auch gesondert behandelt werden, wenn das angefochtene Urteil insoweit angegriffen wird (BGH NJW 1997, 314). 1118

Und nun eine **andere Version des Falles**: A hatte einen Kaufpreis von 30 000 Euro nebst Prozesszinsen von 5 Prozentpunkten über dem Basiszinssatz (§§ 291, 288 BGB) eingeklagt und zuerkannt bekommen. Nunmehr erhebt er erneut Klage auf Zahlung weiterer Zinsen mit der Begründung, seine Kapitalanlage bringe ihm wesentlich höhere Zinsen. Wegen des Verzugs des Beklagten habe er die 30 000 Euro nicht anlegen können. Den Verlust habe er zunächst nicht geltend gemacht, weil sich die zum Nachweis erforderlichen Unterlagen bei seinem Steuerberater befunden hätten. Steht dieser nach § 288 Abs. 3, 4 BGB möglichen Nachforderung die Rechtskraft des auch Zinsen zuerkennenden Urteils entgegen? 1119

Die zugunsten des A ausgeurteilten Prozesszinsen sind keine Verzugszinsen („auch wenn er **nicht** im Verzug ist", § 291 S. 1 BGB). Verzugszinsen gibt es nur nach §§ 286 Abs. 1, 288 Abs. 1 S. 1 BGB. Steht dem Gläubiger aus einem anderen Rechtsgrund als Verzug, etwa aus einer Vereinbarung, ein höherer Zinssatz zu, dann ist dieser zu zahlen (§ 288 Abs. 3 BGB). Unabhängig davon ist die Geltendmachung eines **weiteren Schadens** nicht ausgeschlossen (§ 288 Abs. 4 BGB). In der Praxis handelt es sich dabei meist um Belastungszinsen aus einem Bankkredit oder um Ersatz von Anlageverlusten (siehe dazu *Staudinger/Schiemann*, BGB, 2005, § 252 Rn. 55). 1120

Der selbständige prozessuale Anspruch betreffend die Zinsen ist **als Geldanspruch teilbar**. Daraus, dass ein Kläger einen festen Zinssatz einklagt, folgt nicht, dass ihm Zinsen nur in dieser Höhe zustehen oder er sie nur in dieser Höhe geltend machen will. Ein Kläger, der geringere Zinsen einklagt als diejenigen, die ihm materiell-rechtlich zustehen, verfolgt eine **Teilklage**, und zwar eine **offene**, wenn er dies verlautbart, eine **verdeckte**, wenn er darüber schweigt (siehe näher dazu oben Rn. 888 ff.; unten Rn. 1814). Nach heute maßgeblicher höchstrichterlicher Rechtsprechung wirkt eine verdeckte Teilklage keine umfassende Rechtskraft (BGH ZIP 1997, 1804 = MDR 1997, 966). Dazu heißt es bereits in BGHZ 34, 340 (= NJW 1961, 917): 1121

„Grundsätzlich braucht ein Kläger, der einen bezifferten Anspruch geltend macht, nicht zu erklären, dass er sich die darüber hinausgehenden Ansprüche vorbehalte, weil sich

§ 14 Streitgegenstand

das schon aus dem Grundsatz ergibt, dass die Rechtskraft nur den im Prozess geltend gemachten Anspruch, also nur bis zu der eingeklagten Höhe ergreift."

1122 Dementsprechend ist ein Kläger, der im Klageantrag einen bestimmten Zinsanspruch geltend macht, nicht gehindert, später höhere Zinsen einzuklagen (OLG Frankfurt BB 1997, 1331). Dazu besteht nicht selten **Anlass**. Ein Kläger weiß vielleicht noch nicht, mit welchen Überziehungszinsen ihn seine Bank belasten wird, oder er kennt die möglicherweise wechselnde Verzinsung angelegten Geldes noch nicht. Dann wird er sich schon aus Beweisgründen zunächst auf die Forderung der gesetzlichen Zinsen beschränken. Er wird dies auch nicht verlautbaren, da ihm anderenfalls eine negative Feststellungswiderklage des Gegners droht, die wegen der derzeitigen Beweisschwierigkeiten sogar Erfolg haben und materiell-rechtlich zu einem Fehlurteil führen könnte.

1123 Als **Grundsatz** gilt daher, dass ein Urteil über den auf § 291 BGB oder § 288 Abs. 1 BGB gestützten Zinsanspruch keine Rechtskraftwirkung hinsichtlich eines später auf § 288 Abs. 3, 4 BGB gestützten weiteren Zinsanspruchs hat (so schon RG JW 1925, 2595).

1124 Diese Rechtslage ist nicht allen Anwälten bekannt. Infolgedessen kann es dazu kommen, dass nachträglich erkannte oder beweisbar gewordene höhere Zinsen „verschenkt" werden.

VI. Ausschaltung materiell-rechtlicher Anspruchsgrundlagen

1125 Eine andere, ebenfalls mit der Streitgegenstandslehre zusammenhängende Frage ist die, ob ein Kläger dem Gericht vorschreiben kann, nur über einen von mehreren materiell-rechtlichen Ansprüchen zu entscheiden. Im Anschluss an *Brauer* (NJW 1956, 1189) spricht man von der **Ausschaltungsbefugnis des Leistungsklägers**.

Beispiel:
Der Kläger begehrt die Verurteilung des Beklagten, ein genauer bezeichnetes Rennrad herauszugeben. Nach der Klagebegründung kommen Ansprüche aus **Besitz** (§ 861 BGB) und aus **Eigentum** (§ 985 BGB) in Betracht. Der Kläger bittet das Gericht, nur über den Besitzanspruch zu entscheiden.

Oder:
Ein Geschädigter verlangt Schadensersatz aus unerlaubter Handlung. Um den Schädiger nicht bloßzustellen, stützt er seine Klage nicht auf **§ 826 BGB**, sondern lediglich auf **§ 823 BGB**.

1126 In beiden Fällen stehen dem Kläger mehrere materiell-rechtliche Ansprüche = Anspruchsgrundlagen wegen **desselben Begehrens** zu. Kann er durch die Erklärung, nur einen davon „zu erheben", das Gericht in der Rechtsanwendung **beschränken?** Das Reichsgericht hat dies bejaht (Nachweise bei *Stein/Jonas/Schumann*, ZPO, 20. Aufl., 1980, Einl. Rn. 297). Heute wird es **überwiegend verneint** (*Zöller/Vollkommer*, ZPO, 26. Aufl., 2007, Einl. Rn. 84; *Thomas/Putzo/Reichold*, ZPO, 27. Aufl., 2005, § 308 Rn. 4). Jedoch wird auch die

Gegenmeinung noch vertreten (MünchKommZPO/*Lüke*, 2. Aufl., 2000, Rn. 36 vor § 253).

Vertretbar ist die Ausschaltungsbefugnis des Leistungsklägers nur, wenn der Streitgegenstand materiell-rechtlich verstanden wird. Und diese Ansicht ist heute überholt, so dass ein Kläger dem Gericht nicht bindend vorschreiben kann, von mehreren in Betracht kommenden zivilrechtlichen Anspruchsgrundlagen nur die eine oder die andere zu prüfen und zur Entscheidungsgrundlage zu machen. Die gegenteilige Auffassung wird schon durch ihre Lösungen *ad absurdum* geführt. 1127

Ein **Fall** aus der früheren Rechtsprechung mag das verdeutlichen (RG HRR 1935 Nr. 817): 1128

Der Kläger hatte auf Zahlung von 10 000 RM geklagt, weil ihn der Beklagte betrügerisch zur Hingabe eines Darlehens an einen Dritten veranlasst habe. Aus dem Klagevorbringen ergab sich, dass der Beklagte sich wegen derselben Forderung auch selbstschuldnerisch verbürgt hatte. Er erkannte deshalb im ersten Rechtszug an, aus dieser Bürgschaft dem Kläger 10 000 RM zu schulden. Gegen den Vorwurf des Kreditbetruges wehrte er sich. Der Kläger bestand jedoch darauf, dass über den Anspruch aus unerlaubter Handlung entschieden werde.

Hier hätte schon vom Landgericht ein Endurteil erlassen werden können, begründet mit dem Anerkenntnis des Beklagten. Stattdessen haben die beiden Tatsacheninstanzen Beweis erhoben, und das Reichsgericht hat das gebilligt. Ein Recht des Klägers, das Gericht auf die Prüfung einer bestimmten Anspruchsgrundlage zu beschränken, ist jedoch **nur** vertretbar, wenn damit für den Kläger eine **Verbesserung** seiner **verfahrensrechtlichen** Position verbunden ist. Davon kann in diesem Fall keine Rede sein. 1129

Es kann sich aber auch anders verhalten: Konkurrieren beispielsweise materiellrechtliche Ansprüche aus verbotener Eigenmacht (§§ 861, 862 BGB) und aus Eigentumsverletzung (§§ 823 Abs. 1, 985 BGB), dann will der Kläger mit einer **Beschränkung auf Besitzschutzansprüche** verfahrensrechtlich ins **Possessorium**, also in den **Besitzschutzprozess** übergehen. Das ist für ihn von Vorteil, weil der Beklagte sich dann nicht mit **petitorischen Einwendungen**, also mit einem Recht zum Besitz oder zur Störung verteidigen kann (§ 863 BGB). Diese Besonderheit rechtfertigt es, zwei selbständig prozessuale Ansprüche und damit auch die Ausschaltungsbefugnis des Klägers zu bejahen. Er ist befugt, nur den Besitzschutzanspruch geltend zu machen oder diesen und den Anspruch aus Eigentum im Verhältnis von Hauptantrag und Hilfsantrag (BGH LM § 854 BGB Nr. 8 = DB 1973, 913, 914; doch sehr umstritten, siehe *Staudinger/Bund*, BGB, 2000, § 861, Rn. 20; *Soergel/Stadler*, BGB, 13. Aufl., 2002, § 861, Rn. 2; *Bamberger/Roth/Fritzsche*, BGB, 2003, § 861, Rn. 12 ff.). 1130

Es gibt eine weitere Ausnahme: Bei Anspruchskonkurrenz ist eine **beschränkte Abtretung** für eine bestimmte Anspruchsgrundlage zulässig. Der Schuldner muss aber zustimmen, weil er dadurch einer Gesamtgläubigerschaft ausgesetzt wird (*Staudinger/Busche*, BGB, 2005, § 398 Rn. 52). 1131

VII. Gleichwertiges Parteivorbringen

1132 Ein letztes Problem zur Lehre vom Streitgegenstand mag der folgende **Fall** verdeutlichen:

Ein Arzt hat die Tochter des Vaters V nach einem Verkehrsunfall behandelt. Er verlangt von V das Honorar und behauptet, dieser habe ihn telefonisch zur Unfallstelle herbeigerufen. V bestreitet das. Wer den Arzt gerufen habe, wisse er nicht. Er sei es jedenfalls nicht gewesen und deshalb auch nicht zur Zahlung verpflichtet.

1133 Wenn der Arzt sein Honorar einklagt, dann legt er nach seinem Vorbringen schlüssig einen Anspruch aus **Dienstvertrag** dar. Nach dem Vorbringen des V hingegen ist kein Vertrag zustande gekommen. Das ändert im Ergebnis aber nichts an seiner Haftung. Nach seinem Vorbringen hat der Arzt gegen ihn einen Anspruch aus **Geschäftsführung ohne Auftrag**. Das folgt aus **§ 679 BGB**. Die ärztliche Versorgung eines unfallgeschädigten Kindes gehört zur gesetzlichen Unterhaltspflicht (*Staudinger/Wittmann*, BGB, 13. Bearb., 1995, § 679 Rn. 8). Daher ist es rechtsunerheblich, wer den Arzt gerufen hat. Selbst ein entgegenstehender Wille des Vaters zur Hilfeleistung wäre unbeachtlich.

1134 Muss nun in einem solchen Fall Beweis darüber erhoben werden, ob durch einen Telefonanruf des V ein Arztvertrag zustande gekommen ist, oder kann oder muss das Gericht ohne Beweisaufnahme entscheiden mit der Begründung: „Dem Arzt steht das Honorar zu. Ist ein Behandlungsvertrag mit V zustande gekommen, dann haftet dieser wegen der Behandlung aus Dienstvertrag (§§ 675, 611 BGB). Ist kein Behandlungsvertrag zustande gekommen, dann haftet der Beklagte aus Geschäftsführung ohne Auftrag (§§ 679, 683 BGB)"?

1135 Der vom Kläger vorgetragene Sachverhalt und der vom Beklagten vorgetragene sind im rechtlichen Ergebnis gleichwertig. Beide führen zur Haftung des Beklagten. In solchen Fällen ist deshalb **kein Beweis** zu erheben, sondern gemäß § 300 Abs. 1 ZPO sofort durchzuentscheiden.

1136 Im Anschluss an BGHZ 19, 387 und BGH NJW 1989, 2756 wird aber weitgehend die Einschränkung gemacht, der Kläger müsse sich das Vorbringen des Beklagten „**hilfsweise zu Eigen machen**", der Arzt müsse also im Ausgangsfall zu erkennen geben, er wolle auch aufgrund des Vorbringens des Beklagten obsiegen. Das wiederum wird unterstellt, wenn sich aus dem Vorbringen des Klägers nichts Gegenteiliges ergibt (BGH DRiZ 1986, 422, 423).

1137 Der Anwalt, der in diese Situation gerät, sollte deshalb vorsorglich erklären, dass er sich das Vorbringen des Gegners hilfsweise zu Eigen mache. Die praktischen Schwierigkeiten liegen auch nicht in dieser ausdrücklichen oder konkludenten Erklärung, sondern darin, dass die einschlägigen Fälle meist nicht erkannt werden, weil versäumt wird, das Vorbringen des Beklagten selbständig daraufhin zu prüfen, ob es die Klage schlüssig mache (siehe auch den unten in Rn. 2055 geschilderten Fall).

1138 In möglicherweise einschlägigen Fällen hat sich der Beurteiler zu fragen, ob es sich um verschiedene Streitgegenstände handelt? Wenn ja, besteht keine verfahrensrechtliche Gleichwertigkeit.

Beispiel:
Der Kläger verlangt vom Beklagten die Rückzahlung eines Darlehens aus einem Vertrag vom 15. 5. 2006 über 20 000 Euro. Für den Abschluss und den Abschlusstag tritt er Beweis an. Der Beklagte erwidert – ebenfalls unter Beweisantritt –, er habe vom Kläger zwar ein Darlehen in dieser Höhe erhalten, jedoch auf Grund eines Vertrages vom 17. 11. 2005.

Gleichwertigkeit kommt nur in Betracht, wenn die Parteien sich darüber einig sind, dass es sich um ein und dasselbe Darlehen handelt und lediglich das Datum des Vertragsabschlusses streitig ist. Dann ist ohne Beweisaufnahme durchzuentscheiden: 1139

„Der Beklagte schuldet 20 000 Euro aus Darlehensvertrag. Unerheblich ist, ob der Vertrag am 15. 5. 2006 oder am 17. 11. 2005 geschlossen worden ist."

Handelt es sich hingegen nach dem Vorbringen des Klägers bei dem Abschluss vom 17. 11. 2005 um einen zweiten, selbständigen Darlehensvertrag, dann muss Beweis über den Abschluss vom 15. 5. 2006 erhoben werden. 1140

Gleichwertiges Parteivorbingen kommt auch **in verfahrensrechtlichen Situationen** vor. So verhielt es sich beispielsweise in BGH MDR 2006, 1367. In Rechtsstreitigkeiten vor dem Amtsgericht hängt die Rechtsmittelzuständigkeit – Landgericht oder Oberlandesgericht? – davon ab, ob eine Partei bei Klageerhebung ihren allgemeinen Gerichtsstand im Inland oder im Ausland hat. Der Beklagte bestritt den vom Kläger dargelegten inländischen Gerichtsstand. Der ergab sich aber auch aus seinem eigenen Vorbringen. Beide Darstellungen waren gleichwertig („äquipollent"). Das Landgericht war in zweiter Instanz zuständig. 1141

VIII. Ausblick

Die vorstehend erörterten Prozesslagen lehren, dass sich entgegen allen theoretischen Versuchen kein einheitlicher Begriff des Streitgegenstandes für alle denkbaren Prozesslagen herausarbeiten lässt. Es kann deshalb nur darauf ankommen, die praktisch unbrauchbaren Ansichten auszusondern. 1142

Die materiell-rechtliche Betrachtungsweise, die den Streitgegenstand mit dem behaupteten materiellen Recht gleichsetzt, hat sich als durchgehend untauglich erwiesen. Sie versagt zu häufig. 1143

Die Auswahl beschränkt sich daher auf zwei Meinungen: auf diejenige, die den prozessualen Anspruch zusammensetzt aus Antrag und Sachverhalt, und auf die andere, die den Streitgegenstand mit dem Antrag gleichsetzt. Für die **praktische Arbeit** am Rechtsfall ist fast immer von dem **zweigliedrigen Streitgegenstandsbegriff** (Antrag + Sachverhalt) auszugehen, der auch ganz überwiegend von der Rechtsprechung vertreten wird (*Musielak*, ZPO, 5. Aufl., 2007, Einl. Rn. 69). 1144

§ 15 Rechtsschutzbedürfnis

I. Grundsatz

1145 Das Rechtsschutzbedürfnis ist ein **Wertungsbegriff** und deshalb nicht definierbar. Das hat zur Folge, dass es bei der rechtlichen Beurteilung weitgehend auf den Einzelfall ankommt. Bestimmte **Prozesslagen** treten dabei allerdings häufiger auf.

1. Feststellungsklage

1146 Besonders hervorgehoben ist das Rechtsschutzbedürfnis in der Form eines „rechtlichen Interesses" bei der Feststellungsklage nach § 256 Abs. 1 ZPO, hat dort aber eine andere Bedeutung als das allgemeine Rechtsschutzbedürfnis. Verhindert werden soll in erster Linie, dass ein Kläger eine hinsichtlich der Rechtskraft weniger weit wirkende Feststellungsklage erhebt, obwohl er ohne weiteres in der Lage wäre, sogleich die begehrte Leistung zu fordern und damit die Angelegenheit **in einem** einzigen **Rechtsstreit** abschließend zu **erledigen**. Erst recht geht es natürlich nicht an, eine Schadensposition beziffert einzuklagen und sie hilfsweise zum Gegenstand eines Feststellungsantrages zu machen (BGH NJW 1998, 1633).

1147 Eine Ausnahme vom prozessualen Vorrang der Leistungsklage gegenüber der Feststellungsklage macht die Rechtsprechung, wenn schon mit einer Feststellungsklage endgültige Klarheit zu erreichen ist. Das wird vor allem angenommen, wenn der Gegner ein großes Versicherungsunternehmen ist (BGH MDR 2005, 926 = VersR 2005, 629; BGHReport 2006, 895).

1148 In der Praxis sind Gerichte nicht selten bemüht, das Rechtsschutzbedürfnis einer Feststellungsklage und damit deren Zulässigkeit mit einer fehlerhaften Begründung zu verneinen, um nicht darüber entscheiden zu müssen. Meist geht es dabei um die Möglichkeit der Bezifferung und um die Leistungswiderklage des Beklagten. Hierzu sind **drei Grundregeln** zu beachten:

1149 **Erstens:** Sachverhaltsänderungen im Verlaufe des Verfahrens, die einen Übergang zur Leistungsklage ermöglichen, machen die Feststellungsklage nicht unzulässig. Der Kläger muss seine Klage nicht in eine bezifferte Leistungsklage ändern (BGHZ 28, 127; NJW 1999, 639, 640).

1150 **Zweitens:** Eine Leistungsklage des Beklagten macht eine negative Feststellungsklage des Klägers nur dann unzulässig, wenn die Leistungsklage nicht mehr zurückgenommen werden kann (BGHZ 99, 342). Das richtet sich nach § 269 Abs. 1 ZPO.

1151 **Drittens:** Eine Leistungswiderklage des Beklagten macht eine negative Feststellungsklage des Klägers auch dann nicht unzulässig, wenn über die Leistungsklage nicht sachlich entschieden werden kann, weil sie selbst unzulässig ist, oder weil darüber **noch nicht** sachlich entschieden werden kann, weil ihre

Zulässigkeit noch zweifelhaft ist. In derartigen Fällen ist bei Entscheidungsreife der Feststellungsklage über diese sachlich zu entscheiden (*N. Schneider* ZAP Fach 13, S. 839 mit Nachw.)

Das Feststellungsinteresse entfällt, wenn über die Leistungsklage durch Sachurteil entschieden worden ist (BGH NJW 2006, 515). Es fehlt von vornherein, wenn eine negative Feststellungsklage erhoben wird, obwohl bereits eine Leistungsklage über denselben Anspruch rechtshängig ist (BGH NJW 1989, 2064). Umgekehrt gilt das nicht. Die Erhebung einer negativen Feststellungsklage begründet keine Rechtshängigkeitssperre für eine später erhobene Leistungsklage (BGH a.a.O.). Auch verfahrensrechtlich nicht bindende Erklärungen des Gegners führen nicht zum Wegfall des Rechtsschutzinteresses (siehe unten Rn. 2077). 1152

2. Leistungsklage

Einer Leistungsklage fehlt das Rechtsschutzbedürfnis als Zulässigkeitsvoraussetzung, wenn der erstrebte Erfolg auf andere Weise einfacher, schneller und billiger zu erreichen ist (BGH NJW 1998, 1636, 1637). 1153

Das ist aber nicht der Fall, wenn am **Erfolg** des anderen Vorgehens erhebliche **Zweifel** bestehen (BGH NJW 1994, 1351 = MDR 1994, 1037). So hat das OLG Düsseldorf (OLGZ 1994, 439) beispielsweise für die Klage auf Austausch von Prozessbürgschaften das Rechtsschutzbedürfnis bejaht, obwohl dieses Ziel auch über das Verfahren nach § 108 ZPO zu erreichen ist, aber nicht einfacher und nicht schneller. 1154

Verneint wird das Rechtsschutzbedürfnis, wenn die Rechtsverfolgung ins **Schikanöse** abgleitet, beispielsweise bei einer Klage, mit der noch eine Restforderung von 41 Pfennigen geltend gemacht worden war (AG Stuttgart DWW 1990, 241). 1155

II. Beispiele für bestehendes Rechtsschutzbedürfnis

Ein Vertragspartner, der aufgrund eines Vorvertrages den Abschluss eines nach § 311b BGB beurkundungsgsbedürftigen Hauptvertrages erreichen will, hat ein Rechtsschutzbedürfnis für eine Klage auf Abgabe eines bestimmten Angebots. Zwar tritt durch Abgabe dieses Angebotes noch keine Bindung der Parteien ein. Das schutzwürdige Interesse des Klägers liegt jedoch darin, dass er nicht seinerseits gezwungen wird, vorsorglich mehrere Angebote unterschiedlichen Inhalts beurkunden zu lassen und jedes dieser Angebote zum Gegenstand eines Hilfsantrages zu machen (BGHZ 97, 150 = NJW 1986, 1983). Das Rechtsschutzbedürfnis wird in einem derartigen Fall daher letztlich mit der **Prozessökonomie** begründet. 1156

Soweit das Gericht die Rechtslage lediglich nach **Besitzrecht** entschieden hat, ist das Rechtsschutzbedürfnis für eine Klage aus dem **Eigentum** zu bejahen (BGH 1157

Warneyer 1978 Nr. 162 = MDR 1978, 1011 [Besitzschutzverfügung und Hauptsacheklage unter Einbeziehung petitorischer Ansprüche]; siehe auch oben Rn. 1157 ff.).

1158 Hat ein Kläger gegen den Beklagten ein **Urteil** auf Zahlung einer bestimmten Geldsumme erstritten, dann kann der Beklagte im Berufungsverfahren das Rechtsschutzbedürfnis des Klägers nicht dadurch ausräumen, dass er ein notarielles **Schuldanerkenntnis** abgibt (LG Lüneburg NJW-RR 1992, 1190). Für dieses Vorgehen fehlt dem Beklagten selbst das Rechtsschutzbedürfnis, denn ob aus der notariellen Urkunde oder aus dem Urteil vollstreckt wird, macht für den Verlauf des Vollstreckungsverfahrens keinen Unterschied. Darüber hinaus verschafft das Erkenntnisverfahren dem Kläger eine sicherere Stellung, weil er keinen Bereicherungsansprüchen nach § 812 Abs. 2 BGB ausgesetzt ist.

1159 Ähnlich schließt die Möglichkeit eines **Notars**, seinen **Kostenanspruch** selbst zu titulieren (§§ 154 ff. KostO), nicht eine **Scheckklage** wegen seines Honoraranspruchs aus, wenn der erfüllungshalber hingegebene Scheck zu Protest gegangen ist (LG Köln MDR 1978, 679 mit Anm. *Elzer*). Durch ein obsiegendes Urteil im Scheckprozess erlangt der Notar einen Vollstreckungstitel, der unabhängig ist von etwaigen Einwendungen des Beklagten gegen die notarielle Kostenberechnung.

1160 In einem vom OLG Köln entschiedenen Fall (NJW-RR 1995, 336) hatte ein Grundstücksnachbar ohne Baugenehmigung an seinem Haus einen Erker anbringen lassen, der den Grenzabstand zum Nachbarn nicht einhielt. Die zuständige Behörde hatte eine **Abrissverfügung** erlassen, die noch nicht vollzogen worden war. Daraufhin **klagte** der **Kläger auf Beseitigung** des Erkers. Das OLG Köln hat ein Rechtsschutzinteresse dafür bejaht, weil die Ordnungsverfügung allein dem öffentlich-rechtlichen Ziel der Gefahrenabwehr dient und der Kläger einen zivilrechtlichen Anspruch auf Beseitigung nur im Klageweg durchsetzen konnte.

1161 Genug der Beispiele. Sie sollten verdeutlichen, wie unerlässlich es bei der Bestimmung des Rechtsschutzbedürfnisses ist, den Sachverhalt oder die Sachverhalte genau darauf hin zu überprüfen, welche **Rechtsfolgen** sich bei ihrer rechtlichen Beurteilung ergeben. Nur so lässt sich zuverlässig klären, ob das Schutzbedürfnis einer Partei zu bejahen ist, weil der von ihr gewählte Weg auf das Erlangen einer günstigeren Rechtsstellung abzielt.

III. Beispiele für fehlendes Rechtsschutzbedürfnis

1. Äußerungsfreiheit

1162 Ein sehr wichtiger Anwendungsfall ist der Grundsatz, dass ehrenkränkende Äußerungen, die der Rechtsverfogung oder der Rechtsverteidigung in einem **Gerichtsverfahren** dienen, nicht mit **Ehrenschutzklagen** abgewehrt werden können (BGH NJW 1988, 1016 = VersR 1988, 379; NJW 1987, 3138 = ZIP 1987, 1081; *Schneider* ProzRB 2003, 338). Keine Partei soll in einem Rechtsstreit in ihrer Äußerungsfreiheit beeinträchtigt werden. Jede Partei soll alles vortragen dürfen, was sie zur Wahrung ihrer Rechte für erforderlich hält, selbst wenn hierdurch die Ehre eines anderen berührt wird. Ob das Vorbringen wahr und erheblich ist, soll nur im Verfahren selbst geprüft werden. Deshalb fehlt in solchen Fällen für eine Ehrenschutzklage das Rechtsschutzbedürfnis. Das gilt jedenfalls, solange das Ausgangsverfahren noch nicht abgeschlossen ist (BGH NJW 1986, 2502; OLG Hamm NJW 1992, 1329).

2. Nutzloser prozessualer Aufwand

Verneint wird das Rechtsschutzbedürfnis, wenn der mit der Rechtsverfolgung verbundene zusätzliche Aufwand nicht zu einem zusätzlichen Erfolg führen kann. 1163

So fehlt **beispielsweise** der Leistungsklage des Gläubigers einer Forderungspfändung gegen den Drittschuldner das Rechtsschutzinteresse, wenn schon der Schuldner gegen den Drittschuldner Klage auf Leistung an den Gläubiger erhoben hat (OLG Hamburg MDR 1967, 849). 1164

Für die Geltendmachung eines **Auskunftsanspruchs** zur Berechnung des Rückkaufswerts einer Lebensversicherung fehlt das Rechtsschutzbedürfnis, wenn alle daraus möglicherweise folgenden Leistungsansprüche verjährt sind (LG Köln VersR 1994, 296 [wobei davon auszugehen war, dass die Verjährungseinrede erhoben werde]). 1165

Einem Antrag auf Erlass eines Mahnbescheids **zur Verhütung drohender Verjährung** einer rechtskräftig ausgeurteilten Zinsforderung fehlt das Rechtsschutzbedürfnis, weil der Gläubiger die Verjährung durch eine beliebige Vollstreckungsmaßnahme hemmen kann (AG Hannover NJW-RR 1988, 1343). 1166

Unzulässig ist auch die Aufteilung eines Anspruchs auf Kostenvorschuss zur Mängelbeseitigung in zwei Prozesse (LG Hamburg BauR 1988, 249) oder eine Unterhaltsklage, wenn bereits im Verfahren der einstweiligen Anordnung ein Prozessvergleich darüber geschlossen worden ist (OLG Schleswig SchlHA 1981, 113). 1167

3. Wegfall des Interesses

Ein anfangs gegebenes Rechtsschutzbedürfnis kann auch entfallen. **Hauptanwendungsfall** ist die Leistungs-Widerklage des Beklagten, mit der er sich gegen einen vom Streitgegenstand her inhaltsgleichen Feststellungsantrag des Klägers verteidigt. Ebenso ist der Wegfall des Rechtsschutzbedürfnisses für eine Klage bejaht worden, mit der die Feststellung der Verpflichtung eines Haftpflichtversicherers zur Gewährung von Versicherungsschutz begehrt worden war, nachdem der Versicherer Widerklage erhoben und vom Versicherungsnehmer die Erstattung der aufgewendeten Beträge verlangt hatte (OLG Frankfurt NJW 1970, 2069 [das Interesse des Klägers ging nicht über den mit der Widerklage geltend gemachten Anspruch hinaus]). 1168

§ 15 Rechtsschutzbedürfnis

1169 In allen derartigen Fällen bleibt das Feststellungsinteresse des Klägers jedoch bestehen, so lange die Widerklage noch zurückgenommen werden kann (siehe oben Rn. 1150). Der Kläger muss sicher sein, dass es zu der von ihm erstrebten klärenden Sachentscheidung kommt.

4. Lehre

1170 Diese wenigen Beispiele sollen dazu anregen, immer sehr sorgfältig zu überlegen, ob der erstrebte Prozesserfolg nicht schon aus anderen Gründen erreichbar ist oder verneint werden muss. Denn dann besteht kein Rechtsschutzbedürfnis oder es entfällt, so dass die Verfolgung oder **Weiterverfolgung** der Ansprüche des Mandanten dem Anwalt als eine zum Schadensersatz verpflichtende **Mandatsverletzung** angelastet werden kann.

IV. Titelstreitigkeiten

1171 Ein Rechtsschutzinteresse für eine Klage ist trotz Vorliegens eines **vollstreckbaren Vergleichs** anzunehmen, wenn erhebliche Zweifel bestehen, ob der vergleichsweise geschaffene Titel so bestimmt formuliert ist, dass nicht mit Schwierigkeiten bei der Vollstreckung gerechnet werden muss (KG FamRZ 1969, 213; OLG Frankfurt FamRZ 1981, 70; OLG Karlsruhe WRP 1967, 100; 1977, 41; MDR 2005, 533). Das gilt erst recht, wenn bei der Vollstreckung unüberwindliche Schwierigkeiten drohen (OLG Hamburg DAVorm 1978, 632).

1172 Bejaht wird ein Rechtsschutzbedürfnis für eine bereits vergleichsweise titulierte Forderung ferner, wenn der Schuldner **Einwendungen** erhebt und mit einer **Vollstreckungsgegenklage** zu rechnen ist (BGH WPM 1963, 865; 1967, 938; OLG Hamm NJW 1976, 246). Das gilt auch dann, wenn es sich bei dem vollstreckbaren Titel um eine Urkunde handelt, in der sich der Schuldner der sofortigen Zwangsvollstreckung unterworfen hat (OLG Hamm NJW-RR 1989, 442 = MDR 1989, 266).

1173 Auch ist der Gläubiger nicht wegen fehlenden Rechtsschutzbedürfnisses gehindert, einen Antrag auf Erlass einer einstweiligen Verfügung zu stellen, obwohl er die Möglichkeit hat, einen bereits vorhandenen **Titel** auf sich **umschreiben** zu lassen (LG Hamburg MDR 1967, 54).

1174 Für die Klage auf **Herausgabe** eines **Vollstreckungstitels** besteht ein Rechtsschutzbedürfnis, wenn zu befürchten ist, dass der Titelgläubiger aus dem nicht mehr wirksamen Titel Rechte herleitet (OLG Celle FamRZ 1993, 1332).

V. Mietrechtliche Räumungsklagen

1175 Zunächst ist darauf zu achten, dass bei einer **Mehrheit von Vermietern** oder **Mietern** immer von allen oder gegenüber allen Beteiligten gekündigt werden muss. Das folgt aus der Einheitlichkeit des Mietverhältnisses (ausführlich *Staudinger/Rolfs*, BGB, 2003, § 542 Rn. 8 ff.).

Hat ein Vermieter einen Räumungstitel gegen seinen Einzelmieter erwirkt, dann ist noch lange nicht gesagt, dass er mit einer Räumungsvollstreckung die Wohnung frei bekommt. Möglicherweise weigert sich die mitbewohnende Ehefrau zu räumen oder die Lebensgefährtin des Mieters oder dessen Großmutter und so fort. Wie der Gerichtsvollzieher dann vorzugehen hat, ist heillos umstritten. 1176

Die einen Gerichte lassen den Räumungstitel gegen den Mieter genügen, um auch die mitbewohnenden Personen zu entsetzen. Andere lehnen das grundsätzlich ab. Wieder andere differenzieren danach, in welchem Verhältnis eine mitbewohnende Person zum Titelschuldner steht. Im Ergebnis hängt es von der **Auffassung** des **einzelnen Gerichts** ab, ob und auf welchem Weg der Vermieter die Räumung der Wohnung durchsetzen kann. 1177

Der Anwalt ist gegenüber dieser Vielfalt von Gerichtsentscheidungen hilflos. Weiß er nicht zufällig, welcher Richter oder welches Kollegium zuständig ist und welche Auffassung von ihm vertreten wird, dann ist es für ihn nicht berechenbar, gegen wen er auf Räumung klagen soll. Deshalb gibt es schon Veröffentlichungen, die nur die Mietrechtsjudikatur eines einzigen Landgerichtsbezirks nachweisen (z.B. *Lützenkirchen*, Kölner Mietrecht). Sicherlich muss der Vermieter immer gegen den oder die **vertraglichen** Mieter klagen. Beschränkt er sich darauf, scheitert die Zwangsvollstreckung später vielleicht daran, dass vom Gericht ein Titel für irgendeinen (nicht vertraglichen) Mitbewohner verlangt wird. Verklagt er vorsorglich alle Mitbewohner, dann kann ihm passieren, dass das Rechtsschutzbedürfnis dafür mit der Begründung verneint wird, zur Zwangsvollstreckung reiche ein Titel gegen den Mieter aus. 1178

Um ihn aus dieser verfahrensrechtlichen Ausweglosigkeit zu befreien, wird ein Rechtsschutzbedürfnis für eine **Klage gegen Mitbesitzer** unabhängig davon bejaht, ob zur Räumungsvollstreckung ein Titel lediglich gegen den Mieter ausreicht (*Stein/Jonas/Brehm*, ZPO, 22. Aufl., 2004, § 885 Rn. 15; *Emmerich/Sonnenschein*, Miete, 8. Aufl., 2003, Rn. 40 vor § 535). 1179

Allerdings wird das Rechtsschutzbedürfnis für eine Klage gegen die **minderjährigen Kinder** verklagter Eltern verneint. Begründet wird das damit, dass die Vollstreckbarkeit eines nur gegen die Eltern gerichteten Räumungstitels gegen minderjährige Kinder einhelliger Auffassung entspreche (LG Lüneburg NJW-RR 1998, 662). Wohnen jedoch auch erwachsene Kinder bei den Eltern, dann ist es der sicherste Weg, diese mitzuverklagen. 1180

VI. Dingliche Rechte

Das Rechtsschutzbedürfnis für eine Klage auf Erteilung einer Berichtigungsbewilligung wird **verneint**, wenn der Berechtigte die **Unrichtigkeit** des **Grundbuchs** durch eine in seinem Besitz befindliche öffentliche Urkunde nachweisen kann (OLG Zweibrücken NJW 1967, 1809 = MDR 1967, 840 [Ausfertigung eines 1181

Urteils]; OLG Frankfurt NJW 1969, 1906 [Unrichtigkeit des Grundbuchs schon nachgewiesen]).

1182 **Bejaht** wird ein Rechtsschutzbedürfnis, wenn der Erfolg eines Grundbuchberichtigungsverfahrens nach § 22 GBO zweifelhaft ist (OLG Schleswig MDR 1982, 143).

1183 Für die Klage auf Bewilligung der **Eintragung** des Eigentümers in das **Wohnungsgrundbuch** ist das Rechtsschutzinteresse schon vor Anlegung des Grundbuchs bejaht worden, weil dem Grundbuchamt bereits die Teilungserklärung mit Aufteilungsplan und Abgeschlossenheitsbescheinigung vorlag (BGH MDR 1993, 866 = NJW-RR 1993, 840).

VII. Unterhalt

1184 In Unterhaltssachen liegt es häufig so, dass der Unterhaltspflichtige **freiwillig zahlt** und auch nicht damit zu rechnen ist, er werde die Zahlungen einstellen. Gleichwohl wird in derartigen Fällen das Rechtsschutzbedürfnis für die Klage auf Schaffung eines Titels bejaht (z.B. OLG Hamm FamRZ 1992, 831; OLG Koblenz FamRZ 1993, 1098). Die freiwillige Zahlung ändert nichts am Rechtsschutzbedürfnis auf Titulierung; denn wenn der Schuldner seine Zahlung einstellt, hat der Gläubiger nichts in der Hand, um sie zu erzwingen.

1185 Verneint wird jedoch ein Anspruch auf Titulierung eines unstreitig regelmäßig gezahlten **Kindesunterhalts** durch Erlass einer **einstweiligen Verfügung** (KG FamRZ 1998, 688). Dabei würde es sich um eine Leistungsverfügung handeln, die nur zur Abwendung wesentlicher Nachteile zugelassen wird, also dann, wenn auf Seiten des Unterhaltsberechtigten eine Notlage entstanden ist (*Stein/Jonas/Grunsky*, ZPO, 22. Aufl., 2002, Rn. 39 vor § 935). Solange regelmäßig freiwillig gezahlt wird, fehlt es an dieser Voraussetzung.

1186 In **Familiensachen** steht auch die Möglichkeit, eine einstweilige Anordnung zu beantragen, dem Erlass einer einstweiligen Verfügung entgegen (*Schneider*, MDR 1999, 196; *Thomas/Putzo/Hüßtege*, ZPO, 27. Aufl., 2005, § 620 Rn. 6).

VIII. Kostenerstattungsansprüche

1. Begriffe

1187 Der **prozessuale** Kostenerstattungsanspruch entsteht im Rechtsstreit auf Grund der Kostenveranlassung des Gegners und nach Maßgabe der Kostenbelastung durch eine gerichtliche Entscheidung. Fällig wird er ab vorläufiger Vollstreckbarkeit.

1188 Der **materielle** Kostenerstattungsanspruch hingegen entsteht kraft Verwirklichung eines vertraglichen oder deliktischen Anspruchsgrundes, setzt also die Tatbestandserfüllung einer Anspruchsnorm materiellen Rechts voraus und wird fällig mit der Verwirklichung des Haftungstatbestandes und seiner Bezifferung.

VIII. Kostenerstattungsansprüche

Die Rechtsprechung hat zwischen dem prozessualen und dem materiellen Kostenerstattungsanspruch eine Brücke geschlagen, indem sie **Vorbereitungskosten** in den Anwendungsbereich des § 91 ZPO einbezogen hat, um auch für die Geltendmachung des materiellen Kostenerstattungsanspruchs den schnelleren und einfacheren Weg des Kostenfestsetzungsverfahrens der §§ 103 ff. ZPO zu eröffnen. Diese „begriffliche Aufweichung" hat zu Problemen geführt. 1189

2. Geltendmachung

Die **Befugnis** des Gläubigers, seinen materiellen Kostenerstattungsanspruch, etwa die Kosten eines vorprozessual eingeholten Sachverständigengutachtens, in das **Kostenfestsetzungsverfahren** einzubringen, hat manche Gerichte zu dem Schluss verleitet, er sei dazu auch verpflichtet, weil das Kostenfestsetzungsverfahren der billigere und einfachere Weg sei (vgl. z.B. LG Bielefeld VersR 1967, 1008; LG München JurBüro 1988, 623; LG Berlin ZMR 1988, 306). Richtig ist diese Auffassung nicht. 1190

In das Kostenfestsetzungsverfahren müssen nur solche Positionen eingebracht werden, die zu den **reinen Prozesskosten** gehören, etwa vorprozessual entstandene Anwaltsgebühren, die im nachfolgenden Rechtsstreit anzurechnen sind (LG Karlsruhe AnwBl. 1994, 95). Für die Geltendmachung eines (nur) materiellrechtlichen Kostenerstattungsanspruches durch selbständige Klage muss daher das Rechtsschutzbedürfnis bejaht werden (OLG Koblenz JurBüro 1990, 1012; LG Hechingen VersR 1986, 350; *Zimmermann*, ZPO, 7. Aufl., 2006, § 91 Rn. 9). 1191

Erst recht ist der Kläger befugt, den materiell-rechtlichen Kostenerstattungsanspruch als selbständige Schadensposition **in den Hauptprozess** einzubringen. Hat er etwa vorprozessual 1000 Euro Gutachterkosten aufgewandt, dann darf er diese Position in der Klagebegründung in die Berechnung seines Gesamtschadens einsetzen und ist nicht genötigt, die Gutachterkosten erst im Kostenfestsetzungsverfahren geltend zu machen. Sein Rechtsschutzbedürfnis an der Einbringung des Anspruchs in das Erkenntnisverfahren ergibt sich schon daraus, dass im Hauptprozess nach Strengbeweis entschieden wird, im Kostenfestsetzungsverfahren jedoch nur auf Grund einer Glaubhaftmachung. Schon diese Möglichkeit unterschiedlicher rechtlicher Beurteilungen begründet das Rechtsschutzbedürfnis des Klägers (BayObLGZ 1979, 16). 1192

Einzelheiten zum Rechtsschutzbedürfnis für die selbständige Durchsetzung eines materiellen Kostenerstattungsanspruches sind auch heute noch streitig. Siehe näher dazu *Schneider* MDR 1981, 353 ff., und *Becker-Eberhard*, Grundlagen der Kostenerstattung bei der Verfolgung zivilrechtlicher Ansprüche, 1985, insbesondere S. 400 ff. 1193

IX. Verfahrensfragen

1. Zuständigkeitsprüfung

1194 Ist das Rechtsschutzinteresse für eine Klage zweifelhaft, aber auch die Zuständigkeit des angerufenen Gerichts, dann hat die Zuständigkeitsprüfung **Vorrang** vor der Prüfung des Rechtsschutzbedürfnisses. Nur das sachlich und örtlich zuständige Gericht ist befugt, über das Vorliegen des Rechtsschutzbedürfnisses zu entscheiden. Nur dieses ist der gesetzliche Richter, Art. 101 Abs. 1 S. 2 GG (OLG Koblenz MDR 1982, 504).

2. Unbegründetheit vor Zulässigkeit

1195 Ist die Zuständigkeit des angerufenen Gerichts gegeben, das Vorliegen eines Rechtsschutzbedürfnisses für die Klage zweifelhaft, deren Unbegründetheit aber eindeutig, dann lässt die Rechtsprechung es zu, dass ein Sachurteil auf Klageabweisung ergeht, ohne dass zuvor das Vorliegen des Rechtsschutzbedürfnisses geprüft wird (MünchKommZPO/*Lüke*, 2. Aufl., 2000, Rn. 18 vor § 253 u. MünchKommZPO/*Musielak*, § 300 Rn. 6 – beide mit Nachweisen). Dadurch entlasten sich die Gerichte.

1196 Das hat jedoch zur Folge, dass die **Rechtskraftwirkung** des Urteils **offen** bleibt. Wie auch immer die Formulierung der Urteilsgründe lauten mag, gedanklich hat sie stets die Struktur: „Ob die Klage als unzulässig hätte abgewiesen werden müssen, sei dahingestellt, sie wird einfach als unbegründet abgewiesen." Deshalb bleibt zwangsläufig unklar, welche Rechtskraftwirkung das Urteil hat (zur Problematik siehe MünchKommZPO/*Gottwald*, § 322 Rn. 161; *Stein/Jonas/Leipold*, ZPO, 21. Aufl., 1998, § 322 Rn. 148).

3. Nachträgliche Veränderung der Rechtslage

1197 Für die Prüfung des Rechtsschutzbedürfnisses kommt es auf den Zeitpunkt des **Eingangs** der **Klage** an. Das anfangs bejahte Rechtsschutzbedürfnis entfällt daher nicht wegen einer Änderung der Rechtslage. Praktische – leider von den Gerichten immer wieder versehentlich oder bewusst ignorierte – Bedeutung hat das vor allem, wenn ein wegen Unbezifferbarkeit zulässiger **Feststellungsantrag** im Verlaufe des Rechtsstreits **bezifferbar wird**. Dann darf der Feststellungskläger zwar zum bezifferten Leistungsantrag übergehen. Er ist aber nicht dazu gezwungen und **darf weiterhin am Feststellungsantrag festhalten** (BGH NJW 1978, 210; siehe oben Rn. 1149).

1198 Entsprechend kommt es im Berufungsverfahren für die Prüfung des Rechtsschutzbedürfnisses als Zulässigkeitsvoraussetzung auf den Zeitpunkt der Einlegung des Rechtsmittels an, so dass eine später eingetretene Änderung der Rechtslage insoweit nicht zu berücksichtigen ist (BAG AP § 91a ZPO Nr. 9).

1199 Eine Veränderung der Sach- oder Rechtslage in der **Zwischeninstanz** zwischen Verkündung eines Endurteils und Einlegung eines Rechtsmittels ist jedoch zu berücksichtigen. So ist zum Beispiel das Rechtsschutzbedürfnis für eine Berufung gegen ein Auskunftsurteil verneint worden, weil die Auskunft zwischen den Instanzen erteilt worden war (OLG Schleswig SchlA 1984, 174).

In den in § 15a Abs. 1 S. 1 EGZPO aufgeführten Fällen ist vor Erhebung der Klage ein **Einigungsversuch vor einer Gütestelle** vorgeschrieben. Wird das vergessen und nach Klageerhebung ein Güteverfahren nachgeholt, dann hilft das nicht mehr. Eine ohne vorherigen Einigungsversuch erhobene Klage muss als unzulässig abgewiesen werden (BGH VersR 2005, 708). 1200

X. Vorgehen im Rechtsstreit

In der forensischen Praxis hat das Rechtsschutzbedürfnis aus anwaltlicher Sicht geringere Bedeutung, als es oft scheint. Die vorstehend erörterten Einzelfälle sind, aufs Ganze gesehen, statistische Ausnahmen. Gleichwohl lehrt die Alltagserfahrung, dass das Leugnen des Rechtsschutzbedürfnisses durch den Prozessgegner fast schon **routinemäßig** als **Verteidigungsmittel** missbraucht wird. Immer wieder wird in Schriftsätzen fehlendes Rechtsschutzinteresse auf das Geratewohl gerügt. Besonders beliebt ist diese Art der „Rechtsverteidigung", wenn es um positive oder negative Feststellungsklagen, um Feststellungswiderklagen oder um Zwischenfeststellungs(wider)klagen geht (§ 256 Abs. 1 und 2 ZPO). Solche Rügen beruhen meist auf mangelnder Kenntnis des Verfahrensrechts. Der rügende Anwalt macht sich unter Umständen mit seiner Rechtsverteidigung viel Arbeit, die nur dazu führt, dass seine Rechtsunkenntnis offenbar wird. Ich schildere dazu einen – beliebigen – **Fall aus der Praxis**: 1201

Die Eheleute Klug hatten von Frau Weise ein bebautes Grundstück gekauft. Ausweislich des notariellen Vertrages war der Kaufpreis von 300 000 Euro mit 100 000 Euro sofort zu begleichen, der Rest in 10 Raten von halbjährlich 20 000 Euro. In den Vertrag war eine Klausel für den Fall des Verzugs mit diesen Leistungen aufgenommen worden. Der dann fällige gesamte Rest war mit 15 % zu verzinsen. Die Käufer hielten die Zahlungsfristen nicht ein. Daraufhin beauftragte Frau Weise einen Anwalt mit der Geltendmachung ihrer Rechte. Da sich die Käufer in der notariellen Urkunde der sofortigen Zwangsvollstreckung unterworfen hatten, holte der Anwalt sich vom Notar eine vollstreckbare Ausfertigung und ließ sie dem zahlungskräftigeren Ehemann Klug zustellen. Dieser erhob Zwangsvollstreckungsgegenklage mit der Begründung, nach Abschluss des notariellen Vertrages hätten die Parteien die Kaufpreiszahlungen mündlich reduziert, so dass die von den Käufern erbrachten Zahlungen vertragsgerecht seien. Frau Weise beantragte Klageabweisung und erhob Zwischenfeststellungswiderklage gegen Herrn Klug und nunmehr auch Drittwiderklage gegen Frau Klug mit dem Antrag festzustellen, dass sich die Rechtsbeziehungen der Parteien ausschließlich nach dem beurkundeten Text des notariellen Vertrages bestimmen würden und nicht nach davon abweichenden, bestrittenen mündlichen Vereinbarungen. 1202

1203 Das animierte den Anwalt der Kläger zu vielseitigen schriftsätzlichen Ausführungen zum fehlenden **Rechtsschutzbedürfnis** für die **Zwischenfeststellungswiderklage** und die **Drittwiderklage**. Dazu führte er auch noch Belege an, die nicht passten, weil er die Rechtslage nicht begriffen hatte. Er berief sich auf Entscheidungen, wonach Feststellungswiderklagen unzulässig sind, wenn deswegen bereits eine streitgegenständlich identische Leistungsklage erhoben worden ist.

1204 Mit dem Ausgangsfall hatte das überhaupt nichts zu tun. Der Anwalt der Kläger hatte die Rechtskraftwirkungen eines Urteils verkannt, das eine Vollstreckungsabwehrklage beschieden. Weder das stattgebende noch das abweisende Urteil hat Auswirkungen auf den titulierten Anspruch. Es befindet lediglich über die Zulässigkeit oder Unzulässigkeit der Zwangsvollstreckung. Deshalb ist eine Feststellungsklage sowohl nach § 256 Abs. 1 ZPO als auch nach § 256 Abs. 2 ZPO zulässig (*Stein/Jonas/Münzberg*, ZPO, 22. Aufl., 2002, § 767 Rn. 5, und *Stein/Jonas/Leipold*, ZPO, 21. Aufl., 1998, § 322 Rn. 93).

1205 Hinsichtlich der Zwischenfeststellungswiderklage hatte der Anwalt der Kläger zusätzlich übersehen, dass dafür überhaupt kein Feststellungsinteresse erforderlich ist und dieses deshalb auch in § 256 Abs. 2 ZPO nicht erwähnt wird (BGHZ 69, 41 = NJW 1977, 1637; *Stein/Jonas/Schumann*, ZPO, 21. Aufl., 1997, § 256 Rn. 140). Das ist absolut einhellige Auffassung. So heißt es in BGH MDR 1985, 138:

> „Nur durch Erhebung einer Feststellungsklage kann die Rechtskraft der Entscheidung über eine Vollstreckungsgegenklage auf den materiell-rechtlichen Anspruch erstreckt werden."

1206 Die seitenlangen Ausführungen zum vermeintlich fehlenden Rechtsschutzbedürfnis waren daher überflüssig. Wie leider immer noch weitgehend üblich, wies das Gericht nicht alsbald darauf hin, dass es sich um rechtsirrigen Sachvortrag handele. Der Anwalt der Klägerin wusste daher nicht, ob das Gericht die Rechtslage durchschaute. Deshalb musste er vorsorglich an sich überflüssige schriftsätzliche Ausführungen dazu zu bringen und damit auch zwangsläufig die Rechtsunkenntnis des Gegenanwalts an den Pranger zu stellen.

1207 Jeder **Anwalt** ist daher gut beraten, sich im Rechtsstreit nicht ins Blaue hinein auf fehlendes Rechtsschutzbedürfnis zu berufen. Er fördert damit nicht die Sache, sondern füllt nur die Gerichtsakten und „outet" sich vielleicht noch als verfahrensrechtlicher Stümper.

1208 Vorausschauende Überlegungen sind auch geboten, wenn es um die **Erhebung einer Teilklage** geht. Gegenüber einer Teilklage kann eine Zwischenfeststellungswiderklage nach § 256 Abs. 2 ZPO erhoben werden. Damit wird das Nichtbestehen der gesamten Forderung geltend gemacht. Wird die Teilklage abgewiesen, dann erwirkt der Beklagte mit seiner **Zwischenfeststellungswiderklage** eine Entscheidung darüber, dass dem Kläger überhaupt nichts zusteht. Der Streitwert ist dann gleich der Gesamtforderung.

X. Vorgehen im Rechtsstreit

Eine solche Feststellungswiderklage stört das Konzept des Klägers und erhöht bei Unterliegen seine Kostenbelastung, der er entgehen wollte. Das muss der Anwalt vor Klageerhebung berücksichtigen.   1209

Entschließt er sich nur zu einer **verdeckten Teilklage** (Rn. 890 ff.), dann sollte er im vorangehenden Schriftwechsel keine Ausführungen bringen, die eine Berührung enthalten oder als solche verstanden werden könnten. Er kann sich mit der Ankündigung begnügen, noch prüfen zu wollen, ob ihm eventuell höhere Ansprüche zustünden (BGH NJW 1992, 436 = MDR 1992, 297).   1210

Ein hartnäckiger Gegner wird den Kläger allerdings auffordern, zu erklären, dass er keine weiteren Ansprüche geltend mache. Verweigert der Kläger diese Erklärung, dann läuft das auf eine Berührung hinaus, der mit einer Feststellungswiderklage begegnet werden kann (*Schneider* MDR 1998, 253, 254). Dem kann der Kläger nur entgehen, indem er selbst aktiv wird und die Gesamtforderung einklagt.   1211

Fünftes Kapitel: Präklusionsrecht

§ 16 Rechtsanwendungsgrundsätze

I. Zweckverfehlung

1212 Das Präklusions- oder Verspätungsrecht ist **1977** durch die **Vereinfachungsnovelle** eingeführt worden. Schon deren Benennung war ein Etikettenschwindel. Die Novelle wollte nicht vereinfachen, sondern sollte beschleunigen. Sie hat weder das eine noch das andere bewirkt. Alles, was mit ihr bezweckt worden ist, war schon nach der alten ZPO erreichbar. Es fehlten nur die Richter, die entsprechend praktizieren konnten. Die anderen sollten durch das neue Prozessrecht dazu gezwungen werden. Doch neue Paragraphen schaffen keine neuen Richterpersönlichkeiten. Die Vereinfachungsnovelle hatte daher, wie es *Schellhammer* (Zivilprozess, 10. Aufl., 2003, Rn. 274) formuliert hat,

> „zwar ein schönes Ziel, aber kein neues. Schon die Novellen von 1924 und 1933 hatten befohlen, den Prozess in einem einzigen Verhandlungstermin zu erledigen, aber die Richter haben nicht gehorcht."

1213 Das **Scheitern** der neuen Regelung war von vornherein abzusehen. Die Gerichte hatten keine Zeit, ihre Arbeitsweise umzustellen. Sie hatten zunächst die Akten abzuarbeiten, die noch auf der Schiene des alten Rechts lagen. Das neue Recht war und ist zudem **überkompliziert**. Selbst heute beherrschen es nur wenige Richter wirklich. Was da alles an Fristen zu beachten und an Fristsetzungen möglich ist, was zur Muss-Zurückweisung und zur Kann-Zurückweisung führt und welche Instanzunterschiede zu beachten sind, das ist schlicht verwirrend. Die Assessoren, die in den Justizdienst eintreten, sind mit dem Präklusionsrecht, insbesondere mit seinen „Feinheiten", weder im Studium noch in der Referendarausbildung vertraut gemacht worden. Sie hatten und haben kaum eine Chance, in das neue Recht hineinzuwachsen. Sie werden gleichwohl als Einzelrichter an den Kammern oder am Amtsgericht eingesetzt (siehe oben Rn. 331 ff.). Wie sollen sie – und auch ältere Richter – mit den nachstehend kurz wiedergegebenen Differenzierungen zu Rande kommen?

1214 Die ohnehin bestehenden Schwierigkeiten sind insbesondere durch die Auslegung der einschlägigen Vorschriften vor allem durch die höchstrichterliche Rechtsprechung noch wesentlich vergrößert worden. *Prechtel* (Erfolgreiche Taktik im Zivilprozess, 3. Aufl., 2006, S. 228) hat zutreffend darauf hingewiesen, dass viele Instanzrichter das ungemein komplizierte Präklusionsrecht einfach ignorieren:

> „Daher sind richterliche Fristsetzungen oft nur ‚Scheingeschäfte' in dem Bestreben, den Prozessablauf zu straffen, während aber eigene notwendige vorbereitende Maßnahmen gemäß §§ 358a, 273 ZPO hierzu unterbleiben. Nicht selten erfolgen Fristsetzungen routinemäßig und gedankenlos."

1215 *Prechtel* weist aber auch darauf hin, dass der Anwalt ungeachtet dessen immer mit der Anwendung von Verspätungsrecht zu rechnen hat,

„insbesondere dann, wenn der Richter sich damit eine Verlängerung und Verkomplizierung des Prozesses ersparen und sich auf diese Weise eines lästigen Sachvortrags im Interesse einer ‚ökonomischen Arbeitsweise' entledigen kann. Zudem betrachten manche Richter die Verspätungsvorschriften als ‚Strafnormen' gegen nachlässige Anwälte, was sie jedoch unzweifelhaft nicht sind (z.B. BGH NJW 1999, 585)."

II. Zurückweisungsarten

Da gibt es die in § 296 Abs. 1 S. 1 ZPO geregelte **Muss-Zurückweisung nach Fristsetzung**. Dröselt man die Kreuz- und Querverweisungen im Gesetz auf, dann ergibt sich folgende Übersicht. 1216

- § 273 Abs. 2 Nr. 1 ZPO: Frist zur Ergänzung oder Erläuterung vorbereitender Schriftsätze sowie zu Erklärungen über bestimmte Punkte,
- § 273 Abs. 2 Nr. 5 ZPO: Frist zur Urkundenvorlage nach § 142 ZPO,
- § 275 Abs. 1 S. 1 ZPO: Frist von mindestens zwei Wochen (§ 277 Abs. 3 ZPO) zur Klageerwiderung bei Vorbereitung eines frühen ersten Termins, deren Inhalt § 277 Abs. 1 S. 1 ZPO vorschreibt.
- § 275 Abs. 3 ZPO: Frist von mindestens zwei Wochen (§ 277 Abs. 3 ZPO) zur Klageerwiderung im frühen ersten Termin,
- § 275 Abs. 4 ZPO: Frist von mindestens zwei Wochen (§ 277 Abs. 3 ZPO) zur schriftlichen Stellungnahme auf die Klageerwiderung, deren Inhalt § 277 Abs. 1 S. 1 ZPO vorschreibt.
- § 276 Abs. 1 S. 2 ZPO: Frist zur Klageerwiderung zum Haupttermin,
- § 276 Abs. 3 ZPO: Frist zur Stellungnahme auf die Klageerwiderung zum Haupttermin.

Daneben gibt es die **Muss-Zurückweisung ohne Fristsetzung**, wenn eine Zulässigkeitsrüge verspätet vorgebracht wird (§ 296 Abs. 3 ZPO). 1217

Schließlich gibt es die **Kann-Zurückweisung** nach § 296 Abs. 2 ZPO wegen verspäteter Vorbereitung der mündlichen Verhandlung (§ 282 Abs. 2 ZPO) oder verspäteten Vorbringens in der mündlichen Verhandlung (§ 282 Abs. 1 ZPO). 1218

Das alles **wiederholt** sich über § 525 ZPO im **Berufungsverfahren**. Dort kommen weitere Vorschriften hinzu. **Muss-Zurückweisung** nach 1219

- §§ 530, 520 ZPO wegen lückenhafter Berufungsbegründung,
- §§ 530, 521 Abs. 2 S. 1, Halbs. 1 ZPO wegen verspäteter Berufungserwiderung,
- §§ 530, 521 Abs. 2 S. 1, Halbs. 2 ZPO wegen verspäteter Stellungnahme auf die Berufungserwiderung,
- § 531 Abs. 1 ZPO wegen erstinstanzlich zu Recht zurückgewiesenen Vorbringens,
- § 531 Abs. 2 ZPO wegen des Ausschlusses mit neuem Vorbringen in der Berufungsinstanz.

1220 **Die einzelnen Präklusionsgründe sind nicht austauschbar!** Das Berufungsgericht darf also nicht entscheiden: Zwar sei die Verspätungszurückweisung nicht nach § X gerechtfertigt, wie der Erstrichter angenommen habe, wohl aber nach dem von ihm nicht berücksichtigten § Y, so dass die Berufung unbegründet sei.

1221 Und da hatte ein Gesetzgeber die Stirn, das als Vereinfachung des Verfahrens anzubieten. Das entspricht der Unverfrorenheit, mit der die voller Fehler und Missgriffe steckende ZPO 2002 als **bürgernah, effizient und transparent** angekündigt worden ist (siehe dazu *Schneider*, Praxis der neuen ZPO, 2. Aufl., 2003, Rn. 1 ff.; MDR 2003, 901 und zu den „Fallstricken der neuen ZPO" KammerForum Köln 2003, 187).

III. Wertung

1222 Selbst diejenigen, die das Präklusionsrecht einigermaßen beherrschten, konnten es in praxi nicht anwenden, jedenfalls nicht auf Dauer, weil ihnen die Zeit dazu fehlte. Auch daran hat sich nichts geändert. Die Vorbereitung eines Rechtsstreits dahingehend, dass er in einem einzigen Haupttermin erledigt werden kann, wie dies § 272 Abs. 1 ZPO vorsieht, setzt eine vollständige Bearbeitung des Aktenfalles mehrere Wochen vor dem Termin voraus, damit alle notwendigen Hinweise an die Prozessbevollmächtigten rechtzeitig hinausgehen, Zeugen geladen und Sachverständige beauftragt werden können. Für solche Vorarbeiten hatten und haben die Gerichte angesichts ihrer unverminderten Belastung keine Zeit.

1223 Hinzu kommt, dass weitere Entlastungsgesetze das rechtsstaatliche Beschleunigungskonzept gestört haben, etwa 1990 die Neuauflage des Bagatellverfahrens (§ 495a ZPO). Die Folge war und ist „alter Trott in neuen Stiefeln". Schließlich wirkt sich hemmend aus, dass die Gerichte sich ihrer im Gesetz primär vorgesehenen Mitwirkungspflichten weitgehend entziehen, zugleich aber die Parteien und deren Prozessbevollmächtigte mit teilweise untragbaren Fristsetzungen drangsalieren.

1224 Und so ist heute das Präklusionsrecht aus **anwaltlicher Sicht** fast ausschließlich ausgerichtet auf die Kenntnis missbräuchlicher Praktiken der Gerichte und verfahrensrechtlicher Strategien, dem entgegenzuwirken. Am leichtesten sind diese Kenntnisse anhand konkreter Prozesslagen zu vermitteln.

IV. Analogieverbot

1225 Die Zurückweisung verspäteten Vorbringens macht vor Ungerechtigkeiten nicht halt. Das ist gerade ihr Prinzip. Sie ist deshalb auch zulässig, wenn die Präklusion zu einem in der Sache nicht gerechten Ergebnis führt (AG Berlin-Tempelhof DWW 1988, 179).

1226 Versuche einiger Gerichte, diese wenig ansprechende Rechtsfolge **durch analoge Anwendung** der Verspätungsvorschriften noch **zu erweitern**, um sich dadurch zusätzlich zu entlasten, sind glücklicherweise abgeblockt worden. So ist es unzulässig, **Sachanträge** als „Angriffs- und Verteidigungsmittel" anzusehen, um die Anwendung des § 296 ZPO zu erreichen (BGH FamRZ 1996, 1071). Jede **analoge Anwendung** ist gesetzwidrig (BGH MDR 1981, 664 = NJW 1981, 1217 [betreffend § 528 Abs. 1 ZPO a.F.]; BGH NJW 1981, 1218 = BauR 1981, 305 [betreffend § 528 Abs. 3 ZPO a.F.]). Damit sind vor allem die Versuche gescheitert, das Präklusionsrecht auf das **Beschlussverfahren** auszudehnen (BVerfGE 59, 330 = MDR 1982, 545; OLG München 1981, 1025 = OLGZ 1981, 489).

Die ZPO 2002 hat das Analogieverbot für Beschlussverfahren in **§ 571 Abs. 3** allerdings schon wieder aufgeweicht: 1227

Der Vorsitzende oder das Beschwerdegericht kann für das Vorbringen von Angriffs- und Verteidigungsmitteln eine Frist setzen. Werden Angriffs- und Verteidigungsmittel nicht innerhalb der Frist vorgebracht, so sind sie nur zuzulassen, wenn nach der freien Überzeugung des Gerichts ihre Zulassung die Erledigung des Verfahrens nicht verzögern würde oder wenn die Partei die Verspätung **genügend entschuldigt**. Der Entschuldigungsgrund ist auf Verlangen des Gerichts glaubhaft zu machen.

Wieder die mangelnde Beherrschung der deutschen Sprache durch den Gesetzgeber. Worin könnte wohl der Unterschied zwischen einer **Entschuldigung** und einer **genügenden Entschuldigung** bestehen? Wenn eine Partei ihre Fristversäumung nicht „genügend" entschuldigt, dann hat sie sich überhaupt nicht entschuldigt, sondern nur **versucht**, sich zu entschuldigen. Gesetzgebungs-Pisa (siehe die ZAP-Kolumne Heft 4/2006: Eine kleine Stilkunde für den Gesetzgeber)! 1228

§ 17 Die Verzögerung

I. Unterschiedliche Verzögerungsbegriffe

Wird ein Schriftsatz verspätet eingereicht, dann beantwortet sich die Frage der Verzögerung auf Grund eines Vergleichs, wobei **zwei Testfragen** in Betracht kommen: 1229

Einmal kann darauf abgestellt werden, ob der Rechtsstreit bei **rechtzeitiger Einreichung** des Schriftsatzes entscheidungsreif gewesen wäre oder nicht. Müsste die Entscheidungsreife auch dann verneint, insbesondere also in einem neuen Termin Beweis erhoben werden, dann ist die Verzögerungskausalität zu verneinen („**hypothetischer Verzögerungsbegriff**"). Das war weitgehend die Auffassung der Instanzgerichte (vgl. OLG Hamburg MDR 1979, 501 = NJW 1979, 1717; OLG Karlsruhe NJW 1980, 296; LG München NJW 1979, 376). 1230

Der Testvergleich kann aber auch so aussehen, dass ausschließlich auf den **Zeitpunkt des verspäteten Vorbringens** abgestellt und gefragt wird, ob die Berücksichtigung des verspätet eingereichten Schriftsatzes die Erledigung des Rechtsstreits verzögern würde oder nicht („**realer Verzögerungsbegriff**"). Unbe- 1231 rücksichtigt bleibt dann die hypothetische Erwägung, dass bei rechtzeitiger Einreichung des Schriftsatzes ebenfalls keine Entscheidungsreife eingetreten wäre. Das war die Auffassung des **Bundesgerichtshofes** (MDR 1979, 928 = NJW 1979, 1988). Daraus ist sogar gefolgert worden, eine Verzögerung sei selbst dann zu bejahen, wenn ein Urteil nicht sofort im Termin verkündet werden könne, sondern Verkündungstermin anberaumt werden müsse (so in der Tat OLG Zweibrücken MDR 1981, 504).

1232 Die Auffassung hat zu einer **Überbeschleunigung** des Rechtsstreits geführt. Verspätetes Vorbringen begründet danach nämlich eine Entscheidungsreife, die bei rechtzeitigem Vorbringen nicht eingetreten wäre.

1233 Dieser rigorosen Gesetzesauslegung hat das Bundesverfassungsgericht einen Riegel vorgeschoben. Präklusionsvorschriften dürfen nicht dazu benutzt werden, verspätetes Vorbringen auszuschließen, wenn ohne jeden Aufwand erkennbar ist, dass die Verspätung nicht kausal für eine Verzögerung ist. Dazu heißt es in BVerfGE 75, 316:

„Der absolute Verzögerungsbegriff ist nicht untragbar und daher auch nicht unverhältnismäßig, wenn die Feststellung des mutmaßlichen Geschehensablaufs bei korrektem Alternativverhalten wegen der dadurch notwendigen hypothetischen Erwägungen mit Unsicherheiten belastet ist oder zumindest Schwierigkeiten aufwirft. Die Zulässigkeit einer Präklusion wird verfassungsrechtlich erst problematisch, wenn sich dem Rechtsanwender ohne weitere Erwägungen die Einsicht aufdrängt, dass dieselbe Verzögerung auch bei rechtzeitigem Vorbringen eingetreten wäre. Einerseits kann es nicht Sinn der zur Beschleunigung dienenden Präklusionsvorschriften sein, das Gericht mit schwierigen Prognosen über hypothetische Kausalverläufe zu belasten und damit weitere Verzögerungen zu bewirken. Andererseits dürfen diese Vorschriften aber auch nicht dazu benutzt werden, verspätetes Vorbringen auszuschließen, wenn ohne jeden Aufwand erkennbar ist, dass die eine Verspätung auslösende Pflichtwidrigkeit nicht kausal für eine Verzögerung ist. In diesen Fällen ist die Präklusion rechtsmissbräuchlich, weil sie erkennbar nicht dem mit ihr verfolgten Zweck der Abwehr pflichtwidriger Verfahrensverzögerungen dient. Das wäre ein Rechtsmissbrauch, der gegen Art. 103 Abs. 1 GG verstoßen würde."

1234 Folgerichtig hat dann das OLG Hamm (NJW-RR 1995, 126) eine Verzögerung der Erledigung des Rechtsstreits verneint, wenn auch bei fristgerechtem Eingang des Schriftsatzes mit dem verspäteten Vorbringen ein Beweisbeschluss hätte ergehen müssen und der Rechtsstreit folglich nicht erledigt worden wäre.

1235 Im praktischen Ergebnis bedeutet dies vor allem, dass immer dann eine **Verspätungszurückweisung gesetzwidrig** ist, wenn das verspätete **Vorbringen sofort berücksichtigt** werden kann. Das gilt insbesondere in folgenden Fällen:

– eine Partei bringt nur Rechtsausführungen oder setzt sich mit der Würdigung bereits erhobener Beweise auseinander;

– der Beklagte gesteht das Vorbringen des Klägers zu (LG Freiburg MDR 1982, 762). Das Geständnis darf allerdings nicht von einer Bedingung abhängig gemacht werden; dann wäre es unzulässig (BGHReport 2003, 829);

– eine Partei legt zum Beweis ihrer Behauptungen eine Urkunde vor, also ein präsentes Beweismittel, das sofort gewürdigt werden kann, sofern dessen

Echtheit nicht bestritten wird (OLG Schleswig SchlHA 1980, 213 [Bankbescheinigung über Verzugszinsen]);
- verspätetes Vorbringen wird zunächst berücksichtigt und damit zugelassen. Dann kann die Verspätung nicht mit einem späteren Sinneswandel des Gerichts begründet werden. Das Gericht muss dieses Vorbringen vielmehr so behandeln wie rechtzeitiges Vorbringen (BGH NJW 1987, 501 = MDR 1987, 229; OLG Köln NJW 1980, 2361).

II. Teilurteil

Unzulässig ist die Aufspaltung verspäteten Vorbringens in einen zurückzuweisenden und einen zu berücksichtigenden Teil. Dem entspricht das von der Rechtsprechung entwickelte Verbot, nicht fristgerecht vorgebrachte Behauptungen durch Teilurteil als verspätet zurückzuweisen (BGHZ 77, 306 = NJW 1980, 2355; BGH MDR 1993, 1058 = ZIP 1993, 622; OLG Düsseldorf NJW 1993, 2543). 1236

Das Präklusionsrecht will nur eine Verzögerung des **gesamten** Rechtsstreits verhindern (OLG Brandenburg NJW-RR 1998, 498). „Nur dann, wenn der **ganze Rechtsstreit** bei Außerachtlassung des verspäteten Vorbringens beendet werden kann, erscheint es gerechtfertigt, dieses nicht mehr zuzulassen, wenn die Verspätung nicht genügend entschuldigt wird" (BGHZ 77, 308/309). 1237

Deshalb ist es auch unzulässig, bei einer Klage gegen mehrere einfache Streitgenossen nur einen von ihnen mit Vorbringen auszuschließen, mit dem sich das Gericht im weiteren Verfahren gegen andere Streitgenossen noch befassen muss (OLG Brandenburg NJW-RR 1998, 498). 1238

III. Grundurteil

Anders als beim Teilurteil reicht es zur Annahme einer Verzögerung aus, wenn die Berücksichtigung des verspäteten Vorbringens den Erlass eines Grundurteils verhindern würde (BGH *Warneyer* 1979 Nr. 152 = MDR 1980, 50). Der BGH begründet das damit, dass ein Zwischenurteil über den Grund ebenso wie ein anderes Endurteil selbständig anfechtbar ist (§ 304 Abs. 2 ZPO). Das gilt allerdings auch für Teilurteile. Die Sonderstellung des Grundurteils lässt sich daher wohl nur damit begründen, dass sich dieses – anders als ein Teilurteil – **auf den Rechtsstreit insgesamt bezieht**, wenn auch nur beschränkt auf den Haftungsgrund. 1239

§ 18 Besondere Verfahrenslagen

I. Klageänderung, Klageerweiterung, Klagerücknahme

1. Sachanträge

1240 Im Verspätungsrecht sind zu unterscheiden: der durch einen Sachantrag konkretisierte **Angriff** und die dafür vorgebrachte **Begründung**. Diese wird im Gesetz als **Mittel des Angriffs oder der Verteidigung** bezeichnet (§ 296 ZPO).

1241 Sachanträge dürfen nicht als verspätet zurückgewiesen werden (BGH ZIP 1996, 1072). Es steht im freien Belieben einer Partei, ob und wann sie das Gericht mit einem Sachantrag befasst. Die Einreichung eines solchen Antrages kann **verfristet** sein, etwa wenn durch die Zustellung der Lauf der Verjährung gehemmt werden soll, aber **nie verspätet**. Es gibt keine gesetzliche Vorschrift, die eine Partei zwingt, einen Sachantrag bis zu einem bestimmten Zeitpunkt bei Gericht einzureichen.

1242 Damit stellt sich zunächst die Frage, wie zu verfahren ist, wenn eine Partei ihre bereits eingereichte Klage ändert oder erweitert und dazu einen neuen Sachverhalt vorträgt. Die Rechtsprechung behandelt beide Fälle wie die gewöhnliche Klageeinreichung

2. Klageänderung

1243 Ändert der Kläger seine Klage, dann greift er – erneut – an und macht nicht nur ein Angriffs**mittel** geltend. Insoweit sind die Voraussetzungen des § 296 ZPO nicht gegeben. Wird die Klageänderung **zugelassen**, dann darf das ihrer Begründung dienende tatsächliche Vorbringen **nicht wegen Verspätung zurückgewiesen** werden, weil sonst im Ergebnis auch der Angriff selbst zurückgewiesen würde, was im Gesetz nicht vorgesehen ist (OLG Karlsruhe NJW 1979, 879 mit Anm. *Deubner*).

1244 Für den Beklagten bedeutet das, dass die **Erwiderungsfrist** zur ursprünglichen Klage **wirkungslos** wird. Das Gericht muss eine neue Erwiderungsfrist zur geänderten Klage setzen und darf erst nach deren Versäumnis Verspätungsrecht anwenden (OLG Düsseldorf MDR 1980, 943).

3. Klageerweiterung

1245 Auch die Klageerweiterung ist eine Klageänderung, wird jedoch wegen § 264 Nr. 2 ZPO prozessual nicht so behandelt. Aus der sachlichen Übereinstimmung folgt jedoch, dass auch die Klageerweiterung den Angriff selbst darstellt und deshalb **nicht zurückgewiesen** werden darf. Es liefe auf eine unzulässige Analogie hinaus, wenn auf den die Klageerweiterung tragenden Tatsachenvortrag Verspätungsrecht angewendet würde (BGH MDR 1986, 843 = NJW 1986, 2319).

Hier hat der BGH allerdings die Einschränkung gemacht, die Klageerweiterung 1246
könne missbräuchlich sein, wenn sie nur den Sinn habe, den Verspätungsfolgen
zu entgehen. Das müsse dann aber das einzige Ziel der Erweiterung sein; und das
lässt sich kaum jemals feststellen.

4. Klagerücknahme

Scheiden Klageänderung oder Klageerweiterung als „Fluchtweg" aus, um eine 1247
Präklusion zu verhindern, dann bleibt dem Anwalt als **letztes Mittel** noch die
Klagerücknahme. Bis zum Beginn der mündlichen Verhandlung ist sie stets
möglich, danach nur mit Einwilligung des Beklagten (§ 269 Abs. 1 ZPO).

Zur Klagerücknahme wird sich der Anwalt entschließen, wenn bei Anwendung 1248
des Verzögerungsrechts ein unrichtiges Urteil droht, das dem Mandanten einen
Vermögensschaden zufügen würde. In einem solchen Fall ist es angebracht, die
mit der Klagerücknahme verbundenen Prozesskosten zu tragen (§ 269 Abs. 3 S. 2
ZPO) und sich damit die Möglichkeit zu erhalten, auf Grund einer neuen Klage
mit dem Hauptanspruch zu obsiegen.

Dieses Vorgehen liegt nicht selten **auch im wohlverstandenen Interesse des** 1249
Prozessbevollmächtigten. Ist nicht auszuschließen, dass diesem die Verspätung
als schuldhafte Mandatsverletzung zugerechnet wird, dann steht er sich
jedenfalls bei hohen Streitwerten allemal besser, wenn er die Klage zurücknimmt und die Kosten des Gegners aus eigener Tasche zahlt. Dadurch kann er
einen Regressprozess des Mandanten abwenden. Mit einer neuen Klage kann er
dessen Anspruch durchsetzen und den anderenfalls drohenden Vermögensschaden verhindern.

II. Widerklage

1. Keine Zurückweisung

Die Widerklage ist der **Angriff selbst**, so dass schon deshalb eine Zurückweisung 1250
ausscheidet. Auch dagegen wird verstoßen. So hat das LG Berlin (MDR 1983, 63)
zur Klage durchentschieden und eine im verspäteten Schriftsatz erhobene, noch
nicht entscheidungsreife Widerklage unberücksichtigt gelassen. Damit hat es
zugleich gegen das Verbot verstoßen, die Verzögerungskausalität durch Erlass
eines Teilurteils herzustellen (oben Rn. 1236). Das OLG Saarbrücken (MDR
1995, 408 = NJW 1995, 1223) hat ein solches Urteil sogar im Berufungsverfahren
bestätigt:

> „Da die Beklagten die verspätete Erhebung der Widerklage zu vertreten hatten, war ihre
> Rüge, das Landgericht habe seine Hinweispflicht verletzt, unbegründet. Die Partei, die,
> ohne dass ein Vertagungsgrund gegeben ist, einen Schriftsatz erst in der mündlichen
> Verhandlung vorlegt, kann keinen aufklärenden Hinweis des Gerichts erwarten. Nach
> Treu und Glauben (!) ist davon auszugehen, dass sie schlüssig auf eine in Betracht
> kommende rechtliche Aufklärung verzichtet hat (!)."

1251 Der **BGH** (MDR 1995, 408 = NJW 1995, 1223) hat diese Auffassung mit Recht als unhaltbar bezeichnet. Die Widerklage ist kein „Angriffs- oder Verteidigungsmittel". Auf ihre Erhebung ist **Präklusionsrecht unanwendbar** (BGH NJW 1981, 1217; BGH MDR 1985, 667 = NJW 1985, 3079; MDR 1986, 843 = NJW 1986, 2257).

1252 Anders verhält es sich nur, wenn eine Partei in einem ihr nach § 283 ZPO nachgelassenen Schriftsatz nicht nur auf das Vorbringen des Gegners erwidert, sondern damit auch noch eine Widerklage anbringen will. Dieser Antrag darf nicht berücksichtigt werden, weil die mündliche Verhandlung bereits geschlossen war (§ 296a ZPO). Dazu müsste sie gemäß § 156 ZPO wieder eröffnet werden, und zwar auch dann, wenn die Widerklage ungeachtet der Rechtslage zugestellt wird (OLG Hamburg MDR 1995, 526).

2. Widerklage als Verspätungsabwehr

1253 Für einen Prozessbevollmächtigten, dessen Partei Verspätungszurückweisung droht, kann die Widerklage ein „Rettungsanker" werden, wenn sein Mandant Gegenansprüche hat. Die Widerklage kann noch **in der mündlichen Verhandlung** erhoben werden, wobei natürlich auch Beweis anzubieten ist. Die Vorschrift des § 261 Abs. 2 ZPO erlaubt das. Wie es dann weitergeht, richtet sich nach dem Verhalten des Gegners.

1254 Lässt er sich auf die Widerklage ein, **ohne** deren Begründung **zu bestreiten**, dann ist die Widerklage entscheidungsreif.

1255 **Bestreitet** er das Vorbringen zur Widerklage, dann muss darüber **Beweis** erhoben werden, gegebenenfalls nach Einräumung eines Schriftsatznachlasses gemäß § 283 ZPO.

1256 Verweigert der Gegner die Einlassung zur Widerklage, weil die Einlassungsfrist des § 274 Abs. 3 S. 1 ZPO nicht gewahrt sei, dann muss das Gericht **vertagen**. Allenfalls käme noch der Erlass eines Teilurteils in Betracht, das aber nicht die Verzögerungszurückweisung zur Widerklage erlauben würde (oben Rn. 1236).

3. Berufungsverfahren

1257 Im Berufungsverfahren ist die erstmalige Erhebung einer Widerklage durch § 533 ZPO erschwert. Sie ist nur zuzulassen, wenn der Gegner einwilligt oder das Gericht sie für sachdienlich hält **und** die Widerklage außerdem auf Tatsachen gestützt wird, die das Berufungsgericht nach § 529 ZPO ohnehin berücksichtigen muss.

III. Stufenklage

1258 Bei einer Stufenklage wird fortschreitend über jede Stufe durch Teilurteil entschieden (vgl. *Schneider* Rpfleger 1977, 92). Ist in der **Auskunftsstufe** ein

Vorbringen wegen Verspätung ausgeschlossen worden, dann ist die Präklusion auf diese Stufe beschränkt. Im **Betragsverfahren** kann das Vorbringen wiederholt werden und darf nicht mit der Begründung zurückgewiesen werden, die Partei habe bereits im Verfahren der ersten Stufe rechtzeitig und vollständig vortragen können (OLG Karlsruhe MDR 1985, 240 = NJW 1985, 1349).

IV. Aufrechnung

1. Die Aufrechnungserklärung

Die Behandlung der Aufrechnung macht die Kompliziertheit des Präklusionsrechts besonders deutlich. Es handelt sich bei ihr um ein **Verteidigungsmittel** (§ 296 ZPO), so dass Zurückweisung möglich ist, wenn die gesetzlichen Voraussetzungen dafür festgestellt werden (BGH NJW 1984, 1964, 1967). Probleme ergeben sich dabei vor allem im zweiten Rechtszug. Der erstinstanzliche Prozessbevollmächtigte muss ihn deshalb bei seinen prozessualen Überlegungen stets mit berücksichtigen. 1259

Für das **Berufungsverfahren** gilt die Sondervorschrift des § 533 ZPO. Sie gilt aber nur für die Aufrechnungserklärung einer **Partei**. Beruft sich der Beklagte darauf, ein **Dritter** habe die Aufrechnung erklärt, dann richtet sich die Zulassung dieses Vorbringens nicht nach § 533 ZPO, sondern nach § 531 ZPO und ergänzend über § 525 ZPO nach den §§ 296, 282 ZPO (BGH MDR 1992, 911 = NJW 1992, 2575). 1260

Auf die terminologisch genaue Bezeichnung kommt es nicht an. Stehen sich beiderseits fällige Geldforderungen gegenüber, dann ist die **Berufung auf** ein **Zurückbehaltungsrecht** tatsächlich nur eine fehlerhafte Bezeichnung für Aufrechnung (*Staudinger/Bittner*, BGB, 2001, § 273 Rn. 97). Das OLG Koblenz (NJW-RR 1992, 760) wollte diesen Fall mit einer analogen Anwendung des § 530 Abs. 2 ZPO a.F. (§ 533 ZPO n.F.) lösen, hat dabei aber verkannt, dass es sich bei der Geltendmachung des Zurückbehaltungsrechts sachlich um eine Aufrechnung gehandelt hatte. Einer analogen Anwendung des § 530 Abs. 2 ZPO a.F. (§ 533 ZPO n.F.) hätte das Analogieverbot entgegengestanden (oben Rn. 1225). 1261

Die **Umdeutung** eines Zurückbehaltungsrechts in eine Aufrechnungserklärung setzt voraus, dass sie **rechtlich möglich** ist. Wird gegen einen Anspruch auf Herausgabe von Gegenständen mit einem Gegenanspruch auf Zahlung von Geld „aufgerechnet", dann handelt es sich um eine fehlerhafte Rechtsauffassung. Herausgabe und Geldzahlung sind ihrem Gegenstand nach nicht gleichartig, wie dies § 387 BGB voraussetzt. Eine solche „Aufrechnungserklärung" kann dann aber wieder in die Geltendmachung eines Zurückbehaltungsrechts umgedeutet werden (OLG Köln EWiR 1988, 103 – *Schneider*). 1262

2. Hinterlegungsstreit

Anders verhält es sich, wenn die Parteien darüber streiten, wem ein **Hinterlegungsguthaben** auszuzahlen ist. Der Kläger muss dann beantragen, den 1263

Beklagten zu verurteilen, in die Auszahlung des Guthabens an den Kläger **einzuwilligen**. Verteidigt sich der Beklagte dagegen, indem er die Aufrechnung mit einer Gegenforderung erklärt, dann setzt deren Wirksamkeit Gegenseitigkeit und Gleichartigkeit der Ansprüche voraus (§ 387 BGB). Gegenseitig sind Forderungen, die den Verrechnungsparteien wechselseitig zustehen. Gleichartig sind sie, wenn sie sich auf denselben Leistungsgegenstand beziehen. Dazu ist es nicht notwendig, dass die Forderungen auf demselben Rechtsgrund beruhen oder die gleiche Rechtsnatur haben. Geldforderungen und Ansprüche auf Einwilligung in die Auszahlung von Geld werden deshalb als gegenseitig und gleichartig angesehen. **Aufrechnung** ist folglich **möglich** (BGH NJW-RR 1989, 173).

3. Neuheit der Aufrechnung

1264 Verteidigt sich der Beklagte in **zweiter Instanz** erstmals mit Aufrechnung, dann ist die Rechtslage einfach. Es kommt darauf an, ob der Kläger einwilligt und, wenn nicht, ob das Gericht die Geltendmachung für sachdienlich hält und sie auf zweitinstanzlich verwertbaren Tatsachen beruht (**§ 533 ZPO**). Schwierig wird die rechtliche Beurteilung jedoch bei der Frage, ob die **Rechtsverteidigung** mit der Aufrechnung zweitinstanzlich **neu** ist. Nur dann greift die Regelung des § 533 ZPO.

Insoweit sind unterschiedliche Prozesslagen auseinander zu halten:

a) Nachgelassener Schriftsatz

1265 Macht der Beklagte erstinstanzlich die Aufrechnung in einem gemäß § 283 ZPO nachgelassenen Schriftsatz geltend, dann ist sie erstinstanzlich nicht zu berücksichtigen, weil es sich nicht um eine Erwiderung auf Gegenvorbringen handelt. In zweiter Instanz ist die Berufung auf diese Aufrechnung **neu** (OLG Koblenz NJW-RR 1993, 1408).

b) Unerhebliche Aufrechnung

1266 Entscheidet das Erstgericht nicht über eine Hilfsaufrechnung des Beklagten, weil die Klage schon wegen Unschlüssigkeit oder Beweisfälligkeit des Klägers abgewiesen wird, dann ist die Berufung darauf in zweiter Instanz **nicht neu**. Ausschlaggebend ist, dass der Beklagte die Aufrechnung erstinstanzlich beachtlich in den Rechtsstreit eingeführt hat. Die Sonderregelung des § 533 ZPO ist folglich unanwendbar (BGH MDR 1983, 205 = NJW 1983, 931).

4. Insbesondere: Unsubstantiierte Aufrechnung

a) Substantiierung und Individualisierung

1267 Befasst sich das Erstgericht mit der Aufrechnungsforderung des Beklagten, verneint es aber deren Begründetheit wegen ungenügender Substantiierung, dann ist die Geltendmachung der Aufrechnung in zweiter Instanz **nicht neu** (BGH NJW 1994, 1538; OLG Saarbrücken MDR 1981, 679).

1268 Der Bundesgerichtshof hatte in einer früheren Entscheidung (MDR 1975, 1008) anders entschieden, jedoch rechtsirrig, weil er mangelnde Individualisierung mit mangelnder Substantiierung gleichgesetzt hatte. Diese Auffassung hat er später berichtigt (NJW 1994, 1538).

1269 Immer wieder kommt es aber vor, dass Berufungsgerichte dies verkennen und unter Hinweis auf BGH MDR 1975, 1008 falsch entscheiden (so OLG Koblenz NJW-RR 1993, 1408; 1994, 512; OLG Düsseldorf MDR 1990, 833 mit Anm. *Schneider* S. 1122). Der Berufungsanwalt muss daher zur Einhaltung des „sichersten Weges" auf die **Unterscheidung** zwischen **Individualisierung** und **Substantiierung** hinweisen, da haftungsrechtlich von ihm gefordert wird, ein irrendes Gericht zu belehren (*Rinsche/Fahrendorf/Terbille*, Die Haftung des Rechtsanwalts, 7. Aufl., 2005, Rn. 414 ff.).

b) Unbestimmtheit der Forderung

1270 Eine erstinstanzlich schon erwähnte Aufrechnung ist zweitinstanzlich allerdings dann neu, wenn sie so vage begründet wird, dass die Forderung nicht einmal bestimmbar ist. „Der Kläger schuldet mir außerdem noch 6 000 Euro aus einer früheren Lieferung." Damit kann kein Gericht etwas anfangen. Die Berufung auf eine solche Forderung ist so dürftig, dass das Gericht sich wegen fehlender Subsumtionsfähigkeit damit nicht befassen kann. Sie ist – wie es in der Fachsprache heißt – **nicht individualisiert**. Die Rechtsverteidigung damit ist deshalb in zweiter Instanz **neues Vorbringen** und fällt unter § 533 ZPO. Sobald eine solche unbestimmte Forderung aber erstinstanzlich näher bezeichnet wird („Kaufpreisforderung aus Lieferung eines Orientteppichs vom 7. 5. 2006"), ist sie individualisiert und damit im zweiten Rechtszug nicht neu, auch wenn das Erstgericht sie als unsubstantiiert = unschlüssig bewertet hat.

5. Aufgegebene Aufrechnung

1271 Hat der Beklagte sich erstinstanzlich substantiiert mit Aufrechnung verteidigt, diese Rechtsverteidigung aber fallen gelassen, dann kann das Erstgericht sich damit nicht befassen. In zweiter Instanz ist das Zurückgreifen auf die Aufrechnung deshalb **neu** im Sinne des § 533 ZPO.

1272 Ebenso verhält es sich, wenn der Beklagte seine Gegenforderungen zweitinstanzlich **austauscht**. Das Erstgericht hat sich auch dann nicht mit der im Berufungsverfahren neu eingeführten Forderung befassen können.

§ 19 Wirksame Fristsetzung

I. Formstrenge

1273 Mit jeder Zurückweisung verspäteten Vorbringens ist die Gefahr einer Fehlentscheidung verbunden. Deshalb hat die höchstrichterliche Rechtsprechung die im Gesetz vorgesehene Fristsetzung **streng formalisiert**. Den Parteien können die schwerwiegenden Folgen der Versäumung richterlich gesetzter Erklärungsfristen nur zugemutet werden, wenn die förmlichen Voraussetzungen für eine Nichtzulassung von Angriffs- oder Verteidigungsmitteln genau eingehalten werden (BGH MDR 1992, 185). Im Einzelnen geht es dabei um folgende **Formerfordernisse:**

1274 Das Gericht muss sich bei der Fristsetzung an die gesetzlichen Zuständigkeitsregelungen halten. Zuständig ist grundsätzlich der **Einzelrichter** (§§ 348 Abs. 1 S. 1, 348a Abs. 1 ZPO). Ist das **Kollegium** zuständig (§ 348 Abs. 1 S. 2 ZPO), dann hat der **Vorsitzende** die Frist zu setzen, nicht der Berichterstatter (BGH NJW 1991, 2774; OLG Frankfurt MDR 1979, 764).

1275 Die fristsetzende Verfügung muss mit **vollem Namen** unterschrieben werden; eine Paraphe genügt nicht (BGHZ 76, 236 = MDR 1980, 573; siehe *Schneider* MDR 1982, 818).

1276 Der Partei muss **eindeutig klargemacht** werden, in welch risikovolle Lage sie durch die Fristsetzung gerät. Es genügt daher nicht, nur den Wortlaut des § 296 Abs. 1 ZPO zu wiederholen. Die abstrakte Sprache des Gesetzes ist dem juristisch nicht vorgebildeten Bürger nur schwer verständlich. Eine Fristsetzung, die ihm deren Bedeutung nicht erklärt, ist deshalb unwirksam (BGH NJW 1983, 822 = MDR 1983, 383).

1277 Ferner bedarf es zur wirksamen Fristsetzung der **Zustellung** einer **beglaubigten Abschrift** der fristsetzenden richterlichen Verfügung. Die formlose Übersendung einer Mitteilung der Geschäftsstelle ist wirkungslos (BGHZ 76, 236 = MDR 1980, 573; BGH 1980, 749 = NJW 1980, 1960).

1278 Im **schriftlichen Vorverfahren muss** der Vorsitzende dem Beklagten eine Frist zur schriftlichen Klageerwiderung setzen (§ 276 Abs. 1 S. 2 ZPO). Dem Kläger **kann** er weiter eine Frist zur schriftlichen Stellungnahme auf die Klageerwiderung setzen (§ 276 Abs. 3 ZPO). In der Praxis werden die Fristen zur Klageerwiderung und zur Replik des Klägers nicht selten in einer **einzigen Verfügung** gesetzt. Die lautet dann etwa so:

Der Beklagte wird aufgefordert, dem Gericht seine Verteidigungsabsicht binnen einer Notfrist von zwei Wochen ab Zustellung der Klageschrift schriftlich anzuzeigen. Zugleich wird ihm eine weitere Frist von ... Wochen gesetzt, innerhalb derer er schriftlich auf die Klage zu erwidern hat.

Der Kläger hat innerhalb einer Frist von ... Wochen ab Zugang der Klageerwiderung zu dieser Stellung zu nehmen.

1279 Diese Art der Fristsetzung ist bequem, aber gesetzwidrig und deshalb **für den Kläger nicht verbindlich**. Das hat der Bundesgerichtshof entschieden (BGHZ 76, 236 = NJW 1980, 1167). Für den Anwalt des Klägers ist diese Entscheidung äußerst wichtig, weil ihn eine solche Fristsetzung nicht bindet. Bei ihrer Überschreitung darf zu Lasten seines Mandanten kein Verspätungsrecht angewandt werden. Zur Information sei deshalb die einschlägige Stelle im Urteil des **BGH** wiedergegeben:

„Die Frist zur Stellungnahme des Klägers auf die Klageerwiderung (§ 276 Abs. 3 ZPO) darf nicht schon vor Eingang der Klageerwiderung gesetzt werden. Das ergibt sich zwingend daraus, dass über den Beginn des Fristlaufs von Anfang an sowohl bei den Parteien als auch bei Gericht völlige Klarheit bestehen muss. Das ist aber nicht der Fall, wenn die vorher gesetzte Frist durch formlosen Zugang der Klageerwiderung beim Kläger in Gang gesetzt werden kann. Bei Übermittlung des Schriftsatzes von Anwalt zu Anwalt kann das Gericht vor dem Haupttermin nur durch Anfrage bei den Prozessbevollmächtigten erfahren, wann eine solche vorzeitig gesetzte Frist in Lauf gesetzt worden ist. Für den Kläger und seinen Prozessbevollmächtigten erhöht sich durch vorzeitige Fristsetzung die Gefahr einer Fristversäumnis beträchtlich. Bei Zugang der fristsetzenden Verfügung kann er nur in seinen Handakten notieren, dass auf eine etwaige Klageerwiderung binnen der gesetzten Frist zu erwidern ist. Ob und wann die Frist zu laufen beginnen wird, bleibt vorerst ungewiss. Eine Eintragung im Fristenkalender ist daher noch gar nicht möglich. Geht ihm die Klageerwiderung dann später formlos zu, so kann die Fristsetzung leicht übersehen werden. Ein formlos übermittelter Schriftsatz ist nicht geeignet, vor einer Fristversäumnis zu warnen. Wird die Klageerwiderung dem Kläger oder seinem Prozessbevollmächtigten nicht zugestellt, so kann sie auch die Präklusionsfrist nicht in Gang setzen.

Wenn der Vorsitzende dem Beklagten eine Frist zur Klageerwiderung setzt, weiß er in aller Regel nicht, ob eine Replik des Klägers erforderlich sein wird. Auch vermag er nicht abzuschätzen, welche Frist zur Stellungnahme der Kläger den Umständen nach benötigt. Wird die Frist zu kurz bemessen, so kann der Kläger zwar um Fristverlängerung bitten, eine Verzögerung wohl auch entschuldigen. Diese im Erfolg ungewissen Möglichkeiten des Klägers entheben den Vorsitzenden des Gerichts jedoch nicht der Pflicht, die Frist zur Stellungnahme von vornherein möglichst sachgerecht zu bemessen und dabei auch Förderungsmaßnahmen nach § 273 Abs. 2 ZPO zu erwägen. **Der Vorsitzende darf daher dem Kläger eine Frist zur Stellungnahme erst nach Eingang der Klageerwiderung und unter Berücksichtigung ihres Inhalts setzen.**"

II. Anwaltliche Kontrolle

Gerät der Anwalt auf Grund einer unzulässigen Fristsetzung zur Replik in Zeitnot, dann sollte er das Gericht möglichst bald auf die **Unwirksamkeit** der **Fristsetzung hinweisen**. Ist eine solche Rüge aktenkundig, dann wird das Gericht kaum darüber hinweggehen. Im Berufungsverfahren kann dies noch als wesentlicher Verfahrensmangel gerügt werden (§ 520 Abs. 3 S. 2 Nr. 2 ZPO). Außerdem wird dadurch der Anspruch auf Gewährung rechtlichen Gehörs verletzt (Art. 103 Abs. 1 GG), so dass nach Verkündung eines Urteils auch eine Gehörsrüge nach § 321a ZPO möglich wird.

1280

III. Fristbemessung

Die vom Gericht zu setzende Frist muss so bemessen sein, dass der Adressat hinreichend Gelegenheit hat, der Aufforderung zur Stellungnahme nachzukom-

1281

men. Eine **zu kurze Fristsetzung** verstößt gegen das Gebot der Gewährung rechtlichen Gehörs (Art. 103 Abs. 1 GG) und hindert die Anwendung von Verspätungsrecht (BGH NJW 1994, 736 = MDR 1994, 508). Eine Präklusion kommt dann nur in Betracht, wenn die zu kurze Frist entsprechend verlängert wird, wobei die Frage der Angemessenheit aus der Sicht im Zeitpunkt der Entscheidung über Zulassung oder Zurückweisung des Vorbringens zu beurteilen ist (OLG Hamm MDR 1983, 63). Hier ließe sich allerdings auch die Auffassung vertreten, dass eine solche Fristsetzung unwirksam ist, wie der BGH es für eine unklare Fristsetzung angenommen hat (NJW 1983, 822 = MDR 1983, 383).

1282 Geht im schriftlichen Vorverfahren (§ 276 ZPO) nach Ablauf einer angemessenen Frist zur Klageerwiderung vor Anberaumung eines Haupttermins ein Fristverlängerungsantrag des Beklagten ein, dann hängt das weitere Vorgehen davon ab, ob dieser Antrag begründet ist. Wenn ja, muss dem Beklagten eine **neue Klageerwiderungsfrist** gesetzt werden. Erst nach deren Ablauf ist der Haupttermin zu bestimmen (OLG Karlsruhe NJW-RR 1990, 703).

1283 Eine angemessene Frist zur Stellungnahme muss jeder Partei auch dann gewährt werden, wenn **richterliche Hinweise** nicht „rechtzeitig" (§ 273 Abs. 1 S. 1 ZPO), sondern erst **im Termin** zur mündlichen Verhandlung gegeben werden. Ist die betroffene Partei nicht in der Lage, dazu sofort Stellung zu nehmen, dann muss vertagt oder gemäß § 139 Abs. 5 ZPO ein Schriftsatznachlass gewährt werden. Lehnt der Prozessbevollmächtigte es in dieser Situation ab, Anträge zu stellen, dann darf entsprechend § 337 ZPO gegen ihn kein Versäumnisurteil erlassen werden (OLG Köln WRP 2000, 418).

1284 Eine vom Vorsitzenden der Zivilkammer gesetzte angemessene Klageerwiderungsfrist verliert nach OLG Frankfurt (NJW-RR 1993, 1084) allerdings ihre Präklusionswirkung nicht durch **Verweisung** des Rechtsstreits an die Kammer für Handelssachen. In diesem Fall ist aber die Frage der Angemessenheit der gesetzten Frist erneut zu prüfen.

IV. OLG Hamm NJW-RR 2003, 1651

1285 Zu den vorstehend behandelten Sachverhalten ist auf ein bemerkenswertes Urteil des OLG Hamm hinzuweisen. Es enthält für Anwälte wichtige Argumentationshilfen gegen fehlerhafte Anwendung von Präklusionsrecht. **Der Fall:**

1286 Der Kläger hatte gegenüber seiner Versicherung Krankenhaustagegeld eingeklagt. Zum Beweis seiner Arbeitsunfähigkeit hatte er eine ärztliche Bescheinigung zu den Akten gereicht. **Erstmals in der mündlichen Verhandlung** wies die Zivilkammer den Kläger auf ein Urteil des Bundesgerichtshofes hin (VersR 2000, 841), wonach die Arbeitsunfähigkeitsbescheinigung noch nicht beweise, dass der Versicherungsnehmer im Sinne der Versicherungsbedingungen arbeitsunfähig gewesen sei. Damit habe er seiner Beweislast nicht genügt. Der Prozessbevollmächtigte des Klägers trat daraufhin Zeugenbeweis an. Ohne darauf weiter einzugehen, verkündete die Kammer ein die Klage abweisendes Urteil. Der Beweisantrag wurde als schuldhaft verspätet zurückgewiesen. Das führte zur Aufhebung und Zurückverweisung. In dem Berufungsurteil des OLG Hamm ist unter anderem ausgeführt:

„Der Kläger hat auf den ihm erteilten Hinweis durch Benennung eines Zeugen reagiert. Mit der Zurückweisung dieses Beweisantrages als verspätet hat das Landgericht das Recht des Klägers, auf den gerichtlichen Hinweis zu reagieren, verletzt und damit den eigenen Hinweis ad absurdum geführt. Dass schon die Beklagte zuvor schriftsätzlich auf die Beweislast hingewiesen hatte, rechtfertigt nicht die Zurückweisung des Beweisantrages als verspätet. Der Kläger hatte auf den Hinweis der Beklagten nicht reagiert, so dass das Landgericht es zutreffend für erforderlich gehalten hat, dem Kläger einen richterlichen Hinweis auf seine Beweislast zu erteilen. **Ein gerichtlicher Hinweis ohne die einer Partei eingeräumte Möglichkeit, auf den Hinweis zu reagieren und daraus Konsequenzen zu ziehen, steht einer Verletzung der Hinweispflicht gleich.**

Verfahrensfehlerhaft hat das Landgericht in der mündlichen Verhandlung nicht darauf hingewiesen, dass es den Beweisantritt für verspätet hielt. Rechtliches Gehör in Form eines Hinweises auf die vom Gericht in Betracht gezogene Präklusion ist stets geboten. Die Hinweispflicht des Gerichts ist nicht etwa dadurch entbehrlich geworden, dass die Beklagte die Verspätung des Beweisantrags gerügt hat. Da ein Hinweis nicht erfolgt war, hatte der Kläger keine Veranlassung, eine Entschuldigung vorzutragen. Der Mangel an Entschuldigung wird erst im Urteil gerügt, ohne dass dem Kläger zu dieser Frage zuvor rechtliches Gehörs eingeräumt worden ist. In der fehlerhaften Anwendung von Präklusionsrecht liegt stets auch das Versagen rechtlichen Gehörs und damit ein Verfahrensfehler."

1287

§ 20 Verletzung der Mitwirkungspflicht des Gerichts

Das Hauptübel des Präklusionsrechts ist die vielfach zu beobachtende mangelnde Bereitschaft der Gerichte, ihrem gesetzlichen Auftrag zur Vermeidung von Verzögerungen nachzukommen. Die Verletzung der Mitwirkungspflichten der Gerichte ist ein Dauerthema der Alltagspraxis (siehe dazu *Schneider* ZAP F. 13, S. 731 ff.). Für die Parteien können sich Verstöße rechtsvernichtend auswirken. Hier musste deshalb auch das **Bundesverfassungsgericht** verschiedentlich eingreifen.

1288

I. Faires Verfahren

Das grundrechtsgleiche Recht auf ein faires Verfahren ist vom Bundesverfassungsgericht entwickelt worden. Es gehört zu den wesentlichen Grundsätzen eines rechtsstaatlichen Verfahrens (BVerfGE 26, 71; 38, 111) und hat auch das Präklusionsrecht nachhaltig beeinflusst.

1289

Als Ausprägung des Rechtsstaatsprinzips, das in der Verfassung nur zum Teil näher konkretisiert ist, enthält das Fairnessgebot keine in allen Einzelheiten bestimmten Gebote und Verbote. Es bedarf daher einer den sachlichen

1290

§ 20 Verletzung der Mitwirkungspflicht des Gerichts

Gegebenheiten entsprechenden Konkretisierung (BVerfGE 57, 275 f.; 63, 61). In BVerfGE 78, 126 ist das Recht auf ein faires Verfahren folgendermaßen umschrieben worden:

> Aus dem Rechtsstaatsprinzip wird als „allgemeines Prozessgrundrecht" der Anspruch auf ein faires Verhalten abgeleitet (BVerfGE 57, 275). Der Richter muss das Verfahren so gestalten, wie die Parteien des Zivilprozesses es von ihm erwarten dürfen: Er darf sich nicht widersprüchlich verhalten (BVerfGE 69, 387), darf aus eigenen oder ihm zuzurechnenden Fehlern oder Versäumnissen keine Verfahrensnachteile ableiten (BVerfGE 51, 192; 60, 6; 75, 190) und ist allgemein zur Rücksichtnahme gegenüber den Verfahrensbeteiligten in ihrer konkreten Situation verpflichtet (BVerfGE 38, 111 ff.; 40, 98 f.; 46, 210).

1291   Das muss auch bei Anwendung von Präklusionsrecht beachtet werden. Beruht die Verspätung eines Vorbringens oder das Unterlassen ihrer Entschuldigung (auch) auf einer **Verletzung** der **richterlichen Fürsorgepflicht**, dann schließt die rechtsstaatlich gebotene faire Verfahrensführung eine Präklusion gem. § 296 Abs. 1 ZPO aus (BVerfG MDR 1987, 814 = NJW 1987, 2003).

1292   Ist eine Verfahrensverzögerung durch zumutbare und damit prozessrechtlich gebotene Maßnahmen **vermeidbar**, dann dient die Zurückweisung verspäteten Vorbringens nicht mehr der Verhinderung von Folgen säumigen Parteiverhaltens. Die Verzögerung beruht vielmehr auf **unzureichender** richterlicher **Verfahrensleitung** (BVerfG NJW-RR 1995, 377).

1293   Notwendig ist bei fristgebundenen Hinweisen, dass dem **Anwalt hinreichende Zeit eingeräumt** wird, sich zu äußern und notwendige Stellungnahmen bei seinem Mandanten oder Dritten einzuholen. Dabei sind der Umfang der Sache und entsprechend das Ausmaß der vom Gericht erwarteten Stellungnahme zu berücksichtigen. Fristsetzungen von nur einer Woche oder zwei Wochen reichen in aller Regel nicht aus und verstoßen gegen die Mitwirkungspflicht des Gerichts (OLG Celle NJW-RR 1998, 499).

1294   Das Gebot des fairen Verfahrens kann auch dadurch verletzt werden, dass Parteivorbringen wegen Verspätung zurückgewiesen wird, nachdem das Gericht selbst eine überlange Verfahrensdauer verursacht hat (BVerfG NJW 1994, 1853 = AnwBl. 1994, 86). Wörtlich:

> „In jedem Fall muss ein Gericht bei der Bewertung, welches Verhalten einer Prozesspartei als eine Verzögerung zu werten ist, auch den **Umständen** des **Einzelfalles** Rechnung tragen, **insbesondere wie lang die bisherige Verfahrensdauer war und inwieweit die Gerichte selbst diese verursacht haben.** Im vorliegenden Fall hat das Landgericht bis zu seiner Entscheidung über das Prozesskostenhilfegesuch zwei Jahre und drei Monate gebraucht; bis zur Entscheidung über die dagegen eingelegte Beschwerde benötigte das Oberlandesgericht mehr als ein Jahr. Angesichts dieser von den Gerichten zu verantwortenden Verfahrensdauer von fast dreieinhalb Jahren stellt es eine unverhältnismäßige Anforderung an ein zügiges Betreiben eines Verfahrens dar, wenn von dem Beschwerdeführer verlangt wird, dass er seine Beschwerde gegen die erstinstanzliche Entscheidung binnen zweier Wochen einreicht und eine nach einem Monat eingereichte Beschwerde als ein von ihm zu vertretendes verzögerliches Verhalten gewertet wird."

1295   Jedes Gericht muss die Ausführungen der Beteiligten **zur Kenntnis nehmen und in Erwägung ziehen** (BVerfGE 58, 356). Deshalb ist das Gericht, um rechtliches

Gehör zu gewähren, auch verpflichtet, Parteivortrag zu berücksichtigen, der erst nach Ablauf einer richterlichen Frist vorgebracht wird und für die Frage erheblich sein kann, ob Angriffs- und Verteidigungsmittel zuzulassen sind (BVerfG JZ 1985, 905; NJW 1987, 485). Dieses Gebot darf nicht unter Berufung auf ein Verfahren nach billigem Ermessen (§ 495a ZPO) unterlaufen werden (BVerfG NJW 1993, 1319).

II. Willkürverbot

Das verfassungsrechtliche Willkürverbot wird aus dem Gleichheitsgrundsatz des Art. 3 Abs. 1 GG abgeleitet. **Willkürlich** ist eine Entscheidung, die sachlich schlechthin unangemessen ist (BVerfGE 58, 167 f.), deren fehlerhafte Rechtsanwendung bei verständiger Würdigung der das Grundgesetz beherrschenden Gedanken nicht mehr verständlich ist, so dass sich der Schluss aufdrängt, sie beruhe auf sachfremden Erwägungen (BVerfGE 62, 192).

1296

Diese Voraussetzungen sind **objektiv** zu verstehen. Die verfassungsrechtliche Feststellung von Willkür enthält **keinen subjektiven Schuldvorwurf**. Nicht subjektives Fehlverhalten führt zur Feststellung der Verfassungswidrigkeit, sondern die eindeutige Unangemessenheit einer Maßnahme im Verhältnis zu der tatsächlichen Situation, deren sie Herr werden soll (BVerfGE 2, 281; 42, 73; 62, 192; 86, 63).

1297

Darauf haben die Fachgerichte zu achten. Sie verstoßen gegen das Willkürverbot, wenn die **Auslegung** und die **Anwendung** einfachen Rechts unter keinem denkbaren Gesichtspunkt mehr verständlich ist, wenn es sich also um eine krasse Fehlentscheidung handelt (BVerfGE 89, 14).

1298

Für das Präklusionsrecht folgt daraus, dass die Nichtbeachtung einer **absolut herrschenden Meinung** zu einer willkürlichen Entscheidung führen kann (KG MDR 1998, 735). Folgerichtig hat das Bundesverfassungsgericht es auch als verfassungswidrig angesehen, wenn ein Gericht Präklusionsvorschriften abweichend von der höchstrichterlichen Rechtsprechung auslegt, ohne sich mit der Problematik dieses Abweichens auseinanderzusetzen (BVerfG NJW 1992, 2556; ebenso VerfGH Berlin JR 1996, 234). Zurückweisende Entscheidungen, die auf fehlerhafter Anwendung des § 296 ZPO beruhen, können daher gegen das Willkürverbot des Art. 3 Abs. 1 GG verstoßen und damit die verfassungsrechtlichen Grundsätze der Rechtsstaatlichkeit und des fairen Verfahrens verletzen (BVerfG MDR 1980, 823 = NJW 1980, 1737 mit Anm. *Deubner* S. 1945). So verhält es sich beispielsweise, wenn eine Zurückweisung auf § 356 ZPO gestützt wird, ohne dass die Voraussetzungen dieser Vorschrift gegeben sind (BVerfG MDR 1985, 817).

1299

III. Fehlverhalten des Gerichts

1300 Entsprechend diesen verfassungsrechtlichen Vorgaben stellen die Rechtsmittelgerichte strenge Anforderungen an die Pflicht der Gerichte, ihrerseits jeder Verzögerung entgegenzuwirken. Eine Partei wird immer dann als entlastet behandelt, wenn das Gericht die Verzögerung des Rechtsstreits durch eigenes Fehlverhalten **mitverursacht** hat, insbesondere wenn es versäumt hat, die drohende Verspätung durch **zumutbare Maßnahmen** der **Prozessleitung auszugleichen** (BGHZ 75, 139 = NJW 1979, 1988).

1301 Das Gericht muss folglich alle ihm möglichen vorbereitenden Maßnahmen nach § 273 ZPO ausschöpfen, wenn eine Verzögerung des Rechtsstreits durch verspätetes Vorbringen einer Partei droht (BGH WPM 1985, 819; MDR 1990, 1095 = NJW 1990, 2389).

1302 Jeder für eine Verzögerung des Rechtsstreits **mitursächliche Fehler** des Gerichts steht deshalb der Nichtberücksichtigung von Parteivorbringen wegen Verspätung entgegen (OLG Köln NJW 1980, 2421 = OLGZ 1979, 476). **Die Ausschließung verspäteten Vorbringens setzt zwingend voraus, dass das Gericht seine Pflichten strikt und sorgfältig erfüllt.** Daran fehlt es beispielsweise, wenn der Vorsitzende über einen rechtzeitig gestellten, mit Gründen versehenen Antrag auf Fristverlängerung nicht entscheidet. Der Prozessbevollmächtigte der Partei ist nicht gehalten, wegen der Bescheidung seines Antrages Erkundigungen einzuziehen (OLG Karlsruhe Justiz 1984, 361).

1303 Der Bundesgerichtshof hat diese Grundsätze in BGHReport 2003, 1230 bestätigend zusammengefasst:

> „Aufgrund seiner Prozessförderungspflicht ist das Gericht in den Fällen verspäteten Parteivorbringens gehalten, im Rahmen des Zumutbaren durch alle ihm möglichen prozessleitenden Maßnahmen nach § 273 Abs. 2 ZPO die drohende Verzögerung des Verfahrens zu verhindern. Unterbleiben **zumutbare und damit prozessrechtlich gebotene** richterliche Maßnahmen, so stellt die Zurückweisung des verspäteten Vorbringens eine Versagung rechtlichen Gehörs dar, die nicht mehr mit rechtsstaatlichen Erfordernissen zu vereinbaren ist."

IV. Übersteigerte Anforderungen an die Parteien

1304 Unzulässig ist es auch, wenn ein **Gericht** versucht, **eigene Versäumnisse** durch gesteigerte Anforderungen an die Parteien **auszugleichen**. Zu weit ist daher das LG Frankfurt (VersR 1993, 1138) gegangen, das vom Kläger **erstmals im Urteil** den Antrag auf Sachverständigenbeweis gefordert hatte, weil die Ausführungen in der Klageerwiderung ihm hätten deutlich machen müssen, dass sein bisheriger Beweisantritt möglicherweise unzureichend sei. Nach § 139 ZPO ist es Aufgabe des Gerichts und nicht der Gegenpartei, darauf hinzuwirken, dass alle erheblichen Tatsachen vorgebracht und unter Beweis gestellt werden. Zudem hätte das Gericht in diesem Fall die Begutachtung durch einen Sachverständigen von Amts wegen anordnen können und müssen (§ 144 Abs. 1

ZPO), wenn ihm der vermisste Beweisantrag wirklich so wichtig gewesen wäre. Tatsächlich hat das LG Frankfurt Präklusionsrecht angewandt, obwohl es selbst pflichtwidrig versäumt hatte, einer möglichen Verzögerung durch rechtzeitigen Hinweis entgegenzuwirken.

V. Beweislast

Bei Fehlern des Gerichts trägt dieses sogar die „Beweislast" (siehe *Schneider* MDR 1987, 900 ff.). Sehr klar hat das OLG Oldenburg (NdsRpfl. 1979, 72) dazu ausgeführt: 1305

„Eine Zurückweisung verspäteten Vorbringens ist selbst dann, wenn an sich die in § 296 ZPO genannten Voraussetzungen erfüllt sind, nicht statthaft, wenn **nicht zuverlässig ausgeschlossen werden kann**, dass der Eintritt dieser Voraussetzungen auf einer rechtsfehlerhaften Behandlung der Sache durch das erkennende Gericht beruht."

VI. Zugelassenes Vorbringen

Wird verspätetes Vorbringen zugelassen, obwohl es hätte präkludiert werden können, dann muss das Gericht für das weitere Verfahren alle prozessualen Garantien beachten. Ihm obliegen also uneingeschränkt die Aufklärungs- und Hinweispflichten nach § 139 ZPO (OLG Köln NJW 1980, 2361). 1306

VII. Anwaltliche Vorsorge

Vorbereitende Maßnahmen der Gerichte unterbleiben vielfach aus Zeitmangel. Sie setzen nämlich eine frühe Befassung mit dem Akteninhalt voraus. Überlastung, aber auch Bequemlichkeit verhindern dieses „Vorausarbeiten". Gerade deshalb sollte ein **Anwalt** in einschlägigen Fällen nie versäumen, bei verspätetem Vorbringen, insbesondere bei nachgeschobenen Beweisanträgen, auf die **Mitwirkungspflicht** des **Gerichts hinzuweisen**. Gegen eine solche schriftsätzlich fixierte Aufforderung zu verstoßen, ist für das Gericht psychologisch schwieriger, als die gebotenen prozessfördernden Maßnahmen nur „zu übersehen". Außerdem erleichtert ein solcher Hinweis dem Berufungsgericht die Berücksichtigung des wesentlichen Verfahrensmangels einer fehlerhaften Anwendung von Präklusionsrecht. 1307

§ 21 Früher erster Termin; Durchlauftermin

Nach der Rechtsprechung des Bundesgerichtshofes kann verspätetes Verteidigungsvorbringen auch dann zurückgewiesen werden, wenn eine zur Vorbereitung des frühen ersten Termins (§ 275 ZPO) gesetzte Frist schuldhaft versäumt 1308

§ 21 Früher erster Termin; Durchlauftermin

wird (BGHZ 86, 31 = NJW 1983, 575 = MDR 1983, 393; BGH NJW 1983, 2507). Unter bloßer Berufung auf § 282 Abs. 1 ZPO, also ohne Fristsetzung, darf eine Klageerwiderung nicht als verspätet zurückgewiesen werden (BGHReport 2005, 1213).

1309 Der frühe erste Termin soll, ebenso wie das schriftliche Vorverfahren nach § 276 ZPO, den Haupttermin vorbereiten. In einfachen Sachen lässt sich ein Rechtsstreit auch schon in diesem Termin abschließend erledigen. Je umfangreicher und komplizierter nun ein Rechtsstreit ist, um so unwahrscheinlicher ist es, dass der frühe erste Termin zum Abschluss führt. In solchen Fällen kann er daher leicht dazu missbraucht werden, zu Lasten einer Partei Präklusionsrecht anzuwenden, um „kurzen Prozess" zu machen, obwohl die Voraussetzungen für eine Erledigung im ersten Termin gar nicht gegeben waren.

1310 Diese Gefahren hat der Bundesgerichtshof erkannt. Er hat entschieden, dass **verspätetes Vorbringen** im frühen ersten Termin **nicht zurückgewiesen** werden darf, wenn nach der Sach- und Rechtslage des Streitfalles eine Streiterledigung in diesem Termin **von vornherein ausscheidet** (BGHZ 98, 368 = NJW 1987, 500; NJW-RR 2005, 1296). Dann handelt es sich tatsächlich nur um einen so genannten **Durchlauftermin** (auch Sammeltermin oder Schiebetermin genannt).

1311 Das betrifft in erster Linie die Praxis, **zahlreiche Sachen** auf **dieselbe Uhrzeit** zu terminieren (BVerfG MDR 1985, 551 = NJW 1985, 1149: 51 Sachen waren auf 9.00 Uhr angesetzt worden!). Dann steht von vornherein fest, dass keine abschließende Entscheidung gefällt werden kann und soll, so dass es unerheblich ist, ob der Beklagte fristgerecht oder verspätet erwidert. In solchen Fällen darf kein Präklusionsrecht angewandt werden, weil dies gegen Art. 103 Abs. 1 GG – Gewährung rechtlichen Gehörs – verstieße (BVerfGE 69, 126 = NJW 1985, 1149; BGHZ 86, 31 = NJW 1983, 575; BGHZ 98, 368 = NJW 1987, 500; FamRZ 1992, 1166 = NJW 1992, 1965).

1312 Die Anberaumung solcher „Durchlauftermine" entspricht ohnehin nicht dem Gesetz. Nach § 272 Abs. 1 ZPO ist das Gericht vielmehr gehalten, den Rechtsstreit **in einem einzigen**, umfassend vorbereiteten **Haupttermin** zu erledigen. Zur Vorbereitung stehen zwei Wege offen: die Anberaumung eines frühen ersten Termins (§§ 272 Abs. 2, 275 ZPO) oder die Einleitung eines schriftlichen Vorverfahrens (§§ 272 Abs. 2, 276 ZPO). Keines von beiden geschieht bei Durchlauftermine. Diese zu verhindern, war aber das Ziel der Vereinfachungsnovelle. Verspätungsrecht ist folglich immer unanwendbar, wenn eine Erledigung des Rechtsstreits aufgrund des frühen ersten Termins von vornherein nicht in Betracht kommt (OLG Karlsruhe Justiz 1983, 45; OLG Hamm MDR 1992, 186; NJW-RR 1989, 895), insbesondere wenn ein **Beweisbeschluss** zu erlassen ist (OLG Frankfurt NJW-RR 1993, 62). Die Anwendung von Präklusionsrecht ist daher im frühen ersten Termin ausgeschlossen, wenn für die Verhandlung und eine etwa erforderliche Beweisaufnahme **keine hinreichende Zeit** zur Verfügung gestanden hätte. Nach OLG Frankfurt (MDR 1986, 593 = NJW 1987, 506) reicht beispielsweise die eingeplante Zeitspanne von einer Viertelstunde dazu nicht aus.

§ 22 Darlegungslast, Glaubhaftmachung, Verschulden

Die in den §§ 296, 530, 531 ZPO geregelten unterschiedlichen Zurückweisungstatbestände weichen hinsichtlich der Darlegungs- und der Beweislast wesentlich voneinander ab. Eine weitere Differenzierung ergibt sich daraus, dass im Gesetz Muss-Zurückweisungen (§§ 296 Abs. 1, 3; 530, 532 ZPO) und Ermessens-Zurückweisungen (§§ 296 Abs. 2, 525 ZPO) vorgesehen sind (oben Rn. 1216 ff.). Darauf ist in einschlägigen Fällen genau zu achten, damit die richtigen Entlastungsgründe vorgebracht werden; und ebenso ist zu prüfen, ob das Gericht die richtigen Vorschriften angewandt hat. 1313

I. Grundsätzliche Regelung

Darlegen muss die Partei entlastende Umstände **in allen Verspätungsfällen**. Unterschiedlich geregelt ist nur die Frage, wie zu entscheiden ist, wenn das Gericht keine Überzeugung erlangt, wenn es also zu einem **non liquet** gelangt. Insoweit ist nach den einzelnen Präklusionsvorschriften zu unterscheiden. 1314

1. § 296 Abs. 1 ZPO

Nach § 296 Abs. 1 ZPO sind Angriffs- und Verteidigungsmittel nur zuzulassen (= dürfen nur zugelassen werden), wenn entweder die Zulassung die Erledigung des Rechtsstreit **nicht verzögern** würde **oder** wenn die Partei die **Verspätung entschuldigt und** auf Verlangen des Gerichts die Entschuldigungsgründe **glaubhaft macht** (§ 296 Abs. 4 ZPO). Scheidet eine Verzögerung aus oder hat die Partei sie entschuldigt, dann darf sie mit ihrem Vorbringen nicht präkludiert werden. Wirkt sich ihr verspätetes Vorbringen verzögernd aus und kann sie sich dafür nicht entschuldigen, **treffen also Verzögerung und Nichtgelingen der Entlastung zusammen**, dann **muss** sie mit ihrem verspäteten Vorbringen ausgeschlossen werden. **Ein non liquet zur „genügenden Entschuldigung" geht zu Lasten der Partei.** Diese hat die Darlegungs- und die Beweislast, da die Zulassung nach Wortlaut und ratio des Gesetzes die Ausnahme ist. 1315

Voraussetzung für eine Präklusion wegen fehlender Entschuldigung ist jedoch, dass die betroffene Partei **Gelegenheit** bekommen hatte, **Entschuldigungsgründe** vorzubringen. Das ist zu verneinen, wenn das Gericht nicht darauf hingewiesen und keine Glaubhaftmachung gefordert hatte (OLG Brandenburg NJW-RR 1998, 498; OLG Hamm NJW-RR 20003, 1651 – oben Rn. 1285 ff.). 1316

2. § 296 Abs. 2 ZPO

Angriffs- und Verteidigungsmittel, die unter **Verstoß gegen § 282 ZPO** nicht rechtzeitig vorgebracht werden, **können** (außer im frühen ersten Termin, Rn. 1308 ff.) zurückgewiesen werden, wenn die Berücksichtigung des verspäteten Vorbringens **verzögert und** (also zusätzlich!) die Verspätung auf **grober** 1317

Nachlässigkeit beruht. Selbst wenn beide Voraussetzungen (kumulativ) gegeben sind, darf das Gericht noch zulassen. Die Zurückweisung von Vorbringen ist weder die Regel noch die Ausnahme. Hinsichtlich der Darlegungs- und der Beweislast ist jedoch zu unterscheiden:

1318 Macht die Partei geltend, sie habe Angriffs- oder Verteidigungsmittel rechtzeitig vorgebracht oder nicht rechtzeitig vorbringen können (§ 282 ZPO), dann muss sie das beweisen.

1319 Liegt ein Verspätungstatbestand vor, dann hängt die Zulässigkeit der Präklusion außer von der Verzögerung noch davon ab, dass dies auf grobe Nachlässigkeit der Partei zurückgeht. Insoweit muss sich aber das Gericht (positiv) vom **Vorliegen** grober Nachlässigkeit überzeugen. Die Partei hat daher insoweit zwar eine Darlegungslast, aber **keine Beweislast**. Kann sich das Gericht nicht vom Vorwurf grober Nachlässigkeit überzeugen, dann muss das Vorbringen ebenso wie bei Ungewissheit hinsichtlich der Verzögerung zugelassen werden (MünchKomm-ZPO/*Prütting*, 2. Aufl., 2000, § 296 Rn. 167, 168). Das ist beispielsweise der Fall, wenn das Bestreben nach einer gütlichen Einigung ständig im Vordergrund gestanden hat und die Partei mangels Hinweisen des Gerichts davon ausgegangen ist, sie habe vollständig vorgetragen (BGH NJW-RR 1991, 701 = MDR 1991, 523).

3. Anforderungen an das Gericht

1320 Die Rechtsprechung hat die Anwendung von Präklusionsrecht aus rechtsstaatlichen Gründen eingeschränkt. Es gelten danach zwei Regeln:

– Der Ausschluss mit verspätetem Vorbringen – mag es sich dabei um eine Muss-Zurückweisung nach § 296 Abs. 1 ZPO oder um eine Kann-Zurückweisung nach § 296 Abs. 2 ZPO handeln – ist nur zulässig, wenn der betroffenen Partei vorher **rechtliches Gehör** gewährt worden ist (BVerfG NJW 1987, 2003 = JZ 1987, 719; BGH NJW 1986, 3193). Ferner gebietet das Grundrecht auf rechtliches Gehör (Art. 103 Abs. 1 GG), dass das Gericht auch solches Parteivorbringen zur Kenntnis nimmt und berücksichtigt, das verspätet vorgebracht wird (BVerfG NJW 1987, 485).

– Die zweite Einschränkung ist bereits behandelt worden (oben Rn. 1288 ff.). Kein **Gericht** darf verspätetes Vorbringen einer Partei zurückweisen, wenn es **selbst** gegen seine Mitwirkungspflichten zur Verhinderung von Verzögerungen verstoßen hat.

II. Verschulden und Glaubhaftmachung

1321 Hinsichtlich des Verschuldensvorwurfs gelten die zu **§ 276 BGB** herausgearbeiteten Rechtsgrundsätze. So ist die Anwendung von Präklusionsrecht beispielsweise ausgeschlossen, wenn eine beklagte GmbH die ihr gesetzte Klageerwiderungsfrist nicht einhält, weil ihr einziger Geschäftsführer stationär behandelt wird (OLG Hamm NJW-RR 1992, 122). Versäumt eine Partei die ihr gesetzte Erwiderungsfrist, weil der aus früheren Rechtsstreitigkeiten mit dem Sachverhalt bestens vertraute Rechtsanwalt ihres Vertrauens auf Urlaub ist, so dass sie ihn nicht mandatieren kann, dann entschuldigt auch das genügend (OLG Köln NJW 1980, 2421 = OLGZ 1979, 476).

Verspätetes Vorbringen darf nicht wegen **Unglaubwürdigkeit** des vorgetragenen **Entschuldigungsgrundes** zurückgewiesen werden, ohne dass die Partei unter Einräumung einer Frist zur besseren Glaubhaftmachung aufgefordert worden ist (BGH MDR 1986, 1002 = NJW 1986, 3193). Das gilt selbst dann, wenn die Partei bereits von sich aus weitere Glaubhaftmachungsgründe vorgebracht hat, die dem Gericht aber nicht ausreichen. Dann muss das Gericht auf diese **Beweislücke hinweisen** und der Partei Gelegenheit geben, bessere Gründe vorzubringen (BGH a.a.O.). 1322

Erst recht darf verspätetes Vorbringen nicht deshalb zurückgewiesen werden, weil die Partei ihre Entschuldigungsgründe nicht zugleich mit dem verspäteten Vorbringen darlegt (OLG Karlsruhe VersR 1979, 14). Das Gericht muss vorher Hinweise geben. 1323

Auch die konkrete Sach- und Rechtslage muss berücksichtigt werden. Hat der Beklagte, dem keine Fristen gesetzt worden sind, zunächst nur Rügen zur Zulässigkeit der Klage erhoben, dann darf er mit seinen erst im Termin vorgebrachten Ausführungen zur Sache nicht zurückgewiesen werden, wenn der Kläger erst wenige Tage zuvor seine Prozessführungsbefugnis dargelegt hatte (OLG Düsseldorf NJW-RR 1992, 959 = JurBüro 1992, 263). 1324

Auf fehlende Glaubhaftmachung von Entschuldigungsgründen darf eine Muss-Zurückweisung nach § 296 Abs. 1 ZPO nur gestützt werden, wenn das Gericht **zuvor danach gefragt hat** (OLG Brandenburg NJW-RR 1998, 498). Das folgt aus § 296 Abs. 4 ZPO, wonach der Entschuldigungsgrund „auf Verlangen des Gerichts" glaubhaft zu machen ist. 1325

III. Begründungszwang

Wegen der mit jeder Präklusion verbundenen Rechtsbeeinträchtigung und der Gefahr einer ungerechten Entscheidung verlangt die Rechtsprechung, dass jede präkludierende Gerichtsentscheidung begründet wird. Vor allem muss auch ausgeführt werden, auf **welche Vorschrift** sie gestützt wird und **warum** die Zulassung von Vorbringen die Entscheidung des Rechtsstreits **verzögern** würde (BGH NJW-RR 1991, 767). Es wird also eine vollständige schriftliche Subsumtion verlangt. Notwendig ist dazu die Anführung der erheblichen Tatsachen sowie die Darlegung, wie das Gericht bei rechtzeitigem Vorbringen verfahren wäre und wie sich die Verspätung ausgewirkt hat. Die **Floskel**, 1326

bei Zulassung des verspäteten Vorbringens wäre die Erledigung im ersten Termin nicht möglich gewesen,

reicht nicht aus (OLG Düsseldorf VersR 1979, 773).

1327 Diese Rechtsprechung ist ebenfalls durch das Bundesverfassungsgericht bestätigt worden. Der Anspruch auf Gewährung rechtlichen Gehörs (Art. 103 Abs. 1 GG) ist verletzt, wenn sich aus der Begründung nicht entnehmen lässt, dass die Entscheidung den Anforderungen an die Gehörsgewährung genügt (BVerfG NJW 1990, 566 = Rpfleger 1990, 80). Die Nichtzulassung neuen Vorbringens gemäß § 528 Abs. 2 ZPO a.F. ist als offenkundig unrichtige Anwendung einer Präklusionsvorschrift und damit als Verstoß gegen Art. 103 Abs. 1 GG angesehen worden, weil das Urteil des Berufungsgerichts keine Tatsachen festgestellt hatte, aus denen sich ergab, dass das neue Vorbringen im ersten Rechtszug aus grober Nachlässigkeit unterblieben war (BVerfG MDR 1987, 904 = NJW 1987, 1621).

1328 Will das Gericht bei der Anwendung von Verspätungsrecht von der **höchstrichterlichen Rechtsprechung abweichen**, dann muss es seine abweichende Auslegung begründen und darlegen, dass sie verfassungsrechtlichen Maßstäben gerecht wird (BVerfG NJW 1992, 2556). Unerlässlich ist dazu die **genaue Angabe der angewandten Verspätungsvorschrift**, weil die Präklusionstatbestände nicht beliebig austauschbar sind (BGHReport 2005, 1213), schon deshalb nicht, weil eine Muss-Zurückweisung nicht durch eine Ermessens-Zurückweisung ersetzt werden kann und umgekehrt.

IV. Vorgreifliche Berücksichtigung der höheren Instanz

1. Zweitinstanzliche Entschuldigung

1329 Schon erstinstanzlich muss das Präklusionsrecht auch im Hinblick auf den zweiten Rechtszug beachtet werden (siehe dazu *Schneider* NJW 2003, 1434). Hat eine Partei **erstinstanzlich** ihr verspätetes Vorbringen **nicht entschuldigt** und bringt sie die Entschuldigungsgründe in zweiter Instanz vor, dann ist in mehrerer Hinsicht zu differenzieren:

1330 Hätte die Partei die Entschuldigungsgründe schon **vorinstanzlich** geltend machen können, dann gereicht ihr das zum Verschulden. Daran ändert sich nicht deshalb etwas, weil sie zweitinstanzlich plausible Entschuldigungsgründe vorbringt.

1331 War die Partei aber **erstinstanzlich nicht in der Lage**, sich genügend zu entschuldigen, etwa weil sie durch einen Krankenhausaufenthalt oder durch einen Unfall daran gehindert war, dann würde es gegen Art. 103 Abs. 1 GG verstoßen, ihr die Möglichkeit nachträglicher Entschuldigung abzuschneiden. Das BVerfG (BVerfGE 75, 183 = MDR 1987, 814) hat dies berücksichtigt und dahin entschieden, dass eine in erster Instanz schuldlos unterlassene Entschuldigung für das verspätete Vorbringen mit der Berufung nachgeholt werden darf. Das gilt für die Fälle der **§§ 296 Abs. 1, 531 Abs. 2 S. 1 Nr. 3 ZPO**, die eine Entschuldigung der Partei verlangen.

1332 Im Fall des **§ 296 Abs. 2 ZPO** verhält es sich anders. Dort muss sich das Gericht selbst die Überzeugung von der groben Nachlässigkeit verschaffen. Ein non

IV. Vorgreifliche Berücksichtigung der höheren Instanz

liquet belastet die verzögerlich vortragende Partei nicht (oben Rn. 1319). Hat das Gericht grobe Nachlässigkeit bejaht, dann kann die Partei diese Überzeugung noch zweitinstanzlich ausräumen und damit die Anwendung des § 531 Abs. 2 S. 1 Nr. 3 ZPO verhindern. Maßgebend ist also die Sicht des Rechtsmittelgerichts (BGH MDR 1985, 403 = NJW 1986, 134).

Bemerkenswert ist ein Urteil des OLG Saarbrücken (MDR 2004, 412), das sich über diese Hindernisse einfach aus prozessökonomischen Gründen hinweggesetzt hat. Der Beklagte hatte sich erst zweitinstanzlich auf ein Zurückbehaltungsrecht berufen, zu dessen tatsächlichen Voraussetzungen vorinstanzlich schon umfassend Beweis erhoben worden war. Das Unterlassen früherer Geltendmachung dieses Rechts beruhte auf Nachlässigkeit, so dass Ausschluss nach § 531 Abs. 2 S. 1 Nr. 3 ZPO geboten gewesen wäre. Der Senat ist darüber hinweggegangen und hat 1333

> „zur **Vermeidung eines Folgeprozesses** unter erneuter Inanspruchnahme von PKH das Verteidigungsvorbringen nicht zurückgewiesen. Dies auch deshalb, weil der Erstrichter (zum einschlägigen Sachverhalt) ... umfanglich Beweis erhoben hat".

Doch mit einem solchen erfreulichen Umgang mit dem Präklusionsrecht kann leider nie gerechnet werden. 1334

2. Zurückgehaltenes Vorbringen

Gefährlich ist es, im erstinstanzlichen Vorbringen zu schwanken oder sich Darlegungen für die zweite Instanz aufzusparen. Ein erstinstanzlich gestellter, dann aber **zurückgenommener Beweisantrag** ist in der Berufungsinstanz neu und kann deshalb zurückgewiesen werden (OLG Zweibrücken JurBüro 1982, 1575; OLG Karlsruhe VRS 76, 248). 1335

Bei der **Parteivernehmung** verhält es sich entsprechend. Lehnt eine Partei es ab, sich auf den Antrag des Gegners hin vernehmen zu lassen (§§ 445 Abs. 1, 446 ZPO), dann ist ihre später in der Berufungsinstanz erklärte Vernehmungsbereitschaft neues verspätetes Vorbringen, auf das Verzögerungsrecht anwendbar ist (OLG Karlsruhe NJW-RR 1991, 200). 1336

Ebenso wird entschieden, wenn erstinstanzlich mögliche Beweisanträge nicht gestellt, sondern für die zweite Instanz aufgespart werden (OLG Koblenz BB 1990, 591 = AnwBl. 1990, 215). 1337

§ 23 Zeugenbenennung

Der Hauptanwendungsfall des Präklusionsrechts sind **Beweisanträge auf Vernehmung von Zeugen in verspätet eingereichten Schriftsätzen**. Ungeachtet seiner grundsätzlichen Mitwirkungspflicht zur Verhinderung von Verzögerungen (oben Rn. 1288 ff.) ist das Gericht nicht gehalten, schon vor Eingang der Klageerwiderung aufgrund der Klagebegründung und der darin angeführten 1338

Zeugen vorbereitende Maßnahmen nach § 273 Abs. 2 Nr. 4 ZPO zu treffen (BGH NJW 1987, 499 = LM § 273 ZPO Nr. 5). Entsprechend ist ein Gericht nicht verpflichtet, neuen Termin zur mündlichen Verhandlung anzuberaumen, nur um verspätet benannte Zeugen vernehmen zu können (OLG Celle MDR 1989, 1002). In der Zwischenphase zwischen diesen beiden Extremen muss das Gericht jedoch prozessfördernd tätig werden.

I. Ladungspflicht

1339 Aus dem Gebot an das Gericht, alle verfahrensrechtlich in Betracht kommenden Maßnahmen zu treffen, um einer Verzögerung entgegenzuwirken, folgt grundsätzlich auch die Pflicht, verspätet gestellten Beweisanträgen auf Zeugenvernehmung durch Ladung nach § 273 Abs. 2 Nr. 4 ZPO zu entsprechen (BVerfG WuM 1994, 122; NJW-RR 1995, 1469). Allerdings müssen solche vorbereitenden Maßnahmen dem Gericht **möglich** und **zumutbar sein**.

1340 Die **Anforderungen** an das Gericht sind **sehr streng**. So ist es ermessensfehlerhaft, die Nichtzulassung verspäteten Zeugenbeweises damit zu begründen, die Vernehmung des Zeugen würde den Rechtsstreit verzögern, weil der Verhandlungstermin durch eine **Parteivernehmung** zum selben Thema ausgelastet und deshalb neuer Termin notwendig sei (BGH MDR 1991, 518 = NJW 1991, 1181).

1341 Grundsätzlich muss auch ein zum Termin **gestellter Zeuge** vernommen werden (BAG MDR 1989, 484 = NJW 1989, 1236), wenn dessen abschließende Vernehmung im Termin möglich ist (BGH NJW 1986, 2257).

1342 Der Rahmen der dem Gericht zumutbaren prozessleitenden Maßnahmen ist weit gefasst. Handelt es sich um eine **einfache Beweisfrage**, dann muss die Zeugenladung auch als **Eilmaßnahme** verfügt werden (BGH NJW-RR 1991, 728 = VersR 1991, 587). Zumutbar ist ferner die Vernehmung **mehrerer Zeugen** zu einem **eingegrenzten Beweisthema** (BGH NJW 1991, 2759 = LM § 528 ZPO Nr. 7). Das BVerfG (WuM 1994, 122, 123) hat die Ladung von **vier Zeugen** zum frühen ersten Termin als verfassungsrechtlich geboten angesehen. Um Umgehungsversuche des Gerichts zu verhindern, muss der Ausschluss mit Vorbringen so genau begründet werden, dass eine Rechtsmittelkontrolle möglich ist (oben Rn. 1326 ff.).

II. Keine Ladungspflicht

1343 Gesetzmäßig ist die Präklusion, wenn die verspätet vortragende Partei eine **Vielzahl von Zeugen** benennt, etwa fünf oder mehr, deren Vernehmung im bereits anberaumten Termin aus Zeitgründen nicht durchführbar wäre (OLG Köln ZIP 1985, 436; OLG Celle MDR 1989, 1003). Allerdings muss das Gericht dann prüfen, ob es auch wirklich auf alle benannten Zeugen ankommt. Ist das nicht der Fall, dann muss es die wesentlichen Zeugen vorbereitend laden (OLG Oldenburg NdsRpfl 1979, 179).

Für den Anwalt ist es daher geradezu ein **„prozessualer Kunstfehler"**, in einem verspätet eingereichten Schriftsatz zahlreiche Zeugenbeweisantritte nachzuschieben, anstatt nur wenige – höchstens drei! (vgl. OLG Celle NJW 1989, 3023, 3025). 1344

Der **sicherste Weg** ist es, nur den allerwichtigsten Zeugen zu benennen. Dadurch wird es dem Gericht verwehrt, Präklusionsrecht mit der Begründung anzuwenden, vorbereitende Maßnahmen seien wegen des Umfangs und des damit verbundenen Zeitaufwandes nicht möglich. Je nach dem Verlauf der dadurch erreichten Beweisaufnahme können dann unter Umständen im Termin weitere Zeugen benannt werden, ohne dass diese neuen Beweisanträge präkludiert werden dürfen. 1345

Auch diese Zurückhaltung in der verspäteten Benennung von Zeugen hilft allerdings nicht, wenn dadurch wieder **andere Behauptungen beweiserheblich** werden, deren Aufklärung zur Anberaumung eines neuen Termins zwingen würde (BGHZ 86, 198 = NJW 1983, 1495 = MDR 1983, 397), so dass das Gericht erheblichen, umfangreichen **Gegenbeweisanträgen** stattgeben müsste (BGHZ 83, 310 = NJW 1982, 1535 = MDR 1982, 658; BGH NJW 1986, 2257; OLG Köln MDR 1985, 772; LG Frankfurt NJW 1981, 2266). 1346

Der Anwalt, der Gegenbeweismittel benennen kann, sollte seine Beweisanträge **alsbald** stellen. Das kann zur Anwendung von Verzögerungsrecht zu Lasten des Gegners und damit zum Obsiegen der eigenen Partei führen. Werden solche Gegenbeweisanträge schon vor der Vernehmung angekündigt, dann erübrigt sich die vorbereitende Ladung oder ist sie rückgängig zu machen (OLG Köln MDR 1985, 772, bestätigt vom BVerfG MDR 1986, 896). 1347

Selbst bei der Benennung oder Stellung nur eines Zeugen kann dessen Vernehmung wegen Verzögerung des Rechtsstreits abgelehnt werden, wenn der **Gegner widerspricht**, weil ihm anderenfalls Erkundigungen und die Stellung sachgerechter Fragen abgeschnitten würden (OLG Hamm MDR 1986, 766, bestätigt von BGH NJW 1986, 2257). 1348

III. Ausbleiben des Zeugen

Es kommt vor, dass ein verspätet benannter Zeuge vorbereitend zum Termin geladen wird, dann aber nicht erscheint. Soll seine Vernehmung gleichwohl durchgeführt werden, ist ein neuer Termin erforderlich, der die abschließende Entscheidung des Rechtsstreits verzögert. Das OLG Köln (MDR 1984, 675 = ZIP 1984, 759) und das LG Koblenz (NJW 1982, 289) haben in diesem Fall zu Lasten des Beweisführers Präklusionsrecht angewandt. 1349

Der **Bundesgerichtshof** hingegen vertritt die Auffassung, das Ausbleiben des Zeugen stehe in **keinem adäquaten Zusammenhang** mit der Verspätung (BGH 1350

MDR 1986, 1018; NJW 1986, 2319 u. 3142; MDR 1987, 573 = NJW 1987, 1949). Er verkennt dabei, dass sich das Verschuldenserfordernis im Verspätungsrecht nur auf das verspätete Vorbringen, nicht auf die Verzögerungsfolge bezieht, die der verspätet vortragenden Partei immer zuzurechnen ist und von der sie sich nicht entlasten kann. Infolgedessen sind ihm bei der Begründung seiner Auffassung Denkfehler unterlaufen (ausführlich dazu *Schneider*, Logik für Juristen, 5. Aufl., 1999, S. 280 ff.; ablehnend und kritisch auch OLG Düsseldorf MDR 1988, 975). Da der BGH jedoch an seiner Auffassung festgehalten hat, muss der Anwalt sich danach richten.

1351 Die höchstrichterliche Rechtsprechung kann eine Partei allerdings leicht zu **trickreichem Vorgehen** verführen. Weiß sie, dass der von ihr verspätet benannte Zeuge zu dem bereits anberaumten Termin zur mündlichen Verhandlung nicht erscheinen wird, dann kann sie auf diese Weise unter Berufung auf die höchstrichterliche Rechtsprechung eine **Vertagung erzwingen**. Möglicherweise hat das auch der Bundesgerichtshof später erkannt. In einer weiteren Entscheidung (MDR 1989, 249 = NJW 1989, 719) hat er nämlich für den Fall einen Rückzieher gemacht und die Anwendung von Verspätungsrecht bejaht, dass die auf den verspäteten Beweisantritt veranlasste **Ladung den Zeugen nicht mehr erreicht** hat. Dann soll es unerheblich sein, ob der Zeuge auch bei rechtzeitiger Ladung nicht erschienen wäre oder ob er gegenüber der Partei seine Bereitschaft zum Erscheinen erklärt habe.

1352 Damit ist die frühere Rechtsprechung teilweise aufgehoben worden, auch wenn das beschönigend als „Abgrenzung" bezeichnet wird. Es hilft also nichts, einen Zeugenbeweisantritt mit **„versehentlich" falscher Straßenbezeichnung** oder falscher Hausnummer nachzuschieben. Wenn die Ladung nicht ankommt, muss kein neuer Termin anberaumt werden, um die Verzögerung auszuräumen.

IV. Parteivernehmung

1353 Keine Rechtsprechung liegt bisher zu dem Fall vor, dass der Antrag auf **Parteivernehmung des Gegners** verspätet gestellt wird. Wenn die Partei geladen wird, aber nicht erscheint, ist dies wie das Ausbleiben eines geladenen Zeugen zu behandeln.

1354 Wird der Antrag auf Parteivernehmung **erstmals im Termin** zur mündlichen Verhandlung gestellt, dann ist die anwesende Partei zu vernehmen.

1355 Nimmt in diesem Fall die nicht persönlich geladene Partei den Termin nicht wahr, dann ist bei einem erst im Termin gestellten Antrag auf Parteivernehmung Verspätungsrecht anzuwenden. Das Gericht hat keinen Anlass, vorsorglich darauf hinzuwirken, dass im Termin zur mündlichen Verhandlung eine bis dahin noch nicht beantragte Parteivernehmung möglich werde.

§ 24 Erwiderung des Gegners; Schriftsatznachlass

I. Unerheblichkeit des Vorbringens

Die Präklusionsvorschriften erlauben eine Zurückweisung verspäteten Vorbringens nur, soweit dessen Zulassung die Erledigung des Rechtsstreits verzögern würde. Liegt es so, dass der Gegner der verspätet vortragenden Partei schon nach seinem eigenen Vorbringen und damit unabhängig von dem verspäteten Gegenvorbringen unterliegen würde, dann ist der Rechtsstreit entscheidungsreif. **Vor einer Zurückweisung hat das Gericht deshalb eine Schlüssigkeitsprüfung zum Hauptvorbringen und zum verspäteten Gegenvorbringen anzustellen.** Ist die Klage unschlüssig, dann kommt es nicht darauf an, was der Gegner verspätet vorträgt, sofern er nicht anerkennt. Ist die Verteidigung unschlüssig, die Klage aber schlüssig, dann kommt es auf verspätetes ergänzendes Klagevorbringen nicht mehr an. 1356

II. Erheblichkeit des Vorbringens

1. Einlassung des Gegners

Ist das verspätete Vorbringen schlüssig (erheblich), dann steht damit immer noch nicht fest, ob seine Berücksichtigung zu einer Verzögerung führen würde. Das hängt davon ab, **wie** der **Gegner sich** dazu **einlässt**. Wenn er es **nicht bestreitet**, verzögert das Gegenvorbringen die Entscheidung nicht und kann für sich allein nicht ursächlich für einen neuen Termin werden (LG Freiburg MDR 1982, 762). Deshalb muss das Gericht die Stellungnahme des Gegners zum verspäteten Vorbringen der anderen Partei abwarten und gegebenenfalls veranlassen (OLG Frankfurt NJW-RR 1992, 1405). Der Kläger muss aufgefordert werden (§ 139 Abs. 1 ZPO) und Gelegenheit erhalten (§ 139 Abs. 5 ZPO), sich zu einer verspätet eingereichten Klageerwiderung zu äußern (OLG München MDR 1980, 148 = VersR 1980, 94). Die Stellungnahme kann in der mündlichen Verhandlung abgegeben werden. 1357

Bestreitet der Kläger das verspätete Vorbringen, dann kann sofort durchentschieden und ein so genanntes Stuhlurteil verkündet werden. **Anderenfalls** ist dem Gegner Gelegenheit zu geben, sich in einem gemäß § 283 ZPO nachzulassenden Schriftsatz zu äußern (BGHZ 94, 213 = NJW 1985, 1539; OLG Brandenburg NJW-RR 1998, 498). Darauf ist der Gegner sogar hinzuweisen und ein entsprechender Antrag auf Gewährung eines **Schriftsatznachlasses anzuregen** (OLG Hamm MDR 1992, 186; OLG Naumburg NJW-RR 1994, 704). 1358

2. Zweitinstanzliche Fehlerkorrektur?

Welche Rechtsfolge tritt ein, wenn das Gericht gegen diese Verfahrensgrundsätze verstößt? 1359

§ 24 Erwiderung des Gegners; Schriftsatznachlass

1360 Angenommen, der Beklagte trage verspätet vor. Das Gericht entscheide unter Anwendung von Verspätungsrecht, ohne den Kläger zur Stellungnahme aufzufordern oder ihm Gelegenheit dazu zu geben. Dann bleibt offen, ob der Kläger bestreiten würde oder nicht. Diese Ungewissheit beruht auf einer Verletzung der Aufklärungs- und Hinweispflicht des Gerichts (§ 139 ZPO).

1361 Erweist sich das verspätete Vorbringen als unschlüssig, dann wirkt sich dieser Verfahrensmangel nicht aus. Der Klage kann stattgegeben werden, jedoch nicht aufgrund von Verspätungsrecht, sondern aufgrund bloßer Subsumtion: verspätetes Vorbringen unerheblich.

1362 Wie aber, wenn das neue Vorbringen des Beklagten schlüssig ist, die Klage also zu Fall bringen könnte? Dann darf der Klage nicht ohne vorherige Aufklärung stattgegeben werden. Geschieht das dennoch, weil das Vorbringen des Beklagten als verspätet präkludiert wird, dann beruht das Urteil auf dem Verfahrensfehler unterbliebener Aufklärung. **Darauf kann die Berufung gestützt werden** (§§ 513 Abs. 1, 520 Abs. 3 S. 1 Nr. 2 ZPO). Die Anwendung von Verspätungsrecht durch das Erstgericht bindet das Berufungsgericht nicht. Daran ändert sich auch dann nichts, wenn der Kläger das zu Unrecht präkludierte Vorbringen des Beklagten in der Berufungsinstanz bestreitet. **Das spätere Bestreiten heilt den vorinstanzlichen Verfahrensmangel nicht** (OLG Düsseldorf NJW 1987, 507), selbst wenn anzunehmen ist, dass der Kläger auf einen Hinweis des Erstgerichts bestritten hätte (LG München MDR 1990, 1021). Die gegenteilige Auffassung des KG (MDR 1983, 235) ist verfehlt. Für die Beurteilung erstinstanzlicher Anwendung des Präklusionsrechts kommt es nicht darauf an, was im zweiten Rechtszug vorgetragen wird. Der vorinstanzliche Verfahrensfehler wird nicht durch ein zweitinstanzliches Bestreiten ausgeräumt. Ob in erster Instanz „zu Recht" zurückgewiesen worden ist (§ 531 Abs. 1 ZPO), beurteilt sich nur nach dem erstinstanzlichen Verfahren. Dort und nicht in der Berufungsinstanz ist aber die Aufklärungs- und Hinweispflicht verletzt worden. Das steht sogar aktenkundig und nach § 139 Abs. 4 S. 2, 3 ZPO unwiderlegbar fest. Für die durch zweitinstanzliches Bestreiten eingetretene Prozesslage war allein das erstinstanzliche Gericht verantwortlich. Dessen Verstoß gegen seine Mitwirkungspflicht (oben Rn. 1288 ff.) hindert die Anwendung von Präklusionsrecht.

3. Neuer Termin

1363 Die **Einräumung** eines **Schriftsatznachlasses** für den Gegner der verspätet vortragenden Partei macht die Anberaumung eines Termins zur Verkündung einer Entscheidung notwendig und steht der Verkündung eines Urteils im Termin selbst („Stuhlurteil") entgegen. Das allein ist aber noch **keine Verzögerung** im Sinne des § 296 ZPO (BGH MDR 1985, 487 = NJW 1985, 1556; BAG NJW 1989, 2213; OLG Frankfurt NJW-RR 1992, 1405).

4. Verweigerte Gegenäußerung

Der Gegner der verspätet vortragenden Partei kann sich seiner Erklärungslast – im Termin oder in einem nachgelassenen Schriftsatz – nicht dadurch entziehen, dass er **im Termin schweigt** oder **keinen Antrag nach § 283 ZPO** stellt. Das würde nur dazu führen, dass das verspätete Vorbringen gemäß § 138 Abs. 3 ZPO als **zugestanden** zu behandeln wäre (BGHZ 94, 124 = NJW 1985, 1539 = MDR 1985, 1439). 1364

Bestreitet er erst in einem **nicht nachgelassenen Schriftsatz** das verspätete Vorbringen, dann ist dieses Bestreiten nach § 296a ZPO unbeachtlich, weil der Schriftsatz erst nach Schluss der mündlichen Verhandlung eingeht. Beachtlich werden kann ein solcher Schriftsatz nur durch Wiedereröffnung der mündlichen Verhandlung gemäß §§ 296a S. 2, 156 ZPO (OLG Düsseldorf NJW 1987, 507). 1365

§ 25 Reaktion auf Gegenansprüche und Einreden

I. Taktische Reaktion auf Gegenansprüche

Der Anwalt muss stets bedenken, dass er auch einen aussichtsreichen Prozess verlieren kann, nur weil er ihn prozesstaktisch nicht bewältigt. Ursächlich dafür ist nicht selten, dass auf Gegenvorbringen falsch reagiert wird. 1366

Beruft sich der Gegner darauf, ihm stehe ein Gegenanspruch zu, dann ist zu unterscheiden: 1367

Hat er Recht, dann muss der Gegenanspruch im eigenen Konzept berücksichtigt und dieses entsprechend umgestaltet werden. Die eigene Forderung ist etwa herunterzurechnen oder es ist auf ein Aufrechnungsverbot hinzuweisen oder der Klageantrag ist auf Leistung Zug um Zug umzustellen u. dgl.

Hält der Anwalt den Gegenanspruch für **ersichtlich unbegründet**, dann wird er ihn nur zurückweisen und ihn in seiner Rechtsverfolgungsstrategie nicht weiter berücksichtigen. Er wird aber erwägen, die Rechtsverteidigung des Gegners sogleich mit einer **negativen Feststellungsklage** auszuräumen (siehe dazu unten Rn. 2080 f.). Dieses Vorgehen schafft nicht nur klare Verhältnisse, sondern belastet den Gegner auch mit den Kosten des für ihn aussichtslosen Feststellungsprozesses. Das kann sogar dazu führen, dass er hinsichtlich des gegen ihn gerichteten Klagebegehrens einzulenken bereit ist. Dem Anwalt, der mit der negativen Feststellungsklage obsiegt, fällt sogar eine erstattungsfähige Vergütung nach dem vollen Streitwert des Gegenanspruchs an! 1368

Erscheint der Gegenanspruch dem Anwalt **zweifelhaft**, also möglicherweise begründet, dann wird er ihn bestreiten und zunächst einmal **abwarten**. Vielleicht entschließt sich dann der Gegner zur Erhebung einer Klage. Sie verschafft dem 1369 eigenen Mandanten die Stellung eines Beklagten. Die ist im Prozess erfahrungsgemäß günstiger, weil sie nur zur Verteidigung zwingt.

II. Die Verjährungseinrede

1370 Bei den Einwendungen und Einreden handelt es sich um Verteidigungsmittel (§§ 146, 296 Abs. 1 ZPO), die präkludiert werden können. Von praktischer Bedeutung ist besonders die **Verjährungseinrede**. Das kann zu einem „**prozesstaktischen Konflikt**" für die Partei führen.

1371 Die Prozessförderungspflicht verlangt von jeder Partei, in der mündlichen Verhandlung ihre Angriffs- und Verteidigungsmittel so zeitig vorzubringen, wie es einer sorgfältigen Prozessführung entspricht (§ 282 Abs. 1 ZPO). Andererseits kann eine Partei auch daran interessiert sein, dass der Sachverhalt aufgeklärt wird. Das kann sie erzwingen, wenn sie sich zunächst nicht auf Verjährung beruft, so dass eine Beweisaufnahme durchgeführt werden muss.

1372 Geht diese für sie **günstig** aus, braucht sie sich auch im Nachhinein nicht auf Verjährung zu berufen. Geht die Beweisaufnahme **ungünstig** aus, dann ist die Erhebung der Verjährungseinrede ihr letztes Verteidigungsmittel. Damit kann sie jedoch präkludiert werden, weil die Prozessförderungspflicht die frühe Erhebung der Verjährungseinrede fordert (*Schneider* MDR 1977, 795; OLG Hamm MDR 1993, 686 = NJW 1993, 1150; OLG Oldenburg MDR 2004, 292 [zum neuen Recht – §§ 529 Abs. 1 Nr. 2, 531 Abs. 2 Nr. 3 ZPO]).

1373 Allerdings ist das umstritten. Einige Autoren halten es für zulässig, dass der Beklagte die Verjährungseinrede zurückhält, bis objektiv erkennbar wird, wie der Rechtsstreit im Übrigen ausgehen werde (siehe dazu *Baumbach/Hartmann*, ZPO, 65. Aufl., 2007, § 282 Rn. 8; ähnlich *Kallweit*, Die Prozessförderungspflicht der Parteien und die Präklusion verspäteten Vorbringens im Zivilprozess, 1983, S. 33 f.).

1374 Für den Anwalt ist diese Kontroverse nur von geringem Interesse. Für ihn ist es stets „der sicherste Weg", die **Verjährungseinrede** zugunsten seines Mandanten **so früh wie möglich** vorzubringen. Sollte der Mandant ihm, was kaum vorkommen dürfte, eine andere Weisung erteilen, dann sollte der Anwalt sich vorsorglich durch entsprechende Korrespondenz absichern. Das beugt dem erfahrungsgemäß nie auszuschließenden Sinneswandel des Mandanten vor, der nach Prozessverlust vielleicht Wege sucht, sich dafür bei seinem Anwalt schadlos zu halten.

§ 26 Einspruch gegen ein Versäumnisurteil

I. Flucht in die Säumnis

Verfahrensrechtlich hat das Gericht nur dann die Möglichkeit, verspätetes Vorbringen zurückzuweisen, wenn es dadurch zu einem **den gesamten Streitstoff erfassenden** Urteil kommt (oben Rn. 1184). Das lässt sich verhindern, indem der Prozessbevollmächtigte, der verspätet vorgetragen hat oder verspätet vortragen müsste, nicht auftritt und gegen seine Partei Versäumnisurteil ergehen lässt (§§ 330, 331 ZPO). Man spricht hier von der „Flucht in die Säumnis". Der Anwalt muss aber selbst darauf kommen. **Kein Gericht** ist **verpflichtet**, einer verspätet vortragenden Partei die Flucht in die Säumnis **anzuraten**, um sie vor der Zurückweisung ihres Vorbringens zu bewahren (BVerfG EWiR 1987, 1247). Das OLG München (MDR 1994, 92 = NJW 1994, 60) hat einen solchen Hinweis des Richters an den Beklagten sogar als zureichenden Grund für eine Befangenheitsablehnung nach § 42 ZPO angesehen. 1375

Kostenmäßig ist das risikolos. Der Anwalt des Klägers erhält eine 1,2 **Terminsgebühr** (RVG-Kostenverzeichnis Nr. 3104). Nach Einspruch gegen das Versäumnisurteil kommt es zu einem neuen Termin und entsteht die Terminsgebühr noch einmal. Sie fällt aber **insgesamt nur einmal in Höhe von 1,2** an (§ 15 Abs. 2 S. 1 GVG). Beim Gegenanwalt verhält es sich ebenso. 1376

Zusätzliche **Gerichtsgebühren** entstehen nicht. Mit einem Vollstreckungsrisiko ist auch nicht zu rechnen. Der Gegner wird nicht wegen der Kostenentscheidung im Versäumnisurteil ein Kostenfestsetzungsverfahren einleiten, um wegen der Anwaltsgebühren zu vollstrecken. Er weiß, dass das Verfahren nach Einspruch weiter betrieben wird, und dass bei einem ihm ungünstigen Ausgang das Veräumnisurteil mitsamt der Kostenentscheidung aufgehoben wird (§ 343 S. 2 ZPO). Die Vollstreckbarerklärung tritt dann außer Kraft (§ 717 ZPO). 1377

II. Antragsfalle

Der Prozessbevollmächtigte, dessen Partei die Anwendung von Präklusionsrecht zu befürchten hat, muss darauf achten, dass er sich die Flucht in die Säumnis nicht selbst verbaut. Er darf **auf keinen Fall** zu Beginn der mündlichen Verhandlung routinemäßig „**den Antrag nehmen**". Dann ist er nämlich nicht säumig und kann dieser Konsequenz nicht mehr dadurch ausweichen, dass er seinen Antrag „nicht mehr aufrechterhält" oder „zurücknimmt" (*Zöller/Herget*, ZPO, 26. Aufl., 2007, § 333 Rn. 1; *Musielak/Stadler*, ZPO, 5. Aufl., 2007, § 334 Rn. 2). Das ändert nichts daran, dass er mündlich verhandelt hat (§ 137 Abs. 1 ZPO). 1378

Vorsicht ist vor allem deshalb geboten, weil es immer wieder vorkommt, dass ein Gericht den Prozessbevollmächtigten bewusst in die „Antragsfalle" lockt, um kein Versäumnisurteil mit möglichem Einspruch erlassen zu müssen. Das 1379 läuft dann in der Regel so ab, dass der Vorsitzende die mündliche Verhandlung jovial mit dem Hinweis beginnt: „Dann wollen wir mal die Anträge nehmen." Und erst, wenn das geschehen ist, weist er auf die Anwendbarkeit von Präklusionsrecht hin und eröffnet der von einem Versäumnisurteil bedrohten Partei, dass ihr eine Antragsrücknahme nicht mehr helfen könne.

III. Keine Notfrist

1380 Die Flucht in die Säumnis vor Antragstellung ist deshalb möglich, weil die Einspruchsschrift – anders als der Einspruch selbst (§ 339 Abs. 1 ZPO) – nicht innerhalb einer Notfrist eingelegt werden muss, (§ 340 Abs. 3 ZPO). Lassen Sie sich darin nicht durch eine Bemerkung in *Baumbach/Hartmann* (ZPO, 65. Aufl., 2007, § 340 Rn. 15 a.E.) irre machen. Dort wird die Auffassung vertreten, die Begründungsfrist sei eine Notfrist. Es gibt jedoch außer *Hartmann* niemanden, der diese Ansicht teilt. Das ist eigentlich selbstverständlich, da nach § 224 Abs. 1 ZPO Notfristen nur solche sind, die in der Zivilprozessordnung als solche bezeichnet sind. Für § 340 Abs. 3 ZPO trifft das nicht zu. Die „Notfrist-These" ist daher falsch (*Wedel* MDR 1989, 512; OLG Frankfurt NJW-RR 1993, 1151; alle ZPO-Kommentare zu § 340: *Stein/Jonas/Grunsky*, 21. Aufl., 1998, Rn. 13; MünchKommZPO/*Prütting*, 2. Aufl., 2000, Rn. 17; *Zöller/Herget*, 26. Aufl., 2007, Rn. 11; *Thomas/Putzo/Reichold*, 27. Aufl., 2005, Rn. 5; *Zimmermann*, 7. Aufl., 2006, Rn. 7; *Saenger/Pukall*, 2006, Rn. 5). Verzögerliche Einreichung der Begründung des fristgerecht eingelegten Einspruchs macht diesen daher nicht unzulässig, sondern kann nur zur Anwendung von Präklusionsrecht führen (BGHZ 75, 138).

Das Gebot, die in der Einspruchsbegründung nachgeschobenen Angriffs- und Verteidigungsmittel zu berücksichtigen, folgt daraus, dass der Zustand, in dem sich der Rechtsstreit **zur Zeit des neuen Vorbringens** befindet, maßgeblicher Zeitpunkt für die Beurteilung der Verzögerung ist (BGHZ 75, 141 = NJW 1979, 1988 = MDR 1979, 928, 929; OLG Oldenburg MDR 1979, 588).

IV. Der Zeitgewinn

1381 Der Zeitgewinn bei Erlass eines Versäumnisurteils liegt in Folgendem: Der Einspruch gegen ein Versäumnisurteil muss nach § 339 ZPO innerhalb einer Notfrist von zwei Wochen ab Zustellung des Versäumnisurteils eingelegt werden. Nach § 340 Abs. 3 S. 1 ZPO sind die neuen Angriffs- und Verteidigungsmittel in der Einspruchsschrift vorzubringen, jedoch nur, so weit es nach der Prozesslage einer sorgfältigen und auf Förderung des Verfahrens bedachten Prozessführung entspricht. Eine Notfrist dafür ist, abweichend von § 339 Abs. 1 ZPO, nicht vorgesehen (vorstehend Rn. 1380), so dass alles schriftsätzliche Vorbringen nach Einlegung des Einspruchs noch berücksichtigt werden muss (BVerfG JZ 1985, 905; BVerfGE 58, 356) und das Gericht verpflichtet ist, bei der prozessfördernden Vorbereitung des Einspruchstermins dieses Vorbringen zu berücksichtigen. Das Gericht muss alles ihm Zumutbare tun, um die Folgen der Fristversäumung auszugleichen; daran ändert § 340 Abs. 3 ZPO nichts (BGHZ 76, 178 = NJW 1980, 1105, 1106).

Die säumige Partei gewinnt so zunächst einmal **zwei Wochen** Zeit bis zur Einlegung des Einspruchs, in der ihr Anwalt die Begründung abfassen kann. Wenn dies nicht reicht, kann die **Begründung nachgebracht** werden und muss auch dann vom Gericht berücksichtigt werden, soweit die zwischen Einspruchseinlegung und Einspruchsbegründung verstrichene Zeit „nach der Prozesslage einer sorgfältigen und auf Förderung des Verfahrens bedachten Prozessführung entspricht" (§ 340 Abs. 3 S. 1 ZPO). Das richtet sich gemäß § 340 Abs. 3 S. 3 ZPO nach den in § 296 Abs. 1, 3, 4 ZPO festgelegten Beurteilungsmaßstäben. 1382

V. Das Risiko

Ein Risiko besteht insoweit, als der Vorsitzende auf den Einspruch hin sehr **kurz terminieren** darf (BGH MDR 1981, 309 = NJW 1981, 286). Es gibt Vorsitzende, die das ausnutzen, um der Einspruchspartei die Frist zur Begründung so sehr zu kürzen, dass es doch noch zur Anwendung von Verspätungsrecht kommen kann (siehe dazu Rn. 1385). 1383

Für den Anwalt ist es deshalb immer der sicherste Weg, das nachgebrachte Vorbringen wenigstens im Kern unter Angabe der Beweismittel in der Einspruchsschrift zu bringen. Dabei sollte tunlichst auf die Mitwirkungspflicht des Gerichts hingewiesen werden (oben Rn. 1288 ff.), damit dieses angehalten wird, die nach § 273 Abs. 2 ZPO möglichen Maßnahmen zu treffen. 1384

Es ist **verfahrenswidrig**, die Begründungsfrist durch bewusst kurze Terminierung des Einspruchstermins (§ 341a ZPO) zu verkürzen oder gar „bedingt" zu terminieren, also schon bei Erlass des Versäumnisurteils „für den Fall eines Einspruchs" einen nahen Termin zu bestimmen, was auch vorkommt. Um die durch die Verspätung von Vorbringen drohende Verzögerung der Erledigung des Rechtsstreits abzuwenden, muss korrekterweise der nach § 341a ZPO anzuberaumende Verhandlungstermin so weit hinaus angesetzt werden, dass **vorbereitende Maßnahmen** noch durchgeführt werden können (OLG Hamm NJW 1980, 293; NJW-RR 1994, 958; OLG Düsseldorf MDR 2005, 1189; *Zöller/Herget*, ZPO, 26. Aufl., 2007, § 340 Rn. 8; *Schneider* MDR 1979, 710; *Deubner* NJW 1979, 342). Der „sicherste Weg" ist es jedoch leider nicht, sich auf faires Verfahren und Beachtung der Mitwirkungspflichten des Gerichts zu verlassen. 1385

§ 27 Mahnverfahren; Urkundenprozess

I. Mahnverfahren

1386 **Begründet** der Kläger, der ein Mahnverfahren eingeleitet hat, seinen Anspruch schon **vor Abgabe** der Sache durch das Mahngericht (§ 696 Abs. 1 S. 1 ZPO), dann hat er den Anspruch rechtzeitig vor der mündlichen Verhandlung begründet. Der Gegner kann und muss sich dazu äußern. Das Gericht hat sodann terminsvorbereitende Maßnahmen zu treffen (Hirtz NJW 1981, 2234).

1387 Liegt noch **keine Begründung** vor, dann hat das Streitgericht, dem die Akten zugeleitet worden sind, dem Antragsteller unverzüglich aufzugeben, seinen Anspruch innerhalb von **zwei Wochen** in einer der Klageschrift entsprechenden Form zu begründen (§ 697 Abs. 1 ZPO). Anschließend ist wie nach Eingang einer Klage zu verfahren (§ 697 Abs. 2 S. 1 ZPO).

1388 Geht die Anspruchsbegründung nach Überleitung des Mahnverfahrens in das Streitverfahren bis spätestens zum Schluss der mündlichen Verhandlung **nicht ein**, dann ist die Klage als unzulässig abzuweisen (LG Gießen NJW-RR 1995, 62; MünchKommZPO/Holch, 2. Aufl., 2000, § 697 Rn. 26).

1389 Geht die Anspruchsbegründung **verspätet** ein, wird also die Frist des § 697 Abs. 1 ZPO nicht eingehalten, dann rechtfertigt das noch keine Zurückweisung nach § 296 Abs. 1 ZPO (OLG Hamburg MDR 1979, 174 = NJW 1979, 376; OLG Hamm MDR 1983, 413). Denn § 296 Abs. 1 ZPO ist in § 697 Abs. 1 ZPO nicht genannt – und umgekehrt. Eine analoge Anwendung von Verspätungsvorschriften ist nicht zulässig (oben Rn. 1225 ff.). Zudem ist dieser Sachverhalt in § 697 Abs. 3 ZPO gesondert geregelt. Die Nichteinhaltung der Frist des § 697 Abs. 1 ZPO zur Anspruchsbegründung kann nur zur Anwendung von Verspätungsrecht führen, wenn auch die richterlich gesetzte Begründungsfrist des § 697 Abs. 3 S. 2 ZPO (in Verbindung mit § 296 Abs. 1 ZPO) überschritten wird (siehe MünchKommZPO/Holch, § 697 Rn. 13; Zöller/Vollkommer, ZPO, 26. Aufl., 2007, § 697 Rn. 4; Thomas/Putzo/Hüßtege, ZPO, 27. Aufl., 2005, § 697 Rn. 8).

II. Urkundenprozess

1390 Die gesetzliche Regelung des Präklusionsrechts ist auch im Urkundenprozess (§§ 592 ff. ZPO) anwendbar. Jedoch sind Urkundenverfahren und Nachverfahren (§ 600 ZPO) hinsichtlich der Anwendung von Verspätungsrecht selbständig zu beurteilen.

1391 **Fristversäumnisse** im **Vorverfahren** wirken nicht im Nachverfahren fort. Das einmal verspätete Vorbringen bleibt zwar weiterhin verspätet, muss aber vom Gericht berücksichtigt und durch vorbereitende Maßnahmen ausgeglichen werden. Bei einem Verstoß gegen die Mitwirkungspflicht (oben Rn. 1288 ff.) darf kein Verspätungsrecht angewandt werden (LG Berlin MDR 1983, 235). Das entspricht der Rechtslage nach Einspruch gegen ein Versäumnisurteil (oben Rn. 1380 ff.).

Kündigt der Kläger schriftsätzlich an, er werde vom Urkundenprozess Abstand nehmen, dann kann diese Erklärung erst wirksam werden, wenn sie in der mündlichen Verhandlung abgegeben wird. Der Beklagte braucht deshalb nicht schon auf die schriftsätzliche **Ankündigung** der **Abstandnahme** zu reagieren und ist nicht gehalten, bereits im Hinblick auf die Möglichkeit einer späteren Erklärung der Abstandnahme seine im Nachverfahren zulässigen Angriffs- und Verteidigungsmittel geltend zu machen (OLG Köln VersR 1993, 901). 1392

§ 28 Allgemeines Fristenrecht

I. Unterschiedliche Fristarten

Die Besorgnis, mit nicht fristgerechtem Vorgehen präkludiert zu werden, löst bei Anwälten vielfach **unbegründete Fristenängste** aus. **Zwei Arten** von Fristen sind zu unterscheiden: 1393

Absolut gefährlich sind nur Notfristen (insbesondere also die Rechtsmittel- und Ausschlussfristen, z.B. §§ 339 Abs. 1, 517, 569 Abs. 1 S. 1 ZPO). 1394

Nur **relativ gefährlich** sind die durch Präklusionsrecht sanktionierten richterlichen Fristen (oben Rn. 1216 ff.). Anwälte behandeln diese nur relativ gefährlichen Fristen häufig wie die absolut gefährlichen Fristen. Das führt dann dazu, dass Klageerwiderungen am letzten Tag in den Nachtbriefkasten geworfen werden und vielleicht sogar noch ein Bote damit beauftragt wird, oder dass am Mittwoch noch Fristverlängerung bis Freitag beantragt wird und dergleichen. Das alles ist unnütze Mühe, die auf die verfehlte Sorge zurückgeht, den „sichersten Weg" einzuhalten. **Die Überschreitung der nur relativ gefährlichen Fristen ist so lange risikolos, wie dem Gericht noch Zeit für vorbereitende Maßnahmen nach § 273 ZPO bleibt** (oben Rn. 1247 ff.). 1395

Beachte: Eine vom Gericht gesetzte Frist beginnt erst mit **Eingang des gerichtlichen Schreibens** zu laufen. Die voraussichtliche und übliche Postlaufzeit ist nicht maßgebend, wenn sie überschritten wird. Der Empfänger ist auch nicht verpflichtet, von sich aus auf eine Verzögerung des Zugangs hinzuweisen. Das Gericht muss vielmehr entweder die Frist so bemessen, dass mögliche Abweichungen in der Postlaufzeit aufgefangen werden, oder es muss für einen Zustellungsnachweis Sorge tragen (BayVerfGH NJW 2006, 282). 1396

II. Formale Fristsetzungen

Fristsetzungen der Gerichte sind zu einem großen Teil nur „**Scheingeschäfte**", mit denen das emsige Bemühen um schnelle Prozesserledigung vorgespiegelt 1397 wird. Der Berichterstatter oder der Vorsitzende nimmt von eingehenden Schriftsätzen zwar Kenntnis. Er bearbeitet sie aber erst, wenn sein eigener Arbeitsplan das vorsieht. Auf die meisten Erwiderungsschriften, die fristgerecht eingereicht werden, wird daher vom Gericht zunächst einmal gar nichts veranlasst außer der Verfügung „z. d. A." (zu den Akten) oder „WV am . . ." (Wiedervorlage am . . .) oder „z. T." (Vorlage zum Termin). Prozessakten werden entsprechend dem Terminplan in der Regel erst kurz vor der mündlichen Verhandlung durchgearbeitet, nicht etwa Wochen vorher, um nach möglichen prozessvorbereitenden Maßnahmen zu forschen. Daran ändert sich auch nichts dadurch, dass vor Ablage der Akten ins Gerichtsfach verfügt wird „Stellungnahme zum Schriftsatz bis zum . . .".

1398 Zu bedenken ist ferner, dass es in vielen Fällen wegen einer negativ ausgehenden Schlüssigkeitsprüfung überhaupt nicht darauf ankommt, ob eine richterliche Frist eingehalten wird. Die Gerichte hätten deshalb allen Anlass, Fristsetzungsanträge und Fristverlängerungen großzügig zu behandeln. Der Anwalt kann sich darauf aber leider nicht verlassen. Immer wieder werden Fälle bekannt, in denen aus Fristverzögerungen zu Lasten des Mandanten nachteilige Entscheidungen abgeleitet werden, die das Gericht hätte verhindern können. Dass die Begründungen dann oft weit hergeholt, manchmal sogar völlig abwegig sind, hilft dem Anwalt wenig. Deshalb ist es wichtig zu wissen, wie der **Richter** auf Schriftsatzverzögerungen zu **reagieren** hat.

1399 Zwei Fälle sind im Gesetz geregelt:
„Eine fristgemäß eingereichte Erklärung **muss**, eine verspätet eingereichte Erklärung **kann** das Gericht bei der Entscheidung berücksichtigen" (§ 283 S. 2 ZPO). Dieses „kann" steht jedoch unter dem Vorbehalt, dass das Gericht verpflichtet ist, möglicherweise eintretende Verzögerungen zu verhindern (oben Rn. 1300 ff.).

Für das **Beweisrecht** gilt die Sondervorschrift des **§ 356 ZPO**. Steht der Beweisaufnahme, insbesondere also der Vernehmung eines Zeugen, ein Hindernis entgegen, dann **muss** eine Frist zur Beseitigung dieses Hindernisses gesetzt werden. Erst nach deren fruchtlosem Ablauf ist die Benutzung des Beweismittels ausgeschlossen, wenn sie sich verzögernd auswirken würde. Das ist beispielsweise nicht der Fall, wenn der Zeuge zum Termin gestellt oder das Augenscheinobjekt zum Termin mitgebracht oder noch rechtzeitig eine beweiskräftige Urkunde vorgelegt wird oder wenn ohnehin weitere Beweise erhoben werden müssen. Diese Sonderregelung wird häufig verkannt und Präklusionsrecht ohne die nach § 356 ZPO unerlässliche besondere Fristsetzung angewandt.

III. Richterliche Wiedervorlagefrist

1400 Abschließend noch ein **Ratschlag**: Der Richter, der eine Frist setzt, verfügt die Wiedervorlage nicht auf den Tag des Fristablaufs, da die Frist erst um 24 Uhr endet. Sind Sie als Anwalt gerade am Gericht und wird es mit der Einhaltung der

Frist knapp, dann nehmen Sie auf der **Geschäftsstelle Einblick** in die Akten. Die Wiedervorlagefrist, die der Richter verfügt hat, kann Ihnen dann noch Spielraum geben, vor allem wenn sie am Wochenende abläuft. Wenn der Schriftsatz an dem Tag vorliegt, auf den auch die Wiedervorlage der Akten verfügt ist, kann nichts geschehen. Der Richter kümmert sich dann auch nicht um die Fristüberschreitung, weil der Schriftsatz ohnehin zum frühesten Termin vorliegt, den er sich selbst gesetzt hat.

Sechstes Kapitel: Vorbereitende Schriftsätze

§ 29 Formfragen

I. Schriftsatzarten

Es gibt mehrere Arten von Schriftsätzen: bestimmende, vorbereitende und nachgereichte.

1. Bestimmende Schriftsätze

1401 Bestimmende Schriftsätze sind solche, die Erklärungen enthalten, die das Gericht zu **einem Handeln zwingen**. Mit ihnen wird etwas **beantragt**. Hauptanwendungsfall ist das mit der Klageeinreichung verbundene Gesuch um Rechtsschutz. Bestimmend sind aber beispielsweise auch Anträge auf Bewilligung von Prozesskostenhilfe oder Terminsverlegung oder Beschwerdeschriftsätze usw. Solche Gesuche werden in der prozessualen Terminologie als „**Erwirkungshandlungen**" bezeichnet (*Rosenberg/Schwab/Gottwald*, Zivilprozessrecht, 16. Aufl., 2004, § 64 Rn. 1 ff.).

2. Vorbereitende Schriftsätze

1402 Vorbereitende Schriftsätze sind solche, die zusammenfassen, was in der demnächst stattfindenden mündlichen Verhandlung beantragt und vorgetragen werden soll (§§ 129 ff. ZPO). Ein vorbereitender Schriftsatz soll so rechtzeitig eingereicht werden, dass das **Gericht** ihn dem **Gegner** mindestens **eine Woche** vor der **mündlichen Verhandlung** zustellen kann (§ 132 Abs. 1 S. 1 ZPO). Urkunden und Abschriften sind beizufügen (§ 131 Abs. 1 ZPO).

1403 Mit der Zustellung eines Schriftsatzes durch das Gericht können Rechtsfolgen verbunden sein, etwa die Begründung der Rechtshängigkeit (§§ 253 Abs. 1, 261 ZPO). Ist das nicht der Fall, beispielsweise bei Schriftsatzwechsel, dann kann die Wochenfrist des § 132 Abs. 1 S. 1 ZPO oder die kürzere Frist von drei Tagen vor der mündlichen Verhandlung für eine Gegenerklärung (§ 132 Abs. 2 S. 1 ZPO) auch dadurch gewahrt werden, dass der Schriftsatz dem **Gegner unmittelbar** zugeschickt wird. In diesem Fall sollte das Gericht darüber informiert werden, damit von dort aus keine weitere Zustellung verfügt wird.

3. Nachgereichte Schriftsätze

a) Verwertungsgebot

1404 Nachgereichte Schriftsätze werden **mit Erlaubnis des Gerichts** nach Schluss der mündlichen Verhandlung binnen einer bestimmten Frist eingereicht (§§ 283, 139 Abs. 5 ZPO). Ihr Inhalt muss verwertet werden. Zuzulassen sind solche Schriftsätze, wenn eine Partei in der mündlichen Verhandlung auf eine

Behauptung des Gegners oder einen gerichtlichen Hinweis keine Erklärung abgeben kann, weil ihr die Behauptung oder der Hinweis nicht rechtzeitig vor dem Termin durch vorbereitenden Schriftsatz oder richterliche Verfügung mitgeteilt worden ist.

Der Inhalt eines **nachgelassenen** Schriftsatzes muss vom Gericht zur Kenntnis genommen und bei der abschließenden Entscheidung berücksichtigt werden. Die darin enthaltenen tatsächlichen und rechtlichen Ausführungen sind jedoch nur beachtlich, soweit sie eine **Erwiderung** auf das vor dem Termin nicht rechtzeitig mitgeteilte Vorbringen enthalten. Ein Schriftsatznachlass ermöglicht es also **nicht**, nachträglich mit **neuen Behauptungen** aufzuwarten, weil es sich dann nicht mehr um eine erwidernde Stellungnahme zum Vorbringen des Gegners handelt. Darauf ist genau zu achten, weil anderenfalls dem Gegner rechtliches Gehör versagt würde, da er keine Gelegenheit hätte, seinerseits auf das neue Vorbringen zu erwidern. Seine Gegenäußerung in einem nicht nachgelassenen Schriftsatz wäre nach 296a ZPO unbeachtlich. Auch dann hat das Gericht jedoch nach § 296a S. 2 ZPO zu prüfen, ob nicht Anlass besteht, die mündliche Verhandlung wieder zu eröffnen (§ 156 ZPO). 1405

Reicht eine Partei einen Schriftsatz ein, der **nicht nachgelassen** ist, dann bleibt er nach § 296a S. 2 ZPO unberücksichtigt. Er kann das Gericht aber gemäß §§ 296a, 156 ZPO zur Wiedereröffnung der mündlichen Verhandlung verpflichten, wenn das verspätete Vorbringen darauf beruht, dass das Gericht im vorangegangenen Verfahren seiner Aufklärungs- und Hinweispflicht nach § 139 ZPO nicht nachgekommen ist oder kein rechtliches Gehör gewährt hat. Ist das der Fall, dann sollte der Anwalt darauf unbedingt schriftsätzlich hinweisen. 1406

Auch einen nicht nachgelassenen Schriftsatz muss das Gericht **lesen**, obwohl sein Inhalt nicht zu berücksichtigen ist, soweit er Sachausführungen enthält (§ 296a S. 1 ZPO). Solche Schriftsätze können Hinweise auf Verfahrensfehler enthalten, die das Gericht nach § 156 Abs. 2 ZPO verpflichten, die mündliche Verhandlung von Amts wegen wieder zu eröffnen. 1407

Ist das der Fall, dann sollte der Anwalt das optisch deutlich herausstellen. Er kann beispielsweise im Eingang seines Schriftsatzes förmlich die Wiedereröffnung der mündlichen Verhandlung beantragen. Genau genommen handelt es sich dabei zwar nur um eine **Anregung**. Doch die Antragsfassung bringt das Ziel des Schriftsatzes stärker zum Ausdruck. 1408

b) Doppelter Schriftsatznachlass

Manchmal versuchen Gerichte, sich das Verfahren zu vereinfachen, indem sie **beiden Parteien** einen Schriftsatznachlass gemäß § 283 ZPO gewähren. Das ist verfahrenswidrig. Es wäre ein unzulässiger Übergang in das schriftliche Verfahren nach § 128 Abs. 2, 3 ZPO (BGH NJW 1965, 297; OLG Schleswig SchlHA 1983, 182). Dazu müsste vor dem Urteil nochmals mündlich verhandelt werden (*Zimmermann*, ZPO, 7. Aufl., 2006, § 283 Rn. 7). 1409

1410 In berufungsfähigen Sachen wird ein Anwalt dieses fehlerhafte Vorgehen erstinstanzlich nicht beanstanden. Obsiegt er, dann beschwert ihn der Verfahrensfehler nicht. Unterliegt er, dann kann er diese Rüge noch im Berufungsverfahren vorbringen (§ 513 Abs. 1 ZPO) und damit unter Umständen die Aufhebung und Zurückverweisung nach § 538 Abs. 2 Nr. 1 ZPO erreichen (OLG Köln NJW-RR 1987, 1152).

c) Fristüberschreitung

1411 Geht ein nachgelassener Schriftsatz **verspätet** ein, also nach Ablauf der vom Gericht festgesetzten Einlegungsfrist, dann sind die Voraussetzungen des § 283 ZPO nicht mehr gegeben. Die Partei hat keinen Anspruch auf Berücksichtigung dieses Schriftsatzes. Seine Berücksichtigung steht nunmehr im Ermessen des Gerichts (§ 283 S. 2 ZPO). Diese **Ermessensentscheidung** sollte zugunsten der Partei ausfallen, wenn die Frist nur geringfügig überschritten worden ist oder das Gericht noch nicht mit der Vorbereitung der Entscheidung begonnen hat oder die Partei hinreichende Entschuldigungsgründe für die Verspätung vorbringt. Das ist jedenfalls die Auffassung des Schrifttums (*Stein/Jonas/Leipold*, ZPO, 21. Aufl., 1997, § 283 Rn. 23, MünchKommZPO/*Prütting*, 2. Aufl., 2000, § 283 Rn. 19; *Zöller/Greger*, ZPO, 26. Aufl., 2007, § 283 Rn. 7). Kein Anwalt sollte sich jedoch dem Ermessen des Gerichts aussetzen und bei drohender Fristüberschreitung vorsorglich einen Verlängerungsantrag nach § 224 Abs. 2 ZPO stellen, der mit dem weiteren Antrag verbunden werden kann, den Verkündungstermin nach § 227 ZPO zu verschieben.

d) Rechtliches Gehör

1412 Der Schriftsatznachlass beschränkt sich nach § 283 Abs. 1 S. 1 ZPO auf Vorbringen des Gegners, zu dem sich die andere Partei nicht erklären konnte. Weitergehendes Vorbringen ist nicht zu berücksichtigen (*Musielak/Foerste*, ZPO, 5. Aufl., 2007, § 283 Rn. 12). Enthält gestattetes Erwiderungsvorbringen neue Tatsachen, dann muss dem Gegner rechtliches Gehör gewährt und die mündliche Verhandlung wieder eröffnet werden (*Musielak/Foerste* a.a.O. Rn. 13).

1413 Ein ähnliches Problem stellt sich **im schriftlichen Verfahren** nach § 128 Abs. 2 ZPO, das ohne Zustimmung der Parteien auch nach § 495a ZPO angeordnet werden kann. Das Gericht bestimmt dann einen Zeitpunkt, bis zu dem Schriftsätze eingereicht werden dürfen. Schriftsätze, die nach Ablauf dieser Frist eingehen, sind nicht zu berücksichtigen. Das ändert jedoch nichts daran, dass dem Gegner nach Art. 103 Abs. 1 GG rechtliches Gehör gewährt werden muss (BVerfGE 50, 280, 284 ff.; *Stein/Jonas/Leipold*, ZPO, 22. Aufl., 2005, Rn. 94; MünchKommZPO/*Peters*, 2. Aufl., 2000, Rn. 31 beide zu § 128]. So verhielt es sich schon vor Einführung des § 321a ZPO (siehe *Schneider* MDR 1979, 793 ff.). Geht ein Schriftsatz mit neuem erheblichen Vorbringen so spät ein, dass der Gegner darauf nicht mehr erwidern kann, dann muss entweder der Schlusszeitpunkt verlegt oder analog § 283 ZPO ein Schriftsatznachlass eingeräumt oder die mündliche Verhandlung wieder eröffnet werden (*Zöller/ Greger*, ZPO, 26. Aufl., 2007, § 128 Rn. 14).

§ 30 Sprache

I. Gutes Deutsch

Der Anwalt sollte sich bewusst machen, dass sein Prozesserfolg auch davon abhängen kann, **wie** er schreibt. 1414

> „Das klägerische Vorbringen wird diesseits vollinhaltlich und nachdrücklich bestritten, soweit es nicht ausnahmsweise ausdrücklich zugestanden ist."

Beginnt ein Schriftsatz mit solchem juristischen Unfug (§ 138 Abs. 3 ZPO) und einer solchen stilistischen Barbarei, dann geht der Richter womöglich und wohl nicht ohne Grund davon aus, dass auch danach nichts Vernünftiges mehr kommen wird. Er ist folglich **nicht motiviert**, genau und aufmerksam zu lesen, sondern überfliegt die folgenden Seiten vielleicht nur. Und Hinweise zu geben, wird er auch nicht sonderlich geneigt sein, weil er damit rechnen muss, dass darauf ebenfalls nur mit solchem Stuss reagiert wird. Gewiss, ein solches Verhalten des Richters ist nicht richtig, aber es ist nun einmal so, dass nur derjenige Schreiber nachhaltige Aufmerksamkeit des Lesers gewinnt, der auch dessen Interesse beim Lesen erweckt. Daher besteht für jeden Anwalt hinreichender Anlass, seine eigene Sprachprosa zu überprüfen. Ich weiß, manche lernen es nie. Doch ändert das nichts daran, dass guter Stil weitgehend lernbar ist – sofern man nur dazu bereit ist. Für diejenigen, die es sind, mögen die nachstehenden einfachen Grundregeln nützlich sein. Es sind die denkbar einfachsten Wegweiser zum guten Stil. 1415

1. Erste Regel: Konkrete Wortwahl

Allgemeine Ausdrücke mit weitem Umfang sind zu vermeiden und in konkrete Aussagen umzusetzen. Die „zwischen den Parteien getroffene **Vereinbarung**" kann alles Mögliche bedeuten. Das ist aber dann nicht mehr der Fall, wenn sie konkretisiert wird: als Kaufvertrag oder Leihe oder Leasingvertrag. Wer eine **Anfechtung** erklärt, sollte nicht lediglich „anfechten", auch nicht „wegen Irrtums", sondern ganz gezielt formulieren: Anfechtung wegen Erklärungsirrtums oder wegen Eigenschaftsirrtums. 1416

Juristen neigen leider dazu, sich in möglichst farblosen und damit vieldeutigen Begriffen auszudrücken. Sie scheuen es oft, sich festzulegen, selbst wenn dabei am Ende Albernheiten herauskommen. Das Reichsgericht (JW 1910, 654) hatte sich einmal mit dem Quaken von Fröschen zu befassen und bezeichnete es als den „von den Fröschen ausgehenden Gesang". Der Bundesgerichtshof, um ein weiteres Beispiel zu bringen, begründete den Verzicht auf erfolgsbezogene Schuld bei den erfolgsqualifizierten Delikten (heute § 18 StGB) damit, „wer 1417 schuldhaft gewissermaßen das Tor geöffnet hat, durch das mannigfaches unbestimmtes Unheil eindringen konnte, den darf man, wenn das Unheil eingedrungen ist" usw. (BGHSt 11, 264). Mit dergleichen Auslassungen in Anwaltsschriftsätzen schadet sich der Verfasser nur selbst. Er riskiert, von vornherein nicht für voll genommen zu werden.

2. Zweite Regel: Sinngebende Wörter hervorheben

1418 Das sinngebende Wort gehört an die Stelle, die den Redeton hat.

1419 Es ist ermüdend und **beeinträchtigt** die **Aufmerksamkeit**, wenn der Sinn längerer Sätze erst am Schluss erkennbar wird.

„Das Verhalten des Beklagten, der erst kürzlich den Führerschein gemacht hat und die Hauptstraße mit vollem Karacho befuhr, ohne darauf zu achten, dass das klägerische Fahrzeug von rechts herannahte und ohne seine Geschwindigkeit zu vermindern, sich nur nach links orientierte, offenbar weil er dort jemanden zu treffen erwartete, war grob fahrlässig."

1420 Zwischen „Verhalten" und „grob fahrlässig" wird so viel an tatsächlichen Informationen und Wertungen hineingestopft, dass der Leser verwirrt werden muss. Solche Sätze sind nach dem Schema gebaut: „Die beklagte Ehefrau brannte, als ihr Mann von ihrer Untreue erfuhr, mit ihrem Liebhaber durch."

1421 Bandwurmsätze lassen sich leicht in **mehrere Aussagesätze** zerlegen, die der Leser dann auch versteht. „Das Verkehrsverhalten des Beklagten war grobfahrlässig. Er ist wesentlich zu schnell gefahren. Auch hat er nicht auf den von rechts kommenden Verkehr geachtet . . . usw."

1422 Zu achten ist auch darauf, dass die Wortfolge nicht in die Irre führt: „Die Treuwidrigkeit, die im Beschluss des Gerichts zum Ausdruck kommt, vermag der Beschwerdegegner nicht zu teilen." Gemeint ist: „Das Gericht hält ausweislich seiner Beschlussgründe das Verhalten des Beschwerdegegners für treuwidrig. Dieser Bewertung ist nicht zu folgen."

1423 **Lesehilfen:** Auch die optische Gestaltung eines Schriftsatzes kann dem Leser das Verständnis des Inhalts erleichtern. Wichtige Begriffe, etwa Tatbestandsmerkmale wie Eigentum oder Fahrlässigkeit u. dgl., können durch **Fettdruck** hervorgehoben werden. Bei wörtlichen Wiedergaben (Zitaten) empfiehlt es sich, den fremden Text **kursiv** zu schreiben. Bei neuen Gedanken oder Schlussfolgerungen sind **neue Absätze** angebracht. Stets erleichtert es das Verständnis, wenn wichtige Abschnitte eines Schriftsatzes durch **bezifferte Überschriften** hervorgehoben werden, beispielsweise

1. Zulässigkeit
2. Begründetheit
   a) Hauptantrag
   b) Hilfsantrag
3. Aufrechnung des Beklagten
4. Streitwert

3. Dritte Regel: Kurze Hauptsätze, wenig Nebensätze

Jede einzelne Behauptung und jedes selbständige juristische Argument sollte in einem eigenen Satz gebracht werden. „Der Beklagte hat den Unfall fahrlässig verursacht, denn er hat . . ." (und nun folgt die gesamte Schilderung des Hergangs). Die Haupttatsachen für Verursachung und Verschulden werden dann in Nebensätze verfrachtet. Das kann leicht zu einem gedanklichen Durcheinander führen. Viel einfacher und klarer ist es, die Argumentationsreihen zu verselbständigen: 1424

„Der Beklagte hat den Unfall verursacht. Er hat nämlich . . .". „Dem Beklagten ist auch ein Schuldvorwurf zu machen. Er hat . . .". 1425

Jetzt ist für den Leser klar, wie Kausalität und Verschulden begründet werden. Und er muss sich auch keine Gedanken darüber machen, wie etwaige Beweisanträge zuzuordnen sind. Bei diesem gedanklichen Aufbau kann es nicht zu dem Antrag kommen: „Beweis für alles Vorstehende Zeugnis . . .". 1426

4. Vierte Regel: Papierdeutsch durch Verben ersetzen

Das ist wohl die wichtigste Stilregel. Gegen sie wird unentwegt verstoßen. Ein Anwalt rügt einen Verfahrensmangel und folgert, „das Urteil muss der Aufhebung unterliegen" – „ist aufzuheben" hätte vollauf genügt. – Um darzulegen, dass er die Beschwerdefrist gewahrt hat, schreibt er, dass „die Zustellung am soundsovielten erfolgt ist". Ausgereicht hätte „zugestellt am soundsovielten", und auch das ist noch überflüssig, weil der ab Zustellung laufende Beginn der Rechtsmittelfrist ohnehin von Amts wegen zu prüfen ist. – „Der Klausel ist die Wirksamkeit nicht zu versagen" (BGH NJW 1999, 2283). Genügt hätte: „Die Klausel ist wirksam." – „Bereits die Einreichung eines Antrages auf Beweissicherung entfaltet verjährungsunterbrechende Wirksamkeit" (OLG Karlsruhe BauR 1999, 1054). Was ist schon so zerknittert, dass ein Antrag es „entfalten" könnte? Damit ist nicht mehr gesagt als: „Schon der Antrag unterbricht die Verjährung." 1427

So könnte man endlos fortfahren. Ebenso, wie es kaum eine veröffentlichte Gerichtsentscheidung gibt, die stilistisch völlig einwandfrei ist, gibt es nur wenige Anwaltsschriftsätze, an denen stilistisch nichts auszusetzen oder zu verbessern wäre. Das müsste nicht so sein. 1428

Dieses elende Papierdeutsch ist gänzlich lebensfremd. **Im Leben geschieht etwas**, da denkt und handelt jemand, **er wird tätig** – und der sprachgerechte Ausdruck dafür ist das Tätigkeitswort, das Verb. Der Arzt hat den Verletzten nicht einer Untersuchung unterzogen, sondern er hat ihn untersucht; eine Partei ist nicht einem Irrtum unterlegen, sondern sie hat sich geirrt, und der Gegner hat keine Täuschung begangen, sondern getäuscht. 1429

So ließen sich aus beliebigen Schriftsätzen und Gerichtsentscheidungen schier unbegrenzt viele Beispiele nachweisen. Wer sich verbal ausdrückt, denkt gerade und umweglos auf sein Ziel hin und bombadiert den Leser nicht mit 1430

§ 30 Sprache

Hauptwörtern, verbunden mit Hilfsverben. Er wirft seinem Gegner nicht vor, dieser habe sich einer Außerachtlassung der im Verkehr erforderlichen Sorgfalt schuldig gemacht, sondern er wirft ihm vor, er habe fahrlässig gehandelt. Genug damit! Die vorstehenden Hinweise haben ihren Zweck erfüllt, wenn sie den Zusammenhang zwischen klarem, **folgerichtigem Denken** und der **schriftlichen Wiedergabe** des Gedachten deutlich gemacht haben.

II. Angemessene Ausdrucksweise

1431 Ich behaupte die Existenz folgenden Erfahrungssatzes: „Je unfähiger ein Anwalt ist, umso mehr neigt er dazu, herumzupoltern und *ad hominem* zu argumentieren." Er greift nicht die Argumente des Gegners an, sondern dessen Mandanten persönlich, manchmal sogar den Kollegen (siehe dazu beispielsweise ZAP-Report: Justizspiegel, 2. Aufl., 1999, S. 299 ff.).

1432 Das kann ihn in Konflikt mit dem **Sachlichkeitsgebot** führen, das zu den anwaltlichen Berufspflichten zählt (§ 43a Abs. 3 BRAO). Jedoch muss da schon viel zusammenkommen, bevor ein Standesverstoß bejaht wird (siehe dazu *Schneider*, Schimpf im Schriftsatz, ProzRB 2003, 338). Stilistisch überzogene Texte in anwaltlichen Schriftsätzen werden nämlich in der Regel durch die Wahrnehmung **berechtigter Interessen** des Mandanten gedeckt (**§ 193 StGB**).

1433 Davon kann allerdings nicht mehr bei herabsetzenden persönlichen Angriffen gesprochen werden, die mit dem Gegenstand des Verfahrens nichts zu tun haben. Beleidigungen, bewusste Unwahrheiten oder durch nichts veranlasste Herabsetzungen sind stets unsachlich (§ 43a Abs. 3 S. 2 BRAO).

1434 In einem vom LG Bochum entschiedenen Fall (NJW-RR 1992, 1305) hatte der Anwalt des Beklagten in einem Schriftsatz ausgeführt:

„Der Beklagte ist offensichtlich zwei ganz ausgekochten Betrügern aufgesessen, die sich für besonders schlau halten und die mit Hilfe des Gerichts in beispielloser Weise eine schnelle Mark verdienen wollen."

1435 Das Landgericht hat diese übersteigerten Wertungen noch als durch das Grundrecht der freien Meinungsäußerung (**Art. 5 GG**) gerechtfertigt angesehen. Das entspricht der allgemeinen Auffassung, wonach es grundsätzlich keinen Widerruf von Ausführungen in einem Schriftsatz gibt (BGH LM § 1004 BGB Nr. 58; NJW 1986, 2502, MDR 1973, 304; OLG Hamm NJW-RR 1990, 1405 u. MDR 1972, 1033; LG Frankfurt NJW-RR 1990, 1403 sowie BVerfG NJW 1991, 29). Den derzeitigen Stand der Rechtsprechung hat der **Bundesgerichtshof** (in ZIP 1994, 1963 unter Berufung auf BGH VersR 1992, 443, 444 u. 1988, 379, 380 f.) folgendermaßen umschrieben.

1436 „Gerichtliche Verfahren sollen nicht durch eine Beschneidung der Äußerungsfreiheit der daran Beteiligten beeinträchtigt werden. Vielmehr sollen die Parteien in einem Gerichtsverfahren alles vortragen dürfen, was sie zur Wahrung ihrer Rechte für erforderlich halten, **auch wenn hierdurch die Ehre eines anderen berührt wird. Ob das Vorbringen wahr und erheblich ist, soll allein in diesem seiner eigenen Ordnung**

II. Angemessene Ausdrucksweise

unterliegenden Verfahren geprüft werden, das dem Betroffenen insoweit hinreichende Rechtsschutzgarantien für den Schutz seiner Ehre bietet. Es wäre mit den schutzwürdigen Belangen der Beteiligten und den Erfordernissen eines sachgerechten Funktionierens der Rechtspflege unvereinbar, wenn die Kompetenzen des Gerichts durch die Möglichkeit der Geltendmachung von Abwehransprüchen unterlaufen werden könnten."

In der Sache gleichlautend heißt es in **BVerfGE 85, 15, 16**: 1437
„Auch scharfe und übersteigerte Äußerungen fallen grundsätzlich in den Schutzbereich des Art. 5 Abs. 1 S. 1 GG . . . Sofern eine Äußerung, in der Tatsachen und Meinungen sich vermengen, durch die Elemente der Stellungnahme, des Dafürhaltens oder Meinens geprägt sind, wird sie als Meinung von dem Grundrecht geschützt. . . Das Bundesverfassungsgericht geht davon aus, dass scharfe und überspitzte Formulierungen für sich genommen eine schädigende Äußerung noch nicht unzulässig machen."

Leider hält das Bundesverfassungsgericht sich nicht daran. In einem Beschluss 1438 vom 23. 6. 1998 – 2 BvR 1916/97 – hat es einen Anwalt, der in eigener Sache Verfassungsbeschwerde eingelegt hatte, wegen der Diktion seines Schriftsatzes gemaßregelt. Der Grund: Er hatte die Ausführungen des Gerichts in dem mit der Verfassungsbeschwerde angefochtenen Beschluss als „überspannte Anforderungen" an die Wiedereinsetzung, als „arrogant", „fast ein Fall des § 336 StGB" kritisiert. In einem Ablehnungsantrag wegen Besorgnis der Befangenheit hatte er die Weigerung der Terminsverlegung als ein „unverschämtes Verhalten" bezeichnet, das von „grober Unkenntnis" getragen sei.

Gewiss, das war „starker Tobak"; aber sachlich war der Anwalt im Recht (siehe 1439 die ZAP-Kolumne Heft 15/1998, S. 745)! So hat denn auch der Anwaltsgerichtshof Saarland (OLGR 2002, 137) in der Wendung:
Ein Urteil sei „so falsch, dass man sich wundert, dass ausgebildete Juristen an der Rechtsfindung beteiligt waren",

keine mit dem Sachlichkeitsgebot unvereinbare Beleidigung gesehen. Gleichwohl hat das Bundesverfassungsgericht dem Anwalt eine **Missbrauchsgebühr** von 1 200 DM auferlegt. Das entspricht sicherlich nicht der ratio des § 34 BVerfGG, da diese Vorschrift lediglich der Einlegung offensichtlich unbegründeter, missbräuchlicher Verfassungsbeschwerden entgegenwirken soll.

In Zweifelsfällen kann vielleicht ein **Auslegungsgrundsatz** helfen, der in BGHZ 1440 139, 104 und BGH MDR 2004, 293/394 festgeschrieben worden ist:
Sind mehrere Deutungen des Inhalts einer Äußerung möglich, so ist der rechtlichen Beurteilung diejenige zu Grunde zu legen, die dem in Anspruch Genommenen günstiger ist und den Betroffenen weniger beeinträchtigt.

Parteien und Anwälte müssen im Zivilprozess ihre **Gelassenheit** bewahren, 1441 auch wenn sie schriftsätzlich oder verbal im Übermaß attackiert werden. Doch sollte sich kein Anwalt dazu herablassen, unsachliche und für die Subsumtion unerhebliche Bemerkungen in seine Schriftsätze einfließen zu lassen, auch wenn sein Mandant dies gerne sähe. Kommt es gleichwohl dazu, dann sollten sich die Betroffenen mit der Einsicht trösten, dass es sich bei dem Schriftsatzverfasser vermutlich nur um ein juristisches Schlusslicht handelt, das seine fachlichen Schwächen durch derartige Ausfälle und Exzesse zu überspielen trachtet. Ein Anwalt oder eine Anwältin, von denen sich sagen lässt, sie seien gute Juristen und obendrein ein „Herr" oder eine „Dame", verhalten sich nicht so.

1442 Wie ist das übrigens, wenn jemandem durch einstweilige Verfügung oder durch Urteil verboten worden ist, bestimmte Behauptungen über einen anderen zu äußern, und er sich später in einem ganz **anderen Verfahren** mit diesen **Behauptungen verteidigen** will? Einen solchen Fall hat das LG Hannover entschieden (MDR 1998, 987). Ein Arbeitnehmer hatte behauptet, sein Arbeitgeber habe von ihm verlangt, sachbeschädigende Handlungen an einer Heizungsanlage vorzunehmen. Durch ein zweitinstanzlich bestätigtes Urteil wurde ihm diese Äußerung verboten. Der Beklagte wiederholte die Behauptung gleichwohl in einem sich anschließenden Kündigungsschutzprozess vor dem Arbeitsgericht. Nach Abschluss dieses Verfahrens verhängte das Amtsgericht deshalb antragsgemäß ein Ordnungsgeld wegen Zuwiderhandelns gegen das gerichtliche Verbot (§ 890 ZPO). Sein Beschluss wurde von dem früheren Berufungsgericht, das nunmehr als Beschwerdegericht tätig wurde, aufgehoben:

> „Das rechtskräftige amtsgerichtliche Urteil hindert den Schuldner nicht, die **untersagte Behauptung** zur **Rechtsverfolgung** oder **Rechtsverteidigung** in einem **anderen** Gerichtsverfahren aufzustellen. Ehrenkränkende Äußerungen, die der Rechtsverfolgung oder Rechtsverteidigung in einem Gerichtsverfahren dienen, können in aller Regel nicht mit Ehrenschutzklagen abgewehrt werden (BGH MDR 1992, 942 = NJW 1992, 1314). Das Gerichtsverfahren soll nicht durch eine Beschneidung der Äußerungsfreiheit der Beteiligten beeinträchtigt werden. Die Parteien sollen alles vortragen dürfen, was sie zur Wahrung ihrer Rechte für erforderlich halten, auch wenn hierdurch die Ehre eines anderen berührt wird. Die Wahrheit des Vorbringens soll allein in diesem Gerichtsverfahren geprüft werden. Das gilt auch, wenn ein rechtskräftiges Urteil auf Unterlassung einer bestimmten Behauptung ergangen ist und obwohl die Kammer davon ausgegangen ist, dass die Behauptung des Schuldners unwahr ist. **Es würde einen Übergriff in die Kompetenzen anderer Gerichte, hier der Arbeitsgerichte, darstellen, wenn in den Verfahren dieser Gerichte die Parteien durch ein vorausgegangenes Unterlassungsurteil daran gehindert wären, ihrer Rechtsverfolgung oder Rechtsverteidigung dienende Tatsachen vorzutragen.** Denn dann könnte das betroffene Gericht nicht nach eigener freier Überzeugung über die Wahrheit einer Tatsachenbehauptung befinden, sondern wäre an die Bewertung desjenigen Gerichts gebunden, das das Unterlassungsurteil erlassen hat. Der **Ehrenschutz** der Gläubigerin muss in diesen Fällen im Interesse des sachgerechten Ablaufs der Rechtspflege **zurücktreten**."

1443 Ein seriöser Anwalt versagt sich auch **geistlose Scherzchen** auf Kosten seines Kollegen. In einem Fall, der mir für den „Justizspiegel" geschildert worden ist, ging es um die Bevollmächtigung eines Dritten. Der Anwalt des Klägers hatte geschrieben, die Vollmacht sei mündlich erteilt worden, so dass er sie (nämlich die vom Gegner verlangte schriftliche Vollmacht) nicht vorlegen könne. Das animierte den Gegenanwalt zu folgender Stellungnahme:

> „Einzig der Erkenntnis des Klägers, man könne eine mündliche Vollmacht nicht vorlegen, kann man ohne jegliche Einschränkung – nicht ohne Bewunderung für diese scharfsinnige Gedankenführung – folgen."

1444 Solche kindische Wortklauberei ist unangemessen, besonders dann, wenn sie auch noch an der Formulierungskunst des Kritikers zweifeln lässt. Es gibt keine

„mündliche Vollmacht", sondern allenfalls eine mündlich *erteilte* Vollmacht. **Man sollte sich als Anwalt stets dessen bewusst sein, dass der Spott über den Gegner die eigenen Fähigkeiten nicht steigert.**

Soweit ein Anwalt dem Gericht **Informationen** seines **Mandanten vorträgt**, handelt es sich immer um Äußerungen des Mandanten, nie um solche des Anwalts persönlich. Ehrenrührige oder wahrheitswidrige Behauptungen einer Partei, die der Anwalt schriftsätzlich verarbeitet, bleiben Behauptungen der Partei. Das OLG Hamm hat sie einmal einer Anwältin selbst zugerechnet und ist deshalb vom Bundesverfassungsgericht wegen Verstoßes gegen die Berufsausübungsfreiheit des Art. 12 Abs. 1 GG aufgehoben worden (NJW 1996, 3267). 1445

III. Schlechtes Deutsch als Gerichtssprache?

Die Sprache ist das **Arbeitsgerät der Juristen**, wie es *Rüthers* ausgedrückt hat (Rechtstheorie, 1999, S. 88). Leider ist der Umgang mancher Gerichte mit der deutschen Sprache beklagenswert. Das wiederum führt dazu, dass manche Anwälte schludrige Ausdrucksweisen und Formulierungen aus Urteilen und Beschlüssen übernehmen. Die folgenden, willkürlich ausgewählten Beispiele schlechten Stils aus veröffentlichten Entscheidungen sollen warnen und abschrecken: **Nachahmung strengstens verboten!** 1446

BGH NJW 1999, 2283: „Der Klausel ist die Wirksamkeit nicht zu versagen." Zu Deutsch: Die Klausel ist wirksam.

BayObLG ZMR 1999, 725: Die Frage „hat eine unübersichtliche Regelung gefunden." – Zu Deutsch: ist unübersichtlich geregelt.

OLG Schleswig NJW 1999, 2602, 2603: „Eine ausschließlich am Wortlaut haftende Auslegung ist nicht in der Lage, den gewandelten gesellschaftlichen Verhältnissen Rechnung zu tragen." – Zu Deutsch: wird den gewandelten gesellschaftlichen Verhältnissen nicht gerecht.

OLG Saarbrücken NJW-RR 1999, 1290: „Dem Verfahren ist bislang der gebotene Fortgang nicht gegeben worden." – Zu Deutsch: Das Verfahren ist nicht betrieben worden oder – besser – Der Richter hat das Verfahren nicht gefördert.

OLG Karlsruhe BauR 1999, 1054: „Zwar ist zutreffend, dass bereits die Einreichung eines Antrages auf Beweissicherung . . . verjährungsunterbrechende Wirksamkeit entfaltet." – Zu Deutsch: Schon der Antrag unterbricht die Verjährung.

OLG Dresden BauR 1999, 1207: „Diese Mitteilung des LG beinhaltet die Ablehnung der Anträge." – Zu Deutsch: Das LG hat . . . abgelehnt.

OLG Köln WuM 1999, 521: „Eine schriftlich verkörperte Willensübereinstimmung, wie sie für eine der Form gehorchende Vereinbarung erforderlich wäre." – Zu Deutsch: Es fehlt an einer formgerechten Vereinbarung oder – besser – Die Vereinbarung ist nicht formgerecht. (Außerdem ist der Konjunktiv unrichtig: „wäre" statt „ist" – falscher Irrealis.)

LG Hamm NZV 1999, 383: „zum Ausdruck gebracht". – Zu Deutsch: erklärt.

OLG Nürnberg MDR 1999, 1151: "Nach § 697 Abs. 3 n.F. ZPO ist diese Verpflichtung . . . in Wegfall geraten." – Zu Deutsch: Sie ist entfallen (oder aufgehoben worden).

OLG Celle ZMR 1999, 698: „bei der die zweckwidrige Verwendung eine Veränderung des Leistungsinhaltes darstellen würde." – Zu Deutsch: Verwendung, die den Leistungsinhalt verändern würde.

OLG Celle a.a.O., S. 699: Eine Forderung „ist der Pfändung unterworfen". – Zu Deutsch: ist pfändbar.

OLG Celle a.a.O.: Unerheblich ist, ob die Kosten „im Wege der Vorauszahlung entrichtet werden". – Zu Deutsch: vorausgezahlt werden.

OLG Frankfurt ZMR 1999, 702: kann „keine Anwendung finden". – Zu Deutsch: ist unanwendbar.

1447 Für einen klaren Kopf ist diese Hauptwörterei gar nicht so einfach. Versuchen Sie es einmal! Setzen Sie etwa die Feststellung „Die Klage ist schlüssig" in einen Wortschwall um: „Im Hinblick auf das Vorbringen des Klägers kann zu Gunsten desselben eine Bejahung der Schlüssigkeit nicht in Abrede gestellt werden." Diese Übersetzung in miserables Deutsch war eine ganz schöne verbale Fummelei. Der Test beweist, dass ein klarer Kopf sich nicht unklar ausdrücken kann – und er macht umgekehrt deutlich, dass jemand, der sich unklar ausdrückt, nur seine unklaren Gedanken in dazu passende Worte und Sätze fasst.

Hinzuweisen ist auf eine kurze, aber sehr hilfreiche Anleitung zum besseren Stil: *Schmuck*, Deutsch für Juristen. Vom Schwulst zur klaren Formulierung, Verlag Dr. Otto Schmidt, Köln, 2. Aufl., 2006. Sehr lesenswert *Schnapp*, Von der (Un-) Verständlichkeit der Juristensprache, JZ 2004, 473 ff.

§ 31 Belege und Zitate in Schriftsätzen

I. Beleg und Zitat

1448 Das Wort „belegen" hat verschiedene Bedeutungen. Gemeinsam ist ihnen, dass etwas mit einem Belag versehen wird, der Betonestrich mit Parkett, ein Butterbrot mit Wurst, ein Hotel mit Gästen usw. In diesem Sinne werden tatsächliche Ausführungen in Schriftsätzen mit beigefügten Urkunden belegt und Rechtsausführungen mit Hinweisen auf Rechtsprechung und Schrifttum. In der urheberrechtlichen Terminologie handelt es sich dabei um die **Quellenangabe** (§ 63 UrhG).

1449 Demgegenüber ist ein **Zitat** die **wörtliche Wiedergabe** einer Textstelle. Ein solches Zitat dient dann als Beleg für Ausführungen in Schriftsätzen.

Die Juristen bringen beides unentwegt durcheinander. Wer sich etwa für seine Rechtsausführungen auf BGHZ 112, 253 beruft, nennt das mit Sicherheit ein Zitat, obwohl er keine Textstelle wiedergibt, sondern mit diesem **Beleg** den Leser nur auffordert, sich an der angegebenen Stelle selbst zu informieren. Gibt er sie wörtlich unter Angabe der Quelle wieder, dann handelt es sich um ein „belegtes Zitat". Den Juristen sind diese Unterscheidungen fremd. Sie verwenden die Begriffe „Beleg" und „Zitat" synonym. Diese Begriffsverwirrung ist so gang und gäbe, dass es leider völlig aussichtslos erscheint, daran etwas zu ändern. Belassen wir es also dabei.

II. Belege im Schriftsatz

Der Rechtsanwalt verwertet seine Rechtskenntnisse zugunsten seiner Mandanten zunächst einmal dadurch, dass er den ungeordnet an ihn herangetragenen Stoff sichtet und rechtlich gliedert. Sodann hat er die Erfolgsaussichten des Anspruchs seines Mandanten zu beurteilen. Bejaht er sie, dann muss er versuchen, dem Auftraggeber zu seinem Recht zu verhelfen, notfalls durch einen Prozess. Ständig sind dabei juristische Überlegungen tragend und unerlässlich. Der Anwalt muss sich mit dem Gesetz und fast immer auch mit den dazu ergangenen Gerichtsentscheidungen und der einschlägigen Literatur befassen. In den Schriftsätzen schlägt sich diese **gedankliche Vorarbeit** nieder. Dazu können auch **Rechtsausführungen** geboten sein, etwa wenn es sich um eine weniger bekannte Materie handelt oder neue Gerichtsentscheidungen vorliegen, deren Kenntnis nicht vorausgesetzt werden kann, und dergleichen. Doch ist Zurückhaltung geboten. **Belegstellen** in Schriftsätzen sollten immer knapp gehalten werden, so dass sie ohne weiteres überschaubar sind. **Belege sind außerdem kein Wahrheitsbeweis!** Mit ihrer steigenden Zahl sinkt im Gegenteil manchmal die Überzeugungskraft der Ausführungen. 1450

Verfehlt ist es stets, **Fundstellen** anzugeben, die für das Gericht **unerreichbar** sind, weil es sich – beispielsweise – um Großkommentare oder um Werke und Sammlungen zu einer anderen Gerichtsbarkeit handelt, die dem Richter nicht zugänglich sind. Abzuraten ist davon, sich auf unveröffentlichte Gerichtsentscheidungen zu berufen, wenn nicht Abschriften dieser Entscheidungen beigefügt werden können. Nur von geringer Bedeutung sind auch Fundstellen, die an sich erreichbar sind, jedoch nur mit zeitraubendem Aufwand, etwa mit einem Gang zur Bücherei des nicht im selben Haus untergebrachten Landgerichts oder Oberlandesgerichts. Sie können auch nicht davon ausgehen, dass ein überlasteter Richter sich in die Bibliothek begibt, um bei JURIS nach der von Ihnen erwähnten Entscheidung zu suchen. Deshalb sollten tunlichst Belege zu derjenigen Rechtsprechung und demjenigen Schrifttum angeführt werden, die am leichtesten zugänglich sind. Bei weitgehend unbekannten Zeitschriften werden die meisten Richter nur mit der Schulter zucken oder Sie zur Vorlage einer Ablichtung auffordern. Das kann auch geschehen, wenn Sie einen Kommentar in einer neuen Auflage anführen, den das Gericht noch nicht angeschafft hat oder wegen des knappen Bücheretats nicht anschaffen kann. Vor allem kleinere Gerichte beziehen – schon aus Kostengründen – in der Regel nur wenige gängige Fachblätter. Daher ist es müßig, auf Veröffentlichungen in dort nicht vorhandenen Zeitschriften oder Büchern hinzuweisen. Sie sind dem Richter nicht zugänglich, wenn ihm keine Ablichtungen dazu vorgelegt werden. Dafür sprechen auch psychologische Erwägungen. Sie erwarten etwas von dem Richter, nämlich eine Ihnen günstige Entscheidung. Dann machen Sie ihm die doch so leicht wie möglich! 1451

Je zurückhaltender belegt wird, umso nachhaltiger ist erfahrungsgemäß die Wirkung. Unbedingter Grundsatz muss sein, dass niemals Belege angeführt werden, die nicht **überprüft** worden sind. Es ist schlechthin verfehlt, irgend- 1452

§ 31 Belege und Zitate in Schriftsätzen

welche Angaben aus Kommentaren abzuschreiben. Wer die Mühe des Nachschlagens scheut oder wem die in den Erläuterungen angegebenen Quellen nicht zugänglich sind, der beziehe sich nur auf den Kommentar, schreibe aber nicht ungelesene Gerichtsentscheidungen daraus ab.

1453 Viele anwaltliche Schriftsätze enthalten keine Belege. Das ist sachgerecht, wenn es sich um bekannte Rechtsmaterien handelt und die Parteien nur den Sachverhalt unterschiedlich schildern. Dann kommt es auf Beweise an, und die lassen sich nicht durch Belege ersetzen.

1454 Anders verhält es sich jedoch, wenn die **Entscheidung** eines Rechtsstreits auch maßgeblich **von rechtlichen Überlegungen abhängt**. Die Zahl der juristischen Streitfragen ist eine schon fast unendliche Größe. Das meint der witzige Ausspruch, wonach es immer drei Meinungen gibt, wenn zwei Juristen streiten. Geht es also im Einzelfall auch darum, welche Anspruchsnorm oder Einrede oder Einwendung in Betracht kommt und wie die einschlägige Vorschrift auszulegen ist, dann wird der Anwalt sich bei seiner gedanklichen Vorarbeit mit Rechtsprechung und Schrifttum befassen. Rechtsfragen, die er nicht ohne ein solches Studium beantworten kann, sind im Zweifel auch dem Gegenanwalt und dem Gericht nicht geläufig. In derartigen Fällen sollte der Anwalt deshalb das Ergebnis seiner literarischen Studien **in den Schriftsatz** aufnehmen, nämlich in der Form von Belegen. Damit bringt er einmal aus seiner Sicht die Sache rechtlich auf den Punkt, und darüber hinaus erleichtert er den anderen Beteiligten den Einstieg in die rechtliche Würdigung. Möglicherweise beschleunigt er damit sogar den Ablauf des Verfahrens.

1455 Diese Belege in den Schriftsätzen fordern den Leser auf, sich der dahinter stehenden Rechtsauffassung anzuschließen oder sich davon durch Einsicht in die genannten Quellen zu überzeugen. In erster Linie ist dabei natürlich der zuständige Richter angesprochen. Beziehen sich die Belege auf Handkommentare, die erfahrungsgemäß als „Handbibliothek" auf dem Tisch des Richters stehen, dann genügt dieser Hinweis. Oft aber handelt es sich um Belege aus Zeitschriften oder größeren Kommentaren, die nur in der Gerichtsbücherei eingesehen werden können oder die nicht einmal dort vorhanden sind. Dann muss erfahrungsgemäß damit gerechnet werden, dass ein Richter im Einzelfall über solche Belege hinweggeht. Der Anwalt handelt deshalb im wohlverstandenen Interesse seines Mandanten und damit auch im eigenen Interesse, wenn er seinem **Schriftsatz** in derartigen Fällen **Ablichtungen** der **Fundstellen** beigefügt, auf die sich seine Belege beziehen. Es gibt sogar Anwälte, die darüber hinaus noch die Kernstellen mit dem Textmarker auszeichnen, um sicherzugehen, dass nichts überlesen wird. Das lässt sich noch zuverlässiger erreichen, wenn **im Schriftsatz selbst** ein „belegtes Zitat" gebracht wird, wenn also die Fundstelle genannt und sodann wörtlich wiedergegeben wird, was dort nachzulesen ist: „Der BGH hat in BGHZ 118, 17 wörtlich ausgeführt: ..."

1456 Das hat auch für den betreffenden Anwalt den **Vorteil**, dass er den Beleg im Verlauf des sich oft lange hinziehenden Verfahrens nicht mehr nachzuschlagen braucht. Seine eigenen Schriftsätze in den Handakten informieren ihn umweglos.

Hinweis: Unterschätzen Sie nicht, wie sehr Sie oft mit der Berufung auf einschlägige Veröffentlichungen, insbesondere auf höherinstanzliche Gerichtsentscheidungen und Kommentarstellen das von Ihnen angestrebte Entscheidungsergebnis beeinflussen können! 1457

Das gilt zunächst für den **Einzelrichter**, dessen Alleinzuständigkeit durch die ZPO-Novelle 2002 ganz erheblich erweitert worden ist. Nicht selten handelt es sich dabei um einen jungen, unerfahrenen Richter, der gerade einmal ein Jahr mit bürgerlichen Rechtsstreitigkeiten befasst gewesen ist (§ 348 Abs. 1 S. 2 Nr. 1 ZPO; oben Rn. 334). Dessen Berufserfahrung ist ebenso begrenzt wie sein positives Rechtswissen. Mit Belegen und möglichst Ablichtungen davon helfen Sie ihm – und ihrem Mandanten! – über die Schwierigkeiten hinweg. 1458

Das gilt aber auch für das **Kollegium**, wie sozialpsychologische Erkenntnisse der Gruppenpsychologie zeigen (siehe *Stroebe/Jonas/Hewstone*, Sozialpsychologie, 4. Aufl., 2003, S. 498, 499): 1459

„Die potenzielle Gruppenleistung bezieht sich auf diejenige Leistung, die eine Gruppe erbringen kann, wenn sie die ihr zur Verfügung stehenden Ressourcen wie etwa relevantes Wissen, Urteilskraft, Berufserfahrung u.dgl. optimal einsetzt, um den Anforderungen an die Lösung eines Falles gerecht zu werden. Aus dem Alltag wissen wir jedoch, dass die Verfügbarkeit aller erforderlichen Ressourcen keine Garantie dafür bietet, dass die Gruppe auch tatsächlich eine hohe Leistung erbringt. Individuelle Mitglieder begehen Fehler und Unterlassungen. Wenn solche Fälle von Nachlässigkeit nicht von anderen erfahrenen Gruppenmitgliedern korrigiert werden, sinkt die Gruppenleistung unter ihr Potenzial ab."

Diese Gefahr besteht beim Kollegialgericht immer. Der Erste – und vielleicht sogar der Einzige! –, der das Aktenstück von vorne bis hinten liest und sich über den Fall Gedanken macht, ist der **Berichterstatter**. Stimmt der Vorsitzende seinem Vorschlag zu, dann ist der Fall damit „praktisch gelaufen". Glauben Sie nur ja nicht, dass Beratungen so ablaufen, wie dies § 194 Abs. 1 GVG vorsieht: „Der Vorsitzende leitet die Beratung, stellt die Fragen und sammelt die Stimmen." Wenn es überhaupt zu einer mündlichen Beratung kommt – vielfach nicht in der ersten Instanz –, dann läuft sie ganz leger, ungezwungen ab. In der Mehrzahl aller Fälle ist man sich „wortlos einig". Damit wird aber deutlich, wie wichtig es ist, von vornherein Einfluss auf die Beurteilung des Berichterstatters zu nehmen, dem deshalb möglichst handfeste Argumente, Belege und Ablichtungen zur Rechtslage bereitgestellt werden sollten. Das ist wesentlich einfacher und vor allem erfolgversprechender, als ihn und das Kollegium im Nachhinein von einer irrigen Auffassung abzubringen. 1460

§ 32 Bezugnahmen

Den vorbereitenden Schriftsätzen sind die in den Händen der Partei befindlichen **Urkunden**, auf die sie Bezug genommen hat, in Urschrift oder Abschrift beizufügen (§ 131 Abs. 1 ZPO). In der mündlichen Verhandlung wird die freie Rede (§ 137 Abs. 2 ZPO) heute weitgehend ersetzt durch die nach § 137 Abs. 3 1461

§ 32 Bezugnahmen

S. 1 ZPO zugelassene Bezugnahme auf „Schriftstücke". Dazu zählt alles Geschriebene und Gedruckte: die vorbereitenden Schriftsätze, Briefwechsel, Vertragsurkunden usw. Das Gesetz enthält zwar die Einschränkung, dass dem keine Partei widerspricht und das Gericht sie für angemessen hält. Praktische Bedeutung hat dies jedoch nicht. Die Fälle sind ganz, ganz selten, in denen ein Anwalt so wirre Schriftsätze einreicht, dass das Gericht sie nicht versteht und ihn zum mündlichen Vortrag auffordert.

1462 Unzulässig ist eine Bezugnahme, die sich nur auf Schriftsätze des Gegners beschränkt, um sich die Abfassung eines eigenen vorbereitenden Schriftsatzes (§ 129 Abs. 1 ZPO) zu ersparen (siehe *Schneider* MDR 1967, 527).

I. Bezugnahme und Beweisantrag

1463 Zu **unterscheiden** sind die Bezugnahme auf vorgelegte Urkunden zur **Ergänzung des Parteivorbringens** (§ 131 ZPO) und die Bezugnahme auf vorgelegte Urkunden als **Beweismittel** (§ 420 ZPO). In diesem Fall gilt § 137 Abs. 3 S. 1 ZPO nicht. Das Gericht kann daher der Bezugnahme nicht widersprechen, wenn es sich bei der Urkundenvorlage um einen Beweisantritt handelt.

1464 Die Beweisführung wiederum setzt jedoch hinreichende schlüssige Darlegungen voraus. Urkunden, die lediglich als Beweismittel in Betracht kommen, können daher fehlende tatsächliche Darlegungen nicht ersetzen oder ergänzen. Als **Grundsatz** gilt hiernach:

1465 Schriftstücke, die von einer Partei vorgelegt werden, ergänzen den Sachvortrag, wenn diese sich erlaubterweise (fast immer stillschweigend) in der mündlichen Verhandlung darauf bezieht. Sie sind nur Beweismittel, wenn sie vom Vorlegenden dazu bestimmt sind oder wenn das Gericht ausnahmsweise eine Ergänzung des Sachvortrags durch Bezugnahme auf den Inhalt der Urkunde nicht gestattet, so dass sie auf eine Beweisfunktion reduziert werden. Sind die Urkunden nur als Beweismittel anzusehen, dann unterliegen sie auch nur den Regeln des Beweises.

1466 Die Zulässigkeit der Bezugnahme auf Schriftsätze zur Ergänzung des Parteivorbringens ist **eingeschränkt** für die **Klageschrift** und für die Berufungsbegründung. Die **Klageschrift** muss nach § 253 Abs. 2 Nr. 2 ZPO unter anderem die bestimmte Angabe des Gegenstandes und des Grundes des erhobenen Anspruchs enthalten. Sie muss also den Tatsachenkomplex schildern, aus dem der Kläger die von ihm behauptete Rechtsfolge herleitet. Anderenfalls ist die Klage nicht ordnungsgemäß erhoben (*Stein/Jonas/Schumann*, ZPO, 21. Aufl., 1997, § 253 Rn. 129). Eine **bloße Bezugnahme** auf beigefügte Unterlagen kann diese Mindestvoraussetzungen für eine Individualisierung nicht ersetzen.

1467 Immer wieder werden diese Unterschiede verkannt und werden von Gerichten auch **einfache Bezugnahmen** als Substantiierungsmangel gewertet. Das ist falsch und verfahrenswidrig:

Für eine ordnungsgemäße Klageerhebung kommt es nicht darauf an, ob der maßgebende Lebenssachverhalt bereits in der Klageschrift vollständig beschrieben oder der Klageanspruch schlüssig oder substantiiert dargelegt worden ist. Vielmehr ist es im Allgemeinen ausreichend, wenn der Anspruch als solcher identifizierbar ist. **Die gebotene Individualisierung der Klagegründe kann grundsätzlich auch durch eine konkrete Bezugnahme auf andere Schriftstücke erfolgen** (BGH-Report 2003, 1438; ebenso BGH NJW-RR 2004, 639).

II. Bezugnahme in zweiter Instanz

Ebenso verhält es sich im Berufungsrecht. Die **Berufungsbegründung** muss nach § 520 Abs. 3 ZPO die Umstände angeben, aus denen sich eine erhebliche Rechtsverletzung im angefochtenen Urteil ergibt, konkrete Anhaltspunkte aufzeigen, die gegen die erstinstanzliche Tatsachenfeststellung sprechen, und die neuen Angriffs- und Verteidigungsmittel sowie deren Zulassungsgründe bezeichnen.

1468

Die Rechtsprechung verlangt eine auf den zur Entscheidung stehenden Streitfall zugeschnittene Begründung, die erkennen lässt, aus welchen tatsächlichen oder rechtlichen Gründen das angefochtene Urteil als unrichtig angesehen wird (BGH MDR 1990, 1003 = NJW 1990, 2628). Auch für das Berufungsverfahren gelten aber die Bezugnahmemöglichkeiten der §§ 131, 137 ZPO (siehe § 519 Abs. 4 ZPO). Die Rechtsprechung ist bei der Bezugnahme auf andere Schriftstücke großzügig (siehe *Stein/Jonas/Grunsky*, ZPO, 21. Aufl., 1994, § 319 Rn. 37), sofern es sich dabei um eine **Erläuterung** oder **Ergänzung** der Berufungsgründe handelt. Nur eine Berufungsbegründung, die sich in der Bezugnahme **erschöpft**, die etwa lediglich auf die erstinstanzlichen Schriftsätze verweist, ist nach § 522 Abs. 1 ZPO zu verwerfen (BGH NJW 1981, 1620).

1469

III. Blattsammlungen

Meist dienen beigefügte Unterlagen sowohl der Ergänzung des eigenen Vorbringens als auch der Beweisführung. Handelt es sich bei den in Bezug genommenen Unterlagen nicht um einzelne Schriftstücke, sondern um Blattsammlungen (Geschäftsvorgänge, umfassende Korrespondenz, Hefter mit Rechnungen usw.), dann muss der Anwalt **genau** Bezug nehmen und die gemeinten **Textseiten** kennzeichnen oder sie sonstwie **hervorheben**. Eine pauschale Verweisung auf solche Anlagen ist unzulässig. Sie verstieße gegen den Verhandlungsgrundsatz, wonach die Beschaffung des Tatsachenstoffs und der Beweismittel allein Sache der Parteien ist und das Gericht nur die von diesen vorgetragenen Tatsachen verwerten darf (*Stein/Jonas/Leipold*, ZPO, 21. Aufl., 1994, Rn. 75 ff. vor § 128; § 128 Rn. 99). Mit dieser Verhandlungsmaxime (auch Beibringungsgrundsatz genannt) wäre es unvereinbar, wenn das Gericht sich aus einem Bündel von Unterlagen nach seinem Ermessen diejenigen Stellen heraussuchen dürfte, die es als Parteivorbringen berücksichtigen möchte (OLG Köln OLGReport 2004, 390). Soll daher das Parteivorbringen durch Bezugnahme

1470

§ 32 Bezugnahmen

auf Urkunden ergänzt und konkretisiert oder der Beweis durch eine Urkunde geführt werden, die sich in einer Sammlung von Schriftstücken befindet, oder kommt es bei einem aus mehreren Blättern bestehenden Schriftstück auf bestimmte Stellen an, dann genügt der Anwalt den Konkretisierungsanforderungen nur, wenn er die bestimmten Stellen nennt oder kenntlich macht.

IV. Geschlossene Urkundensammlungen

1471 Hat ein Anwalt dargelegt, welche Urkunden er in weder ihm noch dem Gericht vorliegenden Akten für erheblich hält, dann reicht das auch zur Führung des Urkundenbeweises durch Antrag auf Beiziehung dieser Akten aus (BGH BB 1998, 1124).

1472 Damit ist nicht zu verwechseln die **Vorlage** eines seitenmäßig umfangreichen Schriftstücks, das **als Ganzes** das Parteivorbringen **erweitern** soll. Legt der Kläger etwa zusammen mit der Klageschrift ein **Privatgutachten** vor, dann handelt es sich dabei um **Parteivorbringen**, das als solches immer zu berücksichtigen ist. Der Kläger muss nicht etwa auf bestimmte Stellen in diesem Gutachten Bezug nehmen.

1473 Das Gericht muss das Gutachten ebenso wie die Parteischriftsätze lesen. Dieser Aufgabe darf es sich auch dann nicht entziehen, wenn damit viel Arbeit verbunden ist. Dazu liegt eine Entscheidung des **Bundesverfassungsgerichts** vor (NJW 1994, 2683), deren Leitsatz lautet:

„Das aus Art. 103 GG fließende Prinzip der Gewährung rechtlichen Gehörs gebietet es nicht, dass der erkennende Richter sich die geltend gemachte Forderung nach Grund und Höhe aus den eingereichten Schriftsätzen nebst Anlagen zusammensucht. Belegen jedoch die mit einer Berufungsbegründung eingereichten, durchnummerierten Anlagen, auf die die Berufungsbegründung im Einzelnen Bezug genommen hat, die geltend gemachte Forderung schon bei nur flüchtigem Durchlesen, so lässt die Abweisung der Klage mit der Begründung, das Aktenkonvolut (hier: **60 Seiten**) sei nicht in nachvollziehbarer Weise aufgearbeitet worden, nur den Schluss zu, dass das Fachgericht seinerseits die Berufungsbegründung unzureichend durchgearbeitet hat.

Ein zu den Akten gereichtes Rechenwerk muss für das erkennende Gericht **nachvollziehbar** sein. Dass es in der Sache übersichtlicher hätte dargestellt werden können, ist vor Art. 103 GG ohne Belang, denn **das Fachgericht muss sich der Mühe unterziehen, den Vortrag der Beteiligten zur Kenntnis zu nehmen, auch wenn dies** infolge sich aus der Natur der Sache ergebender Schwierigkeiten (hier: mehrjährige Nebenkostenabrechnung) **einen besonderen Aufwand an Zeit und Geduld erfordert.**"

V. Ungünstiger Urkundeninhalt

1474 Natürlich muss in erster Linie der Anwalt die von ihm vorgelegten Unterlagen gründlich und vollständig durcharbeiten. Denn soweit ihr Inhalt seiner Partei ungünstig ist, muss er bei der Subsumtion gegen sie verwendet werden (BGH MDR 1983, 1018 = NJW 1984, 128). Erfahrungsgemäß kommt es nicht selten vor, dass ein Anwalt seiner Partei ungünstige Vertragsklauseln übersieht, etwa ein wirksam vereinbartes Aufrechnungsverbot, das seine Klage zu Fall bringt.

VI. Vorlage von Urkunden

Unklarheit herrscht oft darüber, was es mit der in **§ 131 Abs. 1 ZPO** vorgesehenen **Beifügung von Urkunden** auf sich hat, die in einem Schriftsatz in Bezug genommen werden. Das wird häufig so verstanden, als sei der Vorlegende verpflichtet, davon auch **Abschriften** für die Gegenseite beizufügen. Hier muss unterschieden werden: 1475

Sind die Urkunden dem Gegner **bereits bekannt** oder sehr **umfangreich**, dann genügt ihre genaue Bezeichnung mit dem Erbieten, dem Gegner Einsicht zu gewähren (§ 131 Abs. 3 ZPO). In diesem Fall brauchen die Abschriften dem vorbereitenden Schriftsatz nicht beigefügt zu werden. 1476

Das Gebot des § 131 Abs. 1 ZPO, in Bezug genommene Urkunden dem vorbereitenden Schriftsatz in Urschrift oder Abschrift beizufügen, gilt nur im Verhältnis der Partei zum Gericht. Das Verhältnis der **Parteien untereinander** ist in **§ 133 ZPO** geregelt. Es handelt sich dabei um eine **Sollvorschrift**, wonach die für die Zustellung erforderliche Zahl von Abschriften der Schriftsätze und deren Anlagen bei Gericht einzureichen ist. Bei einem Verstoß gegen diese Sollvorschrift fordert die Geschäftsstelle die fehlenden Abschriften nach oder fertigt sie selbst auf Kosten der Partei an. 1477

Urkunden, auf die sich eine Partei bezogen hat, kann sie unabhängig davon von sich aus oder auf Verlangen des Gerichts rechtzeitig vor der mündlichen Verhandlung auf der Geschäftsstelle niederlegen. Der Gegner hat dann ein Einsichtsrecht (§ 134 ZPO). Stattdessen können Anwälte auch Originalurkunden einander „von Hand zu Hand" gegen Empfangsbescheinigung zur Einsichtnahme innerhalb einer zu bestimmenden Frist überlassen (§ 135 ZPO). 1478

Erlangt der Prozessgegner zu spät Kenntnis von in Bezug genommenen Urkunden, weil § 133 Abs. 1 S. 1 ZPO nicht beachtet worden ist, dann sind damit keine verfahrensrechtlichen Sanktionen verbunden. Allerdings darf der Prozessgegner dadurch nicht benachteiligt werden. Bleibt ihm nicht genügend Zeit, die mündliche Verhandlung vorzubereiten, dann darf gegen ihn kein **Präklusionsrecht** angewandt werden, auch nicht bei Nichteinhaltung einer ihm gesetzten – kurzen – Erwiderungsfrist (*Zöller/Greger*, ZPO, 26. Aufl., 2007, § 133 Rn. 3). 1479

§ 33 Unterschrift

I. Vergessene Unterschrift

1480 Die Unterschrift darf unter keinem Schriftsatz fehlen. Es muss der Familienname sein; der Vorname genügt nicht (OLG Karlsruhe JurBüro 2000, 207). Die Unterzeichnung kann **nachgeholt** werden. Die Heilung wirkt jedoch nur für die Zeit ab Unterschrift (BGH NJW 1975, 1704). Ein Rügeverzicht des Gegners ist unbeachtlich (BGH VersR 1980, 331 u. 765).

1481 Bei der nicht fristgebundenen Klageschrift ist die **Heilungswirkung ex nunc** („erst von jetzt an") unschädlich. Nur dann, wenn Klagefristen und vor allem natürlich Rechtsmittelfristen gewahrt werden müssen, kann davon die Zulässigkeit abhängen.

1482 In dem vergleichbaren Fall, dass ein gesetzlicher Richter des Kollegiums ein **verkündetes** Urteil nicht unterschrieben hat, sondern ein am Verfahren **unbeteiligter Richter**, sieht das anders aus. Die falsche Unterschrift kann nachträglich durch die richtige ersetzt werden und heilt ex tunc, **rückwirkend** (BGH VersR 2003, 1556; BGHReport 2006, 932), obwohl wegen der fehlenden Unterschrift feststeht, dass der beteiligte Richter den Urteilsentwurf **nicht einmal gelesen hat**. Wieder einmal zweierlei Maß!

1483 Wie kommt es eigentlich zu solchen Pannen? Das hängt mit der **Arbeitsweise bei Gericht** zusammen:

1484 Der Berichterstatter bekommt die Akten mit dem von ihm diktierten Urteil als erster wieder vorgelegt. Er liest und korrigiert den Entwurf und unterschreibt rechts. Mit zwei waagerechten Strichen markiert er, wo die beiden anderen Richter zu unterschreiben haben. Danach bekommt der Vorsitzende die Akten, liest ebenfalls das Urteil und unterschreibt. Die Geschäftsstellenbeamtin legt sodann in das Aktenstück bei der letzten, noch zu unterschreibenden Seite des Urteils eine Strippe. Das Aktenstück legt sie dem dritten Richter ins Fach, aus Versehen jedoch dem unbeteiligten „vierten Mann". Der schlägt das Aktenstück bei der Strippe auf und unterschreibt „blind", also ohne zu prüfen, ob er beteiligt ist. Und so wird dann ein Urteil verkündet, dass nur von zwei Richtern gelesen und vom nicht gesetzlichen Richter mit unterschrieben worden ist. Aber dem Bundesgerichtshof reicht das, sofern der „dritte Mann" nach Monaten seine Unterschrift nachholt (VersR 2003, 1556). An dem verkündeten Urteil kann er allerdings nichts mehr ändern. Liest er es nachträglich und hält er es für falsch, dann kann er sich nur noch weigern, zu unterschreiben. Doch Richter sind keine Helden. Daher ist keine einschlägige Entscheidung bekannt.

1485 Es ist auch schon vorgekommen, dass eine Klageschrift **versehentlich nicht unterzeichnet** worden war und niemand es bemerkt hatte. Wird das Fehlen der Unterschrift erst in der Berufungsinstanz erkannt, dann kann dieser Mangel durch Verzicht des Beklagten auf die Einhaltung der Form geheilt werden.

Verweigert er die Zustimmung dazu, dann ist nicht die Berufung zu verwerfen, sondern das erstinstanzliche Urteil ist aufzuheben und die Sache in die erste Instanz zurückzuverweisen, damit dieser Verfahrensmangel dort korrigiert werden kann (so OLG Köln NJW-RR 1997, 1291). 1486

II. Mindestanforderungen an die Unterschrift

Die Rechtsprechung stellt der fehlenden Unterschrift eine Unterschrift gleich, die ihrem äußeren Erscheinungsbild nach als solche **nicht erkennbar** ist. Das hat zu schon grotesk anmutenden Diskussionen darüber geführt, wann gekrümmte Linien, Bogen, Striche oder Haken noch oder schon als Unterschrift angesehen werden können (vgl. *Schneider* NJW 1998, 1844; zu Einzelheiten und Rechtsfolgen siehe *Schneider* MDR 2000, 747–749). Der Bundesgerichtshof definiert (zuletzt wieder in BGHReport 2007, 189): 1487

> „Eine Unterschrift setzt einen individuellen Schriftzug voraus, der sich – ohne lesbar sein zu müssen – als Wiedergabe eines Namens darstellt und die Absicht einer vollen Unterschriftsleistung erkennen lässt. Ein Schriftzug, der als bewusste und gewollte Namensabkürzung erscheint (Handzeichen, Paraphe), stellt dem gegenüber keine formgültige Unterschrift dar."

Eine Klageschrift oder eine Berufungsschrift, deren Unterschrift diesen Anforderungen nicht genügt, reicht also auch dann nicht aus, wenn die Urheberschaft gewiss ist, selbst wenn in Gegenwart des Gerichts unterschrieben wird! 1488

Offenbar spüren auch die Revisionsgerichte, dass sie mit diesen Anforderungen Gefahr laufen, sich lächerlich zu machen. Die Anforderungen an die Form der Unterschrift werden daher ständig heruntergeschraubt und sind mittlerweile so gering, dass es höchstrichterlich kaum noch Beanstandungen gibt. 1489

Kommt es in erster oder zweiter Instanz doch dazu, dann wird der Anwalt weitgehend durch das **Bundesverfassungsgericht** geschützt. Die Pflicht zur fairen Verfahrensgestaltung gebietet es nämlich, aus einer beanstandeten Unterschrift erst nach einer **Vorwarnung** nachteilige Folgen abzuleiten, vor allem, wenn bislang ständig in dieser Form unterschrieben worden ist (BVerfGE 78, 126 f. = MDR 1988, 749). Wird das nicht beachtet, dann muss Wiedereinsetzung in den vorigen Stand gewährt werden. Dabei ist jedoch darauf zu achten, dass das Wiedereinsetzungsgesuch nicht ebenfalls mit der beanstandeten Unterschrift unterzeichnet wird (BVerfG NJW 1998, 1853; ablehnend dagegen *Schneider* NJW 1998, 1844). 1490

III. Geringer Vertrauensschutz

Immer wieder verweigern sich Instanzgerichte dem lebensfremden höchstrichterlichen Unterschriften-Formalismus. So hat unlängst wieder das LAG Berlin (MDR 2004, 53) entschieden: 1491

319

> „Hat ein Anwalt seit Jahren unbeanstandet mit derselben Unterschrift gezeichnet, **so ist sie als ordnungsgemäß zu behandeln, auch wenn sie nicht den von der Rechtsprechung gestellten Anforderungen genügt.**"

1492 Doch auf eine solche Einstellung kann sich kein Anwalt verlassen. Immer wieder kommt es vor, dass Gerichte sich nicht einmal an die Vorgabe des Bundesverfassungsgerichts halten. So hat das OLG Karlsruhe (JurBüro 2000, 207) die Auffassung vertreten:

> „Wird die vom Gericht jahrelang als Unterschrift gewertete Unterzeichnung von Schriftsätzen durch eine Anwältin plötzlich als unleserlicher Vorname gedeutet, dann ist eine so unterzeichnete Berufungsschrift ohne Vorwarnung als unzulässig anzusehen und die Berufung zu verwerfen."

1493 Der Anwalt ist in derartigen „Ausreißer-Fällen" schutzlos einer schon die Grenzen der Willkür und des Absurden überschreitenden Unterschriftsmanie ausgeliefert. Ihm bleibt im Interesse seines Mandanten und zur Abwendung einer ihm drohenden Regressgefahr als sicherster Weg nur, **eine Unterschrift hinzuschreiben, bei der wenigstens einige Buchstaben erkennbar sind.**

IV. Telefax-Unterschrift

1494 Das Erfordernis der eigenhändigen Unterschrift ist durch die rasante Entwicklung der elektronischen Datenverarbeitung zum Problem geworden. Wird ein unterschriebener Schriftsatz per Fax an das Gericht gesendet, dann ist dem Unterschriftserfordernis genügt. Höchstrichterlich wird jedoch gefordert, dass das **Original** des Telebriefs **eigenhändig unterschrieben** und dann erst gefaxt wird (BGHZ 87, 63 = NJW 1983, 1498; BAG DB 1996, 1988).

1495 Telebriefe können nun unmittelbar **aus dem PC** an den Empfänger **gesendet** werden, ohne dass der Schriftsatz vorher ausgedruckt und unterschrieben werden muss. Die Unterschrift kann in einer gesonderten Datei gespeichert und auf den im PC geschriebenen Schriftsatz übertragen werden. Dadurch ist es möglich, unterschriebene Telebriefe zu versenden, ohne dass ein unterschriebenes Original existiert. Das ist mittlerweile geklärt (BGHZ 144, 160):

> „In Prozessen mit Vertretungszwang können bestimmende Schriftsätze formwirksam durch elektronische Übertragung mit eingescannter Unterschrift auf ein Faxgerät des Gerichts übermittelt werden."

1496 Die **eingescannte Unterschrift** des Prozessbevollmächtigten muss aber unmittelbar aus dem Computer versandt werden, um wirksam zu sein (BGHReport 2006, 1548). Begründet wird das damit, der durch ein normales Faxgerät übermittelte Schriftsatz liege dem Absender im Original vor und könne ohne weiteres unterschrieben werden. Es bestehe daher keine technische Notwendigkeit, in diesem Fall das bloße Einscannen der Unterschrift genügen zu lassen.

Siebtes Kapitel: Die Abfassung der Klageschrift

Die Klageschrift leitet die erste Instanz ein. Schon nach altem Zivilprozessrecht war es nicht einfach, erstinstanzliche Verluste im Berufungsverfahren auszugleichen. Nach neuem Recht ist das noch weit schwieriger, weil das Berufungsgericht grundsätzlich an die erstinstanzlichen Feststellungen gebunden ist, also den Fall nicht mehr, wie früher, von vornherein umfassend neu zu beurteilen hat (§§ 513, 529 ZPO). Fehler des Anwalts können daher in der zweiten Instanz nicht mehr durch verbesserten Sachvortrag behoben werden. 1497

Bedenken Sie deshalb, wie wichtig heute die Einleitung des Rechtsstreites durch die Klageschrift ist! Nehmen Sie sich Zeit dafür und arbeiten Sie gründlich daran. Das wird sich im Berufungsverfahren auswirken. Je präziser ihre rechtlichen Darlegungen sind, umso deutlicher werden sich mögliche Fehler im erstinstanzlichen Urteil davon abheben. 1498

§ 34 Die Parteibezeichnung

I. Parteiangaben

Drei Vorschriften in der Zivilprozessordnung enthalten Anweisungen dazu, wie die Parteien des Rechtsstreits zu bezeichnen sind. 1499

Nach **§ 253 Abs. 2 Nr. 1 ZPO** gehört die Bezeichnung der Parteien zu den zwingenden Zulässigkeitsvoraussetzungen der Klageerhebung. Welche Angaben erforderlich sind, ist für Schriftsätze in **§ 130 Nr. 1 ZPO** festgelegt: „Bezeichnung der Parteien und ihrer gesetzlichen Vertreter nach Namen, Stand oder Gewerbe, Wohnort und Parteistellung." Für Urteile sieht **§ 313 Abs. 1 Nr. 1 ZPO** vor „die Bezeichnung der Parteien, ihrer gesetzlichen Vertreter und Prozessbevollmächtigten". 1500

Die ausführlichsten Angaben finden sich hiernach in **§ 130 Nr. 1 ZPO**. Gerade dabei handelt es sich jedoch um eine Sollvorschrift. Unerlässlich ist nur, dass die Parteien **eindeutig identifizierbar** sind. Wie das erreicht werden kann, ergibt sich nicht unmittelbar aus dem Gesetz. Dazu bedarf es oft der Auslegung, zur Vermeidung von Rechtsnachteilen nicht selten einer „wohlwollenden". 1501

1. Parteibegriff

Auszugehen ist vom Parteibegriff. Im Zivilprozess ist Partei diejenige Person, von der oder gegen die eine staatliche Rechtsschutzhandlung begehrt wird (*Rosenberg/Schwab/Gottwald*, Zivilprozessrecht, 16. Aufl., 2004, § 40 Rn. 1). Dabei kommt es auf die Angaben in der Klageschrift an. Wer darin als Kläger oder Beklagter identifizierbar genannt wird, ist Partei, auch wenn der **Kläger** sich 1502

geirrt hat und „in Wirklichkeit" eine andere Person hätte genannt werden müssen.

1503 Die genaue Ermittlung der Parteiangaben ist für den Anwalt ein **Gebot des sichersten Weges**. Jeder Fehler kann dazu führen, dass die Klage nicht zugestellt werden kann und deshalb Verjährung eintritt, oder dass ein Falscher verklagt wird und die Klage zurückgenommen oder abgewiesen werden muss. Nicht selten wird der Fehler erst in der Zwangsvollstreckung entdeckt, und das Erkenntnisverfahren ist deshalb unverwertbar. Die Vollstreckbarkeit eines Urteils kann schon daran scheitern, dass nicht klargestellt worden ist, ob „Michael Neumann" junior oder senior gemeint war (LG Düsseldorf MDR 1960, 406), oder dass der Beklagte nur mit dem Anfangsbuchstaben des Vornamens („M. Neumann") bezeichnet worden ist und das Gericht diese Angabe in das Urteilsrubrum übernommen hat (LG Hamburg Rpfleger 1957, 257).

1504 Bei Zweifeln helfen oft Anfragen beim Einwohnermeldeamt (siehe dazu oben Rn. 169). Der Anwalt muss sich um die Behebung von Unklarheiten bemühen. Ungeachtet dessen ist es aber **Sache des Klägers**, sich und den Beklagten genau zu individualisieren. Der Anwalt sollte deshalb unbedingt den Grundsatz beherzigen: **Für die genaue Parteibezeichnung ist der Mandant zuständig!** Der Anwalt hat nur zu prüfen, ob das, was der Mandant ihm angibt, rechtlich ausreichend ist. Deshalb sollte er nicht das Risiko eingehen, ungenügende Angaben zu übernehmen, sondern es notfalls ablehnen, eine Klage mit nicht hinreichend bestimmten Parteiangaben einzureichen. Sonst droht ihm womöglich später, wenn das Gericht die Angaben als unzureichend zurückweist, der Regress.

1505 Die Angaben des Mandanten sind **kritisch** zu überprüfen. Kaufen beispielsweise Eheleute ein, dann weiß oft keiner, wer eigentlich rechtlich der Käufer ist: der Mann, die Frau, beide? Das kann sich in der Rechnung fortsetzen, etwa mit der Käuferangabe „Eheleute Schmitz, Köln" oder nur „Schmitz, Köln".

1506 Auf jeden Fall ist anfängliche Ungenauigkeit erfahrungsgemäß häufig mit vermeidbarer späterer Mehrarbeit verbunden. Je nachlässiger der Anwalt bei der Fassung des Klagerubrums ist, umso mehr ist er darauf angewiesen, **Berichtigung** nach **§ 319 ZPO** zu beantragen (unten Rn. 1615). Und damit macht er sich wieder vom Gericht abhängig. Ein dem Mandanten günstiges Urteil kann sich als wertlos erweisen, nur weil der Beklagte Hans Schmitz und nicht Franz Schmitz heißt und eine Berichtigung der Parteiangabe (unanfechtbar: § 319 Abs. 3 ZPO!) abgelehnt wird.

2. Anwaltliche Vertretung

1507 Als Gegner ist im Rubrum nur der **Beklagte persönlich** anzugeben, nicht auch sein vorprozessual tätig gewordener Anwalt. Sonst können sich Probleme wegen fehlerhafter Zustellung ergeben. Nach § 172 Abs. 1 S. 1 ZPO müssen Zustellungen an den für den Rechtszug „bestellten" Prozessbevollmächtigten bewirkt werden. Erforderlich ist dazu, dass die Gegenpartei oder ihr Anwalt **das**

I. Parteiangaben

Gericht von der **Mandatierung unterrichtet**. Ob dem eine Vollmacht zugrunde liegt, ist unerheblich (BGHZ 61, 310 f. = NJW 1974, 240).

Die Rechtsprechung ist hinsichtlich der „Bestellung" großzügig. **Schlüssiges** **Handeln** genügt, etwa das Auftreten vor Gericht. Es reicht sogar aus, wenn die Gegenpartei oder ihr Anwalt dem Kläger die Vertretung mitteilt und dieser dann von sich aus das Gericht informiert. Das ist aber auch die äußerste Grenze. 1508

Benennt ein Antragsteller oder **Kläger einseitig** durch Formulierung des Antrags- oder des Klagerubrums einen **Gegenanwalt** als Verfahrens- oder Prozessbevollmächtigten, dann fehlt es an einer Bestellung. Lässt das Gericht im Vertrauen auf die Richtigkeit dieser Angabe an den benannten Anwalt zustellen, dann wirkt sich das nicht gegen die Partei aus (BGH LM § 176 ZPO Nr. 13 = MDR 1981, 126). 1509

Da deshalb nicht ordnungsgemäß zugestellt werden kann, wird die Rechtshängigkeit nicht begründet (§ 261 Abs. 1 ZPO). Eine spätere Bestellung des Gegenanwalts heilt den Mangel zwar, wirkt aber nicht zurück (OLG Naumburg FamRZ 2000, 166). 1510

So lag es **beispielsweise** in OLG Karlsruhe (BauR 1999, 1054). Der Anwalt des Klägers hatte ein Beweissicherungsverfahren gegen zwei Antragsgegner eingeleitet und in der Antragsschrift angegeben, beide würden durch Rechtsanwalt H. vertreten. An diesen wurde zugestellt. Rechtsanwalt H. hatte vorgerichtlich aber nur einen der beiden Antragsgegner vertreten. Den anderen kannte er überhaupt nicht und hatte die Antragsschrift deshalb auch nicht an diesen weitergeleitet. Infolgedessen war gegenüber dem zweiten Antragsgegner die Verjährung nicht unterbrochen (heute: gehemmt) worden. Das war ein Regressfall. Der Anwalt des Antragstellers hätte seine (irrige) Annahme überprüfen müssen, weil er wissen musste, dass die Benennung durch seinen Mandanten, also durch den Prozessgegner, keine Bestellung im Sinne des § 172 ZPO ist (*Musielak/Wolst*, ZPO, 5. Aufl., 2007, § 172 Rn. 3). 1511

Ein **Hinweis:** Wenn Sie sich selbst bestellen, dann teilen Sie dies dem Gericht nicht „unter Versicherung ausreichender Bevollmächtigung" mit. Sonst setzen Sie sich dem Verdacht aus, den § 88 ZPO nicht zu kennen. 1512

Jedes vom Kläger neu eingeleitete Verfahren richtet sich gegen einen anwaltlich **noch nicht vertretenen Gegner**. Dieser allein entscheidet, ob er einen Anwalt mit seiner Verteidigung beauftragt. Die anwaltliche Vertretung in früheren Verfahren ist unbeachtlich. Vielleicht beauftragt der Beklagte überhaupt keinen Anwalt, oder er mandatiert einen anderen. Der Anwalt des Klägers – und damit dessen Mandant! – geht daher grundlos ein Risiko ein, wenn er in die Klageschrift eine anwaltliche Vertretung des Gegners aufnimmt. Irgendein verfahrensrechtlicher Vorteil ist damit ohnehin nicht verbunden. 1513

Lehre: Es sollte niemals in der Klageschrift ein Gegenanwalt als Prozessbevollmächtigter benannt werden. Nie besteht ein zwingender Anlass, diese Erklärung an Stelle des Gegners abzugeben, der dafür allein zuständig ist. 1514

§ 34 Die Parteibezeichnung

II. Identitätsangaben

1. Mindestangaben

1515 Die Regel ist, dass der Anwalt sich einfach an das **Gesetz** hält und Kläger, Beklagten oder Streithelfer nach Name, Beruf, Straße und Ort mit Postleitzahl bezeichnet.

> Automechaniker Alois Ziegler, Rosengasse 6, 43819 Langsdorf.

1516 Aber nicht immer sind diese Einzelangaben alle oder genau bekannt. Das muss jedoch nicht zur Unzulässigkeit der Klage führen. Die Rechtsprechung ist nachsichtig.

1517 Die zwingende Vorschrift des § 253 Abs. 2 Nr. 1 ZPO verlangt nur, „**dass,** aber **nicht wie** die Parteien in der Klageschrift zu bezeichnen sind" (BGHZ 102, 334 = NJW 1988, 2114). Auch ohne Angabe der ladungsfähigen Anschrift des Beklagten oder des Klägers kann seine Identität zweifelsfrei sein, beispielsweise „durch seine Bezeichnung mit Vor- und Nachnamen und eine frühere Anschrift in Verbindung mit dem Umstand, dass er der geschiedene Ehemann der Beklagten ist" (BGH a.a.O.). Entsprechend heißt es in BGH *Warneyer* 1973 Nr. 109, S. 304:

> „Die Partei muss so klar bezeichnet sein, dass Zweifel hinsichtlich der Identität und der Stellung der Partei nicht aufkommen können und dass sich aus der Parteibezeichnung für jeden Dritten die betroffene Partei ermitteln lässt."

1518 Wird eine Klage gegen die „**Gemeinschaft der Wohnungseigentümer** in X-Stadt, Y-Straße Nr. 16" erhoben, dann ist das noch auslegungsfähig. Die Klage richtet sich gegen alle Wohnungseigentümer (BGH NJW 1977, 1686; zur richtigen Parteibezeichnung siehe unten Rn. 1522 ff.).

2. Ungenaue Bezeichnung

1519 Die Bezeichnung einer Partei ist Teil einer Prozesshandlung und als solche auslegungsfähig. Bei **unrichtiger** äußerer Bezeichnung ist grundsätzlich diejenige Person als Partei anzusehen, die nach dem Gesamtzusammenhang erkennbar durch die Parteibezeichnung betroffen werden soll (BGH MDR 2005, 530; BGHReport 2006, 1049; OLG Naumburg NJW-RR 1998, 357). Wird das verkannt und einem Dritten zugestellt, dann wird dieser dadurch **nicht Partei** des Rechtsstreits (BGH NJW 1983, 2248; OLG Hamm MDR 1991, 1201). Gleichwohl bleibt der Empfänger einer irrtümlichen Zustellung **schutzwürdig.** Er ist berechtigt, denjenigen Rechtsbehelf geltend zu machen, der zur Beseitigung eines ihn als Partei ausweisenden Titels geeignet ist, etwa Einspruch gegen ein Versäumnisurteil (BGH Rpfleger 1995, 422, 423; MDR 1978, 307) oder Berufung (OLG Naumburg NJW-RR 1998, 357) einzulegen.

Die Anforderungen sind jedoch verschieden, je nachdem, ob schon die Angaben in der Klageschrift ungenügend sind ob sie erst im Laufe des Rechtsstreits unrichtig werden. 1520

Anfängliche Mängel: Enthält schon die Klageschrift keine ladungsfähige Anschrift, dann ist die Klage unzulässig, wenn die vollständigen oder richtigen Angaben ohne weiteres möglich sind, etwa die neue Angabe nach einem Wohnungswechsel (BGH MDR 2004, 1014, 1015). 1521

Nachträgliche Unrichtigkeit: Wird eine in der Klageschrift angegebene ladungsfähige Anschrift nach Prozessbeginn unrichtig, zum Beispiel wegen einer nicht mitgeteilten Änderung der Wohnadresse, dann ändert das nichts daran, dass die Klage bei Einleitung des Verfahrens zulässig gewesen ist. Die Prozessvoraussetzung der ordnungsgemäßen Klageerhebung ist gegeben. Die Klage darf nicht als unzulässig abgewiesen werden. Nachteilige Folgen, etwa wegen einer nicht durchführbaren Parteivernehmung (§§ 445 ff. ZPO), hat die nachlässige Partei zu tragen (BGH a.a.O.). 1522

3. Vertreterangabe

Bei **gesetzlicher Vertretung** muss neben der Partei auch der Vertreter identifizierbar angegeben werden, grundsätzlich also gemäß der Sollvorschrift des § 130 Nr. 1 ZPO i.V.m. § 253 Abs. 4 ZPO ebenfalls nach Name, Stand oder Gewerbe und Wohnort. Die fehlende Angabe des gesetzlichen Vertreters kann aber **nachgeholt** werden (BGHZ 32, 118 = NJW 1960, 1006). Deshalb ist auch die Angabe der korrekten Vertretungsverhältnisse bei Amtshaftungsklagen keine Zulässigkeitsvoraussetzung (OLG Zweibrücken OLGZ 1978, 108); Zweifel können durch Auslegung behoben werden (BGH MDR 2005, 530). 1523

Die Identitätsangaben können **nicht** dadurch umgangen werden, dass sich eine **namentlich nicht genannte Personenmehrheit** durch eine namentlich genannte Person vertreten lässt. Einen solchen Fall hatte das LG Hamburg einmal zu entscheiden (MDR 1994, 1247). Zwölf Stammgäste einer Gaststätte hatten sich zu einem „Förderkreis" zusammengeschlossen, um der Gastwirtin ein Darlehen von 24 000 DM zu gewähren und ihr dadurch die Fortführung des Betriebes zu ermöglichen. In dem „Gründungsprotokoll" war festgelegt, dass diese Stammgäste nicht öffentlich genannt werden sollten und deshalb durch Herrn X vertreten würden. Es kam, wie es kommen musste. Die Gastwirtin konnte das ihr gewährte Darlehen nicht zurückzahlen. Deshalb klagte Herr X den Restbetrag im eigenen Namen ein, jedoch erfolglos. Hier kam nur die Zulässigkeit der Klage über eine gewillkürte Prozessstandschaft in Betracht. Deren Voraussetzungen hatte das LG Hamburg verneint. 1524

4. Mahnverfahren

Das alles gilt grundsätzlich auch für den Mahnantrag (§ 690 Abs. 1 Nr. 1 ZPO). Allerdings sind die Antragsformulare nur auf die Angabe eines zweiten 1525

§ 34 Die Parteibezeichnung

Antragstellers und Antragsgegners ausgelegt. Soll das Mahnverfahren für **mehr als drei Gläubiger** oder mehr als drei **Gesamtschuldner** eingeleitet werden, dann können auf angehefteten Ablichtungen der ersten Seite des Antragsformulars weitere Schuldner eingetragen werden. Stattdessen kann dem Antrag auch eine Anlage mit mehreren Gläubigern oder Schuldnern beigefügt werden.

Zur Klage gegen **Unbekannt** siehe unten Rn. 1546 ff.

III. Wohnort

1. Zustellung demnächst

1526 Die Angabe des Wohnortes oder des tatsächlichen Aufenthaltsortes ist notwendig, damit zugestellt werden kann (siehe auch oben Rn. 988). Das setzt grundsätzlich die genaue Angabe der Stadt oder des Dorfes mit Postleitzahl sowie Straße und Hausnummer voraus. **Falsche Angaben** gehen zu Lasten der Partei und können dazu führen, dass eine „Zustellung demnächst" und damit eine rückwirkende Hemmung der Verjährung ausscheidet (§ 167 ZPO).

1527 Voraussetzung dafür ist aber, dass die Verzögerung durch nachlässiges Verhalten der Partei oder ihres Anwalts (§ 85 Abs. 2 ZPO) verursacht worden ist. Das ist nicht der Fall, wenn eine Klage unter der in der Klageschrift mitgeteilten Anschrift dem Beklagten deshalb nicht zugestellt werden kann, weil er zwischenzeitlich umgezogen ist. Diese unrichtige Angabe des Wohnortes begründet keinen Verschuldensvorwurf. Der ist nur berechtigt, wenn der Mandant oder der Anwalt konkrete Anhaltspunkte für einen **Wohnungswechsel** hatte:

> „Ohne jedes konkrete Anzeichen eines Wohnungswechsels des Anspruchsgegners besteht für einen Kläger keine Verpflichtung, vor Einreichung einer Klage beim zuständigen Einwohnermeldeamt die ihm bekannte Anschrift des Anspruchsgegners überprüfen zu lassen" (BGH NJW 1993, 2614, 2615).

1528 In derartigen Fällen kann eine Zustellung selbst dann noch als „demnächst" im Sinne des § 167 ZPO angesehen werden, wenn zwischenzeitlich **Monate verstrichen** sind (BGH NJW 1988, 411, 413).

2. Unbekannte Anschrift

1529 Die Zivilprozessordnung schreibt nicht zwingend vor, dass zur Klarstellung der Parteiidentität und der Parteistellung eine Wohnsitzangabe notwendig ist (OLG Stuttgart NJW 1986, 1882). Nur muss zugestellt werden können. Deshalb ist grundsätzlich für Kläger und Beklagte die Angabe einer **ladungsfähigen Anschrift** erforderlich (BGHZ 102, 335 = NJW 1988, 2114). In dieser Entscheidung heißt es aber auch:

> „Der Senat verkennt nicht, dass einer solchen Angabe im Einzelfall unüberwindliche oder nur schwer zu beseitigende Schwierigkeiten im Wege stehen können."

1530 Diese Formulierung hat das BVerwG übernommen (NJW 1999, 2610). Um einen solchen Fall hat es sich beispielsweise in OLG Karlsruhe FamRZ 1975, 507 gehandelt. Dort ging es um ein schutzwürdiges Geheimhaltungsinteresse. Ein **inkognito adoptiertes Kind** war Partei. Sein Inkognito musste gewahrt werden. Andererseits musste aber auch die Identität des Kindes als Partei eindeutig bestimmt werden. Dem ist durch die Kennzeichnung

„das am 28. 4. 1967 geborene Kind, das im Geburtsregister des Standesamtes Freiburg i.B. Nr. . . . unter dem Namen A. Maria S. eingetragen worden ist"

entsprochen worden.

3. Nachweis der Erbenstellung

Im Erbschaftsprozess muss immer damit gerechnet werden, dass der Beklagte zunächst „routinemäßig" die Erbenstellung des Klägers bestreitet. Wie dieser dann vorzugehen hat, ist weitgehend eine Frage der Beweislastverteilung. Das sei an Hand des folgenden Falles aus der Praxis erläutert. 1531

A, einziger Abkömmling seines verstorbenen Vaters V, verklagt den B wegen beeinträchtigender Schenkung (§ 2287 BGB) auf Zahlung. Er legt dar, dass er auf Grund eines notariell beurkundeten Erbvertrages Alleinerbe nach seinem verstorbenen Vater V geworden sei. Er gibt das Datum der Beurkundung des Erbvertrages an und nennt den beurkundenden Notar sowie dessen UR-Nummer. Der Beklagte beschränkt sich darauf, die **Erbenstellung** des A **pauschal zu bestreiten**, und verlangt die Vorlage eines Erbscheins. Zur Existenz des Erbvertrags nimmt er nicht Stellung; dass A einziger Abkömmling des V ist, räumt er ein. 1532

Ist Beweis darüber zu erheben, ob A Alleinerbe ist?

a) Es gibt keine Vorschrift, die im Zivilprozess den Nachweis der Erbenstellung von der Vorlage eines **Erbscheins** abhängig macht. Dieser hat andere Funktionen. Der Kläger benötigt vermutlich auch keinen Erbschein, da er sich grundbuchrechtlich durch die Vorlage des Erbvertrages legitimieren kann (§ 35 Abs. 1 S. 2 GBO). 1533

Im Ausgangsfall hat der Beklagte die Existenz des vom Kläger dargelegten **Erbvertrages** nicht bestritten. Folglich steht die Erbenstellung auf Grund **unstreitigen** Sachverhalts fest.

b) Möglicherweise wird der Beklagte demnächst das Bestehen des Erbvertrages doch noch bestreiten. Das würde am Ergebnis nichts ändern. Der Kläger könnte sich dann nämlich das Vorbringen des Beklagten hilfsweise zu eigen machen mit der Folge, dass das Gericht die Erbenstellung des Klägers alternativ feststellen könnte: Entweder Erbvertrag oder gesetzliche Erbfolge. 1534

Die **gesetzliche Erbfolge** ergibt sich ihrerseits wieder aus dem unstreitigen Sachverhalt. Wer sich auf sein Erbrecht beruft, hat nur den Tod des Erblassers und den Berufungsgrund zu beweisen (*Staudinger/Gursky*, BGB, 1996, § 2018 Rn. 31). Im Ausgangsfall ist der **Tod** des Erblassers ebenso **unstreitig** wie die Tatsache, dass der Kläger einziger unmittelbarer Abkömmling und damit nach § 1924 BGB einziger gesetzlicher Erbe erster Ordnung ist. Eine Beweiserhebung erübrigt sich also.

1535 c) Die alternative Feststellung „Entweder Vertragserbe oder gesetzlicher Erbe" setzt allerdings voraus, dass ein **Drittes ausscheidet**. Der Kläger hat jedoch nicht die Negation zu behaupten und zu beweisen, dass kein Drittes in Betracht komme, dass also der Erblasser nicht **letztwillig anders verfügt** habe. Vielmehr müsste der **Beklagte** einen derartigen Sachverhalt positiv **vortragen**. Er müsste darlegen und beweisen, dass der Erblasser eine von der gesetzlichen Erbfolge abweichende letztwillige Verfügung getroffen habe (*Staudinger/Gursky* a.a.O.). Da dies nicht geschehen ist, bleibt es im Ausgangsfall dabei, dass das Bestreiten des Beklagten nicht beweiserheblich ist. Die Stellung des Klägers als Alleinerbe nach V kann auf Grund des unstreitigen oder – bei nachgeholtem Bestreiten des Erbvertrages – auf Grund hilfsweise übernommenem in Verbindung mit unstreitigem Sachverhalt festgestellt werden.

4. Unbekannte Erben

1536 Zu erwähnen ist auch der Fall des unbekannten Erben (BGH LM § 325 ZPO Nr. 10). Die im Rubrum als Klägerin aufgeführte Person N. I. war verstorben. Sie hatte jedoch dem ihre Interessen vertretenden B unwiderrufliche Vollmacht über den Tod hinaus erteilt. Dieser hatte als rechtsgeschäftlich bestellter Vertreter der unbekannten Erben Herausgabeansprüche gegen die Beklagte eingeklagt. Das Berufungsgericht hatte angenommen, die Klage könne nicht als im Namen der unbekannten Erben der N. I. erhoben angesehen werden. Das hat der **Bundesgerichtshof** anders gesehen und ausgeführt:

> „Die Angabe der verstorbenen Klägerin als Partei ist unschädlich. Es erhellt daraus der Wille der für die Klageseite auftretenden Person, den Rechtsstreit durch eine sachliche Entscheidung zu beenden."

Fraglich kann nur sein, ob der Rechtsstreit durchgeführt und sachlich entschieden werden kann, ohne dass die Erben namentlich bezeichnet werden. Auch dies ist zu bejahen. Die Erben der N. I. sind unbekannt. Das deutsche Recht kennt jedoch auch sonst die Klage namens unbekannter Erben, nämlich dann, wenn der nach § 1960 BGB für die unbekannten Erben bestellte Nachlasspfleger Klage erhebt. In einem solchen Rechtsstreit nimmt der Pfleger nicht etwa die Stellung einer Partei kraft Amtes ein, sondern er ist gesetzlicher Vertreter der unbekannten Erben (RGZ 50, 394 [395]; 76, 125; 81, 192; 106, 46 [47]).

In einem derartigen Fall muss die Klage namens des oder der unbekannten Erben erhoben und durchgeführt werden. Etwas Abweichendes gilt auch dann nicht, wenn ein Prozessbevollmächtigter, also ein rechtsgeschäftlicher Vertreter, der zur Vertretung der unbekannten Erben berechtigt ist, den Prozess namens der unbekannten Erben führt und sie nicht namentlich bezeichnet. Wenn es auch grundsätzlich wünschenswert ist, dass die Partei eines Rechtsstreits namentlich, so wie es § 253 Abs. 2 Ziff. 1 ZPO fordert, bezeichnet wird, **so ist dies nicht unbedingt erforderlich in Fällen, in denen die Bezeichnung mit unüberwindlichen oder nur schwer zu beseitigenden Schwierigkeiten verknüpft ist**. Dann kann von der Namhaftmachung abgesehen werden, wenn die Identität der Partei sonst gesichert ist.

5. Postanschrift

Keine Partei darf den Prozess „aus dem Verborgenen" führen (BGHZ 102, 336; MDR 2004, 1014, 1015). **Nicht ausreichend** ist deshalb die bloße Angabe eines Postfachs statt einer ladungsfähigen Anschrift (OLG Düsseldorf NJW-RR 1993, 1150; BVerwG NJW 1999, 2609). Zustellungen über ein Postfach sind nicht möglich. Damit wären persönliche Ladungen nach § 141 ZPO oder Beweisanträge auf Vernehmung des Gegners (§ 445 ZPO) nicht realisierbar.

1537

6. Berufungsschrift

An die Angaben in der Berufungsschrift stellt die Rechtsprechung **geringere Anforderungen**. Die Berufungseinlegung ist nicht deswegen unwirksam, weil die Berufungsschrift weder die ladungsfähige Anschrift des Berufungsbeklagten noch die seines Prozessbevollmächtigten enthält (BGHZ 65, 114 = NJW 1976, 108; BGHZ 102, 333 = NJW 1988, 2114). Das erklärt sich dadurch, dass die Zustellung im Berufungsverfahren nur zur Unterrichtung des Rechtsmittelbeklagten dient (BGHZ 50, 397, 400 = NJW 1969, 48). Dass die Zustellung durch fehlende Angabe der Anschrift verzögert wird, berührt die Zulässigkeit des Rechtsmittels nicht.

1538

IV. Streitgenossen

Alle bisherigen Ausführungen zur Parteibezeichnung gelten auch für Streitgenossen. Nur sollte stets darauf geachtet werden, dass sie **im Klagerubrum nicht zusammengefasst** werden. Es betrifft zwar nicht die Zulässigkeit, wohl aber die Verständlichkeit und Klarheit, wenn als Kläger angeführt werden:

1539

Alois Krauter sowie die Eheleute Peter und Inge Brauer.

Wird ein solches Aktivrubrum – für das Passivrubrum gilt Gleiches – vom Gericht übernommen, dann kann das später bei der **Kostenentscheidung** des Urteils zu unliebsamen Überraschungen führen. Lautet sie etwa:

1540

Von den Kosten des Rechtsstreits tragen die Kläger $^2/_3$ und der Beklagte $^1/_3$,

dann kann damit gemeint sein, dass jeder Kläger $^1/_3$ trägt, aber auch, dass der Alois Krauter $^1/_3$ trägt und die Eheleute Brauer zusammen $^2/_3$, für die dann jeder voll haftet. Das kann später zu unnötigen schriftsätzlichen Eingaben und „Klarstellungen" führen.

§ 34 Die Parteibezeichnung

1541 **Korrekt** wird in solchen Fällen formuliert:

> Klage
>
> 1. des Maurers Alois Krauter . . .
> 2. des Schreiners Peter Brauer . . .
> 3. der Hausfrau Inge Brauer . . .

1542 Die Parteien können dann im Schriftsatz mit Kläger zu 1), 2) usw. oder Beklagte zu 1), 2) usw. bezeichnet werden. Bei dieser **Nummerierung** der einzelnen Streitgenossen können keine Zweifel im Kostenpunkt auftreten, weil das Gericht sich bei der Kostentenorierung daran halten muss. Es gilt dann gleichmäßige Verteilung. Das hat das Reichsgericht schon vor mehr als hundert Jahren entschieden (Urteil vom 18. 5. 1898, JW 1898, 390). Es hat

> „wiederholt angenommen, dass die gerichtlichen Kosten, wenn in einer Entscheidung mehrere eine Partei bildende Personen ohne nähere Bestimmung der Quoten zur Tragung der Kosten verurteilt worden sind, unter Berücksichtigung der Ordnungsnummern auf jeden Einzelnen von ihnen gleichmäßig zu verteilen sind".

V. Anschriftenänderung

1543 Wenn sich die Anschrift des Klägers oder des Beklagten oder eines Zeugen ändert, dann ist dies **unverzüglich** dem **Gericht mitzuteilen**. Sonst kann es zu ergebnislosen Zustellungen – Terminsladung, Anordnung des persönlichen Erscheinens, Zeugenladung – kommen. Das führt auch zu einem nutzlosen Kostenaufwand, für den eine Partei oder jede Partei verhältnismäßig aufzukommen hat.

1544 Ist bereits ein Beweisbeschluss erlassen worden, dann kann es sogar geschehen, dass der Beweistermin „platzt", weil ein Zeuge wegen nicht mehr gültiger Anschrift nicht geladen werden konnte.

V. Anschriftenänderung

Nachstehend einige **Formulierungsvorschläge** dazu: 1545

An das

Amtsgericht X-Stadt

Luxemburger Str. 15

00000 X-Stadt

In dem Rechtsstreit

Faber ./. Sander

– 1 C 120/06 –

Nach Auskunft des Einwohnermeldeamtes der Stadt X lautet die neue Anschrift des Beklagten

        Siegfried Sander, Wiesenpfad 60, 00000 X-Stadt.

Ich bitte um Zustellung der Klageschrift an diese Adresse.

oder

... hat sich die Anschrift meines Mandanten wie folgt geändert:

        Franz Faber, Baumallee 75, 00000 X-Stadt.

oder

Meine Mandantin hat geheiratet und führt jetzt den Familiennamen Donner. Im Übrigen hat sich die Anschrift nicht geändert.

oder

Meine Mandantin ist inzwischen rechtskräftig geschieden worden (3 F 234/06 AG X-Stadt) und hat durch Erklärung gegenüber dem Standesbeamten ihren früheren Familiennamen Donner wieder angenommen.

Im Übrigen hat sich die Anschrift nicht geändert.

oder

... hat sich die Anschrift des Zeugen Wimmer geändert. Er wohnt nunmehr in der Ringstraße 22 in 00000 X-Stadt.

VI. Klage gegen Unbekannt

1546 Die zur Führung eines Rechtsstreits unerlässlichen Angaben zur Identität der Parteien (vgl. oben Rn. 1515 ff.) bereiten besondere Schwierigkeiten, wenn gegen natürliche Personen vorgegangen wird, die sich einer **Identifizierung bewusst entziehen**. Dann stellt sich das Problem, ob und unter welchen Voraussetzungen gegen diese Unbekannten gerichtlich vorgegangen werden kann.

1. Identifizierung durch Auslegung

1547 Daran, dass die Identität der Parteien für Klage (BGHZ 102, 334 = NJW 1988, 2114) und Widerklage (BGH *Warneyer* 1973 Nr. 109, S. 304) feststehen muss, wird in solchen Fällen festgehalten. Daran ändert auch der Grundsatz nichts, dass bei unrichtiger äußerer Bezeichnung diejenige Person als Partei anzusehen ist, die erkennbar gemeint ist (BGH Rpfleger 1995, 442). Immer besteht auch die Möglichkeit, eine zunächst **zweifelhafte Identität** durch Auslegung zu konkretisieren. Das Vorbringen des Klägers, die von ihm vorgelegten Urkunden, Vorkorrespondenz und dergleichen dürfen dazu herangezogen werden (MünchKommZPO/*Lüke*, 2. Aufl., 2000, § 253 Rn. 45).

2. Hausbesetzer und Betrüger

1548 Das alles hilft aber nicht weiter, wenn es einem Kläger oder Antragsteller nicht möglich ist, die Persönlichkeitsangaben des Gegners zu ermitteln. Von praktischer Bedeutung sind hier vor allem die Fälle, in denen sich unbekannte Personen in Häusern oder Wohnungen festsetzen oder in denen sich **Betrüger hinter** einem **Firmennamen** verbergen. Einen solchen Fall hat das LG Berlin einmal entschieden (NJW-RR 1998, 713). Ein unbekannter Betrüger hatte unter der Bezeichnung „T-Reisen, Inhaber Andre Tewes" eine Reisewillige um den vorausgezahlten Reisepreis geprellt. Die Geschäftskonten des Reiseunternehmens waren beschlagnahmt worden. Für Andre Tewes wurde ein Pfleger bestellt (§ 1913 BGB). Nunmehr klagte die betrogene Reisewillige auf Rückzahlung des Reisepreises

> „gegen den Inhaber der Firma T-Reisen, handelnd unter dem Namen Andre Tewes, gesetzlich vertreten durch seinen Pfleger."

1549 Sie wollte an das von der Staatsanwaltschaft beschlagnahmte Firmenkonto herankommen, um sich schadlos zu halten. Dazu benötigte sie einen Titel, den sie mit der Klage erwirken wollte. Das **LG Berlin** ist davon ausgegangen, dass Andre Tewes **Inhaber** einer **Einzelfirma** sei und unter diesem Namen existiere. Deshalb sei die Klage zulässig. Unverkennbar stand dahinter die Absicht, der geprellten Klägerin zu helfen. In den Entscheidungsgründen heißt es:

> „Dieses Ergebnis ist auch nach den Grundsätzen von Treu und Glauben gemäß § 242 BGB, die grundsätzlich auch im Verfahrensrecht Anwendung finden können, gerechtfertigt. Personen, die ihren Namen geheim halten bzw. verschleiern, damit gegen sie gerichtlich nicht vorgegangen werden kann, verhalten sich arglistig und müssen sich so behandeln lassen, wie wenn die Behinderung nicht erfolgt wäre. Es ist deshalb auch in diesem Fall anerkannt, dass eine Klage gemäß **§ 242 BGB ausnahmsweise gegen Unbekannt** zulässig

sein soll, wenn der Kläger sich nicht auf zumutbare Weise den Namen des Beklagten beschaffen kann. Im Rahmen des § 242 BGB ist auch zu bedenken, dass der Klägerin unstreitig ein Teil des von der Staatsanwaltschaft beschlagnahmten Geldes infolge der Nichterfüllung des Reisevertrages zusteht, sie aber einen Vollstreckungstitel benötigt, um den ihr zustehenden Anteil aus dem beschlagnahmten Vermögen auslösen zu können. Es ist danach **unbillig**, die Vorschrift des **§ 253 Abs. 2 Nr. 1 ZPO** vorliegend **eng auszulegen** und der Klägerin auf diese Weise den Rechtsschutz zu versagen."

3. Räumungsansprüche

In diesem Fall waren immerhin noch Anknüpfungspunkte für eine Identifizierung und namentliche Benennung gegeben. Bei **Räumungsklagen** gegen **Unbekannt** fehlt es sogar daran. Auch die Zulässigkeit solcher Klagen hängt davon ab, dass die Beklagten wenigstens aufgrund anderer Kriterien als des Namens eindeutig und unverwechselbar identifiziert werden können.

In einem vom OLG Oldenburg (NJW-RR 1995, 1164 = MDR 1995, 793) entschiedenen Fall hatten sich sieben bis zehn Personen in dem Einfamilienhaus der Klägerin eingenistet. Mit einem Antrag auf Erlass einer einstweiligen Verfügung wollte die Klägerin die Herausgabe des Hauses erreichen. Sie hatte dazu vorgetragen, sie könne die jetzigen Bewohner nicht namentlich benennen, weil diese sich weigerten, ihre Personalien anzugeben. Sie werde nicht einmal in ihr Haus hereingelassen.

Die **Zulässigkeit** des **Verfügungsantrages** ist **verneint** worden, weil eine Identifizierung der sieben bis zehn unbekannten Personen und damit auch eine Räumungsvollstreckung nicht möglich sei. Dabei ist darauf abgestellt worden, dass es sich möglicherweise um einen **wechselnden Personenkreis** handele.

Das LG Kassel (NJW-RR 1991, 381) hatte allerdings einmal angenommen, es reiche aus, wenn die Identität der betroffenen Personen im Zeitpunkt der Vollstreckung feststehe, weil jeder, der sich dann in dem Gebäude aufhalte, dort unberechtigt verweile. Dem ist das OLG Oldenburg nicht gefolgt, weil das letztlich auf die Zulassung der Klage gegen eine „Partei, die es angehe" hinauslaufe. Das aber sei mit § 253 Abs. 2 Nr. 1 ZPO unvereinbar.

Das Ergebnis ist wenig befriedigend. Das hat auch das OLG Oldenburg eingeräumt, ohne allerdings einen für die Hauseigentümerin gangbaren zivilrechtlichen Weg aufzuzeigen:

„Der Senat verkennt nicht, dass es in Fällen der Hausbesetzung für einen Grundstückseigentümer schwierig ist oder gar unmöglich sein kann, die Besetzer mit zivilrechtlichen Mitteln in Anspruch zu nehmen. Auch dieser Umstand kann es aber nicht rechtfertigen, auf eine wie auch immer bestimmte Bezeichnung der Partei als individuell feststehende Person oder Personengruppe zu verzichten. Hausbesetzer sind Störer im Sinne des öffentlichen Rechts, so dass das **Problem mit polizeirechtlichen Mitteln** zu **lösen** ist, wenn zivilrechtliche Maßnahmen nicht möglich sind."

Mit anderen Worten: Das Recht des Eigentümers, andere von jeder Einwirkung auf sein Eigentum auszuschließen, wie dies § 903 S. 1 BGB vorsieht, steht in den Hausbesetzerfällen und ihnen vergleichbaren Sachverhalten nur auf dem Papier,

§ 34 Die Parteibezeichnung

insbesondere wenn es sich um wechselnde Hausbesetzer handelt (OLG Köln NJW 1982, 188; LG Düsseldorf DGVZ 1981, 156; LG Hannover NJW 1981, 1455; LG Krefeld NJW 1982, 289). Das Schrifttum dazu ist ablehnend-kritisch (vgl. *Reschke-Kessler* NJW 1981, 663; *Gerland* DGVZ 1981, 182; *Lisken* NJW 1982, 37; *Geissler* DGVZ 1987, 67 f.; *Scherer* DGVZ 1993, 132; *Schladebach* ZMR 2000, 72; *Nies* MDR 2000, 131).

VII. Einzelheiten

1. Einzelkaufmann

a) Der handelsrechtliche Name

1556 Die „**Firma**" des Kaufmanns ist sein Name, unter dem er klagen und verklagt werden kann (§ 17 HGB). Es gibt aber keine neben der „Firma" stehende Rechtsperson. Der Einzelkaufmann mag unter seinem Familiennamen „Hans Gold" oder unter seinem Firmennamen „Tierhaus Lang, Inhaber Hans Gold" klagen oder verklagt werden. Weil aber ein Name nicht Partei sein kann, ist es falsch, im Klagerubrum zu schreiben

1. Hans Gold

2. Firma Tierhaus Lang.

1557 In der Alltagspraxis wird immer wieder gegen die richtige Firmierung verstoßen. Die **Fehler**, die dabei vorkommen, sind mannigfaltig. Sie reichen vom „Modensalon chic" über die „Bauunternehmung Planungstreu" bis zur „Immobilienfinanz" und so fort. Doch braucht es gar nicht so auffällig zu liegen. Vollstreckungsschwierigkeiten können sich später schon allein daraus ergeben, dass nur der Familienname des Einzelkaufmanns, nicht sein Vorname angegeben worden ist. Nach § 18 Abs. 1 HGB a.F. war das sogar vorgeschrieben. Und nach **§§ 15a, 15b GewO** gilt das auch heute noch:

§ 15a Anbringung von Namen und Firma (1) Gewerbetreibende, die eine offene Verkaufsstelle haben, eine Gaststätte betreiben oder eine sonstige offene Betriebsstätte haben, sind verpflichtet, ihren Familiennamen mit mindestens einem ausgeschriebenen Vornamen an der Außenseite oder am Eingang der offenen Verkaufsstelle, der Gaststätte oder der sonstigen offenen Betriebsstätte in deutlich lesbarer Schrift anzubringen.

(2) Gewerbetreibende, für die eine Firma im Handelsregister eingetragen ist, haben außerdem ihre Firma in der in Absatz 1 bezeichneten Weise anzubringen, ist aus der Firma der Familienname des Geschäftsinhabers mit einem ausgeschriebenen Vornamen zu ersehen, so genügt die Anbringung der Firma.

(3) Auf offene Handelsgesellschaften, Kommanditgesellschaften und Kommanditgesellschaften auf Aktien finden diese Vorschriften mit der Maßgabe Anwendung, daß für die Namen der persönlich haftenden Gesellschafter gilt, was in betreff der Namen der Gewerbetreibenden bestimmt ist. Juristische Personen, die eine offene Verkaufsstelle haben, eine Gaststätte betreiben oder eine sonstige offene Betriebsstätte haben, haben ihre Firma oder ihren Namen in der in Absatz 1 bezeichneten Weise anzubringen.

(4) Sind mehr als zwei Beteiligte vorhanden, deren Namen hiernach in der Aufschrift anzugeben wären, so genügt es, wenn die Namen von zweien mit einem das Vorhanden-

sein weiterer Beteiligter andeutenden Zusatz aufgenommen werden. Die zuständige Behörde kann im einzelnen Fall die Angabe der Namen aller Beteiligten anordnen.

(5) Die Absätze 1 bis 4 gelten entsprechend für den Betrieb einer Spielhalle oder eines ähnlichen Unternehmens sowie für die Aufstellung von Automaten außerhalb der Betriebsräume des Aufstellers. An den Automaten ist auch die Anschrift des Aufstellers anzubringen.

§ 15b Namensangabe im Schriftverkehr (1) Gewerbetreibende, für die keine Firma im Handelsregister eingetragen ist, müssen auf allen Geschäftsbriefen, die an einen bestimmten Empfänger gerichtet werden, ihren Familiennamen mit mindestens einem ausgeschriebenen Vornamen angeben. Der Angaben nach Satz 1 bedarf es nicht bei Mitteilungen oder Berichten, die im Rahmen einer bestehenden Geschäftsverbindung ergehen und für die üblicherweise Vordrucke verwendet werden, in denen lediglich die im Einzelfall erforderlichen besonderen Angaben eingefügt zu werden brauchen. Bestellscheine gelten als Geschäftsbriefe im Sinne des Satzes 1; Satz 2 ist nicht auf sie anzuwenden.

Der Kläger hat die **Wahl**, unter seiner **Firma** als Einzelkaufmann zu klagen oder nur unter seinem **bürgerlichen Namen**. Für das Passivrubrum gilt das Gleiche. Soweit es sich allerdings lediglich um Vorgänge aus seinem Privatbereich handelt, sollte nur der bürgerliche Name verwendet werden. Die Firmenbezeichnung ist auf geschäftliche Vorgänge zu beschränken. Es macht keinen Sinn, die „Firma Tierhaus Lang, Inhaber Hans Gold" auf Zahlung von Kindesunterhalt zu verklagen. 1558

b) Inhaberwechsel

Geht das Geschäft des Einzelkaufmanns **während des Rechtsstreits** auf einen anderen Inhaber über, dann ist das zunächst ohne Einfluss auf das Verfahren. Jedoch kann der neue Inhaber mit Einverständnis des Beklagten in den Prozess eintreten (§ 265 Abs. 2 S. 2 ZPO). Anderenfalls behält der ursprüngliche Kläger seine Parteistellung, muss aber das **Rubrum** dahin ändern, dass nur noch auf seinen bürgerlichen Namen abgestellt wird, weil er nicht mehr Inhaber des Unternehmens ist. Entsprechend muss er den **Klageantrag** auf Leistung an den neuen Inhaber umstellen, weil seine Klage sonst abzuweisen ist (*Musielak/ Foerste*, ZPO, 5. Aufl., 2007, § 265 Rn. 10). 1559

Ein **Inhaberwechsel** auf der **Beklagtenseite** ändert an der Parteistellung nichts. Der alte Beklagte bleibt Partei und kann sich der Verurteilung nicht entziehen, weil der neue Inhaber nicht am Prozess beteiligt ist (*Musielak/Foerste*, § 265 Rn. 11). Vollstreckt wird dann später auf Grund einer vollstreckbaren Ausfertigung gegen den Rechtsnachfolger (§§ 727, 731 ZPO). 1560

2. Gesellschaft bürgerlichen Rechts

a) Die Außengesellschaft

Die Stellung der BGB-Gesellschaft im Prozess hat sich dadurch geändert, dass der Bundesgerichtshof in BGHZ 146, 341 die **Parteifähigkeit einer Außen-GbR** anerkannt hat. Das entscheidende Kriterium einer Außen-GbR ist, dass sie sich 1561 am Rechtsverkehr beteiligt und dadurch Gesellschaftsvermögen schafft (§ 718 BGB). Auf die **Erbengemeinschaft** trifft das nicht zu. Sie ist nicht auf Dauer angelegt, sondern auf Auseinandersetzung und verfügt auch nicht über eigene Organe, durch die sie im Rechtsverkehr handeln könnte. Sie ist deshalb nicht rechtsfähig (BGHReport 2006, 1545).

1562 Die Außen-GbR, vertreten durch ihre Geschäftsführer, kann hinsichtlich der gesamthänderischen Rechte und Pflichten Klägerin oder Beklagte sein. Sie allein ist also Prozesspartei (OLG Dresden ZIP 2006, 2287), so dass eine Klage aller oder gegen alle Gesellschafter unbegründet ist, wenn es um das Gesellschaftsvermögen geht (ausführlich zur neuen Rechtslage MünchKommBGB/*Ulmer*, 4. Aufl., 2004, § 705 Rn. 39 ff.). Grundbuchfähig ist sie aber nach bisheriger Rechtsprechung nicht (siehe dazu *Reinelt* ZAP Fach 13, S. 1387).

1563 Fehler im Klagerubrum können durch Parteiwechsel behoben werden (BGH NJW 2003, 1043). Der ist aber nicht erforderlich. Die **Berichtigung des Rubrums** genügt (BGH a.a.O.; OLG Dresden ZIP 2006, 2287). Das ist nach Auffassung des Bundesgerichtshofes sogar der richtige Weg.

1564 Die Gläubiger der Außen-GbR dürfen jedoch wegen der akzessorischen Haftung der Gesellschafter gegen diese auch **persönlich** vorgehen, um in deren Privatvermögen vollstrecken zu können. Zu diesem Vorgehen rät der Bundesgerichtshof sogar, weil die Gesellschafter nicht aus einem Schuldtitel gegen die Gesellschaft haften (BGHZ 146, 357). Der sicherste Weg ist es daher, Gesellschaft und Gesellschafter zu verklagen. Gesamtschuldner sind sie aber nicht (MünchKommBGB/*Bydlinski*, Bd. 2a, 4. Aufl., 2003, § 421 Rn. 42). Doch stehen das Gesellschaftsvermögen und das Privatvermögen der Gesellschafter dem Vollstreckungszugriff offen (MünchKommBGB/*Ulmer*, 4. Aufl., 2004, § 705 Rn. 321).

1565 Wichtig zu wissen ist, dass der neu in eine BGB-Gesellschaft eintretende Gesellschafter für die **vor seinem Eintritt** begründeten Verbindlichkeiten der Gesellschaft persönlich neben den Altschuldnern **haftet** (BGH VersR 2003, 771 mit Anm. *Reiff*: betrifft eine **Anwaltssozietät**).

b) Die Innengesellschaft

1566 Nach der neuen Rechtsprechung ist es nunmehr notwendig, die nach wie vor nicht parteifähige **Innengesellschaft** genau zu bestimmen, die anderen Regeln folgt (MünchKommBGB/*Ulmer*, 4. Aufl., 2004, § 705 Rn. 275 ff.). Ob es bei ihr in erster Linie auf das Nichtvorhandensein von Gesamthandsvermögen ankommt (*Ulmer*, a.a.O., Rn. 277), ist zweifelhaft. *Ulmer* verneint das (Rn. 280–282). Jedenfalls aber beteiligt sie sich nicht am Rechtsverkehr, um Gesamthandsvermögen zu bilden.

1567 Die Rechtslage der nicht rechtsfähigen BGB-Innengesellschaft bestimmt sich nach altem Recht. Insoweit kann daher noch auf die frühere Rechtsprechung und die ältere Literatur zurückgegriffen werden.

Die nicht rechtsfähige BGB-Innengesellschaft kann als solche nicht verklagt werden (BGHZ 80, 222, 227 = NJW 1981, 1953). **Partei** sind bei ihr die in der GbR zusammengeschlossenen **einzelnen Gesellschafter**. Gegen diese muss die Klage gerichtet werden, so dass sie auch nicht als Zeugen in Betracht kommen. 1568

Hat die Innen-GbR einen **geschäftsführenden Gesellschafter** (§ 710 BGB), dann ändert das nichts an der Parteistellung. Eine lediglich gegen ihn gerichtete Klage darf nicht in eine Klage gegen die ungenannten Gesellschafter umgedeutet werden. Diese müssen vielmehr in der Klageschrift neben dem geschäftsführenden Gesellschafter namentlich aufgeführt werden. Wird das vom Gericht übersehen, dann ist ein Titel mit dem mangelhaften Rubrum **nicht vollstreckbar** (LG Saarbrücken DGVZ 1997, 58: „GbR X-Straße in Y-Stadt, vertreten durch Herrn Peter Rubens"). Nur im **Gesamthandsprozess** der **klagenden** GbR ist die Vertretung der Gesellschafter durch die oder den vertretungsberechtigten Geschäftsführer möglich (MünchKommBGB/*Ulmer*, 4. Aufl., 2004, § 709 Rn. 12; § 718 Rn. 49 ff.). 1569

Sind im Klagerubrum **versehentlich nicht alle** Gesellschafter **genannt**, dann berührt das nicht die Zulässigkeit der Klage. Maßgebend ist vielmehr die Absicht, das Verfahren im Namen aller Gesellschafter einzuleiten. Aktivlegitimation und Prozessführungsbefugnis sind gegeben; lediglich das Rubrum ist unvollständig und zu berichten (BGH ZIP 1990, 715, 716; NJW 1997, 1236). 1570

Wird allerdings **Berufung** eingelegt, ohne dass die Namen der Gesellschafter in der Berufungsschrift mitgeteilt werden, dann müssen die fehlenden Angaben innerhalb der Berufungsfrist nachgeholt werden. Anderenfalls ist die Berufung nach LG Köln WuM 1993, 468 als unzulässig zu verwerfen, weil bis zum Fristablauf nicht erkennbar geworden ist, wer Berufungsführer ist. 1571

Soll verhindert werden, dass alle Gesellschafter klagen – zum Beispiel, um einigen die Zeugenstellung zu verschaffen – dann können die geltend zu machenden Ansprüche **an einen Gesellschafter abgetreten** werden, der dann Klage auf Leistung an sich erheben darf. 1572

Stattdessen kommt auch eine Ermächtigung zur Prozessführung mit Antragstellung auf Leistung an alle Gesellschafter in Betracht. Dazu muss ein eigenes rechtliches Interesse an der **gewillkürten Prozessstandschaft** gegeben sein (*Rosenberg/Schwab/Gottwald*, Zivilprozessrecht, 16. Aufl., 2004, § 46, Rn. 34). Der BGH hat es grundsätzlich bejaht (NJW 1988, 1585). Mangels abweichender Regelung steht jedoch die Geschäftsführung allen Gesellschaftern gemeinschaftlich zu, also auch die Prozessführungsbefugnis (§ 709 Abs. 1 BGB). 1573

Wechselt der Gesellschafterbestand während des Rechtsstreits, dann wird dadurch die Identität der Gesamthandsgesellschaft und ihre Sachlegitimation nicht beeinträchtigt. Es ist nur das **Rubrum** zu berichten. 1574

Zu beachten ist, dass für die Innen-GbR mangels Parteifähigkeit kein gemeinschaftlicher besonderer Gerichtsstand gegeben ist. Weder § 17 ZPO noch § 22 ZPO sind anwendbar. Wohnen die Gesellschafter nicht alle in demselben 1575

Gerichtsbezirk, dann bleibt nichts anderes übrig, als das zuständige Gericht nach § 36 Abs. 1 Nr. 3 ZPO bestimmen zu lassen (BayObLG NJW-RR 1990, 742).

c) Warnung

1576 Wie sich die Änderung der Rechtsprechung zur Stellung der BGB-Gesellschaft materiell-rechtlich und prozessual auswirkt, ist in den Einzelheiten teilweise noch ungeklärt und umstritten. Der Anwalt sollte daher in einschlägigen Fällen die jeweils jüngsten Kommentare einsehen, bevor er sich in Schriftsätzen und Anträgen festlegt.

3. Partnerschaftsgesellschaft

1577 Haben sich Anwälte in einer Partnerschaftsgesellschaft verbunden, dann kann die Gesellschaft **unter ihrem Namen klagen** und **verklagt werden** (§ 7 PartGG i.V.m. § 124 HGB). Gegenüber der Anwaltssozietät in der Form einer BGB-Gesellschaft bringt das Gesetz nur wenig Vorteile.

4. Miterben

1578 Die Miterbengemeinschaft ist eine kraft Gesetzes entstehende **Gesamthandsgemeinschaft** (§ 2032 BGB). Mangels eigener Rechtspersönlichkeit ist sie **nicht parteifähig** (§ 50 Abs. 1 ZPO; BGHReport 2006, 1545), so dass die Miterben im Rechtsstreit alle namentlich genannt werden müssen. Wie bei der GbR (§ 709 BGB) gilt auch hier der Grundsatz der gemeinschaftlichen Verwaltung (§ 2038 Abs. 1 S. 1 BGB). Auch Rechtsstreitigkeiten müssen deshalb **gemeinschaftlich** geführt werden (*Staudinger/Werner*, BGB, 1996, § 2038 Rn. 4).

1579 Soweit der Erbengemeinschaft **Ansprüche gegen** einen **Dritten** zustehen, erlaubt § 2039 BGB jedem einzelnen Miterben, auf **Leistung an alle Erben** zu klagen. Ebenso ist ein einzelner Miterbe prozessführungsbefugt für die **Abwehr von Ansprüchen**, etwa für eine Vollstreckungsgegenklage (§ 767 ZPO) gegen die Zwangsvollstreckung aus einer Grundschuld in ein Nachlassgrundstück (BGH NJW 2006, 1969).

1580 Ist ein **Testamentsvollstrecker** bestellt worden, dann hat nur dieser das Prozessführungsrecht für **Aktivprozesse** (§ 2212 BGB). Die Klage der Erben müsste als unzulässig abgewiesen werden.

1581 Bei Klagen **gegen die Erben** (Passivprozesse) hat der Kläger die Wahl, gegen die Erbengemeinschaft oder gegen den Testamentsvollstrecker vorzugehen (§ 2213 BGB).

1582 Ebenso wie bei der GbR wohnen die Miterben vielfach in verschiedenen Gerichtsbezirken, manchmal sogar Einzelne von ihnen im Ausland. Abweichend von der Regelung für die Innen-GbR (oben Rn. 1575) ist dann aber keine Zuständigkeitsbestimmung nach § 36 Nr. 3 ZPO nötig. Es gibt nämlich einen

VII. Einzelheiten

besonderen Gerichtsstand der Erbschaft (§§ 27, 28 ZPO; siehe oben Rn. 354: §§ 27, 28 ZPO). Das ist eine wesentliche Erleichterung bei der Rechtsverfolgung.

Nach § 2058 BGB haften die Erben für die Nachlassverbindlichkeiten als Gesamtschuldner. Werden sie in Anspruch genommen, dann spricht man von einer **Gesamtschuldklage** (*Erman/Schlüter*, BGB, 11. Aufl., 2004, § 2058 Rn. 2c). Daneben gibt es die **Gesamthandsklage** des § 2059 Abs. 2 BGB. 1583

Soweit es um die gesamtschuldnerische Haftung geht, hat der **Nachlassgläubiger** gemäß §§ 2058, 421 BGB die **Wahl**, ob er alle, einige oder nur einen Miterben in Anspruch nehmen will. Dabei handelt es sich um materiell-rechtliche Fragen, die hier nicht zu beantworten sind. Dazu ist auf die einschlägigen Kommentare zurückzugreifen (z.B. *Staudinger/Marotzke*, BGB, 1996, Rn. 27; MünchKommBGB/*Heldrich*, 4. Aufl., 2004, Rn. 24 f.; *Soergel/Wolf*, 13. Aufl., 2002, Rn. 10 ff. – alle zu § 2058). 1584

5. Mieter

Durch das gemeinsame Anmieten einer Wohnung wird eine Innen-GbR gegründet (LG Berlin ZMR 1999, 112; NJW-RR 1999, 1387). Die gesellschaftlich verbundenen Mieter – meist Eheleute – können **Ansprüche gegen** einen **Dritten** und damit auch gegen den Vermieter **nur gemeinsam** geltend machen, weil es sich dabei um einen Akt der Geschäftsführung handelt (§ 709 BGB). Einem einzelnen Mieter fehlt die Prozessführungsbefugnis für eine solche Klage (LG Berlin a.a.O.). Er kann sie nur durch eine entsprechende Ermächtigung erlangen und dann auf Grund gewillkürter Prozessstandschaft vorgehen. 1585

Einzelklagebefugnis eines Mieters kann allerdings dadurch begründet werden, dass die Gesellschaft zwischen zwei Mietern durch den Auszug eines Mieters **beendet** wird, so dass nur noch ein Gesellschafter übrig bleibt. Das führt analog § 738 Abs. 1 BGB dazu, dass das Gesellschaftsvermögen dem allein verbleibenden Mieter **anwächst** (BGH MDR 1999, 1397). Das Gesellschaftseigentum verwandelt sich also durch Auflösung der Gesellschaft in **Alleineigentum** (MünchKommBGB/*Ulmler*, 4. Aufl., 2004, § 718 Rn. 13 u. Rn. 9 vor § 723). Davon kann jedoch nicht als Regelfall ausgegangen werden. Der allein klagende Mieter muss deshalb zur Darlegung seiner Aktivlegitimation diesen Sachverhalt vortragen und notfalls auch beweisen. 1586

Der **Vermieter** hingegen kann jeden Mitmieter einzeln auf Räumung verklagen. Vollstreckungstitel können also in verschiedenen Prozessen erwirkt werden (LG Wuppertal WuM 1998, 598), auch im Urkundenprozess, § 592 ZPO (BGH NJW 2005, 2701; WuM 2007, 82). Die Einzelklage kann oft sinnvoll sein. Wird lediglich der zahlungsfähige Mieter verklagt, dann erübrigt es sich häufig, einen weiteren Titel zu erwirken, weil der verbleibende Mieter dem Räumungsbegehren freiwillig nachkommt. Insbesondere bei Eheleuten ist es oft so, dass die nicht berufstätige Ehefrau außer Stande ist, nach der Verurteilung und dem Auszug ihres Ehemanns die Miete zu zahlen, so dass ihr in absehbarer Zeit die 1587

Räumungsverurteilung wegen Zahlungsverzuges drohen würde (§ 554 BGB). Dann zieht die Ehefrau im Zweifel lieber gleich freiwillig aus.

1588 **Gesamthänderische Bindung** kann auch auf Vermieterseite bestehen. Klagen in einer GbR verbundene Vermieter etwa auf Zahlung von Mietzins, dann müssen sie alle als Partei auftreten und genannt werden (OLG Düsseldorf WuM 1996, 706).

6. Wohnungseigentümer

a) Parteifähigkeit

1589 Bei der Wohnungseigentümergemeinschaft handelt es sich um eine **Gemeinschaft nach §§ 741 ff. BGB**. Im Anschluss an die Zuerkennung der Rechtsfähigkeit für die BGB-Außengesellschaft (oben Rn. 1561) hat der BGH ihr **Teilrechtsfähigkeit** zuerkannt, soweit sie bei der Verwaltung des gemeinschaftlichen Eigentums am Rechtsverkehr teilnimmt (diese Rechtsprechung ist durch § 10 Abs. 6 WEG n.F. übernommen worden, siehe oben Rn. 24). Die sich daraus für die Wohnungseigentümergemeinschaft ergebenden Rechtsfolgen hat *Rapp* (*Staudinger*, 2005, Einl. zum WEG Rn. 70 ff.) ausführlich behandelt.

b) Sammelbezeichnung der Gemeinschaft

1590 Angesichts der oft großen Zahl beteiligter Wohnungseigentümer treten diese manchmal nur unter einer Sammelbezeichnung auf. Das macht eine Klage nicht unzulässig, wie der BGH in einem anschaulichen Fall entschieden hat (vgl. BGH NJW 1977, 1686 = MDR 1977, 924):

1591 Die Klägerin hatte Werklohnansprüche wegen Dachreparaturen an einem großen Wohnungseigentums-Objekt eingeklagt gegen die „**Wohnungseigentumsgemeinschaft F-Straße 24**". Das Gericht gab ihr auf, die Beklagte richtig zu bezeichnen. Daraufhin nannte die Klägerin die 31 Mitglieder der Wohnungseigentümergemeinschaft mit Namen. Nun ging es darum, ob zwischen Klageeinreichung und Berichtigung des Klagerubrums durch namentliche Benennung der Mitglieder Verjährung eingetreten war. Die Vorinstanzen hatten das angenommen, weil die eingereichte Klage gegen § 253 Abs. 2 Nr. 1 ZPO verstoßen und die Berichtigung nicht heilend zurückgewirkt habe. Das hat der Bundesgerichtshof nicht gelten lassen:

> „Die Wohnungseigentümer sind bereits in der Klageschrift gemäß § 253 Abs. 2 Nr. 1 ZPO bezeichnet worden. Die in der Klageschrift enthaltene Parteibezeichnung ist auslegungsfähig. Für die Auslegung ist es bedeutungslos, was sich die Klägerin und ihr Prozessbevollmächtigter unter der gewählten **Parteibezeichnung** vorgestellt haben. Es kommt nur darauf an, welcher **Sinn** dieser Erklärung **aus objektiver Sicht** beizulegen ist. Bei äußerlich unrichtiger Bezeichnung ist grundsätzlich diejenige Person als Partei anzusehen, die erkennbar durch die fehlerhafte Parteibezeichnung nach deren objektivem Sinn betroffen werden soll (BGHZ 4, 328, 334 = NJW 1952, 545). Für den Streitfall folgt daraus, dass sich die Klage gegen die Mitglieder der Wohnungseigentümergemeinschaft F-Straße 24 richtet. Es erscheint ausgeschlossen, dass die Klägerin bei der gerichtlichen Geltendmachung ihres Werklohns, für den allein die Haftung der Wohnungseigentümer infrage kommt, mit der Bezeichnung ‚Wohnungseigentümer-

gemeinschaft F-Straße 24' statt der einzelnen Mitglieder die rechtlich nicht vorhandene Gemeinschaft verklagen wollte. Vielmehr war klar erkennbar, dass mit dieser in der Klageschrift verwendeten **Kurzbezeichnung** in Wirklichkeit **die einzelnen** im Zeitpunkt der Klageeinreichung zur Gemeinschaft gehörenden **Wohnungseigentümer gemeint** waren."

Ist die Wohnungseigentümergemeinschaft nur durch einen **Sammelnamen** bezeichnet worden und wird dieser Sammelname vom Gericht in das **Urteilsrubrum übernommen**, dann bleibt es bei dem Verstoß gegen § 253 Abs. 2 Nr. 1 ZPO. In diesem Fall ist die unter dem Sammelnamen unterlegene Partei jedoch befugt, ein **Rechtsmittel** einzulegen. Dann ist zweitinstanzlich die fehlerhafte Parteibezeichnung zu berichtigen. Das kann auch noch nach Ablauf der Rechtsmittelfrist geschehen (BGH NJW 1993, 2943 = VersR 1994, 331). 1592

Ist allerdings ein **Urteil** mit einem wegen des Sammelnamens fehlerhaften Rubrum **rechtskräftig** geworden, dann steht es für den Kläger schlecht. Vollstrecken kann er daraus nicht, weil nicht klar ist, gegen welche Personen sich die Verurteilung richtet. In der **Zwangsvollstreckung** kann die unklare Bezeichnung auch nicht mehr durch Auslegung berichtigt werden. Es kommt dann allenfalls noch eine Klage mit dem Ziel in Betracht, durch das Gericht feststellen zu lassen, wer sich im Zeitpunkt der Klageerhebung hinter dem Sammelnamen verborgen hat. 1593

7. Handelsfirmen – Juristische Personen

Klagt eine „Firma" als Handelsunternehmen mit eigener Rechtspersönlichkeit oder soll sie verklagt werden, dann ergeben sich die notwendigen Parteiangaben und die gesetzliche Vertretung abstrakt aus dem jeweils anwendbaren Gesetz. Der Grundsatz ist in **§ 17 HGB** festgeschrieben: 1594

(1 Die Firma eines Kaufmanns ist der Name, unter dem er seine Geschäfte betreibt und die Unterschrift abgibt.

(2) Ein Kaufmann kann unter seiner Firma klagen und verklagt werden.

Die **Firma** ist also kein Rechtssubjekt, sondern **nur** der **Name** des Kaufmanns, so wie „Hans Müller" der Name einer natürlichen Person ist (siehe oben Rn. 1556 ff.). 1595

a) Firmenrecht

Das jeweils einschlägige Firmenrecht ist nicht immer bekannt oder leicht zugänglich. Die Schwierigkeiten, die richtige Parteibezeichnung herauszubekommen, bestehen insbesondere, wenn eine **ausländische Handelsgesellschaft** als Klägerin auftritt. Der Anwalt des Beklagten braucht sich dann aber nicht die Mühe zu machen, das Klagerubrum zu überprüfen. Er kann sich darauf beschränken, die Parteifähigkeit der klagenden ausländischen Gesellschaft „**mit Nichtwissen**" (§ 138 Abs. 4 ZPO) zu bestreiten. Dann muss das Gericht die Parteifähigkeit klären und wird im Zweifel die Klägerin auffordern, sich dazu überprüfbar zu äußern. 1596

§ 34 Die Parteibezeichnung

1597 Nach § 21 ZPO kann die örtliche Zuständigkeit für Klagen gegen ein **Gewerbeunternehmen** auch durch den Ort der **Niederlassung** (Zweigniederlassung, Zweigstelle, Filiale) begründet werden. Daraus darf aber nicht gefolgert werden, die Zweigniederlassung sei rechtsfähig und deshalb parteifähig.

1598 Die Firma (der Name!) einer Zweigniederlassung muss nicht mit der Firma der Hauptniederlassung identisch sein (*Staub/Hüffer*, HGB, 4. Aufl., 1984, § 17 Rn. 30 ff.). Auch dann ist aber nicht die Niederlassung Partei, sondern das Unternehmen (BGHZ 4, 6 = NJW 1952, 182; *Staub/Hüffer*, HGB, 4. Aufl., 1983, Rn. 18 vor § 13).

1599 Die **gesetzlichen Vertreter** – Geschäftsführer, Vorstandsmitglieder – einer Handelsgesellschaft sind ebenfalls namentlich unter Angabe des Wohnortes zu nennen (§§ 253 Abs. 2 Nr. 1, 130 Nr. 1 ZPO). So gut wie immer ist allerdings ihre Anschrift identisch mit derjenigen der Partei. Deshalb genügt es, ihrer Funktion und ihrem Namen den Zusatz „**ebenda**" beizufügen.

b) Insbesondere die GmbH

1600 Der Anwalt muss bei der Bezeichnung einer GmbH genau arbeiten und zwischen dem **Unternehmen** und dem **Geschäftsführer** unterscheiden. Das gilt insbesondere, wenn es sich um eine „**GmbH & Co. KG**" handelt. Deren Ansprüche dürfen nicht im Namen der GmbH eingeklagt werden, da diese nicht anspruchsberechtigt ist.

1601 Das gilt auch für **Passivprozesse**. Partei ist nur die Kommanditgesellschaft. Die GmbH ist lediglich Kommanditistin oder als Komplementärin geschäftsführend. In diesem Fall muss ihre „Firma" vollständig angegeben werden, weil sie die Funktion einer gesetzlichen Vertreterin hat.

1602 Die **Vor-GmbH** ist heute im Gründungsstadium als rechtsfähig und damit als aktiv und passiv parteifähig anerkannt (*Happ*, Die GmbH im Prozess, 1997, § 13 Rn. 40). Das ist jedoch nicht mehr der Fall, wenn die Vor-GmbH beendet ist, insbesondere bei Auflösung infolge einer rechtskräftigen Ablehnung der Handelsregistereintragung (OLG Köln NJW-RR 1998, 1047).

1603 Bei **Erlöschen** wegen Vermögenslosigkeit (§ 2 Abs. 1 LöschG; jetzt § 141a FGG) entfällt die Parteifähigkeit zwar, wird aber als fortbestehend behandelt, soweit es darum geht, ob tatsächlich Vermögenslosigkeit vorliegt (BGH ZIP 1981, 1268). Dazu genügt die bloße **Behauptung**, die GmbH habe noch Vermögen (BGHZ 48, 307 = NJW 1968, 297). Die Auflösung bewirkt also nur, dass die Gesellschaft nicht mehr werbend existiert, ihre Parteifähigkeit aber fortbesteht, so dass sie zur Einlegung von Rechtsmitteln befugt bleibt (OLG Koblenz GmbHR 1994, 483).

1604 Von diesen Ausnahmen abgesehen, hat die **Beendigung** der **GmbH** in Aktiv- und Passivprozessen zur Folge, dass eine von ihr eingereichte Klage ebenso wie eine gegen sie erhobene Klage als unzulässig abzuweisen ist (*Happ*, Die GmbH im Prozess, § 14 Rn. 30 ff.).

Wegen der oft bestehenden Undurchsichtigkeit der Rechtslage wird ein Anwalt 1605
die **Parteifähigkeit** der GmbH **rügen**, wenn diese noch nicht im Handelsregister
eingetragen worden ist (*Rinsche*, Prozesstaktik, 4. Aufl., 1999, Rn. 24).

c) OHG und KG

Neben den juristischen Personen gibt es noch Personengesellschaften, die keine 1606
eigene Rechtsfähigkeit haben, aber gleichwohl als parteifähig behandelt werden.
Zu erwähnen sind hier vor allem die offene Handelsgesellschaft und die
Kommanditgesellschaft. Beide sind als Gesamthandsgesellschaften nicht rechtsfähig, können aber **selbständig klagen und verklagt werden** (§§ 124 Abs. 1, 161
Abs. 2 HGB). Vereinzelt wird allerdings auch die Rechtsfähigkeit dieser Gesellschaften bejaht. Der Streit hat jedoch angesichts der aktiven und passiven
Parteifähigkeit nur akademische Bedeutung.

d) Stille Gesellschaft, Genossenschaft und Verein

Bei der **stillen Gesellschaft** (§ 230 HGB) handelt es sich um eine reine 1607
Innengesellschaft, der schon deshalb die Parteifähigkeit fehlt (*Staub/Zutt*, HGB,
4. Aufl., 1990, § 230 Rn. 102).

Eingetragene Genossenschaften wiederum sind Kapitalgesellschaften mit offener Mitgliederzahl (§ 1 Abs. 1 GenG). Als juristische Personen sind sie rechtsfähig und damit aktiv und passiv parteifähig, vertreten durch den Vorstand 1608
(§§ 17 Abs. 1, 24 Abs. 1 GenG).

Eine Sonderstellung nehmen die **Vereine** ein. Nicht wirtschaftliche Vereine 1609
erlangen die Rechtsfähigkeit durch Eintragung in das Vereinsregister (§§ 21, 55
BGB), wirtschaftliche Vereine durch Verleihung (§ 22 BGB).

Nicht rechtsfähige Vereine – Idealvereine ohne Eintragung – haben (nur) passive 1610
Parteifähigkeit (§ 50 Abs. 2 ZPO), politische Parteien darüber hinaus auch die
aktive (§ 3 ParteienG).

Soweit die Parteifähigkeit fehlt, müssten in der Klage alle Mitglieder genannt 1611
werden. Bei Massenvereinen ist das schon zahlenmäßig nicht durchführbar.
Teilweise wird deshalb die **Klage unter** einem **Gesamtnamen** für zulässig
erachtet. Auch kommt die treuhänderische Übertragung des Vereinsvermögens
auf einen Dritten, etwa den Vorstand, in Betracht, der dann im eigenen Namen
vorgeht (siehe dazu *Stein/Jonas/Bork*, ZPO, 22. Aufl., 2004, § 50 Rn. 36 ff.).

8. Fiskus

Bei **Anstalten** und **Körperschaften** des öffentlichen Rechts richtet sich die 1612
Rechtsstellung im Prozess nach den einschlägigen bundes- oder landesrechtlichen Vorschriften (siehe *Stein/Jonas/Bork*, § 50 Rn. 10 ff.). Bei ihnen wird die
Namensangabe der die gesetzliche Vertretung ausübenden natürlichen Person
meist als entbehrlich angesehen, weil die Funktion und das Amt überwiegen.
Wer diese Stellung zurzeit gerade innehat, ist unwichtig.

§ 34 Die Parteibezeichnung

1613 Bei **Versorgungsunternehmen** – z.B. Strom, Telefon – ist darauf zu achten, ob deren allgemeine Geschäftsbedingungen Besonderheiten enthalten, die zu berücksichtigen sind.

1614 Neben den erwähnten Personenverbindungen gibt es noch zahlreiche andere. Eine **umfassende Übersicht** darüber findet sich bei *Stein/Jonas/Bork* vor § 50 mit einem ABC-Schlüssel. Zur Vertretung des Fiskus und der öffentlichen Verwaltung bringen *Wieczorek/Schütze/Bucholz/Loeser* (ZPO, 3. Aufl., 1994, Rn. 170 ff. vor § 50) umfassende Angaben.

VIII. Berichtigung des Rubrums

1615 Je nachlässiger ein Anwalt bei der Gestaltung des Rubrums arbeitet, umso mehr ist er später auf Berichtigungen angewiesen (siehe dazu oben Rn. 1506). Sie werden vor allem dann problematisch, wenn das Gericht unvollständige, fehlerhafte oder missverständliche Parteiangaben übernommen hat. Dann kann nur noch § 319 ZPO helfen, der die Korrektur **offenbarer Unrichtigkeiten** zulässt. Offenbar ist eine Unrichtigkeit nur, wenn sie für jeden Außenstehenden erkennbar ist oder sich zumindest aus dem Zusammenhang der Schriftsätze, des Urteils oder den sonstigen verfahrensrechtlichen Vorgängen ergibt.

1616 Die Rechtsprechung ist allerdings großzügig. Immer ist aber der Weg der Berichtigung des Rubrums verschlossen, wenn auf diese Weise die **Partei ausgetauscht** werden soll (vgl. *Vollkommer* MDR 1992, 642). In derartigen Fällen kann sogar ein rechtskräftiger Berichtigungsbeschluss wirkungslos und unbeachtlich sein (*Stein/Jonas/Leipold*, ZPO, 21. Aufl., 1998, § 319 Rn. 15 f.). Dann droht dem Anwalt, auf den die fehlerhaften Parteiangaben zurückgehen, der Regress.

IX. Nicht existierende Partei

1617 **Klagt** eine nicht existierende Partei oder wird eine nicht existierende Partei **verklagt**, dann ist die Klage als **unzulässig** abzuweisen (OLG Frankfurt MDR 1997, 303).

1618 Existiert die **klagende** Partei nicht, dann sind die **Kosten** demjenigen aufzuerlegen, der das Verfahren **veranlasst** hat (BGHZ 146, 357; ZIP 1999, 491; sog. Veranlasserhaftung).

1619 Ebenso verhält es sich, wenn eine nicht existierende Partei **verklagt** wird. Der Kostenerstattungsanspruch steht dann demjenigen zu, der die Nichtexistenz geltend gemacht hat und aufgetreten ist (OLG Düsseldorf MDR 1980, 853).

1620 Angenommen, eine Klage wird dem G als vermeintlichem Geschäftsführer einer **beklagten**, aber nicht existierenden GmbH zugestellt. Der angebliche Geschäftsführer rührt sich nicht. In Unkenntnis der Nichtexistenz der Beklagten erlässt das Gericht ein Versäumnisurteil. Dann ist das Urteil wirkungslos. Mangels eines existierenden Beklagten kann es nicht vollstreckt werden.

Existiert der **Kläger** nicht und klärt der Beklagte dies nach Zustellung auf, dann ist die Klage kostenfällig abzuweisen. Wiederum kann nicht vollstreckt werden. 1621

Die **Anwälte** werden sich wegen ihrer Vergütung in solchen Fällen an denjenigen halten, der sie mit der Führung des Rechtsstreits beauftragt hat. 1622

Der **Gegner** der nicht existenten Partei kann mit der ihm günstigen Kostenentscheidung nichts anfangen, weil eine nicht existente Partei nicht haften kann. Die Kosten können jedoch demjenigen auferlegt werden, der das Verfahren veranlasst hat (sog. **Veranlasserhaftung**; siehe oben Rn. 1552). Das kann auch ein Prozessbevollmächtigter sein, der die Nichtexistenz des Beklagten oder des Klägers gekannt hat (BGHZ 121, 400; MDR 1997, 1065; OLG Karlsruhe MDR 1997, 689; Einzelheiten bei *Zöller/Herget*, ZPO, 26. Aufl., 2007, § 91 Rn. 2). 1623

§ 35 Die Fassung des Klageantrags

I. Die gedankliche Vorarbeit

Der Mandant kommt zum Anwalt, damit dieser ihm helfe, einen Anspruch gegen einen Dritten durchzusetzen. Der Wunsch oder der **Auftrag** des **Mandanten** – sein Begehren – ist in einem Antrag zu formulieren. Das ist schon deshalb unerlässlich, damit der Richter, der später über den Fall zu entscheiden hat, weiß, worum es geht. Nur dann kann er im Urteilstenor den Umfang der Verurteilung und der Rechtskraftwirkung (§ 322 Abs. 1 ZPO) genau bestimmen. 1624

Erste Voraussetzung für die Arbeit am Klageantrag ist, dass der Anwalt erfährt, **worum es dem Mandanten eigentlich geht**. Nicht immer ist dieser sich selbst darüber im Klaren oder in der Lage, es verständlich zu formulieren. 1625

Hat der Anwalt das herausgefunden, dann sollte er sich überlegen und ggf. mit dem Mandanten besprechen, ob es überhaupt sinnvoll ist, zu klagen, und ob Aussicht besteht, eine erfolgreiche Klage später auch zu vollstrecken. Vielleicht ist der Gegner „notorisch gesetzlich eingerichtet", also auf Dauer vollstreckungsrechtlich insolvent. Vielleicht muss auch damit gerechnet werden, dass er sich ins Ausland verdrückt. In solchen Fällen erwirkt der Mandant nur einen Pyrrhussieg. Er gewinnt den Prozess, bekommt aber vom Gegner nichts und bleibt auf seinen eigenen Kosten sitzen. 1626

Rät der Anwalt zur Erhebung der Klage, dann muss er sich Gedanken über die **Antragsformulierung** machen. Der Klageantrag muss vor allem deshalb **genau gefasst werden**, damit sich später keine Schwierigkeiten bei der **Zwangsvollstreckung** ergeben. Um dem vorzubeugen, sollte der Anwalt jeden von ihm formulierten Klageantrag in Gedanken, in schwierigen Fällen auch anhand des Gesetzes darauf überprüfen, wie die Vollstreckung später ablaufen würde. 1627

§ 35 Die Fassung des Klageantrags

Darauf, dass der Richter keinen Fehler begeht, kann sich kein Anwalt verlassen. Dem stehen zahlreiche Fälle entgegen, in denen Urteile verkündet worden sind, die sich mangels Bestimmbarkeit ihres Tenors in der Zwangsvollstreckung als wertlos und nicht vollstreckbar erwiesen haben (siehe dazu *Schuschke/Walker*, Zwangsvollstreckung, 3. Aufl., 2002, Rn. 6–9 vor §§ 704–707). Deshalb muss der Anwalt sogar noch **nach Urteilsverkündung** prüfen, ob die Urteilsformel den Klageantrag erschöpft.

1. Richterliche Kontrolle

1628 Der Richter darf ohne Verstoß gegen § 308 Abs. 1 ZPO **sprachlich** schlecht gefasste **Anträge verbessern**. Niemand wird das schlechte Deutsch eines Prozessbevollmächtigen für verbindlich halten. Der Wortsinn darf aber nicht verändert werden. Unliebsame Überraschungen soll der § 139 ZPO verhindern. Danach hat der Richter schon **vor** der mündlichen Verhandlung, spätestens **in ihr** auf **Bedenken** gegen die **Antragsfassung** hinzuweisen und „dahin zu wirken, dass die Parteien ... die sachdienlichen Anträge stellen". Kein Anwalt kann sich jedoch darauf verlassen, dass dies auch geschieht; und in der Praxis geschieht es häufig nicht. Wird die Klarstellung versäumt, dann bleibt dem Richter nur noch die Möglichkeit, den Antrag auszulegen. Das ist zulässig. Nur hat der Anwalt darauf keinen Einfluss mehr.

2. Auslegung

1629 **Anträge** dürfen ausgelegt werden. Es ist falsch, an ihrem Wortlaut zu haften.

Beispiele:

Nach dem Wortlaut des Klageantrags soll „festgestellt" werden, der Kläger sei Eigentümer eines Grundstücks; der Beklagte möge verurteilt werden, die Berichtigung des Grundbuchs zu bewilligen. Möglicherweise ist hier der „Feststellungsantrag" ohne selbständige Bedeutung, nämlich nur ein äußerlich in die Form eines Antrages gekleidetes Stück der Klagebegründung.

Oder: Nach dem Wortlaut des Antrags soll der Beklagte „verurteilt" werden, einen gepfändeten Personenkraftwagen „freizugeben". **Oder:** Es soll „festgestellt" werden, der Beklagte habe aus einem früheren Urteil „keine Ansprüche mehr". **Oder:** Der Beklagte soll „zur Anerkennung verurteilt" werden, der Kläger sei Eigentümer eines Sattelschleppers. Dann soll nach dem Sinn des Antrags im ersten Fall die Pfändung, im zweiten die Vollstreckung aus dem Urteil für unzulässig erklärt werden (§§ 771, 767 ZPO). Im dritten Fall soll das Eigentum des Klägers festgestellt werden (§ 256 ZPO).

1630 Der BGH (MDR 1984, 660) geht sogar davon aus, dass eine (unbegründete) **Leistungsklage** vom Gericht in eine (begründete) **Feststellungsklage** umgedeutet werden darf. Die Zulässigkeit dieses Vorgehens wird damit begründet, dass es sich bei der Feststellungsklage um ein Weniger gegenüber der Leistungsklage handele und der Übergang von der Feststellungsklage zur Leistungsklage keine Klageänderung sei. Unproblematisch ist diese Entscheidung nicht! Es ist jedenfalls kein zureichender Grund dafür ersichtlich, warum das Gericht eine solche Umdeutung **erst im Urteil** offenlegt, ohne vorher den Kläger deswegen zu fragen und einen sachgerechten Antrag anzuregen, wie ihm dies § 139 ZPO ausdrücklich vorschreibt. Vielleicht hätte der Beklagte einen Feststellungsantrag in der mündlichen Verhandlung sofort anerkannt, um kostenfrei zu werden (§ 93 ZPO).

Auf jeden Fall muss sich das Mehr, mit dem der Kläger in einem solchen Fall abgewiesen wird, kostenmäßig zu seinen Lasten auswirken (§ 92 ZPO), denn der Streitwert der positiven Feststellungsklage ist geringer als der einer Leistungsklage, da in der Regel ein Abschlag von 20 % gemacht wird (siehe oben Rn. 577 ff.). 1631

Die Auslegungs-Beispiele zeigen, dass der Anwalt bemüht sein sollte, solchen „Notlösungen" von vornherein durch einen gut formulierten, das Rechtsschutzziel abdeckenden und in der Zwangsvollstreckung problemlosen Klageantrag vorzubeugen. 1632

Süddeutsche Gerichte tenorieren Leistungsverurteilungen manchmal dahin, „der **Beklagte ist schuldig**", an den Kläger etwas zu zahlen oder zu leisten. Anwälte sollten ihre Klageanträge nicht dieser Tenorierung anpassen. Das klingt nicht nur nach Strafverfahren, sondern schließlich gibt es auch Anspruchsgrundlagen auf Leistung des Beklagten, die verschuldensunabhängig sind, etwa wenn es nur um Gefährdungshaftung geht. 1633

3. Kostenantrag

Umfassend formuliert ist ein Antrag nur, wenn auch die Nebenanträge erfasst sind, insbesondere also die Zinsen (unten Rn. 1727 ff.). Ein Nebenantrag ist jedoch nicht zu stellen, soweit er sich auf eine **von Amts wegen** zu fällende Entscheidung richtet. Insbesondere der immer wieder anzutreffende Zusatz, der Beklagte sei zur Tragung der Kosten zu verurteilen, ist überflüssig und wegzulassen (§ 308 Abs. 2 ZPO). 1634

II. Die Bestimmtheit des Antrags

1. Grundsatz

Nach § 253 Abs. 2 Nr. 2 ZPO muss die Klageschrift „einen **bestimmten Antrag**" enthalten. Dazu ist erforderlich, dass klargestellt wird, welcher **Art** das im Antrag formulierte Begehren ist (Leistung, Feststellung oder Gestaltung), und in welchem **Umfang** der Gegner in Anspruch genommen werden soll (Höhe der Geldzahlung, konkrete Beschreibung der vorzunehmenden Handlung oder bei der Feststellungsklage des Rechtsverhältnisses usw.). Das alles muss sich bei korrekter Formulierung **aus dem Antrag selbst** ergeben. So ist etwa eine Räumungsklage nur zulässig, wenn die herauszugebenden Flächen im Antrag für einen Gerichtsvollzieher lokalisierbar und vollstreckungsfähig bezeichnet werden (OLG Brandenburg WuM 2006, 456). 1635

Das Gericht darf zwar undeutlich gefasste Klageanträge durch Zurückgehen auf die Klagebegründung auslegen (Rn. 1629) und muss gegebenenfalls versuchen, 1636

§ 35 Die Fassung des Klageantrags

durch Ausübung des Fragerechts (§ 139 ZPO) Unklarheiten zu beheben. Doch wenn das nötig wird, geht das schon auf eine Nachlässigkeit des Prozessbevollmächtigten zurück, die eigentlich nicht vorkommen sollte.

1637 Wie genau selbst bei **Zahlungsanträgen** formuliert werden muss, sei an Hand eines vom OLG Zweibrücken (MDR 2002, 541) entschiedenen Falles verdeutlicht. Antragsgemäß hatte das Amtsgericht tenoriert:

„Der Antragsteller wird verpflichtet, an die Antragsgegnerin ab 19. 10. 1999 für die Zeit des Getrenntlebens Unterhalt i.H.v. monatlich 1 810 Euro zu zahlen. Bereits gezahlte Beträge sind anzurechen."

1638 Der Beschluss wurde rechtskräftig. Die **Zwangsvollstreckung** daraus **scheiterte**, weil der Titel zu unbestimmt war. Es war nicht ersichtlich, welche Beträge der Unterhaltsschuldner auf welche Unterhaltsansprüche geleistet hatte, so dass auch unklar blieb, welche Beträge anzurechnen waren. Dazu hat das OLG Zweibrücken ausgeführt:

„Zahlungstitel genügen dem Bestimmtheitserfordernis nur, wenn der zu vollstreckende Zahlungsanspruch betragsmäßig festgelegt ist oder sich aus dem Titel ohne weiteres errechnen lässt. Tatbestand und Entscheidungsgründe dürfen zur Klärung ergänzend herangezogen werden. Jedoch ist es den Vollstreckungsorganen verwehrt, auf außerhalb des Titels liegende Umstände zurückzugreifen, etwa auf Überweisungsbelege. Urkunden dürfen zur Auslegung des Titels nur herangezogen werden, wenn sie zum Bestandteil des zu vollstreckenden Titels gemacht worden sind."

1639 Ähnliche Probleme können sich bei **Schmerzensgeldklagen** ergeben. Der Geschädigte kann einen bezifferten Antrag stellen. Zulässig ist jedoch auch ein **unbezifferter Antrag**, wenn die Höhe des Schmerzensgeldes in das Ermessen des Gerichts gestellt wird (BGHZ 132, 350). Der Schmerzensgeldkläger muss dann aber außer den tatsächlichen Bemessungsgrundlagen auch die Größenordnung des Betrages, den er für angemessen hält, angeben (BGH a.a.O.). Versäumt er das, dann ist die unbezifferte Schmerzensgeldklage unzulässig – worauf natürlich vorab gemäß § 139 ZPO hingewiesen werden muss.

1640 Die Vielzahl der möglichen Fehler kann hier nicht abgehandelt werden. Bei *Stein/Jonas/Schumann* (ZPO, 21. Aufl., 1997, § 253 Rn. 46) findet sich ein ausführliches Stichwortverzeichnis zur Bestimmtheit des Klageantrags. Im Folgenden seien einige häufiger vorkommende Fälle erwähnt.

2. Gesamtschuldner

1641 Werden mehrere Beklagte verklagt, dann ist schon im Antrag klarzustellen, ob sie als **Gesamtschuldner** oder als **Einzelschuldner** in Anspruch genommen werden. Bei gesamtschuldnerischen Streitgenossen (siehe oben Rn. 1539) genügt der Zusatz, dass die Beklagten „als Gesamtschuldner" verurteilt werden sollen. Bei Einzelschuldnern lässt sich das durch das Wörtchen „jeweils" klarstellen: „Die Beklagten A und B werden verurteilt, an den Kläger jeweils 5 000 Euro zu zahlen." Noch deutlicher ist es allerdings, den **Antrag** zu **spalten**:

Der Kläger wird in der mündlichen Verhandlung beantragen,
1. den Beklagten A zur Zahlung von 5 000 Euro nebst Zinsen . . . zu verurteilen,
2. den Beklagten B zur Zahlung von 5 000 Euro nebst Zinsen . . . zu verurteilen.

Haben die einzeln haftenden Beklagen **unterschiedliche Beträge** zu leisten, dann wird um der Klarheit willen sogar diese Formulierung gewählt werden **müssen**. Möglich ist dann zwar der Antrag: 1642

Die Beklagten A und B werden verurteilt, an den Kläger 5 000 Euro zu zahlen, und zwar der Beklagte A 3 000 Euro und der Beklagte B 2 000 Euro.

Deutlicher und auch als Anregung für die Urteilsformel dienlicher ist aber die Trennung der Anträge:

1. Der Beklagte A . . . 3 000 Euro

2. Der Beklagte B . . . 2 000 Euro

Besteht materiell-rechtlich ein Anspruch gegen mehrere Gesamtschuldner, wird aber **nur einer** von ihnen **in Anspruch genommen**, dann braucht im Antrag nicht auf eine gesamtschuldnerische Haftung hingewiesen zu werden. Das ist nicht einmal angebracht, weil die gesamtschuldnerische Haftung der mehreren Personen streitig sein kann und im laufenden Rechtsstreit gegen den am Verfahren unbeteiligten Gesamtschuldner nicht verbindlich entschieden werden könnte (LG Bielefeld NJW 1962, 111). 1643

3. Herausgabe

Bei der Klage auf Herausgabe eines Gegenstandes – bewegliche Sache oder Grundstück – muss das Herausgabeobjekt so genau gekennzeichnet werden, dass der **Gerichtsvollzieher** keine Schwierigkeiten hat, den Gegenstand zu **identifizieren**. Ein Möbelstück etwa muss genau beschrieben werden. Ein Pkw muss nach dem Herstellerwerk, dem Fahrzeugtyp und der Fahrgestellnummer bestimmt werden. 1644

Geht es um die **Herausgabe zahlreicher Gegenstände**, so ist der Verfasser eines Schriftsatzes leicht versucht, der lästigen Kleinarbeit auszuweichen. Dann kommt es zu **pauschalen Zusammenfassungen**: Herausgabe „des gesamten Inhalts des Wohnzimmerschranks" oder „22 Paar Schuhe" und dergleichen. Damit kann der Gerichtsvollzieher später nichts anfangen und kann deshalb auch nicht vollstrecken. Die Sachen müssen **einzeln aufgelistet** werden. Das gehört in den Klageantrag. Es ist dem Gericht nicht zuzumuten, sich die herauszugebenden Gegenstände aus der Klagebegründung zusammenzusuchen. 1645

§ 35 Die Fassung des Klageantrags

1646 **Hinweis:** Bei Herausgabeklagen nach § 985 BGB wird manchmal die **Darlegungslast** verkannt. Darf sich der besitzende Kläger auf die Behauptung seines nach § 1006 BGB vermuteten Eigentums beschränken und über die Erwerbsumstände schweigen? Das ist umstritten. Überwiegend wird es bejaht. Eine Mindermeinung fordert vom Kläger Auskunft über die Erwerbsumstände, wenn ihm dies ohne weiteres möglich sei. Anderenfalls handele er rechtsmissbräuchlich und verstoße gegen die Wahrheitspflicht des § 138 ZPO (ausführlich dazu *Staudinger/Gursky*, BGB, 2006, § 1006 Rn. 49). Der Anwalt des Klägers hat keinen Anlass, dem Beklagten die Abwehr der Klage zu erleichtern und sollte immer der herrschenden Meinung folgen. Sieht das Gericht das anders, mag es nach § 139 ZPO darauf hinweisen.

4. Auskunft

1647 Bei der Auskunftsklage ist darauf zu achten, dass die vollstreckungsrechtlich erforderliche **hinreichende Bestimmtheit** gegeben ist. Beispielsweise ist ein Auskunftsurteil mit dem Tenor:

> „Der Beklagte wird verurteilt, Auskunft zu erteilen über seine Einkommens- und Vermögensverhältnisse durch Vorlage eines geordneten Verzeichnisses"

als ungenügend bewertet worden (OLG Frankfurt FamRZ 1991, 1334). Der Senat hat bereits den Begriff „Einkommens- und Vermögensverhältnisse" als unklar gewertet, weil ungewiss bleibe, ob die Brutto- oder die Nettoeinkünfte gemeint seien. Zudem sei nicht klargestellt, für welchen Zeitraum die Einkünfte offen gelegt werden sollten.

1648 Bedacht werden muss auch, ob das letztendlich mit der Klage verfolgte **Ziel** durch eine Auskunft erreicht werden kann. So hat der Pflichtteilsberechtigte nach **§ 2314 BGB** gegen den Erben einen Anspruch auf Auskunftserteilung über den Bestand des Nachlasses. In der Geltendmachung dieses Anspruchs liegt aber noch nicht das Verlangen des Pflichtteils, um den es letztlich geht, und zwar nicht einmal dann, wenn die Auskunftsklage mit der Ankündigung verbunden wird, nach Erteilung der Auskunft den Zahlungsantrag zu stellen (OLG Düsseldorf FamRZ 1999, 1097). Die Auskunftsklage hemmt daher auch nicht die dreijährige Verjährung des Pflichtteilsanspruchs (§ 2332 BGB). Im Fall des OLG Düsseldorf ist deshalb die Klage auf die **Verjährungseinrede** des Erben hin abgewiesen worden. Der Anwalt des Pflichtteilsberechtigten hätte Stufenklage nach § 254 ZPO auf Auskunft und Zahlung nach Erteilung der Auskunft erheben müssen. Stattdessen hat er zwei Klagen erhoben, eine auf Auskunft und **später** eine auf Leistung, diese aber nach Ablauf der Verjährungsfrist.

5. Mängelbeseitigung

1649 Darum geht es häufig im Werkvertragsrecht. Dann ist es nicht immer einfach, die zu behebenden Mängel so genau zu beschreiben, dass später bei der **Ersatzvornahme** (§ 637 BGB) oder bei der **Handlungsvollstreckung** nach § 887 ZPO keine Zweifel auftreten. Ein Zuviel an Beschreibung schadet in solchen

Fällen nichts, ein Zuwenig kann dazu führen, dass der Kläger mit seinem obsiegenden Urteil nichts anfangen kann.

Beispiel einer Antragsformulierung:

Der Kläger wird in der mündlichen Verhandlung beantragen zu erkennen:

Die Beklagte wird verurteilt, in der dem Kläger und seiner Ehefrau gehörenden Eigentumswohnung Nr. 7 im Goethehaus, Mühlenstraße 5, 74111 X-Stadt, folgende Mängel zu beseitigen:

In der Küche ist die Stromzufuhr zu den Steckdosen in der Wand herzustellen.

Das Eindringen von Feuchtigkeit an der Balkondecke und am Verputz im Bereich der Balkon-Außenwand (Unterseite der Balkonplatte der über der Wohnung Nr. 7 liegenden Wohnung) ist zu verhindern und die Ursache dafür durch geeignete Maßnahmen zu beseitigen. Die vorhandenen Feuchtigkeitsschäden sind zu beseitigen.

An der linken Seite des Einstellplatzes Nr. 36 der Tiefgarage sind die offenliegenden Kabelstränge zu verkleiden.

Der Antrag kann auch so gefasst werden, wie das Gericht später voraussichtlich tenorieren wird: 1650

Der Kläger wird verurteilt, . . .

in der Küche . . . herzustellen,

das Eindringen von Feuchtigkeit . . . zu verhindern und die vorhandenen Feuchtigkeitsschäden zu beseitigen,

die offenen Kabelstränge an der linken Seite . . . zu verkleiden.

Das Beispiel zeigt, wie sehr die Beschreibung ins Einzelne gehen muss. An **Feststellungsklagen** auf Mängelbeseitigung werden die gleichen Bestimmtheitsanforderungen gestellt. Ohne eine genaue Bezeichnung der Mängel bleibt der Umfang der Rechtskraft des Feststellungsurteils ungewiss (OLG Düsseldorf NJW-RR 1999, 1400). 1651

6. Beseitigung von Beeinträchtigungen

a) Probleme der Antragsfassung

Dem Bestimmtheitserfordernis der herausverlangten Sache (*Staudinger/Gursky*, BGB, 2006, § 985 Rn. 86) entspricht bei § 1004 das umgekehrte Gebot, dem Störer im Klageantrag keine konkreten Abhilfemaßnahmen vorzuschreiben (*Staudinger/Gursky*, § 1004 Rn. 2369). Die Fassung des Klageantrages bei Beseitigungsklagen nach **§ 1004 BGB** bereitet manchem Anwalt Schwierigkei- 1652 ten. Anders sind die zahlreichen Entscheidungen zu Antragsmängeln nicht zu erklären. Um diese Schwierigkeiten anschaulich zu machen, gehe ich von einem **Fall** aus, wie er Tag für Tag vorkommen kann:

1653 A und B sind Nachbarn. Beide bewohnen Einfamilienhäuser, die aneinander gebaut sind und kleine, aneinander grenzende Hofgärten haben. A hält sich im Garten zwei **Doggen**, denen er eine Schlafhütte gebaut hat. B fühlt sich durch das **Gebell** und den **Gestank** der Tiere beeinträchtigt, die nach seiner Behauptung ständig im Garten koten und urinieren. Da eine gütliche Behebung des ihn störenden Zustandes nicht zu erreichen ist, erhebt er Klage mit dem **Antrag**, den A zu verurteilen, die **Hunde tagsüber im Haus zu halten**. Dürfte das Gericht diesem Antrag stattgeben?

1654 Als Anspruchsgrundlage kommt § 1004 Abs. 1 BGB in Betracht. Danach kann der Eigentümer vom Störer die Beseitigung der Beeinträchtigung verlangen. B braucht das Gebell und den Gestank der beiden Doggen nicht zu dulden. Die **Auswahl** der zur Abhilfe erforderlichen **Maßnahmen** ist indessen **Sache des Störers**.

1655 Grundsätzlich hat der Eigentümer nur einen Anspruch darauf, dass der Störer die Beeinträchtigung **beseitigt**. Wie der das anstellt, geht den Gestörten nichts an. Deshalb muss der **Antrag** einer Beseitigungsklage so **allgemein gehalten** werden, dass der Störer **nach seinem Belieben** diejenigen Maßnahmen auswählen und treffen kann, die zur Beseitigung der Beeinträchtigung geeignet sind. Nach § 1004 BGB ist nämlich nur der beeinträchtigende **Zustand** zu beseitigen. Der Eigentümer hat keinen Anspruch auf Wiederherstellung des früheren Zustandes. Das kann er nur verlangen, wenn ihm auch ein Schadensersatzanspruch zusteht, der aber grundsätzlich ein Verschulden des Störers voraussetzt.

1656 Deshalb darf das Gericht bei allgemein gefasstem Antrag auch nicht von sich aus zu konkreten Maßnahmen verurteilen. Dies verstieße gegen § 308 Abs. 1 S. 1 ZPO. Die **konkrete Verurteilung** wäre nicht ein Mehr oder ein Weniger, sondern ein **aliud**, weil der Beklagte dadurch in der Wahl seiner Mittel eingeschränkt würde. Es muss berücksichtigt werden, dass sich der Inhalt des Schuldverhältnisses ändert, wenn dem Störer nicht mehr die Wahl gelassen wird, nach eigenem Gutdünken die geeignete Vorkehrung zu treffen, sondern ihm aufgegeben wird, eine konkrete bestimmte Anordnung zu befolgen. Die nähere Bezeichnung der **Abhilfemaßnahme** gehört daher grundsätzlich **nicht** in den Klageantrag (*Staudinger/Gursky*, BGB, 2006, § 1004 Rn. 236 ff. mit Rspr.-Nachw.).

b) Zulässige bestimmte Antragsfassung

1657 Es gibt allerdings auch Fälle, in denen der Klageantrag auf eine konkrete Beseitigungsmaßnahme gerichtet werden darf. Die Rechtsprechung hat folgende **Ausnahmen** vom Gebot des allgemein gefassten Klageantrages zugelassen:
– Die bestimmte Maßnahme kommt objektiv als Einzige in Betracht, um die Beeinträchtigung zu beseitigen (BGHZ 67, 252, 254 = NJW 1977, 146).

- Die Parteien haben sich auf eine bestimmte Maßnahme geeinigt (OLG Köln NJW 1953, 1592).
- Die Parteien ziehen übereinstimmend nur eine konkrete Beseitigungsmaßnahme in Betracht (BGHZ 29, 314, 317 = NJW 1959, 936).

Im Beispielsfall hat der Eigentümer einen konkreten Beseitigungsantrag gestellt, obwohl keiner dieser Ausnahmefälle gegeben ist. Dem Klageantrag dürfte deshalb nicht stattgegeben werden. Hundegebell und Hundegestank können beispielsweise auch dadurch verhindert werden, dass die Tiere auf einem anderen, nicht benachbarten Grundstück gehalten oder dass sie abgeschafft werden. Keinesfalls ist A verpflichtet, die beiden Doggen tagsüber in der Wohnung zu halten. 1658

c) Sicherster Weg

Für die Praxis ist daraus die Lehre zu ziehen, bei Beseitigungsklagen den Klageantrag grundsätzlich **allgemein zu formulieren**. Das ist immer richtig und gilt ebenso für Unterlassungsklagen, insbesondere in Immissionsprozessen (ausführlich dazu *Staudinger/Gursky*, oben Rn. 1652). 1659

7. Abgabe einer Willenserklärung

Verlangt der Kläger vom Beklagten die Abgabe einer bestimmten Erklärung und erreicht er dessen Verurteilung dazu, „so gilt die Erklärung als abgegeben, sobald das Urteil die Rechtskraft erlangt hat" (**§ 894 Abs. 1 S. 1 ZPO**). Dazu kann es jedoch nur kommen, wenn der Inhalt der geschuldeten Erklärung im Klageantrag und später im Urteilstenor so bestimmt bezeichnet ist, dass zweifelsfrei feststeht, welche konkrete Erklärung abzugeben ist und später als abgegeben gilt (*Schuschke/Walker*, Zwangsvollstreckung, 3. Aufl., 2002, § 894 Rn. 3). Verbleibende Zweifel machen die Klage oder später die Vollstreckung unzulässig. 1660

Der Anwalt muss sich daher **gut überlegen, wie** die vom Beklagten abzugebende Erklärung **zu formulieren** ist. Das kann umfangreiche Ausführungen erforderlich machen. Verlangt der Kläger etwa auf Grund eines Vorvertrages vom Beklagten den Abschluss eines Kaufvertrages, dann muss der Anwalt den gesamten Vertragstext in den Klageantrag aufnehmen (BGHReport 2005, 282). Nur dann ist das Bestimmtheitserfordernis des § 253 Abs. 2 Nr. 2 ZPO erfüllt. 1661

Vollstreckungshinweis: In der Regel setzt der Urkundsbeamte der Geschäftsstelle die Vollstreckungsklausel auf die Ausfertigung des Urteils (§§ 724, 725 ZPO). Wird der Schuldner zur Abgabe einer Willenserklärung Zug um Zug gegen eine Gegenleistung des Klägers verurteilt, dann hat der **Rechtspfleger** die **Vollstreckungsklausel** zu erteilen (§ 726 ZPO, § 20 Nr. 12 RPflG). Nur er ist dafür zuständig. Die Klauselerteilung durch den Urkundsbeamten der Geschäftsstelle ist unwirksam (KG JurBüro 1999, 601). Der Anwalt hat also darauf zu achten, wer die Klausel erteilt hat. 1662

§ 36 Bedingte und alternative Anträge

I. Unzulässige Bedingungen

1663 Parteihandlungen an den Eintritt einer Bedingung zu knüpfen, ist grundsätzlich unzulässig. Das gilt stets für so genannte **außerprozessuale Bedingungen** (*Rosenberg/Schwab/Gottwald*, Zivilprozessrecht, 16. Aufl., 2004, § 65 Rn. 24). Rechtshängigkeit, Fristwahrung, Rechtskrafterstreckung und dergleichen blieben nach Beginn und Ende gänzlich unbestimmt, wenn etwa eine Partei Klage erheben dürfte unter der Bedingung, dass der Beklagte bis zum Soundsovielten nicht freiwillig gezahlt habe oder keine Widerklage erhebe oder die Streitverkündung an einen Dritten unterbleibe.

1664 Unzulässig ist beispielsweise die Klage eines Rechtsanwalts, der seinen Honoraranspruch an einen Anwalt abgetreten hat, auf Feststellung des eigenen Rechts für den Fall, dass die vom Zessionar – dem anderen Anwalt – schon erhobene selbständige Klage abgewiesen werde (LG Köln OLG Rechtsprechung 6/1992, S. 5). Unwirksam ist auch ein Klägerwechsel unter der Bedingung, dass das Gericht die Zulässigkeit der Klage des ursprünglichen Klägers als Prozessstandschafter verneine (BGH WuM 2004, 158).

II. Zulässige Bedingungen

1665 Bei den **innerprozessualen Bedingungen** (siehe dazu *Rosenberg/Schwab/Gottwald*, Zivilprozessrecht, 16. Aufl., 2004, § 65 Rn. 25) verhält es sich anders. Bei ihnen wird eine Prozesshandlung – Erklärung der Aufrechnung, Beweisantrag usw. – von einem bestimmten Ablauf **des bereits eingeleiteten Verfahrens** abhängig gemacht. Da das Gericht den Prozessverlauf bestimmt und daher kennt, können keine Unklarheiten aufkommen und scheiden Unsicherheiten aus.

1666 So kann etwa ohne weiteres ein Antrag des Beklagten auf Erlass eines Kostenbeschlusses nach § 269 Abs. 4 ZPO gestellt werden für den Fall, dass eine Erklärung des Klägers vom Gericht als Klagerücknahme gewertet werde.

1667 Verfahrenseinleitende Anträge wie die Klage oder die Berufung sind schlechthin bedingungsfeindlich, weil dann offen bliebe, ob Klage erhoben oder ein Rechtsmittel eingelegt werde: „Ich erhebe die (Leistungs-)Klage, falls der Beklagte eine negative Feststellungsklage erhoben hat."

1668 Damit darf allerdings nicht verwechselt werden ein Klageantrag, mit dem ein **bedingter** oder betagter **materiell-rechtlicher Anspruch** verfolgt wird. Beispiele dafür sind Klagen auf künftige Leistung oder wiederkehrende Leistungen (§§ 257, 258 ZPO).

1669 Das Bedingungsverbot gilt auch in Verbindung mit einem Antrag auf Bewilligung von **Prozesskostenhilfe**. So ist beispielsweise eine Klage unzulässig, die unter der Bedingung erhoben wird, dass dem Kläger Prozesskostenhilfe bewilligt werde. Es bliebe für Gericht und Gegner zunächst völlig ungewiss, ob nun Klage erhoben worden ist oder nicht. Insbesondere der Beklagte wüsste nicht, wie er auf eine solche Klage reagieren und ob er einen Anwalt mit seiner Rechtsverteidigung beauftragen muss.

Nach LG Saarbrücken (FamRZ 2002, 1260) ist eine Klage aber bedingungslos eingereicht, selbst wenn sie in einem beigefügten Schriftsatz betreffend die Bewilligung von Prozesskostenhilfe als „Entwurf" bezeichnet wird oder darin von der „beabsichtigten Klage" die Rede ist. Maßgebend ist nur, dass die Klageschrift als solche nicht unter die Bedingung bewilligter Prozesskostenhilfe gestellt worden ist. Wird ein Schriftsatz als Klage oder auch als Klageentwurf bezeichnet und zugestellt, dann kann dies vom Beklagten nur so verstanden werden, dass die Klage unbedingt erhoben und deshalb mit Zustellung auch rechtshängig wird. Die Folge ist, dass er zur Rechtsverteidigung veranlasst wird und die dadurch entstehenden Kosten erstattungsfähig sind. Das LG Saarbrücken hat dazu einprägsame Ausführungen gebracht: 1670

> „Wird neben dem PKH-Antrag ein das Verfahren einleitender Antrag gestellt, so wird der Rechtsstreit anhängig, wenn nicht eindeutig klargestellt wird, dass zunächst über die beantragte Prozesskostenhilfe entschieden werden soll. Eine solche Klarstellung ist möglich, indem etwa die Klageschrift als Entwurf oder als beabsichtigte Klage bezeichnet oder nicht unterschrieben oder erklärt wird, die Klage solle erst nach Bewilligung der Prozesskostenhilfe erhoben werden. Hingegen genügt es nicht, dass zusätzlich ein Gesuch um Bewilligung von Prozesskostenhilfe eingereicht wird. Nur bei eindeutiger Klarstellung hat die Zustellung der lediglich als Entwurf oder unter einem der genannten Vorbehalte eingereichten Klageschrift nicht die Wirkungen einer Klagezustellung. Fehlt es an einer eindeutigen Klarstellung, dann ist von einer unbedingten Klageeinreichung auszugehen und tritt mit der Zustellung der Klageschrift Rechtshängigkeit ein."

Ein Anwalt sollte es nicht auf solche Auslegungs-Entscheidungen ankommen lassen. Das Risiko abweichender Beurteilung durch das Gericht ist viel zu groß. Er hat sich ganz klar auszudrücken und sollte nicht auf das Auslegungsverständnis des Gerichts vertrauen. Ein unlängst vom Bundesgerichtshof entschiedener Fall hat das deutlich gemacht (vgl. BGH EWiR § 233 ZPO 1/99, S. 719). 1671

Der Beklagte war erstinstanzlich unterlegen. Vor Ablauf der Berufungsfrist hatte sein zweitinstanzlicher Prozessbevollmächtigter die Bewilligung von Prozesskostenhilfe für das **Berufungsverfahren** beantragt und zusätzlich erklärt, für den Fall, dass die beantragte Prozesskostenhilfe gewährt werde, lege er gegen das Urteil des Landgerichts Berufung ein. Oberlandesgericht und Berufungsgericht haben darin eine bedingte Berufungseinlegung gesehen. Eine lebensnahe Auslegung hätte jedoch zu dem Ergebnis geführt, dass es sich nur um eine ungeschickte sprachliche Formulierung gehandelt hatte. Der Anwalt wollte ersichtlich sagen, nach Bewilligung von Prozesskostenhilfe „werde er" Berufung einlegen. Er hat das Futur gemeint, ohne dies sprachlich genau auszudrücken. Mit solchen Überraschungen muss jeder Anwalt rechnen und sollte bemüht sein, es darauf gar nicht erst ankommen zu lassen. 1672

Der **sicherste Weg** ist es allemal, den Antrag auf Bewilligung von Prozesskostenhilfe **isoliert** zu stellen und die Klage erst **nach Bewilligung** einzureichen. 1673

§ 37 Mehrheit von Sachverhalten

Im PKH-Gesuch kann zur Begründung der hinreichenden Erfolgsaussicht schon die Klagebegründung gebracht und diese später am Computer in die formgerechte Klage kopiert werden.

1674 Die wichtigste Ausnahme zulässiger Bedingungen betrifft die Hilfs- oder Eventualanträge. Sie sind bereits oben in Rn. 911 ff. behandelt worden.

III. Alternative Anträge

1675 Unzulässig sind auch Alternativanträge. Dabei handelt es sich um Anträge, die es dem Gericht überlassen, worüber zu entscheiden sei. Es geht nicht an, die Verurteilung des Beklagten (nach Wahl des Gerichts!) entweder zur Zahlung von 5 000 Euro oder zur Herausgabe eines Motorrades zu beantragen. Alternative Anträge sind nur **zulässig**, wenn ihnen **materiell-rechtlich** ein Anspruch auf **alternative Leistung** zugrunde liegt (§§ 262 ff. BGB). Anderenfalls fehlt es an der nach § 253 Abs. 2 Nr. 2 ZPO erforderlichen Bestimmtheit (BGH FamRZ 1990, 37). In diesem Fall hatte die Klägerin in einem Regressprozess gegen ihren Anwalt wegen falscher Beratung beantragt festzustellen,

„... dass der Beklagte verpflichtet sei, ihr allen weitergehenden Schaden zu ersetzen, der ihr aus der Abwicklung eines vermögensrechtlichen Vertrages mit ihrem früheren Ehemann **oder** dadurch entstehe, dass es zum Abschluss dieses Vertrages gekommen sei."

1676 Solche Verbindungen sind nur zulässig in der Form einander ausschließender Klagebegehren als **Hauptantrag** und **Hilfsantrag**.

1677 Bewusst wird ein Anwalt kaum einen klar formulierten Alternativantrag stellen. Unbemerkt kann es dazu aber kommen, wenn eine Partei ihre Anträge ändert, ohne klarzustellen, ob und inwieweit damit eine Klagerücknahme verbunden ist. Und noch gefährlicher ist die ungewollte Alternativstellung auf Grund unzureichender tatsächlicher Klärung. Darauf ist nunmehr einzugehen.

§ 37 Mehrheit von Sachverhalten

I. Doppelte Verbürgung

1678 Ein Kläger erstrebt die Verurteilung des Beklagten zur Zahlung von 7 000 Euro. Der Anfang seiner **Klageschrift** lautet:

„Der Beklagte hat sich mir in Höhe dieses Betrages zweimal verbürgt, einmal im Januar und einmal im März!"

1679 Im Schriftsatz des Anwalts heißt es dann weiter:

„Im Januar verbürgte sich der Beklagte für eine Kaufpreisschuld seines Bruders mündlich. Der Kläger ging davon aus, diese mündliche Erklärung sei verbindlich. Auf anwaltlichen Hinweis erfuhr er, dass dies nicht der Fall ist. Deshalb forderte er den Beklagten auf, sich noch einmal schriftlich zu verbürgen. Das hat der Beklagte auch getan. Erst dann hat sich herausgestellt, dass die schriftliche Verbürgung nicht notwendig gewesen ist, weil der Beklagte ein Handelsgewerbe betreibt, so dass er sich nach § 350 HGB auch mündlich verbürgen kann."

In diesem Fall geht der Klageantrag auf eine einzige Leistung, die der Beklagte als Bürge zu erbringen hat.

Nun sei eine **Variante** dieses Sachverhalts gebracht. Der Anwalt schreibt: 1680

„Im Januar hat sich der Beklagte für eine Kaufpreisschuld seines Bruders in Höhe von 7 000 Euro verbürgt und im März für eine Darlehenschuld seines Geschäftspartners in Höhe von ebenfalls 7 000 Euro. Ich könnte also den doppelten Klagebetrag von ihm verlangen."

Wandeln wir den Fall noch ein wenig **ab**. Der Klageantrag lautet wieder auf Zahlung von 7 000 Euro, die Klagebegründung so: 1681

„Der Kläger hat dem Beklagten ein Darlehen in Höhe dieses Betrages gewährt. Außerdem ist er legitimierter Inhaber eines Wechsels über diese Summe, den der Beklagte ausgestellt hat."

Hat der Beklagte den Wechsel ausgestellt, um die Darlehensforderungen zu sichern, dann stehen dem Kläger nur 7 000 Euro zu. Hat der Wechsel aber mit dem Darlehen nichts zu tun, handelt es sich etwa um einen Wechsel, den der Beklagte seinem Vermieter wegen rückständiger Miete ausgestellt und den dieser dann an den Kläger gegeben hat, dann geht es um den doppelten Betrag. 1682

Der Fall lässt sich auch dahin **variieren**, dass der Kläger als Zessionar vorgeht. Er verlangt 7 000 Euro „aus zwei Abtretungen". Ebenso wie im Bürgschaftsfall und im Wechselfall kann es sich um dieselbe Forderung handeln, die zweimal abgetreten worden sei. Es kann aber auch so sein, dass er zwei Forderungen zu je 7 000 Euro gegen den Beklagten erworben hat. 1683

Die Verfahrensstruktur aller dieser Fälle liegt gleich. Trägt ein Kläger mehrere Sachverhalte vor, dann will er damit entweder vorbringen, dass ihm eine **einzige Leistung** aus mehreren Sachgründen gebühre, oder er will damit zum Ausdruck bringen, er habe Anspruch auf **mehrere Leistungen**, von denen er aber nur eine geltend mache. Hinsichtlich der durch § 253 Abs. 2 Nr. 2 ZPO geforderten Bestimmtheit des Klageantrages unterscheiden sich beide Fallgestaltungen grundlegend. 1684

II. Mehrere Sachverhalte – nur eine Leistung

Hat sich der Beklagte zweimal für **dieselbe Schuld** verbürgt oder dafür zur Sicherheit einen Wechsel ausgestellt oder ist dem Kläger **dieselbe Forderung** zweimal abgetreten worden, dann ist der Klageantrag hinreichend bestimmt. Dem **Gericht steht es frei, welchen Sachverhalt** es bei einem zusprechenden Urteil zur Entscheidungsgrundlage macht (oben Rn. 1125 ff.). Abzuweisen ist nichts, da **nur ein Antrag** gestellt worden ist. Daran ändert sich auch nichts, wenn der Kläger dem Gericht erklärt, er berufe sich primär auf den einen, hilfsweise (eventuell) auf den anderen Sachverhalt. **Eventualstellungen gibt es** 1685

nur für Anträge, also nur für Hauptantrag und Hilfsantrag, **nicht für Sachverhalte**. Anderenfalls wäre das Gericht gezwungen, über den „Hauptsachverhalt" Beweis zu erheben, obwohl es der Klage aufgrund des unstreitigen „Hilfssachverhalts" stattgeben könnte. Stellt also der Kläger nur einen einzigen Antrag, weil er nur eine einzige Leistung begehrt, und trägt er dazu mehrere Sachverhalte kumulativ vor, dann kann er dem Gericht nicht bindend vorschreiben, welcher Sachverhalt zur Entscheidungsgrundlage zu machen sei.

III. Mehrere Sachverhalte – mehrere Leistungen

1686   Diese zweite Fallgestaltung nimmt wieder das Thema „alternative Anträge" auf (oben Rn. 1675). Nunmehr führt der Kläger aus, dass ihm der gleiche (nicht derselbe!) **Geldbetrag** aufgrund unterschiedlicher Sachverhalte **zweifach zustehe**. „Der Beklagte schuldet die Klageforderung von 7 000 Euro aus der Januar-Bürgschaft für seinen Bruder und aus der März-Bürgschaft für seinen Geschäftspartner." Oder: „Mir stehen die 7 000 Euro erstens aus Darlehen und zweitens aus einem Wechsel zu." Oder: „7 000 Euro schuldet mir der Beklagte aus selbständigen Forderungen, die mir verschiedene Gläubiger des Beklagten abgetreten haben."

1687   Nun muss der Kläger Farbe bekennen. Erklärt er auf richterlichen Hinweis, er stütze die Klageforderung **„entweder"** auf den einen materiell-rechtlichen Anspruch **„oder"** auf den anderen, dann ist die Klage unzulässig. Der Klageantrag ist **nicht hinreichend bestimmt**, weil der Kläger sich nicht festlegt, sondern es dem Gericht überlassen will, aus welchem Rechtsgrund der Beklagte zur Zahlung zu verurteilen sei. Dazu ist das Gericht aber nicht befugt, weil es dem Kläger etwas zusprechen würde, was er nicht eindeutig beantragt hat (§ 308 Abs. 1 S. 1 ZPO). So hat auch der BGH bei Teilbegehren aus Anspruchsmehrheiten entschieden (BGH MDR 1959, 743 = JZ 1960, 28 mit Anm. *Baumgärtel*):

> „Bei Teilklagen ist das auf eine Mehrheit von Ansprüchen gestützte Klagebegehren nur dann genügend bestimmt i.S. von § 253 Abs. 2 Nr. 2 ZPO, wenn die einzelnen Ansprüche innerhalb des Klageantrags genügend voneinander abgegrenzt sind. Dazu muss der Kläger entweder die **Klagesumme** auf die einzelnen Ansprüche betragsmäßig **aufteilen** oder sie in eine bestimmte Reihenfolge als **Hauptanspruch** und **Hilfsanspruch** bringen."

1688   Und *Baumgärtel* fügt in seiner Anmerkung hinzu, wenn man die **Bestimmung der Reihenfolge** der zur Entscheidungsgrundlage zu machenden Sachverhalte dem Gericht überlasse, dann würde nicht der Kläger, sondern das Gericht den Streitgegenstand festlegen. Das liefe aber auf die Billigung unzulässiger Anträge in Alternativstellung hinaus. Deshalb dürfe das Gericht den fehlenden Willen des Klägers nicht durch seinen eigenen ersetzen und nicht die sachgemäße Reihenfolge als vom Kläger gewollt unterstellen, sondern müsse auf eine bestimmte Bezeichnung der Reihenfolge durch Eventualhäufung der Anträge hinwirken.

1689   So verhält es sich in der Tat. Es ist kein Formalismus, in diesen Fällen die Unbestimmtheit des Klageantrages zu bejahen. Anderenfalls bliebe auch der

Inhalt der Sachentscheidung unbestimmt und damit der Umfang der Rechtskraft. **Angenommen** beispielsweise, im Fall der beiden Abtretungen würde die Klage für zulässig gehalten und sachlich geprüft. Das könnte zu dem Ergebnis führen, **beide Abtretungen** seien **ungültig**, so dass dem Kläger keine Forderung zustehe. Dann müsste die Klage durch Sachurteil abgewiesen werden. Aber mit welchem prozessualen Anspruch? Mit 14 000 Euro könnte der Kläger nicht abgewiesen werden, da er nur 7 000 Euro eingeklagt hat. Doch mit welchen 7 000 Euro würde er abgewiesen? Auf den Betrag der ersten Abtretung oder den der zweiten oder auf beide je zur Hälfte? Das alles würde dunkel bleiben, und so wäre nicht zu erkennen, wie weit die Rechtskraft des Urteils reichen würde.

Die gleichen Schwierigkeiten ergäben sich, wenn die Sachprüfung zu dem Ergebnis führen würde, **beide** durch Abtretung erworbenen **Ansprüche** seien **begründet**. Dann müsste der Beklagte verurteilt werden. Eine Verurteilung zur Zahlung von 14 000 Euro schiede aus, weil der Kläger sie nicht beantragt hat. Wieder bliebe völlig unklar, wie die Rechtskraft eines solchen Urteils wirken würde.

Ergebnis: Der Kläger darf nicht mehrere Leistungen im Klageantrag alternativ fordern, auch wenn sich dies erst aus der Klagebegründung ergibt. Er muss die mehreren selbständigen materiell-rechtlichen Ansprüche in je eigenen Klageanträgen erfassen und diese als **Hauptantrag** und **Hilfsantrag** in ein Eventualverhältnis bringen. Unterlässt er das trotz Hinweises des Gerichts nach § 139 ZPO, dann ist seine Klage als unzulässig abzuweisen.

IV. Mehrere fristlose Kündigungen

Um die verfahrensrechtliche Problematik „mehrerer Sachverhalte" deutlich zu machen, habe ich recht einfache Fälle als Beispiele gewählt. Das darf aber nicht zu der Annahme verleiten, die Problematik habe keine **praktische Bedeutung**. Dieser Einschätzung soll der folgende Fall vorbeugen, mit dem ein Landgericht und ein Oberlandesgericht befasst gewesen sind:

Der Kläger war **Mitgesellschafter** einer **GbR**. Nach einer Reihe von Differenzen wurde auf einer Gesellschafterversammlung der Beschluss gefasst, ihn wegen gesellschaftswidrigen Verhaltens aus der GbR auszuschließen. Daraufhin erhob der Kläger **Feststellungsklage** mit dem Antrag, den **Ausschließungsbeschluss** für nichtig zu erklären. Erstinstanzlich unterlag er und legte Berufung ein. Auf einer weiteren Gesellschafterversammlung wurde wegen neuer Gründe ein **weiterer Ausschließungsbeschluss** gefasst. Deswegen hatte der ausgeschiedene Gesellschafter eine **zweite Feststellungsklage** erhoben. Er vertrat die Auffassung, „jeder einzelne Ausschließungsbeschluss der Gesellschaft habe ein Eigenleben und sei so lange gültig, wie seine Ungültigkeit nicht festgestellt sei. Jeder einzelne Beschluss müsse angefochten und vom Gericht für ungültig erklärt werden, damit er keine Wirksamkeit mehr entfalten könne." Diese zweite Klage wurde jedoch abgewiesen, weil sie wegen anderweitiger Rechtshängigkeit – Berufungsverfahren über die erste Feststellungsklage – unzulässig war.

§ 37 Mehrheit von Sachverhalten

1694 Wie zu entscheiden ist, hängt vom **Streitgegenstandsbegriff** ab. Im Kündigungsschutzprozess hat das Bundesarbeitsgericht die so genannte punktuelle Streitgegenstandstheorie entwickelt mit der Folge, dass bei zeitlich aufeinander folgenden Kündigungen gesonderte Kündigungsschutzklagen zu erheben sind (siehe dazu *Germelmann/Matthes/Prütting*, Arbeitsgerichtsgesetz, 5. Aufl., 2004, Einl. Rn. 161 ff.). Im ordentlichen Zivilprozess ist diese Streitgegenstandstheorie unanwendbar. Dort kommt es darauf an, ob der Streitgegenstand lediglich nach dem **Klageantrag** oder/und auch nach dem der neuen Klage zugrunde liegenden **Sachverhalt** zu bestimmen ist (siehe oben Rn. 1073 ff.).

1695 Im Beispielsfall steht der Zulässigkeit der zweiten Klage das von Amts wegen zu beachtende **Prozesshindernis anderweitiger Rechtshängigkeit** derselben Streitsache entgegen (§ 261 Abs. 3 Nr. 1 ZPO). Der Streitgegenstand der zweiten Klage und derjenige der früher rechtshängig gewordenen ersten Klage ist derselbe. Die Rechtshängigkeit der Klage im ersten Verfahren hat die Wirkung, dass die Streitsache während ihrer Dauer von keiner Partei anderweitig anhängig gemacht werden kann (§ 261 Abs. 3 Nr. 1 ZPO). Sie steht deshalb der Zulässigkeit der zweiten Klage entgegen, weil es sich bei dieser um „dieselbe Streitsache" wie bei der ersten Klage handelt.

1696 Der Streitgegenstand einer Klage im Zivilprozess wird durch das allgemeine **Rechtsschutzziel** und die konkret in Anspruch genommene **Rechtsfolge**, die sich aus dem **Klageantrag** ergibt, sowie durch den **Lebenssachverhalt** (Klagegrund) bestimmt, aus dem die Rechtsfolge hergeleitet wird (so BGH NJW-RR 1987, 683, 684; NJW 1989, 2064 – jeweils mit weiteren Nachw.). Die zweite Klage ist ebenso wie die erste eine **Feststellungsklage**. Eine solche Klage kann nach § 256 Abs. 1 ZPO nur auf die Feststellung des Bestehens oder Nichtbestehens **eines Rechtsverhältnisses** gerichtet werden. Nicht zulässig ist dagegen eine Feststellungsklage zur Klärung einzelner Vorfragen oder Elemente eines Rechtsverhältnisses oder zur Klärung einzelner Berechnungsgrundlagen eines Anspruchs oder einer Leistungspflicht (BGH NJW 1982, 1878, 1879). Das streitige Rechtsverhältnis zwischen den Parteien ist die **fortdauernde Mitgliedschaft** des Klägers an der GbR. Die in den Anträgen beider Feststellungsklagen aufgeworfene Frage der Wirksamkeit der Kündigung – **Ausschließung** des Klägers – ist lediglich eine **Vorfrage**, von deren Beurteilung der Fortbestand des streitigen Mitgliedschaftsverhältnisses abhängen kann.

1697 Die Bestimmung des Verfahrensbegehrens eines Klägers darf nicht am Wortlaut des Antrages haften bleiben. Vielmehr ist durch **Auslegung** zu ermitteln, welches **Ziel** der Kläger verfolgt. Mit beiden Feststellungsklagen erstrebt er die Klarstellung, dass er **nach wie vor Mitglied der GbR** ist. Beide Klagen beruhen auch auf einem einheitlichen Lebenssachverhalt. In beiden Prozessen wäre zur Entscheidung über die Begründetheit des Klageantrags jeweils die Frage zu beantworten, ob das Mitgliedschaftsverhältnis des Klägers in der GbR fortbesteht oder durch Ausschließung wegen eines wichtigen Grundes beendet worden ist. Der **Streitgegenstand** der beiden Verfahren **stimmt** daher **überein**. Deshalb ist die zweite Feststellungsklage unzulässig.

Dieses Beispiel hat wohl deutlich gemacht, in welche prozessualen Schwierigkeiten Fälle mit mehreren Sachverhalten führen können. Auch im Arbeitsgerichtsprozess tritt diese Problematik auf, selbst bei Anwendung des „erweiterten punktuellen Streitgegenstandes" (siehe dazu HaKo/*Gallner*, Kündigungsschutzgesetz, 2. Aufl., 2004, § 4 Rn. 47 ff.). 1698

§ 38 Teilklagen

I. Fallgestaltungen

Steht dem Kläger gegen den Beklagten **eine einzige Forderung** zu, dann kann er sich, etwa aus Kostengründen, darauf beschränken, sie **nur zum Teil einzuklagen**. Geht es beispielsweise um den Kaufpreis von 25 000 Euro aus der Veräußerung eines Personenkraftwagens, dann kann der Kläger ohne weiteres 5 000 Euro vor dem Amtsgericht einklagen und sich selbst vertreten. 1699

Hat der Kläger **mehrere selbständige Forderungen** gegen den Beklagten aus unterschiedlichen Rechtsgründen und klagt er nur eine davon ein, dann handelt es sich **nicht** um eine Teilklage. 1700

Anders verhält es sich, wenn der Kläger **eine** aus **mehreren Positionen** bestehende Forderung **teilweise** einklagt oder wenn er wegen **mehrerer** Forderungen vorgeht, diese aber nur **teilweise** geltend macht. Dann erhebt er Teilklagen. 1701

In diesen Fällen ist der Klageantrag im Sinne des § 253 Abs. 2 Nr. 2 ZPO nur hinreichend bestimmt, wenn der Kläger wenigstens in der **Klagebegründung** klarstellt, welche **Positionen** oder **Forderungsteile** er zugesprochen haben will. Anderenfalls würde er dem Gericht die Entscheidung darüber überlassen, welche Positionen oder Forderungsteile zuzuerkennen seien. Das aber wäre gleichbedeutend mit der Stellung unzulässiger Alternativanträge (vorstehend Rn. 1675 ff.). Der Kläger muss daher entweder bestimmte Positionen oder Forderungsteile als nicht geltend gemacht ausscheiden oder sie in ein Eventualverhältnis bringen: 1702

> Aus dem Forderungsbetrag von 25 000 Euro, der sich aus den Positionen A, B, C und D zusammensetzt, verlange ich mit der Klage nur 10 000 Euro, und zwar **wegen der Positionen A und B**.

Der Klage kann in diesem Fall nur stattgegeben werden, wenn das Gericht zu dem Ergebnis kommt, dass die Positionen A und B der Gesamtforderung begründet sind. Anderenfalls wird der Kläger ganz oder teilweise mit der Klage abgewiesen. Dem kann er entgehen, indem er zwar nur 10 000 Euro einklagt, dieses Begehren aber **auf sämtliche Positionen** stützt und die weiteren 1703

§ 38 Teilklagen

Positionen C und D nur **hilfsweise** geltend macht. Er erklärt dann dem Gericht:

> Aus dem Forderungsbetrag von 25 000 Euro verlange ich mit der Klage nur 10 000 Euro, und zwar in erster Linie aufgrund der Position A, hilfsweise aus der Position B, weiter hilfsweise aus der Position C und äußerstenfalls aus der Position D.

II. Bindung des Gerichts

1704 In diesen Fällen stellt sich das Problem der Bindung des Gerichts an den Antrag (**§ 308 Abs. 1 S. 1 ZPO**). Dafür kommt es darauf an, ob die Einzelbeträge der Gesamtforderung selbständige Streitgegenstände begründen oder ob es sich dabei nur um unselbständige Rechnungsposten handelt (BGH NJW-RR 2003, 1075 = MDR 2003, 824).

1705 **Beispiel 1:**
Der Inhaber einer Autolackier-Werkstatt hat den Personenkraftwagen des Beklagten neu lackiert und berechnet seine Leistungen mit **2 000 Euro**. Dieser Betrag setzt sich zusammen aus den **Kosten für** das Ausspachteln, Lackieren, Schleifen, Brennen und aus dem Stundenlohn. Klagt der Werkstattinhaber nur 1 000 Euro ein, dann kann er zwar darum bitten, dass diese 1 000 Euro in der Reihenfolge der Rechnungspositionen aufgefüllt werden. Jedoch kann er das Gericht nicht an diese Reihenfolge binden. **Prozessual verbindliche Eventualstellungen gibt es nämlich nur bei Anträgen.** Sind beispielsweise bei der **einheitlichen** Forderung die Kosten für Spachteln und Schleifen streitig, nicht aber diejenigen für Lack, Brennen und Stundenlohn und ergeben diese zusammen schon den Betrag von 1 000 Euro, dann muss das Gericht der Klage „aufgrund des unstreitigen Sachverhalts" stattgeben und darf nicht etwa über die streitigen Positionen Beweis erheben.

1706 **Beispiel 2:**
Nach einem Verkehrsunfall fordert der Kläger vom Beklagten **Schadensersatz** in Höhe von **6 000 Euro**. Diese 6 000 Euro setzen sich zusammen aus 3 000 Euro **Sachschaden**, 1 000 Euro **Verdienstausfall** und 2 000 Euro **Heilungskosten**. Wiederum will der Kläger nur 3 000 Euro einklagen. Sachschaden, Verdienstausfall und Heilungskosten sind aber selbständige Ansprüche, die je eigene prozessuale Streitgegenstände begründen. Damit greift das Bestimmungsgebot des § 253 Abs. 2 Nr. 2 ZPO. Der Kläger kann es dem Gericht nicht freistellen, welche Schadensersatzansprüche es zur Entscheidungsgrundlage machen will. **Er muss angeben, in welcher Reihenfolge die Sachprüfung stattzufinden hat.** Er könnte beispielsweise sagen, dass er aus jedem Anspruch nur 1 000 Euro geltend macht. Würde der Verdienstausfall dann vom Gericht mit 500 Euro beziffert, während die übrigen Positionen mit mindestens 1 000 Euro bewertet würden, dann müsste die Klage in Höhe von 500 Euro abgewiesen werden. Dies kann der Kläger wiederum dadurch verhindern, dass er die Positionen in **Eventualstellung** setzt, also Hauptantrag und Hilfsanträge stellt, etwa:

> Der Beklagte wird verurteilt, an den Kläger 3 000 Euro zu zahlen, in erster Linie aus dem Sachschaden, hilfsweise aus dem Verdienstausfall und äußerst hilfsweise aus den Heilungskosten.

An diese Eventualstellung wäre das **Gericht gebunden** und müsste beispielsweise auch dann Beweis über den streitigen Sachschaden erheben, wenn die Positionen Verdienstausfall und Heilungskosten, die zusammen auch 3 000 Euro ausmachen, unstreitig wären.   1707

In der Praxis wird immer wieder gegen diese Differenzierung verstoßen, obwohl Rechtsprechung und Schrifttum klar unterscheiden. So heißt es bei *Stein/Jonas/Schumann* (ZPO, 21. Aufl., 1997, § 253 Rn. 64, 67):   1708

„Ein ziffernmäßig bestimmbarer Teil eines größeren Anspruchs (Teilklage) kann gefordert werden, wenn der **Anspruch teilbar** ist; dann treten allerdings die Folgen der Rechtshängigkeit und der Rechtskraft nur hinsichtlich dieses Teiles ein. Von der Teilklage ist der Fall zu trennen, dass der geltend gemachte Betrag sich aus **mehreren selbständigen Einzelforderungen** zusammensetzt, sich sozusagen als ‚Gesamtklage' darstellt. Hier muss außer der ziffernmäßigen Bestimmbarkeit des geltend gemachten Gesamtbetrages auch eine klare Abgrenzbarkeit der Einzelposten möglich sein. Der Kläger muss angeben, welcher Anspruch in welcher Höhe von der Klage erfasst sein soll. Gegen das Gebot der Bestimmtheit verstößt der Kläger jedoch nicht, wenn er seinen Antrag einer Gesamtklage mit **mehreren Rechnungsposten** begründet, die insgesamt die Klagesumme zwar übersteigen, aber nur zu deren Ausfüllung dienen, etwa weil einzelne von ihnen möglicherweise nicht oder nicht voll beweisbar sind. Im Rahmen und bis zur Höhe des bezifferten und damit feststehenden Klageantrages **darf das Gericht diese Rechnungsposten nach eigener Wahl heranziehen.**"

III. Forderungsabtretung

Nicht um eine Teilklage, wohl aber um einen vom Sachzusammenhang hierher gehörenden Fall handelt es sich, wenn ein Kläger einen bezifferten Betrag fordert mit der Begründung, es gehe um den **Teilbetrag** der **Forderung** eines **Dritten**, der ihm abgetreten worden sei. Dann muss der **abgetretene Teil** der Hauptforderung so genau **bestimmt** werden, dass er von dem nicht abgetretenen Forderungsteil eindeutig unterschieden werden kann.   1709

Bei einem einheitlichen Anspruch, etwa wegen Zahlung eines Kaufpreises oder Rückzahlung eines Darlehens, bereitet die Abgrenzung keine Schwierigkeiten. Anders verhält es sich, wenn sich die **Hauptforderung** aus **mehreren Positionen** zusammensetzt oder wenn es sich bei ihr gar um die rechnerische Zusammenfassung mehrerer selbständiger Forderungen handelt. Wird dann nicht genau unterschieden, dann ist die Klage unzulässig (vgl. OLG Hamburg ZIP 1997, 1409).   1710

IV. Rechtskraft

A errechnet sich aus einer Vertragsverletzung des B einen Schadensersatzanspruch in Höhe von etwa 20 000 Euro. Das teilt er dem B mit. Dieser meint, überhaupt nichts zu schulden. Um das Prozessrisiko in Grenzen zu halten, klagt A nur 10 000 Euro ein, ohne sich in der Klageschrift eines höheren Anspruches zu berühmen. In zweiter Instanz obsiegt er. Nun klagt er erneut auf Zahlung der   1711

§ 38 Teilklagen

ihm nach seiner Ansicht zustehenden weiteren 10 000 Euro. B beruft sich auf Verjährung.

1712 Damit stellt sich die Frage der Rechtskraftwirkung des ersten Urteils. Insoweit ist zu unterscheiden:

1. Rechtskraft

1713 Die verdeckte Teilklage hindert nicht, später weitere Ansprüche geltend zu machen (oben Rn. 890). Die Rechtskraft eines Urteils erstreckt sich nur auf den Streitgegenstand der Klage (§ 322 Abs. 1 ZPO). Diese frühere Kontroverse ist durch BGHZ 135, 178 geklärt:

> „Auch bei einer verdeckten Teilklage bleibt es bei dem Grundsatz, dass die Rechtskraft des Urteils nur den geltend gemachten Anspruch im beantragten Umfang ergreift und der Kläger nicht erklären muss, er behalte sich darüber hinausgehende Ansprüche vor."

2. Verjährung

1714 Die Begrenzung der Rechtskraftwirkung ändert aber nichts daran, dass die Verjährung hinsichtlich der Restforderung weiter abläuft. Das ist eine zwingende Schlussfolgerung. Wenn die Restforderung von der Rechtskraftwirkung der Teilklage unberührt bleibt, dann kann auch keine Verjährungshemmung durch Klageerhebung eintreten (§ 204 Abs. 1 S. 1 Nr. 1 BGB).

1715 Auch das hat der Bundesgerichtshof entschieden. In ZIP 2002, 988 ff. heißt es dazu:

> „Die verjährungsunterbrechende (heute -hemmende) Wirkung der Ursprungsklage beschränkt sich auf die mit ihr geltend gemachte bezifferte Forderung. Sie umfasst nicht die Mehrforderung, denn die Grenzen der Verjährungsunterbrechung (heute -hemmung) sind mit denen der Rechtskraft kongruent. Der Kläger einer verdeckten Teilklage ist nicht gehindert, nachträglich Mehrforderungen geltend zu machen, auch wenn er sich solche im Vorprozess nicht ausdrücklich vorbehalten hatte. **Jedoch muss er es in solchen Fällen hinnehmen, dass die Verjährung des nachgeschobenen Anspruchsteils selbständig beurteilt wird.**"

1716 Wer als Gläubiger eine Teilklage erhebt, muss daher den Verjährungsablauf hinsichtlich der Restforderung sorgfältig kontrollieren. Für den Anwalt ist das **Mandatspflicht**, deren Nichtbeachtung ihn regresspflichtig machen kann.

V. Prozesstaktik

1717 Droht keine Verjährung, dann kann eine Teilklage auch als **Erfolgstest** genutzt werden. Dringt der Kläger mit ihr durch, dann ist die Rechtslage geklärt und wird der Beklagte wegen des nicht eingeklagten Restanspruchs im Zweifel die Waffen strecken, da ihm sonst eine erneute Verurteilung bevorsteht. Der Kläger muss aber damit rechnen, dass der Beklagte eine negative Feststellungswiderklage erhebt und damit den Gesamtanspruch zum Entscheidungsgegenstand macht (siehe Rn. 891 f.).

V. Prozesstaktik

Mit der **verdeckten** Teilklage kann verhindert werden, dass der Gegner aufmerksam wird und mit einer negativen Feststellungsklage nach § 256 Abs. 1 ZPO die gesamte Forderung zum Streitgegenstand macht (oben Rn. 2063 f.). 1718

Zwei selbständige Klagen kommen wegen der Gebührendegression teurer als eine Gesamtklage. Deshalb erhöht die „Test-Teilklage" für den Mandanten die Gesamtkostenbelastung, wenn ein weiterer Prozess über den Forderungsrest nötig wird. Da er aber bei positiv ausgehender Teilklage erneut obsiegen wird, besteht im Ergebnis für ihn wegen der Kostenerstattungspflicht des Gegners kein Risiko. 1719

Wenn sich der Anwalt für eine Teilklage entscheidet, muss er vorher sorgfältig den Verjährungsablauf für den Forderungsrest prüfen. Da die Teilklageerhebung die Verjährung nur hinsichtlich desjenigen Betrages hemmt, der beziffert gefordert wird (Rn. 1647), muss der Anwalt sich im laufenden Prozess vormerken, wann spätestens der Rest einzuklagen oder die Teilklage zu erweitern ist (§ 264 Nr. 2 ZPO). 1720

Zulässig ist auch eine **Teilklage mit bedingter Klageerweiterung** (*Stein/Jonas/Schumann*, ZPO, 21. Aufl., 1997, § 260 Rn. 24). Das läuft so ab, dass mit dem Hauptantrag ein Teilbetrag verlangt und ein Hilfsantrag wegen des bezifferten Restes gestellt wird, aber nur für den Fall, dass der Hauptantrag für begründet erklärt wird. Man spricht dann von einem **uneigentlichen oder unechten Hilfsantrag**. 1721

Zulässig ist er, weil es sich bei ihm um eine **innerprozessuale Bedingung** handelt (siehe oben Rn. 1095). Angenommen, der Kläger berühme sich eines Anspruchs gegen den Beklagten in Höhe von 30 000 Euro aus einem Kaufvertrag. Dann wäre folgender Antrag zulässig: 1722

> Der Beklagte wird verurteilt, an den Kläger 10 000 Euro nebst ... Zinsen zu zahlen, hilfsweise für den Fall antragsgemäßer Verurteilung weitere 20 000 Euro nebst Zinsen ... zu zahlen.

Im Arbeitsgerichtsprozess kommen solche Anträge vor als Anträge auf **Weiterbeschäftigung** für den Fall, dass die Kündigung für unwirksam erklärt wird (HaKo/*Gallner*, Kündigungsschutzgesetz, 2. Aufl., 2004, § 4 Rn. 24, 25). 1723

So vorzugehen, hat den Vorteil, dass die Verjährung sofort hinsichtlich der **gesamten** Forderung gehemmt wird, weil auch der Eventualantrag rechtshängig wird, wenn auch zunächst nur auflösend bedingt. Entfällt die Rechtshängigkeit rückwirkend, weil **über den Hilfsantrag** wegen Abweisung des Hauptantrages **nicht entschieden** wird, dann hat der Kläger immer noch ab Eintritt der Rechtskraft sechs Monate Zeit, um die Restforderung einzuklagen (§ 204 Abs. 2 S. 1 BGB; MünchKommBGB/*Grothe*, Ergänzungsband 2003, § 204 Rn. 61). 1724

Erweist sich der Hauptantrag als **begründet**, dann wird zugleich dem unechten Hilfsantrag stattgegeben, so dass keine Verjährungsprobleme auftreten können. 1725

1726 Wird schon im Teilklageprozess die Erfolgsaussicht erkennbar, etwa nach dem günstigen Ausgang einer Beweisaufnahme, dann besteht sogar die Möglichkeit, diese Chance sofort zu nutzen. Der Kläger kann seinen **Klageantrag** jederzeit **erweitern**, ohne auf die Einwilligung des Beklagten oder die Sachdienlichkeitserklärung des Gerichts angewiesen zu sein. Die Klageerweiterung wird nämlich verfahrensrechtlich nicht als Klageänderung behandelt (§§ 263, 264 Nr. 2 ZPO).

1727 Ist die Teilklage vor dem Amtsgericht erhoben worden, dann kann die Klageerweiterung allerdings zur Anwendung des **§ 506 ZPO** führen, so dass die Sache auf Antrag an das zuständige Landgericht zu verweisen ist.

1728 Ob das Amtsgericht gemäß § 504 ZPO darauf hinzuweisen hat, ist umstritten (*Stein/Jonas/Leipold*, ZPO, 21. Aufl., 1999, § 504 Rn. 2). Im Ergebnis ist das nicht so wichtig. Ausschlaggebend ist vielmehr, dass das Verfahren vor dem angewiesenen Gericht mit dem vor dem verweisenden einen einheitlichen Rechtszug bildet. Deshalb wirken alle Prozesshandlungen und Beweisergebnisse fort. Beweiserhebungen sind nur zu wiederholen, wenn anderenfalls die Unmittelbarkeit der Beweiswürdigung entfallen würde (*Stein/Jonas/Leipold*, ZPO, 21. Aufl., 1997, § 281 Rn. 36).

§ 39 Teilzahlungen

I. Fehlerhafte Berechnung

1729 Hat der Beklagte vor Klageerhebung Teilbeträge auf die Forderung des Klägers gezahlt, dann handelt es sich bei der Klage wegen der Restforderung nicht um eine Teilklage. Ebenso verhält es sich, wenn der Kläger **nach Rechtshängigkeit** Teilzahlungen erbringt. In diesen Fällen werden in der Praxis immer wieder Fehler gemacht, die zu Lasten des Klägers gehen.

Beispiel:
Eine **Zahlungsklage** auf Leistung von 5 000 Euro wird anhängig gemacht. Der **Beklagte überweist** dem Kläger **2 500 Euro**. Im Termin zur mündlichen Verhandlung stellt der Anwalt des Klägers den Antrag „aus der Klageschrift, ermäßigt um den Betrag von 2 500 Euro, den der Beklagte nach Klageerhebung gezahlt hat". Der Urteilstenor lautet dann womöglich: „Der Beklagte wird verurteilt, an den Kläger 5 000 Euro nebst ... % Zinsen zu zahlen, abzüglich am Soundsovielten gezahlter 2 500 Euro."

1730 So wird in der Zivilrechtspraxis immer wieder verfahren, obwohl dieses Vorgehen prozessual fehlerhaft ist – und zwar seitens des Anwalts und des Gerichts gleichermaßen (ausführlich dazu oben Rn. 661 ff. zum Streitwert). Beide haben zunächst versäumt klarzustellen, was mit den nicht mehr geltend gemachten 2 500 Euro eigentlich geschehen ist. Ist die Klage zurückgenommen worden (§ 269 ZPO) oder ist die Hauptsache stillschweigend für erledigt erklärt worden (§ 91a ZPO)? Immerhin sind die Kostenfolgen sehr unterschiedlich: Kostenbelastung des Klägers oder des Beklagten bei Klagerücknahme? Billig-

II. Anrechnung nach § 367 BGB

keitsentscheidung unter Berücksichtigung des § 93 ZPO bei Hauptsacheerledigung? Das könnte später zu einem Streit darüber führen, was sich hinter der Antragsermäßigung verbirgt. Deshalb sollte jeder Anwalt zu jeder Antragsermäßigung den tatsächlichen **Ermäßigungsgrund** und die **rechtliche Folgerung** daraus (z.B. Teilerledigung der Hauptsache) **angeben**.

II. Anrechnung nach § 367 BGB

Ein Antrag wie der folgende: 1731

> Der Beklagte wird verurteilt, an den Kläger 5 000 Euro nebst ... Zinsen ab ... zu zahlen, abzüglich am ... gezahlter 2 500 Euro.

ist zumindest missverständlich und verleitet dazu, die Vorschrift des **§ 367 Abs. 1 BGB** zu übersehen. Die Teilzahlung des Beklagten von 2 500 Euro muss zunächst auf die Zinsen verrechnet werden. Der Restbetrag fällt dann höher aus als 2 500 Euro.

In Grenzfällen kann das zu einem **Sprung in der Gebührentabelle** führen, der 1732 dem Anwalt eine höhere Vergütung einbringt. Vor allem aber kann sich bei richtiger Berechnung ergeben, dass eine **Rechtsmittelsumme** erreicht wird, die bei falscher Berechnung verfehlt wird (siehe oben Rn. 666 ff.). Statt der Fassung

> Ich ermäßige den Antrag um ...

wird oft folgende Antragsformulierung vorgeschlagen:

> Der Beklagte wird verurteilt, an den Kläger 2 500 Euro zu zahlen nebst ... Zinsen ab ... aus 5 000 Euro ab ... (Verzugsbeginn oder Rechtshängigkeit, §§ 288, 291 BGB) bis zum ... (Tage der Gutschrift der Teilzahlung) und von 2 500 (Restsumme) ab ... (Datum des Tages nach der Gutschrift).

Diese Formulierung ist schon besser. Sie verleitet aber immer noch zu einer 1733 fehlerhaften Berechnung, weil der Restbetrag zu gering angesetzt worden ist. Er beläuft sich nicht auf 2 500 Euro. Von der Teilzahlung in Höhe von 2 500 Euro müssen erst einmal die **bis zur Teilzahlung angefallenen Zinsen** abgezogen werden. Das schreibt § 367 BGB nun einmal vor. Ein Anwalt, der seinen Mandanten nichts verschenken lässt, sollte deshalb die „Zwischenzinsen" ausrechnen.

§ 39 Teilzahlungen

III. Richtige Antragsfassung

1734 Formalisiert sieht der Klageantrag dann so aus:

> Der Beklagte wird verurteilt, an den Kläger ... Euro zu zahlen, nämlich die verbleibende Klageforderung nebst Zinsen, die sich errechnet aus
> - ursprünglicher Hauptforderung + Zinsen abzüglich der Verrechnung der Teilzahlung auf die bis dahin angefallenen Zinsen,
> - abzüglich der verbleibenden und auf die Hauptforderung zu verrechnenden Teilzahlung
>
> nebst Zinsen auf die sich dann ergebende Hauptforderung.

1735 Wird ein solcher Antrag konkretisiert, dann müssen die genauen Daten des **Verzugsbeginns** und der **Gutschrift** der Teilleistung bekannt sein. Ich gehe einmal von 5 % Zinsen und folgenden Zeitpunkten aus:

> 1. 2. 2006: Verzugsbeginn hinsichtlich der 5 000 Euro.
>
> 31. 5. 2006: Gutschrift der 2 500 Euro.

1736 Setzt man pauschal das Jahr mit 360 Tagen und den Monat mit 30 Tagen an, dann sind in den vier Monaten von Februar bis Mai Zinsen für 120 Tage in Höhe von 83,33 Euro angefallen:

> Täglich 0,6944 Euro ([5 000 x 5%] : 360 = 0,69444 Euro). In vier Monaten macht das: 120 x 0,69444 = 83,33 Euro). Oder: 5 000 x 5% = 250 Euro; davon $^1/_3$ Jahr = 83,33 Euro. Daher besteht am 30. 5. 2007 eine Forderung von 5 083,33 Euro.

1737 Durch die Teilzahlung von 2 500 Euro besteht nun eine Forderung von 2 583,33 Euro.

> 5 083,33 ./. 2 500 = 2 583,33 Euro.

1738 Der **rechnerisch richtige Klageantrag** muss daher lauten:

> Der Beklagte wird verurteilt, an den Kläger 2 583,33 Euro zu zahlen nebst 5 % Zinsen ab 1. 6. 2006.

1739 Nehmen wir nun an, der Beklagte habe am 31. 5. 2006 einen Betrag von **4 400 Euro** an den Kläger überwiesen und die **Klage** werde **abgewiesen**. Dann wäre das

Urteil bei der üblichen Antragsfassung (5 000 Euro abzüglich am 31. 5. 2006 gezahlter 4 400 Euro) mangels Erwachsenheitssumme nicht berufungsfähig (§ 511 Abs. 2 Nr. 1 ZPO). Bei richtiger Berechnung beträgt die Beschwer des abgewiesenen Klägers jedoch 682,28 Euro, so dass das Urteil zugunsten des Klägers berufungsfähig wäre.

Berechnung: Von der Hauptforderung von 5 000 Euro sind vorab die bereits angefallenen Zinsen von 83,33 Euro abzuziehen: 4 400 ./. 83,33 = 4 366,67 Euro. Nur um diesen Betrag ermäßigt sich deshalb die verbleibende Hauptforderung: 5 000 ./. 4 316,67 = 683,33 Euro. Das ist die **Beschwer** des Klägers.

Diese Rechenprobleme werden noch umständlicher, wenn der Beklagte **mehrere Teilzahlungen** erbracht hat. Kein Anwalt kann sich dann darauf verlassen, das Gericht werde bei der Abfassung des Urteils die verbleibende Hauptforderung richtig berechnen. Das AG Hagen (JurBüro 1992, 192) hat eine dem Gesetz entsprechende Berechnung sogar mit der Begründung abgelehnt, diese Rechnerei sei zu kompliziert und deshalb dem Gericht nicht zumutbar. So mühsam es daher auch sein mag, der Anwalt ist verpflichtet, bei Teilzahlungen des Schuldners die verbleibende Hauptforderung unter Anrechnung der Zinstilgung des § 367 Abs. 1 BGB genau zu berechnen.

1740

IV. Ergänzende Regeln

Die Tilgungsfolge des § 367 BGB gilt auch, wenn der Beklagte mit einer Gegenforderung **aufrechnet** (§ 396 Abs. 2 BGB).

1741

Bei **Verbraucherdarlehnsverträgen** sieht § 497 Abs. 3 BGB eine von § 367 BGB abweichende Tilgungsfolge vor.

1742

§ 40 Leistung und Gegenleistung

I. Die Verzugsvoraussetzungen

1. Grundsatz

Hängt die Zwangsvollstreckung von einer Zug um Zug zu bewirkenden Leistung des Gläubigers an den Schuldner ab, dann darf der Gerichtsvollzieher nicht vollstrecken, bevor er dem Schuldner die diesem gebührende Leistung in einer den Verzug der Annahme begründenden Weise angeboten hat (**§ 756 ZPO**).

1743

Davon darf er nur absehen, wenn der Beweis, dass der Schuldner befriedigt oder in Verzug der Annahme ist, durch öffentliche oder öffentlich beglaubigte Urkunden geführt wird und eine Abschrift dieser Urkunden bereits zugestellt ist oder gleichzeitig zugestellt wird.

1744

§ 40 Leistung und Gegenleistung

1745　Das gilt ebenso für das Vollstreckungsgericht (§ 765 ZPO). Diese Rechtslage erklärt sich durch die Regelung in § 726 Abs. 1 ZPO. Von Urteilen, deren Vollstreckung nach ihrem Inhalt von dem Eintritt einer Tatsache abhängt, die der Gläubiger zu beweisen hat, darf eine vollstreckbare Ausfertigung nur erteilt werden, wenn der Gläubiger diesen Beweis durch öffentliche oder öffentlich beglaubigte Urkunden führt.

2. Ausnahmen

1746　Davon gibt es **zwei Ausnahmen**. Hat der Gläubiger nur **Sicherheit** zu leisten, dann bekommt er die Vollstreckungsklausel ohne weiteres (**§ 726 Abs. 1 ZPO**). Hängt die Vollstreckung von einer **Zug um Zug** zu bewirkenden Leistung des Gläubigers an den Schuldner ab, dann bekommt er die Vollstreckungsklausel ebenfalls ohne Nachweis, dass er geleistet hat (**§ 726 Abs. 2 ZPO**).

1747　Nur dann, wenn der Schuldner zur **Abgabe einer Willenserklärung** verurteilt worden ist, muss der Gläubiger den Beweis der erbrachten Gegenleistung führen (§ 726 Abs. 2 ZPO). Das wiederum geht auf die Regelung in § 894 ZPO zurück, wonach eine Willenserklärung, zu deren Abgabe der Schuldner verurteilt worden ist, erst mit der **Rechtskraft des Urteils** als abgegeben gilt. Hängt die Abgabe der Willenserklärung von einer Gegenleistung ab, dann tritt diese Wirkung erst mit Erteilung einer vollstreckbaren Ausfertigung des rechtskräftigen Urteils ein. Und diese vollstreckbare Ausfertigung erhält der Gläubiger eben nur, wenn er durch öffentliche oder öffentlich beglaubigte Urkunden beweist, dass er die ihm obliegende Leistung an den Schuldner erbracht hat.

1748　Sieht man von dem Fall der Abgabe einer Willenserklärung ab, dann gilt somit der **Grundsatz**: Bei einer Verurteilung des Beklagten Zug um Zug erhält der Kläger die **Vollstreckungsklausel** schon dann, wenn die **Voraussetzungen** der (einfachen) Klauselerteilung nach §§ 724, 725 ZPO gegeben sind; die dem Gläubiger obliegende Gegenleistung bleibt unberücksichtigt.

1749　So muss es sein, weil der Gläubiger sonst im Ergebnis zur Vorleistung gezwungen würde. Er müsste nämlich die Eigenleistung bereits vor Erteilung der vollstreckbaren Ausfertigung erbringen. Um diese Benachteiligung zu verhindern, wird der dem Gläubiger obliegende Erfüllungsbeweis bis zum Beginn der Zwangsvollstreckung hinausgeschoben. Bei einer Vollstreckung Zug um Zug darf der Gerichtsvollzieher oder das Vollstreckungsgericht erst tätig werden, wenn der **gleichzeitige Austausch** der beiderseitigen Leistungen – Hauptleistung des Schuldners, Gegenleistung des Gläubigers – gewährleistet ist.

1750　Diese Voraussetzung ist gegeben, wenn der Schuldner in **Annahmeverzug** gesetzt worden ist. Den Beweis dafür kann der Gläubiger immer durch öffentliche oder öffentlich beglaubigte Urkunden führen. Geht es um eine vom **Gerichtsvollzieher** durchzuführende Zwangsvollstreckung, dann genügt es auch, dass dieser dem Schuldner die Leistung des Gläubigers in einer den Verzug der Annahme begründenden Weise **angeboten** hat (§§ 756, 765 ZPO).

3. Antragsfassung

In diesem Stadium des Verfahrens können sich Nachlässigkeiten im Erkenntnisverfahren zu Lasten des Gläubigers auswirken. Die vom Gläubiger dem Schuldner Zug um Zug zu erbringende Leistung muss nämlich so **genau bestimmt** sein, dass der Gerichtsvollzieher oder das Vollstreckungsgericht eindeutig feststellen kann, ob die vom Gläubiger erbrachte Leistung sich mit derjenigen des Urteilstenors deckt. Der Anwalt muss deshalb die **Gegenleistung** des **Gläubigers** im **Klageantrag** ganz genau und **unmissverständlich formulieren**. Der BGH (Rpfleger 1993, 206) hat das auf eine kurze und prägnante Formel gebracht: 1751

> „Die Zug-um-Zug-Einschränkung muss im Titel so bestimmt sein, dass sie ihrerseits zum Gegenstand einer Leistungsklage gemacht werden könnte."

Auch auf die Bestimmung der Gegenleistung ist daher die Rechtsprechung zum Erfordernis des bestimmten Antrages in § 253 Abs. 2 Nr. 2 ZPO anzuwenden (siehe oben Rn. 1635 ff.). 1752

Der Gläubiger hat das Begehren der Verurteilung des Beklagten Zug um Zug gegen eine Gegenleistung des Gläubigers **in den Klageantrag** aufzunehmen. 1753

Da aber ein Klageantrag bei Unklarheiten aus der Klagebegründung ausgelegt werden muss, ist auch ein **konkludenter Zug-um-Zug-Antrag** möglich. 1754

> „Es ist Aufgabe des Gerichts zu prüfen, welchen Sinn der Kläger mit seinem Klageantrag verbunden hat. Entscheidendes Gewicht ist dabei nicht auf den Wortlaut der Anträge, sondern auf ihren wesentlichen Inhalt und ihre Begründung zu legen" (RGZ 110, 15).

Dem entspricht es, dass später auch die Urteilsformel bei Zweifeln über ihre Tragweite aus Tatbestand und Entscheidungsgründen auszulegen ist. Wenn also der Kläger – beispielsweise – beantragt, den Beklagten zur Zahlung eines bezifferten Kaufpreises zu verurteilen, und in der Klagebegründung erklärt, er sei zur Lieferung der Kaufsache bereit, dann reicht das als Zug-um-Zug-Antrag aus. Hat das Gericht Zweifel, dann muss es den Kläger darauf hinweisen und ihm Gelegenheit geben, den Klageantrag deutlicher zu fassen (§ 139 ZPO). 1755

II. Fehlender Zug-um-Zug-Antrag

Beantragt der Kläger die Verurteilung des Beklagten, **ohne seine Gegenleistung anzubieten**, dann wird sich der Beklagte darauf berufen. Das führt dann im Ergebnis auch dazu, dass der Beklagte **Zug um Zug verurteilt** wird, weil diese Verurteilung **kein aliud, sondern ein minus** gegenüber der Verurteilung schlechthin ist. Die Vorschrift des § 308 Abs. 1 ZPO ist deshalb insoweit unanwendbar (BGHZ 117, 1, 3 = NJW 1992, 1172, 1173). 1756

Der Kläger, der uneingeschränkte Verurteilung beantragt hat, wird aber mit der Klage **teilweise abgewiesen** (ausführlich dazu *Hensen* NJW 1999, 395). In Grenzfällen kann es sogar wegen des unterlassenen Zug-um-Zug-Antrages dazu kommen, dass die **Kosten** ganz überwiegend dem Kläger auferlegt werden (*Musielak/Wolst*, ZPO, 5. Aufl., 2007, § 92 Rn. 4 a.E.). 1757

1758 Versäumt der Prozessbevollmächtigte des Klägers den Gegenleistungsantrag, dann ist das als **Mandatsverletzung** zu bewerten und macht den Anwalt schadensersatzpflichtig.

III. Der Annahmeverzug

1. Verzugseintritt

1759 Wann der **Annahmeverzug des Beklagten** als Gläubiger des Klägers hinsichtlich der Gegenleistung eintritt, bestimmt sich nach den **§§ 293, 295 BGB**. Ein schuldhaftes Verhalten ist nicht vorausgesetzt. Der Gläubiger der Leistung (= Schuldner in der Zwangsvollstreckung auf Leistung Zug um Zug hinsichtlich der Gegenleistung) gerät in Verzug, wenn er die ihm angebotene Leistung nicht annimmt. Es genügt ein wörtliches Angebot, wenn er erklärt hat, dass er die Leistung nicht annehmen werde.

1760 Wenn die vom Vollstreckungsschuldner (Beklagten) anzunehmende Gegenleistung in der **Entgegennahme einer Auflassung** besteht, muss das Angebot des Vollstreckungsgläubigers (Klägers) grundsätzlich neben einer Fristsetzung auch die Bestimmung des Zeitpunktes enthalten, in dem die Parteien sich vor dem Grundbuchamt zur Auflassung einfinden sollen. Dazu genügt nach RGZ 69, 106, 107, dass derjenige, der die Frist bestimmt, sich bereit erklärt, innerhalb dieser Frist einen mit dem Gegner zu vereinbarenden Termin wahrzunehmen.

1761 Beantragt der Beklagte **uneingeschränkte Klageabweisung**, dann ist streitig, ob er sich dadurch selbst in Annahmeverzug setzt. Das LG Bonn hat das bejaht (NJW 1963, 721).

1762 Beantragt der Kläger **uneingeschränkte Verurteilung**, dann kann der Beklagte die Klageforderung anerkennen Zug um Zug gegen Leistung des Klägers. Ihm sind dann keine Kosten aufzuerlegen (*Musielak/Wolst*, ZPO, 5. Aufl., 2007, § 93 Rn. 35).

2. Verzugsnachweis im Urteil

1763 Der **Annahmeverzug** kann schon **im Titel festgestellt** werden (*Stein/Jonas/Münzberg*, ZPO, 22. Aufl., 2002, § 756 Rn. 12). Nach *Wieczorek/Paulus* (ZPO, 3. Aufl., 1999, § 726 Rn. 8) soll demgegenüber nur der Annahmeverzug **nach Erlass des Titels** beachtlich sein. Das trifft jedenfalls dann nicht zu, wenn im Titel selbst, also im Urteil, die gerichtliche Feststellung enthalten ist, der Beklagte befinde sich in Annahmeverzug (siehe unten Rn. 1699 u. 1770 f.).

1764 Der Kläger darf sogar den **zusätzlichen Feststellungsantrag** stellen, dass der Beklagte sich in Annahmeverzug befinde. Das hat das RG bereits in JW 1909, 463 entschieden. Es ging dabei um den Feststellungsantrag, dass die Beklagten sich hinsichtlich der Rückauflassung eines Grundstücks in Annahmeverzug befanden. Dazu ist im Urteil ausgeführt:

Durch diese Feststellung im Urteil wird der Kläger „in den Stand gesetzt, das Urteil hinsichtlich der von den Beklagten zu leistenden Zahlungen zu vollstrecken, ohne den anderenfalls nach § 756 ZPO vor Beginn der Zwangsvollstreckung durch öffentliche oder öffentlich beglaubigte Urkunden zu führenden Beweis erbringen zu müssen, dass die Beklagten hinsichtlich der vom Kläger Zug um Zug zu gewährenden Rückauflassung des Grundstückes und Herausgabe des Inventars in Verzug der Annahme seien. Dass auch im Falle einer Verurteilung Zug um Zug die Zwangsvollstreckung nach § 756 ZPO stets erst dann zulässig sein soll, wenn **nach** Erlass des Urteils dem Schuldner die ihm gebührende Gegenleistung in einer den Verzug der Annahme begründenden Weise angeboten oder der Beweis der angegebenen Weise geführt ist, ergibt sich aus dem Gesetz nicht. Vielmehr ist der nach § 756 ZPO die Zulässigkeit der Zwangsvollstreckung gegen den Schuldner wegen der ihm obliegenden Leistung begründende Beweis des Annahmeverzuges auch dann geführt, wenn nachgewiesen wird, dass der Schuldner schon **vor** dem Urteil im Annahmeverzug war."

3. Beweislast

Wie aber, wenn die **Feststellung** des **Annahmeverzuges nicht beantragt** worden ist? Ist wenigstens dann ein den Verzug begründendes Angebot des Gläubigers **nach** Urteilserlass erforderlich? Auch das ist zu verneinen. Es ist nicht erforderlich, dass der Annahmeverzug erst nach Erlass des Urteils eingetreten ist. Es genügt vielmehr, wenn er **zu irgendeiner Zeit** vor Erhebung der Klage, im Laufe des Prozesses oder nach Verkündung des Urteils eingetreten ist (so schon früher OLG Colmar OLGE 17, 188).

1765

Dementsprechend braucht für die Zwangsvollstreckung nach §§ 756, 765 ZPO nur der **Eintritt** des Annahmeverzuges bewiesen zu werden, nicht seine Fortdauer (LG Bonn NJW 1963, 721). Das entspricht dem allgemeinen Grundsatz der **Beweislastverteilung**, wonach der Gläubiger lediglich die **Entstehung** eines Anspruchs zu beweisen hat, nicht hingegen, dass er dieses Recht unverändert behalten habe. Es ist Sache des Gegners, den Beweis dafür zu führen, der Kläger habe das Recht wieder verloren, etwa durch Erfüllung oder Aufrechnung (sog. „Normentheorie"; *Rosenberg*, Die Beweislast, 5. Aufl., 1965, insbesondere §§ 9, 10; siehe auch *Baumgärtel*, Beweislastpraxis im Privatrecht, 1996, Rn. 155 ff.).

1766

Aus den §§ 756, 765 ZPO lässt sich nichts anderes herleiten. Dort ist nur vom „Verzug der Annahme" die Rede. Welche Klageanträge im Erkenntnisverfahren zu stellen sind, richtet sich nach materiellem Recht (vgl. §§ 274, 322 BGB). Die Regeln für den Gang des Vollstreckungsverfahrens können nicht herangezogen werden, um klare Rechtsfolgen des materiellen Rechts abzuändern. Es wäre auch wenig sinnvoll, den Schuldner erneut durch ein Angebot der Leistung in Verzug zu setzen, da dies schwerlich möglich ist, wenn er sich bereits in Verzug befindet.

1767

IV. Nachweisformen für den Annahmeverzug

Die Beweisform für den Annahmeverzug des Beklagten ist beschränkt auf **öffentliche** der **öffentlich beglaubigte Urkunden** (§§ 756, 765 ZPO). Ausge-

1768

schlossen ist daher beispielsweise der Nachweis im Vollstreckungsverfahren durch Vorlage eines Privatgutachtens.

1769 In OLG Düsseldorf (NJW-RR 1999, 793) hatte der Anwalt das übersehen und dem Mandanten geraten, auf seine Kosten ein solches Gutachten einzuholen. Er ist deshalb wegen Verletzung des Mandatsvertrages zum Schadensersatz verurteilt worden. Es ging in diesem Fall, wie so oft, um **Baumängel** und deren Beseitigung. Der Nachweis, dass bestimmte Mängel vom klagenden Bauunternehmer ordnungsgemäß beseitigt worden sind, ist mit öffentlichen oder öffentlich beglaubigten Urkunden fast nicht zu führen. In derartigen Fällen muss deshalb **auf Feststellung geklagt** werden, dass die Mängel beseitigt worden sind (BGH BauR 1976, 430 = MDR 1977, 133). Der Anwalt sollte daher bemüht sein, zu erreichen, dass der Annahmeverzug des Beklagten bereits im Urteil festgestellt wird. Dabei macht es keinen Unterschied, ob sich der Annahmeverzug schon aus dem Urteilstenor ergibt oder aus Tatbestand und Entscheidungsgründen (*Musielak/Lackmann*, ZPO, 5. Aufl., 2007, § 756 Rn. 10).

1770 Allerdings ist ein **zusätzlicher Feststellungsantrag immer der „sicherste Weg"** (siehe BGH NJW 2000, 2281). Dem Beklagten kann bereits **vor** dem **Prozess** die **Leistung** des späteren Klägers Zug um Zug gegen die Leistung des Beklagten **angeboten** werden. Im Leistungsprozess kann dann zusätzlich auf Feststellung geklagt werden, dass sich der Beklagte im Annahmeverzug befinde. In diesem Erkenntnisverfahren gilt **allgemeines Beweisrecht**. Es bedarf dann nicht der Vorlage öffentlicher oder öffentlich beglaubigter Beweisurkunden wie bei den §§ 756, 765 ZPO. Der Beweis des Annahmeverzugs kann vielmehr mit allen Beweismitteln der ZPO geführt werden, also auch durch Vorlage der Aufforderungs-Korrespondenz oder durch Benennung von Zeugen. **Das Urteil ist dann die öffentliche Beweisurkunde.**

1771 Auch **im Prozess** selbst kann dem Beklagten noch die eigene Leistung Zug um Zug gegen dessen Leistung angeboten werden, sei es in der Klageschrift, sei es in der mündlichen Verhandlung durch Erklärungen zu Protokoll. Besteht die Leistung des Klägers in der Verpflichtung zur Zahlung eines Geldbetrages, dann kann er dem Beklagten den Geldbetrag im Termin bar oder durch bestätigten Bankscheck anbieten oder stattdessen die Hinterlegung des Betrages nachweisen (BGH MDR 1964, 836 = LM § 320 BGB Nr. 8).

1772 **Beachte:** Der zusätzliche Feststellungsantrag kann **nur im laufenden Rechtsstreit** gestellt werden (BGH NJW 2000, 2281)! Es ist nicht möglich, das Unterlassen dieses Antrags durch eine spätere selbständige Feststellungsklage zu „heilen", denn der Annahmeverzug kann nicht Gegenstand einer isolierten Feststellungsklage sein (BGH NJW 2000, 2663). Deshalb ist eine Klage auf Feststellung des Vorliegens oder Nichtvorliegens des Schuldnerverzuges unzulässig (BGH NJW 2000, 2280).

V. Gütliche Einigung

Angesichts der Komplikationen, die sich bei einer Zwangsvollstreckung Zug um Zug gegen eine Gegenleistung ergeben können, liegt es oft im Interesse beider Parteien, ihren Streit durch einen **Prozessvergleich** zu beenden. Bleibt dabei das Gegenseitigkeitsverhältnis erhalten, werden also die Ansprüche des Klägers und diejenigen des Beklagten im Austauschverhältnis festgeschrieben, dann können die gleichen Fehlerquellen wie im Erkenntnisverfahren auftreten. Um sie auszuschließen, muss der Prozessbevollmächtigte des Klägers die **Leistung** seines Mandanten so genau und **unverwechselbar beschreiben**, dass für den Fall einer späteren Vollstreckung aus dem Vergleich weder beim Gerichtsvollzieher noch beim Vollstreckungsgericht Zweifel daran auftreten können, was der Kläger zu leisten hat.

1773

§ 41 Unerlaubte Handlung

I. Die Vollstreckungsproblematik

Ein Gläubiger, der gegen den Schuldner eine Forderung aufgrund einer von diesem **vorsätzlich** begangenen unerlaubten Handlung erworben hat, wird **vollstreckungsrechtlich privilegiert**. Auf seinen **Antrag** hin kann das Vollstreckungsgericht den pfändbaren Teil des Arbeitseinkommens des Schuldners ohne Rücksicht auf die Pfändungsgrenzen für Arbeitseinkommen (§ 850c ZPO) so weit herabsetzen, dass dem Schuldner nur noch das für seinen notwendigen Unterhalt und seine gesetzlichen Unterhaltspflichten notwendige Einkommen verbleibt (**§ 850f Abs. 2 ZPO**).

1774

Zu den unerlaubten Handlungen rechnen nicht nur die Ansprüche nach §§ 823 ff. BGB, sondern auch solche aus entsprechenden Vorschriften, insbesondere den §§ 7, 17 StVG (*Schuschke/Walker*, Zwangsvollstreckung, 3. Aufl., 2002, § 850f Rn. 10). Vollstreckungskosten (§ 788 ZPO) werden ebenfalls von § 850f Abs. 2 ZPO erfasst, nicht hingegen Verzugszinsen, weil deren Entstehungsgrund keine unerlaubte Handlung ist. Streitig ist, ob auch Ansprüche des Gläubigers wegen der zur Titulierung des Anspruchs geleisteten Prozesskosten begünstigt sind (vgl. *Schuschke/Walter*, a.a.O.).

1775

Wer eine Forderung einklagt, denkt oft noch nicht an die Finessen der späteren Zwangsvollstreckung. Umgekehrt hat das Erkenntnisgericht nach § 300 Abs. 1 ZPO zu entscheiden, sobald der Rechtsstreit zur Endentscheidung reif ist. Folglich wird es die **nächstliegende Anspruchsgrundlage** heranziehen, mit der es zur Entscheidung kommen kann, und von sich aus keine zusätzlichen Klagestützen abhandeln. Darüber hinaus ist es üblich, dass das Gericht nicht von sich aus im Urteilstenor den Haftungsgrund nennt. Dieser muss aus den Entscheidungsgründen herausgelesen werden, was bei Versäumnisurteilen schon an den fehlenden Gründen scheitern wird (§ 313b Abs. 1 S. 1 ZPO). Die

1776

schutzwürdigen vollstreckungsrechtlichen Interessen des Gläubigers (Rn. 1787) sprechen in solchen Verfahrenslagen dafür, ihm auch die „Ausschaltungsbefugnis des Leistungsklägers" hinsichtlich der materiell-rechtlichen Anspruchsgrundlagen zuzuerkennen (siehe oben Rn. 1125 ff.). Folgt der Anspruch des Klägers aus Vertrag und vorsätzlicher unerlaubter Handlung, dann kann er dem Gericht bindend vorschreiben, nur den Anspruch aus unerlaubter Handlung zu prüfen. Die Vollstreckungsvoraussetzung des § 850f Abs. 2 ZPO ergibt sich dann aus dem Endurteil.

1777 Die Fälle, die mit § 850f Abs. 2 ZPO vom Gesetzeszweck her erfasst werden sollen, sind solche, in denen sich aus dem **Tenor** oder aus den **Entscheidungsgründen** die **vorsätzlich** begangene **unerlaubte Handlung ergibt**.

1778 Solche Fälle sind nicht häufig. Erfährt der Gläubiger erst nach Urteilsverkündung von einem Sachverhalt, aus dem Ansprüche wegen unerlaubter Handlung hergeleitet werden können, dann scheidet eine Klarstellung im Urteil von vornherein aus. Die infolgedessen meist fehlende Klarstellung, dass – auch – wegen Ansprüchen aus unerlaubter Handlung vollstreckt wird, **benachteiligt** den **Gläubiger**. Um ihm zu helfen, muss deshalb auf die Ratio des § 850f Abs. 2 ZPO zurückgegangen werden. Zweck der Vorschrift ist es, diejenigen Schuldner, die den Gläubiger in besonders verwerflicher Weise geschädigt haben, einer härteren Zwangsvollstreckung auszusetzen. Damit dieses Ziel erreicht werden kann, muss § 850f Abs. 2 ZPO dahin ausgelegt werden, dass der Nachweis der vorsätzlich begangenen **unerlaubten Handlungen** nicht auf das erste Erkenntnisverfahren beschränkt ist. **Der Beweis kann vom Gläubiger auch nachträglich erbracht werden**. Um dem Gläubiger zu helfen, bieten sich zwei Wege an.

II. Prüfung der Anspruchsqualifizierung im Vollstreckungsverfahren

1. Keine Titelergänzung

1779 In Betracht kommt, dem Vollstreckungsgericht die Prüfung zu überlassen, ob der zu vollstreckende Anspruch auf einer vorsätzlich begangenen unerlaubten Handlung beruht. Der Gläubiger könnte sich dann beispielsweise auf privatrechtliche Urkunden, Prozessakten, Strafakten und dergleichen berufen. Das liefe aber im Ergebnis darauf hinaus, dass das **Vollstreckungsgericht** einen Titel **ergänzen** würde. Dafür ist es indessen **nicht zuständig**. Das wird sofort deutlich, wenn der Gläubiger den Beweis nicht durch Urkunden führen kann, sondern dazu eine Zeugenbeweisaufnahme nötig wäre. Das Vollstreckungsgericht würde dann der Sache nach als Erkenntnisgericht tätig werden, was mit seiner gerichtsverfassungsrechtlichen Funktion unvereinbar wäre (BGHReport 2003, 48).

2. Auslegung des Titels

1780 Das Vollstreckungsgericht ist befugt, einen Titel **auszulegen**, etwa durch Berücksichtigung der Entscheidungsgründe des Urteils. Unbedenklich ist es auch, dass das Vollstreckungsgericht dabei den Inhalt der Akten des Erkenntnisverfahrens und eindeutige Urkunden berücksichtigt. Damit ist aber dann auch die Prüfungszuständigkeit beendet (vgl. *Stein/Jonas/Brehm*, ZPO, 22. Aufl., 2004, § 850f Rn. 12). Die Rechtsprechung tendiert eher zu einer engherzigeren Auffassung. So heißt es in BGHZ 109, 277 = NJW 1990, 834:

„Nach der Aufgabenverteilung zwischen Erkenntnis- und Vollstreckungsverfahren obliegt dem Grundsatz nach die materiell-rechtliche Beurteilung des geltend gemachten Anspruchs dem Prozessgericht, während die Vollstreckungsorgane nur die formellen Voraussetzungen prüfen, von denen die Durchsetzung des vollstreckbaren Anspruchs abhängt. Diesen haben sie grundsätzlich weder festzustellen noch selbst nachzuprüfen."

Daraus folgt: Ist im Urteil als Entscheidungsgrundlage nur ein vertraglicher Anspruch genannt, dann ist das **Vollstreckungsgericht** daran **gebunden**. Umgekehrt ist es ebenso gebunden, wenn das Erkenntnisgericht seine Entscheidung materiell-rechtlich auf einen Anspruch aus einer vorsätzlich begangenen unerlaubten Handlung gestützt hat. Dabei kann es sich auch um ein Versäumnisurteil handeln. 1781

3. Vollstreckungsbescheid

Streitig ist, ob auch die **formularmäßige Angabe** in einem **Vollstreckungsbescheid** genügt, es handele sich um einen Anspruch aus einer vorsätzlich begangenen unerlaubten Handlung. In der Rechtsprechung wird das überwiegend bejaht (Nachw. bei *Schuschke/Walker*, Zwangsvollstreckung, 3. Aufl., 2002, § 850f Rn. 11; *Wieczorek/Schütze/Lüke*, ZPO, 3. Aufl., 1999, § 850f Rn. 28). Daher muss der Schuldner gegen den ihm zugestellten Mahnbescheid Widerspruch einlegen, wenn er diese Anspruchsqualifizierung ausräumen will, etwa mit der Begründung, er habe lediglich fahrlässig gehandelt. 1782

III. Feststellungsklage

Je gerissener der Schuldner vorgegangen ist, umso weniger und umso später wird der Gläubiger den wirklichen Sachverhalt aufdecken und schon im Erkenntnisverfahren dazu vortragen können. Da es nun sicherlich nicht angeht, demjenigen Gläubiger, der es mit einem besonders durchtriebenen Schuldner zu tun hat, die Vollstreckungswohltat des § 850f Abs. 2 ZPO zu versagen, hilft ihm die Rechtsprechung durch Zulassung einer nachträglichen Feststellungsklage, und zwar **unabhängig davon**, ob die **Tatbestandsmerkmale** der unerlaubten Handlung **vor** oder **nach** Eintritt der **Rechtskraft** des Leistungsprozesses bekannt geworden sind (OLG Oldenburg NJW-RR 1992, 573). 1783

In allen Fällen, in denen der Kläger im Erkenntnisverfahren nicht an § 850f Abs. 2 ZPO gedacht oder von der vorsätzlich begangenen unerlaubten Handlung noch nichts gewusst hat und deshalb im Vollstreckungsverfahren den ihm obliegenden Nachweis nicht führt oder nicht führen kann, steht ihm der Weg einer gegen den Schuldner zu erhebenden klärenden Feststellungsklage zur Verfügung (BGHZ 109, 275, 280 f. = NJW 1992, 834). 1784

1785 Einer zweiten Leistungsklage auf Schadensersatz (auch) aus unerlaubter Handlung stünde die **Rechtskraft** des ersten Urteils entgegen. Bei einer Feststellungsklage verhält es sich anders. Die Voraussetzungen des § 256 Abs. 1 ZPO sind gegeben:

1786 Es geht um die Feststellung des Bestehens eines **Rechtsverhältnisses** (BGHZ 109, 276 = NJW 1990, 834). Dazu zählen auch einzelne rechtliche Beziehungen, die nur Ausfluss eines umfassenderen Rechtsverhältnisses sind (*Stein/Jonas/Schumann*, ZPO, 21. Aufl., 1997, § 256 Rn. 24).

1787 Auch das **Feststellungsinteresse** ist gegeben. Es folgt daraus, dass die vom Kläger begehrte Feststellung der Vorbereitung eines Antrags nach § 850f Abs. 2 ZPO dienen soll. Dieses Interesse ist schutzwürdig, denn es geht darum, dass der Gläubiger den Schuldner gesetzmäßig bis zur Grenze der Leistungsfähigkeit in Anspruch nehmen kann, weil der ihm zuerkannte Zahlungsanspruch auch aus dem Gesichtspunkt der vorsätzlich begangenen unerlaubten Handlung begründet ist. So heißt es in BGHZ 109, 276 = NJW 1990, 834:

> „Es entspricht dem **Gebot der Gerechtigkeit**, den durch eine vorsätzlich begangene unerlaubte Handlung Geschädigten auch in diesen Fällen in den Genuss des Vollstreckungsprivilegs des § 850f Abs. 2 ZPO gelangen zu lassen (statt vieler: *Schneider* MDR 1970, 769, 770)."

1788 Auch besteht **kein Rechtskrafthindernis**. Die Feststellungsklage und die frühere beschiedene Leistungsklage haben verschiedene Streitgegenstände. Es geht nicht darum, die bereits titulierte Leistung noch einmal titulieren zu lassen, sondern der in seiner Bestandskraft anerkannte Leistungstitel soll rechtlich anders qualifiziert werden (BGHZ 109, 276f. = NJW 1990, 834).

1789 Schließlich steht dieser Feststellungsklage nicht die **Verjährungseinrede** entgegen. Die Frage der Verjährung ist im Feststellungsprozess rechtlich belanglos, weil kein neuer Leistungstitel geschaffen, sondern nur das prozessuale Rechtsverhältnis des § 850f Abs. 2 ZPO geklärt werden soll. In dieser Vorschrift ist aber die unverjährte Zeit keine Tatbestandsvoraussetzung. Ein vom Schuldner erhobener Einwand der Verjährung (§§ 852, 214 Abs. 1 BGB) wäre unbeachtlich, weil er sich nicht gegen den Anspruch selbst richten würde. Der Streit geht nur noch darüber, welcher pfändbare Teil des Arbeitseinkommens dem Schuldner zu belassen ist. Das aber hängt allein vom Unrechtsgehalt des realen Schuldgrundes ab.

IV. Strategieanweisung

1790 In jedem Fall, in dem eine Leistungsklage materiell-rechtlich auch auf eine vorsätzlich begangene unerlaubte Handlung des Schuldners gestützt werden kann, sollte der Anwalt unbedingt **bereits** in der **Klageschrift** ausdrücklich und unmissverständlich darauf hinweisen. Er sollte darüber hinaus beantragen, dass diese rechtliche Qualifizierung im Urteil auch herausgestellt wird, und deshalb die vorrangige Prüfung der unerlaubten Handlung verlangen (oben Rn. 1776). Der

„sicherste Weg", dies zu erreichen, ist ein **Zusatzantrag**, der etwa folgendermaßen lauten kann:

> Ferner wird beantragt festzustellen, dass der Beklagte dem Kläger wegen des Leistungsantrages (auch) aus vorsätzlicher unerlaubter Handlung haftet.

§ 42 Nebenanträge

Die Nebenanträge in der Klageschrift haben nichts mit der Schlüssigkeitsprüfung zur Hauptsache zu tun. Für das Zinsbegehren, das einen **eigenen Streitgegenstand** hat, gibt es eigene Anspruchsnormen, so dass die den Nebenanträgen zugrunde liegenden Ansprüche ebenfalls aufgrund einer Schlüssigkeitsprüfung zu ermitteln sind. Darauf ist näher einzugehen. 1791

I. Zinsen

1. Notwendigkeit der Begründung

Wenn eine Forderung gerichtlich geltend gemacht wird, dann werden in der Mehrzahl aller Fälle auch Zinsen verlangt. Für sie gilt das Antragserfordernis des § 308 Abs. 1 S. 2 ZPO. Selbst Prozesszinsen, die mit Eintritt der Rechtshängigkeit anfallen (§ 291 BGB), werden nur zuerkannt, wenn der Kläger dies beantragt. 1792

Auf die Begründung der Hauptforderung wird erfahrungsgemäß sehr viel Sorgfalt verwandt, während die Zinsforderung nicht selten unzulänglich oder gar nicht begründet wird. Nun erhöht die Zinsforderung allerdings den Streitwert nicht (§§ 4 ZPO, 43 GKG), so dass ihre Abweisung fast immer zur Anwendung des § 92 Abs. 2 ZPO bei der gerichtlichen Entscheidung führt und den Kläger nicht belastet. Doch wird damit auch der Zinsanspruch selbst aberkannt, wenn auch nur in der geltend gemachten Höhe (oben Rn. 1711 ff.). Jeder Anwalt sollte deshalb über diejenigen **Kenntnisse des Zinsrechts** verfügen, ohne die bei der Fallbearbeitung und der Klage nicht auszukommen ist, wenn Fehler vermieden werden sollen. 1793

2. Akzessorietät

Zinsen sind die vom Schuldner fortlaufend zu entrichtende Vergütung für den Gebrauch eines in Geld oder anderen vertretbaren Sachen bestehenden Kapitals, ausgedrückt in einem im voraus bestimmten Bruchteil der geschuldeten Menge (so die Definition des Reichsgerichts in RGZ 168, 284, 285). 1794

§ 42 Nebenanträge

1795 Die Zinsschuld ist **Nebenschuld**, weil sie vom Bestand einer Kapitalschuld, der Hauptforderung, abhängig ist. Mit ihrem Entstehen verselbständigt sie sich und ist ohne Übertragungsbeschränkung abtretbar und einklagbar.

3. Verjährung

1796 Nach § 195 BGB verjähren Zinsansprüche in **drei Jahren**. Unabhängig von dieser Frist verjähren sie nach § 217 BGB immer **zugleich mit dem Hauptanspruch**. Der Schuldner soll dadurch davor geschützt werden, sich zur Verteidigung gegen einen Zinsanspruch auf einen bereits verjährten Hauptanspruch einlassen zu müssen (*Bamberger/Roth/Henrich*, BGB, 2003, § 217 Rn. 1).

1797 Unabhängig davon kann der Gläubiger nach § 288 Abs. 4 BGB einen über das Zinsbegehren hinausgehenden **weiteren Schaden** geltend machen. Den hat er konkret darzulegen und zu beweisen. Dieser Schadensersatzanspruch verjährt wieder in der regelmäßigen Frist des § 195 BGB von drei Jahren (so auch für das alte Recht RGZ 109, 348).

1798 Knifflig ist die Regelung der Verjährung für bereits **titulierte Zinsansprüche** (siehe *Fischer* ZAP Fach 2, S. 403). Rechtskräftig ausgeurteilte Ansprüche verjähren nach § 197 Abs. 1 Nr. 3 BGB in **dreißig** Jahren. Handelt es sich dabei um Zahlungsansprüche, dann werden auch die darauf entfallenden Zinsen mittituliert, zumindest die Prozesszinsen nach § 291 BGB. Bei diesen ist nun zu unterscheiden:

1799 Für Zinsen, die vom Urteilstenor erfasst sind, bleibt es bis zum Eintritt der Rechtskraft bei der **dreißigjährigen** Verjährung.

1800 Für Zinsen, die zwar mittituliert worden sind, aber erst **nach Eintritt der Rechtskraft** anfallen, gilt nur eine **dreijährige** Verjährungsfrist (*Staudinger/Peters*, BGB, 2004, § 197 Rn. 24, bb, 37 ff.). Das ergibt sich aus § 197 Abs. 2 BGB, der für „regelmäßig wiederkehrende Leistungen" nur die regelmäßige Verjährungsfrist des § 195 BGB vorsieht.

1801 Verzögert sich in diesem Fall die Zwangsvollstreckung aus dem Titel, weil beim Schuldner gegenwärtig nichts zu holen oder seine neue Anschrift unbekannt ist, dann muss der Anwalt die Sache wegen der ab Rechtskraft des Titels anfallenden Zinsen auf Frist legen. Endet der Auftrag vorher, dann hat er den Mandanten auf die unterschiedlichen Verjährungsfristen vor und nach Eintritt der Rechtskraft des Titels hinzuweisen.

1802 Der Gläubiger kann den Ablauf der Verjährungsfrist verhindern, indem er noch während laufender Frist die Zwangsvollstreckung einleitet (§ 212 Abs. 1 Nr. 2 BGB = § 209 BGB a.F.). Dann beginnt eine **neue dreijährige** Verjährungsfrist zu laufen.

1803 Das setzt jedoch voraus, dass der Gläubiger an den Schuldner herankommt. Wie aber, wenn das nicht möglich ist, weil er dessen neue Anschrift nicht kennt? Dann kann der Gläubiger Vollstreckungshandlungen unter der alten Anschrift beantragen. Zur Erwirkung des Neubeginns der Verjährung reicht es schon, den **Antrag** zu stellen (*Bamberger/Roth/Henrich*, BGB, 2003, § 212 Rn. 13).

Allerdings ist das mit dem Risiko verbunden, dass dem Antrag nicht stattgegeben wird. Dann gilt nämlich der Beginn der erneuten Verjährung als nicht eingetreten (§ 212 Abs. 3 BGB). Deshalb wird in derartigen Fällen zugunsten des Gläubigers das rechtliche Interesse an einer **Feststellungsklage** bejaht (BGHZ 93, 287). 1804

Als **Antrag** (und Urteilstenor) kommt in Betracht die Feststellung, dass die Verjährung ab Klageeinreichung erneut zu laufen beginnt, oder dass der Schuldner verpflichtet ist, die Zwangsvollstreckung bis zum Ablauf der neuen dreijährigen Frist zu dulden. Nur – auch diese Klage setzt voraus, dass die Anschrift des Schuldners bekannt ist. Ist das nicht der Fall, dann bleibt wohl nur der Versuch, die Feststellungsklage öffentlich zustellen zu lassen (§§ 203 ff. ZPO). 1805

4. Abtretbarkeit

Die Verbindung von Kapitalforderung und Zinsforderung ist nicht so eng wie in den typischen Akzessorietätsfällen: Hypothek und Pfand (§§ 1153, 1250 BGB). Deshalb fehlt für die Zinsforderung auch eine dem § 401 BGB entsprechende Vorschrift. Zinsansprüche gehen nicht ohne weiteres mit der abgetretenen Hauptforderung auf den neuen Gläubiger über (BGHZ 35, 173). Sollen daher bei der Abtretung einer Kapitalforderung die rückständigen Zinsansprüche mit übertragen werden, dann bedarf das einer entsprechenden **Vereinbarung**, die allerdings auch stillschweigend getroffen werden kann. 1806

5. Tilgungsrangfolge

Nicht selten wird die Anrechnungsvorschrift des **§ 367 BGB** übersehen (siehe Rn. 1731 ff.). Teilleistungen des Schuldners sind danach zunächst auf die Zinsen und dann erst auf die Hauptforderung anzurechnen. Das kann in einzelnen Fällen dazu führen, dass die Zuständigkeitsgrenze oder die Rechtsmittelbeschwer überschritten wird (siehe oben Rn. 622 ff.). Diese Tilgungsrangfolge ist auch in der **Zwangsvollstreckung** zu beachten. Verrechnet der Gläubiger Zahlungen des Schuldners auf nicht titulierte Zinsen und vollstreckt er sodann wegen der hiernach verbleibenden Hauptforderung, dann deckt der Schuldtitel diese Vollstreckung (LG Kiel DGVZ 1994, 60). 1807

6. Zinsfuß

Geldschulden sind nach § 246 BGB mit **vier Prozent** zu verzinsen. Befindet sich der Schuldner im **Verzug**, dann erhöht sich der Zinssatz nach § 288 Abs. 1 S. 2 BGB auf jährlich **fünf Prozentpunkte über dem Basiszinssatz**. Bei Rechtsgeschäften, an denen kein Verbraucher beteiligt ist, die also weder der gewerblichen noch der selbständigen beruflichen Tätigkeit zuzurechnen sind (§ 13 BGB), 1808

§ 42 Nebenanträge

beträgt der Verzugszins nach § 288 Abs. 2 BGB sogar 8 Prozentpunkte über dem Basiszinssatz. Dieser Satz wird durch § 247 BGB festgelegt. Veränderungen werden von der Deutschen Bundesbank halbjährlich im Bundesanzeiger bekannt gemacht. Für **Prozesszinsen** gilt das Gleiche (§ 291 S. 2 BGB). Zinsanträge sind daher dieser neuen Regelung anzupassen.

1809 Noch immer wird aber entsprechend früherer Übung beantragt und tenoriert und werden „Prozent" statt „Prozentpunkte" über dem Basiszinssatz gefordert. Das ist falsch! Ein **Beispiel**:

1810 Ich gehe von einem **fiktiven Basiszinssatz** von 3 Prozent aus. Dann muss der Zinsantrag lauten: „. . . nebst 5 Prozent**punkten** über dem Basiszinssatz, **nicht 5 Prozent**. Denn

– wenn der Basiszinssatz 3 % beträgt, sind 5 % davon (5 % von 3 =) 0,15 % und beides zusammen **3,15 %**.

– 5 Prozent**punkte** über dem Basiszinssatz von 3 % machen jedoch (5 + 3 =) **8 %** aus.

1811 Bei falscher Antragstellung und entsprechend fehlerhafter Tenorierung werden dem Kläger daher zu wenig Zinsen zugesprochen. Das hat der Prozessbevollmächtigte zu verantworten. Anwalt und Gericht haben das aber ersichtlich nicht gewollt. Es handelt sich um einen offensichtlichen Formulierungsfehler. Der lässt sich beheben.

1812 Am naheliegendsten ist es, Zinsantrag und Zinstenor einfach im Sinne des Gesetzes **auszulegen**, also Prozent**punkte** statt Prozent zu lesen. *Bernd Hartmann* (NJW 2004, 1358) meint, gegenüber einer anwaltlich vertretenen Partei dürfe das Gericht nicht auf die fehlerhafte Formulierung „Prozent" statt „Prozentsatz" hinweisen und müsse entsprechend der Fehlformulierung tenorieren. Die benachteiligte Partei könne aber ihren Anwalt in Regress nehmen. Beides ist falsch. Auch bei anwaltlicher Vertretung besteht die Aufklärungs- und Hinweispflicht nach § 139 ZPO (*Stein/Jonas/Leipold*, ZPO, 22. Aufl., 2005, § 139 Rn. 26). Bei einem vom Gericht übernommenen falsch formulierten Zinsantrag droht der Partei auch kein Schaden und folglich dem Anwalt kein Regress. Der zu niedrig tenorierte Zinssatz würde zu einem verdeckten Teilurteil führen. Hinsichtlich des dem Kläger materiell-rechtlich zustehenden höheren Zinsanspruchs träte keine Rechtskraft ein (Rn. 1814). Die Partei könnte vom Beklagten die weiteren Zinsen fordern und sie notfalls auf dessen Kosten einklagen; anders nur, wenn der weitere Zinsanspruch wegen Ablaufs der Dreijahresfrist des § 195 BGB zwischenzeitlich verjährt wäre (BGH ZIP 2002, 988).

1813 In Betracht kommt auch eine **Berichtigung** nach § 319 Abs. 1 ZPO. Da das Gericht in diesem Fall von Amts wegen berichtigen muss, bedarf es nicht einmal eines Antrags; eine Anregung genügt.

1814 Wird der Gläubiger formalistisch an der Zinstenorierung festgehalten, dann hilft immer noch eine neue Klage wegen der überschüssigen Zinsen (Rn. 1814). Diese sind nicht rechtskräftig aberkannt worden. Der Zinsanspruch ist streitgegenständlich selbständig. Über ihn wird nur im Umfang des Zinsantrages erkannt. Es handelt sich um eine **verdeckte Teilklage**, die der späteren Forderung weiterer Zinsen nicht entgegensteht (BGHZ 135, 178; oben Rn. 1713).

Welcher Zinsbetrag später vollstreckt werden kann, müssen die Vollstreckungsorgane ausrechnen und dabei halbjährliche Änderungen des Basiszinssatzes berücksichtigen. Damit das auch im Urteilstenor zum Ausdruck kommt, ist es ratsam, schon bei der Antragsfassung darauf hinzuweisen. Der Zinsantrag sollte deshalb lauten: 1815

> Der Beklagte wird verurteilt, x, – Euro nebst 5 Prozentpunkten über dem **jeweiligen** Basiszinssatz ab dem soundsovielten zu zahlen.

Dem Kläger liegt daran, möglichst **höhere Zinsen als** die gesetzlichen (§§ 288 Abs. 1, 2, 291 BGB) zu erhalten. In Betracht kommt dabei vor allem die Geltendmachung eines höheren Zinsschadens wegen Verzugs (§ 288 Abs. 3 BGB), beispielsweise, weil der Kläger höher verzinslichen Bankkredit in Anspruch nimmt oder ihm Anlagezinsen entgehen. Der Anwalt, der die Klageschrift vorbereitet, wird darauf zu achten und den Mandanten zu befragen haben. 1816

II. Die Anspruchsgrundlagen

Eine Zinsverbindlichkeit kann auf zweierlei Weise entstehen: entweder kraft **rechtsgeschäftlicher** Vereinbarung oder kraft **gesetzlicher** Regelung. 1817

1. Vertragliche Zinsverpflichtung

Rechtsgeschäftlich werden **Zinsen** meist bei der Hingabe eines Darlehens vereinbart. Der Zins ist dann die Entschädigung (Gewinn) des Geldgebers dafür, dass er eine Zeit lang nicht mit dem Kapital arbeiten kann. 1818

Auch die **Höhe** der Zinsen (der „Zinsfuß") kann auf rechtsgeschäftlichen oder auf gesetzlichen Entstehungsgründen beruhen. Der rechtsgeschäftliche Zinssatz unterliegt der Höhe nach grundsätzlich keinen Beschränkungen. Verstößt die Abmachung jedoch gegen die guten Sitten oder ist sie wucherisch, dann ist sie nichtig, wie jede andere unter § 138 BGB fallende rechtsgeschäftliche Vereinbarung (Anwendungsfälle bei *Soergel/Hefermehl*, BGB, 13. Aufl., 1999, § 138 Rn. 97). 1819

Nach den §§ 248 Abs. 1, 289 BGB ist eine im Voraus getroffene Vereinbarung, dass fällige Zinsen wieder Zinsen tragen, nichtig; und von Verzugszinsen sind Zinsen auch nicht zu entrichten. **Ausnahmen** von diesem **Verbot des Zinseszinses** (Anatozismus) enthalten die Vorschriften der §§ 248 Abs. 2 BGB und 355 Abs. 1 HGB für Sparkassen, Kreditanstalten und Inhaber von Bankge- 1820 schäften sowie bei der Verzinsung von Kontokorrentsalden, wenn bereits im Saldo Zinsansprüche berücksichtigt sind.

2. Gesetzliche Zinsverpflichtung

1821 Eine gesetzliche Zinsverpflichtung ist in einer Reihe von Vorschriften für bestimmt umrissene Tatbestände festgelegt. Nachstehend eine **Übersicht** über wichtige einschlägige Bestimmungen:

- **§ 256 BGB**

  Wer zum Ersatz von **Aufwendungen** verpflichtet ist, hat den aufgewendeten Betrag oder den Wertersatz für aufgewendete Gegenstände von der Zeit der Aufwendung an zu verzinsen. Einen wichtigen Anwendungsfall behandelt § 670 BGB für das **Auftragsrecht** und § 683 BGB durch Bezugnahme darauf für die **Geschäftsführung ohne Auftrag**. Der Auftraggeber muss dem Beauftragten Ersatz auch für Zinsaufwendungen oder Zinsverluste leisten, wenn dieser zur Ausführung des Auftrages Aufwendungen gemacht hat, die er den Umständen nach für erforderlich halten durfte.

- **§ 688 BGB**

  Wer als **Beauftragter** Geld erhalten hat, das er dem Auftraggeber herauszugeben hat oder das er für diesen verwenden soll, muss es verzinsen, wenn er es stattdessen für sich verwendet. In § 675 BGB ist diese Vorschrift auf die entgeltliche Geschäftsbesorgung, in § 681 BGB auch auf die Geschäftsführung ohne Auftrag für entsprechend anwendbar erklärt worden. Darüber hinaus gilt sie nach § 687 Abs. 2 BGB für die unechte Geschäftsführung ohne Auftrag.

- **§ 698 BGB**

  Verwendet der **Verwahrer** hinterlegtes Geld für sich, dann hat er es ebenfalls von der Zeit der Verwendung an zu verzinsen. Entsprechendes gilt nach § 1834 BGB für den Vormund und nach § 1915 Abs. 1 BGB für den Pfleger.

  Sachlich gehört hierher auch die Vorschrift des § 551 Abs. 3 S. 1 BGB, wonach der Vermieter die **Mietkaution** zu verzinsen hat.

- **§ 819 BGB**

  Wer der **Bereicherungshaftung** ausgesetzt ist und den Mangel des rechtlichen Grundes kannte oder erfährt, haftet vom Empfang der Leistung oder der Kenntnis an wie ein Beklagter. Das heißt, er muss Prozesszinsen gemäß § 291 BGB zahlen.

  Ebenso ist derjenige zinsbelastet, der durch den Empfang einer Leistung gegen die guten Sitten oder gegen ein gesetzliches Verbot verstößt.

- **§ 820 BGB**

  Wer einem **Bereicherungsanspruch** wegen Nichteintritts des bezweckten Erfolges oder wegen des für möglich erachteten Wegfalls des Rechtsgrundes ausgesetzt ist, wird mit einer Zinspflicht belastet. Sie beginnt mit dem Zeitpunkt, in dem er erfährt, dass der Erfolg nicht eingetreten oder der Rechtsgrund weggefallen ist.

- **§ 849 BGB**

Wer für die **Entziehung** oder für die **Beschädigung** einer **Sache** Schadensersatz zu leisten hat, muss den Ersatzbetrag verzinsen (ausführlich unten Rn. 1785 ff.). Der Zinslauf beginnt mit dem Zeitpunkt, der der Bestimmung des Wertes zugrunde gelegt wird. Die Verzinsung setzt keinen Verzug voraus, betrifft jedoch nur den **Wertersatz**. Es gibt keinen Rechtsgrundsatz, wonach alle Schadensersatzansprüche aus unerlaubter Handlung ab Entstehung zu verzinsen sind (MünchKommBGB/*Wagner*, 4. Aufl., 2004, § 849 Rn. 4).

Da § 849 den Deliktsschuldner einem Verzugsschuldner gleichstellen will, beträgt der **Zinssatz** nach *Wagner* (Rn. 3) nicht 4% (§ 246), sondern fünf Prozentpunkte über dem Basiszinssatz (entsprechend § 288 Abs. 1 S. 2 BGB). Das ist allerdings streitig. Die meisten Kommentare sprechen sich für 4% aus, ohne jedoch auf die Argumentation *Wagners* einzugehen (siehe z.B. Bamberger/Roth/ *Spindler*, BGB, 2003, Rn. 3; Prütting/Wegen/Weinreich, BGB, 2. Aufl., 2007, Rn. 1; Hk-BGB/*Staudinger*, 3. Aufl., 2003, Rn. 1 – alle zu § 849).

Der § 849 BGB entspricht dem **§ 290 BGB**, der von der Verzinsung des Wertersatzes handelt. Die Verzinsungspflicht besteht auch für den Fall der Entziehung von Geld (BGHZ 8, 298 = NJW 1953, 499).

- **§§ 352, 353 HGB**

Kaufleute schulden untereinander aus beiderseitigen Handelsgeschäften Zinsen ab Fälligkeit (Fälligkeitszinsen), und zwar in der gesetzlichen Höhe von 5%.

- **§ 354 HGB**

Wer in Ausübung eines **Handelsgewerbes** einem anderen Geschäfte besorgt oder Dienste leistet, kann für Darlehen, Vorschüsse, Auslagen und andere Verwendungen vom Tage der Leistung an Zinsen berechnen.

- **Art. 48, 49 WG; 45, 46 ScheckG**

Der Inhaber eines **Wechsels** oder **Schecks** kann im Wege des **Rückgriffs** Zinsen in Höhe von 2% über dem jeweiligen Basiszinssatz des § 247 BGB verlangen, mindestens aber 6% ab dem Verfalltag (Art. 48 WG, Art. 45 ScheckG).

Wer den Wechsel oder den Scheck **einlöst**, kann von seinen Vormännern mindestens 6% Zinsen seit dem Tag der Einlösung verlangen (Art. 49 WG, Art. 46 ScheckG).

Daneben sind die **vereinbarungsgemäß** auf die Wechselsumme zu zahlenden Zinsen zu berücksichtigen (Art. 5 WG), so dass bis zum Verfalltag **Zinseszinsen** anfallen können (*Bülow*, Wechselgesetz, 4. Aufl., 2004, § 5 Rn. 3).

III. Insbesondere Prozesszinsen nach § 291 BGB

1. Vertraglicher Verzinsungsausschluss?

1822 **Ein Fall:**
Ein Kläger klagt mit dem Antrag, den Beklagten zu verurteilen, an den Kläger 10 000 Euro zu zahlen, und zwar gemäß § 288 Abs. 1 BGB nebst 5 % Zinsen über dem Basiszinssatz ab 1. 2. 2004. Die Klage wird dem Beklagten am **1. 4. 2004 zugestellt**. In der mündlichen Verhandlung wendet er gegenüber dem Zinsbegehren ein, die Parteien hätten **vereinbart**, dass die Hauptsumme **unverzinslich** sei. Daraufhin ermäßigt der Kläger sein Zinsbegehren und beantragt insoweit nur noch, den Beklagten zu verurteilen, 5 % Zinsen über dem Basiszinssatz ab dem 1. 4. 2004 zu zahlen. Zur **Begründung** trägt er vor, er bestreite eine Vereinbarung, wonach die Hauptsumme unverzinslich sei. Indessen liege ihm nichts an den beiden Zinsmonaten Februar und März. Ihm komme es vielmehr darauf an, möglichst kurzen Prozess zu machen. Zinsen ab 1. 4. 2004 schulde der Beklagte aber jedenfalls nach § 291 ZPO. Der Beklagte **wendet ein**, diese Vorschrift sei unanwendbar, weil der Kläger von Anfang an keinen Zinsanspruch gehabt habe. Dieser sei vereinbarungsgemäß ausgeschlossen worden. Die fehlende materiell-rechtliche Anspruchsgrundlage könne nicht durch § 291 BGB geschaffen werden.

1823 Der Fall liegt eigenartig. Ist die vertragliche Abrede wirklich vorrangig vor der Bestimmung des § 291 BGB? Vereinbaren die Parteien, dass eine Geldschuld nicht oder erst von einem zukünftigen Zeitpunkt an zu verzinsen sei, dann regeln sie ihre Rechtsbeziehungen für den **Normalfall**, dass der Schuldner seiner **Verpflichtung nachkommt**, also die Hauptsumme fristgerecht zurückzahlt. Dann schuldet er keine Zinsen oder erst ab einem späteren Zeitpunkt, wenn er das Kapital pünktlich an den Gläubiger leistet. In diesem Fall ist auch der Gläubiger in der Lage, mit dem Kapital zu arbeiten.

1824 Muss er dagegen den Schuldner **durch Klage nötigen**, die **Hauptschuld zu erfüllen**, dann ergibt sich ein neuer Sachverhalt. Der Schuldner hat, wenn er zur Zahlung verurteilt wird, die ihm obliegende Verpflichtung hinsichtlich der Zurückzahlung des Kapitals nicht erfüllt und muss nach § 291 BGB **bereits deshalb** dem Gläubiger Zinsen zahlen. Die **anders lautende Vereinbarung**, die für den Fall **ordnungsmäßiger Erfüllung** durch den Schuldner getroffen worden ist, **tritt zurück**. Dementsprechend sind auch unverzinsliche Geldschulden oder solche, für die ein geringerer Zinssatz als 4 % vereinbart worden ist, ab Rechtshängigkeit gemäß §§ 291, 288 Abs. 1 BGB zu verzinsen. Tritt die Rechtshängigkeit früher ein als die Fälligkeit der Hauptschuld, dann beginnt der Zinslauf ab Fälligkeit. Das ist in § 291 BGB ausdrücklich gesagt.

1825 Im **Ausgangsfall** ist daher bei begründeter Hauptforderung entsprechend dem Klageantrag zu verurteilen. Der Beklagte hätte dieser **Verurteilung** nur dadurch **entgehen** können, dass er **vor Klageerhebung** den Hauptbetrag **gezahlt** hätte. Dann wäre es bei der vertraglichen Vereinbarung geblieben. Der Gläubiger hätte nur eine unverzinsliche Forderung gehabt, die erfüllt worden wäre. Er hätte keine erfolgreiche Klage nur wegen der Zinsen erheben können. Denn auch wenn der Zinsanspruch selbständig eingeklagt wird, muss seine Begründetheit unabhängig von § 291 BGB nach materiellem Recht beurteilt werden. Die Bestimmung des § 291 BGB ist bei einem Zinsbegehren als

Hauptanspruch nur dann anwendbar, wenn von dem bezifferten Zinsanspruch wiederum Prozesszinsen verlangt werden. Dem steht aber die nach § 291 S. 2 BGB anwendbare Vorschrift des § 289 Abs. 1 entgegen, wonach keine Zinsen von Verzugszinsen oder Rechtshängigkeitszinsen zu entrichten sind. Dabei muss es sich jedoch um wirkliche Zinsen handeln. Werden „Zinsen" eingeklagt, bei denen es sich tatsächlich um eine **Nutzungsentschädigung** handelt, dann liegt nur eine falsche Benennung vor; § 291 BGB ist anwendbar (vgl. BGH LM § 291 BGB Nr. 2).

2. Zinsen und Mehrwertsteuer

Ein Fall: 1826

Ein Ingenieur hat gegen eine Handelsgesellschaft Ansprüche aus einem Beratervertrag auf monatlich 5000 Euro zuzüglich Mehrwertsteuer. Er wird nicht bezahlt und muss den Betrag einklagen. Der Anwalt fordert für den ersten Fehlmonat 5800 Euro nebst 4 % Zinsen ab Zustellung der Klage. Der Beklagte rügt unter anderem, dass Zinsen auf die Mehrwertsteuer gefordert würden, obwohl der Kläger sie an das Finanzamt abführen müsse. Dazu sei er aber erst verpflichtet, wenn er das Honorar erhalten habe.

Es ist zu unterscheiden zwischen **Verzugszinsen** und **Prozesszinsen**. Ist der Schuldner mit der Erfüllung der Hauptforderung eines mehrwertsteuerpflichtigen Gläubigers in Verzug, dann berechnen sich die Verzugszinsen aus der Summe von Hauptforderung plus Mehrwertsteuer (BGH NJW-RR 1991, 484). Auf die Verzugszinsen selbst wird keine Mehrwertsteuer erhoben, auch wenn von der Hauptforderung Mehrwertsteuer zu entrichten ist (*Staudinger/Löwisch*, BGB, 2004, § 288 Rn. 54). 1827

Anders verhält es sich bei den Prozesszinsen. Und deshalb greift im Beispielsfall die Replik nicht. Der Gegenanwalt argumentiert von der Voraussetzung aus, es fehle an einem Zins**schaden**. Die Prozesszinsen nach **§ 291 BGB** werden aber nicht als Verzugsschaden gefordert. **Tatbestandsvoraussetzungen** des Zinsanspruchs sind **lediglich** das Bestehen einer **Geldschuld** und der Eintritt der **Rechtshängigkeit**. Dass der Beklagte dem Kläger das Beraterhonorar zuzüglich Mehrwertsteuer schuldet, ergibt sich aus dem Beratervertrag. Der Eintritt der Rechtshängigkeit durch Zustellung der Klageschrift ergibt sich aus dem Gesetz (§§ 253 Abs. 1, 261 Abs. 1 ZPO). 1828

Unerheblich ist, ob sich der Schuldner bereits bei Klageerhebung in **Verzug** befunden hat oder ob der Verzug erst durch die Klageerhebung eingetreten ist (§ 291 S. 1 BGB: „auch wenn er nicht in Verzug ist"). Prozesszinsen sind lediglich ein Risikozuschlag zu Lasten eines Schuldners, der es auf einen Prozess ankommen lässt und unterliegt (MünchKommBGB/*Ernst*, 4. Aufl., 2003, § 291 Rn. 1). 1829

IV. Verzugszinsen

1. Die gesetzliche Regelung

1830 Im Rechtsleben besonders wichtig sind die in §§ 286, 288 BGB behandelten Verzugszinsen. **§ 288 BGB** sieht einen Grundzins vor, der unter besonderen Voraussetzungen gesteigert werden kann:

Erste Stufe: Eine Geldschuld ist während des Verzugs mit jährlich fünf Prozentpunkten über dem Basiszinssatz zu verzinsen (§ 288 Abs. 1 BGB).

Zweite Stufe: Kann der Gläubiger aus einem anderem Rechtsgrund (etwa wegen einer Zinsvereinbarung) höhere Zinsen verlangen, so sind diese zu zahlen (§ 288 Abs. 3 BGB).

Dritte Stufe: Die Geltendmachung eines weiteren Schadens ist nicht ausgeschlossen (§ 288 Abs. 4 BGB).

1831 Die **Tragweite** dieser Vorschrift wird immer wieder verkannt. In vielen Mahnbescheidsanträgen und Klageschriften ist das Zinsbegehren, soweit es auf Verzug gestützt wird, unschlüssig begründet. Auf Folgendes ist stets zu achten:

1832 Zur Begründung der Zinsschuld muss stets der **Verzug dargelegt** werden. Dagegen wird am häufigsten verstoßen. Manchmal kann man sogar lesen: „Verzugszinsen ab 5.7.2003, Tag der Fälligkeit (!)." Dabei ist in § 286 BGB ausdrücklich gesagt, dass nur **Fälligkeit + nachfolgende Mahnung** zum Verzug führen. Angaben im Mahnantrag oder in der Klageschrift des Inhalts, die begehrten Zinsen würden „seit Fälligkeit", „laut Rechnung vom 5.7.2003", „aufgrund Mahnung" und dergleichen geschuldet, sind keine schlüssigen Begründungen.

2. Fälligkeitszinsen

1833 Fälligkeitszinsen können nur verlangt werden, wenn aus dem Mahnbescheidsantrag oder der Klage ersichtlich ist, dass ein Kaufmann einen anderen Kaufmann aus einem **beiderseitigen Handelsgeschäft** in Anspruch nimmt.

1834 In allen anderen Fällen ist zu beachten, dass die Erteilung der Rechnung keine Mahnung ist, sondern diese zusätzlich im Text der Rechnung enthalten sein muss. Fehlt es daran, dann hilft auch die Behauptung einer „Mahnung" nicht weiter, schon deshalb nicht, weil das Rechnungsdatum nicht ersehen lässt, **wann** gemahnt worden ist. Davon aber hängt der Beginn der Zinsschuld ab.

1835 Eine weitergehende Regelung hat das Gesetz zur Beschleunigung fälliger Zahlungen mit **§ 286 Abs. 3 BGB** gebracht. Danach tritt bei einer fälligen Forderung der Verzug auch **ohne Mahnung** nach 30 Tagen ab Zugang einer Rechnung oder gleichwertigen Zahlungsaufstellung ein. Ist der Schuldner allerdings ein Verbraucher (§ 13 BGB), dann muss er in der Rechnung oder Zahlungsaufstellung darauf besonders hingewiesen werden. Mit dieser Neuregelung soll erreicht werden, dass insbesondere kleine Handwerksbetriebe nicht wegen verzögerlicher Zahlung in wirtschaftliche Schwierigkeiten geraten oder gar in die Insolvenz getrieben werden.

3. Brief-Mahnung

Im Ortsverkehr rechnet man mit der **Ankunft** eines postbeförderten Briefes am anderen Tag, im Auswärtsverkehr am übernächsten Tag. Erst zu diesen Zeitpunkten tritt deshalb auch der Verzug ein. 1836

Beweisrechtlich richte man sich darauf ein, dass im Falle des Bestreitens der Beweis der Absendung des Briefes nicht genügt. Es muss auch der **Zugang** bewiesen werden. Und zwar konkret; der Schluss kraft Beweises des ersten Anscheins von der Absendung auf den Zugang ist nach der Rechtsprechung nicht zulässig (BGHZ 24, 308 = NJW 1957, 1230; näher dazu oben Rn. 121). 1837

4. Beweislast

Wer Verzugszinsen verlangt, muss genauer arbeiten, als es in den beliebig aus Mahnbescheidsanträgen und Klagen herausgegriffenen Beispielen oben in Rn. 835 ff. geschehen ist. Er muss den Verzug darlegen (Rn. 1832). Wann jemand in Verzug kommt, ergibt sich aus § 286 Abs. 1 BGB und der dazu ergangenen höchstrichterlichen Rechtsprechung. Den **Hinderungsgrund** des **§ 286 Abs. 4 BGB** (unverschuldete Nichtleistung) muss der Beklagte darlegen und beweisen. Darüber braucht der Kläger kein Wort zu verlieren. 1838

5. Einzelheiten

Folgende **Verzugstatbestände** sollte man kennen: 1839

– Vornehmlich kommt der Schuldner in Verzug, wenn er auf eine **Mahnung** des Gläubigers **nach Eintritt** der **Fälligkeit** nicht leistet (§ 286 Abs. 1 S. 1 BGB).
– Die Mahnung wird ersetzt durch die Zustellung eines **Mahnbescheids** oder durch **Klageerhebung** (§ 286 Abs. 1 S. 2 BGB).
– Ohne Mahnung kommt der Schuldner in Verzug, wenn er nicht zu dem Zeitpunkt leistet, der dafür **kalendermäßig** vereinbart ist (§ 286 Abs. 2 S. 1 Nr. 1 BGB). Beispiele: Wohnungsmiete, sonstige wiederkehrende Leistungen, Kaufpreis für ein Grundstück am Tag der Auflassung, spätestens am 1. 6. (*Staudinger/Löwisch*, BGB, 2004, § 284 Rn. 67).
– Ohne besondere Mahnung kommt der Schuldner auch in Verzug, wenn der Leistung eine **Kündigung** vorauszugehen hat und der Leistungszeitpunkt kalendermäßig von der Kündigung an zu berechnen ist. Dann „mahnt" die Kündigung (§ 286 Abs. 2 S. 1 Nr. 2 BGB). *Dies interpellat pro homine*, hieß das im Gemeinen Recht: Der Zeitpunkt mahnt für den Menschen, also für den Gläubiger.

1840 Daneben haben Rechtsprechung und Schrifttum weitere verzugsbegründende Tatbestände herausgearbeitet, bei denen die **Mahnung** als **entbehrlich** angesehen wird. Es handelt sich um folgende:
- Die **Leistung** ist nach Sinn und Zweck des Vertrages **sofort** zu erfüllen (RGZ 100, 42: Der Vermieter soll nach einem Einbruch in die vermieteten Räume die Mieträume diebessicher verschließbar machen, um fernere Diebstähle zu verhindern).
- Es steht bereits vorher fest, dass der Schuldner **nicht zur Leistung bereit** ist. Dann wäre es bloßer Formalismus, vom Gläubiger noch eine verzugsbegründende Mahnung zu verlangen (RGZ 67, 317; 156, 120).
- Der Schuldner **verzichtet auf** eine **Mahnung**, etwa indem er verspricht, zu einem bestimmten Zeitpunkt unaufgefordert zu leisten. Dadurch hält er den Gläubiger von einer Mahnung ab und setzt sich mit seinem eigenen Vorbringen in Widerspruch, wenn er sich später auf das Fehlen der Mahnung beruft (siehe dazu MünchKommBGB/*Ernst*, 4. Aufl., 2003, § 286 Rn. 66, 67.
- Keiner Mahnung bedarf es schließlich, wenn die Parteien Kaufleute sind und Forderungen aus **beiderseitigen Handelsgeschäften** eingeklagt werden (§ 353 HGB). Dann werden die Zinsen schon ab Fälligkeit geschuldet.

1841 Jeder der vorstehend aufgeführten Tatbestände muss in seinen Voraussetzungen erfüllt sein, damit ein Anspruch auf Verzugszinsen entsteht. Und diese **Voraussetzungen** sind – wenn auch in knapper Form – im Mahnbescheidsantrag oder in der Klageschrift **konkret darzulegen** (und vorsorglich unter Beweis zu stellen). Unterbleibt die Substantiierung, dann ist der Zinsanspruch unschlüssig begründet und nach erfolglosem Hinweis gemäß § 139 ZPO abzuweisen.

6. Höhere Zinsen

1842 Der **gesetzliche Zinsfuß** bei Verzug beträgt fünf Prozentpunkte über dem Basiszinssatz (§ 288 Abs. 1 S. 2 BGB). Werden nur diese Zinsen verlangt, dann ist eine Begründung überflüssig. Sehr oft aber werden höhere Zinsen verlangt, was nach § 288 Abs. 3 BGB zulässig ist. In solchen Fällen darf die **Begründung** nicht fehlen.

1843 Bei **vereinbarten Zinsen** ist die Vereinbarung darzulegen. Werden Kaufmannszinsen in Höhe von 5 % verlangt, dann muss aus dem Inhalt des Mahnbescheidantrages oder der Klageschrift (auch das Rubrum gehört dazu!) ersichtlich sein, dass beide Parteien Kaufleute sind und der Rechtsstreit ein beiderseitiges Handelsgeschäft betrifft (§ 352 Abs. 1 S. 1 HGB).

7. Verzugsbeginn

1844 Wann kommt der Schuldner eigentlich auf eine Mahnung hin in Verzug? Ist es der Tag des Zugangs der Mahnung oder der darauf folgende Tag?

1845 Die Antwort hängt von **§ 286 Abs. 4 BGB** ab. Danach kommt der Schuldner nicht in Verzug, solange die Leistung infolge eines Umstandes unterbleibt, den er nicht zu vertreten hat. So verhält es sich aber fast immer für den Tag des Zugangs der Mahnung. Geldschulden werden üblicherweise überwiesen. Der berufstätige Schuldner hat aber meist keine Möglichkeit mehr, am Zugangstag zu überweisen. Wenn er von der Arbeit nach Hause kommt, sind die Banken geschlossen. Auch im kaufmännischen Bereich ist es bei normalem Ablauf des Bürobetriebes nicht möglich, jedenfalls nicht üblich (§ 346 HGB), auf eingehende Mahnschreiben sofort durch Überweisung oder gar durch Barzahlung zu reagieren. Der Beklagte schuldet daher Verzugszinsen in der Regel erst ab dem **Tag, der auf** den **Zugang** des **Mahnschreibens folgt**.

Löwisch (Staudinger, BGB, 2004, § 284 Rn. 58) umschreibt den Sachverhalt zutreffend wie folgt: 1846

> „Der Schuldner hat ab Fälligkeit leistungsbereit zu sein. Die Mahnung hat insoweit nur die Funktion, ihn unter den Druck der Verzugsfolgen zu setzen, die er nur vermeiden kann, wenn er alsbald leistet. Mehr als die Zeit, die ein leistungsbereiter Schuldner braucht, um die Leistung tatsächlich zu erbringen, kann ihm nicht zugebilligt werden. **Die Zeit hat er aber auch.** Deshalb sind Verzugszinsen erst ab dem Zeitpunkt zu zahlen, zu dem das Geld nach Zugang der Mahnung auf schnellstem Weg zum Gläubiger hätte gelangen können."

Es ist daher missverständlich, wenn es in BGB-Kommentaren heißt: „Der Verzug beginnt mit dem Zugang der Mahnung" (so z.B. *Bamberger/Roth/ Grüneberg,* BGB, 2003, § 286 Rn. 60; so auch, aber schon differenzierend, *Erman/Hager,* BGB, 11. Aufl., 2004, § 286 Rn. 67–69). Dabei wird die Ausnahmeregel des § 286 Abs. 4 BGB ignoriert. Wirft – zum Beispiel – der Postbote dem Schuldner am Samstagmittag ein Mahnschreiben des in Frankfurt wohnenden Gläubigers in Düsseldorf in den Briefkasten, dann ist das ein Umstand, der die sofortige Leistung unmöglich macht. Den hat der Schuldner nicht zu vertreten. Folglich kann er frühestens am Montag in Verzug geraten. 1847

Gerichte befassen sich allerdings nicht mit solch fein gesponnenen Rechtsfragen, obwohl sie sich Tag für Tag stellen. Es kommt fast nie vor, dass eine Klage wegen eines einzigen Zinstages „im Übrigen" abgewiesen wird, zumal Beklagte so gut wie nie rügen, der Zinsbeginn sei einen Tag zu früh angesetzt. 1848

V. Verzinsung der Ersatzsumme bei unerlaubter Handlung

Verkehrsunfallsachen machen einen wesentlichen Teil der Angelegenheiten aus, die von Anwälten zu bearbeiten sind. Nicht selten wird dabei versäumt, die dem Kläger günstigste Verzinsung geltend zu machen. Das beruht darauf, dass die Sondervorschrift des **§ 849 BGB**, die auch auf die Haftung nach dem Straßenverkehrsgesetz anzuwenden ist (BGHZ 87, 38 = NJW 1983, 1614), weithin unbekannt oder in Vergessenheit geraten ist (siehe schon oben Rn. 1821 zu § 849). Die Vorschrift lautet: 1849

> Ist wegen der Entziehung einer Sache der Wert oder wegen der Beschädigung einer Sache die Wertminderung zu ersetzen, so kann der Verletzte Zinsen des zu ersetzenden Betrags von dem Zeitpunkt an verlangen, welcher der Bestimmung des Wertes zugrunde gelegt wird.

1850 Es ist allerdings einzuräumen, dass die Vorschrift nicht sonderlich klar gefasst ist. Dementsprechend wird sie auch nicht selten missverstanden. Es ist insbesondere nicht ohne weiteres ersichtlich, was mit dem letzten Halbsatz „welcher der Bestimmung des Wertes zugrunde gelegt wird" gemeint ist. Es handelt sich dabei um den **Tag des Schadensereignisses** (BGH NJW 1965, 392; OLG Düsseldorf NJW-RR 1998, 1253, 1254).

1851 Aber so ganz eindeutig ist auch das nicht. In BGHZ 8, 298 (= NJW 1953, 499) hat der BGH ausgeführt:

> „Der der Bestimmung des Wertes zugrunde zu legende Zeitpunkt ist von dem Gericht gemäß **§ 287 ZPO** unter Berücksichtigung der Umstände des einzelnen Falles nach freiem Ermessen festzusetzen."

1852 Anschließend heißt es dann allerdings wieder, es bestünden keine Bedenken dagegen, als diesen Zeitpunkt den Tag der Begehung der unerlaubten Handlung anzunehmen. Weil dieser Tag immer feststeht, ist nicht ersichtlich, was für das freie richterliche Ermessen noch übrig bleiben könnte. **Der Anwalt sollte sich also immer auf den Schadenstag festlegen.** Wenn er stattdessen wegen des Zahlungsanspruches erst auf den Zugang der Mahnung (§ 286 Abs. 1 BGB) oder auf den Eintritt der Rechtshängigkeit (§ 291 BGB) abstellt, schädigt er den eigenen Mandanten.

1853 Zu beachten ist, dass der Gläubiger den Zeitpunkt der Wertbemessung anzugeben hat. Davon hängt die **Schlüssigkeit** der Darlegung zum Zinsbegehren ab. Aufgabe des Gericht ist es dann zu prüfen, ob der vom Kläger angenommene Zeitpunkt der Wertbestimmung zutrifft.

1854 Auch hier ist dem Gläubiger nicht verwehrt, einen **weitergehenden Zinsschaden** als den des § 849 BGB geltend zu machen (BGH VersR 1962, 548, 550).

1855 Erfasst wird von § 849 BGB **nur** der **Sachverlust** oder die **Wertminderung wegen Beschädigung**. Hat also in einer Verkehrssache der Pkw des Klägers **Totalschaden** erlitten, dann kann er in Höhe des Ersatzbetrages Zinsen bereits ab dem Unfalltag verlangen (RGZ 153, 173).

1856 Bei einer **Beschädigung** liegt es insofern anders, als der Geschädigte zwar stets den nach der Reparatur verbleibenden Minderwert ab Unfalltag verzinst verlangen kann, nicht jedoch die Reparaturkosten. Denn die Reparatur beseitigt den unfallbedingten Minderwert. Es ist ja gerade deren Sinn und Zweck, den durch den Unfall entstandenen Minderwert auszugleichen. Nur dasjenige, was durch die ordnungsmäßige Reparatur **nicht ausgeglichen** werden kann, also ein **technischer** oder **merkantiler Minderwert**, fällt unter § 849 BGB (vgl. BGH LM § 849 Nr. 2).

1857 Die Vorschrift könnte allenfalls für den Zeitraum angewendet werden, der zwischen Unfalltag und Beendigung der Reparatur liegt. Denn in dieser Zeit war ein noch nicht behobener Minderwert vorhanden. Indessen ist das in der Praxis gerade der Zeitraum, der durch die Inanspruchnahme eines Mietwagens oder den Anspruch auf Nutzungsausfall überbrückt zu werden pflegt. Da der Schädiger für diese Kosten aufzukommen hat, verhindert er, dass der Geschädigte für die Dauer der Reparatur durch einen Minderwert des geschädigten Fahrzeugs belastet wird.

Es verhält sich daher so, dass bei **Totalverlust** der gesamte Ersatzanspruch ab Unfalltag verzinslich ist, bei **Beschädigung** nur der nach der Reparatur verbleibende Anspruch auf Minderwert. Was weder Entziehung oder Zerstörung noch Beschädigung der Sache ist, liegt außerhalb des Anwendungsbereiches des § 849 BGB. Das ist insbesondere der Fall bei Schmerzensgeld, Verdienstausfall und entgangenem Gewinn. 1858

Gegen die Beschränkung der Zinskompensierung auf den trotz Reparatur verbleibenden Verlust an Nutzbarkeit wendet sich *Wagner* (MünchKommBGB, 4. Aufl., 2004, § 849 Rn. 5). Er weist darauf hin, dass diese Auslegung den Anwendungsbereich der Vorschrift im Wesentlichen auf Fälle der Sachzerstörung und Vorenthaltung der Sache reduziert, „ohne dass dafür ein teleologisch überzeugender Gesichtspunkt angegeben werden könnte". Nach seiner – einleuchtenden – Auffassung sollte die Rechtsprechung ihre Zurückhaltung aufgeben und den § 849 BGB analog auf den Anspruch auf Reparaturkostenersatz anwenden, um der Bestimmung größere praktische Bedeutung zu verschaffen. Das setzt allerdings voraus, dass der Rechtsprechung dazu Gelegenheit gegeben wird, indem Prozessbevollmächtigte unter Hinweis auf diese Kommentierung entsprechende Zinsanträge stellen. Kostenmäßig ist das risikolos (§ 92 Abs. 2 Nr. 1 ZPO). 1859

VI. Bankzinsen

1. Voraussetzungen

Verlangt ein Kläger höhere Zinsen als die gesetzlichen, dann handelt es sich in der Regel um Bankzinsen, die bei ihm anfallen, weil er wegen des Verzugs des Schuldners seinen Bankkredit nicht tilgen kann. Das ist die Geltendmachung eines **weiteren Schadens** im Sinne des § 288 Abs. 4 BGB. Dieser Schaden muss dargelegt und bewiesen werden. Der Kläger muss dazu **vortragen**: 1860
– dass er bei einer namentlich zu benennenden Bank einen Schuldsaldo in mindestens der Höhe der Klageforderung hat,
– dass dieser Schuldsaldo zeitlich mit dem Verzug des Beklagten übereinstimmt,
– dass die Bank von ihm Zinsen in der geltend gemachten Höhe verlangt,
– dass die Zinsen bei – voller oder teilweiser – Tilgung des Kredits nicht angefallen wären.

In der Praxis wird insoweit oft schludrig gearbeitet (siehe dazu *Doms* NJW 1999, 2649). So reicht es keineswegs aus, im Schriftsatz treuherzig zu versichern, der Kläger nehme Bankkredit in Anspruch. Das wird der Beklagte sofort bestreiten. Und wenn dann keine bessere Begründung nachfolgt, wird die Klage wegen des überhöhten Zinsbegehrens abgewiesen. 1861

2. Beweisführung

1862 Schon **in der Klageschrift** sollte für den Anspruch auf Erstattung der Bankzinsen ein tauglicher und sinnvoller Beweis angetreten werden. Nicht empfehlenswert ist es zu beantragen, das Gericht möge eine Auskunft bei der Bank des Klägers einholen. Abgesehen davon, dass dann meist vergessen wird, die Bank vom Bankgeheimnis zu befreien, entspricht ein solcher „Auskunftsbeweis" nicht dem zivilprozessualen Beweisrecht. Die ZPO kennt nur das Ersuchen des Gerichts an Behörden oder Träger eines öffentlichen Amtes um Erteilung „amtlicher" Auskünfte (§ 273 Abs. 2 Nr. 2 ZPO). Es handelt sich dabei um Amtshilfe einer Stelle, die Aufgaben der öffentlichen Gewalt wahrnimmt (*Musielak/Foerste*, ZPO, 5. Aufl., 2007, § 273 Rn. 12). Solche Amtshilfe können zwar öffentliche Sparkassen leisten, nicht aber Privatbanken.

1863 Obwohl die Rechtsprechung großzügig ist, muss daher immer mit einer Zurückweisung eines solchen Beweisantrages gerechnet werden. Deshalb sollte stets **Urkundenbeweis** durch Vorlage einer entsprechenden **Bankbescheinigung** angetreten werden (§ 420 ZPO). Der Anwalt muss nur darauf achten, dass die Bescheinigung der Bank **inhaltlich hinreichend bestimmt und aussagekräftig** ist. Leider sind oft nicht einmal Banken in der Lage, korrekte Bescheinigungen über die Zinsbelastung eines Kunden zu erstellen.

1864 Manche Anwälte neigen dazu, dem Kläger die Beweisführung zu erschweren, indem sie die Echtheit der Unterschrift unter der Bankbescheinigung bestreiten. Das verzögert zwar, führt aber in der Sache nicht weiter. **Vorsorglich** sollte gleichwohl zu dem Urkundenbeweis auch noch **Zeugenbeweis** durch Benennung des Sachbearbeiters der Bank unter Entbindung von der Verschwiegenheitspflicht beantragt werden. Dessen Namen kennt der Mandant oder kann ihn jedenfalls leicht erfahren.

1865 Unsinnig ist es, Beweis durch Zeugnis des Vorstandes oder des Vorstandsvorsitzenden der Bank anzutreten. Der hat andere Sorgen, als sich um die Zinsen des Kontostandes eines beliebigen Kunden zu kümmern.

3. Beschaffung der Bankbescheinigung

1866 Die Bankbescheinigung zu beschaffen, ist nicht Aufgabe des Rechtsanwalts, sondern des **Mandanten**. Erhält dieser jedoch keine genauen Anweisungen dazu, wie die Bankbescheinigung inhaltlich auszusehen hat, dann kommt er vielleicht demnächst mit irgendeinem Wisch der Bank an, der für die Beweisführung untauglich ist. Deshalb ist es ratsam, dem Mandanten ein Schreiben zu schicken, das er der Bank vorlegen kann, um die Bescheinigung zu erlangen. Der Text kann etwa so aussehen:

Sehr geehrter Herr Faber,

es ist damit zu rechnen, dass der Beklagte die Höhe der von Ihnen geforderten Zinsen bestreiten wird. Damit das Gericht nicht lediglich die gesetzlichen Zinsen zuerkennt, sollten wir schon in der Klageschrift die Zinshöhe nachweisen.

Bitte, lassen Sie sich deshalb von Ihrer Bank eine Bescheinigung darüber ausstellen, dass Sie Bankkredit von mehr als 10 000 Euro in Anspruch nehmen. Falls Ihr Kredit geringer ist als die Klageforderung, ist der genaue Betrag anzugeben.

Ferner muss die Bescheinigung Angaben darüber enthalten, ab wann Ihnen der Kredit gewährt worden ist und dass er ständig die Mindesthöhe von 10 000 Euro hatte, gegebenenfalls welcher geringere Betrag von wann bis wann kreditiert worden ist. Auch muss die Höhe des geschuldeten Zinssatzes angegeben werden, bei Zinsschwankungen zusätzlich mit Angaben dazu, mit welchen Zinssätzen Sie für welche Zeiträume belastet worden sind.

Bitte, beschaffen Sie sich diese Bescheinigung umgehend und schicken Sie sie mir alsbald zu. Sie können der Bank mein Schreiben vorlegen, damit diese alle erforderlichen Erklärungen in die Zinsbescheinigung aufnimmt.

Mit freundlichen Grüßen

Rechtsanwalt

VII. Anlageverluste

Bei den Zinsbelastungen, die dem Kläger dadurch entstehen, dass er wegen des Verzuges des Beklagten sein negatives Bankguthaben nicht bereinigen kann, handelt es sich um einen bereits eingetretenen Schaden. Der Verzugsschaden kann aber auch umgekehrt dadurch eintreten, dass der Kläger geplante **Geldanlagen nicht verwirklichen** kann, weil der Beklagte nicht zahlt. Das ist dann Verzugsschaden wegen entgangener Anlagezinsen. 1867

Beispiel:
Ein Gläubiger fordert vom Bauherrn aus einem Werkvertrag Zahlung in Höhe von 150 000 Euro. Der Schuldner hält diese Forderung nur in Höhe von 75 000 Euro für berechtigt. Diesen Betrag überweist er. Der Unternehmer muss die restlichen 75 000 Euro einklagen. Hätte der Bauherr diesen Betrag gezahlt, dann hätte der Unternehmer ihn nicht auf seinem Girokonto stehen lassen, sondern versucht, das Geld zu einem möglichst hohen Zinssatz anzulegen. Nehmen wir an, seine Bank hätte ihm sehr günstige **Anlagezinsen** angeboten. Statt der gesetzlichen Zinsen hätte der Unternehmer dann höhere Zinseinnahmen gehabt. Die könnte er nach § 288 Abs. 4 BGB als weiteren Schaden mit einklagen.

In derartigen Fällen ist **darzulegen**, dass eine **konkrete Anlagemöglichkeit** mit einem **zugesicherten Zinssatz** bestanden hat. Geht es dabei um Geld, das dem Mandanten zusteht, dann muss der Anwalt den Mandanten entsprechend beraten und ihn auf die Möglichkeit der Geltendmachung höherer Zinsen wegen Anlageverlusts hinweisen (*Rinsche/Fahrendorf/Terbille*, Die Haftung des Rechtsanwalts, 7. Aufl., 2005, Rn. 1820 f.). Dazu besteht insbesondere deshalb 1868

§ 42 Nebenanträge

Anlass, weil auch die Rechtsprechung davon ausgeht, dass große Beträge von Eigenkapital „erfahrungsgemäß nicht ungenutzt" bleiben, sondern zu einem günstigen Zinssatz angelegt werden (BGH VersR 1980, 194, 195).

VIII. Haftungsfragen

1. Haftung der Bank

1869 Die Bank des Klägers hat bei der Ausstellung der von ihm angeforderten Zinsbescheinigung die banküblichen Sorgfaltspflichten zu beachten. Das gilt insbesondere, wenn sie dafür ein Entgelt berechnet. Händigt sie dem Kunden eine **Zinsbescheinigung** aus, die vom Gericht als inhaltlich **ungenügend** zurückgewiesen und die Klage deshalb insoweit abgewiesen wird, dann haftet sie dem Kunden für den dadurch entstandenen Zinsschaden (*Doms* NJW 1999, 2650). Dass auch dem Prozessbevollmächtigten der Mangel der Zinsbescheinigung entgangen ist, befreit die Bank nicht von ihrer Haftung.

2. Haftung des Anwalts

1870 Aus dem Mandatsvertrag ist der Anwalt zunächst einmal verpflichtet, den Mandanten so zu beraten, dass diesem ein möglichst **hoher Zinsfuß** zuerkannt wird. Verletzt er diese Pflicht, dann haftet er dem Mandanten für dessen Zinsschaden aus positiver Vertragsverletzung (*Rinsche/Fahrendorf/Terbille*, Die Haftung des Rechtsanwalts, Rn. 1820).

1871 Darüber hinaus muss der Anwalt auch dafür Sorge tragen, dass der vom Kläger geltend gemachte Zinsschaden **schlüssig dargelegt** und hinreichend **unter Beweis gestellt** wird. Er ist dafür verantwortlich, dass der Urkundenbeweis durch Vorlage einer Zinsbescheinigung inhaltlich erschöpfend ist. Unzureichende Bankbescheinigungen, die zur teilweisen Abweisung der Klage führen, hat der Anwalt mitzuverantworten. Mangelhafte Zinsbescheinigungen der Bank, die ihm vom Mandanten ausgehändigt werden, hat er sofort zu prüfen und ggf. den Mandanten aufzufordern, sich von der Bank eine tauglichere Bescheinigung zu beschaffen. Dazu hat er dem Mandanten auch klarzumachen, welche Mängel der Bescheinigung behoben werden müssen.

1872 **Verspätungsrecht** droht in solchen Fällen nicht. Selbst wenn eine ordnungsgemäße Zinsbescheinigung erst im Termin zur mündlichen Verhandlung vorgelegt wird, rechtfertigt das keine Anwendung von Verspätungsrecht. Diese Urkunde braucht das Gericht nur zu lesen und zu berücksichtigen. Das kann nicht verzögern. Dass die Echtheit der Unterschrift bestritten wird (Rn. 1864), kommt nur selten vor.

1873 Noch größer ist das Haftungsrisiko eines Anwalts, der vergisst, einen **Zinsantrag** zu stellen. Solche Fälle kommen am ehesten in **Schmerzensgeldprozessen** vor. Auch unbestimmte, der Höhe nach in das Ermessen des Gerichts gestellte Schmerzensgeldansprüche sind verzinslich (BGH NJW 1965, 1374).

VIII. Haftungsfragen

Wozu das Übersehen des Zinsanspruchs führen kann, zeigt eine Entscheidung des OLG Köln (VersR 1972, 1150). Der Kläger war 1956 bei einem Verkehrsunfall schwer verletzt worden. Nach mehrjährigen Regulierungsverhandlungen und noch längerer Prozessführung wurde ihm durch ein 1972 verkündetes Berufungsurteil ein Schmerzensgeld in Höhe von 50 000 DM zuerkannt. Seine Anwälte hatten in beiden Instanzen versäumt, dazu einen Zinsantrag zu stellen. Bei Urteilsverkündung belief sich der Zinsrückstand, ausgehend von 4 % **Prozesszinsen** nach § 291 BGB, auf rund **30 000 DM**. Das Berufungsgericht hatte vor der Frage gestanden, ob es den Prozessbevollmächtigten des Klägers nach § 139 ZPO auf den unterlassenen Zinsanspruch hinzuweisen habe, und diese Frage **verneint**:

1874

> „Schmerzensgeldansprüche sind – beziffert oder unbeziffert – ab Rechtshängigkeit verzinslich (BGH NJW 1965, 1374). Dem Kläger kann jedoch kein Zinsanspruch zuerkannt werden, weil er keinen entsprechenden Antrag gestellt hat. Daran war der Senat nach **§ 308 Abs. 1 Satz 2 ZPO** gebunden. Im Hinblick auf die Höhe des Schmerzensgeldes, das bei einer Verzinsung von 4 % im Zeitpunkt der Entscheidung rund 30 000 DM ausgemacht hätte, hat der Senat erwogen, auf die Stellung eines entsprechenden Antrages gemäß § 139 ZPO hinzuweisen. Die **Voraussetzungen** dieser Vorschrift sind jedoch **nicht gegeben**. Sie ermöglicht es dem Gericht und macht es ihm zugleich zur Pflicht, auf die Verlesung sachdienlicher Anträge hinzuweisen. Das bedeutet, dass ungeschickt oder mangelhaft oder prozessual bedenklich formulierte Anträge zu erörtern sind mit dem Ziel, ihnen eine bessere Fassung zu geben, nämlich eine sachdienliche. Mit der allgemeinen Meinung ist der Senat jedoch der Auffassung, dass § 139 ZPO **nicht** die Grundlage dafür bietet, eine Partei zu veranlassen, einen ganz **neuen Antrag zu Lasten des Gegners** zu stellen. Damit würde die Grenze der Aufklärungspflicht überschritten und einer Partei zu Lasten der anderen Rechtsberatung erteilt, die nicht in den Aufgabenbereich des Gerichts, sondern in den der Prozessbevollmächtigten fällt. Das Gericht würde nicht mehr – wie § 139 ZPO es ermöglicht und vorschreibt – auf die Stellung sachdienlicher Anträge hinwirken, sondern ganz neue Anträge veranlassen. Ein solches Vorgehen ist weder mit der Parteiherrschaft im Zivilprozess vereinbar noch mit der Stellung des Richters als eines unparteiischen Beurteilers. Das muss hier umso mehr gelten, als der Kläger die verzögerte Auszahlung des Schmerzensgeldes und den dadurch bedingten Zeitablauf nicht übersehen hat, sondern mit Erfolg als wichtigen Berechnungsfaktor seines Anspruchs in den Prozess eingeführt hat. Aus diesen Gründen ist es dem Senat verwehrt, auf die Stellung eines Zinsantrages hinzuwirken."

Das war 1972. Heute wird man die Rechtslage vielleicht anders beurteilen. Nach § 139 Abs. 2 S. 1 ZPO (= § 278 Abs. 2 ZPO a.F.) darf das Gericht keine Entscheidung auf einen Gesichtspunkt stützen, den eine Partei erkennbar übersehen hat, wenn es nicht darauf hingewiesen und Gelegenheit zur Stellungnahme gegeben hat. Das gilt nach dem Gesetzeswortlaut jedoch nicht, soweit **nur eine Nebenforderung** betroffen ist. Zinsansprüche neben der Hauptforderung sind aber ausweislich des § 4 Abs. 1 ZPO Nebenforderungen! Das spricht dafür, im Kölner Fall die Voraussetzungen des § 139 ZPO auch heute noch zu verneinen (ebenso *Stein/Jonas/Leipold*, ZPO, 22. Aufl., 2005, § 139 Rn. 50; dagegen z.B. MünchKommZPO/*Peters*, 2. Aufl., § 259 Rn. 47). Immerhin ist es für den Beklagten ein seine Prozessstrategie umwerfender Vorgang, nach Jahren plötzlich auf Grund eines richterlichen Hinweises an den Kläger einem um viele Tausend DM/Euro erhöhten Anspruch ausgesetzt zu werden.

1875

§ 42 Nebenanträge

1876 Die richterliche Hinweispflicht ließe sich vielleicht aus dem Gebot des fairen Verfahrens ableiten. Verlassen kann sich der Anwalt darauf aber nicht. Vergisst er den Zinsantrag und weist das Gericht nicht darauf hin, dann droht ihm ein Regressprozess wegen schuldhafter Mandatsverletzung!

1877 Bei dem Thema „Haftung des Anwalts" ist auch diejenige des **Gegenanwaltes** zu erwähnen. Er muss den Zinsantrag des Klägers nach Grund, Höhe und Nachweisbelegen prüfen. Versäumt er das und kommt es deshalb zu einer vermeidbaren Verurteilung des Beklagten, dann haftet dessen Prozessbevollmächtigter dem Beklagten für die **vermeidbare Zinsverurteilung** (BGH NJW 1996, 2648 = BB 1996, 2218; Rn. 1870 ff.). Dass auch das Gericht den Substantiierungs- oder Beweismangel nicht erkannt hat, räumt die Haftung des Anwalts nicht aus.

3. Möglichkeiten der Schadensbegrenzung

1878 Hat der Anwalt versäumt, Zinsen mit einzuklagen, oder hat er eingeklagte Zinsen nach einem zu geringen Zinsfuß berechnet, dann ist noch nicht alles verloren. Ein Kläger, der im Klageantrag einen bestimmten Zinsanspruch geltend macht, wird nämlich durch die **Rechtskraft** des dazu ergehenden Urteils **nicht gehindert, später höhere Zinsen einzuklagen** (OLG Frankfurt BB 1997, 1331; *Schneider* MDR 1998, 253 mit Nachw.).

1879 Das erklärt sich dadurch, dass der Zinsanspruch neben dem Hauptanspruch prozessual selbständig ist, auch wenn er wegen § 4 Abs. 1 ZPO den Streitwert nicht erhöht (oben Rn. 1792 f.). Deshalb muss auch eine mit der Berufung angegriffene Zinsabweisung gesondert begründet werden, anderenfalls ist die Berufung insoweit als unzulässig zu verwerfen (§§ 520 Abs. 3 S. 1 Nr. 1–3, 522 Abs. 1 ZPO) und nicht, wie es meist geschieht, als unbegründet zurückzuweisen. Ein erstmals in der Berufungsinstanz erklärtes Bestreiten der mit der Klage verlangten Zinsen fällt unter Präklusionsrecht (§ 531 Abs. 2 S. 1 Nr. 3 ZPO; OLG Oldenburg JurBüro 2004, 41): ein Regressfall (Rn. 1877)!

1880 Ein Kläger, der den Zinsantrag vergessen oder geringere Zinsen als diejenigen eingeklagt hat, die ihm materiell-rechtlich zustehen, verfolgt insoweit nur eine **Teilklage**. Die Rechtskraft der dazu ergehenden Entscheidung schließt die Geltendmachung weiterer Ansprüche nicht aus, auch wenn der Kläger sich dies nicht vorbehalten hat (BGH ZIP 1997, 1804 = MDR 1997, 966; BGHZ 34, 340 = NJW 1961, 917). Nur kann sich in solchen Fällen später die Frage der **Verjährung** stellen, weil Ansprüche auf Rückstände von Zinsen unabhängig von der Frist für die Hauptforderung schon in drei Jahren verjähren (§§ 193, 197 Abs. 2 BGB; oben Rn. 1812 a.E.).

§ 43 Kostenantrag; Sicherheitsleistung; frühes Versäumnisurteil

I. Kostenantrag

Über die Kosten des Rechtsstreits ist nach **§ 308 Abs. 2 ZPO** auch ohne Antrag **von Amts wegen** zu erkennen. Die vielfach anzutreffende Übung, dem Klageantrag gleichwohl einen Antrag auf Verurteilung des Beklagten in die Kosten anzuhängen, ist daher nicht nur überflüssig, sondern deutet auf Unkenntnis oder Nachlässigkeit des Prozessbevollmächtigten hin. 1881

Ein Kostenantrag ist lediglich dann erforderlich, wenn die **Kosten zur Hauptsache** geworden sind, beispielsweise bei Änderung der Klage auf den materiellen Kostenerstattungsanspruch (*Stein/Jonas/Bork*, ZPO, 22. Aufl., 2004, Rn. 16 ff. vor § 91; *Schneider* MDR 1981, 353 ff.). 1882

Verschiedentlich wird die Auffassung vertreten, ein Kostenantrag in der Klageschrift sei deshalb nützlich, weil er bei übereinstimmender Erledigung der Hauptsache (**§ 91a ZPO**) berücksichtigt werden könne. Dieses Argument erklärt sich nur durch Unkenntnis des Kostenrechts. Auch für eine Entscheidung nach § 91a ZPO gilt § 308 Abs. 2 ZPO. Bei beiderseitiger Erledigungserklärung bedarf es keines Kostenantrags einer Partei (*Stein/Jonas/Bork*, ZPO, § 91a Rn. 29; *Musielak*, ZPO, 5. Aufl., 2007, § 308 Rn. 26). 1883

Wenn zu Entscheidungen nach § 91a ZPO gleichwohl Kostenanträge gestellt werden, dann soll damit nur zum Ausdruck gebracht werden, dass die Kosten dem Gegner aufzuerlegen seien. Allerdings wird diese Rechtslage nicht selten verkannt. Es kommt sogar vor, dass das – unwissende – Gericht nach Abgabe übereinstimmender Erledigungserklärungen die Parteien fragt, ob Kostenanträge gestellt werden. 1884

Überflüssig ist es auch zu beantragen, den Beklagten die Kosten „**als Gesamtschuldner**" aufzuerlegen. Ob sie als Gesamtschuldner haften, richtet sich nicht nach den Anträgen der Parteien, sondern nach § 100 Abs. 4 S. 1 ZPO, also allein danach, ob sie als Gesamtschuldner **verurteilt** worden sind. Ist das der Fall, dann muss die Kostenentscheidung gemäß § 308 Abs. 2 ZPO wiederum von Amts wegen gefällt werden. 1885

Hauptschuldner und Bürge oder Gesellschaft und Gesellschafter sind übrigens nicht Gesamtschuldner (BGHZ 22, 240, 246 = NJW 1957, 218, 261; BGH NJW 1970, 279 u. 1740), so dass sie auch nicht „als Gesamtschuldner" verurteilt werden dürfen (oben Rn. 955). Aus Gründen der Praktikabilität wird allerdings häufig so tenoriert (siehe dazu *Schneider* MDR 1967, 337 ff.). 1886

II. Sicherheitsleistung

1. Kein Antragszwang

1887 Wann ein Urteil ohne oder gegen Sicherheitsleistung für vorläufig vollstreckbar zu erklären ist, richtet sich nach den **§§ 708, 709 ZPO**. Anträge des Klägers sind insoweit überflüssig. Lediglich dann, wenn ein Kläger eine **Abweichung** von den gesetzlichen Vorgaben erreichen will, muss er dies beantragen (§ 714 Abs. 1 ZPO). Das sind die in den **§§ 710–712 ZPO** geregelten Sachverhalte.

1888 Obwohl es in Fällen, in denen ein Urteil **ohne Sicherheitsleistung** zu erlassen ist (§ 708 ZPO), keines Antrags bedarf, kann leider nicht immer davon ausgegangen werden, dass dem Gericht diese Ausnahmen geläufig sind. So kann es vorkommen, dass die Verurteilung eines Beklagten im **Urkundenprozess** fälschlich (§ 708 Nr. 4 ZPO) von einer Sicherheitsleistung des Klägers abhängig gemacht wird. Das kann beispielsweise auch in Mietsachen oder in Unterhaltsstreitigkeiten geschehen (§ 708 Nr. 7, 8 ZPO). Im Hinblick darauf kann es sich für den Anwalt empfehlen, vor der anstehenden Verkündung schriftsätzlich oder mündlich in der Verhandlung auf die Rechtslage aufmerksam zu machen. Ein solcher **Hinweis** kann natürlich auch vorsorglich in den **Klageantrag** hineingenommen werden („ohne Sicherheitsleistung").

2. Teilsicherheitsleistung

1889 In Betracht kommen daneben Anträge (genauer „Anregungen") für eine **bestimmte Tenorierung** der Sicherheitsleistung. Beabsichtigt der Kläger von vornherein, die zu titulierende Klageforderung **in Teilbeträgen** zu **vollstrecken**, dann konnte früher auf seinen Antrag hin erkannt werden, dass die Sicherheit in Höhe des jeweils beizutreibenden Betrages zuzüglich eines prozentualen Aufschlages angeordnet werde. Das war allerdings streitig. Diese Kontroverse hat sich durch die Neufassung des § 709 S. 2 ZPO erledigt.

> „Soweit wegen einer Geldforderung zu vollstrecken ist, genügt es, wenn die Höhe der Sicherheitsleistung in einem bestimmten Verhältnis zur Höhe des jeweils zu vollstreckenden Betrages angegeben wird."

1890 Dabei sind vorausschauend **Zinsen und Kosten** mit zu berücksichtigen. Wie früher wird das darauf hinauslaufen, dass die Gerichte kurzerhand einen **pauschalen Risikozuschlag** von 10 bis 20 % hinzurechnen. Tenoriert wird dann:

> Das Urteil ist in Höhe des jeweils zu vollstreckenden Betrages zuzüglich 10 % (oder mehr) vorläufig vollstreckbar
>
> oder
>
> Das Urteil ist in Höhe von 110 % (oder mehr) des jeweils zu vollstreckenden Betrages vorläufig vollstreckbar.

Hat der Kläger wegen einer Geldforderung ein Urteil erwirkt, dessen Tenor volle Sicherheitsleistung anordnet, dann steht es ihm frei, nur wegen einer Teilforderung aus dem Titel zu vollstrecken. Für diesen Fall sieht **§ 752 ZPO** vor, dass er lediglich Sicherheit in Höhe eines Betrages zu leisten hat, der im Verhältnis des Teilbetrages zum Gesamtbetrag steht (siehe dazu *Rehbein* Rpfleger 2000, 55). 1891

3. Art der Sicherheitsleistung

Nach § 108 Abs. 1 S. 2 ZPO a.F. war grundsätzlich anzuordnen, dass eine Sicherheitsleistung durch Hinterlegung von Geld zu bewirken sei. Daran waren die Parteien aber so gut wie nie interessiert. Sie zogen die einfachere Art der **Sicherheitsleistung durch Bankbürgschaft** vor. Das musste jedoch beantragt werden. 1892

Heute ist das nicht mehr nötig. Die **Neufassung des § 108 Abs. 1 S. 2 ZPO** lautet jetzt: 1893

Soweit das Gericht eine Bestimmung nicht getroffen hat und die Parteien ein anderes nicht vereinbart haben, ist die Sicherheitsleistung durch die schriftliche, unwiderrufliche, unbedingte und unbefristete Bürgschaft eines im Inland zum Geschäftsbetrieb befugten Kreditinstituts oder durch Hinterlegung ... zu bewirken ...

Es ist nicht erforderlich, zu beantragen oder anzuregen, das Gericht möge im Tenor eine bestimmte Bank – die Hausbank der Partei – als Sicherungsgeberin nennen. 1894

III. Versäumnisurteil ohne mündliche Verhandlung

Mit der Übersendung der Klageschrift fordert das Gericht den Beklagten auf, innerhalb einer Notfrist von zwei Wochen ab Zustellung der Klage schriftlich mitzuteilen, ob er sich verteidigen wolle (§ 276 Abs. 1 S. 1, Abs. 2 ZPO). Versäumt der Beklagte diese Frist, dann kann gegen ihn nach **§ 331 Abs. 3 ZPO** ohne vorherige mündliche Verhandlung ein Versäumnisurteil ergehen. Das setzt jedoch einen **Antrag** des Klägers voraus. Er kann schon in der **Klageschrift** gestellt werden. Das sollte auch stets geschehen. Anderenfalls wird das Gericht beim Kläger zurückfragen, ob er diesen Antrag stellen wolle. 1895

Die Formulierung des Antrags steht frei. Sie kann etwa so lauten: 1896

Für den Fall, dass der Beklagte nicht rechtzeitig anzeigt, er wolle sich gegen die Klage verteidigen, beantragen wir den Erlass eines Versäumnisurteils ohne mündliche Verhandlung.

§ 44 Der Sachverhalt

Oder:

> Bei nicht rechtzeitiger Verteidigungsanzeige beantragen wir Versäumnisurteil.

Statt dessen genügt auch die Fassung:

> Wir stellen den Antrag aus § 331 Abs. 3 ZPO.

§ 44 Der Sachverhalt

I. Die Aufgabe

1897 Die gedankliche Vorarbeit des Anwalts und deren Wiedergabe entsprechen genau der Arbeitsweise des Richters. Alles juristische Denken mit dem Ziel, einen Fall zu lösen, läuft logisch zwingend nach festliegenden Denkschritten ab. **Erst kommt die Frage, dann die Antwort.**

1898 Die **Frage** zu beantworten ist die Aufgabe des Gutachtens, das der Anwalt ebenso wie der Richter gedanklich zum Fall zu erstellen hat.

1899 Die **Antwort** zu verfassen ist beim Anwalt die Aufgabe, den Klageantrag zu formulieren und ihn schriftlich zu begründen, beim Richter ist es die Tenorierung und die Abfassung der Entscheidungsgründe.

1900 Als die Relationstechnik noch Prüfungsgegenstand war und deshalb auch gelehrt wurde, bezeichnete man diese beiden Denkvorgänge vom Sprachlichen her als **Gutachtenstil** und **Urteilsstil**. Wer diese unterschiedlichen Denkweisen nicht verstanden hat, wird nicht sauber arbeiten. Wer aber so arbeitet, muss sich zwangsläufig kurz fassen. Bei folgerichtigem Denken hart am Fall bleibt kein Raum für Geschwafel.

1901 Müssen später Darlegungen, Behauptungen oder Beweisantritte geändert oder berichtigt werden, dann ist das verfahrensrechtlich unbedenklich. **Wechselnder Vortrag** kann jedoch beim Richter den Eindruck der Unzuverlässigkeit oder gar der mangelnden Wahrheitsliebe erwecken und die Beweiswürdigung beeinflussen. Deshalb ist es angebracht, auf die Gründe für den Wechsel im Vorbringen einzugehen, um dem vorzubeugen.

II. Die Darstellungsschwierigkeiten

1902 Die Klageschrift ist der erste Schriftsatz an das Gericht und zugleich der wichtigste. In ihm muss der Sachverhalt knapp, bündig und zugleich lückenlos dargestellt werden. Die Klageschrift ist auf die tatsächlichen Darlegungen zu den **anspruchsbegründenden Tatbestandsmerkmalen** zu beschränken. Dagegen wird erfahrungsgemäß ständig verstoßen. Allerdings ist einzuräumen, dass die Schwierigkeiten, einen Sachverhalt optimal darzustellen, nicht gering sind.

Es gibt ein Gesellschaftsspiel, bei dem der erste Teilnehmer dem zweiten ein Wort oder einen Satz zuflüstert, sodann der zweite Teilnehmer dem Dritten zuflüstert, was er vom ersten gehört hat, und so weiter („Stille Post"). Wenn schließlich der letzte Teilnehmer wiedergibt, was er gehört hat, beginnen die anderen meist, laut zu lachen. Von Ohr zu Ohr verstärken sich die Missverständnisse bis hin zu einem Ergebnis, das mit dem vom ersten Teilnehmer gesprochenen Wort oder Satz nichts mehr gemein hat. 1903

Personen, die Wahrgenommenes an einen Zuhörer weitergeben, befinden sich in einer vergleichbaren Lage. Es ist schon ungemein schwierig und fehlerfrei gar nicht möglich, einen Sachverhalt genauso wahrzunehmen, wie er sich abspielt, mag es sich dabei um eine optische oder um eine akustische Wahrnehmung handeln. Diese **Schwierigkeit** verstärkt sich, wenn die **eigene Wahrnehmung** einem **anderen so geschildert** werden soll, dass dieser die ihm mitgeteilte Wahrnehmung so unverfälscht sehen kann wie die ursprüngliche Wahrnehmung des Berichtenden. Ganz kann das nie gelingen. Psychologische Experimente haben das immer wieder bestätigt (vgl. etwa *Johannson*, Handbuch der Psychologie, Bd. 1 [1964]: Allgemeine Psychologie, S. 745 ff.; *Undeutsch*, Bd. 11 [1967]: Forensische Psychologie, S. 56 ff.; *Schneider*, Beweis und Beweiswürdigung, 5. Aufl., 1994, §§ 31–34; *Bender/Nack*, Tatsachenfeststellung vor Gericht, 2. Aufl., 1995, Bd. I: Glaubwürdigkeits- und Beweislehre, Rn. 13 ff.: Als Zeuge ist der Mensch eine Fehlkonstruktion). 1904

In diese Situation gerät der Anwalt beim **Mandantengespräch**. Der Mandant erzählt ihm, was er gehört, gesehen oder erlebt hat, genauer: was er **meint**, gehört, gesehen oder erlebt zu haben. Das nun soll der Anwalt so in Worte und Sätze fassen, dass im Kopf des Richters genau das Bild entsteht, das der Mandant geschildert oder zu schildern geglaubt hat. **Fünf Fehlerquellen** treten dann addiert auf: Wahrnehmungsfehler des Mandanten, Wiedergabefehler des Mandanten, Wahrnehmungsfehler des Anwalts (genannt „Informationsversehen"), Wiedergabefehler des Anwalts und schließlich Wahrnehmungsfehler des Richters. 1905

Zum Teil können diese Fehlerquellen vermieden werden. Geht es beispielsweise um Mängel an Gegenständen oder Objekten, dann hilft es immer, sich diese anzusehen. Auch die genaueste Beschreibung ist dem Augenschein unterlegen. 1906

III. Zeitlicher Ablauf

Diese psychologischen Gesetzmäßigkeiten sind nicht aufhebbar. Ihre Folgen lassen sich allenfalls durch Video- oder Tonbandaufnahmen vermeiden. Doch scheiden diese Möglichkeiten in der Informationsstrecke vom Mandantenge- 1907

§ 44 Der Sachverhalt

spräch bis zum Lesen der Klageschrift durch den Richter aus. Deshalb müssen diese Fehlerquellen immer mitbedacht werden.

1908 Abschwächen lassen sie sich am ehesten dadurch, dass die **Informationen** des Mandanten im Schriftsatz in genauem **zeitlichen** und **kausalen Ablauf erfasst** werden. Der Anwalt muss die Geschichtserzählung des Mandanten **aus dessen Sicht** wiedererzählen, und zwar so, wie sich alles **von Anfang bis Ende** abgespielt hat oder abgespielt haben soll. Wer sich daran hält, der verfasst verständliche Schriftsätze. Vor allem begibt er sich nicht in die Gefahr, zu schwadronieren.

1909 Erstes Gebot ist es daher, den **Geschehensablauf** in **chronologischer Folge** zu bringen, **beschränkt auf** die **Tatbestandsmerkmale** der einschlägigen Anspruchsgrundlage. Der Leser muss nachvollziehen und miterleben können, wie sich alles abgespielt hat. **Beispiel:**

1. Ein Verkehrsunfall

1910 Der Anwalt muss sich in Gedanken in das Auto seines Mandanten setzen, mit ihm losfahren und schildern, wie es auf dieser Fahrt zu dem Unfall gekommen ist:

Am Soundsovielten gegen 7.30 Uhr fuhr der Kläger mit seinem Pkw Audi 100 – amtliches Kennzeichen . . . – auf der Heimicher Landstraße in Richtung Semmelstadt. Der Kläger hielt die vorgeschriebene Geschwindigkeit von 70 km/h ein. Kurz vor dem Ortseingang Semmelstadt mündet die aus der Fahrtrichtung des Klägers gesehen links gelegene Kaiserstraße in die Heimicher Landstraße. Als der Kläger die Einbiegung erreichte, kam von links aus der Kaiserstraße der Beklagte mit seinem Motorrad vom Typ Kawasaki – amtliches Kennzeichen . . . –. Er verlangsamte vor Erreichen der Heimicher Landstraße seine Geschwindigkeit, schaute nach links anstatt nach rechts und fuhr mit schnellem Anzug in die Heimicher Landstraße ein. Der Beklagte hatte den Kläger offenbar deshalb nicht bemerkt, weil er sich nicht nach rechts orientiert hatte. Der Beklagte fuhr in die linke Fahrertür des Fahrzeugs des Klägers und flog über dessen Pkw hinweg. Der Kläger erlitt durch den Zusammenstoß Prellungen an der linken Schulter. Seine Armbanduhr wurde durch den Aufschlag seines linken Armes gegen die Fensterkurbel zerstört. An seinem Pkw entstand folgender Sachschaden . . .

Der materielle Schaden des Klägers beläuft sich auf insgesamt . . . Euro. Er setzt sich wie folgt zusammen . . .

Ferner verlangt der Kläger ein Schmerzensgeld in Höhe von . . .

2. Entlastungs- und Verteidigungsumstände

1911 Damit ist alles gesagt. Nur Unbegabte erzählen jetzt weiter, der Beklagte habe behauptet, der Kläger sei zu schnell gefahren oder er habe zu spät gebremst oder sonstwie falsch reagiert. Derartige **Einwendungen vorzutragen, ist nicht Sache des Klägers**, sondern des Beklagten. Das ist deshalb ihm zu überlassen. Es bleibt abzuwarten, was er vorbringen wird. Dann besteht genügend Zeit und Anlass, dazu Stellung zu nehmen.

1912 **Erwiderungsvorbringen gehört nicht in die Klageschrift!** Auf die geschilderte, streng anspruchsbezogene Weise bekommt man den Sachverhalt stilistisch in den Griff, und dann gelingt es auch einigermaßen zuverlässig, ihn so, wie er sich abgespielt hat, in den Kopf des Richters zu projizieren. Sonst kann es dazu kommen, dass der Richter am Ende vielleicht einen sehr interessanten Fall entscheidet, nur nicht den des Mandanten.

3. Gewährleistung

Handelt es sich um einen Fall, auf den **Werkvertragsrecht** anzuwenden ist, dann stellt sich der Anwalt in Gedanken neben seinen Mandanten ins Badezimmer und nimmt teil an dem Auftrag, der dem Fliesenleger dort mündlich erteilt worden ist und den dieser so grausam vermurkst hat. 1913

Handelt es sich um einen **kaufrechtlichen Gewährleistungsanspruch**, dann geht der Anwalt in Gedanken mit seinem Mandanten in die Elektrohandlung und schildert, wie dieser die Gefriertruhe gekauft hat, wie sie angeliefert und angeschlossen worden ist und was er zwei Tage später damit erlebt hat, als der Kühlmotor aussetzte und der Inhalt des Schrankes verdarb. 1914

Wieder ist darauf zu achten, **nichts Überflüssiges vorzutragen**, sondern nur das, was zur Tatbestandsausfüllung erforderlich ist. Zur Geltendmachung von Gewährleistungsrechten genügt es, wenn der Besteller den Mangel bezeichnet; er muss nicht zusätzlich die Ursache des Mangels angeben (OLG Saarbrücken OLGR 2003, 330). 1915

4. Zeittafel

Der Anwalt ist durch die Information seines Mandanten über den Fall immer besser im Bilde als später der Richter. In Streitigkeiten, bei denen **komplizierte zeitliche Abläufe** oder/und **viele Einzelpositionen** zu berücksichtigen sind, sollte der Anwalt sich Zeittafeln und Positionstabellen erstellen, um nichts durcheinander zu bringen. Damit beugt er der Gefahr vor, dass die Übersichtlichkeit über den Sachverhalt verloren geht. Er dient der Sache seines Mandanten, wenn er in der Klageschrift dem Gericht eine **Chronologie** der erheblichen Umstände vorlegt. Hier das **Muster** eines solchen Schriftsatzes aus einem abgeschlossenen Rechtsstreit: 1916

Da die Beklagten durch verschiedene Prozessbevollmächtigte vertreten werden, die teilweise gleich, teilweise unterschiedlich vortragen, könnte die Übersichtlichkeit über den Sachverhalt verloren gehen. Dem soll die nachfolgende zeitliche Übersicht des vorprozessualen und bisherigen prozessualen Ablaufs vorbeugen:

Der Kläger und sein Vater Hermann Höffgen waren hälftige Miteigentümer des bebauten Grundstücks in Eigen, Grundbuch Markelsbach 0341/6, 7. Zugehörige landwirtschaftliche Stückländereien gehörten Hermann Höffgen. Der darauf geführte landwirtschaftliche Betrieb wurde und wird vom Kläger geführt.

   1. 12. 1986: Durch notariell beurkundeten Erbvertrag wird der Kläger von Hermann Höffgen zum Alleinerben eingesetzt.

§ 44 Der Sachverhalt

16. 7. 1993: Hermann Höffgen verkauft das ihm allein gehörende Grundstück „Auf der Fuchskaul" durch notariellen Vertrag für 125 000 DM an den Fabrikanten Wagner.

4. 3. 1994: Hermann Höffgen legt aus dem Kaufpreis für den Beklagten zwei Guthaben in Höhe von insgesamt 130 000 DM an.

12. 5. 1996: Der Kläger wird für den mittlerweile geistig behinderten Hermann Höffgen zum Pfleger bestellt.

3. 7. 1996: Der Kläger als Betreuer richtet gleichlautende Schreiben an die Beklagten mit Ausführungen dazu, dass sie von Hermann Höffgen 130 000 DM ohne Rechtsgrund erlangt hätten, dass im Falle einer Schenkung Formmangel bestehe und dass bei vollzogener Schenkung Rückforderung nach § 528 BGB wegen Überschuldung des Schenkers verlangt werde.

2. 8. 1996: Die Beklagte zu 2) lässt erwidern, es handele sich um eine vollzogene Schenkung des Herrn Hermann Höffgen an sie; die Bedürftigkeit des Schenkers werde bestritten.

5. 8. 1996: Der Beklagte zu 1) lässt erwidern, es handele sich um eine vollzogene Schenkung als Spareinlage; die Bedürftigkeit des Schenkers werde bestritten.

15. 8. 1996: Klage auf Herausgabe des jeweiligen Sparbuchs, hilfsweise Feststellung der Zahlungspflicht. Zur Begründung ist ausgeführt, die Beträge seien treuhänderisch überlassen worden; der Schenker sei überdies verarmt.

11.11. 1996: Erwiderung des Beklagten zu 1): Der Kläger sei als Betreuer ungeeignet; es handele sich nicht um ein Sparbuch; der Schenker sei nicht verarmt; für den Feststellungsantrag fehle das Feststellungsinteresse.

14. 11. 1996: Erwiderung der Beklagten zu 2): Die Inhaberschaft des Herrn Hermann Höffgen am Konto 200 008 439 werde bestritten; Treuhand liege nicht vor, desgleichen keine Verarmung; auch fehle das Feststellungsinteresse.

Das ist der derzeitige Sach- und Streitstand.

1917 Eine solche Zeittafel zu erstellen, ist zwar zunächst mühsam. Doch das lohnt sich: Der **Anwalt** gewinnt eine tabellarische Übersicht über den Verfahrensablauf, auf die er jederzeit zurückgreifen kann. Dem **Gericht** wird die Einarbeitung in den Fall erleichtert, weil es sich die erheblichen Daten nicht aus zahlreichen Schriftsätzen zusammenstellen muss. Die **Beklagten** werden „festgenagelt". Wenn sie diese Chronologie nicht gelten lassen wollen, dann müssen sie konkret dazu Stellung nehmen und können sich nicht mit abstrakten pauschalen Floskeln begnügen (§ 138 Abs. 2, 3 ZPO).

§ 45 Die Substantiierung

I. Zur Terminologie

1. Die Begriffe

a) Behauptungslast und Beweislast

„Hat der Kläger genug **vorgetragen**?" Das ist die Frage der **Behauptungslast**, die in der Schlüssigkeitsprüfung zu stellen und zu beantworten ist.

„Hat der Kläger genug **bewiesen**?" Das ist die Frage der **Beweislast**. Sie stellt sich, wenn ein bereits erhobener Beweis gewürdigt worden ist.

In der Lehre von der Behauptungslast ist der Fachausdruck „**darlegen**" oder „**Darlegung**" gebräuchlich. Der Kläger legt den Abschluss eines Kaufvertrages dar, aus dem sein Anspruch folgt, wenn er dafür genügend Tatsachen vorträgt, also alle Tatsachen, die gegeben sein müssen, damit die Voraussetzungen für den Abschluss eines Kaufvertrages bejaht werden können. Bloße Bezugnahme auf vorgelegte Anlagen ist aber kein substantiiertes Darlegen (OLG Rostock OLGReport 2005, 928).

Der Begriff der „**Behauptung**" wird vielfach in unterschiedlichen Bedeutungen benutzt. So ist beispielsweise manchmal von „unstreitigen" Behauptungen die Rede. Andere wiederum verstehen unter Behauptungen „das Vorbringen von Tatsachen". Damit ist aber prozesstheoretisch nichts anzufangen. Wenn irgendein Schwätzer oder Querulant in der Klagebegründung eines Darlehensprozesses ausführt, er sei ein herzensguter Mensch, der böse Beklagte dagegen ein Säufer, der Frau und Kinder prügele, zu faul zum Arbeiten sei usw., dann wären diese Ergüsse danach „Behauptungen".

Sinnvoll ist es nur, den Behauptungsbegriff dahin einzuschränken, dass damit die **klagebegründenden** (und einredebegründenden) **Behauptungen** gemeint sind, für die der Behauptende auch die Beweislast trägt (*Wieczorek*, ZPO, 2. Aufl., 1976, § 282 Anm. E IIIa). Dieser Behauptungsbegriff lässt sich nur von der Beweislastlehre erfassen. *Rosenberg* (Die Beweislast, 5. Aufl., 1965, S. 75) hat ihn so definiert: „**Behauptungen sind diejenigen Anführungen, die das Vorliegen der Tatbestandsmerkmale der anzuwendenden Rechtssätze ergeben.**"

Häufig ist statt von der Behauptungslast auch von der **Darlegungslast** die Rede. Beide Begriffe werden oft **synonym** gebraucht. Die Gerichte verwenden den Begriff der „Behauptung" meist in dem engeren Sinn, dass damit nur **bestrittene** Tatsachen gemeint sind. So lässt sich im Tatbestand des Urteils leichter auseinander halten, was streitig und was unstreitig ist.

Daneben taucht hin und wieder der Begriff der „**Rechtsbehauptung**" auf. Den sollte man vermeiden. Wenn ein Kläger schreibt, ihm stehe ein Anspruch aus unerlaubter Handlung zu, dann ist das die Äußerung einer **Rechtsansicht** und keine Behauptung. Dazu muss er vielmehr diejenigen Tatsachen vortragen, die alle Tatbestandsmerkmale einer Anspruchsnorm nach §§ 823 ff. BGB ausfüllen.

§ 45 Die Substantiierung

b) Übersteigerte Anforderungen

1925 Die Gerichte tendieren vielfach dazu, an den Umfang der zur Schlüssigkeit erforderlichen Darlegungen Anforderungen zu stellen, die mit dem Gesetz nicht zu vereinbaren sind. Zugleich vermeiden sie es unter Verletzung ihrer Aufklärungs- und Hinweispflicht aus § 139 ZPO, die angeblichen Darlegungslücken anzusprechen. Auf diese Weise versuchen sie, **sich um** eine notwendige **Beweisaufnahme herumzudrücken**. Dem muss der Prozessbevollmächtigte nachhaltig entgegentreten und ggf. mit veröffentlichten Entscheidungen aufwarten. Von den zahlreichen Urteilen, in denen überspannte Substantiierungsanforderungen gerügt werden, seien hier einige angeführt.

1926 **Parteivorbringen** ist immer dann **erheblich** und darf nicht als „unsubstantiiert" zurückgewiesen werden, wenn es die anspruchsbegründende oder einredebegründende Rechtsnorm ausfüllt (OLG Köln NJW-RR 1999, 1154). Die Auffassung einzelner Kammern, der Klagevortrag sei unsubstantiiert, weil der Kläger nicht angegeben habe, wer – wann – wo – mit wem – warum usw. etwas getan oder unterlassen habe, **ist falsch und war immer falsch**, findet in der höchstrichterlichen Rechtsprechung keine Stütze, **ist aber anscheinend nicht auszurotten** (OLG Köln NJW-RR 1999, 1155).

Eine Partei **genügt** ihrer **Darlegungslast**, wenn sie Tatsachen vorträgt, die in Verbindung mit einem Rechtssatz geeignet sind, das geltend gemachte Recht als in ihrer Person entstanden erscheinen zu lassen (BGHReport 2003, 891). Genügt das Vorbringen diesen Anforderungen an die Substantiierung, so kann der Vortrag weiterer Einzeltatsachen nicht verlangt werden. Es ist dann Sache des Tatrichters, in der Beweisaufnahme die Zeugen nach Einzelheiten zu fragen, die ihm entscheidungserheblich erscheinen (BGH NJW-RR 1998, 1409). Und in BGH FamRZ 1999, 1265 heißt es dazu: „Die Angabe **näherer Einzelheiten** ist **nur** dann erforderlich, wenn diese, insbesondere im Hinblick auf das Vorbringen des Gegners, für die **Rechtsfolgen von Bedeutung** sind (BGHZ 127, 254, 358)", beispielsweise weil der Beklagte die Darstellung des Klägers substantiiert bestreitet (BGHReport 2005, 1474, 1775).

c) Tipps

1927 Was in der Praxis an Substantiierungsmängeln erdacht und erfunden wird, ist nicht vorhersehbar. Selbst der sorgfältigste Prozessbevollmächtigte steht dem hilflos gegenüber. Viele Anwälte hängen deshalb ihrer Klageschrift eine **salvatorische Schutzklausel** an, nämlich die Bitte um einen Hinweis, falls das Gericht weitere Ausführungen erwarte. Solche schlichten Floskeln beachten die Gerichte jedoch nicht. Wenn ein Anwalt Anlass hat, mit einem Verstoß gegen die richterliche Aufklärungs- und Hinweispflicht rechnen zu müssen, dann sollte er „mehr Druck machen". Das erleichtert ihm heute **§ 139 Abs. 4 ZPO**. Danach sind Hinweise nicht nur so früh wie möglich zu erteilen, sondern sie müssen auch **aktenkundig** gemacht werden. Dass dies geschehen ist, kann nur durch den Inhalt der Akten bewiesen werden. Eine derartige **qualifizierte Ermahnung** könnte etwa so lauten:

Der Kläger bittet um einen Hinweis nach § 139 ZPO, falls entgegen seiner rechtlichen Beurteilung das Gericht weitere Ausführungen für geboten hält. Er wird dann umgehend ergänzend vortragen. Wir bitten aber, von floskelhaften Hinweisen abzusehen, die der Aufklärungs- und Hinweispflicht sowie der Dokumentationspflicht des § 139 Abs. 4 ZPO nicht genügen würden (*Thomas/Putzo/Reichold*, ZPO, 27. Aufl., 2005, § 139 Rn. 30).

Auf diese Weise signalisiert der Anwalt dem Gericht, dass er entschlossen ist, bei einer Verletzung des § 139 ZPO Berufung einzulegen (§§ 513, 520 Abs. 3 S. 2 Nr. 2, 546 ZPO).

Greift der Kläger mit der Klage ein bereits vorliegendes **Sachverständigengutachten** an, dann ist er nicht verpflichtet, zur Substantiierung ein Privatgutachten einzuholen (BGH NJW 2003, 1400 = MDR 2003, 766 = VersR 2004, 83; MDR 2004, 1184; NJW 2006, 153). Auch das wird hin und wieder vom Gericht zu Unrecht verlangt. 1928

Eine Partei muss auch sonst **kein Privatgutachten** einholen, um sich die für ein substantiiertes Vorbringen fehlende notwendige Sachkunde zu beschaffen. Soweit geht die Substantiierungslast und die allgemeine Prozessförderungspflicht nicht. Sie darf sogar lediglich vermutete Tatsachen behaupten und unter Beweis stellen (BGHReport 2003, 891). 1929

II. Die Subsumtion

Die Subsumtion des Sachverhaltes unter eine Anspruchsnorm wird meist ohne spezielle Kontrolle durchgeführt. Wenn der Mandant zum Anwalt geht, damit dieser einen Kaufpreisanspruch durchsetzt, dann schaut der Jurist gar nicht mehr ins Gesetz. Den einschlägigen § 433 BGB kennt er in- und auswendig – meint er jedenfalls. Die Kommentierung zu § 433 BGB im „*Staudinger*" (2004) erstreckt sich allerdings über 70 Druckseiten, die im „Münchener Kommentar zum BGB" immerhin noch über 40 Seiten. Es ist ziemlich unwahrscheinlich, dass einer das alles als präsentes Wissen zur Verfügung hat. Zumindest in schwierigeren Fällen ist es deshalb der „sicherste Weg", sich nicht einfach auf Erfahrung und Indiz zu verlassen, sondern die Subsumtion **genau zu durchdenken** und sich durch Einsicht in das Schrifttum abzusichern. 1930

Das Denken der Juristen vollzieht sich in Schlussfolgerungen. Am Anfang steht eine Frage, zum Beispiel: 1931

A hat den Pkw des Fahrers B beim Zurücksetzen beschädigt. Haftet er dem B für den dadurch verursachten Schaden?

Das führt zur nächsten Frage: 1932

Gibt es eine Vorschrift, die für solche Fälle eine Haftung vorsieht?

Darauf gibt es eine erste Antwort: 1933

Wer vorsätzlich oder fahrlässig das Eigentum eines anderen widerrechtlich verletzt, ist dem anderen zum Ersatz des daraus entstehenden Schadens verpflichtet (§ 823 Abs. 1 BGB).

Damit haben wir eine erste „Anspruchsgrundlage" gefunden, allerdings noch keine Lösung des Falles. Um die zu finden, müssen mehrere Unterfragen formuliert und beantwortet werden: 1934

§ 45 Die Substantiierung

Wem gehört der beschädigte Pkw? – Eigentum (§§ 929, 1006 BGB).
Hat A schuldhaft gehandelt? – Vorsatz oder Fahrlässigkeit (§ 276 Abs. 1 S. 1 BGB).

1935 Werden diese „Tatbestandsmerkmale" bejaht, dann stellt sich die nächste Frage:
Wie hoch ist der Schaden? Was kostet die Beseitigung des Schadens am Fahrzeug des B? (§ 249 BGB).

1936 Erst wenn sämtliche Fragen – bejahend oder verneinend – beantwortet worden sind, kann daraus der Schluss auf eine Haftung des A gezogen werden. Das geschieht im sogenannten „Justizsyllogismus". Der könnte in diesem Fall etwa so aussehen:
A hat beim Zurücksetzen den von B gefahrenen Pkw beschädigt.
Das Fahrzeug, auf das A beim Zurücksetzen aufgefahren ist, gehört dem B. Dieser ist Eigentümer.
A hat schuldhaft gehandelt, da er beim Zurücksetzen nicht zurückgeschaut hat.
Die Beseitigung des von ihm verursachten Schadens wird 500 Euro betragen.
Also sind die Voraussetzungen des § 823 Abs. 1 BGB erfüllt und hat A dem B 500 Euro Schadensersatz zu zahlen.

1937 Sogar ein derartig einfach gelagerter Fall kann zu weiteren Zweifelsfragen führen, etwa wenn A behauptet:
A habe nicht zurückgesetzt, sondern B sei aufgefahren,
A habe den Schaden nicht verursacht, es habe sich um einen Vorschaden gehandelt,
außerdem sei der Wagen des B für 300 Euro repariert worden, so dass er keinesfalls 500 Euro verlangen könne.

1938 Dann müssen weitere Unterfragen gestellt und beantwortet werden. Das setzt eine Beweisaufnahme über das umstrittene Vorbringen voraus, in der ihrerseits wieder Fragen gestellt und Antworten gegeben werden müssen.

1939 So weitläufig und beschwerlich kann der Denkvorgang von der Ausgangsfrage bis zu deren abschließender Beantwortung ablaufen, ohne dass das einem Praktiker noch bewusst wird. Viele Juristen sind sich daher nicht darüber klar oder haben es nie richtig erfasst. Das kann dazu führen, dass sie im Sachverhalt „herumstochern", Wesentliches übersehen, Unwesentliches breit ausführen und den Fall nicht in den Griff bekommen. Den Prozessverlust muss dann der Mandant verkraften.

1940 Wir sehen, nur eine gedanklich fugenlose Schlussfolgerung gewährleistet eine einwandfreie Fallbearbeitung. Die Regeln des Schließens gehören in den Bereich der Logik und folgen einem ganz bestimmten Subsumtionsmodus, auf den einzugehen ist.

1. Modus Barbara

1941 Subsumiert wird in der Rechtsanwendung nach dem so genannten **Modus Barbara** (*Schneider*, Logik für Juristen, 5. Aufl., 1999, § 33). Die Logik-Lehrbücher bringen dazu oft das **Schulbeispiel**:

> Alle Menschen sind sterblich
> Sokrates ist ein Mensch
> ─────────────────────────
> Also Sokrates ist sterblich

Das denkbar einfachste juristische Beispiel bietet § 90 BGB: 1942
> Sachen sind körperliche Gegenstände
> Fahrräder sind Sachen
> ─────────────────────────
> Also Fahrräder sind körperliche Gegenstände

Die drei Begriffe „Sache", „körperlicher Gegenstand" und „Fahrrad" kommen im   1943
Syllogismus (Schlussverfahren) jeweils zweimal vor. Im Schlusssatz (der **Konklusio**) stellt die **Kopula** („ist") die Verbindung zwischen Sache und Fahrrad her.

Diese Begriffe kürzen die Logiker mit Buchstaben ab. Der Subjektsbegriff ist das   1944
„S", der Mittelbegriff ist das „M", der Prädikatsbegriff das „P"; die bejahende Kopula wird „a" abgekürzt (die verneinende „e"). Der Mittelbegriff kommt im Syllogismus immer zweimal vor, weil er in der Konklusion das S dem Schlusssatz zuweist („Also Fahrräder sind körperliche Gegenstände"). Es bedeuten also:

S = **Subjektsbegriff** = Unterbegriff ist der Begriff mit dem kleinsten Umfang (Fahrrad).

P = **Prädikatsbegriff** = Oberbegriff ist der Begriff mit dem weitesten Umfang (körperlicher Gegenstand).

M = **Mittelbegriff** steht zwischen S und P und „vermittelt" zwischen ihnen (Sache).

K = **Kopula** = a (bejahend) stellt die Verbindung zwischen S und P her oder verneint sie: „Sachen sind nicht = keine körperlichen Gegenstände".

In der **Formelsprache** lautet der Modus Barbara: 1945

> M a P
> **S a M**
> S a P

2. Der „Justizsyllogismus"

Überträgt man ihn auf Rechtsnormen (Anspruchsgrundlagen), dann ist der   1946
Tatbestand der Norm gleich dem Mittelbegriff „**M**", das **Rechtssubjekt** gleich dem Subjektsbegriff „**S**", die **Rechtsfolge** gleich dem Prädikatsbegriff „**P**", und **die Verbindung** des Rechtssubjekts mit der Rechtsfolge ist gleich der **Kopula „a"**. Die Kopula der Rechtsnorm drückt jedoch kein Sein aus („ist", „esse"), sondern ein **Sollen**: Der Käufer „ist verpflichtet" (= „**soll**"), dem Verkäufer den vereinbarten Kaufpreis zu zahlen. Das ist der sogenannte Justizsyllogismus.

Beispiel zu § 433 BGB:
Wer einem anderen eine Sache verkauft (M), der soll (a) dem Käufer Eigentum daran verschaffen (P).
Der Beklagte (S) hat (a) dem Kläger eine Sache verkauft (M).
Also: Der Beklagte (S) soll (a) dem Käufer das Eigentum an der Sache verschaffen (P).

§ 45 Die Substantiierung

1947 Setzt man dann – von vornherein oder in einem weiteren Syllogismus – für Verkäufer und Käufer die konkreten Personen ein, dann folgt daraus: Der Beklagte Franz hat vom Kläger Hans eine Sache gekauft. Also muss Franz dem Hans das Eigentum daran verschaffen.

3. Einzelbegriffsubsumtion

1948 Nun sind Rechtsnormen (Anspruchsgrundlagen) so strukturiert, dass der Tatbestand aus einzelnen Tatbestandsbegriffen („**Tatbestandsmerkmalen**") und ebenso die Rechtsfolge aus einzelnen Begriffen („**Rechtsfolgemerkmalen**") zusammengesetzt ist. Geht es um einen **Personenkraftwagen**, dann müsste in einem sehr einfachen Beispiel ausgeführt werden, dass

– es sich bei dem Pkw um eine Sache (§ 90 BGB) handelt und

– darüber ein Kaufvertrag zustande gekommen ist durch

– Angebot (§ 145 BGB) und

– Annahme (§§ 147 ff. BGB), und zwar

– zwischen V als dem Verkäufer (Aktivlegitimation)

– und K als dem Käufer (Passivlegitimation).

1949 Man nennt dies in der Methodenlehre die „**Einzelbegriffsubsumtion**". Gedanklich müsste das alles geprüft und bestätigt werden, schriftsätzlich natürlich nicht. Dass ein Kraftwagen eine Sache ist, wird auch der streitsüchtigste Beklagte nicht bezweifeln. Alle anderen Tatbestandsmerkmale können jedoch streitig sein oder werden: Ist das Angebot fristgerecht angenommen worden (§§ 147 ff. BGB)? War V der Verkäufer oder nur ein nicht bevollmächtigter Bekannter des Eigentümers? War K der Käufer oder hat er nur für einen anderen als rechtsgeschäftlicher Vertreter gehandelt (§ 166 BGB)? Die Antwort auf jede dieser Fragen kann zweifelhaft werden. Dann müssen dazu in tatsächlicher und rechtlicher Hinsicht **nähere Darlegungen** gebracht und muss ggf. Beweis darüber erhoben werden.

1950 Nun sind Rechtsnormen fast nie so einfach gestaltet wie der § 433 BGB. Oft sind sie durch die Rechtsprechung modifiziert worden. Entsprechend groß sind dann die **Fehlerquellen**, wenn die Subsumtion in Gedanken nicht penibel genau durchgeführt wird. Dabei auftretende Versäumnisse können gar leicht in den Anwaltsregress führen.

1951 In der Einzelbegriffsubsumtion ist die **Schlüssigkeitskette** so schwach wie das schwächste Glied. Wird auch nur in einer einzigen Stufe der Prüfung nicht genügend dargelegt (oder bei hinreichender Darlegung später nicht bewiesen), dann ist das gleich dem Prozessverlust. Nehmen wir als Beispiel den § 823 Abs. 1 BGB. Ein Kläger, der aus § 823 Abs. 1 BGB Rechte herleitet, muss folgende Tatbestandsmerkmale darlegen:

Wer
das Leben
        oder den Körper
        oder die Gesundheit
        oder die Freiheit
        oder das Eigentum
        oder ein sonstiges Recht
eines anderen
verletzt
widerrechtlich
schuldhaft, nämlich fahrlässig
        oder vorsätzlich
daraus (Kausalität)
Schaden

Trägt der Kläger zu einem beliebigen einschlägigen Tatbestandsmerkmal zu wenig vor, 1952

übersieht er etwa, dass das Vermögen oder eine Forderung nicht zu den geschützten Rechtsgütern des § 823 Abs. 1 S. 1 BGB gehört oder dass es nicht fahrlässig ist, bei Neuschnee erst nach Beendigung des Schneefalls zu räumen und dergleichen,

dann wird er mit der Klage abgewiesen. Es ist für den Anwalt daher immer sehr risikoreich, dieser Mühe der Detailarbeit auszuweichen. Deshalb sollte man **stets** die **Anspruchsnorm** im Gesetz **lesen**, auf die eine Klage gestützt wird, und nicht darauf vertrauen, dass ihr Inhalt einem hinreichend geläufig sei. Das Lesen des Gesetzes kann zudem Assoziationen auslösen, die anderenfalls nicht genutzt werden.

§ 46 Anhang: Auslegungen von Willenserklärungen und Verträgen

I. Allgemeine Grundsätze

Mit der Auslegung von Erklärungen (einseitigen Rechtsgeschäften) und Verträgen ist der Anwalt ständig befasst. Es ist nicht immer einfach, genau das in Worte zu fassen, was ausgedrückt werden soll. Noch schwieriger ist es, mögliche zukünftige Meinungsverschiedenheiten vorauszusehen und schon dafür eine klare schriftliche Regelung zu finden. So kommt es, dass das unterschiedliche Wortverständnis der Parteien immer wieder zu Prozessen führt, in denen der Richter das letzte Wort hat. Aufgabe des Anwaltes ist es, in der **Klageschrift** alle **Auslegungsumstände darzulegen**, die für seinen Mandanten sprechen. Dazu müssen ihm die **Grundregeln** der **Auslegung** vertraut sein. Deshalb bringe ich hier einen kurzen Abriss dazu. 1953

1. Parteiwille

1954 Auslegung ist nicht Feststellung dessen, was aus der Sicht des Auslegenden (Rechtsanwalt, Gericht) den Interessen der Parteien am ehesten entspricht, sondern die Ermittlung dessen, was die Parteien **gewollt** haben: des Parteiwillens. **Ziel** der Auslegung ist es festzustellen, welcher Gedanke gedacht worden ist (*Flume*, Allgemeiner Teil des bürgerlichen Rechts, Bd. 2: Das Rechtsgeschäft, 3. Aufl., 1979, S. 291). Die Ermittlung dieses „wirklichen Willens" (siehe § 133 BGB) ist eine **tatsächliche Feststellung**, die im Rechtsstreit das Gericht zu treffen hat (RG JW 1937, 3025).

1955 **Diese Tatsachenfeststellung** ist **Vorstufe der Auslegung**. Solange sich der wirkliche, übereinstimmende **Wille** der Parteien im Wege der **Beweiserhebung** ermitteln lässt, ist deshalb auch **kein Raum für** eine **Auslegung** (BGH LM § 157 Gf Nr. 2).

1956 Das darf jedoch nicht so verstanden werden, als gäbe es einen „Auslegungsbeweis". Die Auslegung ist unabhängig von den Vorschriften über die Behauptungs- und Beweislast. Lediglich die **Feststellung** der für die Auslegung maßgeblichen **tatsächlichen Umstände** muss unter Berücksichtigung der für die Behauptungs- und Beweislast geltenden Grundsätze durchgeführt werden. Insoweit gilt auch der **Beibringungsgrundsatz**, wonach es Aufgabe der Parteien ist, die Auslegungsumstände darzulegen und zu beweisen. Der Richter ist nicht berechtigt, die für die Auslegung wesentlichen Umstände von Amts wegen zu ermitteln und festzustellen (BGHZ 20, 109 = NJW 1956, 665). Zu berücksichtigen sind aber bei der Auslegung einer Willenserklärung nur solche Umstände, die der Erklärungsempfänger gekannt hat oder die für ihn erkennbar gewesen sind (BGHReport 2006, 1509).

2. Auslegungsvorschriften

1957 Die Auslegung selbst ist **Rechtsanwendung**. Es hätte daher nahe gelegen, in das BGB Auslegungsregeln aufzunehmen. Die Verfasser des BGB hatten dagegen Bedenken:

> „Vorschriften dieser Art sind im Wesentlichen Denkregeln ohne positiv-rechtlichen Gehalt; der Richter erhält Belehrung über praktische Logik. Dabei liegt die Gefahr nahe, dass die Vorschriften für wirkliche Rechtssätze genommen werden und dass der Sinn des gesprochenen Wortes als die Hauptrichtschnur behandelt wird, von welcher nur insoweit abgewichen werden dürfe, als das Gesetz dies besonders erlaubt habe, während doch die Aufzählung aller möglicherweise maßgebenden Umstände im Gesetz geradezu ausgeschlossen ist" (Motive zum BGB, Amtliche Ausgabe 1888, Bd. I, S. 155).

1958 Daher enthält der Allgemeine Teil des **BGB** nur zwei Bestimmungen über die Auslegung:
- **§ 133 BGB**: Bei der Auslegung einer Willenserklärung ist der wirkliche Wille zu erforschen und nicht an dem buchstäblichen Sinne des Ausdrucks zu haften.
- **§ 157 BGB**: Verträge sind so auszulegen, wie Treu und Glauben mit Rücksicht auf die Verkehrssitte es erfordern.

Zwischen beiden Vorschriften besteht ein gewisser Widerspruch. Der **§ 133 BGB** 1959
schreibt eine **subjektive** Deutung der Willenserklärung vor (der „wirkliche"
Wille des Erklärenden). Danach ist der Sinn zu ermitteln, den der Erklärende
seiner Erklärung beigemessen hat, sein **„wahrer"** Wille. Der wirklich vorhandene empirische Parteiwille ist deshalb für § 133 BGB Ausgangspunkt und
Grundlage der Auslegung (BGHZ 19, 273 = NJW 1956, 297).

Dem gegenüber verlangt § 157 BGB, dass bei der Auslegung ein **objektiver**, dem 1960
Willen **beider** Vertragsteile gerecht werdender Maßstab angelegt wird, dass also
die Belange beider Vertragsabschließenden bei der Auslegung ihres erklärten
Willens berücksichtigt werden (RG JW 1938, 807).

Indessen darf auch hier der wirkliche Wille nicht unbeachtet bleiben. Die 1961
gemeinsame Erklärung der Parteien über den Sinn einer Vertragsbestimmung
bindet den Richter. „Bekunden die Parteien übereinstimmend, was sie sich
unter ihrer Erklärung gedacht haben, so bleibt für eine hiervon abweichende
Auslegung kein Raum, sofern der Sinn, den sie mit ihrer Erklärung bei deren
Abgabe verbunden haben wollen, nach dem Wortlaut noch irgendwie möglich
und als noch in denkbarer Weise dadurch zum Ausdruck gebracht anzusehen
ist" (RG HRR 1936, Nr. 181).

Die Vorschrift des **§ 157 BGB greift also ein, wenn** entweder mit Hilfe des § 133 1962
BGB kein empirischer Parteiwille zu ermitteln ist oder aber ein empirischer
Wille zwar festgestellt werden kann, der jedoch wegen „Treu und Glauben mit
Rücksicht auf die Verkehrssitte" unbeachtet bleiben muss, weil das Vertrauen
des Erklärungsempfängers auf den von ihm objektiv (und damit anders)
verstandenen Erklärungsinhalt des Schutzes bedarf. Dass dann nicht einfach
die subjektive Auffassung des Erklärenden gilt, folgt aus der Existenz des § 119
BGB. Die Abweichung von subjektivem Wollen und objektiv Erklärtem kann
nur über die Irrtumsanfechtung berichtigt werden.

3. Auslegung

Maßgebender Zeitpunkt für die Auslegung ist der Augenblick, in dem die 1963
Erklärung abgegeben wird. Spätere Äußerungen oder Deutungen des Erklärenden
kommen nur noch als Auslegungsumstände für den Parteiwillen **im Zeitpunkt
der Abgabe** bei Erklärung in Betracht.

Da die Auslegung in den Bereich der Rechtsanwendung fällt, ist das **Gericht zur** 1964
Auslegung von Erklärungen **verpflichtet** (BGH NJW 2005, 153). Fälle, in denen
eine Auslegung wegen absolut widerspruchsvollen oder widersinnigen Erklärungsinhaltes unmöglich ist, kommen praktisch nicht vor (siehe dazu BGHZ 20,
110 = NJW 1956, 665).

Um seiner Aufgabe gerecht werden zu können, muss das Gericht nach einem 1965
Auslegungsergebnis **suchen**. Damit der wirkliche Wille bei Willenserklärungen
erkannt wird, muss der **Gesamtinhalt** der **Erklärungen einschließlich** aller
Nebenumstände – bei Urkunden auch solche, die außerhalb der Urkunde liegen

§ 46 Anhang: Auslegungen von Willenserklärungen und Verträgen

(BGH ZIP 1999, 836) – als Ganzes gewürdigt, insbesondere der Zusammenhang aller Teile der Erklärung miteinander berücksichtigt werden (BGH LM § 131 B BGB Nr. 1). Enthält eine einzelne Vertragsbestimmung keine eindeutige Regelung, so verstößt es gegen die §§ 133, 157 BGB, wenn das Gericht nicht den ganzen Inhalt des Vertrags heranzieht und bei der Darlegung das Gesamtbild der vertraglichen Beziehungen zwischen den Parteien berücksichtigt (BGH LM § 133 B BGB Nr. 3).

1966 Kommen **mehrere Möglichkeiten** der Sinndeutung in Betracht, dann bleibt dem Ausleger keine andere Wahl, als eine Entscheidung zu treffen. Er muss sich auf eine Deutung festlegen. Daher ist die Auslegung von Willenserklärungen in vielen Fällen mit einem Moment der Unsicherheit behaftet. Der Ausleger kommt eben nicht umhin, **sein** Werturteil mit in die Gesamtbeurteilung einfließen zu lassen. Das bedeutet, dass letztlich **alle Auslegung normativ** ist. Diese „wertende Auslegungsentscheidung" lässt sich in vielen höchstrichterlich entschiedenen Fällen nachweisen. Hier einige **Beispiele:**

Auch wenn die in einem Aufbauvertrag vereinbarte Leistung eines Baukostenzuschusses als **Darlehen** bezeichnet worden ist, kann sich aus dem Zusammenhang der getroffenen Vereinbarungen ergeben, dass die Leistung als eine **Mietvorauszahlung** anzusehen ist (BGH LM § 57b ZVG Nr. 1).

Nach allgemeinem Sprachgebrauch ist für den Begriff **Fenster** die Lichtdurchlässigkeit entscheidend. Um Fenster handelt es sich daher auch dann, wenn Maueröffnungen mit Glasbausteinen, durch die man nicht hindurch schauen kann und die weder Luft noch Geräusche durchlassen, fensterartig ausgefüllt werden (BGH LM § 133 C BGB Nr. 17).

Der Begriff eines **Wohnhauses** (Wohngebäude) wird nicht schon dadurch ausgeschlossen, dass sich im Haus einzelne Geschäftsräume, auch Läden von Einzelhandelsgeschäften, befinden (BGH LM § 133 Fb BGB Nr. 4).

4. Auslegungshilfen

1967 Wegen des normativen Moments bei der Auslegung sind die Auslegungsergebnisse oft unsicher und erwecken manchmal geradezu den Anschein des Zufälligen oder Willkürlichen. Dem lässt sich entgegenwirken, indem man die im BGB nicht aufgestellten, aber später von der Rechtsprechung geschaffenen Auslegungsregeln berücksichtigt.

1968 Unser weitgehend systematisch orientiertes Schrifttum ist bestrebt, ein System für die Auslegung von Willenserklärungen zu entwerfen. Damit werden die Schwierigkeiten aber zugleich verdeckt. Entscheidend ist, dass der Praxis ein **Katalog der Auslegungsgesichtspunkte** (Auslegungstopoi) geboten wird, der übersichtlich und stets zur Hand ist. Ebenso wie die Gesetzesauslegung muss auch die Auslegung von Willenserklärungen als **Problemdenken** verstanden und dargestellt werden. Diese Einsicht ist nicht neu:

„Alles rechtliche Denken ist Problemdenken, und jede rechtliche Regelung ist eine solche eines Problems. Deshalb ist auch die Auslegung Problemdenken" (*Flume,* Allgemeiner Teil des Bürgerlichen Rechts, 3. Aufl., 1979, S. 296).

Das soll im Folgenden verdeutlich werden.

Ausgangspunkt für die Auslegung sind die §§ 133, 157 BGB. Um diese Vorschriften rechtsanwendungsfähig (justitiabel) zu machen, muss man sie konkretisieren, das heißt, man muss die darin zusammengefassten verschiedenen Gesichtspunkte und Wertumstände isolieren. Rechtstechnisch erhalten sie dabei die Form von **Auslegungsregeln**. Jedoch gelten diese Sätze nicht schlechthin. Sie können zu anderen Regeln in Widerspruch treten. Mehrere Regeln können auch nebeneinander gelten. Genau genommen steuern diese Auslegungsregeln nur die Diskussion des Auslegungsvorganges, der auf ein gerechtes Ergebnis hin ausgerichtet sein muss (§ 157: Treu und Glauben!).

1969

II. Die Auslegungsregeln

1. Eindeutigkeitsgrundsatz

Nach der Eindeutigkeitsregel schließt ein klarer, unzweideutiger Wortlaut die Auslegung aus. Tatsächlich liegt es natürlich so, dass bereits die Ermittlung der Eindeutigkeit nur durch Auslegung möglich ist. Der Hintergrund dieser Regel ist es, willkürliche Sinnveränderungen zu verhindern. Ein Ausleger, der meint, dass der schlichte Sprachgebrauch zum vernünftigsten Auslegungsergebnis führt, wird dieses Ergebnis mit der Eindeutigkeitsregel stützen.

1970

Sobald aber **Anhaltspunkte** dafür erkennbar werden, dass etwas gewollt ist, was von dem an sich klaren und unzweideutigen **Wortlaut abweicht**, lässt der Ausleger die Eindeutigkeitsregel fallen. Er zieht weitere Umstände heran und legt unter Berufung auf diese gegebenenfalls mit einem anderen Ergebnis aus.

1971

Die Rechtsprechung bietet genügend Beispiele dafür, dass Erklärungen, die für sich gesehen eindeutig waren, über die Auslegung einen ganz anderen Sinn erhielten:

1972

Mehrere Personen schließen sich zusammen. Sie errichten darüber eine Urkunde, die ausdrücklich als **Gesellschaftsvertrag** bezeichnet wird. Das Gericht gelangt im Wege der Auslegung dazu, einen **nicht rechtsfähigen Verein** i. S. des § 54 BGB anzunehmen (RGZ 60, 96).

Die Klägerin hatte dem Beklagten schriftlich mitgeteilt, dass sie **vom Vertrag zurücktrete**. Die Auslegung ergab, dass es sich um einen **Rücktritt für die Zukunft**, also um eine **Kündigung** handelte (RGZ 89, 399 ff.).

Die Klägerin hatte **Auszahlung des Wertes der Versicherung** verlangt. Das Gericht sah auch darin eine **Kündigung** (RGZ 152, 268).

Wer wegen des Ergebnisses nicht bei der Eindeutigkeitsregel stehen bleiben will, der findet in aller Regel Anhaltspunkte für eine weiterführende Auslegung. Dennoch hat die Eindeutigkeitsregel ihren guten Sinn. Sie bringt die **erste Antwort auf** die **Auslegungsfrage**. Ihr liegt der Erfahrungssatz zugrunde, dass die Parteien im Regelfall mit ihren Erklärungen das ausdrücken wollen, was jeder unbefangene Dritte darunter versteht.

1973

2. Andeutungsgrundsatz

1974 Mit der Eindeutigkeitsregel verwandt ist der auch in der Gesetzesauslegung vorkommende Andeutungsgrundsatz. Er besagt:

> Gegenstand der Auslegung ist der **Text**. Dieser ist zugleich die **äußerste Grenze** der Auslegung. Was im Text nicht irgendwie seinen Ausdruck gefunden hat, ist nicht erklärt worden. Was nicht erklärt worden ist, kann nicht Gegenstand der Auslegung sein.

1975 Diese streng begriffliche Betrachtungsweise ist heute überwunden. Sie wird allerdings immer wieder als Vorwand benutzt, der Pflicht zur Auslegung auszuweichen. Gültig ist sie nur noch in abgeschwächter Form, nämlich als eine Art richterrechtliche **Beweisregel**: Wer den klaren Wortlaut und den klaren Wortsinn für sich hat, hat den Beweis geführt. Der Gegner muss die für einen **anderen Sinn** sprechenden, **außerhalb** des Erklärungstatbestandes liegenden **Umstände behaupten** und beweisen (*Baumgärtel*, Handbuch der Beweislast im Privatrecht, 2. Aufl., 1991, § 133 Rn. 2 mit Nachw.).

1976 Auch insoweit lässt sich die Regel wieder auf einen Erfahrungsgrundsatz zurückführen. Normalerweise erklären die Parteien nämlich mündlich oder schriftlich alles, was sie geregelt wissen wollen. Und sie pflegen ihre Erklärungen so abzufassen, dass das Gemeinte wenigstens teilweise aus der Erklärung entnommen werden kann. Völliges Schweigen zu erklärungsbedürftigen Punkten ist die Ausnahme.

1977 Dass der Andeutungsgrundsatz nicht schlechthin gilt, erhellt bereits daraus, dass **Umstände außerhalb** des Erklärungstextes stets heranzuziehen sind und die Feststellung der „Eindeutigkeit" ihrerseits schon das Ergebnis einer Auslegung ist (MünchKommBGB/*Mayer-Maly/Busche*, 4. Aufl., 2001, § 133 Rn. 42; *Krüger-Nieland/Zöller* im RGR-Kommentar zum BGB, 12. Aufl., 1982, § 133 Rn. 6).

3. Vertrauensschutz

a) Treu und Glauben

1978 Ein wichtiger Gesichtspunkt bei der Auslegung ist der Grundsatz des Vertrauensschutzes. Jeder muss seine Erklärungen so gegen sich gelten lassen, wie sie von einem vernünftigen und unbefangenen Erklärungsempfänger nach Treu und Glauben und der Verkehrssitte zu verstehen sind (*Soergel/Wolf*, BGB, 13. Aufl., 1999, § 157 Rn. 13). Die Auslegung einer empfangsbedürftigen Willenserklärung soll sich davon leiten lassen, wie die Erklärung vom Erklärungsempfänger bei gehöriger Aufmerksamkeit verstanden werden musste. Das ist der Grundgedanke des § 157 BGB. *Coing* hat ihn in einer früheren Auflage des „*Staudinger*" (11. Aufl., 1957, § 133 Rn. 10) wie folgt umschrieben:

> „Die Auslegung soll so erfolgen, dass jede Partei für verpflichtet erklärt wird, alles zu tun, was von einem anständig denkenden Geschäftspartner vernünftigerweise erwartet werden kann, um den Geschäftszweck zu erreichen."

1979 **Redlichkeit** wird dabei von beiden Seiten gefordert. Hat etwa ein Vorkaufsberechtigter erklärt, das Vorkaufsrecht auszuüben, es gleichzeitig aber abgelehnt, bestimmte mit dem Vorkaufsrecht verbundene Pflichten zu übernehmen, so kann sich der Vorkaufsberechtigte im Allgemeinen nicht mit der Berufung auf die Widersprüchlichkeit seiner Erklärung von den aus der Auslegung des Vorkaufsrechts folgenden Verpflichtungen lösen, wenn der Vorkaufsverpflichtete auf die Wirksamkeit der Erklärung vertraut hat und den Vorkaufsberechtigten an seiner Erklärung festhalten will (BGH MDR 1964, 748).

Der Vertrauensschutz führt auch dazu, dass **Begleitumstände** bei **empfangsbedürftigen Willenserklärungen** nur berücksichtigt werden dürfen, soweit sie für den Empfänger erkennbar gewesen sind (RGZ 101, 247; BGHReport 2006, 1509). 1980

b) Erkannter Irrtum

Unter dem Blickwinkel des Vertrauensschutzes muss ferner das Problem der **falsa demonstratio** gesehen werden. Wenn der Erklärende sich irrt, der Erklärungsempfänger aber den Irrtum bemerkt und erkennt, in welchem Sinn der Erklärende seine Erklärung hatte abgeben wollen, so gilt die Erklärung im Sinne des tatsächlichen Verständnisses der Erklärenden (*Flume*, Allgemeiner Teil des Bürgerlichen Rechts, Bd. 2: Das Rechtsgeschäft, 3. Aufl., 1979, S. 301 f.). Diejenige Partei, die den Irrtum des Anderen erkannt hat, weiß um die Falschbezeichnung und vertraut nicht darauf, die Erklärung sei im buchstäblichen Sinne zu verstehen. 1981

c) Urkundenbeweisregel

Auch die sog. **Richtigkeits- und Vollständigkeitsvermutung** bei der Auslegung von Urkunden lässt sich zwanglos aus dem Erfordernis des Vertrauensschutzes erklären. Sie besagt, dass eine von den Parteien erstellte Urkunde die Vermutung für sich habe, **das Vereinbarte sei in dieser Urkunde vollständig und richtig** niedergelegt. Ein solcher Satz ist für die Sicherheit und Berechenbarkeit des Rechtsverkehrs unerlässlich. Nach *Wieczorek* (ZPO, 2. Aufl., 1976, § 415 Anm. A III b 1) gilt er kraft Gewohnheitsrechts. Könnte man Urkunden leichthin beiseite schieben, dann würde die objektiv zuverlässigste Verfestigung von Willenserklärungen weitgehend entwertet. Wer über Erklärungen oder Vereinbarungen eine Urkunde in Händen hält, muss in seinem Vertrauen darauf geschützt werden, dass dieser urkundliche Beleg nicht nachträglich durch die Behauptung des Gegners unverbindlich wird, die schriftliche Erklärung stimme nicht mit dem mündlich Vereinbarten überein. Das muss der Gegner dann schon beweisen. 1982

4. Verkehrsbedürfnis

In dem auf Entschlossenheit und Schnelligkeit ausgerichteten Handelsverkehr muss der Vertrauensschutz besonders beachtet werden. Werden im **kaufmännischen Verkehr** mündliche **Verhandlungen schriftlich bestätigt**, dann gilt der 1983

§ 46 Anhang: Auslegungen von Willenserklärungen und Verträgen

Inhalt des Bestätigungsschreibens als zutreffender Ausdruck der Vereinbarungen. Die „wirklichen" Vereinbarungen, die vor dem Bestätigungsschreiben lagen, bleiben unberücksichtigt (ausführlich *Flume*, Allgemeiner Teil des Bürgerlichen Rechts, 3. Aufl., 1979, § 36).

1984 Ähnlich liegt es bei der Deutung **typischer Geschäftsklauseln**. Dazu heißt es in BGHZ 14, 62 (= NJW 1954, 1561):

> „Die Rechtssicherheit im Handelsverkehr verlangt, dass für bestimmte typische, immer wiederkehrende Klauseln feste Regeln aufgestellt werden, mag sich hierdurch auch für den einzelnen Fall eine gewisse Härte ergeben. Einer **ergänzenden Auslegung** dürfen solche Klauseln grundsätzlich **nicht zugänglich** sein. Jedermann, nicht nur der Vertragspartner allein, muss sich auf eine klar abgegrenzte und bestimmte Bedeutung dieser Klauseln verlassen können."

1985 Die wichtigsten Grundsätze sind heute in den §§ 305 ff. BGB festgelegt, gelten aber für Unternehmer eingeschränkt (§ 310 BGB). Für diese gilt **§ 346 HGB**: „Unter Kaufleuten ist in Ansehung der Bedeutung und Wirkung von Handlungen und Unterlassungen auf die im Handelsverkehre geltenden Gewohnheiten und Gebräuche Rücksicht zu nehmen."

5. Schutz des Schwächeren

1986 Die Auslegung muss auch die **wirtschaftlichen Machtverhältnisse** berücksichtigen. Sie muss sozialen Schutz des Schwächeren anstreben. Die Rechtsprechung hat das bei der Auslegung allgemeiner Geschäftsbedingungen praktiziert und den Satz aufgestellt, dass **Zweifel** bei der **Auslegung** von **Formularverträgen** gegen diejenige Partei auszulegen sind, die das Vertragsformular gewählt hat und die sich klarer hätte ausdrücken können (BGHZ 5, 111 = NJW 1952, 657). Den Abschluss dieser Rechtsprechung hat das AGB-Gesetz gebracht und später dessen Übernahme in den § 305 BGB.

1987 Zu erwähnen ist hier auch noch eine vom Bundesgerichtshof verwendete Auslegungsregel:

> „Sind mehrere sich nicht gegenseitig ausschließende Deutungen des Inhalts einer Äußerung möglich, so ist der rechtlichen Beurteilung diejenige zu Grunde zu legen, die dem in Anspruch Genommenen günstiger ist und den Betroffenen weniger beeinträchtigt" (BGHZ 139, 104; BGHReport 2004, 470).

6. Erhaltungsinteresse

1988 Das Bestreben nach wirtschaftlich sinnvollen Auslegungsergebnissen hat zur Schaffung eines besonderen Rechtsinstituts geführt: zur **ergänzenden Vertragsauslegung**. Dafür sind wiederum eigene Auslegungsgesichtspunkte herausgearbeitet worden.

1989 Diese Art der Auslegung hat nicht die einzelne Willenserklärung zum Gegenstand, sondern das **Rechtsgeschäft als Ganzes** (*Soergel/Wolf*, BGB, 13. Aufl., 1999, § 157 Rn. 103–105). Die ergänzende Vertragsauslegung wird regelmäßig von Feststellungen darüber ausgehen, was die Parteien „eigentlich" gewollt haben. Sie wird sich dann fragen, was sie in ihrer besonderen Lage und angesichts ihrer besonderen Zielsetzung vernünftigerweise für den nicht geregelten Fall vereinbart hätten (so treffend *Staudinger/Dilcher*, BGB, 12. Aufl., 1980, §§ 133, 157 Rn. 43).

Voraussetzung für die Zulässigkeit ergänzender Auslegungen ist eine **Lücke**. Sie setzt voraus, dass die Parteien eine abschließende Regelung gewollt haben, einzelne Punkte jedoch offen geblieben sind. Von einer Vertragslücke darf nicht ausgegangen werden, wenn diejenige Partei, zu deren Gunsten der Vertrag ergänzt werden soll, die Rechtsfolge, die mit der ergänzenden Vertragsauslegung bezweckt wird, selbst durch entsprechende Rechtshandlung herbeiführen kann, etwa dadurch, dass sie den Gegner in Verzug setzt (BGH LM § 286 BGB Nr. 7). 1990

Berücksichtigt wird letztlich in solchen Lückenfällen der **hypothetische Parteiwille**. Es wird gefragt, was die Parteien wohl erklärt hätten, wenn sie die Lücke erkannt hätten. 1991

Die **Grenzen** der ergänzenden Vertragsauslegung liegen dort, wo sie den Inhalt der Parteierklärungen verändern würde. Das darf nicht geschehen. Auch eine ergänzende Auslegung muss sich an den **wirklichen Willen** der Parteien halten. Sie darf ihn nicht durch Unterschieben eines anderen Willens verändern. Desgleichen darf der Vertragsgegenstand nicht erweitert werden (BGHZ 9, 273 = NJW 1953, 937). 1992

7. Auslegungsziel

Alle die vorgenannten Auslegungsgesichtspunkte stehen ihrerseits wieder unter einer bestimmten Tendenz: Der Ausleger hat eine **Aufgabe** zu erfüllen. Der **Zweck** des **Rechtsgeschäfts** ist zu verwirklichen. Daher kommt dem **Ergebnis** der Auslegung besondere Bedeutung zu. 1993

Die Auslegung rechtsgeschäftlicher Willenserklärungen muss stets im Auge behalten, welchen Zweck die Parteien erreichen, welche rechtlichen Wirkungen sie um dieser Zwecksetzung willen erzielen wollten. **Ziel der Auslegung von Willenserklärungen und Verträgen ist es, den Abstand zwischen einem ungewissen Erklärungsinhalt und einer sachgerechten, zweckentsprechenden Streitentscheidung zu überbrücken.** 1994

Im Einzelfall ist es in der Regel so, dass nur zwei oder drei Auslegungsmöglichkeiten ernstlich in Betracht kommen und zwischen diesen wertend eine bestimmte Auslegung zu bevorzugen ist. Dabei ist das Endziel durch die Gesichtspunkte des Vertragszwecks und des sachgerechten Ergebnisses bestimmt. 1995

Die einzelnen **Auslegungsgrundsätze** sind **nur Wegweiser** zu diesem Endziel. Je eingehender man sich mit dem konkreten Auslegungssachverhalt und der 1996

Interessenlage der Parteien befasst, umso mehr treten die theoretischen Gegensätze und Schwierigkeiten zurück. Systematische Zusammenhänge und dogmatische Lehrsätze haben daher für die Auslegungspraxis nur geringe Bedeutung. Für die praktische Rechtsanwendung sind nur die **konkreten Auslegungsgesichtspunkte** (Deutungstopoi) von Belang. Sie allein ermöglichen ein offenes Argumentieren und Diskutieren und damit die Bewältigung der Auslegungsaufgabe: ein dem Geschäftszweck angemessenes, sachgerechtes Ergebnis zu erzielen.

Achtes Kapitel: Problemfelder der Klagebegründung

§ 47 Die Behauptungslast

I. Beschränkung auf die Anspruchsvoraussetzungen

Da der Kläger im Rechtsstreit obsiegen will, hat er alle **tatsächlichen Umstände** darzulegen, die zum Tatbestand einer ihm **günstigen Anspruchsnorm** gehören. Aus der Sicht des Beklagten bezwecken die nach § 253 Abs. 2 ZPO notwendigen Angaben, ihn über Grund und Höhe der Forderung so weit zu informieren, dass er sich dagegen sachgerecht verteidigen kann (OLG Düsseldorf MDR 1996, 416). 1997

Der Kläger hat daher sein Vorbringen darauf zu prüfen, ob seine Behauptungen alle gesetzlichen Tatbestandsmerkmale einer ihm günstigen Anspruchsnorm erfüllen. Mehr ist nicht nötig, mehr ist sogar von Übel und wegzulassen. Es ist nicht Ziel der Klagebegründung, den Einwendungsvortrag des Gegners vorwegzunehmen und ihn damit womöglich noch auf bestimmte Verteidigungsstrategien aufmerksam zu machen (oben Rn. 1911 f.). Zusätzliche Ausführungen sind nur dann zu bringen, wenn dies dem besseren Verständnis der Sachschilderung dient. Die **Kontrollfrage** für den Kläger lautet daher: 1998

Sind in der Klagebegründung Behauptungen enthalten, die über die gesetzlichen Tatbestandsmerkmale der ihm günstigen Anspruchsnorm hinausgehen? Soweit das bejaht wird, sind diese Ausführungen wegzulassen. 1999

II. Mehrere Anspruchsnormen

Lässt sich der Klageanspruch materiell-rechtlich auf mehrere Anspruchsnormen stützen, beispielsweise auf Vertrag und auf unerlaubte Handlung, dann sind die **Tatbestandsmerkmale aller Anspruchsnormen darzulegen**. 2000

Will der Kläger nur aus einer Klagestütze vorgehen, will er beispielsweise mit Rücksicht auf den Beklagten keine ehrenrührige sittenwidrige vorsätzliche Schädigung nach § 826 BGB zur Entscheidungsgrundlage machen, dann muss er sein Vorbringen entsprechend einschränken, weil er dem Gericht keine anspruchsbezogene Schlüssigkeitsprüfung vorschreiben kann. Werden die Voraussetzungen des § 826 BGB neben dem vertraglichen Anspruch dargelegt, dann steht es dem Gericht völlig frei, darüber zu befinden, aufgrund welcher Anspruchsnormen es der Klage **stattgeben** will (oben Rn. 1080 ff.). Alle Anspruchsgrundlagen muss der Richter nur prüfen, wenn er die Klage **abweisen** will. Der Anwalt kann die richterliche Schlüssigkeitsprüfung nur auf dem Umweg beschränken, dass er keine Tatsachen vorbringt, die den Tatbestand des § 826 BGB erfüllen. 2001

III. Freie Schadensschätzung

2002 Es gibt allerdings eine Verfahrenslage, bei der es dem Kläger erlaubt ist, sein Vorbringen zu beschränken. Bei der **Schadensschätzung** nach **§ 287 ZPO** entscheidet das Gericht unter Würdigung aller Umstände „nach freier Überzeugung" und darf sogar von einer Beweiserhebung absehen. Folgerichtig ist auch die Darlegungslast des Klägers eingeschränkt. Soweit das Gericht schätzen kann, darf es eine Klage nicht mangels hinreichender Substantiierung abweisen (Nachw. bei *Schneider*, Beweis und Beweiswürdigung, 5. Aufl., 1994, § 17). Erlaubt ist diese Schadensschätzung aber nur auf Grund **festgestellter Umstände** (BGHReport 2004, 1118).

IV. Die Behauptungslast

1. Das Prinzip der Behauptungslast

2003 Um zu wissen, wie eine Klagebegründung schlüssig gemacht wird, muss man die aus dem Gesetz folgende Behauptungslast (Darlegungslast) kennen. Das allgemeine Prinzip der Behauptungslast **lautet**:

2004 Begehrt jemand eine ihm günstige Rechtsfolge und hängt die Entscheidung davon ab, dass ihm ein subjektives Recht bestimmten Inhalts zusteht, dann muss er darlegen, er habe das Recht mit diesem Inhalt **erlangt**. Er braucht hingegen **nicht** darzulegen, dass er das Recht unverändert **behalten** habe. Vielmehr ist es Sache des Gegners, Umstände vorzutragen, aus denen sich ergibt, dass der Anspruchsberechtigte das Recht nachträglich wieder verloren oder dass es sich sonstwie zu seinen Lasten verändert habe (oben Rn. 1918 ff.).

2005 Kürzer formuliert: **Jede Partei trägt die Behauptungslast für das Vorliegen aller Voraussetzungen der ihr günstigen Norm.**

2. Der Geltungsbereich des Prinzips

2006 Das gilt für alle subjektiven Rechte. Es gilt für **Ansprüche auf** ein **Tun** oder **Unterlassen** (§ 194 Abs. 1 BGB). Wer einen Anspruch bestimmten Inhalts geltend macht, muss entweder darlegen, das Recht sei in seiner Person **entstanden** oder es sei in der Person eines Dritten entstanden und auf ihn **übergegangen**.

2007 Es gilt ferner für **Gestaltungsrechte** und **Einreden**. Wer ein Geschäft wegen Irrtums anficht oder die Einrede der Verjährung erhebt, muss Umstände vortragen, aus denen sich ergibt, er habe das Anfechtungsrecht oder die Einrede **erlangt**. Dem Gegner obliegt es dann, den nachträglichen Verlust des Rechts oder dessen Geltendmachung als unzulässige Rechtsausübung darzulegen.

2008 Schließlich gilt es für **Herrschaftsrechte**, insbesondere für die dinglichen wie Eigentum oder Pfandrecht. Wer ihr **Entstehen** dargelegt hat, braucht nicht negativ darzulegen, er habe das Recht nicht wieder verloren. Das vorzubringen, ist Sache des Gegners.

Welche Voraussetzungen jeweils gegeben sein müssen, um einen Klageantrag zu stützen, lässt sich natürlich nicht losgelöst vom Streitfall sagen. Die Antwort kann nur denjenigen Rechtsnormen entnommen werden, die ein konkretes Klagebegehren zu stützen vermögen. Diese **Anspruchsnormen zu finden**, ist Aufgabe des Rechtsanwalts. Übersieht er eine dem Kläger günstige Vorschrift, dann lastet ihm die Rechtsprechung das als schuldhafte und zum Schadensersatz verpflichtende Mandatsverletzung an. 2009

3. Amtsermittlung

Von einer Behauptungs- oder Darlegungslast zu reden, hat nur Sinn in **Verfahren mit Verhandlungsmaxime**, in denen die Einführung der zur Entscheidung erforderlichen Tatsachen allein den Parteien obliegt. Im Strafverfahren braucht ein Angeklagter nichts darzulegen. Den ihn belastenden und entlastenden Stoff hat das Gericht von Amts wegen zu ermitteln (§§ 155 Abs. 2, 244 Abs. 2 StPO). Im Zivilprozess gibt es lediglich Darlegungserleichterungen, so etwa bei der Schätzung nach § 287 ZPO (oben Rn. 2002) oder in Arzthaftungsprozessen, in denen an die Substantiierungslast des nicht sachkundigen Klägers nur maßvolle Anforderungen gestellt werden (*Baumgärtel*, Handbuch der Beweislast im Privatrecht, 1. Bd., 2. Aufl., 1991, § 823 Anhang C II; *Laufs/Uhlenbruck*, Handbuch des Arztrechts, 3. Aufl., 2002, §§ 107–111). 2010

§ 48 Das Umfangsproblem

I. Das rechte Maß

Ein Kläger muss so viel vorbringen, dass die von ihm **behaupteten Tatsachen** die **Voraussetzungen** einer ihm günstigen **Anspruchsnorm erfüllen**. Mehr wird von ihm nur verlangt, wenn die Erwiderung des Gegners weitere konkretisierende Ausführungen notwendig macht. 2011

Viele Anwälte neigen dazu, **mehr zu schreiben, als erforderlich ist**, und sich vor allem auch mit den Problemen des Gegners zu befassen (siehe dazu schon oben Rn. 2004). Sie bringen dann „vorsorglich" tatsächliche oder rechtliche Ausführungen, ohne sich des damit verbundenen **Risikos** bewusst zu werden. In Anwaltsschriftsätzen sind oft längere Teile völlig überflüssig. Abgesehen von den verfahrensrechtlich sinnlosen **Floskeln** wie „Bestritten wird, was nicht ausdrücklich zugestanden ist . . ." oder „Der Gegner sei an seine Wahrheitspflicht erinnert!" finden sich oft breite historische Erzählungen. Manchmal werden sie sogar mit dem Hinweis eingeleitet, obwohl es nicht darauf ankomme, müsse doch dieses oder jenes einmal gesagt werden – leeres Gerede, bestimmt für den Mandanten, nicht für das Gericht. 2012

In anderen Fällen werden in der Klageschrift im Vorgriff auf mögliches Vorbringen des Beklagten ausführliche Passagen gebracht, die nicht der 2013

Klagebegründung dienen, sondern **Einwendungen** und **Einreden** betreffen, die zur Behauptungslast des Gegners stehen. Auf diese Weise dem Beklagten den Sachvortrag vorzubereiten, ist grundfalsch. Lange Erörterungen darüber, dass der Klageanspruch **nicht verjährt** sei, obwohl der Gegner sich darauf noch gar nicht berufen hat, jetzt aber hellhörig wird, kann sogar ein Kunstfehler sein und den Beklagten veranlassen, sich auf Verjährung zu berufen.

2014 Ebenso ist es abwegig, Ausführungen dazu zu bringen, dass der Kläger **aktivlegitimiert** sei. Der Gedanke des Gegners, die Aktivlegitimation des Klägers zu rügen, wird vielleicht dadurch erst ausgelöst.

2015 Verfehlt ist es ferner, **Gegenbeweis** anzutreten, obwohl der Beklagte noch keine Hauptbeweisanträge gestellt hat. Dies und vieles andere führt nur dazu, dass der Streitstoff verworren und undurchsichtig wird und infolgedessen vielleicht ein Fehlurteil ergeht. Überflüssiges Vorbringen des Klägers kann ihm auch schaden und bei Säumnis des Beklagten Bedenken gegen den Erlass eines Versäumnisurteils auslösen.

2016 Noch schlimmer ist es, wenn sich der Kläger eines **Anspruchs berühmt**, den er **nicht einklagen** oder zur Verteidigung (Zurückhaltung, Aufrechnung) einsetzen will. Damit riskiert er eine negative Feststellungsklage, die für seinen Mandanten teuer werden kann (vgl. oben Rn. 1990 ff., 2080).

2017 Was den Gegenanwalt ebenso wie den Richter vielleicht am meisten stört, ist das in manchen Schriftsätzen nicht selten vorkommende **Schwadronieren**. Da wird alles Mögliche dahergeschwätzt. Es ist die Rede von Treu und Glauben, von Verwirkungen, von Schikane. Versteckte Drohungen wechseln sich ab mit dem erhobenen Zeigefinger: Wahrheitspflicht! Nur vom Fall selbst und von den subsumtionsfähigen Tatsachen ist kaum die Rede. Diese Art, Schriftsätze zu verfassen, füllt leider manche Hand- und Gerichtsakten, zwingt Anwalt und Gericht, das alles zu lesen und den Gegenanwalt obendrein noch, aus Vorsorge darauf zu erwidern.

2018 Kurzum: **Mehr als die zur Schlüssigkeit der Klage erforderlichen Tatsachen sollten nicht vorgetragen werden. Ein Zuviel ist ebenso vom Übel wie ein Zuwenig.**

2019 Das **Vorbringen** des **Beklagten** ist erst einmal **abzuwarten**. Möglicherweise besteht dann sogar Anlass, sich Teile daraus zu Eigen oder sie durch ein Geständnis (§ 288 ZPO) unwiderruflich zu machen, um damit die eigene Rechtsposition zu verbessern. Nimmt dagegen das Vorbringen des Beklagten der Klage ganz oder teilweise die Erfolgsaussicht, dann hat der Anwalt des Klägers sich noch nicht festgelegt und kann nunmehr überlegen, wie er darauf reagiert.

II. Das Klarheitsgebot

2020 Bei einer **Änderung** des **Vorbringens** sollte genau dargelegt werden, was fortan behauptet wird. Unter Umständen ist es sogar angebracht, den Wechsel im

Vortrag zu erklären, damit daraus später nicht beweisrechtlich nachteilige Schlüsse gezogen werden, was zulässig ist (*Schneider*, Beweis und Beweiswürdigung, 5. Aufl., 1994, Rn. 97).

Sich widersprechende Behauptungen einer Partei heben sich auf und sind beide unbeachtlich, wenn sie nicht in ein das Gericht bindendes Eventualverhältnis gebracht werden (oben Rn. 911 ff.). Bei Zweifeln muss das Gericht allerdings nach § 139 ZPO darauf hinweisen und versuchen, den Widerspruch aufzuklären.

Auch ist darauf zu achten, dass **vorprozessual abgegebene Erklärungen** mit dem **Prozessvortrag** übereinstimmen. Widersprüche ergeben sich leicht daraus, dass im Rechtsstreit schriftliche Verträge vorgelegt werden, die vorprozessual nicht genügend beachtet worden sind. Typisch ist dafür eine vorgerichtlich oder im Prozess erklärte Aufrechnung, obwohl der im Rechtsstreit vorgelegte maßgebende schriftliche Vertrag ein Aufrechnungsverbot enthält.

III. Das Präklusionsrisiko

Das Präklusionsrecht (siehe dazu oben Rn. 1212 ff.) zwingt den Anwalt, erschöpfend vorzutragen. Wird der Mandant mit verspätetem Vorbringen ausgeschlossen und unterliegt er deshalb im Rechtsstreit, dann kann das die Haftung des Anwalts begründen. Er ist jedoch nie gehalten, schon vorgreiflich auf einen Sachverhalt einzugehen, den der Gegner möglicherweise in den Rechtsstreit einführen wird, aber noch nicht eingeführt hat. Das verlangt auch § 282 ZPO nicht. Den **Streitgegenstand** bestimmt allein der Kläger. Und nur insoweit muss er auch vollständig und erschöpfend vortragen, also darlegen, dass alle **tatsächlichen Voraussetzungen** einer ihm günstigen Anspruchsnorm gegeben sind. Wenn die Klage schlüssig begründet worden ist, gibt es kein Präklusionsproblem.

1. Überraschungsurteile

Leider machen Prozessbevollmächtigte, die diesen Anforderungen genügen, immer wieder die Rechnung ohne den Richter. Die forensische Erfahrung lehrt, dass ständig ohne vorherigen Hinweis und ohne Aufklärungsversuch Überraschungsurteile gefällt werden, in denen „**mangelnde Substantiierung**" als Entscheidungsgrundlage herangezogen wird. Was in der Praxis an Substantiierungsklauseln erdacht und erfunden wird, ist nicht vorhersehbar. Die höchstrichterliche Rechtsprechung wird dabei kurzerhand ignoriert, obwohl sie eindeutige Verfahrensanleitungen enthält. So heißt es beispielsweise in BGH VersR 1999, 1120:

> „Nach ständiger höchstrichterlicher Rechtsprechung genügt eine Partei ihrer Darlegungslast, wenn sie **Tatsachen** vorträgt, die **in Verbindung mit** einem **Rechtssatz** geeignet sind, das geltend gemachte **Recht** als **in ihrer Person entstanden** erscheinen zu lassen. Genügt das Parteivorbringen diesen Anforderungen an die Substantiierung, so kann der Vortrag weiterer Einzeltatsachen nicht verlangt werden. Es ist die Sache des

§ 48 Das Umfangsproblem

Tatrichters, bei der Beweisaufnahme die Zeugen oder die zu vernehmende Partei nach allen Einzelheiten zu fragen, die ihm für die Beurteilung der Zuverlässigkeit der Bekundungen erforderlich erscheinen (ebenso BGH ZIP 1998, 957 mit weiteren Nachw.)."

2. Abwehrmaßnahmen

2025 Werden solche eindeutigen Handlungsanweisungen übergangen und erfährt die unterlegene Partei davon erst aus den Entscheidungsgründen, dann ist es zu spät. Abhilfe kann nur noch ein Berufungsverfahren bringen. Das führt zu der Frage, ob es **prozesstaktische Möglichkeiten** gibt, solchen **Fehlentscheidungen vorzubeugen** oder schon erstinstanzlich die Weichen für eine tragfähige Rechtsmittelbegründung zu stellen.

2026 Mit diesem Thema hatte sich *Rinsche* (Prozesstaktik, 4. Aufl., 1999, Rn. 97 ff.) näher befasst. Er schrieb unter anderem:

2027 „Gerade der junge Anwalt muss davor gewarnt werden, dass das Gericht seine Klage oder seine Einwendungen mit der lapidaren Begründung abweisen könnte, sein Vortrag zu den maßgeblichen Fragen sei ‚völlig unsubstantiiert'. Seine Enttäuschung über ein solches Urteil wird umso größer sein, wenn der Richter, der ihm hier mangelnde Substantiierung vorwirft, sich kurz zuvor noch über die ‚viel zu langen Schriftsätze' sowie ‚das Unvermögen junger Anwälte, sich kurz zu fassen', lauthals in der mündlichen Verhandlung beklagt hatte. Wird viel geschrieben, so erweist sich dies für den Richter als eine ‚Zumutung'; wird wenig geschrieben, so ist ‚alles unsubstantiiert'. Derartige, nicht seltene richterliche Bemerkungen sind umso bedauerlicher, als seitens des Gerichts keineswegs gleich bleibende Maßstäbe zur Substantiierungslast gesetzt werden."

2028 *Rinsches* Rat geht dahin, lieber zu viel als zu wenig zu schreiben. „Im ersten Falle erntet man allenfalls etwas Spott oder Häme seitens des Gerichts bzw. der Gegenseite; im zweiten Falle aber kann der Prozess verloren gehen" (a.a.O., Rn. 102).

2029 Wider besseres Wissen zu viel zu schreiben, ist nicht des Anwalts Sache. Es birgt auch die Gefahr in sich, den für die Subsumtion allein maßgeblichen Sachverhalt zu verwässern, die rechtliche Auseinandersetzung auf unerhebliche Nebenschauplätze zu verlagern und so dazu beizutragen, dass am Ende an der Klage vorbeijudiziert wird. Ein mir bekannter Vorsitzender Richter hat das einmal auf die Formel gebracht: „Ein schöner Fall, aber ein anderer!"

2030 Nicht selten ist es auch so, dass Richter versuchen, den Anschein zu erwecken, sie hätten ihrer Hinweispflicht genügt. Der Kläger erfährt dann durch eine gerichtliche Verfügung, **„das Gericht habe Bedenken gegen die Schlüssigkeit"**. Solche Hinweise sind nichtssagend und wertlos, da sie alles bewusst im Unklaren lassen. Sie verletzen § 139 ZPO (siehe *Thomas/Putzo/Reichold*, ZPO, 27. Aufl., 2005, § 130 Rn. 30). Es ist verfehlt, dass ein Anwalt sich dann hinsetzt und seitenlange Ausführungen dazu bringt, was das Gericht möglicherweise als unschlüssig ansieht. Stattdessen sollte er kontern und sofort **zurückfragen**, etwa so:

> Mit Rücksicht auf den nicht näher konkretisierten Hinweis des Gerichts wegen der Bedenken zur Schlüssigkeit der Klage haben wir die Sach- und Rechtsausführungen in der Klageschrift noch einmal überprüft. Wir können keinen Schlüssigkeitsmangel feststellen. Sollte er nach Auffassung des Gerichts noch immer bestehen, dann müssen wir etwas übersehen oder für unerheblich gehalten haben. Wir bitten deshalb, nach § 139 Abs. 2 ZPO zu verfahren, damit wir gegebenenfalls jetzt und nicht erst in einem etwa erforderlich werdenden Berufungsverfahren schriftsätzlich vortragen können.

Ein solcher „Wink mit dem Zaunpfahl der Berufung" macht es dem Gericht fast unmöglich, sich um einen konkreten Hinweis zu drücken.

§ 49 Konkludentes Vorbringen

Zu den Darlegungen einer Partei zählt immer dasjenige, **was sie selbst behauptet, und das gesamte unstreitige Vorbringen beider Parteien.** Schwierigkeiten könnten bei der Frage auftreten, wann eine Tatsache als **stillschweigend** behauptet anzusehen ist. 2031

I. Offenkundige Tatsachen

Selbstverständlichkeiten müssen nicht ausdrücklich vorgetragen werden: 2032
> „Die Erklärungslast geht nicht weiter, als es erforderlich ist, sich jedem beliebigen Dritten (dem Richter) verständlich zu machen; denn jeder **Sachverhalt** wird durch das **Allgemeinwissen ergänzt**; soweit dies der Fall ist, bedarf es keines Vortrags" (*Wieczorek*, ZPO, 2. Aufl., 1976, § 282 B II c 4).

Schlägt A den B mit dem Hammer auf den Kopf, dann ist B nicht gehalten, im Rechtsstreit zu versichern, der Schlag habe ihm wehgetan. Gilt dies schon für individuelle Ereignisse, so muss es umso mehr für **offenkundige Tatsachen** gelten (§ 291 ZPO). Merkwürdigerweise ist es aber gerade für diese streitig (vgl. MünchKommZPO/*Prütting*, 2. Aufl., 2000, § 291 Rn. 13). Nach RGZ 143, 183 soll das Gericht offenkundige Tatsachen nur dann berücksichtigen dürfen, wenn sie von den Parteien **vorgetragen** worden sind. Praktische Bedeutung hat diese Kontroverse nicht, weil das Gericht ihm bekannte offenkundige Tatsachen immer berücksichtigen muss, auch wenn die dadurch begünstigte Partei sie nicht kennt und deshalb auch nicht behaupten kann (MünchKommZPO/*Prütting*, a.a.O.). 2033

„Offenkundige Tatsache" ist der Oberbegriff für **allgemeinkundige** und **gerichtskundige** Tatsachen (*Musielak/Huber*, ZPO, 5. Aufl., 2007, § 291 Rn. 1, 2). Verwertungsvoraussetzung ist immer, dass solche Tatsachen in die mündliche Verhandlung eingeführt worden sind, sei es durch das Gericht, sei es durch eine Partei (BVerfGE 10, 182 f.; 12, 112 f.; ebenso BGH NJW-RR 1993, 1122 = 2034

MDR 1994, 259). Nur so lässt sich ausschließen, dass das Gericht eine Tatsache zu Unrecht als allgemein bekannt voraussetzt und bei seiner Entscheidung verwertet, ohne dass die Parteien Gelegenheit hatten, den Irrtum richtigzustellen (BVerfGE 48, 209).

II. Beweisergebnis

2035 Eine **Tatsache**, die von einer Partei **nicht behauptet** wird, auch nicht stillschweigend aus dem Sachzusammenhang heraus, bleibt bei der rechtlichen Beurteilung ihres Sachvortrags **unberücksichtigt**. Das gilt **selbst dann, wenn** die **Beweisaufnahme** jene Tatsache zugunsten der Partei zu Tage gefördert hat. In diesem Fall ist allerdings grundsätzlich davon auszugehen, dass die Partei sich das ihr günstige Beweisergebnis – Zeugenaussage, mündliche Äußerung eines Sachverständigen, Erklärung einer Partei – **zu Eigen macht** (BGHReport 2004, 173; NJW 2006, 63/65).

2036 Doch darf eine solche Annahme nicht willkürlich und ohne **Anhalt** in den **Schriftsätzen** unterstellt werden. Insbesondere darf das Gericht Zweifel nicht durch Mutmaßungen verdecken, sondern hat nach § 139 ZPO zu fragen und aufzuklären. Immerhin kann eine Partei gute Gründe dafür haben, die ihr günstigen Äußerungen eines Zeugen nicht zu übernehmen. Vielleicht hat sie selbst in einem anderen Rechtsstreit das Gegenteil behauptet oder gar als Zeuge bekundet. Es geht jedenfalls nicht an, Tatsachen, die sich in der Beweisaufnahme herausgestellt haben, als unstreitig und damit von beiden Parteien vorgetragen anzusehen.

2037 Es kommt auch vor, dass eine **Partei** bei ihrer **Vernehmung Tatsachen** erwähnt, die **nicht** in ihrem **Sachvortrag** enthalten sind. Werden dadurch ihre Darlegungen vervollständigt?

2038 Da die Parteien die Wahrheit sagen müssen (§ 138 Abs. 1 ZPO), ist davon auszugehen, dass diese Parteiaussage zugleich den **Sachverhalt erweitert**, soweit in ihr neue Tatsachen enthalten sind. Früher nahm man darüber hinaus an, dass Erklärungen einer Partei anlässlich ihrer Vernehmung auch ein gerichtliches Geständnis (§ 288 ZPO) enthalten können (BGHZ 8, 235 = NJW 1953, 621; so noch OLG Köln VersR 1996, 253). Diese Rechtsprechung hat der Bundesgerichtshof jedoch aufgegeben (BGHZ 129, 108 = NJW 1995, 1432).

2039 Es darf auch nicht ohne weiteres davon ausgegangen werden, dass der **Prozessbevollmächtigte** den Inhalt der **Aussage** seiner **Partei stillschweigend übernimmt**. Wenn es darauf ankommt, muss das Gericht ihn befragen, ob sein Schweigen beredt sei. Parteien erzählen in der für sie aufregenden Situation einer Vernehmung manches, was nicht oder nicht genau stimmt und was sie im ruhigen Gespräch mit ihrem Anwalt anders wiedergeben würden.

2040 Ebenso verhält es sich bei **sich widersprechenden Erkärungen** einer Partei. Diese Erklärungen können sich aufheben, können aber auch unausgesprochen im Eventualverhältnis gemeint sein oder früheres Vorbringen berichtigen (*Wieczo-*

rek, ZPO, 2. Aufl., 1976, § 286 B II–B II b). Bei korrektem verfahrensrechtlichen Vorgehen muss das geklärt und darf nicht irgendeine Deutung unterstellt werden.

§ 50 Ungünstiges eigenes Vorbringen

I. Überflüssige Ausführungen

Eine Partei darf nach den Regeln der Behauptungslast zu einem Thema schweigen und soll vor allem zu solchen Tatsachen schweigen, die zur Beweislast des Gegners stehen. Es ist gefährlich, gegen diese Grundregel zu verstoßen. Trägt sie im Rechtsstreit mehr vor, als sie zur Schlüssigkeit der Klage vortragen muss, dann zählt das zu ihrer Gesamteinlassung. Soweit sie ungewollt und unbewusst Tatsachen behauptet, die ihr ungünstig sind, kann das zum Prozessverlust führen. 2041

Ungünstiges eigenes Vorbringen **schadet** einer Partei **unabhängig davon, wer** im Rechtsstreit die **Beweislast** hat. Verlangt beispielsweise der Kläger die Rückzahlung eines Darlehens, ohne zu merken, dass er in der Klagebegründung bereits Erfüllung vorgetragen hat, dann ist seine Klage nicht schlüssig, selbst wenn der Beklagte bestreitet, gezahlt zu haben. Einwendungen des Beklagten können die Unschlüssigkeit einer Klagebegründung nicht beheben. 2042

II. Prozessuale Einreden

Bei Einreden im prozessualen Sinne (vgl. dazu *Rosenberg/Schwab/Gottwald*, Zivilprozessrecht, 16. Aufl., 2004, § 101 Rn. 5 ff.) verhält es sich etwas anders. Nehmen wir an, aus der Klageschrift ergebe sich, dass der Beklagte sich bei der Abgabe einer Willenserklärung über deren Inhalt geirrt habe (§ 119 BGB). Diese für die Schlüssigkeit der Klage überflüssige Ausführung ist unschädlich. Die Klage ist und bleibt schlüssig, solange der Beklagte wegen seines Irrtums nicht die **Anfechtung erklärt** (§ 142 BGB). Erst dann, wenn sich aus dem Klagevorbringen die Anfechtungserklärung ergibt, ist die Klage wegen eigenen ungünstigen Vorbringens des Klägers unschlüssig. 2043

III. Zurückbehaltungsrecht

Ebenso verhält es sich beim Zurückbehaltungsrecht. Dass dem Beklagten eines zusteht, besagt noch nichts. Erheblich wird es erst, wenn er sich darauf berufen hat und der Kläger auch dies vorträgt (§ 273 BGB). 2044

Diese Einrede **beeinträchtigt** die **Schlüssigkeit** der Klage allerdings nur **insoweit**, als sie zur Verurteilung Zug um Zug gegen Empfang der dem Beklagten 2045

§ 50 Ungünstiges eigenes Vorbringen

gebührenden Gegenleistung führt (§§ 274 Abs. 1, 322 Abs. 1 BGB; ausführlich dazu oben Rn. 1743 ff.).

2046 Der Kläger trägt dann nach § 92 Abs. 1 S. 1 ZPO einen Teil der Kosten. Dem kann er entgehen, indem er die Gegenleistung schon im Klageantrag berücksichtigt und die eigene Leistung nur fordert Zug um Zug gegen Erbringung der ihm obliegenden Gegenleistung.

2047 Noch sicherer ist es, schon vor Klageerhebung den **Gläubigervollzug des späteren Beklagten** herbeizuführen, indem ihm die Leistung gemäß §§ 293 ff. BGB angeboten wird („Holen Sie die bestellten Bücher bis zum Soundsovielten bei mir ab."). So vorzugehen verschafft dem Kläger einen weiteren Vorteil. Mit dem Klageantrag kann dann nämlich auch der Feststellungsantrag verbunden werden, dass der Schuldner sich im Annahmeverzug befinde. Der Feststellungstenor erbringt in der Zwangsvollstreckung den Urkundenbeweis des Annahmeverzuges und enthebt damit den Gläubiger der Pflicht, die ihm obliegende Leistung an den Schuldner in der Zwangsvollstreckung anzubieten (§§ 756, 765 ZPO; oben Rn. 1763 f.).

2048 Geht das den Schuldnerverzug begründende **vorprozessuale Angebot** vom Rechtsanwalt als Vertreter seines Mandanten aus, dann ist darauf zu achten, dass dem Angebotsschreiben die dazu nötige schriftliche **Originalvollmacht** beigefügt wird (oben Rn. 99 ff.). Damit wird der Kontroverse ausgewichen, ob es sich dabei um eine einseitige geschäftsähnliche Handlung handelt, die wie ein einseitiges Rechtsgeschäft nach § 174 zu behandeln ist (siehe dazu *Staudinger/Schilken*, BGB, 2004, § 174 Rn. 2).

IV. Verjährung

2049 Knifflig kann es werden, wenn es um die Verjährung geht. Ist der Klagebegründung zu entnehmen, dass der Klageanspruch bereits verjährt ist, dann beeinträchtigt das nicht die Schlüssigkeit. Dazu ist erforderlich, dass der Beklagte die **Einrede** der Verjährung **erhebt** (§ 214 Abs. 1 BGB). Solange er das nicht getan hat, bleibt der materiell-rechtliche Anspruch des Klägers erzwingbar und seine Klage begründet.

2050 Beruft der Beklagte sich im Rechtsstreit begründet auf Verjährung, dann wird dadurch die Klage unschlüssig. Wie aber, wenn sich aus dem Klagevorbringen ergibt, der Beklagte habe sich **vorprozessual** auf **Verjährung** berufen, im **Rechtsstreit** dann aber **säumig** bleibt?

2051 Früher ist die Auffassung vertreten worden, dass die Klage auch dann noch schlüssig sei, weil der Beklagte sich nicht im Prozess auf Verjährung berufen habe und es daher ungewiss sei, ob er an der Einrede festhalten wolle (Nachw. bei *Planck/Knoke*, BGB, 4. Aufl., 1913, Anm. 6 vor § 194, S. 508). Heute wird diese Auffassung nicht mehr vertreten. Die **Verjährungseinrede** zählt zum **materiellen Recht**, nicht zum Prozessrecht. Es reicht daher aus, dass der

Beklagte sich **vorprozessual** zu Recht auf den Verjährungsablauf berufen hat. Er muss diese Einrede nicht noch einmal im Prozess erheben (*Johannsen* in RGR-Kommentar zum BGB, 12. Aufl., 1982, § 222 Rn. 1; *Staudinger/Peters*, BGB, 2004, § 214 Rn. 11; ausführlich mit Nachweisen *Roth*, Die Einrede des Bürgerlichen Rechts, 1988, § 6 IV und § 9 II). Daran hat sich durch die Neufassung des Verjährungsrechts nichts geändert (*Bamberger/Roth/Henrich*, BGB, 2003, § 214 Rn. 2; *Erman/Schmidt-Räntsch*, BGB, 11. Aufl., 2004, § 214 Rn. 3).

Anders verhält es sich, wenn der Kläger auch vorträgt, der Beklagte habe später erklärt, die Verjährungseinrede nicht mehr erheben zu wollen, oder wenn er zusätzlich darlegt, die Geltendmachung der Verjährungseinrede sei als unzulässige Rechtsausübung unbeachtlich (vgl. *Soergel/Niedenführ*, BGB, Bd. 2a, 2002, § 214 Rn. 10 ff.). 2052

V. Zusammenfassung

Ergeben sich aus dem Vorbringen des Klägers klageschädliche Tatsachen, dann ist das bei der Schlüssigkeitsprüfung gegen ihn zu berücksichtigen. Es kommt nicht darauf an, dass er solche Tatsachen nicht hätte vorzutragen brauchen. Entscheidend ist nur, dass er sie vorgetragen hat. 2053

VI. Gleichwertiges Parteivorbringen

Ergänzend ist hier noch darauf hinzuweisen, dass – ebenso wie beim Kläger – auch ungünstiges eigenes Vorbringen des **Beklagten** dazu führen kann, einer Klage ohne Beweisaufnahme stattzugeben. Es handelt sich dabei um die Prozesslage des gleichwertigen oder **äquipollenten Parteivorbringens** (siehe oben Rn. 1132 ff.). Erfahrungsgemäß kommen manche Anwälte damit nicht zu Rande. Als Richter habe ich in vielen Fällen Klagen wegen gleichwertigen Vorbringens stattgegeben, ohne dass die Prozessbevollmächtigten die Rechtslage erfasst hatten. Man muss einen Blick dafür bekommen und auch **das Vorbringen des Beklagten einer selbständigen Schlüssigkeitsprüfung** unterziehen. Dann wird man immer wieder auf einschlägige Fälle stoßen. So hat beispielsweise das OLG Köln (FamRZ 1999, 1134) seine Entscheidung auf gleichwertiges Parteivorbringen gestützt: 2054

Der Ehemann der Beklagten war in ein Krankenhaus eingeliefert worden. Die **Ehefrau** hatte **Wahlarztverträge unterzeichnet**. Nach dem Tode des Mannes klagte der behandelnde Arzt Honoraransprüche gegen die Ehefrau ein mit der Behauptung, die Wahlarztverträge seien mit ihr abgeschlossen worden. Die Beklagte verteidigte sich damit, ihr **Ehemann** sei **Vertragspartner** gewesen. Ohne dies zu klären, hat der Senat die Beklagte aus § 1357 BGB verurteilt: 2055

„Die Beklagte haftet dem Kläger für das Arzthonorar. Entgegen ihrer Rechtsansicht ist sie passivlegitimiert. Dabei kann dahinstehen, ob auf Grund der Unterzeichnung der beiden Wahlarztverträge durch die Beklagte ein Vertrag mit ihr persönlich zustande gekommen ist oder ob sie vertraglich die Haftung mitübernommen hat. Nach ihrer Darstellung ist nur ein Vertrag zwischen dem Kläger und dem von ihr lediglich vertretenen Ehemann zustande gekommen. Dann aber ist die Beklagte jedenfalls nach **§ 1357 BGB** passivlegitimiert. Der Ehepartner, der durch die Vertretung des anderen bei einem Vertragsabschluss zeigt, dass er die kostenträchtige Privatbehandlung akzeptiert, haftet nämlich im Außenverhältnis nach § 1357 Abs. 1 S. 2 BGB."

2056 Allerdings hätte das OLG Köln die Revision zulassen müssen. Es ist nämlich kontrovers, ob der **Kläger sich** das Vorbringen der Beklagten „**zu Eigen machen muss**". Das ist die Auffassung des BGH (BGHZ 19, 387 = NJW 1956, 631; MDR 1969, 995; NJW 1989, 2756). Das Schrifttum ist teilweise anderer Meinung (Nachweise bei *Musielak* ZZP [Bd. 103] 1990, 221; *Stein/Jonas/Leipold*, ZPO, 22. Aufl., 2005, Rn. 156 vor § 128). Im Ausgangsfall hatte sich der klagende Arzt das Vorbringen der Beklagten nicht zu Eigen gemacht. Das im Ergebnis zutreffende Urteil des OLG Köln weicht daher von der Rechtsprechung des BGH ab. Allerdings hätte der Senat die Parteien vorab auf die Rechtsfrage hinweisen müssen (§ 278 Abs. 3 ZPO a.F. = § 139 Abs. 2 ZPO n.F.). Dann hätte der Anwalt des Klägers im Zweifel sofort erklärt, er übernehme den Beklagtenvortrag hilfsweise.

§ 51 Behauptungslast bei Feststellungsklagen

2057 Die Behauptungslast ist immer unabhängig von der Parteirolle. Das wirkt sich bei Feststellungsklagen aus.

I. Die Zulässigkeitsvoraussetzungen

2058 In allen auf Feststellung des Bestehens oder Nichtbestehens eines Rechtsverhältnisses gerichteten Rechtsstreitigkeiten muss der Kläger die Voraussetzungen des **§ 256 ZPO** darlegen: sein rechtliches Interesse an alsbaldiger Feststellung eines Rechtsverhältnisses durch Richterspruch.

2059 Ob sein Feststellungsbegehren **zulässig** ist, beurteilt sich nicht nach den materiell-rechtlichen Vorschriften, die für die Prüfung des Bestehens oder Nichtbestehens des Rechtsverhältnisses maßgebend sind. Auch die positive oder negative Fassung des Klageantrages ist dafür belanglos. Maßstab ist einzig und allein der § 256 ZPO.

Beispiel:

Der Kläger beantragt die Feststellung, dass das geschäftliche Gebaren des Beklagten mit den guten Sitten unvereinbar sei. Die Klage ist unschlüssig, weil die Voraussetzungen des § 256 ZPO nicht dargelegt sind. Eine Feststellungsklage über eine bloße Rechtsfrage oder gar nur eine Frage der Moral ist unzulässig.

II. Die materiell-rechtlichen Voraussetzungen

Bei der sachlichen Schlüssigkeitsprüfung sind auseinander zu halten die positive (bejahende) und die negative (verneinende) Feststellungsklage. 2060

1. Die positive Feststellungsklage

Begehrt der Kläger die Feststellung, dass ihm ein Anspruch gegen den Beklagten zustehe, so muss er – wie bei der gewöhnlichen Leistungsklage – **alle Anspruchsvoraussetzungen darlegen**. Gelingt ihm das nicht, so ist die Klage ohne Beweisaufnahme abzuweisen. 2061

Beispiel:
Der Kläger begehrt die Feststellung, dass der Beklagte verpflichtet sei, ihm allen **Schaden** zu ersetzen, der ihm aus einem **Verkehrsunfall** entstanden sei. Nehmen wir an, die Voraussetzungen des § 256 ZPO seien gegeben, so dass es nur noch auf das materielle Recht ankomme. Ergibt sich aus dem Vorbringen des Klägers, dass der Unfall durch höhere Gewalt verursacht worden ist (§ 7 Abs. 2 StVG), dann ist die Klage ganz abzuweisen. Ergibt sich daraus, dass den Kläger eine Mithaftung nach § 17 StVG trifft, so ist die Klage nur zum Teil abzuweisen. Nur dann, wenn aus dem Sachvortrag des Klägers seine **volle Haftungsfreiheit** folgt, ist die Klage insgesamt schlüssig.

Stehen dem Kläger unverjährte Ansprüche zu und verteidigt sich der Beklagte damit, die Schuld sei ihm vom Kläger für die Zukunft **erlassen** worden, dann berührt das die Schlüssigkeit der Feststellungsklage nicht. Folgt aus dem Sachvortrag des Beklagten ein schlüssiger Erlassvertrag (§ 397 BGB), dann ist Beweis zu erheben. Anderenfalls ist die Verteidigung unschlüssig und dem Feststellungsbegehren des Klägers stattzugeben. 2062

Beispiel:
In einem Unfallprozess, in dem der Beklagte sich auf einen Erlassvertrag beruft, kommt der Beklagte dem Gegner zuvor und klagt als Erster mit dem Antrag festzustellen, dass dem Geschädigten keine Ersatzansprüche zustehen. Dann verändert sich die Behauptungslast nicht. Der beklagte Schädiger muss seinen Anspruch, der klagende Schädiger dessen Erlass darlegen.

2. Die negative Feststellungsklage

Unerlässliche Voraussetzung einer negativen Feststellungsklage ist, dass der Beklagte sich eines Anspruchs gegen den Kläger **berühmt** hat. Diese Berühmung muss nicht gegenüber dem Kläger persönlich erklärt werden. Sie kann auch gegenüber einem Dritten geäußert werden. Betroffen ist auch derjenige, dessen Anspruch von dem sich Berühmenden verneint wird (BGH VersR 2006, 566). 2063

Auch eine **Strafanzeige** kann eine Berühmung enthalten. Dann muss jedoch differenziert werden. 2064

Eine Strafanzeige ist die Information einer Strafverfolgungsbehörde über eine (mögliche) Straftat. Damit ist noch keine Berühmung gegen den Tatverdächtigen verbunden. Wird der Anzeige jedoch hinzugefügt, aus der angenommenen 2065

Straftat seien dem Anzeigenden zivilrechtliche **Schadensersatzansprüche** gegenüber einem Dritten erwachsen, dann ist dieser Zusatz eine vom Dritten abwehrfähige Berühmung. Denn das Entstehen zivilrechtlicher Ansprüche aus einer strafrechtsrelevanten Handlung betrifft nicht den Straftatbestand. Es ist ein Mehr. Dieses Mehr bezieht sich auf strafrechtsunabhängige, nur nach Zivilrecht zu beurteilende Ansprüche, die aus einer angenommenen Straftat hergeleitet werden.

2066 Die stärkste Form der Berühmung ist die Klage. Dagegen kann sich der Beklagte mit dem Antrag auf Klageabweisung wehren. Dann wird jedoch nicht rechtskräftig über **präjudizielle Rechtsverhältnisse** entschieden, so dass der Subsumtionsschluss mit seinen Anspruchsgrundlagen und damit auch die Urteilselemente nicht in Rechtskraft erwachsen (BGHZ 123, 140). Deshalb steht dem Beklagten die Zwischenfeststellungsklage nach § 256 Abs. 2 ZPO zur Verfügung, um die Rechtskrafterweiterung auf die Urteilselemente zu erstrecken (*Rosenberg/Schwab/Gottwald*, Zivilprozessrecht, 16. Aufl., 2004, § 152 Rn. 13 f.).

2067 Begehrt der Kläger die Feststellung, dass dem Beklagten ein Anspruch gegen den Kläger **nicht** zustehe, dann braucht er **nur** zu **behaupten**, der Beklagte habe sich eines bestimmten **Anspruchs** gegen ihn **berühmt** (BGH NJW 1993, 1716; *Stein/Jonas/Schumann*, ZPO, 21. Aufl., 1997, § 256 Rn. 17). Der Kläger hat den negativen Feststellungsanspruch lediglich zur Individualisierung des Streitgegenstandes kurz zu umschreiben, damit der **Beklagte** weiß, was ihm vorgeworfen wird und er sich entsprechend äußern kann. **Er** als derjenige, der sich berühmt hat, ein Recht gegen den Kläger zu haben, muss dann **darlegen** (und ggf. später beweisen), dass er sich des streitigen Anspruchs **zu Recht** berühmt. Unterlässt er das, so ist er aufgrund seines eigenen Vorbringens entsprechend dem Klageantrag zu verurteilen, ohne dass es zu einer Beweisaufnahme kommen kann.

2068 Beschränkt sich der Kläger nicht auf die unbedingt erforderlichen Behauptungen, so kann sein eigenes Vorbringen zu der rechtlichen Schlussfolgerung führen, die negative Feststellungsklage sei unschlüssig und damit unbegründet. So verhält es sich, wenn der Sachvortrag des Klägers erkennen lässt, dass dem Beklagten der Anspruch, dessen sich dieser berühmt hat, entgegen der irrigen Rechtsansicht des Klägers doch zusteht.

2069 Die **Abweisung** der negativen Feststellungsklage wirkt **Rechtskraft** für die Frage des Bestehens des vom Kläger geleugneten Anspruchs. Das ist die logische Konsequenz aus dem kontradiktorischen Gegensatz. Ein bestimmtes Rechtsverhältnis besteht entweder oder es besteht nicht. Wird das Nichtbestehen verneint, dann wird damit zugleich das Bestehen festgestellt, das die Voraussetzung für die Verneinung ist (*Schneider*, Logik für Juristen, 5. Aufl., 1999, § 7; *Stein/Jonas/Leipold*, ZPO, 21. Aufl., 1998, § 322 Rn. 197).

2070 Ergibt sich bei der negativen Feststellungsklage, dass der **Anspruch**, dessen sich der Beklagte berühmt, **zu einem Teil begründet** ist, dann ist über die Höhe des Anspruchs feststellend zu entscheiden und nicht etwa die Feststellungsklage ganz abzuweisen, wie es irrigerweise schon häufig geschehen ist.

Immer wieder wird angenommen, das Rechtsschutzinteresse für die negative Feststellungsklage entfalle, wenn der Gegner erkläre, er berühme sich nicht oder nicht mehr. Das ist falsch. Deswegen entfällt das schutzwürdige Interesse des Klägers noch nicht, weil der Gegner sich jederzeit neu berühmen könnte. Erforderlich ist, dass der Kläger durch die Erklärung des Gegners **für immer** vor einer Inanspruchnahme gesichert wird. Das kann durch ein Anerkenntnis oder eine Vereinbarung oder eine protokollierte Verzichtserklärung und dergleichen erreicht werden, aber eben nicht durch eine bloße verbale **Abstandsnahme von der Berühmung** (MünchKommZPO/*Lüke*, 2. Aufl., 2002, § 256 Rn. 51; *Zöller/ Greger*, ZPO, 26. Aufl., 2007, § 256 Rn. 7c).   2071

Zusammenfassung:

Verjährung, Zurückbehaltung, Stundung und dergleichen hat stets diejenige **Partei** darzulegen (und zu beweisen), **die sich** zu ihren Gunsten **darauf beruft**. Ob sie im Rechtsstreit (zufällig) klagt oder verklagt wird, ist belanglos. Es muss daher bei der positiven Feststellungsklage der Beklagte, bei der negativen Feststellungsklage der Kläger seinen Einredetatbestand darlegen. Legt der Beklagte die Einrede gegenüber der schlüssigen Klage nicht dar oder legt der Kläger das Durchgreifen einer Einrede dar, so ist im ersten Fall gegen den Beklagten, im zweiten Fall gegen den Kläger zu entscheiden. Entscheidungsgrundlagen sind in beiden Fällen die Darlegungen der Parteien; zu einer Beweisaufnahme kann es nicht kommen.   2072

III. Worauf zu achten ist

a) Eine bei Eintritt der Rechtshängigkeit zulässige Feststellungsklage wird nicht deshalb unzulässig, weil das Klagebegehren später im Laufe des Verfahrens beziffert werden kann (oben Rn. 1149).   2073

b) Vom Kläger darf nicht verlangt werden, ein privates Sachverständigengutachten einzuholen, um eine Feststellungsklage beziffern und auf Leistung klagen zu können (BGHReport 2003, 633; siehe auch unten Rn. 2246).   2074

c) Bei einem non liquet hinsichtlich der Wahrheit der Berühmung des Beklagten unterliegt dieser im Feststellungsprozess wegen Beweisfälligkeit (Rn. 2067).   2075

d) Eine negative Feststellungsklage bleibt trotz einer denselben Streitgegenstand betreffenden Leistungsklage des Beklagten zulässig, solange diese noch zurückgenommen werden kann (oben Rn. 1150).   2076

e) Eine Erklärung des Leistungsklägers zu einer **Feststellungswiderklage** des Beklagten, er – der Kläger – werde die rechtskräftige Entscheidung über die Klageforderung für einen weitergehenden Anspruch **als verbindlich anerkennen**, macht die Feststellungswiderklage nicht unzulässig (BGH ZIP 1988, 699). Der Beklagte muss auf ein solches Angebot nicht eingehen, weil er Anspruch auf eine rechtskräftige Entscheidung über die Feststellungswiderklage hat, so dass   2077 gegenüber dem Kläger und jedem möglichen Rechtsnachfolger das Nichtbestehen der vom Kläger angenommenen weitergehenden Forderung feststeht (Rn. 2071).

2078 f) Reagiert der Beklagte gegenüber einer Teilklage mit einer negativen Feststellungswiderklage, dann kann der Kläger das Feststellungsinteresse daran nicht mit einer materiell-rechtlich bindenden Verzichtserklärung hinsichtlich seines weitergehenden Anspruchs ausräumen (BGH NJW 2006, 2780 = WPM 2006, 1551). In dieser Entscheidung hat der BGH erneut klargestellt:

> „Wer eine zulässige negative Feststellungswiderklage erhoben hat, hat grundsätzlich ein berechtigtes Interesse an einer der Rechtskraft fähigen Entscheidung, durch die festgestellt wird, dass die Forderung, deren sich die Gegenseite berühmt, nicht besteht. Damit wird ausgeschlossen, dass diese Forderung zum Gegenstand eines neuerlichen Rechtsstreits gemacht wird (BGH WPM 1988, 402, 403; 1993, 1683, 1685). Nur so wird dem Schuldner der behaupteten Forderung ein Mittel an die Hand gegeben, um schnell Klarheit über die zu erwartenden wirtschaftlichen Lasten zu erhalten und um im Falle günstiger Entscheidung den Forderungsprätendenten wie auch etwaige Rechtsnachfolger dauerhaft an der Durchsetzung der behaupteten Restforderung zu hindern, ohne sich auf einen neuen Rechtsstreit in der Sache einlassen zu müssen. Das Feststellungsinteresse muss zwar noch bei Schluss der mündlichen Verhandlung vorliegen (BGHZ 19, 98, 106). Es entfällt aber nicht schon durch eine einseitige Erklärung des Gegners, er werde keine weiteren Ansprüche geltend machen, wenn er mit seiner erhobenen Teilklage rechtskräftig unterliege. Auch eine nicht bindende Verzichts- oder Beschränkungserklärung des Forderungsprätendenten bewirkt nicht den Wegfall des Feststellungsinteresses ... Erst recht kann eine einseitige, wenngleich materiell-rechtlich bindende Erklärung das Feststellungsinteresse nicht beseitigen."

2079 g) Auch ein **Verzicht** des Klägers auf einen die Klageforderung übersteigenden Betrag macht eine negative Feststellungswiderklage nicht unzulässig, weil der widerklagende Beklagte einen Anspruch darauf hat, dass über die weitergehende Forderung rechtskräftig entschieden wird, so dass sie nicht mehr zum Gegenstand eines späteren Rechtsstreits gemacht werden kann (BGH NJW 1993, 2610).

IV. Negative Feststellungsklage als anwaltliche Strategie

2080 Immer dann, wenn sich der Gegner des Mandanten irgendwelcher Ansprüche oder Rechte gegen den Mandanten berühmt, sollte der Anwalt die Erhebung einer negativen Feststellungsklage erwägen. Für den Mandanten hat sie den Vorteil, dass er den Gegner auf diese Weise zwingen kann, den **Anspruch** oder das **Recht**, dessen er sich berühmt, **substantiiert darzulegen** und zu beweisen. Schriftsätzlich ist dazu nur ein ganz geringer Aufwand erforderlich, weil die Behauptungslast beim sich Berühmenden liegt.

2081 Auch für den Anwalt selbst ist dieser Weg vorteilhaft. Anders als bei der positiven Feststellungsklage braucht er zur Begründung der negativen Feststellungsklage nur darzulegen, dass und wessen sich der Beklagte berühmt hat. Und diese **geringe Arbeit** bringt **erhebliche Gebühren**, weil die negative Feststellungsklage streitwertmäßig wie eine bezifferte Leistungsklage bewertet wird (BGH NJW 1970, 2025; 1997, 1787).

V. Zwischenfeststellungsklage

Das Gericht entscheidet über einen Anspruch und dabei über die ihm vorgreiflichen (präjudiziellen) Rechtsverhältnisse. In Rechtskraft erwächst aber nur die Entscheidung über den Anspruch (§ 322 Abs. 1 ZPO). 2082

Beispielsweise setzt bei Zuerkennung eines Herausgabeanspruchs nach § 985 BGB die Bejahung von Eigentum und Besitz voraus, ohne dass darüber mit Rechtskraft entschieden wird. Rechtskräftig wird nur der Tenor, dass der Beklagte dem Kläger eine bestimmte Sache herauszugeben hat.

Um auch darüber – Eigentum, Besitz – eine rechtskräftige Entscheidung herbeizuführen, erlaubt § 256 Abs. 2 ZPO einen entsprechenden Feststellungsantrag. Er leitet die sog. Zwischenfeststellungsklage ein. Sie kann bis zur Schlussverhandlung vom Kläger durch Erweiterung des Klageantrags, Klagenhäufung oder vom Beklagten durch Widerklage erhoben werden. 2083

Im Beispiel: Der Kläger erweitert die Klage und beantragt nunmehr auch, festzustellen, dass er Eigentümer des VW Golf, amtliches Kennzeichen..., Fahrgestell-Nr. ... ist.

Zulässigkeitsvoraussetzung ist, dass der Antrag auf Feststellung eines **Rechtsverhältnisses** (nicht lediglich einer Tatsache) gerichtet ist, von dem die Entscheidung über den Hauptantrag abhängig („vorgreiflich") ist. Anderenfalls ist die Zwischenfeststellungsklage unzulässig. 2084

Beispiele:

Das Rechtsverhältnis ist bereits Entscheidungsgegenstand und erwächst deshalb in Rechtskraft (BGHZ 69, 43) oder

das Feststellungsbegehren betrifft eine Hilfsaufrechnung, obwohl dem Hauptantrag noch voll stattgegeben werden kann (BGH NJW 1961, 75) oder

der Kläger will festgestellt haben, dass die vom Beklagten zur Aufrechnung gestellte Forderung in Höhe der Klageforderung bereits dem Grunde nach nicht besteht (BGH NJW 2007, 82).

Ausreichend ist schon die bloße Möglichkeit, dass aus dem streitigen Rechtsverhältnis noch weitere Ansprüche erwachsen, die mit der Hauptklage nicht verfolgt werden (BGHZ 69, 42; 83, 255). 2085

Anders als bei der Feststellungsklage nach § 256 Abs. 1 ZPO setzt die Zwischenfeststellungsklage **kein Rechtsbedürfnis** voraus. Das rechtliche Interesse an alsbaldiger Feststellung (§ 256 Abs. 1 ZPO) wird ersetzt durch das Erfordernis der Vorgreiflichkeit in § 256 Abs. 2 ZPO. 2086

§ 52 Sondernormen zur Behauptungslast

I. Nochmals: Behauptungslast und Beweislast

2087 Das allgemeine Prinzip der Behauptungslast (oben Rn. 2003 f.) gilt nur, soweit nicht spezielle Vorschriften vorhanden sind, die es abändern. Spezialvorschriften, die ihrem Wortlaut nach die Behauptungslast regeln, finden sich im Gesetz selten. Stattdessen gibt es Sondernormen für die Beweislast.

2088 Behauptungslast und Beweislast decken sich grundsätzlich. Im Einzelfall stellt sich jedoch die Frage, ob es sich auf die Behauptungslast auswirkt, wenn die **Beweislast** durch irgendeine Spezialvorschrift **anders geregelt** ist, als es dem allgemeinen Beweislastprinzip entspricht. Soweit das der Fall ist, decken sich Behauptungslast und Beweislast ausnahmsweise nicht mehr.

2089 Eines ist klar: Wenn es im Gesetz heißt, jemand habe eine Tatsache **zu beweisen**, dann wird er sie allemal zuvor behaupten müssen. Wird die Beweislast abgeschwächt, wie bei der Schätzung der Schadenshöhe von § 287 ZPO, dann ist auch die Behauptungslast entsprechend geringer (siehe oben Rn. 2002).

2090 Andersherum ist die Rechtslage nicht so eindeutig. Besagt eine Vorschrift, jemand brauche etwas **nicht zu beweisen**, dann kann es durchaus so sein, dass er es wenigstens behaupten muss.

Beispiel:
Bestreitet der Schuldner die **Verwirkung** einer **Vertragsstrafe**, weil er seine Verbindlichkeit erfüllt habe, so hat er die Erfüllung zu beweisen, sofern nicht die geschuldete Leistung in einem Unterlassen besteht (§ 345 BGB). Der Gläubiger braucht also grundsätzlich nicht zu beweisen, der Schuldner habe noch nicht erfüllt. Behaupten muss er das aber. Denn wenn er vom Schuldner eine Vertragsstrafe verlangt, dann gehört es zur Schlüssigkeit seines Vorbringens, dass der Schuldner sie noch nicht geleistet habe.

2091 Das BGB enthält weitere ähnliche Vorschriften:
- **§ 323 Abs. 1 BGB:** Bestreitet der Schuldner die Berechtigung des erklärten Rücktritts, weil er die fällige Leistung rechtzeitig (vertragsgemäß) erbracht habe, so trifft ihn die Beweislast. – Der Gläubiger, der den Rücktritt erklärt hat, braucht nicht zu beweisen, dass der Schuldner nicht rechtzeitig (vertragsgemäß) geleistet hat, er muss es aber behaupten (*Bamberger/Roth/Grothe*, BGB, 2003, § 323 Rn. 45).
- **§ 543 Abs. 2 S. 1 Nr. 1 BGB:** Bestreitet der Vermieter die Zulässigkeit der erklärten Kündigung, weil er den Gebrauch der Sache rechtzeitig gewährt oder vor dem Ablauf der Frist die Abhilfe bewirkt habe, so trifft ihn die Beweislast (*Emmerich/Sonnenschein*, Miete, 8. Aufl., 2003, § 543 Rn. 66). Der kündigende Mieter muss aber behaupten, dass ihm der vertragsmäßige Gebrauch der gemieteten Sache ganz oder zum Teil nicht rechtzeitig gewährt oder wieder entzogen worden ist.

2092 Diesen und entsprechenden Vorschriften liegt ein allgemeiner Satz zugrunde: **Wenn der Gesetzgeber davon spricht, dass der Schuldner bestreitet, dann setzt er stillschweigend voraus, dass der Gläubiger behauptet.**

II. Lehren

Ob eine Vorschrift nur die Beweislast betrifft oder auch die Behauptungslast ändert, lässt sich vielfach aus dem Gesetz ablesen. Zusätzlich ist aber immer zu überlegen, welche praktischen Konsequenzen sich aus der einen oder anderen Auslegung des Gesetzes ergeben. **Wer schweigen darf, der darf auch zu wenig sagen.** Braucht eine Partei in irgendeiner Hinsicht überhaupt keine Tatsachen vorzutragen, dann muss es unschädlich sein, wenn sie einige ihr ungünstige Tatsachen vorbringt, aber deren nicht genug.

2093

Warnung: Keine Partei kann risikolos Tatsachen vortragen, die ihr ungünstig sind. Die müssen nämlich gegen sie verwertet werden (siehe dazu oben Rn. 2042). Schon manch ein Anwalt hat einen „totsicheren" Prozess verloren, weil er sich „um Kopf und Kragen" geschrieben oder geredet hat.

2094

§ 53 Insbesondere gesetzliche Vermutungen

I. Die Struktur der Vermutungen

Manche Sonderregeln haben die Form gesetzlicher „Vermutungen".

2095

Beispiele:
Ist im Grundbuch für jemanden ein Recht eingetragen, so wird vermutet, dass ihm das Recht zustehe (**§ 891 BGB**). Zugunsten des Besitzers einer beweglichen Sache wird vermutet, dass er der Eigentümer der Sache sei (**§ 1006 Abs. 1 S. 1 BGB**). Zugunsten eines früheren Besitzers wird vermutet, dass er während der Dauer seines Besitzes Eigentümer der Sache gewesen sei (**§ 1006 Abs. 3 BGB**). Ist das Pfand im Besitz des Verpfänders oder des Eigentümers, so wird vermutet, dass das Pfand ihm von dem Pfandgläubiger zurückgegeben worden sei (**§ 1253 Abs. 2 S. 1 BGB**).

Derartige Vorschriften sind nach der **Struktur** aufgebaut: **Wenn X feststeht, dann wird Y vermutet.** Hierbei ist X der **Vermutungstatbestand** und Y die **Vermutungsfolge.** Solche hypothetischen Schlüsse (vgl. dazu *Schneider*, Logik für Juristen, 5. Aufl., 1999, § 29) kommen auch sonst vor. Ein bekanntes Beispiel ist der Anscheinsbeweis: „Wenn der Sachverhalt X gegeben ist, dann tritt erfahrungsgemäß die Wirkung Y ein" (siehe dazu *Schneider*, Beweis und Beweiswürdigung, 5. Aufl., 1994, § 19).

2096

II. Die Vermutungsfolge: Tatsache oder Recht

Die Vermutungsfolge kann sich nun entweder auf eine **Tatsache** beziehen oder auf ein **subjektives Recht.** Nach den §§ 891 Abs. 1, 1006 BGB werden subjektive Rechte als bestehend, nach § 891 Abs. 2 BGB als nicht bestehend vermutet („Ist im Grundbuch ein eingetragenes Recht gelöscht, so wird vermutet, dass das Recht nicht bestehe"). In § 1253 Abs. 2 BGB hingegen wird eine Tatsache

2097

vermutet, nämlich die Rückgabe einer Sache. Wie wirkt sich das auf die Behauptungslast aus?

2098 Angenommen, in einem Rechtsstreit könne der Kläger nur dann obsiegen, wenn eine ihm günstige Vermutungsvorschrift anwendbar sei. Um den Prozess zu gewinnen, wird er dann den Vermutungstatbestand darlegen, nämlich die ihn erfüllenden Tatsachen vortragen müssen. Bestreitet der Beklagte die vom Kläger behaupteten Tatsachen, die den Vermutungstatbestand ausfüllen, dann muss der Kläger diese Tatsachen auch beweisen. Er muss jedoch nicht die Vermutungsfolge beweisen. **Muss er sie aber wenigstens darlegen?** Insoweit ist zu unterscheiden, ob eine Tatsache vermutet wird oder ein subjektives Recht.

1. Vermutung von Tatsachen

2099 Vermutete **Tatsachen** brauchen vom Kläger **nicht zusätzlich behauptet** zu werden. Es genügt daher (siehe § 1253 Abs. 2 BGB) die Behauptung, das Pfand befinde sich im Besitz des Verpfänders oder des Eigentümers. Dass es einem der beiden zurückgegeben worden sei und von wem, braucht der Kläger nicht darzulegen, zumal er es gar nicht wissen kann.

2. Vermutung subjektiver Rechte

2100 Schwieriger wird es bei den Vermutungen **subjektiver Rechte**. Praktische Bedeutung hat dabei vor allem die Vermutung des **§ 1006 BGB**.

Beispiel:
Der Kläger klagt auf Herausgabe eines Opel Frontera mit der Behauptung, der Beklagte habe das **Fahrzeug** aus der abgeschlossenen Garage des Klägers **entwendet** und in seiner eigenen Garage abgestellt.

2101 Wie steht es dann mit dem Eigentumsanspruch aus **§ 985 BGB**? Muss der Kläger vortragen, dass und wie er das Eigentum an dem Opel Frontera erlangt habe, muss er also darlegen, wie er Eigentümer geworden sei? Nach § 985 BGB müsste er das. Zum Beweis des Eigentums genügt nicht, dass sich der Kläger als Eigentümer bezeichnet („mein Opel Frontera"), sondern er muss den **Erwerbsgrund** angeben, also diejenigen Tatsachen, aus denen er sein Eigentum herleitet (*Baumgärtel/Laumen*, Handbuch der Beweislast im Privatrecht, 2. Bd., 2. Aufl., 1999, § 985 Rn. 21).

2102 Von dieser Darlegungslast befreit ihn nun **§ 1006 Abs. 2 BGB**: „Zugunsten eines früheren Besitzers wird vermutet, dass er während der Dauer seines Besitzes Eigentümer der Sache gewesen sei." Den früheren Besitz hat der Kläger behauptet: Der Opel Frontera habe sich in seiner verschlossenen Garage befunden. Die Klage ist schlüssig. Dem Kläger kommt die Vermutungsfolge zugute: Es wird vermutet, dass er das Eigentum einmal erlangt hat. Dass er es später nicht wieder verloren habe, braucht er nicht darzulegen.

2103 Erwerbstatsachen für sein Eigentum braucht der Kläger hiernach nicht zu beweisen. Und nach allgemeiner Meinung muss er solche Tatsachen nicht einmal behaupten (*Staudinger/Gursky*, BGB, 2005, § 1006 Rn. 42; *Baumgärtel/Laumen*, Handbuch der Beweislast im Privatrecht, Band 2, 2. Aufl., 1999, § 985 Rn. 21). Er darf es also dem Beklagten überlassen, einen von diesem etwa behaupteten Verlust des Eigentums im Einzelnen darzulegen und zu beweisen. **Deshalb ist es geradezu ein anwaltlicher Kunstfehler, in derartigen Fällen Ausführungen zum Eigentumserwerb zu bringen.** Das ist für den Beklagten nur ein Anreiz, gerade diese Behauptungen anzugreifen und über die Beweiswürdigung dann Zweifel am Eigentum des Klägers aufkommen zu lassen (siehe dazu auch *Baumgärtel/Laumen*, § 1006 Rn. 27).

III. Ergebnisse

Fassen wir die vorstehenden Ausführungen zusammen. **Gesetzliche Vermutungen verändern** auch die **Behauptungslast**, und zwar in folgender Weise: 2104

– Wird eine **Tatsache** vermutet, so braucht sie vom Vermutungsbegünstigten nicht behauptet zu werden.
– Wird ein **subjektives Recht** vermutet, wie im Fall des § 1006 BGB, dann verhält es sich so:

Der Besitzer braucht keine Tatsachen zu behaupten, aus denen sich ergibt, er habe das Recht erlangt, geschweige denn dafür, er habe das Recht nicht verloren.   2105

Er muss aber das dingliche Recht als solches behaupten (Eigentum, Nießbrauch, Pfandrecht). Zwar handelt es sich dabei nicht um eine Tatsache, sondern um einen Rechtsbegriff. Aber kraft der gesetzlichen Vermutung wird dieser Rechtsbegriff als Tatsache behandelt und kann folglich auch als solche behauptet werden.   2106

IV. Weitere gesetzliche Vermutungen

In den vorstehenden Ausführungen sind nur einige gesetzliche Vermutungen behandelt worden. Das darf nicht zu der Annahme verführen, es handele sich dabei um sonst kaum vorkommende Vorschriften. Um diese „Vermutung" zu entkräften, seien noch einige gesetzliche **Anwendungsfälle** gebracht: 2107

– **§ 742 BGB:** Vermutung der Anteilsgleichheit
– **§ 938 BGB:** Vermutung andauernden Besitzes
– **§ 1065 BGB:** Bezugnahme auf die Vermutung des § 1006 BGB
– **§ 1117 Abs. 3 BGB:** Vermutung der Besitzübergabe
– **§ 1377 Abs. 3 BGB:** Vermutung des Endvermögens als Zugewinn
– **§ 1566 BGB:** Vermutung des Scheiterns einer Ehe
– **§ 1592 Nr. 1 BGB:** Vermutung der Vaterschaft
– **§ 2365 BGB:** Vermutung der Richtigkeit des Erbscheins.

2108 Die Beispiele mögen einsichtig machen, dass es schon notwendig ist, auf solche Besonderheiten der Behauptungslast zu achten.

§ 54 Rechtsbegriffe und Rechtsausführungen

I. Rechtsbegriffe

2109 Es kommt in der Praxis so gut wie nie vor, dass eine Klagebegründung restlos in Einzeltatsachen aufgelöst („substantiiert") wird. Genau genommen ist das gar nicht möglich, weil sich alles Tatsächliche nur in Begriffen (Worten) ausdrücken lässt. Daher werden auch nicht Tatsachen, sondern Begriffe unter Rechtssätze subsumiert. Das sind die **Faktenbegriffe**. Nur das in Begriffen dargelegte Tatsächliche ist subsumtionsfähig.

2110 Diese Trennung von Rechtsbegriffen und Faktenbegriffen geht nun im Leben und damit auch im Rechtsstreit verloren. Die Konturen lösen sich auf. Der Rechtsbegriff „bündelt" zum Zweck der Vereinfachung die Tatsachen und erleichtert so das gegenseitige Verständnis.

1. Erklärungslast

2111 Dieser Vorgang muss im Prozessrecht berücksichtigt werden. Das geschieht in erster Linie durch **§ 138 Abs. 1 ZPO** und die Anwendung dieser Vorschrift in der Praxis. Die Parteien haben sich danach **„über tatsächliche Umstände vollständig"** zu erklären. „Vollständig"? Prüfen wir das anhand eines **Beispiels:**

Der Kläger verklagt den Beklagten auf Zahlung von 70 000 Euro: „Ich habe dem Beklagten am 5. 6. 2005 ein **Motorboot** für 70 000 Euro **verkauft**. Er hat das Boot abgenommen und inzwischen für 90 000 Euro an einen Dritten weiterveräußert. Den Kaufpreis hat er bis heute nicht an mich bezahlt."

2112 Die Klage ist schlüssig. Die Tatsachen, deren Zusammentreffen nach **§ 433 BGB** einen **Kauf** ausmachen, sind dargelegt. Sie sind auch den Parteien geläufig. Denn was ein Kauf ist, haben die Gesetzgeber des BGB nicht erfunden, sondern dem Leben abgeschaut und beschrieben. Es wäre daher unnütze Förmelei, vom Kläger zu verlangen, er möge den Hergang des Kaufes schildern. Der Begriff „Kauf" wird von beiden Parteien übereinstimmend gebraucht, um einen Tatsachenkomplex kurz zu umreißen. Wenn beide darüber einig sind, dass sie einen Kaufvertrag abgeschlossen haben, dann hat der Richter keinen Anlass, dies anzuzweifeln. Und solange auch der Beklagte keine Zweifel äußert, darf der Kläger sich auf den Rechtsbegriff „Kauf" beschränken, ohne ihn substantiieren zu müssen.

2113 **Als Regel formuliert: Benutzen beide Parteien übereinstimmend einen allgemein bekannten Rechtsbegriff anstelle von Tatsachen, so ist dies als Darlegung ausreichend und braucht nicht weiter substantiiert zu werden.**

Das Vorbringen einer Partei, mit dem Gegner einen Vertrag abgeschlossen zu haben, kann sogar Gegenstand eines **Geständnisses** (§ 288 ZPO) sein (BGH NJW-RR 1994, 1405: Kaufvertrag; BGHReport 2003, 1368: Mietvertrag). 2114

Die Behauptungs- oder Darlegungslast ist aber relativ. **Ihr Ausmaß hängt nämlich davon ab, wie sich der Gegner im Rechtsstreit verteidigt.** Aus dem Vorbringen des Beklagten muss sich ergeben, dass die von den Parteien übereinstimmend verwendeten Rechtsbegriffe sich decken. 2115

Haben beispielsweise Kläger und Beklagte einen Vertrag geschlossen, dessen Anfechtung sie beide wegen Irrtums erklären und den sie deshalb auch **beide** (aber jeder wegen **seiner Anfechtungserklärung**) als nichtig ansehen, dann fehlt es an der Übereinstimmung. Es macht nämlich rechtlich einen erheblichen Unterschied, ob der Kläger oder der Beklagte wirksam angefochten hat. Man denke etwa an den Ersatz des Vertrauensschadens nach § 122 BGB oder an Schadensersatzansprüche wegen culpa in contrahendo (§ 311 Abs. 2 BGB), die neben der Anfechtung gegeben sein können (*Soergel/Hefermehl*, BGB, 13. Aufl., 1999, § 122 Rn. 7). In einem derartigen Fall muss das Gericht deshalb die Wirksamkeit einer jeden Anfechtung prüfen. Und Voraussetzung dafür ist wiederum, dass der Kläger und der Beklagte ihre Anfechtungstatbestände im Einzelnen darlegen, also substantiieren. Das kann dazu führen, dass das Gericht beide Anfechtungen als unwirksam ansieht und vom Bestehen des Vertrages ausgehen muss, obwohl beide Parteien anderer Meinung sind. 2116

Anders ist die Sachlage zu beurteilen, wenn sie beide lediglich vortragen, sie sähen den **Vertrag nicht** als **bindend** an, etwa weil der Beklagte wirksam angefochten habe. Das steht ihnen frei, und das Gericht müsste dem folgen. Denn die Parteien können ihre privaten Rechtsbeziehungen so gestalten, wie sie wollen. Was dagegen als Anfechtung anzusehen ist, betrifft eine Rechtsfrage, deren Entscheidung dann nicht den Parteien, sondern nur dem Gericht obliegt, wenn darüber Streit besteht. 2117

2. Zweifel am Begriffsinhalt

Und nun wieder zurück zum Fall „Motorboot". Wenn der Beklagte im Termin zur mündlichen Verhandlung ausbleibt, dann muss nach **§ 331 Abs. 1 S. 1 ZPO** auf Antrag des Klägers **Versäumnisurteil** ergehen, weil dessen tatsächliches Vorbringen als zugestanden anzunehmen ist. Folglich ist davon auszugehen, dass der Beklagte den Abschluss eines Kaufvertrages („Rechtsbegriff") über das Motorboot nicht bestreitet. 2118

Ganz anders verhält es sich, wenn der Beklagte zum Termin erscheint und erklärt, er habe vom Kläger nie ein Motorboot gekauft. Wohl habe dieser ihm unlängst sein **Boot geliehen**. Das könne er wiederhaben. Bezahlen werde er aber nichts. Ist die Klage auch jetzt noch schlüssig? 2119

Nein! Jetzt fehlt es an der Übereinstimmung der Parteien bezüglich des Zustandekommens eines Kaufvertrages. Der Richter darf sich nun nicht mehr 2120 mit dem Rechtsbegriff „Kauf" begnügen. Die Existenz des Vertrages ist problematisch geworden. Er muss nunmehr **prüfen**, ob der Kläger genügend **Tatsachen** für den **Abschluss** seines **Kaufvertrages** mitgeteilt hat. Da dieser aber insoweit überhaupt keine Tatsachen vorgetragen, sondern den Abschlussvorgang in den Begriff „Kauf" hineingepackt hat, ist die Klage nicht (mehr) schlüssig. Dazu muss der Kläger jetzt substantiieren. Das Gericht hat ihn dazu aufzufordern (§ 139 Abs. 1 ZPO).

2121 Leider kommt es in Fällen dieser Struktur nicht selten dazu, dass der Richter **vorschnell** einen **Beweisbeschluss** des Inhaltes erlässt:

Es soll Beweis darüber erhoben werden, ob der Beklagte vom Kläger ein Motorboot gekauft hat, durch Vernehmung des Zeugen Weber.

2122 In einem solchen Fall muss der Anwalt sofort protestieren, weil der Prozess auf das falsche Gleis geschoben wird. Herr Weber wird zum Beweistermin erscheinen und den Abschluss eines Kaufvertrages bestätigen oder nicht bestätigen. Dementsprechend wird der Klage stattgegeben oder sie wird abgewiesen. Und alles das ist falsch! Denn dann hat der Zeuge Weber das Amt des Richters ausgeübt. Er hat den Rechtsstreit entschieden, indem er darüber befunden hat, ob der Beklagte vom Kläger „gekauft" hat. Der Richter hätte nicht Beweis erheben dürfen, sondern er hätte den Kläger gemäß **§ 139 ZPO** auffordern müssen, den Hergang des Kaufabschlusses zu schildern. Erst dann wäre der Weg für eine Beweisaufnahme frei geworden.

2123 Diese Prozesslage kann wieder in eine **allgemeine Regel** gefasst werden: **Benutzt eine Partei einen Rechtsbegriff als Umschreibung eines Tatsachenkomplexes, dann muss sie den Rechtsbegriff in seine tatsächlichen Elemente auflösen (substantiieren), wenn der Gegner diesen Rechtsbegriff nicht übernimmt.**

3. Erkennbarer Rechtsirrtum

2124 Und nun eine dritte Version des „Motorboot-Falles": Der Kläger trägt vor: Ich **handele mit Motorbooten**. Im Juni 2005 habe ich dem Beklagten schriftlich angeboten, ihm ein Motorboot preisgünstig zu verkaufen. In dem Schreiben heißt es ausdrücklich: „Als Kaufmann darf ich erwarten, dass Sie sich bis zum 10. Juli 2005 zu meinem Angebot äußern. Ihr Schweigen werde ich als Annahme auffassen und das Motorboot zur Fracht geben." Der Beklagte hat darauf nicht geantwortet. Deshalb habe ich am 15. Juli das Boot an B versandt. Es ist am 18. Juli bei ihm angekommen. Er schuldet mir den Kaufpreis von 70 000 Euro. In der mündlichen Verhandlung erscheint B mit seinem Anwalt. Dieser beantragt Klageabweisung. B erklärt bei seiner mündlichen Anhörung: „Ich wollte das Boot gar nicht kaufen, kann aber das Vorbringen des Klägers nicht bestreiten. Die Ablehnungsfrist habe ich tatsächlich versäumt. Aber zahlen werde ich erst, wenn ein Transportschaden behoben worden ist."

2125 Darf der Richter auch jetzt vom **Abschluss** eines **Kaufvertrages** ausgehen? Beide Parteien tragen übereinstimmend den Rechtsbegriff „Kauf" vor. Der Kläger hat diesen Begriff auch substantiiert. Er hat Einzeltatsachen vorgetragen, aus denen der Abschluss folgen soll. Und dieses Vorbringen ergibt eindeutig, dass **kein** Kaufvertrag zustande gekommen ist. Die Parteien gehen ersichtlich von einem **missverstandenen Begriff** des Kaufes aus. Das muss der Richter beachten und darf den Kaufabschluss nicht als unstreitig behandeln. Die Klage ist unschlüssig! Schweigen ist Ablehnung, nicht Annahme, jedenfalls wenn ein Laie geschwiegen hat. Keine Partei darf wegen ihrer Rechtsunkenntnis Schaden erleiden.

Das führt zur **dritten Regel: Tragen beide Parteien übereinstimmend einen Rechtsbegriff vor, lässt aber ihre Darlegung erkennen, dass sie ihn missverstehen, dann sind für die rechtliche Beurteilung nur die tatsächlichen Umstände beachtlich.** 2126

Auf Grund dieser Regel hat beispielsweise das OLG Koblenz eine Klage abgewiesen (OLGZ 1993, 234). Die Parteien waren übereinstimmend davon ausgegangen, die Klägerin sei Eigentümer eines Grundstücks geworden. Der Begriff „Eigentum" genügt zur Darlegung, wenn die Beklagte das Eigentum nicht bestreitet. Im Fall des OLG Koblenz hatten die Parteien zusätzlich zu einem Flurbereinigungsverfahren Einzelheiten vorgetragen, aus denen sich ergab, dass die Klägerin gar nicht Eigentümerin geworden war. Tatsächlich war nach dem von beiden Parteien übereinstimmend vorgetragenen, aber rechtlich erkennbar falsch gewürdigten Sachverhalt die Beklagte Eigentümerin geworden. Diese rechtliche Beurteilung ist dann zur Entscheidungsgrundlage gemacht worden. 2127

4. Schwierige Rechtsbegriffe

Und nun zu einer letzten Prozesssituation, die in diesem Zusammenhang zu erörtern ist: Der Kläger verklagt den Beklagten mit der Begründung, dieser habe **im geschäftlichen Verkehr** den **Namen des Klägers in verwechslungsfähiger Weise benutzt**, und zwar **grob fahrlässig**. Der Beklagte erscheint im Termin und erklärt, nicht bestreiten zu können. 2128

Beide Parteien sind sich über die Verwendung der Rechtsbegriffe „geschäftlicher Verkehr", „verwechslungsfähig" und „grob fahrlässig" einig. Aus ihren fehlenden Darlegungen folgt auch nicht, dass sie diese Begriffe missverstanden haben. Muss also der Beklagte nach §§ 823 Abs. 1, 12 BGB oder nach § 826 BGB oder aus einer anderen Vorschrift, etwa aus dem Wettbewerbsrecht, verurteilt werden? 2129

Wiederum bestehen Bedenken. Sämtliche von den Parteien übereinstimmend gebrauchten **Begriffe** sind so **schwierig**, dass man nicht davon ausgehen kann, die Parteien würden sie beherrschen. Deshalb darf sich der Kläger nicht damit begnügen, nur diese Rechtsbegriffe vorzutragen. Er **muss substantiieren**; und der Richter muss ggf. gemäß § 139 ZPO auf Aufklärung dringen und sich Tatsachen unterbreiten lassen, damit er prüfen kann, was sich hinter den Begriffen im Kopf der Parteien verbirgt (*Stein/Jonas/Leipold*, ZPO, 21. Aufl., 1997, § 284 Rn. 14 mit Nachweisen in Fn. 17). 2130

Damit kommen wir zur **vierten und letzten Regel: Verwenden beide Parteien übereinstimmend Rechtsbegriffe, deren Bedeutung ihnen vermutlich nicht klar ist, so müssen sie diese Begriffe substantiieren.** 2131

§ 54 Rechtsbegriffe und Rechtsausführungen

2132 Schwierigkeiten bereitet allerdings die Antwort auf die Frage, wann Parteien das **Verständnis** eines Begriffs **nicht zugetraut werden kann**. Das lässt sich nur im Einzelfall beantworten. Es hängt natürlich auch von der Einlassung des Gegners ab, und die kann prozesstaktisch eingesetzt werden. Ein Anwalt kann seinem Gegner die Prozessführung sehr erschweren, wenn er sich gegen die Verwendung eines Rechtsbegriffs als „juristische Tatsache" wehrt und bestreitend Substantiierung verlangt. Hier wird die Grenze zu unlauterem Bestreiten wider besseres Wissen des Mandanten fließend (§ 138 Abs. 1 ZPO).

5. Lehre

2133 Jeder Anwalt sollte bemüht sein, Rechtsbegriffe nur in ihrer korrekten Terminologie zu verwenden. Er muss **Fehldeutungen vermeiden**, um zu verhindern, dass er an einer falschen Formulierung festgehalten wird, sein Mandant deshalb unterliegt und er ihm **regresspflichtig** wird. So hat beispielsweise der BGH (NJW 1996, 2648 = BB 1996, 1824) einmal entschieden:

2134 „Soll der Rechtsanwalt einen von seinem Mandanten geschlossenen Vertrag beenden, dann verletzt er seine anwaltliche Sorgfaltspflicht, wenn er durch Verwendung eines unzutreffenden Fachausdrucks (,Rücktritt' statt ,Kündigung') das Risiko eines Missverständnisses hervorruft."

II. Rechtsausführungen

1. Grundsätzliches zu Rechtsausführungen

2135 Was im Streitfall rechtens ist, brauchen die Parteien dem Gericht nicht zu sagen. Denn gerade, weil sie das vom Gericht verbindlich erfahren wollen, streiten sie: **iura novit curia**. Eine Partei ist deshalb nicht gehalten, auch nur einen einzigen Paragraphen zu nennen. Erst recht braucht sie keine Rechtsausführungen zu bringen und ihren Tatsachenvortrag nicht rechtlich zu würdigen. Dennoch pflegen ihre Prozessbevollmächtigten dies zu tun. Darf der Richter diese Rechtsmeinungen, weil sie nicht binden, einfach übergehen? Das wäre eine sehr überhebliche Auffassung. Die Gedanken der Parteien und deren Anwälte zur Rechtsfrage sind stets wert, beachtet zu werden.

2136 Immer wieder stößt man aber auf die Ansicht, Rechtsausführungen der Parteien seien nicht wie tatsächliches Vorbringen zu behandeln, so dass der **Gegner sich dazu** auch nicht zu **äußern** brauche und deshalb auch kein **Recht auf** einen **Schriftsatznachlass** nach § 283 ZPO habe. Das ist grundfalsch und sogar verfassungswidrig. Hier einige Belege dazu, die der Anwalt ggf. dem Gericht vorhalten kann:

– **BVerfGE 60, 211** (= NJW 1982, 1579):
Die Gelegenheit zur Stellungnahme erstreckt sich auf den gesamten Streitstoff, darunter auch auf das Vorbringen in **rechtlicher** Hinsicht.

– **BVerfGE 64, 143** (= NJW 1982, 2762):
Art. 103 Abs. 1 GG gibt dem an einem gerichtlichen Verfahren Beteiligten ein Recht darauf, dass er Gelegenheit erhält, sich zur **Rechtslage** zu äußern.

- **BVerfGE 65, 234** (= NJW 1984, 719):
  Die Gelegenheit, sich zur Sach- und **Rechtslage** zu äußern, hängt nicht davon ab, ob neue Tatsachen oder Beweisergebnisse vorliegen.
- **BVerfGE 83, 35** (= NJW 1991, 1283):
  Art. 103 Abs. 1 GG gibt dem Beteiligten ein Recht zur Äußerung über Tatsachen, Beweisergebnisse und die **Rechtslage**.
- **BVerfGE 86, 144** (= ZIP 1992, 1020):
  Art. 103 Abs. 1 GG gewährleistet den Verfahrensbeteiligten das Recht, sich auch zur **Rechtslage** zu äußern.
- **BVerfG WuM 1999, 383**:
  Die Garantie des rechtlichen Gehörs umfasst nicht nur die Berücksichtigung des tatsächlichen Vorbringens der Prozessbeteiligten, sondern auch ihrer **rechtlichen Erwägungen**. Eine Verletzung des Art. 103 Abs. 1 GG kann darin liegen, dass eine für den Prozessausgang wesentliche rechtliche Erwägung einer Prozesspartei nicht zur Kenntnis genommen oder bei der Entscheidung nicht erwogen worden ist.

Die zahlreichen Fälle, in denen das Bundesverfassungsgericht die unterlassene Berücksichtigung rechtlichen Vorbringens einer Partei auf Verfassungsbeschwerde hin beanstandet hat, machen deutlich, wie sehr es damit in der Praxis im Argen liegt. Der bereits erwähnte Rechtssatz „iura novit curia" wird dabei zwar immer wieder als Grund für das Übergehen von Rechtsansichten angeführt, doch sehr zu Unrecht. Dies schon deshalb, weil der Satz gar nicht stimmt. Die **Richter sind ebenso wenig wie die Anwälte über das gesamte deutsche Recht informiert** und erst recht nicht über die dazu ergangenen Gerichtsentscheidungen, die allein zum Zivilrecht jährlich weit mehr als 10 000 Veröffentlichungen ausmachen. WEG-Kommentare oder Mietrecht-Kommentare mit bis zu 2 000 Seiten, der BGB-Kommentar von *Staudinger* mit mittlerweile 90 oder noch mehr Bänden sollten die Berufung auf „iura novit curia" zum Schweigen bringen! 2137

Dasjenige, was selbst die besten Juristen vom deutschen Recht wissen, ist nur ein verschwindend kleiner Bruchteil. Kein Anwalt und kein Richter verfügt über das gesamte positive Wissen, das in einem beliebigen Rechtsfall einschlägig sein kann. Es ist daher für Gegenanwalt und Gericht **arbeitsökonomisch wertvoll** und dient der Wahrheitsfindung, wenn ein Anwalt die eigenen Vorarbeiten mitteilt und in seinen Schriftsätzen auf Belegstellen zu Entscheidungen und Schrifttum hinweist. Mit dem Anführen ihm günstiger Veröffentlichungen dient er seinem Mandanten, weil er damit das Gericht zwingt, sich mit diesen Informationen auseinanderzusetzen. Entlegene Belegstellen, bei denen nicht sicher ist, dass sie dem Richter zugänglich sind, sollten sogar in Ablichtung beigefügt werden. Das ist der „sicherste Weg", den Richter zu veranlassen, sich damit zu befassen. 2138

Darüber, **an welcher Stelle** Rechtsausführungen und Belege zu bringen sind, gibt es keine für alle Fälle passende Regel. Sie können geschlossen im Anschluss an die Sachschilderung gebracht werden, wie es im Urteil durch Trennung von Tatbestand und Entscheidungsgründen geschieht. Meist wird es aber verständlicher sein, sie an Probleme einzelner Tatbestandsmerkmale anzuschließen, also an der Stelle, an der die Rechtsfragen auftreten. 2139

449

§ 54 Rechtsbegriffe und Rechtsausführungen

2140 Ausführlich hat sich mit dieser Problematik *Bernhard Hahn* befasst (Anwaltliche Rechtsausführungen im Zivilprozess, 1998). Er hält sogar den Prozessbevollmächtigten **kraft** des **Mandatsvertrages** für **verpflichtet**, Rechtsausführungen zu bringen: „Insbesondere die durch das Prozessrecht dem Rechtsanwalt im Anwaltsprozess zugewiesene Rolle, seine Stellung als Rechtspflegeorgan und die vertraglichen Pflichten gegenüber seiner Partei gebieten es, Klägeranwalt und Beklagtenanwalt die Hauptlast dieser Rechtsbeibringung aufzubürden." Das ist *Hahns* „Rechtsbeibringungsgrundsatz".

2141 Da Rechtsausführungen vom Gericht beachtet werden müssen, stellt sich die Frage, wie zu verfahren ist, wenn sie erst nach Schluss der mündlichen Verhandlung in einem **nicht nachgelassenen Schriftsatz** enthalten sind. Es kann sich dabei um das Aufzeigen unbeachtet gebliebener Anspruchsgrundlagen handeln oder um übersehene oder zwischenzeitlich ergangene einschlägige Gerichtsentscheidungen und dergleichen. Solche Ausführungen sind nach **§ 296a ZPO** ebenso wie tatsächliches Vorbringen grundsätzlich unbeachtlich. Das Gericht muss solche Schriftsätze jedoch lesen, da es nach Art. 103 Abs. 1 GG verpflichtet ist, **alles Vorbringen** der Parteien zur Kenntnis zu nehmen (Nachweise bei *Schneider*, Praxis der neuen ZPO, 2. Aufl., 2003, Rn. 1451, S. 674).

2142 Bewertet es die darin enthaltenen Rechtsausführungen als **unerheblich**, dann ändert sich am Verfahrensablauf nichts. Der Verkündungstermin bleibt bestehen.

2143 Hält das Gericht die neuen Rechtsausführungen jedoch für **erheblich**, hat es sie aber bisher nicht bedacht, dann ist das gleichbedeutend damit, dass bislang etwas übersehen oder irrtümlich als unerheblich beurteilt worden ist (§ 139 Abs. 2 S. 1 ZPO). In diesem Fall **muss** das Gericht nach § 156 Abs. 1 S. 2 ZPO die mündliche Verhandlung **wieder eröffnen** und dem **Gegner Gelegenheit** geben, sich zu den neuen Rechtsausführungen zu äußern (*Schneider* MDR 1986, 903; MünchKommZPO/*Prütting*, 2. Aufl., 2000, § 296a Rn. 8). Vorsorglich sollte der Anwalt, der den nicht nachgelassenen Schriftsatz einreicht, darauf hinweisen und einen **Antrag** auf Wiedereröffnung der mündlichen Verhandlung stellen.

2. Rechtsausführungen als Tatsachen

2144 Erschöpft sich in den mitgeteilten Fallgestaltungen die Bedeutung der Rechtsausführungen?

Beispiele:

Ein Kläger meint, der Beklagte habe sich derart schändlich aufgeführt, dass der Kläger den Vertrag ohne weiteres anfechten könne. **Oder:** Der Kläger vertritt unter Berufung auf eine Kommentarstelle die Auffassung, es sei ihm nicht verwehrt, fristlos zu kündigen. **Oder:** Er trägt vor, der Beklagte habe seine Forderung so lange nicht geltend gemacht, dass dieser kein Erfüllungszwang mehr zukomme und er damit nicht aufrechnen könne. Sonst sagt der Kläger nichts.

2145 In allen diesen Fällen heißt es aufpassen! **Die Mitteilung der Rechtsansicht kann nämlich eine verkleidete tatsächliche Erklärung sein.** Will der Kläger damit die

450

II. Rechtsausführungen

Anfechtung, Kündigung oder Verjährung geltend machen? Die Fälle, in denen das zu bejahen ist, sind gar nicht so selten.

Beispiel:
Ein Kläger klagt gegen den Beklagten 5 000 Euro ein, die dieser ihm schulde. Nun schuldet aber auch der Kläger dem Beklagten aus mehreren Rechtsgeschäften dreimal je 5 000 Euro. Der Beklagte rechnet mit einer seiner Forderungen auf.

Der von ihm getroffenen Bestimmung der Forderungen, die gegeneinander aufgerechnet werden sollen, kann der Kläger **nach § 396 Abs. 1 S. 2 BGB widersprechen**. Keineswegs ist dazu erforderlich, dass der Ausdruck „widersprechen" gebraucht wird. Der Widerspruch kann beispielsweise auch in einer unwirksamen Gegenaufrechnung liegen. Eine **Aufrechnungserklärung** braucht nicht einmal das Wort „Aufrechnung" zu enthalten. Sie kann auch in der Erklärung liegen, wegen einer Geldforderung „zurückzubehalten" oder in der Mitteilung, der Beklagte „habe erfüllt" und dergleichen (vgl. *Staudinger/Gursky*, BGB, 2000, § 388 Rn. 13). Es kommt bei derartigen Erklärungen nämlich nach **§ 133 BGB** auf den **wirklichen Willen** an; die benutzten Worte sind dafür nur Indizien. Deshalb kann sich hinter jeder Rechtsausführung eine tatsächliche Erklärung verbergen. Ein Anwalt, der das verkennt, beherrscht seinen Prozess nicht mehr. Hier ist mit äußerster Sorgfalt vorzugehen; denn erfahrungsgemäß kommen solche Fälle immer wieder vor. 2146

Manchmal wird es zweifelhaft sein, ob Rechtsausführungen als tatsächliche Erklärung zu werten sind. Entscheidend für die Sachbearbeitung ist aber zunächst gar nicht, wie die Zweifel behoben, wie also die Rechtsausführungen gedeutet werden. Wichtiger ist vielmehr zunächst einmal, dass man die Mehrdeutigkeit **erkennt**. Denn nur dann kann man die Zweifel zur Sprache bringen und den Gegner zur Klarstellung zwingen, zumal dann auch das Gericht einschreiten muss (§ 139 ZPO). **Ein Problem zu erkennen, ist eben oft schwieriger, als es zu lösen.** Der berühmte Praktiker *Stölzel* hat schon vor vielen Jahren in seiner „Schulung für die zivilistische Praxis" (9. Aufl., 1913, S. 280) gesagt, man müsse die Behauptungen der Parteien mit der Lupe ansehen. Das gilt auch für ihre Rechtsausführungen! 2147

Ein sorgfältiger Anwalt lässt es allerdings darauf nicht ankommen. Er drückt sich eindeutig aus und beugt damit allen späteren Spekulationen darüber vor, was er gemeint habe. Das ist umso wichtiger, als es natürlich auch **Grenzen der Deutung** gibt. Sie darf nicht zur Umdeutung werden. Beispielsweise darf eine Rücktrittserklärung nicht in eine Anfechtungserklärung wegen arglistiger Täuschung umgedeutet werden (BGH zfs 1998, 64). 2148

3. Auswertung von Urkunden

Schwierigkeiten bereiten kann auch die Auswertung einer Urkunde, die rechtserhebliche Erklärungen enthält, z. B. ein schriftlicher Vertrag über eine Gewinnbeteiligung. Dabei muss die Auslegung von den Darlegungen der Parteien sauber geschieden werden. **Auslegung ist Rechtsanwendung** – dies 2149 bezeugt bereits die Existenz der §§ 133, 157 BGB. Keine Partei hat deshalb insoweit eine Behauptungslast. Äußert sie sich dazu, dann trägt sie nur ihre für das Gericht unverbindliche Rechtsansicht vor. Lediglich die für die Auslegung maßgebenden **tatsächlichen Umstände** fallen unter die **Darlegungslast**.

2150 Gesetzt nun den Fall, der Kläger „behaupte", eine Urkunde sei in einem bestimmten Sinne zu verstehen. Der Gegner ist derselben Auffassung. Muss das Gericht auch jetzt – frei von den Ansichten der Parteien – die Urkunde auslegen? Darf es die Urkunde in einem anderen Sinne als die Parteien deuten? Das ist ihm verwehrt! Denn die **übereinstimmende Auslegung** der Parteien verbirgt eine Tatsachenerklärung, nämlich die Erklärung, dass sie mit den beurkundeten Worten einen bestimmten Sinn zum Ausdruck bringen wollten (*Wieczorek*, ZPO, 2. Aufl., 1976, § 288 Anm. A II b 2). Nach § 133 BGB ist das vom Gericht zu beachten, weil dieser Sinn dem wirklichen Willen der Parteien entspricht. Diese müssen am besten wissen, welche Bedeutung ihre Erklärungen gehabt haben. Sind sie sich darüber einig, dann steht das **als Tatsache** fest. Die Urkunde ist eindeutig und damit nicht mehr auslegungsbedürftig. Der Richter darf den Parteien nicht „im Wege der Auslegung" einen Willen unterschieben, den sie nicht gehabt haben.

2151 Nur wenn die **Parteien** über die Deutung der Urkunde **streiten**, ist auch die Tatsache „wirklicher Wille" streitig. Nur dann ist **für** eine **Auslegung Raum**. Und nur dann ist der Richter befugt (und nunmehr auch verpflichtet!), die Urkunde unter Verwertung sonstiger tatsächlicher Umstände eigenverantwortlich zu beurteilen. Das Ergebnis der Auslegung ist eine Rechtsauffassung. Sie geht dahin, dass ein bestimmter „wirklicher Wille" als Tatsache in der Urkunde zum Ausdruck komme. So schließt sich der Kreis: Rechtsanwendung – Rechtsauffassung – Tatsache. Bei übereinstimmender Deutung der Urkunde durch die Parteien entfallen die beiden ersten Glieder.

2152 Mit der Auslegung von Urkunden darf nicht verwechselt werden die **Darlegungserstreckung** durch **Bezugnahme auf Urkunden**. Insoweit gilt der Grundsatz, dass eine lediglich pauschale Bezugnahme auf Urkunden, insbesondere auf beizuziehende oder beigezogene Akten, kein substantiiertes Vorbringen ersetzt (OLG Koblenz MDR 1998, 349; siehe oben Rn. 1461 ff.).

§ 55 Normative Tatbestandsmerkmale

I. Die Problematik

1. Legaldefinitionen

2153 Jeder Gesetzgeber ist bemüht, Tatbestandsbegriffe so genau zu fassen, dass tunlichst keine Zweifel über ihren Bedeutungsgehalt aufkommen können. Das dient der Rechtssicherheit. Im **BGB** finden sich deshalb viele Legaldefinitionen, etwa § 90 zum Sachbegriff, § 91 über vertretbare und § 92 über verbrauchbare

Sachen, §§ 93, 94, 97 über wesentliche Bestandteile und Zubehör, § 99 über Früchte, § 121 Abs. 1 S. 1 über den Begriff des schuldhaften Zögerns, § 276 Abs. 2 BGB über den Fahrlässigkeitsbegriff usw. Dabei kann es sich um exakte Definitionen im Sinne der Logik handeln, aber auch um letztlich nur wertende Umschreibungen, deren Genauigkeitsgrad schwankt (vgl. *Rüthers*, Rechtstheorie, 1999, Rn. 170). Greifen wir zwei Legaldefinitionen heraus:

Nach **§ 90 BGB** sind nur körperliche Gegenstände Sachen. Das ist eine exakte Definition. Sie geht vom „Gegenstand" als der nächsthöheren Gattung aus und bestimmt den Artunterschied durch „körperlich". Alle der Gattung „Gegenstand" angehörigen Dinge werden dadurch eingeteilt in körperliche = Sachen und nichtkörperliche = Rechte und anderes (vgl. *Schneider*, Logik für Juristen, 5. Aufl., 1999, § 6).

2154

Und nun **§ 276 Abs. 2 BGB**: Fahrlässig handelt, wer die im Verkehr erforderliche Sorgfalt außer Acht lässt. Im Sinne der Logik ist das keine Definition, weil diese Begriffsbestimmung mit Wertungen durchsetzt ist: Was ist „Verkehr"? Welche Sorgfalt ist „erforderlich"? Wann lässt sie einer „außer Acht"? Ähnlich **§ 227 Abs. 2 BGB**: Notwehr ist diejenige Verteidigung, die erforderlich ist, um einen gegenwärtigen rechtswidrigen Angriff von sich oder einem anderen abzuwenden. Wann ist ein Angriff „gegenwärtig und rechtswidrig"? Was ist zu seiner Abwehr „erforderlich"? Das alles sind lediglich Wertungen, die nicht definierbar sind (*Schneider*, Logik für Juristen, S. 5, 23 f., 168). Dementsprechend treten in der Rechtsprechung auch sofort die Auslegungsprobleme auf. Darüber, was „Sachen" sind, gibt es kaum Meinungsverschiedenheiten, wohl aber beispielsweise darüber, was „erforderlich" ist (vgl. *Staudinger/Löwisch*, BGB, 2004, § 276 Rn. 28 ff.; *Staudinger/Repgen*, BGB, 2003, § 227 Rn. 46 ff.; *Soergel/Fahse*, BGB, 13. Aufl., 1999, § 227 Rn. 26 ff.). Damit sind wir hinsichtlich der Darlegungslast beim Problem der normativen Tatbestandsmerkmale angekommen.

2155

2. Wertungen

Ein Kläger klagt auf Zahlung von 5 000 Euro und begründet seinen Anspruch damit, der Beklagte habe ihn **sittenwidrig** geschädigt (§ 826 BGB). **Oder:** Eine Feststellungsklage wird darauf gestützt, die Kündigung des Beklagten verstoße gegen **Treu und Glauben** (§ 242 BGB). **Oder:** Der Beklagte erklärt die Anfechtung eines Vertrages, weil er **arglistig** getäuscht worden sei (§ 123 BGB). **Oder:** Der Beklagte verteidigt sich damit, der Klageanspruch sei verjährt; der Kläger erwidert, die Berufung auf die Verjährung sei **rechtsmissbräuchlich**.

2156

Wenn **keine sonstigen Tatsachen** vorgebracht werden, ist in diesen und in ähnlichen Fällen die **Klage unschlüssig** und deshalb unbegründet oder die **Verteidigung unerheblich**. Dabei ist es belanglos, wie sich der Gegner einlässt. Die Parteien können den Richter zwar durch übereinstimmende Erklärungen zwingen, bestimmte Tatsachen als feststehend zu behandeln (vgl. oben Rn. 2113, 2117, 2150). Sie können auch über den prozessualen Anspruch verfügen. Niemals dagegen sind sie befugt, dem Richter vorzuschreiben, welche

2157

Wertungen er zu treffen habe, oder gar ihre eigenen Wertungen an die Stelle derjenigen des Richters zu setzen. Begriffe wie „sittenwidrig", „treuwidrig", „arglistig" usw. sind im Tatsächlichen noch unentwickelt. Ob ihre Voraussetzungen im Streitfall zu bejahen sind, lässt sich erst nach Würdigung aller Umstände des Sachverhalts beantworten.

2158 Dass diese Begriffe eine Wertung des Richters erfordern, wirkt sich auf die Darlegungslast aus.

Merke: Stützen die Parteien ihr Begehren auf Rechtsnormen, die auf Wertungsbegriffe verweisen, dann können sie ihr Vorbringen nicht durch Berufung auf ihre eigenen Wertungen schlüssig machen.

2159 Sie sind gehalten, die tatsächlichen Voraussetzungen ihrer Wertungen bis ins Einzelne zu schildern. Dem Richter sind die tatsächlichen Wertungsgrundlagen mitzuteilen, damit er sich ein eigenes Urteil bilden kann. Deshalb sind auch nur die **konkreten Umstände beweisdürtig** und des Beweises fähig, **niemals das Werturteil** selbst. Nicht nur den Parteien, sondern auch – und zwar erst recht! – den Zeugen ist es versagt, ihre Bewertung an die Stelle derjenigen des Richters zu setzen (siehe oben Rn. 2121 f.). Es macht eben einen grundsätzlichen Unterschied, ob der Kläger beispielsweise die Beschädigung eines Kraftwagens oder eine „missbräuchliche Rechtsausübung des Beklagten" darzulegen hat, um obsiegen zu können. Jene lässt sich im eigentlichen Sinne als Tatsache feststellen, diese lässt sich nur durch eine vom Richter nicht delegierbare Würdigung und Bewertung der Tatsachen ermitteln. Das wird oft nicht hinreichend bedacht. Wer hier als Anwalt nicht sorgfältig arbeitet, lässt das Steuer des Prozesses fahren und riskiert eine für seine Partei nachteilige Beurteilung des Richters. Das kann sogar dazu führen, dass dieser verfahrenswidrig Beweis darüber erhebt, „ob die Berufung des Beklagten auf die Verjährung rechtsmissbräuchlich ist" oder „ob die Kündigung nach Treu und Glauben als gerechtfertigt erscheint" und dergleichen – alles schon vorgekommen.

2160 Die Ergebnisse solcher fehlerhaften Beweiserhebungen aufgrund lückenhafter Darlegungen, denen ebenso fehlerhafte Beweiswürdigungen zu folgen pflegen, lassen sich nur noch durch ein Berufungsverfahren berichtigen – sofern die Berufungsbeschwer erreicht ist.

II. Die Bewertungskriterien

2161 Woher nimmt eigentlich der Rechtsanwender die Bewertungsmaßstäbe, an denen die Darlegungen der Parteien zu den Wertungsbegriffen zu messen sind? Der Anwalt hüte sich davor, kurzerhand seine persönliche Meinung als maßgeblich anzusehen. In solchen Fällen müssen vielmehr die **Bewertungsgrundsätze anhand** der **Rechtsprechung und** der **Rechtslehre** herausgearbeitet werden. Es ist vor allem die maßgebliche Kasuistik zusammenzustellen, die damit zur Erkenntnisquelle für die gesuchten Wertmaßstäbe wird. Dadurch wird auch Willkür bei der Ausfüllung des Wertungsbegriffs vermieden und eine gleiche Bewertung gleicher Sachverhalte im Rahmen des Möglichen erreicht.

Das schriftsätzliche Herausarbeiten der einschlägigen Kasuistik zeigt ferner, welchen Umfang die Darlegungslast hinsichtlich der jeweiligen normativen Tatbestandsmerkmale hat. Nur wenn der Kläger so viele **konkrete Gegebenheiten** vorträgt, dass das von ihm angenommene Werturteil („sittenwidrig", § 826 BGB; „grob unbillig", § 1576 S. 1 BGB u. ä.) gerechtfertigt erscheint, hat er seiner Darlegungslast genügt. Und nur dann ist seine Klage schlüssig. Folgt das Gericht der Bewertung des Klägers nicht, sieht es also die vorgetragenen Umstände als nicht hinreichend an, um den wertbezogenen Rechtsbegriff aufzufüllen, dann ist die Klage unschlüssig. Das gilt erst recht, wenn sich der Kläger statt der Darlegung konkreter tatsächlicher Umstände auf die Verlautbarung seines eigenen Werturteils beschränkt. 2162

Die Unschlüssigkeit der Klage führt jedoch erst dann zu ihrer Unbegründetheit, wenn der Richter die Partei auf die Lücken in ihrem Vorbringen hingewiesen hat. Aber darauf ist leider kein Verlass. Wird ein solcher Hinweis versäumt und sind die Zulassungsvoraussetzungen für eine Berufung gegeben, dann – und nur dann! – kann der Verstoß gegen die Hinweispflicht des **§ 139 ZPO** noch als Rechtsverletzung (§§ 513 Abs. 1, 546 ZPO) gerügt werden. 2163

Eine **Warnung**: Der Anwalt sollte sich stets bewusst bleiben, dass emotionale Ausbrüche und affektive Ergüsse kein Ersatz für die notwendigen wertausfüllenden tatsächlichen Darlegungen sind. **Der Druck auf die Tränendrüse ersetzt keine fehlende Schlüssigkeit.** 2164

III. Belege statt Behauptungen

Wie ist es in folgendem Fall? Der Kläger behauptet pauschal, der Beklagte habe gegen seine vertraglich übernommene Pflicht verstoßen und den Kläger durch schriftliche Äußerungen „**treuwidrig verleumdet**" sowie in „**sittenwidriger Weise**" geschädigt. Mehr trägt er nicht vor. Wohl legt er dem Gericht ein **Bündel Druckschriften** vor mit dem Zusatz, daraus ergäben sich alle Einzelheiten. Genügt das als Darlegung? 2165

Es genügt nicht! Eine Partei darf zwar ihren Sachvortrag durch Vorlage von Urkunden und deren Bezugnahme **ergänzen**. Hat sie beispielsweise ein Privatgutachten eingeholt, so ist sie nicht genötigt, dieses Gutachten abzuschreiben. Sie darf es in Ergänzung ihres Parteivorbringens überreichen. Jedoch ist es ihr **nicht gestattet**, ihren **Sachvortrag duch Bezugnahme** auf irgendwelches **Schriftwerk zu ersetzen**. Denn dann legt sie eben nicht mehr dar, sondern sie nimmt **lediglich** Bezug. Der Kläger – nicht etwa das Gericht oder der Gegner! – muss sich der Aufgabe unterziehen, das Tatsachenmaterial, das er für wesentlich hält, aus den Urkunden und Schriften zusammenzutragen. Wie sollte auch sonst der Gegner dazu Stellung nehmen können? Bezüglich welcher Bewertungstat- 2166 sachen, von denen die Urkunden handeln, sollte das Gericht die Erhebung von Beweisen beschließen?

2167 Jeder Versuch einer Partei, ihre Darlegungslast auf diese Weise zu umgehen, ist vom Gegenanwalt sofort zu unterbinden. Denn nach **§ 138 Abs. 1 ZPO** haben die Parteien ihre Erklärungen über die **tatsächlichen Umstände vollständig** abzugeben. Ein überreichter Stoß Papier, ein gefüllter Schnellhefter und dergleichen sind aber keine Erklärungen, sondern eben nur Sammlungen beschriebenen Papiers. Das Gericht hat die Partei darauf hinzuweisen (**§ 139 Abs. 1 ZPO**) und mit der Klage abzuweisen, wenn sie uneinsichtig bleibt.

IV. Die Berücksichtigung des Ergebnisses einer Beweisaufnahme

2168 Die Hauptschwierigkeiten bei der Behandlung normativer Tatbestandsmerkmale liegen häufig nicht bei der Darlegung, so wichtig diese auch ist, sondern bei der Bewertung des „**tatsächlichen Restbestandes**".

2169 Angenommen, der Kläger verlange vom Beklagten 5 000 Euro Schadensersatz, weil dieser ihm „in einer gegen die guten Sitten verstoßenden Weise" Schaden zugefügt habe. Darin liegt keine hinreichende Darlegung. Der Kläger muss **substantiieren**. Das tut er auch. Er behauptet nämlich die **tatsächlichen Umstände A, B, C, D, E und F**, aus denen sich seiner Meinung nach die Sittenwidrigkeit ergibt. Die Tatsachen A bis F reichen zur Darlegung der Sittenwidrigkeit aus.

Aus Raumgründen muss ich hier die Arbeitsweise an einem schematisierten Fall beschreiben. Die Darlegungen zu normativen Tatbestandsmerkmalen pflegen nämlich meist wegen der Vielzahl der konkreten Würdigungsumstände recht umfangreich zu sein. Im Beispiel würde der Kläger vielleicht vortragen: „Der Beklagte ist ein unredlicher Geschäftsmann, der bereits mehrfach in Verfahren wegen unlauteren Wettbewerbs verwickelt war ... Er hat mich zur Hingabe eines Darlehens von 20 000 Euro regelrecht beschwätzt ... Die tadellose Einrichtung seines Geschäfts hat bewirkt, dass ich den Beklagten als seriösen Geschäftsmann angesehen habe. Tatsächlich gehört sie noch der Lieferfirma ... Sein großer Mercedes, den er mir als Sicherheit gegeben hat, ist nichts wert, da es sich um einen aufgemachten Unfallwagen handelt ... Die vermögende Dame, die er mir als finanzielle Stütze des Geschäfts vorgestellt hat, ist eine Friseuse mit 1 250 Euro Monatseinkommen ... usw. Der Leser möge deshalb im Auge behalten, dass die Buchstaben im Text abkürzend anstelle solcher tatsächlichen Umstände stehen.

2170 Sicherlich ist, um zum Fall zurückzukehren, zunächst einmal der Tatsachenkomplex A bis F rechtlich zu würdigen mit dem Ergebnis: **schlüssig**. Im Verlauf des Rechtsstreits muss der Rechtsanwalt jedoch umdenken können. Er muss auch die Verteidigung des Beklagten berücksichtigen. Diese kann nämlich die Bewertung wesentlich beeinflussen.

Nehmen wir an, der **Beklagte bestreite** nur die **Tatsachen E und F**. Er ist der Auffassung, die Tatsachen A bis D könnten für sich allein das Klagebegehren nicht stützen. Dann muss der Anwalt des Klägers prüfen, ob die Klage auch nach dem Vorbringen des Beklagten (A bis D) noch schlüssig ist. Ist das zu bejahen, so hat er die Verteidigung als unerheblich aufzuzeigen. Nur wenn die Tatsachen A bis D nicht zur Schlüssigkeit ausreichen, kommt es auf Beweise an, nämlich darauf, ob auch die streitigen Tatsachen E und F feststehen.

Diese Situation lässt sich noch verhältnismäßig leicht bewältigen. Wie aber – und hier beginnen die eigentlichen Schwierigkeiten –, wenn der Beklagte einige oder alle klagebegründenden Tatsachen bestreitet und die **Beweisaufnahme** zu einer **neuen Tatsachenkonstellation** führt? Es kann sich z. B. folgender Prozessablauf ergeben: 2171

– **Klagebegründung:** Tatsachen A, B, C, D, E. F.
– **Verteidigung:** bestritten die Tatsachen A, C, E, F.
– **Beweisergebnis:** bewiesen die Tatsachen A, C.

Dann stehen fest: die Tatsachen B und D als unstreitig, die Tatsachen A und C als bewiesen, insgesamt also die Tatsachen A bis D. Nun ist klar, dass **nur** die **Tatsachen A bis D Entscheidungsgrundlage** sein können. Aufgabe des Rechtsanwalts ist es jetzt, sich dieser Verfahrenssituation anzupassen und in seiner Stellungnahme zur Beweisaufnahme darzulegen, dass die Klage auch unter Berücksichtigung nur der Tatsachen A bis D schlüssig ist. 2172

Mit anderen Worten: Der Anwalt muss ständig die sich verändernde Situation überdenken. **Und das muss er vorausschauend schon, ehe er die Klagebegründung verfasst!** Zu dieser Zeit weiß er meist bereits aus der Vorkorrespondenz, mit welchen Einwendungen des Beklagten er im Prozess zu rechnen hat. Er muss diese antezipierend berücksichtigen und prüfen, ob es darauf ankommen wird, wenn dem Beklagten der Beweis seiner zu erwartenden Behauptungen gelingen sollte. Unabhängig davon muss er erwägen, mit wie wenig Fakten er auskommen kann, um ein normatives Tatbestandsmerkmal schlüssig vorzutragen. Dieses „Wenig" ist dann als **Kern der Darlegungen** zu bringen. Die beweismäßig unsicheren weiteren Fakten sind nur als Ergänzungen einzuführen. 2173

Denkschema:
Die Sittenwidrigkeit ergibt sich bereits aus . . . (den Tatsachen A, B, C). Diese Wertung verstärkt sich, wenn man weiter berücksichtigt, dass . . . (die Tatsachen D, E, F).

V. Ausforschungsbeweis

Bei dem Nachweis normativer Tatbestandsmerkmale ist die Gefahr einer Ausforschung besonders groß. Unbestimmte Rechtsbegriffe müssen, wie wir gesehen haben, durch konkrete Tatsachenbehauptungen gestützt werden, um eine Bewertung zu ermöglichen. **So müssen dann auch die Beweisbeschlüsse aussehen.** Vielfach wird das verkannt oder ignoriert. Dann werden Beweisbeschlüsse verkündet, die nicht auf Tatsachenbehauptungen abstellen, sondern gleich auf das Bewertungs**ergebnis**, also auf eine **Schlussfolgerung aus nicht behaupteten oder unbewiesenen Tatsachen**. Das sieht dann beispielsweise so aus: 2174

– Es soll Beweis erhoben werden darüber, ob der Beklagte den Kläger **arglistig** getäuscht hat

§ 55 Normative Tatbestandsmerkmale

- **oder** ob der Beklagte die Vorfahrt des Klägers **grob fahrlässig** missachtet hat
- **oder** ob der Abkömmling des Erblassers einen **ehrlosen** Lebenswandel geführt hat.

2175 In der Beweisaufnahme sollen dann die dafür maßgeblichen Tatsachen aus dem Zeugen oder aus der Partei herausgefragt werden. Das ist Ausforschung, sonst nichts. Entweder hat der Beweisführer solche Tatsachen behauptet: Dann gehören sie als Beweisthemen in den Beweisbeschluss. Oder er hat sie nicht behauptet: Dann ist sein Vorbringen unschlüssig und darüber kein Beweis zu erheben. Dem Ziel, dieser klaren Differenzierung und der Auswertung der Akten auszuweichen, dienen Ausforschungs-Beweisanträge und Ausforschungs-Beweisbeschlüsse.

2176 Weder ein Zeuge noch eine Partei hat aber diese abschließende Wertung zu treffen. Dafür ist nur das Gericht zuständig. Die Aussage muss sich auf die konkreten Tatsachen beziehen, auf die derartige Wertungen gestützt werden. Dementsprechend heißt es in § 396 ZPO, dass der Zeuge anzugeben hat, was ihm von dem Gegenstand der Vernehmung **bekannt ist**. Bekannt ist ihm, was er gesehen oder gehört hat. Das ist sein individuelles Wissen, über das er berichten soll. Wertungen wie arglistig, grob fahrlässig, ehrlos und dergleichen kann er nicht beobachtet haben und folglich darüber auch keine Auskunft geben.

2177 In derartigen Fällen hat der Prozessbevollmächtigte fehlerhafte Beweisbeschlüsse sofort zu beanstanden. Eine Partei darf ihre Vernehmung verweigern, ohne dass daraus beweisrechtlich nachteilige Schlussfolgerungen erlaubt sind. Sie ist nicht verpflichtet, sich an einer Ausforschung zu beteiligen (MünchKommZPO/*Schreiber*, 2. Aufl., 2000, § 446 Rn. 3).

2178 Wachsamkeit ist für den Anwalt auch **vorausschauend für ein Rechtsmittelverfahren** geboten. Nach neuem Berufungsrecht (§§ 520 Abs. 3 S. 2 Nr. 3, 529 Abs. 1 Nr. 1 ZPO) muss das Berufungsgericht grundsätzlich die tatsächlichen erstinstanzlichen Feststellungen übernehmen. Aufgabe des erstinstanzlichen Prozessbevollmächtigten ist es daher, unverzüglich auf eine fehlerfreie erstinstanzliche Tatsachenfeststellung hinzuwirken. Dazu gehört auch die verfahrensrechtliche Prüfung eines Beweisbeschlusses und dessen Beanstandung, falls er der Ausforschung dient.

2179 Das Problem der Beweisanordnung über normative Tatbestandsmerkmale, also über unbestimmte Rechtsbegriffe, dürfte übrigens auch eine Frage von **grundsätzlicher Bedeutung** sein und könnte damit Gegenstand einer Nichtzulassungsbeschwerde nach § 544 ZPO werden.

§ 56 Behauptungslast und Erfahrungssätze

Erfahrungssätze sind Regeln, in denen die Summe der Ergebnisse gezogen worden ist, die bei der Beobachtung **typischer Geschehensabläufe** immer wieder festgestellt worden sind (*Schneider* MDR 2001, 246). Diese Regeln können aufgrund der Lebenserfahrung oder aufgrund wissenschaftlicher Forschung ermittelt worden sein und bei hinreichender Zuverlässigkeit einen prima-facie-Beweis (Anscheinsbeweis) stützen.

2180

I. Darlegungszwang

Ein Fall:

2181

Ein Kläger klagt **1 000 Euro Schadensersatz** ein mit der Begründung: „Der Beklagte hatte im Supermarkt in X-Stadt einen Spaten gekauft. Auf dem Weg zum Parkplatz ist er ausgerutscht und **gegen** meinen dort abgestellten **Wagen gefallen**. Dabei ist sein Spaten gegen meine Fahrertür gestoßen, die deshalb ausgebeult, gespachtelt und neu lackiert werden musste. Die Werkstatt hat dafür 1 000 Euro berechnet."

Im Termin zur mündlichen Verhandlung erscheint der Beklagte nicht. Der Kläger beantragt den Erlass eines Versäumnisurteils. Ist diesem Antrag stattzugeben?

Nein! Der Beklagte haftet nur, wenn er den Schaden am Fahrzeug des Klägers **schuldhaft** verursacht hat (§ 823 Abs. 1 BGB). Dass jemand ausrutscht und stürzt, muss aber durchaus nicht auf einem Außerachtlassen der im Verkehr erforderlichen Sorgfalt beruhen (§ 276 Abs. 2 BGB). Dafür können entschuldbare Gründe ursächlich gewesen sein, beispielsweise weil er über eine Unebenheit gestolpert ist oder weil er über eine Banane ausgerutscht ist, die ein Besucher des Supermarktes verloren hatte, weil ihn ein anderer Besucher gestoßen hat und dergleichen. Die Vorschrift des § 280 Abs. 1 S. 2 BGB ändert daran nichts. Zwar ist danach ein Schuldner für den Einwendungstatbestand des Nichtvertretenmüssens darlegungsbelastet (*Bamberger/Roth/Grüneberg*, BGB, 2003, § 280 Rn. 63). Das setzt aber nach § 280 Abs. 1 S. 1 BGB ein Schuldverhältnis und einen daraus folgenden Erfüllungsanspruch voraus (*Prütting/Wegen/Weinreich*, BGB, 2. Aufl., 2007, § 241 Rn. 7). Das ist nicht dargelegt worden und offensichtlich auch nicht gegeben. Der Richter wird den Kläger daher darauf hinweisen (**§ 139 ZPO**). Trägt dieser weiter nichts vor, dann ist die Klage als unschlüssig abzuweisen (§ 331 Abs. 2 ZPO). Ergänzt er nunmehr sein Vorbringen und trägt er Verschuldenstatsachen vor, dann muss neuer Termin anberaumt werden, damit der Beklagte dazu Stellung nehmen kann (§ 335 Abs. 1 Nr. 3 ZPO).

II. Darlegungserweiterung

Ein anderes Beispiel:

2182

Der Kläger hatte sich von dem beklagten Werkunternehmer ein **Haus** bauen lassen. **Vierzehn Tage nach** der **Fertigstellung** des Hauses war eine **Decke eingestürzt**. In seiner Schadensersatzklage trägt der Kläger nur diesen Sachverhalt vor. Der Richter fragt ihn: „Können Sie eine Erklärung dazu abgeben, worin das von Ihnen angenommene schuldhafte

§ 56 Behauptungslast und Erfahrungssätze

Verhalten des Beklagten liegt?" Der Kläger erwidert darauf, das könne er nicht, weil er beim Bau nicht dabei gewesen sei und auch keine Ahnung von Betonarbeiten habe.

Dem Kläger schadet seine Unkenntnis nicht! Die fehlende Darlegung zum Verschulden wird nämlich durch einen **Satz der Lebenserfahrung** überbrückt. Der besagt: „Stürzt in einem Neubau vierzehn Tage nach Errichtung des Baues eine Decke ein, so spricht der erste Anschein für eine schuldhaft fehlerhafte Errichtung" (vgl. BGH LM § 286 C ZPO Nr. 31). Dieser Satz ist geeignet, Beweis zu erbringen. Er leistet aber noch mehr, und darauf kommt es an, weil es immer noch um die Schlüssigkeitsprüfung geht. Der Erfahrungssatz **erweitert** auch die **Darlegungen** des Klägers. Dieser kann nicht wissen, in welcher Hinsicht der Beklagte fehlerhaft gearbeitet hat. Von ihm dazu dennoch Behauptungen zu fordern, hieße Unmögliches von ihm zu verlangen oder ihn zum Lügen anzuregen. Im praktischen Ergebnis würde das bedeuten, dass ein Großteil der Haftpflichtklagen unschlüssig wäre oder durch Lügen substantiiert würde, weil der Geschädigte oder der Verletzte den Unfallhergang nicht beobachten konnte.

2183 Ebenso wie der Beklagte nach § 138 Abs. 4 ZPO „mit Nichtwissen" bestreiten darf, wird deshalb dem Kläger gestattet, einen ihm **unbekannten Hergang durch einen Erfahrungssatz darzulegen**. Dadurch wird die Behauptungslast (und das Beweisthema) verändert. Es geht nicht mehr um konkrete Verschuldenstatsachen, sondern um die **Darlegung** eines **einschlägigen Erfahrungssatzes**, dessen Folge das Vorbringen des Klägers ergänzt.

2184 Gesetzt den Fall, der Kläger sei in der Lage, die Ursache für den Deckeneinsturz aufzuklären: „Um Zement und damit Kosten zu sparen, hat der Beklagte die für das Gießen dieser Decke vorgeschriebene **Betongüte nicht eingehalten**."

2185 Jetzt hat der Kläger sogar genügend konkrete Verschuldenstatsachen dargelegt. Wird dadurch der Erfahrungssatz bedeutungslos? Keineswegs! Der Kläger hat jetzt seinen **Anspruch zweifach dargelegt**: einmal durch Schilderung des konkreten Geschehens und zweitens durch einen darlegungserweiternden Erfahrungssatz.

2186 **Bestreitet** der **Beklagte**, die Decke in minderwertigem Beton gegossen zu haben, dann hilft ihm das nichts. Dazu müsste er auch den für den Kläger sprechenden und dessen Vorbringen erweiternden Erfahrungssatz ausräumen. Diesen zu bestreiten, würde ihm nichts nützen, weil er damit nur eine falsche Ansicht äußern würde. Er müsste dann schon die **Voraussetzungen** des **Erfahrungssatzes ausräumen**, etwa behaupten, die Decke sei durch eine vom Installateur verursachte Gasexplosion eingestürzt. Das würde zwar nichts daran ändern, dass die Klage (auch) aufgrund des Erfahrungssatzes schlüssig ist. Aber nunmehr käme es auf den Beweis an, weil die Voraussetzungen des Erfahrungssatzes nicht mehr feststünden.

2187 **Ergebnis:**

Darlegungserweiternde Erfahrungssätze sind solche, die sich auf Tatsachen beziehen, die von der begünstigten Partei weder bewirkt noch wahrgenommen worden sind und die sie auch nicht kennen kann. Solche Erfahrungssätze verschieben das Beweisthema, indem sie anstatt auf konkrete Tatsachen unmittelbar auf ein gesetzliches Tatbestandsmerkmal gerichtet sind, weil die mit der Darlegung belastete Partei den konkreten Hergang nicht kennt.

III. Kausalität

In den bisherigen Beispielen ging es um das Tatbestandsmerkmal „Verschulden". Es kann sich dabei aber auch um die Kausalität handeln. 2188

Beispiel (nach BGH LM § 286 C ZPO Nr. 17):
Im **Schwimmbad** ist ein Badegast **ertrunken**. Er war **Nichtschwimmer**. Seine Erben verklagen den Bademeister auf Schadensersatz. Dazu müssen sie darlegen, dass dieser den Unfall nicht nur verschuldet, sondern auch **verursacht** hat. Wie es dazu gekommen ist, hat niemand gesehen.

Folgender **Satz der Lebenserfahrung** nimmt den Klägern die Last konkreter Kausalitätsbehauptungen ab: „Versinkt ein Nichtschwimmer in einer Badeanstalt im tiefen Teil des Beckens, dann spricht der erste Anschein dafür, dass sein Tod auf die Wassertiefe zurückzuführen ist." 2189

Damit haben die Kläger die Unfallkausalität dargelegt, obwohl sie nicht wissen, wie es konkret dazu gekommen ist. Dieser Satz der Lebenserfahrung nimmt ihnen aber nicht die **Behauptungslast** hinsichtlich des **Verschuldens** des Bademeisters ab. Insoweit gibt es keinen einschlägigen Erfahrungssatz. Das Verschulden des Bademeisters, beispielsweise eine Aufsichtsverletzung, muss konkret dargelegt werden, damit die Klage schlüssig ist. 2190

IV. Kausalität plus Verschulden

Sätze der Lebenserfahrung beziehen sich in der Regel nur auf Kausalität oder nur auf Verschulden. Es gibt auch Fälle, in denen ein Erfahrungssatz **für beide** Tatbestandsumstände **darlegungserleichternd** wirkt (vgl. *Schneider*, Beweis und Beweiswürdigung, 5. Aufl., 1994, Rn. 364). 2191

Beispiel:
Auf einem freien Feld werden Kabel verlegt. Beim Verlöten der Anschlussstellen wird ein Propangasgerät mit offener Flamme verwendet. Unmittelbar neben der Arbeitsstelle steht eine Scheune, in der Stroh lagert. Das Stroh gerät in Brand; die Scheune wird vernichtet. Im Ersatzprozess geht es um zwei Fragen: Wer hat den Brand **verursacht**? Wer hat ihn **verschuldet**?

Zugunsten des Klägers sprechen zwei darlegungserweiternde Erfahrungssätze: Zunächst gilt der Satz: „Wenn Stroh zu einer Zeit in Brand gerät, während der ein Propangasgerät mit offener Flamme in der Nähe Verwendung findet, dann spricht der erste Anschein für die Benutzung des Geräts als **Brandursache**" (vgl. BGH VersR 1963, 142). Kraft dieses Erfahrungssatzes hat der Kläger die **Ursache** für den Brand dargelegt, ohne dazu konkrete Behauptungen bringen zu müssen. 2192

2193 Der Satz erleichtert ihm aber auch die **Darlegungen** zum Verschulden: Wenn jemand mit offener Flamme in der Nähe einer Scheune hantiert und das dort lagernde Stroh in Brand setzt (erster Erfahrungssatz!), dann hat er nach der Lebenserfahrung die im Verkehr erforderliche Sorgfalt nicht beachtet. Er hat **schuldhaft** gehandelt.

2194 Sowohl hinsichtlich der Kausalität wie hinsichtlich des Verschuldens können die **Beklagten** ihre **Verurteilung** nur **abwenden**, wenn sie darlegen, dass die gemeinsamen Voraussetzungen beider Erfahrungssätze nicht gegeben gewesen seien, etwa weil gar kein Propangasgerät verwendet worden sei oder dass es zu dem Brand der Scheune erst einen Tag nach Abschluss der Kabelarbeiten gekommen sei.

V. Lehre

2195 Der Anwalt wird immer sorgfältig prüfen müssen, welche Auswirkungen Erfahrungssätze auf die Darlegungslast haben. Dass sich solche Erfahrungssätze auch beweisrechtlich auswirken (Anscheinsbeweis), wird verfahrensrechtlich erst bedeutsam, wenn sich der Beklagte gegen ihre darlegungserweiternde Wirkung erheblich verteidigt hat. Dazu reicht es nicht aus, dass er den Erfahrungssatz „bestreitet". Der ist offenkundig im Sinne des § 291 ZPO und bedarf deshalb keines Beweises, kann aber auch nicht widerlegt werden. **Widerlegt** werden können nur die **Voraussetzungen** des **Erfahrungssatzes**; und das ist allein Sache des Beklagten.

Neuntes Kapitel: Die einzelnen Beweismittel

Vorbemerkung

Unabhängig davon, auf welches Beweismittel sich ein Beweisantrag bezieht, sind einige **Grundregeln** zu beachten: 2196

I. Optische Hilfen

Angesichts der Neigung mancher Gerichte, unter Verletzung der Aufklärungs- und Hinweispflicht des § 139 ZPO einer Partei erstmals im Urteil zu eröffnen, sie sei beweisfällig geblieben, ist **Vorbeugen der sicherste Weg**. Der Anwalt sollte deshalb alles erhebliche Vorbringen so weit wie möglich mit Schriftstücken belegen: Briefe, sonstige Urkunden, Telefaxe. Die Sachschilderung sollte soweit wie möglich mit Anschauungsmaterial unterstützt werden: Lichtbilder, Zeichnungen, Handskizzen. Sehr anschaulich heißt es in einem chinesischen Sprichwort: „Ein Bild sagt mehr als tausend Worte." Selbst die beste schriftliche Darstellung ist dem optischen Eindruck unterlegen. Deshalb ist beispielsweise eine Ortsbesichtigung jeder Zeugenaussage vorzuziehen und gegenüber dieser auch das unmittelbare Beweismittel. Seine Übergehung kann unerlaubte Übergehung eines Beweisantrages sein und damit zugleich gegen Art. 103 Abs. 1 GG verstoßen (*Schneider*, Beweis und Beweiswürdigung, 5. Aufl., 1994, Rn. 855). 2197

II. Antragskonkretisierung

„Notwendiger Inhalt eines Beweisantrags ist die spezifizierte Bezeichnung der Tatsachen, welche bewiesen werden sollen" (so BGH NJW 2004, 1362 = MDR 2004, 1016). An dieser schriftsätzlichen Konkretisierung fehlt es nicht selten, vor allem, wenn „Rundum-Beweisanträge" gestellt werden („Beweisantrag für alles: Zeuge Müller"). Das kann dann dazu führen, dass Gerichte – manchmal erst im Urteil – unter Verstoß gegen § 139 Abs. 1 S. 2 ZPO! – beanstanden, es sei nicht ersichtlich, auf welche **Textstelle** im Schriftsatz **sich** ein **Beweisantrag beziehe**. Deshalb sollte jeder Beweisantrag genau zu derjenigen Tatsache gebracht werden, die bewiesen werden soll. Es ist sicherer, Beweisanträge mehrfach zu wiederholen, als einen einzigen Beweisantrag für umfangreiches Vorbringen zu stellen, in dem mehrere Tatsachen und Wertungen enthalten sind. Ins Gewicht fallende Mehrarbeit ist damit heute nicht mehr verbunden, da ein Beweisantrag am Schreibcomputer kopiert werden kann. 2198

§ 57 Augenschein

III. Überflüssige Anträge

2199 Umgekehrt sollte vermieden werden, Schriftsätze mit Beweisanträgen zu **unwesentlichen** oder selbstverständlichen **Angaben** zu belasten. Manche Anwälte sind darin leider Spezialisten. Sie stellen dann etwa durch Sachverständigengutachten unter Beweis, dass der Beklagte beim Einbiegen nach links keinen Blinker gesetzt habe oder dass Eisenträger belastungsfähiger seien als Holzbalken. Da derartige „Beweisanträge" nicht ernst zu nehmen sind, kann es geschehen, dass der Richter auch über erhebliche Beweisanträge hinwegliest.

§ 57 Augenschein

2200 Der Augenscheinsbeweis wird durch die Bezeichnung des Gegenstandes des Augenscheins und die Angabe der zu beweisenden Tatsache angetreten (§ 371 ZPO).

Beispiel:
Im Erdgeschoss des von der Beklagten errichteten Neubaus sind die Wände bis zur Höhe von 1,5 m so durchfeuchtet, dass sich bereits die Tapete abgelöst hat.
Beweis: Einnahme eines Augenscheins

Kürzer wird der Beweisantrag meist so formuliert: „Beweis: Ortsbesichtigung."

2201 Hauptanwendungsgebiete des Augenscheinsbeweises sind Verkehrsunfallsachen (Besichtigung der Örtlichkeit), Bausachen (Gebäudebesichtigungen) und Untersuchungen zur Feststellung der Abstammung durch Entnahme von Blutproben (§ 372a ZPO). Als unmittelbarer und damit zuverlässiger Beweis **geht** die Einnahme eines **Augenscheins** der **Vernehmung** eines **Zeugen vor**, weil dadurch auch scheinbar eindeutige Aussagen erschüttert werden können.

2202 Nach § 144 ZPO darf das Gericht den Augenscheinsbeweis auch ohne dahingehenden Beweisantrag erheben, was gegebenenfalls vom Anwalt **schriftsätzlich anzuregen** ist.

2203 Im Beweistermin ist darauf zu achten, dass das Ergebnis eines Augenscheins gemäß § 160 Abs. 3 Nr. 5 ZPO genau **protokolliert** wird. Ohne Protokollierung ist die Beweisaufnahme unverwertbar, wenn sich im Zeitpunkt der Schlussentscheidung die Richterbank geändert hat. Im Berufungsverfahren ist das zwangsläufig der Fall und ein durchgreifender Berufungsgrund (BGH VersR 1992, 883 = MDR 1992, 777; NJW-RR 1986, 190 = MDR 1986, 220; NJW 2003, 1006).

§ 58 Zeuge

I. Der Beweisantritt

Der Zeugenbeweis wird angetreten durch die Benennung des Zeugen mit ladungsfähiger **Anschrift** und Bezeichnung der **Tatsachen**, über die er aussagen soll (§ 373 ZPO). 2204

Die ladungsfähige Anschrift **sollte** die **Privatanschrift** sein. Die Gerichte lassen aber meist auch Angaben genügen wie „zu laden über den Kläger" oder die Arbeitgeberadresse. 2205

Eine **Tatsache** ist ein (behaupteter) realer Umstand, der sich ereignet hat. Vermutungen oder hypothetische Entschlüsse eines Zeugen fallen nicht darunter (LG Frankfurt NJW-RR 1986, 551; *Musielak/Foerste*, ZPO, 5. Aufl., 2007, § 284 Rn. 2). 2206

Ausnahmsweise darf das Gericht eine **schriftliche Beantwortung** der Beweisfrage durch einen Zeugen ausreichen lassen (§ 377 Abs. 3 S. 1 ZPO). Diese Regelung ist aussagepsychologisch sehr bedenklich, weil sie gegen den Grundsatz der Unmittelbarkeit des § 355 Abs. 1 S. 1 ZPO verstößt. Vor allem entfällt der für die Beweiswürdigung oft wichtige **persönliche Eindruck** des Richters, zumal es auch noch in seinem Ermessen steht, ob er zur weiteren Klärung der Beweisfrage die Ladung des Zeugen anordnet (§ 377 Abs. 3 S. 3 ZPO). Dadurch kann das **Fragerecht** der Parteien (§ 397 Abs. 1 ZPO) ausgehebelt werden. Um dies zu erreichen, wird von der Rechtsprechung sogar die Ladung des „Schrift-Zeugen" als wiederholte Vernehmung gemäß § 398 Abs. 1 ZPO angesehen, die ebenfalls im Ermessen des Gerichts steht (siehe *Musielak/Huber*, ZPO, 5. Aufl., 2007, § 377 Rn. 8). 2207

Manchmal ist unsicher, ob eine als Zeuge in Betracht kommende Person überhaupt etwas vom streitigen Sachverhalt weiß und was genau. Um keinen Zeugenbeweisantrag auf das Geratewohl zu stellen, wird der Anwalt in solchen Fällen erwägen, diese Person schriftlich oder mündlich nach ihrem erheblichen Wissen zu fragen oder von dem Mandanten fragen zu lassen. So vorzugehen, ist ihm weder verfahrensrechtlich noch standesrechtlich verwehrt. 2208

Auf keinen Fall sollte aber ein Zeuge vor seiner Benennung über sein konkretes Wissen befragt werden. Dadurch kann seine Beweistauglichkeit wesentlich herabgesetzt werden, weil das Gericht darin eine nie auszuschließende Beeinflussung sehen kann (OLG Köln VersR 1955, 142; siehe *Schneider*, ZAP-Kolumne Heft 3/2007). 2209

Ist in einem **vorbereitenden Schriftsatz** ein Antrag auf Vernehmung eines Zeugen gestellt worden, dann ist es verfahrensrechtlich nicht erforderlich, ihn in der mündlichen Verhandlung ausdrücklich zu wiederholen. Die allgemeine Bezugnahme (§ 137 Abs. 3 S. 1 ZPO) genügt. 2210

Wiederum muss aber berücksichtigt werden, dass manche Gerichte sich nicht scheuen, einen Beweisantrag als nicht (mehr) gestellt zu übergehen, weil er nicht 2211 ausdrücklich wiederholt worden ist (vgl. *Schneider* MDR 1998, 998). Das ist verfahrenswidrig und kann, wenn es sich erst aus dem Urteil ergibt, nur mit der Berufung angegriffen werden (OLG Hamm NJW-RR 1997, 764). Da zugleich der verfassungsrechtlich garantierte Anspruch auf Gewährung rechtlichen Gehörs (Art. 103 Abs. 1 GG) verletzt wird, kommt bei Unanfechtbarkeit des Urteils auch eine Verfassungsbeschwerde in Betracht (BVerfG NJW 1993, 254; NJW-RR 1996, 183; ZIP 1996, 1761).

2212 Nach § 321a ZPO ist auch die **Gehörsrüge** wegen Übergehens eines Beweisantrages möglich, weil dadurch der Anspruch auf Gewährung rechtlichen Gehörs (Art. 103 Abs. 1 GG) verletzt wird. Der Rügeschriftsatz muss innerhalb von zwei Wochen ab Zustellung des Urteils eingereicht werden (Einzelheiten bei *Schneider*, Praxis der neuen ZPO, 2. Aufl., 2003, Rn. 397 ff.). Die Aussichten, damit etwas zu erreichen, sind jedoch gering. Richter sind erfahrungsgemäß wenig geneigt, ihre Fehler einzuräumen und zu beheben. Sie weisen deshalb Gehörsrügen oft mit vorgeschobenen Gründen zurück (siehe dazu *Vollkommer*, Festschrift für Musielak, 2004, S. 621 ff.; *Schneider*, Festschrift für Madert, 2006, S. 187 ff.).

II. Fristsetzung nach § 356 ZPO

2213 Auch bei **lückenhafter Angabe** der ladungsfähigen **Anschrift** kann das Gericht, um das Verfahren zu fördern, schon einen Beweisbeschluss erlassen und darin dem Beweisführer die Auflage machen, die Zeugenanschrift zu vervollständigen. Wird dieser Auflage nicht entsprochen, dann darf der Beweisantrag deshalb nicht zurückgewiesen werden. Dem Beweisführer muss vielmehr gemäß § 356 ZPO eine **Beibringungsfrist** gesetzt werden (BGH NJW 1976, 1975; 1987, 893; LM § 356 ZPO Nr. 4). Diese Rechtslage ist auch verfassungsrechtlich abgesichert (BVerfGE 65, 307; 69, 255). Unterbleibt die Fristsetzung, dann sollte der Anwalt das sofort beanstanden, um sich Zeit zur Ermittlung der genauen Anschrift zu verschaffen.

III. Beweisantrag „Zeugnis N.N."

2214 Manchmal weiß der Mandant, dass es in seiner Sache einen Zeugen gibt, kann diesen aber noch nicht nach Namen und Anschrift identifizieren. Der Anwalt benennt daraufhin zu einer bestimmten Tatsache den „Zeugen N.N.". Beschränkt er sich darauf, dann geht er das Risiko verfahrenswidriger Behandlung dieses Beweisantrages durch das Gericht ein.

2215 Um einen korrekten Beweisantrag im Sinne des § 373 ZPO handelt es sich dabei nicht. Unter diesem Vorwand **übergehen** manche Gerichte eine solche Ankündigung eines Beweisantrages. Sie behandeln ihn einfach als unbeachtlich (so OLG Koblenz AnwBl. 1990, 372) oder ohne jede weitere Begründung als „einen gänzlich ungeeigneten Beweisantritt" (so OLG Düsseldorf VersR 1993, 1168). Das ist verfahrenswidrig (siehe *Schneider* MDR 1998, 1116) und auch als

Gehörsverletzung verfassungswidrig (BVerfG NJW 2000, 945). Bei korrektem Vorgehen muss das Gericht dem Beweisführer auch dann nach § 356 ZPO eine **Frist zur Beibringung** der vollständigen Anschrift setzen (BGH LM ZPO § 356 Nr. 2; MDR 1973, 297; NJW 1993, 1926 f.; MDR 1998, 855; BAG EzA § 373 Nr. 1; *Musielak/Huber*, 5. Aufl., 2007, § 373 Rn. 10). Solange das nicht geschehen ist, darf kein Präklusionsrecht angewandt werden, da § 356 ZPO lex specialis zu § 296 ZPO ist (*Musielak/Huber*, § 296 Rn. 4).

IV. Leerformeln

Gerichte sind manchmal bemüht, um diese von ihnen als lästig empfundene Verfahrensweise herumzukommen. Dazu dienen „Abwehrfloskeln". So wird ein nicht genügend bestimmter Beweisantrag als **substanzlos**, als **Beweis auf das Geratewohl** oder als **aus der Luft gegriffen** oder die zu beweisenden Tatsachen als **Behauptung ins Blaue hinein** abgewertet, und bleibt dann unberücksichtigt (Nachweise bei *Musielak/Huber*, 5. Aufl., 2007, § 373 Rn. 12), oder ein „Zeuge vom Hörensagen" wird als untaugliches Beweismittel angesehen (OLG Zweibrücken OLGReport 2005, 59). Dadurch wird zugleich die richterliche Aufklärungs- und Hinweispflicht des § 139 ZPO umgangen. 2216

Diese Wortbildungen sind überflüssig und gefährlich (*Schellhammer*, Zivilprozess, 10. Aufl., 2003, Rn. 537; kritisch auch BGH NJW-RR 2003, 491). Es handelt sich dabei nicht um verfahrensrechtliche Kriterien. In korrekter Terminologie ist nur zu fragen, ob ein Beweisantrag **erheblich** und **hinreichend substantiiert** ist. Mangelt es daran, dann hat das Gericht nach § 139 ZPO dafür zu sorgen, dass dieser Mangel behoben wird, und nicht den Beweisantrag zu übergehen. 2217

V. Sicherster Weg

Da sich der Anwalt leider nicht darauf verlassen kann, dass ein Gericht verfahrensrechtlich fehlerfrei vorgeht, ist es der sicherste Weg, jeden unbestimmten Beweisantrag im Rahmen des Möglichen zu **individualisieren**. Dazu gehört einmal der **Hinweis**, dass der Mandant bemüht sei, die ladungsfähige Anschrift des Zeugen ausfindig zu machen. Außerdem sollten bekannte **Indizien** mitgeteilt werden, etwa der Vorname oder der Spitzname oder die Nationalität oder der Beruf des Zeugen oder sein Arbeitgeber usw. Derartige Angaben erschweren es dem Gericht, von der Fristsetzung nach § 356 ZPO abzusehen. Es kommt auch schon einmal vor, dass ein Anwalt „ein wenig" gegen die Wahrheitspflicht verstößt, um seine Partei vor einem anwaltsbekannt verfahrenswidrig judizierenden Richter zu schützen. Anstatt den Beweisantrag „Zeuge N.N." zu stellen, benennt er eine erfundene Person mit erfundener Anschrift. Die Ladung kommt natürlich zurück – aber der Anwalt hat Zeit gewonnen, um den Zeugen „N.N." mit ladungsfähiger Anschrift zu finden. Den benennt er dann. „Not macht erfinderisch", heißt es im Sprichwort. 2218

VI. Präsente Zeugen

1. Verspätungsrecht

2219 Ein vom Beweisführer erstmals in der mündlichen Verhandlung benannter und **gestellter** Zeuge muss grundsätzlich vernommen werden (BGHZ 83, 313 = NJW 1982, 1535; *Gießler* NJW 1991, 2885). Irrig ist die Auffassung des OLG Schleswig (NJW 1991, 303), die Vernehmung einer nicht geladenen Person, die in der mündlichen Verhandlung als Zeuge gestellt werde, sei im Zivilprozess unzulässig.

2220 Anders verhält es sich, wenn die Vernehmung des gestellten Zeugen das Verfahren verzögern würde. Dann ist Verspätungsrecht anwendbar (BGH a.a.O.). Das ist beispielsweise der Fall, wenn die Vernehmung dieses Zeugen **Gegenbeweisanträge** nach sich ziehen würde, deren Berücksichtigung die Anberaumung eines neuen Beweistermins nötig machen würde (BGH a.a.O.).

2221 Ebenso kann es sich verhalten, wenn der Beweisgegner der Vernehmung mit der Begründung **widerspricht**, durch die überraschende Vernehmung des gestellten Zeugen werde ihm die Möglichkeit weiterer Aufklärung und die Stellung sachgerechter Fragen sowie die Benennung von Gegenzeugen abgeschnitten (BGH NJW 1986, 2275; OLG Hamm MDR 1986, 766). Das muss aber dargelegt werden.

2222 Um einem fehlerhaften Verfahren des Gerichts vorzubeugen, sollte die Stellung eines präsenten Zeugen möglichst früh **schriftsätzlich angekündigt** werden. Dann kann sich auch der Gegner darauf einstellen. Darüber hinaus ist die Stellung eines Zeugen angebracht, wenn erkennbar wird, dass das Gericht einen Beweisantrag übergehen will.

2. Entschädigung

2223 Wird ein **gestellter Zeuge vernommen**, dann ist er hinsichtlich seines **Erstattungsanspruchs** wie ein geladener Zeuge zu behandeln (*Meyer/Höver/Bach*, Die Vergütung und Entschädigung nach dem JVEG, 23. Aufl., 2005, S. 233). Hat die Partei den von ihr gestellten Zeugen bereits entschädigt, dann kann sie sich vom Zeugen dessen Entschädigungsanspruch abtreten lassen und gegen die Staatskasse geltend machen. Bei Obsiegen hat sie zudem nach § 91 ZPO gegen den unterlegenen Gegner einen Erstattungsanspruch in Höhe der Beträge des JVEG.

2224 Haben beide Parteien einen Zeugen benannt, dann ist Auslagenschuldner nur die beweisbelastete Partei (BGH NJW 1999, 2823).

VII. Ausforschung durch Vernehmung

2225 Zu einem Überraschungseffekt, der für die Gegenpartei darin liegen kann, unversehens mit einem gestellten Zeugen konfrontiert zu werden, kann es auch auf andere Weise kommen. Zur Aufklärung und zur Vervollständigung von Zeugenaussagen hat das Gericht nötigenfalls **Fragen zu stellen** (§ 396 Abs. 2

ZPO). Damit ist die **Gefahr der Ausforschung durch das Gericht** verbunden. Erfahrungsgemäß kommt es immer wieder vor, dass die Fragen des Gerichts das **Beweisthema erweitern oder verändern**. Dann werden Tatsachen bekannt, die von keiner Partei vorgetragen worden sind. Das verstößt gegen den Beibringungsgrundsatz und gegen das Gebot der Beweiserhebung nur aufgrund eines Beweisbeschlusses (§§ 358, 358a ZPO).

Die Grenze ist fließend. Grundsätzlich gilt jedoch, dass jeder Beweiserhebung 2226 ein **Beweisbeschluss** vorangehen muss, der die Beweiserhebung inhaltlich abgrenzt. Ergänzende Fragen dürfen das Beweisthema nicht völlig verändern (MünchKommZPO/*Musielak*, 2. Aufl., 2000, § 358 Rn. 1; § 360 Rn. 8).

Droht dies, dann muss der Anwalt einschreiten und zu Protokoll widersprechen, 2227 weil seinem Mandanten keine Gelegenheit gegeben worden ist, sich auf diese **Veränderung** des **Beweisthemas** einzustellen. Darin kann zugleich eine Verletzung des verfassungsrechtlichen Anspruchs auf Gewährung rechtlichen Gehörs liegen (Art. 103 Abs. 1 GG).

VIII. Verschwiegenheitspflicht; Aussageverweigerung

Es kommt vor, dass eine Partei jemanden als Zeugen benennt, der unter 2228 Verschwiegenheitspflicht steht. Dieser Zeuge darf nur vernommen werden, wenn er von der Verschwiegenheitspflicht entbunden wird (§§ 376 Abs. 3, 383 Abs. 1 Nr. 6, 385 Abs. 2 ZPO). Besteht die Verschwiegenheitspflicht zugunsten des Prozessgegners, dann stellt sich die Frage, ob dessen **Weigerung, Aussagegenehmigung zu erteilen**, bei der Beweiswürdigung berücksichtigt werden darf. Das OLG Düsseldorf (MDR 1976, 762) hat das einmal verneint:

„Die bloße Weigerung, einen Zeugen von der Schweigpflicht zu befreien, kann dann nicht zu Rechtsnachteilen der sich weigernden Prozesspartei führen, wenn lediglich vermögensrechtliche Belange den Gegenstand des Rechtsstreits bilden. Jede Partei verteidigt im Zivilprozess eigene Interessen und darf daher auch in entsprechender Weise von prozessrechtlichen Befugnissen Gebrauch machen."

Diese Einschränkung ist jedoch vereinzelt geblieben. Es besteht in Rechtsprechung und Schrifttum vielmehr Einigkeit darüber, dass die Weigerung, Aussagegenehmigung zu erteilen, **bei der Tatsachenfeststellung berücksichtigt werden muss**. Zum gesamten Inhalt der Verhandlung, die Grundlage der Beweiswürdigung ist (§ 286 Abs. 1 S. 1 ZPO), gehört auch die Versagung der Entbindung von der Verschwiegenheitspflicht (BGH ZIP 1983, 735, 737).

Die Rechtsprechung steht daher auf dem Standpunkt, die Weigerung, einen 2230 Zeugen von seiner Verschwiegenheitspflicht zu entbinden, gehe immer dann zu Lasten der sich weigernden, nicht beweispflichtigen Partei, **wenn sie nur das Ziel habe, die Aussage über entscheidungserhebliche Behauptungen des Beweisführers zu verhindern** (OLG Celle ZIP 1981, 1323, 1325).

Wie das zu begründen ist, darüber besteht keine Einigkeit. Die Ansichten 2231 schwanken zwischen **freier Beweiswürdigung** (BGH ZIP 1983, 735 [Steuerberater]), **Beweisvereitelung** (vgl. BGH NJW 1972, 1131; VersR 1981, 42, 43 [Arzt]; BGH NJW 1967, 2012 u. OLG Celle ZIP 1981, 1323 [Bankgeheimnis]; OLG München NJW-RR 1987, 1021 [Notar]) und **Umkehr der Beweislast** (BGH NJW 1972, 1131 [Arzt]). Nicht selten werden sogar mehrere dieser rechtlichen Gesichtspunkte angeführt werden (so etwa in BGH NJW 1972, 1131 u. VersR 1981, 42, 43; vgl. dazu auch *Musielak*, Die Grundlagen der Beweislast im Zivilprozess, 1975, § 7; *Baumgärtel*, Beweislastpraxis im Privatrecht, 1996, S. 80 ff.).

2232 Für die Praxis ist dieser theoretische Einordnungsstreit bedeutungslos, weil von der Partei, die die Aussagegenehmigung verweigert, in jedem Fall eine **Begründung** verlangt wird. Die Partei muss darlegen, dass ihr Verhalten auch im Hinblick auf den Grundsatz von Treu und Glauben als berechtigt anzusehen ist (so BGH VersR 1981, 42, 43). Diese Gründe sind glaubhaft zu machen (OLG München NJW 1987, 1021, 1022). Sie müssen das Gericht davon überzeugen, dass die nicht beweispflichtige Partei mit der Einwilligung gegen ihre höherwertigen, über den Rechtsstreit hinausgreifenden Interessen handeln müsste (so BGH NJW 1967, 2012). Die vorgebrachten Gründe hat das Gericht dann frei zu würdigen (BGH VersR 1981, 42, 43; OLG Celle ZIP 1981, 1323, 1324).

2233 Entscheidend ist, welche von der Partei vorgebrachten Gründe **nicht** als gerechtfertigt angesehen werden, nämlich vor allem die **Sorge vor einer falschen Aussage**, etwa wegen damit verbundener Eigenbelastung des Zeugen (BGH VersR 1981, 42, 43; OLG Celle ZIP 1981, 1323, 1324; OLG München NJW-RR 1987, 1021, 1022). Das wiederum wird damit begründet, die Verweigerung der Aussagegenehmigung mache dem Gericht die Beurteilung der Wahrheit einer Zeugenaussage im Rahmen einer umfassenden Beweiswürdigung unmöglich (BGH VersR 1981, 42, 43; OLG München NJW 1987, 1021, 1022; OLG Celle ZIP 1981, 1323, 1325).

2234 Indem die Rechtsprechung der eigenen Beweiswürdigung Vorrang vor den Motiven einräumt, die eine Partei veranlassen, die Aussagegenehmigung zu verweigern, hat sie sich im Ergebnis ein **Kontrollinstrument** geschaffen, mit dem jede Verweigerung zu Lasten der verweigernden Partei gewertet werden kann. Denn mit dem Hinweis auf die Behinderung der Kontrolle des Gerichts lässt sich jede Begründung für die Nichterteilung der Genehmigung aushebeln.

2235 Zu einer vergleichbaren Problematik kommt es in Fällen, in denen **nur der Zeuge** darüber entscheidet, ob er aussagen will oder nicht.

2236 Geht es dabei um **persönliche Beziehungen** – Verlobte, Ehegatten, Verwandte, Geheimnisträger (§ 383 Abs. 1 Nr. 1–3, 5 ZPO), – dann folgt aus der Aussageverweigerung beweisrechtlich nichts (*Thomas/Putzo/Reichold*, ZPO, 27. Aufl., 2005, § 383 Rn. 1). Der Richter weiß nicht, welche Motive diesem Entschluss zugrunde liegen. Danach darf er wegen des Verweigerungsrechts auch nicht fragen (KG NJW 1966, 604 f.).

2237 Bei der Zeugnisverweigerung aus **sachlichen Gründen** (§ 384 ZPO) geht es nur um die Aussageverweigerung hinsichtlich **bestimmter Fragen**. Damit der Zeuge sich darüber klar werden kann, ob er verweigerungsberechtigt ist, muss der Richter erst einmal die **Fragen stellen** (BGH NJW 1994, 197 f. = MDR 1994, 92).

Aus der Weigerung dürfen nur dann beweisrechtliche Schlüsse gezogen werden, wenn Umstände feststehen, die in Verbindung mit der Zeugnisverweigerung für den Richter überzeugungsbildend sind, etwa Indizien, Urkunden, ein früheres Verhalten des Zeugen und dergleichen (ausführlich dazu *Peters* ZZP Bd. 77, 1964, S. 452–456). Auch dann ist aber bei beweisrechtlichen Schlussfolgerungen **Zurückhaltung geboten** (*Thomas/Putzo/Reichold*, § 384 Rn. 1). 2238

IX. Auslagenvorschuss

Nach § 379 ZPO kann das Gericht die Ladung eines Zeugen davon abhängig machen, dass der Beweisführer (§ 359 Nr. 3 ZPO) „einen hinreichenden Vorschuss zur Deckung der Auslagen zahlt, die der Staatskasse durch die Vernehmung des Zeugen erwachsen". Das geschieht so gut wie immer. Die Staatskasse streckt die nach dem JVEG anfallende Zeugenentschädigung nicht vor. 2239

Die Höhe des Auslagenvorschusses wird dem Prozessbevollmächtigten mitgeteilt. Die Vorschusszahlung entfällt, wenn der Zeuge auf eine Entschädigung verzichtet. Das alles teilt der Anwalt dem Mandanten mit. Der hat dann den Kostenvorschuss an die Gerichtskasse einzuzahlen oder die Verzichtserklärung des Zeugen beizubringen. 2240

Dieses umständliche Hin und Her kann den Fortgang des Verfahrens verzögern. Der Anwalt kann es beschleunigen, indem er dem Gericht mitteilt, er **sage sich** für anfallende Entschädigungen **stark**. In der Praxis ist es üblich, das Wort des Anwalts genügen zu lassen. Seine Erklärung wird als **Haftungsübernahme** gewertet (so OLG Oldenburg JurBüro 1984, 93; OLG Schleswig JurBüro 1988, 1038; OLG Düsseldorf MDR 1991, 161 = Rpfleger 1991, 128) oder sogar als **selbstschuldnerische Bürgschaft** (so OLG Hamm Rpfleger 1975, 37). 2241

Eine ganz andere Frage ist die, ob ein Anwalt die Erklärung „Ich sage mich stark..." überhaupt abgeben sollte. **Davor ist zu warnen!** Es mag in Fällen angehen, in denen die Beschleunigung des Verfahrens sehr dringlich und der Mandant absolut zuverlässig ist. Von dieser seltenen Ausnahme abgesehen, hat kein Prozessbevollmächtigter Anlass, das Risiko einzugehen, später wegen des Auslagenvorschusses von der Gerichtskasse in Anspruch genommen zu werden. Er ist nicht Kreditgeber des Mandanten. Und in der Regel hat er schon genügend Mühe, später zu seiner Vergütung zu kommen. Erfahrungsgemäß sind die wenigsten Auftraggeber zuverlässige und pünktliche Zahler. Das beweisen die zahlreichen Fälle, in denen Anwälte das in § 11 RVG geregelte Vergütungsfestsetzungsverfahren einleiten müssen. Anwaltliches Grundgesetz sollte deshalb sein: **Nie einen Prozess mit eigenem Geld vorfinanzieren!** 2242

§ 59 Sachverständiger

I. Rechtsgrundsätze

2243 Der Sachverständigenbeweis wird angetreten „durch die Bezeichnung der zu begutachtenden Punkte" (§ 403 ZPO). Ein solcher Antrag darf **nicht durch Vernehmung** eines **Zeugen übergangen** werden, wenn es um Fragen geht, die nur auf Grund besonderer Sachkunde beurteilt werden können (BGH NJW 1993, 1796 = ZIP 1993, 868).

2244 Auch hier besteht die Hinweispflicht des Gerichts nach § 139 ZPO. Ist ein sachdienlicher Antrag auf Einholung eines Sachverständigengutachtens nicht gestellt worden oder ist er unzulänglich, dann muss das Gericht darauf hinweisen oder gemäß § 144 ZPO das Gutachten von Amts wegen einholen (OLG Köln NJW-RR 1998, 1274). In diesem Fall ist kein Auslagenvorschuss anzufordern (*Schneider* MDR 2000, 751).

2245 Wird beantragt, ein in einem **anderen Verfahren** erstattetes Sachverständigengutachten zu verwerten, dann zielt dieser Antrag auf einen Urkundenbeweis ab. Die Verwertung solcher Gutachten ist immer zulässig (z. B. OLG Oldenburg NJW-RR 1996, 406). Das gilt auch für Privatgutachten. Das Gericht muss sie berücksichtigen (OLG Zweibrücken VersR 1998, 114). Ein Privatgutachten kann sogar die Einholung eines gerichtlichen Gutachtens erübrigen (OLG Oldenburg VersR 1996, 843), jedoch nur, wenn beide Parteien zustimmen (BGH NJW-RR 1994, 255; ausführlich dazu *Gehrlein* VersR 2003, 574).

2246 Will eine Partei ein ihr ungünstiges Sachverständigengutachten angreifen, dann kann sie das auch durch Vorlage eines privaten Gegengutachtens. Ein Privatgutachten ist substantiierter Parteivortrag. Jedoch ist die Partei verfahrensrechtlich **nicht verpflichtet**, ein Privatgutachten einzuholen, um sich gegen ein gerichtliches Gutachten zu wehren (siehe oben Rn. 2046 f.). Dazu heißt es in BGH MDR 2003, 766:

> „Der Parteivortrag zu fachspezifischen Fragen ist nicht unsubstantiiert, wenn er nicht durch ein beigefügtes Privatgutachten untermauert wird. Wenn eine Partei nur geringe Sachkunde hat, dürfen weder an ihren klagebegründenden Sachvortrag noch an ihre Einwendungen gegen ein Sachverständigengutachten hohe Anforderungen gestellt werden, sondern sie darf sich auf den Vortrag von zunächst nur vermuteten Tatsachen beschränken."

2247 Mangels einer Pflicht, den Angriff gegen ein Gerichtsgutachten durch ein Privatgutachten zu stützen, ist es auch unzulässig, wegen eines verspätet vorgelegten Gutachtens Präklusionsrecht anzuwenden (BGH a.a.O.).

II. Anhörung

2248 Wichtig ist für den weiteren Verlauf des Beweisverfahrens, dass die Parteien das Recht haben, den Sachverständigen zur **mündlichen Erläuterung** seines Gutachtens und zur Stellung von Fragen laden zu lassen (BGH MDR 1998, 58; BGH-Report 2004, 763). Das Übergehen eines solchen Antrages ist verfahrens- und auch verfassungswidrig, weil es den Anspruch des Art. 103 Abs. 1 GG auf Gewährung rechtlichen Gehörs verletzt (BVerfG ZIP 1998, 1047 = NJW 1998, 2273).

So verhält es sich auch dann, wenn das Gericht das Gutachten für überzeugend hält und deshalb einen Erläuterungsbedarf verneint (BGH VersR 2003, 926). Der Verstoß gegen das Anhörungsrecht ist ein Berufungsgrund mit der Folge, dass das Berufungsgericht einem in zweiter Instanz wiederholten Antrag auf Ladung des Sachverständigen entsprechen muss (BGH MDR 2005, 1308). 2249

III. Gesetzesänderung

Durch das Gesetz zur Modernisierung der Justiz (Justizmodernisierungsgesetz – JuMoG) ist der Unmittelbarkeitsgrundsatz beim Sachverständigenbeweis durch folgende Vorschrift aufgegeben worden: 2250

§ 411a Verwertung von gerichtlichen Sachverständigengutachten
Die schriftliche Begutachtung kann durch die Verwertung eines gerichtlich eingeholten Sachverständigengutachtens aus einem anderen Verfahren ersetzt werden.

Die Verwertung eines solchen Gutachtens ist ein **Urkundenbeweis** (ausführlich dazu *Rath/Küppersbusch* VersR 2005, 890 ff.). Diese beweisrechtlich zwingende Zuordnung lässt sich nicht dadurch ändern, dass das verfahrensfremde Gutachten von Gesetzes wegen als Sachverständigenbeweis vor dem erkennenden Gericht behandelt wird. Sinnvoll ist die Anwendung des § 411a ZPO allenfalls, wenn sich die Beweisthemen beider Verfahren decken, etwa wenn es um Ansprüche aus einem (demselben!) Verkehrsunfall geht oder um sonstige wechselseitige Klagen, die denselben Sachverhalt betreffen (*Thomas/Putzo/Reichold*, ZPO, 27. Aufl., 2005, § 411a Rn. 2). 2251

Diese Regelung ist sehr bedenklich und zweifelhaft. Das Fremdgutachten ist zu einem **anderen Streitgegenstand** erstattet worden, ohne dass die Parteien des laufenden Verfahrens Gelegenheit hatten, sich am Beweisverfahren zu beteiligen und die Zuverlässigkeit des Gutachtens zu prüfen. 2252

Der Anwalt sollte sich deshalb gegen die Verwertung eines Fremdgutachtens wehren und bei Erfolglosigkeit auf jeden Fall den Anhörungsantrag nach § 411 Abs. 3 ZPO stellen. 2253

§ 60 Urkunde

I. Beweisantritt

2254 Der Urkundenbeweis „wird durch die **Vorlegung der Urkunde** angetreten" (§ 420 ZPO). Gegen wenige Vorschriften im Zivilprozess wird so häufig verstoßen wie gegen diese. Immer wieder findet sich in Schriftsätzen der Hinweis: „**Beweis: Vorlage der Urkunde.**" Das ist **kein Beweisantrag**. Diese Übung beruht möglicherweise auf der Erwartung, das Gericht werde die angebotenen Urkunden schon anfordern, wenn es sie als wesentlich ansehe. Die Befugnis dazu ergibt sich aus § 142 ZPO. Das Vertrauen darauf ist aber verfahrensrechtlich sehr riskant und gewiss nicht der „sicherste Weg". Ein Kläger, der Urkunden in Händen hat, auf die es für die Entscheidung ankommen kann, sollte sie dem Gericht vorlegen.

2255 Einzureichen ist nach § 435 ZPO die **Urschrift** oder eine **beglaubigte Abschrift**. In der Praxis genügt jedoch eine **Ablichtung**, solange das Gericht oder der Gegner nicht die Vorlage des Originals verlangt.

2256 Das bloße schriftliche Angebot, eine Urkunde vorzulegen, also demnächst einen korrekten Urkundenbeweis anzutreten, ist nicht ungefährlich. Stellt sich in der mündlichen Verhandlung heraus, dass es auf die Urkunde ankommt, und kann der Kläger sie nicht sofort vorlegen, dann ist er beweisfällig. Einen Vertagungsgrund hat er nicht. Ihm droht der Prozessverlust nach Präklusionsrecht.

Die Beweiskraft von Privaturkunden (§ 416 ZPO) ist durch die richterrechtlich geschaffene Beweisregel der **Vermutung der Vollständigkeit und Richtigkeit** des Erklärten verstärkt worden (*Zöller/Geimer*, ZPO, 26. Aufl., 2007, § 416 Rn. 10). Gegenbeweis ist aber, wie immer im Beweisrecht, möglich (BGH VersR 2006, 992).

II. Beigezogene Akten

2257 Ebenso wie der Sachverständigenbeweis kann auch der Zeugenbeweis **durch einen Urkundenbeweis ersetzt** werden, indem Vernehmungsprotokolle aus anderen Verfahren beigezogen und verwertet werden. Die Beiziehung solcher Akten ist dem Gericht immer erlaubt, selbst gegen den Widerspruch einer Partei (§ 273 Abs. 2 Nr. 2 ZPO). Jedoch muss der Grundsatz der Unmittelbarkeit der Beweisaufnahme beachtet werden. Einem Beweisantrag auf Vernehmung von Zeugen, deren Aussage in einem anderen Verfahren protokolliert worden sind, muss stattgegeben werden (BGHZ 7, 122 = NJW 1952, 1171; BGH VersR 1992, 1018 = MDR 1992, 803; OLG Frankfurt VersR 1996, 837; OLG Düsseldorf NJW-RR 1996, 638).

§ 61 Parteivernehmung

I. Subsidiarität

Die Vernehmung einer Partei ist ein subsidiäres Beweismittel. Der Antrag, den **Gegner** über eine zu beweisende Tatsache zu vernehmen, setzt voraus, dass der Beweisführer keine anderen Beweismittel vorbringen kann oder dass ihm der Beweis noch nicht vollständig gelungen ist (§ 445 Abs. 1 ZPO). Ist das Gericht bereits vom Gegenteil der Behauptung des Beweisführers überzeugt, dann berücksichtigt er diesen Antrag gar nicht (§ 445 Abs. 2 ZPO). 2258

Daneben kommt der Antrag in Betracht, den **Beweisführer selbst** als Partei zu vernehmen, wenn der bisherige Beweis bereits eine gewisse Wahrscheinlichkeit erbracht hat und es nur noch um den „Überzeugungsrest" des Gerichts geht (§ 448 Abs. 1 S. 1 ZPO). 2259

Auch hier gilt, dass ein schriftsätzlich gestellter Antrag auf Parteivernehmung in der mündlichen Verhandlung nicht ausdrücklich wiederholt zu werden braucht (BGH NJW-RR 1996, 1459). Um der Neigung mancher Gerichte entgegenzuwirken, der Vernehmung auszuweichen und – beispielsweise – die nicht ausdrücklich wiederholte Stellung des Antrages als „konkludenten Verzicht" zu werten, ist die **Bezugnahme** auf den Beweisantrag in der mündlichen Verhandlung immer der **sicherste Weg**. 2260

II. Waffengleichheit

Im Anschluss an ein Urteil des EGMR NJW 1995, 1413 wird immer wieder erörtert, ob der verfassungsrechtliche Grundsatz der Waffengleichheit bei Beweisschwierigkeiten des Gegners gebietet, eine Partei nach § 448 ZPO **von Amts wegen** zu vernehmen. Es geht dabei vor allem um Fälle, in denen eine Partei einen Zeugen zu dem Verlauf von Verhandlungen zwischen den Beteiligten benennen kann, die andere Partei jedoch nicht. Diese beweisrechtliche Benachteiligung lässt sich durch **Parteivernehmung** ausgleichen (BGH NJW 1999, 363 = VersR 1999, 994; OLG Zweibrücken NJW 1968, 167 = MDR 1998, 436; OLG Karlsruhe MDR 1998, 494; LG Berlin MDR 2000, 882). 2261

Die ist aber nur veranlasst, wenn das Gericht seine Überzeugung von der Wahrheit oder Unwahrheit streitiger Parteibehauptungen nicht allein auf die Zeugenaussage, sondern auch auf weitere Beweisumstände stützt, weil sich dann nicht lediglich Zeuge und Partei gegenüberstehen (BGH NJW-RR 2003, 1003). 2262

Übersehen wird oft, dass das Gericht immer die Möglichkeit hat, die Gegenpartei nach **§ 141 ZPO anzuhören** und deren Schilderung bei der Beweiswürdigung zu berücksichtigen. „Das Gericht ist nicht gehindert, einer solchen Parteierklärung den Vorzug vor den Bekundungen eines Zeugen zu geben" (BGH NJW 1999, 363 = MDR 1999, 699; BGHReport 2003, 1433; BGH MDR 2004, 227; NJW-RR 2006, 61 = MDR 2006, 285; KG MDR 2004, 533). 2263

§ 61 Parteivernehmung

2264 Der Anwalt sollte deshalb vorsorglich schon im vorbereitenden Schriftsatz **Parteivernehmung, hilfsweise Parteianhörung** beantragen und das Übergehen dieses Antrages in der mündlichen Verhandlung zu Protokoll rügen. Wird dem nicht entsprochen, kann das im Berufungsverfahren als Verfahrensfehler (OLG Zweibrücken MDR 1998, 436) und damit als „konkreter Anhaltspunkt" für Zweifel an der Richtigkeit und Vollständigkeit der entscheidungserheblichen Feststellungen gerügt werden (§§ 520 Abs. 3 S. 2 Nr. 3; 529 Abs. 1 Nr. 1 ZPO).

2265 Der Anwalt kann auch die Waffengleichheit erzwingen, indem er die Klageforderung an einen Dritten abtritt und seine Partei als Zeugen benennt (siehe schon oben Rn. 243 ff.). Für dieses Vorgehen kann er sich sogar auf den Bundesgerichtshof berufen (NJW-RR 2003, 1212 = MDR 2003, 928 u. 2004, 227). Danach hat der Anwalt seinen Mandanten zur Herstellung der Waffengleichheit über die Schaffung einer Beweismöglichkeit durch Abtretung oder Auswechseln des GmbH-Geschäftsführers zu belehren.

2266 Da die haftungsrechtliche Judikatur den Richtern manchmal nicht geläufig ist, sollte im Schriftsatz darauf hingewiesen werden, dass um der Waffengleichheit willen abgetreten worden sei. Eine Ablichtung des BGH-Urteils beizulegen, ist angebracht.

2267 **Formulierungsbeispiel** aus einem Schriftsatz in einem Unfallprozess, in dem der verklagte Schädiger seine Ehefrau als Beifahrerin benennen konnte, während die Klägerin keine Zeugen hatte:

> Der Beklagte wird seine Ehefrau – Beifahrerin – als Zeugin benennen. Entsprechend der jüngsten Haftungsrechtsprechung des Bundesgerichtshofes (NJW-RR 2003, 1212 = MDR 2003, 928 – Ablichtung liegt bei) habe ich (= der Prozessbevollmächtigte) die Halterin auf die Möglichkeit einer Forderungsabtretung zur Herstellung der beweisrechtlichen Waffengleichheit hingewiesen. Die Zeugin hat daraufhin ihre Ersatzansprüche an den Kläger abgetreten. Die schriftliche Abtretungsvereinbarung liegt bei.

Zehntes Kapitel: Die Beweisführung

§ 62 Beweisen

I. Grundlagen

Das materielle Recht regelt die rechtlichen Beziehungen zwischen Personen (Schuldrecht, Familienrecht) und Gegenständen (Sachenrecht, Nachlässe) unabhängig davon, wer für eine Rechtsposition die Beweislast trägt. *Blomeyer* (Zivilprozessrecht – Erkenntnisverfahren, 2. Aufl., 1985, S. 364) hat das einmal treffend so ausgedrückt: 2268

> Die Parteien „haben tatsächlich die Rechte, die sie nicht beweisen können, und die Pflichten, deren Bestehen ihnen nicht nachzuweisen ist."

Wie sich das auswirkt, zeigt sich erst im Prozess. Daher ist es nicht so recht einleuchtend, dass die Beweislast dem **materiellen Recht** zugeordnet wird. 2269

Dieser theoretische Streit (siehe dazu *Baumgärtel*, Beweislastpraxis im Privatrecht, 1996, Rn. 143 ff.) ist indessen für den Anwalt nicht wichtig. Für ihn kommt es darauf an, sich Gedanken über die **Beweisbarkeit** der materiellen Rechtsstellung seines Mandanten zu machen. Da dieser nicht weiß, was alles beweistauglich ist, muss ihn der Anwalt oft geradezu „ausquetschen": Wer ist dabei gewesen? Wer sonst noch? Wer könnte sonst etwas darüber wissen? Gibt es etwas Schriftliches dazu? 2270

Um solche Fragen ist meist nicht herumzukommen, weil die Mandanten dazu neigen, nichts zu erwähnen, was ihnen aus ihrer laienhaften Sicht unwichtig erscheint. 2271

Weder unzulässig noch standeswidrig ist es übrigens, dass ein Anwalt **Kontakt** zu einer Person aufnimmt, die als Zeuge in Betracht kommt. Er kann sich dann besser ein Bild davon machen, was der Zeuge weiß und voraussichtlich aussagen wird. Möglicherweise wird er ihn dann gar nicht erst benennen. 2272

Jedoch ist das ein „ganz heißes Eisen". Eine solche vorprozessuale Kontaktaufnahme wird der Gegner mit Sicherheit als Zeugenbeeinflussung rügen. Und die Gerichte werden ebenfalls misstrauisch, wenn sie davon erfahren. Der Anwalt riskiert daher grundsätzlich einen Abstrich von der Glaubwürdigkeit solcher Zeugen. Wenn er meint, ohne ein derartiges Vorfühlen nicht auskommen zu können, sollte er jedenfalls nicht selbst tätig werden, sondern das dem Mandanten überlassen. 2273

Welche Partei **Beweisanträge** zu stellen hat, hängt von der Beweislast ab. Man hat sie als das Rückgrat des Zivilprozesses bezeichnet. In der Regel deckt sie sich mit der **Behauptungslast** (siehe oben Rn. 1918 ff.). 2274

Der Begriff der Beweislast lässt sich aus unterschiedlicher Sicht erklären. Stellt man sich (**subjektiv**) auf den Standpunkt einer Prozesspartei, dann ist Beweislast 2275

§ 62 Beweisen

der prozessuale Druck, entscheidungserhebliche streitige Tatsachen zu beweisen, anderenfalls eine ungünstige Entscheidung erlassen wird. Stellt man sich hingegen (**objektiv**) über die Prozessbeteiligten, so ist Beweislast die rechtliche Regelung der Frage, wie zu entscheiden ist, wenn beim Richter Zweifel an der Wahrheit einer erheblichen Tatsachenbehauptung bestehen.

2276 Mit diesen möglichen beiden Standorten hängt es zusammen, dass man im Schrifttum eine subjektive Beweislast (**formelle** Beweislast oder Beweis**führungs**last) und eine objektive Beweislast (**materielle** Beweislast oder **Fest**stellungslast) unterscheidet (*Rosenberg*, Die Beweislast, 5. Aufl., 1965, S. 11 ff.). Prozessrechtlich bedeutsam ist dabei nur der Befehl an den Richter, bei einem **non liquet** der Tatfrage in einem bestimmten Sinne zu entscheiden. Ob die beweisbelastete Partei sich subjektiv bemüht hat, die Beweislücke zu schließen, ist belanglos.

II. Die Bedeutung der Beweislast

1. Wegweiser-Funktion

2277 Da die Lehre von der Beweislast die Prozessführung in jeder Lage des Verfahrens steuert, muss der Anwalt sich darüber ständig Gedanken machen. Nur dann kann es gelingen, jeden Rechtsstreit im Rahmen des Möglichen schnell, billig und zutreffend zu entscheiden.

2278 Dieser **ständigen Berücksichtigung** der Beweislast steht nicht selten die unkontrollierte Prämisse entgegen, bei den gängigen Anspruchsnormen sei einem die Beweislastverteilung so geläufig, dass darauf kein Gedanke mehr verschwendet werden müsse. Diese Einstellung ist gefährlich! Denn in jeder Phase des Prozesses können sich **tatsächliche Änderungen** auf die Beweislast auswirken.

2279 Von dem Einreichen der Klageschrift an durch die Instanzen hindurch wird immer nur auf das Ziel hingearbeitet, eine für den Mandanten günstige Entscheidung über ein streitiges Lebensverhältnis zu erwirken. **Die Beweislastlehre ist dabei der Wegweiser, nach dem sich die Prozessführung ausrichten muss.** Bevor ein Anwalt eine Klage einreicht, muss er gut überlegen, was er vorbringen muss, um den prozessualen Anspruch seines Mandanten schlüssig zu begründen. Wer zu viel behauptet, kann sich leicht selbst schaden, indem er Tatsachen vorträgt, die nicht ihm, sondern dem Gegner günstig sind (oben Rn. 2041 ff.).

2280 **Um aber zu wissen, was man behaupten muss, muss man wissen, was man zu beweisen hat.** Das Kriterium dafür, ob schriftsätzliche Ausführungen der Behauptungslast genügen, ist die **Schlüssigkeit**. Die **Wahrheit** wiederum ist das Kriterium dafür, ob der Beweislast genügt ist. Dafür, ob ein Anspruch **begründet** ist, sind folglich Schlüssigkeit und Wahrheit die Prüfsteine.

2. Behaupten und Beweisen

Behauptungen bedürfen stets des **Wahrheitserweises** in Form des Beweises, des Geständnisses oder der Offenkundigkeit. Beweise sind nicht denkbar ohne zugrunde liegende Behauptungen. Behaupten und Beweisen sind **eng verzahnte prozessuale Tätigkeiten**, die nicht isoliert betrachtet und beurteilt werden dürfen. Zwei **Beispiele** aus der Rechtsprechung mögen das deutlicher machen. 2281

a) Zuwenig-Behauptung

In einem Unfallprozess nimmt der Beklagte zur Frage des Verschuldens nicht Stellung, weil er von dem Grundsatz ausgeht, der verletzte Kläger habe ihm das Verschulden nachzuweisen. Bei einem non liquet in der **Verschuldensfrage** ist regelmäßig derjenige mit der Klage abzuweisen, der aus der schuldhaften Verletzung Ansprüche herleitet. Anders liegt es jedoch bei der Haftung nach **§ 831 BGB**. Hier muss sich der Beklagte entlasten. In dem Beispielsfall (vgl. BGH LM § 13 StVO Nr. 6) hatte sein Anwalt sich die Beweislastfrage nicht gründlich überlegt und deshalb Behauptungen unterlassen, die er ohne weiteres hätte vortragen und auch beweisen können. Die Folge war ein verlorener Prozess. Die Unkenntnis der Beweislast kann also dazu führen, dass man zu wenig behauptet. 2282

b) Zuviel-Behauptung

In einschlägigen Fällen ist es jedoch meist so, dass zu viel behauptet wird. In RGZ 94, 438 hatte der Kläger Bezahlung eines Kaufpreisrestes von 10 000 RM verlangt. Die Beklagte wandte ein, ihre Kaufpreisschuld sei im Wege der Verrechnung bereits völlig abgedeckt. Hierauf erwiderte der Kläger, die Grundstücke, um die es ging, seien der Beklagten in Wirklichkeit nur zur Verwaltung und Bewirtschaftung übergeben und nur zum Schein aufgelassen worden. Die Klage wurde in allen Instanzen abgewiesen. Der Kläger hatte seinen Anspruch auf **Kaufvertrag** gestützt, diesem Klagegrund aber dadurch die Grundlage entzogen, dass er den **Vertrag als** bloßes **Scheingeschäft** hinstellte. Es kam daher nicht mehr darauf an, ob die Beklagte dieses Vorbringen bestritten hatte und ob der Kläger dafür Beweis erbringen konnte. Hätte er erkannt, dass ein non liquet über „Scheingeschäft" und „Erfüllung" zu Lasten der Beklagten gegangen wäre, so hätte er sicherlich weniger behauptet, dieses Weniger bewiesen und den Prozess gewonnen. 2283

c) Ungenauigkeiten

Nur auf einer Unterschätzung der Bedeutung der Beweislastlehre beruht es auch, wenn vom Kläger mehr an Behauptungen und Beweis **verlangt** wird, als das Gesetz vorsieht. 2284

Beispiel:
Bei *Wolff/Raiser* (Sachenrecht, 10. Bearbeitung, 1957, § 69 II, S. 253) heißt es: „Voraussetzung für einen **Erwerb vom Nichtberechtigten** ist zweierlei: Guter Glaube des Erwerbers

und ein je nach der Übereignungsart verschiedener Besitzerwerb." Das stimmt keineswegs. Nach § 932 BGB wird der Erwerber auch dann Eigentümer, wenn er die Sache gemäß § 929 BGB vom Nichtberechtigten erwirbt. Nicht mehr und nicht weniger hat derjenige zu behaupten und zu beweisen, der sich auf den Erwerb des Eigentums an einer Sache beruft. Dem **Gegner** steht es dann frei, zu behaupten und zu beweisen, dass der Kläger bösgläubig gewesen sei. Nur dann ist der Kläger nicht Eigentümer geworden. Aber mit der Klagebegründung hat das schon nichts mehr zu tun. So kommt es, dass man vielfach **vom neuen Eigentümer gedankenlos Ausführungen zum guten Glauben erwartet.** Der böse Glaube wird nicht vermutet, sondern er macht einen Hinderungstatbestand des Erwerbers aus, weil der gute Glaube im Entstehungstatbestand des Eigentumserwerbs kein Tatbestandsmerkmal ist.

2285 Solche Ungenauigkeiten könnte man an vielen anderen Beispielen nachweisen. Hingewiesen sei beispielsweise auf die teilweise recht kniffligen Differenzierungen, wenn es um das **gesetzliche Erbrecht als Verwandter** des Erblassers geht (siehe dazu *Baumgärtel/Laumen/Schmitz*, Handbuch der Beweislast im Privatrecht, 2. Aufl., 1999, Rn. 1 ff. vor §§ 1924 ff.). Der Anwalt sollte sich deshalb durch belehrende Hinweise des Gerichts nicht ins Bockshorn jagen lassen, sondern die Rechtslage selbst überprüfen.

d) Beweislast und Hinweispflicht

2286 Auch die richterliche Aufklärungs- und Hinweispflicht nach **§ 139 ZPO** muss sich an der Beweislast orientieren. Es wäre verwirrend und rechtlich völlig verfehlt, wenn der Richter die falsche Partei auffordern würde, sie möge die „geltend gemachten Tatsachen ergänzen und die Beweismittel bezeichnen".

§ 63 Beweisarten

2287 Die Unterscheidung von **Hauptbeweis, Gegenbeweis** und **Beweis des Gegenteils** ist nur demjenigen verständlich, der mit den Fragen der Beweislast einigermaßen vertraut ist. Und ebenso gehen die oft unrichtigen Vorstellungen vom Beweis des ersten Anscheins nicht selten auf lückenhafte Kenntnis der Beweislastlehre zurück.

I. Hauptbeweis

2288 Das ist der Beweis, der dem Richter die **volle Überzeugung** eines bestimmten Geschehensablaufs verschaffen soll. Einen Hauptbeweis muss der **Kläger** für die **klagebegründenden Tatsachen**, der Beklagte für die von ihm **behaupteten Einredetatsachen** erbringen. Die Beweisführung wird dabei unter Umständen erleichtert, dann nämlich, wenn für die Darstellung der beweisbelasteten Partei ein sehr starker Erfahrungssatz spricht (tatsächliche Vermutung) oder wenn ihr das Gesetz selbst zur Seite steht (gesetzliche Vermutung). Ich wiederhole kurz (näher oben Rn. 2095 ff.):

Von einer **tatsächlichen Vermutung** spricht man, wenn ein Sachverhalt 2289
feststeht, der nach der Lebenserfahrung auf eine bestimmte Schlussfolgerung
hinweist. „Bei Nachnahmesendungen spricht eine tatsächliche Vermutung
dafür, dass der Empfänger den Nachnahmebetrag bezahlt hat" (LG Aurich u. LG
Hannover, beide NJW-RR 1999, 1225).

Unter **gesetzlichen Vermutungen** versteht man zweierlei: Gesetzliche **Tat-** 2290
sachenvermutungen (z.B. § 1253 Abs. 2 BGB) bewirken eine Veränderung der
Behauptungs- und Beweislast, weil das Beweisthema verändert wird. **Rechts-**
vermutungen (z.B. §§ 891, 1006, 2365 BGB) sind auf das gegenwärtige Bestehen
oder Nichtbestehen eines Rechts oder Rechtsverhältnisses gerichtet. Sie haben
also einen Rechtszustand zum Gegenstand.

II. Gegenbeweis

Gegen **tatsächliche Vermutungen**, insbesondere gegen den die Ursächlichkeit 2291
betreffenden Anscheinsbeweis braucht der Gegner nur den Gegenbeweis zu
führen. **Dieser ist kein Hauptbeweis.** Er ist nicht erst geführt, wenn die
ursprüngliche Überzeugung des Richters von einem bestimmten Tathergang
durch eine andere Überzeugung, die für den Beklagten günstig ist, ersetzt worden
ist, sondern schon dann, wenn die Überzeugung des Richters **erschüttert** ist,
wenn er unsicher geworden ist. Dann ist es Sache der mit dem Hauptbeweis
belasteten Partei, die Überzeugung des Richters von der Wahrheit einer
Behauptung wieder herzustellen.

Beispiel:
A klagt 10 000 Euro aus Kaufvertrag gegen B ein. Er muss, um zu obsiegen, diejenigen
Tatsachen behaupten und beweisen, aus denen der **Abschluss** des **Kaufvertrages** folgt. B
kann dann den **Gegenbeweis** erbringen, indem er bei dem Richter durch Zeugenbeweis
Zweifel an der Wahrheit der Behauptung des A erzeugt.

Misslingt ihm das, dann kann er selbst **noch** den **Hauptbeweis** für eine **Gegennorm** führen,
deren Tatbestandsvoraussetzungen er dann auch beweisen muss, etwa indem er die
rechtsvernichtende Einrede der Irrtumsanfechtung beweist. Insoweit ist er aber schon beim
Gegenangriff. Der Gegenbeweis wendet sich also nur gegen die in der Schlüssigkeitsprüfung beim Kläger gewürdigten Tatsachen. Der Hauptbeweis der Einredetatsachen
betrifft nur die bei der Schlüssigkeit **der Verteidigung** gewürdigten Tatsachen.

A kann nun seinerseits wiederum einen Gegenbeweis (Erschütterung der Anfechtungstat-
sachen, des Irrtums) oder einen Hauptbeweis (die Bestätigung des anfechtbaren Rechtsgeschäfts nach § 144 BGB) führen.

III. Beweis des Gegenteils

Anders ist es bei den **gesetzlichen Vermutungen**. Ihnen gegenüber verspricht **nur** 2292
ein **Hauptbeweis** Erfolg, nämlich der Beweis des Gegenteils. Wer sich etwa auf
das Eigentum an einer Sache beruft, die er im Besitz hat, gilt nach § 1006 Abs. 1
S. 1 BGB so lange als Eigentümer, bis sein Gegner dem Gericht die Überzeugung

verschafft, dass er es nicht ist. Solange das Gericht daran zweifelt, ist der Beweis des Gegenteils nicht geführt.

2293 Den Hauptbeweis hat immer nur derjenige zu führen, dem das non liquet zum Nachteil gereicht, der also die Beweislast hat. Der Gegenbeweis hat nur den Zweck, den Gegner **an seiner Beweislast scheitern zu lassen**. Er kann nicht durch Parteivernehmung geführt werden, solange das Gericht noch vom Gegenteil **überzeugt** ist (§ 445 Abs. 2 ZPO). Für den Hauptbeweis des Gegenteils ist das möglich (§ 292 S. 2 ZPO).

IV. Beweislastumkehr

2294 In zahlreichen gerichtlichen Entscheidungen ist die Rede davon, unter bestimmten Voraussetzungen **kehre sich die Beweislast um**. An dieser Auffassung ist wohl nichts mehr zu ändern. Richtig ist sie nicht. Deshalb soll hier wenigstens aufgezeigt werden, wie zweifelhaft die Annahme einer Beweislastumkehr ist.

2295 Das zivilprozessuale Beweisrecht ruht auf zwei Säulen: der richterlichen Überzeugung und der Beweislast.

2296 **Überzeugung** = eine an Sicherheit grenzende Wahrscheinlichkeit (§ 286 Abs. 1 ZPO) wird durch freie Beweiswürdigung gewonnen. Es gibt dabei Hilfen:

Gesetzliche Beweisregeln (§ 286 Abs. 2 ZPO), wie etwa beim Urkundenbeweis.

Richterrechtliche Beweisregel wie die Beweisvereitelung und der Anscheinsbeweis.

Alle Wege müssen aber zur Überzeugung des Richters führen.

2297 Kann sich der Richter nicht von der Wahrheit einer entscheidungserheblichen Behauptung überzeugen, dann erst stellt sich das Problem der Beweislast. Sie sagt ihm, wie er **ohne Überzeugung** zu entscheiden hat.

2298 Auch da gibt es Hilfen: die gesetzlichen Vermutungen (z.B. § 1006 BGB) und die tatsächlichen Vermutungen (z.B. § 1253 BGB).

2299 Eine dritte Säule der „Beweislastumkehr" gibt es bei korrekter Argumentation nicht. Bezeichnend dafür ist, dass dieser Begriff nicht definiert wird. Er kann wohl auch nicht definiert werden, weil es sich in praxi immer nur um Einzelfallbewertungen handelt, die nicht offengelegt, sondern mit dem Begriff „Beweislastumkehr" verkleistert werden.

2300 Die gesetzlich geregelte Beweislast einfach „umzukehren", wäre ein Verstoß gegen die Gesetzesbindung des Art. 20 Abs. 3 GG. Das, was in der Rechtsprechung unter Beweislastumkehr läuft, kann ohne weiteres bei den richterrechtlich geschaffenen Beweisregeln untergebracht werden: bei der Beweisvereitelung oder beim Anscheinsbeweis. Das ist weitgehend eine Formulierungsfrage. Es läuft auf dasselbe hinaus, ob ich sage:

> Ein Arzt, der die Behandlungsunterlagen fälscht, vereitelt den Beweis, der deshalb als geführt gilt,

oder

> Ein Arzt, der die Behandlungsunterlagen fälscht, hat nach ganz starken Erfahrungssätzen seinen Fehler vertuscht, so dass der Beweis als geführt gilt.

Es geht doch nur darum, die **freie richterliche Beweiswürdigung** zu verwirklichen. Dazu bedarf es nicht der „Beweislastumkehr", ebenso wenig wie der Floskeln von nicht beweisbedürftigen Behauptungen „ins Blaue hinein" oder „substanzlosem Vorbringen" und dergleichen (BGH NJW-RR 2003, 491). Das alles geht nur deshalb durcheinander, weil die benutzten Begriffe nicht definiert werden. Auch juristisches Denken muss auf definierten Begriffen aufbauen. Nur dann ist es **wissenschaftliches** Arbeiten und überzeugend. 2301

V. Gesetzesänderung

Nach § 284 ZPO muss die Beweisaufnahme nach den in §§ 355–484 ZPO vorgeschriebenen Regeln und Anweisungen an den Richter ablaufen. Das hat sich geändert. Durch das Erste Gesetz zur Modernisierung der Justiz (1. Justizmodernisierungsgesetz – JuMoG) ist § 284 ZPO um folgende Sätze erweitert worden: 2302

> Mit Einverständnis der Parteien kann das Gericht die Beweise in der ihm geeigneten Art aufnehmen. Das Einverständnis kann auf einzelne Beweiserhebungen beschränkt werden. Es kann nur bei einer wesentlichen Änderung der Prozesslage vor Beginn der Beweiserhebung, auf die es sich bezieht, widerrufen werden.

Damit soll wohl der Anwendungsbereich des zweifelhaften § 459a ZPO (oben Rn. 876 ff.) auf alle Zivilprozesse ausgedehnt werden. Ausweislich der Entwurfsbegründung (Drucks. 378/03 vom 30. 5. 2003, S. 39) sollen die gesetzlichen Regeln für den Strengbeweis nicht mehr zwingend sein: 2303

> „Wenn beispielsweise in der Erörterung über das Ergebnis der Beweisaufnahme weiterer Beweiserhebungsbedarf entsteht, kann die sofortige telefonische Befragung eines Zeugen oder Sachverständigen möglicherweise einen erneuten Verhandlungstermin entbehrlich machen. Auch die e-mail-Befragung eines Zeugen oder Sachverständigen kann sehr schnell und effizient sein."

Alles nur Ausflüchte, um Gerichtsverfahren auf Kosten der Wahrheitsfindung zu entlasten! Das lässt sich allerdings verhindern, weil das **Einverständnis** der Parteien (beider!) Voraussetzung für diese Art „Freibeweis" ist. **Kein Anwalt sollte sich damit einverstanden erklären.** Zeugenaussagen oder Erläuterungen eines Sachverständigen über Telefon oder e-mail sind eine Perversion des Beweisrechts. Sie dienen mitnichten der Wahrheitsfindung, sondern nur der Entlastung der Gerichte auf Kosten zuverlässiger tatsächlicher Feststellungen.

§ 64 Beweislast und Beweisbeschluss

I. Klageleugnen

2304 Besonders wichtig ist die **Prüfung** der **Beweislast**, bevor ein Beweisbeschluss ergeht. Gesetzt den Fall, der Kläger begehrt vom Beklagten Rückzahlung eines Darlehens. Beweis bietet er keinen an. Der Beklagte räumt ein, er habe zwar vom Kläger Geld bekommen, jedoch habe dieser damit eine Schuld getilgt. Daher komme eine Rückzahlung nicht in Betracht. Dafür benennt er den A und den B als Zeugen. Es wäre ungesetzlich, diese zu vernehmen. Der Beklagte hat den **Klagegrund geleugnet**. Es ist deshalb Sache des Klägers, Beweis für seine Behauptungen anzutreten. Unterlässt er das trotz eines richterlichen Hinweises nach § 139 ZPO, dann muss er mit der Klage ohne Beweisaufnahme abgewiesen werden. Anderenfalls würde über Tatsachen Beweis erhoben, die keines Beweises bedürfen. Das erhellt sich sogleich, wenn man die einzelnen in Betracht kommenden Verfahrenslagen untersucht.

II. Unterschiedliche Verfahrenslagen

1. Fehlende Schlüssigkeit

2305 Der Kläger behauptet **nicht** alle klagebegründenden Tatsachen. Der Beklagte trägt die zur Schlüssigkeit der Klage fehlenden Angaben mit Beweisantritten vor.

2306 **Übernimmt** der Kläger diese Tatsachen als eigene Behauptung, so sind sie unstreitig oder zugestanden. In der Regel wird man davon ausgehen müssen, dass der Kläger die ihm günstigen Tatsachen übernimmt. Eine Beweisaufnahme ist jedenfalls unnötig. Der Klage ist stattzugeben.

2307 Übernimmt der Kläger den Vortrag des Beklagten **nicht**, dann spricht man von einem **unerwiderten Geständnis** (*Rosenberg*, Die Beweislast, 5. Aufl., 1965, S. 76). Dann ist ebenfalls keine Beweisaufnahme nötig, weil die Klage mangels Schlüssigkeit abzuweisen ist.

2. Fehlender Beweisantrag

2308 Der Kläger behauptet alle zum Klagegrund gehörenden Tatsachen, tritt aber **keinen Beweis** an. Der **Beklagte** bietet **Gegenbeweis** an. Dieser Beweisantritt ist unbeachtlich. Das zeigt sich sogleich, wenn man einmal unterstellt, der Gegenbeweis würde erhoben.

Misslänge er, dann hinge die Entscheidung immer noch davon ab, ob der Kläger 2309
den Hauptbeweis führen kann. Da er ihn nicht einmal angetreten hat, scheidet
diese Möglichkeit aus und muss die Klage abgewiesen werden.

Gelänge der Gegenbeweis, so wäre der Richter von der Wahrheit der Klagetat- 2310
sachen erst recht nicht überzeugt. Diese Überzeugung könnte ihm nur ein
Hauptbeweis des Klägers verschaffen, zu dem sich dieser nicht einmal erboten
hat. Das Ergebnis wäre wieder Klageabweisung.

In allen Fällen wäre die Beweisaufnahme demnach nur eine Zeit und Geld 2311
verschwendende Arbeit. Man sieht an diesen Beispielen, dass einer ohne
Klarheit über die Begriffe der Beweislastlehre – hier Hauptbeweis und Gegenbeweis – keine einwandfreie Klageschrift hinbekommt.

Leider kann kein Anwalt darauf vertrauen, dass jeder Richter so diszipliniert 2312
denkt und arbeitet. Immer wieder kommt es vor, dass ein fehlerhafter
Beweisbeschluss nur dazu dient, eine umfangreiche oder als lästig empfundene
Sache erst einmal „vom Tisch zu kriegen". Dem lässt sich am ehesten durch
eine **Klageschrift** vorbeugen, in der die **Beweislast** deutlich gemacht und notfalls
auch ausdrücklich **herausgestellt** wird.

III. Fehlerhaftes Beweisthema

Hat das Gericht einen Beweisbeschluss erlassen, zum Beispiel einen vorgezo- 2313
genen nach § 358a ZPO, dann ist zu prüfen, ob er fehlerfrei abgefasst worden ist.
So kommt es etwa immer wieder einmal vor, dass Subsumtionsergebnisse
anstatt Tatsachen zum Beweisthema gemacht werden (siehe oben Rn. 2036 f.).
Es wird dann vielleicht Zeugenbeweis darüber beschlossen, ob

– A auf Kosten des B **ungerechtfertigt bereichert** worden sei,

oder Sachverständigenbeweis darüber, ob

– das verkehrswidrige Verhalten des Fahrzeugführers in der gegebenen Situation
 als **schuldhaft** zu bewerten sei.

Solche Beweisthemen sind unzulässig, weil sie auf einen Rollentausch hinaus- 2314
laufen (*Schneider* ZAP Fach 13, S. 1255). Der Zeuge soll mit seiner Aussage
etwas festlegen, was nur der Richter zu entscheiden hat. Dagegen muss der
Anwalt sich sofort wehren und die Fassung der Beweisthemen beanstanden.
Versäumt er das, dann geht er das Risiko ein, dass am Ende nicht der Richter,
sondern der Zeuge oder der Sachverständige den Prozess entscheidet.

§ 65 Beweislast und Beweiswürdigung

2315 Selbst die **freie Beweiswürdigung** (§§ 286, 287 ZPO) bleibt von der Beweislastverteilung nicht unbeeinflusst. Ein Irrtum darüber, wem die Beweislast zufällt, kann zu falschen Schlussfolgerungen führen. „**Bei der Würdigung des Beweises hat der Richter sich immer der richtigen Verteilung der Beweislast bewusst zu bleiben**", wie das Reichsgericht schon vor hundert Jahren erkannt hat (RGZ 18, 158; ausführlich *Rosenberg*, Die Beweislast, 5. Aufl., 1965, S. 66–72). So kann es geschehen, dass ein Gericht sich lange darüber auslässt, warum es eine bestimmte Überzeugung hinsichtlich des Vorhandenseins einer Tatsache erlangt habe, obgleich es genügen würde, an der Existenz dieser Tatsache zu zweifeln. Bei richtiger Würdigung der Beweislast kann das nicht geschehen.

2316 Ferner ist in diesem Zusammenhang hinzuweisen auf die **Verwechslung des Anscheinsbeweises** mit dem **Anzeichenbeweis** oder **Indizienbeweis** (ausführlich dazu RG JW 1936, 1968). Für den Indizienbeweis gelten im Gegensatz zum Anscheinsbeweis die gewöhnlichen Beweiswürdigungsgrundsätze. Beim Beweis des ersten Anscheins hingegen können Feststellungslücken mit Hilfe von Erfahrungssätzen geschlossen werden. Beim Indizienbeweis muss die Indizienkette lückenlos sein. Eine Verkennung dieser Grundsätze führt zu Fehlern in der Beweiswürdigung und kann deshalb in der höheren Instanz zur Aufhebung und Zurückweisung führen (vgl. z.B. RGZ 163, 27 f.; BGH LM § 61 VVG Nr. 2 Bl. 2I).

2317 Nach **§ 285 ZPO** müssen sich die Prozessbevollmächtigten mit dem Ergebnis der Beweisaufnahme auseinander setzen. Das pflegen sie denn auch in ausführlichen Schriftsätzen zu tun. Dabei kann es geschehen, dass ein Anwalt Zeugen mit größtem Nachdruck als unglaubwürdig hinstellt, ohne zu erkennen, dass seine Partei für die Vernehmungstatsache beweisbelastet ist. In Unkenntnis der Beweislastverteilung sägt der Anwalt den Ast ab, auf dem seine Partei sitzt!

2318 Nebenbei bemerkt: Es ist keine Beweiswürdigung, wenn im mündlichen Vortrag lediglich die vermeintlich günstigen Teile protokollierter Zeugenaussagen wiederholt werden, obwohl das nach meiner Erfahrung ständig geschieht, weil Anwälte zu wenig Ahnung von der **Aussagepsychologie** haben. Die Beschäftigung damit ist von keinem geringeren Nutzen als die mit Gesetz und Rechtsprechung. Denn in einem Großteil der Prozesse hängt die Entscheidung nicht von der oft sehr einfachen Rechtslage ab, sondern von den Aussagen der Zeugen.

§ 66 Beweisfragen beim Anwaltsvertrag

I. Das Mandat

Der Anwaltsvertrag ist ein Geschäftsbesorgungsvertrag (§ 675 BGB). Will der Mandant daraus Rechte herleiten, dann muss er zunächst einmal das **Zustandekommen** eines Auftrages beweisen. Er hat aber auch die Beweislast für den **Inhalt** des Anwaltsvertrages. Insoweit gilt der allgemeine Grundsatz, dass derjenige, der eine für ihn günstige Rechtsfolge in Anspruch nimmt, die Voraussetzungen dafür darlegen und beweisen muss. Meist handelt es sich dabei um Fälle, in denen der Mandant behauptet, er habe dem Anwalt einen über dessen erbrachte Tätigkeit hinausgehenden Auftrag erteilt, beispielsweise ihn nicht nur um eine vollstreckungsrechtliche Beratung gebeten, sondern auch den Auftrag zur Durchführung von Vollstreckungsmaßnahmen erteilt. Das muss der Mandant beweisen, wenn der Anwalt dies bestreitet und einen abweichenden Vertragsinhalt behauptet. 2319

Leitet der **Anwalt** Vergütungsansprüche aus einem Mandatsvertrag her, dann wird der Auftrag zuverlässig immer durch die Vollmacht bewiesen. Die auszufüllen und unterschreiben zu lassen, wird aber häufig vergessen. Bestreitet der als Mandant in Anspruch genommene Gegner die Erteilung eines Auftrages, dann kann es für den Anwalt schwierig werden. Er muss die Umstände des Vertragsabschlusses substantiiert darlegen (BGHReport 2003, 1368). 2320

Besonders heikel sind die Fälle, in denen mehrere Personen beim Anwalt erscheinen und einer von ihnen der Wortführer ist, so dass er vom Anwalt als Auftraggeber angesehen wird. Dieser behauptet später, Auftraggeber sei einer der anderen (der im Zweifel insolvent ist). Der Anwalt muss dann die Erteilung des Auftrags aus einem **konkludenten Verhalten** des Gegners herleiten und dabei den Anforderungen der Rechtsprechung an die Substantiierung genügen. Dazu ist in BGH MDR 2001, 1281 unter anderem ausgeführt: 2321

> „Das tatsächliche Verhalten muss so deutlich dargelegt werden, dass es auf den dem Gegner zugeschriebenen rechtlichen Erklärungsgehalt hin aus der Sicht des Empfängers unter Berücksichtigung der §§ 133, 157 BGB gewürdigt werden kann. Es genügt nicht, aus dem Klagevorbringen eine konkludente Mandatserteilung durch bewusste Entgegennahme anwaltlicher Dienstleistungen abzuleiten. Dazu müssen zusätzlich wörtliche Erklärungen, Handlungen oder andere Umstände vorgetragen werden, mit denen ein entsprechender Vertragswille zu einem Anwaltsauftrag nach außen hervorgetreten ist. Hat der Anwalt bei den Gesprächen mit den Anwesenden ein klärendes Wort darüber versäumt, für wen er anwaltlich auftrete, dann muss er das daraus folgende Auslegungs- und Beweisrisiko tragen."

Soweit es nur um den **Umfang der Beratung** geht, hat die Rechtsprechung den Grundsatz aufgestellt, der Anwalt sei zur allgemeinen, umfassenden und möglichst erschöpfenden Belehrung des Auftraggebers verpflichtet, wenn dieser nicht unzweideutig zu erkennen gegeben habe, dass er nur eine engere Beratung zu einer bestimmten Frage gewollt habe (BGH NJW 1988, 563, 566; 1992, 1159, 1160). 2322

2323 Der Anwalt trägt auch die Beweislast, wenn er behauptet, ein zunächst umfassend erteilter **Auftrag** sei **nachträglich eingeschränkt** worden.

2324 Zu beachten ist aber, dass kein Anwalt verpflichtet ist, ein von ihm als aussichtslos bewertetes Rechtsmittelverfahren durchzuführen. Kündigt er deshalb wegen gegenteiliger Weisung seines Auftraggebers den Mandatsvertrag, dann behält er den Anspruch auf eine bereits verdiente Vergütung (OLG Karlsruhe MDR 1994, 519; siehe auch oben Rn. 35).

II. Pflichtwidrigkeit und Verschulden

1. Beweislastverteilung

2325 Anwaltshaftung folgt aus einer Verletzung des Mandatsvertrages. Grundsätzlich muss der Mandant alle Voraussetzungen dafür beweisen. Nun hat die Rechtsprechung aber den Grundsatz entwickelt, dass die Beweislast dann auf den Anwalt übergeht, wenn der Schaden in seinem Verantwortungsbereich eingetreten ist. Das wiederum ist bei einer anwaltlichen Pflichtverletzung stets der Fall, weil er kraft des Mandatsvertrages die Interessen des Mandanten bestmöglich wahrzunehmen hat.

2326 Auf die Beweislast wirkt sich das so aus, dass der **Mandant nur** eine **objektive Pflichtverletzung** des Anwalts beweisen muss (BGH NJW 1988, 706 = ZIP 1987, 1580; st. Rspr.). Gelingt ihm das, dann muss der **Anwalt** beweisen, dass ihn ausnahmsweise **kein Verschulden** trifft. Er muss also den Nachweis erbringen, dass er auch bei der gebotenen Sorgfalt nicht hätte erkennen können, wie er sich anders hätte verhalten sollen, um Schaden von seinem Mandanten abzuwenden.

2. Mangelhafte Beratung

2327 Dabei geht es sehr oft um die Frage, ob der Anwalt seiner Beratungspflicht ausreichend nachgekommen ist. Hat der Mandant den ihm obliegenden Beweis erbracht, dass ihm ein erforderlicher Rat nicht oder unvollständig oder falsch erteilt worden ist, dann wird zu seinen Gunsten vermutet, dass er den (unterlassenen) **Rat** des Anwalts auch **befolgt** hätte. Diese **Vermutung** kann der Anwalt nur **entkräften**, indem er nachweist, dass der Mandant einen solchen Rat nicht befolgt hätte (BGH NJW 1990, 2127, 2128). Im Ergebnis läuft diese Rechtsprechung auf einen Anscheinsbeweis hinaus.

3. Prozessvergleich

2328 Diese Beweissituation kommt häufig vor beim Abschluss eines Prozessvergleichs. Erfahrungsgemäß neigen manche Mandanten dazu, im Nachhinein den Abschluss zu bereuen und dafür den Anwalt verantwortlich zu machen. Hier gilt, dass der Abschluss eines Vergleichs oder die Ablehnung eines Vergleichsangebots nicht schon deshalb die Vermutung einer Vertragsverletzung rechtfertigt, weil eine andere Entscheidung möglicherweise günstiger gewesen wäre. Maßgebend ist vielmehr, ob die Partei vor Abgabe ihrer Erklärung vom Anwalt **hinreichend** über das Für und Wider **belehrt** worden ist. Im Ergebnis läuft das darauf hinaus, dass die Partei beweisen muss, der Anwalt habe gegen ihre Weisung gehandelt oder Informationen nicht sachgerecht umgesetzt.

Kommt der Anwalt aufgrund seiner rechtlichen und tatsächlichen Überlegungen zu dem Ergebnis, dass für den Mandanten **keine Erfolgsaussicht** bestehe, dann ist es nicht vorwerfbar, wenn er zum Abschluss eines den Mandanten finanziell auch begünstigenden Prozessvergleichs rät (OLG Hamm FamRZ 1999, 1423). Dieser Rat ist nur dann pflichtwidrig, wenn der Vergleich eindeutig ungünstiger als die Prozessprognose zu bewerten ist. 2329

Dabei darf der Anwalt auch einen **Vergleichsvorschlag des Gerichts** als gewichtiges Indiz dafür werten, dass es mit den Erfolgsaussichten des Rechtsstreits nicht zum Besten steht, falls die Vorstellungen des Mandanten in dem gerichtlichen Vergleichsvorschlag nicht berücksichtigt werden. Zudem ist nach dem Gesetz die gütliche Beilegung des Rechtsstreits ein wesentliches Verfahrensziel (§ 278 Abs. 1 ZPO). Und ob ein Vergleich abgeschlossen werden soll, das **entscheidet** letztlich allein der **Mandant**, nachdem ihn der Anwalt auf die damit verbundenen Vor- und Nachteile hingewiesen hat. 2330

4. Mitverschulden

Kommt ein Mitverschulden des Mandanten an der Entstehung eines Schadens in Betracht, dann ist der Anwalt für die ihn teilweise entlastenden Umstände beweispflichtig. 2331

5. Negativbeweis

Die allgemeinen Beweisregeln gelten auch, wenn es um den Beweis **negativer Tatsachen** geht, insbesondere um die Behauptung des Mandanten, nicht hinreichend belehrt worden zu sein (siehe dazu *Lange* VersR 2007, 36). Allerdings wird dann vom Anwalt verlangt, konkrete Angaben darüber zu machen, welche Belehrungen und Ratschläge er erteilt und wie der Mandant darauf reagiert hat (BGH NJW 1987, 1322, 1323). Das muss der Mandant dann widerlegen. 2332

Für den Anwalt empfiehlt es sich aus Gründen der Beweissicherung, den Inhalt wichtiger Besprechungstermine in den Handakten stichwortartig zu notieren oder – besser **und** – dem Mandanten dessen Inhalt anschließend noch bestätigend schriftsätzlich mitzuteilen. 2333

III. Der Schaden

Zur Beweislast des Mandanten gehört auch, dass ihm durch pflichtwidriges Verhalten des Anwalts ein konkreter Schaden entstanden ist. Er muss also die 2334

§ 66 Beweisfragen beim Anwaltsvertrag

Entstehung und die **Höhe** des Schadens beweisen. Hier hilft ihm aber die Vorschrift des § 287 ZPO weiter, unter Umständen auch § 252 BGB zum entgangenen Gewinn. Kommt es für den vom Mandanten behaupteten Schadenseintritt wegen fehlerhafter Beratung darauf an, wie sich ein Dritter bei fehlerfreier Beratung verhalten hätte, dann muss das Gericht den als Zeugen benannten Dritten vernehmen und darf den möglichen Schaden nicht etwa nach § 287 ZPO „schätzen". Das würde den Anspruch des Beweisführers auf Gewährung rechtlichen Gehörs verletzen (BGH VersR 2007, 666).

2335 Geklärt werden diese Fragen im **Regressprozess**. Geht es dabei darum, ob der Mandant bei sachgerechtem Verhalten des Anwalts im Prozess obsiegt hätte oder ob im Rechtsmittelverfahren ein ihm günstigeres Urteil verkündet worden wäre, dann wird der Anwalt sachlich zum Beklagten des Vorprozesses. Für die rechtliche Beurteilung kommt es dabei nur darauf an, wie der Vorprozess **bei richtiger rechtlicher Beurteilung** entschieden worden wäre oder wie das Rechtsmittelgericht bei zutreffender Rechtsanwendung hätte entscheiden müssen. Der Anwalt ist in seiner Rechtsverteidigung frei und im Verhältnis zum Mandanten im Regressprozess nicht an seine Schweigepflicht gebunden.

Elftes Kapitel: Klageerwiderung

§ 67 Die Bedeutung der Klageerwiderung

Die Klageerwiderung ist gedanklich, methodisch und stilistisch nur die **Kehrseite der Klage**. Der Beklagte muss vorweg den Fall, so wie ihn der Kläger dargelegt hat, rechtlich objektiv beurteilen, um zu klären, ob die Klage schlüssig und schon ohne Beweisaufnahme begründet ist. Dabei muss er vorausschauend nahezu alle Stationen durchgehen, die auch der Kläger zu prüfen hatte: Zuständigkeit, die Fassung des Klageantrags, Tauglichkeit der Beweisanträge und so fort. Ebenso wie der Kläger muss er auch prozesstaktische Überlegungen zur Abwehr der Klage anstellen. 2336

Diese Aufgabe setzt sich gedanklich aus zwei Teilen zusammen. Als Erstes ist die Klage genau auf ihre Schlüssigkeit und die Beweislage zu prüfen. Daran schließt sich das **Gegenvorbringen** an, also die rechtliche und tatsächliche Darlegung des eigenen Standpunkts. 2337

Eine einwandfreie Klageerwiderung gelingt nur, wenn der Anwalt sich an einem Prüfungs-Schema orientiert. Die wichtigsten anzustellenden Überlegungen werden im Folgenden aufgezeigt. 2338

Vorab ein **Hinweis:** Nach § 276 Abs. 1 S. 1 ZPO setzt der Vorsitzende oder analog § 275 Abs. 1 S. 1 ZPO ein von ihm bestimmter Beisitzer (*Saenger*, ZPO, 2006, § 276 Rn. 4) dem Beklagten eine Frist von zwei Wochen zur Erklärung über seine Verteidigungsbereitschaft und eine weitere Frist von mindestens zwei Wochen zur Klageerwiderung. Die erste Frist ist eine **Notfrist**. Versäumt der Beklagte sie und ergeht deshalb Versäumnisurteil (§ 331 Abs. 3 ZPO), dann gibt es dagegen nach KG (MDR 1996, 634 = NJW-RR 1997, 56) keine Wiedereinsetzung in den vorigen Stand (§ 233 ZPO). Diese Rechtsfrage ist jedoch streitig (gegen die Wiedereinsetzung MünchKommZPO/*Prütting*, 2. Aufl., 2000, § 276 Rn. 31 f.; für die Wiedereinsetzung MünchKommZPO/*Feiber* § 233 Rn. 11). Dem Beklagten bleibt aber nach § 338 ZPO der Einspruch (*Zimmermann*, ZPO, 7. Aufl., 2006, § 276 Rn. 11). Der Anwalt sollte sich aus diesem Streit heraushalten und nur Einspruch einlegen. 2339

§ 68 Vorprüfung der Erfolgsaussicht des Beklagten

I. Schlüssigkeitsprüfung der Klage

Eine Verteidigung gegen die Klage setzt zunächst die rechtliche Prüfung voraus, ob die vom Kläger vorgebrachte Begründung für seinen Anspruch „in sich" schlüssig ist. Das Klagevorbringen ist also **unabhängig von seinem Wahrheitsgehalt** rechtlich zu beurteilen. Diese Schlüssigkeitsprüfung ist vom Beklagten 2340 noch ohne Berücksichtigung seiner eigenen tatsächlichen Schilderung vorzunehmen. Er gleicht insoweit dem Richter, der zu prüfen hat, ob ein unechtes Versäumnisurteil zu erlassen ist (§ 331 Abs. 1 S. 1, Abs. 2 ZPO).

2341 Führt die vom Beklagten vorzunehmende Schlüssigkeitsprüfung der Klagebegründung zu dem Ergebnis „unschlüssig", dann sind die Schlüssigkeitsmängel herauszuarbeiten und darzulegen. Das können nur **fehlerhafte Rechtsausführungen** sein! Ob die tatsächlichen Behauptungen des Klägers, auf die er seinen Anspruch stützt, zutreffen, hat mit der Schlüssigkeit seines Vorbringens nichts zu tun.

2342 Der Gegensatz von „Richtigkeit" (korrekte Schlussfolgerung) und Wahrheit (siehe *Schneider*, Logik für Juristen, 5. Aufl., 1999, S. 11 ff.) wird immer wieder verkannt. Auch eine Klagebegründung, die in tatsächlicher Hinsicht „erstunken und erlogen" ist, kann schlüssig sein. Dazu ist nur erforderlich, dass das Vorbringen des Klägers die Tatbestandsmerkmale einer ihm günstigen Anspruchsnorm ausfüllt. Das wird auch von der Rechtsprechung verkannt, wenn sie bei einer Schlüssigkeitsprüfung „das Vorbringen als richtig unterstellt." **In der Schlüssigkeitsprüfung gibt es nichts zu unterstellen.** Wer das annimmt, verwechselt die Schlüssigkeit (der zu prüfenden Darstellung) mit der Wahrheit (der auf Schlüssigkeit zu prüfenden tatsächlichen Behauptungen).

2343 Ein Anwalt, der das bei seiner gedanklichen Vorarbeit durcheinander bringt, wird keine einwandfreie Klageerwiderung verfassen!

II. Zuständigkeit

2344 Ebenso wie der Kläger muss auch der Beklagte die Zuständigkeit des angerufenen Gerichts prüfen. Der Kläger könnte sich irren. Erkennt der Beklagte das nicht, kann das die Zuständigkeit eines nach §§ 12 ff. ZPO unzuständigen Gerichts begründen (§ 39 ZPO). Alles Wichtige findet sich oben in § 4 (Rn. 303 ff.) und gilt für Kläger und Beklagten gleichermaßen.

2345 Sieht der Kläger auf Grund der Rüge des Beklagten ein, dass er sich an das unzuständige Gericht gewandt hat, kann er **Verweisung** an das zuständige Gericht beantragen (§ 281 ZPO). In diesem Fall ist darauf zu achten, dass Art. 101 Abs. 1 S. 2 GG – gesetzlicher Richter – beachtet wird. Verweist der kraft Übertragung nach § 348a ZPO obligatorische Einzelrichter des Landgerichts an ein anderes Landgericht, dann wird auch dort der Einzelrichter zuständig. Entscheidet statt dessen die angewiesene Zivilkammer in voller Besetzung, wird sie nicht als gesetzlicher Richter tätig; das von ihr verkündete Urteil ist auf Berufung hin aufzuheben (OLG Frankfurt MDR 2003, 1375; *Zöller/Greger*, ZPO, 26. Aufl., 2007, § 281 Rn. 15b).

2346 Ist die Zuständigkeit des angerufenen Gerichts streitig, kann der Beklagte in der mündlichen Verhandlung anregen, darüber durch **Zwischenurteil** zu entscheiden (§ 280 ZPO). Dabei muss es sich nicht um die örtliche oder sachliche

Zuständigkeit handeln, sondern das gilt für alle Prozessvoraussetzungen (MünchKommZPO/*Prütting*, 2. Aufl., 2000, § 280 Rn. 3). Beispielsweise kann die Zuständigkeit auch an anderweiter Rechtshängigkeit scheitern. Die Rüge sollte durch einen Schriftsatz angekündigt werden.

Muster 2347

In dem Rechtsstreit

Faber ./. Sander

– 1 C 120/06 –

werde ich in der mündlichen Verhandlung beantragen,

1. Die Klage abzuweisen,
2. hilfsweise über die Zulässigkeit der Klage abgesondert zu verhandeln und zu entscheiden.

Begründung

Die Klage ist unzulässig, da einer Sachentscheidung die anderweite Rechtshängigkeit entgegensteht. Der Kläger hat bereits am ... vor dem Amtsgericht ... Klage gegen den Beklagten erhoben mit dem Antrag ... Beiden Klagen liegt derselbe Streitgegenstand zugrunde.

Beweis: Beiziehung der Akten ...

Hilfsweise gehe ich auf die Rechtfertigung der Klage ein. Sie ist unbegründet, da der geltend gemachte Anspruch dem Kläger nicht zusteht. ...

Rechtsanwalt

III. Verjährung

Zumindest dann, wenn das der Klage zugrunde liegende Geschehen länger zurück liegt, ist vorsorglich immer zu prüfen, ob Verjährungsrecht einschlägig ist. Gegebenenfalls ist die Einrede aus § 214 Abs. 1 BGB schon erstinstanzlich zu erheben. Zweitinstanzlich kann sie sonst nach Verspätungsrecht zurückgewiesen werden (oben Rn. 1370 ff.). 2348

IV. Beweislage

Bei schlüssiger Klage hängt der Ausgang des Verfahrens für beide Parteien von der Beweisführung ab. Der Beklagte muss dazu die gleichen Überlegungen anstellen wie der Kläger (siehe oben Rn. 2336). Zusätzlich muss er prüfen, ob die Beweisstrategie des Klägers angreifbar ist. Vor allem die folgenden **Fehlerquellen** sind dabei zu berücksichtigen. 2349

§ 68 Vorprüfung der Erfolgsaussicht des Beklagten

1. Beweisregeln

2350 Manchmal geht der Kläger wie selbstverständlich von **Sätzen der Lebenserfahrung** aus, die einer kritischen Prüfung nicht standhalten. Dabei handelt es sich um unbegründete Vermutungen oder um verkappte, nicht bindende Beweisregeln (§ 286 Abs. 2 ZPO).

2351 **Beispiele fehlerhafter Beweisregeln:** Kraftfahrer einer öffentlich-rechtlichen Körperschaft seien glaubwürdiger als andere Unfallbeteiligte (HessVGH Verk.-Mitt. 1973 Nr. 10). – Neu eröffnete Betriebe machten in den ersten Jahren keinen Gewinn (OLG Frankfurt NJW 1986, 855). – Der Aussage eines Verkehrspolizisten, der sich an einen Vorgang nicht mehr erinnere, sei zu folgen, weil Verkehrspolizisten erfahrungsgemäß nur Verkehrssünder anzeigen würden, die eine Ordnungswidrigkeit begangen hätten (OLG Köln NJW 1969, 443). – Verwandte oder Freunde eines Unfallbeteiligten seien als Zeugen unzuverlässig (BGH MDR 1988, 207 = VersR 1988, 416; MDR 1995, 629 = NJW 1995, 955).

2352 Solche beweisrechtlichen Unterstellungen in der Klagebegründung muss der Beklagte rügen.

2. Verwertungsverbote

2353 Gegen den Versuch, Beweisverwertungsverbote zu überspielen, ist einzuschreiten. Hauptanwendungsfälle sind die Berufung auf entwendete oder erschlichene Beweismittel, heimliches Mithören oder Aufzeichnen von Gesprächen, fehlende Aussagegenehmigung (Einzelheiten bei *Schneider*, Beweis und Beweiswürdigung, 5. Aufl., 1994, S. 44 ff.).

3. Anscheinsbeweis

2354 Stützt der Kläger seine Beweisführung auf einen Anscheinsbeweis, dann ist **erstens** zu prüfen, ob dem ein tragfähiger Erfahrungssatz zugrunde liegt oder ob es sich vielleicht nur um einen Indizienbeweis handelt, bei dem die Indizien-Tatsachen vollständig bewiesen werden müssen.

2355 Sind die Voraussetzungen eines Anscheinsbeweises zu bejahen, dann ist es **zweitens** Aufgabe des Beklagten, zu versuchen, den Anschein zu **erschüttern**. Er wird etwa vorbringen, der Erfahrungssatz sei wegen nicht berücksichtigter atypischer Umstände unanwendbar, ein anderer Geschehensablauf also möglich und nahe liegend.

2356 Immer steht ihm auch ein **Gegenbeweis** offen, dass sich das Geschehen anders abgespielt habe, der erste Anschein also nicht zutreffe.

4. Urkundenbeweis

Für den Urkundenbeweis ist der Beweiswert in den §§ 415 ff. ZPO geregelt. Daneben gibt es eine richterrechtlich geschaffene Auslegungsregel, die lautet: „Urkundlich verfestigte rechtsgeschäftliche Erklärungen haben die Vermutung der Vollständigkeit und Richtigkeit für sich" (*Stein/Jonas/Leipold*, ZPO, 21. Aufl., 1999, § 416 Rn. 9). Will der Beklagte das in Zweifel ziehen, dann hat er die Gründe dafür darzulegen, etwa nicht aufgenommene **Nebenabreden** zu behaupten und unter Beweis zu stellen. 2357

In der Praxis kommt es immer wieder vor, dass versucht wird, den Urkundenbeweis „auszuhebeln", in dem auf das Geratewohl die **Echtheit einer Unterschrift** bestritten wird. Dazu sollte sich ein Anwalt nicht hergeben. Das führt nur zur Prozessverzögerung, weil dann auf Antrag des Beweisführers der Unterschreibende als Zeuge über die Echtheit vernommen werden muss. Ein seriöser Anwalt wird die Echtheit einer Unterschrift nur dann bestreiten, wenn er Anlass hat, daran zu zweifeln. 2358

Ablichtungen oder nicht gesondert unterschriebene Durchschriften sind keine Urkunden, werden aber in der Praxis als solche behandelt, wenn niemand widerspricht. 2359

Beruft sich der Kläger zum Beweis auf Aussageprotokolle in **Strafakten**, dann tritt er einen **Urkundenbeweis** an. Der Beklagte kann verhindern, dass solche Vernehmungsniederschriften berücksichtigt werden, indem er die vernommenen Personen als Zeugen benennt (BGH VersR 1992, 1018 = MDR 1992, 803; std. Rspr.). Schon in BGHZ 7, 122 heißt es dazu: 2360

> „Zwar kann die Niederschrift über eine Vernehmung in einem anderen Verfahren als Beweisurkunde verwertet werden. Damit wird aber der Antrag, den Zeugen im gegenwärtigen Verfahren zu vernehmen, nicht gegenstandslos. Das Anerbieten dieses Zeugenbeweises darf nicht mit der Begründung zurückgewiesen werden, dass bereits die Niederschrift über die frühere Vernehmung vorliegt. Der Beweiswert einer solchen Urkunde ist von dem des Zeugenbeweises schon wegen des fehlenden persönlichen Eindrucks durchaus verschieden."

5. Sachverständiger

Bei dem Beweisantritt „Sachverständigengutachten" ist genau anzugeben, wie die **zu beweisende Tatsache** lautet. Immer wieder werden insoweit unsinnige Beweisanträge gestellt. Da soll etwa ein Sachverständiger klären, ob der Beklagte einen Verkehrsunfall „mitverschuldet" habe, oder ob ein Unfall für den Schädiger „unvermeidbar" gewesen sei. 2361

Es kommt auch vor, dass das Gericht einem Sachverständigen anheim stellt oder gar aufgibt, Zeugen anzuhören. Das ist verfahrenswidrig. Ein Sachverständiger hat nicht über Rechtsfragen zu entscheiden. Dafür ist nur der Richter zuständig. Der Sachverständige darf keine Zeugen vernehmen. Kann er sein Gutachten nicht ohne deren Wissen erstatten, muss er die Vernehmung durch das Gericht veranlassen. 2362

2363 Er muss auch einen Auftrag zurückweisen, wenn der Beweisbeschluss sonstige Weisungen des Gerichts enthält, denen er nicht nachkommen darf (§ 407a Abs. 3 S. 1 ZPO).

2364 Die Ausführung eines fehlerhaften Gutachterauftrages hat der Beklagte zu verhindern, indem er alle Beweisanträge auf Einholung eines Gutachtens kritisch unter die juristische Lupe nimmt.

2365 Legt der Kläger zum Beweis ein **Privatgutachten** vor, dann tritt er einen Urkundenbeweis an, keinen Sachverständigenbeweis. Das Gericht muss dieses Gutachten als Parteivorbringen berücksichtigen. Als Sachverständigen-Gutachten darf es von ihm nur dann gewürdigt werden, wenn sich beide Parteien damit einverstanden erklären (BGH NJW 1993, 2382).

2366 Der Beklagte kann der Verwertung des Privatgutachtens als Beweismittel widersprechen und die Einholung des Gutachtens eines **gerichtlichen** Sachverständigen beantragen. Diesem Antrag ist grundsätzlich zu entsprechen (*Zöller/Greger*, ZPO, 26. Aufl., 2007, § 402 Rn. 6c).

2367 Dieser Beweisantrag darf nur ausnahmsweise abgelehnt werden, wenn das Gericht „das gesamte ihm vorliegende Beweisergebnis für ausreichend hält, um die Beweisfrage zuverlässig zu beurteilen" (so BGH LM § 286 E ZPO Nr. 7). Diese Rechtsprechung ist jedoch bedenklich, weil sie auf eine unerlaubte Beweisantizipation hinausläuft (siehe *Schneider*, Beweis und Beweiswürdigung, 5. Aufl., 1994, S. 320). Neuere Entscheidungen sind daher sehr zurückhaltend (Nachw. bei MünchKommZPO/*Damrau*, 2. Aufl., 2000, § 402 Rn. 9).

2368 **Hinweis zur Terminologie:** Immer wieder beantragen Anwälte, die mit einem Gutachten nicht zufrieden sind, die Einholung eines **Obergutachtens**. Das ist terminologisch falsch. Es muss unterschieden werden:

– **Gutachten**: Das ist das **erste** zu erstattende Gutachten.

– **Weiteres Gutachten**: Das ist das **zweite** zu erstattende Gutachten, mit dem das erste Gutachten erschüttert werden soll.

– **Obergutachten**: Das ist das **dritte** zu erstattende Gutachten, mit dem Divergenzen zwischen dem ersten und dem zweiten Gutachten geklärt werden sollen. Es geht dabei also um die Frage, welchem der beiden Vorgutachter zu folgen ist.

6. Waffengleichheit

2369 Kann der Kläger für sein Vorbringen einen Zeugen benennen, der Beklagte nicht, dann stellt sich beweisrechtlich die Frage der Waffengleichheit. Der Beklagte wird verlangen („anregen"), dass er als Partei vernommen oder angehört wird (siehe dazu oben Rn. 2261 ff.).

V. Geständnis

Immer wieder kommt es vor, dass der Kläger in seiner Klagebegründung Tatsachen behauptet, die dem Beklagten günstig sind oder sein können. Beispielsweise trägt der Kläger vor, am 16. 3. 2006 sei in Düsseldorf, Kreuzgasse 7, sein Pkw beschädigt worden. Der Beklagte sei mit dem Fahrrad gegen seinen Wagen gestoßen und habe den Lack zerschrammt. Deshalb müsse er die Kosten für die Beseitigung der Lackschäden ersetzen. Tatsächlich war der Beklagte an diesem Tag auswärts tätig. Er könnte das erwidern und Beweis dafür antreten. 2370

Er kann es sich aber auch einfacher machen und **zugestehen**, dass das Fahrzeug des Klägers am 16. 3. 2006 beschädigt worden ist (§ 288 ZPO). Damit erreicht er, dass diese Tatsache vom Gericht ungeprüft zur Urteilsgrundlage gemacht werden muss. Das hat zur Folge, dass dieser Tag für das Gericht feststeht. Führt der Beklagte dann anschließend aus, dass er sich am 16. 3. 2006 gar nicht in Düsseldorf aufgehalten habe, wird der Kläger vermutlich erwidern, dass er sich dann wohl im Datum geirrt habe, und das Datum berichtigen. Nur hilft ihm das nichts mehr. Kraft des Geständnisses, dessen Annahme nicht erforderlich ist (§ 288 Abs. 2 ZPO), steht der 16. 3. 2006 als Schadenstag fest. Davon kommt der Kläger nicht mehr herunter. Eine Berichtigung (**Widerruf**) ist nämlich an den doppelten Nachweis gebunden, dass das Geständnis nicht der Wahrheit entspricht *und* auf einem Irrtum beruht. Das müsste der Kläger darlegen und beweisen (näher dazu *Schneider* MDR 1991, 297). 2371

Der Beklagte sollte deshalb das Vorbringen des Klägers immer auch darauf prüfen, ob er seine Prozesslage verbessern kann, wenn er eine vom Kläger behauptete Tatsache zugesteht. 2372

Beachte: Das Geständnis muss eine **Tatsache** betreffen. Das kann auch ein Rechtsbegriff sein, der für eine Tatsache steht, etwa für einen Kauf oder ein Darlehen und dergleichen (BGH NJW-RR 2006, 282 = MDR 2006, 408; siehe dazu oben § 54, Rn. 2119 ff.). 2373

Das Geständnis kann **ausdrücklich** oder **konkludent** erklärt werden (BGHReport 2005, 1277). Beispiel: Der Beklagte beantragt im Erwiderungsschriftsatz die Abweisung der Klage wegen einer von ihm erklärten Aufrechnung. Dann handelt es sich um eine **primäre** Aufrechnung, die nur gegen eine nicht angegriffene Klageforderung in Betracht kommt. Damit sind die tatsächlichen Behauptungen in der Klagebegründung mit der Rechtsfolge des § 288 ZPO zugestanden (BGH VersR 1996, 1296). 2374

Ein bereits **außergerichtlich** erklärtes Geständnis wird erst dadurch zu einem gerichtlichen Geständnis, dass es **in der Klageerwiderung wiederholt** wird (BGHReport 2005, 1277). Bei der Beweiswürdigung darf jedoch ein nur außergerichtlich erklärtes Geständnis berücksichtigt werden. 2375

Bindend wird ein sich aus dem schriftsätzlichen Vorbringen ergebendes Geständnis erst, wenn es **in der mündlichen Verhandlung** abgegeben wird, sei 2376

§ 69 Unterwerfen?

es auch nur durch Bezugnahme auf Schriftsätze (§ 288 Abs. 1 ZPO). Im schriftlichen Verfahren kommt es nur auf die Schriftsätze an (OLG Koblenz MDR 2006, 871; *Stein/Jonas/Leipold*, ZPO, 21. Aufl., 1997, § 288 Rn. 13). Die Unstreitigkeitsfiktion des § 138 Abs. 3 ZPO ist kein gerichtliches Geständnis, so dass § 288 ZPO darauf nicht anwendbar ist (*Stein/Jonas/Leipold*, ZPO, 22. Aufl., 2005, § 138 Rn. 43).

2377 Auf ein unter einer **Bedingung** abgegebenes Geständnis ist § 288 ZPO nur anwendbar, wenn es sich dabei um eine innerprozessuale Bedingung handelt (BGH NJW-RR 2003, 1145; siehe dazu oben Rn. 1095 ff.).

2378 Nach § 160 Abs. 3 Nr. 3 ZPO ist ein Geständnis in das **Sitzungsprotokoll** aufzunehmen. Anders als beim Prozessvergleich (§ 794 Abs. 1 Nr. 1 ZPO) ist das jedoch nur ausnahmsweise Wirksamkeitsvoraussetzung, nämlich nur, wenn vor einem beauftragten oder ersuchten Richter zugestanden wird (§ 288 Abs. 1 ZPO; *Stein/Jonas/Roth*, ZPO, 22. Aufl., 2005, § 159 Rn. 21 u. § 160 Rn. 18).

2379 Gleichwohl sollte der Beklagte, der zugesteht, in der mündlichen Verhandlung die Protokollierung beantragen. Damit verhindert er, dass der Kläger ein Rückzugsgefecht über den Inhalt seiner zugestandenen Erklärung beginnt, wenn er (zu spät) die rechtlichen Folgen des Geständnisses erkennt. Außerdem schafft er vorausschauend klare Verhältnisse für ein Berufungsverfahren, in dem das Geständnis wirksam bleibt (§ 535 ZPO).

§ 69 Unterwerfen?

2380 Das Ergebnis der Vorprüfung zur Erfolgsaussicht der Klage kann die Einsicht sein, dass die **Rechtsverteidigung** des Beklagten **aussichtslos** ist. Dann muss der Anwalt überlegen, wie er den Rechtsstreit am kostengünstigsten für seinen Mandanten beenden kann. Vier Möglichkeiten kommen dabei vorwiegend in Betracht.

I. Vergleich

2381 Der Anwalt kann dem Gegner zu verstehen geben, dass sein Mandant zu einer gütlichen Einigung bereit ist. Das Gericht wird ihn bei diesem Bemühen unterstützen, weil es ihm eine streitige Verhandlung und die Abfassung eines Urteils erspart.

2382 Auch der Anwalt des Klägers ist meist nicht abgeneigt, einen Prozess auf diese Weise zu beenden. Das ist für ihn **zeitsparend** und **gebührenrechtlich willkommen**, da für den Vergleich eine 1,5 Einigungsgebühr anfällt (RVG-Vergütungsverzeichnis Nr. 1000).

Hier ist terminologisch Folgendes klarzustellen. Die frühere Vergleichsgebühr (§ 19 BRAGO) ist nicht in das RVG übernommen, sondern durch die Einigungsgebühr ersetzt worden. In aller Regel ist die Einigung ein Vergleich nach § 779 BGB, jedoch nicht immer. Bei der Einigung ist das für einen Vergleich unverzichtbare gegenseitige Nachgeben nämlich kein Tatbestandsmerkmal. Daraus folgt: Jeder Vergleich ist eine Einigung, aber eine Einigung muss kein Vergleich sein. Sie ist dann auch kein Vollstreckungstitel nach § 794 Abs. 1 Nr. 1 ZPO und ersetzt keine notarielle Beurkundung gemäß § 127a BGB (siehe *N. Schneider*, AnwKommRVG, 3. Aufl., 2006, Vergütungsverzeichnis Nr. 1000 Rn. 50, 51).

Die Prozessbevollmächtigten sollten deshalb darauf achten, dass im Vergleichstext ein **gegenseitiges** und nicht nur einseitiges **Nachgeben** mitprotokolliert wird, etwa nur ein Erlassvertrag (§ 397 BGB).

Bei der **Formulierung** des Vergleichstextes ist darauf zu achten, dass er – ebenso wie der Urteilstenor – **bestimmt** genug ist, um daraus zu vollstrecken (*Stein/Jonas/Münzberg*, ZPO, 22. Aufl., 2002, Rn. 27 ff. vor § 704). Es ist erstaunlich, was da schon alles protokolliert worden ist: Verpflichtung des Beklagten, „die Kuh" herauszugeben, oder „die laufende Miete ab Oktober 2005" zu zahlen und dergleichen. Damit kann kein Vollstreckungsorgan etwas anfangen. 2383

Einzelfälle werden häufig streitig. So hat das LG Hamburg (MDR 1996, 312) etwa einen Prozessvergleich als hinreichend bestimmt und vollstreckbar beurteilt, in dem sich der Schuldner verpflichtet hatte, bei Musikempfang „Zimmerlautstärke" nicht zu überschreiten. 2384

Vorsicht ist auch geboten, wenn ein Prozessvergleich auf Schriftstücke Bezug nimmt. Der Vergleich ist nur dann ein wirksamer Vollstreckungstitel, wenn im Vergleichstext auf die Schriftstücke Bezug genommen wird **und** diese dem Protokoll **als Anlage beigefügt** werden, § 160 Abs. 5 ZPO (OLG Zweibrücken MDR 1993, 84). Der Senat hatte in diesem Fall eine Berichtigung nach § 164 ZPO zugelassen. Das OLG Hamm (BauR 2000, 1231) verlangt als Wirksamkeitsvoraussetzung auch die **Verlesung** der in Bezug genommenen Anlagen (*Schneider* MDR 1997, 1092; siehe dazu noch KG FamRZ 1981, 193). Vorsorglich sollte der Anwalt darauf bestehen. 2385

Beachte: Die Regressgefahr für den Anwalt bei Abschluss eines Vergleichs ist besonders groß (zu den Risiken siehe *Rinsche/Fahrendorf/Terbille*, Die Haftung des Rechtsanwalts, 7. Aufl., 2005, Rn. 1717 ff.; *Prechtel* ZAP Fach 13, S. 1373 ff.). In BGH MDR 2002, 547 heißt es dazu: 2386

„Ein Rechtsanwalt, der beim Abschluss eines Vergleichs mitwirkt, hat bei der Abfassung des Vergleichstextes für eine vollständige und richtige Niederlegung des Willens seines Mandanten und für einen möglichst eindeutigen und **nicht erst der Auslegung bedürftigen Wortlaut** zu sorgen."

Enttäuschte Erwartungen des Auftraggebers oder die **nachträgliche Erkenntnis** einer ungünstigen vergleichsweisen Regelung gehen nicht zu Lasten des Anwalts (OLG Oldenburg NJW-RR 1991, 1499). Vorsorglich sollte er sich jedoch dadurch absichern, dass er den Mandanten eingehend über die Vergleichsfolgen belehrt und dessen nachweisbare Zustimmung einholt. 2387

Das kann im Termin durch die zu Protokoll gegebene Erklärung des Prozessbevollmächtigten verdeutlicht werden: „Auf ausdrücklichen Wunsch meines Mandanten stimme ich dem Vergleich zu." 2388

§ 69 Unterwerfen?

2389 Ist der Mandant im Termin nicht anwesend, dann ist es angebracht, den Vergleich nur unter befristetem **Rücktrittsvorbehalt** abzuschließen. Auch die Widerrufsfrist ist zu protokollieren, kann aber von den Parteien **formlos verlängert** werden (*Staudinger/Marburger*, BGB, 2002, § 779 Rn. 107). Das LG Bonn (MDR 1997, 783 = NJW-RR 1988, 535) hat zwar einmal anders entschieden und Protokollierung verlangt. Lediglich *Baumbach/Hartmann* (ZPO, 65. Aufl., 2007, Anhang § 207 Rn. 46) folgen dem. Diese vereinzelte Auffassung ist so abwegig (*Schneider* MDR 1999, 559), dass sie in neueren Kommentaren schon gar nicht mehr erwähnt wird (z.B. *Saenger/Kindl*, ZPO, 2006, § 794 Rn. 13). Jedoch benutzen viele Gerichte den „*Baumbach/Hartmann*", so dass eine darauf gestützte Fehlentscheidung nicht auszuschließen ist. Deshalb sollte sich die widerrufsberechtigte Partei entweder

– vom Gericht die Formlosigkeit der Widerrufserklärung bestätigten lassen

– oder in den Vergleichstext aufnehmen, dass die Widerrufsfrist von den Parteien formlos verlängert werden kann,

– oder das Gericht vor Fristablauf unter Hinweis auf die außergerichtliche, nicht protokollierungspflichtige Verlängerungsvereinbarung informieren, tunlichst mit Bezugnahme auf einen Kommentar.

2390 Zweifelhaft ist oft, **wem gegenüber** der Widerruf zu erklären ist. Ist der Adressat im Vergleichstext genannt, dann muss ihm gegenüber widerrufen werden, anderenfalls der Widerruf unbeachtlich ist (*Musielak/Lackmann*, ZPO, 5. Aufl., 2007, § 794 Rn. 12; *Saenger/Kindl*, ZPO, 2006, § 794 Rn. 12).

2391 Ist keine Vereinbarung über den Empfänger der Widerrufserklärung getroffen worden, kann sowohl gegenüber dem Gericht als auch gegenüber dem Gegner widerrufen werden (BGH MDR 2006, 284). Ein Hinweis auf diese Entscheidung ist zu empfehlen.

2392 **Ratschlag:** Am sichersten geht der Anwalt allen Zweifelsfragen aus dem Weg und schickt den Widerruf dem Gericht **und** dem Gegner.

2393 Eine weitere Vorsichtsmaßnahme ist geboten, wenn der Mandant **rechtsschutzversichert** ist. Ein Rechtsschutzversicherer wird nach § 2 Abs. 3a ARB wegen quotenwidriger Kostenübernahme des Versicherten in einem Vergleich leistungsfrei, wenn sich diese Kostenregelung nur aus einem Verzicht auf weitere Ansprüche ergibt (OLG Hamm NJW-RR 1999, 1403; ausführlich dazu *Harbauer*, Rechtsschutzversicherung, 7. Aufl., 2004, § 2 ARB 75 Rn. 167 ff.). Zumindest in Zweifelsfällen ist deshalb vorsorglich die Zustimmung des Versicherers einzuholen.

2394 **Hinweis:** Hin und wieder kommt es vor, dass Gerichte eine Partei an Äußerungen anlässlich einer gescheiterten Vergleichsverhandlung festhalten und diese Äußerungen als feststehende Tatsache behandeln. Das ist grundfalsch und geradezu arglistig! Diese Äußerungen sind nur beweistauglich, wenn sie durch eine Parteivernehmung (§ 448 ZPO) oder Parteianhörung (§ 141 ZPO) bestätigt worden sind (BGH NJW 1998, 306).

II. Anerkennen

Scheitert der Versuch einer gütlichen Einigung, weil der Kläger nicht nachgeben will, dann hat der Beklagte die Möglichkeit, den Klageanspruch anzuerkennen (§ 307 ZPO). Es ergeht dann ohne vorherige mündliche Verhandlung und auch ohne einen entsprechenden Antrag des Klägers ein Anerkenntnisurteil. 2395

Das Gericht prüft nicht, ob die Klage schlüssig und begründet ist. Die Klärung der rechtlichen Beurteilung kann der Kläger nur erzwingen, indem er die Klage ändert oder erweitert (BGH NJW 2004, 2019, 2021). 2396

Wie über die **Prozesskosten** zu entscheiden ist, richtet sich nach § 93 ZPO: Klageveranlassung? Insoweit ist streitig, ob die Kostenvergünstigung für den Beklagten voraussetzt, dass dieser bereits in Verbindung mit der Verteidigungsanzeige im schriftlichen Vorverfahren (§ 276 Abs. 1 S. 1 ZPO) anerkennt oder ob es ausreicht, dass er sich innerhalb der Klageerwiderungsfrist erklärt (siehe *Stein/Jonas/Bork*, ZPO, 22. Aufl., 2004; § 93 Rn. 6). Nach neuerer Rechtsprechung genügt ein Anerkenntnis innerhalb der Klagefrist (OLG Brandenburg MDR 2005, 1310; KG NJW-RR 2006, 1078). Das gilt jedenfalls dann, wenn die Verteidigungsanzeige keinen Klageabweisungsantrag enthält (BGH NJW 2006, 2490 = MDR 2007, 233). Nach OLG Köln (WRP 2007, 559) erkennt der Beklagte nicht mehr „sofort" an, wenn er im schriftlichen Vorverfahren erst nach Ablauf der ihm gesetzten Klageerwiderungsfrist oder erst nach Zustellung eines Versäumnisurteils anerkennt. 2397

III. Erfüllen

Statt anzuerkennen, kann der Beklagte den Kläger auch durch Erfüllung nach Zugang der Klageschrift klaglos stellen und sich zur Übernahme der Kosten verpflichten. Dann wird der Kläger die Klage zurücknehmen oder beide Parteien werden die Hauptsache für erledigt erklären. In diesem Fall ergeht ein Kostenbeschluss nach § 91a ZPO. 2398

IV. Versäumnisurteil

Schließlich kann sich der Beklagte entschließen, gar nichts zu unternehmen. Dann braucht er nicht auf die Klage zu erwidern und nicht zum Termin zu erscheinen, sondern er lässt einfach ein Versäumnisurteil gegen sich ergehen (§ 331 ZPO). 2399

Beachte: Für den Beklagten kann es kostengünstiger sein, ein Versäumnisurteil gegen sich ergehen zu lassen, statt anzuerkennen (siehe *König* NJW 2005, 1243). 2400

§ 70 Verteidigen

2401 Hält der Anwalt des Beklagten die Klage für ganz oder teilweise aussichtsreich, dann rät er seinem Mandanten, sich dagegen zu verteidigen. Er wird einen Klageerwiderungsschriftsatz verfassen, der ebenso durchdacht sein muss wie die Klagebegründung. Gedanklich und stilistisch leistet er dabei die gleiche Arbeit wie der Kläger bei Abfassung der Klagebegründung. Das alles ist bereits behandelt worden, etwa Stilfragen, Belege und Bezugnahmen (§§ 30–32), der Aufbau und die Substantiierung (§§ 44, 45).

I. Eigene Darstellung

2402 Auf Grund seiner Vorprüfung (siehe oben Rn. 2340 ff.) erkennt der Beklagte, wo seine Erfolgsaussichten liegen. Ihm obliegt es nunmehr, seine eigene tatsächliche und rechtliche Beurteilung des Streitfalles darzulegen.

2403 Er wird den Sachverhalt aus seiner Sicht „vollständig und der Wahrheit gemäß" schildern, wie das § 138 Abs. 1 ZPO vorschreibt. Er wird auch bemüht sein, den Richter nicht zu langweilen. Deshalb wiederholt er nicht unverändert, was schon in der Klageschrift steht. Die Klageerwiderung hat sich **auf das Wesentliche** zu **beschränken**. Es ist eine alte Erfahrung, dass derjenige, der zu viel schreibt, dem Gegner vermeidbare Angriffsflächen bietet oder ihn veranlasst, „vorsorglich" auch auf das vom Beklagten vorgebrachte Unwesentliche einzugehen. Am Ende wird dann über Vorgänge gestritten, auf die es für die Entscheidung nicht ankommt.

2404 Der Zuvielschreiber riskiert dabei noch psychologische Niederlagen. Erweisen sich seine unerheblichen erwidernden Ausführungen als falsch oder unwahr, dann schadet das der Glaubwürdigkeit seiner Partei. Der Richter bewertet jetzt vielleicht alles, was der Beklagte vorbringt, viel kritischer. Zu einer Verbesserung der Verteidigungsposition führt unerhebliches Vorbringen nie.

2405 Der Zuvielschreiber bewirkt unter Umständen sogar, dass er von der eigenen Partei als der weniger qualifizierte Anwalt angesehen wird. Ein Mandant kann in aller Regel nicht beurteilen, was für die Entscheidung erheblich ist und was nicht. Bringt sein Anwalt überflüssige Ausführungen, die vom Gegenanwalt widerlegt werden, dann gewinnt dieser aus der Sicht der Partei die Oberhand. Er erscheint als der bessere Anwalt. Erfahrungsgemäß kommt es daher immer wieder vor, dass der Mandant in seiner nächsten Rechtssache den früheren Gegenanwalt mit seiner Vertretung beauftragt.

II. Bestreiten

1. Die streitigen Tatsachen

Das allgemeine Prinzip der Behauptungslast (oben Rn. 2003 ff.) gilt für beide 2406
Parteien, beim Kläger für die Darlegung seiner Ansprüche, für den Beklagten,
soweit er den klagebegründenden Sachverhalt anders darstellt, nämlich so, dass
aus ihm kein Anspruch des Klägers folgt. Jede Behauptung einer Partei fordert
nun die andere zur Gegenäußerung heraus. Auch das Bestreiten ist eine.

Aus der Gegenüberstellung der beiden Fallschilderungen in Klage und Klage- 2407
erwiderung (§ 138 Abs. 1 ZPO) ergibt sich, welche Tatsachen streitig sind. Das
braucht nicht ausdrücklich hervorgehoben zu werden, weil das Bestreiten „aus
den übrigen Erklärungen der Partei hervorgeht" (§ 138 Abs. 3 ZPO).

Nicht selten beginnt oder endet ein Erwiderungsschriftsatz mit der Erklärung: 2408
„Alles nicht ausdrücklich Zugestandene wird bestritten". Das ist juristischer
Unfug. Ein Geständnis setzt keine „ausdrückliche" Erklärung und das Nicht-
bestreiten setzt kein Zugestehen voraus. Mit dieser Floskel kann der Beklagte
nicht das Gebot umgehen, „sich über die vom Gegner behaupteten Tatsachen zu
erklären" (§ 138 Abs. 2 ZPO). Unterlässt er das, dann droht ihm die Geständnisfiktion des § 138 Abs. 3 ZPO.

Beachte: Gegenstand des Bestreitens sind aber nur **Tatsachen**behauptungen. 2409
Keine Partei muss dazu eine rechtliche Beurteilung abgeben. Das ist Aufgabe des
Gerichts (iura novit curia). Ein Beispiel:

In BGH MDR 1958, 909 hatten beide Parteien einen von ihnen abgeschlossenen 2410
Auseinandersetzungsvertrag angefochten, dabei aber die vom Gegner vorgebrachten Anfechtungsgründe jeweils bestritten. In einem solchen Fall darf nicht
etwa der Vertrag als unstreitig zu Stande gekommen behandelt werden. In dem
Urteil des BGH heißt es dazu:

> „Der Richter ist nur an tatsächliche Behauptungen einer Partei gebunden, soweit diese
> von der anderen Partei zugestanden oder nicht bestritten werden. Dagegen ist er frei in
> der Subsumtion festgestellter Tatsachen unter gesetzliche Vorschriften. Die Parteien
> können daher nicht durch übereinstimmende Kundgabe von Rechtsansichten (hier:
> Vertrag wegen Anfechtung nichtig) eine eigene rechtliche Beurteilung durch das Gericht
> ausschließen (vielleicht sind beide Anfechtungsgründe unschlüssig!)."

Ausgenommen von dieser Einschränkung sind Rechtsbegriffe, die für Tatsachen 2411
stehen (oben Rn. 2109 ff.), zum Beispiel das übereinstimmende Vorbringen der
Parteien, einen Darlehensvertrag abgeschlossen zu haben. Der Darlegung von
Angebot und Annahme (§§ 145 ff. BGB) bedarf es dann nicht. Das Gericht muss
seiner rechtlichen Beurteilung den Darlehensvertrag zugrunde legen.

2. Die Formen des Bestreitens

Viele Anwälte kommen mit dem Bestreiten nicht zu Rande. Es gibt drei Formen 2412
des Bestreitens.

a) Einfaches Bestreiten

2413 In einem Unfallprozess behauptet der Kläger, er habe noch kurz vor dem Zusammenstoß eine Vollbremsung vorgenommen, um den Unfall zu verhindern. Der Beklagte „bestreitet" das.

2414 Eine Partei kann auch konkludent bestreiten. Der Beklagte erwidert etwa, der Kläger sei zügig durchgefahren. Damit widerspricht er dessen Darstellung und „bestreitet".

2415 In beiden Fällen spricht man von einem **einfachen** Bestreiten. Es geht dabei um Behauptungen, auf die man mit bloßem „ja" oder „nein" antworten kann. Vollbremsung? Nein! – Zügig durchgefahren = Nein!

b) Bestreiten mit Nichtwissen

2416 Der Kläger behauptet im Unfallprozess zur Berechnung seines Schadens, sein Wagen sei unfallfrei gewesen. Dann muss sich der Beklagte dazu äußern. Es genügt, wenn er lediglich erklärt: „Das bestreite ich." Er kann nicht wissen, ob der Wagen des Klägers vor dem Schadensereignis unfallfrei gewesen ist. Das ist ein erlaubtes Bestreiten **mit Nichtwissen**, weil der Zustand des Fahrzeugs des Klägers nie „Gegenstand seiner eigenen Wahrnehmung" ist (§ 138 Abs. 4 ZPO). Es geht also um Behauptungen, zu denen die Stellungnahme ausreicht „keine Ahnung!"

2417 Hier schränkt die Rechtsprechung aber ein. Sie verlangt vom Beklagten, dass er sich das Wissen verschafft, wenn ihm das leicht möglich ist, beispielsweise indem er seine Geschäftsunterlagen einsieht (BGH NJW 1995, 130 = MDR 1995, 275). Die Möglichkeit, **zumutbare Informationsquellen** zu benutzen, schließt ein wirksames Bestreiten mit Nichtwissen aus.

c) Qualifiziertes Bestreiten

2418 Neben diesen beiden Formen des Bestreitens gibt es noch eine dritte. Der Kläger behauptet, sein Unfallschaden belaufe sich auf 2 375 Euro. Dazu legt er die Rechnung einer Reparaturwerkstatt vor, die in mehrere Positionen aufgegliedert ist. Ein bloßes Bestreiten des Beklagten reicht jetzt nicht mehr aus. Wenn er die Höhe der Rechnung nicht gelten lassen will, muss er darlegen, welche darin enthaltenen Positionen er beanstandet. Seine Beanstandungen muss er **begründen**, notfalls auch eine substantiierte Gegenrechnung aufmachen (OLG Köln MDR 1975, 848; OLG Hamm NJW 1998, 3358). Deshalb spricht man von einem **begründeten** oder **qualifizierten** Bestreiten.

2419 Bei nicht hinreichend substantiiertem Bestreiten gilt das Vorbringen des Gegners als zugestanden (§ 138 Abs. 3 ZPO). Darauf ist der Beklagte vom Gericht nach § 139 ZPO hinzuweisen (OLG Hamm MDR 1993, 271).

2420 **Beachte:** Unterbleibt der Hinweis, dann fehlt auch eine entsprechende Protokollierung (§ 139 Abs. 4 ZPO). Das ist eine Rechtsverletzung und damit ein Berufungsgrund (§ 513 ZPO).

Ergänzt der Beklagte trotz eines Hinweises sein Vorbringen nicht, dann ist er 2421
ohne Beweiserhebung antragsgemäß zu verurteilen (OLG Köln MDR 1970,
1017).

Ein qualifiziertes Bestreiten setzt voraus, dass schon der Kläger qualifiziert 2422
dargelegt hat. Verlangt er etwa Zahlung eines Kontokorrentsaldos, ohne ein
Saldoanerkenntnis des Beklagten zu behaupten, dann muss er erst einmal alle
der Saldoberechnung zugrunde liegenden Ansprüche und Leistungen so ausführlich darlegen, dass der Gegner (und das Gericht) jede Position rechtlich und
rechnerisch überprüfen kann (BGH ZIP 1983, 784; BGHReport 2004, 335). Erst
dann kann vom Beklagten eine Gegenerklärung erwartet und verlangt werden.
Es ist nicht seine Aufgabe, als erster im Prozess eine Einzelberechnung
vorzulegen, selbst wenn er die dazu nötigen Unterlagen besitzt (BGH a.a.O.).

Auch der **Umfang** der erforderlichen Substantiierung beim qualifizierten 2423
Bestreiten hängt davon ab, wie substantiiert der Gegner vorgetragen hat:

„Ob und inwieweit die nicht darlegungsbelastete Partei ihren Sachvortrag substantiieren
muss, lässt sich nur aus dem Wechselspiel von Vortrag und Gegenvortrag bestimmen,
wobei die Ergänzung und Aufgliederung des Sachvortrags bei hinreichendem Gegenvortrag immer zunächst Sache der darlegungsbelasteten Partei ist (BGH VersR 2000, 513
= BGH NJW 1999, 1405)."

d) Sustantiierungshilfe

Weiter gehend wird vom Beklagten eine gesteigerte Erklärungspflicht verlangt, 2424
wenn nur er zur Substantiierung in der Lage ist:

Nach den Grundsätzen von Treu und Glauben kann sich eine Verpflichtung des Beklagten
ergeben, dem Kläger die Darlegung zu erleichtern, wenn es um die Spezifizierung von
Tatsachen geht, die dem Kläger nicht oder nur unter unverhältnismäßigen Schwierigkeiten
möglich ist, während ihre Offenlegung für den Gegner ohne weiteres möglich und
zumutbar erscheint (BGH ZIP 1999, 1212; BGHReport 2004, 335).

Beachte: Unschlüssiges Klagevorbringen braucht nicht bestritten zu werden. 2425
Eine solche Klage scheitert auch ohne Gegenäußerung des Beklagten, sogar
dann, wenn dieser nicht zum Termin erscheint (§ 331 Abs. 2 ZPO). Es ist aber
angebracht, auf die Unschlüssigkeit hinzuweisen.

Hinweis: So genanntes pauschales Bestreiten ist zu vermeiden. Es handelt sich 2426
dabei um Wendungen wie

„das gesamte Vorbringen des Gegners wird bestritten" oder gar „alles nicht ausdrücklich
Zugestandene wird bestritten".

Das ist ein prozessualer Kunstfehler! Jede zu bestreitende Tatsache ist **konkret** 2427
zu bestreiten. Das erschwert es dem Gericht, erhebliche Behauptungen in den
Entscheidungsgründen überraschend als „nicht bestritten" einzuordnen.

III. Verteidigungsmaßnahmen

2428 Über das Bestreiten hinaus wird der Beklagte darlegen, wie der Streitfall nach seiner Auffassung **rechtlich** zu beurteilen ist. Insoweit hat er die gleiche Denkarbeit zu leisten wie der Kläger.

2429 Er wird versuchen, die **Beweisgrundlage** der Klage zu erschüttern.

2430 Kommen Regressansprüche in Betracht, stellt sich die Frage der **Streitverkündung**.

2431 Weiter wird er prüfen, ob er **Einreden** vorbringen kann, etwa ein Zurückbehaltungsrecht oder eine Stundungsvereinbarung.

2432 Hat er selbst Ansprüche gegen den Kläger, kann er sich mit **Aufrechnung** verteidigen. Eine daraufhin vom Kläger erklärte Gegenaufrechnung ist unbeachtlich (KG MDR 2006, 1252).

2433 Zu erwägen ist dann auch, eine **Widerklage** einzureichen, die zugleich einen Zeugen ausschalten kann (*Schneider* MDR 1998, 21 ff.; siehe dazu auch oben Rn. 250).

2434 **Haftungsbeschränkungen** wie beispielsweise die Erbenhaftung müssen bedacht werden, damit der Vorbehalt ins Urteil kommt (§ 780 Abs. 1 ZPO).

2435 Die vorstehenden Hinweise sind nicht erschöpfend. Sie sollen nur darauf aufmerksam machen, dass der Beklagte umfassend darüber nachdenken muss, welche Verteidigungsmaßnahmen zu erwägen sind. Hier alle abzuhandeln, ist schon aus Raumgründen nicht möglich, wäre aber auch nicht sinnvoll, weil diese Gedankenarbeit individuell am Fall geleistet werden muss, die nicht durch eine Checkliste der Abwehrmaßnahmen ersetzt werden kann.

Zwölftes Kapitel: Replik des Klägers

§ 71 Auseinandersetzung mit der Klageerwiderung

I. Die grundsätzlichen Überlegungen

Ebenso wie der Beklagte sich mit der Klagebegründung auseinander setzen muss, um darauf erwidern zu können, verfährt der Kläger, wenn ihm die Klageerwiderung vorliegt. So unerlässlich wie die eigene Gedankenarbeit für die Verteidigung ist die für die Erwiderung des Klägers, die so genannte **Replik**. Auch dem Kläger kann hier nicht erschöpfend vorgegeben werden, was er alles zu bedenken hat. Sinnvoll und nützlich sind nur anregende Hinweise für besonders wichtige Verfahrensentschlüsse.

Ebenso wie der Beklagte gegenüber der Klagebegründung wird der Kläger seine Rechtsposition unter **Einbeziehung der Klageerwiderung** überprüfen.

Er wird Gegenvorbringen, das seiner Meinung nach nicht zutrifft, **substantiiert bestreiten** und möglichst mit **neuen Beweisanträgen** abwehren. Ihm günstiges Vorbringen in der Klageerwiderung wird er **übernehmen** und gegebenenfalls **zugestehen**.

Die Einzelheiten dazu sind bereits ausführlich bei der Klageerwiderung (§§ 67, 68) behandelt worden und deshalb hier nicht zu wiederholen.

II. Klageänderung, Klageerweiterung

Frei steht es dem Kläger auch, die **Klage** zu **ändern** oder zu **erweitern**. Die **Zuständigkeit** des Gerichts **bleibt** nach Rechtshängigkeit (Zustellung der Klage an den Gegner, §§ 253 Abs. 1, 261 Abs. 1 ZPO) **erhalten** (§ 261 Abs. 3 Nr. 2 ZPO; sog. perpetuatio fori). Voraussetzung ist jedoch, dass sich der Streitgegenstand (Klagegrund, § 264 ZPO) nicht ändert und die Zuständigkeit des Gerichts weiterhin besteht (*Thomas/Putzo/Reichold*, ZPO, 27. Aufl., 2005, § 261 Rn. 17). Anderenfalls kommt eine **Verweisung** nach § 281 ZPO in Betracht (*Stein/Jonas/Schumann*, ZPO, 21. Aufl., 1998, § 281 Rn. 11 u. § 264 Rn. 40). Bei einer Klageerweiterung vor dem Amtsgericht hat das Gericht darauf hinzuweisen (§ 506 ZPO).

§ 72 Drohendes Unterliegen

Beim Durchdenken der Klageerwiderung kann der Kläger zu dem Ergebnis kommen, er werde mit der Klage nicht durchdringen. Dann gibt es für ihn zwei Wege, einem ungünstigen Urteil auszuweichen: Erklärung der **Klagerücknahme** oder **Erledigung der Hauptsache**. Beides ist nur dem Kläger möglich. Der Beklagte kann die Klage nicht zurücknehmen. Er hat keine Macht über den Streitgegenstand. Auch seine Erledigungserklärung wäre deshalb unbeachtlich.

I. Klagerücknahme

1. Alte und neue Rechtslage

2442 Nach wie vor kann der Kläger die Klage ohne Einwilligung des Beklagten bis zum Beginn der mündlichen Verhandlung zurücknehmen. Unverändert sind auch die Folgen der Klagerücknahme. Die Rechtshängigkeit entfällt (§ 269 Abs. 3 S. 1 ZPO). Bei Erhebung einer neuen Klage kann der Beklagte die Einlassung darauf bis zur Erstattung der Kosten aus dem früheren Verfahren verweigern (§ 269 Abs. 6 ZPO).

2443 Einiges hat sich aber geändert. Als Grundsatz galt nach altem Recht, dass der Kläger die Kosten des Rechtsstreits zu tragen hatte, wenn er die Klage zurücknahm (§ 269 Abs. 3 S. 2 ZPO a.F.). Eine Ausnahme davon war nicht vorgesehen. Das ist jetzt anders. Nach § 269 Abs. 3 S. 2 ZPO können die Kosten auch dem Beklagten **aus einem anderen Grund** auferlegt werden. Gemeint ist Folgendes:

2444 Nach altem Recht konnte der Kläger die Klage **vor Zustellung nicht wirksam einseitig für erledigt erklären**. Bis dahin fehlte es noch an einem Prozessrechtsverhältnis (§§ 261 Abs. 1, 253 Abs. 1 ZPO) und damit an einer Hauptsache (BGHZ 83, 14). Der Kläger konnte die Klage bis dahin nur zurücknehmen und trug die Kosten. Nur in Unterhaltssachen und bei Zurücknahme des Scheidungsantrages war für Folgesachen trotz der Klagerücknahme gegen den Beklagten eine Kostenentscheidung nach billigem Ermessen möglich (§§ 93d, 626 Abs. 1 S. 2 ZPO). Daneben hatte die Rechtsprechung Ausnahmen zugelassen, wenn sich die Parteien außergerichtlich über die Kosten verglichen hatten (OLG Hamm VersR 1994, 834). Das ist geändert worden.

2445 Hat sich die Hauptsache **vor oder nach Zustellung** der Klage erledigt, etwa weil sich die Einreichung der Klage und die Erfüllung des Beklagten zeitlich überschnitten haben, dann gilt nunmehr nach § 269 Abs. 3 S. 2 ZPO Folgendes:

– **Grundsatz**: Der Kläger trägt die Kosten.

– **Ausnahme**: Der Beklagte trägt die Kosten, wenn sie ihm „aus einem anderen Grund aufzuerlegen sind".

2446 Der **andere Grund** kann ein verfahrensfremder sein, etwa eine außergerichtliche Kostenvereinbarung. Auch verfahrensrechtliche Gründe kommen in Betracht, beispielsweise Kosten der Säumnis (§ 344 ZPO) oder eines erfolglosen Verteidigungsmittels (§ 96 ZPO).

2447 Ein **materiell-rechtlicher Kostenerstattungsanspruch** (siehe unten Rn. 2456, 2461) soll aber nach BGH NJW-RR 2005, 1663 nicht darunter fallen.

Prozessökonomisch ist diese Beschränkung schwer verständlich, zumal sie nicht für Kostenentscheidungen nach § 91a ZPO gilt. Dort darf der materiellrechtliche Kostenerstattungsanspruch berücksichtigt werden (BGH VersR 2002, 1530; *Zimmermann*, ZPO, 7. Aufl., 2006, § 91a Rn. 9). Eine Klageänderung auf Feststellung der Kostenschuld des Beklagten (unten Rn. 2461 ff.) oder eine neue Klage wird dadurch vermieden.

Eine weitere Änderung hat die Regelung des § 269 Abs. 3 S. 3 ZPO durch Gesetz vom 1.9.2004 gebracht. Nach altem Recht konnte die Klage nur zurückgenommen werden, wenn sie schon zugestellt worden war. Bei einer Erledigung des Rechtsstreits zwischen Einreichung und Zustellung der Klage musste der Kläger seine nutzlos aufgewandten Prozesskosten als Verzugsschaden in einem neuen Rechtsstreit einklagen. Nach neuem Recht ist die Klagerücknahme möglich: 2448

§ 269 Abs. 3 S. 3 ZPO: Ist der Anlass zur Einreichung der Klage vor Rechtshängigkeit weggefallen und wird die Klage daraufhin zurückgenommen, so bestimmt sich die Kostentragungspflicht unter Berücksichtigung des bisherigen Sach- und Streitstandes nach billigem Ermessen; **dies gilt auch, wenn die Klage nicht zugestellt worden ist.**

2. Erfolgsprüfung des Klägers

Die Klageerwiderung kann zu der Einsicht führen, dass die Klage materiellrechtlich aussichtslos ist, 2449

– weil keine dem Kläger günstige Anspruchsgrundlage gegeben ist
– oder sie sich nicht beweisen lässt
– oder dass für die zunächst aussichtsreiche Klage im Hauptantrag kein Rechtsschutzbedürfnis mehr besteht, weil sich die **Hauptsache** nach Zustellung der Klage oder nach deren Eingang bei Gericht, aber vor der Zustellung, oder schon vor Einreichung der Klage **erledigt** hat, etwa durch Zahlung oder begründete Aufrechnung des Beklagten.

Es geht dann nur noch darum, wem die Kosten des Rechtsstreits aufzuerlegen sind. Wie darüber zu entscheiden ist, hängt vom Grund der Erfolglosigkeit ab. 2450

Vorab seien die Verfahrens-Stadien begrifflich abgegrenzt: 2451

– **Einreichen** der Klage bedeutet deren Eingang bei Gericht.
– **Rechtshängigkeit** der Klage tritt mit deren Zustellung an den Gegner ein (§§ 253 Abs. 1, 261 Abs. 1 ZPO).
– Bei einer **Erweiterung** der Klage tritt die Rechtshängigkeit mit Zustellung des Erweiterungsschriftsatzes oder der Antragstellung in der mündlichen Verhandlung ein (§ 261 Abs. 2 ZPO).

a) Aussichtslose Klage

Ergibt sich aus dem Vorbringen des Beklagten und den von ihm eingereichten Unterlagen, dass die Klage aussichtslos ist, dann wird der Kläger die Klage 2452 zurücknehmen. Die damit verbundene Kostenbelastung ist wesentlich geringer als ein Unterliegen nach mündlicher Verhandlung.

b) Wegfall des Rechtsschutzbedürfnisses

2453 Es kann sich auch so verhalten, dass der Beklagte **vor Zustellung der Klage den Klageanspruch erfüllt**, so dass das Rechtsschutzbedürfnis für eine Fortsetzung des Verfahrens entfällt. Dann ist zu unterscheiden, wann der Beklagte erfüllt hat.

aa) Erfüllung vor Klageeinreichung

2454 Hatte er vor Einreichung der Klage erfüllt, dann sind die Kosten dem Kläger aufzuerlegen, weil sein Anspruch vor Klageeinreichung erloschen war (§ 362 Abs. 1 BGB).

Zu dieser Fallgestaltung kommt es manchmal, wenn der Beklagte zahlt oder überweist, der Kläger aber seinen bereits mit der Erhebung der Klage beauftragten Rechtsanwalt nicht unverzüglich unterrichtet. Der reicht dann ahnungslos die schon ausgefertigte Klageschrift ein.

2455 Anders verhält es sich, wenn der Kläger bei Einreichen der Klage nicht wissen konnte, dass der Beklagte erfüllt hatte. Dann sind die Kosten gemäß § 269 Abs. 3 S. 3 ZPO „nach billigem Ermessen" dem Beklagten aufzuerlegen.

Beispiel:
Der Beklagte ist in Verzug und überweist am 9. 9. den von ihm geschuldeten Betrag auf das Bankkonto des Klägers. Die Gutschrift wird bei der Bank am 10. 9. gebucht. Am 11. 9. reicht der Anwalt des Klägers weisungsgemäß die Klage ein. Erst am 12. 9. erhält der Kläger den Kontoauszug über die Gutschrift.

bb) Erfüllung nach Klageeinreichung

2456 Hat der Beklagte erst nach Einreichung der Klage erfüllt, dann haftet er dem Kläger wegen der angefallenen Kosten aus Verzug (*Prütting/Wegen/Weinreich*, BGB, 2. Aufl., 2007, § 280 Rn. 25).

2457 Berücksichtigt das Gericht diesen materiell-rechtlichen Kostenerstattungsanspruch nach § 269 Abs. 3 S. 2 ZPO entgegen dem BGH (oben Rn. 2447), dann können die Rücknahmekosten dem Beklagten „aus einem anderen Grund" auferlegt werden. Dass die Klage nicht mehr zugestellt wird, ist stets unerheblich (BGH AGS 2004, 165 mit Anm. *Schneider* = WuM 2004, 159).

2458 Bleibt der materiell-rechtliche Kostenerstattungsanspruch unberücksichtigt, dann werden die Kosten dem Kläger auferlegt, der sie in einem neuen Rechtsstreit einklagen kann. Leider muss er mit der irrigen Auffassung eines Gerichts rechnen, das die Zulässigkeit der Klage verneint, weil über die Kostentragung schon durch Beschluss entschieden worden sei. Deshalb ist in der Klageschrift ein Hinweis darauf angebracht, dass sein Vorgehen zulässig ist, weil der prozessuale und der materiell-rechtliche Kostenerstattungsanspruch nicht gleichgesetzt oder verrechnet werden dürfen (BGH NJW 2002, 680).

Stattdessen kann der Kläger auch die Klage ändern und Feststellung der Kostenlast des Beklagten beantragen (Rn. 2461 ff.). 2459

Am einfachsten und am wenigsten aufwendig ist natürlich die Anwendung des § 269 Abs. 3 S. 2 ZPO. Die hängt von der Auffassung des zuständigen Gerichts ab. Deshalb kann der Kläger vorab versuchen, dessen Auffassung zu erfahren, etwa durch eine Anfrage beim Vorsitzenden oder dem Berichterstatter. 2460

3. Feststellungsklage wegen der Kosten

Wird die Anwendung des § 269 Abs. 3 S. 2 ZPO abgelehnt, dann ist das natürlich nicht mit einem Rechtsverlust des Klägers verbunden. Er kann noch einen Ersatzanspruch gegen den Beklagten haben, weil dieser verspätet erfüllt und den Kläger dadurch zur Zahlung von Gerichtskosten und zur Übernahme der Anwaltsvergütung oder zur Aufwendung von Detektivkosten usw. veranlasst hat (BGHZ 111, 178; ausführlich *Schneider* MDR 1981, 353 ff). Ein solcher Anspruch – der sog. **materiell-rechtliche Kostenerstattungsanspruch** – bleibt ihm erhalten. 2461

Der Kläger ist auch nicht gezwungen, diesen Anspruch in einem neuen Prozess einzuklagen. Er kann seine Klage ändern und nunmehr beantragen festzustellen, dass der Beklagte verpflichtet ist, ihm die Kosten des laufenden Rechtsstreits zu erstatten. 2462

Das Feststellungsinteresse ist gegeben, weil der Kläger in diesem Stadium des Verfahrens noch nicht weiß, was am Ende als erstattungsfähiger Betrag festgesetzt wird (BGH NJW 1981, 990; 1982, 1558; 1994, 2895, 2896; MDR 1994, 717; OLG Hamburg MDR 1998, 367). Nach *Stein/Jonas/Bork* (ZPO, 22. Aufl., 2004, Rn. 22 vor § 91) muss er sogar so vorgehen, weil das der einfachere und billigere Weg ist (ebenso *Lang* AnwBl. 1983, 508). 2463

Der **Klageantrag** kann dann lauten: 2464

> Es wird festgestellt, dass der Beklagte verpflichtet ist, dem Kläger alle gerichtlichen und außergerichtlichen Kosten zu erstatten, die ihm in dem Rechtsstreit (... Gericht, Aktenzeichen) entstanden sind und noch entstehen werden.

Leider sind manche Richter mit dieser Rechtslage nicht vertraut. Sie zweifeln am Rechtsschutzbedürfnis dieser Feststellungsklage, weil der Kläger beziffern könne. Das kann er nicht! Wie soll er etwa im Voraus wissen, wie viel Ablichtungskosten als erstattungsfähig anerkannt werden? 2465

Um einer fehlerhaften Entscheidung vorzubeugen, ist es daher der sicherste Weg, das Gericht in dem Klageänderungs-Schriftsatz unter Bezugnahme auf den Bundesgerichtshof und das Schrifttum (z.B. *Musielak/Wolst*, ZPO, 5. Aufl., 2466

2007, Rn. 15 vor § 91) darauf hinzuweisen, dass eine Bezifferung nicht verlangt werden darf.

2467 Entscheidet das Gericht gleichwohl rechtskräftig falsch, weil es das Rechtsschutzbedürfnis verneint, dann verliert der Kläger dadurch seinen materiellrechtlichen Kostenerstattungsanspruch nicht, kann ihn aber nur noch in einem neuen Prozess geltend machen (*Stein/Jonas/Leipold*, ZPO, 21. Aufl., 1998, § 322 Rn. 137).

II. Erledigung der Hauptsache

2468 Ab Zustellung der Klage gibt es noch eine andere Möglichkeit, den Rechtsstreit ohne weiteres Betreiben zu beenden. Es geht dabei um die in § 91a ZPO geregelte Erledigung der Hauptsache. Mehrere Voraussetzungen müssen gegeben sein:

2469 Das Klagebegehren muss zur **Hauptsache** geworden sein. Das ist der Fall, wenn die Streitsache rechtshängig geworden ist, wenn also die Klageschrift dem Gegner zugestellt worden ist (§§ 253 Abs. 1, 261 Abs. 1 ZPO).

2470 Diese Hauptsache muss sich durch Erfüllung oder Aufrechnung oder eine andere geschuldete Leistung **erledigt** haben. Es kommt nicht darauf an, wann dies geschehen ist. Das erledigende Ereignis kann vor oder nach Einreichung der Klage oder vor oder nach deren Zustellung eingetreten sein (*Rosenberg/Schwab/Gottwald*, Zivilprozessrecht, 16. Aufl., 2004, § 130 Rn. 11).

1. Die Erledigung

2471 Die Hauptsache erledigt sich dadurch, dass die anfänglich zulässige und begründete Klage durch einen nachträglich eingetretenen Umstand gegenstandslos wird. In der Regel kommt es dazu, weil der Beklagte oder ein von ihm beauftragter Dritter die dem Kläger geschuldete Leistung erbringt. Auch Aufrechnung oder Anfechtung oder Rücktritt vom Vertrag oder eine außergerichtliche Einigung und dergleichen nehmen der Klage die Grundlage.

2. Der Zeitpunkt der Erledigung

2472 Die Frage, wann das erledigende Ereignis eingetreten ist, stellt sich nicht bei **übereinstimmenden** Erledigungserklärungen. In diesem Fall kommt es nicht einmal darauf an, ob überhaupt ein erledigendes Ereignis stattgefunden hat. Über die Kosten ist immer nach § 91a ZPO von Amts wegen zu beschließen, wenn die Parteien durch ihre übereinstimmenden Erklärungen den Rechtsstreit in der Hauptsache beenden (*Stein/Jonas/Bork*, ZPO, 22. Aufl., 2004, § 91a Rn. 10).

2473 Sind sich die Parteien über die Erledigung der Hauptsache **nicht einig**, geht es also um den Sachverhalt der bloß **einseitigen** Erledigungserklärung des Klägers, dann kommt es darauf an, wann sich die Hauptsache erledigt hat.

II. Erledigung der Hauptsache

a) Erledigung vor Einreichung der Klage

Da es vor Begründung der Rechtshängigkeit, also vor Zustellung der Klage (§§ 253 Abs. 1, 261 Abs. 1 ZPO) keinen Rechtsstreit und damit keine Hauptsache gibt, kann sie sich zu diesem Zeitpunkt auch nicht erledigt haben. Die Klage ist vielmehr schon bei Einreichung unbegründet gewesen (BGH NJW 2003, 3134; OLG Köln MDR 1992, 410). Eine Erledigungserklärung des Klägers ist deshalb unwirksam und die Klage abzuweisen, wenn der Kläger trotz Hinweises nach § 139 ZPO an seinem Antrag festhält (BGHZ 106, 366 f.). 2474

Stehen dem Kläger allerdings materiell-rechtliche Ansprüche aus Verzug, Vertragsverletzung oder dergleichen zu, dann kann er die Klageabweisung verhindern, indem er die Klage ändert und seinen materiellen Kostenerstattungsanspruch (Rn. 2461) zur Entscheidung stellt. 2475

Statt dessen kann er auch die Klage zurücknehmen und seinen Schaden einschließlich der von ihm aufgewandten Prozesskosten in einem neuen Rechtsstreit einklagen (*Stein/Jonas/Bork*, § 91a Rn. 12). 2476

b) Erledigung nach Einreichung der Klage, aber vor Zustellung

Auch in diesem Fall fehlt es am Eintritt der Rechtshängigkeit. Es ist aber sehr umstritten, ob § 91a ZPO dann nicht entsprechend anzuwenden ist (Nachweise zum Streitstand bei *Stein/Jonas/Bork*, § 91a Rn. 11 Fn. 41; *Zöller/Vollkommer*, ZPO, 26. Aufl., 2007, § 91a Rn. 16). 2477

c) Erledigung nach Zustellung der Klage

Fällt das erledigende Ereignis in die Zeit nach Eintritt der Rechtshängigkeit, dann wird sich der Beklagte einer Erledigungserklärung des Klägers anschließen, so dass nur noch nach § 91a ZPO über die Kosten zu entscheiden ist. 2478

Bestreitet der Beklagte den Erledigungstatbestand und lehnt er es deshalb ab, sich der Erledigungserklärung des Klägers anzuschließen, dann muss das Gericht den Eintritt des vom Kläger behaupteten erledigenden Ereignisses klären und darüber durch Urteil entscheiden (*Stein/Jonas/Bork*, § 91a Rn. 48). Eines Antrags des Klägers bedarf es nicht. Seine einseitige Erledigungserklärung wird als Klageänderung auf Feststellung der Erledigung behandelt (*Thomas/Putzo/Hüßtege*, ZPO, 27. Aufl., 2005, § 91a Rn. 32; ganz h.M., siehe die Nachweise bei *Stein/Jonas/Bork*, § 91a Rn. 47). 2479

Der Kläger kann aber auch vorsorglich diese Feststellung beantragen. Das ist zur Klarstellung sogar sachdienlich. Der Klageantrag wird dann lauten: 2480

festzustellen, dass sich der Rechtsstreit in der Hauptsache erledigt hat.

2481 Da jetzt durch Urteil zu entscheiden ist, richtet sich die Kostenfolge nicht nach § 91a ZPO, sondern nach § 91 ZPO, also ohne einen Ermessensspielraum. Ein Kostenantrag ist wegen § 308 Abs. 2 ZPO überflüssig.

2482 Statt dessen kann der Kläger auch seine Erledigungserklärung widerrufen und nur den alten Klageantrag weiter verfolgen. Zulässig ist es auch, neben der Erledigungserklärung den alten Klageantrag hilfsweise zu stellen oder umgekehrt den Klageantrag in erster Linie zu stellen, die Erledigungserklärung hilfsweise abzugeben (*Zimmermann*, ZPO, 7. Aufl., 2006, § 91a Rn. 21 mit Nachweisen).

3. Die Erledigungserklärungen

2483 Diese Hauptsache muss **für erledigt erklärt** werden. Das setzt – materiellrechtlich formuliert – „Angebot und Annahme" voraus.

a) Erklärung des Klägers

2484 Nur der Kläger kann die Hauptsache für erledigt erklären, weil es seine Klage und damit seine Hauptsache ist (BGH NJW 1994, 2363, 2364). Diese Erklärung ist bedingungsfeindlich, soweit es sich um eine **außerprozessuale** Bedingung handelt (siehe oben Rn. 1096).

2485 Sie ist zulässig, wenn sie sich auf eine **innerprozessuale** Bedingung bezieht. So verhält es sich, wenn der Kläger seine Erledigungserklärung abgibt, weil der Beklagte die Klageforderung beglichen hat, aber nicht weiß, ob der Beklagte sich der Erklärung des Klägers anschließen wird. Für den Fall einer verweigerten Zustimmung des Beklagten kann er schriftsätzlich sein weiteres Vorgehen ankündigen, etwa die Erledigungserklärung nur unter der Bedingung abgeben, dass der Gegner zustimmt (*Stein/Jonas/Bork*, § 91a Rn. 18).

2486 Weiß der Kläger nicht, wann die Klage zugestellt worden ist, darf er wegen zwischenzeitlicher Zahlung des Beklagten auch die Hauptsache unter der Bedingung für erledigt erklären, dass die Zahlung vor Zustellung eingegangen ist, und hilfsweise zum materiellen Kostenerstattungsanspruch (Rn. 2461) übergehen (KG NJW-RR 1998, 1074). Auch dann handelt es sich um eine zulässige innerprozessuale Bedingung.

b) Erklärung des Beklagten

2487 Der Erledigungserklärung des Klägers kann der Beklagte **zustimmen**. Das kann auch konkludent geschehen, etwa durch den Antrag, dem Kläger die Kosten aufzuerlegen. Erklärt der Beklagte die Hauptsache als Erster für erledigt, dann liegt darin das vorweggenommene Einverständnis mit der erwarteten Erledigungserklärung des Klägers.

2488 Die Zustimmung des Beklagten muss aber **unbedingt** erklärt werden. Hält er seinen Antrag auf Abweisung der Klage aufrecht, dann ist eine hilfsweise

Zustimmung zur Erledigungserklärung des Klägers unbeachtlich und gleich Ablehnung (BGHZ 106, 367 ff.; OLG Düsseldorf JurBüro 1991, 1545).

Stimmt der Beklagte der Erledigungserklärung des Klägers nicht zu, dann bleibt die Erledigung streitig. Die Rechtshängigkeit wird durch die einseitige Erledigungserklärung nicht beseitigt. Nunmehr muss das Gericht durch Urteil darüber entscheiden, ob die Klage ursprünglich zulässig und begründet gewesen ist, und bejahendenfalls, ob sich die Hauptsache erledigt hat (Einzelheiten streitig; vgl. *Rosenberg/Schwab/Gottwald*, Zivilprozessrecht, 16. Aufl., 2004, § 130 Rn. 33 ff.; *Stein/Jonas/Bork*, § 91a Rn. 48–53). 2489

Hinweis: Durch Gesetz vom 24.8.2004 ist § 91a ZPO dem § 269 Abs. 2 S. 4 ZPO angepasst worden. Nach § 91a Abs. 1 S. 2 ZPO gilt das Schweigen des Beklagten zur Erledigungserklärung des Klägers als Zustimmung, wenn er nicht innerhalb einer **Notfrist** von zwei Wochen widerspricht, nachdem er zuvor auf diese Rechtsfolge hingewiesen worden ist. 2490

4. Teilweise Erledigung

Bei Forderungen wegen Geldzahlung kommt es vor, dass der Anspruchs**grund** unstreitig ist, nicht jedoch die **Höhe** des Betrages. Zahlt der Beklagte den Betrag, den er zu schulden meint, dann hat er aus seiner Sicht vollständig, aus der Sicht des Klägers nur teilweise erfüllt. Wie dieser darauf reagieren kann, mag folgendes **Beispiel** verdeutlichen: 2491

Der Kläger klagt 10 000 Euro nebst 8 % Jahreszins ab 1. 5. 2005 ein. Der Beklagte ist der Auffassung, nur 8 000 Euro zu schulden. Nach Zustellung der Klage überweist er diesen Betrag, der auf dem Konto des Klägers am 30.4.2006 gutgeschrieben wird.

In Höhe der 8 000 Euro ist der Klageanspruch erfüllt und insoweit die Hauptsache erledigt. Nun rechnet der Kläger: 2492

Klageanspruch 10 000 Euro. Jahreszins 800 Euro. Von den überwiesenen 8 000 Euro werden nach § 367 Abs. 1 BGB zunächst die Zinsen beglichen (siehe oben Rn. 661 ff.). Der restliche Betrag von (8 000 Euro abzüglich der 800 Euro Zinsen =) 7 200 Euro tilgt die Hauptforderung von 10 000 Euro, so dass der Beklagte weiterhin (10 000 ./. 7 200 =) 2 800 Euro nebst 8 % Zinsen ab 1. 5. 2006 schuldet. Nur in Höhe von 7 200 Euro ist das Schuldverhältnis nach § 362 Abs. 1 BGB und damit auch der Rechtsstreit erledigt.

Auf Grund der Einlassung des Beklagten ist es in solchen Fällen oft zweifelhaft, ob er einer teilweisen Erledigungserklärung zustimmen wird, weil er ja meint, er habe seine Schuld getilgt. Der Kläger kann dann sein weiteres Vorgehen dieser Ungewissheit mit folgenden Anträgen anpassen: 2493

1. Der Beklagte wird verurteilt, an den Kläger 2 800 Euro nebst 8 % Zinsen ab 1. 5. 2006 zu zahlen.

2. Wegen eines Betrages von 7 200 Euro wird die Hauptsache für erledigt erklärt.

3. **Hilfsweise** für den Fall, dass der Beklagte sich der Erledigungserklärung nicht anschließt, wird beantragt, festzustellen, dass sich die Hauptsache in Höhe von 7 200 Euro erledigt hat.

§ 72 Drohendes Unterliegen

2494 Stimmt der Beklagte der teilweisen Erledigungserklärung nicht zu, dann ist insoweit durch Urteil zu entscheiden. Bejaht das Gericht den Zahlungsanspruch und die Erledigung, dann sind die Kosten des Rechtsstreits nach § 91 ZPO insgesamt dem Beklagten aufzuerlegen.

2495 Der Kläger kann auch mit einer teilweisen Klagerücknahme reagieren und Feststellung beantragen, dass der Beklagte ihn von der dadurch eintretenden Kostenbelastung freizustellen hat. So wird er etwa vorgehen, wenn die – aus seiner Sicht – Teilzahlung des Beklagten nach Einreichung der Klage, aber vor deren Zustellung gutgeschrieben worden ist. Der Betrag der nach § 367 Abs. 1 BGB vorab getilgten Zinsen müsste dann entsprechend dem Tag der Gutschrift berechnet werden. Der neue Klageantrag würde lauten:

1. Der Beklagte wird verurteilt, an den Kläger 2 800 Euro nebst 8 % Zinsen ab . . . 2006 zu zahlen.

2. Weiter wird beantragt, festzustellen, dass der Beklagte verpflichtet ist, dem Kläger die infolge der teilweisen Klagerücknahme angefallenen Kosten sowie diejenigen Kosten zu erstatten, die dem Kläger durch den Verzug des Beklagten entstanden sind.

2496 Vorsorglich ist darauf hinzuweisen, dass diese materiellen Kostenerstattungsansprüche nicht beziffert werden müssen (Belege dazu oben Rn. 2463).

III. Zusammenfassende Verfahrenshinweise

2497 Aufgabe des Anwalts ist es zu prüfen, wie er am besten vorzugehen hat, wenn der Kläger einen materiell-rechtlichen Kostenerstattungsanspruch hat. In Betracht kommen:

– Klagerücknahme mit Kostentragung des Klägers und anschließender Klage auf Kostenerstattung (z.B. um Beweislücken schließen zu können);
– statt der Klagerücknahme Änderung der Klage mit Antrag auf Feststellung der Kostenpflicht des Beklagten;
– bei Erledigung nach Zustellung der Klage Klagerücknahme mit Kostenentscheidung gegen den Beklagten „aus einem anderen Grund" (§ 269 Abs. 3 S. 2 ZPO);
– bei Erledigung vor Zustellung der Klage Klagerücknahme mit Kostenentscheidung nach billigem Ermessen (§ 269 Abs. 3 S. 3 ZPO);
– die Hauptsache für erledigt erklären und bei fehlendem Einverständnis des Beklagten Feststellung der Erledigung durch Urteil beantragen.

Sachregister

Die Zahlen verweisen auf die Randnummern.

Abänderungsbefugnis, Streitwertbeschwerde 766 f.
Abdrängende Verweisung 298
Abfassung der Klageschrift 1497 ff.
Abgabe einer Willenserklärung
– Klageantrag 1660 ff.
– Leistung und Gegenleistung 1747
Abtretung 240 ff.
– Antragsänderung im laufenden Rechtsstreit 202
– wegen Beweisnot 220 f.
– Beweisvorteile 240
– Beweiswürdigung 242 ff.
– an mittellose Person 258 f.
– Teilklagen 1709 ff.
– wegen unklarer Rechtsstellung 251 f.
– Waffengleichheit 245 ff., 2265 ff. (mit Schriftsatzmuster)
– Zinsforderung 1806
– zur Zeugenbeschaffung 250
Abtretungshindernisse 253 ff.
Additionsverbot wegen wirtschaftlicher Identität 618 ff.
Ähnliche Nutzungsverhältnisse, Streitwert 494
Akten, beigezogene als Urkundenbeweis 2257
Akteneinsicht 152 ff.
– durch Aktenüberlassung 153 ff.
– Insolvenzverfahren 160
– Strafakten 161
Aktenüberlassung
– Akteneinsicht 153 ff.
– freiwillige Gerichtsbarkeit mit Erinnerungs-Muster 157 ff.
Aktivlegitimation 204
Akzessorietät, Zinsen als Nebenantrag 1794
Allgemein kundige Tatsachen 2034

Alternative Anträge im Klageantrag 1675 ff.
Amtspflichtverletzung, Gerichtsstands-Schlüssel 395
Analogieverbot, Präklusionsrecht 1225 ff.
Änderung der Wertfestsetzung 813 ff.
– Gegenvorstellung 818 ff.
Änderungsbefugnis, pflichtgemäßes Ermessen 813 f.
– Streitwertbeschwerde 813 f.
Änderungspflicht, Streitwertrecht 434 ff.
Anerkenntnis, Klageerwiderung 2395 ff.
– Streitwertveränderungen 472 ff.
Anfechtung, Gerichtsstands-Schlüssel 395
Angabe des Streitwertes 732 ff.
Angemessene Ausdrucksweise, Schriftsatz 1431 ff.
Anhörung, Sachverständiger 2248 f.
Anlageverluste, Zinsschaden durch Verzug 1867 f.
Annahmeverzug
– Leistung und Gegenleistung 1759 ff.
– Leistung und Gegenleistung, Beweislast 1765 ff.
– Nachweis im Urteil 1763 f.
– Nachweisformen bei Leistung und Gegenleistung 1768 ff.
Anrechnung nach § 367 BGB, Teilklagen (mit Mustern zur Antragsfassung) 1731 ff.
Anschreiben, BGB-Gesellschaft 97
– Vermietermehrheit 96
Anschrift, Klageschrift bei unbekannter – 1529 f.

517

Sachregister

Anschriftenänderung, Klageschrift mit Mustern 1543 ff.
Ansprüche, mehrere materiell-rechtliche – bei evtl. Klagenhäufung 1090 ff.
Anspruchsgegner, genaue Bezeichnung 261 ff.
Anspruchsgrundlagen
– Ausschaltung materiell-rechtlicher 1125 ff.
– mehrere – bei evtl. Klagenhäufung 1086 ff.
– Streitwert bei Mehrheit von – 606 f.
– vergessene – und Rechtskraft 1112 ff.
Anspruchsindividualisierung, Mahnverfahren 835 ff.
Anspruchsmehrheit, Grundurteil 981 f.
– Streitwert 603 ff.
Anspruchsnormen, Behauptungslast bei mehreren – 200 f.
Anstalten öffentlichen Rechts, Klageschrift 1612 ff.
Anträge
– alternative – im Klageantrag 1675 ff.
– bedingte und alternative 1663 ff.
– unzulässige Bedingungen 1663 f.
Antragsänderung
– amtsgerichtliches Verfahren 456 ff.
– landgerichtliches Verfahren 461 ff.
– Streitwert 455 ff.
Antragsbindung des Gerichts bei Teilklagen 1704 ff.
Antragsfalle, Präklusionsrecht 1378 f.
Antragsfassung, Leistung und Gegenleistung 1751 ff.
Anwalt und Dritte 93 ff.
Anwalt und Mandant 12
Anwaltliche Vertretung, Zustellungsprobleme 1507 ff.
Anwaltshaftung 70 ff.
– ausländisches Recht 74
– geforderte Rechtskenntnisse 70 f.

– Haftungsbeschränkung 72
– Problemfelder 78
Anwaltssozietät als Prozesspartei 231 f.
Anwaltsvergütung 50 ff.
Anwaltsvertrag
– Beweisfragen 2310 ff.
– s. Mandatsvertrag
Arbeitsgericht, Zuständigkeit 300 ff.
Architektenvertrag, Gerichtsstands-Schlüssel 395
Arglisteinrede, Teilklage 901 f.
Arrest, Gerichtsstands-Schlüssel 395
Aufdrängende Verweisung 298
Aufenthaltsort, Gerichtsstands-Schlüssel 395
Aufklärungspflichten des Anwalts 28 ff.
Auflassung, Gerichtsstands-Schlüssel 395
Aufrechnung
– Gerichtsstands-Schlüssel 395
– Präklusionsrecht 1259 ff.
– Streitwert 643 ff.
– unerhebliche – und Präklusion 1266
Auftraggeber, Vollmacht bei mehreren – 23
Augenschein 2200 ff.
– Protokollierungszwang 2203
Ausbleiben des Zeugen, Präklusionsrecht 1349 ff.
Ausforschung durch Vernehmung 2225 ff.
Ausforschungsbeweis, normative Tatbestandsmerkmale 2174 ff.
Auskunft
– Einwohnermeldeamt 169
– Gerichtsstands-Schlüssel 395
– Gewerbeamt 170
– Handelsregister 189 ff.
– Justizverwaltung – Urteilstext 167
– Postfiliale 171
– Straßenverkehrsamt 173 ff.
– vom Vermieter 172
– Zentralruf der Autoversicherer 176
Auskünfte 165 ff.

Sachregister

Auskunftsklage, Klageantrag 1647 f.
- Streitwert 582 ff.
Auslagenvorschuss
- „stark sagen" 2241 f.
- Zeuge 2239 ff.
Auslegung
- Andeutungsgrundsatz 1974 ff.
- Auslegungshilfen 1967 ff.
- Auslegungsregeln 1970 ff.
- Auslegungsvorschriften 1957 ff.
- Auslegungsziel 1993 ff.
- Begleitumstände 1980
- Berücksichtigung der Nebenumstände 1965
- Eindeutigkeitsgrundsatz 1970 ff.
- Erhaltungsinteresse 1968 ff.
- erkannter Irrtum 1981
- Klageantrag 1629 ff.
- mehrere Möglichkeiten der Sinndeutung 1966
- Parteiwille maßgebend 1954 ff.
- Pflicht des Gerichts 1964
- als Rechtsanwendung 1957 ff.
- Schutz des Schwächeren 1986 f.
- des Titels im Vollstreckungsverfahren 1780 f.
- Urkundenbeweisregel 1982
- Verkehrsbedürfnis 1983 ff.
- von Verträgen 1953 ff.
- Vertrauensschutz 1978 ff.
- von Willenserklärungen 1953 ff.
- wirtschaftliche Machtverhältnisse zu berücksichtigen 1986
- wohlwollende 1987
- Zeitpunkt der Erklärung maßgebend 1963
Aussageverweigerung, Zeuge 2228 ff.
Ausschaltungsbefugnis des Leistungsklägers 1125 ff.
Ausschließliche Gerichtsstände 344 ff.
Außengesellschaft – GbR, Klageschrift 1561 ff.
Außerprozessuale Bedingungen 1096
Äußerungsfreiheit, Rechtsschutzbedürfnis 1162

Aussichtslose Klage, Kündigung des Mandatsvertrages 35
Auswahl des Klägers, beweisrechtliche Überlegungen 266 ff.
Auswertung von Urkunden 2149 ff.

Bagatellverfahren 876 ff.
- Antrag auf mündliche Verhandlung 879 f.
- Freistellung von Verfahrensgrundsätzen 876 f.
- geringe Abwehrmöglichkeiten 828 f.
- Schutzmaßnahmen des Anwalts 879 f.
- Überschreiten der Wertgrenze 881 ff.
Bauhandwerkersicherungshypothek, Gerichtsstands-Schlüssel 395
Bedingungen
- außerprozessuale 1096
- innerprozessuale 1097
- unzulässige – im Klageantrag 1663 f.
- zulässige – im Klageantrag 1665 ff.
Bedingungsverhältnisse, evtl. Klagenhäufung 1095 ff.
Beeinträchtigungen, Beseitigung von im – Klageantrag 1652 ff.
Beendigung des Mandats, s. Mandatsbeendigung
Befreiung von einer Verbindlichkeit, Gerichtsstands-Schlüssel 395
Begründungszwang bei Streitwertfestsetzung 748 ff.
- Präklusionsrecht 1326 ff.
Behauptungen, Belege statt – 2165 ff.
Behauptungslast und Beweislast 1918 ff., 2087 ff.
Behauptungslast und Erfahrungssätze 2180 ff.
- Darlegungserweiterung 2182 ff.
- Darlegungszwang 2181
- Kausalität 2188
- Kausalität plus Verschulden 2191 ff.
Behauptungslast 1997 ff.
- Abwehrmaßnahmen gegen Präklusion 2025 f.

519

Sachregister

– Amtsermittlung 2010
– Berücksichtigung des Ergebnisses einer Beweisaufnahme 2168 ff.
– Beschränkung auf die Anspruchsvoraussetzungen 1997 ff.
– Feststellungsklagen 2057 ff.
– freie Schadensschätzung 2002
– Klarheitsgebot 2020 ff.
– mehrere Anspruchsnormen 2000 f.
– negative Feststellungsklage 2063 ff.
– positive Feststellungsklage 2061 f.
– Präklusionsrisiko 2023 ff.
– ihr Prinzip 2003 ff.
– Sondernormen 2087 ff.
– Überraschungsurteile 2024
– Umfangsproblem 2011 ff.
– Zwischenfeststellungsklage 2082 ff.
Beigezogene Akten, Urkundenbeweis 2257
Beitritt
– Form bei Streitverkündung 1043 f
– Umfang bei Streitverkündung 1047 ff.
– Zeitpunkt für die Beitrittserklärung 1046
Beitrittsfreiheit, Streitverkündung 1028 ff.
Beitritts-Schriftsatz, Streitverkündung 1052
Beklagter, unbekannter – in der Klageschrift 1546 ff.
Belege
– Schriftsatz 1448 ff.
– statt Behauptungen 2165 ff.
Belehrung, Prozesskostenhilfe 853 ff.
Bemessungsgrundsätze 511 ff.
– nichtvermögensrechtliche Angelegenheiten 511 ff.
– Vermögen und Einkommen 514 ff.
Beratungspflicht, Prozesskostenhilfe 858 ff.
Berichtigung, Muster für Parteibezeichnung 278 f.
Berichtigungsanträge, Streitwert 732
Berufungsbegründung, Bezugnahme in der – 1468 f.

Berufungsschrift, Anforderungen an die Parteiangaben 1538
Beschwer, nachträgliche Streitwertbeschwerde 800
Beschwerdefrist, Streitbeschwerde 802 ff.
Beschwerdeführer einer Streitwertbeschwerde 787 f.
Beschwerdesumme
– Berechnung bei Streitwertbeschwerde 796 f.
– Streitwertbeschwerde 793 ff.
Beschwerdeverzicht, Streitwertbeschwerde 809 ff.
Beseitigung von Beeinträchtigungen, Klageantrag 1652 ff.
Besitzansprüche, Streitwert 551
Bestimmende Schriftsätze 1401
Bestimmtheit des Klageantrags 1635 ff.
Bestreiten
– einfaches 2413
– Formen 2412 ff.
– mit Nichtwissen 2416 f.
– qualifiziertes 2418 ff.
– Substantiierungshilfe 2424 ff.
Betrüger, Klageschrift 1548 f.
Beweis des Gegenteils 2292
Beweis, optische Hilfen 2197
Beweisantrag
– Bezugnahme im Schriftsatz 1463 ff.
– fehlender – und Gegenbeweis 2308 ff.
– Konkretisierung 2198
– Ortsbesichtigung 2200
– substanzloser 2216 f.
– überflüssiger 2199
Beweisantritt
– Urkundenvorlegung 2254 ff.
– Zeuge 2204 ff.
Beweisarten 2287 f.
– Beweis des Gegenteils 2292 f.
– Beweislastumkehr 2294 ff.
– Gegenbeweis 2291
– Hauptbeweis 2288 ff.

Beweisaufnahme, Berücksichtigung bei normativen Tatbestandsmerkmalen 2168 ff.
Beweisbeschluss, fehlerhaftes Beweisthema 2313 f.
Beweisfragen beim Anwaltsvertrag 2310 ff.
– Mandat 2310
– mangelhafte Beratung 2327
– Mitverschulden 2331
– Negativbeweis 2332 f.
– Pflichtwidrigkeit und Verschulden 2325 f.
– Prozessvergleich 2328 ff.
– Schaden 2334 f.
Beweisführung 2268 ff.
– Bankzinsen 1862 ff.
– behaupten und beweisen 2281 ff.
– Grundlagen des Beweises 2268 ff.
Beweislast
– Bedeutung für die Beweiswürdigung 2277 ff.
– Hinweispflicht 2286
– Präklusionsrecht 1305
– ungenaue Behauptungen 2284 f.
Beweislast und Beweisbeschluss 2304 ff.
– Klageleugnen 2304
Beweislast und Beweiswürdigung 2315 ff.
Beweislastumkehr 2294 ff.
Beweismittel 2196 ff.
Beweisthema, fehlerhafter Beweisbeschluss 2313 f.
Beweiswürdigung und Beweislast 2277 ff., 2315 ff.
Beweiswürdigung
– Zuviel-Behauptung 2283
– Zuwenig-Behauptung 2282
Bewertungsermessen 529 ff.
Bewertungsfehler, Streitwert 623
Bewertungsgegenstand, Streitwertrecht 539 ff.
Bezifferte Leistungsklagen, Streitwert 499 ff.
Bezugnahmen, Schriftsatz 1461 ff.

BGB-Außengesellschaft, Parteifähigkeit 24
BGB-Gesellschafter, Gerichtsstands-Schlüssel 395
Billiges Ermessen, Streitwert 509 f.
Bindung an den festgesetzten Streitwert 751 ff.
Bindung des Gerichts
– bei Hilfsanträgen 921 f.
– bei Teilklageanträgen 1704 ff.
Bindung des Rechtsanwalts an Streitwertfestsetzung 505 ff.
Bindungswirkung einer Rechtswegentscheidung 291 ff.
Blattsammlungen, Unterlagen zum Schriftsatz 1470
Bruchteilswerte, Streitwert 576 ff.
Bürgschaft, Gerichtsstands-Schlüssel 395

Darlegungserweiterung, Erfahrungssätze 2182 ff.
Darlegungslast, Präklusionsrecht 1313 ff.
Darlehen, Gerichtsstands-Schlüssel 395
Deckungsschutzanfrage, Muster 138
Dingliche Rechte, Rechtsschutzbedürfnis 1181 ff.
– Streitwert 503
Direktanspruch gegen Versicherer, Gerichtsstands-Schlüssel 395
Doppelte Verbürgung, Mehrheit von Sachverhalten 1678 ff.
Doppelter Schriftsatznachlass 1409 f.
Dritte
– Anschreiben mehrerer Personen 95 ff.
– Anschreiben und Legitimation mit Mustern 93
Drittwiderspruchsklage, Gerichtsstand 349
Duldung, Gerichtsstands-Schlüssel 395
Durchlauftermin, Präklusionsrecht 1308 ff.

521

Sachregister

Ehesachen, Gerichtsstands-Schlüssel 395
Ehrverletzung, Gerichtsstands-Schlüssel 395
Eigenes Vorbringen, ungünstiges 2041 ff.
Eigentum
- Gerichtsstands-Schlüssel 395
- Streitwert 552
Eigentumsklagen, Gerichtsstand 344
Eindeutigkeitsgrundsatz, Auslegung 1970 ff., 1974 ff.
Einfache Streitgenossenschaft 934 ff.
- Tod eines Genossen 962 ff.
Einfaches Bestreiten 2413
Eingetragene Genossenschaft, Klageschrift 1608
Einigungsvertrag 685 ff.
- Streitwert 695 ff.
- s. auch Vergleich
Einreden, Behauptungslast 2007
- ungünstiges eigenes Vorbringen 2043
Einspruchsfrist, Präklusionsrecht 1380
Einstweilige Einstellung, Streitwert 599 f.
Einstweilige Verfügung
- Gerichtsstands-Schlüssel 395
- Streitwert 594 ff.
Einwendungen, Streitwert 547
Einwohnermeldeamt, Auskunft 169
Einzelanwalt 18
Einzelbegriffssubsumtion 1948 ff.
Einzelkaufmann, Klageschrift 1556 ff.
Einzelrichter, Zuständigkeitsübertragung 332 ff.
Einzelrichterzuständigkeit 331 ff.
Endgültige Streitwertfestsetzung 741 ff., 774 ff.
Entschädigung, präsenter Zeuge 2223 f.
Erben, unbekannte - in der Klageschrift 1536
Erbenstellung, Nachweis der - 1531 ff.

Erbschaft, Gerichtsstand 354
Erbstreitigkeiten, Streitwert 590 f.
Erfahrungssätze
- Behauptungslast 2180 ff.
- Darlegungszwang 2181
Erfolgsaussichten, Beratung 33 ff.
Erfüllung einer Forderung, Streitwert 551
Erfüllungsort
- Gerichtsstand 354a
- Gerichtsstands-Schlüssel 395
Ergebnis einer Beweisaufnahme, Berücksichtigung bei normativen Tatbestandsmerkmalen 2168 ff.
Erledigung der Hauptsache
- Streitwert 572 ff.
- Streitwertänderung 475 f.
Ermessen, Streitwert 509 f.
Ersatzvornahme, Klageantrag mit Mustern 1649 ff.
Ersetzungsbefugnis, Streitwert 633 ff.
Erwiderung des Gegners, Präklusionsrecht 1356 ff.
Eventualverhältnisse, bei Klagenhäufung 906 f.
Evtl. Klagenhäufung 1085 ff.
- Bedingungsverhältnisse 1095 ff.
- mehrere materiell-rechtliche Ansprüche 1090 f.
- scheinbarer Hilfsantrag 1092 ff.
- Streitwert 626 ff.

Faires Verfahren, Präklusionsrecht 1289 ff.
Fälligkeit, Streitwert 601 f.
Fassung des Klageantrags 1624 ff.
„Faule" Forderung, Streitwert 558, 675
Fehlerhafte Berechnung bei Teilklagen 1729 ff.
Fehlverhalten des Gerichts, Präklusionsrecht 1300 ff.
Festsetzung des Streitwerts 739 ff.
- Form der - 759 f.
Feststellung, Gerichtsstands-Schlüssel 395

Sachregister

Feststellungsantrag, Annahmeverzug bei Leistung und Gegenleistung 1769 ff.
Feststellungsklage
– Behauptungslast bei negativer – 2063 ff.
– Behauptungslast bei positiver – 2061 f.
– negative – als anwaltliche Strategie 2080 f.
– Streitwert 548, 577 ff.
– unerlaubte Handlung 1783 ff.
Fiskalprozesse, Gerichtsstands-Schlüssel 395
Fiskus, Klageschrift 1612 ff.
Flucht in die Säumnis, Präklusionsrecht 1375 ff.
Forderungen, Streitwert 551
Forderungsabtretung, Teilklagen 1709 ff.
Freie Schadensschätzung, Behauptungslast 2002
Freistellungsanspruch, Streitwert 562
Fristbemessung, zur Stellungnahme im Präklusionsrecht 1281 ff.
Fristenrecht, Präklusionsrecht 1393 ff.
Fristlose Kündigungen, mehrere Sachverhalte 1692 ff.
Fristsetzung
– nach § 356 ZPO wegen lückenhaften Beweisantrages 2213
– Präklusionsrecht 1273 ff.
Funktionelle Zuständigkeit 371 ff.

Gebührenstreitwerte 438 ff.
Gefährdungshaftung, Gerichtsstands-Schlüssel 395
Gegenanspruch, wertloser – beim Vergleich 712
Gegenbeweis 2291
– fehlender Hauptbeweisantrag 2308 ff.
Gegendarstellung, Gerichtsstands-Schlüssel 395

Gegenleistung
– Streitwert 547
– Streitwert bei Auflassungsklagen 553 ff.
– Streitwert bei Herausgabe eines Grundstücks 553 ff.
– s. Leistung und Gegenleistung
Gegenvorstellung
– Änderung der Wertfestsetzung 818 ff.
– Verfristung 821 ff.
Genossenschaft, Klageschrift 1608
Gerichtskosten, Anzahl der – 47 ff.
Gerichtskundige Tatsachen 2034
Gerichtsstand
– belegenes Vermögen 352 f.
– dingliche Klagen 344
– Drittwiderspruchsklage 349
– Erbschaft 354
– Erfüllungsort 354a
– Haustürgeschäfte 348
– Miet- oder Pachtsachen 344a ff.
– Niederlassung 351
– Sachzusammenhang 357
– unerlaubte Handlung 355 ff.
– vereinbarter 329 ff.
– Vollstreckungsabwehrklage 349
– Wahlrecht 304 ff.
– Widerklage 358 ff.
– Wohnsitz 350
Gerichtsstände
– ausschließliche 344 ff.
– nicht ausschließliche 350 ff.
Gerichtsstandsschlüssel 394 ff.
Gerichtsstandswahl 303 ff.
Gesamtgläubiger als Prozessbeteiligte 233 ff.
Gesamtschuldner, Klageantrag mit Mustern 1641
Geschäftsführung ohne Auftrag, Gerichtsstands-Schlüssel 395
Gesellschaft und Gesellschafter, Streitgenossen 955
Gesetzessystematik der Streitwertvorschriften 479 ff.

Gesetzliche Unterhaltspflicht, Streitwert 562 f.
Gesetzliche Vermutungen 2095 ff.
– Überblick 2107
Gesetzlicher Vertreter, Angabe in der Klageschrift 1523 f.
Gestaltungsrechte, Behauptungslast 2007
Geständnis, Klageerwiderung 2370 ff.
– unerwidertes 2307
Gewährleistung, Sachverhaltsschilderung 1913 ff.
Gewerbeamt, Auskunft 170
Glaubhaftmachung, Präklusionsrecht 1313 ff.
Gleichwertiges Parteivorbringen 1132 ff., 2054 ff.
GmbH, Klageschrift 1600 ff.
Grund und Höhe, Grundurteil 975 ff.
Grundbuchberichtigung, Gerichtsstands-Schlüssel 395
Grundbucheinsicht 177 ff.
Grunddienstbarkeiten, Streitwert 503
Grundsatzfragen, prozessuale 1073 ff.
Grundschuld, Gerichtsstands-Schlüssel 395
Grundurteil
– Anspruchsmehrheit 981 f.
– Einzelheiten 975 ff.
– Erfolgsprognose 978 f.
– fehlerhafter Vorgriff 985
– Grund und Höhe 975 ff.
– Mehrheit von Schadenspositionen 983 f.
– Mitverschulden 980
– Präklusionsrecht 1239
– übereinstimmende Anregungen der Parteien 987
– Vorüberlegungen 973 f.

Haftung des Anwalts 70 ff.
Haftungsbeschränkung des Anwalts 72
Haftungsbeschränkungsvereinbarung, Muster 75

Handelsfirmen, Klageschrift 1594 ff.
Handelsrechtliche Mängelrüge 150 f.
Handelsregister, Auskunft 189 ff.
Handelssachen, Zuständigkeit 373 ff.
Handlungsvollstreckung, Klageantrag mit Mustern 1649 ff.
Hauptbevollmächtigter 17
Hauptbeweis 2288 ff.
Hauptschuldner und Bürge, Streitgenossen 950 ff.
Hausbesetzer, Klageschrift 1548 f.
Haustürgeschäfte, Gerichtsstand 348
Haustürwiderrufsrecht, Gerichtsstands-Schlüssel 395
Herausgabe
– Gerichtsstands-Schlüssel 395
– Klageantrag 1644 ff.
Herausgabeklagen, Streitwert 499 ff.
Hilfsantrag
– scheinbarer – bei evtl. Klagenhäufung 1092 ff.
– Streitwert beim Vergleich 724 ff.
Hilfsanträge 911 ff.
– Bindung des Gerichts 921 f.
– echte 911
– Rechtshängigkeit 916
– Schriftsatzmuster 932
– unechte 923 f.
– Verjährung 916
Hilfsaufrechnung, Streitwert 495 f., 646 f.
Hilfsbedürftiger Mandant
– Beratungshilfe 54
– Prozesskostenhilfe 55 ff.
Hilfsbedürftigkeit, Klärung bei Prozesskostenhilfe 850 ff.
Hilfsbegründungen, Streitwert 546
„Hilfsweise zu eigen machen" 1136
Hilfswiderklage, Streitwert beim Vergleich 724 ff.
Hinterlegungsstreit, Präklusionsrecht 1263
Hinterlegungszinsen, Streitwert 656
Hinweispflicht, Beweislast 2286
Honorarvereinbarung 69

Sachregister

Identitätsangaben, Klageschrift
   1515 ff.
Informationszwang, Streitverkündung
   1053 f.
Inhaberwechsel, Klageschrift 1559 f.
Innengesellschaft – GbR, Klageschrift
   1566 ff.
Innerinstanzliche Streitwertbindung
   754 ff.
Innerprozessuale Bedingungen 1097
Insolvenzverfahren, Akteneinsicht
   160
Interessenkonflikte, Streitverkündung
   1020 ff.
Interessenwegfall, Rechtsschutz-
   bedürfnis 1168 f.
Interventionswirkung, Streitverkün-
   dung 1060 ff.
Irrtum, erkannter – bei der Auslegung
   1981

Juristische Person, Gerichtsstands-
   Schlüssel 395
Juristische Personen, Klageschrift
   1594 ff.
Justizsyllogismus 1946

Kapitalabfindung, Streitwert 705 ff.
Kaufvertrag, Gerichtsstands-Schlüssel
   395
Kausalität, Behauptungslast bei Erfahrungssätzen 2188 ff.
KG, Klageschrift 1606
Klage
– Kündigung des Mandatsvertrages
   bei aussichtsloser – 35
– mehrere Anspruchsgrundlagen
   904
– mehrere Sachverhalte 905
– oder Mahnbescheid? 843 ff.
– vollstreckungsrechtliche Überlegungen 271 ff.
– und Widerklage, Streitwert 447 ff.,
   494c, 629 ff.
Klageänderung, Präklusionsrecht
   1243 f.

Klageantrag
– Abgabe einer Willenserklärung
   1660 ff.
– alternative Anträge 1675 ff.
– Auskunft 1647 f.
– bedingte und alternative Anträge
   1663 ff.
– Beseitigung von Beeinträchtigungen
   1652 ff.
– Bestimmtheit 1635 ff.
– Ersatzvornahme (mit Mustern)
   1649 ff.
– Fassung 1624 ff.
– Formulierung von Zahlungsanträgen 1637
– gedankliche Vorarbeit 1624 ff.
– Gesamtschuldner (mit Mustern)
   1641
– Handlungsvollstreckung mit
   Mustern 1649 ff.
– Herausgabe 1644 ff.
– Mängelbeseitigung (mit Mustern)
   1649 ff.
– unbezifferter 1639
– unbeziffertes Schmerzensgeld 1639
– zulässige Bedingungen 1665 ff.
Klageerweiterung, Präklusionsrecht
   1245 f.
Klageerwiderung 2336 ff.
– anerkennen 2395 ff.
– Anscheinsbeweis 2354 ff.
– bestreiten 2406 ff.
– Beweislage 2349
– Beweisverwertungsverbote 2353
– eigene Darstellung 2402 ff.
– erfüllen 2398
– Geständnis 2350 ff.
– Prüfung der Beweisregeln 2350 f.
– Sachverständiger 2361 ff.
– Schlüssigkeitsprüfung der Klage
   2340 ff.
– unterwerfen? 2380
– Urkundenbeweis 2357 ff.
– Vergleich 2381 ff.
– Verjährung 2348
– Versäumnisurteil 2399 ff.

525

- verteidigen 2401
- Vorprüfung der Erfolgsaussicht 2340 ff.
- Waffengleichheit 2369 ff.
- Zuständigkeit 2344

Klageform, Wahl der 884 ff.
Klageleugnen, Beweislast 2304
Klagenhäufung
- Eventualverhältnisse 906 f.
- evtl. 1085 ff.
- evtl. bei mehreren Anspruchsgrundlagen 1086 ff.
- mehrere prozessuale Ansprüche 903
- mehrfache Begründung 903 ff.
- objektive und subjektive 895 f.
- objektive 307, 1079 ff.
- prozesstaktische Überlegungen 897 ff.
- subjektive 308 ff.
- Zuständigkeitsprüfung 908 ff.

Kläger, beweisrechtliche Überlegungen bei seiner Auswahl 266 ff.
Klagerücknahme, Präklusionsrecht 1247 ff.
Klageschrift
- Abfassung der – 1497 ff.
- Angabe des gesetzlichen Vertreters 1523 ff.
- Angabe des Wohnortes 1526 ff.
- Anschriftenänderung (mit Mustern) 1543 ff.
- Antragsauslegung 1629 ff.
- anwaltliche Vertretung 1507 ff.
- Außengesellschaft 1561 ff.
- Berichtigung des Rubrums 1615 f.
- Einzelkaufmann 1556 ff.
- Fiskus 1612 ff.
- GbR-Innengesellschaft 1566 ff.
- Gesellschaft bürgerlichen Rechts 1561 ff.
- Gewerbeunternehmen 1597
- GmbH 1600 ff.
- Handelsfirmen 1594 ff.
- Hausbesetzer und Betrüger 1548 f.
- Heilbarkeit einer mangelhaften – 263 ff.
- Identitätsangaben 1515 ff.
- Inhaberwechsel 1559 f.
- juristische Personen 1594 ff.
- Klage gegen Unbekannt 1546 ff.
- Kostenantrag 1634
- Mieter 1585 ff.
- Miterben 1578 ff.
- Nachweis der Erbenstellung 1531 ff.
- nicht existierende Partei 1617 ff.
- OHG und KG 1606
- Parteiangaben 1499 ff.
- Parteibegriff 1502 ff.
- Parteibezeichnungen 1499 ff.
- Partnergesellschaft 1577
- Postfach-Anschrift 1537
- Räumungsansprüche 1550 ff.
- richterliche Kontrolle 1628
- Stille Gesellschaft, Genossenschaft und Verein 1607 ff.
- Streitgenossen-Rubrum 1539 ff.
- Substantiierung 1918 ff.
- unbekannte Anschrift 1529 f.
- unbekannte Erben 1536
- ungenaue Parteibezeichnung 1519 ff.
- Verein 1609
- Vor-GmbH 1602
- Wechsel im Gesellschafterbestand 1574
- Wohnungseigentümer 1589 ff.
- Zustellung demnächst 1526 ff.

Klarheitsgebot, Behauptungslast 2020 ff.
Kompetenzstreit 281 ff.
Konkludentes Vorbringen 2031 ff.
- Beweisergebnis 2035 ff.
Konkretisierung, Beweisantrag 2198
Körperschaften des öffentlichen Rechts, Klageschrift 1612 ff.
Korrespondenz mit dem Versicherer 127 ff.
Korrespondenzanwalt 16
Kostenantrag 1881 ff.
- Klageschrift 1634
Kostenerstattung, Streitverkündung 1050 ff.

Kostenerstattungsanspruch
– materieller 1188
– prozessualer 1187
Kostenrisiko
– Inanspruchnahme mehrerer Beklagter 274 ff.
– vor Klageeinreichung berücksichtigen 274 ff.
Kreditgebühren, Streitwert 650
Kündigung des Mandatsvertrages, aussichtslose Klage 35
Kündigungen, fristlose – bei mehreren Sachverhalten 1692 ff.
Kündigungsschreiben, Muster 91

Laie, Gerichtsstands-Schlüssel 395
Leistung und Gegenleistung 1743 ff.
– Abgabe einer Willenserklärung 1747
– Annahmeverzug 1759 ff.
– Antragsfassung 1751 ff.
– Beweislast für Annahmeverzug 1765 ff.
– fehlender Antrag Zug-um-Zug 1756 f.
– Feststellungsantrag auf Annahmeverzug 1769 ff.
– Nachweisformen für Annahmeverzug 1768 ff.
– Zug-um-Zug-Vollstreckung 1746
– Verzugsvoraussetzungen 1743 ff.
Leistungsklage, Rechtsschutzbedürfnis 1153 ff.
Leistungsklagen, streitwertmäßig privilegierte 579

Mahnbescheid, Anlagen 841 f.
Mahnung 114 ff.
– Ablehnungsandrohung 117
Mahnung
– Formulierung 114 ff.
– Formulierungsvorschläge 127
– höfliche Redensarten 118
– Nachdrücklichkeit des Zahlungsverlangens 122 ff.

Mahnverfahren
– Anlagen zum Mahnbescheid 841 f.
– Bezeichnung des Anspruchs 835 ff.
– Hemmung der Verjährung 833
– Individualisierung und Substantiierung 835 ff.
– mehrere Gläubiger 1525
– Präklusionsrecht 1386 ff.
– Prozesskostenhilfe 849
– Schlichtungsverfahren nach § 15a EGZPO 845 ff.
– Wahl des Verfahrens 832 ff.
Maklerlohn, Gerichtsstands-Schlüssel 395
Mandant und Anwalt 12
Mandant
– Beratung des hilfsbedürftigen – 54 ff.
– Beratung durch den Anwalt 28 ff., 30 f.
Mandanteninformation kontrollieren 197 ff.
Mandat
– vom Auftraggeber selbst zu erteilen 14
– schriftliche Bestätigung der Übernahme 15
Mandatsbeendigung 79 ff.
– Sonderkündigung des Mandatsvertrages 79 ff.
Mandatsniederlegung 84 ff.
– Zustellung 1001 ff.
Mandatsübernahme, Ablehnung bei Aussichtslosigkeit 36 ff.
Mandatsvertrag 12
– Inhalt des Auftrages 13
– Kostenbelehrung 43 ff.
– Zustandekommen des Anwaltsvertrages 13
Mängel der Klageschrift, Heilungsmöglichkeit 263 ff.
Mangel der Vollmacht, Rüge 107 ff.
Mängelbeseitigung, Klageantrag mit Mustern 1649 ff.
Mängelrüge, handelsrechtliche 150 f.

Materieller Kostenerstattungsanspruch 1188
- Geltendmachung 1190 ff.
Mehrere Anspruchsgrundlagen, evtl. Klagenhäufung 1086 ff.
Mehrere Anspruchsnormen, Behauptungslast 200 f.
Mehrere Auftraggeber, Vollmacht 23
Mehrere materiell-rechtliche Ansprüche, evtl. Klagenhäufung 1090 ff.
Mehrere Sachverhalte, fristlose Kündigungen 1692 ff.
Mehrheit von Anträgen, Streitwert 608 ff.
Mehrheit von Sachverhalten 1678 ff.
- doppelte Verbürgung 1678 ff.
- mehrere Leistungen 1686
- nur eine Leistung 1685
Mehrwertsteuer, Streitwert 657 f.
Methodik der Wertermittlung 477 ff.
Miet- und Pachtsachen, Gerichtsstand 344a ff.
Miete, Streitwert 580
Mieter, Klageschrift 1585 ff.
Mietkautionszinsen, Streitwert 659 f.
Mietprozess, Vollstreckungsmöglichkeiten 272 f.
Mietrechtliche Räumungsklagen, Rechtsschutzbedürfnis 1175 ff.
Mietrechtliche Streitigkeiten, Gerichtsstands-Schlüssel 395
Mietsachen, Streitwert 439 ff.
Mietverhältnisse, Streitwert 494
Minderung, Gerichtsstands-Schlüssel 395
Mindestanforderungen an Unterschrift 1487 ff.
Mischmietverträge, Gerichtsstand 347
Mitarbeit des Mandanten 65
Miteigentümer, Streitgenossen 957 ff.
Miterben, Klageschrift 1578 ff.
Mitgläubiger als Prozessbeteiligte 236 ff.
Mitverschulden, Grundurteil 980
Mitwirkungspflicht des Gerichts, Präklusionsrecht 1288 ff.

Modus barbara, logische Schlussform der Substantiierung 1941 ff.

Nachgelassener Schriftsatz
- Fristüberschreitung 1411
- Präklusionsrecht 1265
Nachgereichte Schriftsätze 1404 ff.
Nachträgliche Beschwer, Streitwertbeschwerde 800
Nachweisformen für Annahmeverzug 1768 ff.
Nebenanträge 1791 ff.
- Abtretung der Zinsforderung 1806
- Anlageverluste durch Zinseinbußen 1867 f.
- Anspruchsgrundlagen für Zinsbegehren 1817 ff.
- Bankzinsen 1860 f.
- Beschaffung einer Bankbescheinigung für Zinsen (mit Schriftsatzmuster) 1866
- Beweisführung für Bankzinsen 1862 ff.
- Beweislast für Verzugszinsen 1838 ff.
- Briefmahnung wegen Zinsbegehrens 1836 f.
- Fälligkeitszinsen 1833 ff.
- gesetzliche Zinsverpflichtung 1821 ff.
- Haftung der Bank und des Anwalts 1869 ff.
- höhere Zinsen 1824 ff.
- Prozesszinsen nach § 291 BGB 1822 ff.
- Schadensbegrenzung bei versäumten Zinsanspruch 1878 ff.
- Tilgungsrangfolge nach § 367 BGB 1807
- Verjährung des Zinsbegehrens 1796 ff.
- vertragliche Zinsverpflichtung 1818 ff.
- Verzinsung der Ersatzsumme bei unerlaubter Handlung 1849 ff.
- Verzugsbeginn für Zinsansprüche 1844 ff.

Sachregister

- Verzugstatbestände für Zinsbegehren 1839 ff.
- Verzugszinsen 1830 ff.
- Zinsen und Mehrwertsteuer 1826 ff.
- Zinsen 1792 ff.
- Zinsfuß 1818 ff.

Nebenforderung, Streitwert 648 ff.
Nebenintervention, Streitwert 592 f.
Negative Feststellungsklage
- als anwaltliche Strategie 2080 f.
- Behauptungslast 2063 ff.
- Streitwert 578

Neuer Sachverhalt, Rechtskraft 1115 f.
Nicht ausschließliche Gerichtsstände 350 ff.
Nicht existierende Partei 265
- Klageschrift 1617 ff.
Nichtiger Vertrag, Streitwert 556
Niederlassung, Gerichtsstand 351
Niederlegung des Mandats 84 ff.
Normative Tatbestandsmerkmale 2153 ff.
- Ausforschungsbeweis 2174 ff.
- Bewertungskriterien 2161 ff.
- Legaldefinitionen 2153 ff.
- Wertungen 2156 ff.

Notweg, Gerichtsstands-Schlüssel 395
Notwendige Streitgenossenschaft 938 ff.
- Tod eines Genossen 961
Novation, Streitwert 652
Nutzungsverhältnisse, Streitwert 494

Objektive Klagenhäufung 307, 895, 1079 ff.
- Streitwert 624
Offene Teilklage 888 f.
Offenkundige Tatsachen 2032 ff.
Öffentliche Zustellung 996 ff.
- Formulierung des Bewilligungsgesuchs 998 f.
OHG, Klageschrift 1606

Originärer Einzelrichter, Zuständigkeit 331 ff.
Örtliche Zuständigkeit 343 ff.

Pacht, Streitwert 580
Pachtsachen, Streitwert 439 ff.
Pachtverhältnisse, Streitwert 494
Partei, nicht existierende 265
Parteiangaben, Klageschrift 1499 ff.
Parteibegriff, Klageschrift 1502 ff.
Parteibezeichnung
- Klageschrift 1499 ff.
- Muster für Berichtigung 278 f.
- ungenaue – in der Klageschrift 1519 ff.
Parteien, Wahl der – 196 ff.
Parteifähigkeit
- BGB-Außengesellschaft 24
- Wohnungseigentümergemeinschaft 24
Parteivernehmung 2258 ff.
- Präklusionsrecht 1353 ff.
- Subsidiarität 2258 ff.
- Waffengleichheit 2261 ff.
Parteivorbringen, gleichwertiges 1132 ff., 2054 ff.
Parteiwille, für die Auslegung maßgebend 1954 ff.
Partnergesellschaft, Klageschrift 1577
Passivlegitimation 260 ff.
- unzulängliche Parteiangaben 261 ff.
Positive Feststellungsklage
- Behauptungslast 2061
- Streitwert 580
Positive Forderungsverletzung, Gerichtsstands-Schlüssel 395
Postfach-Anschrift, Klageschrift 1537
Postfiliale, Auskunft 171
Präklusionsrecht 1212 ff.
- allgemeines Fristenrecht 1393 ff.
- Analogieverbot 1225 ff.
- Antragsfälle 1378 f.
- aufgegebene Aufrechnung 1271 f.
- Aufrechnung 1259 ff.
- Ausbleiben des Zeugen 1349 ff.

529

Sachregister

- Begründungszwang 1326 ff.
- Beweislast 1305
- Darlegungslast 1313 ff.
- Durchlauftermin 1308 ff.
- Einspruch gegen ein Versäumnisurteil 1375 ff.
- Einspruchsfrist 1380
- Erwiderung des Gegners 1356 ff.
- faires Verfahren 1289 ff.
- Fehlverhalten des Gerichts 1300 ff.
- Flucht in die Säumnis 1375 ff.
- Fristbemessung zur Stellungnahme 1281 ff.
- früher erster Termin 1308 ff.
- Glaubhaftmachung 1313 ff.
- Grundurteil 1239
- Hinterlegungsstreit 1263
- Klageänderung 1240 ff.
- Klageerweiterung 1240 ff.
- Klagerücknahme 1240 ff.
- Mahnverfahren 1386 ff.
- Mitwirkungspflicht des Gerichts 1288 ff.
- nachgelassener Schriftsatz 1265
- Neuheit der Aufrechnung 1264
- Parteivernehmung 1353 ff.
- präsenter Zeuge 2219 ff.
- richterliche Fürsorgepflicht 1291 ff.
- Schriftsatznachlass 1356 ff.
- Stufenklage 1258
- taktische Reaktion auf Gegenansprüche 1366 ff.
- Teilurteil 1236 ff.
- überforderte Anforderungen an die Parteien 1304
- Unbestimmtheit der Forderung 1270
- unerhebliche Aufrechnung 1266
- unsubstantiierte Aufrechnung 1267 ff.
- Urkundenprozess 1386 ff.
- Verjährungseinrede 1370 ff.
- Verschulden und Glaubhaftmachung 1321 ff.
- Verschulden 1313 ff.
- Verzögerung 1229 ff.
- vorgreifliche Berücksichtigung der höheren Instanz 1329 ff.
- Widerklage 1250 ff.
- Willkürverbot 1296 ff.
- wirksame Fristsetzung 1273 ff.
- Zeugenbenennung 1338 ff.
- Zeugenladungspflicht 1339 ff.
- zugelassenes Vorbringen 1306
- zurückgehaltenes Vorbringen 1335 ff.
- Zurückweisungsarten 1216 ff.
- zweitinstanzliche Entschuldigung 1329 ff.

Präklusionsrisiko, Behauptungslast 2023 ff.
Präsenter Zeuge, Entschädigung 2223 f.
Produkthaftung, Gerichtsstands-Schlüssel 395
Prozessführungsbefugnis 204 ff.
Prozesskostenhilfe
- Belehrung des Anwalts 853 ff.
- Klärung der Hilfsbedürftigkeit 850 ff.
- Mahnverfahren 849
- selbständige Gebührenangelegenheit 63
- Umfang der Beratungspflicht 858 ff.
- Vertretung im Bewilligungsverfahren 863 ff.
- Vorgehen bei Hilfsbedürftigkeit 866 ff.

Prozessstandschaft 213 ff.
- gesetzliche 214
- gewillkürte 215 ff.

Prozessuale Ansprüche, Streitwert bei Mehrheit 608 ff.
Prozessuale Einreden, ungünstiges eigenes Vorbringen 2043
Prozessuale Grundsatzfragen 1073 ff.
Prozessualer Kostenerstattungsanspruch 1187
Prozessverbindung und Trennung, Zuständigkeit 469 ff.
Prozessvergleich 685 ff.
- s. auch Vergleich
Prozessvollmachtnachweis 106 ff.

Qualifiziertes Bestreiten 2418 ff.
Räumungsansprüche, Klageschrift 1550 ff.
Räumungsklage, Gerichtsstands-Schlüssel 395
Räumungsklagen, Rechtsschutzbedürfnis bei mietrechtlichen – 1175 ff.
Rechnungslegung
- Gerichtsstands-Schlüssel 395
- Streitwert 587 ff.
Rechtliche Identität, Streitwert 612 ff.
Rechtliches Gehör, Schriftsatznachlass 1412 f.
Rechtsanwalt, Gerichtsstands-Schlüssel 395
Rechtsausführungen 2135 ff.
- als Tatsachen 2144 ff.
- Auswertung von Urkunden 2149 ff.
Rechtsbegriffe 2109 ff.
- erkennbarer Rechtsirrtum 2124 ff.
- Erklärungslast 2111 ff.
- und Rechtsausführungen 2109 ff.
- schwierige 2128 ff.
- Zweifel am Begriffsinhalt 2118 ff.
„Rechtsbehauptung" 1924
Rechtsfähigkeit
- BGB-Außengesellschaft 24
- Wohnungseigentümergemeinschaft 24
Rechtshängigkeit
- bei Hauptantrag und Hilfsantrag 916
- Streitgegenstand 1102 ff.
Rechtskraft
- neuer Sachverhalt 1115 f.
- Streitgegenstand 1112 ff.
- Teilklagen 1711 ff.
- vergessene Anspruchsgrundlage 1112 ff.
- Zinsanspruch 1117 ff.
Rechtsschutzbedürfnis 1145 ff.
- Äußerungsfreiheit 1162
- Beispiele für bestehendes – 1156 ff., 1162 ff.

- dingliche Rechte 1181 ff.
- einstweilige Verfügung wegen Kindesunterhalts 1185
- Feststellungsklage 1146 ff.
- Leistungsklage 1153 ff.
- Leugnung als missbräuchliches Verteidigungsmittel 1201 ff.
- mietrechtliche Räumungsklagen 1175 ff.
- nachträgliche Veränderung der Rechtslage 1197 ff.
- nicht vollstreckbarer Titel 1171 ff.
- nutzloser prozessualer Aufwand 1163 ff.
- Streitwertbeschwerde 784 ff.
- Teilklage 900
- Unbegründetheit vor Zulässigkeit 1195 f.
- Unterhaltssachen 1184 ff.
- Wegfall des Interesses 1168 f.
- Zuständigkeitsprüfung 1194
Rechtsschutzversicherung
- Deckungsschutzanfrage 134 ff.
- Gerichtsstands-Schlüssel 395
- Streitverkündung 1015 f.
- Vorschussanspruch 133
Rechtsverhältnisse, Begründung neuer – im Vergleich 719 ff.
Rechtsweg 280
Rechtswegbestimmung 284 ff.
- Verweisungsbeschlüsse 294 f.
Rechtswegentscheidung
- Bindungswirkung 291 ff.
- Rechtsmittel 287 ff.
Reflexwirkung der Streitwertfestsetzung 751 ff.
Reisevertrag, Gerichtsstands-Schlüssel 395
Reisevertragsrecht, Mängelbezeichnung 125
Replik des Klägers 2436 ff.
- aussichtslose Klage 2452
- drohendes Unterliegen 2441
- Erledigungserklärungen 2483 ff.
- Erfüllung nach Klageeinreichung 2456

Sachregister

- Erfüllung vor Klageeinreichung 2454
- Feststellungsklage wegen Kostenerstattung 2461
- grundsätzliche Überlegungen 2436 f.
- Hauptsacheerledigung nach Einreichung der Klage, vor Zustellung 2477
- Hauptsacheerledigung nach Zustellung der Klage 2478 ff.
- Hauptsacheerledigung vor Einreichung der Klage 2474 ff.
- Klageänderung oder Klageerweiterung 2440
- Klagerücknahme 2442 ff.
- materiell-rechtlicher Kostenerstattungsanspruch 2461
- teilweise Erledigung 2491 ff.
- Wegfall des Rechtsschutzbedürfnisses 2453

Restitutionsklage, Gerichtsstands-Schlüssel 395
Richter auf Probe, Zuständigkeit als Einzelrichter 331 ff.
Richterliche Fürsorgepflicht, Präklusionsrecht 1291 ff.
Richterliche Kontrolle der Klageschrift 1628
Rubrum, Berichtigung der Klageschrift 1615 f.
Rücktrittsrecht, Gerichtsstands-Schlüssel 395
Rügelose Einlassung 339 ff.
- Belehrungspflicht beim Amtsgericht 341 f.
RVG-Streitwertvorschriften 497

Sachbefugnis 204
Sachliche Zuständigkeit 361 ff.
Sachlichkeitsgebot, Schriftsatz 1432
Sachverhalt
- Darstellung 1897 ff.
- Entlastungs- und Verteidigungsumstände 1911 f.
- Gewährleistung 1913 ff.
- zeitlicher Ablauf 1907 ff.
- Zeittafel 1916 ff.

Sachverhalte, Mehrheit von – 1678 ff.
Sachverständiger 2243 ff.
- Anhörung 2248 f.
- ersetzen durch Fremdgutachten 2250 ff.
- Rechtsgrundsätze 2243 ff.

Schadensersatz wegen Nichterfüllung, Gerichtsstands-Schlüssel 395
Schadenspositionen, Mehrheit von – beim Grundurteil 983 f.
Schadensschätzung, Behauptungslast bei freier – 2002
Scheckklage, Gerichtsstands-Schlüssel 395
Scheinbarer Hilfsantrag, evtl. Klagenhäufung 1092 ff.
Schlechtes Deutsch als Gerichtssprache? 1446
Schmerzensgeld, Streitwert 549
Schriftsatz
- angemessene Ausdrucksweise 1431 ff.
- Belege und Zitate 1448 ff.
- Beweisantrag 1463 ff.
- Bezugnahme 1461 ff.
- Bezugnahme in zweiter Instanz 1468 f.
- Blattsammlungen als Unterlagen 1470
- Fristüberschreitung bei nachgelassenem – 1411
- Regeln für gutes Deutsch 1416 ff.
- Sachlichkeitsgebot 1432
- Sprache 1414 ff.
- ungünstiger Urkundeninhalt 1474

Schriftsatzarten 1401 ff.
Schriftsätze
- bestimmende 1401
- nachgereichte 1404 ff.
- vorbereitende 1401 ff.

Schriftsatznachlass
- doppelter 1409 f.

– Präklusionsrecht 1356 ff.
– rechtliches Gehör 1412 f.
Schriftstücke, Zugang 139 ff.
Schriftwechsel mit dem Versicherer 127 ff.
Selbständiger Zinsanspruch, Streitwert 653 f.
Selbständiges Beweisverfahren
– Mandatsniederlegung 84 ff.
– Streitverkündung 831
– Streitwert 565 ff.
– Wahl des Verfahrens 830 f.
Sicherheitsleistung 1881 ff.
– Gerichtsstands-Schlüssel 395
Sondervorschriften im Streitwertrecht 492
Spaltung der Zuständigkeit 384 ff.
Steuerberater, Gerichtsstands-Schlüssel 395
Stille Gesellschaft, Klageschrift 1607
Strafakten, Akteneinsicht mit Antragsmustern 161
Straßenverkehrsamt, Auskunft 173 ff.
Streitgegenstand 365 ff., 1073 ff.
– Ausschaltung materiell-rechtlicher Anspruchsgrundlagen 1125 ff.
– gleichwertiges Parteivorbringen 1132 ff.
– Rechtshängigkeit 1102 ff.
– Rechtskraft 1112 ff.
Streitgegenstandsänderung und Streitwert 747, 758
Streitgegenstandsbegriff, zweigliedriger 1082
Streitgenossen 224 ff., 934 ff.
– einzeln oder getrennt verklagen 230
– Gesellschaft und Gesellschafter 955
– Hauptschuldner und Bürge 950 ff.
– Interventionswirkung 1060 ff.
– Klageschrift-Rubrum 1539 ff.
– Miteigentümer 957 ff.
– Tod eines – 961 ff.
– Zuständigkeit im Prozess 312 ff.
– Zuständigkeitsprüfung 908 ff.
Streitgenossenschaft
– einfache 934 ff.

– notwendige 938 ff.
– Prozesstrennung 229
– subjektive Klagenhäufung 226 ff.
Streithelfer, Befugnisse im Prozess 1055 ff.
Streithelferkosten 1069 ff.
– Antrag auf Urteilsergänzung 1069 f.
Streitverkündeter, Beitritt 1040 ff.
Streitverkündung
– Bedeutung 1008 ff.
– Befugnisse des Streithelfers 1055 ff.
– Beitritt des Streitverkündeten 1040 ff.
– Beitritt ohne – 1043 ff.
– Beitrittsfreiheit 1028 ff.
– Beratungspflicht des Anwalts 1012 ff.
– doppelte 1031
– Form 1037 ff.
– gegenüber einem Anwalt 1019
– Hemmung der Verjährungsfrist 1033
– Informationszwang 1053 f.
– Interessenkonflikte 1020 ff.
– Kostenerstattung 1050 ff.
– Kostenrisiko des Streitverkündeten 1034 f.
– Muster eines Beitrittsschriftsatzes 1052
– Muster eines Ergänzungsantrags 1053
– nach Urteilserlass 1026 f.
– Prozessvergleich der Hauptparteien 1065 ff.
– Rechtsschutzversicherung 1015 f.
– Sachdienlichkeitserwägungen 1025
– Schriftsatzmuster 1038
– selbständiges Beweisverfahren 831
– Stellung des Streithelfers im Prozess 1055 ff.
– Stellung des Streitverkünders 1036
– Stellung richtiger Anträge 1047 ff.
– Streitgenossen untereinander 1032
– und Streithilfe 1008 ff.
– Streithelferkosten 1069 ff.

533

Sachregister

– Umfang des Beitritts 1047 ff.
– Verkündungsfreiheit 1031 ff.
– Voraussetzungen 1017 f.
– Zeitpunkt des Beitritts 1046
– Zustellung 1053 f.
Streitwert
– ähnliche Nutzungsverhältnisse 494
– Änderung im amtsgerichtlichen Verfahren 456 ff.
– Änderung im landgerichtlichen Verfahren 461 ff.
– Änderungspflicht 534 ff.
– Anspruchsmehrheiten 603 ff.
– Antragsänderungen 455 ff.
– Auflassung und Gegenleistung 553 ff.
– Aufrechnung 643 ff.
– Auskunftsklage 582 ff.
– Begründung neuer Rechtsverhältnisse im Vergleich 719 ff.
– Begründungszwang bei Festsetzung 748 ff.
– Berichtigungsanträge 732
– Beschwerdeverzicht 809 ff.
– Besitz 551 f.
– Betrag einer Forderung 551 f.
– Bewertungsfehler 623
– Bewertungsgegenstand 539 ff.
– bezifferte Leistungsklagen 499 ff.
– billiges Ermessen 509 f.
– Bindung an den Wertansatz 751 ff.
– Bindung des Rechtsanwalts an deren Festsetzung 505 ff.
– Bindungswirkung von Verweisungsbeschlüssen 762 ff.
– Bruchteilswerte 576 ff.
– dingliche Rechte 503
– Eigentum 551 f.
– Einbeziehung weiterer Ansprüche 709 ff.
– Einstweilige Einstellung 599 f.
– Einstweilige Verfügung 594 ff.
– Einwendungen 547
– endgültige Wertfestsetzung 741 ff.
– Erbstreitigkeiten 590 f.
– Erfüllung einer Forderung 551 f.

– Erfüllungsverweigerung wegen offener Gegenleistung 553 ff.
– Erledigung der Hauptsache 572 ff.
– Ermessenspflicht bei § 3 ZPO 530 ff.
– Ersetzungsbefugnis 633 ff.
– evtl. Klagenhäufung 626 ff.
– Fälligkeit 601 f.
– „Faule Forderung" 558, 675
– fehlerfreie Zinsberechnung 673 ff.
– fehlerhafte Zinsberechnung 667 ff.
– Festsetzung 739 ff.
– Festsetzungsantrag 736 ff.
– Feststellungsklage 548 f., 577 ff.
– Form der Festsetzung 759 f.
– Fortsetzungsverfahren bei Vergleichsnichtigkeit 729 ff.
– Freistellungsanspruch 562
– Gegenleistung 547
– gesetzliche Unterhaltspflicht 562 f.
– Grunddienstbarkeiten 503
– Herabsetzungsvorschriften 498
– Herausgabe eines Grundstücks und Gegenleistung 553 ff.
– Herausgabeklagen 499 ff.
– Hilfsansprüche 495
– Hilfsantrag und Vergleich 724 ff.
– Hilfsaufrechnung 495 f., 646 f.
– Hilfsbegründungen 546
– Hilfswiderklage und Vergleich 724 ff.
– Hinterlegungszinsen 656
– innerinstanzliche Bindung 754 ff.
– Kapitalabfindung 705 ff.
– Klage und Widerklage 447 ff., 494c, 629 ff.
– Klagenhäufung 624 ff.
– Kreditgebühren 650
– Mehrheit von Anspruchsgrundlagen 606 f.
– Mehrheit von Anträgen 608 ff.
– Mehrheit prozessualer Ansprüche 608 ff.
– Mehrwertsteuer 657 f.
– Miet- und Pachtsachen 439 ff.
– Miete 580

- Mietkautionszinsen 659 f.
- Mietverhältnisse 494
- Nebenforderung 648 ff.
- Nebenintervention 592 f.
- negative Feststellungsklage 548 f., 578 ff.
- nicht vermögensrechtlicher 485 ff.
- nichtiger Vertrag 556
- Novation 652
- objektive Klagenhäufung 624
- Pacht 580
- Pachtverhältnisse 494
- § 12 ArbGG 580
- positive Feststellungsklage 580
- privilegierte Leistungsklage 579
- Prüfungs-Schema 484 ff.
- Rechnungslegung 587 ff.
- rechtliche Identität 612 ff.
- Reflexwirkung der Festsetzung 751 ff.
- RVG-Sondervorschriften 497
- Schmerzensgeld 549
- selbständiger Zinsanspruch 653 f.
- selbständiges Beweisverfahren 565 ff.
- Sondervorschriften 492
- Streitgegenstandsänderungen 747, 758
- Stufenklage 451 f., 494b
- subjektive Klagenhäufung 625
- Teilforderung 560 f.
- Teilzahlungen 661 ff.
- Titulierungsinteresse beim Vergleich 720 ff.
- unbezifferte Leistung 548 f.
- ungerechtfertigte Bereicherung 564
- unstreitige Ansprüche im Vergleich, Streitwert 713 ff.
- Veränderung durch Anerkenntnis 472 ff.
- Vergleich über Hauptprozess und Eilverfahren 727 f.
- Verkehrswert einer Sache 502
- vermögensrechtlicher 485 ff.
- vermögensrechtliche Streitigkeiten 520 ff.
- Verweisung 465 ff.
- Verweisung auf die KostO 508 ff.
- Vollstreckungsabwehr 559
- vorläufige Wertfestsetzung 739 f.
- Wahlschuld 633 ff.
- Wertänderungen 354 ff.
- Wertangabe 732 ff.
- wertloser Gegenanspruch beim Vergleich 712
- wiederkehrende Leistungen 494a, 580
- wirtschaftliche Identität 618 ff.
- Zeitpunkt der Wertberechnung 453 ff.
- Zinsen 648 ff.

Streitwertänderung, Erledigung der Hauptsache 475 f.

Streitwertbeschwerde 765 ff.
- Abänderungsbefugnis 766
- Änderungsbefugnis in der Rechtsmittelinstanz 815 f.
- Änderungsbefugnis 813 f.
- Änderungsfrist 817
- Berechnung der Beschwerdesumme 796 f.
- Beschwer der Partei 776 ff.
- beschwerdefähige Entscheidung 768 ff.
- Beschwerdefrist 802 ff.
- Beschwerdeführer 787 f.
- Beschwerdesumme 793 ff.
- endgültige Wertfestsetzung 774 f.
- Erhöhungsinteresse der Partei? 789 ff.
- Festsetzung für die Zuständigkeit 769 f.
- Gegenvorstellung 801, 818
- Gewährung rechtlichen Gehörs 781 ff.
- nachträgliche Beschwer 800
- Rechtsschutzbedürfnis 784 ff.
- teilweise Abhilfe 798 f.
- vorläufige Streitwertfestsetzung 771 ff.
- Zulässigkeit 765 ff.
- Zulassung 805 ff.

Sachregister

– Bindungswirkung 424 ff.
– Verfristung der Gegenvorstellung 821 ff.
Streitwertrecht 396 ff.
– Berechnungsgrundlage der Anwaltsvergütung 408 ff.
– Grundlage 398 ff.
– Zuständigkeitswert – Gebührenstreitwert – Beschwer 419 ff.
Streitwertvorschriften, Gesetzessystematik 479 ff.
Streitwert-Zuständigkeit 362 ff.
Stufenklage
– Präklusionsrecht 1258
– Streitwert 451 f., 494b
Subjektive Klagehäufung 308 ff., 896
– Streitwert 625
Subjektive Rechte, vermutete 2100 ff.
Subsidiarität, Parteivernehmung 2258 ff.
Substantiierung 1918 ff.
– Behauptungs- und Beweislast 1918 ff.
– Mahnverfahren 835 ff.
– Subsumtion 1939 ff.
– übersteigerte Anforderungen 1925 ff.
Subsumtion
– Einzelbegriffssubsumtion 1948 ff.
– Grundlage der Substantiierung 1939 ff.
– Justizsyllogismus 1946

Tatbestandsmerkmale, normative 2153 ff.
Tatsachen
– allgemeinkundige 2034
– gerichtskundige 2034
– offenkundige 2032 ff.
– Rechtsausführungen als – 2144 ff.
– vermutete 2099
Teilforderung, Streitwert 560 f.
Teil-Grundurteil 981
Teilklage 887 ff.
– Arglisteinrede 901 f.
– mehrere prozessuale Ansprüche 925 ff.
– mehrere Rechnungsposten 930 ff.

– mit Hilfsanträgen 925 ff.
– offene 888 f.
– Rechtsschutzinteresse 900
– verdeckte 890 ff.
Teilklagen 1699 ff.
– Antragsbindung des Gerichts 1704 ff.
– Forderungsabtretung 1709 f.
– Klageantrag 1699, 1700 ff.
– mit bedingter Klageerweiterung 1721 ff.
– Prozesstaktik 1717 ff.
– Rechtskraft 1711 ff.
– verdeckte 1713
– Verjährung 1714 ff.
Teilurteil, Präklusionsrecht 1236 ff.
Teilweise Abhilfe, Streitwertbeschwerde 798 f.
Teilzahlungen 1729 ff.
– fehlerhafte Berechnung 1729 ff.
– Streitwert 661 ff.
Telefax-Unterschrift 1494 ff.
Telefax-Vollmacht 113
Tilgungsfolge, bei Nebenanträgen 1807
Titelstreitigkeiten 1171 ff.
Titulierungsinteresse, Streitwert beim Vergleich 720 ff.
Trennung und Prozessverbindung, Zuständigkeit 469 ff.
Treu und Glauben, Auslegung 1978 ff.

Überbau, Gerichtsstands-Schlüssel 395
Überflüssige Ausführungen 2041 f.
Überflüssiger Beweisantrag 2199
Überraschungsurteile, Behauptungslast 2024
Übersteigerte Anforderungen an die Substantiierung 1925 ff.
Umweltschäden, Gerichtsstands-Schlüssel 395
Unbekannte Anschrift, Klageschrift 1529 f.
Unbekannte Erben, Klageschrift 1536

Unbekannter Beklagter, Klageschrift 1546 ff.
Unbezifferte Leistungsklage, Streitwert 548 f.
Unechte Hilfsanträge 923 f.
Unerlaubte Handlung 1774 ff.
– Anspruchsqualifizierung im Vollstreckungsverfahren 1779 ff.
– Feststellungsklage 1783 ff.
– Gerichtsstand 355 ff.
– Gerichtsstands-Schlüssel 395
– Titelauslegung im Vollstreckungsverfahren 1780 f.
– Vollstreckungsbescheid 1782
– Vollstreckungsproblematik 1774 ff.
Unerwidertes Geständnis 2307
Ungenaue Parteibezeichnung, Klageschrift 1519 ff.
Ungerechtfertige Bereicherung
– Gerichtsstands-Schlüssel 395
– Streitwert 564
Ungünstiger Urkundeninhalt 1474
Ungünstiges eigenes Vorbringen 2041 ff.
– gleichwertiges Parteivorbringen 2054 ff.
– prozessuale Einreden 2043
– überflüssige Ausführungen 2041 f.
– Verjährung 2049 ff.
– Zurückbehaltungsrecht 2044 ff.
Unrichtigkeit des Grundbuchs, Rechtsschutzbedürfnis der Klage 1181 ff.
Unsubstantiierte Aufrechnung, Präklusionsrecht 1267 ff.
Unterbevollmächtigter 17
Unterhalt, Gerichtsstands-Schlüssel 395
Unterhaltspflicht, Streitwert 562 f.
Unterhaltssachen, Rechtsschutzbedürfnis 1184 ff.
Unterlassung, Gerichtsstands-Schlüssel 395
Unterschrift 1480 ff.
– geringer Vertrauensschutz 1491 ff.
– Mindestanforderungen 1487 ff.

– Telefax 1494 ff.
– vergessene 1480 ff.
Unzulässige Bedingungen im Klageantrag 1663 f.
Urkunden, Auswertung 2149 ff.
Urkundenbeweis 2254 ff.
– beigezogene Akten 2257
– Beweisantritt 2254 ff.
Urkundenbeweisregel, Auslegung 1982
Urkundenprozess, Präklusionsrecht 1390 ff.
Urkundensammlungen
– Anlage zum Schriftsatz 1471 ff.
– geschlossene – im Schriftsatz 1471 ff.
Urkundenvorlage 1475 ff.
Urteilsergänzung, Streithelferkosten 1069 ff.
Urteilstext, Anforderung bei der Justizverwaltung 167

Veräußerungsverbot, Gerichtsstands-Schlüssel 395
Verbotene Eigenmacht, Gerichtsstands-Schlüssel 395
Verdeckte Teilklagen 890 ff., 1713
Vereinbarter Gerichtsstand 328 ff.
Vergessene Unterschrift 1480 ff.
Vergleich 685 ff.
– Gerichtsstands-Schlüssel 395
– über Hauptprozess und Eilverfahren, Streitwert 727 f.
– Streitwert bei Titulierungsinteresse 720 ff.
– s. auch Einigungsvertrag
– s. auch Prozessvergleich
Vergleichsnichtigkeit, Streitwert bei Fortsetzungsverfahren 729 ff.
Vergütung des Anwalts 66 ff.
Verjährung
– bei Hauptantrag und Hilfsantrag 917 ff.
– Regressansprüche 30 f.
– Sekundäranspruch 30 f.
– Teilklagen 1714 ff.

- ungünstiges eigenes Vorbringen 2049 ff.
Verjährungseinrede, Präklusionsrecht 1370 ff.
Verjährungsfrist, Zustellung einer unzulässigen Klage 264
Verkehrsanwalt 16
Verkehrsbedürfnis, Auslegung 1983 ff.
Verkehrswert einer Sache, Streitwert 502
Verkündungsfreiheit, Streitverkündung 1031 ff.
Vermieter, Auskunft vom – 172
Vermögen, Gerichtsstand 352 f.
Vermögensrechtliche Streitigkeiten, Streitwert 520 ff.
Vermutung
- gesetzliche 2095 ff.
- subjektive Rechte 2100 ff.
- von Tatsachen 2099
Vermutungsfolge 2097 ff.
Vernehmung, Ausforschung eines Zeugen 2225 ff.
Versäumnisurteil, ohne mündliche Verhandlung 1895
Verschulden, Präklusionsrecht 1313 ff.
Verschwiegenheitspflicht
- bei Abtretung 256 ff.
- Zeuge 2228 ff.
Versicherer, Korrespondenz mit dem – 127 ff.
Verspätungsrecht, präsenter Zeuge 2219 ff.
Vertrag zugunsten Dritter, Gerichtsstands-Schlüssel 395
Verträge, Auslegung 1953 ff.
Vertragliche Zinsverpflichtung, Nebenanträge 1818 ff.
Vertragsaufhebung, Gerichtsstands-Schlüssel 395
Vertragsstrafe, Gerichtsstands-Schlüssel 395
Vertrauensgrundsatz, Zustellung 992
Vertrauensschutz
- Auslegung 1978 ff.
- geringer – bei Unterschrift 1491 ff.

Verweisung
- aufdrängende und abdrängende 298
- Streitwertänderungen 465 ff.
Verweisungsbeschlüsse, Willkürverbot 295
Verzögerung, Präklusionsrecht 1229 ff.
Verzugsnachweis im Urteil 1763 f.
Vollmacht
- mehrere Auftraggeber 23
- Rüge der fehlenden – 107 ff.
- Telefax 113
- Zurückweisung bei einseitigen Rechtsgeschäften 99 ff.
Vollmachtnachweis 99 ff.
Vollmachtsformular unterschreiben lassen 21
Vollmachtsformular, zu den Handakten nehmen 22
Vollmachtsurkunden, mehrere erteilen lassen 21
Vollstreckungsabwehr, Streitwert 559
Vollstreckungsabwehrklage, Gerichtsstand 349
Vollstreckungsbescheid, unerlaubte Handlung 1782
Vollstreckungsproblematik bei unerlaubter Handlung 1774 ff.
Vollstreckungsrechtliche Überlegungen vor Klageeinreichung 271 ff.
Vollstreckungsverfahren, Anspruchsqualifizierung bei unerlaubter Handlung 1779 ff.
Vorbereitende Schriftsätze 1401 ff.
Vorbereitungskosten 1189
Vorbringen
- konkludentes 2031 ff.
- ungünstiges eigenes 2041 ff.
Vorkaufsrecht, dingliches, Gerichtsstands-Schlüssel 395
Vorlage von Urkunden 1475 ff.
Vorläufige Streitwertfestsetzung 771 ff.
Vorläufige Wertfestsetzung 739 f
Vormerkung, Gerichtsstands-Schlüssel 395
Vorschussanforderung 66 ff.

Waffengleichheit
- erreichen durch Abtretung 245 ff.
- Forderungsabtretung (mit Schriftsatzmuster) 2265 f.
- Parteianhörung 2263 f.
- Parteivernehmung 2261
Wahl der Parteien 196 ff.
Wahl der Verfahrenseinleitung
- vor Abklärung des Grundes 972 ff.
- Klagenhäufung 895 f.
- Mahnbescheid oder Klage? 843 ff.
- Mahnverfahren 832 ff.
- selbständiges Beweisverfahren 830 f.
Wahl
- der Klageform 884 ff.
- Teilklage 887 ff.
- der Verfahrenseinleitung 884 ff.
Wahlschuld, Streitwert 633 ff.
Wandelung, Gerichtsstands-Schlüssel 395
Wechsel, Gerichtsstands-Schlüssel 395
Wegfall des Interesses, Rechtsschutzbedürfnis 1168
Werkvertrag, Gerichtsstands-Schlüssel 395
Wertänderungen, Streitwertrecht 453 ff.
Wertangaben, vorgeschriebene 477 f.
Wertberechnung, Zeitpunkt 453 ff.
Wertermittlung, Methodik 477 ff.
Wertfestsetzung
- Änderung 813 ff.
- durch das Gericht 732 ff.
Wertloser Gegenanspruch, Streitwert beim Vergleich 712
Wertungen, normative Tatbestandsmerkmale 2156 ff.
Widerklage
- Gerichtsstand 358 ff.
- Gerichtsstands-Schlüssel 395
- Präklusionsrecht 1250 ff.
- zur Zeugenbeschaffung 250
Wiederaufnahmeklage, Gerichtsstands-Schlüssel 395

Wiederkehrende Leistungen, Streitwert 494a, 580
Willenserklärung
- Abgabe einer - bei Leistung und Gegenleistung 1747 ff.
- Auslegung 1953 ff.
- Klageantrag auf Abgabe 1660 ff.
Willkürverbot
- Präklusionsrecht 1296 ff.
- Verweisungsbeschlüsse 295
Wirtschaftliche Identität, Streitwert 618 ff.
Wirtschaftliche Machtverhältnisse, bei der Auslegung zu berücksichtigen 1986
Wohnsitz, Gerichtsstand 350
Wohnungseigentümer, Klageschrift 1589 ff.
Wohnungseigentümergemeinschaft, Parteifähigkeit 24
Wohnungseigentumsverwalter
- Rechtsstellung 25 ff.
- Vollmachterteilung 25 ff.

Zeittafel zur Erklärung des Sachverhalts 1916 f.
Zentralruf der Autoversicherer 176
Zeuge 2204 ff.
Zeuge, „Zeugnis N.N." 2214 f.
- Auslagenvorschuss 2239 ff.
- Aussageverweigerung 2228 ff.
- Beweisantritt 2204 ff.
- Fristsetzung wegen lückenhafter Angaben 2213
- präsenter 2219 ff.
- Verschwiegenheitspflicht 2228 ff.
Zeugen, ausbleibender - und Präklusion 1349 ff.
Zeugenbeschaffung durch Abtretung 250
Zeugnis N.N., Beweisantrag 2214 f.
Zinsanspruch
- prozessuale Selbständigkeit 1118 ff.
- Rechtskraft 1117 ff.

Zinsansprüche, Verjährung 1796 ff.
Zinsberechnung, fehlerhafte – und Streitwert 667 ff.
Zinsen, fehlerfreie Streitwertberechnung 673 ff.
– Nebenanträge 1792 ff.
– Streitwert 648 ff.
– Tilgungsfolge nach §§ 366, 367 BGB 677
– Zuständigkeit 682
– Zwangsvollstreckung 683
Zitate, Schriftsatz 1448 ff.
Zivilprozessuales Streitwertrecht 396 ff.
„Zu Eigen machen", Vorbringen des Gegners 1136
Zugang von Schriftstücken 139 ff.
– kein Anscheinsbeweis 139 ff.
Zugangsnachweis von Schriftstücken 145 ff.
Zugelassenes Vorbringen, Präklusionsrecht 1306
Zug-um-Zug-Leistung, Gerichtsstands-Schlüssel 395
Zulässige Bedingungen im Klageantrag 1665 ff.
Zulässigkeit, Streitwertbeschwerde 765 ff.
Zulassungsbeschwerde, Streitwert 805 ff.
Zurückbehaltungsrecht, ungünstiges eigenes Vorbringen 2044 ff.
Zurückgehaltenes Vorbringen, Präklusionsrecht 1335 ff.
Zuständigkeit 280 ff.
– ausschließliche Gerichtsstände 344 ff.
– funktionelle 371 ff.
– Handelssachen 373 ff.
– „legales Erschleichen" 319 ff.
– für eine von mehreren Anspruchsgrundlagen 385 f.

– für mehrere Personen 387 f.
– nach Streitwerthöhe 362 ff.
– ordentliches Gericht und Arbeitsgericht 300 ff.
– örtliche 343 ff.
– prozesstaktische Erwägungen 315 ff.
– Prozessverbindung und -trennung 469 ff.
– sachliche 361 ff.
– Sachzusammenhang 386
– Streitgenossen 312 ff.
– Verstoß gegen § 506 ZPO 468
– Zinsen 682
Zuständigkeitsprüfung
– bei Klagenhäufung 908 ff.
– Rechtsschutzinteresse 1194
Zuständigkeitsspaltung 384 ff.
Zuständigkeitsübertragung auf Einzelrichter 333 ff.
Zustellung
– Antragsmuster 999
– an einen Anwalt 1001 ff.
– anwaltliche Vertretung 1507 ff.
– von Anwalt zu Anwalt 145
– demnächst, Klageschrift 1526 ff.
– durch den Gerichtsvollzieher 145
– Einschreibebrief 147 f.
– genaue Angaben notwendig 988 ff.
– Mandatsniederlegung 1001 ff.
– notwendige Anlagen zur Klageschrift 993 ff.
– öffentliche 996 ff.
– an den Streithelfer 1053 f.
– durch Telefax 146
– Vertrauensgrundsatz 992
Zustellungskosten 1005
Zustellungsprobleme 988 ff.
Zwangsvollstreckung, Zinsen 683
Zweitinstanzliche Entschuldigung, Präklusionsrecht 1329 ff.
Zwischenfeststellungsklage, Behauptungslast 2082 ff.

Bitte beachten Sie
die nachfolgenden Verlagsanzeigen

Zöller
Zivilprozessordnung

Begründet von Dr. *Richard Zöller*. Bearbeitet von Notar Prof. Dr. *Reinhold Geimer*, Prof. Dr. *Reinhard Greger*, Präsident des BayObLG a.D. *Peter Gummer*, Richter am AG *Kurt Herget*, MinRat Dr. *Hans-Joachim Heßler*, Richter am OLG a.D. Dr. *Peter Philippi*, RegDir. a.D. *Kurt Stöber* und Prof. Dr. *Max Vollkommer*. 26. Auflage 2007, 3117 Seiten Lexikonformat, geb. im Schuber 154,80 €. ISBN 978-3-504-47015-9

Die 26. Auflage ist eine gründliche Neubearbeitung des Kommentars in allen seinen Teilen – wie gewohnt sind die gesamte aktuelle Rechtsprechung und Literatur ausgewertet und in der gewohnten Qualität fundiert eingearbeitet. Die Neuauflage bietet der Praxis auf dem Weg der fortschreitenden Konsolidierung des reformierten Zivilprozessrechts und der zunehmenden Europäisierung des internationalen Verfahrensrechts eine umfassende und verlässliche Hilfestellung. Ein weiterer Schwerpunkt der 26. Auflage liegt in der sorgfältigen Verarbeitung der justizrechtlichen Gesetzgebung der Jahre 2005/2006. Dabei ist das 2. JuMoG auch in allen Kostenanmerkungen bereits durchgängig berücksichtigt.

Stimmen zur Vorauflage

„Das Werk selbst und seinen herausragenden Platz unter den führenden Kommentaren zur ZPO darzustellen erübrigt sich."
Richter am LG Dr. Bruno Menhofer in NZM 12/2005

„Die beeindruckende Aktualität, die Fülle der Informationen, der hohe Praxisbezug und nicht zuletzt das durchwegs gleichmäßig hohe Niveau der Bearbeitung ...".
Richter am OGH Univ. Doz. Dr. Georg Kodek, LL.M. in ZZP 4/2005

Verlag Dr. Otto Schmidt · Köln

Vorwerk (Hrsg.)

Das Prozessformularbuch

Herausgegeben von RA beim BGH Dr. *Volkert Vorwerk*. Bearbeitet von 36 erfahrenen Praktikern. 8., überarbeitete Auflage 2005, 2.846 Seiten Lexikonformat, gbd., inkl. CD mit allen Mustern 118,– €. ISBN 978-3-504-07016-8

Das renommierte Prozessformularbuch von Vorwerk ist auch ein ausgezeichnetes Handbuch. Damit lassen sich die Ansprüche der Mandanten auch nach neuester Rechtslage einfach besser durchsetzen. Von der Mandatsübernahme über die außergerichtliche Streitbeilegung und das Mahnverfahren bis zur Zwangsvollstreckung findet der Praktiker hier alles, was Zeit und Kosten sparend zum Ziel führt: Mehr als 1.400 topaktuelle Muster mit ausführlichen Erläuterungen und Anmerkungen zum neuen Vergütungsrecht. Wertvolle Praxistipps, taktische und strategische Hinweise, hilfreiche Checklisten. Und alle Muster zusätzlich auf CD.

Verlag Dr. Otto Schmidt · Köln

Schneider/Herget

Streitwertkommentar

Begründet von Dr. *Egon Schneider*, fortgeführt von Richter am AG *Kurt Herget*. Von RA *Norbert Schneider*, Richter am AG *Ralf Kurpat*, RA *Norbert Monschau* und Richterin am LG Dr. *Julia Bettina Onderka*. 12., völlig neu bearbeitete Auflage, 2007, 1.440 Seiten Lexikonformat, gbd. 99,– €.
ISBN 978-3-504-47084-5

Den Streitwert einzuschätzen und zu berechnen ist für alle Beteiligten eines Zivilprozesses ein wichtiges Element: Die sachliche Zuständigkeit, die Anwaltsgebühren und die Gerichtsgebühren werden davon abhängig gemacht. Die kritische Auswertung der zahlreichen veröffentlichten Entscheidungen und des Schrifttums helfen dabei, den gerade zu bearbeitenden Fall praxisgerecht auf die gesetzlichen Bewertungsgrundsätze zurückzuführen. 400 alphabetisch geordnete, streitwertrelevante Stichwörter führen Sie in jedem Fall schnell und sicher zum richtigen Ergebnis.

Verlag Dr. Otto Schmidt · Köln

Braunschneider

Strategien für die Berufung im Zivilprozess

Von RA *Hartmut Braunschneider*. 2007, 259 S., Lexikonformat, gbd., 39,80 €. ISBN 978-3-504-47094-4

Wenn man als Anwalt eine Berufung durchzuführen hat, interessieren prozessual zunächst nur vier Fragen:

Man muss wissen,

- was zu schreiben ist (Stoff),
- wo es zu schreiben ist (Aufbau der Schriftsätze),
- wie es zu schreiben ist (Formulierungen),
- und wann es zu schreiben ist (Timing der Einreichung).

Die möglichen Strategien, die optimale Gestaltung der Honorarsituation in Grenzfällen und die Kenntnis der inzwischen über 400 höchst- und obergerichtlichen Entscheidungen bestimmen dabei das Vorgehen im Einzelnen. All dies ist hier aus anwaltlicher Perspektive für Anwälte beschrieben. Die Darstellung folgt dem Gang anwaltlicher Tätigkeit. Anwälte sind Interessenvertreter, die bewusst einseitig handeln. Ausgewogene (richterliche) Zurückhaltung ist der Darstellung deshalb kein Anliegen. Anwälte haben wenig Zeit. Das ist im Umfang berücksichtigt. Die veröffentlichte Rechtsprechung wurde möglichst vollständig aufgenommen, der Literaturapparat auf ein Minimum reduziert. Anwälte müssen Schwerpunkte setzen.

Das Buch greift dies auf, indem es die Themenfelder am stärksten behandelt, in denen die Rechtsprechung aktiv war.

Verlag Dr. Otto Schmidt · Köln

Diepold/Hintzen

Musteranträge für Pfändung und Überweisung

Begründet von *Kurt Gross*, bis zur 6. Auflage fortgeführt von RA Dr. *Hugo Diepold*. Bearbeitet von Dipl.-Rpfl. Prof. *Udo Hintzen* und Richter am OLG *Hans-Joachim Wolf*. 8., völlig neubearbeitete Auflage, 2006, 552 S., Lexikonformat, gbd., inkl. CD 79,80 €. ISBN 978-3-504-47127-9

Unerlässliche Voraussetzung für den Erfolg einer schnellen und sicheren Forderungspfändung ist die richtige Stellung des richtigen Antrags an das richtige Vollstreckungsorgan. Dazu dienen die mehr als 200 Muster und Antragsformulare zu allen denkbaren Fallvarianten.

Die Einleitung im ersten Teil gibt eine Orientierung zum Vollstreckungsverfahren. Im Hauptteil folgen Musteranträge in alphabetischer Reihenfolge, die mit zahlreichen Erklärungen und Hinweisen Rechtssicherheit weitergeben. Sämtliche Muster können problemlos und zeitsparend von der beiliegenden CD in die eigene Textverarbeitung übernommen werden. Die Muster sind mit allen Neuerungen angereichert, die vor allem durch die BGH-Rechtsprechung der letzten Jahre hinzugekommen sind.

Darüber hinaus wurden die zahlreichen Änderungen im gewerblichen Rechtsschutz, Änderungen im Anerkennungs- und Vollstreckungsausführungsgesetz (AVAG) und die aktuelle Pfändungsfreigrenzenbekanntmachung 2005 eingearbeitet.

Verlag Dr. Otto Schmidt · Köln

Wurm/Wagner/Zartmann

Das Rechtsformularbuch

Praktische Erläuterungen und Muster für das Bürgerliche Recht, Wirtschafts-, Arbeits-, Handels- und Gesellschaftsrecht mit steuer- und kostenrechtlichen Hinweisen. Koordiniert von RA Dr. *Helmut Götte* und RA Dr. *Bertolt Götte*. Bearbeitet von 25 Autoren. 15. neubearbeitete Auflage 2007, 2537 S., Lexikonformat, gbd., inkl. CD 129,– €. ISBN 978-3-504-07008-3

Ein Standardwerk für mustergültige Rechtsgestaltung in der Praxis. Für Rechtsanwälte, Notare, Unternehmensjuristen, Wirtschaftsprüfer und Steuerberater unentbehrlich. Das Rechtsformularbuch befreit von der mühsamen Suche nach der passenden Formulierung: Über 900 vielfach erprobte und bewährte Formulare wurden von einem Autorenteam erfahrener Beratungspraktiker zusammengestellt. Die vorangestellten Erläuterungen stecken den rechtlichen Rahmen ab und erleichtern so die Anwendung der Muster auf den konkreten Regelungssachverhalt. Mit Kosten- und Steueranmerkungen sowie Praxishinweisen und Checklisten. Alle Muster sind über die beigelegte CD griffbereit zur sofortigen Weiterverarbeitung.

„Ein unverzichtbares, der Arbeitseffektivität und Risikovermeidung ungemein dienendes Arbeitsmittel für jeden Rechtsanwalt, Notar, Unternehmensjuristen, Wirtschaftsprüfer, Steuerberater und Kaufmann, der in der Vertragsgestaltung bzw. -prüfung tätig ist."

RA Volker Stück in GmbHR 6/2007

Verlag Dr. Otto Schmidt · Köln

Erman
BGB

Handkommentar in 2 Bänden. Herausgegeben von Prof. Dr. *Harm Peter Westermann*. Bearbeitet von 42 Autoren. 11., neu bearbeitete Auflage 2004, 5.908 Seiten Lexikonformat, gbd. 298,– €. ISBN 978-3-933188-22-9

Handkommentar statt Kurzkommentar

Das ist das Konzept des Erman. Als einziger zweibändiger Kommentar schließt er die Lücke zwischen Kurz- und Großkommentar und bietet damit die optimale Synthese für den täglichen Bedarf:

- Handlich trotz großer Informationsfülle
- Kompakt und dennoch detailliert
- Echte Auseinandersetzung mit den Rechtsfragen
- Problemrelevant gewichtet
- Führt schnell zum Ziel

Ein traditionsreiches Werk auf neuestem Stand

Die gesamte Kommentierung des neuen Erman berücksichtigt natürlich den aktuellen Stand von Rechtsprechung und Literatur. Das gilt nicht nur für das BGB, sondern ebenso für die erläuterten Nebengesetze.

Aschendorff Rechtsverlag Münster

Verlag Dr. Otto Schmidt Köln

Notizen

Notizen

Notizen

Notizen

Egon Schneider, **Die Klage im Zivilprozess**, 3. Auflage

- Hinweise und Anregungen: _____
_____
_____
_____

- Auf Seite _____ Rn. _____ Zeile _____ von oben/unten muss es statt _____
_____
_____

richtig heißen _____
_____

- Auf Seite _____ Rn. _____ Zeile _____ von oben/unten muss es statt _____
_____
_____

richtig heißen _____
_____

Egon Schneider, **Die Klage im Zivilprozess**, 3. Auflage

Sehr geehrte Leserin,
sehr geehrter Leser,

der Verlag Dr. Otto Schmidt bedankt sich bei Ihnen sehr für das Interesse an diesem Werk. Ihre Meinung ist uns wichtig: Bitte beantworten Sie folgende Fragen.

Wozu nutzen Sie dieses Werk?
☐ Schnelles Nachschlagen
☐ Vertieftes Recherchieren
☐ Einarbeitung in ein spezielles Thema

Wie beurteilen Sie dieses Werk?

	1	2	3	4	5
	(1=sehr gut, 5=schlecht)				
Praktischen Nutzen	☐	☐	☐	☐	☐
Aktualität	☐	☐	☐	☐	☐
Verständlichkeit	☐	☐	☐	☐	☐
Preis/Leistungsverhältnis	☐	☐	☐	☐	☐

Ihre Anregungen zu diesem Werk:
_____
_____
_____
_____

Welche Einzelthemen sind im Zusammenhang mit diesem Werk für Sie relevant?
_____
_____
_____
_____

Bitte senden Sie uns diese Postkarte zu.
Vielen Dank! So können Sie uns auch erreichen:
lektorat@otto-schmidt.de

Absender

_____
_____
_____
_____

Informationen unter **www.otto-schmidt.de**

So können Sie uns auch erreichen:
lektorat@otto-schmidt.de

Wichtig: Bitte immer den Titel des Werkes angeben!

Antwortkarte

Verlag Dr. Otto Schmidt KG
Lektorat
Gustav-Heinemann-Ufer 58
50968 Köln

Absender

_____
_____
_____
_____

Gerne senden wir Ihnen die kostenlosen Newsletter des Verlages Dr. Otto Schmidt zu:
☐ StR ☐ WirtschaftsR ☐ ArbR ☐ ZivilR
☐ Seminarveranstaltungen

Meine E-Mail-Adresse:
_____

Informationen unter **www.otto-schmidt.de**

Antwortkarte

Verlag Dr. Otto Schmidt KG
Marktforschung
Gustav-Heinemann-Ufer 58
50968 Köln